The Rough

Stati Uniti
orientali

di

Samantha Cook, JD Dickey,
Nick Edwards e Greg Ward

con il contributo di

Jeff Benzak, Jamey Bergman, Colleen Brousil,
Max Grinnell, Katy Henriksen, Sarah Hull,
Stephen Keeling, Zhenzhen Lu, Lisa Risher,
Rebecca Strauss, Ross Velton e Paul Whitfield

PRIMA EDIZIONE

AVALLARDI

Ogni sforzo è stato fatto per rendere questa guida il più possibile accurata e attendibile. È comunque inevitabile che parte delle informazioni risulti superata nel tempo che intercorre tra la presente edizione e quella successiva. Ogni suggerimento inteso a correggere o aggiornare la guida è quindi gradito.

I messaggi di posta elettronica vanno inviati a: redazionerg@vallardi.it; le lettere ad Antonio Vallardi Editore, via Gasparotto 1 – 20124 Milano; i fax allo 02.00623.336.

Per informazioni sugli altri titoli pubblicati: www.roughguides.it

Antonio Vallardi Editore s.u.r.l.
Gruppo editoriale Mauri Spagnol
www.vallardi.it

Titolo originale: *The Rough Guide to USA*, 9th edition

Traduzione di Carla Bertani, Francesca Donatacci, Ilaria Police, e Barbara Ponti

Ristampe: 9 8 7 6 5 4 3 2 1 0
2013 2012 2011 2010 2009

ISBN 978-88-8062-306-9

Sommario

Nel catalogo Vallardi, oltre a questo volume, sono presenti le Rough Guides *Stati Uniti occidentali*, *Stati Uniti centrali*, *New York*, *New York Mini*, *Florida*, *USA del Sud-Ovest* e *Hawaii*, nonché dizionari e manuali di conversazione di inglese e americano.

◀◀ Tavola calda sulla Route 66

CANADA
ORA LOCALE PACIFICO
ORA LOCALE MONTAGNE ROCCIOSE
Vancouver
Seattle
Portland
WASHINGTON
OREGON
IDAHO
Boise
MONTANA
Helena
Butte
NORTH DAKOTA
Bismarck
SOUTH DAKOTA
Rapid City
MONTE RUSHMORE
PARCO NAZIONALE YELLOWSTONE
WYOMING
Cheyenne
NEBRASKA
Reno
NEVADA
Salt Lake City
UTAH
San Francisco
PARCO NAZIONALE YOSEMITE
Denver
COLORADO
KANSAS
Wichita
Las Vegas
CALIFORNIA
PARCO NAZIONALE GRAND CANYON
Flagstaff
Los Angeles
ARIZONA
Albuquerque
Santa Fe
Amarillo
OKLAHOMA
Oklahoma City
San Diego
Phoenix
Tucson
NEW MEXICO
El Paso
TEXAS
Dallas
OCEANO PACIFICO
BIG BEND NATIONAL PARK
San Antonio
MESSICO
ALASKA
CANADA
Anchorage
Juneau
ORA LOCALE ALASKA
Kauai
Oahu
Molokai
ORA LOCALE HAWAII-ALEUTINE
Honolulu
Maui
HAWAII
Big Island

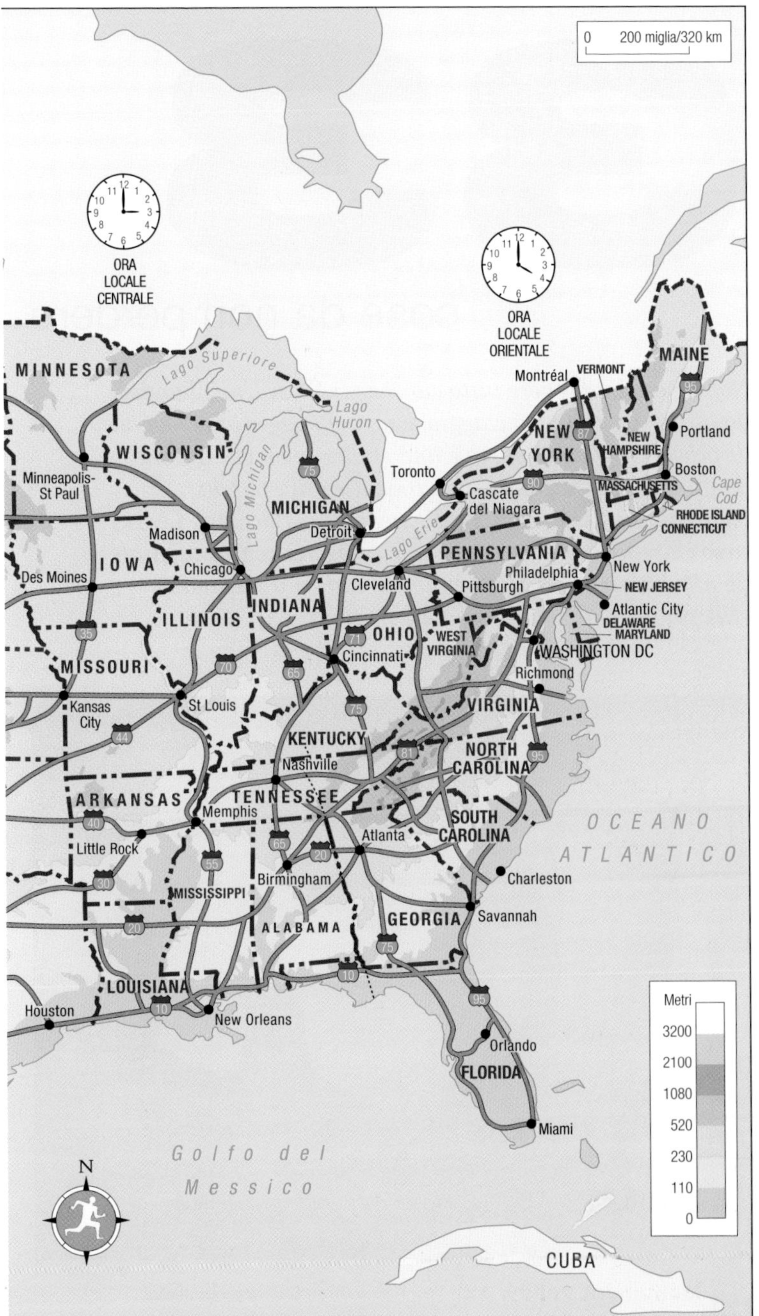

0 200 miglia/320 km
ORA LOCALE CENTRALE
ORA LOCALE ORIENTALE
MINNESOTA
Lago Superiore
Lago Huron
Lago Michigan
Lago Erie
WISCONSIN
MICHIGAN
IOWA
ILLINOIS
INDIANA
OHIO
MISSOURI
KENTUCKY
TENNESSEE
ARKANSAS
MISSISSIPPI
ALABAMA
GEORGIA
LOUISIANA
FLORIDA
SOUTH CAROLINA
NORTH CAROLINA
VIRGINIA
WEST VIRGINIA
PENNSYLVANIA
NEW YORK
VERMONT
NEW HAMPSHIRE
MAINE
MASSACHUSETTS
RHODE ISLAND
CONNECTICUT
NEW JERSEY
DELAWARE
MARYLAND
WASHINGTON DC
Minneapolis-St Paul
Madison
Chicago
Des Moines
Detroit
Toronto
Cascate del Niagara
Montréal
Portland
Boston
Cape Cod
New York
Philadelphia
Pittsburgh
Cleveland
Atlantic City
Cincinnati
Richmond
St Louis
Kansas City
Nashville
Memphis
Little Rock
Atlanta
Birmingham
Charleston
Savannah
New Orleans
Houston
Orlando
Miami
CUBA
OCEANO ATLANTICO
Golfo del Messico
Metri
3200
2100
1080
520
230
110
0
N

cose da non perdere

Non è possibile vedere tutto ciò che gli Stati Uniti hanno da offrire in un unico viaggio, e non vi suggeriamo nemmeno di provarci! Quanto segue è una scelta di ciò che di meglio ha da offrire il paese: città indimenticabili, parchi meravigliosi, feste travolgenti, scenari spettacolari. Le voci sono classificate in base a cinque categorie contraddistinte da altrettanti colori; per ognuna si indica il rimando alla pagina o al volume in cui è trattata.

01 **Monument Valley, AZ** • Vedi Rough Guide *Stati Uniti occidentali.*

02 Assistere a una partita di baseball Pag. 22 • È lo sport più amato del paese e quello più citato nei film hollywoodiani, praticato ovunque, dai grandi stadi al cortile di casa.

03 Pike Place Market, Seattle, WA • Vedi Rough Guide *Stati Uniti occidentali*.

04 Savannah, GA Pag. 420 • Ampie verande dove assaporare un bourbon alla menta, carrozze trainate dai cavalli sulle strade acciottolate, una vegetazione lussureggiante: lo storico porto del cotone è uno dei posti più incantevoli del Sud.

05 Mardi Gras, New Orleans, LA • Vedi Rough Guide *Stati Uniti centrali.*

06 Yellowstone, WY • Vedi Rough Guide *Stati Uniti occidentali.*

07 Rock and Roll Hall of Fame, OH • Vedi Rough Guide *Stati Uniti centrali.*

08 Walt Disney World, Orlando, FL Pag. **545** • Anche se ogni parco a tema di Orlando si sforza di superare gli altri, il Walt Disney World è sempre quello da battere.

09 Aurora boreale, AK • Vedi Rough Guide *Stati Uniti occidentali.*

10 Architettura moderna a Chicago, IL • Vedi Rough Guide *Stati Uniti centrali.*

11 Cibo americano Pag. **17** • Dalle bistecche al formaggio di Filadelfia alla pizza sottile di New York, dai gamberi cajun della Louisiana al barbecue texani: assaggiare tutto è il modo migliore per capire gli Stati Uniti.

12 Cascate del Niagara, NY Pag. **124** • La forza delle cascate più celebri al mondo è ancora più travolgente vista dal "Maid of the Mist".

13 Crazy Horse Memorial, SD • Vedi Rough Guide *Stati Uniti centrali.*

14 Burning Man • Vedi Rough Guide *Stati Uniti occidentali.*

15 Paludi Pag. **561** • Le fumose Everglades della Florida, con paesaggi dalla bellezza straordinaria, rappresentano una delle grandi zone umide nordamericane.

17 Graceland, Memphis, TN Pag. **457** • Gente da tutto il mondo viene a rendere omaggio alla tomba del Re e a visitare la sua residenza.

16 Sweet Auburn, Atlanta, GA
Pag. **420** • Questo storico quartiere ha visto nascere Martin Luther King: il Center for Nonviolent Social Change e diversi altri siti ne ricordano l'opera.

18 Sciare sulle Montagne Rocciose • Vedi Rough Guide *Stati Uniti occidentali.*

19 Siti degli indiani pueblo • Vedi Rough Guide *Stati Uniti occidentali.*

20 National Mall, Washington DC Pag. **298** • Dal Lincoln Memorial, passando per il Washington Monument, fino al Campidoglio, il National Mall è una delle espressioni più monumentali della cultura americana.

21 Passeggiando nel Grand Canyon • Vedi Rough Guide *Stati Uniti occidentali.*

22 Art déco a Miami, FL Pag. **510** • Questa sgargiante metropoli è giustamente nota per i favolosi edifici del quartiere di South Beach.

23 Las Vegas, NV • Vedi Rough Guide *Stati Uniti occidentali.*

24 Glacier National Park, MT • Vedi Rough Guide *Stati Uniti occidentali.*

25 South by Southwest, TX • Vedi Rough Guide *Stati Uniti centrali.*

26 Denali National Park, AK • Vedi Rough Guide *Stati Uniti occidentali.*

27 Guidando sulla Highway 1 • Vedi Rough Guide *Stati Uniti occidentali.*

28 New England in autunno
Pag. **173** • Un tripudio di colori cangianti fa da sfondo alla migliore stagione del New England, che qui non ha nulla di malinconico.

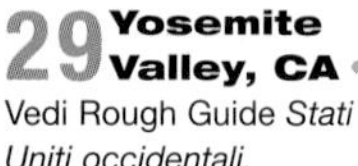

29 Yosemite Valley, CA • Vedi Rough Guide *Stati Uniti occidentali.*

30 San Francisco, CA • Vedi Rough Guide *Stati Uniti occidentali.*

31 Rodei • Vedi Rough Guides *Stati Uniti centrali* e *Stati Uniti occidentali.*

32 New York Pag. **43** • Con i suoi musei noti in tutto il mondo, i grandi ristoranti, i monumenti, la vita notturna assolutamente unica, è la città per eccellenza, in cui ognuno ritrova una parte di sé.

33 **Mount Rainier National Park, WA** • Vedi Rough Guide *Stati Uniti occidentali.*

Introduzione

All'inizio del XXI secolo gli occhi del mondo sono ancora puntati sugli Stati Uniti. Per oltre cinquecento anni, i viaggiatori hanno portato i loro sogni e le loro speranze in America. I primi esploratori europei sono stati seguiti da milioni di migranti dal Vecchio Continente qui convenuti per cercar fortuna. A loro si sono poi aggiunti, finalmente in qualità di liberi cittadini, i nativi americani – i veri pionieri del continente – e gli schiavi, arrivati dall'Africa e dai Carabi. Insieme hanno costruito una nazione che, non solo ha determinato qualcosa di nuovo, ma ha saputo rinnovarsi di fronte a ogni nuova sfida, con un'immutata capacità di stupire.

Le immagini di un paese che ha preso il nome di un continente sono impresse nella mente di ogni viaggiatore: strade infinite che tagliano deserti abbaglianti, foreste di grattacieli che sovrastano giungle urbane, chilometri di spiagge costellate di tavole da surf e corpi abbronzati. E, ancora, montagne e valli verdi, straordinarie costruzioni ingegneristiche, dal ponte di Brooklyn alla diga di Hoover. I simboli del paese appaiono così familiari da essere ormai parte integrante del patrimonio culturale universale, come la Statua della Libertà, il Grand Canyon, l'Empire State Building, il Campidoglio, l'insegna di Hollywood ... e l'elenco potrebbe continuare.

La combinazione di un atteggiamento battagliero con il capitalismo ultraliberista e il fervore religioso può essere difficile da gestire anche per gli stessi abitanti. Ciò che sorprende, tuttavia, è come una terra in principio scoraggiante possa poi dimostrarsi così seducente: la mescolanza di gente tanto diversa, le metropoli vorticose, i panorami mozzafiato, la musica, il cinema, persino la cucina. Alla fine non si può non restarne incantati.

Nonostante l'orgoglio e qualche eccesso, gli Stati Uniti sono una terra dai toni sereni, come la neve su una strada di campagna del Vermont, i ciliegi in fiore sotto il Washington Memorial, gli alligatori che nuotano nelle paludi. Potreste fare un viaggio attraverso città ignote, natura selvaggia, città fantasma e territori remoti: posti altrettanto americani quanto i suoi pezzi forti e i simboli imperituri. Anche mettendo da parte la vastità dell'America, decidere quale sfaccettatura privilegiare potrebbe rivelarsi la scelta più difficile.

Alcuni dati

- Il **governo** degli Stati Uniti poggia su tre poteri: quello esecutivo con a capo il presidente, il legislativo che comprende il Senato e la Camera dei deputati e quello giudiziario con a capo la Corte Suprema.
- Il maggiore centro economico e culturale degli Stati Uniti è New York, ma la **capitale federale** è Washington DC, anche se non è tra le prime venti città quanto a numero di abitanti (ufficialmente è un distretto e non una città).
- La **popolazione** degli Stati Uniti (circa 300 milioni di abitanti) possiede 200 milioni di veicoli, tra automobili e autocarri (uno ogni 1,4 abitanti), e oltre 9,1 milioni di chilometri di strade asfaltate.
- Con un **territorio** di 9,6 milioni di km^2 è il terzo paese più grande al mondo dopo Russia e Canada.
- Gli Stati Uniti sono l'unico paese che comprende sei **zone climatiche** diverse: desertica, tropicale, temperata, continentale, alpina e polare.
- Le isole Aleutine attraversano il meridiano di Greenwich e, quindi, l'**Alaska** è tanto l'estremo est quanto l'estremo ovest del paese. L'Alaska vanta anche la vetta più alta degli Stati Uniti, il monte McKinley (6194 m) ed è lo Stato più esteso (mentre il più piccolo è il Rhode Island).

Dove andare

Visitare gli Stati Uniti è molto semplice. In un paese dove tutti sembrano in perenne movimento è facile trovare una stanza per la notte e lo è altrettanto mangiare bene e senza grossi esborsi. Lo sviluppo dei trasporti ha avuto un ruolo determinante per la crescita del paese. La ferrovia ha aperto la strada alle migrazioni transcontinentali e grazie all'automobile si sono definite le strutture di molte grandi città. La vostra percezione del paese dipenderà molto anche dalla scelta del mezzo con cui viaggerete.

Il modo migliore di girare gli Stati Uniti è con un veicolo proprio. Passerà un po' di tempo prima che il semplice piacere di guidare ascoltando blues o country alla radio, vedendo scorrere i cartelli di Chicago, Memphis o Monument Valley, vi venga a noia. Noleggiare un'auto non costa molto e lungo tutte le strade principali non mancheranno motel a prezzi modici, dove una buona stanza non costa più di 60 dollari a notte.

Nel corso della guida si trovano informazioni dettagliate sui **trasporti pubblici**. Data la rete di aeroplani, autobus e treni, si può raggiungere qualsiasi località. Occorre dire che scegliendo di viaggiare con i mezzi pubblici si corre il rischio che l'America appaia un susseguirsi di grandi **città**. È però vero che **New York** e **Los Angeles** sono particolarmente vive ed eccitanti, e tra le loro rivali brillano **New Orleans**, splendida e decadente patria del jazz, **Chicago**, uno sfoggio di architettura moderna, e **San Francisco**, nella sua magnifica baia. Pochi altri centri, a parte **Las Vegas**, singolare e abbagliante città nel deserto, possono risultare così interessanti; comunque seguire un itinerario basato per lo più sulle metropoli vi taglierà fuori dagli straordinari **paesaggi** che fanno dell'America un posto veramente speciale. Soprattutto negli immensi spazi dell'ovest ci sono panorami che tolgono il fiato. Il glaciale splendore dello **Yosemite**, la meraviglia del parco di **Yellowstone**, le rocce rosse dei **canyon** dello Utah e dell'Arizona e le spettacolari **Montagne Rocciose** sono alcuni di questi tesori, tutelati in quanto riserve nazionali. Una volta arrivati in questi posti selvaggi si

Viaggiare nella storia americana

Viaggiare negli Stati Uniti vuol dire scoprire la loro storia. Alcuni dei primi insediamenti europei come St. Augustine in Florida (1565) e Santa Fe in New Mexico (1609), continuano a prosperare. Altri luoghi sono preservati come parchi storici: ad esempio Roanoke Island in North Carolina, sede della fatale "Colonia perduta" di Sir Walter Raleigh, che risale al 1585; Jamestown, in Virginia, fondata nel 1607; Plimoth Plantation nel Massachusetts, dove nel 1620 approdarono i Padri Pellegrini.

Altri siti ricordano invece i due maggiori conflitti vissuti sul suolo americano: la guerra d'indipendenza e quella di secessione. Tra le pietre miliari della prima, una targa (con la ricostruzione di una nave e un museo) che celebra il leggendario "Tea Party" del 1773 a Boston, nel Massachusetts; nella vicina Lexington, teatro della battaglia del 1775, il Minute Man National Park, e a Filadelfia l'Independence Hall, dove nel 1776 venne firmata la Dichiarazione d'Indipendenza. Monumenti e luoghi simbolo della guerra civile sono sparsi in tutto il Sud, nella capitale, in Pennsylvania, New Jersey e nello Stato di New York: tra di essi, Harpers Ferry, nella West Virginia (Virginia Occidentale), sede del celebre attacco all'arsenale federale da parte di John Brown nel 1859; Fort Sumter, non lontano da Charleston, nel South Carolina, dove furono sparati i primi colpi della guerra di secessione nel 1861, e Gettysburg, in Pennsylvania, scena della battaglia più cruenta, nonché dell'immortale discorso di Abramo Lincoln.

Moltissima gente affolla anche i siti storici più recenti, quali Dallas, dove nel 1963 fu assassinato il presidente Kennedy, e il motel (oggi un museo) dove fu ucciso Martin Luther King nel 1968 a Memphis, nel Tennessee. Gli unici due luoghi dove gli Stati Uniti sono stati attaccati sul proprio territorio vedono milioni di visitatori ogni anno: la base di Pearl Harbour, nelle Hawaii, bombardata il 7 dicembre 1941, e Ground Zero a New York, dove s'innalzava il World Trade Center prima che fosse distrutto da un attacco terroristico l'11 settembre 2001.

può fare **campeggio** e godere di innumerevoli **escursioni**, ma per raggiungerli è necessario essere muniti di un mezzo proprio.

Potrete anche immergervi nella cultura popolare americana laddove ha avuto origine: i luoghi che hanno visto la nascita del rock 'n' roll, i panorami ammirati soltanto sugli schermi e i viaggi che hanno intrapreso i vostri personaggi letterari preferiti sono ancora tutti lì per essere esplorati.

Per gli appassionati di **musica** ascoltare un concerto country a Nashville o di rhythm and blues a New Orleans, ballare in una bettola del Mississippi o visitare la tomba di Elvis a Memphis possono essere esperienze quasi religiose. I lettori cresciuti a pane e romanzi di Mark Twain possono salire sui battelli a vapore del Mississippi e chi divora **film** può vivere le sue fantasie negli aspri deserti dello Utah.

Troppo spesso si pensa agli Stati Uniti, e lo fa anche chi vi abita, come a una terra senza **storia**. Ma se la maggior parte degli americani ritrova le proprie radici nei Padri Pellegrini e nei puritani del New England, il territorio vanta un passato assai più antico, che va oltre la cultura francese della Louisiana, la presenza spagnola in California, le città nella roccia scavate dai nativi un migliaio di anni fa nel Sud-Ovest. Innumerevoli sono le testimonianze della storia post-indipendenza: le vestigia della corsa all'oro, quelle degli anni delle lotte per i diritti civili nel Sud o i reperti della guerra di secessione a est del Mississippi.

I viaggi più interessanti sono quelli che toccano più aree del paese. Non è necessario attraversare il continente da costa a costa per riuscire ad apprezzare le sue diversità o per essere colpiti dal modo in cui terre e persone si sono unite in un'unica nazione. Occorre tempo per vedere tutto il paese, e più ne im-

Il Selvaggio West

Nessun luogo degli Stati Uniti è imbevuto di mito e storia come il Selvaggio West (*Wild West*) e non è cambiato molto dai giorni dei pionieri, degli esploratori e naturalmente delle lotte tra cowboy e indiani. A Lincoln nel New Mexico potete ancora vedere le tracce lasciate da Billy the Kid, a Tombstone in Arizona rivivere il combattimento dell'OK Corral e a Little Bighorn in Montana arrampicarvi sulla collina spazzata dal vento dove il generale Custer sostenne l'ultima battaglia. Il Colorado e la California sono ancora pieni di città fantasma, abbandonate dopo che le miniere d'oro e d'argento si esaurirono, mentre le vie del bestiame sono ricordate a Dodge City, nel Kansas, e a Fort Worth, in Texas. I nativi americani continuano ad abitare le loro terre originarie soprattutto nel sud-est, dove gli hopi e gli ácoman sopravvivono in remoti villaggi, i navajo cavalcano nella Monument Valley e gli havasupai continuano a coltivare e allevare presso le cascate magiche del Grand Canyon.

piegherete per viaggiare da un posto all'altro, meno ne avrete per apprezzare le bellezze e le atmosfere dei villaggi e delle stradine che andranno a costituire i vostri ricordi. Comprenderete presto che non esiste l'americano tipico così come è difficile trovare un paesaggio tipico, ma ci sono pochi posti, dove uno straniero si possa sentire così a suo agio e benvenuto come in America.

Quando andare

Le città americane si possono visitare tutto l'anno (anche se ad esempio nella stagione invernale Fairbanks in Alaska e in quella estiva Houston in Texas possono essere invivibili), mentre per i parchi nazionali e le montagne, la scelta si fa più circoscritta.

Il **clima** americano è molto variabile, non solo a seconda delle regioni e delle stagioni, ma anche di giorno in giorno e di ora in ora. Anche tralasciando l'Alaska e le Hawaii, il territorio è soggetto a grandi cambiamenti climatici, la maggior parte provocati dai venti dell'ovest, che spazzano il continente partendo dal Pacifico. Come regola generale le temperature sono più alte al sud e si abbassano procedendo verso nord, mentre il clima è mite e stabile lungo le coste rispetto all'interno.

Nel **nord-est**, dal Maine a Washington DC, le precipitazioni sono poche, ma le temperature variano da quelle gelide invernali a quelle torride dell'estate accentuate dalla forte umidità. Andando a sud l'estate si fa più lunga e calda. In **Florida** il mare tende a mitigare la canicola estiva e in inverno fa caldo abbastanza per attirare turisti da tutto il paese.

Le **Grandi Pianure** che vanno dagli Appalachi alle Montagne Rocciose sono alternativamente esposte ai gelidi venti artici che arrivano dal Canada e alle correnti d'aria tropicali provenienti dai Caraibi e dal golfo del Messico. L'inverno nell'area di Chicago e dei Grandi Laghi può risultare molto freddo con vento e pioggia ghiacciata. Ci possono essere gelate fino al golfo del Messico, anche se la primavera e l'autunno sono più lunghi e miti verso sud vicino alle Pianure. Nel **Sud** l'estate è sicuramente la stagione più piovosa, con numerosi temporali. Un paio di uragani si abbattono ogni anno sulla Florida partendo da qualche zona remota del golfo del Messico per estinguersi nell'O-

Temperature medie diurne in °C

	Gen	Feb	Mar	Apr	Mag	Giu	Lug	Ago	Set	Ott	Nov	Dic
Anchorage												
max	–7	–3	1	7	12	17	18	18	14	6	–1	–7
min	–15	–13	–11	–3	2	7	9	8	4	–2	–9	–14
giorni di pioggia	7	6	5	4	5	6	10	15	14	12	7	6
Chicago												
max	0	1	6	13	18	24	27	26	23	16	8	2
min	–8	–7	–2	4	10	16	19	18	14	8	1	–5
giorni di pioggia	11	10	12	11	12	11	9	9	9	9	10	11
Las Vegas												
max	16	19	22	27	32	37	40	39	35	29	22	16
min	–2	1	4	7	11	16	20	19	14	8	2	–1
giorni di pioggia	2	2	2	1	1	1	2	2	1	1	1	2
Los Angeles												
max	18	19	19	21	22	24	27	28	27	24	22	19
min	8	8	9	10	12	13	16	16	14	12	10	8
giorni di pioggia	6	6	6	4	2	1	0	0	1	2	3	6
Miami												
max	23	24	26	27	29	30	31	31	31	28	26	24
min	16	16	18	19	22	23	24	24	24	22	19	17
giorni di pioggia	9	6	7	7	12	13	15	15	18	16	10	7
New Orleans												
max	17	18	22	25	28	31	32	32	30	26	21	18
min	8	10	13	16	20	23	24	24	23	18	13	9
giorni di pioggia	10	12	9	7	8	13	15	14	10	7	7	10
New York												
max	3	3	7	14	20	25	28	27	26	21	11	5
min	–4	–4	–1	6	12	16	19	19	16	9	3	–2
giorni di pioggia	12	10	12	11	11	10	12	10	9	9	9	10
San Francisco												
max	13	15	16	17	17	19	18	18	21	20	17	14
min	7	8	9	9	11	11	12	12	13	12	11	8
giorni di pioggia	11	11	10	6	4	2	0	0	2	4	7	10
Seattle												
max	7	9	11	14	18	21	22	23	19	15	11	8
min	2	3	4	6	8	11	12	13	11	8	5	3
giorni di pioggia	18	16	16	13	12	9	4	5	8	13	17	19
Washington												
max	6	7	12	18	24	28	31	29	26	19	13	7
min	–3	–2	2	7	12	17	20	19	14	9	3	–2
giorni di pioggia	11	10	12	11	12	11	11	11	8	8	9	10

ceano Atlantico. I tornadi sono fenomeni più localizzati che però hanno una limitata zona d'azione, di solito sulla scia di un temporale estivo o invernale. Le precipitazioni tendono a diminuire se si procede verso ovest in direzione delle Pianure.

Le temperature delle **Montagne Rocciose** sono legate all'altitudine; oltre alle montagne a sud, ci sono i vasti e aridi deserti del **Sud-Ovest**. Gran parte di questa zona, per quanto riguarda le precipitazioni, si può assimilare all'area della California. In città come Las Vegas e Phoenix il termometro supera i 38° anche se l'aria non è così umida da essere insopportabile.

A ovest delle Cascade Mountains c'è il fertile territorio del **nord-ovest del Pacifico**, l'unica regione dove l'inverno è la stagione più umida e il clima è simile a quello europeo, piovoso, mite e abbastanza caldo. Il clima della **California** ha una fama eccezionale anche se è molto più caldo e secco al sud che al nord, dove c'è abbastanza neve da trasformare le montagne in una meta per sciatori. San Francisco si mantiene più mite e fredda del resto della regione a causa della nebbia marina che arriva dalla baia, mentre il bacino di Los Angeles tende a riempirsi di smog e nebbia e l'inquinamento rimane intrappolato sotto uno strato sottile di aria calda.

SIMBOLI DELLE CARTINE

Confine internazionale	Faro
Confine statale	Museo
Divisione dei capitoli	Monumento commemorativo
80 Superstrada federale	Area sciistica
30 Strada federale	Ristorante
1 Strada statale	Alloggio
Strada sterrata	Campeggio
Pista per fuoristrada	P Parcheggio
Tunnel/galleria	Fermata d'autobus
Sentiero	M Metropolitana
Ferrovia	Ospedale/centro medico
Rotta dei traghetti	i Ufficio turistico
Fiume	Ufficio postale
Grotta	Statua
Catena montuosa	Fontana/giardini
Cima montuosa	Mura
Cascata	Arco
Sorgente	Ingresso al parco
Palude	Chiesa (carte regionali)
Gola/canyon	Palazzo
Sito di una battaglia storica	Chiesa (carte urbane)
Punto d'interesse	Stadio
Aeroporto	Cimitero
Pista d'atterraggio	Parco/foresta
Punto panoramico	Spiaggia
	Riserva indiana

Nel testo è stato utilizzato il simbolo dell'uomo che corre (emblema delle Rough Guides), associato ad alloggi, caffè, ristoranti: la sua presenza significa che l'esercizio segnalato è particolarmente raccomandato dall'autore.

Informazioni generali

Informazioni generali

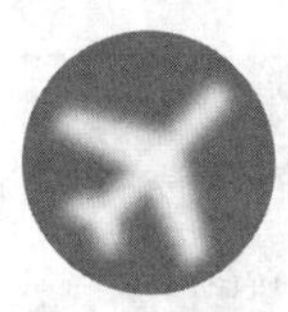

Come arrivare

La prima cosa da decidere è quale zona degli Stati Uniti volete visitare: il paese è così grande che fa una grossa differenza dove atterrate. Una volta scelto se preferite gli acquitrini della Florida, la tundra gelata dell'Alaska, il caldo estivo del Sud o lo splendore delle Montagne Rocciose e del Sud-Ovest, potete acquistare il biglietto per l'*hub* più vicino.

Normalmente i prezzi sono più alti da luglio a settembre e intorno a Pasqua e Natale. Le tariffe calano durante le stagioni intermedie, da aprile a giugno, ottobre e ancora di più in bassa stagione da novembre a marzo (a parte, Pasqua, Natale e Capodanno). Le variazioni di prezzo dipendono più da quando gli americani vogliono partire che dalla richiesta dei turisti stranieri.

Prenotazioni on line, compagnie aeree, agenti di viaggio e tour operator

www.aereionline.com
www.azfly.it
www.edreams.it
www.expedia.it
www.lastminute.it
www.lastminutetour.com
www.opodo.it
www.priceline.com
www.travelonline.it

Compagnie aeree

Air France *www.airfrance.it*
Alitalia *www.alitalia.com*
American Airlines *www.aa.com*
British Airways *www.ba.com*
Continental Airlines *www.continental.com*
Delta *www.delta.com*
Lufthansa *www.lufthansa.com*
Northwest/KLM *www.nwa.com*
United Airlines *www.united.com*
Virgin Atlantic *www.virgin-atlantic.com*

Agenzie di viaggio e tour operator

I Grandi Viaggi *www.igrandiviaggi.it.* Pacchetti di volo e soggiorno, tour individuali.
New York City Tours *www.nyc-site.com.* Operatore turistico italiano con sede a New York, offre tour, prenotazione alberghi, voli e informazioni di ogni genere, via Internet ma tutto in italiano.
Teorema *www.teorematour.it.* Operatore turistico italiano con proposte di soggiorni su misura.

Pacchetti e tour

I pacchetti **fly and drive** hanno tariffe inferiori per l'auto, quando si compra un biglietto per gli Stati Uniti presso una compagnia aerea o un tour operator, rispetto al noleggio sul posto. E sono particolarmente convenienti se si intende guidare molto. Di solito si trovano su Expedia o Travelocity oppure presso alcune compagnie aeree.

Alcuni tour operator si spingono verso il passo successivo e prenotano l'alloggio per chi decide di **girare in auto**. Alcuni viaggiatori preferiscono avere l'itinerario già pianificato e prenotato da esperti. Exploreamerica organizza viaggi da una a tre settimane in Florida, in California, nell'est con prezzi che partono (per una settimana e un albergo economico) da €800 a persona.

Un modo facile per vedere gli spazi aperti dell'America senza doversi preoccupare dell'organizzazione pratica è rivolgersi a chi organizza pacchetti avventura, che includano trasporto, alloggio, pasti e una guida. TrekAmerica porta in giro piccoli gruppi con minivan con la possibilità di dormire sia in hotel economici sia in campeggi. La maggior parte dei tour è concentrata all'ovest: dall'Arizona all'Alaska, da una settimana fino a cinque. Si può scegliere anche il cross-country o viaggi a New York e Florida. Le tariffe, escluso il volo, vanno da €800 in bassa stagione fino a €1500 in alta. I viaggi in Alaska sono più cari. Un'altra scelta per tour e pacchetti è la Green Tortoise (vedi riquadro a p. 13).

Per ridurre i cambiamenti climatici fate meno voli, progettate soggiorni più lunghi!

I cambiamenti climatici rappresentano la minaccia più grave per il nostro pianeta e sono causati da un accumulo nell'atmosfera di anidride carbonica e di altri gas a effetto serra emessi da numerose fonti, aerei compresi. I **voli** sono già responsabili per il 3-4% del riscaldamento globale provocato dall'uomo. È una percentuale che può sembrare bassa, ma che cresce di anno in anno e minaccia di neutralizzare i progressi ottenuti riducendo le emissioni di gas a effetto serra in altri ambiti.

Nel complesso, Rough Guides considera i viaggi un **beneficio a livello globale** ed è convinta dell'importanza dei vantaggi apportati in termini di sviluppo economico, così come dell'opportunità di creare maggiori contatti e relazioni amichevoli tra i popoli. Tuttavia, abbiamo la responsabilità di limitare il nostro impatto personale sul riscaldamento globale, riflettendo sulla frequenza con cui voliamo e su come poter compensare i danni causati dai nostri viaggi.

Che fare? Si possono ridurre il numero di viaggi aerei (fate meno voli, progettate soggiorni più lunghi!), evitare i voli notturni (quando gli aerei non possono riflettere la luce solare nello spazio pur intrappolando il calore della Terra) e limitare l'impatto dal punto di vista climatico dei viaggi effettuati attraverso un progetto di compensazione della CO_2. I progetti di compensazione, gestiti da organizzazioni come **climatecare.org**, **carbonneutral.com** e altre, consentono a ciascuno di compensare il danno causato dalla quantità di gas serra di cui è responsabile. A tale scopo, queste organizzazioni forniscono "calcolatori di CO_2" per quantificare l'impatto sul riscaldamento globale di un volo specifico, stabilendo poi la corrispondente cifra in denaro da devolvere per finanziare progetti di compensazione (come la distribuzione di lampadine e fornelli a basso consumo energetico nei paesi in via di sviluppo). Visitate il sito Internet segnalato qui sotto per scoprire come rendere il vostro viaggio più compatibile dal punto di vista dell'impatto climatico.

www.roughguides.com/climatechange

Turisanda *www.turisanda.it.* Voli e alloggi, pacchetti individuali su misura per New York.

Ferrovie e pullman

Amtrak US ⓣ 1-800/872-7245, *www.amtrak.com*
Green Tortoise US ⓣ 1/800-867-8647, *www.greentortoise.com*
Greyhound US ⓣ 1/800-231-2222, *www.greyhound.com*
Peter Pan US ⓣ 1/800/343-9999, *www.peterpanbus.com*
STA Travel US ⓣ 1-800/781-4040, *www.statravel.com*

Come muoversi

Le distanze sono così grandi che è fondamentale decidere prima di partire che tipo di mezzo usare per spostarsi. L'Amtrak offre un servizio spartano ma con panorami bellissimi e i collegamenti tra le città più importanti sono garantiti dai pullman. Si possono raggiungere i posti che vi interessano anche nelle zone rurali senza troppi problemi con autobus e navette, basta programmarlo con un po' d'anticipo.

Detto questo, viaggiare da una città all'altra è sempre più semplice se avete un'auto. Alcune delle mete più significative sono lontane dalle città: anche se un autobus vi può portare nelle vicinanze di un parco nazionale, poi vi servirebbe a poco per girare i grandi spazi.

Per tutte le informazioni sull'Amtrak e per prenotare: *www.amtrak.com* o chiamata gratuita al ☎ 1-800/USA-RAIL (872-7245).

Treni

Scegliere di viaggiare in **treno** non è il modo più veloce, ma se avete tempo, è un'esperienza piacevole e riposante. Come si vede dalla cartina a p. 12 l'Amtrak non copre tutti gli Stati: la costa est dalla Virgina verso nord è ben servita, mentre a ovest, alcuni Stati non sono contemplati. Inoltre, le tratte che attraversano le zone rurali sono servite da uno o due treni al giorno, e in vaste zone della nazione il treno passa alle tre o alle quattro del mattino. Ci sono treni locali che collegano le fermate dell'Amtrak con paesi e città che non sono sulla rete principale. L'Amtrak gestisce anche un efficiente ma limitato servizio di pullman, il Thruway, che collega le città non raggiunte dal treno.

Il viaggio può essere **più costoso** in treno che con gli autobus Greyhound o con l'aereo: il prezzo standard di sola andata da New York a Los Angeles, per esempio, è all'incirca di $230, anche se con le offerte speciali, soprattutto in bassa stagione, l'andata e ritorno costa circa $370 (da settembre a maggio, escluso Natale). Prenotando **on line** si può sempre risparmiare e non mancano le promozioni. L'abbonamento USA Rail da 15, 30 o 45 giorni permette di viaggiare attraverso tutta la nazione per una cifra che varia da $389 a $749, a seconda della lunghezza del periodo, della zona e se vi muoverete in alta oppure in bassa stagione. L'abbonamento **California Rail** dà la possibilità di avere sette giorni di viaggio utilizzabili in 21 giorni per $159 mentre l'abbonamento **Florida Rail** offre un anno di viaggi illimitati in tutto lo Stato per $249.

Anche con un abbonamento si deve sempre **prenotare** il prima possibile. È obbligatorio che tutti i passeggeri abbiano un posto e alcuni treni, soprattutto quelli che collegano le grandi città della costa est possono essere molto affollati. I vagoni letto costano $300 a notte oltre al biglietto, ma sono compresi tre pasti per una o due persone mentre quelli singoli costano $800. Le cuccette standard dell'Amtrak sono molto spaziose rispetto ai sedili di un aereo e ci sono vagoni ristorante, bar e alcuni hanno il tetto di vetro. Se infine volete fare in fretta, salite sui veloci Acela che coprono l'area di nord-est che vi fa arrivare ovunque con un viaggio che va da 30 a 60 min, anche se costa dai $25 ai $100 rispetto ai treni Amtrak.

Le più belle tratte con l'Amtrak sono sulla costa est: includono l'Hudson River Valley a nord di New York (con diversi percorsi); il fiume Potomac a Harpers Ferry, West Virginia e il New River Gorge, sul treno *Cardinal*. A ovest il *California Zephyr* va da Chicago a San Francisco percorrendo il magnifico tratto a ovest di Denver sulle Montagne Rocciose, rivali della Sierra Nevada, dove si arriva un giorno dopo. Il *Coast Starlight* offre degli impagabili panorami della costa californiana e delle montagne del nord-est nel viaggio tra Seattle e Los Angeles. Controllate, quando prenotate, che il treno passi attraverso queste meraviglie durante il giorno.

Pullman

Se viaggiate da soli, e volete fare molte fermate, il **pullman** è il mezzo più economico. Greyhound copre le medie e lunghe distanze (☎ 1-800/231-2222, *www.greyhound.com*, oppure ☎ 214/849-8100, 5-1 CST), e collega tutte le città più grandi e i centri minori. Nelle zone rurali i pullman sono meno frequenti e a volte passano solo una volta al giorno. Sulle strade principali ci sono pullman tutto il giorno, che si fermano solo per la pausa pranzo (di solito nelle catene di fast food) e per il cambio degli autisti.

Per evitare possibili fastidi, i viaggiatori dovrebbero sedersi il più vicino possibile al con-

Treni storici

L'Amtrak ha il monopolio sulle lunghe distanze ma ci sono treni storici o molto belli, alcuni anche a vapore che riportano direttamente ai giorni gloriosi delle ferrovie. In certi casi si tratta solo di attrazioni per turisti che fanno il giro di simpatiche località di campagna in due o tre ore. In altri casi invece i treni possono condurvi in zone più suggestive e selvagge. Le tariffe variano a seconda della lunghezza del viaggio. Ci siamo occupati dei più significativi nei vari capitoli.

FERROVIE AMTRACK
Tratte Amtrak
CANADA
MESSICO
OCEANO PACIFICO
OCEANO ATLANTICO
N
0 400 miglia/650 km
Seattle
Portland
Glacier Park
YELLOWSTONE
MOUNT RUSHMORE
Duluth
Minneapolis-St Paul
Milwaukee
Madison
Chicago
Lago Superiore
Lago Huron
Lago Michigan
Lago Erie
Detroit
Toronto
Cascate del Niagara
Montréal
Boston
New York
Atlantic City
Philadelphia
Cleveland
Pittsburgh
Cincinnati
Washington DC
Louisville
San Francisco
Oakland
Reno
YOSEMITE
Salt Lake City
Denver
Omaha
Kansas City
St Louis
Las Vegas
GRAND CANYON
Bakersfield
Los Angeles
San Diego
Flagstaff
Santa Fe
Phoenix
Albuquerque
Tucson
El Paso
BIG BEND
Oklahoma City
Little Rock
Fort Worth
Dallas
Houston
San Antonio
Nashville
Memphis
Atlanta
Birmingham
Charleston
Savannah
Jacksonville
Orlando
Tampa
Miami
New Orleans
REGIONE OCCIDENTALE
REGIONE ESTREMO-OCCIDENTALE
REGIONE ORIENTALE

Green Tortoise

In alternativa alla tortura degli autobus c'è il divertente, contro tendenza, Green Tortoise, che ha pullman con cuscini, cuccette, frigoriferi e musica rock. Sono a ovest e nord-ovest del paese, ma arrivano anche a New Orleans, Washington DC e New York. Le offerte migliori includono un giro dei parchi nazionali di 16 giorni per $1060, il Coast to Coast Usa Explorer di 34 giorni per $1790, un eccezionale giro in Alaska di 27 giorni per $1730. I prezzi includono i pasti e l'entrata ai parchi. Si segnalano più di 30 allettanti offerte e ognuna permette di fermarsi per passeggiate, rafting, bagni in sorgenti calde e così via. L'ufficio principale della Green Tortoise è 494 Broadway, San Francisco, CA 94133 (T 415/956-7500 o 1-800/867-8647, *www.greentortoise.com*).

ducente e cercare di arrivare durante il giorno. Molte stazioni sono in zone poco sicure. In passato ogni centro di un certo rilievo aveva una stazione Greyhound, adesso in alcuni luoghi l'ufficio postale o il distributore di benzina fungono sia da fermata sia da biglietteria e in altri è stata soppressa del tutto. Si può prenotare in stazione, on line o al numero verde; non è fondamentale ma è raccomandato: se un pullman è pieno e non avete la prenotazione potreste essere costretti ad aspettare quello successivo tutta la notte.

Le tariffe sui viaggi brevi si aggirano intorno ai 25 cent al miglio (1,6 km) ma per le lunghe distanze si trovano molte promozioni. Controllate gli sconti sulla pagina web. Comprare il biglietto anche con pochi giorni di anticipo vuol dire risparmiare, e lo stesso vale se viaggiate da martedì a giovedì. Per viaggi sulla lunga distanza, visto il tempo che ci metterete (65 h da costa a costa, se mangiate e dormite sull'autobus) e il costo del carburante (compreso nel biglietto), il pullman non è migliore dell'aereo, a meno che non abbiate deciso di fermarvi spesso usando l'abbonamento Greyhound Discovery (vedi riquadro a p. 14).

Aereo

Le compagnie aeree Southwest e JetBlue sono le uniche che dispongono di tariffe basse, ma usare l'aereo per spostarsi non è più il mezzo migliore. Il prezzo del carburante continua a salire e le compagnie sopprimono le tratte; i giorni in cui si poteva volare da un posto all'altro con facilità sono finiti. Per avere prezzi di favore bisogna prenotare con molto anticipo (almeno tre settimane), non durante l'alta stagione ed essere sicuri delle mete scelte in modo da comprare i biglietti non rimborsabili, che, nel caso vengano cambiati, hanno un costo aggiuntivo di $100, se non di più. Se organizzate bene il viaggio l'aereo può essere più conveniente del treno, visto che non avete da pagare i pasti sul tragitto, ma un po' più caro del pullman. Nel corso della guida saranno indicati i casi in cui vale la pena volare per brevi tratte. O chiamate le compagnie aeree o andate sul sito per controllare tratte e orari.

Auto

L'idea di viaggiare per le strade in una macchina, possibilmente decappottabile con la radio a tutto volume, è uno dei motivi per scegliere un viaggio in America. La visione romantica trasmessa da migliaia di film "on the road" non è lontana dalla verità, anche se non è necessario fare il pieno di sesso, droga e alcol per divertirsi a guidare negli Stati Uniti. A parte tutto, l'automobile rende possibile pianificare un viaggio su misura e godere di panorami meravigliosi che costituiranno i vostri migliori ricordi.

Guidare in città non è particolarmente divertente e può farvi venire i capelli dritti, sebbene in luoghi di una certa vastità l'auto sia il mezzo migliore per muoversi anche perché i trasporti pubblici diventano meno frequenti fuori dai grandi centri. Molte città, da quando si è diffuso l'uso dell'auto, si sono assai svi-

Guidare per gli stranieri

I pacchetti "fly and drive" hanno prezzi interessanti se intendete affittare una macchina (vedi p. 14), anche se potete risparmiare fino al 50% semplicemente prenotando in anticipo presso una concessionaria. Se scegliete di pagare all'arrivo state attenti a portare il foglio con il prezzo concordato. Ricordate che non è saggio guidare dopo un volo transoceanico e che la maggior parte delle auto ha il **cambio automatico**.

Pianificazione del viaggio

Abbonamenti Amtrak USA Rail

Gli abbonamenti Amtrak USA Rail (15 giorni $389, 30 giorni $579 e 45 giorni $749) coprono l'area della cartina a p. 12 e si possono acquistare sul sito dell'Amtrak (*www.amtrak.com*).

Abbonamenti Greyhound Discovery

I visitatori stranieri, soprattutto coloro che desiderano visitare non soltanto le mete più note, possono comprare l'**abbonamento Greyhound Discovery** on line, nelle stazioni della Greyhound e nelle agenzie degli Stati Uniti. Il biglietto offre viaggi illimitati in un preciso lasso di tempo. Un biglietto per una settimana costa $329, 15 giorni $483, 30 giorni $607 e 60 giorni $750. Non è possibile aggiungere giorni.

Ogni volta che salite sull'autobus dovete presentare al controllore abbonamento e biglietto per avere una carta d'imbarco. Per maggiori informazioni *www.greyhound.com*

Abbonamenti aerei

La maggior parte delle compagnie americane propone l'**abbonamento aereo** a chi ha intenzione di fare tanti voli interni: tale abbonamento va acquistato in anticipo e spesso è venduto a condizione che si compri anche il biglietto per arrivare negli Stati Uniti con la stessa compagnia o gruppo come la One World Alliance. Ogni accordo prevede l'acquisto di un certo numero di biglietti, miglia o coupon. Altre compagnie garantiscono al viaggiatore il diritto a uno sconto sulle tratte nazionali, sempre a condizione che comprino il biglietto prima di partire. Guardate cosa offrono le compagnie e il "range" dei prezzi. Ricordate che scegliere l'aereo per spostarsi negli Stati Uniti è conveniente solo per le zone dove le tariffe sono basse: volare all'interno della Florida, per esempio, è molto costoso.

luppate. Los Angeles e Houston per esempio si estendono per molti chilometri in tutte le direzioni: il vostro albergo potrebbe trovarsi a miglia di distanza dal luogo che volete visitare o semplicemente dall'altro lato dell'autostrada che non si può attraversare. Nelle città con un centro ben definito – Chicago, San Francisco, Portland, Seattle e quelle del nordest – la maggior parte dei posti d'interesse è raggiungibile a piedi.

Per **noleggiare** l'auto dovete avere la patente da almeno un anno; i guidatori con meno di 25 anni potrebbero dover pagare un'assicurazione più alta. Si dà per scontato che abbiate una carta di credito; se non l'avete vi potrebbero far lasciare un deposito di circa $200. Le **grandi compagnie** hanno uffici anche negli aeroporti. Le prenotazioni sono gestite dalla sede centrale, quindi il modo migliore per farlo è on line o chiamando il numero verde. Le tariffe variano di molto, alcune città costano assai meno di altre e il turista che viaggia da solo potrebbe rientrare nella categoria "frequent flyer" o "AAA discount". In bassa stagione potete trovare una macchina per $150 a settimana, ma normalmente i prezzi sono $40 al giorno e $200 a settimana, tasse incluse. Potete ottenere condizioni vantaggiose solo da operatori locali, anche se non è garantito. Se volete prenotare con loro informatevi bene prima di partire. Anche tra le grandi compagnie ci può essere molta differenza nella qualità delle auto. Alamo, Hertz e Avis di solito forniscono auto nuove, con poche miglia, aria condizionata e stereo con cd: non poco in previsione di migliaia di chilometri nel deserto. Ricordatevi sempre di chiedere il **chilometraggio illimitato** e che non dobbiate pagare $200 in più se lasciate l'auto in un'altra città rispetto a dove l'avete noleggiata.

Quando noleggiate l'auto leggete attentamente il Collision Damage Waiver (CDW), chiamato anche Liability Damage Waiver (LDW). Questa assicurazione copre i danni all'auto che state guidando e ovviamente siete assicurati per i danni verso altre auto. $12-20 al giorno possono incidere sul costo totale ma se non li pagate sarete responsabili di ogni graffio, compresi quelli non causati da voi. Alcune società di carte di credito offrono la CDW ai clienti che hanno la loro carta. Informatevi se la vostra lo fa.

L'**American Automobile Association**, o AAA (☎ 1-800/222-4357; *www.aaa.com*), fornisce cartine gratis e assistenza ai suoi affiliati, anche a quelli oltreoceano, come l'inglese AA e RAC. Nel caso di **incidente** con un'au-

Autostop

Fare l'**autostop** negli Stati Uniti è una pessima idea. **Potreste essere a rischio** dentro (non sapete con chi viaggiate) e fuori dall'auto (se vi avvicinate troppo alla carreggiata). Negli Stati in cui l'autostop è illegale potete prendere una multa o passare la notte in cella.

to a noleggio, chiamate una di queste associazioni se siete coperti, altrimenti troverete il numero stampato sul cruscotto.

Agenzie di autonoleggio

Alamo US ☎ 1-800/GO-ALAMO, *www.alamo.com.*
Avis US ☎ 1-800/230-4898, *www.avis.com.*
Budget US ☎ 1-800/527-0700, *www.budget.com.*
Dollar US ☎ 1-800/800-3665, *www.dollar.com.*
Enterprise Rent-a-Car US ☎ 1-800/261-7331, *www.enterprise.com.*
Hertz US ☎ 1-800/654-3131, *www.hertz.com.*
Holiday Autos US ☎ 1-866/392-9288, *www.holidayautos.com.*
National US ☎ 1-800/CAR-RENT, *www.nationalcar.com.*
Thrifty US and Canada ☎ 1-800/847-4389, *www.thrifty.com.*

Bicicletta

La **bicicletta** è un mezzo economico e sano per girare le grandi città. Molti centri dispongono di piste ciclabili e autobus dove caricarle legate fuori. Nelle zone rurali le strade hanno un'ampia corsia di emergenza e meno automobilisti. Le bici potete noleggiarle per $15-35 al giorno o a settimana a prezzi scontati vicino alle spiagge e alle università. Le tariffe aumentano in zone molto turistiche. I centri visitatori forniscono tutte le informazioni.

L' **Adventure Cycling Association**, a Missoula, Montana (☎ 406/721-1776 o 1-800/755-2453, *www.adventurecycling.org*), pubblica cartine con percorsi, campeggi, motel, ristoranti, negozi di biciclette e luoghi da vedere. Molti Stati hanno la loro cartina; verificate nei centri turistici a p. 33. Per programmare un viaggio lungo in bicicletta avrete bisogno di una buona bici con le marce, borse, strumenti e pezzi di ricambio, cartine, calzoncini imbottiti e il casco, che in alcune zone è obbligatorio. Scegliete un itinerario che eviti le strade interstatali (dove pedalare è pericoloso e a volte vietato) e rimanete su quelle graziose di campagna. Tra i problemi che incontrerete c'è il traffico, per esempio gli enormi autoarticolati con un'infinità di ruote il cui risucchio può essere tale da farvi cadere in mezzo alla strada.

Il Backroads Bicycle Tours (*www.backroads.com*), e ostelli dell'HI-AYH (vedi p. 17) organizzano itinerari di più giorni con campeggio o alberghetti. Abbiamo segnalato altre organizzazioni dove necessario.

Greyhound, Amtrak e le grosse compagnie aeree trasportano a poco prezzo le biciclette, smontate e impacchettate.

Alloggio

Il costo dell'alloggio può incidere in un viaggio negli Stati Uniti, considerando che gli standard di qualità e servizio sono abbastanza alti. Ovunque siate, potrete trovare un motel o un albergo di buona qualità e, se potete pagare un po' di più, non mancano gli hotel storici e i lodge che vi regaleranno ricordi indimenticabili.

Il prezzo medio di una stanza è circa di $50 a notte in zone rurali e $75 in città. Molti hotel possono fornire un terzo letto per $20 in più, riducendo così la tariffa se siete in tre. D'altro canto, per chi viaggia da solo la camera singola è praticamente una doppia che costa appena un po' meno. Un letto in ostello si aggira intorno ai $16-32 a notte, ma diminui-

Prezzi degli alloggi

I **prezzi degli alloggi** sono classificati secondo le categorie di prezzo sottoelencate in base al costo medio, nel corso dell'anno, della **camera doppia più economica**. Tuttavia, a parte nei motel lungo la strada è difficile stabilire un prezzo fisso per una stanza. Un motel di categoria media al mare o in montagna può quadruplicare i prezzi a seconda della stagione, mentre l'albergo di una grande città che durante la settimana costa $200, durante il fine settimana può tagliare drasticamente i prezzi. Le tariffe on line sono più basse e visto che il concetto di alta e bassa stagione varia da zona a zona, una pianificazione attenta può far risparmiare parecchio (state attenti anche a qualche evento particolare, come un festival o una celebrazione oppure le partite di football americano dei college, che possa far alzare i prezzi). Solo dove è specificato nella guida il prezzo della stanza include le **tasse** locali.

❶ fino a $35	❹ $76-100	❼ $161-200
❷ $36-50	❺ $101-130	❽ $201-250
❸ $51-75	❻ $131-160	❾ oltre $251

scono sicurezza e pulizia, inoltre, per gruppi di due o più il risparmio rispetto a un motel è minimo. In alcune zone il campeggio è un'alternativa economica e divertente e costa dai $10 ai $25 a notte.

Si deve pagare in anticipo, almeno la prima notte, e forse anche le seguenti. Parecchi hotel vogliono la carta di credito quando arrivate, ma alcuni accettano ancora soldi o traveler's cheque in dollari. La prenotazione è d'obbligo soprattutto in alta stagione, il posto lo riservano fino alle 17-18, a meno che non abbiate avvertito che arrivate tardi.

Hotel e motel

Hotel e **motel** sono praticamente la stessa cosa, anche se i motel si trovano lungo le strade principali, lontano dal centro e sono più facili da raggiungere in auto. I più economici possono avere giusto l'essenziale ma di solito ogni stanza ha un letto doppio (o due), bagno, TV, telefono e non c'è grande differenza di qualità tra gli $80 e i $55. Sopra gli $80 la stanza diventa più grande, l'arredamento più ricercato e probabilmente ci sarà anche una piscina (negli Stati più caldi la piscina la trovate anche nei motel più economici, probabilmente con vista sul traffico). La maggior parte degli hotel ha una connessione wi-fi.

I posti più economici sono, di solito, a conduzione familiare, ma oggi risultano sempre più rari e nelle grandi città possono rivelarsi una scelta azzardata. Se viaggiate sulle interstatali, si potrebbe dire moltissimo sulla necessità di spendere un po' di più e di scegliere di dormire in motel di una catena nazionale. I prezzi partono dal sempre affidabile ed economico *Super 8* (❷-❸) al medio *Days Inn* (❸-❹) fino agli eleganti *Holiday Inn Express* e *Marriott* (❺-❻).

Se non è alta stagione molti hotel fanno fatica a riempire le stanze e vale la pena contrattare un po' sul prezzo. Se state nello stesso posto per più di una notte avrete probabilmente uno sconto. Controllate sempre i tagliandi promozionali nei "free magazin" distribuiti negli uffici turistici e i Welcom Center interstatali. Si possono trovare offerte interessanti ma state attenti alle clausole scritte in piccolo.

Alcuni motel o hotel economici cercano di competere con gli onnipresenti *diner* (tavole calde stile anni Cinquanta) offrendo la colazione: caffè, ciambelle appiccicose e, se siete fortunati, frutta e cereali. Il tutto chiamato "continental breakfast".

Bed and breakfast

Dormire in un **bed and breakfast** è un'ottima alternativa agli hotel. A volte si tratta semplicemente di stanze arredate in casa di qualcuno, ma anche le strutture più grandi non hanno più di dieci stanze. Spesso non dispongono di TV o telefono, ma sono piene di profumi e cuscini setosi, con un'artificiale atmosfera casalinga.

Le tariffe dei B&B variano da $80 a $250 per una doppia e includono la colazione (qualche volta un buffet, ma spesso un pranzo abbondante). La differenza di prezzo la fa il bagno in camera: molti B&B ce l'hanno anche se può rovinare l'autenticità delle vecchie e bellissime case. Alcuni B&B si differenziano dagli hotel soltanto perché il proprietario è unico e non fanno parte di una catena. In molte zone i B&B si sono uniti e hanno creato un'agenzia centrale per prenotare, così è più semplice trovare una stanza con poco preavviso. Nella guida ci sono informazioni dove è necessario.

Hotel storici e lodge

In tutto il paese, ma soprattutto a ovest, molte città hanno ancora gli hotel storici che risalgono all'arrivo della ferrovia o ai giorni felici della Route 66 degli anni Cinquanta e Sessanta. Se non vi disturba che i servizi risalgano all'anno della costruzione, questi sono posti meravigliosi dove passare una o due notti. I meglio conservati e ristrutturati possono costare anche $200 a notte sebbene una tariffa media per un albergo non particolarmente lussuoso ma pieno di atmosfera e di mobili antichi si aggiri intorno a $120.

Molti parchi nazionali hanno hotel antichi e con un'architettura particolare conosciuti come *lodge*, che sono un affare viste le tariffe calmierate federali. Bisogna solo ricordarsi di prenotare per tempo. Trai migliori ci sono *El Tovar* e *Grand Canyon Lodge* nel Grand Canyon, rispettivamente sul lato sud e nord; l'*Old Faithful Inn* a Yellowstone e *Glacier Park Lodge* nel Glacier.

Ostelli

Dormire negli ostelli, negli Stati Uniti, non è comune come in Europa, ma ci sono alloggi per turisti con zaino in spalla e pochi soldi. A meno che non siate soli, il costo dell'ostello è poco meno di un motel: sceglieteli solo se vi piace un ambiente giovane e pieno di gente. La maggior parte non sono collegati dai trasporti pubblici o vicini ai posti da vedere, senza parlare di quelli fuori città.

Attualmente molti ostelli sono indipendenti e non affiliati all'HI-AYH (Hosteling International-American Youth Hostels). Per lo più si tratta di ex motel dove il dormitorio ha un paio di letti a castello in una stanza ammuffita, che può essere affittata anche come singola. Altri propongono strutture apposite, in case di campagna o almeno ristrutturate e modernizzate. Quasi tutti gli ostelli pretendono che l'ospite abbia le lenzuola o il sacco a pelo. Le tariffe variano da $15 a $24 per un letto in dormitorio fino a $35 per una camera doppia. I pochi affiliati a HI-AYH hanno il coprifuoco, accesso in orari stabiliti durante il giorno e stanze separate a seconda del sesso.

Associazioni di ostelli

Hostels Central *www.hostelscentral.com.*
Hostelling International–American Youth Hostels US ☎ 1-301/495-1240, *www.hiayh.org.*
Eurovacanza *www.eurovacanza.com.*

Mangiare e bere

Al di là dei fast food, l'America ha una scelta molto varia riguardo al bere e al mangiare. C'è la cucina regionale e, a ogni angolo delle grandi città, quella internazionale. Nelle aree agricole e dei grandi allevamenti, come in Nevada e California centrale, si trovano ristoranti baschi, e lungo le coste del New England locande portoghesi risalenti ai tempi della caccia alle balene. Si possono trovare anche i pasticci di carne gallesi vecchio stile nelle città minerarie del Montana.

Il **cibo asiatico** è meglio assaggiarlo nelle grandi città, anche se le eccezioni ci sono sempre. Il cibo cinese può essere gustosissimo ed economico, ma state attenti ai terribili spezzatini e agli spaghetti di soia nelle periferie e nei piccoli centri. I ristoranti giapponesi lungo le coste e nelle città sono più cari e alla moda, ma i ristoranti di sushi hanno un vasto rango: da posti al lume di candela arredati come ristoranti francesi a quelli meno pretenziosi, dove si scelgono piatti colorati (a ogni colore corrisponde un prezzo) da un nastro

Vegetariani

Nelle grandi città americane essere **vegetariani** o addirittura vegani può presentare qualche problema. Non siate sorpresi se in zone rurali sarete obbligati a una dieta a base di panini all'uovo e formaggio (potete chiedere di non mettere il prosciutto), insalata e biscotti. Nel sud-est, nei *soul food cafés* ci sono molti piatti di verdure (quattro diverse verdure, comprese le patate) per circa $5, ma spesso sono cucinate con grasso di maiale. Anche i fagioli e il riso ai fagioli rossi sono preparati con pezzetti di pancetta. Se siete particolarmente sfortunati, potete andare al supermercato o meglio, nei mercati.

trasportatore. I thailandesi e i vietnamiti hanno il miglior rapporto qualità-prezzo, costi bassi e sapori vivaci. A volte nei *diner* mescolano la cucina thailandese con quella vietnamita, con grande varietà di zuppe saporite e spaghetti e a volte cucina *fusion* (per esempio la *pan-asian*).

La **cucina francese** è la più cara e di solito è assai ricercata. La trovate negli hotel e nei posti eleganti dove è obbligatorio avere la giacca. Detto questo, ci sono ristoranti francesi più spartani, e quelli a loro ispirati come i cajun e i franco-canadesi, che preparano piatti più vari e spesso anche più buoni.

I **ristoranti italiani** hanno una gran differenza di prezzi. I migliori e i più eleganti nelle grandi città sono orientati verso la cucina del Nord Italia: i piatti sono curati, gli ingredienti scelti e i conti salati. E poi ci sono i ristoranti ispirati alla cucina del Sud Italia ancora relegati a tavola calda, che servono porzioni enormi, piene di pomodoro su tovaglie a quadretti con le foto dei parenti appese alle pareti. Le pizzerie seguono l'andazzo dei ristoranti: ci sono posti raffinati e costosi e le taverne economiche e alla buona. A New York e Chicago si potrebbe discutere per giorni per decidere quale pizza sia migliore tra i tranci sottili di Gotham o quelli superconditi di Windy City che ricordano le fette del polpettone.

Mangiare fuori

Nelle città potete mangiare quello che volete, quando volete grazie alla quantità di ristoranti, ai *diner* aperti 24 ore, ai bar e ambulanti che vendono cibo fino a notte fonda. Lungo le statali e su ogni strada principale di città ci sono fast food e caffè che cercano di superarsi l'un l'altro con insegne al neon e offerte speciali.

Ovunque mangiate e qualsiasi cosa scegliate, il servizio è sempre pronto e attento, grazie soprattutto all'istituzione delle **mance**. I camerieri guadagnano la maggior parte del loro salario con le mance, che vanno dal 15 al 20% del conto. Offrire meno può essere considerato un insulto e potreste guadagnarvi un'occhiataccia.

Cucina regionale

Negli Stati Uniti le bistecche enormi, hamburger, montagne di costolette e insalata, verdure cotte e pane si possono trovare ovunque, ma è più interessante assaggiare le diverse **cucine etniche e regionali**. Le bistecche e le altre carni si trovano soprattutto nel Midwest e in Texas mentre i menu a base di pesce sono in Florida, Louisiana, nell'area di Chesapeake Bay in Maryland, e nel nord-ovest verso il Pacifico. I crostacei, come i granchi di Chesapeake con corazza morbida e molto saporiti che si mangiano interi, sono molto apprezzati. Le aragoste e i molluschi da soli, o come zuppa sono un'ottima ragione per visitare il Maine e il New England.

La **tradizione cajun** ha origine dalle paludi della Louisiana ed è a base di rimanenze. L'ingrediente principale sono i fagioli rossi e il riso, insieme a gamberi e pesci gatto, di solito molto speziati. (Spesso si confonde la cucina cajun con quella creola, che ha influssi africani e delle colonie.)

La **cucina sudista**, spesso soprannominata **soul food** non è facile da trovare nei ristoranti, ma vale la pena cercarla per il porridge d'avena, il cavolo riccio, il pollo fritto, le praline e gli esotici *hogjaw* (carne del muso di maiale) e *chitlin* (intestino di maiale). La **carne alla griglia** è molto comune: un gustosissimo piatto con contorno costa meno di $10. (Di solito, più il ristorante è sgangherato, più il cibo è buono.) Grandi grigliate si trovano anche fuori dal Sud, a Kansas City e Chicago.

In **California**, la cucina tende al salutare e all'estetica. È una derivazione, lanciata nel 1970, della *nouvelle cuisine* francese: ingredienti freschi, di stagione, serviti in porzioni piccole ma molto curate, e prezzi alti. Aspettatevi di pagare $50 per una cena completa e il vino. La cucina del Golden State (Stato dell'oro) si è sviluppata nella **New American Cuisine** che, partendo dalla tradizione californiana, è stata trapiantata nel New England, nel Sud, nel Sud-Ovest e nelle regioni occidentali.

Anche se è definito etnico, il **cibo messicano** è così diffuso che potrebbe essere indigeno, soprattutto nella California del Sud. La cucina messicana americana è diversa da quella oltre confine: qui prevale il fritto e ingredienti precisi. Le basi, sono le stesse: molto riso e fagioli neri o *tinti*, spesso serviti rifritti (bolliti, passati e fritti) con la *tortilla*, una frittatina di grano o farina, cotta in modi diversi. Si può trovare arrotolata e ripiena, da mangiare con le mani (*burrito*), piegata e ripiena (*taco*), arrotolata, ripiena e cotta nella salsa (*enchilada*) o fritta con sopra il ripieno (*tostada*). In Texas e nel Sud-Ovest, la carne con i fagioli è il *chili con carne* piatto tipico della cucina tex-mex. Di giorno o di notte è il modo più economico di mangiare, una cena completa con qualche drink non costerà mai più di $10, a parte nei posti più raffinati.

Ci sono anche variazioni regionali con gli **ingredienti americani**. Un hamburger o un hot dog si trovano ovunque, ma per un'esperienza vera, provate il bollente panino "Philly cheesesteake": appiccicoso per il formaggio e con la carne affettata sottile presso un *diner* (tavola calda) nella Pennsylvania orientale o uno degli hot dog newyorkesi che vengono da Coney Island, o la versione californiana di quello di Francoforte arrotolato in una *tortilla* e ripieno di *chili* e formaggio. Quasi ogni Stato dell'est vanta l'invenzione dell'hamburger e, a prescindere dove andiate, potete trovare un buon numero di *diner* con focaccine fresche, polpette grandi e fatte a mano, con salse e condimenti ricercati. Nella guida ovviamente sono elencati i migliori, che non sono lungo l'interstatale sotto enormi insegne con tutto a $0,99.

Bere

In America i bar sono spesso posti mal illuminati con lunghi banconi, pochi clienti appollaiati sugli sgabelli di fronte a un barista-guru. I tavoli e i séparé sono per chi non vuole partecipare alla conversazione da ubriaconi vicino al bancone. New York, Baltimora, Chicago, New Orleans, e San Francisco sono i centri navigati dell'alcol, pieni di storie di autori illustri e sconfitti che indulgono in comportamenti disdicevoli. Ma ovunque andiate non dovrete cercare a lungo per trovare un posto simpatico dove bere qualcosa. Bisogna avere 21 anni per comprare e consumare alcol negli USA, ed è molto probabile che se ne dimostrate meno di 30 vi chiedano un documento.

Le *blue laws*, antichi statuti che regolano dove, come, quando l'alcol possa essere comprato e consumato, sono vigenti in molti Stati; per esempio la domenica è proibita la vendita. Alla fine della scala ci sono le contee (soprannominate "asciutte") che l'alcol lo vietano del tutto. Le famose distillerie di whisky e bourbon del Tennessee e del Kentucky, compresa quella del Jack Daniel's, possono essere visitate, anche se sono assurdamente in contee "asciutte" e quindi non è possibile la degustazione. Alcuni Stati come il Vermont, l'Oklahoma e lo Utah (dove prevalgono i mormoni e quindi le regole sono più severe) diminuiscono il contenuto d'alcol al 3,2%, che è quasi la metà di quello normale. State tranquilli che in qualche posto liberale, New York per esempio, l'alcol può essere comprato e consumato dalle 6 del mattino alle 4 di quello successivo, sette giorni su sette.

Le più note birre americane sono bionde, insipide e frizzanti, ma le alternative non mancano. La passione collettiva dei microbirrifici è nata in California qualche decennio fa e ancora oggi, l'Anchor Steam, una volta pioniere, offre un'eccellente degustazione. La costa ovest continua a essere il centro dei microbirrifici, e anche le località minori hanno birre realizzate artigianalmente. La città che ne conta di più è Portland in Oregon, dove appassionati di tutto il paese (e di tutto il mondo per quanto riguarda le birre) arrivano per assaggiare i prodotti dei famosi fabbricanti di birra. Anche Los Angeles, San Diego, Seattle, la Bay Area, Denver, e altre città dell'Ovest producono birra e ne potete trovare di ottime in posti come Whitefish in Montana, dove vale la pena provare le varietà del Great Northern Brewing.

Sulla costa orientale cercate Samuel Adams a Boston che ha le birre più famose e molte altre diverse, in Pennsylvania c'è Victory Brewing, che lì è il migliore, o fermatevi a Washington DC al Brickseller, un posto ottimo per degustare un'ampia scelta di tutte quelle prodotte nel paese, circa ottocento. In Texas la marca Lone Star ha i suoi seguaci, in Indiana le migliori le produce Three Floyds Brewing e in Minnesota Pete's Wicked Ales, ma sono birre che si trovano ovunque. In ogni caso i microbirrifici sono in ogni località abbastanza grande e in qualsiasi città universitaria, e servono un gran numero di birre da accompagnare con buon cibo genuino.

La California, l'Oregon, Washington e pochi altri sono famosi per il vino. In California le valli di Napa e Sonoma hanno l'uva migliore e producono ricchi vini rossi come Merlot, Pinot Noir e Cabernet Sauvignon, tanto quanto bianchi secchi o morbidi come Chardonnay e Sauvignon Blanc. Alcuni fanno un vero e proprio pellegrinaggio in queste valli per degustarli. Si trovano sia aziende rustiche con trattori e carri da fieno, sia proprietà modernissime con elegantoni in abiti firmati. La Willamette Valley e altre zone dell'Oregon stanno prendendo piede sul mercato, soprattutto con il Pinot Noir, mentre lo Stato di Washington vanta i migliori vigneti a Yakima Valley, Columbia River Gorge e Walla Walla. Anche l'Arizona e la Virginia hanno le loro aziende vinicole che producono diverse qualità e ognuna propone assaggi che vale la pena provare se siete nei dintorni. Nella guida ci sono le informazioni per tour e degustazioni quando è necessario.

Feste

Negli Stati Uniti qualcuno, da qualche parte, in ogni momento, sta sicuramente festeggiando qualcosa. A parte le feste nazionali, poche altre ricorrenze appartengono a tutto il paese. Invece ci sono una miriade di avvincenti avvenimenti locali, come le mostre di artigianato, le fiere di paese, le celebrazioni etniche, i festival di musica, i rodei, le sfide di costruzione dei castelli di sabbia, le gare di *chili* e moltissime altre.

Ci sono feste, come il **Mardi Gras** di New Orleans, che possono essere il centro del vostro viaggio. Anche altre persone potranno decidere la stessa cosa, quindi se volete andarci organizzatevi per tempo.

Il 4 luglio, il **Giorno dell'Indipendenza** quasi tutti si organizzano per fare un picnic in campagna, bere, salutare la bandiera, ammirare i fuochi d'artificio, marciare, guardare le reginette di bellezza, fare gare di cibo, tutto per commemorare la firma della Dichiarazione d'indipendenza del 1776.

Halloween (31 ottobre) è una festa altrettanto famosa, anche senza risvolti patriottici. I ragazzini mascherati girano di casa in casa bussando alle porte e chiedendo "dolcetto o scherzetto". Tornano a casa con quintali di dolciumi. In alcuni grandi centri è diventata una festa che coinvolge tutta la città. A West Hollywood (Los Angeles), a Greenwich Village (New York), nel Quartiere Francese di New Orleans e nel quartiere Castro a San Francisco, la notte è costellata di parate colorate, travestimenti, feste di quartiere e private che durano fino all'alba.

Il **Giorno del Ringraziamento** cade il quarto giovedì di novembre ed è una festa più tranquilla. I familiari si riuniscono per condividere il pasto (tacchino arrostito ripieno, salsa di mirtilli, puré e torte salate) e "ringraziare", con famiglia e amici. Dovrebbe ricordare i primi Padri Pellegrini del Massachusetts, anche se il Giorno del Ringraziamento era già una festa nazionale prima che si facesse quel collegamento.

Calendario degli eventi

Maggiori dettagli e informazioni sugli eventi elencati di seguito li trovate nelle pagine dedicate della guida. La pagina web di ogni Stato (vedi p. 33) fornisce un calendario completo per ogni zona.

Gennaio

Cowboy Poetry Gathering Elko, NV *www.westernfolklife.org*

Winter Carnival St. Paul, MN *www.winter-carnival.com*

Febbraio

Daytona 500 Daytona Beach, FL gara automobilistica *www.daytona500.com*
Mardi Gras New Orleans, LA *www.mardigrasneworleans.com*

Marzo

South by Southwest Music Festival Austin, TX *sxsw.com*
Campionato mondiale di cucina del gambero d'acqua dolce Eunice, LA *www.eunice-la.com*
Ice Festival Fairbanks, AK *www.icealaska.com*
Oscar del cinema Los Angeles, CA *www.oscars.org*
St. Joseph's Day and the Mardi Gras Indians' "Super Sunday" New Orleans, LA *www.mardigrasindians.com*

Aprile

Maratona del Patriots' Day Boston, MA *www.bostonmarathon.org*
Festival International de Louisiane Lafayette, LA *www.festivalinternational.com*
Arkansas Folk Festival Mountain View, AR *www.magically.org*
French Quarter Festival New Orleans, LA *www.fqfi.org*
Jazz and Heritage Festival New Orleans, LA (fino a maggio) *www.nojazzfest.com*
Fiesta San Antonio San Antonio, TX *www.fiesta-sa.org*

Maggio

Leaf Festival Black Mountain, NC *www.theleaf.com*
Crawfish Festival Breaux Bridge, LA *www.bbcrawfest.com*
Spoleto Festival (fino a giugno) Charleston, SC *www.spoletousa.org*
Indianapolis 500 Indianapolis, IN *www.indy500.com*
Folk Festival Kerrville, TX *www.kerrvillefolkfestival.com*
Kentucky Derby Louisville, KY *www.kentuckyderby.com*
Memphis in May International Festival Memphis, TN *www.memphisinmay.org*
Tejano Conjunto Festival San Antonio, TX *www.guadalupeculturalarts.org*

Giugno

Little Bighorn Days Hardin, MT *www.custerslaststand.org*
CMA Music Festival Nashville, TN *www.cmafest.com*
Texas Folklife Festival San Antonio, TX *www.texancultures.com*
Bluegrass Festival Telluride, CO *www.bluegrass.com*

Luglio

Highland Games Blowing Rock, NC *www.gmhg.org*
Cheyenne Frontier Days Cheyenne, WY *www.cfdrodeo.com*
Festival nazionale basco Elko, NV *www.elkobasque.com*
Olimpiadi eschimesi Fairbanks, AK *www.weio.org*
Hopi Marketplace Flagstaff, AZ *www.musnaz.org*
Powwow and rodeo Fort Totten, ND *www.powwows.com*
Satchmo music festival New Orleans, LA (fino ad agosto) *www.fqfi.org*
Taste of Minnesota St. Paul, MN *www.tasteofmn.org*
Moose Dropping Festival Talkeetna, AK *www.talkeetnachamber.org*
Cherry Festival Traverse City, MI *www.cherryfestival.org*

Agosto

Mountain Dance and Folk Festival Asheville, NC *www.folkheritage.org*
Burning Man Black Rock City, NV *www.burningman.com*
Augusta Festival of Appalachina Culture Elkins, WV Augusta *www.augustaheritage.com*
Inter-Tribal Indian Ceremonial Gallup, NM *gallup-ceremonial.org*
Anniversario della morte di Elvis Memphis, TN *www.elvis.com*
Folk and jazz festival Newport, RI *www.festivalnetwork.com*
Indian Market Santa Fe, NM *www.swaia.org*
Motorcycle Rally and Races Sturgis, SD *www.sturgis.com*

Settembre

Bluegrass and Chili Festival Claremore, OK *www.claremore.org*
International Jazz Festival Detroit, MI *www.detroitjazzfest.com*
Delta Blues Festival Greenville, MS *www.deltablues.org*
Panhandle South Plains Fair Lubbock, TX *www.southplainsfair.com*
Memphis Music and Heritage Festival Memphis, TN *www.southernfolklore.com*
Monterey Jazz Festival Monterey, CA *www.*

montereyjazzfestival.org
Southern Decadence New Orleans, LA *www.southerndecadence.com*
Festa di San Gennaro New York, NY *www.littleitalynyc.com*
Zydeco Festival Opelousas, LA *www.zydeco.org*
Pendleton Round-Up Pendleton, OR *pendletonroundup.com*
Fiestas de Santa Fe Santa Fe, NM *www.santafefiesta.org*

Ottobre

International Balloon Fiesta Albuquerque, NM *www.balloonfiesta.com*
Moja Arts Festival Charleston, SC *www.mojafestival.com*
Buffalo Roundup Custer State Park, SD *www.sdgfp.info*
Pumpkin Festival Half Moon Bay, CA *www.miramarevents.com*
Blues and Heritage Festival Helena, AR *www.bluesandheritage.com*
Festivals Acadiens et Créoles Lafayette, LA *www.festivalsacadiens.com*
Louisiana Yambilee Opelousas, LA *www.yamblee.com*
Helldorado Days Tombstone, AZ *www.helldoradodays.com*

Novembre

Ozark Folk Festival Eureka Springs, AR *www.ozarkfolkfestival.com*

Sport da vedere e praticare

Andare a vedere una partita di baseball professionistico un pomeriggio d'estate o assistere insieme con una folla urlante a una partita di football americano può dare una prospettiva diversa della gente e delle città. Le squadre professioniste offrono sempre uno spettacolo pirotecnico, ma le gare tra college rivali, le partite di baseball tra squadre minori e persino gli incontri tra i licei del venerdì sera sono un modo divertente per respirare veramente l'atmosfera locale.

Informazioni sulle squadre più importanti si possono trovare nei capitoli delle città di appartenenza. Sono anche on line sui siti dei campionati: *www.mlb.com* (baseball); *www.nba.com* (pallacanestro); *www.nfl.com* (football americano); *www.nhl.com* (hockey sul ghiaccio); e *www.mlsnet.com* (calcio).

Il **baseball** probabilmente è il più facile da vedere durante il viaggio perché le squadre giocano spessissimo (162 partite, di cui 5 a settimana durante l'estate). Gli stadi, come lo storico Fenway di Boston o l'elegante Dodger Stadium di Los Angeles, o ancora il suggestivo Camden Yards di Baltimora, sono luoghi molto suggestivi dove passare il tempo. Il baseball è anche lo sport più economico da guardare ($10 ciascuno) e i biglietti sono facili da trovare.

Il **football americano** è l'opposto. I biglietti hanno prezzi esorbitanti ed è difficile trovarli (se la squadra vale qualcosa). Le partite si giocano in qualche anonimo buco municipale. È meglio andare al bar e guardarlo in tv. Il **football universitario** è meglio e più divertente, c'è la folla che fa i cori, le ragazze pon pon e biglietti a buon prezzo. Anche se è praticamente impossibile vedere le partite di Capodanno come il Rose Bowl o l'Orange Bowl, ce ne sono altre importanti tipo Nebraska contro Oklahoma, Michigan contro Ohio State, o Notre Dame contro chicchessia. Non perdetele se siete nei dintorni.

La **pallacanestro** è un altro sport molto emozionante. I play-off delle squadre professioniste sono lunghi e arrivano fino a giugno inoltrato. I play-off dei tornei universitari durano un mese, il *March Madness* ("Follia di marzo"), e pare sia uno degli spettacoli sportivi più elettrizzanti.

L'**hockey sul ghiaccio** è stato a lungo patrimonio esclusivo del Canada e delle città settentrionali degli USA e solo adesso sta arrivando al resto del paese. I biglietti, soprattutto per le partite più importanti sono difficili da ottenere e niente affatto economici.

Il **calcio** (*soccer*) è uno sport per chi gioca, soprattutto i ragazzi, piuttosto che per gli spettatori. Gli americani appassionati seguono il campionato inglese di Premier League e non quello nazionale. Le buone notizie per chi viene da fuori è che nelle grandi città ci sono uno o due pub in cui si possono vedere partite di squadre europee o sudamericane. Controllate su *www.livesoccertv.com* per l'elenco dei posti che offrono questo servizio.

Sciare è uno sport di massa e gli impianti sciistici si trovano in tutti gli Stati Uniti. I luoghi turistici della costa orientale del Vermont e dello Stato di New York impallidiscono rispetto a quelli sulle Montagne Rocciose come Aspen e Veil e sulla Sierra Nevada in California. I prezzi del giornaliero variano dai $40 ai $100 al giorno (a seconda della bellezza della località) e altri $25 servono per noleggiare l'attrezzatura.

Una soluzione più economica è lo **sci di fondo**. L'entroterra è pieno di rifugi in montagna su entrambe le coste e sulle Montagne Rocciose. Ci sono alloggi rustici, affitto dell'attrezzatura e lezioni. Per soli $20 al giorno si affittano sci, scarponi e racchette, mentre un pacchetto weekend può costare $200.

Gli altri eventi sportivi che coinvolgono la nazione sono su quattro gambe o quattro ruote. Il **Keentucky Derby** a Louisville ogni primo sabato di maggio (vedi p. 21) è la data principale per le corse dei cavalli. Sempre a maggio c'è il NASCAR **Indianapolis 500**, una delle corse di automobili più celebri al mondo. La città si riempie di turisti per tutto il mese, con prove ed eventi che si susseguono incessanti.

Parchi nazionali e attività all'aperto

Ricoperti da fitte foreste, spaccati da profondi canyon e sovrastati da alte montagne, gli Stati Uniti hanno la fortuna di possedere terre meravigliose e zone selvagge. Anche la costa orientale, così densamente popolata, ha la sua fetta di spazi aperti soprattutto lungo la linea degli Appalachi che corre da Mount Katahdin nel Maine fino agli Appalachi meridionali in Georgia: circa 3200 km di foresta ininterrotta. Per provare davvero l'esperienza della magnificenza dell'America selvaggia, andate a ovest: ci sono le Montagne Rocciose, i deserti di rocce rosse del Sud-Ovest o attraversate direttamente il continente fino agli impressionanti spazi della costa occidentale. A Sud state attenti che molta parte della costa è difficile da raggiungere perché è proprietà privata.

Parchi e riserve nazionali

Il **National Park Service** gestisce parchi e riserve nazionali. I ranger fanno un ottimo lavoro fornendo informazioni e consigli ai visitatori, controllando i sentieri e organizzando attività come escursioni gratuite e serate a chiacchierare intorno al fuoco. Il **national park** (parco nazionale) ha l'intento di tutelare un'area di eccezionale bellezza recintando un vasto pezzo di territorio con vegetazione e specie animali. Yellowstone vanta geyser ribollenti e branchi di alci e bisonti, mentre Yosemite conta su graniti torreggianti e cascate impetuose. Un **national monument** (riserva nazionale) è di solito molto più piccolo e si concentra su un sito archeologico o un fenomeno geologico come la Devil's Tower nel Wyoming. L'intero sistema di parchi nazionali comprende quattrocento siti, tra coste, laghi, campi di battaglia e altre località storiche.

I parchi sono il posto ideale per le **escursioni**, quasi tutti hanno sentieri collegati, ma molto estesi da girare a piedi. (Yellowstone, per esempio, è più grande del Delaware e del Rhode Island messi insieme.) Anche in quei rari casi dove riuscirete a raggiungere il parco con i mezzi pubblici, avrete poi bisogno di un veicolo per girarlo. I parchi dell'Alaska sono enormi e selvaggi con quasi nessuna strada e attrezzatura: sarete molto soli.

La maggior parte di parchi e riserve richiede un biglietto d'entrata che va dai $5 ai $25 per un veicolo e i suoi occupanti e vale fino a una settimana. Chi ha un tour organizzato deve comprare il National Parks Pass che dura un anno e costa $80. Si acquista in tutti i parchi federali o lo si può trovare on line su *www.store.usgs.gov/pass*. Comprende l'entrata senza limiti per il guidatore e per i passeggeri in tutti i parchi e le riserve nazionali, insieme con i luoghi gestiti dalle agenzie US Fish and Wildlife Service, il Forest Service e il BLM (vedi avanti). Il pass non copre né fa sconti su tasse aggiuntive sul prezzo per la tenda nei campeggi ufficiali dei parchi o sui permessi per escursioni interne o sul rafting.

Ci sono altri due abbonamenti acquistabili nei parchi ma non su Internet che garantiscono l'entrata a vita in tutti i parchi e le riserve nazionali per il guidatore, i passeggeri e offrono il 50% di sconto per il campeggio. L'abbonamento Senior è valido per i cittadini statunitensi o residenti dai 62 anni in avanti al prezzo di $10, mentre l'abbonamento Access è rilasciato gratis ai non vedenti o disabili statunitensi o residenti.

I **lodge** si trovano solo nei parchi maggiori, ma ogni parco o riserva ha almeno un **campeggio** ben organizzato. Fuori dai confini del parco potete trovare qualche motel. Grazie a particolari permessi, soggetti a restrizioni in parchi importanti, i turisti con zaino in spalla possono campeggiare nell'interno (regola generale per zone non accessibili dalla strada).

Altre aree pubbliche

I parchi e le riserve nazionali sono spesso circondati da tratti di foresta nazionale, sempre gestita dai federali ma meno protetta. Anche in queste zone si trovano campeggi, ma sono "terre dagli utilizzi molteplici" e quindi ci si può aspettare di tutto, dai taglialegna alle industrie (fortunatamente la maggior parte sono impianti di sci e non miniere).

Altri dipartimenti del governo gestiscono rifugi selvaggi, fiumi, aree di ristoro e simili. Il **Bureau Of Land Management** (BLM) è quello che ne ha di più. La maggior parte è terreno da pascolo come in Nevada e nello Utah, ma ci sono anche zone fuori mano. Gruppi di ambientalisti intraprendono discussioni senza fine con i costruttori, gli allevatori e con le industrie di estrazione per l'utilizzo delle terre federali. I parchi e le riserve statali sono amministrati dai singoli Stati e tutelano luoghi più piccoli di importanza locale. Molti sono dedicati esplicitamente al divertimento e dispongono di campeggi migliori rispetto agli equivalenti federali.

Il sito del Park Service, *www.nps.gov*, elenca i luoghi d'interesse dei parchi, gli orari di apertura, il momento migliore per visitarli, il costo dell'entrata, i sentieri per le escursioni e le attrezzature per i turisti.

Campeggio e zaino in spalla

Un bel modo di vedere i grandi spazi, soprattutto se avete pochi soldi, è girare in macchina e dormire nei **campeggi** federali e statali. Le tariffe dei campeggi pubblici oscillano dal totalmente gratuito (di solito dove non c'è acqua, in certe stagioni) fino a $15 per notte. Nei posti meno belli, che abbondano vicino alle grandi città, e che spesso ricordano motel all'aperto con negozi e ristoranti, i prezzi arrivano a $15-$25. Se decidete per il campeggio, in alta stagione prenotate prima o evitate le zone più affollate.

Campeggiare nei parchi nazionali di solito è gratuito dietro permesso. Prima di partire per un'escursione più lunga di mezza giornata verso un luogo completamente isolato informate un ranger dei vostri piani e chiedete la situazione meteorologica e consigli su come non mettervi in pericolo. Portate con voi acqua e cibo in abbondanza in caso di emergenza e rifornitevi di cartine e attrezzatura. Chiedete se è possibile accendere un fuoco e anche se lo fosse, sarebbe meglio usare un fornelletto da campo piuttosto che la legna del parco. In zone selvagge cercate un posto già rodato. Se non ci sono bagni gli escrementi umani devono essere seppelliti almeno 15 centimetri sotto terra e a 3 km dalla più vicina risorsa d'acqua e campeggio.

Non si dovrebbe mai bere l'acqua di fiumi o ruscelli: non si sa mai cosa ci sia a monte. La giardia è un batterio che vive nell'acqua e provoca una malattia intestinale, la **giardiasi**, con diarrea cronica, crampi addominali, stanchezza e perdita di peso. L'acqua non di rubinetto dovrebbe essere bollita almeno 5 min o disinfettata con prodotti a base di cloro con filtri anti-giardia.

Le **escursioni** a bassa quota non dovrebbero presentare troppi problemi, anche se gli sciami di **zanzare** vicino all'acqua potrebbero farvi impazzire. Ricordatevi di portare un repellente. Un altro possibile rischio è dato dalle zecche. A volte quando pungono, la testa rimane dentro provocando infezioni o grumi di sangue: avvisate il ranger se siete stati punti. Una specie di zecca provoca la **malattia di Lyme**; è pericolosa e l'infezione può arrivare al cervello. Controllate tutte le sere se per caso avete punture.

State attenti anche alla **quercia velenosa**, che cresce in tutto l'ovest di solito vicino alle querce vere e proprie. Le foglie sono in gruppi di tre, con la centrale con uno stelo più corto. Si riconoscono dalle foglie venate e lucide. Se le toccate, sciacquatevi, lavate i vestiti con sapone e acqua fredda il più in fretta possibile e non grattatevi. In casi gravi sono necessarie antistamina e adrenalina. Lo stesso vale per l'edera velenosa che cresce ovunque nel paese. Per entrambe le piante ricordate il detto "Leaves of trees, let it be": non toccare le foglie degli alberi.

Escursioni in montagna

State attenti quando salite molto in alto per esempio sulle cime a 4000 m d'altezza delle Montagne Rocciose o sulla Sierra Nevada in California (e in Alaska). Le nevicate tardive si verificano spesso e in primavera le valanghe sono molto pericolose; lo stesso vale per il guado di un ruscello in piena. Anche le condizioni meteorologiche possono cambiare all'improvviso. Il mal di montagna può colpire anche lo sportivo più allenato. Andate piano i primi giorni, sopra i 2000 m bevete molto, evitate l'alcol, fate il pieno di carboidrati e proteggetevi dal sole.

Escursioni nel deserto

Se volete fare escursioni nel **deserto** dovete dire a qualcuno dove state andando insieme con le indicazioni sul vostro programma (inclusa la data del ritorno). Portate cibo e acqua almeno per due giorni, e non andate da nessuna parte senza una cartina. Il momento migliore per camminare è la mattina presto perché a mezzogiorno il caldo è troppo forte. Nel caso vi perdiate, scegliete una zona all'ombra e aspettate. Se vi siete registrati i ranger verranno a cercarvi.

L'abbigliamento, durante tutto l'anno, deve essere con maniche lunghe, pantaloni, cappello a tesa larga e occhiali da sole per evitare i mal di testa da luce del deserto. State attenti anche alle **inondazioni lampo** che possono accadere in qualsiasi momento. Non accampatevi nel letto di un fiume asciutto e non cercate di attraversare zone inondate, a meno che l'acqua non sia già defluita.

Nel deserto è vitale portare e bere molta **acqua**. Per un'escursione di otto ore in estate con una temperatura sopra i 38 °C avrete bisogno di 15 litri d'acqua. La perdita di appetito e la sete sono i primi sintomi di un colpo di sole, quindi è possibile disidratarsi senza la sensazione di sete. State attenti se avete nausea e capogiri: se vi sentite deboli e non sudate più è il momento di chiamare un dottore. Prima di partire, controllate se sul vostro percorso c'è acqua, chiedete a un ranger e, anche se la si può trovare, portatene lo stesso in abbondanza.

In macchina bisogna avere 10 litri d'acqua per persona, e un kit d'emergenza con razzi luminosi, bende, un kit per i morsi di serpente, fiammiferi e una bussola. Non è una brutta idea aggiungere una pala, una pompa per le gomme e carburante extra. Nel caso il motore si surriscaldi, non spegnetelo, ma cercate di raffreddarlo velocemente posizionando l'auto controvento. Mettete l'acqua nel radiatore lentamente, spegnete l'aria condizionata e accendete il riscaldamento al massimo. In caso di emergenza non fatevi prendere dal panico e non allontanatevi dall'auto, altrimenti renederete più difficile trovarvi.

Viaggi d'avventura

Le possibilità di fare viaggi d'avventura negli USA sono infinite. Si può fare rafting nelle acque spumose del Colorado, girare con la mountainbike sulle Cascade Mountains, fare canoa alle sorgenti del Mississippi, o addirittura cavalcare nel Big Bend lungo il Rio Grande in Texas e fare arrampicate sul Big Wall dalle pareti di granito, a picco nella Yosemite Valley.

L'intero elenco delle possibilità potrebbe riempire un'altra guida, ma ci sono posti come Moab, nello Utah, o le White Mountains, nel New Hampshire, dove fare di tutto. Nel volume troverete le guide consigliate, i riven-

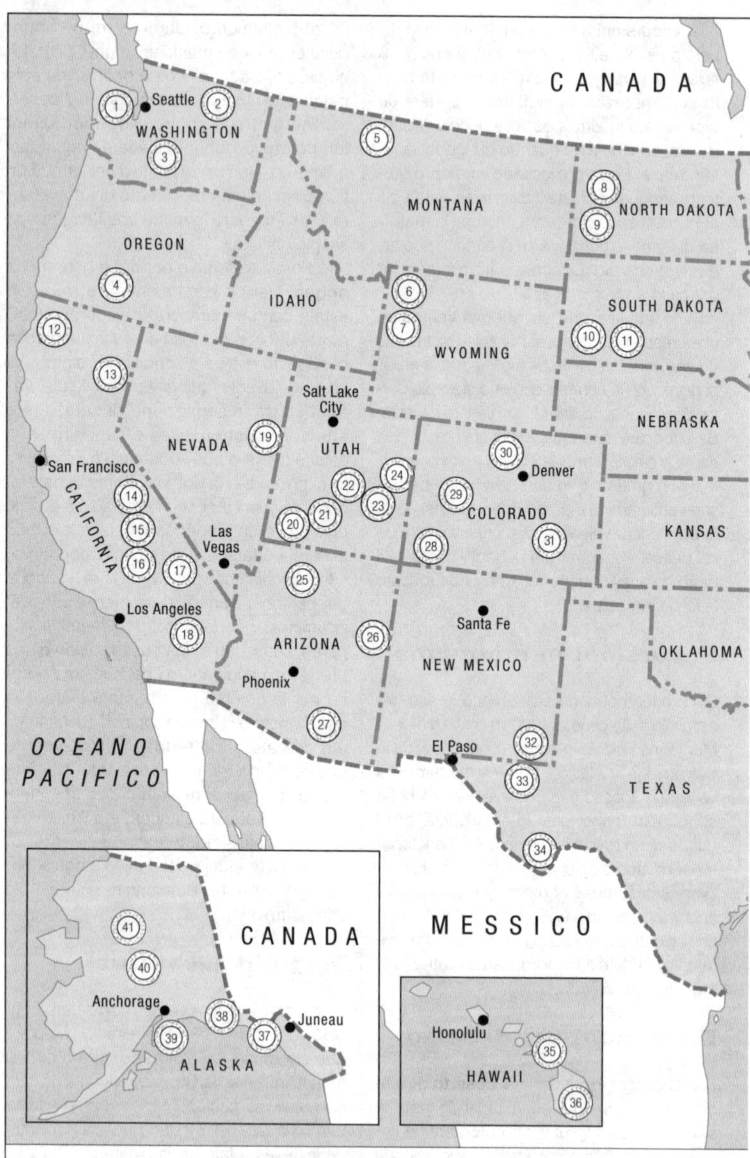

1 Olympic, WA
2 North Cascades, WA
3 Mount Rainier, WA
4 Crater Lake, OR
5 Glacier, MT
6 Yellowstone, WY
7 Grand Teton, WY
8 T. Roosevelt (nord), ND
9 T. Roosevelt (sud), ND
10 Wind Cave, SD
11 Badlands, SD
12 Redwood, CA
13 Lassen Volcanic, CA
14 Yosemite, CA
15 Kings Canyon, CA
16 Sequoia, CA
17 Death Valley, CA
18 Joshua Tree, CA
19 Great Basin, NV
20 Zion, UT
21 Bryce Canyon, UT
22 Capitol Reef, UT
23 Canyonlands, UT
24 Arches, UT

25 Grand Canyon, AZ
26 Petrified Forest, AZ
27 Saquaro, AZ
28 Mesa Verde, CO
29 Black Canyon of the Gunnison, CO
30 Rocky Mountain, CO
31 Great Sand Dunes, CO
32 Carlsbad Caverns, NM
33 Guadalupe Mountains, TX
34 Big Bend, TX
35 Haleakala, HI
36 Hawaii Volcanoes Bay, AK
37 Glacer Bay, AK
38 Wrangell-St. Elias, AK
39 Kenai Fjords, AK
40 Denali, AK
41 Gates of the Arctic, AK
42 Voyageurs, MN
43 Isle Royale, MI
44 Acadia, ME
45 Mammoth Cave, KY
46 Great Smoky Mountains, TN
47 Shenandoah, VA
48 Hot Springs, AR
49 Everglades, FL

ditori di attrezzature e le agenzie locali che si occupano di questo genere di viaggi.

Animali e piante selvatiche

Prestate attenzione a orsi, cervi, alci, puma e serpenti a sonagli che abitano nei parchi e all'effetto che la vostra presenza può avere sul loro habitat naturale. Se non siete in un parco nazionale è difficile che incontriate un orso, e anche in quel caso è molto raro. Nel caso accada non correte, ma indietreggiate lentamente. Di certo cerca il cibo che dovrebbe essere chiuso in contenitori sotto vuoto. La cosa migliore è appendere cibo e rifiuti a un ramo alto e sottile lontano dalla tenda. Non date da mangiare agli orsi e non mettetevi in mezzo tra madre e cucciolo: gli orsetti sono graziosi, le loro madri arrabbiate no.

Serpenti e altri animali striscianti

I deserti ospitano parecchie specie velenose, che raramente attaccano l'uomo. Per evitare problemi seguite alcune semplici regole. Tenete gli occhi aperti mentre camminate e state attenti a dove appoggiate le mani quando dovete scavalcare qualche ostacolo, scuotete sempre scarpe, abiti e letti prima di utilizzarli e spostatevi se vedete una bestia, lasciandole così lo spazio per scappare.

Nel caso siate morsi o punti, la medicina moderna sconsiglia di tagliarvi per succhiare il veleno. Qualunque cosa vi abbia morso, serpente, scorpione, o ragno, applicate una benda fredda sulla ferita e legate la zona con un laccio emostatico in modo che il veleno non si diffonda. Bevete molta acqua e tenete la temperatura bassa mettendovi all'ombra. State calmi e chiamate un medico immediatamente.

Viaggiare con i bambini

Negli Stati Uniti viaggiare con i bambini non è complicato. I più piccoli sono i benvenuti in tutti i posti pubblici del paese: alberghi e motel sono attrezzati, molti Stati e parchi organizzano attività per loro, e ogni centro di grandi e medie dimensioni dispone di aree di gioco sicure e pulite. Disneyland in California e Disney World in Florida offrono il massimo del divertimento per un bimbo, ma si troveranno tanti altri parchi a tema sparsi per la nazione.

Molti ristoranti incoraggiano i genitori a portare i figli. Tutte le catene sono fornite di seggioloni e menu dedicati (anche se non necessariamente sani), con porzioni abbondanti e prezzi bassi: hamburger e patatine a $0,99. Tutti i musei e le attrazioni turistiche hanno tariffe scontate. Quasi tutte le grandi città possiedono musei di storia e acquari e alcune hanno anche musei solo per bambini.

Gli uffici turistici vi daranno informazioni più dettagliate.

Come muoversi

I bambini al di sotto dei due anni volano gratis sui voli interni e pagano il 10% del biglietto sui voli internazionali, ma non è detto che abbiano diritto a un posto. I bambini tra i due e i dodici anni pagano metà biglietto.

Il pullman può essere il modo più economico di viaggiare con i bambini, ma il più scomodo per loro. Sotto i due anni viaggiano gratis in braccio, e fino ai dodici anni pagano metà biglietto.

Il treno è la soluzione migliore per le tratte lunghe: non solo vi godrete il panorama ma potrete anche alzarvi per sgranchirvi le gambe. Molti treni che attraversano il paese dispongono di vagoni letto. Sono abbastanza cari, ma per i bambini possono rivelarsi una grande avventura. Gli sconti sui treni sono gli stessi che su aerei e pullman.

Molte famiglie scelgono comunque l'auto. Se volete una vacanza divertente per tutti pianificatela con cura. Non fate tappe troppo lunghe, portate spuntini e bevande, fermatevi ogni due ore e cercate di arrivare a destinazione prima del buio. Non girate nelle città durante l'ora di punta. Le compagnie di autonoleggio forniscono anche i seggiolini, obbligatori per legge, per i bambini sotto i 4 anni a $10 al giorno. Controllateli bene o portatevi il vostro: non sempre sono affidabili.

I camper sono una buona soluzione perché hanno il bagno, la cucina, i letti e offrono la possibilità di muoversi in libertà.

Dalla A alla Z

Acquisti

Ci sono infinite opportunità di fare acquisti: dai negozi di lusso di Fifth Avenue a New York, Miracle Mile a Chicago o Rodeo Drive a Beverly Hills fino ai mercati presenti in tutte le città, grandi e piccole dove si trova di tutto, dalla frutta all'artigianato locale. Se comprate vestiti o accessori ricordatevi di calcolare la vostra taglia nell'equivalente americana (vedi riquadro). Per tutti gli acquisti sarà applicata la tassa statale (vedi p. 31).

Anziani in viaggio

Ogni viaggiatore con più di 62 anni (con un documento valido), gode di molti vantaggi negli Stati Uniti. Sia l'Amtrak sia Greyhound offrono piccoli sconti per i passeggeri più anziani, mentre ogni cittadino statunitense o residente con più di 62 anni, può visitare gratis tutti i parchi, le riserve e i siti storici usando il Golden Age Passport (emesso ovunque per $10). Anche l'accompagnatore non paga e ha il 50% di sconto sui costi di fruizione dei parchi, il campeggio, per esempio.

I membri dell'AARP (American Association of Retired Persons), a Washington DC (☎ 202/434-2277 o 1-888/687-2277, *www.aarp.org*), è per i residenti over 50 e costa all'anno $12,50: organizza viaggi di gruppo e offre sconti su alloggi e noleggio dell'auto.

L'Elderhostel a Boston (☎ 1-800/454-5768, *www.elderhostel.org*) gestisce un network di

Taglie per abiti e scarpe

Abiti e gonne da donna									
Americane	4	6	8	10	12	14	16	18	
Europee	38	40	42	44	46	48	50	52	
Camicie e maglioni da donna									
Americane	6	8	10	12	14	16	18		
Europee	40	42	44	46	48	50	52		
Scarpe da donna									
Americane	5	6	7	8	9	10	11		
Europee	36	37	38	39	40	41	42		
Completi da uomo									
Americane	34	36	38	40	42	44	46	48	
Europee	44	46	48	50	52	54	56	58	
Camicie da uomo									
Americane	14	15	15,5	16	16,5	17	17,5	18	
Europee	36	38	39	41	42	43	44	45	
Scarpe da uomo									
Americane	7	7,5	8	8,5	9,5	10	10,5	11	11,5
Europee	39	40	41	42	43	44	44	45	46

attività per gente sopra i 60 anni in tutti gli Stati Uniti, con prezzi in linea con i tour operator. Il Saga Holidays, ancora a Boston, (T 1-800/343-0723, *www.sagaholidays.com*) organizza viaggi interni.

Assicurazioni

Visto il costo delle cure mediche, dovreste pensare alla possibilità di stipulare un'assicurazione di viaggio.

Burocrazia e visti

Per entrare negli Stati Uniti, i cittadini italiani devono essere in possesso di un **passaporto** valido per almeno sei mesi a partire dal termine del soggiorno. Grazie al programma "Viaggio senza visto" (Visa Waiver Program) i cittadini italiani e degli altri paesi che partecipano al programma possono soggiornare negli Stati Uniti per turismo o per affari per un periodo non superiore ai 90 giorni senza bisogno di visto. Devono però essere in possesso di un biglietto di ritorno e di un passaporto elettronico, di un passaporto con foto digitale o di un passaporto a lettura ottica; il passaporto deve essere individuale, un requisito che si applica a tutti i cittadini (bambini compresi). A partire dal 12 gennaio 2009 chi si reca negli Stati Uniti nell'ambito del programma "Viaggio senza visto" deve ottenere un'autorizzazione al viaggio elettronica, accedendo al sito Internet *esta.cbp.dhs.gov* e compilando un modulo on line (per informazioni sul Sistema Elettronico per l'Autorizzazione al Viaggio, o ESTA, consultate il sito Internet *italy.usembassy.gov/visa/ESTA/default.asp*).

Chi ha un passaporto non a lettura ottica o deve soggiornare per un periodo superiore a 90 giorni deve richiedere un visto. Il tempo di espletamento delle pratiche per il rilascio dei visti è molto lungo. In accordo alle nuove normative, la maggioranza dei richiedenti un visto dovrà comparire personalmente presso l'ambasciata o i consolati statunitensi; le interviste vengono fissate su appuntamento e i tempi di attesa possono essere rilevanti. Le procedure per la presentazione delle domande variano a seconda dei consolati in Italia. Per informazioni sulle procedure di richiesta del visto e sugli orari di apertura è possibile chiamare il Servizio Informazioni Visti al numero T 899-34-34-32 (dal telefono cellulare) oppure allo T 02/3032-9656 (anche dal telefono fisso), che vi fornirà tutte le informazioni complete e aggiornate relative ai visti per gli Stati Uniti. Per maggiori informazioni potete consultare il sito *www.usembassy.it*.

Rappresentanze italiane negli Stati Uniti

New York Consolato generale, 690 Park Avenue New York, N.Y. 10021 T 212/737-9100, *www.consnewyork.esteri.it/Consolato_NewYork*

Washington DC Ambasciata, 3000 Whitehaven Street, N.W. 20008 T 202/612-4400 *www.ambwashingtondc.esteri.it/ambasciata_washington*

Miami Consolato generale d'Italia, 4000 Ponce de Leon, Suite 590 Coral Gables, FL 33146 T 305/374-6322 *www.consmiami.esteri.it/Consolato_Miami*

Chicago Consolato generale d'Italia, 500 North Michigan Avenue Suite 1850 IL 6061 Tel (312) 467-1550/1/2 *www.conschicago.esteri.it*

Detroit Consolato generale, Buhl Building 535 Griswold Suite 1840 MI 48226 (313) 963-8560 *www.consdetroit.esteri.it*

Las Vegas Agenzia consolare, 302 East Carson Suite 830 NV 89101:(702) 386 4136

Los Angeles Consolato generale, 12400 Wilshire Boulevard Suite 300 CA 90025 (310) 820-0622/826-6207 *www.conslosangeles.esteri.it*

Rappresentanze statunitensi in Italia

Roma Ambasciata degli Stati Uniti, via Vittorio Veneto 119/A T 06/4674.1 (centralino); *rome.usembassy.gov.*

Milano Consolato generale degli Stati Uniti, via Principe Amedeo 2/10 T 02/290.351; *milan.usconsulate.gov.*

Firenze Consolato generale degli Stati Uniti, Lungarno Vespucci, 38 T 055/266.951; *florence.usconsulate.gov.*

Napoli Consolato generale degli Stati Uniti, Piazza della Repubblica T 081/5838.111; *naples.usconsulate.gov.*

Cartine

Cartine dettagliate degli Stati Uniti, come di altri paesi, sono pubblicate da vari editori e si possono trovare nelle principali librerie. Per una selezione più ampia o per avere indicazioni specifiche per il vostro tipo di viaggio, si consiglia inoltre di rivolgervi alle librerie specializzate, quali, ad esempio, la Libreria Giramondo di Torino, Luoghi e Libri di Milano, VEL di Sondrio, Gulliver di Verona, La Transalpina di Trieste, Stella Alpina di Firenze, Libreria del Viaggiatore di Roma.

Costi

Quando si parla di **costo medio** del viaggio, molto dipende da dove avete deciso di recarvi. Un giro intorno alla zona delle bettole del barbecue in Texas o nel profondo Sud costerà poco per dormire e mangiare, ma il prezzo della benzina potrebbe incidere sul costo del viaggio: al momento della redazione della guida era poco più di $2 al gallone (3,79 litri). Al contrario, le grandi città come Boston e New York costano meno di viaggio, ma molto di più per dormire e mangiare e per lo shopping. Una regola generale è che i prezzi varino molto a seconda delle dimensioni e della bellezza del posto. Ricordate che al prezzo delle vostre compere bisogna aggiungere le **tasse d'acquisto** statali, che vanno dal 3% (in Colorado) fino a oltre l'8% (nello Stato di New York) e in alcune grandi città potrebbero aumentare di uno o due punti. (Alaska, Delaware, Montana, New Hampshire e Oregon non le hanno.) Inoltre, alcune città, probabilmente quelle che vorreste visitare, hanno anche una **tassa sugli alberghi**, per cui si arriva al 15%.

La spesa più grossa, a meno che non scegliate campeggio o ostelli, sarà l'**alloggio**. Una sistemazione discreta non costa meno di $60, esclusi i motel isolati e le baite, fuori stagione. Una stanza decente costa ovunque dai $75 ai $100 e in hotel migliori assai di più, fino ai $200-$350 nelle grandi città.

Il **cibo**, al contrario, costa meno. Potete mangiare bene ovunque senza spendere un capitale, dalle taverne che vendono hamburger (comunque succulenti) fino al ristorante alla moda con lo chef di grido. Potrete spendere dai $20 ai $50-60 al giorno.

Il prezzo dei **trasporti pubblici** è accessibile. Naturalmente, gli **abbonamenti** giornalieri e settimanali, per autobus, treni e metropolitane sono i più vantaggiosi. Noleggiare un'automobile va dai $120 ai $200 a settimana ed è più comoda per girare il paese in lungo e in largo, inoltre per un gruppo di due o più persone è veramente economica. Ricordatevi che chi ha meno di 25 anni deve aggiungere $20 al giorno al costo complessivo.

Per le attrazioni turistiche la guida indica i prezzi per gli adulti; quelli per i bambini sono segnalati solo se superano qualche dollaro, e in alcuni posti, se al di sotto dei 6 anni, entrano a metà prezzo o gratis.

Criminalità e sicurezza personale

Non si può dire che in America non ci siano reati, anche se fuori dalle grandi città se ne registrano meno. Anche centri come Miami, Detroit e Los Angeles, che hanno la fama di essere luoghi ad alto rischio, non sono in realtà così pericolosi. Molte zone delle città, almeno di giorno, sono sicure, mentre altre di notte sono inaccessibili. Tutti i posti turistici e quelli dove si concentra la vita notturna sono ben illuminati e gira molta polizia. Basta stare attenti a dove si va e alle proprie cose per avere, in generale, pochi problemi.

Criminalità in auto

I crimini commessi contro i turisti che guidano un'auto a noleggio, non accadono così spesso come qualche tempo fa, ma bisogna sempre fare attenzione. Nelle grandi zone urbanizzate l'auto che noleggiate non dovrebbe avere nessun segno distintivo, come una targa speciale, che dia nell'occhio. Quando guidate non fermatevi mai in una zona poco illuminata o semideserta della città, soprattutto se qualcuno vi fa segnali che c'è qualcosa che non va alla vostra auto. Allo stesso modo, se il guidatore dietro di voi vi urta, non fermatevi immediatamente, ma continuate a guidare fino a un posto frequentato e illuminato per chiamare il ☎ 911 per assistenza. Nascondete tutti gli oggetti di valore nel portabagagli o nel cassetto portadocumenti.

Dentista

Per sapere gratuitamente qual è il **dentista** più vicino chiamate la Dental Society Referral Service (☎ 415/421-1435 o 1-800/511-8663).

Disabili in viaggio

Rispetto agli standard internazionali gli Stati Uniti sono molto attrezzati per viaggiatori con difficoltà di movimento o altri problemi fisici. Tutti gli edifici pubblici, compresi alberghi e ristoranti, devono essere attrezzati per l'accesso delle sedie a rotelle e con bagni adeguati. I marciapiedi delle strade hanno la discesa agevolata e i trasporti pubblici, compresa la metropolitana, hanno stazioni con ascensori e autobus con pedane che si abbassano per far salire la sedia a rotelle.

Come muoversi

L'Americans with Disabilities Act (1990) obbliga gli aerei a essere accessibili ai viaggiatori diversamente abili e la maggior parte delle compagnie aeree metterà a disposizione una hostess per accompagnarli senza costo aggiuntivo.

Quasi tutti i treni Amtrak hanno uno o più vagoni attrezzati per passeggeri disabili. I cani guida viaggiano gratis e possono accompagnare i non vedenti, i non udenti o i viaggiatori disabili. Ricordatevi di avvisare almeno 24 ore prima di partire. Gli audiolesi possono richiedere informazioni al ⓣ 1-800/523-6590 (c'è una lunga attesa perché c'è poca gente impiegata per il servizio).

Non prendete gli autobus della Greyhound, non sono equipaggiati con pedane mobili per la sedia a rotelle, anche se il personale vi aiuterà a salire (sono obbligati per legge). La politica dell'Helping Hand è due biglietti al prezzo di uno per passeggeri che non sono in grado di viaggiare da soli (portate un certificato medico). L'American Public Transportation Association, a Washington DC (ⓣ 202/496-4800, *www.apta.com*), fornisce informazioni sull'accessibilità dei mezzi pubblici nelle città.

L'American Automobile Association (ⓣ 1-877/244-9790, *www.aaa.com*) pubblica l'*Handicapped Driver's Mobility Guide*, e le più grosse compagnie di noleggio hanno auto con i comandi manuali senza costo aggiuntivo, ma solo sui modelli più cari (prenotate con buon anticipo).

Informazioni utili

La maggior parte degli uffici turistici offrono informazioni per i viaggiatori disabili (vedi p. 31). Inoltre la SATH la Society for Accesible Travel and Hospitality a New York (ⓣ 212/447-7284, *www.sath.org*) è un gruppo non-profit di agenzie viaggio, tour operator, hotel e linee aeree per persone disabili. Ogni richiesta è trasferita da loro al giusto reparto, anche se dovete avere pazienza per la risposta. Mobility International USA, a Eugene, OR (ⓣ 541/343-1284, *www.miusa.org*) offre consigli di viaggio e organizza programmi di scambio per viaggiatori disabili; gestisce anche un centro di informazioni nazionale. Se volete programmare un itinerario specifico di viaggio contattate l'agenzia viaggi Directions Unlimited a New York (ⓣ 914/241-1700 o 1-800/533-534), che ha un ufficio dedicato ai viaggiatori disabili.

Disabled Outdoors è una rivista specializzata per chi desideri visitare i grandi spazi. Le due pubblicazioni di Twin Peaks Press, *Travel for the Disabled* e *Wheelchair Vagabond*, non ci sono più, ma si trovano ancora on line.

Il Golden Access Passport viene concesso ai disabili permanenti o ai non vedenti cittadini americani e permette l'accesso ai parchi vita natural durante. Si può richiedere solo di persona in un'area federale dove si paga un biglietto d'ingresso.

Donne in viaggio

Una donna che viaggia da sola non è fatta sentire a disagio e non attrae attenzioni indesiderate. Le città sono molto più sicure di quanto i media riportino, non sono giungle urbane impazzite solo perché c'è tanta gente. In

Donne a New York

Le donne che viaggiano da sole o con altre donne a New York non attirano grande attenzione. Come sempre, basta usare il buon senso: a New York è essenziale mostrare una grande sicurezza, sia in merito a ciò che si sta facendo sia in merito a dove si sta andando. Se qualcuno vi importuna, giratevi dall'altra parte, andatevene o fategli sapere quel che pensate in modo chiaro e inequivocabile. Non eccedete negli alcolici, a meno che non siate con un amico davvero fidato. Se qualcuno vi sta seguendo, giratevi e guardate bene la persona che vi sta seguendo, poi scendete dal marciapiede, sulla strada; gli assalitori odiano essere all'aperto, dove tutti possono vederli. Se non avete informazioni sicure sulla zona dove alloggiate, chiedete il consiglio di altre donne. Comunque, non evitate aree della città solo per sentito dire; potreste perdere qualcosa di molto interessante. Sappiate anche che i newyorkesi (e in particolare quelli di Manhattan, per molti dei quali uscire dal quartiere è un rischio) sono molto allarmisti; fa parte della loro cultura.

Informazioni turistiche sugli Stati

Alabama AL ⓘ 1-800/252-2262, *www.alabama.travel*
Alaska AK ⓘ 1-800/862-5275, *www.travelalaska.com*
Arizona AZ ⓘ 1-866/275-5816, *www.arizonaguide.com*
Arkansas AR ⓘ 1-800/628-8725, *www.arkansas.com*
California CA ⓘ 1-800/TO-CALIF, *www.visitcalifornia.com*
Colorado CO ⓘ 1-800/COLORADO, *www.colorado.com*
Connecticut CT ⓘ 1-888/288-4748, *www.ctvisit.com*
Delaware DE ⓘ 1-866/284-7483, *www.visitdelaware.com*
Florida FL ⓘ 1-888/735-2872, *www.visitflorida.com*
Georgia GA ⓘ 1-800/847-4842, *www.exploregeorgia.org*
Hawaii HI ⓘ 1-800/GO-HAWAII, *www.gohawaii.com*
Idaho ID ⓘ 1-800/VISIT-ID, *www.visitidaho.org*
Illinois IL ⓘ 1-800/226-6632, *www.enjoyillinois.com*
Indiana IN ⓘ 1-888/365-6946, *www.visitindiana.com*
Iowa IA ⓘ 1-800/345-IOWA, *www.traveliowa.com*
Kansas KS ⓘ 1-800/252-6727, *www.travelks.com*
Kentucky KY ⓘ 1-800/225-8747, *www.kentuckytourism.com*
Louisiana LA ⓘ 1-800/99-GUMBO, *www.louisianatravel.com*
Maine ME ⓘ 1-888/624-6345, *www.visitmaine.com*
Maryland MD ⓘ 1-800/634-7386, *www.visitmaryland.org*
Massachusetts MA ⓘ 1-800/227-6277, *www.massvacation.com*
Michigan MI ⓘ 1-888/784-7328, *www.michigan.org*
Minnesota MN ⓘ 1-800/657-3700, *www.exploreminnesota.com*
Mississippi MS ⓘ 1-866/733-6477, *www.visitmississippi.org*
Missouri MO ⓘ 1-800/519-2100, *www.visitmo.com*
Montana MT ⓘ 1-800/847-4868, *www.visitmt.com*
Nebraska NE ⓘ 1-800/228-4307, *www.visitnebraska.org*
Nevada NV ⓘ 1-800/237-0774, *www.travelnevada.com*
New Hampshire NH ⓘ 1-800/386-4664, *www.visitnh.gov*
New Jersey NJ ⓘ 1-800/847-4865, *www.visitnj.org*
New Mexico NM ⓘ 1-800/545-2070, *www.newmexico.org*
New York NY ⓘ 1-800/I-LOVE-NY, *www.iloveny.com*
North Carolina NC ⓘ 1-800/847-4862, *www.visitnc.com*
North Dakota ND ⓘ 1-800/435-5663, *www.ndtourism.com*
Ohio OH ⓘ 1-800/BUCKEYE, *www.discoverohio.com*
Oklahoma OK ⓘ 1-800/652-6552, *www.travelok.com*
Oregon OR ⓘ 1-800/547-7842, *www.traveloregon.com*
Pennsylvania PA ⓘ 1-800/847-4872, *www.visitpa.com*
Rhode Island RI ⓘ 1-800/556-2484, *www.visitrhodeisland.com*
South Carolina SC ⓘ 1-888/727-6453, *www.discoversouthcarolina.com*
South Dakota SD ⓘ 1-800/732-5682, *www.travelsd.com*
Tennessee TN ⓘ 1-800/462-8366, *www.tnvacation.com*
Texas TX ⓘ 1-800/888-8839, *www.traveltex.com*
Utah UT ⓘ 1-800/882-4386, *www.utah.com*
Vermont VT ⓘ 1-800/VERMONT, *www.vermontvacation.com*
Virginia VA ⓘ 1-800/847-4882, *www.virginia.org*
Washington WA (Stato) ⓘ 1-800/544-1800, *www.experiencewa.com*
Washington (capitale) ⓘ 1-800/422-8644, *www.washington.org*
West Virginia WV ⓘ 1-800/225-5982, *www.wvtourism.com*
Wisconsin WI ⓘ 1-800/432-8747, *www.travelwisconsin.com*
Wyoming WY ⓘ 1-800/225-5996, *www.wyomingtourism.org*

ogni caso, particolare attenzione deve essere prestata di sera, come ovunque: camminare in una strada vuota poco illuminata non è mai una buona idea e se non trovate un autobus, prendete il taxi. Le donne che sembrano sicure incontrano meno problemi di chi vaga con sguardo perso.

Nei grandi centri urbani ci sono pochi problemi se rimanete nella parte più turistica della città e andate in bar e discoteche da sole: generalmente c'è un atteggiamento positivo verso le donne e la vostra privacy è rispettata. I bar per lesbiche sono tranquilli e possono essere una buona soluzione.

Nei centri minori l'atteggiamento liberale o indifferente cambia nei confronti delle viaggiatrici solitarie. La gente tende a pensare che vi si sia rotta l'auto o che abbiate subito qualche catastrofe. Se la vostra auto si ferma davvero in strade molto trafficate, aspettate in auto la polizia e il carro attrezzi. Dovreste anche affittare un cellulare insieme all'auto, è un potenziale salvavita.

Le donne, come gli uomini, non dovrebbero mai fare l'autostop negli USA. Vuol dire cercare guai. Non fermatevi per caricare un autostoppista. Se qualcuno vi fa segnali sulla strada e ha l'auto ferma proseguite: ci sarà una pattuglia stradale che se ne occuperà.

Non usate i mezzi pubblici di sera, le stazioni deserte fanno poco per farvi sentire sicure. Quando è possibile state con altri viaggiatori. Sui pullman della Greyhound sedete vicino al guidatore.

In caso di incidente grave tutte le città hanno un servizio di consulenza per lo stupro: lo sceriffo si occuperà di aiutarvi e nel caso vi farà tornare a casa. La National Organization for Women (*www.now.org*) è la più importante associazione che si occupa di problemi per le donne. L'elenco delle succursali sono nella guida telefonica e on line: ci sono informazioni sui centri anti-stupro, counseling, librerie femministe e bar per lesbiche.

Informazioni utili

Gutsy Women Travel Glenside PA ☎ 215/572-7676 o 1-866/464-8879, *www.gutsywomentravel.com.* È un'agenzia internazionale che offre sostegno e organizza viaggi per donne sole.

Womanship Annapolis MD ☎ 410/267-6661 or 1-800/342-9295, *www.womanship.com.* Imparare ad andare in barca a vela per donne di tutte le età. Le destinazioni sono Chesapeake Bay, Florida, il nord-ovest del Pacifico, e Mystic, nel Connecticut.

The Women's Travel Club Bloomfield NJ ☎ 1-800/480-4448, *www.womenstravelclub.com.* Organizza vacanze, itinerari, con stanze in condivisione solo per le donne.

Elettricità

Negli Stati Uniti la corrente elettrica è di 110V 60Hz; in genere le prese di corrente hanno due lame piatte e parallele, sopra una base circolare, oppure solamente due lame piatte e parallele. A meno che il vostro apparecchio elettrico non abbia un doppio voltaggio, avrete dunque bisogno di un trasformatore e di un adattatore.

Gay

La comunità gay negli Stati Uniti ha molto peso, seppure sia concentrata soprattutto nelle grandi città. A San Francisco un quarto (o addirittura un terzo) dell'elettorato è omosessuale. New York segue di poco, e su entrambe le coste donne e uomini hanno una visibilità e un'influenza che in altri posti possono solo sognarsi. Funzionari pubblici e poliziotti gay dichiarati non sono più una novità. Le organizzazioni, le risorse e le agevolazioni sono moltissime.

Qualunque centro di un certo rilievo ha una zona gay, e la guida offre una panoramica sulle risorse, i bar e i locali in ogni grande zona urbana. Nel cuore dell'entroterra le cose però vanno diversamente: la vita assomiglia ancora a quella degli anni Cinquanta. I gay sono ancora respinti e spesso insultati. I viaggiatori dovrebbero stare attenti ed evitare problemi e possibili aggressioni.

Pubblicazioni nazionali sono disponibili in ogni buona libreria. Bob Damron a San Francisco (☎ 415/255-0404 or 1-800/462-6654, *www.damron.com*) realizza le migliori e le vende scontate on line. Tra queste: *Men's Travel Guide*, un'agenda annuale con hotel, bar, discoteche e notizie utili per uomini ($21,95), *Women's Traveler*, che ha le stesse informazioni per le donne ($18,95), *Damron City Guide*, con indirizzi di alloggi e luoghi di svago ($22,95), e *Damron Accommodations* che elenca 1000 alloggi in tutto il mondo per omosessuali, uomini e donne ($23,95).

Le Gayellow Pages (☎ 212/674-0120, *www.gayellowpages.com*) con base a New York sono come le nostre Pagine gialle e pubblicano indirizzi per Stati Uniti e Canada ($24,95, cd-rom $10) più indirizzi regionali per New England, New York e il Sud.

La rivista *The Avocate* è un bimestrale pubblicato a Los Angeles ($3; *www.advocate.com*), con appuntamenti, informazioni generali e annunci personali. Non dimenticate l'International Gay & Lesbian Travel Association a Fort Lauderdale, Florida (☎ 1-954/776-2626, *www.iglta.org*), una risorsa fondamentale per tutti i gay in viaggio.

Informazioni turistiche

Ogni Stato ha il suo ufficio di informazioni turistiche (vedi riquadro a p. 33). Troverete moltissime informazioni, cartine, dépliant, brochure sulle cose da vedere, da quelle che valgono veramente la pena alle trappole per turisti. Potete contattare gli uffici turistici prima di partire o mentre siete in viaggio. Cercate anche i centri di accoglienza che sono vicino al confine tra gli Stati lungo le strade. In Stati molto turistici potrete trovare anche coupon di sconto per l'alloggio e il cibo, mentre in molte città troverete il Convention e Visitors Bureau (CVB), che fornisce informazioni sull'area come fa anche la Camera di commercio.

Internet

Ormai quasi l'80% degli americani Internet ce l'ha a casa, quindi i cybercafé dove collegarsi per $2-5 all'ora non sono più così tanti. Potete provare a collegarvi con il portatile in qualche zona con il wi-fi. Gli hotel di solito hanno l'accesso a **Internet ad alta velocità** gratuito o molto economico e le biblioteche permettono di collegarsi senza pagare, anche se spesso c'è coda e il tempo di accesso è limitato.

www.kropla.com è un utile indirizzo web con informazioni su dove trovare i punti per collegarsi con il portatile in tutto il mondo. Per sapere dove sono gli Internet café e gli accessi alla linea pubblici andate su *www.cybercaptive.com.*

Mance

La mancia è praticamente obbligatoria nei bar e nei ristoranti. Bisogna lasciare ai camerieri circa il 15% del conto senza le tasse (a meno che il servizio non sia stato pessimo) e il 20% per un buon servizio. Negli Stati Uniti i camerieri guadagnano soprattutto con le mance e non lasciarla è pari a un insulto. Anche ai tassisti bisogna lasciare il 15% della corsa, arrotondato a $0,50 o al dollaro. Un facchino dovrebbe ricevere $1-2 a valigia; se ha portato le vostre valige per molti piani $3-5. La cameriera si aspetta $1-2 al giorno per ospite e un fattorino $2.

Ora

Il continente americano copre quattro fusi orari, più uno per l'Alaska e uno per le Hawaii.

L'**Eastern Standard Time** (EST), è cinque ore indietro rispetto all'ora di Greenwich (GMT) e sei ore indietro rispetto all'Italia. La zona centrale, che parte da Chicago e arriva fino al Texas e attraversa le Grandi Pianure è un'ora indietro rispetto all'est (le 10 a New York sono le 9 a Dallas). La zona montuosa che copre anche le Montagne Rocciose e la maggior parte del Sud-Ovest è due ore indietro rispetto all'est (le 10 a New York sono le 8 a Denver). La zona del Pacifico comprende tre Stati costieri e il Nevada è tre ore indietro rispetto a New York (le 10 nella Grande Mela sono le 7 a San Francisco). Infine, la maggior parte dell'Alaska (a parte le St. Lawrence Islands che sono insieme alle Hawaii) è 4 ore indietro rispetto a New York, mentre le Hawaii sono 5 ore indietro. Negli Stati Uniti si porta l'orologio avanti di un'ora la prima domenica di aprile, per avere più luce e lo si riporta indietro la prima domenica di novembre (una settimana dopo rispetto all'Europa in entrambe i casi).

Orari di apertura e festività

Gli uffici governativi (compresi gli uffici postali) e le banche saranno chiusi nei seguenti giorni di **festa nazionale**:

Festività nazionali

Capodanno 1° gennaio
Anniversario della nascita di Martin Luther King Terzo lunedì di gennaio
Presidents' Day Terzo lunedì di febbraio
Memorial Day Ultimo lunedì di maggio
Independence Day (Giorno dell'Indipendenza) 4 luglio
Labor Day (Giornata del lavoro) Primo lunedì di settembre

Telefonare dagli Stati Uniti all'Italia

Per effettuare **chiamate internazionali dagli USA**, digitare **001** seguito dal prefisso internazionale dello Stato. Per **chiamare l'Italia**, dunque, bisogna comporre 001+ 39 + il numero desiderato compreso il prefisso teleselettivo italiano.

Columbus Day (Scoperta dell'America) Secondo lunedì di ottobre
Veterans' Day (Giornata dei reduci di guerra) 11 novembre
Thanksgiving Day (Festa del Ringraziamento) Quarto giovedì di novembre
Natale 25 dicembre

Posta

Gli uffici postali sono aperti dal lunedì al venerdì dalle 9 alle 17 e il sabato dalle 9 a mezzogiorno. Le cassette delle lettere sono quasi a ogni angolo di strada. Spedire una lettera entro i confini degli Stati Uniti costa $0,42 (alla pubblicazione di questa guida), fino a 28 g, $0,72 per il Canada e $0,94 per il resto del mondo. La posta aerea impiega circa una settimana ad arrivare in Europa.

In America, l'ultima riga dell'indirizzo è riservata alla città e allo Stato espresso con una sigla (CA è la California e TX il Texas). L'ultima riga comprende anche un numero di cinque cifre che corrisponde al codice postale. È molto importante scriverlo, anche se le quattro cifre successive che vi capiterà di vedere non sono essenziali. Potete verificare il numero di codice postale sul sito dell'US Postal Service, *www.usps.com*. Le regole per spedire i pacchi sono molto rigide: devono essere in scatole speciali, comprate all'ufficio postale e sigillate secondo le istruzioni, che trovate all'inizio delle Pagine gialle. Per spedire pacchi fuori dagli Stati Uniti avrete bisogno di un modulo che si trova negli uffici postali.

Spedire soldi

Farsi spedire i soldi da casa non è mai economico e dovrebbe essere l'ultima risorsa. Nel caso sia necessario, il modo più veloce è che qualcuno si rechi con la somma al più vicino ufficio **American Express Moneygram** (☎ 1-800/543-4080) che ve li fa avere immediatamente. Bisogna togliere il 10% di commissione. La **Western Union** offre lo stesso servizio a prezzi leggermente più alti.

Salute

Nel caso vi capiti un serio incidente mentre siete negli Stati Uniti, il pronto intervento sarà immediato e vi farà pagare in seguito. Per emergenze e ambulanze chiamate il ☎ 911, che è il numero nazionale per le emergenze.

Consultate le Pagine gialle se vi serve un dottore sotto la voce "Clinics" o "Physicians and Surgeons." Le tariffe per una visita sono circa $50-100 da pagare in anticipo. Esami e radiografie costano molto di più. Anche le prescrizioni non sono economiche; tenete le ricevute, in caso la vostra assicurazione le rimborsi.

Ricordatevi che per molti medicinali che altrove sono considerati da banco (ad esempio gli antidolorifici a base di codeina) occorre la prescrizione del medico. In caso di dubbi rivolgetevi alle farmacie, le sole autorizzate a vendere medicinali per i quali occorre la ricetta del medico.

Non sono necessarie vaccinazioni per entrare negli Stati Uniti.

Informazioni mediche per i viaggiatori

CDC *www.cdc.gov/travel.* Il sito ufficiale del governo americano per la salute in viaggio.
International Society for Travel Medicine *www.istm.org.* Elenco completo delle cliniche.

Telefoni

Gli Stati Uniti hanno più di un centinaio di prefissi telefonici – 3 cifre che precedono il numero di sette cifre se chiamate da fuori (seguono lo 001, che è il prefisso internazionale) o da un altro prefisso e a quel punto il numero di 10 cifre è preceduto da 1. Alcune città hanno diversi prefissi a seconda della zona. In questa guida abbiamo indicato i prefissi accanto ai numeri di telefono. Ricordate che in alcune città bisogna comporre sempre il numero con il prefisso.

Il modo più economico per fare **telefonate a lunga distanza** e internazionali è con le

carte telefoniche prepagate ($5, $10 e $20), in vendita presso numerose edicole e drogherie, che convengono rispetto a quelle vendute dalle compagnie telefoniche. La tariffa dagli Stati Uniti all'Europa è di circa 2-3 cent al minuto.

Se pensate di portarvi il vostro **cellulare**, dovete controllare con il vostro gestore se funzionerà. A meno che non abbiate un telefono **tri-band** o **quad-band**, se è stato comprato fuori dagli Stati Uniti è molto probabile che non funzioni. Controllate con il gestore telefonico che sia abilitato alle chiamate internazionali. Ricordate che pagate il **roaming** quando chiamate e di più quando ricevete le chiamate, mentre chi vi chiama avrà la stessa tariffa. Se avete bisogno di ricevere i messaggi mentre siete all'estero chiedete al gestore un nuovo codice d'accesso (il vostro non funzionerà). Usare il cellulare è molto costoso ma una soluzione può essere quella di comprare o noleggiare il cellulare direttamente negli USA. I telefoni pay-as-you-go, costano molto poco e si trovano in tutti i negozi di elettrodomestici. Per un panorama completo, su telefoni e costi, visitate il sito *www.mediacells.com*.

Valuta

Il **dollaro americano** è suddiviso in banconote da $1, $5, $10, $20, $50 e $100, più **tagli** maggiori, molto rari. Il dollaro si divide in 100 centesimi (¢), coniati in monete da 1 cent (chiamato *penny*), 5 cent (*nickel*), 10 cent (*dime*), 25 cent (*quarter*), 50 cent (mezzo dollaro) e da un dollaro. Al momento della stesura della guida €1 valeva $1,30-1,40; potete comunque controllare il cambio sul sito *www.xe.ne/currency*.

La banconota da $2, le monete da mezzo dollaro e un dollaro sono rare. Per pagare i biglietti degli autobus, per i distributori automatici e i telefoni ci vogliono gli spiccioli (specie quelli da un quarto di dollaro, ¢25): conservatene sempre un po'.

Gli orari di apertura delle **banche** sono, di solito, da lunedì a venerdì, dalle 9 alle 16; qualche banca rimane aperta più a lungo il giovedì o il venerdì, con orari limitati il sabato. Le banche principali, tra cui Well Fargo, US Chase e Bank of America, cambiano i traveler's cheques e la valuta straniera ai tassi correnti di cambio. Si può ritirare il contante necessario dai bancomat (*ATM*), che si trovano in ogni filiale bancaria e anche in molti grandi magazzini e negozi gastronomici della città (in questo caso, oltre alla commissione bancaria, vi verranno addebitati fino a $2 di servizio). Ricordatevi di verificare che le carte di cui disponete siano abilitate ai prelievi internazionali. La carta di credito è necessaria; American Express, MasterCard e Visa sono accettate ovunque e negli alberghi sono spesso richieste come garanzia. Se volete portare traveler's cheques, vi conviene richiederli in dollari statunitensi; in questo modo potrete cambiarli presso qualsiasi banca e usarli come contante in molti negozi.

Vivere negli Stati Uniti

Sts-education Milano Via Dante 4, 20121 Milano ☎ 02 88 55 51, *www.sts-education.it*. Offre la possibilità di scegliere un'area negli Stati Uniti per trascorrervi un anno di studi.

Cts Agenzia che si occupa sia di viaggi sia di vacanze studio. Ha sedi in tutta Italia; visitate il sito *www.cts.it* per trovare quella più vicina.

Guida

Guida

1

New York

CANADA
WASHINGTON
MONTANA
NORTH DAKOTA
MN
WI
MI
ME
VT
NH
MA
NEW YORK
RI
CT
OREGON
IDAHO
SOUTH DAKOTA
WYOMING
IOWA
MI
PA
NEVADA
NEBRASKA
IL
IN
OHIO
NJ
DE
MD
UTAH
COLORADO
KANSAS
WV
VA
CALIFORNIA
MISSOURI
KENTUCKY
NC
TENNESSEE
OKLAHOMA
AR
AL
SC
OCEANO PACIFICO
ARIZONA
NEW MEXICO
MS
GEORGIA
OCEANO ATLANTICO
MESSICO
TEXAS
LA
HAWAII
ALASKA
Golfo del Messico
FL
N
AL - ALABAMA
AR - ARKANSAS
CT - CONNECTICUT
DE - DELAWARE
FL- FLORIDA
IL - ILLINOIS
IN - INDIANA
LA - LOUISIANA
MA - MASSACHUSETTS
MD - MARYLAND
ME - MAINE
MI - MICHIGAN
MN - MINNESOTA
MS - MISSISSIPPI
NC - NORTH CAROLINA
NH - NEW HAMPSHIRE
NJ - NEW JERSEY
PA - PENNSYLVANIA
RI - RHODE ISLAND
SC - SOUTH CAROLINA
VA - VIRGINIA
VT - VERMONT
WI - WISCONSIN
WV - WEST VIRGINIA

Da non perdere

- **Ellis Island** Quello che un tempo era il primo scalo in territorio americano per milioni di immigrati provenienti da tutto il mondo oggi è sede di un museo commovente. **Vedi p. 53**
- **Empire State Building** Godetevi le travolgenti vedute che si ammirano dalla sommità del grattacielo più famoso ed emblematico della città. **Vedi p. 64**
- **Central Park** Un vastissimo, magnifico spazio verde con innumerevoli svaghi bucolici; reso universalmente famoso da moltissimi film, è uno dei più bei parchi urbani d'America. **Vedi p. 69**
- **Il Metropolitan Museum of Art** Una tappa imperdibile per chi visita New York: la straordinaria, gigantesca collezione del Metropolitan Museum potrebbe tenervi occupati per giorni. **Vedi p. 73**
- **Coney Island** Fate un bagno di sole, passeggiate sulla boardwalk, la celebre passerella di legno, e assaggiate gli hot-dog più famosi d'America in questo parco di divertimenti sulla spiaggia. **Vedi p. 80**
- **Negozi di gastronomia di New York** Le delizie culinarie della metropoli vanno dai bagel (panini a ciambella) e dai tranci di pizza alla haute cuisine internazionale, ma Katz's e Zabar's sono un concentrato di New York. **Vedi p. 83**
- **Partita di baseball nel nuovo Yankee Stadium** Fra aprile e ottobre, sarebbe un peccato non assistere a un incontro dei Bronx Bombers. **Vedi p. 97**

Prezzi degli alloggi

I **prezzi degli alloggi** sono classificati secondo le categorie di prezzo sottoelencate in base al costo medio, nel corso dell'anno, della **camera doppia più economica**. Tuttavia, a parte nei motel lungo la strada è difficile stabilire un prezzo fisso per una stanza. Un motel di categoria media al mare o in montagna può quadruplicare i prezzi a seconda della stagione, mentre l'albergo di una grande città che durante la settimana costa $200, durante il fine settimana può tagliare drasticamente i prezzi. Le tariffe on line sono più basse e visto che il concetto di alta e bassa stagione varia da zona a zona, una pianificazione attenta può far risparmiare parecchio (state attenti anche a qualche evento particolare, come un festival o una celebrazione oppure le partite di football americano dei college, che possa far alzare i prezzi). Solo dove è specificato nella guida il prezzo della stanza include le **tasse** locali.

❶ fino a $35	❹ $76-100	❼ $161-200
❷ $36-50	❺ $101-130	❽ $201-250
❸ $51-75	❻ $131-160	❾ oltre $251

1

New York

New York City (questa la definizione ufficiale per distinguerla dallo Stato di New York), la città più seducente del mondo, è un luogo eccitante e carico di storia che esercita sui visitatori un'immensa attrazione romantica. Che si contemplino le luci tremolanti dei grattacieli della Midtown mentre si attraversa a tutta velocità il Queensboro Bridge, si viva l'esperienza di una passeggiata nel Village alle 4 di notte o si trascorra semplicemente una piacevole giornata al Central Park, bisognerebbe davvero essere fatti di pietra per restare indifferenti. Non esiste un altro posto che assomigli a questa affascinante metropoli.

New York comprende l'isola centrale di **Manhattan** e i quattro *boroughs* (circoscrizioni, distretti amministrativi) esterni: **Brooklyn**, **Queens**, **Bronx** e **Staten Island**. Per molti Manhattan *è* New York, ed è qui che probabilmente soggiornerete e passerete gran parte del tempo. A grandi linee, l'isola è divisa in tre aree: **Downtown** (a sud della 14th St.), **Midtown** (dalla 14th St. a Central Park/59th St.) e **Uptown** (a nord della 59th St.). Benché si possano passare settimane a Manhattan sfiorandone appena la superficie, ci sono attrazioni e svaghi assolutamente da non perdere, fra cui i diversi **quartieri etnici**, come Chinatown, e le concentrazioni urbane di impronta più artistica: SoHo, l'East Village e il West Village. Naturalmente New York vanta anche la celebre **architettura** della Midtown e del Financial District, nonché molti **musei** favolosi: non solo il Metropolitan e il MoMA, ma anche innumerevoli collezioni più piccole, grazie alle quali si potrebbero trascorrere settimane di felici vagabondaggi artistici. Fra una visita e l'altra si può **mangiare** di tutto, a qualsiasi ora e in qualunque stile, **bere** in ogni tipo di compagnia e guardare innumerevoli **film**, dalle pellicole commerciali ai film più sconosciuti. Le arti dello spettacolo più affermate – **danza**, **teatro** e **musica** – offrono la possibilità di assistere a superbe rappresentazioni ed esibizioni. E per quanto riguarda gli acquisti, in questo cuore del grande sogno capitalista la scelta di **negozi** è talmente vasta ed esauriente da stordire perfino i consumatori più avidi.

È difficile emulare Manhattan, e i quattro ***boroughs* esterni**, zone sostanzialmente residenziali, inevitabilmente impallidiscono al confronto (con *boroughs* si indicano le circoscrizioni, i distretti amministrativi di New York). Alcune parti di **Brooklyn** sono cambiate in modo clamoroso a partire dagli scorsi anni Novanta: numerose vie intorno all'East River sono diventate aree signorili, mentre luoghi quali **Williamsburg** hanno assorbito un afflusso di persone giovani e al passo con i tempi, in fuga dai prezzi elevati di Manhattan (qui sono concentrati alcuni dei bar più alla moda della città). Al di là della vita not-

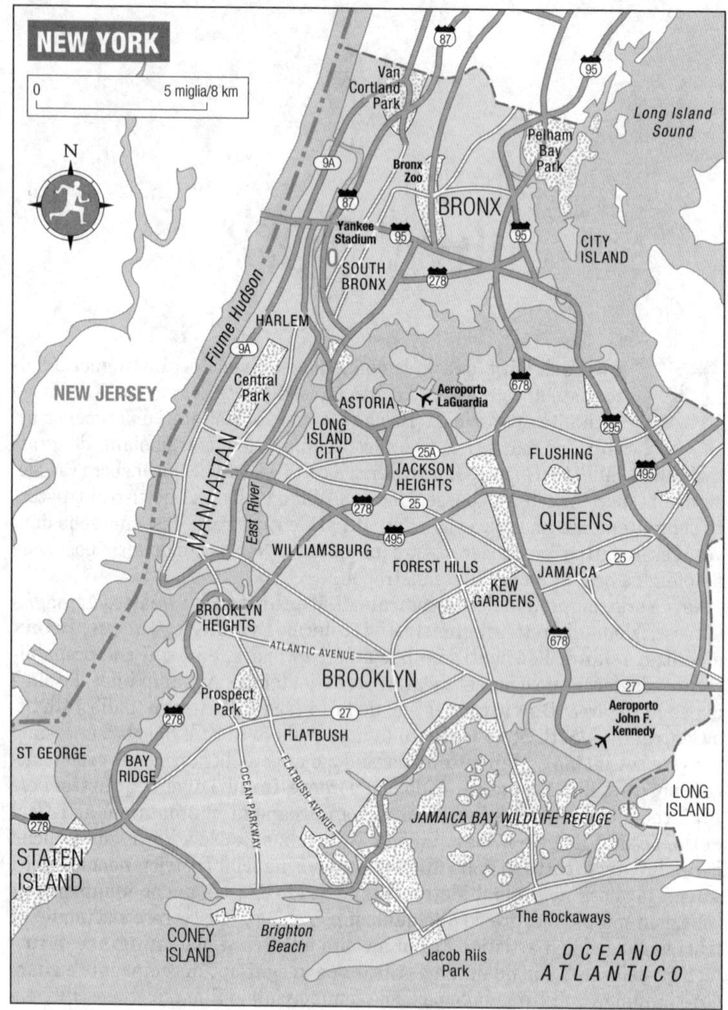

turna, **Brooklyn Heights** è uno dei quartieri newyorkesi più belli; **Long Island City** e **Astoria**, entrambi nel Queens, ospitano un paio di musei innovativi; e una visita allo **Zoo del Bronx** sarà sicuramente gratificante. Infine, *last but not least*, non perdetevi una gita (gratuita) sullo **Staten Island Ferry**, una tonificante escursione in **traghetto** che permette di ammirare splendidi scorci panoramici della metropoli.

Cenni storici

Il primo europeo che sbarcò sull'isola di Manhattan, a quel tempo abitata dagli indiani lenape, fu il navigatore italiano Giovanni da Verrazzano, che nel 1524 scoprì la baia di New York e il fiume Hudson. Esattamente un secolo più tardi un gruppo di coloni olandesi fondò l'insediamento di **New Amsterdam** (Nuova Amsterdam). Il primo governatore, Peter Minuit, fu colui che, come è noto, acquistò l'intera isola per una manciata di gingilli di poco valore. Non si sa per certo chi "vendette" l'isola (probabilmente si trattava di una ramificazione settentrionale dei lenni lenape); ciò che invece si sa ma non si dice mai è che la proprietà della terra era un concetto completamente estraneo ai nativi americani, i quali avevano semplicemente acconsentito a sostenere gli olandesi nella loro richiesta di *usare* la terra, come poi fecero. Quando gli inglesi, nel 1664, rivendicarono l'area, il governo oppressivo di **Peter Stuyvesant** si era alienato il sostegno degli abitanti a tal punto che gli olandesi cedettero il potere senza combattere.

Ribattezzata **New York**, la città prosperò, e allo scoppio della guerra d'indipendenza americana la sua popolazione aveva raggiunto i 33.000 abitanti. L'apertura dell'**Erie Canal** nel 1825 facilitò i commerci verso l'interno, contribuendo alla fortuna della città, che diventò la potenza economica della nazione; più avanti nel secolo, qui operarono **magnati** quali Cornelius Vanderbilt e **finanzieri** quali J.P. Morgan. Nel 1886 arrivò dalla Francia la **Statua della Libertà**, simbolo del ruolo della città come porta d'ingresso per generazioni di immigrati, mentre all'inizio del Novecento si assistette all'improvvisa proliferazione di straordinari **grattacieli**, che agli occhi di un mondo stupefatto forgiarono New York come la metropoli del futuro.

Quasi un secolo più tardi, gli eventi dell'**11 settembre 2001**, che distrussero il World Trade Center, scossero New York fino alle fondamenta. Tuttavia il Financial District ha reagito agli attentati approntando un vasto piano di ricostruzione e rinnovamento urbano, in base al quale New York si doterà entro il 2011 di una nuova serie di luccicanti grattacieli che domineranno il profilo del centro città, fra i quali la **Freedom Tower** (vedi riquadro a p. 53).

Arrivo, informazioni e trasporti urbani

New York City è servita da tre grandi **aeroporti**: il **John F. Kennedy** o **JFK**, nel Queens, il **LaGuardia**, sempre nel Queens, e l'aeroporto di **Newark**, nel New Jersey.

Dall'aeroporto JFK operano gli **autobus** del New York Airport Service (T 212/875-8200) diretti al Grand Central Terminal, al Port Authority Bus Terminal e alla Penn Station (ogni 15-20 min dalle 6.15 alle 23.10; 45-60 min; $15 solo andata, $27 andata e ritorno). L'AirTrain (24 h su 24; *www.panynj.gov/airtrain*; $5) fa servizio fra l'aeroporto JFK e le stazioni della metropolitana Jamaica e Howard Beach, nel Queens: dalla stazione Jamaica si può raggiungere Manhattan prendendo la metropolitana E, J o Z, mentre dall'Howard Beach si prende la linea A (da entrambe le stazioni: 1 h; $2). In alternativa, la Long Island Railroad gestisce un servizio di **treni** dalla stazione Jamaica alla Penn Station (20 min; $5,25 fuori dalle ore di punta).

Dall'aeroporto LaGuardia, gli **autobus** del New York Airport Service impiegano 45 min per raggiungere i capolinea Grand Central o Port Authority (ogni 15-30 min dalle 7.20 alle 23; $12 solo andata, $21 andata e ritorno). In alternativa, spendendo $2 si può prendere l'autobus M60 per la 106th Street, a Manhattan, e da lì arrivare in centro con la metropolitana.

Dall'aeroporto di Newark, la Newark Airport Express (☎ 877/863-9275) gestisce linee di **autobus** per la Grand Central Station, il Port Authority Bus Terminal e la Penn Station (ogni 20-30 min dalle 4 del mattino alle 0.45; $15 solo andata, $25 andata e ritorno). In alternativa si può utilizzare l'**AirTrain**, che collega gratuitamente tutti i terminal di Newark, i parcheggi e la Newark Airport Train Station, da dove si prendono i treni in coincidenza del NJ Transit o dell'Amtrak per trasferirsi alla New York Penn Station. La corsa solitamente dura 20 min e costa $15 solo andata (ogni 20-30 min dalle 6 del mattino a mezzanotte).

I **taxi** dagli aeroporti costano parecchio: calcolate di spendere $20-30 dal LaGuardia a Manhattan, una tariffa fissa di $45 dal JFK e $45-55 da Newark, cui vanno aggiunti i pedaggi per le autostrade e le gallerie – altri $5 circa – nonché un 15-20% per il conducente. Usate esclusivamente i taxi ufficiali, di colore giallo, in attesa nei posteggi appositi: seguite semplicemente i cartelli.

I **pullman della Greyhound** fanno capolinea al Port Authority Bus Terminal, all'incrocio fra la 42nd Street e la Eighth (8th) Avenue. I **treni dell'Amtrak** fermano alla Penn Station, all'incrocio fra la Seventh (7th) Avenue e la 33rd Street. Sia dal Port Authority Bus Terminal sia dalla Penn Station partono varie linee della metropolitana che vi porteranno ovunque vogliate andare.

Se **si arriva in auto**, ci sono varie possibilità. La Route 495 taglia trasversalmente Midtown Manhattan, dal New Jersey attraverso il Lincoln Tunnel ($6) e dall'est attraverso il Queens-Midtown Tunnel ($5). Se si arriva da sudovest, l'autostrada a pedaggio I-95 (New Jersey Turnpike) e la I-78 consentono di raggiungere Canal Street e Spring Street (nei pressi di SoHo) passando per l'Holland Tunnel ($6). Venendo da nord, la I-87 (New York State Thruway) e la I-95 servono le arterie di raccordo di Manhattan. Preparatevi a dei **rallentamenti** nelle gallerie e in prossimità dei ponti. Inoltre, se si **parcheggia** l'auto a Manhattan è meglio cercare un garage il più vicino possibile ai fiumi, per evitare di dover pagare tariffe elevate.

Informazioni

Il posto migliore per chiedere informazioni è **NYC & Company**, 810 Seventh Ave., all'incrocio con la 53rd Street (lun-ven 8.30-18, sab e dom 9-17; ☎ 212/484-1222, *www.nycvisit.com*). Questo ufficio distribuisce volantini e opuscoli sugli

Strade e orientamento

La costruzione di Manhattan iniziò con l'edificazione della parte corrispondente all'odierna Downtown (il centro); questo spiega perché in questa zona le strade siano indicate da nomi anziché da numeri e abbiano una disposizione un po' irregolare. Riguardo all'ubicazione dei luoghi, spesso si sente dire che un posto è nel **West Side** oppure nell'**East Side**, intendendo con tali denominazioni le aree rispettivamente a ovest e a est della **Fifth Avenue**, la celebre Quinta Strada, che inizia dall'arco del Washington Square Park e si dirige a nord costeggiando il lato est del Central Park. Nell'East Side le vie a nord di Houston Street seguono un **impianto a griglia**, aumentando di un numero nella denominazione a mano a mano che si procede verso nord; lo stesso vale per le vie del West Side a nord della 14th Street. Quando si cerca un **indirizzo specifico** occorre tenere a mente che la numerazione delle case inizia dalla Fifth Avenue, aumentando via via che ci si allontana da questa via in entrambe le direzioni; sulle *avenues*, la numerazione delle case progredisce via via che si procede verso nord.

spettacoli in corso e piantine con le linee degli autobus e della metropolitana; inoltre fornisce informazioni sugli alloggi (ma non può prenotare la camera).

Trasporti urbani

Poche città eguagliano New York quanto a meri stimoli esteriori, e il modo più stimolante per esplorare questa seducente metropoli è **girarla a piedi**. Ovviamente, però, spostarsi a piedi è anche stancante, per cui a un certo punto dovrete usare una qualche forma di **trasporto pubblico**. Le **piantine** relative alle linee della metropolitana e degli autobus (quella della metropolitana è particolarmente preziosa) sono reperibili in tutti i chioschi delle stazioni della metropolitana, nei centri di informazioni turistiche (vedi p. 36), nell'atrio della Grand Central, oppure on line nel sito *www.mta.nyc.ny.us*.

Linee della metropolitana (*subway*)

A Manhattan e nei *boroughs* il modo più veloce per andare dal punto A al punto B è prendere la **metropolitana** (*subway*), aperta 24 h su 24. I treni e le linee della metropolitana sono identificati da un numero o da una lettera; ogni corsa, sia sulle linee **espresso** (*express*), che fermano solo nelle stazioni principali, sia su quelle **locali**, che fermano in tutte le stazioni, costa $2. Per utilizzare questi mezzi occorre munirsi di una **MetroCard**, un biglietto acquistabile nei chioschi presso le stazioni o dalle macchinette distributrici che funzionano con carte di credito o di debito e con carte bancomat. Le MetroCards sono in vendita per qualsiasi importo da $2 (tariffa minima per una corsa singola) a $80; acquistandone una da $20 si possono effettuare corse per un ammontare complessivo di $23. Il "Fun Pass" ($7,50) è un biglietto che permette di effettuare un numero illimitato di viaggi nell'arco di 24 h; esistono anche abbonamenti per 7 giorni ($25) e per 30 giorni ($81).

Oltrepassato il tornello all'ingresso, dimenticate tutto quello che avete visto nei film. Le metropolitane di New York in genere sono **piuttosto sicure**, in parte perché sono quasi sempre affollate; tuttavia, a tarda notte usate sempre le carrozze centrali, che sono quelle in cui ci sono più passeggeri.

Autobus

Gli **autobus** che fanno servizio a New York sono puliti, efficienti e abbastanza frequenti. L'unico svantaggio è che possono essere estremamente lenti (nelle ore di punta talvolta si muovono a passo d'uomo), ma d'altro canto possono essere la soluzione migliore per spostarsi da un capo all'altro della città. Gli autobus lasciano i capolinea a intervalli di 5-10 min e fermano ogni due o tre isolati lungo il tragitto. La tariffa di $2 si può pagare sull'autobus con una MetroCard (la stessa che si usa nella metropolitana) o in contanti, ma in quest'ultimo caso bisogna disporre dell'ammontare esatto. Una volta timbrata la MetroCard, è possibile **trasbordare** gratuitamente in un'altra vettura entro due ore; tenete a mente, però, che i trasbordi si possono utilizzare solo per proseguire nella direzione originaria, non per tornare indietro sulla stessa linea di autobus.

Taxi

I comodi **taxi**, disponibili praticamente ovunque, sono relativamente convenienti per viaggi brevi (le tariffe partono da $2,50). Un consiglio: utilizzate solo i taxi gialli ufficiali.

Giri turistici a piedi

Big Onion Walking Tours ⓣ 212/439-1090, *www.bigonion.com*. Le guide della Onion illustrano la storia della città nelle sue molteplici sfaccettature (tutte le guide hanno una laurea di livello avanzato in storia americana). I giri turistici costano $15; per orari e punti d'incontro telefonate o visitate il sito web.
City Hunt ⓣ 877/HUNT-FUN, *www.nt.org*. Innovative cacce al tesoro e "safari" urbani, come la "Da Vinci Hunt", che inizia al Met, nonché giri dei pub privati ($20-30).
Harlem Heritage Tours ⓣ 212/280-7888, *www.harlemheritage.com*. Giri culturali di Harlem a piedi, generali o specifici (come il tour dei jazz club di Harlem). Si consiglia di prenotare; è possibile farlo anche on line (in media si spendono $25-40).

Giri turistici guidati

Innumerevoli agenzie e singoli individui si fanno concorrenza per aiutare i visitatori a conoscere e capire la città offrendo **giri turistici guidati** di ogni genere. Uno dei modi più originali – e meno costosi – per riuscire a orientarsi è offerto dalla Big Apple Greeter, 1 Centre St., suite 2035 (ⓣ 212/669-8159, *www.bigapplegreeter.org*), un'associazione non-profit tramite la quale si viene accompagnati in giro da un volontario di New York e il visitatore viene indirizzato ai luoghi che lo interessano maggiormente. Il servizio è gratuito, quindi vi suggeriamo di mettervi in contatto con l'associazione all'inizio del vostro soggiorno.

La Gray Line, il maggior operatore di **giri turistici in autobus** guidati in città, ha una sede presso il Port Authority Bus Terminal (ⓣ 1-800/669-0051, *www.graylinenewyork.com*). I giri in autobus a due piani costano circa $45 e toccano i luoghi di maggior interesse di Manhattan, offrendo la possibilità di scendere dal bus e risalire su una vettura successiva un numero illimitato di volte. Questi giri turistici sono prenotabili tramite qualsiasi agenzia di viaggi, oppure direttamente alle fermate degli autobus. Se la vostra guida non vi soddisfa (la qualità può variare molto), potete scendere dall'autobus e aspettare il successivo (la frequenza è di un autobus ogni quarto d'ora).

Un buon modo per ammirare il profilo urbano di New York è prendere il **Circle Line Ferry** (ⓣ 212/563-3200, *www.circleline42.com*), un traghetto con commento dal vivo che salpa dal Pier 83, il pontile all'incrocio fra la W 42nd Street e la Twelfth (12th) Avenue, e circumnaviga Manhattan; questa crociera di 3 h è offerta tutto l'anno ($31, anziani $26, minori di 12 anni $18). In alternativa, un traghetto gratuito, lo **Staten Island Ferry** (vedi p. 55), offre la possibilità di ammirare un bellissimo panorama del profilo della Downtown.

Se si vuole osservare la città dall'alto, la Liberty Helicopter Tours, all'estremità ovest della 30th Street (ⓣ 212/967-6464, *www.libertyhelicopters.com*), offre **voli in elicottero** a prezzi che vanno da $110 (6-8 min) a $204 (16-20 min) a persona.

Alloggio

I prezzi degli **alloggi** a New York sono ben superiori alla norma per quanto riguarda gli Stati Uniti nel loro complesso. La maggior parte degli alberghi applica una tariffa superiore a $200 a notte (anche se esistono eccezioni che costano meno di $100 a notte), e per gli hotel a 5 stelle e oltre è difficile spendere meno di $400 a notte. Gli **alberghi** di New York sono in gran parte concentrati nell'area di Midtown Manhattan, una posizione abbastanza buona, anche se per la cucina e la vita notturna dovreste recarvi *downtown*, in centro, dove i ristoranti e i locali costano meno e in genere sono di miglior qualità. Si consiglia caldamente di **prenotare in anticipo**; in certi periodi dell'anno – in particolare a Natale, all'inizio dell'estate e in autunno – è probabile che sia tutto al completo. Telefonate direttamente agli alberghi, oppure contattate, senza nessun addebito extra, un servizio prenotazioni quale il CRS (T 407/740-6442 o 1-800/555-7555, *www.crshotels.com*) o il Quick Book (lun-sab T 800/789-9887 negli Usa, T 212/779-7666 fuori dagli Usa, *www.quikbook.com*). I **codici di prezzo** forniti in questa guida alla fine di ogni recensione si riferiscono al costo della camera doppia più economica in alta stagione.

I **soggiorni in appartamento** e in **bed & breakfast** sono un'alternativa allettante. Soluzioni un po' meno care e sempre più diffuse sono il soggiorno presso un privato che mette a disposizione una camera o il subaffitto di un appartamento. Per prenotare, normalmente ci si rivolge a un'agenzia come la New York Stay (*www.newyorkstay.com*). Le tariffe partono da circa $140 per una doppia, ma i prezzi diminuiscono se si prolunga la permanenza.

Gli **ostelli** consentono ulteriori risparmi e coprono tutta la gamma in termini di qualità, sicurezza e comfort. Per evitare delusioni all'arrivo, vale la pena fare qualche ricerca in anticipo; la maggior parte delle sistemazioni economiche migliori dispone di un sito web. In genere le tariffe degli ostelli vanno da $30 a $60 a notte.

Alberghi

60 Thompson 60 Thompson St., fra Spring St. e Broome St. T 212/431-0400, *www.60thompson.com*. Questo "boutique hotel" trasuda raffinatezza e tenta gli ospiti con innumerevoli attrattive e comfort, fra cui minibar da buongustai, lettori DVD e un bar panoramico aperto d'estate, con vista su SoHo. Tutto questo splendore però costa parecchio. 9

Algonquin 59 W 44th St., fra la 5th e la 6th Ave. T 212/840-6800, *www.algonquinhotel.com*. Il classico ritrovo letterario di New York propone spettacoli di cabaret e suite dai nomi sciocchi. L'arredo è cambiato poco dai giorni del suo apogeo, ma le camere da letto sono state ben risistemate e l'atrio è stato ristrutturato. Informatevi sulle offerte speciali estive e dei weekend. 9

Amsterdam Inn 340 Amsterdam Ave., all'altezza della 76th St. T 212/579-7500, *www.nyinns.com*. A poca distanza a piedi dal Central Park, dal Lincoln Center e dall'American Museum of Natural History. Le camere sono essenziali ma pulite e dotate di TV, telefono e servizio in camera. Il personale è cordiale e la portineria è aperta 24 h su 24. 6

The Chelsea Hotel 222 W 23rd St., fra la 7th e l'8th Ave. T 212/243-3700, *www.hotelchelsea.com*. Questo vecchio edificio neogotico, uno dei punti di riferimento più celebri di New York, vanta un famoso – e notorio – passato (vedi p. 64). Chiedete una delle camere rimesse a nuovo, con pavimenti in legno, caminetti con fuoco a legna e molto spazio per ospitare qualche amico. 8

Dylan 52 E 41st St., fra Park Ave. e Madison Ave. T 212/338-0500 o 1-866/55-DYLAN, *www.dylanhotel.com*. I pavimenti di legno, l'illuminazione calda e l'atmosfera raffinata dell'atrio sono un compendio dell'esperienza offerta da un soggiorno al *Dylan*: un hotel di classe che unisce eleganza e ingegnosità. Se potete permettervelo, prenotate l'Alchemy Suite, una camera gotica unica, con soffitto a volta e insolite finestre istoriate. 9

Edison 228 W 47th St., fra Broadway e l'8th Ave. T 212/840-5000, *www.edisonhotelnyc.com*. La caratteristica più singolare di questo originale albergo con ben 1000 camere (e un buon rapporto qualità-prezzo per essere nella Midtown) è il suo bellissimo atrio in stile art déco. Le camere non sono altrettanto raffinate. 8

Gramercy Park 2 Lexington Ave., all'altezza della E 21st St. T 212/475-4320, *www.gramercyparkhotel.com*. Questo raffinato hotel di lusso in posizione incantevole ha riaperto nel 2006 dopo il completamento degli ottimi restauri realizzati da Ian Schrager (co-fondatore dello *Studio 54*) con l'intento di creare una struttura unica, originale e romantica, stile Vecchia Boemia. Entrare nell'atrio è come ritrovarsi in un dipinto a tre dimensioni. Agli ospiti è distribuita una chiave per entrare nel parco privato adiacente (vedi p. 63). ❾

Larchmont 27 W 11th St., fra la 5th e la 6th Ave. ⓣ 212/989-9333, *www.larchmonthotel.com*. Questo albergo con tariffe convenienti, situato in bellissima posizione su una via alberata del Greenwich Village, dispone di camere piccole ma graziose e pulite che ne fanno un buon affare, anche se i bagni sono in comune. Nei weekend è un po' più caro. ❺

Lucerne 201 W 79th St., all'altezza di Amsterdam Ave. ⓣ 212/875-1000 o 1-800/492-8122, *www.newyorkhotel.com*. Hotel in arenaria del 1904 splendidamente restaurato, con sontuoso ingresso barocco in terracotta rossa, camere incantevoli e personale simpatico e disponibile. È a un solo isolato dall'American Museum of Natural History e vicino al tratto più animato di Columbus Avenue. ❾

Mercer 147 Mercer St., all'altezza di Prince St. ⓣ 212/966-6060, *www.mercerhotel.com*. Ospitato in un edificio storico in stile neoromanico, dal 1998 questo hotel alla moda di SoHo ha ospitato molte celebrità. Alcune camere tipo loft hanno anche enormi bagni con quasi 30 m in cui sguazzare, e il ristorante *Mercer Kitchen* ottiene recensioni molto favorevoli. ❾

Milburn 242 W 76th St., fra Broadway Ave. e West End Ave. ⓣ 212/362-1006, *www.milburnhotel.com*. Albergo accogliente e in bella posizione, ottimo per le famiglie. ❼

The Pod 230 E 51st St., fra la 2nd e la 3rd Ave. ⓣ 212/355-0300, *www.thepodhotel.com*. Questo hotel alla moda a prezzi convenienti è uno dei migliori affari nella Midtown: camere doppie, singole e con letti a castello, piccole ma progettate in modo intelligente, accanto a bagni privati con pareti a vetri. Connessioni wi-fi gratuite, televisori LCD e prese iPod in tutte le stanze. ❻

Roger Smith 501 Lexington Ave., all'altezza della E 47th St. ⓣ 212/755-1400, *www.rogersmith.com*. Uno degli alberghi migliori della Midtown. Fra i suoi pregi, camere arredate ciascuna in modo diverso, un ottimo ristorante, personale disponibile e arte in mostra negli spazi pubblici. Prima colazione inclusa nel prezzo. ❾

Royalton 44 W 44th St., fra la 5th e la 6th Ave. ⓣ 212/869-4400, *www.royaltonhotel.com*. Cercando di catturare il mercato degli arbitri dello stile, il *Royalton*, progettato da Philippe Starck, offre piccole camere a tema nautico confortevoli e silenziose, che costituiscono un gradito rifugio dal trambusto della Midtown. Fateci un salto anche solo per vedere l'elegante atrio, lungo quanto un isolato. ❾

Hotel 17 225 E 17th St., fra la 2nd e la 3rd Ave. ⓣ 212/475-2845, *www.hotel17ny.com*. Le camere del *Seventeen* sono dotate di aria condizionata, TV via cavo e telefono, ma i bagni sono ancora in comune. Pulito, accogliente e in bella posizione su una gradevole strada alberata a pochi minuti da Union Square e dall'East Village. Informatevi sulle eccellenti tariffe settimanali. ❸

Soho Grand 310 W Broadway, all'altezza di Grand St. ⓣ 212/965-3000, *www.sohogrand.com*. In ottima posizione ai margini di SoHo, quest'albergo attira ospiti del mondo della moda e dello spettacolo (star dei media, attori ecc.). Fra i motivi d'attrazione, camere piccole ma eleganti, un buon bar, ristorante e centro benessere. Chiamate per informazioni sull'elegante proprietà gemella, il *Tribeca Grand*. ❾

Wales 1295 Madison Ave., fra la 92nd e la 93rd St. ⓣ 212/876-6000, *www.waleshotel.com*. A pochi passi dal "Museum Mile" (vedi p. 69), belle camere con dettagli antichi e comfort ben pensati, alcune con vista sul Central Park. Inoltre, terrazza panoramica, centro benessere e musica per arpa dal vivo durante la prima colazione. ❾

Washington Square 103 Waverly Place, all'altezza del Washington Square Park ⓣ 212/777-9515, *www.washingtonsquarehotel.com*. Nel cuore del Greenwich Village, a un tiro di schioppo dal campus della New York University. Non fatevi ingannare dall'aspetto lussuoso dell'atrio: le camere sono sorprendentemente semplici per il prezzo (chiedetene una rimessa a nuovo), ma nonostante ciò vengono prenotate con mesi d'anticipo. ❾

Agenzie di bed & breakfast

Affordable New York City 21 E 10th St. ⓣ 212/533-4001, *www.affordablenyc.com*. Un'affermata rete di 120 proprietà (B&B e appartamenti) in tutta New York, con descrizioni dettagliate. Sistemazioni in B&B (minimo 4 notti) con bagno privato o in comune ❹-❻, monolocali ❻-❼, appartamenti con una camera da letto ❼-❽. Per gli appartamenti si accettano solo pagamenti in contanti o in traveler's cheque e si richiede una permanenza minima di 5 notti.

Bed and Breakfast Network of New York 130 Barrow St. ⓣ 212/645-8134 o 1-800/900-8134, *www.bedandbreakfastnetny.com*. Chiamate con almeno un mese d'anticipo e informatevi sulle offerte speciali per soggiorni settimanali e mensili. Doppie. ❼

CitySonnet.com ⓣ 212/614-3034, *www.citysonnet.com*. Questa piccola agenzia gestita da artisti si occupa di B&B personalizzati e appartamenti affittati per brevi periodi; offre alloggi in tutta la città ma è specializzata in sistemazioni nel Greenwich Village. Singole, doppie e monolocali sfitti. ⓜ

Ostelli

Chelsea International Hostel 251 W 20th St., fra la 7th e l'8th Ave. ⓣ 212/647-0010, *www.chelsea hostel.com*. Elegante sistemazione in pieno centro, nel cuore di Chelsea: i letti costano $32-36 a notte (tassa inclusa), in camerate spartane ma pulite a 4-6 letti. Dispone anche di camere doppie private per $80 a notte. Gli ospiti devono lasciare $10 in deposito per la chiave. Non c'è un orario di rientro serale; si richiede il passaporto.

Gershwin 7 E 27th St., fra la 5th Ave. e Madison Ave. ⓣ 212/545-8000, *www.gershwinhotel.com*. Questo ostello-albergo che si rivolge ai giovani viaggiatori offre arredi e decorazioni che si rifanno alla pop art e dispone di camerate con 2, 6 o 10 letti (le tariffe partono da $40 a notte) e di camere private a partire da $109. Si consiglia di prenotare per entrambe le sistemazioni.

Hostelling International-New York 891 Amsterdam Ave., all'altezza della W 103rd St. ⓣ 212/932-2300, *www.hinewyork.org*. I letti in camerata costano da $41 (nei dormitori a 10 letti) a $45 (nelle camere con 4 letti); i soci dell'Hostelling International pagano qualche dollaro in meno a notte. Ci sono 624 letti in tutto e numerosi servizi e attrezzature: ristorante, biblioteca, negozio di articoli da viaggio, sala TV, lavanderia e cucina. Prenotate con un certo anticipo, perché questo ostello è molto apprezzato e richiesto.

Jazz on the Park 36 W 106th St., all'altezza di Central Park West ⓣ 212/932-1600, *www.jazzonthe park.com*. Questo originale ostello vanta una sala con TV e giochi, il *Java Joint Café* e un mucchio di attività, fra cui jazz dal vivo nei weekend. Camere e camerate per 2-14 persone, pulite, luminose e dotate di aria condizionata; le tariffe vanno da $32 a $62 a notte. Prenotate con almeno una settimana d'anticipo.

West Side YMCA 5 W 63rd St., all'altezza di Central Park West ⓣ 212/441-8800, *www.ymcanyc. org*. L'"Y", a pochi passi dal Central Park, ospita due piani di camere rimesse a nuovo, un ristorante economico, una piscina, una palestra e una lavanderia. Tutti gli ambienti sono dotati di aria condizionata. Singole $92, doppie $112 con bagno semiprivato.

Whitehouse Hotel of New York 340 Bowery ⓣ 212/477-5623, *www.whitehousehotel ofny.com*. L'unico ostello della città che offra camere singole e doppie a prezzi da camerata. È apprezzato anche per la sua posizione in piena Downtown e per comfort quali aria condizionata, sportelli bancomat, TV via cavo e biancheria da letto. Singole private a partire da $28, doppie private a $54.

Downtown Manhattan

Il mosaico di quartieri centrali a sud della 14th Street, chiamato collettivamente **DOWNTOWN MANHATTAN**, è una delle zone più animate e stimolanti della città, offrendo tutta una serie di motivi d'interesse e presentando un variegato ventaglio di aspetti e ambienti, dai centri dell'alta finanza e dalle atmosfere d'avanguardia al fascino del Vecchio Mondo. I primi luoghi interessanti si trovano nel New York Harbor, il porto, che vanta due attrazioni obbligatorie quali la **Statua della Libertà** e l'**Ellis Island**. Il quartiere più meridionale sulla terraferma è il **Financial District**, con al centro Wall Street; meno di 1 km a nord, gli edifici del **Civic Center** segnano il passaggio alle caotiche e animatissime vie di **Chinatown**, il quartiere cinese, che sta rapidamente invadendo **Little Italy**; quest'ultimo un tempo era un autentico quartiere italiano, mentre oggi è molto più turistico. A est di Chinatown e di Little Italy, il **Lower East Side**, storicamente tradizionale punto d'ingresso di molti gruppi di immigrati, ai giorni nostri è una zona molto in voga, in cui ogni settimana aprono nuovi bar e ristoranti chic.

A ovest di Chinatown e di Little Italy, l'area di **SoHo**, un tempo squallida zona industriale, oggi è un quartiere signorile residenziale e commerciale. La piccola area nota come **Nolita** racchiude nei suoi pochi, ben tenuti isolati numerose boutique e vari ristoranti all'ultima moda. A nord di Houston Street

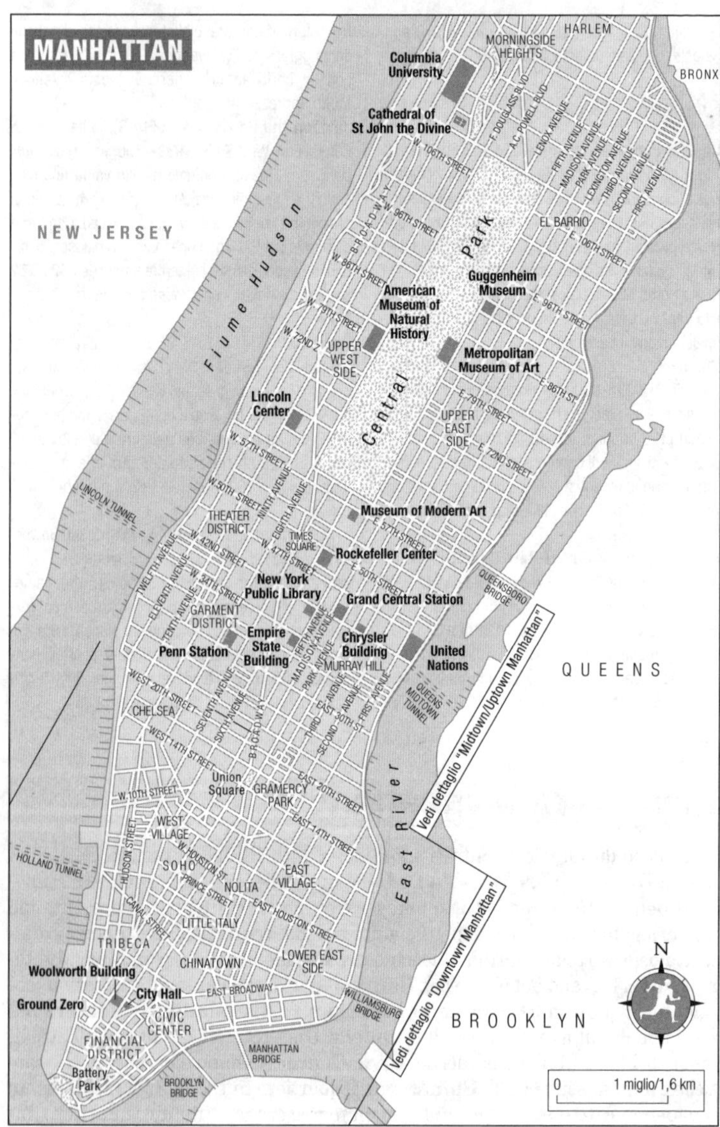

s'incontrano due quartieri ancora più animati e in movimento: il **West Village** (detto anche **Greenwich Village**) e l'**East Village**, un tempo due enclave della New York artistico-alternativa che, nonostante si stiano trasformando in zone residenziali, rimangono quartieri assai divertenti e interessanti, il primo per le sue affascinanti viuzze secondarie e le belle case di arenaria, il secondo per la vivace vita notturna.

La Statua della Libertà e l'Ellis Island

Al centro del New York Harbor svetta alta e orgogliosa la **Statua della Libertà**, da oltre un secolo simbolo dell'"American Dream", il sogno americano. Il monumento in cemento armato rivestito di lastre di rame, raffigurante la Libertà che calpesta le catene della schiavitù e solleva una fiaccola per illuminare il mondo, fu realizzato dallo scultore francese Frédéric Auguste Bartholdi per testimoniare la fratellanza tra i francesi e gli americani. La statua, disegnata da Gustave Eiffel, l'ingegnere francese che realizzò a Parigi la celebre Torre Eiffel, fu costruita a Parigi fra il 1874 e il 1884 e inaugurata ufficialmente il 28 ottobre 1886 dal presidente Grover Cleveland.

All'altezza della Statua della Libertà, di là dal braccio di mare l'**Ellis Island** fu la prima tappa in terra americana per oltre 12 milioni di potenziali immigranti. L'isoletta diventò una stazione di smistamento degli immigranti nel 1892, soprattutto al fine di gestire il massiccio flusso migratorio dall'Europa meridionale e orientale, e rimase aperta fino al 1954, quando fu abbandonata alle intemperie e si ridusse a suggestiva rovina. Successivamente l'isola è stata dichiarata monumento nazionale e i suoi edifici sono stati restaurati. Nel

L'11 settembre e le sue conseguenze

Le Twin Towers, le torri gemelle del **World Trade Center**, completate nel 1973, erano diventate parte integrante del leggendario profilo di New York e un simbolo del successo sociale ed economico della città. Alle 8.46 dell'11 settembre 2001, un aereo di linea dirottato si schiantò contro la torre nord; 70 minuti dopo, un altro aereo dirottato colpì la torre sud. Sotto gli occhi inorriditi di migliaia di newyorkesi – cui si aggiunsero le centinaia di milioni di spettatori che in tutto il mondo assistettero agli eventi tramite la TV – la torre sud crollò alle 9.50, la sua gemella alle 10.30. Nell'attentato terroristico alle torri del WTC e nell'attacco simultaneo contro Washington morirono in tutto 2996 persone.

Nel 2003, l'architetto americano di origini polacche **Daniel Libeskind** vinse il concorso per il nuovo World Trade Center, anche se i suoi progetti furono inizialmente oggetto di controversie e se lo stesso Libeskind è stato poi scarsamente coinvolto nella realizzazione del progetto. Nel 2006 è stato infine approvato un progetto modificato che incorpora l'originaria **Freedom Tower** di Libeskind, alta 541 m, ed è in fase di realizzazione sotto la supervisione dell'architetto David Childs. L'intero progetto, per la cui realizzazione è prevista una spesa di 12 miliardi di dollari, dovrebbe essere completato entro il 2013. Del progetto fa parte un monumento commemorativo con annesso museo, il **National September 11 Memorial and Museum**. Il memoriale è costituito da due spazi vuoti, che rappresentano le "impronte" delle torri originarie, circondati da querce e anelli d'acqua che cadono in piscine illuminate. Il museo sotterraneo userà manufatti ed esposizioni per raccontare la storia dell'11 settembre.

In attesa del completamento dell'opera, si può sbirciare nel cantiere edile di **Ground Zero** e visitare il **Tribute WTC Visitor Center** (lun e mer-sab 10-18, mar 12-18, dom 12-17; ☎ 212/422-3520 o 212/393-9160, *www.tributewtc.org*; $10), 120 Liberty St. (fra Greenwich St. e Church St.), che organizza anche, tutti i giorni, **visite guidate** a piedi del perimetro del sito ($10). Il centro visitatori ospita 5 piccole gallerie che ricordano gli attacchi dell'11 settembre, a partire da un modello delle Twin Towers e da una commovente sezione dedicata a quella giornata, corredata dai racconti filmati o registrati di sopravvissuti. Si può anche visitare la **St. Paul's Chapel** (lun-sab 10-18, dom 9-16; ingresso gratuito), che risale al 1766 ed è situata all'incrocio fra Fulton Street e Broadway; l'attrazione principale all'interno della cappella è **Unwavering Spirit** ("Spirito incrollabile"), una struggente esposizione sull'11 settembre.

turrito edificio centrale, l'**Ellis Island Immigration Museum** (tutti i giorni 9.30-17.15; ⓣ 212/363-3200, *www.nps.gov/elis*; ingresso gratuito) rievoca in modo efficace lo spirito del luogo attraverso manufatti, fotografie, mappe e resoconti personali che raccontano la storia degli immigrati che passarono di qui. La sezione "Peopling of America" ripercorre cronologicamente quattro secoli d'immigrazione, offrendo un ritratto statistico di coloro che giunsero sull'isola, mentre l'enorme **Registry Room** o Sala di Registrazione, la sala a volta al secondo piano che fu teatro di tanta trepidazione, euforia e disperazione da parte degli immigrati, è stata lasciata spoglia nella sua imponenza, e solo un paio di banchi degli ispettori e bandiere americane interrompono lo spazio vuoto.

Per raggiungere la Liberty Island e l'Ellis Island (accesso libero) occorre prendere un **traghetto** della **Statue Cruises** dal molo nel Battery Park (tutti i giorni ogni 30-45 min, 9.30-15.30; ⓣ 877/523-9849, *www.statuecruises.com*; $12 andata e ritorno, biglietti acquistabili presso il Castle Clinton, nel parco); il traghetto si dirige prima sulla Liberty Island, poi prosegue per l'Ellis. È meglio effettuare la traversata nelle prime ore della giornata e **prenotare i biglietti** in anticipo, sia per evitare lunghe file sia per essere sicuri di riuscire a vedere entrambe le isole: se si prende l'ultimo traghetto della giornata, non si riesce a visitare l'Ellis Island. Entrambe le isole richiedono almeno due ore di visita.

Il Financial District

Nell'immaginazione popolare il **Financial District** è sinonimo di Manhattan, e i suoi alti edifici e l'incisiva, vigorosa skyline del quartiere sono simboli di potenza economica. Benché New York avesse un attivo mercato azionario sin dal 1790, la **Borsa valori** o **New York Stock Exchange** fu organizzata formalmente solo nel 1817, quando 28 agenti di cambio adottarono una loro costituzione e stabilirono le regole cui ci si doveva attenere. Da allora la Borsa di New York è sempre stata uno dei grandi centri finanziari del mondo.

Wall Street e dintorni

Lo stretto "canyon" di **Wall Street** prende il nome ("via del Muro") dalla palizzata costruita dagli olandesi alla metà del Seicento per proteggere Nuova Amsterdam dalle colonie inglesi del nord. Oggi, dietro la maschera neoclassica del **New York Stock Exchange**, la Borsa valori, all'incrocio fra Broad Street e Wall Street, si stringono o si allentano i cordoni della borsa del pianeta. Per motivi di sicurezza, però, il pubblico non può più assistere alle frenetiche contrattazioni che hanno luogo nel settore del cambio.

Il **Federal Hall National Memorial**, al n. 26 di Wall St., un tempo era l'edificio della Customs House, la dogana, ma le esposizioni che ospita (lun-ven 9-17; ⓣ 212/825-6888, *www.nps.gov/feha*; ingresso gratuito) riguardano i giorni più inebrianti del 1789, quando George Washington giurò da un balcone di questo sito assumendo la sua alta carica di presidente. All'estremità occidentale di Wall Street, fra Rector Street e Church Street, si affaccia su Broadway la **Trinity Church** (lun-ven 7-18, sab 8-16, dom 7-16; ingresso gratuito), un'elaborata struttura neogotica eretta nel 1846. Edificata sulle rovine di una chiesa più antica, distrutta da un incendio, la costruzione, che per cinquant'anni fu l'edificio più alto della città, ha l'aspetto di una chiesa inglese, specialmente per il riparato cimitero, luogo di riposo di personaggi celebri del passato, fra cui il primo segretario del Tesoro (e l'uomo che compare sulla banconota da 10 dollari), Alexander Hamilton, che fu ucciso in duello dall'allora vicepresidente Aaron Burr.

Poco oltre la Trinity Church, lo **Sports Museum of America** (lun-ven 9-19, sab e dom 9-21; *www.sportsmuseum.com*; $27), aperto nel 2008 al n. 26 di Broadway (entrata in Beaver St.), illustra tutti i più importanti sport praticati in America, utilizzando video, tabelloni informativi e rari cimeli.

Broadway termina all'altezza del piccolo **Bowling Green Park**, un terreno erboso di forma ovale che era utilizzato nel Settecento dai coloni britannici per il gioco del bowling. Il parco, il primo e più antico fra i parchi pubblici statunitensi, si stende all'ombra della **Custom House**, l'edificio della Dogana statunitense, costruito nel 1907 su progetto di Cass Gilbert. Oggi la Custom House ospita il superbo **National Museum of the American Indian** (ven-mer 10-17, gio 10-20; ⓣ 212/514-3700, *www.americanindian.si.edu*; ingresso gratuito), un'affascinante raccolta di manufatti realizzati da quasi tutte le tribù di nativi americani, fra cui grandi sculture in legno e pietra del Pacific Northwest (gli Stati del Nord-ovest bagnati dal Pacifico) ed eleganti oggetti di penne e piume dell'Amazzonia.

Il Battery Park e dintorni

Dall'altra parte di State Street rispetto alla Custom House, Downtown Manhattan racchiude un bel polmone verde, il vasto **Battery Park**, dove l'ottocentesco Castle Clinton (tutti i giorni 8.30-17), che un tempo era un forte che proteggeva la punta meridionale di Manhattan, oggi ospita un museo e vende i biglietti per la Statua della Libertà e l'Ellis Island (vedi p. 53). Questo parco pubblico ben sistemato si estende per diversi isolati lungo il lato ovest ed è punteggiato da pontili e angoli tranquilli, oltre a ospitare un ristorante e qualche esempio inventivo di architettura del paesaggio.

Procedendo verso la punta dell'isola, nell'adiacente Robert F. Wagner Park e a pochi passi dal fiume Hudson, il **Museum of Jewish Heritage**, 36 Battery Place (dom-mar e gio 10-17.45, mer 10-20, ven 10-17; chiuso nei giorni festivi ebraici; $10; ⓣ 646/437-4200, *www.mjhnyc.org*), è sostanzialmente un museo dedicato all'Olocausto e si articola in tre piani di esposizioni relative alla storia degli ebrei nel XX secolo. La raccolta, toccante e istruttiva, presenta oggetti usati nella vita quotidiana dagli ebrei dell'Europa orientale, divise carcerarie indossate dai sopravvissuti nei campi di concentramento nazisti, fotografie, oggetti personali e presentazioni multimediali.

Lo Staten Island Ferry

Lo **Staten Island Ferry**, il traghetto per Staten Island (ⓣ 718/727-2508, *www.siferry.com*), salpa da una moderna stazione marittima sul lato est del Battery Park, costruita direttamente sopra la stazione della metropolitana South Ferry. Le partenze sono frequenti: la frequenza massima è nelle ore di punta dei giorni feriali (7-9 e 17-19), quando parte un traghetto ogni 15-20 min, la minima è a tarda notte, quando ce n'è uno ogni 60 min (il traghetto è in funzione 24 h su 24). La corsa, di 25 min, è davvero il miglior affare di New York: è assolutamente gratuita e offre ampi scorci della città e della Statua della Libertà, che diventano sempre più spettacolari a mano a mano che ci si allontana dalla costa. Non essendoci molte cose che possono trattenere sulla stessa **Staten Island**, quasi tutti i visitatori prendono il battello successivo per tornare a Manhattan.

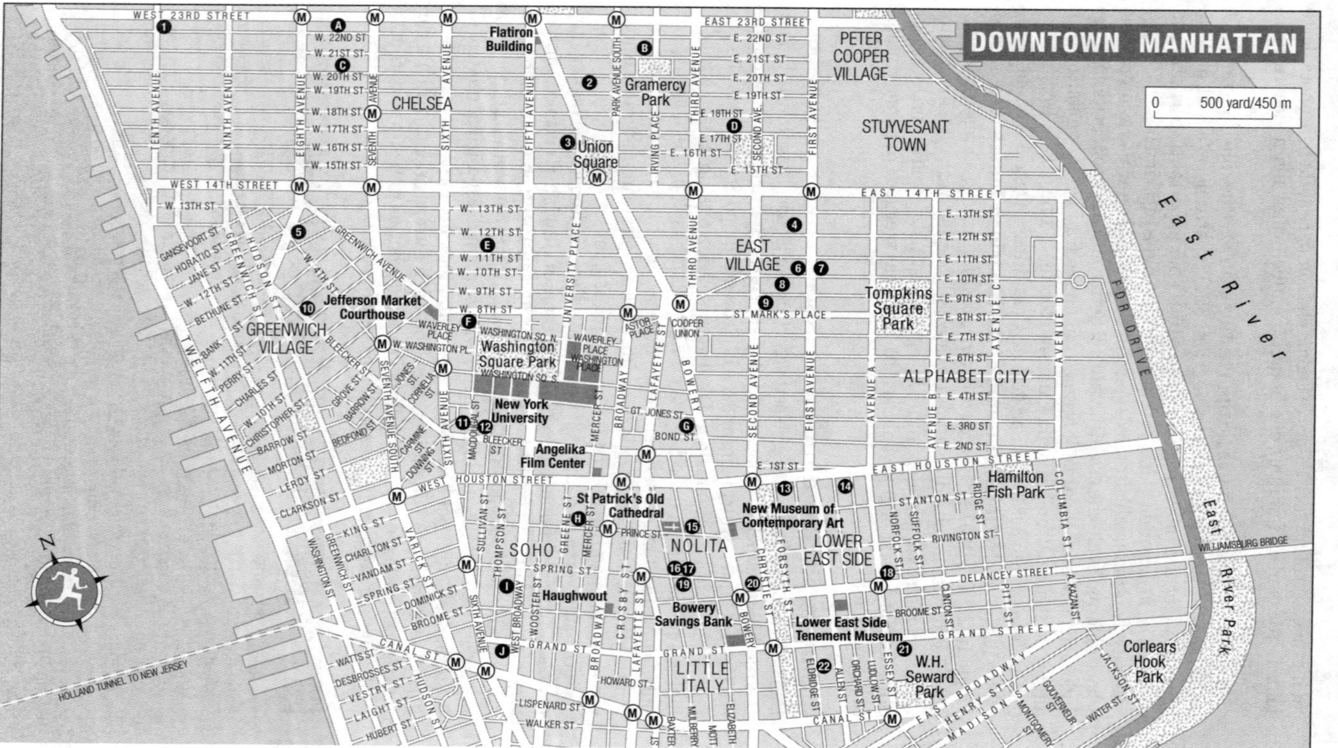
DOWNTOWN MANHATTAN
0 500 yard/450 m
East River
East River Park
FDR DRIVE
WILLIAMSBURG BRIDGE
Corlears Hook Park
PETER COOPER VILLAGE
STUYVESANT TOWN
Tompkins Square Park
ALPHABET CITY
EAST VILLAGE
Hamilton Fish Park
LOWER EAST SIDE
New Museum of Contemporary Art
Lower East Side Tenement Museum
W.H. Seward Park
Gramercy Park
Union Square
Flatiron Building
CHELSEA
Washington Square Park
New York University
Angelika Film Center
St Patrick's Old Cathedral
NOLITA
Bowery Savings Bank
LITTLE ITALY
SOHO
Haughwout
Jefferson Market Courthouse
GREENWICH VILLAGE
EAST 23RD STREET
WEST 23RD STREET
EAST 14TH STREET
WEST 14TH STREET
EAST HOUSTON STREET
WEST HOUSTON STREET
FIRST AVENUE
SECOND AVENUE
THIRD AVENUE
FIFTH AVENUE
SIXTH AVENUE
SEVENTH AVENUE
EIGHTH AVENUE
NINTH AVENUE
TENTH AVENUE
TWELFTH AVENUE
AVENUE A
AVENUE B
AVENUE C
AVENUE D
BOWERY
BROADWAY
LAFAYETTE ST
DELANCEY STREET
GRAND STREET
CANAL ST
ST MARK'S PLACE
UNIVERSITY PLACE
PARK AVENUE SOUTH
IRVING PLACE
COLUMBIA ST
HUDSON ST
GREENWICH AVENUE
VARICK ST
HOLLAND TUNNEL TO NEW JERSEY

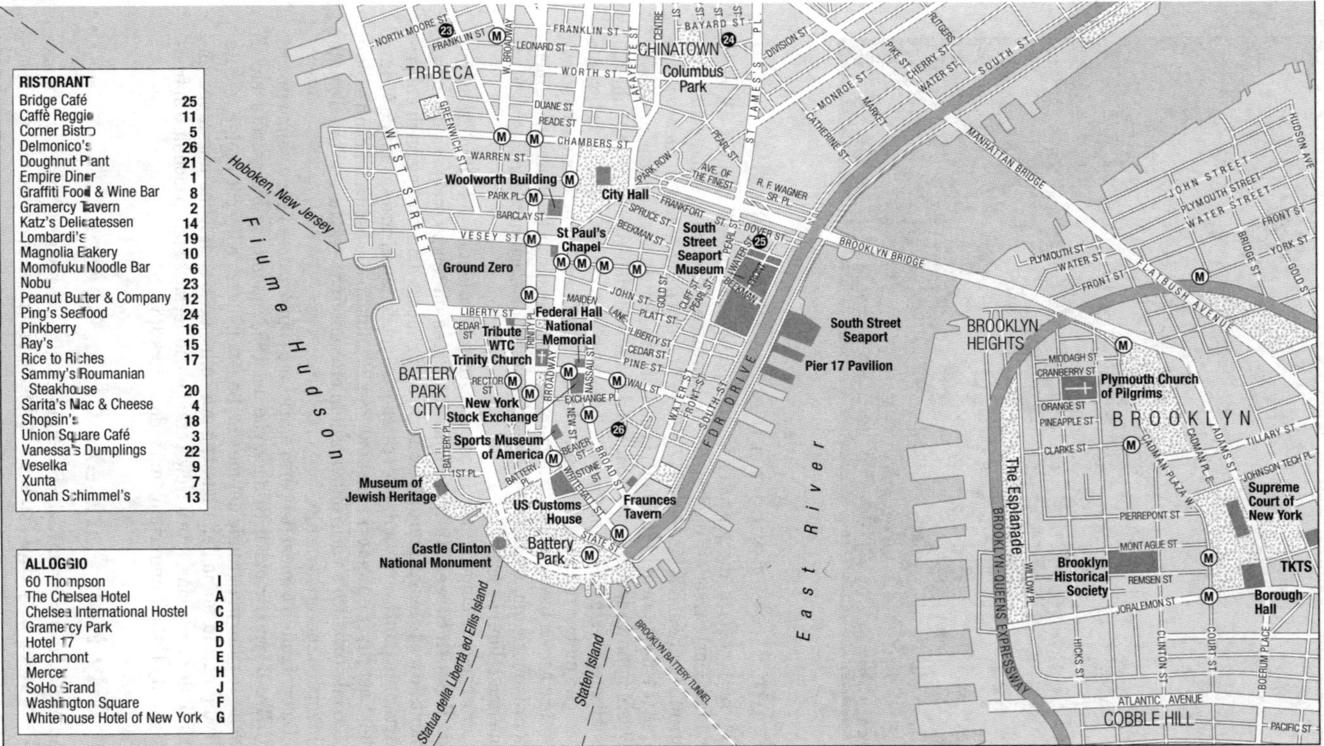
RISTORANT
Bridge Café 25
Caffè Reggio 11
Corner Bistro 5
Delmonico's 26
Doughnut Plant 21
Empire Diner 1
Graffiti Food & Wine Bar 8
Gramercy Tavern 2
Katz's Delicatessen 14
Lombardi's 19
Magnolia Bakery 10
Momofuku Noodle Bar 6
Nobu 23
Peanut Butter & Company 12
Ping's Seafood 24
Pinkberry 16
Ray's 15
Rice to Riches 17
Sammy's Roumanian Steakhouse 20
Sarita's Mac & Cheese 4
Shopsin's 18
Union Square Café 3
Vanessa's Dumplings 22
Veselka 9
Xunta 7
Yonah Schimmel's 13
ALLOGGIO
60 Thompson I
The Chelsea Hotel A
Chelsea International Hostel C
Gramercy Park B
Hotel 17 D
Larchmont E
Mercer H
SoHo Grand J
Washington Square F
Whitehouse Hotel of New York G
TRIBECA
CHINATOWN
Columbus Park
Woolworth Building
City Hall
St Paul's Chapel
Ground Zero
South Street Seaport Museum
Federal Hall National Memorial
Tribute WTC
Trinity Church
BATTERY PARK CITY
New York Stock Exchange
Sports Museum of America
Museum of Jewish Heritage
US Customs House
Fraunces Tavern
Castle Clinton National Monument
Battery Park
South Street Seaport
Pier 17 Pavilion
BROOKLYN HEIGHTS
Plymouth Church of Pilgrims
BROOKLYN
The Esplanade
Supreme Court of New York
Brooklyn Historical Society
TKTS
Borough Hall
COBBLE HILL
Fiume Hudson
East River
Hoboken, New Jersey
Statua della Libertà ed Ellis Island
Staten Island
BROOKLYN BATTERY TUNNEL
BROOKLYN BRIDGE
MANHATTAN BRIDGE
BROOKLYN-QUEENS EXPRESSWAY
FDR DRIVE
WEST STREET
FLATBUSH AVENUE
ATLANTIC AVENUE

△ Il ponte di Brooklyn

South Street Seaport e il ponte di Brooklyn

Dal Battery Park, dirigendosi a nord lungo Water Street s'incontra, all'incrocio fra Pearl Street e Broad Street, la **Fraunces Tavern**, parzialmente ricostruita (mar-sab 12-17; $4; ⓣ 212/425-1778, *www.frauncestavernmuseum.org*). Qui, il 4 dicembre del 1783, dopo la definitiva sconfitta degli inglesi, un George Washington in lacrime si accomiatò dai suoi ufficiali riuniti in assemblea, i quali si apprestavano a tornare alla loro vita rurale in Virginia. Oggi la taverna accoglie un bar-ristorante in stile coloniale a pianterreno e, al piano di sopra, un bizzarro museo di oggetti e manufatti connessi con la guerra d'indipendenza americana, fra cui una ciocca dei capelli di Washington, conservata come una reliquia sacra.

Proseguendo lungo Water Street, all'estremità orientale di Fulton Street inizia il **South Street Historic District**, l'area un tempo occupata dal movimentato porto marittimo di New York, oggi rimessa a nuovo e piena di pub, ristoranti e punti vendita di note catene. Se volete ammirare splendide vedute dell'East River dirigetevi a piedi al Pier 17, il molo che ospita un centro commerciale turistico e varie imbarcazioni ottocentesche restaurate; qui d'estate si tengono concerti gratuiti.

Da ogni punto o quasi del porto marittimo si può vedere l'amatissimo **ponte di Brooklyn** (Brooklyn Bridge), che nel 1883, quando fu inaugurato, era il ponte sospeso più grande del mondo. La sua bellezza e le spettacolari vedute di Manhattan fanno della passeggiata sulle sue assi di legno una tappa imperdibile di qualsiasi gita a New York; l'inizio del passaggio pedonale è di fronte al City Hall (il municipio), in fondo a Park Row.

Il City Hall Park e il Civic Center

Immediatamente a nord della St. Paul's Chapel, Broadway e Park Row formano il vertice del **City Hall Park**, un triangolo di terra tappezzato di fiori dai colori vivaci che oggi è all'altezza della bella cornice in cui è inserito. Al n. 233 di Broadway, fra Barclay Street e Park Place, il **Woolworth Building**, progettato da Cass Gilbert nel 1913, è un venerando edificio con le linee svettanti orlate di decorazioni gotiche. Frank Woolworth fece fortuna con i suoi empori di articoli vari a poco prezzo e, fedele alla sua filosofia, pagò in contanti il suo grattacielo (l'atrio e l'interno sono chiusi ai turisti).

In fondo al parco sorge il **City Hall**, il municipio, completato nel 1812. Nell'interno, un'elegante miscela di arroganza e autorità, l'ampia scala a chiocciola conduce alla precisa geometria della Sala del Governatore (Governor's Room). L'unico modo per vedere l'interno è unirsi alle **visite guidate gratuite** (mer alle 12): iscrivetevi presso il chiosco del **NYC Heritage Tourism Center** (lun-ven 9-18, sab e dom 10-17), di fronte al Woolworth Building.

Chinatown, Little Italy e Nolita

Dal City Hall una breve passeggiata verso nord-est permette di raggiungere **Chinatown**, il quartiere etnico più prospero di Manhattan, che negli ultimi anni si è esteso sia a nord, all'altro lato di Canal Street, penetrando in Little Italy, sia a nord-est, occupando parte del Lower East Side. Il quartiere cinese non offre molti luoghi d'interesse turistico; piuttosto, il suo fascino sta semplicemente nella sua sfrenata energia, nelle orde di persone che per tutta la giornata ne percorrono i marciapiedi e, naturalmente, nell'ottima **cucina cinese** (vedi p. 83). Oggi l'arteria più animata è **Mott Street**, e le vie dei suoi dintorni – Canal, Pell, Bayard, Doyers e Bowery – ospitano un buon numero di ristoranti, sale da tè e posti specializzati in riso, drogherie e commercianti che vendono di tutto, dai gioielli ai robot giocattolo.

Sul lato nord di Canal Street, **Little Italy** è lontana anni luce dalla compatta *enclave* etnica dei tempi andati. Popolato originariamente, nell'Ottocento, dall'enorme afflusso di immigrati italiani, il quartiere oggi conta un numero molto minore di abitanti italiani, e i suoi numerosi ristoranti tendono ad avere prezzi più alti e un'atmosfera forse un po' troppo turistica. Tuttavia sopravvivono alcune panetterie e salumerie originali, e potrete concedervi un buon cappuccino e una gustosa pasta dolce. Durante la chiassosa e animatissima **Festa di San Gennaro**, che si svolge per 10 giorni a settembre in onore del patrono di Napoli, molti degli italiani che vivono a New York convergono in **Mulberry Street**, trasformando l'arteria principale di Little Italy in una successione di punti vendita di prodotti alimentari e chioschi sulla strada.

A nord di Little Italy, l'enclave alla moda di **Nolita** si estende da Grand Street a Houston Street, fra la Bowery e Lafayette Street. Pieno di luccicanti boutique e ristoranti eleganti, il quartiere circonda la cattedrale cattolica più antica della metropoli, la **St. Patrick's Old Cathedral** (fra le vie Mott e Prince), un tempo cuore spirituale di Little Italy. Se non vi interessa fare acquisti, dovreste assolutamente visitare il **New Museum of Contemporary Art**, 235 Bowery, di fronte a Prince Street (mer, sab e dom 12-18, gio e ven 12-22; ☎ 212/219-1222, *www.newmuseum.org*; $12). Questo museo dedicato all'arte contemporanea è un potente simbolo della rinascita della **Bowery**, che fino a poco tempo fa era la zona malfamata di New York per antonomasia. L'edificio stesso, costituito da sette scintillanti costruzioni squadrate d'alluminio progettate da architetti giapponesi, è un'attrazione tanto quanto le opere d'avanguardia che vi sono esposte.

SoHo

Dagli scorsi anni Ottanta **SoHo**, la griglia di strade a sud di Houston Street ("*so*uth of *Ho*uston Street" in inglese, da cui il nome), è sinonimo di eleganza, shopping metropolitano e gallerie d'arte cosmopolita. Nella prima metà del XX secolo questa era una zona desolata di fabbriche e magazzini, ma quando, negli scorsi anni Quaranta e Cinquanta, gli artisti cominciarono ad abbandonare il Greenwich Village a causa dell'aumento degli affitti in quel quartiere, SoHo diventò improvvisamente "in". Negli anni Sessanta, grazie soprattutto alla splendida **architettura in ferro battuto** l'area fu dichiarata quartiere storico, un'iniziativa seguita dalla trasformazione di SoHo in una zona all'ultimissima moda per yuppies, un processo cui si devono le raffinate boutique, i ristoranti alla moda e le folle di turisti che oggi sono la caratteristica predominante del quartiere. L'ex ufficio postale all'angolo fra Greene Street e Prince Street è occupato dal celebre **Apple Store**, punto di riferimento della zona, mentre all'angolo nord-orientale, fra Broome Street e Broadway, si può ammirare il miglior esempio di **architettura in ferro battuto**, l'ornato **Haughwout Building**. Date un'occhiata anche ai nn. 72-76 di Greene Street, un elegante, dispendioso complesso con un portico corinzio che si sviluppa lungo tutti e cinque i piani in metallo dipinto, e alle vigorose elaborazioni dell'edificio gemello ai nn. 28-30.

Il West Village (Greenwich Village)

Per molti visitatori il **West Village** (chiamato anche **Greenwich Village**, o semplicemente "il Village") è il quartiere più amato di New York, nonostante abbia perso da tempo il suo carattere più radicale. Per chi non vive in città la sua immagine alternativa e bohèmienne resiste abbastanza bene, e il Village ha conservato molte delle attrattive che originariamente indussero molta gente a trasferirsi qui: una vivace vita di strada che anima le notti più a lungo che in molte altre parti della città, bar aperti in ogni angolo e più ristoranti per abitante che in qualsiasi altro quartiere.

Il Greenwich Village si sviluppò come rifugio rurale dal primo, frenetico nucleo di New York. Le sue raffinate residenze cittadine in stile federale e grecizzante richiamarono alcuni degli esponenti più noti dell'alta società, mentre più tardi, all'inizio della prima guerra mondiale, il Village si rivelò un terreno fertile per artisti e intellettuali in lotta, attirati dai bassi affitti della zona e da una comunità in crescita di liberi pensatori residenti. Dopo la seconda guerra mondiale vi fiorì il **movimento beat**, che preparò la strada per i gruppi alternativi e ribelli e le attività controculturali che caratterizzarono gli anni Sessanta, e in particolare per la **musica folk**: agli inizi della sua carriera Bob Dylan abitò per lunghi periodi in questo quartiere. Il cuore naturale del Village, **Washington Square Park**, non è esattamente elegante, ma conserva sul lato nord una fila di case a schiera in mattoni rossi (le "solide, onorevoli dimore" del romanzo di Henry James *Washington Square*) nonché l'imponente **Washington Arch** di Stanford White, eretto nel 1892 per commemorare il centenario dell'insediamento di George Washington alla presidenza. Il parco è anche il cuore del campus della New York University, e quando le giornate si fanno temperate ferve di attività, diventando campo sportivo, spazio per spettacoli e tornei di scacchi, luogo di manifestazioni di protesta e centro sociale.

Dall'angolo sud-occidentale del parco, seguendo **MacDougal Street** verso sud s'incrocia **Bleecker Street**, l'arteria principale del Village, piena di negozi, bar e ristoranti e sempre affollata. All'incrocio girate a destra (verso ovest) in Bleecker Street, poi di nuovo a destra (verso nord) nella Sixth Avenue, percorrendola fino a quando non scorgete l'inconfondibile torre dell'orologio del bellissimo tribunale ottocentesco, il **Jefferson Market Courthouse**, nella W 10th Street. Questo imponente edificio in stile alto-vittoriano ospitò inizialmente un mercato al coperto, ma in seguito fu una caserma dei pompieri, una prigione e infine una casa di correzione femminile prima di incarnarsi nella sua forma attuale, una biblioteca pubblica.

A ovest di qui, le vie fiancheggiate da case in arenaria che si diramano dalla Seventh Avenue, quali Bedford Street e Grove Street, costituiscono una delle zone residenziali più gradevoli della città. Particolarmente attraente è Bedford Street, che ospita al n. 77 la casa più vecchia del Village (1799); invece al n. 17 di Grove Street si può vedere la casa con struttura portante in legno più completa della città, risalente al 1822. Nelle vicinanze, **Christopher Street** confluisce nella Seventh Avenue all'altezza di **Sheridan Square**, sede del bar gay dello *Stonewall Inn* dove, nel 1969, un'incursione della polizia fu l'inizio di un assedio che durò quasi un'ora. Se non si trattò di una vittoria per i diritti dei gay, in quell'occasione per la prima volta i gay si opposero e resistettero in massa alla polizia; la rivolta dello *Stonewall* rappresenta perciò un momento di svolta nella battaglia per l'eguaglianza di diritti. Questi fatti sono celebrati dalla **Gay Pride Parade**, che di regola si tiene ogni anno l'ultima domenica di giugno (con partenza dalla Fifth Avenue e dalla 52nd Street e conclusione in Sheridan Square).

L'East Village

L'**East Village**, l'area compresa fra la 14th Street e Houston Street, a est della Third Avenue, differisce parecchio dal suo omologo occidentale. Un tempo il quartiere, così come l'adiacente Lower East Side, era abitato da immigrati e famiglie della classe operaia. Dopo aver accolto, agli inizi del XX secolo, l'intelligentia anticonformista di New York, più tardi l'East Village diventò il rifugio dei **beat**: negli anni Cinquanta Jack Kerouac, William Burroughs, Allen Ginsberg ecc. si riunivano spesso nella casa di Ginsberg nell'East 7th Street per infuocati *readings* di poesia. In seguito, Andy Warhol fece esordire qui i Velvet Underground, il *Fillmore East* ospitò quasi ogni band del pianeta e Richard Hell, Patti Smith e i Ramones inventarono il punk rock in un piccolo locale, il famoso **CBGB**, che ha chiuso i battenti nell'ottobre del 2006 dopo 33 anni di attività (oggi è una boutique di John Varvatos).

Gran parte dell'East Village ha assistito a notevoli cambiamenti a partire dal boom economico che ha caratterizzato la seconda metà degli anni Ottanta e gli anni Novanta; uno dei mutamenti più rilevanti è stato la progressiva trasformazione di numerose vie in aree residenziali con conseguente aumento degli affitti, un processo a causa del quale l'East Village non è più un focolaio di dissidenza e creatività. Ciononostante, l'arteria principale della zona, l'eclettica, vivace **St. Mark's Place** (8th Street), è ancora oggi una delle vie più animate, più pulsanti di vita e attività della Downtown, anche se i negozietti di oggetti usati, i mendicanti e gli attivisti politici hanno lasciato il posto a forme di ribellione più blande e a diverse caffetterie della nota catena *Starbucks*.

Astor Place, all'estremità occidentale di St. Mark's Place, negli anni Trenta dell'Ottocento era una delle zone più ricercate. Oggi Lafayette Street non si distingue dalle altre, ma un tempo vi risiedevano personaggi ricchi e potenti quali John Jacob Astor, un magnate di New York noto per essere odiosamente avaro.

Nelle vicinanze, **Cooper Square** è dominata dall'imponente, massiccia struttura di sette piani in arenaria della **Cooper Union**, eretta nel 1859 dall'industriale Peter Cooper come college per i poveri e oggi prestigiosa scuola d'arte e architettura. Nei primi anni Sessanta dell'Ottocento, Abraham Lincoln entusiasmò i newyorkesi influenti con un celebre discorso pronunciato qui, in cui criticava senza mezzi termini il Sud schiavista; quel discorso, che potrebbe essere intitolato "La ragione fa la forza", contribuì a farlo nominare candidato per le elezioni presidenziali per i repubblicani.

Più a est, il **Tompkins Square Park**, situato fra le *avenues* A e B da un lato e la 7th e la 10th Street dall'altro, è da tempo un punto focale per la comunità dell'East Village ed è stato teatro delle famose rivolte del 1988 che hanno parzialmente ispirato il musical *Rent*. Oggigiorno le cose sono molto più tranquille, e l'area circostante vanta alcuni dei bar e dei ristoranti più gradevoli della città.

Il Lower East Side

A sud del tratto orientale di Houston Street, il **Lower East Side** sorse verso la fine dell'Ottocento come *slum* insulare destinato a ospitare circa mezzo milione di immigrati ebrei. Da allora il quartiere è cambiato considerevolmente, assistendo successivamente all'arrivo di numerosi dominicani e cinesi, seguito da un recente afflusso di studenti, artisti, designer e altri cittadini benestanti. A questa evoluzione si è accompagnata una progressiva riqualificazione del quartiere, nel quale si sono moltiplicati negozi, bar e ristoranti alla moda, con epicentro in **Stanton Street** e **Clinton Street**.

Ancora oggi nel Lower East Side si può **acquistare** a prezzi stracciati qualsiasi articolo o quasi, specialmente la domenica mattina, quando **Orchard Street** si riempie di bancarelle e chioschi che vendono cappelli, vestiti ed etichette di stilisti a prezzi scontatissimi. Accanto a questa caotica mescolanza di prodotti e persone sorge l'eccellente **Lower East Side Tenement Museum**, 90 Orchard St., fra Broome St. e Delancey St. (mar-ven 11-18, sab e dom 10.45-18; ⓣ 212/431-0233, *www.tenement.org*; visite guidate $17). Ospitato in un caseggiato (*tenement*) dell'Ottocento, il museo ripercorre la storia passata di questo quartiere un tempo abitato da immigrati e cittadini impoveriti. Per farvi un'idea delle radici ebraiche della zona, visitate l'interessante **Museum at Eldridge Street** (dom-gio 10-16; ⓣ 212/219-0888, *www.eldridgestreet.org*; $10), subito a sud di Canal Street, al n. 12 di Eldridge St. Edificato nel 1887 come prima sinagoga costruita in città dagli ebrei ortodossi emigrati dall'Europa orientale, il museo è tuttora un luogo di culto; le visite guidate di mezz'ora conducono al santuario principale al piano superiore, fornendo esaurienti informazioni introduttive concernenti la storia dell'edificio.

Midtown Manhattan

MIDTOWN MANHATTAN è la parte della città che si stende dall'East River all'Hudson River, fra la 14th e la 59th Street, il confine meridionale del Central Park. La **Fifth Avenue**, la Quinta Strada, l'arteria più affascinante (e più costosa) di New York, attraversa il cuore della Midtown; subito a ovest si snoda parallela alla Fifth, per gran parte del suo tragitto, la via dei teatri, **Broadway**, luccicante di luci al neon. La Midtown presenta caratteristiche diversificate a seconda del lato della Fifth in cui ci si trova. Sulla stessa *avenue* e a est hanno sede diversi enti e organizzazioni commerciali e sorgono prestigiosi grattacieli – fra cui l'Empire State, il Chrysler e il Seagram Building –, come pure la Grand Central Station e la sede dell'ONU. In questa parte della città si trovano anche due quartieri residenziali: **Murray Hill** e l'elegante **Gramercy Park**, con il parco omonimo. Subito a sud-ovest di questo parco si apre la movimentata **Union Square**, ideale per osservare il passeggio. A ovest della Fifth, **Chelsea** ospita molte gallerie d'arte di alta qualità e confina con il **Garment District**, il quartiere delle sartorie, dove i dipendenti dei negozi d'abbigliamento ancora manovrano per le strade i porta-abiti da esposizione. Intorno alla 42nd Street, il **quartiere dei teatri** (Theater District) annuncia una zona animatissima e dedicata ai divertimenti, che culmina nella celebre **Times Square**. A ovest di Broadway, la pittoresca **Hell's Kitchen** ("Cucina dell'Inferno"), l'area di Manhattan compresa tra la 45th e la 56th St., è stata quasi interamente trasformata in zona residenziale più o meno signorile.

Union Square e il Gramercy Park

Downtown Manhattan termina all'altezza della 14th Street, che dai quartieri di case popolari dell'East Side s'insinua tra file di negozi che vendono le loro merci a prezzi stracciati fino ai magazzini di carni in scatola sul fiume Hudson. Al centro si apre la famosa **Union Square**, con i suoi bassi gradini che invitano i passanti a sedersi per osservare il variegato assortimento di ragazzi e ragazze in skateboard, gente che acquista alimenti integrali e studenti della New York University, oppure a passeggiare per i freschi prati e i viottoli alberati. I negozi che in passato dominavano il tratto di **Broadway** a nord di qui, in precedenza noto come Ladies' Mile ("miglio delle signore") per le boutique e i negozi eleganti che ospitava, si sono trasferiti nella Fifth Avenue, dove adesso i punti vendita delle catene occupano praticamente ogni edificio nel tratto compreso tra la 15th e la 29th Street.

A est di qui, tra la 20th e la 21st, dove Lexington Avenue diventa Irving Place, il caos di Manhattan s'interrompe improvvisamente nell'ordinato spazio verde del **Gramercy Park**. Questo ex acquitrino, prosciugato nel 1831, è uno dei parchi newyorkesi più gradevoli: la zona centrale è stata ben risistemata con la messa a dimora di varie piante e, cosa forse ancora più notevole, il parco è deserto per gran parte della giornata, principalmente perché gli unici che possono accedervi sono i newyorkesi abbastanza ricchi da poter vivere in questa zona e possedere le chiavi del cancello. (Però c'è anche un altro modo per entrare: gli ospiti del *Gramercy Park Hotel* vi hanno libero accesso, vedi p. 50.)

Broadway e la Fifth Avenue s'incrociano all'altezza della 23rd Street in **Madison Square**, dove ci si può riposare in un tranquillo **parco** ben tenuto, magari gustando uno dei famosi hamburger di *Shake Shack* (vedi p. 85). Fra le eleganti strutture della zona quella più degna di nota è il **Flatiron Building** (Ferro da Stiro), un grattacielo triangolare al n. 175 della Fifth Ave., tra la 22nd e la 23rd St.; questo edificio del 1902, in stile Beaux Arts, è noto per i suoi insoliti angoli stretti e per la punta arrotondata, larga appena 2,5 m.

Chelsea e il Garment District

Sede di una fiorente **comunità gay** e considerato il cuore del mercato dell'arte newyorkese per le sue tante **gallerie d'arte** rimesse a nuovo (in particolare in West 24th Street, fra la 10th e l'11th Avenue), il centro di **Chelsea** è a ovest di Broadway, fra la 14th e la 23rd St. Nell'Ottocento questo era il quartiere dei teatri di New York; oggi non è più così, ma l'albergo in cui alloggiavano tutti gli attori, gli scrittori e gli addetti ai lavori delle produzioni teatrali, l'**Hotel Chelsea**, costruito nel primo decennio del Novecento, è tuttora un punto di riferimento a New York ed esibisce una sua grandiosità d'epoca (vedi p. 49). In questo albergo soggiornarono Mark Twain e Tennessee Williams; Dylan Thomas vi entrava e usciva barcollando ubriaco, mentre nel 1951 in una delle sue stanze Jack Kerouac, armato di macchina da scrivere personalizzata (e di parecchia benzedrina), batté a macchina quasi di getto la prima stesura di *Sulla strada* su un rotolo di carta igienica lungo 36 m. Più famoso è forse il tragico episodio che ebbe per protagonista Sid Vicious dei Sex Pistols, il quale nell'ottobre del 1978 pugnalò a morte la sua ragazza, Nancy Spungen, nella loro suite; Sid a sua volta morì qualche mese più tardi per un'overdose di eroina. Mentre siete a Chelsea dovreste anche dare un'occhiata a uno dei progetti di rigenerazione urbana più ambiziosi mai realizzati a New York, l'**High Line** (*www.thehighline.org*), un parco urbano unico che s'incunea fra i grattacieli occupando una vecchia linea ferroviaria soprelevata che corre da Gansevoort Street a West 20th Street, a ovest della Ninth e della Tenth Avenue.

Il **Garment District** ("quartiere delle sartorie"), un'area dai confini incerti che si estende a nord di Chelsea fra la 34th e la 42nd Street e fra la Sixth e la Eighth Avenue, produce tre quarti di tutti i capi d'abbigliamento per donne e bambini fabbricati negli Stati Uniti. Non lo indovinereste mai, però: queste aziende vendono esclusivamente all'ingrosso, quindi non hanno bisogno di fare la corte ai clienti. Tuttavia abbondano anche i punti di vendita al dettaglio, fra cui quello dei grandi magazzini più vasti nel mondo, **Macy's**, in **Herald Square**, all'incrocio fra la 34th Street e la Seventh Avenue. I principali punti di riferimento del circondario sono la **Penn Station** e il complesso del **Madison Square Garden**, che inghiotte milioni di pendolari nella sua stazione ferroviaria sotterranea e ospita le squadre di basket dei New York Knicks e dei Liberty, nonché la squadra di hockey dei Rangers.

L'Empire State Building

Nella Fifth Avenue, all'incrocio con la 34th Street si eleva uno dei grattacieli più famosi del mondo, l'**Empire State Building** (tutti i giorni 8-2, ultima salita all'1.15; ☎ 212/736-3100, *www.esbnyc.com*; $19, portare foto formato tessera), che con i suoi 102 piani è un potente simbolo di New York sin dal 1931, anno in cui fu completato. Dopo gli attacchi terroristici dell'11 settembre è tornato a essere l'edificio più alto della città. Un ascensore porta i visitatori fino all'86° piano, che prima dell'aggiunta dell'antenna radiotelevisiva era la sommità dell'edificio. Le vedute panoramiche che si ammirano dai passaggi esterni sono straordinarie, come ci si può aspettare (pagando altri $15 si può salire fino al piccolo osservatorio al 102° piano, ma la veduta è pressoché la stessa). Per sfruttare appieno la visita, dovreste cercare di programmarla in modo da raggiungere la cima del grattacielo al tramonto (tenete presente che nella stagione di punta spesso i tempi d'attesa prima di salire si avvicinano a un'ora).

La Forty-second Street

L'edificio in stile Beaux Arts all'angolo fra la **42nd Street** e la Fifth Avenue è la sede della **New York Public Library** (lun 11-18, mar e mer 11-19.30, gio-sab 11-18; ⓣ 212/930-0830, *www.nypl.org*), la **biblioteca** pubblica, che vanta una delle cinque collezioni di libri più vaste del mondo. Durante il suo breve soggiorno a New York, che precedette di poco la Rivoluzione russa del 1917, Lev Trockij lavorò occasionalmente nella grande Reading Room, la sala di lettura con soffitto a cassettoni sul retro dell'edificio. Vale la pena entrare anche solo per apprezzare l'atmosfera riverente, che ricorda quella di una chiesa.

Procedendo verso est per la 42nd Street, all'altezza di Park Avenue s'incontra l'enorme mole del **Grand Central Terminal**, la stazione completata nel 1913 intorno a una semplice struttura in ferro, ma con una stupenda facciata in stile Beaux Arts. Le immense dimensioni della struttura oggi sembrano un po' meno imponenti per la presenza alle sue spalle del gigantesco edificio del MetLife, ma nonostante ciò l'**atrio** principale della stazione è un luogo da non perdere: lungo 143 m e alto 45, questo ambiente vanta un soffitto con volta a botte, decorato, come in una chiesa barocca, con un dipinto che rappresenta il cielo notturno invernale. Le 2500 stelle sono mostrate alla rovescia – "come le vedrebbe Dio", si racconta fosse la spiegazione del pittore.

Potete esplorare la Grand Central per conto vostro, oppure aggregarvi all'eccellente **visita guidata gratuita** della Municipal Arts Society (mer alle 12.30). Per godere la veduta migliore dell'atrio (e del flusso di pendolari e merci), salite sulle passerelle che scavalcano le finestre alte 20 m sul lato di Vanderbilt Avenue, dopodiché potreste esplorare la stazione cercando i punti nascosti più curiosi o interessanti, per esempio l'*Oyster Bar*, uno dei ristoranti di pesce migliori della città, situato nelle viscere della stazione e sempre affollatissimo all'ora di pranzo.

L'altrettanto famoso **Chrysler Building**, al n. 405 di Lexington Ave., risale a un periodo (il 1930) in cui gli architetti dettero prova di notevole eleganza e stile, tanto da assicurarsi un grande prestigio. Per un po' questo grattacielo fu l'edificio più alto del mondo, e oggi è una delle strutture di Manhattan più amate e apprezzate. Per il momento ciò che si può vedere dell'edificio è l'atrio (originariamente un autosalone), con i suoi ascensori riccamente intarsiati, le pareti rivestite di marmi africani e i murali raffiguranti aeroplani, macchine e i muscolosi costruttori che lavorarono sul grattacielo.

All'estremità orientale della 42nd Street, il complesso delle **Nazioni Unite** comprende il palazzo di vetro del **Segretariato**, l'edificio ricurvo dell'**Assemblea Generale** e la bassa **Ala delle Conferenze** (Conference Wing) che collega i due edifici precedenti. Le **visite** guidate partono dall'atrio dell'Assemblea Generale (tutti i giorni ogni 20-30 min, lun-ven 9.45-16.45; ⓣ 212/963-8687, *www.un.org/MoreInfo/pubsvs.html*; 45 min; $12,50, portate un documento d'identità) e permettono di vedere le sale riunioni dell'ONU e le sue parti costituenti. Tenete presente che l'orario delle visite può variare, a seconda degli appuntamenti ufficiali.

Times Square e il Theater District

La 42nd Street incrocia Broadway al margine meridionale di **Times Square**, la piazza al centro del **Theater District**, il **quartiere dei teatri**. In questa piazza, una delle maggiori attrazioni turistiche di New York, innumerevoli

△ Chrysler Building

cartelloni pubblicitari della Coca Cola, della Budweiser, dell'NBC ecc. si contendono a colpi di colori e luci al neon l'attenzione delle folle di sbalorditi visitatori. Non è sempre stato così: tradizionale crogiolo di dissolutezza, depravazione e divertimento, negli scorsi anni Novanta Times Square è stata ripulita e trasformata in un universo in gran parte risanato dedicato ai consumi popolari, con teatri ristrutturati e segnaletica a luce intermittente.

A nord di Times Square, sulla Seventh Avenue e al 154 di W 57th St. ci sono gli ingressi della prestigiosa **Carnegie Hall** (solo settembre-giugno, visite guidate lun-ven alle 11.30, 14 e 15, sab alle 11.30 e alle 12.30, dom alle 12.30;

informazioni generali ⓣ 212/903-9600, visite guidate ⓣ 212/903-9765, biglietteria ⓣ 212/247-7800, *www.carnegiehall.org*; $10), la sala da concerti famosa in tutto il mondo, costruita alla fine dell'Ottocento dal miliardario e filantropo Andrew Carnegie. La sera dell'inaugurazione Čajkovskij diresse il programma, e nel corso degli anni il teatro ha ospitato le esibizioni di Mahler, Rachmaninov, Toscanini, Frank Sinatra e Judy Garland. Se non avete la possibilità di assistere a un concerto, vale comunque la pena aggregarsi a una delle visite guidate per ammirare il vasto interno.

A est della Seventh Avenue, la **Sixth Avenue** è soprannominata "the Avenue of the Americas", il Viale delle Americhe, ma nessun newyorkese la chiama così, e d'altro canto l'unico elemento esteriore che dà conto di questo soprannome sono le bandiere del Centro e Sud America che ancora sventolano su alcuni degli edifici dell'*avenue*. Al n. 1260 della Sixth Ave., all'altezza della 50th Street ha sede il **Radio City Music Hall** (visite guidate tutti i giorni 11-15; ⓣ 212/307-7171, *www.radiocity.com*; 1 h; $17), la pietra di paragone per antonomasia in termini di lusso anni Trenta. La maestosa, splendida scalinata vanta i lampadari più grandi del mondo, e l'immenso auditorium sembra una gigantesca conchiglia di pettine. Tuttavia il Radio City è noto soprattutto per le Rockettes, che con i loro spettacoli natalizi e le esibizioni delle ballerine fanno colpo sulle masse dal 1932.

La Fifth Avenue e dintorni

La **Fifth Avenue** (Quinta Strada) è una grande arteria sin da quando New York è una grande città, e il suo nome evoca immediatamente ricchezza e opulenza. Tutti coloro che si reputano raffinati e cosmopoliti si ritrovano qui, e i negozi sono una vetrina del consumismo più esibito di New York. Il fatto che i prezzi degli articoli in vendita superino le possibilità di spesa della maggior parte delle persone non dovrebbe scoraggiarvi, perché la Fifth Avenue vanta anche alcuni dei palazzi architettonicamente più pregevoli della città.

Nel cuore di questa via affascinante si trova il famosissimo **Rockefeller Center**, un complesso di una ventina di edifici costruito fra il 1932 e il 1940 da John D. Rockefeller Jr., figlio del magnate del petrolio. In questo complesso, uno dei progetti di pianificazione urbana più raffinati del mondo, lo spazio occupato da uffici è controbilanciato dai caffè, dal teatro, dalle sale sotterranee e dai giardini pensili, che creano un insieme di rara intelligenza ed eleganza. Al centro si eleva per quasi 160 m il celebre **GE Building**, il grattacielo della multinazionale General Electric, in cima al quale un punto d'osservazione, il "Top of the Rock", permette di ammirare un altro incantevole panorama del profilo di Manhattan (tutti i giorni 8-24, ultimo ingresso alle 23; ⓣ 212/698-2000, *www.topoftherocknyc.com*; $18). Ai suoi piedi, il piazzale inferiore o **Lower Plaza** è dominato dallo scintillante *Prometheus*, una statua in bronzo dello scultore americano Paul Manship, e d'estate ospita un ristorante incassato, mentre d'inverno diventa una piccola **pista di ghiaccio**, permettendo ai pattinatori di mostrare le loro abilità ai passanti. Non meno spettacolare è l'interno del Centro. Nell'atrio del GE Building, i murales di José Maria Sert, *American Progress* e *Time*, sono un po' sbiaditi ma s'intonano con l'ambiente anni Trenta in stile art déco. Un volantino distribuito al banco dell'atrio descrive nei dettagli un **giro** del Rockefeller Center. Fra i tanti uffici del GE Building segnaliamo gli NBC Studios, vale a dire gli studi televisivi della National Broadcasting Corporation (lun-gio: ogni 30 min 8.30-16.30, ven e sab: ogni

15 min 9.30-17.30, dom: 9.30-16.30 ogni 15 min; prenotazioni all'Experience Store Tour Desk dell'NBC; ☎ 212/664-7174; $18,50, bambini $15,50). Se siete appassionati di TV, potreste prendere un biglietto gratuito per uno **spettacolo registrato** nell'atrio del mezzanino o fuori, per strada. Tenete a mente che i biglietti per gli show più apprezzati sono già esauriti alle 9 di mattina. All'angolo sud-occidentale della *plaza*, all'incrocio con la 49th Street c'è lo studio a vetrate del **Today Show**, circondato di primo mattino da avidi fan che aspettano di essere ripresi e di finire in TV grazie alle compiacenti telecamere che di tanto in tanto fanno una panoramica della folla.

Situata quasi di fronte al Rockefeller Center, all'angolo fra la 50th Street e la Fifth Avenue, la **St. Patrick's Cathedral**, progettata da James Renwick e completata nel 1888, sembra il risultato di un diligente studio accademico delle cattedrali gotiche d'Europa.

Proseguendo verso nord, la **Trump Tower**, all'altezza della 57th Street, è l'ultima parola della Fifth Avenue in fatto di lusso esagerato, con il suo atrio scandalosamente eccessivo, pieno di empori che vendono capi d'abbigliamento e articoli firmati. L'aria profumata, i lucidi pannelli di marmo e una cascata d'acqua di cinque piani hanno lo scopo di tramortire il visitatore esibendo un gusto un po' appariscente, ma l'edificio è ben studiato: a una certa altezza un grazioso giardinetto ordinato si insinua in un angolo, e ognuno dei 230 appartamenti sopra l'atrio gode di vedute in tre direzioni.

A est della Fifth si può fare una piacevole passeggiata lungo la raffinata **Madison Avenue,** piena di costose gallerie, boutique d'alta moda e gente dell'East Side vestita elegantemente. L'*avenue* successiva verso est, **Park Avenue**, nel 1929 si diceva fosse un luogo in cui "la ricchezza è talmente abbondante che quasi scoppia". Le cose sono cambiate poco: sedi centrali di grandi società e alberghi a quattro stelle si fanno concorrenza in una processione trionfale, capeggiati dall'imponente New York Central Building (oggi chiamato **Helmsley Building**), che "siede" letteralmente sopra Park Avenue all'incrocio con la 46th Street e vanta un atrio rococò impudicamente esagerato. All'epoca l'edificio era un abile segno d'interpunzione sull'*avenue*, ma nel 1963 si è aggiunto il **MetLife Building** (200 Park Ave., all'altezza della 45th Street), che incombe alle sue spalle.

Accovacciata dietro il **Waldorf Astoria Hotel**, celebre albergo di lusso in stile art déco situato in Park Ave. fra la 49th e la 50th St., la **St. Bartholomew's Church** è un sorprendente, basso ibrido bizantino che spicca fra gli ingombranti grattacieli che lo circondano, dando loro un necessario senso delle proporzioni. Alle sue spalle, il **General Electric Building**, un imponente grattacielo sormontato da guglie appuntite, sembra una bizzarra estensione della chiesa: la sua slanciata parte superiore s'innalza fino a una corona di scintille astratte e saette che simboleggia le onde radio usate dal primo proprietario, l'RCA. L'atrio (si entra dal n. 570 di Lexington Ave.) è un altro incantevole ambiente art déco.

Tutto ciò passa in secondo piano rispetto al **Museum of Modern Art**, sito al n. 11 di W 53rd St., fra la Fifth e la Sixth Avenue: una tappa imperdibile, trattandosi della miglior collezione al mondo di arte del periodo che va dalla metà dell'Ottocento alla fine del Novecento. Fra i capolavori dell'Ottocento segnaliamo *Notte stellata* (*Starry Night*) di Van Gogh, *Foliage* di Cézanne e *Madonna* di Munch, mentre il periodo moderno è rappresentato da opere quali le *Demoiselles d'Avignon* di Picasso, *Flag* di Jasper Johns e le scatolette di zuppa di Warhol (sab-lun, mer e gio 10.30-17.30, ven 10.30-20; ☎ 212/708-9400, *www.moma.org*; $20, anziani $16, studenti $12, gratis ven 16-20; il biglietto include anche la visita al P.S. 1 Contemporary Arts Center, nel Queens, se effettuata entro 30 giorni).

Uptown Manhattan

UPTOWN MANHATTAN inizia dalla 59th Street, dove l'efficiente trambusto della Midtown lascia il posto alla confortevole vita familiare dell'Upper East Side e dell'Upper West Side. In mezzo si stende il famosissimo **Central Park**, l'immenso "cortile" della Grande Mela, frequentato dai newyorkesi che lo affollano per giocare, fare jogging e sfuggire alle torme di gente di Midtown in quello che è un esempio particolarmente intelligente di architettura urbana del verde.

L'**Upper East Side** mostra il suo aspetto più opulento nei numerosi isolati subito a est del Central Park e quello più raffinato nel Metropolitan e negli altri grandi musei del "Museum Mile" o "miglio dei musei", il tratto della Fifth Avenue che va dalla 82nd alla 104th Street. L'**Upper West Side**, un'area prevalentemente residenziale, è un quartiere un po' meno raffinato ma ospita comunque un buon numero di costose ville e palazzi di appartamenti. Nella parte più settentrionale si trovano la monolitica Cattedrale di St. John the Divine e la Columbia University. A nord e a est di qui, **Harlem**, capitale culturale dell'America nera, sta conoscendo un nuovo rinascimento. Ancora più a nord, nella zona di Washington Heights ha sede uno dei musei più interessanti della città, la collezione di arte medievale dei Cloisters.

Il Central Park

Completato nel 1876 e situato nel bel mezzo di Manhattan, il **Central Park** si estende dalla 59th alla 110th Street, fornendo ai residenti (e ai turisti stanchi di girare per le strade) un gradito rifugio che permette di attenuare per un po' di tempo la durezza della vita in una grande città. Il poeta e redattore William Cullen Bryant ebbe l'idea di uno spazio pubblico aperto nel 1844 e per diversi anni si dette da fare per cercare di convincere le autorità comunali a farsene carico. Alla fine il comune decise di destinare a parco 340 ettari di terreno desolato e acquitrinoso a nord dei confini urbani, un'area allora occupata da una baraccopoli abusiva. I due architetti cui fu commissionato il progetto, **Frederick Law Olmsted** e **Calvert Vaux**, vollero creare un paradiso rurale, una perfetta illusione di campagna nel cuore di Manhattan, che già allora stava crescendo molto rapidamente. Oggi, benché il profilo sia molto cambiato e parte dello spazio verde sia stata trasformata in campi da gioco asfaltati, il senso di un paesaggio naturale che gli architetti si prefiggevano di riprodurre si è in gran parte conservato. Per **informazioni** generali relative al parco, chiamate il ☎ 212/310-6600 o visitate il sito *www.centralparknyc.org*.

Uno dei modi migliori per esplorare il Central Park è noleggiare una **bicicletta** alla Loeb Boathouse, fra la 74th e la 75th Street (tutti i giorni 10-tramonto; $9-15 per la prima ora, $5-10 all'ora per le successive), o da Metro Bicycles, all'incrocio fra Lexington Avenue e 88th Street (tutti i giorni 10-18; ☎ 212/427-4450; $7 all'ora, $35 al giorno). Altrimenti è facile girare il parco **a piedi**, percorrendo i tanti sentieri che lo attraversano. È assai improbabile

1, 2, 3, A, B, The Cloisters, Columbia University, ▲ Cathedral of St John the Divine, e Studio Museum in Harlem ▲ C, Cooper Hewitt Museum of the City of New York, e Museo del Barrio

ALLOGGIO	
Algonquin	K
Amsterdam Inn	F
Dylan	M
Edison	J
Hostelling International-New York	B
Jazz on the Park	A
Lucerne	D
Milburn	E
The Pod	H
Roger Smith	I
Royalton	L
Wales	C
West Side YMCA	G

RISTORANTI	
Amy Ruth's	1
Artisanal	21
Big Nick's Burger Joint	8
Boathouse Café in	9
Café Sabarsky	4
Carmine's	18
Carnegie Deli	15
Gray's Papaya	10
Heidelburg	6
Hell's Kitchen	16
Joe Allen Restaurant	17
La Caridad 78	7
Oyster Bar	20
Pinkberry	13
Rosa Mexicano	11
Russian Tea Room	14
Serendipity 3	12
Shake Shack	22
Sylvia's Restaurant	2
Tavern on the Green	5
Terrace in the Sky	3
Virgil's Real BBQ	19

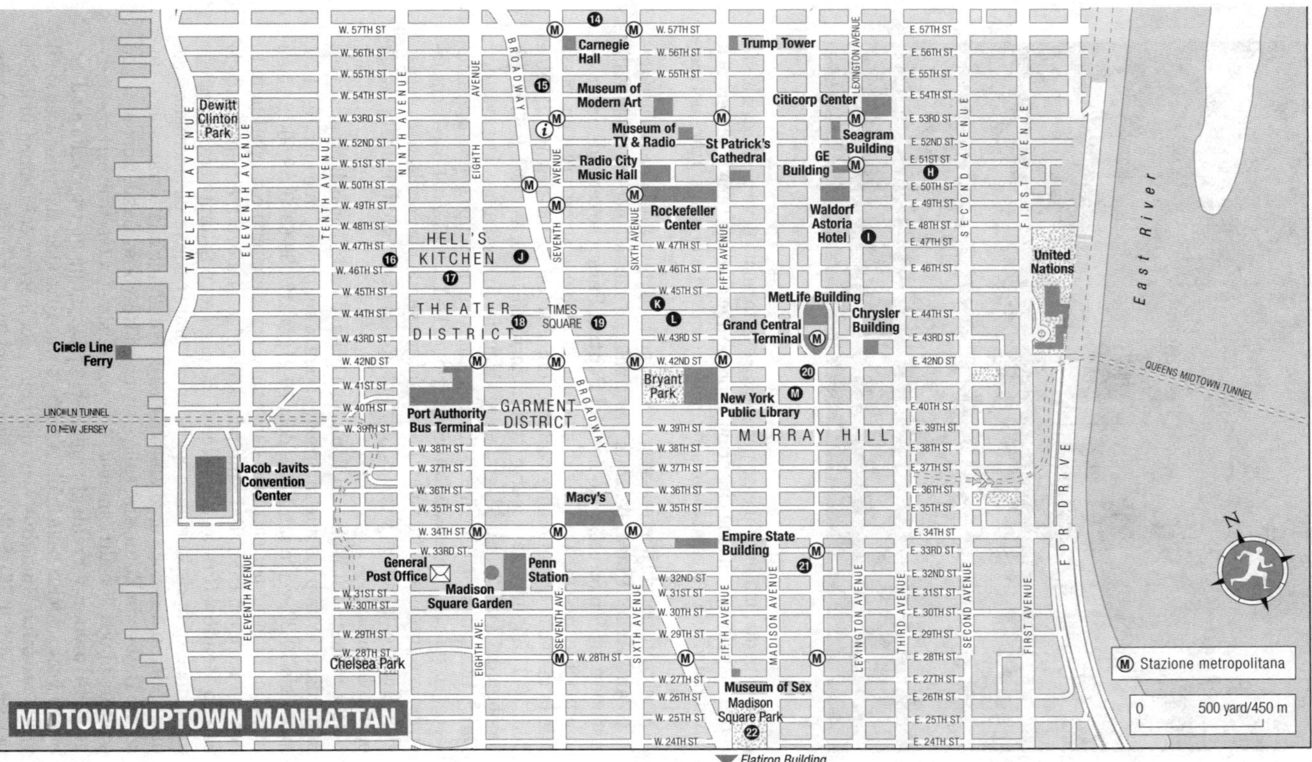
MIDTOWN/UPTOWN MANHATTAN
Stazione metropolitana
0
500 yard/450 m
N
East River
QUEENS MIDTOWN TUNNEL
FDR DRIVE
United Nations
FIRST AVENUE
SECOND AVENUE
THIRD AVENUE
LEXINGTON AVENUE
MADISON AVENUE
FIFTH AVENUE
SIXTH AVENUE
SEVENTH AVENUE
SEVENTH AVE.
BROADWAY
EIGHTH AVENUE
EIGHTH AVE.
NINTH AVENUE
TENTH AVENUE
ELEVENTH AVENUE
TWELFTH AVENUE
E. 57TH ST
E. 56TH ST
E. 55TH ST
E. 54TH ST
E. 53RD ST
E. 52ND ST
E. 51ST ST
E. 50TH ST
E. 49TH ST
E. 48TH ST
E. 47TH ST
E. 46TH ST
E. 44TH ST
E. 43RD ST
E. 42ND ST
E. 40TH ST
E. 39TH ST
E. 38TH ST
E. 37TH ST
E. 36TH ST
E. 35TH ST
E. 34TH ST
E. 33RD ST
E. 32ND ST
E. 31ST ST
E. 30TH ST
E. 29TH ST
E. 28TH ST
E. 27TH ST
E. 26TH ST
E. 25TH ST
E. 24TH ST
W. 57TH ST
W. 56TH ST
W. 55TH ST
W. 54TH ST
W. 53RD ST
W. 52ND ST
W. 51ST ST
W. 50TH ST
W. 49TH ST
W. 48TH ST
W. 47TH ST
W. 46TH ST
W. 45TH ST
W. 44TH ST
W. 43RD ST
W. 42ND ST
W. 41ST ST
W. 40TH ST
W. 39TH ST
W. 38TH ST
W. 37TH ST
W. 36TH ST
W. 35TH ST
W. 34TH ST
W. 33RD ST
W. 32ND ST
W. 31ST ST
W. 30TH ST
W. 29TH ST
W. 28TH ST
W. 27TH ST
W. 26TH ST
W. 25TH ST
W. 24TH ST
Carnegie Hall
Trump Tower
Museum of Modern Art
Citicorp Center
Dewitt Clinton Park
Museum of TV & Radio
St Patrick's Cathedral
Seagram Building
GE Building
Radio City Music Hall
Rockefeller Center
Waldorf Astoria Hotel
HELL'S KITCHEN
United Nations
MetLife Building
THEATER DISTRICT
TIMES SQUARE
Chrysler Building
Grand Central Terminal
Circle Line Ferry
Bryant Park
New York Public Library
LINCOLN TUNNEL
TO NEW JERSEY
Port Authority Bus Terminal
GARMENT DISTRICT
MURRAY HILL
Jacob Javits Convention Center
Macy's
Empire State Building
General Post Office
Penn Station
Madison Square Garden
Chelsea Park
Museum of Sex
Madison Square Park
Flatiron Building

△ Central Park

che ci si perda, ma in ogni caso per sapere esattamente dove ci si trova basta cercare il palo di lampione più vicino: le prime due cifre indicano il numero della via più vicina. Al calar della sera, però, si consiglia di non entrare nel parco a piedi.

Quasi tutti i luoghi d'interesse si trovano nella parte sud del parco. Vicino alla **Grand Army Plaza**, l'entrata principale, situata all'incrocio fra la Fifth Avenue e la 59th Street, c'è lo **Zoo del Central Park**, che cerca di ridurre al minimo il tempo trascorso in gabbia dagli animali e di accorciare il più possibile la distanza fra animali e visitatori (aprile-ottobre: lun-ven 10-17, sab e dom 10-17.30; novembre-marzo: tutti i giorni 10-16.30; ⓣ 212/439-6500; $8, bambini dai 3 ai 12 anni $3, gratis per i bambini fino a 3 anni). Più avanti, il **Dairy** ("Caseificio"), l'ex edificio di un ranch in cui un tempo si produceva latte, oggi ospita un **centro visitatori** (mar-dom 10-17; ⓣ 212/794-6564), che distribuisce gratuitamente volantini e piantine, vende libri e allestisce esposizioni. Inoltre da qui nei weekend partono spesso **giri a piedi** guidati; per gli orari telefonate.

Nelle vicinanze, il **Wollman Rink**, una pista di pattinaggio di proprietà del miliardario Trump sulla 63rd Street, al centro del parco (lun e mar 10-14.30, mer e gio 10-22, ven e sab 10-23, dom 10-21; ⓣ 212/439-6900; $9,50-12), è un luogo incantevole per pattinare d'inverno o per esercitarsi con i pattini in linea nei mesi più caldi. Dal Rink potreste dirigervi a ovest, oltrepassando lo **Sheep Meadow** (Prato delle Pecore), che negli anni Settanta era un terreno arido ma è stato risistemato e oggi è un bel prato color verde smeraldo, e poi proseguire in direzione nord lungo il classico Mall fino alla terrazza; la sottostante **Bethesda Fountain**, sulla sponda del **Rowboat Lake**, è decorata con sculture di uccelli e altri animali. Alla vostra sinistra (verso ovest) si stendono gli **Strawberry Fields** (Campi di Fragole), un punto tranquillo e all'ombra dedicato a John Lennon dalla sua vedova, Yoko Ono; sia quest'area sia il vicino **mosaico "Imagine"** sono nei pressi del luogo in cui Lennon fu ucciso nel 1980 (vedi p. 76). Sulla riva orientale del lago si può noleggiare una **bar-**

ca a remi alla Loeb Boathouse (aprile-ottobre: tutti i giorni 9.30-17.30; ☎ 212/517-2233; $10 per la prima ora, poi $2,50 per 15 min; si richiede il deposito rimborsabile di $30 in contanti), oppure si può attraversare il lago su un elegante ponte in ferro battuto, il **Bow Bridge**.

Di là dal Bow Bridge un dedalo di sentieri e ponti permette di esplorare i boschi selvatici di un'area chiamata **The Ramble**, che è meglio evitare di sera. All'altezza dell'81st Street, vicino al West Side, s'incontra una struttura che imita una cittadella fortificata, il **Belvedere Castle** (mar-dom 10-17), un altro centro visitatori che allestisce esposizioni naturalistiche e vanta splendide vedute del parco dalle sue terrazze. Accanto al castello, il **Delacorte Theater** ospita nei mesi estivi le esibizioni sempre piacevoli e divertenti della manifestazione **Shakespeare in the Park** (biglietti gratuiti, ma si esauriscono presto; per i dettagli visitate il sito *www.publictheater.org*), mentre l'immenso **Great Lawn**, il "pratone", è il luogo preferito dei tanti newyorkesi amanti del sole che vengono a distendersi sull'erba. Partendo dalla 86th Street, il **Jacqueline Onassis Reservoir** (progettato in origine nel 1862) è un bacino artificiale che si estende per 43 ettari. La pista di 2,5 km che si snoda in quota è uno dei posti preferiti dai newyorkesi in vena di fare del moto e permette di ammirare bellissime vedute a 360° del profilo urbano: fate solo attenzione a non bloccare il passo a chi fa jogging.

Il Metropolitan Museum of Art

Il **Metropolitan Museum of Art** (di solito chiamato semplicemente "il Met"), uno dei maggiori musei d'arte del mondo, si protende nel parco all'incrocio fra la Fifth Avenue e l'82nd Street (mar-gio e dom 9.30-17.30, ven e sab 9.30-21; ☎ 212/535-7710, *www.metmuseum.org*; offerta suggerita $20, anziani $15, studenti $10; il biglietto può essere usato lo stesso giorno anche per visitare i Cloisters). La sua collezione, vastissima e onnicomprensiva, conta oltre due milioni di opere d'arte e abbraccia l'America e l'Europa come pure la Cina, l'Africa, l'Estremo Oriente, il mondo classico e quello islamico: non si riuscirebbe a vedere tutto neanche passando nel museo intere settimane.

Se non potete fare più di una visita, dirigetevi alle gallerie dedicate alla **pittura europea** (sezione "European Painting"). Fra i **dipinti fiamminghi e olandesi** più antichi (XV e XVI secolo), i migliori sono quelli di Jan Van Eyck, cui è generalmente attribuito il merito di aver iniziato la tradizione del realismo nord-europeo. Il **Rinascimento italiano** è rappresentato da opere meno spettacolari, ma non mancano tele pregevoli, fra cui una *Madonna con Bambino in trono con santi*, opera giovanile di Raffaello, un Botticelli dell'ultimo periodo e la *Madonna con Bambino in trono con due angeli* di Filippo Lippi. Una delle acquisizioni più recenti del Met è un sublime capolavoro di Duccio di Buoninsegna, la *Madonna con Bambino*. Non perdetevi le gallerie **spagnole**, che annoverano un dipinto di Goya ampiamente riprodotto, vale a dire *Don Manuel Osorio Manrique de Zuniga*, ritratto di un bambino in tuta rossa, e una sala di bizzarre, magnifiche tele del grande El Greco.

Le **gallerie dell'Ottocento** ospitano una sorprendente collezione di arte **impressionista** e **post-impressionista**, nella quale spiccano i Manet e i Monet, mentre la collezione dedicata al Novecento annovera il ritratto di Gertrude Stein eseguito da Picasso e il magistrale *La Orana Maria* di Gauguin, oltre a opere di Klee, Hopper e Matisse. Non meno ricche sono le **gallerie medievali**, comprendenti fra l'altro esposizioni di sontuosi oggetti in metallo e gioielli bizantini donati da J.P. Morgan, mentre le **gallerie di arte asiatica** ospitano un gran numero di murali, sculture e tessuti provenienti da Giappone, Cina, Asia sud-orientale e centrale e Corea. Altrettanto interessanti sono l'imponente **Tempio di Dendur** nella sezione egizia e le gallerie delle **sculture greche e romane**, magnificamente restaurate nel 2007.

L'Upper East Side

L'**Upper East Side**, un'area a scacchiera di 5 km^2, si caratterizza soprattutto per la sua ricchezza, come saprà chi ha visto uno dei tanti film di Woody Allen ambientati in questo quartiere. Il tratto della **Fifth Avenue** che attraversa quest'area è il volto patrizio di Manhattan sin da quando l'apertura del Central Park attirò i Carnegie, gli Astor e i Whitney inducendoli a migrare nella parte nord e a costruirvi eleganti residenze. Una buona introduzione al quartiere è la **Grand Army Plaza**, la piazza all'incrocio fra Central Park South e la Fifth Avenue, fiancheggiata dalla vasta struttura tipo *chateau* che ospita l'elegante **Plaza Hotel** e caratterizzata dalla scintillante statua d'oro del generale William Tecumseh Sherman, che combatté nella guerra civile.

All'angolo fra la Fifth Avenue e la 65th Street, il **Temple Emanu-El**, la sinagoga riformata più grande d'America, fa risuonare una nota seria (dom-gio 10-16.30, ven 10-15; ⓣ 212/744-1400, *www.emanuelnyc.org*; ingresso gratuito). La cupa caverna romanico-bizantina è più grande di quanto non appaia dall'esterno, e quando si entra l'interno sembra scomparire nell'oscurità, facendovi sentire davvero molto piccoli.

All'angolo con la 70th Street s'incontra la residenza del magnate dell'acciaio Henry Clay Frick, un bel palazzo che oggi è la tranquilla sede di uno dei tanti musei prestigiosi della zona, la **Frick Collection** (mar-sab 10-18, dom 11-17; ⓣ 212/288-0700, *www.frick.org*; $15). Il museo, forse la più piacevole delle grandi gallerie newyorkesi, è costituito dai tesori d'arte ammassati da Frick, probabilmente il più spietato dei magnati di New York nella conduzione degli affari. La splendida collezione comprende fra l'altro dipinti di Rembrandt, Reynolds, Hogarth, Gainsborough (*St. James's Park*), Van Dyck, Tiziano, Piero della Francesca e Giovanni Bellini, il cui *San Francesco nel deserto* suggerisce la sua visione di Cristo tramite una luce pervasiva, un albero piegato e uno sguardo estasiato. Sopra il caminetto, il *San Gerolamo* di El Greco scruta con aria di biasimo le ricchezze che lo circondano, guardando verso la South Hall, dove vicino a un Vermeer del primo periodo, *Soldato con ragazza sorridente*, è appeso uno degli intimi ritratti della moglie eseguiti da Boucher.

Pochi isolati più a nord, fra la Madison Avenue e la 75th Street, il **Whitney Museum of American Art** (mer, gio, sab e dom 11-18, ven 13-21; ⓣ 212/570-3676, *www.whitney.org*; $15) vanta un'importante collezione di arte americana del XX secolo e un'ambientazione superba per le esposizioni. Ad anni alterni il museo allestisce una manifestazione dedicata all'arte americana contemporanea, la Biennale (Whitney Biennial), che è diventata un parafulmine per gli strali della critica dal 1995, quando l'esposizione di una montagna gigante di grasso per cucinare mandò in delirio gli esteti di destra. Quando non c'è la Biennale, godetevi la notevole collezione di espressionisti astratti, che presenta splendide opere dei "grandi sacerdoti" Pollock e De Kooning, proseguendo con Rothko e i pittori del movimento pittorico Color Field e con opere dell'ultima Pop Art realizzate da Andy Warhol, Jasper Johns e Oldenburg. Particolarmente pregevoli le raccolte di opere di Hopper, O'Keeffe e Calder, a ognuno dei quali è dedicata un'intera galleria.

Dal Whitney, procedendo a piedi verso nord per 10 min si raggiunge l'importante **Guggenheim Museum**, situato all'incrocio fra la Fifth Avenue e l'89th Street (sab-mer 10-17.45, ven 10-19.45, chiuso gio; ⓣ 212/423-3500, *www.guggenheim.org*; $18, anziani e studenti $15, ven offerta libera dalle 17.45 alle 19.15). Il museo è famoso più per l'edificio che lo ospita che per la collezione in sé: progettata da Frank Lloyd Wright, questa struttura unica provocò un uragano di polemiche quando fu inaugurata, nel 1959. Alcuni ritengono ancora oggi che la spirale centripeta che conduce senza interruzioni i visitatori fino all'ultimo piano (offrendo una vertiginosa veduta dall'alto dell'atrio al centro) – o, in alternativa, dall'ultimo piano alla base – faccia preferire il talento di Wright rispetto a quello degli artisti esposti. Gran parte dello spazio espositivo è tuttora assegnato a mostre temporanee, ma la collezione permanente annovera opere di Chagall, Léger, dei maggiori cubisti e soprattutto di Kandinskij. Inoltre ci sono alcuni dipinti del tardo Ottocento, fra i quali le squisite *Ballerine* di Degas, *Jeanne Héburene in maglione giallo* di Modigliani e qualche delicato Picasso del suo primo periodo.

Due isolati più avanti, all'incrocio fra la Fifth Avenue e la 91st Street s'incontra un museo gestito dallo Smithsonian Institution, il **Cooper Hewitt National Design Museum** (lun-gio 10-17, ven 10-21, sab 10-18, dom 12-18; ⓣ 212/849-8400, *cooperhewitt.org*; $15). Questa meravigliosa istituzione è l'unico museo degli Stati Uniti dedicato esclusivamente al design storico e contemporaneo. Fondato nel 1897, il museo è ospitato nella magnifica residenza un tempo di proprietà di Andrew Carnegie ed è anche un centro di ricerca. Il **Museo del Barrio**, 1230 Fifth Avenue, all'altezza della 104th Street (mer-dom 11-17; ⓣ 212/831-7272, *www.elmuseo.org*; offerta suggerita $6), illustra l'arte e la cultura latino-americana e caraibica; attualmente chiuso per importanti restauri, dovrebbe riaprire nell'autunno del 2009. Il museo prende il nome da **El Barrio** o Spanish Harlem, il quartiere spagnolo, che si scontra frontalmente con la ricchezza del vicino Upper East Side. Tradizionalmente centro di una grande comunità portoricana, El Barrio è una delle zone più turbolente di Manhattan.

A circa mezz'ora a piedi, all'estremità orientale dell'88th Street si affaccia sull'East River la **Gracie Mansion** (visite guidate mer alle 10, 11, 13 e 14; $7), uno degli edifici coloniali meglio conservati della città. Eretta nel 1799, la villa è la residenza ufficiale del sindaco di New York dal 1942, quando vi ci si trasferì – seppur di malavoglia, da "uomo del popolo" qual era – il sindaco Fiorello LaGuardia (anche se "mansion", termine che indica una residenza signorile, è una denominazione un po' esagerata per un villino di legno piuttosto piccolo).

L'Upper West Side

A nord della 59th Street, il West Side di Manhattan diventa meno commerciale, sfumando a nord del Lincoln Center in un'animata zona residenziale, l'**Upper West Side**, che oggi è uno degli indirizzi più ambiti della città (in verità è una zona che gli artisti e gli intellettuali hanno già scoperto e prediligono da tempo).

Dal Columbus Circle Broadway si dirige a nord raggiungendo il **Lincoln Center for the Performing Arts**, un insieme di edifici in marmo costruiti nei primi anni Sessanta nel luogo in precedenza occupato da uno dei peggiori slum della città. Sede della Metropolitan Opera, della New York Philharmonic, della prestigiosa Juilliard School e di una moltitudine di altre compagnie (vedi p. 91), il Lincoln Center merita una visita anche se non si assiste a uno spettacolo (visite guidate tutti i giorni 10.30-16.30, con partenza dall'atrio principale sotto il Centro; prenotazioni al ⓣ 212/875-5350; $15). Al centro del complesso, dietro una grande fontana, la **Metropolitan Opera House** è una spettacolare struttura in marmo e vetro, con murali di Marc Chagall dietro ciascuna delle alte finestre della facciata.

Fra i monumentali palazzi di appartamenti di **Central Park West** il più famoso è il **Dakota**, una grandiosa residenza in stile rinascimentale nella 72nd Street, completata nel 1884. Nel corso degli anni il Dakota ha avuto fra gli affittuari personaggi di primo piano quali Lauren Bacall e Leonard Bernstein, mentre alla fine degli anni Sessanta l'edificio fu utilizzato come scenario per il film di Roman Polanski *Rosemary's Baby*. Oggi però quasi tutti lo conoscono perché vi abitò **John Lennon** con la moglie Yoko Ono (che ancora vi abita e possiede nel palazzo un certo numero di appartamenti). Fu davanti al Dakota che, la sera dell'8 dicembre 1980, Lennon fu assassinato, colpito a morte dai proiettili sparati da un uomo che dichiarò di essere uno dei suoi più grandi ammiratori (nelle vicinanze, nel Central Park è stato collocato un monumento commemorativo in onore di Lennon, vedi p. 72).

Seguendo Central Park West in direzione nord, all'altezza della 77th Street si passa accanto alla sede spesso trascurata della **New York Historical Society** (mar-sab 10-18, dom 11-17.45, ven chiude alle 20; ⓣ 212/873-3400, *www.nyhistory.org*; $10, studenti $6, gratis per i minori di 12 anni), un museo dedicato più alla storia americana che a quella di New York. La sua collezione comprende dipinti di James Audubon, il naturalista di Harlem specializzato in teneri acquerelli particolareggiati di uccelli; un'ampia raccolta dedicata alla ritrattistica americana dell'Ottocento, fra cui il ritratto del primo segretario del Tesoro Alexander Hamilton riprodotto sulla banconota da $10; paesaggi della Hudson River School; e una scintillante esposizione di vetri Tiffany.

Più avanti si profila l'**American Museum of Natural History**, situato in Central Park West all'altezza della 79th Street (tutti i giorni 10-17.45; ⓣ 212/769-5200 per i biglietti, ⓣ 212/769-5100 per informazioni generali, *www.amnh.org*; offerta suggerita $15, studenti $11, bambini $8,50; per i film IMAX, l'Hayden Planetarium e le mostre speciali si paga un extra). Questo museo di scienze naturali, il più vasto del mondo nel suo genere, occupa 25 edifici in quattro isolati ed è uno strano miscuglio architettonico di pesante stile neoclassico e rustico stile romanico. Il museo vanta superbi diorami sulla natura e collezioni antropologiche, esposizioni interattive e multimediali e un'impressionante collezione di ossa, fossili e modellini.

Fra le attrazioni principali segnaliamo le **Dinosaur Halls** (Sale dei Dinosauri), gli imponenti totem africani esposti nella **Hall of African Peoples**, le meraviglie tassidermiche della sezione **North American Mammals** (Mammiferi del Nord America, fra cui la vivace rappresentazione di un combattimento fra un toro e un topo), e le 2000 bellissime meteoriti custodite nella **Hall of Meteorites**, fra le quali spicca un abbagliante blocco di rame grezzo di due tonnellate. La **Hall of Ocean Life** presenta, fra le altre creature acquatiche, la riproduzione di una balenottera azzurra lunga oltre 28 m.

Il **Rose Center for Earth and Space**, dedicato alla Terra e allo spazio e comprendente la **Hall of the Universe** e l'**Hayden Planetarium**, esibisce gli ultimi ritrovati della tecnologia più moderna e vanta un design davvero innovativo, con una costruzione aperta, scale a chiocciola e spettacolari pareti a vetrate su tre lati della struttura. Nel Planetarium viene proiettato uno spettacolare film di mezz'ora, "Cosmic Collisions", narrato da Robert Redford (tutto il giorno; $24, studenti $18, bambini $14, il biglietto comprende la visita del museo). Per un "viaggio" di altro genere guardate SonicVision (ven e sab 19.30 e 20.30; $15), uno "spettacolo musicale alternativo con animazione digitale" che presenta grafici animati e canzoni di gruppi quali i Radiohead e i Coldplay, il tutto missato da Moby.

Dopo Central Park West, il secondo miglior indirizzo dell'Upper West Side è **Riverside Drive**, che si snoda a zigzag dalla 72nd Street lungo il margine occidentale di Manhattan, fiancheggiata da sontuose residenze cittadine erette agli inizi del Novecento e dal **Riverside Park**, sistemato nel 1873 da Frederick Law Olmsted, uno dei due architetti del Central Park. Riverside Drive è il percorso più piacevole per raggiungere la prestigiosa **Columbia University**, il cui campus occupa sette isolati fra la 114th e la 121th Street, Amsterdam Avenue e Morningside Drive. Le *plazas* del campus esibiscono un grandioso stile Beaux Arts. Dal centro visitatori, ospitato nella sala 213 della maestosa Low Library (Biblioteca Bassa), nel cuore del campus, partono regolari **visite** guidate gratuite (lun-ven alle 13).

All'incrocio fra l'Amsterdam Avenue e la 112th Street si eleva nella sua solida maestosità uno dei gioielli meno noti di New York, la **Cattedrale di St. John the Divine** (lun-sab 7-18, dom 7-19; ingresso gratuito). Curiosa mescolanza di romanico e gotico, la chiesa fu iniziata nel 1892, ma la costruzione si interruppe nel 1939, allo scoppio della guerra, e fu ripresa solo sporadicamente all'inizio degli anni Novanta; attualmente solo due terzi della chiesa sono stati ultimati. Quando sarà completata (è improbabile che ciò avvenga prima del 2050), sarà la cattedrale più grande del mondo: la sua superficie utilizzabile – lunga 183 m e larga nei transetti circa 97 m – sarà abbastanza ampia da contenere per intero la cattedrale di Notre Dame insieme a quella di Chartres.

Harlem

Abitato da una comunità nera culturalmente e storicamente – se non economicamente – ricca, **Harlem** è ancora un centro di attivismo e cultura nera e merita senz'altro una visita. Fino a poco tempo fa, a causa della mancanza quasi totale di sostegno nella forma di fondi federali e municipali, Harlem costituiva una comunità autonoma e isolazionista. Per molti abitanti di Downtown Manhattan, bianchi e neri, la 125th Street era un confine fisico e mentale che non veniva attraversato volentieri. Oggi i frutti di uno sforzo cooperativo che ha coinvolto imprese, residenti e autorità comunali sono evidenti nei nuovi progetti di edilizia abitativa e nei piani riguardanti l'apertura di negozi e di spazi collettivi; molto è stato fatto anche dei nuovi uffici dell'ex presidente Bill Clinton. Tuttavia, se da un lato le eleganti case di arenaria stanno triplicando il loro valore e si reclamizza la vicinanza fisica di Harlem all'Upper West Side, dall'altro la povertà e la disoccupazione sono ancora oggi evidenti in vari punti del quartiere. Le zone più sicure sono la 125th Street, la 145th Street, la Convent Avenue e il Malcolm X Boulevard; quando fa buio, non allontanatevi dai locali e dai ristoranti.

I luoghi di maggior interesse di Harlem sono piuttosto sparpagliati: non è una cattiva idea cominciare a conoscere il quartiere unendosi a un **giro turistico guidato** (vedi p. 48) per poi fare ulteriori esplorazioni per conto proprio. Il centro propulsore di Harlem è la 125th Street, fra Broadway e la Fifth Avenue;

è qui che si trova il famoso **Apollo Theater**, 253 W 125th St., da anni centro dell'intrattenimento afro-americano nel Nord-est (visite guidate lun, mar, gio e ven alle 11, 13 e 15, mer alle 11, sab e dom 11-13; ⓣ 212/531-5337; $16-18). All'Apollo si sono esibiti quasi tutti i grandi del jazz e del blues – James Brown vi registrò nel 1962 il suo influente *Live at the Apollo* –, ma oggi la maggior attrazione è l'Amateur Night, la "Serata del dilettante", che si tiene ogni mercoledì ed è aperta a tutti (dalle 19.30; ⓣ 212/531-5300). Al 144 di W 125th St., lo **Studio Museum in Harlem** (mer-ven e dom 12-18, sab 10-18; ⓣ 212/864-4500, *www.studiomuseum.org*; $7) espone una piccola ma stimolante raccolta di arte africana e afro-americana di tutte le epoche.

Un isolato a est, lo **Schomburg Center for Research in Black Culture**, 515 Malcolm X Boulevard, all'altezza della 135th Street (lun-mer 12-20, gio e ven 11-18, sab 10-17; ⓣ 212/491-2200, *www.nypl.org/research/sc*; ingresso gratuito), accoglie esposizioni sulla storia dei neri e conserva nei suoi archivi (letteralmente) milioni di manufatti, manoscritti, opere d'arte e fotografie. Subito a nord, al 132 di W 138th St. sorge la **chiesa battista abissina** (Abyssinian Baptist Church), famosa per le funzioni in stile revival della domenica mattina e per il vivacissimo coro gospel. Attraversando la strada verso ovest e imboccando la 138th Street, fra il Powell Boulevard e l'Eighth Avenue, ci si ritrova in quello che molti considerano l'isolato di case a schiera più bello di Manhattan, lo **Strivers' Row**, commissionato durante il boom edilizio dell'ultimo decennio dell'Ottocento e progettato da tre gruppi di architetti. Alla svolta di quel secolo questa successione di case diventò il luogo di residenza più ambito per gli ambiziosi professionisti della fiorente comunità nera (di qui il soprannome: *striver* significa "persona attiva, energica").

Washington Heights e i Cloisters

A nord di Harlem, più o meno dalla West 145th Street inizia il quartiere di **Washington Heights**, un'area che nella prima metà del Novecento si trasformò da povero terreno agricolo in una proprietà immobiliare molto ricercata. Oggi la zona ospita la più vasta fra le comunità dominicane che risiedono negli Stati Uniti; i suoi punti interessanti si possono visitare in tutta sicurezza nelle ore diurne, ma quando cala la sera si consiglia di tenersi lontani.

La 160th Street, fra le *avenues* Amsterdam e Edgecombe, nasconde una vera sorpresa: la **Morris-Jumel Mansion**, la casa più antica di Manhattan (mer-dom 10-16; ⓣ 212/923-8008, *www.morrisjumel.org*; $4). Fronteggiata da un portico posteriore in stile federale, la casa, con i suoi orgogliosi elementi georgiani, fu costruita nel 1765 come rifugio rurale dal colonnello Roger Morris e fu per breve tempo il quartier generale di George Washington, prima di cadere in mano britannica. Successivamente il commerciante di vini Stephen Jumel acquistò la villa e la ristrutturò per la moglie Eliza, che in passato era stata una prostituta e la sua mantenuta. Dopo la morte di Jumel, avvenuta nel 1832, Eliza sposò l'ex-vice presidente Aaron Burr, che aveva vent'anni più di lei. Il matrimonio durò sei mesi, poi il vecchio Burr lasciò Eliza, finendo per morire il giorno del loro divorzio. Eliza tenne duro fino ai 91 anni, e all'ultimo piano della casa si può vedere il suo necrologio, il racconto splendidamente romanzato di una vita "scandalosa".

Vale la pena proseguire fino alla punta settentrionale di Manhattan per visitare **i Cloisters** (Chiostri), situati nel Fort Tryon Park. Questa ricostruzione di un complesso monastico ospita il meglio della collezione medievale del Metropolitan Museum (vedi p. 73); per arrivarci, prendete la linea A della metropolitana fino alla stazione 190th St.-Fort Washington Ave. (mar-gio e dom 9.30-17.30, ven e sab 9.30-21; ☎ 212/923-3700, *www.metmuseum.org*; offerta suggerita $20, studenti $10, il biglietto consente l'ingresso al Metropolitan Museum nella stessa giornata). Fra le strutture di maggiori dimensioni ci sono una monumentale Romanesque Hall (Sala romanica) costituita da reperti francesi e una cappella spagnola affrescata, la Fuentiduena Chapel, entrambe del XIII secolo.

I "boroughs" esterni

Molti dei turisti che visitano New York non si allontanano da Manhattan, ma chi si trattiene nella Grande Mela per un po' di tempo dovrebbe cercare di esplorare i quartieri o **"boroughs" esterni**, mete interessanti che ricompenseranno adeguatamente chi farà lo sforzo di visitarli. **Brooklyn** merita certamente un viaggetto, soprattutto per Brooklyn Heights, subito di là dall'East River, per il bucolico Prospect Park e per il Brooklyn Museum. Per i nostalgici impenitenti, Coney Island e il suo vicino russo, Brighton Beach, sono al termine della linea della metropolitana. Pochi visitatori si spingono fino al **Queens**, anche se questo *borough* racchiude la vivace comunità greca di Astoria, il quartiere sempre più alla moda di Long Island City e il Museum of the Moving Image. Nel **Bronx**, famoso per la desolazione e lo squallore delle sue propaggini meridionali, che in realtà stanno lentamente migliorando, si trovano lo zoo più grande della città, lo Yankee Stadium e un altro bellissimo orto botanico. **Staten Island** è soprattutto una sonnacchiosa comunità residenziale, con pochi luoghi d'interesse turistico (per il **traghetto per Staten Island** vedi p. 55).

Brooklyn

Fino ai primi dell'Ottocento **Brooklyn** non era altro che un gruppo di paesi e villaggi autonomi, ma il servizio di piroscafo di Robert Fulton, collegando le due sponde dell'East River, cambiò la situazione, a partire dalla fondazione di un rifugio nel verde a Brooklyn Heights. Ciò che trasformò davvero le cose, però, fu l'apertura del ponte di Brooklyn, inaugurato il 24 maggio del 1883. Dopo quella data l'entroterra assistette a una progressiva trasformazione dovuta allo sviluppo di aree residenziali, a sua volta stimolato dalla crescita di Manhattan. Nel 1900 Brooklyn faceva ormai pienamente parte della nuova New York e il suo destino come perenne fratello minore di Manhattan era definitivamente stabilito.

Brooklyn Heights (2, 3, 4, 5, M, N, R o W fino a Court St.-Borough Hall, oppure a piedi da Manhattan passando per il ponte di Brooklyn), uno dei quartieri più belli di New York, ha poco in comune con il resto del *borough*. Si può cominciare il giro dall'**Esplanade** – o **Promenade**, come è chiamata più spesso –, che offre belle vedute di Manhattan dalla sponda opposta. Le vie **Pierrepoint** e **Montague**, le arterie principali di Brooklyn Heights, sono un susseguirsi di deliziose case di arenaria, ristoranti, bar e negozi.

Proseguendo l'esplorazione di Brooklyn, Flatbush Avenue conduce alla **Grand Army Plaza** (metropolitana 2 o 3 fino all'omonima stazione), un grandioso incrocio progettato da Calvert Vaux (uno degli architetti del Central Park) alla fine dell'Ottocento come spettacolare punto d'ingresso per il Prospect Park, appena inaugurato poco più avanti. Il **Soldiers and Sailors' Memorial Arch**, un arco trionfale dedicato a soldati e marinai caduti, fu aggiunto trent'anni dopo ed è sormontato dalla *Victory*, una scultura di Frederick William MacMonnies con un cavaliere, un carro, quattro cavalli e due araldi, un tributo al trionfo dell'Unione durante la guerra civile.

L'immensa distesa di verde che si dispiega alle spalle dell'arco è il **Prospect Park**. Sistemato a imitazione di un paesaggio naturale nei primi anni Novanta dell'Ottocento, il parco è ancora oggi un luogo ideale per picnic e riunioni familiari e per fare del moto. Nelle ore diurne è assolutamente sicuro, mentre di sera è meglio tenersene lontani. L'adiacente **Brooklyn Botanic Garden** (marzo-ottobre: mar-ven 8-18, sab e dom 10-18; novembre-febbraio: mar-ven 8-16.30, sab e dom 10-16.30; ☎ 718/623-7200, *www.bbg.org*; $8, studenti $4, gratis mar e sab 10-12), uno degli spazi verdi più seducenti della città, è più piccolo e più immediatamente piacevole del suo più famoso cugino del Bronx. Rigoglioso ma non esageratamente carico di piante, questo orto botanico occupa una superficie di 21 ettari e comprende un roseto, un giardino giapponese, lo Shakespeare Garden e incantevoli prati ornati di salici piangenti e aiole di arbusti in fiore.

Benché destinato a rimanere all'ombra del Met, il **Brooklyn Museum of Art**, 200 Eastern Parkway (treno 2 o 3 per l'Eastern Parkway; mer-ven 10-17, sab e dom 11-18, primo sab di ogni mese 11-23; ☎ 718/638-5000, *www.brooklynart.org*; $8, studenti $4), è un museo importante e costituisce una buona ragione per abbandonare Manhattan per un pomeriggio. Le raccolte migliori sono la sezione etnografica a pianterreno, le collezioni di arti e arti applicate dell'Oceania e delle Americhe e le antichità classiche ed egizie al secondo piano, e le evocative stanze d'epoca americana al quarto piano. Dalle tele bucoliche di William Sidney Mount, dai quadri assai romantici della Hudson River School e dai dipinti di Eastman Johnson (quali il curioso *Not at Home*) e John Singer Sargent si arriva alle opere novecentesche di Charles Sheeler e Georgia O'Keeffe. Fra gli artisti europei in mostra menzioniamo Degas, Cézanne, Toulouse-Lautrec, Monet, Dufy e Rodin.

Generazioni di newyorkesi della classe lavoratrice venivano a rilassarsi in uno dei punti più lontani di Brooklyn, **Coney Island** (*www.coneyislandusa.com*), raggiungibile da Manhattan con le linee della metropolitana Q, W, F o N (45 min-1 h). Benché si tratti di uno dei quartieri più poveri della città, di recente il comune ha deciso di chiudere l'**Astroland Amusement Park** (*www.astroland.com*) per dare il via a un ambizioso (e controverso) progetto di sviluppo, e nei weekend estivi la *boardwalk*, la passerella di legno sistemata lungo la spiaggia, è sempre affollatissima. Un innegabile punto di forza del parco di divertimenti è l'otto volante di legno del 1927, il **Cyclone** (qualunque sia il destino di Astroland, è probabile che questa icona di Coney Island rimanga in funzione). La spiaggia, un'ampia distesa di sabbia dorata, è bellissima, anche se nelle giornate più calde è spesso affollata e l'acqua può essere tutt'altro che pulita. Nella seconda metà di giugno cercate di assistere alla **Mermaid Parade** ("Sfilata delle sirene"), una delle sfilate in maschera più curiose e pittoresche del paese, che ha qui il suo culmine. Merita una visita anche il **New York Aquarium**, aperto nel 1896 sulla *boardwalk* e tuttora molto visitato. Nelle sue sale in penombra l'acquario ospita pesci e invertebrati da tutto il mondo, oltre a frequenti spettacoli all'aperto di mammiferi marini (giugno-agosto: lun-ven 10-18, sab e dom 10-19; settembre-ottobre e aprile-maggio: lun-ven 10-17, sab e dom 10-17.30; novembre-marzo: tutti i giorni 10-16.30; ⓣ 718/265-3474, *www.nyaquarium.com*; $13).

Proseguendo verso est sulla *boardwalk* si arriva a **Brighton Beach** o "Little Odessa", dove vive la comunità di emigrati russi più numerosa degli Stati Uniti, insieme a una popolazione ebraica presente da molto tempo e oggi in gran parte anziana che, con grande sorpresa dei visitatori russi, vive ancora come se si trovasse in una repubblica sovietica degli anni Settanta. Più vivace di Coney Island, Brighton Beach è anche più prospera, specialmente lungo la sua arteria principale, **Brighton Beach Avenue**, che corre sotto la linea Q della metropolitana fra un guazzabuglio di negozi di alimentari e invitanti ristoranti. Di sera l'atmosfera dei ristoranti si riscalda davvero, diventando quasi una parodia di una turbolenta serata russa fuori casa, con musica dal vivo ad alto volume e la vodka che scorre a fiumi.

Queens

Così chiamato in onore della moglie di Carlo II d'Inghilterra, il **Queens** è uno dei pochissimi posti in cui nel dopoguerra gli immigrati poterono acquistare una casa e fondare le loro comunità (**Astoria**, per esempio, conta la maggior concentrazione al mondo di greci fuori dalla Grecia). A parte l'esplorazione dei quartieri etnici, la maggior attrazione del Queens è l'**American Museum of the Moving Image**, ospitato nel vecchio complesso della Paramount, all'incrocio fra 35th Avenue e 36th Street, nel quartiere Astoria (metropolitana R o V fino a Steinway; mar-gio 10-16, ven 10-18.30; ⓣ 718/784-0077, *www.ammi.org*; $7,50). Il museo è dedicato alla storia del cinema, dei video e della TV. Oltre a vedere manifesti e pacchiani souvenir cinematografici degli anni Trenta e Quaranta, potrete ascoltare registi che spiegano alcune sequenze di celebri film, guardare brevi pellicole divertenti fatte con famosi spezzoni, aggiungere i vostri effetti sonori ai film e vedere alcuni dei set e dei costumi originali. In una stupenda imitazione pseudo-egizia di una sala cinematografica degli anni Venti vengono proiettati film per bambini e classici della TV. In attesa del completamento degli importanti lavori di **ristrutturazione**, previsto per il 2010, l'orario d'apertura e le tariffe d'ingresso possono cambiare: controllate visitando il sito web o telefonando.

Nelle vicinanze, in Long Island City c'è un centro d'arte affiliato al MoMA, il **P.S. 1 Contemporary Art Center**, 22-25 Jackson Ave., all'altezza della 46th Street (gio-lun 12-18; ⓣ 718/784-2084, *www.ps1.org*; $5, gratis con un biglietto per il MoMA acquistato fino a 30 giorni prima): si tratta di una delle organizzazioni più vecchie e più grandi degli Stati Uniti fra quelle che si dedicano esclusivamente all'arte contemporanea e ai principali artisti emergenti.

Il Bronx

Il **Bronx**, il *borough* più settentrionale e l'unico sulla terraferma continentale, è stato considerato per anni il quartiere più difficile e malfamato della metropoli, ma in realtà non è molto diverso dagli altri *boroughs* esterni, anche se dal punto di vista geografico ha più cose in comune con la Westchester County, a nord, che non con le aree insulari di New York: ripide colline, profonde valli e affioramenti rocciosi a ovest, e piane acquitrinose lungo il Long Island Sound a est. Colonizzato nel Seicento dallo svedese Jonas Bronk, il quartiere

△ Zoo del Bronx

divenne, come Brooklyn, parte della New York propriamente detta intorno alla fine dell'Ottocento. Sulla sua arteria principale, il **Grand Concourse**, sorsero lussuosi palazzi di appartamenti in stile art déco, molti dei quali, per quanto ormai cadenti, sono ancora in piedi.

Per visitare lo **Zoo del Bronx** (lun-ven 10-17, sab e dom 10-17.30; ⓣ 718/220-5100, *www.bronxzoo.com*; $15, bambini $11, ogni mer offerta libera) si può entrare dal cancello principale in Fordham Road oppure da un secondo ingresso in Bronx Park South. Quest'ultimo è l'ingresso che si utilizza se si raggiunge lo zoo con la metropolitana (linea 2 o 5 fino a E Tremont Ave.). Ospitando più di 4000 animali, è il più grande zoo urbano degli Stati Uniti, ed è migliore di quasi tutti gli altri: fra l'altro è stato uno dei primi giardini zoologici a capire che gli animali avevano un aspetto migliore e vivevano meglio se potevano stare all'aria aperta. Il settore "Wild Asia" è un'area di *wilderness*, di natura incontaminata di quasi 16 ettari nella quale vivono in condizioni di relativa libertà tigri, elefanti e cervi, visibili da una monorotaia (maggio-ottobre; $4). Fate un salto anche alla sezione "World of Darkness", che ospita specie notturne, alle "Himalayan Highlands", che accolgono specie in pericolo d'estinzione quali il panda rosso o minore e il leopardo delle nevi, e alla sezione "Tiger Mountain", che offre ai visitatori l'opportunità di fare una conoscenza ravvicinata e personale con sei tigri siberiane.

Dall'altra parte della strada rispetto all'entrata principale dello zoo un cancelletto ruotante dà accesso alla parte posteriore dei **New York Botanical Gardens**, l'orto botanico, in parte lasciato allo stato selvaggio (aprile-ottobre: mar-dom 10-18, novembre-marzo 10-17; ⓣ 718/817-8700, *www.nybg.org*; $20, solo giardino $6, gratis mer e sab 10-12). Non perdetevi un punto di riferimento essenziale, l'Enid A. Haupt Conservatory, una serra di cristallo di fine Ottocento, con una stupefacente cupola di 27 m, un bellissimo stagno riflettente, un mucchio di piante tropicali ed esposizioni stagionali.

Lo **Yankee Stadium** originale, all'incrocio fra 161st St. e River Ave. (ⓣ 718/293-6000, *www.yankees.com*), ha assistito ai trionfi della squadra più vincente negli sport professionistici, i New York Yankees, campioni delle World Series per 26 volte. Il nuovo stadio è subito a nord del vecchio, fra la 161st e la 164th Street, e fa parte di un più vasto progetto di rinnovamento del Bronx, progetto che comprende anche un albergo e un centro convegni.

Mangiare

A New York si può mangiare letteralmente di tutto, e i newyorkesi prendono il cibo molto sul serio, appassionandosi a nuove cucine, nuove specialità e nuovi ristoranti. Certe aree sono un concentrato di ristoranti etnici – in particolare **Chinatown** (comprendente ristoranti cinesi ma anche malaysiani, thai e vietnamiti), a sud di Canal Street, e **Indian Row**, sulla 6th Street, fra la First e la Second Avenue –, ma in genere si riesce a trovare quello che si vuole, dove si vuole (e quando si vuole). I **"boroughs" esterni** – Brooklyn, il Bronx e il Queens – offrono eccellenti opportunità gastronomiche in quartieri quali Jackson Heights, Astoria, Williamsburg e Flushing.

Downtown Manhattan (a sud della 14th St.)

Bridge Café 279 Water St., all'altezza di Dover St. ☎ 212/227-3344. Aperta nel 1847 (l'edificio ha 50 anni in più), è la più vecchia fra le taverne newyorkesi superstiti, ma oggi è un ristorante elegante. Ottime le torte di granchio e le birre prodotte artigianalmente. Portate principali $20-30.

Caffè Reggio 119 MacDougal St., fra Bleecker St. e W 3rd St. ☎ 212/475-9557. Una delle prime caffetterie del Village, aperta nel 1927 e abbellita con oggetti antichi e dipinti italiani di ogni genere; ottimi l'espresso e i cannoli.

Corner Bistro 331 W 4th St., all'altezza di Jane St. ☎ 212/242-9502. Gli hamburger e le patatine fritte serviti in questa taverna accogliente sono fra i migliori della città. Un ottimo posto per rilassarsi e rifocillarsi in una simpatica atmosfera familiare; è anche un ritrovo letterario di vecchia data e può essere molto affollato.

Delmonico's 56 Beaver St., all'altezza di William St. ☎ 212/509-1144. In questa antica *steakhouse* del 1837, vero punto di riferimento della zona, sono stati fatti molti affari da milioni di dollari (date un'occhiata alle colonne pompeiane). I clienti tendono a venirci più per le specialità storiche – fra cui piatti classici come il Lobster Newburg e il Baked Alaska (che è stato inventato qui) – che per le costose bistecche della casa. Chiuso sab.

Doughnut Plant 379 Grand St., fra Essex St. e Clinton St. ☎ 212/505-3700. Specializzato in bomboloni (*doughnuts*) davvero squisiti; cercate di assaggiare i sapori e le glasse di stagione, come la zucca e il frutto della passione.

Graffiti Food & Wine Bar 244 E 10th St., fra la 1st e la 2nd Ave. ☎ 212/677-0695. Lo chef Jehangir Mehta propone una cucina fusion con sapori cinesi, americani e indiani, servita in uno spazio con pretese artistiche, con appena 4 tavoli e portate che costano $7-12; il menu presenta diverse prelibatezze, come i fagottini o gnocchi di carne di maiale al peperoncino, il *confit* al pompelmo e i *wraps* (rotolini ripieni) con melanzane e cumino. Chiuso lun.

Katz's Delicatessen 205 E Houston St., all'altezza di Ludlow St. ☎ 212/254-2246. Questa veneranda gastronomia ebraica del Lower East Side serve classici *pastrami* imbottiti e sandwich di carne di manzo conservata. Famoso per essere il ristorante in cui è stata girata la scena dell'orgasmo in *Harry, ti presento Sally*.

Lombardi's 32 Spring St., fra Mott St. e Mulberry St. ☎ 212/941-7994. La più antica pizzeria di Manhattan serve alcune delle migliori pizze della città (solo intere, non al taglio), fra cui una fantastica pizza alle vongole. Fatevi portare una ciotola di aglio abbrustolito.

Magnolia Bakery 401 Bleecker St., all'altezza di W 11th St. ☎ 212/462-2572. Questa panetteria vende molti prodotti da forno, ma è meritatamente famosa soprattutto per le celestiali, variopinte brioche (*cupcakes*, celebrate sia in *Sex and the City* sia nel *Saturday Night Live*), che costano $2,25 l'una. Le code possono allungarsi intorno all'isolato.

Momofuku Noodle Bar 171 First Ave., fra E 10th e E 11th St. ☎ 212/777-7773. Il primo ristorante del celebre chef David Chang, dove le creazioni più semplici sono ancora le migliori: morbide focaccine imbottite di carne di maiale lessata, condita con salsa *hoisin* (salsa cinese dolce e speziata a base di fagioli di soia, aglio, zucchero e spezie) e cetrioli sottaceto ($9), o ciotole fumanti di vermicelli con pollo e maiale ($10).

Nobu 105 Hudson St., all'altezza di Franklin St. ⓣ 212/219-0500. Cucina giapponese superlativa – per esempio, merluzzo nero con *miso* ($23) e saké ghiacciato – servita in tronchi cavi di bambù. È difficile riuscire a prenotare; si può anche provare all'adiacente *Next Door Nobu*, un po' più economico.

Peanut Butter & Company 240 Sullivan St., fra Bleecker St. e W 3rd St. ⓣ 212/677-3995. Il paradiso del burro d'arachidi. Assaggiate l'"Elvis", un sandwich alla griglia con banane condite con burro d'arachidi e miele, o lo "Spicy Peanut Butter Sandwich", un sandwich leggermente più fantasioso, fatto con marmellata di ananas e pollo alla griglia. Sandwich $5-6,50.

Ping's Seafood 22 Mott St., fra Chatham Square e Pell St. ⓣ 212/602-9988. Questo ristorante stile Hong Kong, specializzato in piatti di pesce e frutti di mare, è sempre buono, ma dà il meglio di sé nei weekend con il *dim sum*, quando compaiono ogni trenta secondi carrettate di prelibati stuzzichini.

Pinkberry 41 Spring St., fra Mott St. e Mulberry St. ⓣ 212/274-8696; anche 330 W 58th St., fra 8th e 9th Ave., all'altezza di Columbus Circle ⓣ 212/397-0412. Questa catena di Los Angeles offre deliziosi yogurt ghiacciati magri a basso contenuto calorico, in gusti originali (al tè verde e al caffè) e con una vasta gamma di guarnizioni alla frutta e alle noci. A New York ci sono 11 punti vendita.

Ray's 27 Prince St., fra Mott St: e Elizabeth St. ⓣ 212/966-1960. Innumerevoli pizzerie newyorkesi sostengono di essere "la Ray's originale", ma questa nota pizzeria di Little Italy è forse la più caratteristica e la meno simile a un punto vendita di una catena (anche se Ray's non è propriamente una catena). Particolarmente buoni i grossi tranci di siciliana ($2,50).

Rice to Riches 37 Spring St., fra Mott St. e Mulberry St. ⓣ 212/274-0008. Budini di riso assolutamente irresistibili da portar via, serviti in un originale takeaway e preparati con diversi aromi e sapori: dal burro d'arachidi e dai pezzetti di cioccolato al mango e alla cannella. I prezzi partono da $5,50 a ciotola.

Sammy's Roumanian Steakhouse 157 Chrystie St., all'altezza di Delancey St. ⓣ 212/673-0330. Questa *steakhouse* ebraica ospitata in un seminterrato offre ai commensali più di quanto sperassero: canzoni sdolcinate, cibi squisiti ma potenzialmente causa di acidità di stomaco (accompagnati da dessert fatti in casa: *rugelach*, cioè pasta dolce variamente farcita, ed *egg creams*, bevande fatte con sciroppo al cioccolato, latte e selz) e vodka ghiacciata.

Sarita's Mac & Cheese 345 E 12th St., fra 2nd e 1st Ave. ⓣ 212/358-7912. Gustate i vostri maccheroni con formaggio in questo accogliente ristorante dall'atmosfera familiare che ne offre dieci varietà originali, mescolando *cheddar*, gruviera, brie e formaggio caprino con erbe e carni. È possibile scegliere fra tre dimensioni per la propria porzione, con prezzi che variano di conseguenza ($4,25-12,50).

Shopsin's Essex St. Market, 120 Essex St. (no telefono). Kenny Shopsin, un po' un'istituzione a New York, ha gestito per anni un suo ristorantino economico notoriamente caratteristico e originale nel West Village, prima che gli affitti alti lo costringessero a trasferirsi qui. Le sue creazioni – come le frittelle ripiene di burro d'arachidi – danno assuefazione e hanno un seguito fedele. Chiuso dom e lun.

Vanessa's Dumplings 118A Eldridge St., fra Grand St. e Broome St. ⓣ 212/625-8008. Questo ristorante cinese sempre affollato sforna varie combinazioni di maiale al vapore o fritto, gamberetti e *dumplings* (fagottini) di verdure al costo di appena $1 per quattro; altrettanto squisite sono le croccanti frittelle al sesamo.

Veselka 144 2nd Ave., all'altezza della 9th St. ⓣ 212/228-9682. Specializzato in cucina dell'Europa orientale, propone piatti favolosi, come *kielbasa* alla griglia, cavolo cappuccio ripieno (senza carne) e *pierogi* dell'Ucraina, tutti ottimi per assorbire l'alcol e pacare i morsi della fame alle 4 di notte. Aperto 24 h su 24.

Xunta 174 1st Ave., fra 10th e 11th St. ⓣ 212/614-0620. Questo gioiellino dell'East Village risuona dei brusii di orde di giovani appollaiati sui barili di rum, intenti a mandar giù caraffe di sangria e a scegliere cosa mangiare dal frastornante menu di *tapas*: vi consigliamo i mitili (*mussels*) in salsa di pomodoro fresca o i gamberetti all'aglio (*shrimps with garlic*). Si può mangiare (e bere) molto bene per circa $20.

Yonah Schimmel's 137 E Houston St., fra Forsyth St. e Eldridge St. ⓣ 212/477-2858. *Knishes* tradizionali (panini imbottiti di verdure o carne) preparati e cotti al forno al momento, come gli squisiti *bagels*.

Midtown Manhattan (dalla 14th St. alla 59th St.)

Artisanal 2 Park Ave., all'altezza della 32nd St. ⓣ 212/725-8585. Formaggi, formaggi e ancora formaggi: ne hanno ben 700 tipi. Se non volete fare l'esperienza completa, accaparratevi un tavolino al bar e assaggiate un *gougere* (bombolone al gruviera) innaffiandolo con uno degli ottimi vini a disposizione.

Carmine's 200 W 44th St., fra Broadway e 8th Ave. ⓣ 212/221-3800; anche 2450 Broadway, fra la W 90th e la W 91st St. ⓣ 212/362-2200. Enormi porzioni di appetitose specialità casalinghe dell'Italia meridionale in un grande, chiassoso ristorante molto frequentato. Preparatevi a dover aspettare; solo i gruppi di sei o più persone possono prenotare, dopo le 18.

Carnegie Deli 854 7th Ave., fra la W 54th e la 55th St. ☎ 212/757-2245. I sandwich di manzo conservato sotto sale più generosamente imbottiti della città, serviti dai camerieri più sgarbati che possiate immaginare in questa famosa gastronomia ebraica. E tuttavia è un'esperienza imperdibile, se vi potete permettere i prezzi esagerati.

Empire Diner 210 10th Ave., all'altezza della 22nd St. ☎ 212/243-2736. Questo ristorantino scintillante di argenti, aperto tutta la notte, incanta gli avventori con la sua atmosfera allegra e la cucina a prezzi contenuti.

Gramercy Tavern 42 E 20th St., fra Broadway e Park Ave. ☎ 212/477-0777. A detta di molti è il ristorante migliore e più amato di New York: l'arredo neocoloniale, la squisita cucina americana moderna e il servizio perfetto garantiscono un pasto memorabile. L'animata sala sul davanti è ottima per un drink o per un pasto più informale (e meno caro).

Hell's Kitchen 679 Ninth Ave., fra la W 46th e la W 47th St. ☎ 212/977-1588. Sei tipi diversi di margaritas con ghiaccio e versioni creative di specialità messicane. Le empanadas di banane caramellate fanno venire l'acquolina in bocca.

Joe Allen Restaurant 326 W 46th St., fra l'8th Ave. e la 9th Ave. ☎ 212/581-6464. In questo frequentato ristorante pre-teatro la formula provata e sperimentata funziona perfettamente: tovaglie a scacchi, atmosfera da spaccio d'alcolici all'antica e affidabile cucina americana a prezzi medi. Prenotate un tavolo se pensate di venirci prima delle 20.

Oyster Bar piano inferiore, Grand Central Station ☎ 212/490-6650. Questo vecchio, suggestivo bar ricco d'atmosfera, ospitato nei sotterranei a volta della Grand Central Station, propone uno stupefacente menu che si basa sul pescato del giorno (*bisque* di granchi, aragosta del Maine al vapore e ostriche dolci di Kumamoto, per esempio). Prezzi da medi ad alti; al bar si mangia spendendo meno.

Rosa Mexicano 1063 1st Ave., all'altezza della 58th St. ☎ 212/753-7407; anche 61 Columbus Ave., all'altezza della 62nd St. ☎ 212/977-7700. L'arredamento allegro, i piatti autentici, come la *bisteca al hongos* (bistecca di manzo con cremosa salsa di funghi), e i margaritas alla *pomegranate* (melagrana) ne fanno il miglior ristorante messicano di NYC. Non sorprende che sia caro.

Russian Tea Room 150 W 57th St., fra 6th Ave. e 7th Ave. ☎ 212/581-7100. Nella sua terza incarnazione, questo famoso ristorante è sempre favoloso, offrendo un superbo menu russo (la bistecca alla stroganov e il *chicken kiev* sono fra le specialità più apprezzate). A cena, portate principali a partire da $30; il brunch domenicale è più conveniente.

Shake Shack Madison Square Park ☎ 212/889-6600. Popolarissimo chiosco che serve hamburger alla griglia cotti alla perfezione e frappè di crema inglese ghiacciata; spesso ci sono lunghe code di clienti. Si può anche acquistare birra e vino da portar via, spendendo al massimo $5. D'inverno chiude alle 19, nel resto dell'anno alle 23.

Union Square Café 21 E 16th St., fra Fifth Ave. e Union Square W ☎ 212/243-4020. Pasti in stile californiano in un'atmosfera raffinata ma confortevole. Nessun altro cucina il salmone come gli chef di questo ristorante, e la polenta con gorgonzola è incredibile. I pasti non sono economici – per due persone si spendono in media da $100 in su – ma il creativo menu è un vero godimento.

Virgil's Real BBQ 152 W 44th St., fra Sixth e Seventh Ave. ☎ 212/921-9494. *Virgil's*, uno dei primi locali di New York specializzati in barbecue, è anche uno dei pochi ristoranti di Times Square che non si rivolga solo ai turisti. Tutte le cucine regionali statunitensi (Memphis, Carolina, Texas, perfino il Maryland con il suo prosciutto) sono ben rappresentate, e le porzioni sono abbondanti.

Uptown Manhattan (dalla 60th St. in su)

Amy Ruth's 113 W 116th St., fra Lenox Ave. e 7th Ave. ☎ 212/280-8779. Il pollo fritto intinto nel miele è un motivo sufficiente per raggiungere questo ristorante di Harlem, informale e dall'atmosfera familiare. Si riempie specialmente la domenica dopo le funzioni.

Big Nick's Burger Joint 2175 Broadway, fra 76th St. e 77th St. ☎ 212/362-9238. Questo ristorantino a buon mercato, non pulitissimo ma accogliente, con le sue enormi porzioni è un paradiso per gli affamati clienti a qualunque ora.

Boathouse Café Nel Central Park (si entra dalla 72nd St.), all'altezza di Central Park Drive N ☎ 212/517-2233. La nuova cucina americana proposta da questo caffè è buona, ma è soprattutto la cornice pittoresca a giustificare fino all'ultimo penny i prezzi alti, specialmente al tramonto. Se non ve la sentite di fare una spesa pazza, limitatevi a prendere un drink e a sorseggiarlo sull'orlo dell'acqua.

Café Sabarsky in the Neue Galerie 1048 Fifth Ave., all'altezza di E 86th St. ☎ 212/288-0665. Il fastoso salotto dell'ex residenza dei Vanderbilt è stato trasformato in questa caffetteria stile "vecchia Vienna". Il menu comprende dolci squisiti, come la torta Klimt e gli strudel, e piccoli sandwich, molti dei quali imbottiti con carne conservata.

Gray's Papaya 2090 Broadway, all'altezza di 72nd St.; anche 402 6th Ave., all'altezza di W 8th St. Un'istituzione di New York: una catena immensamente popolare di bar specializzati in croccanti hot dog ($1,25) accompagnati da bevande fresche a base di papaya (fatte apposta per attirare clienti, ma deliziose). Tre punti vendita in città.

Heidelburg 1648 2nd Ave., fra E 85th e 86th St. ⓣ 212/628-2332. In quello che è uno degli ultimi ritrovi tedeschi di New York ciò che conta è la cucina, che offre un'ottima zuppa di gnocchi di fegato, omelette *Bauernfruestuck* e frittelle (sia dolci sia di patate). Innaffiate il tutto con un enorme bicchiere di Weissbeer a forma di stivale.

La Caridad 78 2199 Broadway, all'altezza di W 78th St. ⓣ 212/874-2780. Questa istituzione del quartiere sforna specialità cubano-cinesi abbondanti e a prezzi bassi (i piatti cubani sono i migliori). Portatevi dietro la birra e preparatevi ad aspettare.

Serendipity 3 225 E 60th St., fra 2nd Ave. e 3rd Ave. ⓣ 212/838-3531. Questa gelateria-ristorante di vecchia fondazione serve fra l'altro una fantastica cioccolata calda e gelati squisiti.

Sylvia's Restaurant 328 Lenox Ave., fra W 126th e 127th St. ⓣ 212/996-0660. Rinomato ristorante di Harlem specializzato in *soul food* (cibo tipico dei neri) degli Stati del Sud, tanto famoso che la stessa Sylvia ha una sua linea di alimenti in scatola. Il pollo fritto e le patate dolci candite sono eccezionali.

Tavern on the Green Central Park W ⓣ 212/873-3200. Questa stravagante, pacchiana trappola per turisti è sempre un'istituzione a New York. Serve una cucina americana e continentale affidabile, per quanto ordinaria, ma ci si può anche venire per bere qualcosa sulla terrazza che si affaccia sul parco (cocktail speciali a partire da $12).

Terrace in the Sky 400 W 119th St., fra Amsterdam Ave. e Morningside Drive ⓣ 212/666-9490. Godetevi la musica per arpa, il meraviglioso cibo mediterraneo e le belle vedute delle Morningside Heights in questo punto romantico dell'Uptown.

I *boroughs* esterni

Diner 85 Broadway, all'altezza di Berry St., Williamsburg, Brooklyn ⓣ 718/486-3077. Questo piacevole ristorantino ospitato in un vagone ristorante Pullman e molto amato da artisti e alternativi serve gustosi piatti americani da bistrot (*hanger steak* – bistecca di manzo da un taglio speciale vicino al diaframma –, pollo arrosto, fantastiche patatine fritte) a prezzi convenienti. Rimane aperto fino a tardi e ogni tanto ospita un dj.

Elias Corner 24-02 31st St., all'altezza della 24th Ave., Astoria, Queens ⓣ 718/932-1510. Quando entrate, prendete nota del pesce in mostra, perché questa istituzione di Astoria non ha un menu e prepara i pasti in base alla disponibilità degli ingredienti. Serve cucina greca fra le migliori della città e il pesce più fresco che si possa trovare; se è fra i piatti del giorno, assaggiate il polpo marinato alla griglia.

Grocery 195 Smith St., Carroll Gardens, Brooklyn ⓣ 718/596-3335. Smith Street è diventata la "via dei ristoranti" di Brooklyn, e questo minuscolo ristorantino, che propone un menu stagionale ricco di specialità uniche della nuova cucina americana, è il migliore del gruppo. Portate principali $21-35; per prenotare telefonate con un buon anticipo.

Jackson Diner 37-47 74th St., fra 37th Road e 37th Ave., Jackson Heights, Queens ⓣ 718/672-1232. Arrivate affamati e rimpinzatevi di specialità indiane sorprendentemente leggere e a prezzi ragionevoli. Da non perdere i *samosas* (pasticci triangolari ripieni di carne o verdura speziati) e i *lassis* (dolci con yogurt) al mango.

Mario's 2342 Arthur Ave., fra 184th e 186th St., Bronx ⓣ 718/584-1188. Costosa ma notevole cucina napoletana, dalle pizze alle pastasciutte e a varie specialità che attirano a Belmont (una zona del Bronx) perfino gli indigeni di Manhattan più intransigenti.

Nathan's 1310 Surf Ave., all'altezza di Schweiker's Walk, Coney Island, Brooklyn ⓣ 718/946-2202. Un locale da non perdere (a meno che non siate vegetariani): qui è nato "il famoso hot dog di Coney Island", servito dal 1916. Tutti gli anni il 4 di luglio si tiene una gara fra mangiatori di hot dog, l'Hot Dog Eating Contest.

Peter Luger's Steak House 178 Broadway, all'incrocio con Driggs Ave., Williamsburg, Brooklyn ⓣ 718/387-7400. La "casa della bistecca" di Peter Luger, che rifocilla i carnivori dal 1873, è forse la migliore della città. Il servizio è sgarbato e l'arredo è semplice, ma la "porterhouse steak" – la bistecca della casa, l'unico taglio servito – è divina. Si paga solo in contanti, e il conto è salato: $75 a testa come minimo.

Primorski 282 Brighton Beach Ave., fra 2nd e 3rd St., Brighton Beach, Brooklyn ⓣ 718/891-3111. Forse il migliore fra i ritrovi russi di Brighton Beach, con un lunghissimo menu di autentiche specialità russe, fra cui *blintzes* e cavolo cappuccio farcito, a prezzi stracciati. Musica dal vivo di sera.

Bere

I migliori **bar** di New York si trovano a **Downtown Manhattan**, e in particolare nel West e nell'East Village, a SoHo e nel Lower East Side. I locali della **Midtown** tendono a rivolgersi ai turisti e agli impiegati che escono dagli uffici e (con poche eccezioni) sono cari e piuttosto anonimi. I bar dell'**Uptown** possono essere divertenti, e vale la pena passare almeno una serata a Brooklyn (**Williamsburg** è facilmente raggiungibile). La maggior parte dei bar elencati qui di seguito serve qualcosa da mangiare e ha un'happy hour nei giorni infrasettimanali nel periodo compreso fra le 16 e le 20. Vedi anche i bar elencati nella sezione "New York gay ", p. 94.

Downtown Manhattan (fino alla 14th St.)

Barramundi 67 Clinton St., fra Stanton St. e Rivington St. ⓣ 212/529-6900. L'incantevole giardino con le sue luci fatate fa di questo bar un gradito rifugio dagli eccessi modaioli del Lower East Side.

Blind Tiger Ale House 281 Bleecker St., all'altezza di Jones St. ⓣ 212/462-4682. Pub rivestito di pannelli di legno e frequentato da veri intenditori di birra, cui offre 28 birre alla spina, un paio di barili e un mucchio di birre in bottiglia; servono anche vassoi di formaggi di Murray's (vedi p. 98). Data l'eccellente posizione centrale tende a essere affollato.

Bourgeois Pig 111 E 7th St., fra 1st Ave. e Ave. A ⓣ 212/475-2246. Un originale wine bar decadente a tema "Versailles", pieno di specchi a parete intera, lampadari e divani in satin color cremisi, cui si accompagna un lungo menu di cocktail (per i quali usano solo vini, birre e champagne).

d.b.a 41 1st Ave., fra E 2nd St. e 3rd St. ⓣ 212/475-5097. Un paradiso per gli amanti della birra, con almeno 60 tipi di birre in bottiglia, 14 birre alla spina e un'autentica pompa a mano. D'estate ci si può sedere in giardino, dove c'è una piccola zona per fumatori.

Ear Inn 326 Spring St., fra Washington St. e Greenwich St. ⓣ 212/226-9060. Questo pub storico a un tiro di schioppo dal fiume Hudson è in attività dal 1890 (l'edificio risale al 1817). L'interno scricchiolante (e infestato dai fantasmi, secondo alcuni) è intimo e accogliente quanto una locanda della Cornovaglia e offre un buon mix di birre alla spina e di semplici piatti americani a prezzi ragionevoli.

Grassroots Tavern 20 St. Mark's Place, fra 2nd e 3rd Ave. ⓣ 212/475-9443. Questa meravigliosa, spaziosa tavernetta con rivestimenti in legno, ospitata in un seminterrato, serve birre di Brooklyn per $3, offro una lunga happy hour e ha almeno tre animali che gironzolano nelle sale a qualsiasi ora del giorno e della notte.

Happy Ending Lounge 302 Broome St., fra Eldridge St. e Forsyth St. ⓣ 212/334-9676. Un ex salone di massaggi erotici risorto come bar e club eccezionalmente *cool*, dove le stanze piastrellate a pianterreno, usate originariamente per la sauna, sono state trasformate in intimi séparé. Bevande $8-12.

Hogs & Heifers 859 Washington St., all'altezza di W 13th St. ⓣ 212/929-0655. Pacchiana ma divertente, questa chiassosa bettola ha indotto migliaia di donne a ballare sul bancone e a regalare i reggiseni che ora adornano le pareti.

McSorley's Old Ale House 15 E 7th St., fra 2nd Ave. e 3rd Ave. ⓣ 212/472-9148. È vero, è un locale per turisti spesso pieno di ragazzi dei circoli studenteschi dei college, ma qui berrete in un locale storico che servì la sua prima birra nel 1854.

Other Room 143 Perry St., fra Washington St. e Greenwich St. ⓣ 212/645-9758. L'atmosfera accogliente e rilassata, l'eccellente lista di bevande e l'ubicazione nel West Village di questa enoteca-birreria le ha garantito un posto speciale nel cuore della gente del luogo.

St. Dymphna's 118 St. Marks Place, fra 1st Ave. e Ave. A ⓣ 212/254-6636. Invitante menu da pub e alcune delle migliori Guinness nella città: un ottimo locale per riscaldarsi in una fredda serata invernale.

Temple Bar 332 Lafayette St., fra Bleecker St. e Houston St. ⓣ 212/925-4242. Questo sontuoso, buio bar interno, uno dei posti più romantici per una bevuta nella Downtown ("discrezione" è la parola d'ordine), ricorda gli anni Quaranta. Qui prendono i martini molto sul serio.

White Horse Tavern 567 Hudson St., all'altezza di W 11th St. ⓣ 212/989-3956. Un'istituzione del Greenwich Village, inaugurata nel 1880. Dylan Thomas cenò qui per l'ultima volta prima di essere portato di corsa all'ospedale, e fra i clienti fissi c'erano Norman Mailer e Hunter S. Thompson.

Midtown Manhattan (dalla 14th St. alla 59th St.)

Campbell Apartment Balcone sud-occidentale, Grand Central Terminal ⓣ 212/953-0409. Ex residenza dell'uomo d'affari John W. Campbell, costruita a somiglianza di un palazzo fiorentino e ristrutturata dalla designer Nina Campbell, oggi è uno dei più caratteristici cocktail bar di New York. Andateci resto, portate un bel po' di contante e non indossate scarpe da ginnastica.

Hudson Bar in the Hudson Hotel 356 W 58th St., fra 8th Ave. e 9th Ave. ☎ 212/554-6000. Qui Philippe Starck combina un arredo francese in stile rococò e un'illuminazione moderna, con risultati spettacolari. Le bevande sono divertenti: assaggiate i cocktail alla citronella (*lemongrass*). I prezzi alti rispecchiano il tipo di clientela (banchieri e simili), e può essere difficile entrare.

Jimmy's Corner 140 W 44th St., fra Broadway e 6th Ave. ☎ 212/221-9510. Le pareti di questo bar singolare, una sorta di corridoio lungo e stretto che è uno dei locali più caratteristici della città, sono una vera "Hall of Fame" della boxe; il proprietario è l'ex pugile e allenatore Jimmy Glenn.

Lever House 390 Park Ave., all'altezza della 53rd St. ☎ 212/888-2700. Un locale newyorkese della vecchia guardia in un punto di riferimento degli anni Cinquanta. L'interno trova il giusto equilibrio fra elementi rétro e futuristici; pur essendo principalmente un ristorante elegante, vale la pena venirci per dare un'occhiata all'ambiente e bere un martini o due nel bar di vetro bianco.

Old Town Bar & Restaurant 45 E 18th St., fra Broadway e Park Ave. ☎ 212/529-6732. Un pub caratteristico e pieno d'atmosfera nel Flatiron District, frequentato da personaggi dell'editoria, da fotografi e dai dipendenti del *New York Observer*. Aperto nel 1892, il suo interno scricchiolante è in gran parte quello originale.

Pete's Tavern 129 E 18th St., all'altezza di Irving Place ☎ 212/473-7676. Questa taverna aperta nel 1864, un ex spaccio clandestino di alcolici, ha ospitato clienti illustri come John F. Kennedy jr. e lo scrittore O. Henry, che a quanto si racconta scrisse qui nel suo séparé preferito il celebre racconto *Il dono dei Magi*. Un posto divertente e spesso chiassoso in cui bere una pinta vicino al Gramercy Park.

Russian Vodka Room 265 W 52nd St., fra Broadway e Eighth Ave. ☎ 212/307-5835. Come ci si può aspettare, in questo locale frequentato da impiegati degli uffici e immigrati russi servono 53 tipi differenti di vodka, come pure qualche vodka alla frutta e una sublime vodka all'aglio di produzione propria. Non azzardatevi a chiedere un succo di frutta per fare un cocktail, o vi faranno uscire dal bar a furia di risate.

Uptown Manhattan (da 60th St. in su)

Dead Poet 450 Amsterdam Ave., fra 81st e 82nd St. ☎ 212/595-5670. Diventerete poetici prima di stramazzare al suolo se vi fermerete per tutta l'happy hour di questo grazioso baretto, che dura dalle 16 alle 20 e offre birra alla spina per $3 a pinta. Nella sala sul retro ci sono poltrone, libri e un tavolo da biliardo.

Ding Dong Lounge 929 Columbus Ave., fra 105th e 106th St. ☎ 212/663-2600. Un bar punk con un dj e gruppi dal vivo di quando in quando. La vivace clientela è composta da studenti universitari, *latinos* del quartiere e ospiti del vicino ostello per la gioventù.

Metropolitan Museum of Art 1000 5th Ave., all'altezza della 82nd St. ☎ 212/535-7710. È difficile immaginare un posto più romantico in cui sorseggiare un bicchiere di vino e passare la serata; si può scegliere fra il *Roof Garden Café* (maggio-ottobre), dal quale si ammirano alcune delle più belle vedute panoramiche di New York, e il *Balcony Bar*, affacciato sulla Great Hall. I bar chiudono alle 20.30 ven e sab.

Prohibition 503 Columbus Ave., fra 84th e 85th St. ☎ 212/579-3100. Il tavolo da biliardo, il jazz dal vivo e i tavoli all'aperto fanno del *Prohibition* uno dei locali per single più animati dell'Upper West Side.

Subway Inn 143 E 60th St., all'altezza di Lexington Ave. ☎ 212/223-8929. Questo piccolo bar di quartiere, dall'altra parte della strada rispetto a Bloomingdale's, serve i clienti dal 1937 ed è ottimo per una birra nel tardo pomeriggio.

I "boroughs" esterni

Bohemian Hall and Beer Garden 29-19 24th Ave., all'altezza della 29th St., Astoria, Queens ☎ 718/721-4226. Questo vecchio bar ceco è un vero affare, venendo incontro ai gusti dei tradizionalisti e servendo una buona varietà di birre *pilsner* (chiare) e birre difficili da trovare, nonché hamburger e salsicce. Sul retro c'è una grande birreria all'aperto fra gli alberi, completa di tavoli da picnic e di un palco per gruppi che suonano polke e altri tipi di musica.

Brooklyn Brewery 1 Brewers Row, 79 N 11th St., Williamsburg, Brooklyn ☎ 718/486-7422. La *microbrewery* (piccola birreria tradizionale) più nota di New York, aperta solo il venerdì sera (18-23) per l'"happy hour" (birre a $3).

Brooklyn Inn 148 Hoyt St., all'altezza di Bergen St., Boerum Hill, Brooklyn ☎ 718/625-9741. Le persone del posto (e i loro cani) si riuniscono in questo accogliente, noto locale con alti soffitti e baristi simpatici. Un ottimo posto per fare quattro chiacchiere nelle ore diurne o per giocare a biliardo nella sala sul retro.

Floyd 131 Atlantic Ave., fra Clinton St. e Henry St., Brooklyn Heights, Brooklyn ☎ 718/858-5810.

Arredato con vecchi divani e comode sedie di pelle, questo locale attira i clienti soprattutto con le economiche birre alla spina (fra cui la Brooklyn Lager), il frequentato campo da bocce al coperto e le partite di calcio della Premier League inglese trasmesse in diretta.

Pete's Candy Store 709 Lorimer St., fra Frost St. e Richardson St., Williamsburg, Brooklyn ⓣ 718/302-3770, *www.petescandystore.com*. Questo fantastico posticino, ideale per bere qualcosa, ha preso il posto di un negozio di caramelle. Musica live gratuita tutte le sere, poesia il lunedì, serate dedicate allo Scarabeo e al bingo, e perfino un gruppo organizzato che fa lavori a maglia.

Stonehome Wine Bar 87 Lafayette Ave., fra S Portland Ave. e S Elliot Place, Fort Greene, Brooklyn ⓣ 718/624-9443. Elegante wine bar con il vantaggio aggiuntivo di un patio sul retro, perfetto per le serate primaverili ed estive (e per i fumatori). Il bar in sé è uno splendido capolavoro ricurvo in legno di ciliegio, e la lista dei vini è lunghissima e attentamente studiata.

Vita notturna e intrattenimenti

Durante il vostro soggiorno a New York riuscirete certamente a trovare qualcosa di divertente o di culturalmente interessante da fare. La **musica dal vivo**, in particolare, rispecchia la natura poliedrica di New York: in qualsiasi sera della settimana è possibile ascoltare praticamente ogni genere di musica, dall'hip-hop al punk scatenato e, naturalmente, a molto jazz. Ci sono anche diverse **discoteche** (*dance clubs*) dove si può ballare di tutto, dalla vigorosa house a dozzinali melodie degli anni Settanta e Ottanta.

Patria di Broadway e della 42nd Street (come anche del teatro Off-Broadway e del Fringe Festival), New York è anche uno dei centri più importanti del mondo per quanto riguarda il **teatro**, offrendo produzioni che vanno dai musical più sfarzosi ed esagerati alle rappresentazioni sperimentali messe in scena in garage trasformati in spazi teatrali. Anche la **musica classica**, l'**opera** e la **danza** sono ben rappresentate. Per quanto riguarda il **cinema**, non potreste sperare in niente di meglio: la città vanta parecchie grandi sale indipendenti, numerosi cinema dedicati al revival e ai film d'essai, e innumerevoli multisale che proiettano i film di cassetta hollywoodiani. *Last but not least*, New York conta molti "**comedy clubs**" di alto livello (locali che ospitano **spettacoli comici** e di **cabaret**), nonché un fiorente settore dedicato alla **parola parlata**, ai **reading** (letture) e alle **gare di poesia** (*poetry slams*).

Per quanto riguarda le **rubriche** che elencano gli spettacoli in programma in una settimana particolare, procuratevi *Time Out New York* ($3,99; reperibile nelle edicole di tutta la città) o *The Village Voice* (gratuito; reperibile nei distributori di giornali e in molti altri posti). Fra i **siti web** più utili segnaliamo *www.ohmyrockness.com* (per il rock indie), *www.thelmagazine.com* e *www.timeout.com* (per elenchi generali).

Musica dal vivo e locali notturni

New York conta un gran numero di eccellenti **spazi per la musica dal vivo**, da un locale d'avanguardia come la *Knitting Factory* al *S.O.B.'s*, che propone world music e cose più eclettiche. Numerosi **locali jazz**, che per qualità vanno dal passabile al sublime, fanno felici gli appassionati di questo genere musicale. In questi posti più piccoli l'**ingresso** può costare da $10 a $25. Ci sono anche molti spazi musicali di maggiori dimensioni, che richiamano band in tournée americane e internazionali; in questi posti un biglietto può costare da $25 a $100. Se i biglietti non sono esauriti in prevendita, di solito vengono venduti all'ingresso del locale. Se volete acquistare un biglietto in prevendita, andate al botteghino del teatro in cui si svolgerà il concerto o contattate **Ticketmaster** (Ⓣ 212/307-4100 o 1-800/755-4000 fuori NY, *www.ticketmaster.com*) o **Ticketweb** (*www.ticketweb.com*).

Per quanto riguarda i **locali notturni**, le cose cambiano molto rapidamente, quindi prima di fare programmi controllate gli elenchi nel *Village Voice* o in *Time Out*. Sebbene i nightclub della città si siano in gran parte ripresi dopo una serie di incursioni della polizia nell'inverno del 2006, il West Chelsea ha subìto le conseguenze più pesanti del giro di vite e non è più al centro della scena. Oggi i locali sono molto più sparpagliati, e il Lower East Side, l'East Village, il West Village (Greenwich) e Brooklyn offrono lo stesso numero di locali del cosiddetto **Meatpacking District**, che attualmente è il cuore della vita notturna (anche se è un po' sopravvalutato). I dj di New York si affidano a una dieta variata di house music, elettro-house e techno, ma è in aumento il numero di locali che offrono hip-hop inventivo, retro soul, rock indie e jazz latino-americano. L'**ingresso** costa da $15 a $50, ma nella maggior parte dei locali si spendono $20 per entrare; portatevi sempre dietro un **documento d'identità** con foto.

Teatro

Andare a vedere uno spettacolo teatrale o un musical mentre ci si trova a New York è praticamente di rigore anche per chi normalmente non è un patito del **teatro**. I numerosi teatri newyorkesi vengono suddivisi fra teatri di **Broadway**, **Off-Broadway** o **Off-Off Broadway**, in ordine decrescente di prezzo del biglietto, raffinatezza di produzione, eleganza e comfort. I teatri di Broadway mettono in scena soprattutto grandi musical, commedie e drammi con attori di fama, mentre i teatri Off-Broadway tendono a unire a un'alta qualità delle produzioni una maggior disponibilità a sperimentare. L'Off-Off Broadway è il teatro alternativo: produzioni teatrali in economia, informali e d'avanguardia. Per quanto riguarda l'**ubicazione**, la maggior parte dei teatri di Broadway è subito a est o a ovest della stessa Broadway, fra la 40th e la 52nd Street; gli altri spazi sono sparsi per tutta Manhattan, con una concentrazione nell'East Village, nel West Village, in Union Square, a Chelsea e nelle strade a ovest del Theater District, dalla 40th alla 59th. Per informazioni sugli spettacoli in cartellone si può consultare la pubblicazione *Time Out New York*.

Nei teatri di Broadway i **prezzi dei biglietti** vanno da $60 a $200; nei teatri Off-Broadway aspettatevi di pagare $25-75, in quelli Off-Off $12-20. I prezzi degli spettacoli di Broadway e Off-Broadway possono essere ridotti in modo considerevole se si è disposti a mettersi in fila il giorno stesso dello spettacolo davanti al chiosco bianco e rosso del **TKTS** a Times Square (lun-sab 15-20, dom 15-30 min prima dell'ultimo spettacolo, mer e sab anche 10-14 per le matinée delle 14). Il chiosco vende biglietti per molti spettacoli di Broadway e Off-Broadway, ridotti del 25-50% (con l'aggiunta di $4 a biglietto per il servizio), pagabili **solo in contanti o con traveler's check**. Tenete a mente che talvolta si deve restare in fila per un paio d'ore e che i biglietti per lo spettacolo che volete vedere potrebbero finire prima che arriviate all'inizio della fila.

Se siete disposti a pagare il **prezzo intero**, potete recarvi direttamente al botteghino del teatro, oppure utilizzare **Telecharge** (Ⓣ 212/239-6200 o 1-800/432-7250 fuori NY, *www.telecharge.com*) o **Ticketmaster**. Se ci si rivolge a queste due agenzie specializzate nella vendita di biglietti è necessario pagare con carta di credito; inoltre si paga un sovrapprezzo di $7 a biglietto. Per gli spettacoli Off-Broadway, la **Ticket Central** (T 212/279-4200, *www.ticketcentral.com*) vende i biglietti per molti di questi sia on line, sia tramite il suo ufficio al 416 di W 42nd Street, fra la 9th e la 10th Ave. (tutti i giorni 12-20; T 212/279-4200). Per le produzioni Off-Off Broadway consigliamo **SmartTix** (T 212/868-4444, *www.smarttix.com*) o **TheaterMania** (T 212/352-0255, *www.theatermania.com*).

Musica classica, opera e danza

Il **Lincoln Center**, situato sulla Broadway fra la W 62nd Street e la W 66th Street (T 212/875-5456, *www.lincolncenter.org*), è il maggior centro per le arti dello spettacolo di tutta New York. Il complesso comprende una ventina di teatri in tutto, fra cui l'**Avery Fisher Hall** (T 212/875-5656), sede permanente della New York Philharmonic (botteghino lun-sab 10-18, dom 12-18; *www.newyorkphilharmonic.org*), e la **Metropolitan Opera** (o **Met**), che è stata fondata 120 anni fa ed è il maggior teatro dell'opera della metropoli. Questa altissima struttura ha un'acustica perfetta e attira regolarmente un gran numero di spettatori che accorrono in massa per ascoltare soprani, baritoni e tenori internazionali. Il teatro ospita la Metropolitan Opera Company da settembre ad aprile e l'American Ballet Theater da maggio a giugno. I biglietti sono scandalosamente cari e difficili da trovare, anche se ogni sabato mattina alle 10 vengono messi in vendita 175 biglietti per posti in piedi, al costo di $12-16 (talvolta la coda si forma già all'alba). Contattate il Met Ticket Service (T 212/362-6000, *www.metopera.org*).

Il **New York State Theater**, anch'esso nel Lincoln Center (T 212/870-5570), è la sede per sei mesi all'anno del New York City Ballet, che molti considerano la più grande compagnia di ballo del mondo. I biglietti si acquistano tramite il sito web della compagnia (*www.nycballet.com*) o tramite Ticketmaster. Questo teatro di facile accessibilità è anche il palcoscenico sul quale si esibisce la New York City Opera (*www.nycopera.com*), che sta alla Metropolitan Opera come Davide sta a Golia; i posti a sedere costano meno della metà rispetto a quelli del Met, e se vanno esauriti vengono messi in vendita alcuni biglietti per posti in piedi.

Insieme con il Lincoln Center, il teatro più importante è la **Carnegie Hall**, 154 W 57th St., all'altezza della Seventh Avenue (T 212/247-7800, *www.carnegiehall.org*), dove hanno suonato i nomi più grandi usciti da tutte le scuole di musica.

Per quanto riguarda la **danza**, il Lincoln Center funge ancora una volta da vetrina, ma esistono anche altri spazi che ospitano regolarmente spettacoli di danza. La **Brooklyn Academy of Music** (o **BAM**), con sede a Brooklyn al n. 30 di Lafayette St., fra Ashland Place e St. Felix Street (T 718/636-4100, *www.bam.org*), è la più antica accademia delle arti dello spettacolo d'America e uno dei produttori più coraggiosi a New York: vale decisamente la pena attraversare il fiume per andarci. Tornando a Manhattan, il **New York City Center**, 131 W 55th St., fra Sixth Ave. e Seventh Ave. (T 212/581-1212, *www.citycenter.org*), è la sede di alcune delle principali compagnie di ballo del paese, fra cui l'Alvin Ailey American Dance Theater (T 212/405-9000, *www.alvinailey.org*), l'American Ballet Theatre (T 212/477-3030, *www.abt.org*) e la Paul Taylor Dance Company (T 212/431-5562, *www.ptdc.org*). Lo spazio più importante a Manhattan per le compagnie di piccole e medie dimensioni è il **Joyce Theater**, 175 8th Ave., all'altezza della 19th Street (T 212/242-0800, *www.joyce.org*). Il Joyce ospita compagnie provenienti da tutto il mondo e ha anche una piccola sezione distaccata nella Downtown, il Joyce SoHo, al 155 di Mercer St., fra Houston St. e Prince St. (T 212/431-9233).

Rock, pop e altri generi

Arlene's Grocery 95 Stanton St., fra Ludlow St. e Orchard St. T 212/358-1633, *www.arlene-grocery.com*. Questa intima ex drogheria ospita durante la settimana concerti gratuiti di talenti locali che amano il rock indie. Lunedì è la serata "Punk/Heavy Metal Karaoke", dove si possono cantare le proprie canzoni preferite (con una band dal vivo, addirittura).

The Bowery Ballroom 6 Delancey St., all'altezza della Bowery T 212/533-2111, *www.boweryballroom.com*. L'ottimo sound, le visuali ancora migliori e le pose atteggiate ridotte al minimo fanno di questo ritrovo uno dei preferiti dai newyorkesi che vogliono assistere a concerti di noti gruppi rock indie. I biglietti costano $12-25. Si paga in contanti al botteghino del *Mercury Lounge* (vedi sotto) o all'ingresso, oppure con carta di credito tramite l'agenzia Ticketweb.

The Fillmore NY at Irving Plaza 17 Irving Place, fra E 15th e E 16th St. T 212/777-6800, *www.irvingplaza.com*. Questo spazio, in cui in passato si allestivano i musical Off-Broadway, oggi ospita tutta una serie di concerti rock e di musica elettronica e techno: un buon posto per vedere gruppi famosi in un ambiente di dimensioni non esagerate. I biglietti costano $20-50.

Joe's Pub Presso il Public Theater, 425 Lafayette St., fra Astor Place e E 4th St. T 212/539-8770, *www.publictheater.org*. Il termine "pub" non è appropriato per questo locale notturno chic, che ospita numerosi spettacoli musicali, teatrali e di cabaret. Spesso nel pubblico si riconoscono personaggi famosi. Spettacoli tutte le sere alle 19 o 19.30, alle 21.30 e alle 23. Il biglietto d'ingresso costa da $12 a $50, a seconda di chi si esibisce.

Knitting Factory 74 Leonard St., fra Church St. e Broadway T 212/219-3006, *www.knittingfactory.com*. Un intimo spazio nella Downtown dedicato a tutti i generi di sperimentazione acustica, dall'art rock e dal jazz d'avanguardia alla musica elettronica e al rock indie. Caldamente consigliato. Il prezzo d'ingresso varia parecchio, quindi telefonate per verificare.

The Mercury Lounge 217 E Houston St., fra Ludlow St. ed Essex St. T 212/260-4700, *www.mercuryloungenyc.com*. Questo spazio di medie dimensioni, buio ma inoffensivo, ospita un mix di concerti pop e rock locali, nazionali e internazionali. È di proprietà degli stessi del *Bowery Ballroom*, che di solito si accaparra le band più conosciute. I biglietti (circa $10-20) si acquistano in contanti al botteghino, oppure all'ingresso o tramite Ticketweb.

Music Hall of Williamsburg 66 N 6th St., fra Wythe Ave. e Kent Ave., Williamsburg, Brooklyn T 718/486-5400, *www.musichallofwilliamsburg.com*. Un grande spazio per spettacoli con un'ottima acustica, allestito in una vecchia fabbrica. È uno degli spazi per concerti più notevoli di Brooklyn, sul genere *Bowery Ballroom*: aspettatevi lo stesso tipo di concerti. I biglietti costano $10-20.

S.O.B.'s 204 Varick St., all'altezza di W Houston St. T 212/243-4940. Il *S.O.B.'s* (acronimo di "Sounds of Brazil") è un animato club-ristorante che ospita concerti regolari di musica caraibica, salsa e world music (due esibizioni a sera). L'ingresso costa $10-20, a seconda del concerto, ma chi ha prenotato per la cena prima delle 19 non paga il biglietto. La serata più "calda" è il sabato, con il Samba Saturday.

Southpaw 125 5th Ave., fra Sterling Place e Douglass St., Park Slope, Brooklyn T 718/230-0236. *www.spsounds.com*. Il miglior spazio per la musica dal vivo di Brooklyn occupa 460 m² e offre un'ampia varietà di concerti e dj che coprono quasi ogni genere. Il prezzo d'ingresso varia, ma raramente supera i $10-12; un taxi dalla parte bassa di Manhattan costa intorno a $10-15.

Locali jazz

Arthur's Tavern 57 Grove St., fra Bleecker St. e 7th Ave. T 212/675-6879, *www.arthurstavernnyc.com*. Ospitato in un edificio storico, questo circolo poco appariscente è in attività da mezzo secolo, e da quarant'anni vi suonano ogni lunedì i Grove Street Stompers. Jazz 19-21.30, blues e funk 22-3.30. Ingresso gratuito, consumazione obbligatoria di una bevanda.

Birdland 315 W 44th St., fra 8th Ave. e 9th Ave. T 212/581-3080, *www.birdlandjazz.com*. Non è il *Birdland* originale in cui suonava Charlie Parker, ma è pur sempre un affermato jazz club che ospita alcuni grandi nomi. Concerti tutte le sere alle 21 e alle 23. Il prezzo per i concerti varia da $20 a $50; se ci si siede a un tavolo si devono spendere almeno $10 in cibi o bevande, mentre al bar il biglietto d'ingresso dà diritto a un drink gratuito.

Lenox Lounge 288 Lenox Ave., all'altezza della 125th St. T 212/427-0253, *www.lenoxlounge.com*. Questo storico spazio per la musica jazz, con un interno esagerato in stile art déco (date un'occhiata alla Zebra Room), intrattiene Harlem sin dagli anni

Trenta. Tre concerti tutte le sere alle 21, alle 22.45 e a mezzanotte e mezza. Ingresso $15, con consumazione minima di una bevanda.

Smoke 2751 Broadway, all'altezza della 106th St. ⓣ 212/864-6662, *www.smokejazz.com*. Questo locale dell'Upper West Side è un vero gioiellino di quartiere. I concerti iniziano alle 21, alle 23 e a mezzanotte e mezzo; fateci un salto anche per l'happy hour (tutti i giorni 17-20) e per i cocktail ($5). Il prezzo d'ingresso varia.

Village Vanguard 178 7th Ave. S, fra W 11th St. e Perry St. ⓣ 212/255-4037, *www.villagevanguard.com*. Affermato punto di riferimento del jazz, il *Vanguard* propone sempre un programma di grossi nomi. Lun-gio ingresso $30, sab e dom $35; i biglietti includono un credito di $10 per un drink. Solo contanti.

Zinc Bar 90 W Houston St., all'angolo con La Guardia Place ⓣ 212/477-8337, *www.zincbar.com*. Un ottimo locale jazz in cui si esibiscono sia nuovi talenti sia grandi nomi come Max Roach e Grant Green. Il bar serve potenti drink agli affezionati clienti abituali. Il lunedì il Ron Affit Trio si esibisce in quattro concerti, mentre per tutta la settimana c'è un mix di jazz brasiliano e africano. L'ingresso costa $5, consumazione minima di una o due bevande.

Grandi spazi per concerti

Beacon Theater 2124 Broadway, all'altezza della W 74th St. ⓣ 212/496-7070. Un bellissimo teatro restaurato che si rivolge a un pubblico rock più maturo; qui è stato girato nel 2008 *Shine a Light*, il film di Scorsese che riprende un concerto dei Rolling Stones. Biglietti $50-300, venduti tramite Ticketmaster.

Madison Square Garden W 31st-33rd St., fra 7th e 8th Ave. ⓣ 212/465-6741, *www.madisonsquaregarden.com*. Il grande palcoscenico principale di New York ospita i grandi concerti rock, anche se non è l'ambiente più suggestivo in cui vedere una band, potendo ospitare 20.000 spettatori. I biglietti si acquistano tramite l'agenzia Ticketmaster.

Radio City Music Hall 1260 6th Ave., all'altezza della 50th St. ⓣ 212/247-4777, *www.radiocity.com*. Oggi il Radio City è un po' meno prestigioso di quanto non fosse in passato, ma l'edificio è una star in sé e per sé. Qui si esibiscono tutti, dalle rockstar alle famose Rockettes. I biglietti si acquistano al botteghino o tramite l'agenzia Ticketmaster.

Roseland Ballroom 239 W 52nd St., fra Broadway e 8th Ave. ⓣ 212/247-0200, *www.roselandballroom.com*. Questo ritrovo ha conservato l'atmosfera da grandiosa sala da ballo dei suoi giorni migliori ed è un buon posto per assistere a concerti dei grossi nomi prima che entrino nel circuito delle arene e degli stadi. Il botteghino vende i biglietti solo nel giorno del concerto, ma si può comprare il biglietto in prevendita tramite l'agenzia Ticketmaster.

Locali notturni e discoteche

Cielo 18 Little W 12th St., fra 9th Ave. e Washington St. ⓣ 212/645-5700, *www.cieloclub.com*. Per una serata in cui il fascino incontra l'underground venite in questo locale, dove le attrattive principali sono la pista da ballo ribassata e l'impianto audio, dal quale escono ritmi house, global e nu jazz. Ingresso $10-20.

Pacha 618 W 46th St. ⓣ 212/209-7500, *www.pachanyc.com*. L'avamposto newyorkese della catena di superclub di Ibiza occupa una superficie di 3000 m² su tre piani e offre un sound system ad alta tecnologia da brivido, palme e specchi a mosaico: il posto giusto per vivere l'esperienza di una serata in una megadiscoteca frequentata da una clientela generalmente non locale (aspettatevi una gran ressa di gente sudata). Ingresso $30.

Sapphire Lounge 249 Eldridge St., all'altezza di Houston St. ⓣ 212/777-5153, *www.sapphirenyc.com*. Bar con dj e sala interna, con un'atmosfera artistica e sexy creata dalle luci basse ed esaltata dagli imbronciati clienti abituali del Lower East Side. Musica di quasi tutti i generi in serate differenti; è aperto 7 giorni su 7, e il costo dell'ingresso di solito è minimo ($5-12).

Sullivan Room 218 Sullivan St., all'angolo con Bleecker St. ⓣ 212/252-2151, *www.sullivanroom.com*. Circolo per seri ballerini, ospitato in un seminterrato. I giorni migliori per la musica house sono il venerdì e il sabato, quando il locale si riempie di studenti della vicina università. L'unico svantaggio è che ci sono solo due bagni in tutto. Gio-sab 22-4. Ingresso $10-15.

Film

Angelika Film Center 18 W Houston St., all'angolo con Mercer St. ⓣ 212/995-2000, *www.angelikafilmcenter.com*. Le ultime proposte del cinema indipendente insieme a film d'essai europei.

Anthology Film Archives 32-34 2nd Ave., all'altezza della 2nd St. ⓣ 212/505-5181, *www.anthologyfilmarchives.org*. Film indipendenti di tutti i generi, da movimentati corti a incantevoli documentari.

Film Forum 209 W Houston St., fra Varick e 6th Ave. ⓣ 212/727-8110, *www.filmforum.com*. Propone i migliori film indipendenti e documentari, come pure rassegne tematiche di film del passato.

Landmark Sunshine Cinema 143 E Houston St., fra

Forsyth St. e Eldridge St. ☎ 212/358-7709. Un'ex sinagoga e teatro di vaudeville che oggi è una delle più belle sale cinematografiche per film d'essai; divertenti proiezioni a mezzanotte di classici *cult*.

Museum of Modern Art 11 W 53rd St., fra la 5th e la 6th Ave. ☎ 212/708-9400, *www.moma.org*. Una vasta collezione di pellicole ben scelte, dai film presentati al Sundance Film Festival alle immagini astratte in movimento e alle riprese con Super 8; ingresso gratuito con il biglietto per il museo (vedi p. 68).

Gare di poesia e reading letterari

Bowery Poetry Club 308 Bowery, all'altezza di Bleecker St. ☎ 212/614-0505, *www.bowerypoetry.com*. Un circolo estremamente accogliente che presenta l'Urbana Poetry Slam ogni mar sera alle 19 ($7). Questa manifestazione mira a far conoscere le voci di New York più innovative nel campo della poesia.

NuYorican Poet's Café 236 E 3rd St., fra Ave. B e Ave. C ☎ 212/505-8183, *www.nuyorican.org*. Il padrino di tutti i ritrovi che ospitano *slams* (gare di poesia), fondato negli anni Settanta da portoricani residenti a New York. Due serate caldamente consigliate sono la SlamOpen, che si svolge ogni mer (tranne il primo mer del mese) e costa $7, e, il venerdì, il Friday Night Slam, che costa $10.

Poetry Project Presso la St. Mark's Church, 131 E 10th St., all'incrocio con la 2nd Ave. ☎ 212/674-0910, *www.poetryproject.com*. Un progetto nato negli anni Sessanta e strettamente collegato ad Allen Ginsberg negli ultimi anni della sua vita; l'ingresso per le due serie settimanali di letture di poesia (lun e mer alle 20) costa $8. Chiuso in luglio e agosto.

Spettacoli comici

Caroline's 1626 Broadway, fra W 49th e 50th St. ☎ 212/757-4100, *www.carolines.com*. Alcuni fra i migliori spettacoli comici cui si può assistere a New York (ma anche a Hollywood) hanno luogo in questo locale luccicante. Ingresso $15-35, con un minimo di due bevande; più caro nei weekend.

Comic Strip Live East 1568 2nd Ave., fra E 81st e E 82nd St. ☎ 212/861-9386, *www.comicstriplive.com*. Questa famosa vetrina attira attori comici che cercano di raggiungere il successo. Due spettacoli ven e sab, uno dom-gio. Ingresso $20-22, con un minimo di due bevande.

Gotham Comedy Club 208 W 23rd St., fra 7th e 8th Ave. ☎ 212/367-9000, *www.gothamcomedyclub.com*. Un locale elegante che dagli anni Novanta si è fatto un nome nel campo dei monologhi comici e del cabaret d'avanguardia, ospitando personaggi quali Dave Chapelle e Lewis Black, nonché lo spettacolo live Comedy Central trasmesso da una TV via cavo. Tutti i giorni, ingresso $15-20.

New York gay

Pochi posti in America possono reggere il confronto con New York quanto a qualità e quantità delle proposte nell'ambito della **cultura gay**. **Chelsea** (il quartiere che si sviluppa intorno all'Eighth Avenue fra la 14th e la 23rd Street) e l'**East Village** hanno sostituito il **West Village** (Greenwich) come fulcri della New York gay, anche se nel West Village rimane una forte presenza gay intorno a Christopher Street. L'altro rifugio gay è il **Park Slope** di Brooklyn, forse più per le donne che per gli uomini. Per notizie e informazioni aggiornate si possono consultare *HomoXtra* (*HX*) o *Blade* (*www.nyblade.com*), due settimanali liberi e stimolanti che contengono elenchi di avvenimenti, spettacoli ecc.

Fonti d'informazioni

Bluestockings 172 Allen St., fra Stanton St. e Rivington St. ☎ 212/777-6028, *www.bluestockings.com*. Libreria radicale gestita collettivamente (con molti titoli gay e femministi) e caffè biologico nel Lower East Side. Tutti i giorni 11-23.

Gay Men's Health Crisis (GMHC) 119 W 24th St., fra 6th e 7th Ave. ☎ 212/367-1000 o 1-800/243-7692 (linea diretta), *www.gmhc.org*. Nonostante il nome, questa organizzazione – la più vecchia e la più grande organizzazione non profit anti-AIDS del mondo – fornisce informazioni a chiunque, indipendentemente dal sesso o dall'orientamento sessuale.

Gayellow Pages *www.gayellowpages.com*. Le "Pagine gialle gay", disponibili on line per $24,95 o nelle librerie segnalate sopra o più avanti, sono una buona fonte d'informazioni; New York è nell'edizione East & South.

The Lesbian, Gay, Bisexual & Transgender Com-

munity Center 208 W 13th St., all'altezza della 7th Ave. ⓣ 212/620-7310, *www.gaycenter.org*. Il LGBT Community Center, che ospita innumerevoli organizzazioni (fra cui ACT UP, il Center for Mental Health e perfino la Metro Gay Wrestling Alliance), sostiene e patrocina anche laboratori, balli, serate di cinema, oratori ospiti, servizi per i giovani, programmi per genitori e figli, un archivio e biblioteca, l'annuale Center Garden Party e molto altro.

The Oscar Wilde Memorial Bookshop 15 Christopher St., fra 6th e 7th Ave. ⓣ 212/255-8097, *www.oscarwildebooks.com*. La prima libreria gay aperta negli Stati Uniti. Insuperabile. Tutti i giorni 11-19.

Bar e locali notturni

Barracuda 275 W 22nd St., fra 8th e 9th Ave. ⓣ 212/645-8613. Uno dei ritrovi più frequentati dal mondo gay newyorkese, anche se qui la gente non si atteggia. Happy hour dalle 16 alle 21 durante la settimana, con consumazioni che costano la metà; inoltre, strampalati spettacoli di drag queens e, sul retro, una saletta in cui rifugiarsi.

Duplex 61 Christopher St., all'altezza della 7th Ave. ⓣ 212/255-5438, *www.theduplex.com*. Questo famoso cabaret del Village è molto frequentato dai gay ma è divertente per tutti; comprende un piano-bar con esibizioni di dilettanti tutte le sere, un bar al piano di sopra e un cabaret Off-Broadway, e ogni tanto ospita esibizioni di attori comici. Il prezzo d'ingresso varia da zero a $15.

Ginger's 363 5th Ave., fra 5th e 6th St., Park Slope, Brooklyn ⓣ 718/788-0924. Un ambiente buio che si è aggiunto di recente alla scena saffica di Park Slope, con un'ottima happy hour dalle 17 alle 20.

Henrietta Hudson 438 Hudson St., all'altezza di Morton St. ⓣ 212/924-3347. Questo ritrovo lesbo serve da mangiare e di sera si riempie di gente. La sala interna, la sala da biliardo e le zone in cui si balla sono tutte separate, e sono benvenuti anche i ragazzi.

Rubyfruit Bar & Grill 531 Hudson St., fra Charles St. e W 10th St. ⓣ 212/929-3343. Un locale intimo e accogliente per lesbiche adulte: divanetti, drink economici e buona compagnia.

Stonewall 53 Christopher St., fra Waverly Place e 7th Ave. ⓣ 212/463-0950. Famoso per essere stato teatro, nel 1969, della prima importante rivolta omosessuale, oggi lo Stonewall, in gran parte ristrutturato, sventola la bandiera dell'orgoglio gay come fosse la sua.

Acquisti

Quando si parla di consumismo, New York si lascia alle spalle tutte le altre città. Fare acquisti può essere un'operazione straordinariamente economica, ma spostandosi nei quartieri eleganti può diventare un'attività eccezionalmente costosa. **Midtown Manhattan** è il territorio della tradizione, ospitando i grandi magazzini, le boutique degli stilisti più famosi e i punti vendita delle maggiori catene. Downtown, vale a dire il centro città, ospita un'ampia varietà di negozi più originali; fra questi quartieri centrali il più battuto per gli acquisti è forse **SoHo**, che in genere è anche il più caro. Nel **Lower East Side** si trovano alternative abbordabili per persone giovani e trendy, come pure del buon abbigliamento vintage; per quest'ultimo altre due zone da esplorare sono l'East Village e Williamsburg (Brooklyn).

Grandi magazzini

Barney's 660 Madison Ave., all'altezza della 61st St. ⓣ 212/826-8900, *www.barneys.com*. Il più al passo con i tempi e il più elegante fra i principali grandi magazzini di New York. Visitate il sito web per conoscere le date delle sue vendite semestrali a prezzi di magazzino, quando si fanno buoni affari nel campo della moda.

Bergdorf Goodman 754 5th Ave., all'altezza della 58th St. ⓣ 212/753-7300, *www.bergdorfgoodman.com*. Ospitati in quella che era la residenza dei Vanderbilt, questi venerabili grandi magazzini si rivolgono alla clientela più abbiente della città. Anche se non vi potete permettere di comprare qualcosa, è sempre divertente curiosare e sognare.

Bloomingdale's 1000 3rd Ave., fra la 59th e la 60th St. ⓣ 212/705-2000, *www.bloomingdales.com*. I grandi magazzini forse più amati di Manhattan, stipati di abiti firmati, profumi scontati e simili.

Macy's 151 W 34th St., all'altezza di Broadway ⓣ 212/695-4400, *www.macys.com*. I grandi magazzini più vasti del mondo occupano due palazzi, una superficie di 185.000 m^2 e dieci piani.

△ Saks

Boutique e vintage

Beacon's Closet 88 N 11th St., Williamsburg, Brooklyn ☎ 718/486-0816, *www.beaconscloset.com*. Un paradiso di 510 m² di abbigliamento di seconda mano, specializzato in capi contemporanei e vintage.

Century 21 22 Cortlandt St., all'altezza della 61st St. ☎ 212/227-9092, *www.c21stores.com*. un punto vendita di una catena di grandi magazzini che vendono abbigliamento elegante a prezzi scontati: qui si possono acquistare capi firmati a prezzi davvero bassi.

Edith Machinist 104 Rivington St. ☎ 212/979-9992. Una miniera di raffinata moda femminile vintage, specialmente calzature e capi in pelle, come pure splendidi capi firmati da stilisti contemporanei.

Opening Ceremony 35 Howard St., SoHo ☎ 212/

219-2688, *www.openingceremony.us.* All'avanguardia, all'ultima moda e a prezzi astronomici, è il posto giusto per trovare le etichette che vanno per la maggiore nel settore della moda indipendente internazionale: molti articoli si possono acquistare solo qui.

Librerie

Asian American Writers' Workshop Suite 10A, 16 W 32nd St., all'altezza della 5th Ave. ⓣ 212/494-0061, *www.aaww.org.* Oltre a organizzare corsi, conferenze e letture, la libreria adiacente a questo workshop vanta il maggior assortimento di tutti gli Stati Uniti per quanto riguarda gli autori asiatico-americani, sia affermati che emergenti.

Drama Book Shop 250 W 40th St., fra la 7th e l'8th Ave. ⓣ 1-800/322-0595. La miglior libreria specializzata in teatro e cinema, con oltre 50.000 titoli e un personale molto ben informato.

Housing Works Used Books Café 126 Crosby St., fra Houston St. e Prince St. ⓣ 212/334-3324. Libri di seconda mano a prezzi stracciati in un ambiente spazioso e confortevole. I proventi sono devoluti in beneficenza per la lotta contro l'AIDS.

Partners & Crime 44 Greenwich Ave., all'incrocio con Charles St. ⓣ 212/243-0440, *www.crimepays.com.* Ottima libreria con 4000 titoli di romanzi polizieschi e un personale molto ben informato. Appuntamenti con gli autori che firmano i loro libri, biblioteca circolante, autorevoli consigli dello staff e recite di radiodrammi il primo sabato di ogni mese (alle 18 e alle 20; $5): una vera scoperta per gli appassionati di *mystery.*

Strand Bookstore 828 Broadway, all'altezza della 12th St. ⓣ 212/473-1452, *www.strandbooks.com.* Con circa 12 chilometri di libri e oltre 2,5 milioni di volumi, è la libreria più grande della città.

Sport a New York

Per vedere le partite delle due squadre di **baseball** di New York bisogna fare un viaggetto nei *boroughs* esterni. Gli **Yankees** giocano nel Bronx, nel nuovo **Yankee Stadium**, situato fra la 161st e la 164th Street e la River Avenue (ⓣ 718/293-6000, *www.yankees.com*). Per arrivarci si possono prendere varie linee della metropolitana (la B, la D o la 4) fino alla stazione della 161st Street. I **Mets** giocano nel Queens, nell'altrettanto nuovo **Citi Field**, fra la 126th St. e la Roosevelt Ave., Willets Point, Queens (ⓣ 718/507-8499, *mets.mlb.com*); per arrivarci si prende il treno 7, scendendo a Willets Point. I biglietti costano da $5 a oltre $200, a seconda della squadra (i biglietti degli Yankees in genere sono più cari) e dell'ubicazione del posto.

Le squadre di **football americano** di New York – i **Jets** e i campioni del Super Bowl nel 2008, i **Giants** – giocano al **New Jersey Meadowlands Sports Complex**, East Rutherford, New Jersey (ⓣ 201/935-3900, *www.meadowlands.com*). Entrambe le squadre dovrebbero trasferirsi nel 2010 al **New Meadowlands Stadium**, attualmente in costruzione vicino al Meadowlands Sports Complex. Gli autobus per lo stadio partono dal Port Authority Bus Terminal, 42nd Street, all'altezza dell'8th Avenue (ⓣ 800/772-2222). Ufficialmente i biglietti per entrambe le squadre sono sempre esauriti con molto anticipo, ma spesso si possono acquistare biglietti (legalmente) tramite siti web quali *www.ticketliquidator.com*. I prezzi variano a seconda dell'offerta e della domanda.

Le due squadre professioniste di **basket** di New York sono i **Knicks**, che giocano nel campionato NBA (*www.nba.com/knicks*), e il **Liberty**, che gioca nel campionato WNBA (*www.wnba.com/liberty*). Entrambe le squadre utilizzano il **Madison Square Garden**, W 33rd Street, all'altezza della 7th Avenue (ⓣ 212/465-6741, *www.thegarden.com*), servito dai treni della metropolitana 1, 2, 3, A, C ed E. I biglietti per le partite dei Knicks sono molto cari e, a causa della domanda estremamente alta, sono disponibili in numero limitato, quando non sono del tutto irreperibili. Le partite della squadra femminile sono piuttosto interessanti e costano meno ($10-65). Un'altra squadra della regione, i **New Jersey Nets**, gioca in un'arena nel Meadowlands Complex; i biglietti per le loro partite vanno da $10 a oltre $200 ed è relativamente facile procurarseli. Anche la squadra di **hockey** di New York, i **Rangers** (*www.newyorkrangers.com*), gioca al Madison Square Garden; i biglietti costano da $40 a $254.

Copie di libri usate per recensioni e nuovi volumi a metà prezzo; libri più vecchi da 50¢ in su.

Negozi di dischi

Breakbeat Science Halcyon, 57 Pearl St., Dumbo, Brooklyn ☎ 212/995-2592. Il primo negozio dedicato esclusivamente al drum'n'bass aperto negli Stati Uniti funziona ancora bene; fa parte dell'*Halcyon*, che vende fra l'altro CD, vinili, libri ecc.

Etherea 66 Ave. A, fra 4th e 5th St. ☎ 212/358-1126. Uno dei migliori negozi della città, specializzato in rock indie e musica elettronica sia americani che d'importazione (CD e vinili). Buon reparto dell'usato.

Generation Records 210 Thompson St., fra Bleecker St. e W 3rd St. ☎ 212/254-1100. Soprattutto hardcore, metal e punk, con una spruzzata di indie. I CD nuovi e il vinile sono al piano di sopra, i dischi usati al piano di sotto.

Other Music 15 E 4th St., fra Broadway e Lafayette ☎ 212/477-8150. Un ottimo negozietto che ha forse la collezione di rock indie e d'avanguardia più interessante e singolare della città. I dischi sono divisi in categorie quali "In", "Out" e "Then". Merita decisamente una visita. Eccellente anche il reparto dell'usato.

Vinyl Mania 60 Carmine St., fra Bedford St. e 7th Ave. ☎ 212/924-7223. Prima meta abituale dei dj a caccia delle ultime uscite, delle rarità e dei dischi d'importazione.

Alimentari

Chelsea Market 75 9th Ave., fra 15th e 16th St. Una fantastica serie di negozi di alimentari al pianterreno di un ex magazzino dello stabilimento Nabisco; qui potrete acquistare *pad thai* (tagliolini fritti thailandesi, con uova e altri ingredienti), alimenti freschi, panini con astice, pane di vario tipo, squisiti *brownies* (dolci di cioccolato con nocciole) e utensili da cucina, o semplicemente curiosare.

Murray's Cheese Shop 254 Bleecker St., fra 6th e 7th Ave. ☎ 212/243-3289 o 1-888/692-4339. Il numero uno in città per gli amanti dei formaggi: andateci per imparare qualcosa sul processo di produzione dei formaggi, per assaggiare i prodotti o per gustare un sandwich piccante.

Russ & Daughters 179 E Houston St., fra Allen St. e Orchard St. ☎ 212/475-4880. Questo negozietto a gestione familiare serve dal lontano 1914 buone specialità ebraiche quali coregoni affumicati, fegato a pezzetti e aringhe inzuppate nel lardo. Davvero imperdibile.

Union Square Greenmarket In Union Square, all'incrocio con la 16th St. Un pezzo di campagna in piena città: un mercato all'aperto che offre prodotti stagionali locali e prodotti naturali venduti da agricoltori e fornitori della regione (lun, mer, ven e sab 8-18). Troverete anche lane cardate a mano, fiori selvatici e miele.

Zabar's 2245 Broadway, all'altezza dell'80th St. ☎ 212/787-2000. Questo noto e apprezzato emporio a conduzione familiare offre agli affezionati clienti un concentrato di sapori tipici di New York: *bagels* (panini a ciambella), salmone affumicato (*lox*), *schmears* (formaggi cremosi) di ogni genere, per non parlare di una stupefacente selezione di prodotti alimentari da buongustai a prezzi ragionevoli. Al piano di sopra vendono begli utensili da cucina.

2

Stati di New York, Pennsylvania e New Jersey

Da non perdere

- **Adirondack Mountains, New York** Una vasta e selvaggia regione montagnosa che offre splendide opportunità per fare escursioni a piedi, pescare e dedicarsi allo sci e alle scalate. **Vedi p. 114**
- **Ithaca, New York** Incantevole cittadina della regione dei Finger Lakes circondata da cascate, gole e vigneti, con una biblioteca alimentata con energia solare, una propria moneta a corso legale, un'università della Ivy League e più ristoranti pro capite di New York. **Vedi p. 118**
- **Cascate del Niagara, New York** Fate un indimenticabile giro in barca sulla Maid of the Mist oppure scendete nella Cave of the Winds e spingetevi fino a pochi metri da queste imponenti cascate. **Vedi p. 124**
- **Storia a Filadelfia, Pennsylvania** Visitate il Liberty Bell e seguite le tracce di Benjamin Franklin nella "città dell'amore fraterno" dove fu firmata la Dichiarazione d'indipendenza. **Vedi p. 129**
- **Arte e architettura a Pittsburgh, Pennsylvania** Il Warhol Museum, la Cathedral of Learning e due edifici progettati da Frank Lloyd Wright poco fuori città sono solo alcune delle sorprendenti proposte culturali della cosiddetta Steel City. **Vedi p. 148**
- **Cape May, New Jersey** Gli edifici vittoriani, i pittoreschi B&B e i ristoranti chic di questa piacevole località balneare incarnano l'eleganza dell'estremità meridionale della costa del New Jersey. **Vedi p. 166**

Prezzi degli alloggi

I **prezzi degli alloggi** sono classificati secondo le categorie di prezzo sottoelencate in base al costo medio, nel corso dell'anno, della **camera doppia più economica**. Tuttavia, a parte nei motel lungo la strada è difficile stabilire un prezzo fisso per una stanza. Un motel di categoria media al mare o in montagna può quadruplicare i prezzi a seconda della stagione, mentre l'albergo di una grande città che durante la settimana costa $200, durante il fine settimana può tagliare drasticamente i prezzi. Le tariffe on line sono più basse e visto che il concetto di alta e bassa stagione varia da zona a zona, una pianificazione attenta può far risparmiare parecchio (state attenti anche a qualche evento particolare, come un festival o una celebrazione oppure le partite di football americano dei college, che possa far alzare i prezzi). Solo dove è specificato nella guida il prezzo della stanza include le **tasse** locali.

❶ fino a $35
❷ $36-50
❸ $51-75
❹ $76-100
❺ $101-130
❻ $131-160
❼ $161-200
❽ $201-250
❾ oltre $251

2

Stati di New York, Pennsylvania e New Jersey

I tre Stati di New York, Pennsylvania e New Jersey (il **Mid-Atlantic**, la costa atlantica centrale) costituiscono il centro della regione più popolata e industrializzata degli Stati Uniti. Sebbene nell'immaginario collettivo prevalga l'immagine delle ciminiere grigie del New Jersey e delle acciaierie della Pennsylvania, in realtà questi Stati offrono spiagge, montagne, isole, laghi, foreste, campagne ondulate e molte città e paesi interessanti.

Nella regione si sono succedute nei secoli numerose popolazioni europee: gli **olandesi**, stanziatisi intorno al 1620, furono metodicamente estromessi dagli **inglesi**, che a loro volta dovettero respingere l'assalto dei **francesi** per assicurarsi il controllo della regione nella metà del XVIII secolo. Le popolazioni indigene, tra cui la **confederazione irochese** e gli indiani lenni lenape, alleatesi con i francesi contro gli inglesi, vennero ben presto confinate nelle riserve o cacciate verso le regioni del Nord e in Canada. Inizialmente l'economia della regione era basata sul commercio di pellicce, ma intorno al 1730 i **quaccheri** inglesi, insieme agli **amish** e ai **mennoniti** tedeschi e a pochi **irlandesi** presbiteriani, diedero un forte incremento all'agricoltura estendendo le loro proprietà fino ai confini occidentali della Pennsylvania e dello Stato di New York.

Tutti e tre gli Stati rivestirono un ruolo importante durante la **guerra d'indipendenza**: più della metà delle battaglie si svolsero in questa regione, comprese le importanti vittorie americane di **Trenton** e **Princeton**, nel New Jersey. Lo Stato di New York era determinante dal punto di vista geografico, in quanto gli inglesi sapevano che il controllo sul fiume Hudson avrebbe separato il New England dalle altre colonie, e il lungo inverno trascorso dal disorganizzato esercito continentale a **Valley Forge**, nei pressi di Filadelfia, lo trasformò in una forza ben strutturata. Dopo la guerra d'indipendenza, lungo i fiumi sorsero numerose **fabbriche** e l'industria divenne il principale motore economico della regione. Intorno alla metà del 1850 i vasti **bacini carboniferi** della Pennsylvania nord-orientale alimentavano le fumose acciaierie di Pittsburgh, e la scoperta di giacimenti di **petrolio** nel 1859 segnò l'inizio del-

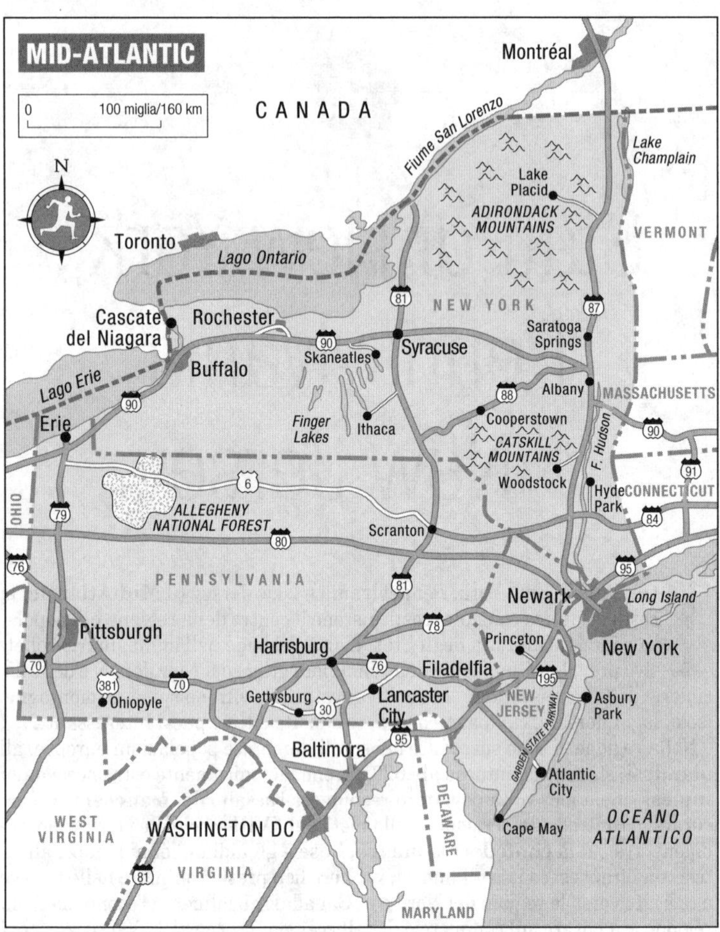

l'era dell'automobile. Sebbene l'industria pesante rivesta ancora un ruolo importante, soprattutto nelle aree vicino a New York, oggi la principale risorsa economica dello Stato è rappresentata dal turismo.

Molti viaggiatori diretti verso la East Coast si limitano a visitare la città di New York, tuttavia la regione offre una quantità di attrattive, dalle onde impetuose di **Long Island** alle alberate **Catskill Mountains** che costeggiano il fiume Hudson e agli imponenti **Adirondack Mountains** che si estendono per un quarto dello Stato, alla colta regione agricola dei **Finger Lakes**. Nella parte nord-occidentale dello Stato, oltre le città più industrializzate del **Canale Erie** lungo la I-90, le spettacolari **cascate del Niagara** e la vivace città post-industriale di **Buffalo** precedono il confine canadese. La **Pennsylvania** è famosa soprattutto per la fertile **Pennsylvania Dutch Country** e per le due grandi città di **Filadelfia** e **Pittsburgh**. Il **New Jersey**, spesso descritto come un grosso agglomerato industriale, vanta una costa disseminata di località turistiche assai diverse tra loro, da **Atlantic City** con i suoi casinò e la sua passerella lungomare al fascino provinciale di **Cape May**.

Tutta la regione è ben servita dai **mezzi di trasporto pubblici**. I principali scali internazionali sono gli aeroporti JFK di New York, il Newark del New Jersey e l'aeroporto di Filadelfia, mentre il LaGuardia Airport di New York e l'aeroporto di Pittsburgh gestiscono la maggior parte dei voli interni. I **treni** Amtrak percorrono il corridoio nord-orientale che attraversa gli Stati di New York, New Jersey e Pennsylvania; a essi si aggiungono i servizi ferroviari delle compagnie New Jersey Transit, Metro-North e Long Island Railroad. I **pullman** Greyhound percorrono le principali strade di grande comunicazione, con alcune linee secondarie che raggiungono le località più remote.

Stato di New York

Sebbene abbia molto da offrire ai visitatori, il vasto Stato di New York viene inevitabilmente messo in ombra dalla città più famosa d'America. Il nome "New York" evoca svettanti grattacieli e strade trafficate, non le spiagge di **Long Island** più a est o gli 80.000 km² di dolci campagne, villaggi coloniali, tranquille cittadine, laghi, cascate e maestose montagne che si estendono a nord e a ovest della metropoli e costituiscono lo **Stato di New York**. Situata a un'ora di viaggio a nord di Manhattan, la valle del **fiume Hudson**, con i mutevoli **Catskill Mountains** che s'innalzano furtivi sulla sponda occidentale, si rivela un piacevole rifugio dalla frenesia del paesaggio urbano. Più a nord, le cime più aspre e selvagge dei vasti **Adirondack Mountains** offrono alcuni degli scenari più affascinanti dell'America orientale. A ovest, i lunghi e stretti **Finger Lakes** e chilometri e chilometri di campagne disseminate di piccoli caseifici e vigneti occupano la parte centrale dello Stato. Le uniche città di un certo interesse sono **Buffalo** e **Rochester**, ma alcune località minori come la cittadina universitaria di **Ithaca** e l'antica stazione termale di **Saratoga Springs** sono particolarmente invitanti.

Nel XVII e XVIII secolo, alcune **dinastie di proprietari terrieri olandesi** come i Van Rensselaers tennero sotto il loro controllo il territorio dello Stato con un sistema semifeudale. La loro autorità su 10.000 mezzadri fu ben poco intaccata dal passaggio della colonia dall'Olanda all'Inghilterra, o dall'indipendenza americana. Fu solo dopo la costruzione del **Canale Erie** nel 1825 per collegare la città di New York con i Grandi Laghi che l'entroterra dello Stato iniziò a svilupparsi economicamente e le cittadine situate lungo il canale come **Syracuse**, Rochester e soprattutto Buffalo divennero fiorenti centri commerciali.

Come muoversi

Dalla città di New York, la **Long Island Railroad** (in partenza dalla Penn Station) e le navette della **Metro North** (che partono dalla Grand Central Station) raggiungono rispettivamente i sobborghi di Long Island e Westchester, Putnam e le contee di Dutchess. Per raggiungere le località più settentrionali, i treni della compagnia Amtrak percorrono la bella Hudson Valley fino alla capitale dello Stato, Albany, e proseguono verso nord fino a Montréal passando per gli Adirondack Mountains, e verso ovest lungo il Canale Erie fino a Buffalo e alle cascate del Niagara. Anche i **pullman** delle compagnie Greyhound e Adirondack Trailways servono tutte le città più importanti. **Noleggiare un'automobile** a New York è estremamente costoso; per ottenere tariffe più convenienti potete uscire dall'aerea metropolitana utilizzando i trasporti pubblici. Tenete inoltre presente che la New York State Thruway (I-87) è un'autostrada a pedaggio; per andare da un capo all'altro spenderete $20. La **bicicletta** è indicata soprattutto per esplorare le regioni dei Finger Lakes e dei Catskill.

Long Island

Long Island, un'isola lunga circa 200 km situata poco più a est della città di New York, è una tradizionale meta di vacanza e per il fine settimana dei newyorkesi grazie alle ampie spiagge sabbiose e alle verdi campagne. All'estremità occidentale si trovano i distretti amministrativi di Brooklyn e del Queens, le cui periferie invase da centri commerciali e fast food si estendono per alcuni chilometri, ma proseguendo verso est il territorio diventa sempre meno urbanizzato e la campagna sorprendentemente isolata. Le **coste settentrionale** e **meridionale** sono molto diverse: la prima ha una bellezza più appariscente ed è caratterizzata da scogliere punteggiate di lussuose residenze e tenute, mentre la seconda è orlata da una distesa di spiagge sabbiose interrotte qua e là da località di villeggiatura come **Jones Beach** e **Fire Island**. Nella parte orientale di Long Island il territorio si divide in due penisole: la **North Fork**, costituita prevalentemente da terreni coltivati, e la **South Fork**, per buona parte occupata dagli **Hamptons**, luoghi di vacanza esclusiva che ospitano le residenze di personaggi facoltosi di New York e di celebrità di ogni genere.

Il modo più rapido per raggiungere Long Island è la vecchia ma affidabile **Long Island Railroad**, che con dieci linee collega la Penn Station (☎ 718/217-5477 da NYC, ☎ 718/558-3022 da altre località, *www.mta.nyc.ny.us/lirr*) con oltre cento zone di Long Island. Dal New England si può prendere il **traghetto** della Cross Sound Ferry, che collega New London, CT a Orient Point, Long Island (☎ 860/443-5281 dal New England, ☎ 631/323-2525 da Long Island, *www.longislandferry.com*). Numerose **autolinee** (gestite dalle principali compagnie nazionali e dalla Hampton Jitney; ☎ 1-800/936-0440, *www.hampton jitney.com*) servono la maggior parte delle località. In estate, i **permessi di parcheggio** per la maggior parte delle spiagge di Long Island sono rilasciati soltanto ai residenti locali, perciò conviene raggiungere le spiagge con i mezzi di trasporto pubblici. Se arrivate in **automobile**, seguite la Brooklyn-Queens Expressway (BQE) fino alla I-495 East. Tenete presente che su tutta l'isola i prezzi degli **alberghi** lievitano durante la stagione estiva, rigorosamente compresa tra il Memorial Day e il Labor Day; se possibile, visitatela in altri periodi.

Costa meridionale e Fire Island

Lambita dalle onde dell'Oceano Atlantico, la dolce **costa meridionale** di Long Island è caratterizzata da dune e spiagge di sabbia dorata: due delle più popolari sono **Long Beach** e **Jones Beach**, che insieme si estendono per ben 80 km e diventano sempre meno affollate a mano a mano che si prosegue verso est. Da Jones Beach, l'**Ocean Parkway** corre lungo la barena sabbiosa fino a **Captree**, da dove una strada rialzata, la **Robert Moses Causeway**, attraversa **Bay Shore** o prosegue verso sud fino all'incontaminato **Robert Moses State Park**, situato sulla punta occidentale di Fire Island. Lungo il percorso si passa dalla cittadina di **Amityville**, famosa per il film horror del 1974; la casa i cui abitanti sarebbero stati sterminati da una misteriosa forza soprannaturale esiste davvero ed è un'abitazione privata al n. 108 di Ocean Ave.

Fire Island

Poco al largo della costa meridionale, **Fire Island** è per molti versi un microcosmo di New York e nei fine settimana estivi metà degli abitanti di Manhattan sembrano riversarsi su questa isoletta che comprende i villaggi di **Cherry Grove** e **The Pines**, luogo di richiamo per gli omosessuali (per informazioni sugli eventi in programma, consultate *Fire Island Q News*; *www.fireislandqnews.com*), l'animata **Ocean Beach** e le esclusive **Point O'Woods** e **Sunken Forest** (chiamata anche Sailor's Haven), frequentate da una schiera più eterogenea di villeggianti.

Ci sono diversi **traghetti**, indispensabili in quanto la circolazione sulla strada che collega le due estremità dell'isola è consentita solo ai residenti. Gli orari dei traghetti sono soggetti a variazioni; Fire Island Ferries (30-45 min; $8 solo andata; ⓣ 631/665-3600, *www.fireislandferries.com*) parte da Bay Shore, Sayville Ferry Service (25-45 min; $6,50-12 solo andata; ⓣ 631/589-0810, *www.sayvilleferry.com*) da Sayville e Davis Park Ferries (25-35 min; $8,50 solo andata; ⓣ 631/475-1665, *www.pagelinx.com/dpferry*) da Patchogue.

Tutte le **strutture ricettive** vanno prenotate con largo anticipo nei mesi estivi, quando i prezzi sono anche sei volte più alti rispetto a quelli della bassa stagione indicati di seguito; tra gli alberghi segnaliamo il vivace *Grove Hotel* di Cherry Grove (all'angolo tra Bayview Walk e Holly Walk; ⓣ 631/597-6600, *www.grovehotel.com*; ❸); il *Cleggs Hotel* di Ocean Beach (478 Bayberry Walk; aperto solo da maggio a ottobre; ⓣ 631/583-5399, *www.cleggshotel.com*; 6), che offre camere e appartamenti con giardino, cucina perfettamente attrezzata e bagno; e il *Fire Island Hotel & Resort* nel vicino Ocean Bay Park (25 Cayuga Walk; ⓣ 631/583-8000, *www.fireislandhotel.com*; ❼), ricavato in un'ex stazione della guardia costiera. Se volete concedervi un **pasto** da signori, il vicino *Matthew's* (935 Bay Walk; ⓣ 631/583-8016) serve fantastiche specialità di pesce a circa $30. Nei fine settimana, il ristorante *Ice Palace* del *Grove Hotel* e il *Flynn's* di Ocean Beach (1 Cayuga St.; ⓣ 631/583-5000) sono perfetti per una sfrenata serata di danze e bevute.

Costa settentrionale e North Fork

La frastagliata **costa settentrionale** di Long Island è un susseguirsi di scogliere, insenature e promontori ammantati di boschi. La Long Island Expressway attraversa il Queens e raggiunge direttamente l'esclusiva **Gold Coast** e **Great Neck**, la West Egg del capolavoro di F. Scott Fitzgerald *Il Grande Gatsby*. I variopinti edifici in stile normanno della Falaise di **Sands Point**, una riserva naturale situata sulla vicina penisola, erano la residenza della famiglia Guggenheim, oggi trasformata in un **museo** autocelebratorio (maggio-ottobre: gio-dom visite ogni ora 12-15; $6; ☎ 516/571-7900, *www.sandspoint preserve.org*). A Old Westbury, **Old Westbury Gardens** (71 Old Westbury Rd. fine aprile-ottobre: mer-lun 10-17; $10; ☎ 516/333-0048, *www.oldwest burygardens.org*) è una classica residenza georgiana con giardini ben tenuti e alcune pregevoli opere d'arte, tra le quali alcuni lavori di Gainsborough.

Proseguendo lungo la strada costiera, 12 miglia (20 km) a nord di Old Westbury si incontra la cittadina di Oyster Bay, famosa soprattutto per la **Sagamore Hill**, la residenza di campagna di **Teddy Roosevelt** per oltre 30 anni (maggio-settembre tutti i giorni; resto dell'anno: mer-dom 10-17; visite ogni ora $5; ☎ 516/922-4788, *www.nps.gov/sahi*) con 23 stanze ornate da trofei di caccia. All'interno della splendida tenuta, l'Old Orchard Museum (stessi giorni 9-17; ingresso libero) ripercorre la vita e la carriera politica di Teddy. Il vicino **COLD SPRING HARBOR** era un fiorente porto di baleniere. Il **Whaling Museum** (mar-dom 11-17; $5; ☎ 631/367-3418, *www.cshwhalingmuseum.org*) conserva l'atmosfera di questo avventuroso passato attraverso una mostra che comprende una baleniera con tutto l'equipaggiamento e una collezione di 400 denti di balena intagliati.

Dopo circa 50 miglia (80 km) di scogliere e parchi, nella meno turistica **North Fork** – che in passato era una colonia indipendente – lo scenario dominato dall'Oceano Atlantico assume toni più selvaggi. La località più pittoresca è **GREENPORT**, con un porto punteggiato da imbarcazioni da diporto circondato da una spaziosa passerella in legno (boardwalk) in fondo alla quale si trova il piccolo **East End Seaport Museum and Marine Foundation** (metà maggio-giugno e settembre: sab e dom 11-17; luglio e agosto: lun e mer-ven 11-17, sab e dom 9.30-17; ☎ 631/477-2100, *www.eastendseaport.org*; ingresso libero). Tra le numerose **strutture ricettive** vi sono alcuni B&B in stile vittoriano come il *Bartlett House Inn* (503 Front St.; ☎ 631/477-0371, *www.bartlett houseinn.com*; ❼), dotato di 10 camere. Il *Chowder Pot Pub* (102 3rd St.; ☎ 631/477-1345), situato di fronte al molo dei traghetti, serve discreti piatti di pesce. Un regolare servizio di **traghetti** collega North Fork (pedoni $2, automobili con conducente solo andata/andata e ritorno $9/13; ☎ 631/749-0139, *www.northferry.com*) alla graziosa **Shelter Island** (*www.shelter-island.org*) e alla South Fork (pedoni $1, automobili con passeggeri solo andata/andata e ritorno $12/15; ☎ 631/749-1200, *www.southferry.com*).

South Fork

Nelle cittadine della **South Fork** di Long Island si trovano alcuni dei quartieri più ricchi di tutti gli Stati Uniti, con enormi ville circondate da parchi alberati o svettanti dietro le dune. In nessun altro luogo la ricchezza è così deliberatamente esibita come negli **Hamptons**, una delle comunità più antiche dello Stato. **Sag Harbor**, sulla costa settentrionale, è più graziosa ma molto cara, mentre più a est **Montauk** offre un migliore rapporto qualità-prezzo in bassa stagione.

Gli Hamptons

La costante presenza di personaggi ricchi e famosi ha reso **SOUTHAMPTON** sfacciatamente aristocratica. Le vie della cittadina sono disseminate di gallerie d'arte, boutique e gioiellerie, ma le spiagge circostanti sono magnifiche. Presso il **centro visitatori** (76 Main St.; lun-ven 10-16, sab e dom 11-16; ☎ 631/283-0402, *www.southamptonchamber.com*) troverete un elenco di co-

△ East Hampton

stosi **B&B**. Numerosi **ristoranti** servono fantastici piatti di pesce fresco, in particolare *Barrister's* (36 Main St.; ⓣ 631/283-6206) e lo storico ristorante-birreria *Southampton Publick House* (40 Bowden Square; ⓣ 631/283-2800). Il più alla moda degli Hamptons è **EAST HAMPTON**, pieno di ville di personaggi famosi del calibro di Renée Zellweger, Jerry Seinfeld e Steven Spielberg, e di insopportabili negozi e ristoranti chic. I locali notturni degli Hamptons sono costosi e cambiano molto spesso; per informazioni aggiornate, consultate *Dan's Hamptons* (*www.danshamptons.com*).

Sag Harbor

Un tempo l'antica cittadina di **SAG HARBOR** era un fiorente porto, secondo solo a New York, che fu designato da George Washington "Porto di accesso della nuova nazione"; la **Old Custom House** (maggio-giugno e settembre-ottobre; sab e dom 10-17; luglio e agosto: tutti i giorni 10-17; $5; ⓣ 631/692-4664) risale a quell'epoca. Il **Whaling Museum** di Main Street (metà maggio-ottobre lun-sab 10-17, dom 13-17; $5; ⓣ 631/725-0770, *www.sagharborwhalingmuseum.org*) commemora i tempi della caccia alla balena con mostre di arpioni, denti di balena intagliati e attrezzature di bordo. Nel mulino a vento in cui visse John Steinbeck è allestito il **centro visitatori** (maggio-giugno e settembre-ottobre: ven-dom; luglio-agosto tutti i giorni 10-16; ⓣ 631/725-0011, *www.sagharborchamber.com*). Troverete **camere** lussuose al *Baron's Cove Inn* (31 W Water St.; ⓣ 631/725-2100, *www.baronscove.com*; 7), ma al costoso *American Hotel* di Main Street (ⓣ 631/725-3535, *www.theamericanhotel.com*; ⑧) potrete concedervi anche una splendida cena francese. Lungo Main Street ci sono alcuni buoni **ristoranti** dove potrete mangiare senza spendere troppo, come il fantastico sushi bar *Sen*, al n. 23 (ⓣ 631/725-1774).

Montauk

All'estremità orientale di Long Island si trova la ventosa **MONTAUK**, che non è aristocratica né pittoresca ma è abitata da gente vera e rappresenta una comoda base per visitare gli scenari rocciosi e selvaggi del **Montauk Point**, un parco che compare su tutti gli opuscoli turistici e vanta un **faro** del 1796 – il più antico dello Stato di New York – che rappresenta la fine quasi simbolica di questo tratto della costa americana. Nel centro cittadino troverete alcuni **motel** che offrono sistemazioni a prezzi piacevolmente contenuti. Tra questi meritano di essere citati il *Sands Motel*, situato lungo la Rte-27 che entra in città (ⓣ 631/668-5100, *www.montauksands.com*; ④), e il più grazioso *Gurney's Inn* (Old Montauk Highway; ⓣ 631/668-2345, *www.gurneysinn.com*; ⑧). Per una **cena** memorabile recatevi al *Lobster Roll*, situato lungo la Rte-27 che collega Montauk a East Hampton (ⓣ 631/267-3740), che serve eccellenti frutti di mare freschi. Altre due buone alternative sono il *Shagwong*, un ristorante a prezzi contenuti situato in Main Street (ⓣ 631/668-3050), e il delizioso sushi del *West Lake Clam & Chowder House* (ⓣ 631/668-6252).

Hudson Valley e Catskill Mountains

Pochi chilometri a nord di Manhattan comincia l'incantevole valle del fiume Hudson, sulle cui ripide sponde fittamente alberate sorgono alcune grandiose residenze storiche. Poco più avanti si incontrano le foreste dei **Catskill Mountains**, dove in autunno le foglie che cambiano colore offrono scenari altrettanto pittoreschi di quelli del New England. Le città lungo il fiume Hudson, compresa la capitale dello Stato, **Albany**, non sono molto interessanti, ma nella valle ci sono molte cittadine che meritano una visita come **Hyde Park**, un paradiso per gli amanti della storia e della buona cucina.

Sponda orientale

Dirigendosi a nord di New York lungo la US-9, dopo pochi chilometri il paesaggio urbanizzato lascia improvvisamente il posto alle campagne e alle graziose località di **Tarrytown** e **Irvington**, seguite dopo qualche chilometro da **Ossining**. Ognuno di questi centri merita una breve sosta, ma per passare la notte è preferibile proseguire fino a **Hyde Park** o **Rhinebeck**.

Bassa Hudson Valley

Appena 25 miglia (40 km) a nord del centro di New York, sulla sponda orientale del fiume Hudson, l'alberata cittadina di **TARRYTOWN** e il villaggio di

IRVINGTON sono i luoghi in cui lo scrittore Washington Irving ha ambientato i suoi racconti *Rip Van Winkle* e *Il mistero di Sleepy Hollow*. Nel 1835, Irving ristrutturò una casetta di campagna in West Sunnyside Lane (nei pressi della Broadway/US-9), che ribattezzò **Sunnyside**; la visita dell'accogliente dimora è interessante anche per chi non ha mai letto un libro di Irving (aprile-novembre: mer-lun; dicembre: sab e dom 10-17; $10; ☎ 914/591-8763). Se volete **mangiare** qualcosa, lungo le graziose Main Street di Irvington e Tarrytown si trovano svariati locali, dall'economico e delizioso *Irvington Pizza* (106 Main St.; ☎ 914/591-7050) a più costosi ristoranti italiani, spagnoli e americani. A Irvington, il pittoresco **Hudson Park** sul fiume è perfetto per un picnic o una passeggiata dopo cena. Circa 10 miglia (16 km) a nord di Tarrytown lungo la US-9, la cittadina di **OSSINING** ospita due imponenti opere architettoniche di epoca vittoriana: l'enorme **Old Croton Aqueduct**, primo acquedotto della città di New York, e la **prigione di Sing Sing**, situata poco più a sud dell'abitato, che per più di 150 anni è stata il posto in cui venivano rinchiusi i criminali di New York.

Hyde Park e Rhinebeck

HYDE PARK, situata su un sereno altopiano sulla sponda orientale del fiume Hudson, 20 miglia (32 km) a nord di Beacon, merita una sosta per visitare le case di **Franklin D.** ed **Eleanor Roosevelt**. Le residenze, ben segnalate nei pressi della US-9, sono state poste sotto l'egidia del nuovo **Henry A. Wallace Visitor and Education Center** (aprile-ottobre: tutti i giorni 8.45-18.30, novembre-marzo 8.45-17.30) insieme a una casa di campagna dei Vanderbilt e a un paio di attrattive minori. La casa in cui il presidente del "New Deal" nacque e trascorse buona parte della vita è perfettamente conservata e ospita una biblioteca e un interessante **museo** (tutti i giorni 9-17; museo e visita guidata della casa $14; ☎ 845/486-7770, *www.nps.gov/hofr*) che espone una ricca collezione di fotografie e cimeli relativi al presidente, come l'affascinante automobile appositamente adattata per lui quando nel 1921 si ammalò di poliomielite e la lettera di Einstein che avrebbe portato alla costruzione della bomba atomica. Roosevelt è sepolto nel Rose Garden accanto a sua moglie (e lontana cugina) Eleanor, una delle prime donne ad avere un ruolo rilevante nella vita politica e attivista molto impegnata nella difesa dei diritti delle donne e dei lavoratori. Dopo la morte del marito nel 1945, Eleanor si trasferì nella casa vicina, chiamata **Val-Kill** (maggio-ottobre: tutti i giorni 9-17; novembre-aprile: gio-lun 9-17; visite $8; *www.nps.gov/elro*), dove continuò la sua attività fino alla morte avvenuta nel 1962. I giardini delle due case sono accessibili gratuitamente dall'alba al tramonto.

Dalle residenze dei Roosevelt, un **sentiero** si snoda per 3 miglia (5 km) lungo l'alto corso del fiume Hudson fino alla splendida **Vanderbilt Mansion** (tutti i giorni 9-17; $8; *www.nps.gov/vama*). Sembra incredibile, ma questo palazzo è la più piccola delle residenze della famiglia Vanderbilt, costruita per Frederick, un nipote del barone delle ferrovie Cornelius. Gli arredi sono molto sfarzosi, ma i giardini formali sono incantevoli e offrono belle vedute sul fiume; sono accessibili gratuitamente dalle 7 del mattino al tramonto. Oltre a queste residenze storiche, Hyde Park vanta un altro motivo di richiamo: gli ottimi ristoranti e l'affascinante campus del **Culinary Institute of America**, la più prestigiosa scuola di cucina degli Stati Uniti. Questa istituzione è situata lungo la US-9 a sud di Hyde Park e comprende alcuni eccellenti ristoranti (1946 Campus Drive; pranzo e cena lun-sab; ☎ 845/471-6608 o *www.ciachef.edu* per prenotazioni) in cui vengono formati i migliori chef del paese; si possono anche prenotare corsi di cucina e **visite** (lun 10 e 16, mer e gio 16; $5). Se desiderate **dormire** a Hyde Park, il *Golden Manor Motel* (T 845/229-2157, *www.goldenmanorhydepark.com*; 3), situato lungo la US-9 quasi di fronte alle residenze dei Roosevelt, offre camere a prezzi moderati.

Proseguendo a nord di Hyde Park, dopo 6 miglia (10 km) si giunge a **RHINEBECK**, sede dell'**albergo più antico d'America** ancora in attività. Situato lungo la Rte-9, l'incantevole edificio bianco in stile coloniale del *Beekman Arms* accoglie fin dal 1766 i viaggiatori nelle sue belle camere rivestite da pannellature (T 845/876-7077, *www.beekmandelamaterinn.com*; 6). Nel villaggio troverete diversi buoni **ristoranti**, come il *Calico Restaurant & Patisserie* (6384 Mill St.; T 845/876-2749; chiuso lun e mar), che propone un menu con influenze italiane e francesi, e la *Foster's Coachhouse Tavern* (6411 Montgomery St.; T 845/876-8052), che offre piatti della cucina americana. A Rhinebeck si trova inoltre l'**Omega Institute for Holistic Studies**, un istituto di studi olistici e centro benessere che offre svariati corsi di formazione; è situato in una vasta tenuta a est dell'abitato lungo Lake Drive (T 1-800/944-1001, *www.eomega.org*).

Sponda occidentale e Catskill Mountains

Lungo la sponda occidentale del fiume Hudson si elevano i magnifici rilievi dei **Catskill Mountains**, ammantati di aceri e faggi che ogni autunno si vestono di arancio, ocra e oro offrendo scenari di una bellezza ammaliante. Questa remota sezione dei monti Appalachi è una regione affascinante che offre svariate possibilità per il campeggio, le escursioni a piedi, la pesca e, soprattutto, lo sci.

Woodstock

Circa 50 miglia (80 km) più a nord, la Hwy-28 si inoltra tra i Catskill passando vicino alla graziosa Ashokan Reservoir, da dove si dirama la Hwy-375 per **WOODSTOCK**. La cittadina, circondata da lussureggianti boschi decidui e attraversata da torrenti impetuosi, è ricordata per il noto **raduno psichedelico** dell'agosto 1969, ma in realtà il famoso concerto si svolse a Bethel, una cittadina situata circa 60 miglia (96 km) più a sud-ovest, sui terreni della fattoria di Max Yasgur all'angolo tra Herd Rd. e West Shore Rd.; oggi nel luogo dove c'era il palco c'è un piccolo monumento commemorativo. Tuttavia, Woodstock è sempre stata un simbolo del movimento **hippy** fin dalla fondazione nel 1903 della **Byrdcliffe Arts Colony** (che organizza corsi estivi con soggiorno; T 845/679-2079, *www.woodstockguild.org*) e negli anni Sessanta era frequentata da musicisti del calibro di Bob Dylan, Jimi Hendrix e Van Morrison. Oggi Woodstock continua a sfruttare il suo passato pittoresco: i negozi vendono cristalli e T-shirt scolorite e nei boschi c'è perfino una comune. Le gallerie e i negozi di artigianato locali sono rinomati in tutta la regione e la cittadina è sede di prestigiosi spettacoli come il **Maverick Concerts** (fine giugno-agosto; $20 per ogni concerto/$5 studenti; T 845/679-8217, *www.maverickconcerts.org*), un festival di musica da camera che si svolge ininterrottamente dal 1906 e ha ospitato alcuni dei migliori musicisti del mondo.

Woodstock è il posto ideale in cui fare base per esplorare la regione dei Catskill; la **sistemazione** migliore è l'accogliente *Twin Gables Guest House* (73 Tinker St.; T 845/679-9479, *www.twingableswoodstockny.com*; 4), ma nel caso fosse al completo il *Getaway-on-the-Falls* (5 Waterfall Way; ☎ 845/679-2568, *www.tinkervillagewoodstock.com*; ⑥) è altrettanto centrale. Tra Woodstock e Saugerties, un villaggio con una fila di motel appartenenti a catene situato a 10 miglia (16 km) verso nord-est, troverete un incantevole B&B di campagna, il *Bed by the Stream* (☎ 845/246-2979, *www.bedbythestream.com*; ⑥), e il **campeggio** *Rip Van Winkle* (maggio-ottobre; piazzole $30; ☎ 845/246-8334), entrambi ben segnalati nei pressi della Rte-212. A parte il *Joshua's* (51 Tinker St.; ☎ 845/679-5533), il caffè più popolare di Woodstock, i migliori **ristoranti** si trovano un po' fuori dall'abitato; il menu del *New World Home Cooking Company* (1411 Rte-212; aprile-ottobre; ☎ 845/246-0900), situato sulla strada per Saugerties, comprende piatti di ispirazione creola e caraibica a meno di $20, mentre 2 miglia (3 km) più a ovest lungo la Rte-212, nel paesino di **Bearsville**, l'animato *Bear Café* (☎ 845/679-5555) propone ottimi piatti della cucina francese. Dall'autostazione Port Authority di New York (Adirondack Trailways; ☎ 1-800/858-8555, *www.trailwaysny.com*) partono diversi **autobus** al giorno diretti a Woodstock; il viaggio dura 2 ore e mezzo. Per maggiori **informazioni**, recatevi allo sportello della camera di commercio situato in Rock City Road, nei pressi della piazza principale (☎ 845/679-6234, *www.woodstockchamber.com*).

Catskill Park

Nel paesino di **MOUNT TREMPER**, situato 7 miglia (11 km) a ovest di Woodstock, l'**Emerson Place Kaleidoscope** (dom-gio 10-17, ven e sab 10-19; $8) ama definirsi il più grande caleidoscopio esistente al mondo. Creato da un artista hippy locale in un silos di grano alto 18 m, propone su richiesta spettacoli di suoni e luci della durata di 10 min; il caleidoscopio si trova all'interno del lussuoso *Emerson Place Resort & Spa* (146 Mt Pleasant Rd.; ☎ 845/688-2828 o 1-877/688-2828, *www.emersonplace.com*; ⑦), un complesso in costante espansione che offre suite spaziose e rilassanti trattamenti olistici. Proseguendo lungo la Hwy-28 si incontra il pittoresco villaggio di **PHOENICIA**, situato in una vallata sulla destra della strada, ideale per riposarsi o fare escursioni a piedi nella zona. La **Catskill Mountain Railroad** (fine maggio-fine ottobre: sab, dom e festivi 11.15, 13.15 e 15.15; $14 andata e ritorno; ☎ 845/688-7400, *www.catskillmtrailroad.com*) offre un panoramico viaggio in treno attraverso la Esopus Creek. *Phoenicia Belle* (73 Main St.; ☎ 845/688-7226, *www.phoeniciabelle.com*; ⑤) è un alloggio con un discreto rapporto qualità-prezzo; su richiesta serve anche la prima colazione. Pochi metri dopo si trova il popolare caffè *Sweet Sue's* (☎ 845/688-7852), mentre il *Phoenicia Diner* è un altro buon ristorante lungo la Hwy-28 (☎ 845/688-9957).

Pochi chilometri più a ovest, la Hwy-49A offre un bel panorama dei Catskill Mountains dal parcheggio del centro sciistico Belleayre. Tornando verso la I-90 con la Hwy-23A si possono ammirare vedute mozzafiato della spettacolare **gola** tra i villaggi di Hunter e Catskill. L'Hunter Mountain (☎ 518/263-4223, *www.huntermtn.com*) vanta le più belle **piste da sci** della regione e la seggiovia Skyride è aperta anche dopo che la neve si è sciolta (fine giugno-ottobre: sab e dom 10-17; $8). I prezzi degli alberghi aumentano considerevolmente durante la stagione sciistica: *Scribner Hollow Lodge*, situato a 800 m dalla montagna lungo la Hwy-23A (☎ 518/263-4211, *www.scribnerhollow.com*; ⑧), offre 37 camere lussuose, un bel ristorante panoramico e una grotta con piscine. Nel villaggio di Catskill si possono trovare sistemazioni più semplici ed economiche come il *Red Ranch Motel* (4555 Rte-32; aprile-dicembre; ☎ 518/678-3380 o 1-800/962-4560, *www.redranchmotel.com*; ③).

Albany

Fondata all'inizio del XVII secolo dai commercianti di pellicce olandesi, **ALBANY** prosperò grazie alla sua posizione strategica lungo il Canale Erie e venne proclamata capitale dello Stato di New York. Oggi è una città piuttosto noiosa, anche se in periferia ci sono alcuni quartieri vivaci. Potete cominciare la visita dalla **Quackenbush House**, l'edificio più antico della città, costruito sul fiume nel 1736 e oggi parte dell'**Albany Urban Culture Park**. Poco lontano, il moderno **centro visitatori** (all'angolo tra Broadway e Clinton; lun-ven 9-16, sab e dom 10-16; ⓣ 518/434-0405, *www.albany.org*) distribuisce cartine gratuite e informazioni sulle **visite** all'imponente **Capitol** neoclassico e al centro cittadino, dove si possono ammirare numerose case che risalgono ai tempi della guerra d'indipendenza.

Situato in salita rispetto al fiume, il brutto complesso dell'**Empire State Plaza** di Nelson A. Rockefeller comprende un paio di edifici degni di nota. La **Corning Tower** è un grattacielo dotato di una piattaforma panoramica situata al 42° piano (tutti i giorni 10-14.30; ingresso libero) dalla quale è possibile ammirare spettacolari scorci sul fiume Hudson e sulle lontane catene montuose degli Adirondack, dei Catskill e dei Berkshire in Massachusetts. Il Performing Arts Center (ⓣ 518/478-1845, *www.theegg.org*) – comunemente indicato con il nome **"The Egg"** per la sua architettura ovale – si distingue tra gli edifici angolari del complesso. Il **New York State Museum** (tutti i giorni 9.30-17; ⓣ 518/474-5877, *www.nysm.nysed.gov*; offerta consigliata $2), situato a un livello inferiore all'estremità meridionale del complesso, documenta la storia politica, culturale e naturale dello Stato attraverso ricostruzioni statiche ma fantasiose. L'eccellente sezione dedicata alla storia della città di New York è molto più interessante di tutte le mostre allestite a Manhattan e comprende oggetti affascinanti e il set originale di *Sesame Street* (un programma televisivo educativo per bambini).

La zona più interessante di Albany, situata pochi isolati a ovest del complesso, è un quartiere pieno dello stesso tipo di case in mattoni del XIX secolo che Rockefeller fece demolire per costruire il suo Empire State Plaza. L'**Albany Institute of History and Art** (125 Washington Ave.; mer-sab 10-17, dom 12-17; $10; ⓣ 518/463-4478, *www.albanyinstitute.org*) espone una bella collezione di dipinti della Scuola dell'Hudson.

Notizie utili

Arrivando in città con i pullman delle compagnie Greyhound o Adirondack Trailways (ⓣ 1-800/858-8555, *www.trailwaysny.com*), il centro cittadino si raggiunge con una breve passeggiata in salita dall'autostazione; se arrivate con i treni Amtrak, dovrete percorrere in autobus gli ultimi 3 km. Se desiderate fermarvi a **dormire**, potete scegliere tra i motel appartenenti a catene situati in periferia, che costano $60 a notte, e gli anonimi alberghi del centro come il *Ramada Inn* (300 Broadway; ⓣ 518/434-4111, *www.ramada.com*; ❺). Se preferite una sistemazione più caratteristica, provate il *Mansion Hill Inn* (115 Philip St.; ⓣ 518/465-2038 o 1-888/299-0455, *www.mansionhill.com*; ❻), un incantevole B&B con un buon ristorante ospitato all'interno di una casa restaurata in fondo alla via della residenza del governatore dello Stato. Altri buoni **ristoranti** si trovano pochi isolati a ovest del centro lungo **Lark Street** e nelle vie vicine; in questa zona si trovano anche la maggior parte dei locali per omosessuali di Albany. *Justin's*, al n. 301 della via (ⓣ 518/436-7008), e

Café Hollywood al n. 275 (☎ 518/472-9043) servono specialità americane buone e innovative a prezzi moderati, mentre l'accogliente *Mamoun's* (206 Washington Ave.; ☎ 518/434-3901) prepara eccellenti ed economici piatti a base di agnello, pollo e vegetariani. Due dei **locali notturni** più popolari sono il *Jillian's* (59 N Pearl St.; ☎ 518/432-1997), che offre concerti dal vivo e musica proposta dai dj, e la *Lark Tavern* (453 Madison Ave.; ☎ 518/463-7875), un pub irlandese. Altri locali si trovano nella cittadina universitaria di **Troy**, sull'altra sponda del fiume.

Adirondack Mountains

La vasta regione compresa tra Albany e il confine canadese richiama soprattutto alpinisti, sciatori ed escursionisti. Le attività all'aperto sono la principale attrattiva dei maestosi e incontaminati **Adirondack Mountains**, ma ci sono alcune località, come la piccola stazione sciistica di **Lake Placid**, teatro delle Olimpiadi invernali, e l'elegante cittadina termale di **Saratoga Springs**, situata nelle dolci campagne alle pendici meridionali delle montagne, che oltre agli scenari mozzafiato offrono un soggiorno confortevole.

Saratoga Springs

Per oltre un secolo **SARATOGA SPRINGS**, situata appena 42 miglia (67 km) a nord di Albany lungo la I-87, fu la località di villeggiatura più frequentata dall'élite del Nordest. All'inizio il principale motivo di richiamo erano le acque termali, ma le cose cambiarono intorno al 1860 quando John Morrisey, un pugile irlandese, vi aprì un **ippodromo** e un **casinò**. In agosto, durante la stagione delle corse ippiche, a Saratoga Springs si respira l'atmosfera esclusiva di quei tempi, ma nel resto dell'anno è una località semplice, poco costosa e divertente.

Gran parte dei locali e dei negozi si trovano lungo **Broadway**, la via principale che attraversa l'abitato, e negli isolati immediatamente a est. Il **Congress Park**, nei pressi di South Broadway, è un bel parco alberato in cui rifugiarsi per sfuggire al traffico del centro. Al suo interno sgorgano ancora tre delle antiche sorgenti e l'acqua termale viene erogata da alcune fontanelle. Nel parco si trova anche il vecchio **casinò**, che all'epoca della sua costruzione occupava un intero isolato. L'**ippodromo** (fine giugno-inizio settembre, accettazione scommesse fino alle 13; $3-5; ☎ 518/584-6200, *www. nyra.com / index_saratoga. html*) è ancora in funzione; l'ambiente è sempre molto elegante, ma è richiesto un abbigliamento meno formale. Nella vicina Crescent Avenue c'è un **centro ippico** più alla mano, l'Equine Sports Center, nel quale si svolgono corse serali diverse sere la settimana (maggio-novembre; $2; ☎ 518/584-2110). Se non riuscite a entrare in nessuno dei due, potete consolarvi visitando la collezione di dipinti, trofei e mostre audiovisive del **National Museum of Racing and Hall of Fame** (all'angolo tra Union Avenue e Ludlow Street; lun-sab 10-16, dom 12-16; durante la stagione delle corse aperto tutti i giorni 9-17; $7; ☎ 518/584-0400, *www.racingmuseum.org*).

All'estremità meridionale dell'abitato, il verde **Saratoga Spa State Park** (tutti i giorni 8-tramonto; automobili $6; ☎ 518/584-2535) offre la possibilità di nuotare in splendide piscine vittoriane, passeggiare, fare un picnic e perfino "passare le acque", ovvero fare il bagno nelle acque termali calde ricche di minerali e di gas e sottoporsi a svariati trattamenti nello stabilimento termale. Il vicino **Saratoga Performing Arts Center** (giugno-inizio settembre; ☎ 518/587-3330, *www.spac.org*) – o più semplicemente SPAC – ospita il New York City Ballet a luglio, la Philadelphia Orchestra in agosto e altri eventi prestigiosi.

Notizie utili

Il centro di Saratoga Springs si può visitare comodamente a piedi. Trovare un **albergo** non è un problema tranne che in agosto, durante la stagione delle gare ippiche o in occasione di importanti eventi allo SPAC: in questi casi i prezzi possono raddoppiare. Il *Turf and Spa* (140 Broadway; aprile-ottobre; ☎ 518/584-2550 o 1-800/972-1229, *www.saratogaturfandspa.com*; ❷) è un buon motel situato in centro. Il lussuoso *Adelphi Hotel* (365 Broadway; maggio-ottobre; ☎ 518/587-4688, *www.adelphihotel.com*; ❺), in un edificio storico restaurato, o lo splendido *Gideon Putnam Hotel* (☎ 518/584-3000, *www.gideonputnam.com*; ❽), situato all'interno del Saratoga Spa State Park, sono due alternative più particolari. Presso la **camera di commercio** (28 Clinton St.; ☎ 518/584-3255, *www.saratoga.org*) troverete l'elenco completo delle strutture ricettive.

A Saratoga Springs troverete anche moltissimi **ristoranti**. *Hattie's* (45 Phila St.; ☎ 518/584-4790) è un locale storico, rinomato per i sostanziosi piatti della cucina del Sud a circa $15; un altro buon ristorante è il *Wheat Fields* (440 Broadway; ☎ 518/587-0534), che serve gustose insalate e pasta in un patio all'aperto. Il *Beverly's* (47 Phila St.; ☎ 518/583-2755) prepara una prima colazione fantastica ma costosa. Per ascoltare della buona **musica** irlandese andate al *Parting Glass Pub* (40 Lake Ave.; ☎ 518/583-1916); il *9 Maple Avenue*, che ovviamente si trova al n. 9 di Maple Ave. (☎ 518/583-2582), propone esibizioni di musica jazz e blues fino alle ore piccole, mentre il semplice *Caffé Lena* (47 Phila St.; gio-dom; ☎ 518/583-0022, *www.caffelena.org*) è un locale non profit nel quale Don McLean cantò per la prima volta in pubblico la canzone *American Pie*.

Adirondack Mountains

La catena montuosa degli **Adirondack**, che occupa un'area grande quanto il Connecticut e Rhode Island messi insieme e conta ben 46 vette alte più di 1200 m, offre scenari di una bellezza incomparabile. In estate le montagne ammantate di fitti boschi verdi e porpora si stagliano all'orizzonte, in autunno gli alberi creano un pittoresco caleidoscopio di colori dal rosso al ruggine. Secondo la gente del posto il nome Adirondack deriverebbe da "mangiatori di corteccia", un insulto che gli indiani irochesi rivolgevano ai nemici che attiravano nelle foreste per poi abbandonarli a morire di fame. Fino a qualche decennio fa la regione era frequentata quasi esclusivamente da taglialegna, commercianti di pellicce e qualche milionario newyorkese.

I pullman della compagnia Adirondack Trailways servono diverse località della regione, tuttavia per spostarsi al di fuori dei centri abitati principali è indispensabile disporre di un'**automobile**. Per **informazioni** generali e necessità particolari, recatevi all'ufficio turistico regionale (☎ 1-800/487-6867, *www.visitadirondacks.com*). L'Adirondack Mountain Club (☎ 518/668-4447, *www.adk.org*) e i centri visitatori dell'Adirondack Park (tutti i giorni 9-17;

△ Black Brook, Adirondack Mountains

🅣 518/327-3000, *www.adkvic.org*) forniscono informazioni particolareggiate sui **sentieri escursionistici** e i **campeggi**.

Blue Mountain Lake

Superate il villaggio di Lake George, concepito a uso e consumo dei turisti, e i margini orientali degli Adirondack e proseguite per un'ora in direzione nord-ovest lungo la Hwy-28 fino alle sorgenti del fiume Hudson e al paesino di **BLUE MOUNTAIN LAKE**. Qui troverete alcuni **motel** e **bungalow** sul lago e potrete fare il bagno sulla graziosa **spiaggetta** antistante il centro del villaggio. Poco più a nord, lungo la Hwy-30, l'**Adirondack Museum** (fine maggio-metà ottobre: tutti i giorni 10-17; $16; *www.adkmuseum.org*) è un museo poco interessante tranne che per le splendide vedute sul lago e sulle montagne circostanti.

Lake Placid

La piccola località sciistica di **LAKE PLACID**, che per ben due volte ha ospitato le Olimpiadi invernali, è situata 30 miglia (48 km) a ovest della I-87, lungo la Hwy-73. In inverno si possono fare emozionanti discese sulle piste della maestosa Whiteface Mountain e praticare ogni genere di sport invernali sul Mount Van Hoevenberg; in estate potrete assistere a partite amichevoli di hockey su ghiaccio e guardare gli atleti professionisti che si allenano con lo slittino sulle piste di neve artificiale e gli sciatori freestyle che si lanciano in piscina dai trampolini. Sui pendii si possono inoltre praticare impegnative escursioni a piedi e in bicicletta; High Peaks Cyclery (2733 Main St.; 🅣 518/523 3764) offre buone **mountain bike**, cartine con le piste della zona ed **escursioni guidate**. L'**Olympic Summer Passport** (giugno-ottobre; $25;

☎ 518/523-1655, *www.orda.org*) comprende la salita in seggiovia fino alla cima del trampolino alto 120 m, l'accesso a 8 miglia (13 km) della ripida strada a pedaggio della Whiteface Mountain, la salita in cabinovia fino alla cima della montagna e l'accesso al museo olimpico (vedi avanti). In inverno è prevista una tessera analoga. Presso l'**Olympic Sports Complex** sul Mount Van Hoevenburg (☎ 518/523-4436) potrete fare discese da brivido in bob ($65) o percorrere in bicicletta la vasta rete di piste (noleggio bicicletta $25; accesso alle piste $6).

La cittadina è situata su due laghi: il **Mirror Lake**, sul quale si possono fare uscite in barca in estate e pattinare in inverno, e il più grande **Lake Placid**, poco più a ovest. In estate vengono organizzate **crociere** con guida ($11; ☎ 518/523-9704) sul Lake Placid. L'**Olympic Center** di Main Street ospita quattro piste per il pattinaggio su ghiaccio e l'interessante **1932 and 1980 Lake Placid Winter Olympic Museum** (visita con audioguida $5; ☎ 518/523-1655). Fuori dal villaggio, lungo la Hwy-73, il **John Brown Farm State Historic Site** è il luogo dove il famoso abolizionista portò la sua famiglia nel 1849 per aiutare una piccola colonia di agricoltori neri e dove progettò la sfortunata insurrezione di Harper's Ferry nel tentativo di porre fine allo schiavismo. La casa è meno interessante della storia (fine maggio-fine ottobre: mer-dom 10-17; $2; ☎ 518/523-3900); i giardini, nei quali si trova la tomba di Brown, sono aperti tutto l'anno.

Notizie utili

Il **centro informazioni** di Lake Placid è situato al n. 49 di Pakside Drive, vicino alla spiaggia pubblica (☎ 518/523-2445 o 1-800/447-5224, *www.lakeplacid.com*); offre l'accesso gratuito a Internet per 15 minuti. La cittadina è piena di **alberghi** di tutte le categorie, dalle strutture economiche a quelle più sfarzose. L'elegante ma informale *Mirror Lake Inn Resort & Spa*, (77 Mirror Lake Drive; ☎ 518/523-2544, *www.mirrorlakeinn.com*; ⑨) dispone di oltre 120 camere più o meno sontuose e di tutti i comfort, mentre il vicino *Interlaken Inn* (39 Interlaken Ave.; ☎ 518/523-3180, *www.theinterlakeninn.com*; ⑦) è un altro B&B leggermente più economico ma ugualmente lussuoso e con un ottimo ristorante. L'*Edelweiss Motel* (2806 Wilmington Rd.; ☎ 518/523-3821; ④), situato nella parte orientale dell'abitato, ha camere pulite ma un po' datate. Il *Keene Valley Hostel* (☎ 518/576-2030; letti in camerata $20; ②), nella vicina Keene Valley, è una base fantastica per raggiungere a piedi tutti i migliori sentieri escursionistici.

A Lake Placid potrete **mangiare** bene spendendo relativamente poco e ammirando splendidi panorami. La panetteria *Blues Berry Bakery* (2436 Main St.; ☎ 518/523-4539) è famosa per il suo strudel di mele, mentre il vicino *Nicola's* (2617 Main St.; ☎ 518/523-4430) serve specialità greche e italiane e buone pizze cotte nel forno a legna. Nella parte orientale dell'abitato, lo ✱ *Station Street Bar & Grille* (1 Station St.; ☎ 518/523-9963) è decisamente il locale più simpatico per mescolarsi alla gente del posto gustando deliziose costine e altri piatti, talvolta con accompagnamento di chitarra. L'animato *Zig Zags Pub* (☎ 518/523-8221) in Main Street è il posto migliore dove ascoltare **musica dal vivo** nei fine settimana.

Saranac Lake

SARANAC LAKE, 10 miglia (16 km) a nord-ovest di Lake Placid, è una località più piccola, semplice ed economica ma altrettanto comoda per visitare la regione. La tranquilla sponda del lago è costeggiata da incantevoli casette con il tetto spiovente, per la maggior parte costruite alla fine del 1800 quando Saranac Lake era una popolare stazione di villeggiatura e termale frequentata dalla borghesia. **Robert Louis Stevenson** trascorse l'inverno del 1888 in una casetta nella parte orientale del villaggio, che oggi è stata trasformata in un **museo** (44 Stevenson Lane; luglio-settembre: mar-dom 9.30-12 e 13-16.30; resto dell'anno su appuntamento; $5; ⓣ 518/891-1462). Immerso in una tenuta di campagna, il *Saranac Club & Inn* (371 Park Ave.; ⓣ 518/891-7212 o 1-866/595-9800, *www.saranacclubandinn.com*; ❺) è uno spazioso B&B con un rapporto qualità-prezzo di gran lunga superiore alle strutture ricettive della stessa categoria di Lake Placid. In centro, l'*Hotel Saranac* (100 Main St.; ⓣ 518/891-2200 o 1-800/937-0211, *www.hotelsaranac.com*; ❸) ha anche un **bar** accogliente. *Eat-n-Meet*, (139 Broadway; ⓣ 518/891-3149) è un **ristorante** piccolo e tranquillo dove troverete cucina casalinga e prezzi molto convenienti.

Thousand Islands

Oltre gli Adirondack Mountains, lungo il vasto fiume San Lorenzo (che segna il confine con il Canada), si trovano 1800 isole di varie dimensioni e scarsamente popolate chiamate **Thousand Islands**. Si racconta che intorno al 1900 George Boldt, presidente del *Waldorf-Astoria* di New York, passò da queste parti a bordo del suo yacht e chiese al suo cameriere di preparargli qualcosa di diverso per pranzo: fu così che nacque la famosa salsa Thousand Islands. Per **informazioni** sulla regione, contattate il Thousand Islands International Tourism Council (ⓣ 1-800/847-5263, *www.visit1000islands.com*). Da Alexandria Bay e dal piccolo porto peschereccio di Clayton partono **escursioni in barca** sul fiume a bordo di piccole imbarcazioni che navigano tra le gigantesche navi da carico di passaggio, più grandi di molte delle isole. Per conoscere gli orari delle partenze, rivolgetevi a Uncle Sam Boat Tours (maggio-ottobre: tutti i giorni; $10-40; ⓣ 315/482-2611 o 1-800/253-9229, *www.usboattours.com*).

Finger Lakes

Nel cuore dello Stato, a sud-ovest di Syracuse e all'estremità opposta dei Catskill Mountains rispetto alla città di New York, si trovano undici laghi di origine glaciale lunghi e stretti come le dita di una mano, i **Finger Lakes**, circondati da un paradiso naturale di dolci colline, gole profonde e cascate. Fatta eccezione per la progressista e benestante cittadina di **Ithaca** e la piccola **Skaneateles**, i laghi sono la principale attrattiva della zona. Tuttavia l'intera regione è un luogo rilassante dove trascorrere qualche giorno, soprattutto se siete appassionati di **enologia**: nella regione dei Finger Lakes – e in buona parte dello Stato di New York – si producono molti ottimi vini.

Skaneateles e Seneca Falls

SKANEATELES, appollaiata sul lago omonimo, è probabilmente la località più bella dei Finger Lakes, nonché il posto migliore per dedicarsi agli sport acquatici. A un isolato dal centro, sulla bella baia costeggiata da enormi case di vacanza, troverete una **spiaggia** (estate tutti i giorni; $3) e la Skaneateles Marina, dove potrete noleggiare attrezzatura sportiva (☎ 315/685-5095) e imbarcazioni presso Mid-Lakes Navigation ($11 per 1 ora; ☎ 315/685-8500, *www.midlakesnav.com*). Tra gli **alberghi** segnaliamo il *Colonial Motel*, situato un isolato a ovest di Skaneateles lungo la Hwy-20 (☎ 315/685-5751, *www.colonialmotelon line.com*; ❸) e, sul lago, l'elegante B&B *1899 Lady of the Lake* (2 W Lake St.; ☎ 1-888/685-7997, *www.ladyofthelake.net*; ❼) e il *Sherwood Inn* (26 W Genesee St.; ☎ 315/685-3405, *www.thesherwoodinn.com*; ❺), che ha una bel ristorante e taverna. Potete **mangiare** altrettanto bene ma a prezzi più contenuti al popolare *Doug's Fish Fry* (8 Jordan St.; ☎ 315/685-3288), oppure fare un'abbuffata d'alta classe al *Krebs 1899* (53 W Genesee St.; ☎ 315/685-5714), dove troverete un eccellente buffet di specialità casalinghe americane a meno di $50 a persona e un bar al piano superiore che serve stuzzichini.

A **SENECA FALLS**, situata a ovest della punta settentrionale del Cayuga Lake, nel 1848 Elizabeth Cady Stanton e le sue compagne organizzarono il primo convegno sui diritti delle donne, rivendicando tra le altre cose il diritto di voto (che fu concesso solo nel 1920). La **Wesleyan Chapel** in cui si tenne la riunione fa parte dell'eccellente **Women's Rights National Historical Park** (136 Fall St.; tutti i giorni 9-17; ☎ 315/568-2991, *www.nps.gov/wori*), che ripercorre la storia del movimento per i diritti delle donne e mette in evidenza i legami con quello per i diritti civili degli afroamericani. Un isolato più a est, il **National Women's Hall of Fame** (76 Fall St.; maggio-settembre: lun-sab 10-17, dom 12-17; ottobre-aprile: mer-sab 11-17; $3; ☎ 315/568-8060, *www.greatwomen.org*) commemora circa 200 donne famose, come Emily Dickinson e Sojourner Truth. Se volete fermarvi a **dormire**, l'alternativa migliore è il B&B *Hubbell House* (42 Cayuga St.; ☎ 315/568-9690, *www.hubbellhousebb.com*; ❻). Il *Jeremy's Café* (77 Fall Street; ☎ 315/568-1614) è uno dei numerosi ristoranti del posto. Lungo la sponda occidentale del più grande dei Finger Lakes, la Hwy-89 tra Seneca Falls e Ithaca è stata ribattezzata **Cayuga Wine Trail** ed è costellata di decine di piccole aziende vinicole, come la Sheldrake Point e la Thirsty Owl; entrambe offrono degustazioni a $1.

Ithaca

La pittoresca **ITHACA**, appollaiata sulla punta meridionale del Cayuga Lake, si estende come una piccola San Francisco su una collina che culmina con i grattacieli, i prati e i parchi alberati della **Cornell University**. Nel campus di questa università della Ivy League attraversato da gole, torrenti e laghi meravigliosi, il moderno **Herbert F. Johnson Museum of Art** (mar-dom 10-17; ingresso gratuito; ☎ 607/255-6464, *www.museum.cornell.edu*) progettato dal celebre architetto I.M. Pei di fronte al **ponte sospeso** sulla gola espone una modesta collezione d'arte orientale e moderna, ma merita una visita per la splendida vista della città e del lago che si gode dal 5° piano. Accanto al campus si trova la **Cornell Plantations** (tutti i giorni: alba-tramonto; ingresso libero; ☎ 607/255-2400, *www.plantations.cornell.edu*), il vasto giardino botanico e arboretum gestito dall'università.

I dintorni di Ithaca sono famosi per le numerose **cascate**. Situate 10 miglia (16 km) a nord della cittadina, nei pressi della Hwy-89, le spettacolari **Taughannock Falls** sono più alte delle cascate del Niagara e si gettano con un salto di 64 m in una stretta gola; nei pressi c'è una spiaggia dove è possibile

△ Taughannock Falls

nuotare. Altre belle cascate si trovano nel **Buttermilk Falls State Park**, situato 2 miglia (4 km) a sud di Ithaca lungo la Rte-13. Proseguendo per altre 3 miglia (5 km), le spaventose Lucifer Falls nel lussureggiante **Robert H. Treman State Park** sono assolutamente da non perdere. Il parcheggio costa $7 al giorno ed è valido per tutti e tre i parchi. Il Cayuga Lake offre eccellenti opportunità per fare escursioni in **barca** o dedicarsi al **windsurf**; tavole e imbarcazioni si possono noleggiare presso numerosi operatori, come Cayuga Boat Rentals (Ⓣ 607/277-5072) a Cass Park, nei pressi della Hwy-89.

Notizie utili

I **pullman** Greyhound e di altre compagnie partono e arrivano all'autostazione situata all'angolo tra W State e N Fulton. In Cayuga Avenue, vicino alla Ithaca Commons, la grande biblioteca alimentata da pannelli solari offre l'accesso a **Internet**. L'utile **centro visitatori** (904 di East Shore Drive; lun-ven 9-17, sab 10-17, dom 10-16, orario prolungato in estate; Ⓣ 607/272-1313 o 1-800/284-8422, *www.visitithaca.com*) si trova vicino alla Hwy-34 N. Gli **alberghi** di Ithaca hanno generalmente prezzi contenuti. Il *Cottage Garden Inn* (107 Crescent Place; Ⓣ 607/277-7561, *www.cottagegardeninn.com*; ④) è un accogliente B&B, mentre lo *Statler Hotel* (East Avenue; Ⓣ 1-800/541-2501, *www.statlerhotel.cornell.edu*; ⑦), situato all'interno del campus universitario, è particolarmente piacevole durante le vacanze scolastiche. I **ristoranti** e i **locali** sono concentrati in due zone: il **centro**, che si estende intorno alla zona pedonale chiamata Commons, è la più grande e vanta i locali migliori. All'angolo tra Cayuga St. e Seneca St., nel centro commerciale DeWitt Mall, troverete il *Moosewood* (Ⓣ 607/273-9610), un ristorante rinomato soprattutto per i suoi piatti vegetariani e per i libri di cucina scritti dalla fondatrice del locale, e il *Café DeWitt* (Ⓣ 607/273-3473) che offre insalate fresche e sostanziose a mezzogiorno. A un isolato da qui, *Just a Taste* (116 N Aurora St., Ⓣ 607/277-9463) è un animato wine bar che serve anche stuzzichini. Le vie di **Collegetown** sono costellate di ristoranti economici frequentati dagli studenti; *The Nines* (311

College Ave.; ☎ 607/272-1888) offre la migliore pizza dei dintorni e musica dal vivo. In fondo alla Route 96B, il *Common Ground* (☎ 607/273-1505) è un **bar** frequentato da una clientela omosessuale con ping-pong, tavoli da biliardo e un fantastico patio. Il Kitchen Theatre mette in scena rappresentazioni di **teatro** moderno e d'avanguardia nel suo piccolo auditorium (☎ 607/272-0403, *www.kitchentheatre.com*); per informazioni sul vivace panorama **musicale** di Ithaca, consultate la rivista gratuita *Ithaca Times* (*www.ithacatimes.com*).

Verso le cascate del Niagara: le città lungo il Canale Erie

La fertile regione rurale che si estende da Albany, sulla sponda settentrionale del fiume Hudson, alla fiorente località turistica di **Buffalo** sul Lago Erie, lungo la strada del **Canale Erie**, rappresenta la roccaforte agricola dello Stato di New York. Le zone a est – conosciute anche con il nome di **Central Leatherstocking**, dal nome delle calze protettive che indossavano i primi coloni – sono poco frequentate dai turisti, con l'eccezione del grazioso villaggio di **Cooperstown**. Ansiosi di raggiungere le **cascate del Niagara**, una delle mete turistiche più popolari d'America, molti viaggiatori trascurano anche le località nord-occidentali dello Stato; tuttavia le città industriali di **Syracuse** e **Rochester** vantano alcuni luoghi d'interesse e nei dintorni si possono fare alcune piacevoli deviazioni a pittoreschi villaggi disseminati lungo il canale e ad alcune spiagge isolate sul lago.

Cooperstown

Situata 70 miglia (112 km) a ovest di Albany, **COOPERSTOWN** è una gradevole cittadina adagiata sulle rive alberate del tranquillo Lago Otsego, ribattezzato "Glimmerglass" dallo scrittore James Fenimore Cooper, figlio del fondatore della città. Copperstown è famosa soprattutto per il baseball, che si dice sia nato sul campo del Doubleday Field; lo sport nazionale è commemorato nel vasto **National Baseball Hall of Fame** (Main Street; tutti i giorni 9-17, estate 9-21; $16.50; ☎ 607/547-7200, *www.baseballhalloffame.org*), interessante e piacevole anche per coloro che del baseball non conoscono niente. Il delizioso **Fenimore Art Museum** (aprile-metà maggio e metà ottobre-dicembre: mar-dom 10-16; metà maggio-metà ottobre: tutti i giorni 10-17; $11; ☎ 1-888/547-1450, *www.fenimoreartmuseum.org*), situato poco più a nord lungo Lake Road/Rte-80, espone una pregevole collezione di arte popolare nordamericana e indiana e alcune mostre d'arte moderna. In estate, a Cooperstown si tengono **concerti di musica classica** e rappresentazioni della **Glimmerglass Opera** presso l'Alice Busch Opera Theater, situato lungo le sponde del lago lungo la Hwy-80 a nord della cittadina (☎ 607/547-5704, *www.glimmerglass.org*).

Durante l'estate, gli automobilisti possono lasciare le vetture in uno dei parcheggi gratuiti situati ai margini dell'abitato e prendere il **tram** che tocca i principali luoghi d'interesse (8-21; $3 biglietto giornaliero). La camera di commercio locale gestisce un utile **centro visitatori** (31 Chestnut St.; estate: tutti i giorni 9-18, inverno lun-sab 9-17; ☎ 607/547-9983, *www.cooperstownchamber.org*); per prenotare un **alloggio**, consultate il loro eccellente sito Internet. D'estate, gli eleganti alberghi di Copperstown come *The Inn At Cooperstown* (16 Chestnut St.; ⓣ 607/547-5756, *www.innatcooperstown.com*; ❺) sono piuttosto costosi. Percorrendo la Rte-80, lungo le sponde del grazioso Lago Otsego troverete diversi motel economici di buon livello; *Lake 'N Pines* (ⓣ 607/547-2790 o 1-800/615-5253, *www.lakenpinesmotel.com*; ❸; chiuso dicembre-marzo) offre un ottimo rapporto qualità-prezzo, e il *Blue Mingo Grill* (ⓣ 607/547-7496), più a nord, è uno dei **ristoranti** più buoni e creativi della zona e propone un menu sempre diverso ispirato alla cucina fusion e americana. Se cercate un posto tranquillo dove mangiare qualcosa in città, provate il *Cooperstown Diner*, (136 1/2 Main St.; ⓣ 607/547-9201), che serve prima colazione e hamburger fino alle 14.

Syracuse

SYRACUSE è un'animata cittadina senza particolari attrattive, sviluppatasi grazie all'estrazione del sale e soprattutto alla sua posizione centrale lungo il Canale Erie. Il centro cittadino ha un'atmosfera giovane e vivace grazie alla presenza della Syracuse University ed è stato recentemente riqualificato con una bella zona di negozi, gallerie d'arte e caffè, **Armory Square**, situata nei pressi di Franklin St. e Fayette St. L'**Erie Canal Museum** (318 E Erie Blvd.; mar-sab 10-17, dom 10-15; offerta consigliata $4; ⓣ 315/471-0593, *www.eriecanalmuseum.org*), ospitato in una casa della pesa ottocentesca, ripercorre la storia del canale navigabile progettato nel 1810 lungo il fiume Hudson per favorire lo scambio di merci e di persone tra la regione dei Grandi Laghi e la città di New York. Quando fu finalmente aperto nel 1825, grazie a ingenti finanziamenti e al prezzo di molte vite umane, lungo il canale sorsero alcune fiorenti cittadine.

Il piccolo **centro visitatori** si trova all'interno dell'Erie Canal Museum (stessi orari e contatti). Per quanto riguarda gli **alberghi**, *Ancestors Inn* (ⓣ 315/461-1226 o 1-888/866-8591, *www.ancestorsinn.com*; ❺) è un'eccellente sistemazione sul lago appena fuori città, a Liverpool, mentre il centrale *HI-Downing International Hostel* (535 Oak St.; ⓣ 315/472-5788; ❷) offre posti letto in camerata a partire da $15. Tra i **ristoranti**, *Pastabilities* (311 S Franklin St.; ⓣ 315/474-1153) è rinomato per i deliziosi piatti di pasta e *Lemon Grass*, (238 W Jefferson St.; ⓣ 315/475-1111) è un fantastico ma costoso locale thailandese. Il panorama **musicale** è molto vivace grazie alla presenza degli studenti: per informazioni sugli eventi, consultate la rivista gratuita *Syracuse New Times* (*www.syracusenewtimes.com*). Tra i locali migliori segnaliamo il rumoroso *Dinosaur BBQ* (246 W Willow St.; ⓣ 315/476-1662), che propone musica blues.

Rochester

Circondato da un'area metropolitana molto estesa, il bel centro di **ROCHESTER** è costituito da un isolato di uffici circondato da grandi viali di case signorili. La città è il quartier generale di società dell'alta tecnologia come Bausch & Lomb, Xerox e Kodak, che hanno favorito lo sviluppo di una fiorente economia locale che ha risentito meno che in altre città americane della crisi nazionale e regionale. L'area metropolitana è disseminata di edifici legati alla Kodak (e al suo fondatore, George Eastman) come il Kodak Park, l'Eastman Theater e soprattutto l'**International Museum of Photography**, allestito in un edificio moderno annesso alla George Eastman House, a due miglia (3 km) dal centro (900 East Ave.; mar-sab 10-17, gio 10-20, dom 13-17; $8; ⓣ 585/271-3361, *www.eastmanhouse.org*). In questo eccellente museo potrete ammirare mostre di fotografia che spaziano dalle stampe risalenti alla guerra di secessione a moderne opere di arte fotografica sperimentale; la villa ospita anche uno spazio dedicato alle mostre temporanee e un cinema d'essai, ma l'attrattiva principale sono gli splendidi giardini perfettamente curati. Ritornando verso il centro, dopo pochi isolati si raggiunge il **Rochester Museum & Science Center** (657 East Ave.; lun-sab 9-17, dom 12-17; $9; ⓣ 585/271-4320, *www.rmsc.org*), che propone interessanti mostre interattive su svariati argomenti tra i quali scienza, storia naturale, indiani d'America e storia locale. La vicina **Memorial Art Gallery** (500 University Ave.; mer-dom 11-17, gio 11-21; $10; ⓣ 585/473-7720, *www.mag.rochester.edu*) espone una collezione sorprendentemente ricca che comprende tre Monet e un Rembrandt.

Margaret Woodbury Strong (1897-1969) era una facoltosa cittadina di Rochester e un'instancabile collezionista di oggetti di ogni genere, che alla sua morte lasciò in eredità alla città. Oggi la sua residenza è stata trasformata nello **Strong National Museum of Play** (Manhattan Square; lun-sab 10-17, ven 10-20, dom 12-17; $9,50, bambini $7,50; ⓣ 585/263-2700, *www.strongmuseum.org*), un museo per famiglie dedicato al gioco nella cultura popolare americana, che comprende mostre interattive per bambini (compresa una storia tratta da *Sesame Street*), una giostra con cavalli del 1920 perfettamente funzionante e perfino uno spettacolare giardino delle farfalle. Un'altra famosa residente di Rochester è commemorata nella **Susan B. Anthony House**, nella quale la famosa suffragetta visse dal 1866 al 1906 (17 Madison St.; mar-dom 10-17; $6; ⓣ 585/235-6124, *www.susanbanthonyhouse.org*).

Notizie utili

L'autostazione della compagnia Greyhound si trova in centro, all'angolo tra Broad St. e Chestnut St. La stazione dei treni Amtrak è situata al n. 320 di Central Ave., nella parte settentrionale di Rochester oltre la circonvallazione interna I-490, ed è servita dagli **autobus** pubblici Regional Transit Service (RTS) (ⓣ 585/288-1700, *www.rgrta.com*). Il **centro visitatori** di Rochester si trova al n. 45 di East Ave., tra Chestnut St. e Main St. (lun-ven 8.30-17, sab 10-15; ⓣ 1-800/677-7282, *www.visitrochester.com*). Gli **alberghi** del centro sono mediamente costosi; l'eccellente *428 Mt Vernon B&B* (ⓣ 716/271-0792 o 1-800/836-3159, *www.428mtvernon.com*; ⑥), situato all'entrata del lussureggiante Highland Park, dispone di belle camere, tutte con bagno privato, mentre il *Red Roof Inn* (4820 W Henrietta Rd.; ⓣ 585/359-1100, *www.redroof.com*; ③) è un albergo più economico situato nella parte meridionale della città, vicino all'uscita 46 della I-90.

Tra i **ristoranti** più popolari del centro segnaliamo *Aladdin's Natural Eatery*, (646 Monroe Ave.; ⓣ 585/442-5000), che serve economici piatti mediorientali, e *Nick Tahou Hots* (320 W Main St.; ⓣ 585/436-0184), famoso per il suo "Garbage Plate" ("piatto spazzatura", una specialità locale a base di carne, uova e verdure). Nella zona dell'università, *Jine's Restaurant* (658 Park Ave.; ⓣ 585/461-1280) offre un buon rapporto qualità-prezzo per la prima colazione, mentre da *Esan* (696 Park Ave.; ⓣ 585/271-2271) troverete autentiche specialità thailandesi saporite ed economiche. Nella promettente zona di South Wedge, il ★ *Beale St. Café* (689 South Ave.; ⓣ 585/271-4650) serve abbondanti specialità della cucina del Sud e cajun e blues dal vivo quattro sere alla settimana.

Buffalo

Arrivando con la I-90 nella seconda città dello Stato dopo New York, il centro di **BUFFALO** con le sue guglie art déco e i suoi grattacieli di vetro ricorda una piccola Manhattan situata sul Lago Erie. La frenata dell'economia locale all'inizio del XX secolo, quando molte altre città americane stavano vivendo una fase di grande espansione, ha evitato che molti splendidi edifici storici venissero demoliti per far posto a nuove costruzioni. Tra questi, non mancate di ammirare l'imponente **City Hall** del 1928 (accesso gratuito alla piattaforma panoramica all'ultimo piano), il più alto degli Stati Uniti, e i rilievi in terracotta bruna del **Guaranty Building** di Louis Sullivan in Church Street. Gli enormi **ascensori per il grano**, meraviglie dell'era industriale che si innalzano orgogliosamente lungo il Canale Erie, creano un interessante contrappunto architettonico. Trovandosi vicino al confine canadese, Buffalo vanta inoltre numerosi siti legati alla Underground Railroad (la rete informale di itinerari segreti e luoghi sicuri utilizzati dagli schiavi neri degli Stati Uniti per fuggire in Stati liberi e in Canada).

A nord del centro si trova il vasto Delaware Park, una splendida oasi verde progettata da Frederick Law Olmsted. Al suo interno, l'eccellente **Albright-Knox Art Gallery** (1285 Elmwood Ave.; mer, sab e dom 10-17, gio e ven 10-22; $10; ☎ 716/882-8700, *www.albrightknox.org*) testimonia la vivacità culturale dei ricchi mercanti che fecero di Buffalo un fiorente centro commerciale. La collezione di arte moderna è una delle migliori del mondo e comprende pregevoli opere di artisti americani ed europei tra i quali Pollock, Rothko, Warhol e Rauschenberg; altri fiori all'occhiello della galleria sono la collezione dedicata ai surrealisti e alcuni capolavori di Matisse, Picasso e Monet. Intorno al Delaware Park si estende il quartiere più esclusivo di Buffalo, che ospita alcune case progettate da **Frank Lloyd Wright**, e in particolare il Darwin D. Martin House Complex, che può essere visitato su appuntamento (orari e durata soggetti a variazioni; $15-40; ☎ 716/947-9217, *www.darwinmartinhouse.org*). Tra il parco e il centro cittadino si trova il quartiere più bohémien di Buffalo, **Allentown**; dichiarato National Historic District, le sue vie alberate sono fiancheggiate da incantevoli case vittoriane e costellate di caffè, bar, ristoranti e dalla maggior parte dei locali gay della città.

Buffalo ha una lunga tradizione operaia. I suoi abitanti amano lo **sport** e adorano le squadre della propria città: i Bills (☎ 1-877/228-4257, *www.buffalobills.com*), che militano nel campionato di football americano, la squadra di hockey su ghiaccio dei Sabres (☎ 1-888/467-2273, *www.sabres.nhl.com*) e quella di baseball dei Bisons (☎ 1-888/223-6000, *www.bisons.com*), che gioca nel simpatico stadio del centro e richiama moltissimi spettatori in occasione dei New York Mets.

Arrivo e informazioni

Le compagnie Greyhound, Metro Bus, Metro Rail e i tram cittadini (Metro Bus e Rail ☎ 716/855-7211, *www.nfta.com/metro*) utilizzano la stessa autostazione situata in centro, all'angolo tra Ellicott St. e Church St. Ci sono diverse corse per le **Cascate del Niagara** (vedi p. 124). I **treni** della compagnia Amtrak fermano alla stazione situata a sei isolati di distanza, in Exchange Street, e nel sobborgo di Depew, 8 miglia (13 km) a est di Buffalo ma vicino all'**aeroporto** (☎ 716/630-6020, *www.nfta.com/airport*). Presso l'utile **centro visitatori** (617 Main St.; lun-gio 9-17, ven 9-16, sab 10-14; ☎ 716/852-0511 o 1-

800/283-3256, *www.visitbuffaloniagara.com*) troverete una miniera di informazioni.

Alloggio

Beau Fleuve 242 Linwood Ave. ⓘ 716/882-6116 o 1-800/278-0245, *www.beaufleuve.com*. B&B molto confortevole e arredato con gusto che serve una fantastica prima colazione. ❺

Hampton Inn & Suites 220 Delaware Ave. ⓘ 716/855-2223, *www.hamptoninnbuffalo.com*. Un'ottima alternativa situata in centro, nel cuore del quartiere dei divertimenti; nelle tariffe è compresa la prima colazione. ❺

HI-Buffalo Hostel 667 Main St. ⓘ 716/852-5222, *www.hostelbuffalo.com*. Ostello molto centrale, è la migliore sistemazione economica della zona. Offre letti in camerata a $25 e non c'è il coprifuoco. ❶

Lenox Hotel & Suites 140 North St. ⓘ 716/884-1700 o 1-800/825-3669, *www.roycroftinn.com*. L'edificio in mattoni è un po' tetro, ma è situato in posizione centrale e le camere semplici hanno un buon rapporto qualità-prezzo. ❸

The Mansion on Delaware Avenue 414 Delaware Ave. ⓘ 716/886-3300, *www.mansionondelaware.com*. Sistemazione lussuosa del centro, offre tutti i comfort moderni e una prima colazione prelibata. ❼

Mangiare, bere e vita notturna

Il centro di Buffalo, che si estende intorno a Chippewa St. e Main St., è pieno zeppo di ristoranti e parcheggiare non è un problema. Per uno spuntino veloce, consigliamo le bancarelle economiche e i piccoli caffè polacchi dell'antico **Broadway Market** situato in 999 Broadway. Nel tratto di Chippewa St. compreso tra Delaware Avenue e Main Street si trovano numerosi bar e **locali notturni**. La maggior parte dei teatri e delle sedi di **spettacoli** sono concentrati lungo Main St., tra Chippewa St. e Tupper St. L'Asbury Hall, situato all'interno del *Babeville* di Ani DiFranco (341 Delaware Ave.; ⓘ 716/852-3835, *www.babevillebuffalo.com*), ospita concerti e altri eventi. Per informazioni sugli spettacoli, consultate il settimanale gratuito *Art Voice* (*www.artvoice.com*) o la rivista omosessuale *Outcome* (*www.outcomebuffalo.com*).

Anchor Bar 1047 Main St. ⓘ 716/886-8920, *www.anchorbar.com*. Questo è il locale che rivendica la paternità della specialità di Buffalo, le famose ali di pollo fritte in salsa piccante con gorgonzola e sedano.

Bacchus Wine Bar & Restaurant 54 W Chippewa St. ⓘ 716/854-9463. Bar-ristorante aperto fino a tardi dove ascoltare musica jazz, blues, folk e world.

Cole's 1104 Elmwood Ave., Allentown ⓘ 716/886-1449. Tavola calda animata e informale, serve un gustoso ed economico assortimento di stuzzichini, insalate, hamburger, involtini e piatti di pollo e birre discrete.

India Gate 1116 Elmwood Ave. ⓘ 716/886-4000. Ristorante indiano buono ed economico con un abbondante buffet a mezzogiorno.

Nietzsche's 248 Allen St. ⓘ 716/886-8539, *www.nietzsches.com*. Bar con personale simpatico e prezzi moderati, offre tutte le sera una varietà di esibizioni di musica dal vivo; sul retro del locale c'è uno spazio per chi vuole ballare.

Spot Coffee 227 Delaware Ave. ⓘ 716/856-BREW; 765 Elmwood Ave. ⓘ 716/332-5288, *www.spotcoffee.com*. Leggendario e animato locale con sedi in due dei quartieri più alla moda di Buffalo, serve piatti semplici e buoni drink. La sede di Elmwood è collegata alla New World Records, una delle migliori etichette musicali di Buffalo.

Cascate del Niagara

Le **CASCATE DEL NIAGARA** si trovano a cavallo tra gli Stati Uniti e il Canada, circa 20 miglia (32 km) a nord di Buffalo lungo la I-190. Ogni secondo, dalle cascate precipitano quasi 2.800 m^3 d'acqua e questo spettacolo eccezionale è reso ancora più straordinario grazie a una varietà di metodi che permettono di avvicinarsi il più possibile alle cascate: imbarcazioni, ponti pedo-

nali, torri panoramiche e perfino elicotteri. La sera le cascate sono illuminate e l'acqua colorata precipita fragorosamente nell'oscurità, mentre in inverno lo scenario cambia completamente e le cascate si trasformano in giganteschi ghiaccioli dalla punta affilata.

Non mancano purtroppo le tipiche attrazioni destinate ai turisti: locali di famose catene come l'*Hard Rock Café* e vari casinò situati sui due versanti hanno trasformato la zona in una sorta di Las Vegas acquatica, ma il parco statale circostante offre una piacevole oasi verde in cui rifugiarsi. Le cascate si trovano in due città separate che portano lo stesso nome: **Niagara Falls**, nello Stato di New York, e **Niagara Falls**, nello Stato dell'**Ontario**. Nessuna delle due è particolarmente interessante, e dopo che avrete ammirato le cascate da tutte le angolazioni possibili e visitato la **Gola del Niagara**, vi consigliamo di fare ritorno a Buffalo.

Arrivo, informazioni e trasporti locali

I **treni** da New York a Toronto fermano alla stazione situata a 2 miglia (3 km) dal centro di Niagara Falls, all'angolo tra 27th Street e Lockwood Road. L'**autostazione** si trova in centro al n. 303 di Rainbow Boulevard e a dieci minuti a piedi dalle cascate. Arrivando in **automobile**, seguite le indicazioni per il parcheggio principale situato vicino alle cascate, il cui costo è di $10 – evitate i costosi parcheggi privati fuori dal parco. Per **informazioni** rivolgetevi alla Niagara Tourism & Convention Corporation (345 3rd St.; ☎ 716/282-8992 o 1-800/325-5787, *www.niagara-usa.com*) e al Niagara Falls State Park Visitors

△ Cascate del Niagara

Center (☎ 716/278-1796) vicino alle cascate. Gli **autobus locali** della compagnia Metro Transit System (biglietto $1,50, più 25¢ per ogni zona; ☎ 716/285-9319, *www.nfta.com*) servono tutte le zone della città e Buffalo (vedi p. 123).

Alloggio

Se non avete prenotato, gli **alberghi** nel centro di Niagara Falls possono essere molto costosi ma la concorrenza è tale che non è difficile trovare qualche buona offerta. La US-62 (Niagara Falls Blvd.), a est della I-190, è costellata di decine di motel economici frequentati da numerose coppie in luna di miele. Il **campeggio** più vicino è il *Niagara Falls Campground & Lodging* (2405 Niagara Falls Blvd.; aprile-ottobre; ☎ 716/731-3434, *www.niagarafallscampground.net*; suite a partire da $35) situato a 6 miglia (10 km) dal centro.

Crowne Plaza 300 3rd St. ☎ 716/285-3361 o 1-800/953-2557, *www.crowneplaza.com/niagarafalls*. Uno dei tipici alberghi appartenenti a catene del centro, sempre molto affollati in alta stagione. ❺

HI-Niagara Falls 1101 Ferry Ave. ☎ 716/282-3700, *eniagarahostel@gmail.com*. Ostello accogliente e ben gestito, offre letti in camerata a partire da $18, singole da $44 e camere più grandi. I soci HI hanno la precedenza e in estate è richiesta la prenotazione. ❸

Park Place B&B 740 Park Place ☎ 716/282-4626 o 1-800/510-4626, *www.parkplacebb.com*. Accogliente B&B vicino al centro, offre una prima colazione completa e pasticcini nel pomeriggio. ❹

Red Coach Inn 2 Buffalo Ave. ☎ 716/282-1459 o 1-866/719-2070, *www.redcoach.com*. Popolare B&B in falso stile Tudor con vista sulle cascate. ❹

Seneca Niagara Casino & Hotel 310 4th St. ☎ 716/299-1100 o 1-877/873-6322, *www.senecaniagaracasino.com*. Lussuoso albergo dall'interno vistoso quanto l'entrata illuminata al neon. Le tariffe variano notevolmente – consultate il sito Internet per le offerte on line. Nel complesso ci sono alcuni rinomati ristoranti. ❻

Le cascate

Le **cascate del Niagara** sono costituite da tre cataratte separate. Le più alte sono le **American Falls** e le **Bridal Veil Falls** sul lato americano del fiume, separate da un'isoletta chiamata Luna Island, che compiono un salto di circa 54 m; sul lato canadese, le ampie **Horseshoe Falls** a forma di ferro di cavallo sono molto più imponenti. Le cascate si formarono circa 12.000 anni fa in seguito alla ritirata dei ghiacciai che provocò il deflusso delle acque del Lago Erie nel Lago Ontario, situato più a nord. Da quell'epoca, l'erosione ha fatto lentamente arretrare le cascate di circa 7 miglia (11 km).

Il comodo ma stucchevole **Niagara Scenic Trolley** ($2) collega tutti i parcheggi con i principali punti panoramici all'interno del Niagara Falls State Park. Rimanendo sul lato americano, i panorami più belli si possono ammirare dalla **Observation Tower** (tutti i giorni 10-17; $1) e dalla base della torre, vicino alle cascate. Su **Goat Island** al centro del fiume, il Terrapin Point è un punto panoramico che offre la possibilità di ammirare un panorama altrettanto incantevole sulle Horseshoe Falls. Nel XIX secolo, il funambolo Blondin attraversò più volte le cascate camminando su un filo, da solo e con un compagno sulle spalle. Sono in molti gli spericolati che nel corso della storia hanno provato a sfidare le cascate gettandosi con botti, canoe o altri mezzi (vedi riquadro). Il motivo per cui questo "sport" è stato vietato dalla legge diventa evidente durante il giro alla base delle cascate con la barca **Maid of the Mist**, che parte ogni 15 min ai piedi della torre panoramica (maggio-ottobre: tutti i giorni 9.15-19.30; $12,50, bambini $7,50; Ⓣ 716/284-8897, *www.maidofthemist.com*) ed è caldamente consigliato. Un altro modo eccellente per vedere da vicino le cascate è prendere l'ascensore situato su Goat Island e scendere nella **Cave of the Winds** (metà maggio-fine ottobre: tutti i giorni 8-22; $10, bambini $7; Ⓣ 716/278-1730), la "Grotta dei venti" da dove partono alcune passerelle che si spingono fino a pochi metri dalle cascate; l'escursione è particolarmente suggestiva di sera. Il "**Discovery Pass**" per questa e altre attrazioni, in vendita presso il centro visitatori, costa $30 per gli adulti e $23 per i bambini.

Se desiderate concedervi un'esperienza davvero mozzafiato, sia dal punto di

Pazzi e miracoli

Quindici persone si sono gettate dai 50 m delle **Horseshoe Falls**, e, incredibilmente, dieci sono sopravvissute. La prima temeraria fu Annie Taylor, di 63 anni, che nel 1901 si gettò nella cascata in una botte di legno procurandosi solo qualche escoriazione. Da allora, molti amanti del brivido hanno provato a imitarla sfidando la natura con ogni mezzo, dalle gigantesche palle di gomma ai serbatoi per l'acqua. L'ultimo sopravvissuto al salto, nel 2003, fu un aspirante suicida che dopo essersi salvato decise che non voleva più morire. Meno fortunato fu Red Hill, che nel 1945 si gettò nella cascata con un cilindro salvagente formato da camere d'aria e reti che aveva chiamato "The Thing" ("la cosa"), sfracellandosi. In seguito ci furono altre morti insensate: da quella di un aspirante stuntman in kayak che rifiutò di indossare il casco per paura che gli nascondesse il viso durante le riprese, a quella di un appassionato di jetski il cui paracadute, piegato male, non si aprì.

Ma la storia più miracolosa è quella di Roger Woodward, un bambino di sette anni che nell'estate del 1960 si imbarcò insieme alla sorella maggiore per una gita sul fiume Niagara. Quando la barca ebbe un guasto al motore e si capovolse, tutti caddero nel fiume. Sua sorella fu tratta in salvo, ma Roger e il capitano, James Honeycutt, furono trascinati giù dalle cascate con l'unica protezione di un giubbetto di salvataggio. Honeycutt morì, ma il ragazzo riaffiorò vicino a un'imbarcazione turistica alla base delle cascate, ammaccato e in preda a commozione cerebrale ma miracolosamente vivo, unico sopravvissuto a un volo dalle cascate senza nessuna protezione.

vista del panorama sia da quello finanziario, potete perlustrare la zona in **elicottero** rivolgendovi a Rainbow Air Inc (454 Main St.; 9-tramonto; prezzi soggetti a variazioni; ☎ 716/284-2800). Per ammirare gli splendidi panorami dalla parte canadese delle cascate, potete attraversare a piedi in 20 min il **Rainbow Bridge** (50¢ in direzione del Canada, ritorno negli Stati Uniti gratis; è richiesto il passaporto). Vi sconsigliamo di attraversare il ponte in automobile: oltre al pedaggio di $3,25, il parcheggio sul lato canadese è costoso e i controlli alla dogana sono più probabili.

Mangiare e bere

La maggior parte dei **ristoranti** di Niagara Falls sono fast food di qualità scadente, ma ci sono anche alcuni discreti bar e ristoranti, soprattutto nella parte canadese.

Como Restaurant 2200 Pine Ave. ☎ 716/285-9341. Raffinato ristorante italiano con piatti buoni e abbondanti e prezzi contenuti.

Hard Rock Café 333 Prospect St. ☎ 716/282-0007. Il locale della famosa catena americana a tema musicale è costoso e un po' stereotipato, ma il bar è animato e ben fornito.

The Orchard Grill 1217 Main St. ☎ 716/282-8079. Locale alla mano con un bel patio all'aperto, serve porzioni abbondanti di specialità americane.

Sadar Sahib 431 3rd St. ☎ 716/282-0444. Autentica curry house con specialità del Punjab e indiane a prezzi economici.

Top Of The Falls Goat Island, Niagara Falls State Park ☎ 716/278-0340. Propone i classici piatti della cucina americana in un fantastico locale con le pareti a vetrate che offrono belle vedute delle cascate da qualsiasi punto della sala.

Pennsylvania

Esplorata dagli olandesi all'inizio del 1600, la **PENNSYLVANIA** fu colonizzata dagli svedesi 40 anni più tardi e conquistata dagli inglesi nel 1664. Nel 1682 Carlo II d'Inghilterra si sbarazzò dello scomodo giovane **William Penn**, appassionato difensore della libertà religiosa, assegnandogli un appezzamento di terra come saldo del debito che aveva con la sua famiglia. Penn Jr. fondò immediatamente una colonia come "esperimento sacro" di "amore fraterno" e tolleranza, che intitolò a suo padre, e diede il buon esempio firmando un trattato di convivenza pacifica con le popolazioni indigene. Gran parte dei primi coloni erano rifugiati religiosi, quaccheri come lo stesso Penn e mennoniti fuggiti dalla Germania e della Svizzera, ai quali si aggiunsero i cattolici irlandesi durante la carestia delle patate del XIX secolo.

Il cosiddetto "Keystone State" ("Stato Chiave di Volta") svolse un ruolo decisivo nell'attività del movimento indipendentista. Politici e pensatori come **Benjamin Franklin** si riunirono a Filadelfia, dove furono redatte la Dichiarazione d'indipendenza e la Costituzione, e articolarono le idee che portarono alla guerra d'indipendenza americana. Successivamente la battaglia di Gettysburg, nel sud della Pennsylvania – ricordata per l'immortale **discorso di Gettysburg** di Abraham Lincoln – segnò una svolta nella guerra di secessione. Molto tempo dopo, lo Stato assunse un ruolo di primo piano a livello industriale: nel XIX secolo Pittsburgh, nella Pennsylvania occidentale, divenne la capitale mondiale dell'acciaio e dai suoi giacimenti viene tuttora estratto quasi tutto il carbone nazionale.

I due grandi centri urbani di **Filadelfia** e **Pittsburgh**, situati alle estremità opposte dello Stato, sono animate ed esuberanti mete turistiche. Le 300 miglia (480 km) che le dividono, pur prevalentemente agricole, racchiudono una grande varietà di paesaggi. Ci sono più di 100 parchi statali, con verdi campagne ondulate a est e fitte foreste a ovest. La **Lancaster County**, abitata dalla comunità religiosa degli amish, il campo di battaglia di **Gettysburg** e la fabbrica di cioccolato di **Hershey**, a pochi minuti di viaggio dalla capitale dello Stato **Harrisburg**, richiamano migliaia di visitatori. Nell'angolo nord-occidentale dello Stato, il **Lago Erie** e la cittadina omonima rappresentano l'unica località balneare dello Stato.

Come muoversi

Pianificando con cura il viaggio, è possibile visitare la Pennsylvania utilizzando i **mezzi di trasporto pubblici**, anche se è preferibile disporre di un'**automobile**. Sia la I-76 (la Pennsylvania Turnpike) sia la I-80 attraversano lo Stato da est a ovest per più di 400 miglia (640 km) fino all'Ohio. Anche la US-30 (la Lincoln Highway) corre da est a ovest, collegando Filadelfia a Pittsburgh via Lancaster City, York e Gettysburg. I treni **Amtrak** collegano tutti i giorni Filadelfia a Pittsburgh fermando a Lancaster City, Harrisburg e altre località minori. I pullman della compagnia **Greyhound** servono tutte le principali città e alcune cittadine che non sono raggiunte dalla ferrovia.

Filadelfia

La prima capitale degli Stati Uniti, **FILADELFIA** (*Philadelphia*), fu fondata nel 1682 dal **quacchero** William Penn Jr. seguendo uno schema a griglia adottato in seguito dalla maggior parte delle città americane e strutturandola come una "greene countrie towne", con ampie piazze, parchi e spazi aperti. Ancora oggi, a pochi isolati dal rumore e dalla confusione del centro, le viuzze acciottolate costeggiate di case coloniali in mattoni rossi e la pace e il silenzio del vasto Fairmount Park fanno dimenticare di trovarsi in una grande metropoli. Filadelfia divenne ben presto un importante centro di commerci (intorno al 1750 era la seconda città dell'impero britannico) e il principale focolaio del movimento rivoluzionario. In seguito fu la capitale della nuova nazione dagli inizi della **guerra d'indipendenza** fino al 1800, quando le subentrò Washington, DC. Qui furono redatte, firmate e lette per la prima volta in pubblico la **Dichiarazione d'indipendenza**, nel 1776, e la **Costituzione degli Stati Uniti**, dieci anni più tardi. Sotto la guida dello scienziato, filosofo, statista, inventore e stampatore **Benjamin Franklin**, Filadelfia divenne anche un importante centro per lo sviluppo delle arti e delle scienze.

Filadelfia, che in greco significa "città dell'amore fraterno", è effettivamente una delle città più **multietniche** degli Stati Uniti e ospita nutrite comunità italiane, irlandesi, polacche e asiatiche che convivono accanto alla numerosa popolazione **afroamericana**. Molti dei residenti neri sono i discendenti degli immigrati arrivati a Filadelfia dopo la guerra di secessione, quando la città era considerata un baluardo della tolleranza e del liberismo. Un secolo dopo elesse il primo sindaco di colore del paese ed eresse il migliore museo di storia e cultura afroamericana degli Stati Uniti. A "Philly" la tradizione quacchera è ancora molto viva e i membri della **Society of Friends** si riuniscono in grandi raduni e congregazioni. D'altro canto, Filadelfia è anche il luogo in cui nel 1985, durante una vasta operazione di polizia per sgomberare il gruppo separatista MOVE, una bomba lanciata da un elicottero incendiò interi isolati uccidendo uomini, donne e bambini e lasciando centinaia di persone senza una casa. Chiamata in passato "Filthydelphia" ("filthy" in inglese significa "sudicio"), nel 1976 la città è stata sottoporta a un importante progetto di riqualificazione in occasione del bicentenario della nazione. Oggi la forza di Filadelfia è la sua grande energia, alimentata dalla storia e dalle forti istituzioni culturali e radicata nei suoi molti quartieri solidamente tradizionali. Nell'ottobre 2008, il trionfo dei Phillies nel campionato professionistico di baseball americano ha risollevato lo spirito della città nonostante la crisi economica globale.

Arrivo e informazioni

Il **Philadelphia International Airport** (T 215/937-6800, *www.phl.org*) è situato 7 miglia (11 km) a sud-ovest del centro, nei pressi della I-95. La corsa in **taxi** fino in città costa circa $30 (provate Yellow Cab; T 215/829-4222). L'aeroporto è servito anche dalla linea regionale South East Pennsylvania Transit Authority (**SEPTA**), con treni ogni 30 min (4.30-23.30; $6; vedi "Trasporti urbani" più avanti) che effettuano cinque fermate nel centro di Filadelfia: Eastwick Station, University City, 30th Street vicino all'università, Suburban Station vicino alla City Hall e Market East, adiacente all'autostazione della compagnia Greyhound, all'angolo tra 11th St. e Filbert St. La magnifica **30th Street Station** della **Amtrak**, situata sull'altra sponda del fiume Schuylkill nella zona universitaria (navetta gratuita SEPTA per il centro) è uno dei nodi ferroviari più trafficati del paese. Un sistema molto più economico per raggiungere la Jersey Shore, Princeton, New York e le località suburbane della Pennsylvania consiste nel prendere il treno suburbano SEPTA e proseguire con la coincidenza della compagnia **NJ Transit**.

Presso l'ottimo **Independence Visitor Center** (all'angolo tra 6th St. e Market St.: tutti i giorni: fine giugno-agosto 8.30-17; resto dell'anno 8.30-19; T 215/965-7676 o 1-800/537-7676; *www.independencevisitorcenter.com*) troverete una miriade di informazioni utili per visitare il centro cittadino o l'Independence National Historic Park e potrete acquistare il conveniente **Philadelphia Pass**, che offre l'accesso a più di 30 luoghi d'interesse turistico (validità 1-5 giorni; $47-88; *www.philadelphiapass.com*); il centro visitatori ha un piccolo ufficio in centro all'interno del municipio, stanza 121 (lun-ven 9-17; T 215/686-2840).

Trasporti urbani e visite guidate

SEPTA (T 215/580-7800, *www.septa.org*) gestisce una vasta rete di **autobus** e una linea della **metropolitana**. Le linee della metropolitana più utili attraversano la città da est a ovest (linea Market-Frankford) e da nord a sud (linea Broad Street); l'autobus più comodo è il n. 76, che parte dalla zona di Penn's Landing e Independence Hall, percorre Market Street passando dalla City Hall e raggiunge i musei e il Fairmount Park. Per viaggiare su autobus e metropolitana occorre disporre della cifra esatta di $2 oppure procurarsi l'apposito get-

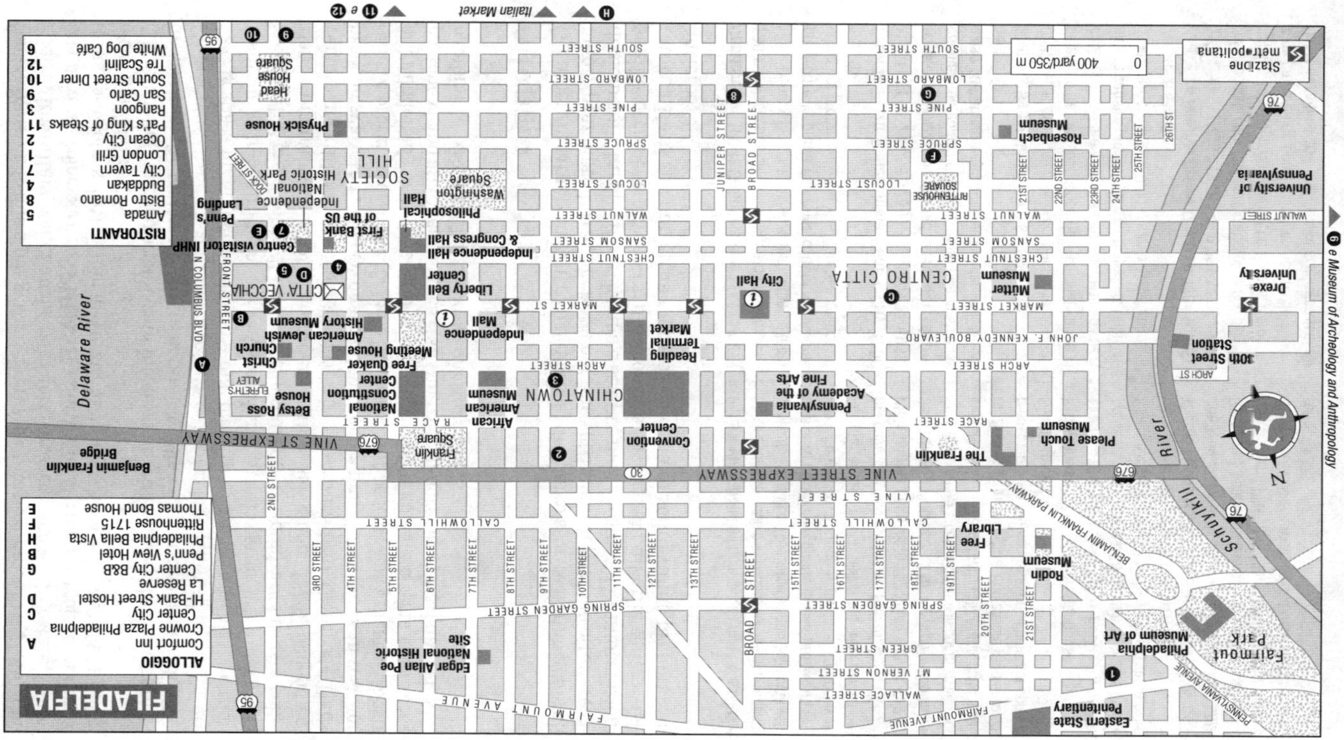

FILADELFIA

ALLOGGIO

- Comfort Inn A
- Crowne Plaza Philadelphia Center City C
- HI-Bank Street Hostel D
- La Reserve Center City B&B G
- Penn's View Hotel B
- Philadelphia Bella Vista H
- Rittenhouse 1715 F
- Thomas Bond House E

RISTORANTI

- Amada 5
- Bistro Romano 8
- Buddakan 4
- City Tavern 7
- London Grill 1
- Ocean City 2
- Pat's King of Steaks 11
- Rangoon 3
- San Carlo 9
- South Street Diner 10
- Tre Scalini 12
- White Dog Café 6

Stazione metropolitana

0 400 yard/350 m

Delaware River
Benjamin Franklin Bridge
Schuylkill River
Fairmount Park
Philadelphia Museum of Art
Eastern State Penitentiary
Rodin Museum
Free Library
The Franklin
Please Touch Museum
Edgar Allan Poe National Historic Site
Franklin Square
Convention Center
Pennsylvania Academy of the Fine Arts
African American Museum
CHINATOWN
National Constitution Center
Betsy Ross House
Elfreth's Alley
Christ Church
Free Quaker Meeting House
American Jewish History Museum
Independence Mall
Reading Terminal Market
City Hall
Liberty Bell Center
CITTÀ VECCHIA
Centro visitatori INHP
Independence Hall & Congress Hall
Philosophical Hall
First Bank of the US
Penn's Landing
Independence National Historic Park
Washington Square
SOCIETY HILL
Physick House
Head House Square
CENTRO CITTÀ
Mütter Museum
Rittenhouse Square
Rosenbach Museum
30th Street Station
Drexel University
University of Pennsylvania

Fairmount Avenue, Wallace Street, Mt Vernon Street, Green Street, Spring Garden Street, Callowhill Street, Vine Street, Vine Street Expressway, Race Street, Arch Street, John F. Kennedy Boulevard, Market Street, Chestnut Street, Sansom Street, Walnut Street, Locust Street, Spruce Street, Pine Street, Lombard Street, South Street, Juniper Street, Broad Street, N Columbus Blvd, Front Street, Dock Street, Benjamin Franklin Parkway, Pennsylvania Avenue, Arch St

2nd Street, 3rd Street, 4th Street, 5th Street, 6th Street, 7th Street, 8th Street, 9th Street, 10th Street, 11th Street, 12th Street, 13th Street, 15th Street, 16th Street, 17th Street, 18th Street, 19th Street, 20th Street, 21st Street, 22nd Street, 23rd Street, 24th Street, 25th Street, 26th St

95, 676, 30, 76

H ▲ Italian Market ▲ 11 e 12
▲ 6 e Museum of Archeology and Anthropology

tone (acquistando due o più gettoni, il prezzo unitario ammonta a $1,45); i biglietti **giornalieri**, validi anche per l'aeroporto, costano $6. In estate, l'autobus navetta color porpora **PHLASH** effettua un percorso circolare in centro (giugno-ottobre: tutti i giorni 10-20; $2; giornaliero $5; ☎ 215/474-5274, *www.phillyphlash.com*).

A Filadelfia vengono organizzate interessanti **visite guidate** incentrate su diverse tematiche. Per un giro panoramico della città, la compagnia Big Bus Company (☎ 215/389-8687, *www.phillytour.com*; biglietto valido per 24 ore $27) gestisce un autobus scoperto a due piani con fermate a richiesta e commento ai principali luoghi d'interesse. Mural Arts Program offre una visita guidata di 2 ore a bordo di un tram che consente di ammirare la vasta collezione di murales della città (aprile-novembre: sab e dom 12.30, maggio-novembre: mer 10; $25; ☎ 215/389-8687, *www.muralarts.org*). Centipede Tours propone svariate visite personalizzate in compagnia di una guida in costume (orari e prezzi diversi; ☎ 215/735-3123, *www.centipedeinc.com*), mentre Ghosts of Philadelphia organizza ogni sera lugubri visite guidate a tema storico che partono vicino all'Independence Hall (fine marzo-novembre, orari diversi; $17, bambini $8; ☎ 215/413-1997, *www.ghosttour.com*).

Alloggio

Gli alberghi situati in centro o nei pressi del parco storico hanno generalmente prezzi proibitivi, anche se nei fine settimana si possono ottenere riduzioni sulle tariffe. Il parcheggio è sempre molto costoso. Per informazioni sugli esercizi che offrono tariffe scontate, rivolgetevi all'utile centro visitatori; i **B&B** sono un'ottima alternativa, ma di solito vanno prenotati in anticipo.

Comfort Inn 100 N Columbus Blvd. ☎ 215/627-7900, *www.comfortinn.com*. Situato in bella posizione vicino a Penn's Landing, questo albergo a più piani offre la prima colazione continentale compresa nel prezzo della camera. Tariffe scontate on line. ❻

Crowne Plaza Philadelphia Center City 1800 Market St. ☎ 215/561-7500 o 1-877/227-6963, *www.crowneplaza.com*. Questo albergo elegante frequentato da uomini d'affari, con un pub in stile inglese che affaccia sull'atrio, è uno dei migliori del centro. ❾

HI-Bank Street Hostel 32 S Bank St. ☎ 215/922-0222, *www.bankstreethostel.com*. Accogliente ostello situato tra l'Independence Hall National Park e la città vecchia, offre letti in camerata a partire da $27, alcune camere private e tè e caffè gratuiti. Chiusura 11-16.30; coprifuoco 0.30 durante la settimana, 1 venerdì e sabato. ❸

La Reserve Center City B&B 1804 Pine St. ☎ 215/735-1137 o 1-800/354-8401, *www.lareservebandb.com*. Camere incantevoli, le due più economiche con bagno in comune. La simpatica proprietaria prepara una prima colazione non molto abbondante ma ottima ed è una miniera di informazioni. ❺

Penn's View Hotel all'angolo tra Front St. e Market St. ☎ 215/922-7600 o 1-800/331-7634, *www.pennsviewhotel.com*. Questo albergo situato nella città vecchia offre un ottimo rapporto qualità-prezzo, un servizio fantastico e camere pulite e confortevoli. Accanto all'atrio c'è un bellissimo wine bar. La prima colazione è compresa nel prezzo. ❻

Philadelphia Bella Vista 752 South 10th St. ☎ 215/238-1270 o 1-800/680-1270, *www.philadelphiabellavistabnb.com*. Piccolo e dipinto in colori vivaci, con camere piccole ma confortevoli, è una delle sistemazioni migliori della città. Può essere raggiunto comodamente sia dal centro sia dall'animata zona di South Street. ❹

Rittenhouse 1715 1715 Rittenhouse Sqare St. ☎ 215/546-6500 o 1-877/791-6500, *www.rittenhousebb.com*. Questo B&B di charme situato in centro offre varie camere con i bagni in marmo e alcune suite particolarmente lussuose. ❽

Thomas Bond House 129 S 2nd St. ☎ 1-800/845-2663, *www.winston-salem-inn.com/philadelphia*. B&B con 13 camere situato vicino all'Independence Hall National Park, in un imponente edificio ristrutturato del 1769 deturpato da un brutto parcheggio sul retro. ❺

La città

Il centro di Filadelfia si sviluppa per circa 2 miglia (3 km) ed è delimitato a ovest dal fiume Schuylkill e a est dal fiume Delaware; l'area metropolitana si estende per molti chilometri in tutte le direzioni, ma i principali luoghi d'interesse turistico si trovano nella zona centrale. I quartieri del centro sono compatti, si trovano a breve distanza tra loro e si possono visitare comodamente a piedi grazie all'intelligente planimetria a griglia progettata da Penn.

Independence National Historic Park

La visita di Filadelfia non può iniziare che dall'**Independence National Historic Park**, o **INHP** (☎ 215/597-8974 o 215/965-2305, *www.nps.gov/inde*), "il miglio quadrato più ricco di storia di tutta l'America". Il parco occupa quattro isolati a ovest del fiume Delaware, tra Walnut St. e Arch St., ma per visitarlo occorre come minimo un giorno. Gli imponente edifici in mattoni rossi, non sempre aperti al pubblico, testimoniano l'ossessione dell'architettura georgiana (e dopo la guerra d'indipendenza, federalista) per l'equilibrio e la simmetria.

Salvo diversa indicazione, tutti i siti storici dell'INHP sono aperti 365 giorni all'anno dalle 9 alle 17, talvolta più a lungo in estate, e l'ingresso è gratuito. Le **visite guidate** gratuite partono dietro all'ala est dell'Independence Hall, l'edificio più importante del parco. Per tutto il giorno, attori vestiti con costumi d'epoca offrono interessanti esibizioni in diversi punti del sito; procuratevi una cartina e una copia gratuita di *The Gazette* con l'elenco delle rappresentazioni. Vi consigliamo di visitare subito l'**Independence Hall**, per evitare le orde di turisti e gli studenti in gita scolastica (in alta stagione, i biglietti gratuiti vanno ritirati presso l'Independence Visitor Center). Costruita nel 1732 e chiamata originariamente Pennsylvania State House, è il luogo in cui l'8 luglio 1776 la Dichiarazione d'indipendenza fu redatta, firmata e letta per la prima davanti a un pubblico chiamato a raccolta dai rintocchi della Liberty Bell. Oggi nella sala in cui Jefferson e gli altri delegati ratificarono e firmarono la Costituzione degli Stati Uniti d'America si può vedere la sedia di George Washington con il sole dipinto a metà sullo schienale – Franklin, con il suo caratteristico ottimismo, disse che si trattava di un "sole che sorge".

La **Liberty Bell**, installata nel campanile dell'Independence Hall nel 1753, veniva fatta suonare solo in occasioni di particolare importanza come le vittorie e le sconfitte nella guerra d'indipendenza americana. Ci sono molte leggende sulle cause della crepa apertasi nella campana, ma una cosa è certa: ha suonato per l'ultima volta nel 1846 per celebrare l'anniversario della nascita di George Washington. Qualche anno dopo, l'iscrizione tratta dalla Bibbia (Levitico) che proclama la libertà per tutti gli uomini fece della campana un simbolo del movimento abolizionista del New England, che la chiamò Liberty Bell. Dopo la guerra di secessione, la campana silenziosa fu adottata come simbolo di libertà e riconciliazione e portata in giro per tutto il paese. Oggi l'icona bronzea è custodita all'interno del **Liberty Bell Center**, il nuovo centro multimediale dell'INHP.

Accanto all'Independence Hall sorge la **Congress Hall** (all'angolo tra 6th St. e Chestnut St.). Costruita nel 1787 la Philadelphia County Courthouse, come venne in origine chiamata, è il luogo in cui si riuniva il Congresso nel periodo in cui Filadelfia ricoprì il ruolo di capitale della nuova nazione e dove furono scritte le fondamenta governative degli Stati Uniti. La **First Bank of**

the United States (all'angolo tra 3rd St. e Chestnut St.) fu fondata nel 1797 per formalizzare la nuova valuta degli Stati Uniti, che avrebbe sostituito le numerose valute utilizzate nelle colonie. Nel 1774 i delegati del primo Congresso Continentale – antenato del Congresso degli Stati Uniti – sfidarono la corona britannica riunendosi nella **Carpenter's Hall** (320 Chestnut St.); oggi l'edificio ospita una mostra di attrezzi e mobili dell'epoca (mar-dom 10-16). Proseguendo verso nord, il **Franklin Court** (313 Market St.) rende omaggio a Benjamin Franklin con un complesso costruito dove un tempo sorgeva la sua casa. Nell'interessante museo sotterraneo si possono ascoltare divertenti registrazioni delle sue citazioni più famose e delle riflessioni dei suoi contemporanei e visitare una stamperia funzionante. Il **B Free Franklin Post Office** (316 Market St.) vende francobolli e ospita un piccolo museo della posta.

Tra gli altri edifici storici del parco ricordiamo l'originale **Free Quaker Meeting House**, due isolati a nord di Market St. (all'angolo tra 5th St. e Arch St.), costruita nel 1783 da un piccolo gruppo di quaccheri che combatterono nella guerra d'indipendenza americana. La **Philosophical Hall** (104 S 5th St.; marzo-settembre: mer-dom 10-16; resto dell'anno gio-dom 10-16; ingresso libero) è tuttora la sede della prima associazione filosofica del paese, fondata da Benjamin Franklin; buona parte dell'edificio è chiuso al pubblico, ma si possono visitare alcune mostre che ripercorrono la storia della scienza americana. L'imperdibile **National Constitution Center** (525 Arch St.; dom-ven 9.30-17, sab 9.30-18; $12; ☎ 1-866/917-1787 o ☎ 215/409-6600, *www.constitutioncenter.org*) è un moderno e provocatorio museo interattivo dove potrete imparare tutto sul documento più famoso e venerato d'America.

Città vecchia

A nord dell'INHP inizia la **città vecchia**, il nucleo commerciale originario di Filadelfia situato vicino al fiume sopra Market Street. Poco più a nord sorge la **Christ Church** (2nd St.; orari visite soggetti a variazioni; ☎ 215/922-1695, *www.christchurchphila.org*), una chiesa del 1727 circondata dalle lapidi dei firmatari della Dichiarazione d'indipendenza che contava tra i suoi fedeli Washington, Franklin e Betsy Ross. Nel cimitero ufficiale della chiesa, situato due isolati più a ovest all'angolo tra 5th St. e Arch St., si trova la **tomba di Benjamin Franklin**. La **Betsy Ross House** (239 Arch St.; aprile-ottobre: tutti i giorni 10-17; novembre-marzo: mar-dom 10-17; $3; ☎ 215/686-1252, *www.betsyrosshouse.org*) commemora, attraverso alcune insignificanti statue di cera, la donna che secondo la leggenda ha cucito la prima bandiera degli Stati Uniti.

La piccola **Elfreth's Alley** è una graziosa stradina acciottolata situata nei pressi di 2nd Street tra Arch St. e Race St., che molti considerano la più antica strada degli Stati Uniti abitata fin dal 1727 senza soluzione di continuità. Le sue 30 case a schiera con i cancelli in ferro battuto, le pompe per l'acqua, le imposte in legno e le mansarde risalgono invece alla fine del XVIII secolo. Al n. 126 si trova l'**Elfreth's Alley Museum** (marzo-ottobre: mar e dom 12-17, mer-sab 10-17; novembre-febbraio: gio-sab 10-17, dom 12-17; $5; ☎ 215/574-0560, *www.elfrethsalley.org*), il cui edificio fu costruito nel 1762 dal fabbro Jeremiah Elfreth.

Nella zona a nord di Market Street ci sono altri due musei molto interessanti. Il **National Museum of American Jewish History** (55 N 5th St.; lungio 10-17, ven 10-15, dom 12-17; ingresso libero; ☎ 215/923-3811, *www.nmajh.org*), dedicato al ruolo svolto dagli ebrei nella storia degli Stati Uniti, comprende una sinagoga e una statua in onore della libertà di religione. L'**African American Museum in Philadelphia** (all'angolo tra 7th St. e Arch St.; mar-sab 10-17, dom 12-17; $8; ☎ 215/574-0380, *www.aampmuseum.org*) è un suggestivo museo dedicato alla storia e alla cultura delle migliaia di afroamericani emigrati a Filadelfia dopo la Ricostruzione e all'inizio del XX secolo. Il museo propone collezioni di fotografie, oggetti personali, poesie del poeta afroamericano Langston Hughes e un sottofondo di musiche di Billie Holiday e organizza conferenze, film e concerti. Nella città vecchia troverete anche numerose **gallerie d'arte**, raggruppate nei dintorni di N 2nd St. e 3rd St., e potrete assistere al Philadelphia Fringe Festival (☎ 215/413-9006, *www.pafringe.org*), un popolare festival di teatro sperimentale che si svolge tutti gli anni in settembre.

Penn's Landing

Poco più a est della città vecchia si estende il vasto e industrializzato porto di Filadelfia. La striscia di banchine lungo il fiume Delaware, conosciuta come **Penn's Landing**, è il luogo dove William Penn sbarcò nel 1682. L'edificio più interessante della zona, che è stata sottoposta a un ambizioso progetto di rinnovamento urbano, è l'**Independence Seaport Museum** (tutti i giorni 10-17; $10, dom 10-12 ingresso gratuito; ☎ 215/925-5439, *www.phillyseaport.org*), che illustra la storia marittima di Filadelfia. Nel costo del biglietto è compresa la visita a due **imbarcazioni storiche**: la nave ammiraglia della marina militare americana *Olympia* e il sottomarino della seconda guerra mondiale *Becuna*. La passeggiata lungo il fiume è costellata di bancarelle di generi alimentari, vasche e fontane e ospita regolarmente concerti e manifestazioni. Da maggio a settembre, il **traghetto** Riverlink attraversa ogni ora il fiume Delaware (10-18; $6 andata e ritorno; ☎ 215/925-5465, *www.riverlinkferry.org*) fino all'anonima cittadina di **Camden**, la cui principale attrattiva è l'**Adventure Aquarium** (tutti i giorni 9.30-17; $18,95; ☎ 856/365-3300, *www.adventureaquarium.com*), consigliato esclusivamente a chi viaggia in compagnia di bambini.

Society Hill

Society Hill è un elegante quartiere residenziale delimitato da Walnut St. e Lombard St., a ovest del fiume Delaware e a sud dell'INHP. Sebbene oggi sia realmente abitato dall'alta società di Filadelfia, il nome deriva dai suoi primi abitanti, la Free Society of Traders. All'inizio del 1970 alcuni edifici diroccati sono stati demoliti per far spazio alle due torri gemelle progettate da I.M. Pei, le Society Hill Towers. Per fortuna il resto del quartiere è stato ristrutturato e oggi è uno dei più pittoreschi della città: lungo le strade acciottolate illuminate da lampioni a gas vedrete splendidi edifici in stile coloniale, federale e georgiano, spesso con la chiave di volta dello Stato sulle cornici delle finestre. Uno dei pochi edifici aperti al pubblico è la **Physick House**, la dimora del "padre della chirurgia americana" Philip Syng Physick, piena di opere d'arte decorativa del XVIII e XIX secolo (321 S 4th St.; gio-sab 12-17; $5; ☎ 215/925-7866, *www.philalandmarks.org*).

Centro città

Il principale centro dei commerci e delle attività economiche di Filadelfia, delimitato a est da 8th St. e a ovest dal fiume Schuylkill, è dominato dal maestoso edificio barocco della **City Hall**, il municipio cittadino sulla cui sommità si erge una statua in bronzo di William Penn alta 13 m. Prima di salire i 30 piani fino alla **piattaforma panoramica** (lun-ven 9.30-16.30; ingresso libero) situata ai piedi della statua, date un'occhiata alle particolari sculture che ornano l'edificio come quelle raffiguranti gatti e topi vicino all'entrata meridionale. Un paio di isolati più a nord, l'elaborato palazzo multicolore in stile vittoriano è la sede della **Pennsylvania Academy of the Fine Arts** (all'angolo tra Broad St. e Cherry St.; mar-sab 10-17, dom 11-17; $10; ⓣ 215/972-7600, *www.pafa.org*), che espone dipinti di alcuni dei migliori pittori americani degli ultimi tre secoli, tra cui Mary Cassatt, Thomas Eakins e Winslow Homer.

All'altezza di 8th St., attraverso la magnifica Friendship Gate alta 12 m situata tra 10th St. e Arch St. si accede a **Chinatown**, che vanta alcuni dei migliori ristoranti economici della città. Pochi isolati più avanti, il vivace **Reading Terminal Market** (12th St.; tutti i giorni 9-16; ⓣ 215/922-2317, *www.readingterminalmarket.org*) è uno storico mercato coperto che vende anche prodotti della vicina comunità amish ed è un posto fantastico dove pranzare.

Rittenhouse Square

Progettata da William Penn e racchiusa tra l'elegante Walnut Street e un quartiere residenziale di palazzi in arenaria con splendidi portali e finestre scolpite, la verde **Rittenhouse Square** è una delle piazze più alla moda di Filadelfia. L'edificio in mattoni rossi del **Rosenbach Museum** (2010 Delancey Place; mar-dom 10-17, mer 10-20; $10 inclusa visita dell'edificio; ⓣ 215/732-1600, *www.rosenbach.org*) risale al 1860 e custodisce al suo interno più di 30.000 libri rari, tra cui i manoscritti originali dell'*Ulysses* di James Joyce. Nelle sere d'estate nella piazza si tengono concerti gratuiti all'aperto di musica jazz e R&B.

Tre isolati a nord-ovest della piazza, il **Mütter Museum** ospitato all'interno del College of Physicians (19 S 22nd St.; tutti i giorni 10-17; $12; ⓣ 215/563-3737, *www.collphyphil.org*) è un posto decisamente raccapricciante. Nel suo genere è un museo unico per contenuti e comprende svariati reperti patologici, strumenti chirurgici e curiosità tra cui sgradevoli riproduzioni in cera a grandezza naturale di tumori e infezioni cutanee, scheletri, teschi, barattoli di organi interni in formalina e perfino l'ingessatura di una coppia di gemelli siamesi.

Museum Row e Fairmount Park

Il Benjamin Franklin Parkway, chiamato anche Museum Row, si estende per 1 miglio (1,6 km) a nord-ovest della City Hall fino all'imponente Museum of Art situato nel pittoresco **Fairmount Park**, un'area di campagna annessa alla città nel XIX secolo. Il fiume Schuylkill divide in due parti questo vasto parco, che con la sua superficie di 3723 ettari è uno dei più grandi parchi cittadini del mondo. All'interno del Fairmount Park si trovano alcune case coloniali, un monumento dedicato ai caduti afroamericani di tutte le guerre e lo zoo più antico del paese (3400 W Girard Ave.; marzo-novembre 9.30-17; $17,95; dicembre-febbraio 9.30-16; $12,95; ⓣ 215/243-1100, *www.phillyzoo.org*). I gradevoli sentieri sono frequentati da gente che passeggia o si dedica al jogging e vi sono anche diversi percorsi riservati alle biciclette. Alla fine degli anni Sessanta, il pugile locale **Joe Frazier** e **Muhammad Ali** fecero fermare per un pomeriggio la città annunciando che si sarebbero incontrati nel parco per un incontro amichevole.

La grandiosa scalinata del **Philadelphia Museum of Art** (all'angolo tra 26th St. e Franklin Pkwy; mar-gio, sab e dom 10-17, ven 10-20.45; $12, dom offerta libera; ☎ 215/763-8100, *www.philamuseum.org*) è stata immortalata in una celebre scena del film *Rocky*, interpretato da **Sylvester Stallone**. Al suo interno potrete ammirare alcune delle più pregevoli collezioni del paese, un chiostro francese del XII secolo, capolavori del **Rinascimento**, gli interni completi di una casa progettata nel 1765 a Berkeley Square, Londra, da Robert Adam, arazzi di **Rubens**, opere d'arte della Pennsylvania Dutch Country e mobili Shaker, una ricca raccolta di lavori **impressionisti** e la più vasta collezione esistente di opere di Marcel Duchamp.

Ritornando verso il centro, dopo pochi isolati si giunge allo squisito **Rodin Museum** (all'angolo tra Franklin Parkway e 22nd St.; mar-dom 10-17; offerta consigliata $3; ☎ 215/763-8100, *www.rodinmuseum.org*), un edificio in marmo situato in un giardino alberato con piscina che ospita la più grande collezione di sculture impressioniste di Rodin, tra cui il *Pensatore*, i *Borghesi di Calais* e *La porta dell'inferno*. Dall'altra parte della strada, il vasto edificio **The Franklin** (all'angolo tra N 20th St. e Benjamin Franklin Pkwy; tutti i giorni 9.30-17; $14,25, $19,75 con un film Imax; ☎ 215/448-1200, *www.fi.edu*) comprende un Planetarium, il cinema IMAX Tuttleman (solo film $9) e il Mandell Futures Center. Per restare in tema educativo, la vicina **Academy of Natural Sciences** presenta interessanti mostre di dinosauri, mummie e minerali (lun-ven 10-16.30, sab, dom e festivi 10-17; $10; ☎ 215/299-1000, *www.ansp.org*). All'interno della **Free Library of Philadelphia** (all'angolo tra 19th St. e Vine St.; lun-mer 9-21, gio-sab 9-17, dom 13-17; visite alle 11; ingresso libero; ☎ 215/686-5322, *www.library.phila.gov*) sono esposti rari reperti quali tavolette del 3000 a.C. incise con scrittura cuneiforme, manoscritti medievali e prime edizioni di opere di Dickens e Poe.

Proseguendo a nord-est dei musei, dopo pochi minuti si raggiungono le cupe fortificazioni dell'**Eastern State Penitentiary** (tutti i giorni 10-17, ultimo ingresso 16; $12; ☎ 215/236-3300, *www.easternstate.org*). Il penitenziario federale, che occupa due interi isolati di Fairmount Ave. tra 20th St. e 22nd St., è uno dei siti storici più significativi di Filadelfia e offre la possibilità di comprendere l'evoluzione del sistema penitenziario degli Stati Uniti. Inaugurata nel 1829 sotto l'influenza diretta dell'ambiente quacchero, la prigione attrasse l'attenzione dei sociologi di tutto il mondo a causa di un programma detentivo che mirava a riabilitare i detenuti attraverso l'isolamento e la meditazione piuttosto che attraverso le punizioni corporali e la pena capitale. In occasione del suo viaggio in America nel 1842, Charles Dickens volle vedere due cose: questa prigione e le cascate del Niagara. Abbandonato nel 1970, l'edificio radiocentrico del penitenziario è stato restaurato e oggi è aperto al pubblico; le interessanti **visite con audioguida** illustrano le insolite caratteristiche architettoniche del carcere, l'antica sinagoga e la lussuosa cella dove fu detenuto Al Capone.

West Philadelphia

Separato dal centro dallo Schuylkill River, questo quartiere ospita la **University of Pennsylvania**, che fa parte della Ivy League e fu la prima facoltà di medicina del paese, fondata da Benjamin Franklin. Il piccolo campus è un luogo molto piacevole e ospita alcuni ottimi musei. L'**Institute of Contem-**

porary Art (118 S 36th St.; mer-ven 12-20, sab e dom 11-17; ingresso libero; ☎ 215/898-5911, *www.icaphila.org*) propone interessanti mostre itineranti di arte moderna. L'affascinante **Arthur Ross Gallery** (220 S 34th St.; mar-ven 10-17, sab e dom 12-17; ingresso libero; ☎ 215/898-2083, *www.upenn.edu/ARG*) ospita mostre a rotazione, prevalentemente di artisti moderni internazionali. Infine, il superlativo **Museum of Archeology and Anthropology** (all'angolo tra 33rd St. e Spruce St.; mar-sab 10-16.30; settembre-maggio anche dom 13-17; $8, dom ingresso libero; ☎ 215/898-4000, *www.museum.upenn.edu*) è il fiore all'occhiello dell'università. Considerato dagli esperti uno dei migliori musei scientifici esistenti, espone tesori archeologici di tutto il mondo e di tutte le epoche, dai bronzi Benin della Nigeria alle sfere di cristallo cinesi. Il reperto più spettacolare è l'inestimabile sfinge in granito di Rameses II (1293-1185 a.C. circa) del peso di 12 tonnellate, esposta nella galleria del Basso Egitto.

South Philadelphia

Di matrice tradizionalmente operaia e centro della comunità afroamericana di Filadelfia dai tempi della guerra di secessione, il quartiere di **South Philadelphia** ospita anche una nutrita comunità italiana – il tenore **Mario Lanza** e le pop star Fabian e Chubby Checker sono cresciute qui. È anche il posto migliore per mangiare la vera **Philly cheesesteak** (vedi "Mangiare", più avanti) e per gironzolare nello splendido **Italian Market** (immortalato in un'altra scena di *Rocky*) che si estende lungo 9th Street a sud di Christian Street. Si tratta di uno degli ultimi mercati all'aperto urbani del paese e da generazioni le sue bancarelle vendono oggetti d'artigianato e generi alimentari di ogni genere, dal pesce vivo alla famosa mozzarella. **South Street**, l'antico confine del territorio cittadino, è nota per la vivace vita **notturna** ed è costellata di caffè, bar, ristoranti e locali notturni per alcuni isolati a ovest di Front Street; in questa via si trovano anche numerosi **negozi** di libri, dischi e abbigliamento aperti giorno e notte.

Mangiare

Mangiare fuori a Filadelfia è un vero piacere: dappertutto si trovano bancarelle che vendono **morbidi pretzel** con senape a 50¢, a Chinatown e all'Italian Market troverete cibi etnici in abbondanza mentre al Reading Terminal Market, in centro città, potete pranzare spendendo poco scegliendo tra le bancarelle di specialità di tutto il mondo. Troverete molti buoni ristoranti turistici lungo South Street e locali più costosi e alla moda lungo S 2nd Street, nella città vecchia. La principale specialità culinaria di Philly è la **cheesesteak**, una bistecca di manzo tagliata sottile e ricoperta di formaggio filante (chiamato Cheez Whiz) servita in un morbido panino caldo. Ogni locale della città propone una sua ricetta, ma le più gustose si trovano nei dintorni di 9th St. e Passyunk St., nella zona meridionale di Filadelfia (vedi *Pat's*, p. 139).

Amada 217 Chestnut St. ☎ 215/625-2450. Rappresenta un angolo di Spagna nella città vecchia, con oltre 60 varietà di tapas, una fantastica paella e un'ottima sangria bianca o rossa, il tutto a prezzi contenuti.

Bistro Romano 120 Lombard St. ☎ 215/925-8880. Buon ristorante italiano situato in un granaio ristrutturato del XVIII secolo, offre genuini piatti di pasta e altre specialità a meno di $20. Piano bar ven e sab sera.

Buddakan 325 Chestnut St. ☎ 215/574-9440. Uno dei ristoranti più popolari di Philly grazie alla deliziosa cucina fusion panasiatica e all'atmosfera familiare. Nella sala da pranzo c'è un Buddha dorato alto 3 m.

City Tavern 138 S 2nd St. ☎ 215/413-1443. Situata

all'interno dell'INHP, è la ricostruzione della taverna del 1773 frequentata dai fondatori della città che John Adams definì "la taverna più raffinata d'America". Lo chef Walter Staib propone ai clienti una cucina "vecchio stile" (pasticci, tacchino con formaggio fuso) servita da personale in costume d'epoca e allietata da musica al clavicembalo – a cena le portate principali partono da $20.

London Grill 2301 Fairmount Ave. ☎ 215/978-4545. Ristorante sofisticato situato nel quartiere dei musei, offre una deliziosa cucina americana ed europea a prezzi contenuti con specialità come il *confit de canard* (anatra conservata nel suo stesso sugo) a $17.

Ocean City 234-6 N 9th St. ☎ 215/829-0688. Vasto locale di Chinatown specializzato in pesce fresco che si può scegliere personalmente dalle vasche, serve anche un'eccellente dim sum fino alle 15.

Pat's King of Steaks 1237 E Passyunk Ave. ☎ 215/468-1546. In questo locale deliziosamente traballante e con i tavoli esclusivamente all'aperto dovrete fare molta attenzione quando ordinate (c'è un cartello per aiutare i "novellini") o verrete rimandati in fondo alla fila. Le cheesesteak sono molto convenienti. È aperto 24 ore su 24.

Rangoon 112 N 9th St. ☎ 215/829-8939. Ristorante accogliente e raccolto che propone eccellenti specialità della cucina birmana. I piatti di riso, tagliolini e specialità al curry costano circa $10-12 e a mezzogiorno offrono economici piatti del giorno.

San Carlo 214 South Street ☎ 215/592-9777. Eccellenti piatti di pasta fresca, atmosfera gradevole e servizio accurato, ma un po' pressante, a prezzi moderati.

South Street Diner 140 South St. ☎ 215/627-5258. Menu molto ricco con fantastiche cene a prezzo fisso di tre portate a partire da $7,50. È aperto 24 ore su 24.

Tre Scalini 1533 S 11th St. ☎ 215/551-3870. Situato nella zona meridionale di Filadelfia, è un ristorante italiano tradizionale con prezzi contenuti e un'atmosfera rilassata.

White Dog Café 3420 Sansom St. ☎ 215/386-9224. Situato in tre edifici vittoriani in arenaria vicino alle università e frequentato da artisti e studenti, propone una deliziosa cucina creativa. Le portate principali costano $11-13 a mezzogiorno, il doppio la sera; happy hour dom-gio 22-24.

Locali

Le vie con la maggiore concentrazione di bar sono **South Street** e i dintorni di **2nd Street**, nella città vecchia; **Northern Liberties**, situata circa 8 isolati più a nord oltre i cavalcavia, è un'altra promettente zona di bar e locali alla moda. Le birre locali sono molto popolari ed economiche; provate le ale Yards, o le Yuengling se preferite le lager. Philly è disseminata di **caffè**, ma la maggiore concentrazione si trova soprattutto in South Street, 2nd Street e nel centro cittadino.

The Artful Dodger 400 S 2nd St. ☎ 215/922-1790. Vivace bar che diventa molto animato a tarda sera, soprattutto se alla TV trasmettono una partita di baseball dei Phillies, la squadra campione del mondo nel 2008. Birre discrete e musica gradevole.

Dark Horse 421 S 2nd St. ☎ 215/928-9307. Semplice pub in stile inglese con un buon assortimento di birre e partite del campionato di calcio europeo alla TV.

Dirty Frank's 347 S 13th St. ☎ 215/732-5010. Popolare locale frequentato da una clientela eterogenea, è una delle istituzioni di Philly e ama definirsi "uno dei pochi locali al mondo dove si può bere mezzo litro di Yuengling a $2,50 circondati da dipinti a olio di rinomati artisti americani".

Lounge 125 125 S 2nd St. ☎ 215/351-9026. Animata discoteca con musica dance e trance frequentata prevalentemente da studenti. È richiesto un documento d'identità.

The Mean Bean Co. 1112 Locust St. ☎ 215/925-2010. Caffè con i tavoli all'aperto situato accanto al grazioso giardino privato di Sartain St., è frequentato da una clientela omosessuale ed etero.

Skinner's Dry Goods 226 Market St. ☎ 215/922-0522. Accogliente bar della città vecchia, offre discrete birre, buona musica e schermi sintonizzati sui principali eventi sportivi.

Sugar Mom's Church Street Lounge 225 Church St. ☎ 215/925-8219. Situato in un seminterrato, è un popolare bar con un jukebox che propone un po' di tutto, da Tony Bennett ai Sonic Youth, e una decina di birre internazionali alla spina.

Musica dal vivo e spettacoli

Il "Sound of Philadelphia" degli anni Settanta è un ricordo lontano, ma negli ultimi anni la città ha sfornato artisti come la cantante pop Pink mentre l'attivo panorama musicale è animato da gruppi come i Bardo Pond e gli Asteroid n. 4. Filadelfia è il posto ideale dove ascoltare musica rock; la maggior parte dei gruppi che suonano a New York si esibiscono anche qui e i biglietti costano la metà. La famosa **Philadelphia Orchestra** si esibisce presso il moderno Kimmel Center for the Performing Arts (T 215/893-1999, *www.kimmelcenter.org*). Filadelfia vanta anche un vivacissimo panorama **teatrale** grazie a numerosi piccoli teatri. Per l'elenco degli **spettacoli**, consultate i settimanali gratuiti *City Paper* (*www.citypaper.net*) e *Philadelphia Weekly* (*www.philadelphiaweekly.com*) o visitate il sito Internet di Theatre Alliance *www.theatrealliance.org* che illustra il programma di biglietti scontati StageTix.

The Khyber 56 S 2nd St. T 215/238-5888, *www.thekhyber.com*. Piccolo locale dedicato al rock con un bar ornato di gargoyle, jukebox con musica malinconica e una clientela giovane e informale. Durante le esibizioni di musica dal vivo l'ingresso costa generalmente $8-10. Al piano superiore c'è un bar con ingresso gratuito.

Painted Bride Art Center 230 Vine St. T 215/925-9914, *www.paintedbride.org*. Galleria d'arte con esibizioni serali di musica jazz, danza e teatro.

Theater of Living Arts 334 South St. T 215/922-1011, *www.thetla.com*. Questo ex cinema è uno dei posti migliori dove assistere a concerti di rock-band.

Tin Angel 20 S 2nd St. T 215/928-0770, *www.tinangel.com*. Bar-caffè dall'atmosfera raccolta situato sopra a un ristorante, propone esibizioni di musicisti folk, jazz, blues e acustici di fama locale o nazionale.

Trocadero 1003 Arch St. T 215/922-5483, *www.thetroc.com*. In questo locale alla moda del centro si esibiscono spesso famosi gruppi di musica alternativa. L'ingresso varia in base alla serata. È richiesto un documento d'identità.

Zanzibar Blue 200 S Broad St. in the *Bellevue Hotel* T 215/732-4500, *www.zanzibarblue.com*. In questo raffinato ristorante con discoteca si tengono ogni sera esibizioni di jazz moderno stile New York, spesso con la partecipazione di artisti famosi; l'ingresso è costoso e sono richieste almeno due consumazioni.

Pennsylvania centrale

La **Pennsylvania centrale**, attraversata da nord a sud dall'ampio **fiume Susquehanna**, è priva di grandi città ma la capitale dello Stato, **Harrisburg**, è un'ottima base per esplorare i principali luoghi d'interesse della regione come **Hershey**, sede dell'impero del cioccolato, le dolci campagne abitate dagli amish della **Lancaster County** nella parte orientale e il sito storico di **Gettysburg** al confine meridionale dello Stato. A nord, Williamsport è circondata da fitte foreste, mentre proseguendo verso est si incontrano desolate e anonime cittadine industriali come Scranton, nella quale è ambientata la versione americana della serie televisiva inglese *The Office*.

Lancaster County: Pennsylvania Dutch Country

Situata 50 miglia (80 km) a ovest di Filadelfia, la **Lancaster County** si estende su una superficie di circa 45 miglia (72 km) delimitata a est da Churchtown e a ovest dal fiume Susquehanna. Nel settembre del 1777 la piccola cittadina di Lancaster, situata 10 miglia (16 km) a est del fiume, fu per un giorno la capitale degli Stati Uniti, ma la regione è più famosa per le comunità religiose indicate con il termine collettivo di **Pennsylvania Dutch**. In realtà i membri di queste comunità non hanno niente a che vedere con l'Olanda, ma vennero ribattezzati "Dutch" (deformazione di "Deutsch", ovvero "tedesco") perché parlavano dialetti tedeschi. Meta turistica già prima di diventare famosa in tutto il mondo grazie al film *Witness – Il testimone*, la Lancaster County ha conservato la sua bellezza naturale nonostante l'invasione di alberghi, ristoranti e centri commerciali. È una regione di dolci e fertili campagne, di località dai nomi singolari come **Intercourse**, di carri trainati da cavalli, di negozietti sul ciglio delle strade che vendono marmellate e torte fatte in casa e di bambini amish che passano il loro tempo tra fattorie immacolate piene di fiori e scuole con una sola aula. L'innocenza di questi luoghi idilliaci è stata tragicamente sconvolta il 2 ottobre del 2006, quando un folle è entrato armato in una scuola di **Nickel Mines** e ha fatto fuoco contro dieci alunne, uccidendone la metà.

Tuttavia, cercare di vivere una vita semplice nonostante le pressioni del mondo esterno si è rivelato un compito troppo arduo per molti abitanti della Pennsylvania Dutch Country. Alcuni di loro (soprattutto tra i mennoniti) si sono arresi al turismo e oggi offrono gite in calesse e pasti nelle loro case, mentre i membri più osservanti si sono trasferiti nelle comunità meno turistiche in Ohio, Indiana, Minnesota e Iowa. Se desiderate visitare questa regione, ricordate che la domenica per gli amish è giorno di riposo e molti ristoranti e attrazioni sono chiusi.

Arrivo, informazioni e trasporti locali

La strada migliore per visitare la terra degli amish è la US-30, che attraversa la regione da est a ovest. I treni **Amtrak** e i pullman delle compagnie Capital Trailways (Ⓣ 717/397-4861) e Greyhound arrivano alla stazione ferroviaria di Lancaster (53 McGovern Ave.). L'animato **Pennsylvania Dutch Convention and Visitors Bureau** (501 Greenfield Rd.; tutti i giorni 8.30-17, in estate 8.30-18; Ⓣ 717/299-8901 o 1-800/723-8824, *www.padutchcountry.com*), situato in prossimità della US-30, è in grado di fornire utili informazioni sulla regione e sugli alloggi. Chi desidera conoscere meglio la storia e la cultura degli amish può recarsi al **Mennonite Information Center** (2209 Millstream Rd.; aprile-ottobre: lun-sab 8-17; novembre-marzo: lun-sab 8.30-16.30; Ⓣ 717/

△ Fornaio amish

I Pennsylvania Dutch

Con il termine collettivo di Pennsylvania Dutch si indicano le comunità religiose di fede **anabattista** che nel XVI secolo fuggirono dalla Svizzera, loro paese d'origine, sotto la guida di Menno Simons (che predicava il battesimo solo in età adulta e un'interpretazione letterale della Bibbia) a causa delle violente persecuzioni perpetrate nei loro confronti. Intorno al 1720, gli anabattisti furono invitati da William Penn a stabilirsi nella Lancaster County. Oggi la Pennsylvania Dutch comprende una ventina di ordini, tra cui i "semplici" **amish** del Vecchio Ordine (i fedeli più osservanti che si staccarono da Simons nel 1693), i più tolleranti **mennoniti** e gli "stravaganti" gruppi **luterani** (riconoscibili per i colorati simboli circolari disegnati sui granai). I più conosciuti sono gli amish: profondamente osservanti, vivono secondo un codice di regole tramandate oralmente chiamato Amish Ordnung, che predica l'assoluto pacifismo. Gli uomini portano grandi cappelli di paglia e lunghe barbe (ma senza baffi, che associano alla vita militare) e le donne indossano abiti semplici (senza fronzoli come i bottoni), grembiuli e cuffiette. Gli amish proteggono gelosamente le loro terre dalle intrusioni della civilizzazione che possono intaccare i loro princìpi guida, non fanno uso di energia elettrica ma alimentano le loro fattorie con generatori e si spostano (alla velocità di circa 15 km all'ora) su carri trainati da cavalli costruiti con le loro mani. Malgrado la loro riservatezza, gli amish sono molto cordiali e disponibili ma non amano farsi fotografare in quanto considerano le fotografie una forma di "idolatria" che offende i loro principi.

299-0954 o 1-800/858-8320, *www.mennoniteinfoctr.com*), sempre nei pressi della US-30, e assistere al cortometraggio intitolato *Who Are the Amish*. Gli impiegati del centro informazioni possono inoltre indicare le famiglie mennonite che affittano camere e, telefonando con un preavviso di almeno due ore, potrete ingaggiare una guida che vi accompagni in un'escursione personalizzata a bordo della vostra auto della durata di 2 ore ($44).

L'**automobile** è il mezzo più pratico per esplorare le tranquille strade secondarie lontane dagli itinerari battuti dagli autobus turistici. Riuscirete a godervi ancora meglio questa zona, e dimostrerete maggiore considerazione per gli onnipresenti carri trainati da cavalli, noleggiando una **bicicletta**. Per il **noleggio**, contattate l'agenzia Lancaster Bicycle Club di Lancaster (*www.lancasterbikeclub.org*). L'agenzia Amish Experience, situata lungo la US-30 presso la Plain & Fancy Farm (☎ 717/768-3600 int. 210, *www.amishexperience.com*), offre numerose attività tra cui un'**escursione in autobus** di 2 ore (lun-sab 10.30 e 13.45, dom solo 11.30) al costo di $28,95; tenete tuttavia presente che alcuni alberghi (vedi *Village Inn*, p. 133) offrono gratuitamente lo stesso tipo di escursioni. ★ Buggy Rides organizza escursioni in calesse attraverso 3 miglia (5 km) di campagna al costo di $10 (☎ 717/989-2829, *www.aaabuggyrides.com*), con partenza dal *Kitchen Kettle Village* di Intercourse.

Alloggio

Nella Pennsylvania Dutch Country ci sono moltissime possibilità di **alloggio**, dagli **alberghi** e **B&B** a prezzi moderati, che si possono prenotare attraverso un'agenzia centrale (☎ 1-800/552-2632, *www.authenticbandb.com*), alle **fattorie** (informazioni presso l'ufficio visitatori; vedi p. 143) e ai **campeggi**.

Il *White Oak Campground* (372 White Oak Rd.; ☎ 717/687-6207, *www.whiteoakcampground.com*; piazzole a partire da $24) di Quarryville, 4 miglia (6,5 km) a nord di Strasburg, è un bel campeggio nel cuore delle terre degli amish.

Cameron Estate Inn & Restaurant 1855 Mansion Lane, Mount Joy ⓣ 717/492-0111 o 1-800/422-6376, *www.cameronestateinn.com.* Albergo e ristorante un po' fuori mano circondato da una tenuta di 6 ettari, offre camere pulite e confortevoli (una con vasca idromassaggio) e prima colazione anglosassone compresa nel prezzo. Gli omosessuali sono i benvenuti. ❺

Countryside Motel 134 Hartman Bridge Rd., Ronks ⓣ 717/687-8431. Motel semplice e pulito situato 6 miglia (10 km) a est di Lancaster lungo la Hwy-896. ❸

Historic Strasburg Inn 1400 Historic Drive, Strasburg ⓣ 717/687-7691 o 1-800/872-0201, *www.historicinnofstrasburg.com.* Più di 100 camere lussuose, idromassaggio e sauna in un edificio circondato da 24 ettari di dolci campagne. Ottimo rapporto qualità-prezzo. ❹

O'Flaherty's Dingeldein House 1105 E King St., Lancaster City ⓣ 717/293-1723 o 1-800/779-7765, *www.dingeldeinhouse.com.* Accogliente B&B di campagna con 8 camere. Nelle tariffe è compresa un'abbondante prima colazione campagnola. ❹

Village Inn & Suites 2695 Old Philadelphia Pike, Bird-in-Hand ⓣ 1-800/665-8780, *www.bird-in-hand.com/villageinn.* Eccellente locanda tradizionale dotata di tutti i moderni comfort. Serve un'abbondante prima colazione e ci sono una terrazza, un bel prato e un pascolo dietro all'edificio. Nel prezzo è compresa un'escursione di 2 ore nella terra degli amish e l'uso della piscina del motel adiacente. Prenotazione consigliata. ❹

Itinerario nella Pennsylvania Dutch Country

Per quanto interessanti dal punto di vista storico, i luoghi che consentono di farsi un'idea della cultura degli amish stanno lentamente scomparendo, ma è sufficiente gironzolare per proprio conto tra i campi di granturco, alfalfa e tabacco e i ruscelli con i ponti coperti per rendersi conto che quelli che vedete non sono attori in costume d'epoca ma una comunità di gente vera che vive e lavora. La domenica, per esempio, le attività commerciali sono sospese e si possono vedere numerosi carretti parcheggiati fuori da una fattoria per una funzione religiosa (in tedesco ufficiale) o una "visita". A volte questi raduni si svolgono anche durante la settimana.

Tra i luoghi "turistici" ricordiamo l'**Ephrata Cloister** (632 W Main St.), situato a Ephrata lungo la US-272 e la US-322, un chiostro del XVIII secolo abitato da una comunità protestante di origine tedesca che esaltava un rigoroso celibato e fu uno dei primi centri di stampa e rilegatura di libri (lun-sab 9-17, dom 12-17, gennaio e febbraio chiuso lun; $7; ⓣ 717/733-6600, *www.ephratacloister.org*). Proseguendo verso sud, circa 3 miglia (5 km) a nord-est di Lancaster, il **Landis Valley Museum** (2451 Kissell Hill Rd.; mar-sab 9-17, dom 12-17; $10; ⓣ 717/569-0401, *www.landisvalleymuseum.org*) è un museo vivente che illustra la storia delle comunità della regione e offre dimostrazioni di artigianato locale. A **Strasburg**, un miscuglio di edifici storici e attrazioni turistiche kitsch situato a sud-est di Lancaster lungo la US-896, la ferrovia turistica **Strasburg Railroad** (tutti i giorni, orari e percorsi soggetti a variazioni; a partire da $12, bambini $6; ⓣ 717/687-7522, *www.strasburgrailroad.com*) offre escursioni a bordo di originali treni a vapore **Paradise**, che non portano in paradiso ma offrono bei panorami sul mosaico delle campagne circostanti. L'edificio più antico della contea è la **Hans Herr House** (1849 Hans Herr Drive; aprile-novembre lun-sab 9-16; $5; ⓣ 717/464-4438, *www.hansherr.org*), una chiesa mennonita del 1719 con la facciata in stile medievale tedesco, un bel giardino con frutteto e mostre sulla vita rurale delle prime comunità della regione.

Mangiare, bere e divertimenti

Nella Lancaster County potrete **mangiare** molte specialità germaniche deliziose o abbondanti. Non ci sono ristoranti gestiti dagli amish, ma lungo le strade troverete numerose bancarelle che vendono fresca birra di radici fatta in casa, marmellata, sottaceti, pane e torte. I grandi **ristoranti** "tipici" pieni di turisti, con le cameriere in costume e la formula "all-you-care-to-eat" situati lungo la US-30 e la US-340, non sono molto invitanti ma offrono quasi sempre buoni pasti a meno di $20 in un ambiente familiare, con lunghi tavoli che dovrete dividere con gli altri commensali. I piatti più tipici sono pollo fritto, prosciutto affumicato, *schnitz und knepp* (spezzatino di mele, gnocchi e prosciutto), *sauerkraut*, sottaceti, formaggio fresco e burro di mele e *shoo-fly pie* (torta alla melassa). Tutti questi ristoranti chiudono entro le 20, ma nelle zone più turistiche ci sono alcune **tavole calde** che restano aperte più a lungo. Naturalmente la Lancaster County non è famosa per la vita notturna, ma nel centro di Lancaster ci sono un paio di simpatici e accoglienti **bar**. La Fulton Opera House (12 N Prince St.; ☎ 717/394-7133, *www.fultontheatre.org*) è un bel **teatro** vittoriano restaurato che ospita spettacoli di danza, teatro e altri eventi.

Central Market Penn Square, Lancaster City. In questo mercato coperto potrete acquistare frutta, verdura e altri prodotti locali e pranzare insieme alla gente del posto. Mar e ven 6-16, sab 6-14.

Good 'n' Plenty East Brook Rd., US-896, Smoketown ☎ 717/394-7111. Nel migliore dei ristoranti a gestione familiare della contea sono le donne amish che cucinano e servono a tavola. Aperto da inizio febbraio a metà dicembre, lun-sab.

Lancaster Brewing Co. 302 N Plum St., Lancaster City ☎ 717/391-6258, *www.lancasterbrewing.com*. Questo birrificio serve buoni piatti da pub e cinque tipi di microbirre. Visite guidate ven e sab su appuntamento. Aperto tutti i giorni.

Lancaster Dispensing Co. 33-35 N Market St., Lancaster City ☎ 717/299-4602. Il bar più alla moda e accogliente del centro di Lancaster propone esibizioni di jazz e blues nei fine settimana e sostanziosi panini a circa $7.

Lapp's 2270 Lincoln Hwy E (US-30), vicino a Lancaster City ☎ 717/394-1606. Piacevole tavola calda con un'atmosfera familiare e molti piatti tedeschi tipici della Lancaster County. Aperto tutti i giorni.

Molly's Pub 253 E Chestnut St., Lancaster City ☎ 717/396-0225. Vivace bar di quartiere con buoni hamburger. Chiuso dom.

Plain and Fancy 3121 Old Philadelphia Pike (Rte-340), Bird-in-Hand ☎ 717/768-4400. Classico ristorante familiare, è l'unico della zona aperto la domenica.

Harrisburg e Hershey

HARRISBURG, capitale della Pennsylvania situata sul fiume Susquehanna circa 30 miglia (48 km) a nord-ovest di Lancaster, è una cittadina sorprendentemente graziosa con un verde lungofiume fiancheggiato da case coloniali con le imposte in legno. Molto diversa dalla turistica capitale del cioccolato, **Hershey**, situata a pochi chilometri di distanza, Harrisburg è nota anche per l'incidente degli anni Settanta nella centrale nucleare di **Three Mile Island**, situata sul fiume nella parte orientale dell'abitato.

L'ornato **Campidoglio** (all'angolo tra Third St. e State St.; visite lun-ven 8.30-16; sab, dom e festivi 9, 11, 13 e 15; ingresso libero; ☎ 1-800/868-7672, *www.thecapitol.com*) è uno splendido edificio in stile rinascimentale italiano con una cupola ispirata a quella della basilica di San Pietro. Il complesso comprende lo **State Museum of Pennsylvania** (all'angolo tra Third St. e North St.; mar-sab 9-17, dom 12-17; ingresso libero; ☎ 717/787-4980, *www.statemuseumpa.org*), un edificio cilindrico di quattro piani che ospita un planetario (solo sab e dom) e mostre di archeologia, cimeli militari, arte decorativa, utensili e macchinari. Il museo più interessante della città è senza dubbio l'eccellente **National Civil War Museum**, situato 2 miglia (3 km) a est del centro sulla panoramica collina del Reservoir Park (lun-sa b9-17, dom 12-17; chiuso lun e mar settembre-marzo; $8; ☎ 717/260-1861 o 1-866/258-4729, *www.nationalcivilwarmuseum.org*). Quasi 730.000 americani perirono nella guerra di secessione – più del totale dei caduti di tutti gli altri conflitti dalla guerra d'indipendenza americana – e il museo offre un'intelligente analisi delle cause e degli esiti della guerra. In ogni galleria vengono proiettati monologhi romanzati particolarmente toccanti che analizzano il conflitto dal punto di vita umano.

Dieci miglia (16 km) più a est, **HERSHEY** fu costruita nel 1903 del ricco imprenditore Milton S. Hershey come sede della sua fabbrica di cioccolato (per questo le strade si chiamano Chocolate o Cocoa Avenue e i lampioni hanno la forma dei baci di cioccolato Hershey). L'**Hershey's Chocolate World** (tutti i giorni 9-17, orario prolungato in estate; ⓣ 717/534-4900, *www.hersheys chocolateworld.com*) offre un giro gratuito a bordo di un trenino attraverso la ricostruzione di una fabbrica di cioccolato, un documentario in 3-D sul cioccolato ($5,95) e una visita storico-musicale, e un po' kitsch, della città a bordo di un tram ($10,75). Il vicino **Hersheypark** (metà maggio-settembre, orari soggetti a variazioni; $43,95; ⓣ 717/534-3090 o 1-800/437-7439, *www.hersheypark.com*) è un popolarissimo parco dei divertimenti con spericolati ottovolanti e altre attrazioni; nel parco si svolgono inoltre economici spettacoli di vario genere a Halloween e a Natale. Per conoscere la storia dei Pennsylvania Dutch e del magnate del cioccolato, visitate l'**Hershey Museum** (tutti i giorni 9-17, orario prolungato in estate; $10; ⓣ 717/534-3439, *www.hersheymuseum.org*).

Notizie utili

I **treni** Amtrak e i **pullman** Greyhound condividono la stazione centrale situata all'angolo tra Fourth St. e Chestnut St. I pullman Greyhound fermano anche a Hershey in 337 W Chocolate St. Il **centro visitatori** di Harrisburg (ⓣ 717/231-7788, *www.visithhc.com*) non è aperto al pubblico, ma potete contattarlo per richiedere utili informazioni sulla città e la regione. Nell'alberata Camp Hill, sulla riva opposta del fiume rispetto a Harrisburg, il *Radisson Penn Harris* (ⓣ 717/763-7117, *www.radisson.com*; ④) offre camere tranquille con un buon rapporto qualità-prezzo. Se preferite dormire a Hershey potete scegliere tra il *Spinners Inn* (845 E Chocolate Ave.; ⓣ 717/533-9157, *www.spinners inn.com*; ④), una classica locanda con un ottimo ristorante, e il sontuoso *Hotel Hershey* (Hotel Road; ⓣ 717/533-2171, *www.thehotelhershey.com*; ⑨), che ospita un centro benessere che offre trattamenti di bellezza al cioccolato. Il migliore **campeggio** della regione è l'*Hershey Highmeadow Campground* di Hummellstown, tra Harrisburg e Hershey (1200 Matlack Rd.; ⓣ 717/534-8999 o 1-800/437-7439, *www.hersheycamping.com*), dove le piazzole costano da $27,50 in bassa stagione a $38 in estate. Il migliore tra i numerosi **ristoranti** economici situati lungo Second Street, nel centro di Harrisburg, è *Fisaga's*, (all'angolo tra Locust St. e N Second St.; ⓣ 717/441-1556), che serve buoni piatti di pasta e semplici panini. *Scott's* (212 Locust St.; ⓣ 717/234-7599) è un popolare bar-ristorante che in alcune sere propone musica dal vivo.

Gettysburg

Situata 30 miglia (48 km) a sud di Harrisburg, vicino al confine con il Maryland, la cittadina di **GETTYSBURG** divenne tragicamente famosa nel luglio del 1863 a causa di una delle battaglie più cruente della **guerra di secessione**, nella quale perirono 50.000 uomini. Durante i tre giorni di scontri ci furono più vittime che in qualsiasi altro conflitto – un terzo dei soldati furono uccisi o feriti – e interi reggimenti furono spazzati via quando le cose volsero al peggio per l'esercito sudista.

Quattro mesi dopo, il 19 novembre, il presidente Abraham Lincoln tenne nel

National Cemetery il celebre discorso **Gettysburg Address**, considerato una delle massime espressioni di oratoria nella storia d'America, nel quale in soli due minuti rese onore alla memoria di tutti i caduti. Gettysburg è il più **turistico** tra i siti legati alla guerra di secessione e la battaglia viene rievocata fin nei minimi dettagli. Per fortuna è possibile evitare la folla e le attrazioni per i turisti ed esplorare per conto proprio le dolci colline del campo di battaglia (oggi parco nazionale) e le tranquille vie cittadine con le case antiche con le imposte. I musei cittadini, invece, sono antiquati e poco interessanti.

Informazioni e trasporti locali

Il **Gettysburg Convention & Visitors Bureau** (102 Carlisle St.; tutti i giorni 8.30-17; ⓣ 717/334-6274, *www.gettysburg.travel*) è situato accanto alla stazione del trenino a vapore che portò Lincoln a Gettysburg nel novembre del 1863. Sebbene la cittadina si possa visitare comodamente a piedi, non ci sono mezzi di trasporto pubblici e per esplorare il vasto campo di battaglia è utile disporre di un'automobile. L'autobus a due piani **Battlefield Bus Tours**, in partenza da 778 Baltimore St., ferma nei principali luoghi d'interesse cittadini (fino a 8 partenze al giorno; $22,95 con audioguida, $25,95 con guida; ⓣ 717/334-6296, *www.gettysburgbattlefieldtours.com*).

Alloggio

A Gettysburg e nei dintorni ci sono numerosi alberghi e **B&B**. Il **campeggio** più centrale è l'*Artillery Ridge Resort* (610 Taneytown Rd.; ⓣ 717/334-1288, *www.artilleryridge.com*; piazzole a partire da $29,50; aperto aprile-ottobre).

Baladerry Inn 40 Hospital Rd. ⓣ 717/337-1342, *www.baladerryinn.com.* B&B situato in un antico ospedale, offre 9 camere con bagno. ⑥

Doubleday Inn 104 Doubleday Ave. ⓣ 717/334-9119, *www.doubledayinn.com.* Lussuoso B&B pieno di cimeli, è l'unico situato all'interno del campo di battaglia. ⑤

Gettysburg Travelodge 613 Baltimore St. ⓣ 717/334-9281, *www.travelodge.com.* Motel di qualità media situato tra il centro cittadino e il campo di battaglia. ④

HI-Gardners 1212 Pine Grove Rd., Gardners ⓣ 717/486-7575, *www.hiayh.org.* Ostello situato lungo l'Appalachian Trail nel remoto Pine Grove Furnace State Park, a più di 20 miglia (32 km) da Gettysburg, è molto affollato durante la stagione sciistica. Posti letto a partire da $15.

Historic Farnsworth House Inn 401 Baltimore St. ⓣ 717/334-8838, *www.farnsworthhouseinn.com.* Questa casa del 1810 era il quartier generale dell'Unione durante la guerra, come dimostrano i fori delle pallottole nei muri. Al suo interno si trovano 10 camere, una taverna e un teatro. ⑤

Il campo di battaglia

Il **Gettysburg National Military Park** (tutti i giorni 6-22; ingresso libero; *www.nps.gov/gett*) si estende su una superficie di 20 km² e per esplorarlo occorre più di un giorno. Il nuovo, spettacolare **centro visitatori** situato poco più di 1 miglio (1,6 km) a sud del centro (1175 Baltimore Pike; tutti i giorni: estate 8-19, resto dell'anno 8-18; ⓣ 717/334-1124) contende a quello di Harrisburg (vedi p. 144) il titolo di migliore **museo** sulla guerra di secessione dello Stato, e forse di tutti gli Stati Uniti. Il museo ospita una ricca collezione di cimeli, fotografie, armi, uniformi, strumenti chirurgici e militari, tende, bandiere e documenti esposti in ordine cronologico. Sui cinque schermi distribuiti lungo il percorso espositivo viene ripetuto un filmato di dieci minuti che illustra le prime fasi della guerra, i tre giorni di battaglia e la fine del conflitto. Fiore all'occhiello del museo è il **Cyclorama**, un dipinto mobile di 107 m raffigurante la cosiddetta "carica di Pickett", l'attacco suicida dei confederati che avanzarono in pieno giorno verso le linee nemiche. Presso il centro potrete procurarvi l'**itinerario** dettagliato per visitare il sito per conto vostro, o ingaggiare una **guida** che vi accompagni sulla vostra auto per una visita personalizzata di due ore ($55).

Non lontano dal centro visitatori, il **Gettysburg National Cemetery** ospita migliaia di tombe disposte in semicerchio intorno al Soldiers' National Monument, che sorge nel punto in cui Lincoln pronunciò il famoso Gettysburg Address; le più toccanti sono le centinaia di piccole lapidi in marmo che recano soltanto un numero. Il cimitero sorge a due passi dai campi di battaglia. Oggi questi campi di grano che ricordano la campagna inglese sono luoghi tranquilli e solo il nome ricorda il loro cruento passato: **Valley of Death**, **Bloody Run**, **Cemetery Hill** (Valle della morte, Bagno di sangue, Collina del cimitero). Qua e là si ergono le statue inquietanti dei protagonisti della battaglia e imponenti monumenti in pietra che commemorano i diversi regimenti.

Altri luoghi di interesse

L'unico edificio di Gettysburg che merita una breve visita è la **Jennie Wade House** (528 Baltimore Street; tutti i giorni: giugno-agosto 9-21; settembre 9-19; ottobre, novembre e marzo-maggio 9-17; $7,95; ☎ 717/334-4100): Jennie fu il solo civile ucciso durante la battaglia di Gettysburg, colpita da un proiettile vagante mentre preparava il pane per i soldati dell'Unione nella cucina di sua sorella. La casa non è molto cambiata dal 3 luglio 1863; la porta d'ingresso e le colonne del letto sono crivellate di colpi, un muro è perforato da una granata e la macabra copia del corpo di Jennie giace in cantina coperta da un lenzuolo. A ovest del parco sorge l'**Eisenhower National Historic Site** (tutti i giorni 9-16; $6,50; ☎ 717/338-9114, *www.nps.gov/eise*), la dimora in stile georgiano in cui Eisenhower si ritirò dopo essere andato in pensione, che commemora il presidente con una collezione di cimeli. Il sito è accessibile solo con le navette turistiche che partono dal National Park Visitor Center (vedi p. 146).

Mangiare e bere e divertimenti

La sera, dopo che gli autobus turistici se ne sono andati, Gettysburg è una località tranquilla. Ci sono tuttavia alcuni buoni **ristoranti**, molti dei quali sono ospitati all'interno di pregevoli edifici storici.

Blue Parrot Bistro 35 Chambersburg St. ☎ 717/337-3739. Pasta e carne con svariate salse. Come in quasi tutti i ristoranti di Gettysburg, dopo le 20.30 l'ambiente è molto tranquillo.

Dobbin House Tavern 89 Steinwehr Ave. ☎ 717/334-2100. La casa più antica della città risale al 1776 e un tempo era il nascondiglio degli schiavi in fuga lungo la Underground Railroad. Pranzo a partire da circa $10; le cene a lume di candela sono più costose. La cucina spazia dai piatti della Pennsylvania Dutch County alle specialità coloniali e moderne.

Gettysbrew Restaurant & Brewery 248 Hunterstown Rd. ☎ 717/337-1001. Ristorante, pub e sito storico. Serve cinque birre di produzione propria e una birra di radici della casa.

Mayflowers 533 Steinwehr Ave. ☎ 717/337-3377. Vasto e moderno ristorante cinese, offre un eccellente buffet serale a $9,99 e sushi *à la carte*.

Pennsylvania occidentale

La **Pennsylvania occidentale**, regione di importanza strategica per i commerci di frontiera e importante via di accesso per l'Ovest, fu il centro dei combattimenti tra inglesi e francesi durante i sette anni della cosiddetta guerra franco-indiana per il controllo coloniale e marittimo (1756-1763). Nel XIX secolo, al termine della guerra di secessione, la regione assunse un ruolo di primo piano a livello industriale grazie all'estrazione di carbone e all'apertura, nel 1859, del primo pozzo petrolifero del mondo a Titusville (oggi Drake Well Memorial Park), nel nord-ovest dello Stato.

Oggi, il turismo nella regione è concentrato soprattutto a **Pittsburgh**, città sorprendentemente bella, e nei suoi dintorni. Poco più a sud, nelle **Laurel Highlands**, si trovano l'imperdibile capolavoro architettonico di Frank Lloyd Wright, **Fallingwater**, e l'**Ohiopyle State Park**. La zona nord-occidentale dello Stato, prevalentemente rurale, racchiude un'altra meraviglia naturale: la lussureggiante **Allegheny National Forest**, che inizia 20 miglia (32 km) a nord della I-80. L'unica altra città della regione, **Erie**, sorge sulle stupende rive del lago omonimo e comprende il **Presque Isle State Park**, che merita una visita per le belle spiagge sabbiose e i sentieri escursionistici tra i boschi.

Pittsburgh

Il **Golden Triangle**, un bel quartiere di dieci isolati situato nel cuore di **PITTSBURGH**, alla confluenza dei fiumi Monongahela, Allegheny e Ohio, in passato fu aspramente conteso per la sua posizione strategica al confine con i territori dell'Ovest. Nel 1754 i francesi vi costruirono il Fort Duquesne, che fu distrutto appena quattro anni dopo dagli inglesi e rimpiazzato dal **Fort Pitt**. All'inizio del 1800 cominciò lo sviluppo industriale con la costruzione delle prime fonderie e durante la guerra di secessione Pittsburgh arrivò a produrre la metà del ferro e un terzo del vetro del paese. Poco tempo dopo la città diventò la capitale mondiale dell'industria siderurgica grazie a **Andrew Carnegie**, che nel 1870 divenne l'uomo più ricco del mondo grazie alla modernizzazione dei processi produttivi. Oggi Pittsburgh è costellata di istituzioni culturali lasciate da Carnegie e da altri facoltosi filantropi come il banchiere Mellon, il magnate del carbone Frick e il fondatore dell'industria alimentare Heinz.

Un imponente progetto di rinnovamento urbano iniziato negli anni Sessanta ha gradualmente trasformato la città, un tempo desolata e inquinata, e oggi Pittsburgh è una delle località più belle e vivibili del paese che riserva ai visitatori piacevoli sorprese. Il progetto ha comportato la demolizione su larga scala delle acciaierie abbandonate sul lungofiume per far posto a eleganti grattacieli e spazi verdi nella zona del centro, ma i numerosi studenti, l'atmosfera da cittadina di provincia dei vecchi quartieri a nord e a sud e gli effetti della crisi economica hanno impedito che il processo di riconversione si estendesse a tutte le aree della città. Ognuno dei compatti quartieri di Pittsburgh – **South Side** e **Mount Washington**, sulla riva opposta del fiume Monongahela rispetto al Golden Triangle, **North Side** sull'altra sponda del fiume Allegheny, **East End** e in particolare la zona universitaria di **Oakland** – ha un suo carattere particolare e testimonia a suo modo la storia e la risurrezione della città.

Arrivo, informazioni e trasporti urbani

L'autostazione della compagnia Greyhound è situata accanto al fiume Monongahela, in 990 2nd Ave., a un buon quarto d'ora di cammino dal centro. La stazione Amtrak, molto più centrale, si trova al n. 1100 di Liberty Ave. Dal moderno ed efficiente **Pittsburgh International Airport** (T 412/472-3525,

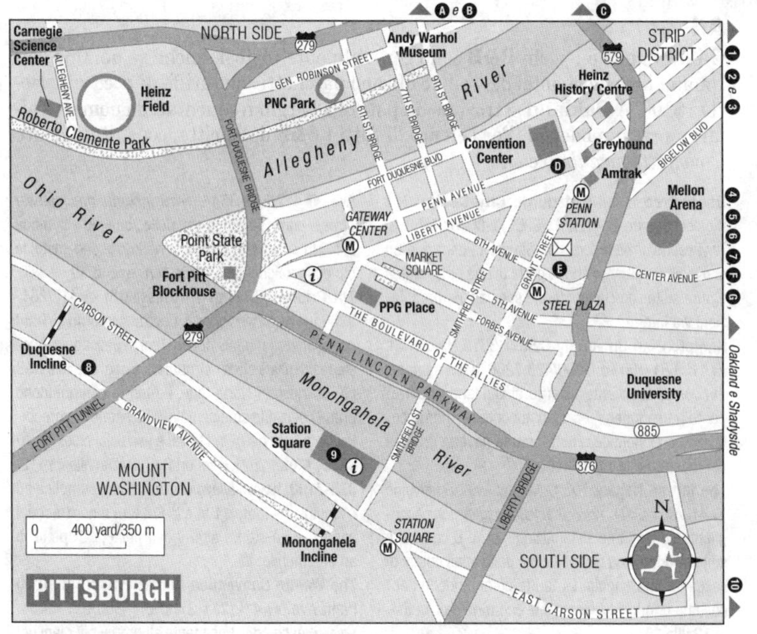

ALLOGGIO

- Doubletree Hotel Pittsburgh City Center **E**
- Hampton Inn University Center **G**
- The Inn on the Mexican War Streets **B**
- The Inn on Negley **F**
- The Priory–A City Inn **A**
- Valley Motel **C**
- The Westin Convention Center Pittsburgh **D**

RISTORANTI

- The Church Brew Works **3**
- Grand Concourse **9**
- Grandview Saloon **8**
- Gullifty's **4**
- India Garden **6**
- Kaya **1**
- La Feria **5**
- Mallorca **10**
- Thai Gourmet **2**
- Yumwok/Lulu's Noodles **7**

www.pitairport.com), situato 15 miglia (24 km) a ovest del centro, partono diverse navette dirette in città. L'eccellente autobus PAT 28X assicura collegamenti quasi altrettanto rapidi, più frequenti e decisamente più economici tra l'aeroporto e Pittsburgh con partenze ogni 20 min. L'autobus ferma in 12 punti della città, tra cui il centro, Oakland e le università (tutti i giorni 5-24; $2,25).

L'ufficio principale del **Welcome Center** è situato in centro, vicino al Gateway Center (Liberty Avenue; lun-ven 8-16, sab 9-17 e dom 10-15; ⓣ 412/281-7711 o 1-800/366-0093, *www.visitpittsburgh.com*); altri uffici si trovano all'aeroporto e presso il Senator John Heinz Pittsburgh Regional History Center.

Sebbene Pittsburgh sia costituita da diversi quartieri separati, gli eccellenti **mezzi di trasporto pubblici** consentono di spostarsi agevolmente da uno all'altro. Gli **autobus** urbani (gratis-$2,75), le funicolari a cremagliera di Monongahela e Duquesne Heights ($1,75) e una piccola **metropolitana leggera** chiamata "T" (tariffe dal gratuito a $3,25) sono comodi ed efficienti. Gli orari dei mezzi pubblici sono disponibili presso l'ufficio del **PAT**, l'azienda che gestisce i trasporti urbani (534 Smithfield St.; lun-gio 7.30-17.30, ven 7.30-17; ⓣ 412/442-2000, *www.portauthority.org*). Il biglietto cumulativo, da acquistarsi contemporaneamente a quello principale, costa 50¢ e consente di utilizzare qualsiasi mezzo della rete pubblica nelle tre ore successive. Per prenotare un **taxi** si può chiamare la Yellow Cab (ⓣ 412/665-8100).

Alloggio

Gli **alberghi** e i pochi **B&B** sono generalmente costosi, anche se nei fine settimana i lussuosi hotel del centro offrono pacchetti con tariffe di poco superiori ai $100. A **Oakland** si trovano un paio di alberghi frequentati da uomini d'affari a prezzi moderati. Per l'elenco di tutti i B&B della città, consultate il sito *www.pittsburghbnb.com*.

Doubletree Hotel Pittsburgh City Center One Bigelow Square Ⓣ 412/281-5800, 1-800/225-5858, *www.doubletree.hilton.com*. Situato in centro, è un conveniente albergo che fa parte di una nota catena e offre suite con cucina; tariffe speciali per prenotazioni via Internet. ❽

Hampton Inn University Center 3315 Hamlet St. Ⓣ 412/681-1000 o 1-800/426-7866, *www.hamptoninn.com*. Accogliente albergo di Oakland appartenente a una catena, offre un'abbondante prima colazione continentale a buffet e una navetta gratuita per il centro e le zone limitrofe. ❺

The Inn on Negley 703 S Negley Ave., Shadyside Ⓣ 412/661-0631, *www.theinnsonnegley.com*. Accogliente ed elegante sistemazione, offre 8 camere e suite arredate con gusto, alcune delle quali dotate di vasca idromassaggio. Le tariffe comprendono l'eccellente prima colazione e il tè con torte e dolci dalle 12 alle 16. ❼

The Inn on the Mexican War Streets 604 W North Ave. Ⓣ 412/231-6544, *www.innonthemexicanwarstreets.com*. Situato in una delle zone più alla moda di North Side, offre 8 camere rinnovate con gusto; le più economiche sono molto convenienti. ❻

The Priory-A City Inn 614 Pressley St. Ⓣ 412/231-3338, *www.thepriory.com*. Costruita intorno al 1880 per ospitare i monaci benedettini di passaggio, questa residenza è stata ristrutturata e oggi ospita il B&B più grazioso di North Side. Le tariffe comprendono prima colazione continentale, vino serale, automobile con autista nei giorni feriali e uso della palestra. ❻

Valley Motel 2571 Freeport Rd., Harmarville Ⓣ 412/828-7100, *www.valleymotel.net*. Motel semplice ed economico situato 11 miglia (18 km) a nord-est del centro, è un'ottima alternativa per chi dispone di un'automobile. ❷

The Westin Convention Center Pittsburgh 1000 Penn Ave. Ⓣ 412/281-3700 o 1-800/937-8461, *www.westin.com*. Imponente albergo a più piani del centro, è dotato di piscina e palestra. ❼

Centro: Golden Triangle

Secondo il *New York Times*, Pittsburgh è l'unica città americana "con un'entrata in scena" – e in effetti la vista dello skyline del **Golden Triangle** all'uscita del tunnel sul Fort Pitt Bridge è innegabilmente spettacolare. In questo pittoresco quartiere circondato da fiumi e ponti in acciaio, fantasiosi edifici moderni si mescolano a chiese gotiche e magazzini in mattoni rossi. Il complesso neogotico in vetro nero del **PPG Place**, creazione postmoderna di Philip Johnson, domina **Market Square**, una piazza circondata da ristoranti e negozi che in estate ospita frequenti spettacoli gratuiti all'ora di pranzo. In corrispondenza della punta del "triangolo", il **Point State Park** è dove fu costruito il primo insediamento. Durante la guerra franco-indiana si susseguirono ben cinque forti e oggi è ancora visibile la **Fort Pitt Blockhouse**, una casamatta in arenaria e mattoni che risale al 1764 ed è la struttura più antica della città. Oggi il parco, che vanta una fontana con uno zampillo alto 45 m, ospita numerose manifestazioni all'aperto ed è un luogo fantastico per passeggiare, rilassarsi e contemplare il tramonto.

Lungo Liberty Avenue si trovano numerosi edifici dalle facciate sbiadite costruiti tra il 1940 e il 1950 e ristrutturati internamente. In corrispondenza della base del triangolo si erge la cupola della **Mellon Arena**, lo stadio indoor simile a un'astronave che ospita importanti concerti e manifestazioni e le partite della squadra di hockey su ghiaccio dei **Pittsburgh Penguins** (Ⓣ 412/642-7367, *www.pittsburghpenguins.com*). Proseguendo a nord-est del centro lungo Penn Avenue, superato il nuovo, vasto Convention Center, nel pittoresco **Strip District** troverete un mercato di frutta e verdura fresca aperto fin dal

△ Il Golden Triangle

mattino presto, negozi a prezzi convenienti e animati locali notturni. Il **Senator John Heinz Pittsburgh Regional History Center**, at (1212 Smallman St.; tutti i giorni 10-17; $9; ⓣ 412/454-6000, *www.pghhistory.org*) è un complesso di sette piani che offre un'interessante ricostruzione della storia della città e delle varie ondate di immigrazione.

South Side

Nel XIX secolo, la maggior parte delle miniere di carbone della città si trovavano sul **monte Washington** (120 m), sulla sponda opposta del fiume Monongahela. Oggi il quartiere di **South Side** situato ai piedi della "montagna" non è più dominato dal fumo delle acciaierie e delle industrie e vanta molte chiese, pittoresche case arroccate su ripidi pendii e vecchi rioni. Delle dodici funicolari a cremagliera che trasportavano merci e passeggeri lungo le pendici della collina prima della crisi dell'industria siderurgica, solo due sono tuttora in funzione. La **Duquesne Incline**, che risale al 1877, collega 1197 W Carson St. a 1220 Grandview Ave. ($1,75 solo andata; ⓣ 412/381-1665, *www.incline.cc*); all'interno della stazione di arrivo della funicolare c'è un piccolo **museo** nel quale sono esposte vecchie foto della città coperta da una coltre di fumo nero. La piattaforma panoramica, circondata da bar e ristoranti prevalentemente costosi, offre la possibilità di ammirare incantevoli **panorami** del Golden Triangle e delle colline all'orizzonte, particolarmente suggestive dopo il tramonto.

Il modo migliore per raggiungere South Side è attraversare il ponte blu e bianco chiamato **Smithfield Street Bridge**, che risale al 1883 ed è il più antico e particolare dei 15 ponti situati nel centro di Pittsburgh grazie alla sua travatura ellittica "grandangolare". Poco più a ovest del ponte si trova **Station Square**, un complesso di vecchi magazzini ferroviari trasformato in un grande centro commerciale che ospita la bella sala d'aspetto in marmo e vetrate colorate del treno Pittsburgh-Lago Erie. Dal molo davanti alla stazione partono le divertenti **escursioni in battello** con guida organizzate dall'agenzia Just Ducky Tours (aprile-ottobre: tutti i giorni; novembre: sab e dom 10.30-18, ora-

Il guru della pop art

Nato a Pittsburgh nel 1928, **Andy Warhol** (nome d'arte di Andrew Warhola, figlio minore di operai di origine slovacca) si trasferì a New York all'età di 21 anni dopo essersi laureato alla Carnegie-Mellon University. Dopo aver lavorato una decina d'anni come stimato artista commerciale, all'inizio degli anni Sessanta divenne il guru dell'avanguardia della nuova pop art. Oltre all'attività artistica, Warhol diresse i primi film underground in 16mm come *Chelsea Girls* e nel 1967 creò lo spettacolo multimediale "Exploding Plastic Inevitable", interpretato da ballerini sadomaso infuocati dalla musica dei Velvet Underground, il gruppo rock psichedelico di cui era il manager. Dopo aver fondato la rivista *Interview* nel 1969, Warhol cominciò a frequentare l'alta società e fino alla sua morte, avvenuta nel 1987, divenne famoso soprattutto per i suoi ritratti di celebrità e per la sua vita mondana. Warhol rinnegò sempre la sua rozza città natale, che poco si intonava con lo stile "cool" di NYC, e probabilmente si rigirerebbe nella tomba se sapesse che il più importante museo a lui dedicato si trova proprio qui, come per altro le sue spoglie mortali che riposano nel cimitero di Bethel.

rio ridotto in ottobre e novembre; $19, bambini $15; partenze ogni 90 min; ☎ 412/402-3825, *www.justduckytours.com*), della durata di 1 ora.

Proseguendo verso est lungo la banchina del fiume Monongahela si arriva a **East Carson Street**, la principale via dei negozi di South Side ricca di invitanti caffè, bar e librerie, con i vicoli costeggiati di case a schiera in mattoni e le chiese dai caratteristici campanili a cipolla che fanno capolino dietro a negozi dell'usato e gallerie d'arte. Negli ultimi anni, alla storica comunità di operai siderurgici polacchi e ucraini si è aggiunto uno stravagante miscuglio di nuovi residenti e artisti. East Carson Strett vanta anche la maggiore concentrazione di **locali notturni** della città (vedi "Vita notturna e spettacoli" p. 155).

North Side

La principale attrattiva del quartiere di **North Side**, annesso a Pittsburgh soltanto nel 1907, è senza dubbio l'**Andy Warhol Museum** (117 Sandusky St.; mar-dom 10-17, ven fino alle 22; $15, ven 17-22; $7,50; ☎ 412/237-8300, *www.warhol.org*), raggiungibile dal centro attraversando il Seventh Street Bridge. Interamente dedicato alla vita e alle opere del famoso artista originario di Pittsburgh (vedi riquadro) e ospitato in un vasto magazzino vittoriano di sette piani, è considerato il più grande museo al mondo dedicato a un unico artista.

Sebbene quasi tutti i lavori più famosi di Warhol siano in possesso di collezionisti privati, il museo vanta una collezione molto ricca di opere d'arte e materiale di archivio. Tra le oltre 500 opere esposte a rotazione meritano di essere citate le celeberrime lattine di minestra Campbell e i ritratti di Elvis, Marilyn Monroe e Jackie Kennedy. Le **visite con audioguida** seguono un ordine cronologico e offrono un'interessante panoramica dell'evoluzione artistica di Warhol e della sua vita movimentata. Il museo ospita spesso due o tre mostre di altri artisti legate in qualche modo all'opera di Warhol, un eccellente e interessante archivio e diversi workshop. Ogni "**Santo Venerdì**" (17-22) si può accedere gratuitamente all'atrio del museo, dove vengono offerte bevande gratuite e frequenti esibizioni di musica dal vivo e spettacoli.

Il rinnovamento urbano di North Side è concentrato intorno a **Mexican War Streets**, una zona dal nome suggestivo situata all'estremità settentrionale di Allegheny Commons. Accuratamente restaurate, le case ottocentesche in mattoni grigi con le terrazze in pietra situate lungo le strade alberate di questo quartiere sono abitate da generazioni da famiglie di immigrati tedeschi e scandinavi, alle quali si sono aggiunti recentemente giovani professionisti alla moda. Un'altra attrattiva da non perdere è l'eccellente e insolita **Mattress Factory**, (500 Sampsonia Way; mar-sab 10-17, dom 13-17, chiuso agosto; $10, gio $5; ⓣ 412/231-3169, *www.mattress.org*) una straordinaria galleria d'arte che espone installazioni d'arte contemporanea di altissimo livello. Il **National Aviary** (W Allegheny Commons; tutti i giorni 9-17; $8; ⓣ 412/323-7235, *www.aviary.org*) ospita al suo interno oltre 200 specie di uccelli, tra i quali alcuni pappagalli dal linguaggio sboccato, che volano liberamente sopra i visitatori sotto una cupola in vetro alta 9 m. Al vicino **Children's Museum of Pittsburgh** (10 Children's Way, Allegheny Square lun-sab 10-17, dom 12-17; $10, bambini $9, gio $6 per tutti; ⓣ 412/322-5058, *www.pittsburghkids.org*) i bambini troveranno una miriade di giochi, mostre e spettacoli a loro dedicati.

Proseguendo lungo il fiume in direzione nord-ovest si incontra un altro luogo particolarmente indicato per chi viaggia con bambini, il vasto e moderno **Carnegie Science Center** (1 Allegheny Ave.; tutti i giorni 10-17, sab fino alle 19; $14, bambini $10; possibilità di biglietti comulativi; ⓣ 412/237-3400, *www.carnegiesciencecenter.org*), un museo dedicato alle scienze dotato di numerosi supporti multimediali tra i quali un'area giochi, una ferrovia in miniatura, un planetario e un enorme cinema OMNIMAX ($8-10 per uno spettacolo, $13-15 per due spettacoli). Nel prezzo del biglietto è compresa la visita del sommergibile del 1945 **USS Requin**, ormeggiato sul fiume vicino al museo. Accanto al Carnegie Science Center, l'enorme **Heinz Field** è lo stadio dove vengono disputate le partite della squadra di football dei **Pittsburgh Steelers** (ⓣ 412/323-1200, *www.steelers.com*), una delle tre sole squadre ad avere vinto cinque volte il Superbowl, l'ultimo dei quali nel 2006. Proseguendo in direzione del Sixth Street Bridge si incontra il **PNC Park**, sede della squadra di baseball dei **Pittsburgh Pirates** (ⓣ 1-800/289-2827, *www.pirates.com*). Lo stadio offre ampie vedute del fiume Allegheby e del centro città dalla maggior parte dei posti a sedere e nelle miti serate estive è un luogo estremamente piacevole indipendentemente dalla qualità della partita.

Oakland e East End

Oakland, il quartiere universitario di Pittsburgh, è costituito prevalentemente dai campus della **Carnegie-Mellon University** e della **University of Pittsburgh** (che molti chiamano familiarmente "Pitt") e da diversi altri atenei. All'interno della **Cathedral of Learning** (all'angolo tra Fifth Ave. e Bigelow Blvd.), un'imponente torre neogotica di 42 piani con ben 2529 finestre, si trovano le 26 **Nationality Rooms**, una serie di aule che differiscono tra loro per periodo e stile arredate con particolari donati dai diversi gruppi etnici della città, dai lituani ai cinesi. Le aule sono accessibili prendendo parte alle **visite guidate** (90 min; lun-sab 9-14.30, dom 11-14.30; $3; ⓣ 412/624-6000, *www.pitt.edu/~natrooms*). Dietro alla Cathedral of Learning si erge la **Heinz Memorial Chapel** (lun-ven 9-17, dom 13-17; ingresso libero), una cappella in stile gotico francese con vetrate istoriate lunghe e strette raffiguranti personaggi biblici, politici e letterati.

Di fronte alla Cathedral of Learning, il complesso culturale **Carnegie** (4400 Forbes Ave.) ospita due splendidi musei: il **Museum of Natural History**, famoso per le ricche collezioni dedicate a dinosauri e minerali, e il **Museum of**

Art, che ospita al suo interno magnifici dipinti impressionisti, postimpressionisti e di arte regionale americana e un'eccellente collezione di arte moderna (entrambi i musei: mar-sab 10-17, gio fino alle 20, dom 12-17; $15; ⓣ 412/622-3131, *www.carnegiemuseums.org*). Nel vicino Schenley Park si trovano i pittoreschi giardini fioriti del **Phipps Conservatory** (tutti i giorni 9.30-17, ven fino alle 22; $10; ⓣ 412/622-6814 *www.phipps.conservatory.org*) circondati da verdi boschi.

Sul tratto di Fifth Avenue compreso tra la Cathedral of Learning e la zona denominata **Shadyside** si affacciano stupendi edifici accademici, luoghi di culto e le antiche residenze dei primi industriali. L'imponente **Soldiers and Sailors Memorial** (4141 Fifth Ave.; lun-sab 10-16; visite $5; ⓣ 412/621-4253) ospita una collezione di cimeli militari e storici. Poco più avanti, di fronte alla squisita facciata dipinta della chiesa cattolica bizantina **Church of the Holy Spirit**, si trova il semplice complesso della **WQED**, la prima televisione commerciale d'America inaugurata nell'aprile del 1954, che trasmette lo storico spettacolo per bambini *Mr Rogers' Neighborhood*. Shadyside è un elegante quartiere alla moda con negozi di alto livello, soprattutto lungo Walnut Street. Proseguendo lungo Fifth Avenue, sull'angolo del Mellon Park, il **Pittsburgh Center for the Arts** (6300 Fifth Ave.; mar-sab 10-17, dom 12-17; offerta consigliata $5; ⓣ 412/361-0873, *www.pittsburgharts.org*) espone un'eclettica collezione di opere d'arte moderna di artisti locali. A sud-est del centro, **Squirrel Hill** è un'altra zona animata, con molti bei negozi e ristoranti lungo Murray Ave. e Forbes Ave, in cui risiedono numerosi studenti e la più grande comunità ebraica di Pittsburgh.

Ancora più a est si trova il **Frick Art and Historical Center** (7227 Reynolds St.; mar-dom 10-17; ingresso libero; ⓣ 412/371-0600, *www.frickart.org*), un complesso che ospita al suo interno il **Frick Art Museum**, dove sono esposti dipinti italiani, fiamminghi e francesi dal XV al XIX secolo e due delle sedie di Maria Antonietta, il **Car & Carriage Museum**, e **Clayton** (solo visite guidate $10), la residenza dell'industriale Henry Clay Frick. Frick e la sua famiglia sono sepolti poco più a sud nell'**Homewood Cemetery**, dove si trovano anche le tombe di H.J. Heinz (produttore dei famosi ketchup e fagioli in scatola) e di diversi componenti della famiglia Mellon. Lungo il fiume Allegheny, 3 miglia (5 km) più a nord, il vasto **Highland Park** ospita il grazioso e divertente **Pittsburgh Zoo and PPG Aquarium** (tutti i giorni: estate 9-18, primavera e autunno 9-17, inverno 9-16; aprile-novembre $12, dicembre-marzo $9; ⓣ 412/665-3640, *www.zoo.pgh.pa.us*), dove potrete vedere un varano di Komodo e due elefanti nati in cattività.

Mangiare e bere

Nel centro di Pittsburgh i **ristoranti** sono piuttosto costosi e la vita notturna è praticamente inesistente. La maggior parte dei locali è concentrata nello **Strip District** e nel South Side, nei dintorni di **East Carson Street**. **Station Square** e **Mount Washington** richiamano una clientela più elegante, mentre naturalmente a **Oakland** si trovano numerosi locali economici frequentati da studenti. Altri locali a prezzi moderati si possono trovare nell'East End nelle zone di **Bloomfield**, **Shadyside** e **Squirrel Hill**.

The Church Brew Works 3525 Liberty Ave. ⓣ 412/688-8200. Vasto locale situato tra il centro e Bloomfield, in una vecchia chiesa sconsacrata dove i fusti di birra hanno sostituito l'organo, serve cucina americana e buone birre della casa.

Grand Concourse 1 Station Square ⓣ 412/261-

1717. In un ambiente spettacolare ed elegante, serve costosi piatti di pesce quali gamberi in crosta di noci di macadamia e cocco. Spenderete almeno $50 a testa.

Grandview Saloon 1212 Grandview Ave. ☎ 412/431-1400. Tranquillo ristorante di Mount Washington, solitamente pieno di giovani richiamati dagli enormi piatti di pasta. Cercate di arrivare presto per accaparrarvi un tavolo sulla terrazza panoramica.

Gullifty's 1922 Murray Ave. ☎ 412/521-8222. Popolare locale di Squirrel Hill, serve buoni piatti di pasta e carne e dolci fantastici. Due volte all'anno (di solito in aprile e in ottobre) organizza il Garlic Festival (Festa dell'aglio).

India Garden 328 Atwood St. ☎ 412/682-3000. Bar-ristorante di Oakland, serve specialità dell'India settentrionale, piccanti piatti al curry e cremosi *lassi*. A mezzogiorno e la domenica sera offre un buffet con un buon rapporto qualità-prezzo. La TV è spesso sintonizzata sulle partite di cricket.

Kaya 2000 Smallman St. ☎ 412/261-6565. Elegante ristorante caraibico dello Strip District, propone svariati piatti vegetariani e un ricco assortimento di birre, rum e cocktail.

La Feria 5527 Walnut St. ☎ 412/682-4501. Pittoresco ristorante peruviano situato sopra un negozio di Shadyside, con un menu contenuto di specialità delle Ande buone ed economiche. Non fornisce bevande alcoliche.

Mallorca 2228 E Carson St. ☎ 412/488-1818. Elegante ristorante di South Side, serve un'ottima paella, piatti della cucina mediterranea e una buona sangria. La deliziosa capra al vino rosso costa meno di $30 ed è sufficiente per due persone.

Thai Gourmet 4505 Liberty Ave. ☎ 412/681-4373. Accogliente e raccolto, questo locale di Bloomfield propone squisite e autentiche specialità del sud-est dell'Asia, come il fantastico Penang curry, a prezzi molto convenienti. Non fornisce bevande alcoliche.

Yumwok/Lulu's Noodles 400 S Craig St. ☎ 412/687-7777. Due locali in uno situati a Oakland, meritatamente popolari tra gli studenti per gli abbondanti tagliolini cinesi e i buoni piatti della cucina panasiatica a prezzi convenienti. Non fornisce bevande alcoliche.

Vita notturna e spettacoli

Il panorama della **vita notturna** di Pittsburgh è molto vario e comprende una serie di locali in grado di accontentare gli appassionati di ogni genere musicale, dalla musica classica al jazz, al rock alternativo. Il rinomato City Theatre (57 S 13th St.; ☎ 412/431-4400, *www.citytheatrecompany.org*) propone spettacoli di teatro d'avanguardia in una chiesa sconsacrata di South Side. La famosa **Pittsburgh Symphony Orchestra** si esibisce nella Heinz Hall (600 Penn Ave.; ☎ 412/392-4900, *www.pittsburghsymphony.org*), mentre il **Benedum Center for the Performing Arts** (719 Liberty Ave.; ☎ 412/456-6666, *www.pgharts.org/venues/benedum.aspx*), nel centro cittadino, ospita regolarmente spettacoli di balletti classici, danza moderna e opere. Per l'elenco dettagliato degli **spettacoli** consultate il settimanale gratuito *City Paper*, in uscita tutti i mercoledì (*www.pghcitypaper.com*).

31st St. Pub 3101 Penn Ave. ☎ 412/391-8334, *www.31stpub.com*. Il locale di per sé non è memorabile, ma propone esibizioni di promettenti gruppi indie e hardcore e di qualche celebrità underground in tournée che riscuotono grande successo.

Brillobox 4104 Penn Ave. ☎ 412/621-4900. Due "figlioli prodighi" ritornati a Pittsburgh da New York hanno inventato questo locale raffinato e allo stesso tempo divertente in cui è possibile assistere a vari eventi sportivi. Al piano inferiore c'è un jukebox ben fornito, mentre al piano superiore c'è un palco sul quale si esibiscono artisti pressoché sconosciuti.

Club Café 56-58 S 12th St. ☎ 412/431-4950, *www.clubcafelive.com*. Questo tranquillo locale di South Side propone regolarmente esibizioni di musica dal vivo, rock, folk e salsa.

Dee's 1314 E Carson St. ☎ 412/431-5400. Un'istituzione di South Side, con un fantastico jukebox, biliardo, freccette e una clientela animata.

Kelly's 6012 Penn Circle S, E Liberty ☎ 412/363-6012. Popolare bar situato poco più a est di Shadyside, offre buone birre come la East End Big Hop, un sottofondo di musica eclettica e "serate punk" a mercoledì alterni.

Mr Small's Theatre 400 Lincoln Ave., Millvale ☎ 1-800/594-8499, *www.mrsmalls.com*. Ospitato all'interno di una chiesa sconsacrata a nord-est del centro, nei pressi della US-28, questo locale ospita spesso gruppi indie rock americani e stranieri.

Piper's Pub 1828 E Carson St. ☎ 412/431-6757, *www.piperspub.com*. È uno dei bar più allegri di South Side, ideale per guardare le partite di calcio, rugby e calcio gaelico alla TV. Serve birre nazionali e di importazione e piatti discreti, soprattutto per la prima colazione.

Rex Theatre 1602 E Carson St. ☎ 412/381-6811, *www.ticketmaster.com/venue/180366*. In questo ex cinema si esibiscono soprattutto gruppi rock.

Dintorni di Pittsburgh

A poco più di un'ora da Pittsburgh, percorrendo la Hwy-381 in direzione sud-est, le **Laurel Highlands** sono una regione di colline ammantate di boschi e valli che si estende per 70 miglia (112 km). La maggior parte dei viaggiatori vengono da queste parti per visitare uno dei massimi capolavori del celebre architetto Frank Lloyd Wright, **Fallingwater**, e per le numerose attività all'aria aperta che si possono praticare nei dintorni di **Ohiopyle**.

Fallingwater

Non occorre essere appassionati di architettura per apprezzare **Fallingwater** (metà marzo-fine novembre: mar-dom 10-16; dicembre e inizio marzo: sab e dom 11.30-15; visite $16; ☎ 724/329-8501, *www.fallingwater.org*), la "casa sulla cascata" progettata e realizzata da Wright alla fine degli anni Trenta come residenza della famiglia Kaufmann, proprietaria dei grandi magazzini di Pittsburgh. L'edificio, segnalato lungo il tracciato della Hwy-381 una ventina di miglia (32 km) a sud della I-70, è costruito sopra una cascata su un ruscello chiamato Bear Run e circondato da una spettacolare foresta decidua all'interno dei 2000 ettari della Bear Run Nature Reserve. Essendo stato costruito direttamente sopra alla cascata, Fallingwater è l'unico tra gli edifici progettati da Wright a corrispondere esattamente al progetto iniziale. La serie di piani a terrazza a sbalzo e sovrapposti che "scendono dalla montagna come l'acqua della cascata" e la posizione precaria della casa ancorata nella roccia e sospesa nel vuoto creano un eccezionale effetto scenico, e malgrado le sue forme prevalentemente squadrate l'edificio si integra felicemente con l'ambiente naturale circostante. Tra le caratteristiche innovative di Fallingwater vi sono l'assenza di pareti portanti, che contribuisce ad accrescere la sensazione di spazio, e i lucernari naturali.

Ohiopyle

Cinque miglia (8 km) a sud di Fallingwater, la piccola cittadina di **OHIOPYLE** rappresenta una comoda base per esplorare gli scenari naturali dell'**Ohiopyle State Park** e praticare attività all'aperto come il rafting nelle rapide del fiume **Youghiogheny**. Il parco che si estende intorno alla cittadina e al fiume offre una miriade di sentieri da percorrere a piedi o in bicicletta e bellezze naturali come le **Cucumber Falls** e la **Ferncliff Peninsula**, una penisola dall'habitat unico famosa per la sua flora selvatica. Un piccolo **centro visitatori** fornisce informazioni sulla zona (tutti i giorni 10-16.30; ☎ 724/329-8591). Nei pressi, l'*Ohiopyle House Café* (144 Grant St.; ☎ 724/329-1122) serve piatti appetitosi come ravioli all'aragosta e pudding al caramello, e un paio di spacci aperti in alta stagione e un emporio vendono semplici spuntini e provviste. Il *Yough Plaza Motel* (Sherman Street; ☎ 1-800/992-7238, *www.youghplaza.com*; ④) offre camere discrete e monolocali; se avete un budget limitato, potete campeggiare o affittare un bungalow all'interno del parco (☎ 1-888/727-2757). White Water Adventurers (6 Negley St.; ☎ 1-800/992-7238, *www.wwaraft.com*) è uno dei numerosi operatori che offrono corsi di **rafting** e noleggio dell'equipaggiamento.

△ Allegheny National Forest

Allegheny National Forest

L'**Allegheny National Forest** è un territorio incontaminato che si estende su una superficie di oltre 2000 km^2 distribuita su quattro contee. Vi si possono praticare numerose attività all'aperto come le escursioni a piedi, le uscite in slitta e la pesca, e soprattutto ammirare lo **spettacolo autunnale delle foglie** degli alberi che cambiano colore, dalla bellezza paragonabile a quelli del New England. Nella zona settentrionale si trovano diversi luoghi d'interesse facilmente accessibili dalla Hwy-6, la strada principale che attraversa la foresta. Poco più a nord di questa, vale la pena fermarsi ad ammirare il panorama dal **Kinzua Viaduct**, che all'epoca della sua costruzione nel 1882 era il ponte stradale più alto e più lungo del mondo. La parte settentrionale della foresta è caratterizzata dal vasto **Kinzua Reservoir**, un bacino artificiale formato da una diga situata nella parte meridionale. Potrete fare il bagno sulle **spiagge di Kinzua** e **Kiasutha** o un picnic a **Rimrock Overlook** o **Willow Bay**, all'estremità settentrionale della foresta. Il centro informazioni Kinzua Point (Ⓣ 814/726-1291), situato sulla Hwy-59 e aperto solo in estate, fornisce informazioni sui sentieri, sui bungalow e sui campeggi privati situati all'interno della foresta; in alternativa, potete pernottare in uno dei venti **campeggi** statali (Ⓣ 1-877/444-6777, *www.reserveusa.com*).

Erie

La piacevole città di **ERIE** è il punto focale delle 40 miglia (64 km) di costa del lago omonimo situate in Pennsylvania. Caratterizzata da edifici bassi e vaste aree verdi, la città è molto diversa da Pittsburgh e Filadelfia e vanta alcuni luoghi d'interesse culturale, tutti facilmente raggiungibili a piedi dalla piazza principale, tra cui la **Court House** in stile neoclassico e diversi **musei** di storia, arte e scienza. Il migliore è l'**Erie Maritime Museum** situato nel Bayfront

Historical District (150 E Front St.; aprile-dicembre: lun-sab 9-17, dom 12-17, gennaio-marzo: chiuso lun-mer; $6 museo e brigantino, $4 solo museo; ⓣ 814/452-2744, *www.brigniagara.org*), che presenta un'affascinante esposizione sull'evoluzione geologica ed ecologica dei Grandi Laghi e sulla storia marittima della regione; del museo fa parte l'elegante **US Brig Niagara**, un brigantino solitamente ormeggiato fuori dall'edificio.

La principale attrattiva di Erie è rappresentata dal **Presque Isle State Park**, una penisola a forma di virgola che si protende verso nord e poi ripiega su se stessa, situata 3 miglia (4,8 km) a ovest del centro cittadino. Il parco è una riserva naturale, con ampie **spiagge** sabbiose ideali per nuotare e fitte aree boscose attraversate da numerosi sentieri. I ranger del Park Office (tutti i giorni 8-16; ⓣ 814/833-7424, *www.presqueisle.org*) possono fornire informazioni generali e una cartina, ma il centro visitatori principale è lo **Stull Interpretive Center and Nature Shop** (primavera e autunno 10-16; estate 10-17; ⓣ 814/836-9107). Chi non fosse dotato di automobile può prendere il **taxi acquatico** Port of Erie (fine maggio-metà ottobre: lun 12-18, mar-dom 10-18; $4 solo andata, $6 andata e ritorno; ⓣ 814/881-2502), che salpa ogni ora dal Dobbins Landing dell'Erie Bayfront.

Notizie utili

Frequenti **pullman** della compagnia Greyhound collegano Erie con Pittsburgh, Cleveland e Buffalo; l'autostazione (5759 Peach St.; ⓣ 814/864-5949) situata a circa 3 miglia (4,8 km) dal centro è raggiungibile con l'autobus locale 9 per Mill Creek Mall. Il centro visitatori **CVB** (208 E Bayfront Drive; lun-ven 9-17; ⓣ 814/454-7191 o 1-800/524-3743, *www.visiteriepa.com*) si trova in centro città e fornisce utili informazioni turistiche.

In estate, i prezzi della maggior parte degli **alberghi** raddoppiano rispetto alla bassa stagione. Il centrale *Holiday Inn Erie-Downtown*, (18 W 18th St.; ⓣ 814/456-2961 o 1-800/832-9101, *www.holiday-inn.com*; ⑤) è un classico albergo appartenente a una catena, ma l'elegante *Boothby Inn B&B* (311 W 6th St.; ⓣ 814/456-1888 o 1-866/266-8429, *www.theboothbyinn.com*; ⑥) è una sistemazione molto più gradevole. Lungo Peninsula Drive si susseguono numerosi **motel** funzionali. Il *Sara's Campground*, (50 Peninsula Drive; ⓣ 814/833-4560, *www.sarascampground.com*; a partire da $23) si trova in bella posizione poco prima dell'entrata del parco. Il vicino *Sally's Diner* (Sara Coyne Plaza; ⓣ 814/833-1957) serve piatti sostanziosi dalla prima colazione alla cena; in centro, il *Marketplace Grill* (319 State St. ⓣ 814/455-7272) offre bistecche e un abbondante buffet di pizza e pasta a mezzogiorno, mentre l'*Happy Garden*, (418 State St. ⓣ 814/452-4488) è un economico ristorante cinese.

New Jersey

Il sottile Stato costiero del **NEW JERSEY** è stato al centro della storia degli Stati Uniti fin dai tempi della guerra d'indipendenza americana: **Princeton** fu teatro di una celebre battaglia e George Washington trascorse due inverni desolati a Morristown. Allo scoppio della guerra di secessione, la vocazione industriale dello Stato lo portò a schierarsi con l'Unione nonostante la sua posizione sul confine della linea Mason-Dixon.

Anche oggi il New Jersey è noto soprattutto per le sue industrie. La maggior parte dei viaggiatori si limitano a vedere lo "Stato Giardino", come viene chiamato per il gran numero di aziende orticole situate nella zona centrale, dalla New Jersey Turnpike, l'orribile strada a pedaggio perennemente intasata di mezzi pesanti. Perfino le canzoni di **Bruce Springsteen**, il golden boy di **Asbury Park**, descrivono il suo Stato natale come "una distesa urbana polverosa e desolata caratterizzata da lotti vuoti, grigie autostrade, sogni perduti e pene di operai". In realtà la maggior parte delle raffinerie e delle fabbriche occupano un'area di appena 15 miglia (24 km) lungo la Turnpike, ma città desolate come **Newark**, sede del principale aeroporto dello Stato, e Trenton, la trascurabile capitale, non contribuiscono certo a migliorare questa immagine tetra. Tuttavia nel New Jersey non ci sono soltanto fabbriche e inquinamento. L'angolo nord-occidentale vicino al Delaware Water Gap è costellato di siti storici legati alla guerra d'indipendenza, ma anche di laghi, fiumi e boschi pittoreschi, mentre a sud la cittadina di **Princeton** possiede alcuni bellissimi edifici come quello dell'università della Ivy League. Lungo la costa atlantica si susseguono alcune animate località di villeggiatura, dalla chiassosa **Atlantic City** alla stazione balneare dalla suggestiva atmosfera d'altri tempi di **Cape May**.

Come muoversi

Per chi viaggia in **automobile**, il New Jersey si raggiunge comodamente da New York con la I-95, mentre la New Jersey Turnpike (pedaggio per andare da un capo all'altro $6,45) collega la parte nord-orientale dello Stato a Filadelfia. La Garden State Parkway corre parallela all'Oceano Atlantico da New York a Cape May (con un pedaggio di 35-70¢ ogni 20 miglia circa, pari a 32 km) e permette di raggiungere comodamente le località costiere. Il **Newark Liberty International Airport** (☎ 973/961-6000, *www.newarkairport.com*) è servito dalle principali compagnie aeree internazionali. I **treni PATH** collegano la parte settentrionale del New Jersey alla città di New York (☎ 1-800/234-7284, *www.panynj.gov/path*), mentre la compagnia New Jersey Transit (☎ 973/762-5100 o 1-800/772-2222, *www.njtransit.com*) offre un servizio affidabile ed economico di treni e pullman dalle principali località del New Jersey a Filadelfia, New York e la costa. Numerosi treni **Amtrak** diretti a Filadelfia, New York e Washington DC fermano a Newark, Princeton e Trenton. I pullman della Greyhound servono la maggior parte dello Stato, mentre la costa meridionale del New Jersey è collegata al Delaware dal **traghetto** Cape May-Lewes (vedi p. 167).

New Jersey centrale

La maggior parte dei newyorkesi visitano il New Jersey settentrionale soprattutto per lo **shopping**: dai grandi centri commerciali agli outlet degli stilisti, agli empori etnici come il Mitsuwa Marketplace, il centro commerciale giapponese di Edgewater (☎ 201/941-9113, *www.mitsuwa.com*), tutti offrono prezzi nettamente inferiori rispetto a quelli praticati sulla sponda opposta del fiume Hudson. Le fiorenti cittadine lungo il fiume vantano anche alcuni ottimi ristoranti italiani e asiatici, mentre a Hoboken si sono trasferiti numerosi abitanti di Manhattan. Viaggiando lungo le interstatali a sud-ovest della costa e di New York, tuttavia, i viaggiatori vedono il New Jersey che prevale nell'immaginario collettivo: un deserto culturale fortemente industrializzato punteggiato di cittadine decadenti come Trenton, Paterson e Newark. La località più interessante del New Jersey centrale è **Princeton**, sede di un'università della Ivy League, nella quale si può trascorrere un piacevole pomeriggio.

Princeton

La serena cittadina di **PRINCETON**, situata 11 miglia (17 km) a nord di Trenton lungo la US-206, è sede della **Princeton University**, la quarta più antica università degli Stati Uniti, fondata nel 1756 dopo il distacco dal più religioso ateneo di Yale. Fondata alla fine del 1600 con il nome infausto di Stony Brook, la cittadina divenne una stazione di sosta per le carrozze in viaggio tra New York e Filadelfia e nel 1724 assunse il nome di Princes Town. Nel gennaio del 1777, una settimana dopo la vittoria trionfale di Washington sulle truppe britanniche a Trenton, la parte sud-occidentale della città fu teatro della **Battaglia di Princeton**. Questa vittoria rappresentò una svolta nella guerra d'indipendenza americana, risollevando il morale delle truppe di Washington prima del lungo accampamento invernale a Morristown, nel nord. Dopo la guerra, nel 1783, temendo che i veterani di Filadelfia si rivoltassero per il mancato pagamento dei loro servizi, il **Congresso Continentale** si riunì ripetutamente a Princeton per quattro mesi; in seguito la verde e ordinata cittadina si dedicò principalmente alle attività accademiche. Tra i personaggi famosi che hanno frequentato la Princeton University ricordiamo l'attore James Stewart, lo scrittore F. Scott Fitzgerald, l'attrice Brooke Shields e i presidenti americani Wilson e Madison. Oggi Princeton è un posto piacevole per passeggiare e visitare l'università e gli altri siti storici.

Arrivo, informazioni e trasporti urbani

Una **navetta** chiamata Princeton Airporter fa la spola ogni ora tra l'aeroporto di Newark e Princeton (tutti i giorni 7.15-20.15; 1 ora e 30 minuti; $30, studenti $25; ☎ 609/587-6600, *www.goairporter.com*). I treni Amtrak e NJ Transit da New York a Filadelfia fermano a Princeton Junction, 3 miglia (4,8 km) a sud del centro, da dove si può prendere una navetta SEPTA (☎ 215/580-7800, *www.septa.com*) fino alla stazione di Princeton situata all'interno del campus universitario in University Place, un isolato a nord di Alexander Road. Il biglietto per la navetta va acquistato anticipatamente, preferibilmente alla stazione di partenza. Gli **autobus** Suburban Transit in partenza dall'autostazione Port Authority di New York (☎ 1-800/222-0492, *www.suburbantransit.com*) fermano in Palmer Square ogni 30 minuti dalle 6 alle 23.

Troverete **informazioni turistiche** presso il Frist Campus Center dell'università (☎ 609/258-1766, *www.princeton.edu/frist*) o presso la **camera di commercio** (9 Vandeventer Ave.; lun-ven 8.30-17; ☎ 609/924-1776, *www.princetonchamber.org*). L'**Historical Society Museum** (158 Nassau St.; mar-dom 12-16; ☎ 609/921-6748, *www.princetonhistory.org*) organizza **visite guidate** a piedi della città (dom 14; $7) e fornisce **cartine** a chi desidera esplorarla per conto proprio. Il centro di Princeton si può visitare comodamente **a piedi**, ma le temperature estreme in estate e in inverno e la distanza dal centro della maggior parte degli alberghi potrebbero farvi rimpiangere l'**automobile**.

La città e l'università

Mercer Street, la lunga via che si snoda in direzione sud-ovest oltre il campus universitario fino a Nassau Street, è fiancheggiata da eleganti case coloniali con le imposte in legno impreziosite da colonne e cancelli in ferro battuto. All'interno del **Princeton Battlefield State Park**, a 1,5 miglia (2,4 km) dall'abitato, sorge la **Thomas Clarke House** (500 Mercer St.), una fattoria quacchera adibita a ospedale durante la battaglia. Tornando in città, la semplice casa al n.112 di Mercer fu la residenza di **Albert Einstein** quando insegnava all'Institute of Advanced Study; purtroppo non è aperta al pubblico.

Il tranquillo campus alberato della Princeton University è un posto molto piacevole per concedersi una passeggiata. Subito dopo l'entrata di Nassau Street sorge la **Nassau Hall**, un edificio storico che ospita numerosi ritratti di studenti famosi e uno di re Giorgio II. All'epoca della sua costruzione nel 1756 era il più grande edificio in pietra degli Stati Uniti; le sue pareti dello spessore di 66 cm, oggi costellate di targhe e stemmi delle classi che si sono laureate, sono sopravvissute al fuoco americano e britannico durante la guerra d'indipendenza americana. Nel 1783 il Congresso Continentale si riunì per alcuni mesi nell'edificio, rendendo Princeton la capitale *de facto* degli Stati Uniti. Nella **cappella** del 1925, ispirata a quella del Kings College dell'università inglese di Cambridge, notate le vetrate istoriate con scene tratte dalla Bibbia e da opere di Dante, Shakespeare e Milton. Sull'altro lato del campus si trovano i **Prospect Gardens**, un'aiuola raffigurante lo stemma dell'università che in estate è un tripudio di arancione. Le **visite guidate** (lun-sab 10, 11, 13.30 e 15.30, dom 13.30 e 15.30 nel periodo scolastico; orario soggetto a variazioni durante le vacanze; ⓣ 609/258-1766) in compagnia di studenti un po' saccenti partono dal Frist Campus Center e toccano tutti i luoghi sopra citati.

Al centro del campus, di fronte alla scultura *Head of a Woman* realizzata su disegno di Picasso, l'**University Art Museum** non è compreso nella visita guidata, ma merita una visita per la sua collezione di opere d'arte dal Rinascimento ai giorni nostri, con capolavori di Modigliani, Van Gogh e Warhol e sezioni di arte orientale e precolombiana (mar-sab 10-17, dom 13-17; ingresso libero; ⓣ 609/258-3788, *www.princetonartmuseum.org*).

Alloggio, mangiare e bere

Gli unici **alberghi** nel centro di Princeton sono il neocoloniale *Nassau Inn* (Palmer Square; ⓣ 609/921-7500 o 1-800/862-7728, *www.nassauinn.com*; ❾) e il *Peacock Inn* (20 Bayard Lane; ⓣ 609/924-1707, *www.peacockinn.com*; ❼), situato in posizione più tranquilla. Lungo la US-1 e nel sobborgo di **Lawrenceville**, pochi chilometri a sud della città, si trovano alcuni **motel** economici come il *Red Roof Inn* (3203 US-1; ⓣ 609/896-3388, *www.redroof.com*; ❸).

La benestante Princeton non è certo la capitale gastronomica del New Jersey, ma lungo Witherspoon Street troverete numerosi **ristoranti** economici. *Teresa's* (19-23 Palmer Square E; ⓣ 609/921-1974) serve fantasiosi piatti italiani con un buon rapporto qualità-prezzo; *Mediterra* (29 Hulfish St.; ⓣ 609/252-9680) è un ristorante elegante e accogliente con specialità mediterranee preparate con maestria. La **vita notturna** non è particolarmente vivace, soprattutto durante le vacanze scolastiche. La *Triumph Brewery* (138 Triumph St.; ⓣ 609/942-7855) serve buone birre della casa ed è frequentata da una clientela eterogenea, mentre il vecchio bar *Yankee Doodle Tap Room*, situato sotto al *Nassau Inn*, richiama un pubblico più maturo proponendo esibizioni di musica jazz dal vivo.

La costa del New Jersey

La costa del New Jersey si estende lungo l'Atlantico per 130 miglia (208 km), con un interminabile susseguirsi di **località di villeggiatura** molto diverse tra loro – alcune sono tranquille e incontaminate, altre decisamente kitsch. In mancanza di un porto importante, le principali risorse economiche sono da sempre l'agricoltura e il turismo. Alla fine degli anni Ottanta, la costa è diventata tristemente nota a causa dell'inquinamento causato dagli scarichi urbani e industriali, ma oggi le spiagge ampie e sabbiose costeggiate dalle caratteristiche **passerelle in legno** (che a volte in estate sono accessibili solo a pagamento) sono tornate sicure e pulite, anche se talvolta possono essere molto affollate. La città più famosa della costa è **Atlantic City**, una chiassosa località di villeggiatura che ha vissuto un lungo periodo di declino, ma ci sono anche cittadine più tranquille come **Spring Lake** e **Cape May** dal fascino vittoriano.

Spring Lake e Asbury Park

SPRING LAKE, un'elegante località balneare dalle case in stile vittoriano situata a una ventina di miglia (32 km) dall'inizio della costa del New Jersey, è una delle cittadine più piccole e meno turistiche del litorale, piacevolmente diversa dalle località situate nel tratto meridionale della costa fino ad Atlantic City. Potrete passeggiare per 2 miglia (3,2 km) lungo la tranquilla **passerella in legno**, contemplare le onde dell'oceano dai gazebo sferzati dal vento, nuotare, crogiolarvi al sole sulla sabbia bianca (in estate, per accedere alla spiaggia occorre acquistare un apposito braccialetto elettronico) o sedere all'ombra vicino al lago che dà il nome alla città, le cui rive ricordano un villaggio di campagna con i pontili di legno, i cigni, le oche e la magnifica chiesa cattolica romana di St. Catharine. La via più animata è Third Avenue, costeggiata da negozi eleganti.

Per i fan di **Bruce Springsteen**, Spring Lake rappresenta una comoda base per visitare la vicina **ASBURY PARK**, una decadente località balneare dove il Boss visse per molti anni e si esibì per la prima volta in pubblico. Oggi non resta molto delle giostre con i cavalli e dei portici sul mare descritti da Springsteen nei suoi primi album, come quello di esordio, *Greetings from Asbury Park*. Lo **Stone Pony** (913 Ocean Ave.; ☎ 732/502-0600, *www.stoneponyonline.com*), il locale dove Springsteen era solito esibirsi alla metà degli anni Settanta, ospita ancora oggi esibizioni di musica dal vivo ed è una tappa obbligatoria per i suoi estimatori.

Notizie utili

Spring Lake è accessibile con la US-34 dalla New Jersey Turnpike. Da New York si può raggiungere con i treni della compagnia New Jersey Transit. La camera di commercio (302 Washington Ave.; ☎ 732/449-0577, *www.springlake.org*) ha un orario di apertura irregolare, ma la Spring Lake Hotel and B&B Association (☎ 732/449-6685) potrà aiutarvi a trovare un alloggio, soprattutto nei fine settimana estivi. In città non ci sono **motel** economici, e i **B&B** possono essere costosi; lo *Chateau Inn* (500 Warren Ave.; ☎ 732/974-2000 o 1-877/974-5253, *www.chateauinn.com*; ⑧) è uno dei più caratteristici. Poco dopo Asbury Park, nella piacevole cittadina di **Ocean Grove** caratterizzata da numerosi edifici risalenti al periodo vittoriano, l'accogliente *Lillagaard B&B* (5 Abbot Ave.; ⓣ 732/988-1216, *www.lillagaard.com*; ⑤) è situato direttamente sulla spiaggia. La maggior parte dei **ristoranti** di Spring Lake si trovano all'interno degli eleganti alberghi vittoriani sul lungomare e sono piuttosto costosi. *Who's On Third* (1300 Third Ave.; ⓣ 732/449-4233) è un semplice caffè che serve prima colazione e pranzo. Per una scorpacciata di pesce e frutti di mare freschissimi in un'elegante sala a lume di candela, andate da *The Sandpiper* (7 Atlantic Ave.; ⓣ 732/449-4700; non fornisce bevande alcoliche). Il *Red Fusion* di Asbury Park (660 Cookman Ave.; ⓣ 732/775-1008) propone un'eccellente cucina fusion con specialità orientali e americane in un ambiente originale, per metà galleria d'arte e per metà bar sport.

Atlantic City

Situata sull'isola di Absecon al centro della costa del New Jersey, **ATLANTIC CITY** fu fondata nel 1854 dagli speculatori di Filadelfia come capolinea orientale della ferrovia e da allora ha sempre esercitato un forte richiamo turistico. Nel 1909, quando era all'apice della sua popolarità, Baedeker scrisse "c'è qualcosa di colossale nella sua volgarità", e ancora oggi la città conserva questo carattere mostruosamente appariscente. Nel corso del XIX secolo Atlantic City godette di una notevole fama per la prima **passerella lungomare in legno** degli Stati Uniti (1870), la prima **ruota panoramica** del mondo (1892), le prime **cartoline** a colori (1893) e la prima edizione del **Miss America Beauty Pageant** (1921), il concorso di Miss America trasferito a Las Vegas nel 2006. In seguito la città ispirò anche gli inventori del Monopoli, il celebre gioco da tavolo diffuso in tutto il mondo. Durante gli anni del proibizionismo e della depressione, Atlantic City fu un centro di contrabbando di liquori pieno di bar clandestini e locali per le scommesse illegali. Successivamente, a causa dell'agguerrita concorrenza delle località della Florida, Atlantic City iniziò un periodo di inarrestabile declino. Per dare nuovo impulso alla città, nel 1976 il governo dello Stato decise di legalizzare il **gioco d'azzardo**, che oggi rappresenta la principale fonte di reddito di Atlantic City.

Arrivo, informazioni e trasporti urbani

Le compagnie NJ Transit e Greyhound utilizzano l'**autostazione** situata all'angolo tra Atlantic e Michigan. I treni della NJ Transit fermano alla **stazione ferroviaria** vicino al Convention Center, al n. 1 di Miss America Way, da dove partono le navette gratuite per tutti i casinò. Dall'**Atlantic City International Airport** (ⓣ 609/645-7895, *www.acairport.com*) di Pomona partono voli diretti per Filadelfia e alcuni voli per località più lontane; la corsa in taxi dall'aeroporto al centro costa circa $30. L'Atlantic City Convention & Visitors Authority ha un'utile **centro informazioni** situato sul lungomare, all'interno della Boardwalk Hall (2314 Pacific Ave.; tutti i giorni 9.30-17.30, estate gio-dom 9.30-18; ⓣ 609/449-7130 o 1-888/228-4748, *www.atlanticcitynj.com*) che fornisce cartine e informazioni. Atlantic City si può visitare comodamente **a piedi**, ma è meglio non spingersi troppo lontano dalla passerella in legno che costeggia l'oceano per 5 miglia (8 km) e dalle vie parallele, Pacific Ave., Atlantic Ave, e Arctic Ave., perché le altre parti della città sono poco raccomandabili di giorno e **pericolose** la sera. Ventnor e Margate, situate a sud sull'isola di Absecon, sono servite dagli **autobus** che percorrono

Atlantic Avenue. I minibus azzurri della Jitneys ($2,25, è richiesta la cifra esatta; ☎ 609/344-8642, *www.jitneys.net*) effettuano servizio 24 ore su 24 lungo Pacific Avenue. Lungo il lungomare ci sono numerosi punti di noleggio di **biciclette** e **rolling-chair**, una specie di risciò a tre ruote con due posti a sedere (☎ 609/347-7148).

Alloggio

Atlantic City non è Las Vegas e non è possibile trovare una camera a $40 all'interno di uno dei casinò. I prezzi degli **alberghi** sono elevati e tendono ad aumentare nei fine settimana e in estate, mentre in bassa stagione diminuiscono notevolmente; prenotando on line nei periodi di minore affollamento si possono trovare convenienti **pacchetti**, con suite da $200 offerte quasi a metà prezzo. Un'altra alternativa sono i **motel** dai prezzi più contenuti situati lungo Pacific Ave. e Atlantic Ave., le vie parallele al lungomare, o le strutture ricettive della tranquilla Ocean City, una località di villeggiatura per famiglie situata circa 10 miglia (16 km) più a sud.

Bally's Atlantic City all'angolo tra Park Place e Boardwalk ☎ 609/340-2000, *www.harrahs.com/ballys*. Uno dei grandi casinò a tema del centro, il *Bally's* offre un centro benessere dotato di tutti i servizi, 15 ristoranti, 4 bar e svariate opportunità per tentare la fortuna. ❺

EconoLodge Boardwalk 117 S Kentucky Ave. ☎ 609/344-9093, *www.choicehotels.com*. Classico motel appartenente a una catena situato vicino al lungomare e al *Sands Casino*. ❸

The Irish Pub Inn 164 St. James Place ☎ 609/344-9063, *www.theirishpub.com/irishpubinn2.htm*. Camere semplici ed economiche sopra uno dei migliori bar della città. Singole molto convenienti a partire da $25. Albergo aperto solo da maggio a settembre. ❸

Quality Inn Beach Block 119 S South Carolina Ave. ☎ 609/345-7070, *www.choicehotels.com*. Altro motel appartenente a una catena ospitato in un'ex scuola. L'atrio e le sale comuni sono piuttosto anonimi ma puliti e le camere sono state completamente rinnovate. Nei fine settimana i prezzi raddoppiano. ❸

Resorts Atlantic City Casino Hotel 1133 Boardwalk ☎ 1-800/336-6378, *www.resortsac.com*. Il più gradevole dei grandi alberghi-casinò, dotato di piscina e centro benessere. ❺

Rodeway Inn 124 S North Carolina Ave. ☎ 609/345-0155, *www.choicehotels.com*. Offre camere semplici, pulite e convenienti vicino al lungomare. ❸

La città

La **passeggiata lungomare** di Atlantic City fu costruita originariamente come una passerella in legno provvisoria per permettere ai villeggianti di passeggiare lungo l'oceano senza sporcare di sabbia i grandi alberghi. Accanto a pacchiani negozi di souvenir economici e chiromanti dai nomi esotici, alcune belle case vittoriane sopravvissute alla demolizione evocano un'eleganza d'altri tempi sebbene molte oggi ospitino dei fast food. Al mattino presto, quando la brezza proveniente dall'oceano è particolarmente gradevole, la passerella è un luogo tranquillo, frequentato solo da ciclisti e da qualche giocatore reduce da una notte sfortunata al casinò. Il **Central Pier** ospita un grande parco dei divertimenti pieno di giostre e classiche attrazioni. Pochi isolati più a sud, un altro molo è stato trasformato in un centro commerciale a forma di transatlantico. Il piccolo e scialbo **Atlantic City Arts Center** (estate: tutti i giorni 10-16, chiuso lun in bassa stagione; ingresso libero; ☎ 609/347-5837, *www.acartcenter.org*), situato sul Garden Pier alla tranquilla estremità nord della passerella in legno, ospita un'esposizione gratuita di cimeli, cartoline, fotografie su Atlantic City, una mostra speciale su Miss America e mostre d'arte itineranti. A un isolato dal lungomare, all'incrocio tra Pacific Ave. e Rhode Island Ave. e al centro di una delle zone più povere della città, si trova il **faro di Absecon**. In funzione fino al 1933, è stato completamente ristrutturato e

I casinò di Atlantic City

Ad Atlantic City ci sono decine di **casinò** che ospitano al loro interno alberghi di lusso, centri congressi e sale concerti. Tutti i casinò sono a tema, anche se visti dall'interno sono praticamente tutti uguali: saloni sfarzosi pieni di slot machine, rumorosi, pieni di luci, lampadari, specchi e rigorosamente senza orologi o finestre. I casinò sono suddivisi in quattro zone: **uptown**, **midtown** e **downtown** occupano rispettivamente le sezioni settentrionale, centrale e meridionale della passerella lungomare, mentre la **marina** troneggia su una lingua di terra nella parte nord-occidentale della città.

Come prevedibile il più sfarzoso è il **Taj Mahal** di Donald Trump, che occupa una superficie di circa 8 ettari per oltre 40 piani di altezza nella zona di uptown, di fronte ai portici dello Steel Pier. Costellato di minareti scintillanti e cupole a forma di cipolla, questo gigantesco angolo kitsch di Estremo Oriente è stranamente deludente. L'affascinante **Bally's** (a tema Far West) di midtown è molto più stravagante e divertente, e offre anche l'accesso a tutte le sale giochi e ai servizi del vicino **Caesar's** (a tema antica Roma), del piccolo **Showboat** di uptown e dell'**Hilton** di downtown, anche se lo sfarzoso **Tropicana** è il più divertente dei due casinò della zona. Tutti i casinò sono **aperti 24 ore su 24**, anche nei giorni festivi; l'accesso è rigidamente **vietato ai minori di 21 anni** e all'ingresso viene richiesto un documento di identità.

offre splendide vedute dalla torre alta 50 m (luglio e agosto: tutti i giorni 10-17; resto dell'anno gio-lun 11-16; $7; ☎ 609/449-1360, *www.abseconlighthouse.org*).

La **spiaggia** di Atlantic City è accessibile gratuitamente, piena di famiglie e sorprendentemente pulita considerata la vicinanza alla passeggiata lungomare. La spiagge della benestante **Ventnor**, raggiungibile con gli autobus Jitney, sono più tranquille, mentre 3 miglia (4,8 km) a sud di Atlantic City, la gente bene del New Jersey si mette in mostra sulle spiagge di **Margate** (l'ingresso a entrambe le spiagge è a pagamento) sotto lo sguardo di **Lucy the Elephant**, un pachiderma in legno e metallo alto quasi 20 m. Realizzato 1881 come attrazione turistica e utilizzato come albergo e successivamente come taverna, oggi la sua enorme pancia ospita un museo (9200 di Atlantic Ave; giugno-inizio settembre: lun-sab 10-20, dom 10-17; $5; ☎ 609/823-6473, *www.lucytheelephant.org*) pieno di cimeli su Atlantic City e di foto e manufatti che raccontano la storia di Lucy.

Mangiare

Uno degli effetti dello sfrenato sviluppo turistico di Atlantic City è rappresentato dall'abbondanza di **fast food**. Sulla passerella lungomare si susseguono locali che vendono pizza, hamburger e panini, mentre le tavole calde di Atlantic Ave. e Pacific Ave. servono soul food (cucina tipica dei neri del Sud) e prime colazioni economiche. Tutti i grandi casinò vantano diversi ristoranti di qualità media con prezzi e menu diversi e **buffet** con la formula all-you-can-eat; la maggior parte costano circa $15 a mezzogiorno e circa $20 a cena. Alcuni dei casinò offrono il buffet a metà prezzo ai "soci" e ai "VIP" (per diventarlo anche voi, tutto quello che dovete fare è compilare un modulo e fornire un indirizzo documentabile). Se avete passato troppo tempo al casinò e state finendo i soldi, nei self-service del lungomare potrete mangiare spendendo circa $5 ma la qualità, inevitabilmente, sarà a livello del prezzo.

Dune 9510 Ventnor Ave., Margate ☎ 609/487-7450. Ristorante specializzato in pesce fresco e ben cucinato, anche se un po' costoso. I piatti principali a base di pesci prelibati come cernia, pesce persico e salmerino costano circa $25-30.

Hunan Chinese Restaurant 2323 Atlantic Ave. ☎ 609/348-5946. Ristorante cinese a prezzi contenuti situato a due isolati dalla passerella lungomare. I piatti misti costano $7-12.

Los Amigos 1926 Atlantic Ave. ☎ 609/344-2293. Ideale per una cena economica a tarda notte, questo piacevole bar-ristorante messicano rimane aperto fino alle 3 il venerdì e il sabato.

Pappa T's Pizza 445 Boardwalk ☎ 609/348-5030. Uno dei migliori locali economici del lungomare, serve pizza e prima colazione a partire da $5.

White House Sub Shop 2301 Arctic Ave. ☎ 609/345-1564. Questa allegra ed efficientissima istituzione di Atlantic City è il posto dove è nato il "submarine sandwich"; da non perdere!

Intrattenimenti e vita notturna

Atlantic City ama promuoversi come la capitale della **vita notturna**, ma i divertimenti si limitano ai casinò e ai locali lungo la passerella lungomare e per chi ne ha abbastanza delle slot machine non c'è molto altro da fare. Nei casinò si esibiscono regolarmente artisti famosi, ma è difficile trovare biglietti a meno di $100; per l'elenco degli spettacoli, consultate il settimanale gratuito *Atlantic City Weekly* (*www.acweekly.com*). Per una serata più informale ed economica potete andare all'*Irish Pub* (164 St. James Place; ☎ 609/344-9063, *www.theirishpub.com*), un accogliente locale con le pareti rivestite di legno scuro che serve piatti molto economici e propone frequenti esibizioni di musica irlandese.

Cape May

Fondata nel 1620 dal capitano olandese Mey, **CAPE MAY** è situata sulla lingua di terra all'estremità meridionale della costa del New Jersey che si protende nell'Atlantico e si affaccia a ovest sulla baia di Delaware. Dopo un breve insediamento da parte dei cacciatori di balene del New England alla fine del 1600, nel XVIII secolo si dedicò ad attività più redditizie come l'agricoltura e, pochi anni dopo, il turismo. Nel 1745 sulla stampa di Filadelfia apparve la prima pubblicità che decantava l'aria salubre e i begli alberghi di Cape May, dando inizio a un periodo di grande prosperità; i proprietari terrieri del Sud, desiderosi di respirare la fresca brezza marina senza doversi avventurare nelle terre degli Yankee, arrivarono a frotte nelle eleganti pensioni di questa signorile "località di villeggiatura dei presidenti".

Cape May visse il suo periodo di massimo splendore in epoca vittoriana, e quasi tutti i suoi edifici in stile gingerbread sono stati ricostruiti in massa dopo il devastante incendio del 1878. Con l'aumento del traffico automobilistico che rendeva più accessibili le località del sud e per contrastare la concorrenza di Atlantic City, negli anni Cinquanta Cape May cominciò a rispolverare la sua attrattiva più preziosa: la sua storia. Oggi tutta la città è stata designata National Historic Landmark e vanta oltre **600 edifici vittoriani**, strade alberate, **giardini** perfettamente curati e una fiorente industria turistica. A volte tende pericolosamente all'autoparodia e a un eccesso di "vecchi negozietti", ma è sufficiente evitare le vie principali e passeggiare per le stradine secondarie per assaporare la vera città storica. E senza dimenticare le belle **spiagge**.

Arrivo, informazioni e trasporti urbani

New Jersey Transit gestisce un **pullman** espresso che collega Filadelfia a Cape May e alla costa meridionale del New Jersey, e altri pullman provenienti da

New York e Atlantic City. Anche i mezzi della compagnia Greyhound fermano all'autostazione situata di fronte all'incrocio tra Lafayette Street e Ocean Street. I **traghetti** servono Lewes, nel Delaware ($7-9,50 passeggeri, $28-41 veicoli; informazioni sugli orari ⓣ 1-800/643-3779, *www.capemaylewes ferry.com*). Presso il **Welcome Center** (tutti i giorni 9-16.30; ⓣ 609/884-9562, *www.capemaynj.com*), adiacente all'autostazione, troverete cartine, **informazioni** e assistenza nella ricerca di un alloggio.

Cape May va esplorata rigorosamente a piedi, ma se volete visitare i dintorni potete noleggiare una **bicicletta** al Village Bike Shop (609 Lafayette; $5 l'ora, $12 al giorno; ⓣ 609/884-8500), situato vicino all'autostazione. Da marzo a dicembre, Cape May Whale Watcher (all'angolo tra Second Avenue e Wilson Drive; ⓣ 609/884-5445 o 1-800/786-5445, *www.capemaywhalewatcher.com*) offre tutti i giorni due uscite in barca per l'avvistamento di **delfini** (2 ore; 10 e 18.30; $27) e una spedizione in mare aperto per l'avvistamento di **balene e delfini** (3 ore; 13; $38).

Alloggio

Molte delle case vittoriane color pastello di Cape May sono state trasformate in costosi **B&B** e **pensioni**, ma l'affluenza turistica è tale che nei fine settimana estivi è comunque difficile trovare una sistemazione. In luglio e agosto perfino nelle vecchie locande si spendono più di $100 a notte, mentre in giugno e settembre le tariffe si riducono spesso alla metà. Lungo Beach Drive si trovano diversi **alberghi** di media categoria affacciati sull'oceano, mentre il *Seashore Campsites* (720 Seashore Road; piazzole a partire da $45 in estate, $20 in bassa stagione; ⓣ 609/884-4010 o 1-800/313-2267, *www.seashore campsites.com*) è un campeggio costoso.

Cape Harbor Motor inn 715 Pittsburgh Ave. ⓣ 609/884-3352, *www.capeharbormotorinn.com*. Motel confortevole situato in una via residenziale a sette isolati dalla spiaggia; è più economico della media, ma le tariffe lievitano in estate. ❸-❼

The Chalfonte 301 Howards St. ⓣ 609/884-8409, *www.chalfonte.com*. Raffinata e spaziosa residenza del 1876 con verande panoramiche, situata a tre isolati dalla spiaggia. ❺-❽

Inn of Cape May 7 Ocean St. ⓣ 1-800/582-5933, *www.innofcapemay.com*. Questo albergo sul lungomare era molto alla moda in epoca vittoriana. Alla struttura originaria è stata aggiunta una piccola ala moderna in stile motel; le camere più economiche sono quelle con il bagno in comune nell'edificio principale. Aperto aprile-ottobre, da fine ottobre a dicembre solo nei fine settimana. ❸-❼

Manor House 612 Hughes St. ⓣ 609/884-4710, *www.manorhouse.net*. Offre un portico tranquillo e una prima colazione fantastica nel cuore del centro storico. ❹-❽

Queen Victoria 102 Ocean St. ⓣ 609/884-8702, *www.queenvictoria.com*. Offre 21 camere distribuite in quattro edifici, tra i quali un cottage e una rimessa per le carrozze. Le tariffe comprendono noleggio biciclette, sedie a sdraio, prima colazione (a letto, su richiesta) e tè pomeridiano. ❻-❽

Summer Cottage Inn 613 Columbia Ave. ⓣ 609/884-4948, *www.summercottageinn.com*. Locanda del 1867 in un edificio con verande e cupola, dispone di camere per tutte le tasche con qualche offerta conveniente. ❺-❽

La città e le spiagge

La maggior parte delle case colorate di Cape May, costruite in epoca vittoriana dai "nouveaux riches", denotano un gusto piuttosto kitsch. Chiamate "patternbook homes" (case da catalogo) in quanto i proprietari sceglievano dai cataloghi i componenti e le decorazioni, mescolandoli in base al loro gusto personale, presentano una profusione di cupole, gazebi, balconi e terrazzi senza seguire particolari regole architettoniche se non quelle dell'eccesso. L'ossessione vittoriana per l'Oriente compare dappertutto: archi moreschi e cu-

Wildwood

Tradizionale località di villeggiatura della classe operaia, la vicina **Wildwood**, situata su un lido a est della Rte-47, offre un netto contrasto all'atmosfera falsamente all'antica (per quanto piacevole) di Cape May. In città potrete visitare numerosi edifici stile anni Cinquanta perfettamente conservati, tra i quali decine di motel simpaticamente kitsch con nomi quali *Pink Orchid*, *Waikiki* e *The Shalimar*, tutti caratterizzati da palme in plastica, piscine a forma di fagiolo e una profusione di colori dal turchese al rosa, all'arancio. Per apprezzare pienamente il fascino sfrontato di Wildwood, fate una passeggiata sul lungomare, fermandovi sulla vasta spiaggia animata accessibile gratuitamente. Poi fate un giro sulle giostre e nei parchi acquatici situati sul lungomare: Morey's Piers, Raging Waters e Splash Zone.

pole a cipolla convivono con le torrette in stile gingerbread e Queen Anne. L'**Emlen Physick Estate** (1048 Washington St.; orario visite soggetto a variazioni; $10; ☎ 609/884-5404, *www.capemaymac.org*), costruita nel 1879 dal popolare architetto di Filadelfia Frank Furness e oggi splendidamente restaurata, presenta fantasiosi camini "capovolti", una facciata a graticcio in falso stile Tudor e buona parte degli arredi originali. A ovest della città, dove le acque della baia di Delaware incontrano l'oceano, sorge il **Cape May Lighthouse**, un faro del 1859 visibile dal mare a 25 miglia (40 km) di distanza; al piano terra è allestita una piccola mostra sulla storia del faro (aprile-novembre tutti i giorni, inverno solo fine settimana, orario soggetto a variazioni; $5; ☎ 609/884-8656, *www.capemaymac.org*) mentre sotto la lanterna (199 scalini più in alto!) c'è un balconcino dal quale si gode una vista stupenda. Tre miglia (4,8 km) a nord di Cape May lungo la US-9, l'**Historic Cold Spring Village** (720 Rte-9; fine maggio-metà giugno e settembre: sab e dom 10-16.30; giugno-agosto: mar-dom 10-16.30; $8; ☎ 609/898-2300, *www.hcsv.org*) è la ricostruzione di un tipico villaggio agricolo del XIX secolo, con edifici restaurati provenienti da tutta la regione tra i quali una prigione, una scuola, una locanda e diversi negozi in cui vengono proposte dimostrazioni di arti e mestieri e altri eventi speciali.

Le splendide **spiagge** di Cape May brillano letteralmente di granuli di quarzo. I braccialetti elettronici ($4 al giorno, $13 alla settimana, $25 pass stagionale acquistato prima del Memorial Day) devono essere indossati dalle 10 alle 18 in estate e si possono acquistare all'entrata della spiaggia, dai rivenditori ufficiali o presso il **City Hall** (643 Washington St.; ☎ 609/884-9525, *www.capemaycity.com*).

Mangiare

A Cape May non troverete i consueti snack bar sul lungomare, ma numerosi ristoranti economici dove **pranzare**. **Cenare**, invece, è molto più costoso. In città le leggi sul commercio di bevande alcoliche sono molto severe, e ci sono molti ristoranti BYO ("bring your own", locali nei quali è possibile portarsi il vino da casa); informatevi telefonicamente.

Bellevue Tavern 7 S Main St. ☎ 609/463-1738. Bar funzionale di inizio Novecento, serve torte alla polpa di granchio ed economici panini caldi; a cena i piatti di carne e di pesce costano mediamente intorno a $20.

Depot Market Café 409 Elmira St. ☎ 609/884-8030. Situato di fronte all'autostazione, offre panini sostanziosi e insalate; la cena costa circa $10.

Gecko's Carpenter's Lane ☎ 609/898-7750. Rappresenta una buona alternativa per il pranzo, con un appetitoso menu del sud-ovest e fantastici dessert serviti nella sala interna oppure sulla terrazza.

The Lemon Tree 101 Liberty Way ☎ 609/884-2704. Le cheesesteak di questo accogliente ristorante economico sono all'altezza di quelle di Filadelfia; una piacevole alternativa alle caffetterie situate lungo la via.

Mad Batter 19 Jackson St. ☎ 609/884-5970. Sedetevi a un tavolo in giardino e concedetevi una cena a lume di candela a base di carne o pesce fresco. A pranzo spenderete $9-15, a cena $18-30.

Vita notturna e intrattenimenti

Di sera, quando la maggior parte dei visitatori se ne sono andati, Cape May è un posto piacevole e tranquillo. I **bar** e i **locali** che propongono musica dal vivo sono frequentati sia dalla gente del posto sia dai turisti. Se cercate qualcosa di più animato, pochi chilometri più a nord ci sono le rumorose discoteche di **Wildwood** come l'*H2O*. Sempre per le note leggi sul commercio di bevande alcoliche, dovrete spingervi un po' più lontano per trovare qualcosa da bere.

Cabana's 429 Beach Ave. ☎ 609/884-4800. Locale disposto su due livelli: al piano superiore c'è un tranquillo cocktail bar, mentre quello inferiore ospita spesso esibizioni di musica dal vivo.

Carney's 401 Beach Ave. ☎ 609/884-4424. Spazioso e tranquillo pub irlandese con musica dal vivo a tutto volume.

Ugly Mug all'angolo tra Washington St. Mall e Decatur St. ☎ 609/884-3459. Accogliente bar frequentato dalla gente del posto, serve panini, zuppa di pesce e frutti di mare.

3

New England

Da non perdere

- **Boston, Massachusetts** La storia della rivoluzione americana prende vita dietro ogni angolo affascinante, in una delle città americane più leggendarie e piacevoli da esplorare a piedi. **Vedi p. 177**
- **Provincetown, Massachusetts** Spiagge libere, incantevoli strade piene di fiori e un'atmosfera alternativa sulle estreme propaggini di Cape Cod. **Vedi p. 206**
- **"Seconde case" storiche, Newport, Rhode Island** Il "consumo opulento" nella sua forma più sontuosa predomina in questa località balneare popolata da miliardari e dai loro yacht. **Vedi p. 225**
- **White Mountains, New Hampshire** Su questi monti potrete sciare, fare camminate o semplicemente ammirare il paesaggio, che abbraccia il Mount Washington e il Franconia Notch. **Vedi p. 243**
- **Montpelier, Vermont** Rilassata, accogliente e relativamente priva di turisti, l'affascinante Montpelier è delimitata da corsi d'acqua e da una foresta di alberi svettanti. **Vedi p. 253**
- **Acadia National Park, Maine** Monti e laghi remoti, spiagge favolose e la possibilità di vedere l'alba prima di chiunque altro sul suolo statunitense. **Vedi p. 276**

Prezzi degli alloggi

I **prezzi degli alloggi** sono classificati secondo le categorie di prezzo sottoelencate in base al costo medio, nel corso dell'anno, della **camera doppia più economica**. Tuttavia, a parte nei motel lungo la strada è difficile stabilire un prezzo fisso per una stanza. Un motel di categoria media al mare o in montagna può quadruplicare i prezzi a seconda della stagione, mentre l'albergo di una grande città che durante la settimana costa $200, durante il fine settimana può tagliare drasticamente i prezzi. Le tariffe on line sono più basse e visto che il concetto di alta e bassa stagione varia da zona a zona, una pianificazione attenta può far risparmiare parecchio (state attenti anche a qualche evento particolare, come un festival o una celebrazione oppure le partite di football americano dei college, che possa far alzare i prezzi). Solo dove è specificato nella guida il prezzo della stanza include le **tasse** locali.

❶ fino a $35	❹ $76-100	❼ $161-200
❷ $36-50	❺ $101-130	❽ $201-250
❸ $51-75	❻ $131-160	❾ oltre $251

3

New England

I sei Stati del **NEW ENGLAND** (Nuova Inghilterra) – Massachusetts, Rhode Island, Connecticut, New Hampshire, Vermont e Maine – amano considerarsi i depositari di tutto ciò che è intrinsecamente americano. Nella loro versione della storia, le labirintiche strade della vecchia Boston, le fattorie del Connecticut e gli spiazzi erbosi al centro dei paesi del Vermont sono la culla della nazione. Benché alla radice dell'industria turistica del New England ci sia soprattutto la nostalgia (tanto che innumerevoli paesi cercano di ricatturare nel loro aspetto un passato che nel migliore dei casi è illusorio e a volte è semplicemente inventato), questa è innegabilmente una delle regioni più storiche degli Stati Uniti: un paesaggio costellato di vecchie case di legno, di luoghi collegati alla guerra d'indipendenza e di chiese dalle guglie bianche incastonate in ondulate, incontaminate distese verdi. La regione è stata inoltre la residenza e la fonte d'ispirazione di alcune delle figure più influenti della letteratura americana, da Mark Twain a Henry Thoreau, da Emily Dickinson a Jack Kerouac.

Le università dell'**Ivy League** – Harvard, Yale, Brown, Dartmouth ecc. – sono le più antiche degli Stati Uniti e conservano tutt'oggi un'enorme influenza, dominando città come Hanover e Amherst, attirando un gran numero di brillanti studenti da tutto il mondo e dando a tutta la regione un tono decisamente *liberal*, progressista: a parte il New Hampshire, che è uno dei cosiddetti *swing States* (Stati incerti nel voto), a partire dagli scorsi anni Ottanta il New England ha votato compatto per i candidati democratici in tutte le elezioni presidenziali.

Gran parte del nord-est gode di una notevole prosperità. Le raffinate, signorili località costiere di Cape Cod e del Rhode Island sono tutt'altra cosa rispetto ai primi, miseri insediamenti europei. Intorno alla metà dell'Ottocento, quando le fortune dei magnati dell'industria aumentarono vertiginosamente, la linea costiera prese a essere considerata sempre più come patrimonio immobiliare di prima qualità e cominciarono a sorgervi grandiose ville patrizie, dalle case signorili dei Vanderbilt a Newport ai complessi presidenziali delle famiglie Bush e Kennedy.

Anche oggi una vacanza nel New England può costare parecchio, specialmente a fine settembre e in ottobre, quando vi affluisce un gran numero di visitatori desiderosi di ammirare il magnifico **fogliame autunnale** per il quale questa parte d'America è famosa. Le infrastrutture turistiche si rivolgono tanto ai gitanti che arrivano per il fine settimana dalle grandi città della regione quanto ai villeggianti provenienti da altre parti degli Stati Uniti; luoghi

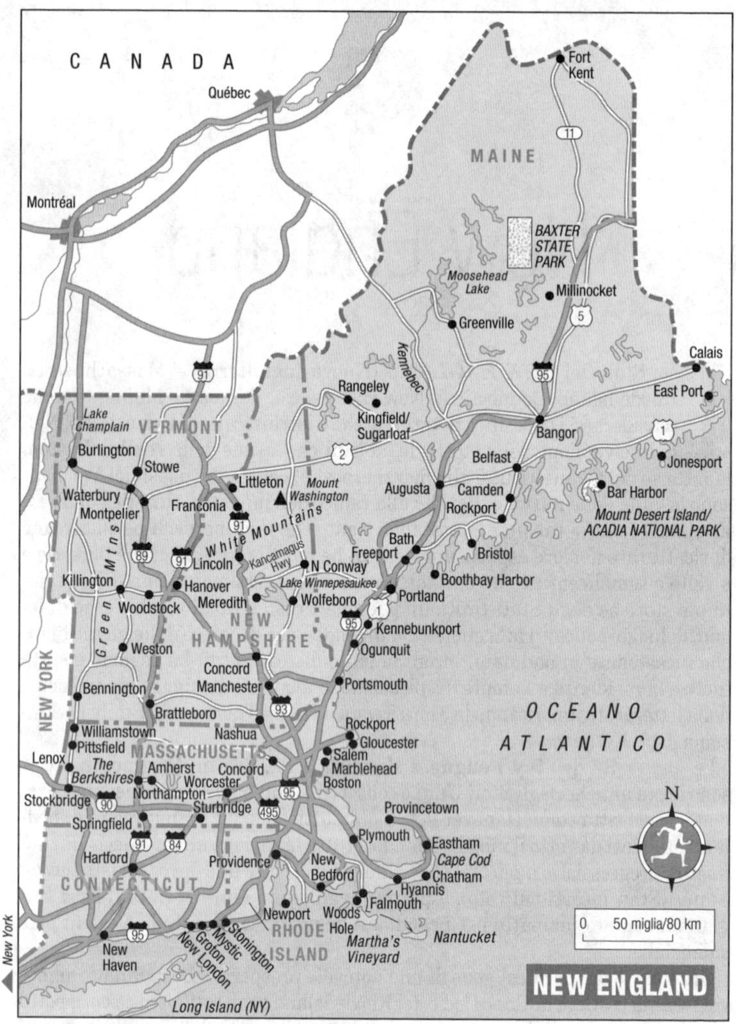

come **Cape Cod** e i **Berkshires** sono comode mete di brevi vacanze per la gente del posto. Il **Connecticut** e il **Rhode Island** fanno parte della grande megalopoli che occupa vasti tratti della costa orientale o East Coast, ma uscendo dalla I-95 si possono scovare numerose aree tranquille. **Boston**, nel Massachusetts, è una città vivace e stimolante, dalla quale si può poi partire per il nord, visitando un territorio scarsamente popolato (dove il **pesce** è ancora migliore). Il resto del **Massachusetts** è ricco di luoghi storici e letterari, mentre nell'entroterra i laghi e le montagne del **New Hampshire** e soprattutto del **Maine** costituiscono splendide regioni rurali e selvagge che non temono confronti con altre zone incontaminate della nazione. Il **Vermont** è un po' meno vario, ma le sue strade di campagna offrono la possibilità di piacevoli vagabondaggi alla scoperta di piccoli paesini e tranquille foreste.

Cenni storici

Gli **algonchini**, i **nativi americani** che per primi si insediarono sulla costa nord-orientale, erano composti da parecchie tribù e sottogruppi che parlavano differenti dialetti. D'estate le tribù si dedicavano alla coltivazione e alla pesca lungo la costa, per poi ritirarsi d'inverno, con i loro animali, nelle valli interne, dove le temperature erano un po' meno rigide.

Nel 1498, sei anni dopo il primo viaggio di Colombo, John Cabot capitò da queste parti mentre cercava il famoso "Passaggio a nord-ovest". Nel secolo che seguì i pescatori europei cominciarono a tornare tutti gli anni, ma fu solo all'inizio del Seicento che i francesi e gli inglesi cercarono di fondare colonie permanenti in quello che oggi è il Maine. Il nome New England (Nuova Inghilterra) fu dato nel 1614 dall'ispettore-esploratore **John Smith**, che apprezzava particolarmente gli abbondanti astici o gamberi di mare della regione. Entro il 1619 le epidemie avevano già ucciso tre quarti della popolazione indigena.

Questa non era una terra promettente neppure per i nuovi arrivati: senza metalli preziosi da estrarre e senza la possibilità di ricavare cospicui guadagni dalla coltivazione di piante redditizie, la prima spinta importante all'emigrazione fu la **religione**. Coloro che fuggivano dall'intolleranza – in particolare i puritani, a cominciare dai **Padri Pellegrini** sbarcati dalla *Mayflower* nel 1620 – compirono l'arduo viaggio transoceanico in cerca della libertà, animati dalla volontà di fondare le loro comunità. I Padri Pellegrini inizialmente sopravvissero solo grazie agli indiani e furono aiutati in particolare da un certo Squanto, il quale, dopo essere stato rapito e venduto come schiavo in Spagna, fece ritorno in America passando dall'Inghilterra. Per ringraziamento i Padri Pellegrini costrinsero i nativi americani ad abbandonare i terrazzamenti che coltivavano da generazioni.

La possibilità di una seria minaccia da parte dei nativi americani fu eliminata con la **guerra di re Filippo** del 1675-76, nella quale un capo degli indiani wampanoag noto con il nome di Filippo persuase i gruppi di indiani in lotta a mettere da parte le loro differenze in un ultimo, disperato tentativo di opporsi ai coloni. Per allora, però, la colonizzazione bianca aveva acquistato uno slancio inarrestabile. I **processi alle streghe di Salem** del 1692 fornirono una salutare lezione sui potenziali pericoli del fanatismo; d'altro canto, in conseguenza dell'arrivo di immigrati provenienti da altri Stati europei (con afflussi di ugonotti dopo il 1680 e di irlandesi nel 1708) il dominio esercitato dai puritani inglesi diminuì e iniziò a emergere una precisa struttura di classe.

Mentre la linea di sviluppo storico che prese le mosse dall'arrivo dei Padri Pellegrini è solo una fra le tante che caratterizzarono la colonizzazione dell'America – gli spagnoli si erano insediati a Santa Fe prima ancora che la *Mayflower* salpasse dall'Inghilterra –, la metropoli di **Boston** merita di essere celebrata come il luogo in cui per la prima volta il grande progetto dell'**indipendenza americana** catturò l'immaginazione popolare. Questo importante porto dell'America coloniale, che sin dalle origini era stato il focolaio più probabile del risentimento delle colonie contro le imposizioni del governo britannico, fu pronto a raccogliere la sfida lanciata nel 1767 dal cancelliere britannico Townshend: "Oso tassare l'America". Infatti Boston fu il teatro di molti degli avvenimenti più importanti della **guerra d'indipendenza**: il massacro di Boston del 1770, il cosiddetto "Boston Tea Party" del 1773 e i primi colpi sparati nel 1775 nelle vicine Lexington e Concord.

Una volta garantito lo status di nazione con la firma, il 4 di luglio del 1776, della **Dichiarazione d'Indipendenza**, per ironia della storia la prosperità del New England subì un duro colpo a causa del crollo dei commerci con l'Inghilterra, tanto che Boston a poco a poco fu eclissata da Filadelfia, da New York e dalla nuova capitale, Washington. Due fonti di reddito alternative furono lo "**scambio triangolare**" di schiavi, zucchero e rum da un lato, e dall'altro il breve periodo della **caccia alla balena**. Inoltre il New England fu momentaneamente in prima linea nella **rivoluzione industriale**, quando i mulini ad acqua permisero lo sviluppo di una fiorente industria tessile, gran parte della quale si trasferì però a sud, dove i salari erano scandalosamente bassi. Oggi il New England, nonostante la perdurante presenza di famiglie di antica ricchezza, la recente diversificazione e lo sviluppo di alcune industrie a tecnologia avanzata, racchiude anche qualche sacca di povertà in due Stati rurali come il Vermont e il New Hampshire e anche in città quali Worcester, Providence e Hartford, che dopo il declino delle industrie manifatturiere hanno dovuto lottare per superare le difficoltà economiche. Dominata dai primi anni Ottanta dal **Partito Democratico**, la regione ha spesso guidato il paese in fatto di politiche progressiste; fra l'altro il Vermont è risultato il primo Stato a consentire unioni civili fra persone dello stesso sesso (2000), e il Massachusetts il primo a permettere il **matrimonio fra persone dello stesso sesso**, nel 2004.

Massachusetts

Per i primi coloni della **Massachusetts Bay Company**, giunti nel 1629, lo sbarco nei pressi del luogo in cui sorge la moderna Salem segnò un momento storico cruciale. I **Puritani** che avevano deciso di abbandonare l'Inghilterra prima dello scoppio della guerra civile si dettero come fine, nelle parole del governatore John Winthrop, la fondazione di un'utopica "**Città su una collina**". La loro nuova colonia del **MASSACHUSETTS** doveva essere un faro per il resto dell'umanità, un modello di governo moderato che amministrasse la regione secondo saldi princìpi spirituali.

Se si confrontano i desideri utopistici che li animavano con la realtà dei fatti, i Puritani non raggiunsero il loro scopo: successive ondate migratorie dall'Europa portarono dissidenti e liberi pensatori di ogni genere, e di conseguenza la società nel New England diventò inevitabilmente secolare. Tuttavia la loro **influenza** non venne meno, un'influenza riscontrabile nella lucidità di pensiero e nella risolutezza di scopi che improntarono l'operato di molti dei coloni, a partire dalla fondazione dell'Università di Harvard nel 1636, attraverso lo slancio intellettuale della guerra d'indipendenza americana e la crociata contro la schiavitù, fino alle grandi produzioni letterarie di **scrittori** dell'Ottocento quali Melville, Emerson, Hawthorne e Thoreau.

Anche altre tradizioni hanno contribuito a forgiare il New England: ci riferiamo in particolare agli immigranti dall'**Irlanda** e dall'**Italia**, agli **schiavi** liberati o fuggiti dagli Stati del Sud e ai marinai **portoghesi**, anche se non sempre gli apporti di queste tradizioni furono ben accetti.

Non bisognerebbe lasciarsi sfuggire l'opportunità di trascorrere qualche giorno a **Boston**. La sua storia è spesso ben visibile nei luoghi e nei monumenti del suo nucleo centrale, ma c'è anche molta vita moderna e molta energia da scoprire, grazie in parte alla presenza di **Cambridge**, sede della Harvard University e del MIT (Massachusetts Institute of Technology), subito di là dal fiume. A poca distanza da Boston s'incontrano diverse località storiche: **Salem** a nord, **Concord** e **Lexington** nell'immediato entroterra, **Plymouth** a sud. **Provincetown**, situata sul versante opposto della baia, sulla punta di Cape Cod, e raggiungibile anche con una traversata in traghetto di 90 min, è molto divertente da visitare, mentre il resto del Cape è disseminato di vecchie cittadine e incantevoli spiagge (con le inevitabili torme di bagnanti). Con l'eccezione di una manciata di città universitarie come **Amherst**, il **Massachusetts occidentale** è molto più tranquillo, e i suoi insediamenti sono ovviamente concentrati nelle zone in cui il terreno è più fertile, per esempio lungo la valle del fiume Connecticut e nei **Berkshires**, a ovest.

Trasporti nel Massachusetts

Non è difficile esplorare il Massachusetts con i **mezzi pubblici**: da Boston partono aerei, treni e pullman, e in particolare i collegamenti con **Cape Cod** sono numerosissimi. La linea dell'**Amtrak** che collega Boston con New York, Filadelfia e Washington DC è il miglior **servizio ferroviario** regionale statunitense, mentre il *Vermonter* permette di raggiungere il Vermont e il Connecticut, come pure (via Springfield) Chicago e Toronto. Il treno *Downeaster* segue un tragitto panoramico che collega Boston con Portland, nel Maine. Anche i **pullman** da Boston sono numerosissimi. L'arteria più importante nella direzione est-ovest è la I-90 (o "MassPike"), che attraversa tutto lo Stato, mentre nella direzione nord-sud la strada principale è la I-95, che circumnaviga l'area metropolitana di Boston e permette di accedere ai tanti sobborghi della città dalle sue numerose uscite.

Boston

Benché nel corso dei secoli l'area metropolitana di **BOSTON** si sia estesa fino a occupare la linea costiera della **Massachusetts Bay** e si sia allungata per chilometri anche nell'entroterra, il porto seicentesco nel cuore della città è ancora discernibile. L'intrico di strette vie (nate come sentieri per le mandrie di bovini) che circonda il **Boston Common**, il polmone verde della città, ricorda l'epoca in cui nacque la nazione, e Boston è un luogo piacevole da visitare a piedi.

Fino al 1755 Boston era la città più grande d'America e, essendo quella più direttamente colpita dai capricci della Corona britannica, fu il luogo di nascita naturale dell'opposizione che culminò nella **guerra d'indipendenza** (o "guerra rivoluzionaria", come è chiamata qui). Lungo il centrale **Freedom Trail** o "Sentiero della Libertà" si conservano numerosi siti che rievocano quel periodo. Da allora però Boston ha in effetti voltato le spalle al mare. Come terzo porto dell'impero britannico (dopo Londra e Bristol) per movimento di navi e merci, la città si estendeva su una stretta penisola. Quella che oggi è Washington Street forniva l'unico accesso via terra, e quando, nel 1775, i britannici partirono per Lexington, si imbarcarono su navi che salparono dal Boston Common. Nel corso dell'Ottocento i terreni paludosi del fiume Charles furono riempiti per creare l'elegante zona residenziale di Back Bay. Adesso il centro di Boston è leggermente arretrato rispetto all'oceano, e fino a poco tempo fa era diviso in due dall'orrenda John Fitzgerald Expressway, il tratto autostradale che attraversava il centro come parte della I-93. Nel 2006 la città è riuscita a convogliare il traffico sottoterra e a smantellare questo pugno nell'occhio (il progetto, noto come "the **Big Dig**", "il grande scavo", aveva richiesto dieci anni per essere realizzato).

Nei maestosi palazzi in mattoni e nei vetri viola delle finestre dei quartieri più eleganti si possono avvertire echi della comunità di intellettuali snob che un secolo fa risiedeva qui, ma Boston non è affatto solo una città di WASP (*White Anglo-Saxon Protestants*, protestanti di origine anglosassone e di religione protestante): gli irlandesi, che iniziarono ad arrivare in massa dopo la Grande Carestia del 1845-47, dettero a Boston il loro primo sindaco nel 1885, e all'intera nazione un presidente, John F. Kennedy, meno di cent'anni dopo. La tradizione *liberal* che produsse i Kennedy è a tutt'oggi molto viva, alimentata in parte dalla presenza in città di oltre cento college e università, la più famosa delle quali, l'**Università di Harvard**, in realtà è situata nella città contigua di Cambridge, sulla sponda opposta del fiume Charles.

La recessione dovuta alla Grande Depressione sembrò perdurare per anni a Boston (negli anni Cinquanta la popolazione era addirittura in calo), ma oggi la città ha un'atmosfera vivace e animata e sembra ringiovanita. Gli effetti estetici del Big Dig hanno completamente rimodellato la città, in particolare con l'elegante, svettante Zakim Bridge, con la centrale Rose Kennedy Greenway e con l'abbellimento dell'HarborWalk. Le strade animate, i fantasiosi musei, la notevole architettura e la storia tuttora tangibile fanno di Boston una destinazione assolutamente da non perdere.

Arrivo e informazioni

Boston è il fulcro delle reti di trasporti del New England. Per molti visitatori che arrivano in aereo dall'Europa la città è il primo assaggio di America, mentre gli efficienti servizi ferroviari e di pullman da e per New York, Chicago e altre città più lontane ne fanno un comodo punto di partenza.

In aereo

Il **Logan Airport** (☎ 617/561-1800 o 1-800/23-LOGAN), dove atterrano numerosi voli sia nazionali che internazionali, dista appena 4,5 km dal centro di Boston. Un **taxi** per la città costa intorno a $30, più altri $7,50 per tasse e imposte; la corsa dovrebbe durare come minimo 20 min. Dalle 4 di mattina all'1 di notte sono in funzione **bus-navetta** gratuiti che collegano ogni pochi minuti tutti i terminal dell'aeroporto con la stazione della **metropolitana** (***subway***) dello stesso aeroporto, sulla linea Blue dell'MBTA (vedi "Trasporti urbani e giri turistici ", p. 179), da dove si raggiunge il centro con una corsa in treno di 10 min.

In treno

I treni dell'Amtrak (☎ 1-800/USA-RAIL, *www.amtrak.com*), provenienti da Providence, Washington DC e New York lungo il Northeast Corridor, e da Chicago e dal Canada via Springfield, arrivano alla **South Station**, situata in Summer Street all'altezza dell'Atlantic Avenue, vicino al lungomare e a breve distanza a piedi dal centro di Boston. La stazione ospita chioschi per informazioni, edicole, ristoranti e un fantastico orologio antico (ma nessuno sportello per il cambio della valuta). La linea della metropolitana Red dentro la stazione può portarvi in centro oppure fuori città, a Cambridge. Alcuni treni dell'Amtrak effettuano un'ulteriore fermata alla **Back Bay Station**, situata al n. 145 di Dartmouth St., vicino a Copley Square, sulla linea della metropolitana Orange. La **North Station** è utilizzata sia dai treni per pendolari dell'MBTA (l'azienda dei trasporti) sia dal piacevole *Downeaster*, un treno dell'Amtrak che collega Boston con Portland, nel Maine, fermando lungo il tragitto in diverse stazioni del Maine e del New Hampshire.

In pullman

Diverse **autolinee** forniscono collegamenti diretti fra Boston e le altre località del New England. La Greyhound (☎ 1-800/231-2222, *www.greyhound.com*) copre il Massachusetts occidentale, le White Mountains del New Hampshire, il Vermont e Montréal, in Canada, oltre a fornire servizi di pullman in tutto il paese, mentre la Concord Coach (☎ 1-800/639-3317, *www.concordcoachlines.com*) serve il New Hampshire e la costa del Maine, oltre a offrire un servizio navetta per il Logan Airport. Verso sud, la Peter Pan Bus Lines (☎ 1-800/343-9999, *www.peterpanbus.com*) collega Providence e Newport, Cape Cod e New York City, come pure il Massachusetts occidentale. Il pullman Fung Wah, utilizzato da molti viaggiatori, offre un comodo servizio orario per Canal Street, New York City (☎ 617/345-8000, *www.fungwahbus.com*), al costo di appena $15 all'andata e altrettanti al ritorno, mentre il Bolt Bus (no telefono, *www.boltbus.com*) trasporta i passeggeri dalla South Station al centro di Manhattan per $20 o meno e ha l'ulteriore vantaggio di offrire un collegamento wireless a Internet. La Plymouth and Brockton Bus Co. (☎ 508/746-0378, *www.p-b.com*) serve Cape Cod e l'accesso a Martha's Vineyard e Nantucket; i suoi pullman partono dal Logan Airport e dalla South Station, mentre tutti gli altri partono dalla South Station (vedi "In treno", p. 178).

Informazioni

Il posto più comodo per procurarsi informazioni e cartine è il **Visitor Information Center** (lun-sab 8.30-17, dom 10-18; ☎ 617/536-4100 o 1-888/SEE-BOSTON, *www.bostonusa.com*), situato vicino alla fermata della metropolitana di Park Street, sul lato del Boston Common più vicino a Tremont Street. Attraversando la strada dall'Old State House, al n. 15 di State St. c'è un ottimo centro informazioni gestito dai guardaboschi del National Park Service (tutti i giorni 9-17; ☎ 617/242-5642), oltre ad alcuni bagni e a una libreria. Ci sono chioschi informazioni anche al **Quincy Market** e al **Prudential Center** (in Back Bay). Per informarsi in anticipo, il servizio telefonico **Boston By Phone** (☎ 1-888/SEE-BOSTON) permette ai visitatori che si trovino in qualsiasi punto del Nord America di collegarsi direttamente con una vasta serie di alberghi e servizi. La **Posta centrale** di Boston, aperta 24 h su 24, è ubicata al n. 25 di Dorchester Ave., dietro la South Station (☎ 617/654-5302).

Trasporti urbani e giri turistici

Boston è una città molto piacevole da esplorare a piedi, tanto più perché è stata costruita molto prima che fosse inventata l'automobile. Viceversa, spostarsi in auto è un vero incubo: le superstrade non vi porteranno dove volete an-

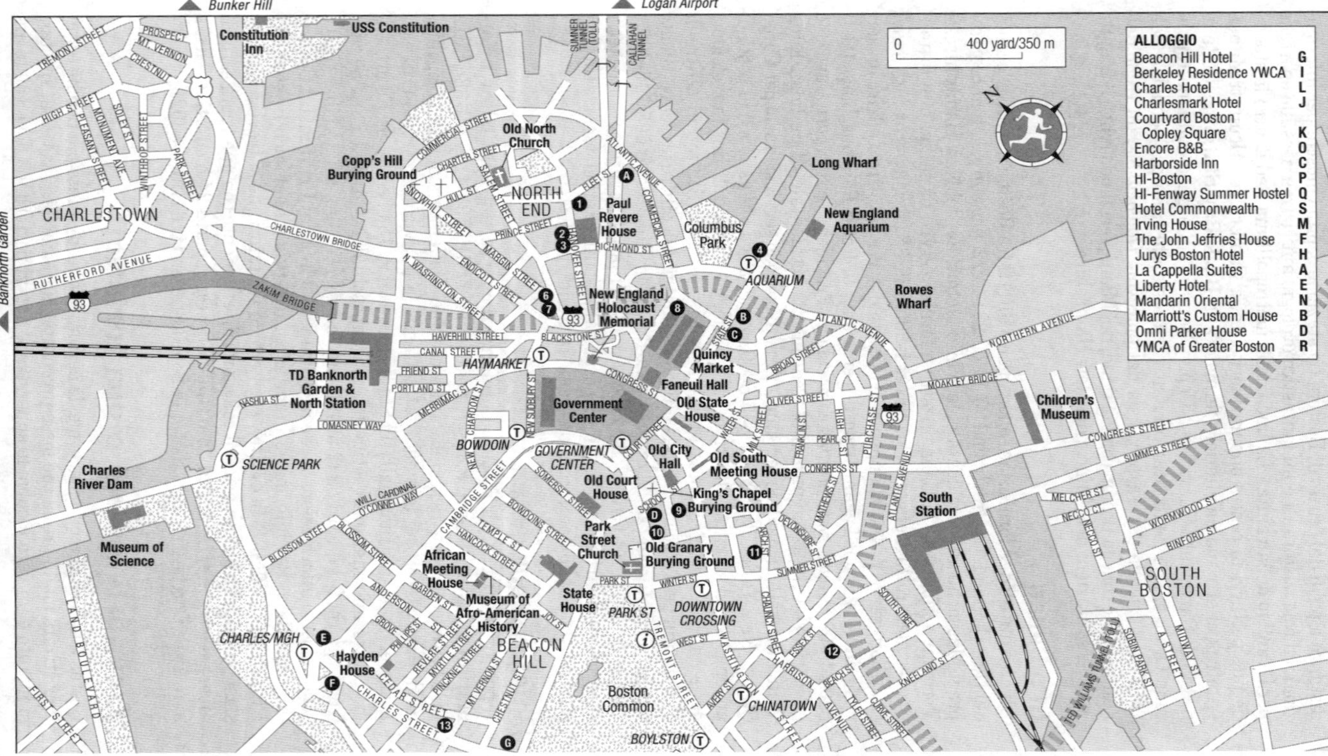
ALLOGGIO
Beacon Hill Hotel G
Berkeley Residence YWCA I
Charles Hotel L
Charlesmark Hotel J
Courtyard Boston Copley Square K
Encore B&B O
Harborside Inn C
HI-Boston P
HI-Fenway Summer Hostel Q
Hotel Commonwealth S
Irving House M
The John Jeffries House F
Jurys Boston Hotel H
La Cappella Suites A
Liberty Hotel E
Mandarin Oriental N
Marriott's Custom House B
Omni Parker House D
YMCA of Greater Boston R
0 400 yard/350 m
N
Bunker Hill
Logan Airport
Bankorth Garden
5
Constitution Inn
USS Constitution
CHARLESTOWN
Copp's Hill Burying Ground
Old North Church
NORTH END
Paul Revere House
Columbus Park
Long Whart
New England Aquarium
AQUARIUM
Rowes Wharf
New England Holocaust Memorial
Quincy Market
Faneuil Hall
Old State House
TD Banknorth Garden & North Station
HAYMARKET
Government Center
GOVERNMENT CENTER
BOWDOIN
Old City Hall
Old South Meeting House
King's Chapel Burying Ground
Old Court House
Park Street Church
Old Granary Burying Ground
State House
PARK ST
DOWNTOWN CROSSING
African Meeting House
Museum of Afro-American History
BEACON HILL
Hayden House
CHARLES/MGH
SCIENCE PARK
Charles River Dam
Museum of Science
Boston Common
BOYLSTON
CHINATOWN
Children's Museum
South Station
SOUTH BOSTON
ZAKIM BRIDGE
CHARLESTOWN BRIDGE
RUTHERFORD AVENUE
TREMONT STREET
ATLANTIC AVENUE
NORTHERN AVENUE
MOAKLEY BRIDGE
CONGRESS STREET
SUMMER STREET
CAMBRIDGE STREET
CHARLES STREET
LAND BOULEVARD
TED WILLIAMS TUNNEL (TOLL)
SUMNER TUNNEL (TOLL)
CALLAHAN TUNNEL

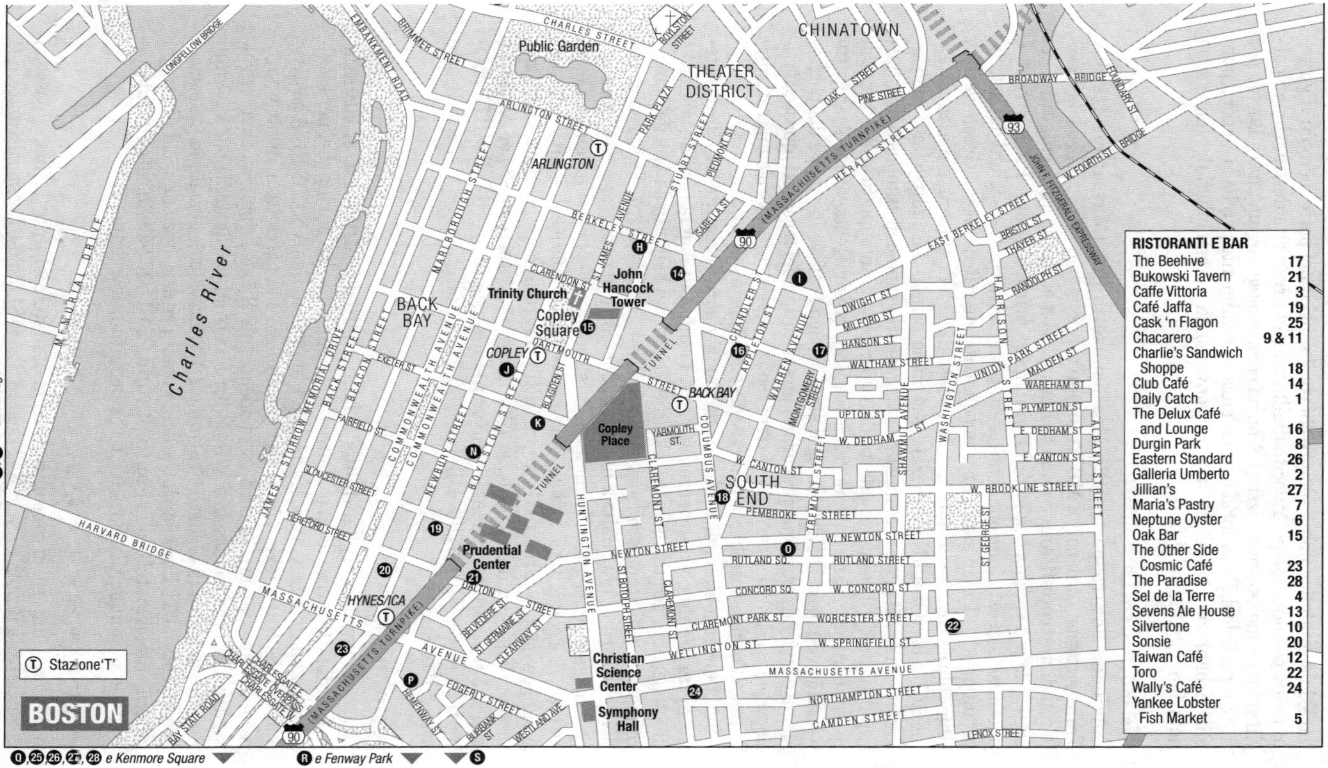

BOSTON

Ⓣ Stazione "T"

RISTORANTI E BAR

The Beehive	17
Bukowski Tavern	21
Caffe Vittoria	3
Café Jaffa	19
Cask 'n Flagon	25
Chacarero	9 & 11
Charlie's Sandwich Shoppe	18
Club Café	14
Daily Catch	1
The Delux Café and Lounge	16
Durgin Park	8
Eastern Standard	26
Galleria Umberto	2
Jillian's	27
Maria's Pastry	7
Neptune Oyster	6
Oak Bar	15
The Other Side Cosmic Café	23
The Paradise	28
Sel de la Terre	4
Sevens Ale House	13
Silvertone	10
Sonsie	20
Taiwan Café	12
Toro	22
Wally's Café	24
Yankee Lobster Fish Market	5

L, M & Cambridge

Q, 25, 26, 27, 28 e Kenmore Square

R e Fenway Park

S

dare, la segnaletica non è sempre chiara, i sensi unici potrebbero farvi girare in tondo per ore, e se poi riuscite finalmente ad arrivare a destinazione i parcheggi possono essere carissimi. Non ha senso noleggiare un'auto a Boston per tutto il periodo della propria permanenza, specialmente perché i trasporti pubblici urbani sono buoni, mentre per converso gli automobilisti del luogo sono notoriamente indisciplinati.

Metropolitane e tram

L'Azienda dei trasporti della Massachusetts Bay (Massachusetts Bay Transportation Authority o **MBTA**, spesso abbreviato in "**T**") è responsabile delle reti di **metropolitana** e **tram** di Boston. La metropolitana, inaugurata nel 1897, è la più vecchia degli Stati Uniti; la sua prima stazione, **Park Street**, è in centro (a questa stazione sono diretti tutti i treni contrassegnati dalla scritta "inbound"). Tutti i giorni operano quattro linee: Red (rossa), Green (verde), Blue (blu) e Orange (arancione), in genere dalle 5 di mattina a mezzanotte e mezzo (su certi tragitti il servizio cessa un po' prima). Le quattro linee sono integrate dalla **Silver Line**, una linea di trasporto rapido in autobus (BRT, "bus rapid transit"); i mezzi di questa linea percorrono in superficie Washington Street e attraversano il cuore del South End, raggiungendo anche l'aeroporto e il nuovo Seaport District. In ogni stazione sono affisse le mappe dei percorsi, ma conviene comunque procurarsi una piantina dei trasporti (queste cartine sono reperibili dappertutto). I treni sono veloci e sicuri; solo alcuni tratti della linea Orange potrebbero non essere sempre sicuri di notte.

Sulla metropolitana di Boston è entrato in vigore di recente un nuovo sistema di **tariffe** un po' disorientante. Entro i confini urbani la tariffa standard è di $2, pagabili acquistando un "CharlieTicket", un biglietto da una delle macchinette tipo bancomat collocate nelle stazioni. Se si acquista alla stazione una "CharlieCard" – più simile a una carta di credito per spessore, e con una durata maggiore rispetto al biglietto di corsa semplice –, la tariffa minima scende a $1,70 a corsa. La soluzione più sicura e più semplice è il "**visitor's pass**", un abbonamento turistico che copre tutti i viaggi in metropolitana e sugli autobus urbani (più il traghetto per Charlestown) al prezzo di $9 per un giorno o di $15 per una settimana. Per **informazioni** sui trasporti dell'MBTA chiamate il ☎ 617/222-3200 o il ☎ 1-800/392-6100, oppure visitate il sito *www.mbta.com*.

Autobus

La tariffa normale sugli **autobus urbani** gestiti dall'MBTA è di $1,50 (denaro contato o CharlieTicket o CharlieCard), ma per corse più lunghe, per esempio per andare a Salem o a Marblehead, si pagano fino a $5. L'MBTA gestisce anche delle **linee ferroviarie per pendolari**, che permettono di raggiungere città come Salem, Concord e Providence, nel Rhode Island, su treni talvolta attrezzati con connessioni WiFi a bordo; i treni per destinazioni a nord di Boston partono dalla **North Station** (☎ 617/222-3200), ubicata in Causeway Street, sotto il TDBanknorth Garden; i treni per destinazioni a sud di Boston partono (indovinato!) dalla **South Station** (☎ 617/222-3200), situata sul lungomare in Summer Street, all'altezza dell'Atlantic Avenue.

In bicicletta

A Boston e dintorni ci sono oltre 120 km di **piste ciclabili**. Le bici si possono noleggiare da Boston Bicycle, 842 Beacon St. (☎ 617/236-0752, *www.cambridge*

bicycle.com), o dal suo gemello Cambridge Bicycle, situato a Cambridge (259 Massachusetts Ave., vicino al MIT; ⓣ 617/876-6555, *www.cambridge bicycle.com*), oppure da Boston Bike Tours and Rentals, nel Boston Common, vicino al Visitor Information Center (ⓣ 617/308-5902, *www.bostonbike tours.com*). Il noleggio costa circa $25 al giorno.

Giri turistici in città

È abbastanza semplice cominciare a conoscere Boston seguendo a piedi il **Freedom Trail** (vedi p. 186). Il National Park Service, 15 State St. (ⓣ 617/242-5642, *www.nps.gov/bost*), organizza giri turistici gratuiti condotti da un ranger (guardaparco) e incentrati su alcuni dei luoghi storici più interessanti toccati dal Freedom Trail e dal Black Heritage Trail (vedi riquadro a p. 188). Altri giri guidati di rilievo sono offerti dalla North End Market Tours ($48-60; ⓣ 617/523-6032, si richiede l'acquisto in anticipo del biglietto, *www.north endmarkettours.com*), che organizza eccellenti "tour culinari"guidati a piedi, con degustazioni, nei quartieri di North End e Chinatown.

Se preferite vedere la città stando comodamente seduti, aggregatevi a uno dei giri di 100 min in tram, con commento, offerti per tutta la giornata dalla Old Town Trolley Tours (ⓣ 617/269-7150, *www.trolleytours.com*; $34, bambini dai 3 ai 12 anni $13; prezzo scontato se si acquista il biglietto on line). L'esperienza di maggior richiamo (e la più originale) è però quella proposta dalle agenzie Boston Duck Tour (adulti $29, bambini dai 3 agli 11 anni $19; ⓣ 617/267-DUCK, *www.bostonducktours.com*) e Super Duck Tours (adulti $29, bambini dai 3 agli 11 anni $17; ⓣ 1-877/34DUCKS, *www.superduck excursions.com*): si tratta di divertenti escursioni via terra e per mare a bordo di un autentico mezzo anfibio della seconda guerra mondiale, o Hydra-Terra. Le escursioni della Boston Duck Tour partono dal Prudential Center e dal Museum of Science, quelle della Super Duck Tours dal Gate 1 del Charlestown Navy Yard, da marzo a fine novembre. Un altro tour consigliato e più specializzato è la "Gondola di Venezia" ($99-230 a coppia; ⓣ 617/867-2800, *www.bostongondolas.com*), dove potrete fare la corte alla vostra innamorata su una gondola arrivata dritta dritta da Venezia (e completa di cioccolate e di un fisarmonicista che suona dal vivo).

Più convenzionali sono le **escursioni in autobus** a Lexington, Concord, Salem e Plymouth con la Brush Hill Tours/Gray Line (ⓣ 1-800/343-1328, *www.beantowntrolley.com* o *www.grayline.com*). La Urban Adventours (ⓣ 1-800/979-3370, *www.urbanadventours.com*) propone invece divertenti e facili giri in **bicicletta** di due ore.

Alloggio

A Boston non è facile trovare un **alloggio** di buona qualità che costi poco: qualsiasi camera d'albergo che consenta di raggiungere il centro a piedi e costi meno di $200 deve essere considerata un affare. Le tariffe delle camere cambiano sensibilmente a seconda della stagione e del giorno: se le tariffe riportate in questa guida vi sembrano alte, conviene chiamare per informarsi sulla tariffa corrente. Un'alternativa piacevole e conveniente al soggiorno in albergo nell'area di Boston è offerta dalle **agenzie di bed & breakfast** (**B&B**) quali l'eccellente B&B Agency of Boston (ⓣ 617/720-3540 o 1-800/248-9262, *www.boston-bnbagency.com*), che dispone di centinaia di proprietà in tutta la città per $90-180 a notte. L'agenzia Host Homes of Boston (ⓣ 617/244-1308 o

1-800/600-1308, *www.hosthomesofboston.com*) fornisce un servizio analogo; la Boston Reservations (T 781/547-5427, *www.bostonreservations.com*) offre anche prenotazioni alberghiere a prezzi ridotti.

Alberghi, motel e bed & breakfast

Beacon Hill Hotel 25 Charles St. T 617/723-7575 o 1-888/959-BHHB, *www.beaconhillhotel.com*; Charles **T**. Lusso indulgente nel cuore di Beacon Hill; le 13 camere eleganti sono dotate di televisore a schermo piatto, connessione rapida a Internet e balcone. L'albergo ospita anche un fantastico bistrot-bar con caminetto. ❾

Charles Hotel 1 Bennett St. T 617/864-1200 o 1-800/882-1818, *www.charleshotel.com*; Copley **T**. Camere pulite e luminose nel centro di Harvard Square, con un buon numero di comfort moderni. L'hotel ospita anche un eccellente *jazz club*, il *Regattabar*, e il ristorante *Henrietta's Table*. ❾

Charlesmark Hotel 655 Boylston St. T 617/247-1212, *www.thecharlesmark.com*; Copley **T**. Quaranta camere moderne abbastanza piccole, con comodi mobili in legno di faggio, buone tariffe, un bar animato e attrezzature moderne, come il collegamento WiFi a Internet e lettori CD in camera. ❻-❾

Courtyard Boston Copley Square 88 Exeter St. T 1617/437-9300, *www.marriott.com*; Copley **T**. Le camere di lusso, i particolari moderni e la bella posizione in Back Bay ne fanno una sistemazione di ottimo livello. ❾

Encore B&B 116 West Newton St. T 617/266-7200, *www.encorebandb.com*; Back Bay **T**. Situato in una gradevole via laterale del South End, questo B&B molto apprezzato offre tre camere con arredamento contemporaneo, connessione wi-fi a Internet e salotto o balcone. ❻-❽

Harborside Inn 185 State St. T 617/723-7500, *www.harborsideinnboston.com*; Aquarium **T**. Albergo intimo e accogliente con struttura in mattoni esposti, pavimenti di legno e arredamento vivace in un magazzino di fine Ottocento ristrutturato; è a poca distanza dal Quincy Market e dalla Custom House. ❺-❾

Hotel Commonwealth 500 Commonwealth Ave. T 617/933-5000, *www.hotelcommonwealth.com*; Kenmore **T**. Il fascino del Vecchio Mondo si mescola con l'arredamento moderno in questo albergo comparso sulla scena di recente e già molto apprezzato, anche grazie a tocchi di classe come la biancheria fine e i prodotti L'Occitaine. L'hotel ospita anche il favoloso bar *Eastern Standard* e il *Foundation Lounge*. ❾

Irving House 24 Irving St., Cambridge T 617/547-4600, *www.cambridgeinns.com*; Harvard **T**. Ottima scelta accogliente nei pressi di Harvard Square, con servizio di lavanderia (a moneta) e gustosa colazione inclusi nel prezzo; bagni sia in comune sia privati. Offerte speciali per i compleanni. ❺-❼

The John Jeffries House 14 David G. Mugar Way T 617/367-1866, *www.johnjeffrieshouse.com*; Charles **T**. Un gioiellino con camere pulite e di buon gusto a prezzi contenuti, fra i migliori della città. Questo albergo di medie dimensioni ai piedi di Beacon Hill presenta un arredamento in stile vittoriano, TV via cavo, connessione wi-fi a Internet e cucinotti nella maggior parte delle camere; d'estate le singole costano da $109 in su. ❺-❼

Jurys Boston Hotel 350 Stuart St. T 617/266-7200, *www.jurysdoyle.com*; Arlington **T**. Hotel moderno con un risvolto storico (è ospitato nella vecchia sede centrale della polizia di Boston) e un influsso irlandese, camere eleganti attrezzate con collegamento wireless a Internet, centro benessere e un ristorante chic, lo *Stanhope Grille*. ❾

La Cappella Suites 290 North St. T 617/523-9020, *www.lacappellasuites.com*; Haymarket **T**. Aperta di recente, la prima sistemazione nel North End è un incantevole alloggio che offre tre camere moderne e accoglienti con connessione wi-fi, TV via cavo e un bel soggiorno in comune. Due delle camere hanno un balcone. Preparatevi: è al quinto piano senza ascensore. ❺-❽

Liberty Hotel 215 Charles St. T 617/224-4000, *www.libertyhotel.com*; Charles **T**. Il *Liberty Hotel* ha occupato i labirintici locali di una prigione del 1851 a Beacon Hill e li ha radicalmente trasformati, utilizzando arredi eleganti e dettagli di lusso quali servizio di lavanderia in giornata, centro benessere, business center e lucidatura di scarpe immediata. Ospita anche il ristorante *Clink* e la sala di ritrovo *Alibi*, che attualmente sono i posti in cui si va per guardare ed essere guardati. ❾

Mandarin Oriental 776 Boylston St. T 617/535-8888, *www.mandarinoriental.com/boston*; Copley **T**. A Boston si parla ancora dell'apertura di questo affascinante hotel che sembra destinato a cambiare il volto già seducente del quartiere Back Bay. Le camere (spaventosamente care, costando come minimo $675) offrono lussi quali personal trainer, un centro benessere e spa con varie terapie e trattamenti del corpo (dai massaggi all'idroterapia) e molto spazio. Il famoso ristorante *L'Espalier*, da tempo uno dei preferiti dai buongustai di Boston, si sta trasferendo nell'albergo. ❾

Marriott's Custom House 3 McKinley Square T 617/310-6300, *www.marriott.com*; Aquarium **T**. Non è più il grattacielo più alto del New England (titolo che deteneva nell'Ottocento), ma continua a godere di splendide vedute del porto che vi faranno rimanere a bocca aperta. Camere storiche sistemate in modo elegante, Internet ad alta velocità, ottimo servizio e una posizione fantastica. ❾

Omni Parker House 60 School St. ⓣ 617/227-8600 o 1-800/843-6664, *www.omniparkerhouse.com*; Park **T**. L'*Omni Parker House*, il più vecchio fra gli alberghi degli Stati Uniti rimasti aperti senza soluzione di continuità (fra parentesi è qui che è stata inventata la *Boston cream pie*), vanta un bellissimo atrio dorato, elementi moderni inseriti nella vecchia struttura (fra cui Internet ad alta velocità), una posizione centralissima e alcune delle tariffe migliori per quanto riguarda gli alloggi del centro città. ❽-❾

Ostelli

Berkeley Residence YWCA 40 Berkeley St. ⓣ 617/375-2524, *www.ywcaboston.org/berkeley*; Back Bay **T**. Camere semplici e pulite accanto a una stazione di polizia. Tutte le tariffe includono la prima colazione; per la cena si pagano $7,50 in più. Singole ($60), doppie ($90) e triple ($105) in comoda posizione nel South End. Lunghe permanenze riservate alle donne.

HI-Boston 12 Hemenway St. ⓣ 617/536-1027, *www.bostonhostel.org*; Hynes **T**. Situato nella zona di Fenway, vicino all'estremità alla moda di Newbury St. e ai locali di Lansdowne St., è uno dei migliori ostelli di Boston. Collegamento a Internet e ambiente pulito e sicuro. Letti in camerata per $32-39 a notte. D'estate prenotate in anticipo o presentatevi alle 8 di mattina per essere sicuri di trovare un posto.

HI-Fenway Summer Hostel 575 Commonwealth Ave. ⓣ 617/536-9455, *www.bostonhostel.org*; Kenmore **T**. Aperto come ostello solo d'estate (1 giugno-metà agosto), nei mesi invernali è un dormitorio dell'università. Camere spaziose e ottima posizione, a breve distanza a piedi dai locali notturni e dal Fenway Park. Soci dell'HI $36, non soci $39.

YMCA of Greater Boston 316 Huntington Ave. ⓣ 617/536-7800, *www.ymcaboston.org/huntington*; Northeastern **T**. Buone camere a basso prezzo e accesso alla piscina e alla sala pesi dell'YMCA (Young Men's Christian Association). Le singole costano $50, ma si può avere una stanza per quattro persone per $100. Aperto da giugno a settembre per uomini e donne, negli altri mesi solo per uomini. Permanenza massima di 10 giorni.

La città

Boston sorse intorno al **Boston Common**, il funzionale spazio verde che occupa il centro della città, istituito nel 1634 come parco pubblico e "per nutrire il bestiame". Il Common, il più antico parco pubblico degli Stati Uniti, è un buon punto di partenza per un giro della città ed è anche uno degli anelli della catena di nove parchi (sei dei quali progettati da Frederick Law Olmsted, il primo architetto di giardini d'America) conosciuta come **Emerald Necklace** ("collana di smeraldo"). Un altro anello della catena, dall'altra parte di Charles Street rispetto al Common, è il **Public Garden**, l'incantevole giardino pubblico, dove le famose "*swan boats*" di Boston, le barche a forma di cigno (ⓣ 617/522-1966, *www.swanboats.com*; $2,75), solcano il laghetto principale in mezzo a una vegetazione tempestata di tulipani.

Il centro visitatori, che segna l'inizio del **Freedom Trail**, è nei pressi dell'affusolata estremità orientale del Common. Mettendovi di fronte a Tremont Street, con la State House alla vostra sinistra, il **Quincy Market** (la principale area commerciale) e il **lungomare** sono poco più avanti (a 12 min a piedi), sulla destra. Le moderne strutture in cemento del **Government Center** sono in Tremont Street; poco oltre inizia il **North End**, un quartiere molto amato che nel passato è stato prima irlandese, poi ebreo e che oggi è un'enclave decisamente italiana. Dietro di voi, a poca distanza sulla sinistra si eleva l'alta **Beacon Hill**, ancora elegante come quando Henry James definì Mount Vernon Street "l'indirizzo più prestigioso d'America" (un'indicazione ben diversa dal soprannome assegnatole nel Settecento, "Mount Whoredom", "Monte Prostituzione"). Allontanandosi dal centro lungo Tremont Street si raggiungono **Chinatown** e il **Theater District**, mentre dal Public Garden grandiosi via-

△ Public Garden

li, come la Commonwealth Avenue, conducono a ovest e alla **Back Bay**, dove l'Harvard Bridge attraversa il fiume Charles sbucando a **Cambridge**.

Il Freedom Trail

Probabilmente il modo migliore per orientarsi nel centro di Boston – e per apprezzare il ruolo della città nella storia americana – è percorrere a piedi tutto il **Freedom Trail** (**Sentiero della Libertà**) o almeno una sua parte. Si può imboccare o lasciare questo facile percorso auto-guidato in qualunque punto – l'itinerario è tracciato a terra sui marciapiedi da una linea di mattoni rossi o di vernice rossa –, ma tecnicamente il Freedom Trail inizia nel Boston Common presso il **Visitor Information Center**.

Da qui, dirigetevi alla cupola d'oro della **Massachusetts State House** (visite guidate gratuite: lun-ven 10-15.30), un progetto di Charles Bulfinch ultimato nel 1798. Il palazzo è tuttora la sede del governo del Massachusetts; la decorazione più famosa, un pesce intagliato soprannominato "il sacro merluzzo", simboleggia la ricchezza accumulata da Boston grazie ai commerci marittimi. Gli uomini politici prendono questo simbolo così seriamente che, quando, negli scorsi anni Trenta, dei burloni di Harvard lo rubarono, il governo non si riunì fino a che non fu recuperato.

Benché la **Park Street Church**, all'angolo fra Park e Tremont St. (luglio e agosto: mar-sab 8.30-15.30; resto dell'anno per appuntamento; ingresso gratuito), non sia affatto "la massa di mattoni e malta più interessante d'America", come affermò in un'occasione Henry James, la sua ornata guglia bianca è innegabilmente spettacolare. Fu qui che, il 4 di luglio del 1829, l'oratore William Lloyd Garrison pronunciò il suo primo discorso ufficiale in cui chiedeva l'abolizione della schiavitù in tutta la nazione. Subito dietro l'angolo, un suggestivo cimitero, l'**Old Granary Burying Ground** (tutti i giorni 9-17; ingresso gratuito), accoglie le spoglie rivoluzionarie di Paul Revere, Samuel Adams e John Hancock, nonché quelle della cosiddetta Mother Goose (Mamma Oca), alias Elizabeth Vergoose (o Vertigoose), che si racconta avesse raccolto filastrocche per i suoi nipoti. Circa un isolato più a nord, sulla Tremont si estende l'etereo **King's Chapel Burying Ground** (tutti i giorni 9.30-17; ingresso gratuito), ultimo luogo di riposo di illustri personaggi vissuti nel Seicento, fra i quali Mary Chilton, donna della *Mayflower,* e il primo governatore di Boston, John Winthrop. Nelle vicinanze, in School Street una statua di Benjamin Franklin indica il luogo in cui sorgeva la **Boston Latin School**, la prima scuola pubblica aperta negli Stati Uniti, frequentata da Franklin (che in seguito l'abbandonò) e Samuel Adams. Sia Malcolm X sia Ho Chi Minh lavorarono alle dipendenze dell'**Omni Parker House Hotel** (che ufficialmente non fa parte del Trail), l'hotel statunitense di lusso rimasto aperto senza interruzioni più a lungo. Un particolare curioso: è in questo albergo che è stata inventata la famosa *Boston cream pie* (due strati di pasta ripieni di crema).

Accanto sorgono due degli edifici più singolari e più importanti del Trail. L'**Old South Meeting House** (tutti i giorni: aprile-ottobre 9.30-17; novembre-marzo 10-16; $5) è il luogo in cui Samuel Adams pronunciò la frase: "questa riunione non può fare nient'altro per salvare il paese" – il segnale che il 16 dicembre del 1773 provocò il cosiddetto Boston Tea Party. Considerato il primo atto di ribellione importante prima dello scoppio della guerra di secessione, il Boston Tea Party fu una manifestazione di protesta attentamente pianificata: in quell'occasione un centinaio di uomini, quasi tutti travestiti da indiani, gettarono solennemente nelle acque del porto abbastanza tè da riempire 24 milioni di tazze. L'elegante **Old State House**, eretta nel 1712, era la sede del governo coloniale, e la Dichiarazione d'Indipendenza fu letta in pubblico per la prima volta dal suo balcone il 18 luglio 1776; esattamente 200 anni dopo, la regina Elisabetta II d'Inghilterra pronunciò un discorso da quello stesso balcone. All'interno, un bel **museo** sulla storia di Boston espone fra l'altro un'elegante giacca appartenuta a John Hancock (tutti i giorni 9-17; $5). Davanti all'edificio, un cerchio di ciottoli sistemato su un'isola spartitraffico all'incrocio fra Devonshire Street e State Street indica il luogo del **massacro di Boston**: il 5 marzo del 1770 dei soldati britannici spararono su una folla che li stava bersagliando di palle di neve riempite di sassi e uccisero 5 dimostranti, fra cui Crispus Attucks, un ex schiavo.

L'animato **Quincy Market** e **Faneuil Hall Marketplace** (10 min a piedi da qui, verso nord-est; tutti i giorni 10-20; ingresso gratuito) è l'ideale per rifocillarsi in uno dei ristoranti o delle bancarelle di cibi da asporto o per acquistare qualche souvenir. Il mercato è un esempio pionieristico di rinnovamento urbano riuscito (su progetto dello stesso architetto che trasformò il Covent Garden londinese). Un tempo la Faneuil Hall (tutti i giorni 9-17; ingresso gratuito) era nota come "la culla della libertà", un luogo d'incontro per i rivoluzionari e, in seguito, per gli abolizionisti. Nei pressi, in Union Street, lasciate il Freedom Trail per visitare il **New England Holocaust Memorial**, un monumento commemorativo composto da alti pilastri di vetro cavi, su cui sono incisi sei milioni di numeri, per ricordare i numeri fatti tatuare dai nazisti sulle loro vittime. Il monumento, che ricorda una ciminiera, è particolarmente singolare di sera, quando il vapore che si diffonde dai pilastri è illuminato dall'interno.

Oltrepassando la bella vegetazione e le fontane piene di schizzi della nuova Rose Kennedy Greenway (un'area verde che originariamente era un'autostrada soprelevata) ed entrando nel **North End** si raggiungono la **Paul Revere House**, 19 North Square, l'ultima casa del Seicento sopravvissuta a Boston (metà aprile-ottobre: tutti i giorni 9.30-17.15; novembre-metà aprile: mar-dom

9.30-16.15; $3). Costruita dopo il Grande Incendio del 1676, dal 1770 al 1800 la casa fu la residenza di Paul Revere, patriota, argentiere, massone e padre di 16 bambini. Quando, il 18 aprile 1775, Revere intraprese la sua famosa **cavalcata** per andare ad avvertire Samuel Adams e John Hancock (come pure gli abitanti di Lexington, MA) che gli inglesi si stavano apprestando ad attaccare i coloni ribelli, al campanile dell'**Old North Church**, al 193 di Salem St. (tutti i giorni: giugno-ottobre 9-18; novembre-maggio 9-17; ingresso gratuito), furono appese due lanterne, in modo da poter avvertire Charlestown nel caso in cui Revere fosse stato catturato. Sulla collina, dal **Copp's Hill Burial Ground**, il cimitero di Hull Street (tutti i giorni 9-17; ingresso gratuito), oggi come allora si può vedere Charlestown dall'altra parte del porto, e infatti gli inglesi installarono qui la loro artiglieria in vista della cosiddetta battaglia di Bunker Hill. Uscendo dal cimitero, cercate la **casa più stretta** di Boston, una residenza privata larga appena tre metri al n. 44 di Hull St.

Il Freedom Trail attraversa poi il Charlestown Bridge, una passeggiata piuttosto lunga ma panoramica. Gli ultimi due siti storici sono raggiungibili anche con uno dei frequenti **traghetti** che collegano il Long Wharf con il Charlestown Navy Yard (lun-ven ogni 15 min 6.30-20, sab e dom ogni 15 min 10-18; $1,70 solo andata).

La famosa nave della Marina statunitense **USS Constitution**, o "Old Ironsides" ("Vecchia Corazzata"), è la più vecchia nave da guerra in armamento an-

Il Black Heritage Trail

Il Massachusetts fu il primo Stato a dichiarare illegale la schiavitù, nel 1783, in parte come risultato della partecipazione dei neri alla guerra d'indipendenza. Di conseguenza negli anni successivi si sviluppo rapidamente, nel North End e sulla Beacon Hill, una grande comunità di neri liberi e schiavi fuggiti. Oggi in queste due aree vivono pochissimi neri, ma il **Black Heritage Trail** (Sentiero del Retaggio Nero) illustra il ruolo chiave svolto dalla Beacon Hill nella storia locale e nazionale dei neri ed è forse il più importante sito storico americano fra quelli dedicati alla storia e alla cultura afro-americana prima della guerra di secessione.

Si può iniziare il percorso sul Trail dal n. 46 di Joy St., dove l'**Abiel Smith School** ospita un **Museum of African American History** (lun-sab 10-16; ingresso gratuito), presentando a rotazione un certo numero di esposizioni ben studiate, incentrate sull'abolizionismo, sulla storia afro-americana e sui racconti di *rangers* ben informati. Costruito nel 1806 come prima chiesa afro-americana del paese, durante la campagna abolizionista questo edificio divenne noto come "Black Faneuil Hall"; qui Frederick Douglass fece il suo appello invitando tutti i neri a prendere le armi nella guerra di secessione. Fra coloro che risposero alla chiamata vi furono i volontari del **54° Reggimento del Massachusetts**, commemorati da un monumento raffigurante la loro marcia d'addio giù per Beacon Street; il monumento è collocato al margine del Boston Common, di fronte alla State House. Robert Lowell scrisse su questo monumento la poesia *For the Union Dead*, con la quale vinse un premio Pulitzer, mentre la tragica fine del reggimento a Fort Wagner è raccontata nel film *Glory*.

Dal monumento il Trail si snoda tortuosamente intorno alla Beacon Hill, passando accanto alla **Lewis and Harriet Hayden House**. In questa casa, che un tempo era una fermata della famosa "ferrovia sotterranea", gli Hayden dettero rifugio a centinaia di schiavi in fuga, nascondendoli ai cacciatori di taglie che li inseguivano.

Non è difficile seguire il Black Heritage Trail per conto proprio, ma il modo migliore per vivere questa esperienza è unirsi a un **giro a piedi guidato** organizzato dal National Park Service (lun-sab 10, 12 e 14; chiamate per prenotare; gratis; ☎ 617/742-5415 o ☎ 617/720-2991, *www.nps.gov/boaf*).

cora galleggiante. Varata a Boston nel 1797, la nave si guadagnò il suo soprannome durante la guerra del 1812, quando delle palle di cannone lasciarono il segno sullo scafo; successivamente la *Constitution* assistette a 33 battaglie senza perderne una. È possibile esplorare la nave unendosi alle visite guidate gratuite che si svolgono ogni mezz'ora (aprile-ottobre: mar-dom 10-17.50, novembre-marzo: gio-dom 10-15.50; *www.ussconstitution.navy.mil*). Dall'altra parte della strada, l'**USS Constitution Museum** (tutti i giorni: estate 9-18; resto dell'anno 10-17; ingresso gratuito) ospita esposizioni ben allestite sulla storia della nave; la sezione al piano superiore è maggiormente orientata verso il divertimento, presentando esposizioni interattive "per veri marinai", che testano la vostra capacità di stare in equilibrio su una corda e vi aiutano a indovinare se i vostri compagni hanno lo scorbuto o la gotta. Oltre il museo, il **Bunker Hill Monument** corona la Breed's Hill, il vero luogo della battaglia combattuta il 17 giugno 1775, la quale, se tecnicamente fu vinta dai britannici, rinvigorì comunque i patrioti, che riuscirono a colpire quasi la metà dei soldati britannici. Una scala a chiocciola di 294 gradini sale alla sommità dalla quale si godono vedute sconfinate; un nuovo **museo** (tutti i giorni 9-16.30; ingresso gratuito) alla base offre interessanti esposizioni sulla battaglia e sulla storia di Charlestown. D'estate di solito c'è un carretto che vende gelati, giusta ricompensa per chi si è inerpicato fino in cima, e il parco è un bel posto per un picnic.

Il lungomare e il Seaport District

Negli ultimi anni il **lungomare** di Boston è stato oggetto di importanti lavori miranti alla sua rivitalizzazione e concretizzatisi nella costruzione di invitanti fontane, nella sistemazione di spazi verdi ben curati e nella collocazione di targhe storiche, tutti elementi che, nelle giornate serene, ne fanno un luogo perfetto per una passeggiata. Accanto al *Marriott Long Wharf Hotel*, il **Columbus Park** con i suoi glicini è un bel posto in cui oziare e fare un picnic. In origine la Faneuil Hall si trovava all'inizio del **Long Wharf**, la banchina che si protendeva nel porto per quasi 600 m; fu da questa banchina che gli inglesi si imbarcarono quando lasciarono definitivamente la città, il 17 marzo 1776. Successivamente si decise di riempire 300 m di litorale e di costruire in fondo alla banchina la **Custom House Tower**, la torre della Dogana, che all'epoca era il grattacielo più alto del New England. Oggi anche questo grattacielo, sito al n. 3 di McKinley Square, è discosto dal mare, ma la sua piattaforma d'osservazione offre ancora splendide vedute del porto (☎ 617/310-6300; ingresso gratuito).

Nelle vicinanze, sul Central Wharf si affaccia il **New England Aquarium** (luglio e agosto: lun-gio 9-18, ven e sab 9-19, dom 9-18; settembre-giugno: lun-ven 9-17, sab e dom 9-18; $19,95, bambini $11,95; ☎ 617/973-5200), dove una piscina all'aperto ospita un gruppo di lontre marine che si crogiolano al sole. All'interno, una colossale vasca cilindrica in vetro, alta tre piani, pullula di tartarughe marine giganti, murene e squali, insieme a una serie di altre creature marine esotiche che nuotano in modo allarmante le une vicino alle altre. Alcuni subacquei nutrono di persona i pesci 5 volte al giorno, e in un adiacente anfiteatro galleggiante si tengono spettacoli con le otarie. L'Aquarium organizza inoltre eccellenti escursioni in barca finalizzate all'**avvistamento delle balene** o *whale-watching* (inizi di aprile-fine ottobre; 3-4 h, chiamate per gli orari; $36, bambini $30; ☎ 617/973-5206).

Il lungomare è anche il punto di partenza sia dei **traghetti** per Provincetown (MA), situata a Cape Cod (vedi p. 206; ☎ 617/227-4321), e per Salem (MA; vedi p. 198; ☎ 978/741-0220), sia delle gite di una giornata alle Harbor Islands, fra cui la Spectacle and George's Island (☎ 617/223-8666). Tutte queste escursioni sono caldamente consigliate.

È difficile lasciarsi sfuggire il **Children's Museum** (Museo dei bambini), rimesso a nuovo di recente e sito al n. 300 di Congress St. (lun-gio, sab e dom 10-17, ven 10-21; $10, bambini $8; ven 17-21 $1; ☎ 617/426-8855), dato che l'edificio è preceduto da un'eccentrica icona di Boston: una **bottiglia di latte** Hood alta 12 m (che è anche un chiosco di prodotti alimentari). I tre piani di istruttive esposizioni sono stati abilmente progettati al fine di convincere i ragazzi a imparare qualcosa su un'enorme serie di argomenti, dalla musicologia alla creazione di una bolla di dimensioni colossali. Prima di andarvene, date un'occhiata al Recycle Shop, dove i residui industriali vengono riciclati trasformandoli in gradevoli oggetti lavorati a mano.

L'**Institute of Contemporary Art**, 100 Northern Ave. (mar e mer 10-17, gio e ven 10-21, sab e dom 10-17, chiuso lun; $12, i ragazzi sotto i 17 anni entrano gratis; ingresso gratuito per le famiglie l'ultimo sabato del mese; Courthouse T; ☎ 617/478-3100), che sembra un elegante cubetto di ghiaccio appollaiato sopra un gelido Boston Harbor, offre uno spettacolo prima ancora che si entri. La collezione di opere d'arte contemporanee è integrata dalla spettacolare forma a cantilever dell'edificio, che si estende per 25 m nel bordo dell'acqua. Dall'interno questa sezione ampliata funziona come una sorta di "galleria dei fondatori", una sporgenza recintata adatta alla meditazione; se guardate giù dalla parete di vetro della galleria, vi ritroverete esattamente sopra una zona del Boston Harbor brulicante di meduse.

Il Museum of Science

All'estremità settentrionale del lungomare, dall'altra parte della penisola di Boston rispetto al Children's Museum, l'amato **Museum of Science** (luglio-prima metà di settembre: sab-gio 9-19, ven 9-21; settembre-giugno: sab-gio 9-17, ven 9-21; $19, ragazzi $16; Science Park **T**; ☎ 617/723-2500) presenta parecchi piani di esposizioni interattive che illustrano i principi di base delle scienze naturali e fisiche. Uno spettacolare cinema IMAX occupa tutti i piani di un'ala dell'edificio, e l'Hayden Planetarium copre le spese con *laser shows* (spettacoli al laser), fra cui il famigerato "Laser Floyd: Dark Side of the Moon" ($9; per gli orari chiamate il ☎ 617/723-2500); il **Teatro tridimensionale** del museo offre la possibilità di indossare quegli occhiali tridimensionali rétro tanto di moda.

Back Bay e oltre

Nel 1857 iniziò la costruzione degli spaziosi viali e delle case eleganti di **Back Bay**, lungo porzioni dell'ex fiume Charles che furono gradualmente riempite da terreno paludoso. Una passeggiata in quest'area da est a ovest fornisce un'eccezionale veduta panoramica che abbraccia numerosi esempi di architettura vittoriana. Uno degli edifici più notevoli dal punto di vista architettonico è la romanica **Trinity Church**, 206 Clarendon St. (lun-sab 9-17.30, dom 13-17; $6), il cui sorprendente interno fu costruito in modo che ai fedeli sembrasse di "camminare in un dipinto vivente". Sopra la chiesa torreggia il grattacielo più tipico di Boston, la **John Hancock Tower**, un'elegante struttura triangolare progettata da I.M. Pei. La vicina **Newbury Street**, invitante e ricca d'atmosfera, è un susseguirsi di eleganti boutique, caffè e gallerie d'arte.

Il **Christian Science Center**, all'incrocio fra Huntington Avenue e Massachusetts Avenue, è la "chiesa madre" della First Church of Christ Scientist, nonché la sede del giornale *Christian Science Monitor*; nel 1990 Nelson Mandela volle far visita al centro per ringraziarlo di persona del suo sostegno nel periodo in cui lo stesso Mandela era in carcere. Il complesso ospita il meraviglioso **Mapparium** (mar-dom 10-16; $6), un curioso globo di 9 m di vetro istoriato, attraverso il quale si può camminare su un ponticello. La miglior caratteristica del globo è l'assenza di assorbimento sonoro, il che permette che un piccolo bisbiglio emesso a un'estremità del ponte sia udito facilmente da qualcuno posizionato all'estremità opposta.

Più a sud, oltre i confini di Back Bay, al n. 465 di Huntington Ave. ha sede il **Museum of Fine Arts** (Museo di belle arti; lun e mar 10-16.45, mer-ven 10-21.45, sab e dom 10-16.45; $17, con seconda visita gratuita entro 30 giorni; mer dopo le 16 offerta libera; ⓣ 617/267-9300, *www.mfa.org*), abbastanza distante da suggerire di servirsi della linea verde della metropolitana (prendete il treno "E" fino alla fermata "Museum"). Dalle magnifiche collezioni di arte asiatica antica ed egizia in avanti, l'MFA (come è chiamato di solito) vanta un numero di meraviglie sufficiente a trattenervi tutta la giornata; tuttavia attualmente il museo è in via d'espansione (compresa l'aggiunta di una nuova ala e di un cortile centrale), e perfino le gallerie più apprezzate sono state chiuse per un certo periodo. Fra le opere e gli oggetti più pregevoli menzioniamo *Ballo a Bougival* di Renoir; la sontuosa esibizione di rabbia esistenziale manifestata da Gauguin nel suo *Da dove veniamo? Chi siamo? Dove andiamo?*; un sassofono fabbricato dallo stesso Adolphe Sax, inventore dello strumento (sala degli Strumenti musicali); e la voluttuosa *Venere* di Botero, che monta audacemente la guardia davanti all'ala ovest.

Meno ampia, ma più caratteristica e particolare di quella dell'MFA è la collezione dell'**Isabella Stewart Gardner Museum**, situato poco più avanti al 280 di The Fenway (mar-dom 11-17; $12; ingresso gratuito per chi si chiama "Isabella"; ⓣ 617/566-1401, *www.gardnermuseum.org*). Progettato a somiglianza di una villa veneziana del Quattrocento, il Gardner ospita una collezione splendida e assai eterogenea di opere destinate ad "accendere l'immaginazione". Noto anche per il suo spettacolare cortile centrale, il museo è celebre soprattutto per la bellissima raccolta di opere di John Singer Sargent, fra cui uno straordinario ritratto della stessa Isabella. Qualche venerdì sera e alcune domeniche pomeriggio il museo ospita concerti ($23, compreso l'ingresso al museo).

Cambridge

L'escursione a **Cambridge**, situata sull'altra sponda del Charles, merita almeno mezza giornata, e comincia con una corsa di un quarto d'ora sulla linea Red della metropolitana fino ad **Harvard Square**. Quest'ultima non è tanto una piazza quanto un insieme di strade intercomunicanti, affiancate da numerosi centri commerciali di piccole dimensioni e librerie, nel punto in cui la Massachusetts Avenue incontra le vie J.F. Kennedy e Brattle. Si tratta di una zona eccezionalmente animata, piena di studenti della vicina Harvard University e del MIT; d'estate sono numerosi anche i musicisti di strada che suonano qui. Il **Cambridge Visitor Information Booth** (lun-sab 9-17; ⓣ 617/441-2884), il chiosco informazioni aperto nella piazza, organizza sporadicamente giri guidati a piedi o vende cartine e guide. Per informazioni ci si può rivolgere anche all'**Holyoke Center**, 1350 Massachusetts Ave. (lun-sab

9-17; Ⓣ 617/495-1573), che organizza anche visite del campus universitario condotte da studenti e offre la connessione gratuita a Internet.

Chi lo desidera può gironzolare liberamente nell'**Harvard Yard** e intorno al nucleo centrale dell'università, fondata nel 1636; la sua enorme biblioteca, la Widener Library (che prende il nome da una delle vittime del *Titanic*), vanta una Bibbia di Gutenberg e una prima edizione in folio di Shakespeare. A 5 min a piedi verso ovest, in Brattle Street (al n. 105) c'è la più nota fra le dimore signorili di Brattle Street, vale a dire la **Longfellow House** (maggio: gio-sab 10-16; giugno-settembre: mer-dom 10-16.30; visite guidate ogni ora 10.30-11.30 e 13-16; Ⓣ 617/876-4491; $3). La casa prende il nome dall'autore di *Hiawatha*, il poeta statunitense Henry Wadsworth Longfellow, che visse qui fino al 1882. Le sale e le pareti sono abbellite dal mobilio e dalla collezione d'arte di Longfellow, nella quale spiccano i magnifici pezzi raccolti in Estremo Oriente. Dexter Pratt, immortalato da Longfellow nel verso "Sotto il grande castagno sta l'officina del fabbro del paese", viveva al n. 56 di Brattle St., e all'angolo fra Brattle St. e Story St. una targa commemora il glorioso albero.

Cambridge vanta diversi musei di prima qualità contenenti interessanti esposizioni degne di nota. Purtroppo gli **Harvard University Art Museums** sono al momento chiusi per importanti lavori di ristrutturazione; la riapertura come museo unico è prevista per il 2013. Questo museo rinnovato si chiamerà **Harvard Art Museum** e conterrà oltre 150.000 opere d'arte, fra cui i pezzi più pregevoli della ragguardevole collezione di arte occidentale di Harvard, una piccola ma eccellente raccolta di espressionisti tedeschi e opere della Bauhaus, come anche sensuali Buddha e bodhisattva dorati appartenenti alla collezione di arte asiatica e islamica del museo. Durante i lavori di risistemazione sarà possibile vedere una selezione del patrimonio artistico del museo, esposta al n. 485 di Broadway, vecchia sede dell'**Arthur M. Sackler Museum** (lun-sab 10-17, dom 13-17, gratis sab prima di mezzogiorno; Ⓣ 617/495-9400; $9). Lo stupendo **Harvard Museum of Natural History**, 26 Oxford St. (tutti i giorni 9-17; $9), presenta un certo numero di enormi fossili di dinosauro e una collezione visivamente sorprendente di modelli floreali realizzati interamente in vetro.

Circa 3 km a sud-est di Harvard Square c'è il celebre **Massachusetts Institute of Technology** (MIT), con un museo molto interessante, il **MIT Museum**, 265 Massachusetts Ave. (tutti i giorni 10-17; Ⓣ 617/253-5927; $7,50), che offre l'opportunità di esplorare 150 anni di idee e invenzioni ed è pieno di ipnotizzanti mini-macchine, per esempio un "Walking Wishbone", una forcella di uccello che, collegata a un congegno, si muove avanti e indietro e di lato, tanto che sembra camminare.

Mangiare

Boston offre ai visitatori una buona varietà di opzioni culinarie. In primo luogo ci sono il **pesce** e i **frutti di mare**: astici (*lobsters*, bolliti o in panini con parti scelte), *scrod* (termine generico che indica un pesce giovane dalla carne bianca), vongole (*clams*, servite al vapore e immerse nel burro, oppure come zuppa cremosa con verdure) e ostriche (*oysters*: fra le migliori del mondo quelle che arrivano fresche tutti i giorni da Wellfleet e da altri punti di Cape Cod). Potreste anche pianificare una "giornata gastronomica" basata sui cibi offerti dai vari quartieri: colazione nei caffè di **Beacon Hill**; pranzo nelle *plazas* o corti gastronomiche del **Quincy Market** o del **Garage** (a Cambridge, in J.F. Kennedy Street), oppure *dim sum* a **Chinatown**; all'ora di cena, un economico ristorante **indiano** a Cambridge, un ristorante **italiano** di Hanover Street, nel North End, uno dei posti eleganti del South End o un ristorante di pesce affacciato sul porto.

Il corridoio centrale del **Quincy Market**, fiancheggiato da ristoranti e *brasseries*, è ottimo per quanto riguarda il cibo da asporto, per esempio vongole e astice freschi, piatti etnici, cocktail di frutta e *cookies* (biscotti), che si possono acquistare da vari venditori e mangiare ai tavoli sistemati nell'area centrale.

Per quanto riguarda le **cene in tarda serata** la zona migliore è Chinatown, dove i ristoranti rimangono aperti fino alle 2 o alle 3 di notte.

Boston

Café Jaffa 48 Gloucester St. ☎ 617/536-0230; Hynes **T**. Uno dei migliori ristoranti economici di Back Bay serve un'ottima cucina mediorientale in un ambiente invitante. Sono famosi per il loro falafel, ma comunque qui non si può sbagliare, qualunque piatto si scelga.

Chacarero 26 Province St. ☎ 617/367-1167; Downtown Crossing **T**. Preparato al momento e squisito, il *chacarero* è un sandwich cileno fatto con pane morbido e caldo imbottito di avocado, pollo, fagioli verdi, formaggio Münster e salsa piccante. Chiuso nei weekend, pagamento solo in contanti.

Charlie's Sandwich Shoppe 429 Columbus Ave. ☎ 617/536-7669; Back Bay **T**. Le lunghe code dovrebbero essere un indizio sufficiente del fatto che quella di *Charlie's* è considerata da molti la miglior prima colazione di tutta Boston. cibo da ristorantino economico (più un famoso pasticcio di tacchino) servito in un delizioso ambiente d'epoca. Chiuso dom, pagamento solo in contanti.

Daily Catch 323 Hanover St. ☎ 617/523-8567 e 261 Northern Ave. ☎ 617/338-3093; Haymarket **T** e South Station **T**. Il pesce e i frutti di mare freschi d'oceano, in particolare calamari e crostacei – alla siciliana, con mega-dosi di aglio –, attirano frotte di clienti in questo ristorantino sul davanti di un negozio.

The Delux Café and Lounge 100 Chandler St. ☎ 617/338-5258; Back Bay **T**. Un rifugio rétro con tutti gli accessori di un'ottima bettola: fantastico arredamento kitsch, cartoni animati trasmessi a rotazione e un tempietto in onore di Elvis illuminato con luci natalizie. Il menu propone un'originale cucina fusion americana, con alimenti tradizionali come i sandwich di formaggio alla griglia e la zuppa di *split peas* (piselli secchi divisi a metà). Solo contanti.

Durgin Park 340 Faneuil Hall Marketplace ☎ 617/227-2038; State **T**. In attività dal 1827, è un noto punto di riferimento di Boston, famoso per il fascino scontroso del personale e per i piatti tipici del New England, come il roast beef, i fagioli al forno e il caldo pudding indiano. Il bar al piano di sotto è meno caro e più animato.

Galleria Umberto 289 Hanover St. ☎ 617/227-5709; Haymarket **T**. Il nirvana del North End. Sul menu i piatti non raggiungono la dozzina, ma la gente fa sempre la fila fino alla porta per gustare i perfetti tranci di pizza e gli arancini di Umberto. Aperto solo a pranzo, e veniteci presto, perché è sempre affollato. Solo contanti; molto economico.

Maria's Pastry 46 Cross St. ☎ 617/523-1196; Haymarket **T**. Le paste dolci più buone del North End, inspiegabilmente sottovalutate; i cannoli al cioccolato con ripieno di ricotta fresca vi faranno felici.

Neptune Oyster 63 Salem St. ☎ 617/742-3474; Haymarket **T**. Piccolo bar rustico ed elegante, sempre pieno di devoti fan che divorano le sue fantastiche ostriche sgusciate e altri ottimi frutti di mare. Chiuso lun e mar.

The Other Side Cosmic Café 407 Newbury St. ☎ 617/536-8437; Hynes **T**. Questo ritrovo alternativo ultra-informale e rilassato sull'"altro lato" di Newbury Street offre squisiti sandwich, gustose insalate e succhi rinfrescanti. Hanno anche caraffe di buona birra. Aperto fino a tardi.

Sel de la Terre 255 State St. ☎ 617/720-1300; Aquarium **T**. Serve cucina rustica provenzale, per esempio una sostanziosa bouillabaisse con agnello arrosto e melanzane, nonché quelle che sono forse le migliori *French fries* (patatine fritte) della città.

Silvertone 69 Bromfield St. ☎ 617/338-7887; Park **T**. Nostalgia a carrettate in questo bar-ristorante molto animato, che occupa un seminterrato e serve ottimi piatti che tirano su di morale, come il *meatloaf* (polpettone) con purè di patate e un Mac con tanto formaggio. Buone birre alla spina. Chiuso dom.

Sonsie 327 Newbury St. ☎ 617/351-2500, Hynes **T**. Questo frequentato posto di ristoro di Newbury Street prepara buon cibo contemporaneo da bistrot, in particolare grossi sandwich, paste dolci e *chocolate bread pudding*.

Taiwan Café 34 Oxford St. ☎ 617/426-8181;

Chinatown **T**. La gente del posto va in estasi in questo affollato, autentico ristorante taiwanese che serve fra l'altro verdure con senape e *edamame* (semi di soia) e maiale al vapore, fatti al momento. Aperto fino a tardi. Solo contanti.

Toro 1704 Washington St. ⓣ 617/536-4300; Back Bay **T**. Un bar animato e alla moda specializzato in *tapas* (stuzzichini spagnoli): sangria bianca e rossa e fantasiosi vassoi di *tapas*, come il granturco alla griglia con limetta e formaggio stagionato o il tonno con salsa di agrumi e soia.

Yankee Lobster Fish Market 300 Northern Ave. ⓣ 617/345-9799; World Trade Center **T**. Situata proprio sull'acqua nel Seaport District, questa baracchina serve piatti di pesce e frutti di mare freschi da portar via (particolarmente squisito è l'involtino d'aragosta). Per arrivarci dal centro è una bella camminata, ma lo si può raggiungere anche prendendo la Silver Line (linea Argento della metropolitana).

Cambridge

Mr Bartley's Burger Cottage 1246 Massachusetts Ave., ⓣ 617/354-6559; Harvard **T**. Un *must* se si visita Cambridge: serve forse i migliori hamburger del pianeta, innaffiati con *lime rickeys* al lampone (semplice sciroppo, selz, ghiaccio e limetta spremuta) in un ambiente decorato all'americana. Buoni anche gli hamburger vegetariani. Solo contanti.

Central Kitchen 567 Massachusetts Ave., ⓣ 617/491-5599; Central **T**. Bistrot di tendenza in Central Square, con un delizioso menu sulla lavagna che offre sia classici europei (come le *moules frites*) sia versioni americane contemporanee (per esempio, gnocchi di ricotta con ragù ai funghi) in un ambiente intimo e raffinato.

Charlie's Kitchen 10 Eliot St. ⓣ 617/492-9646; Harvard **T**. Ritrovo stupendamente ricco d'atmosfera nel cuore di Harvard Square, con séparé di vinile rosso, una birreria all'aperto e ottimi cheeseburger in offerta. Il bar al piano di sopra è altrettanto *cool*, specialmente il martedì, quando ospita le serate dedicate al karaoke.

Chez Henri 1 Shepard St. ⓣ 617/354-8980; Harvard o Porter **T**. Una delle migliori cucine di Cambridge: fantastiche specialità francesi con un forte accento cubano. Se volete spendere un po' meno, andate al bar adiacente e ordinate uno dei meravigliosi sandwich cubani di carne pressata.

Darwin's Ltd 148 Mount Auburn St. ⓣ 617/354-5233; 1629 Cambridge St. ⓣ 617/491-2999; entrambi Harvard **T**. Due locali che propongono una fantastica gastronomia, con farciture per sandwich stupendamente inventive. Solo contanti.

East Coast Grill 1271 Cambridge St., Inman Square ⓣ 617/491-6568; Harvard o Central **T**. Atmosfera allegra e non convenzionale – con un pizzico di *Miami Vice* – in cui gustare pesce e frutti di mare freschi con contorni caraibici. La domenica il bar *Bloody Mary*, in cui ci si serve da soli, è un motivo sufficiente per farci un salto.

Emma's Pizza 40 Hampshire St. ⓣ 617/864-8534; Kendall **T**. Sempre presente ai primi posti della lista dei locali migliori di Boston, questa gustosa pizzeria locale offre come pezzo forte pizze sottili e tranci con condimenti insoliti e divertenti, per esempio patate dolci arrosto e ricotta.

The Garage 36 J.F. Kennedy St.; Harvard **T**. Questo noto punto di riferimento, un "centro commerciale" con empori un po' alternativi (dischi, tatuaggi, vestiti di canapa e simili), offre anche buoni piatti economici: pizze, specialità messicane e vietnamite e gelati.

Bar, locali notturni, musica dal vivo e gelaterie

Boston vanta una vivace **vita notturna** che offre il meglio sia del vecchio sia del nuovo, dalle affidabili, autentiche taverne di quartiere ai ritrovi giovani e di tendenza. A Boston e a Cambridge il circuito della **musica dal vivo** è dominato dalle migliori band indie, sia locali sia in tournée. I settimanali gratuiti *Boston Phoenix* (*www.thephoenix.com*) e *Boston's Weekly Dig* (*www.weeklydig.com*) sono le migliori fonti d'informazioni sugli **spettacoli** grazie alle loro rubriche aggiornate. Le aree principali per quel che riguarda la vita notturna sono **Lansdowne Street**, un intero isolato di locali notturni accanto al Fenway Park; **Boylston Street**, sul lato sud del Boston Common; e, a Cambridge, il quartiere di **Central Square**. Da notare che quasi tutti gli esercizi sono insolitamente zelanti nel chiedere un **documento d'identità** per accertarsi che chi entra abbia l'età minima prescritta.

Boston

The Beehive 541 Tremont St. ⓣ 617/423-0069; Back Bay **T**. Grazie ai lampadari che pendono dal soffitto, alle tende rosse del palco e ai cocktail micidiali, il *Beehive* trasuda un'atmosfera da vaudeville, completa di musica jazz, cabaret o spettacoli di varietà quasi tutte le sere.

Bukowski Tavern 50 Dalton St. ⓣ 617/437-9999; Hynes **T**. La miglior taverna di Boston, un pub dove si va per bere presso un parcheggio al chiuso, con vista sulla I-90 e un assortimento di birre così vasto che è stata introdotta una "ruota dell'indecisione" fatta in casa, azionata dal personale per i clienti indecisi.

Caffe Vittoria 296 Hanover St. ⓣ 617/227-7606; Haymarket **T**. Un'istituzione di Boston: la sezione originaria del *Vittoria*, un caffè ricco d'atmosfera con rivestimenti in legno scuro, soffitti di stagno pressato e un Wurlitzer che diffonde la voce di Frank Sinatra, è il North End al suo meglio. C'è anche un *cigar bar* nel seminterrato.

Cask 'n Flagon 62 Brookline Ave. ⓣ 617/536-4840; Kenmore **T**. Classico bar di quartiere situato proprio presso il Fenway Park, il *Cask 'n Flagon* è un locale frequentato in particolare dai fedeli seguaci dei Red Sox (la squadra di baseball di Boston), che vengono qui per scaldarsi prima delle partite e per annegare i dispiaceri dopo le medesime.

Club Café 209 Columbus Ave. ⓣ 617/536-0966; Back Bay **T**. Una combinazione molto apprezzata di ristorante e video-bar gay; la sala elegante sul retro, *Moonshine*, mostra i video più recenti, oltre a ospitare una pista da ballo e vari dj.

Eastern Standard 528 Commonwealth Ave. ⓣ 617/532-9100; Kenmore **T**. Situato all'interno di una bellissima, spaziosa sala da pranzo, questo locale molto frequentato, uno dei preferiti dai nottambuli di Boston, richiama una clientela felicemente eterogenea sia per età sia per stile. I baristi sanno davvero il fatto loro e vi possono preparare un raffinato *highball* (bevanda alcolica diluita con acqua o seltz e ghiaccio) alla stessa velocità con cui vi versano una pinta di birra. D'estate c'è anche un bel patio.

Jillian's 145 Ipswich St. ⓣ 617/437-0300; Kenmore **T**. Grande circolo ricreativo con una sala giochi, una chiassosa e spaziosa discoteca e una sala da bowling Lucky Strike.

Oak Bar *Fairmont Copley Plaza*, 138 St. James Ave. ⓣ 617/267-5300; Copley **T**. I ricchi pannelli di legno, gli alti soffitti e gli ottimi martini sono i punti di forza di questo bar elegante di Back Bay.

The Paradise 967-969 Commonwealth Ave., Allston ⓣ 617/562-8800; Pleasant Street **T**. Uno dei classici ritrovi rock di Boston (molti grandi nomi hanno suonato qui), e dopo 25 anni è ancora sulla cresta dell'onda.

Sevens Ale House 77 Charles St., Beacon Hill ⓣ 617/523-9074; Charles **T**. Questo interessante pub di quartiere, una gemma grezza nel bel mezzo dell'esclusiva Beacon Hill, regala un po' di sapore locale ed è molto più autentico del vicino *Bull and Finch Pub*.

Wally's Café 427 Massachusetts Ave. ⓣ 617/424-1408; Massachusetts Ave. **T**. Fondato nel 1947, è uno dei circoli jazz più vecchi dei dintorni, e secondo alcuni è anche uno dei migliori pregi di Boston.

Cambridge

B-Side Lounge 92 Hampshire St. ⓣ 617/354-0766; Kendall **T**. È un bar al passo con i tempi, ma non in modo alienante. Molta musica dal vivo, un'ottima lista di bevande e cibi da bar gustosi e innovativi.

Club Passim 47 Palmer St. ⓣ 617/492-7679; Harvard **T**. Fondata quarant'anni fa, quest'intima "coffeehouse" è un rinomato ritrovo folk/blues sin da quando vi si esibì a 17 anni una ancora sconosciuta Joan Baez. In loco c'è anche il *Veggie Planet*, che serve piatti gustosi fra cui buone pizze e specialità vegetariane.

Enormous Room 577 Massachusetts Ave. ⓣ 617/491-5550; Central **T**. Varcare la soglia di questo piccolo, confortevole bar raffinato è come infilarsi in un pigiama party elegante: i clienti poltriscono sulla miriade di divanetti e ballano al ritmo dei motivi proposti da un dj.

Lizard Lounge 1667 Massachusetts Ave. ⓣ 617/547-0759; Harvard o Porter **T**. Intimo ritrovo rock e jazz, uno dei migliori di Boston. I biglietti d'ingresso in genere costano poco.

Middle East 472 Massachusetts Ave. ⓣ 617/492-9181; Central **T**. I gruppi e i cantanti di rock progressive di Boston e di tutto il New England si fermano regolarmente in questa istituzione di Cambridge. Al piano di sotto suonano le band più grandi, mentre quelle di minori dimensioni propongono la loro musica in un piccolo spazio al piano di sopra.

Miracle of Science 321 Massachusetts Ave. ⓣ 617/868-ATOM; Central **T**. Sorprendentemente alla moda nonostante sia un ritrovo del MIT, ha un arredo stile "Tavola degli elementi" ed è frequentato da gente rilassata e non pretenziosa. Per qualcuno gli sgabelli del bar richiameranno alla mente una lezione di chimica al liceo.

Regattabar nel *Charles Hotel*, 1 Bennett St. ⓣ 617/661-5000; Harvard **T**. Al *Regattabar* suonano i maggiori musicisti jazz americani, anche se l'atmosfera è un po' contegnosa, come si potrebbe intuire dal fatto che il locale fa parte dell'elegante *Charles Hotel*. Vestitevi bene e preparatevi a spendere intorno a $25 per l'ingresso.

Shay's 58 JFK St. ⓣ 617/864-9161; Harvard **T**. Mescolatevi alla clientela di laureati e gustate il vino e la birra di qualità in questo locale tranquillo che contrasta con i bar affollati di studenti di Harvard Square.

T.T. the Bear's 10 Brookline St., ⓣ 617/492-BEAR; Central **T**. Rappresenta un ritrovo intimo e accogliente che gode di un'ottima reputazione e propone musica dal vivo all'avanguardia tutte le sere della settimana.

Western Front 343 Western Ave. ⓣ 617/492-7772; Central **T**. Nato come circolo jazz e blues, oggi questo locale è dedicato al reggae e offre musica live il venerdì e il sabato sera, bevande economiche e, nei fine settimana, un'ottima, autentica cucina giamaicana.

Musica classica e teatro

Orgoglio e vanto di Boston, la **Boston Symphony Orchestra** si esibisce alla Symphony Hall, 301 Massachusetts Ave. (ⓣ 617/266-1200, *www.bso.org*), che Stravinskij considerava l'auditorium migliore del mondo. La stagione invernale dell'orchestra è integrata dai concerti della manifestazione **Boston Pops**, che si tengono in maggio e giugno e il 4 di luglio.

Il **teatro** di Boston si divide fra le produzioni sicure del Theater District (spesso messe in scena da compagnie scartare da Broadway) e quelle proposte da compagnie più sperimentali di Cambridge. I chioschi **BosTix** (ⓣ 617/482-BTIX, *www.artsboston.org*) presso la Faneuil Hall e in Copley Square vendono i **biglietti** per tutti gli avvenimenti principali (e per giri turistici, abbonamenti per la metropolitana ecc.); il giorno dello spettacolo vengono messi in vendita alcuni biglietti a metà prezzo (acquistabili solo con contanti). Questi chioschi sono aperti da martedì a sabato dalle 10 alle 18, e la domenica dalle 11 alle 16; la biglietteria in Copley Square è aperta anche il lunedì dalle 10 alle 18.

Sport

Il **baseball** è trattato con molta venerazione a Boston, quindi è giusto che i Red Sox giochino nel leggendario Fenway Park (stazione della metropolitana Kenmore, linea Green T; biglietti $12-325; informazioni ⓣ 1-877/REDSOX9, dettagli sui biglietti ⓣ 617/482-4769, *www.redsox.com*). Costruito nel 1912 in un terreno dalla forma curiosa a pochi passi dalla Brookline Avenue, lo stadio è famoso per le sue pazze carambole e le sue stranezze, in particolare per il muro di 11 m in campo sinistro, noto come "**Green Monster**". Le **visite guidate** del Fenway Park (ⓣ 617/226-6666; $12) sono molto apprezzate.

I Boston Celtics nel **basket** e i Bruins dell'**hockey** giocano entrambi nel TD-Banknorth Garden, 150 Causeway St., vicino alla North Station; i biglietti per le partite dei Celtics costano $10-700, quelli per gli incontri dei Bruins $10-176 (biglietteria aperta tutti i giorni dalle 10 alle 17; per ordinare i biglietti per telefono si deve chiamare la Ticketmaster ⓣ 617/931-2000, *www.tdbanknorthgarden.com*).

L'allegra **Maratona di Boston** di 42 km, corsa per la prima volta nel 1897, si tiene il terzo lunedì d'aprile e termina in Boylston Street, presso Copley Square (ⓣ 617/236-1652, *www.bostonmarathon.org*).

In ottobre si svolge ogni anno una regata sul fiume, la **Head of the Charles River** (ⓣ 617/868-6200, *ww.hocr.org*), che attira sulle rive del Charles migliaia di esuberanti appassionati che imbandiscono allegri picnic mentre fanno il tifo.

Lexington e Concord

La notte del 18 aprile 1775, **Paul Revere** cavalcò lungo quella che oggi è la Massachusetts Avenue, partendo da Boston e attraversando Cambridge e Arlington, per andare ad avvertire i patrioti americani che si erano radunati a **Lexington** (17 km a ovest) di un imminente attacco da parte degli inglesi. Dietro di lui, a non molta distanza, c'era una forza di oltre 700 soldati inglesi, decisi a mettere le mani sui rifornimenti che, a quanto sapevano, la milizia locale aveva accumulato a **Concord**, più a nord.

Molto del percorso seguito da Revere oggi è coperto da superstrade, ma nonostante ciò i vari scenari del primo scontro militare della guerra d'indipendenza americana sono rimasti in gran parte com'erano. Il **Town Common** di Lexington, un parco pubblico triangolare, fu il luogo in cui per la prima volta gli inglesi incontrarono resistenza. Il capitano John Parker ordinò ai suoi 77 "**Minutemen**" americani di "tenere duro. Non sparate a meno che non vi sparino, ma se vogliono la guerra, che cominci qui" (con il termine "Minutemen" si indicano i volontari americani durante la guerra d'indipendenza). Non si sa chi sparò il primo colpo, ma gli otto soldati caduti nello scontro sono sepolti sotto un monumento commemorativo sorprendentemente toccante al confine sud-orientale del parco. Delle guide in costumi d'epoca conducono le visite alla **Buckman Tavern** (aprile-ottobre: tutti i giorni 10-16; $6; ⓣ 781/862-5598), dove i Minutemen attesero l'arrivo degli inglesi; l'**Hancock-Clarke House**, 400 m a nord, dove Samuel Adams e John Hancock furono svegliati da Paul Revere, ora è un museo (riaprirà nel 2009 dopo importanti lavori di restauro). Il biglietto combinato per la taverna e la casa costa $8.

La mattina dopo l'incontro a Lexington, mentre i soldati inglesi marciavano su Concord la campagna circostante era già in armi: la guerra d'indipendenza americana era iniziata. Nei due giorni successivi 73 soldati inglesi e 49 coloni persero la vita in battaglie incessanti combattute sia nella stessa città sia lungo l'ancora evocativa **Battle Road**, la "Strada della Battaglia", che conduceva a Boston. I luoghi rilevanti degli scontri ora costituiscono il **Minuteman National Historic Park**, i cui centri visitatori sono presso il panoramico North Bridge, 174 Liberty St., a Concord (tutti i giorni: fine marzo-fine ottobre 9-17; fine ottobre-fine novembre 9-16; dicembre-marzo 11-15), e in Massachusetts Avenue (Rte-2A), a ovest di Lexington (tutti i giorni: fine marzo-fine ottobre 9-17; fine ottobre-fine novembre 9-16; chiuso da dicembre a marzo; ⓣ 978/318-7832).

Dopo una mattina trascorsa a condannare il governo britannico del Settecento, molti indulgono in un'attività tipicamente *British*, l'*high tea* (un pasto leggero nel tardo pomeriggio), presso la storica Concord Inn (ven-dom 15-17; ⓣ 978/369-2372; si consiglia di prenotare; $10,95-24,95). Subito fuori Concord, il ricco **patrimonio letterario** della regione è il tema nell'**Orchard House**, 399 Lexington Road, dove Louisa May Alcott visse dal 1858 al 1877 e scrisse *Piccole donne* (aprile-ottobre: lun-sab 10-16.30, dom 13-16.30; novembre-marzo: lun-ven 11-15, sab 10-16.30, dom 13-16.30; chiuso 1-15 gennaio; ingresso solo con visite guidate, $9; ⓣ 978/369-4118, *www.louisamayalcott.org*).

A sud di Concord, **Walden Pond** fu il luogo in cui Henry David Thoreau condusse il suo esperimento di vita autosufficiente in solitudine, esperimento che poi descrisse nel suo celebre *Walden*, edito nel 1854. Il punto in cui un tempo si trovava la sua capanna di tronchi è indicato da pietre, e all'alba si può ancora contemplare il laghetto che "si toglie di dosso il suo rivestimento notturno di bruma" (a mezzogiorno è un bellissimo posto per nuotare e fare una camminata). Thoreau è sepolto in cima a una collina, insieme a Ralph Waldo Emerson, Nathaniel Hawthorne e Louisa May Alcott, nello **Sleepy Hollow Cemetery**, subito a est del centro di Concord.

Da Boston, oltre ai giri turistici guidati in autobus (vedi p. 179), ci sono **pullman** per Lexington (25 min) che partono dall'Alewife Station (15 min; $1,50), all'estremità nord della linea della metropolitana Red T, e dei **treni** per Concord dalla North Station (40-45 min; $6,25).

La costa settentrionale

Dirigendosi a nord da Boston si attraversa una successione di ricchi porti di piccole dimensioni che sono stati tutti inghiottiti dai sobborghi della città. **Salem** e la vicina **Marblehead** possono essere meta di una bella gita con ritorno in giornata, e se si ha tempo meritano un'occhiata anche i suggestivi, vecchi porti pescherecci di **Gloucester** e **Rockport**, situati più avanti su Cape Ann. Questa zona è anche la migliore di tutta l'East Coast per le gite in barca con **avvistamento di balene** (*whale-watching*). La Cape Ann Whale Watch (T 978/283-5110 o 1-800/877-5110, *www.caww.com*) offre gite di questo tipo da Gloucester (maggio-ottobre; 3-4 h; $42).

Salem

SALEM è il sito in cui fu fondata la colonia del Massachusetts, ma è ricordata soprattutto come la località in cui, sessant'anni più tardi, il moralismo ipocrita dei Puritani raggiunse l'apogeo negli orribili **processi alle streghe** del 1692. Diciannove donne di Salem furono impiccate come streghe (e un uomo, Giles Corry, fu schiacciato sotto lastre di pietra) a causa di un gruppo di ragazze facilmente influenzabili, le quali dichiararono di essere state vittime di un maleficio riferendo come verità una confusa miscela di storie raccontate da Tituba, uno schiavo delle Indie Occidentali, e di notizie allarmistiche pubblicate da Cotton Mather, un pilastro della comunità puritana. Che questa brutta storia sia oggi il fondamento di un'industria turistica che si rivolge ai bambini – con tanto di cappelli neri e manici di scopa – è un po' inquietante. Tuttavia, se si riesce a sorvolare sull'atmosfera artefatta (e sui negozi che vendono corsetti e costumi da fata e da strega), visitando questa graziosa cittadina storica si può trascorrere qualche ora piacevole.

Il **Salem Witch Museum** in Washington Square (Museo delle streghe di Salem; tutti i giorni: luglio e agosto 10-19; settembre-giugno 10-17; $8; T 978/744-1692) fa dei paralleli con il razzismo moderno e la persecuzione politica, ma in sostanza è uno spettacolo piuttosto pacchiano di diorami illuminati con commento preregistrato. È meglio ignorare le innumerevoli altre attrazioni collegate alle streghe sparse per la città. Il gioiello della Corona di Salem è il **Peabody Essex Museum**, 161 Essex St. (tutti i giorni 10-17; $15; T 978/745-9500), il cui vasto spazio moderno incorpora più di 30 gallerie piene di notevoli oggetti d'arte portati a casa da viaggiatori del New England. Fondato nel 1799 dal capitano di una nave, il museo vanta stupende esposizioni relative all'Asia e all'Oceania, e in particolare la **Yin Yu Tang**, una splendida casa di 16 stanze appartenuta a mercanti della dinastia Qing e riassemblata qui a Salem.

Ciò che resta del lungomare originale di Salem è preservato come **Salem Maritime National Historic Site** (centro visitatori al 174 di Derby St., tutti i giorni 9-17; T 978/740-1650). I luoghi di maggior interesse di questo sito storico – la fastosa Derby House e l'imponente Customs House, la dogana, dove per un certo periodo lavorò come ispettore Nathaniel Hawthorne – si possono visitare solo unendosi a una delle visite guidate di un'ora che si tengono tutti i giorni ($5). La vicina **House of Seven Gables** (Casa dei sette abbaini), 115 Derby St., protagonista dell'omonimo romanzo di Hawthorne, è una villa signorile a struttura irregolare in riva al mare (tutti i giorni: luglio-ottobre 10-19, novembre-giugno 10-17, chiuso la prima metà di gennaio; $12; T 978/744-0991). Le visite guidate del complesso, della durata di un'ora, comprendono anche la casa in cui nacque il grande scrittore, trasportata qui dal sito originario in Union Street.

Notizie utili

Dalla stazione Haymarket di Boston partono per Salem numerosi **pullman** di linea dell'MBTA (ogni 30 min; $3,50). Sempre da Boston ci sono anche frequenti **treni**, che partono dalla North Station (giorni infrasettimanali 2-3 all'ora, weekend uno all'ora; $5,25). Per quanto riguarda l'**alloggio**, l'*Hawthorne Hotel*, 18 Washington Square W (T 978/744-4080, *www.hawthornehotel.com*; ❺-❾), è un albergo ben gestito in posizione centralissima, mentre il *Morning Glory Bed and Breakfast*, 22 Hardy St. (T 978/741-1703 o 1-800/446-2995, *www.morninggloryb b.com*; ❻), offre colazioni fatte in casa la mattina e vanta splendide vedute marine. Il caratteristico *Red's Sandwich Shop*, 15 Central St. (T 978/745-3527), è ricco d'atmosfera e serve prime colazioni economiche e sostanziose, mentre il *Grapevine*, 26 Congress St. (T 978/745-9335), è un ristorante costoso e più esclusivo e serve piatti creativi, come la pasta con salmerino (*brook trout pasta*) e gustose alternative vegetariane (portate principali $21-27). Dirigendosi fuori città in direzione sud sulla Rte-1A, il *Salem Diner,* 70 Loring Ave. (T 978/741-7918), è un *must* per chi ama i viaggi su strada, essendo ospitato in uno Sterling Streamliner originale del 1941, uno dei soli quattro veri vagoni di questo tipo rimasti negli Stati Uniti.

Marblehead

Dirigendosi da Salem a sud e a est lungo la baia si raggiunge dopo 8 km **MARBLEHEAD**, un'incantevole, piccola cittadina sul mare, con strette stradine acciottolate e case storiche risalenti al primo decennio del Settecento. Inoltre Marblehead è considerata il luogo di nascita della Marina statunitense: qui furono costruite le prime cinque navi di George Washington. Il chiosco informazioni in centro (fine maggio-inizi di settembre: lun-ven 9-17, sab e dom 10-18; T 781/639-8469, *www.visitmarblehead.com*) distribuisce **cartine** gratuite con indicazioni per un giro a piedi del paese, mentre **Fort Sewall**, costruito 250 anni fa, si protende nel porto e offre belle vedute. Fra gli alberghi centrali il migliore è l'elegante *Harbor Light Inn*, 58 Washington St. (T 781/631-2186, *www.harborlightinn.com*; ❻-❾), che d'estate ha una piscina riscaldata all'aperto, mentre il bellissimo *Fox Pond B&B*, 31 Arthur Ave. (T 781/631 1370, *www.foxpondbnb.com*; ❺-❻), è un rifugio romantico nell'entroterra, a poca distanza dalla costa. *Flynnie's on the Avenue*, 28 Atlantic Ave. (T 781/639-2100), serve **pesce e frutti di mare** freschi e a buon mercato, e lo stesso vale per *Lime Rickey's* (☎ 781/631-6700), sulla Devereux Beach.

La costa meridionale

Dirigendosi a sud ci può volere un po' per lasciare Boston, specialmente nei fine settimana estivi, quando il traffico in direzione di Cape Cod può essere spaventoso. Due città storiche, una a nord e una a ovest del capo, meritano un'esplorazione: **Plymouth** e **New Bedford**.

Plymouth

Situata sulla costa meridionale della Massachusetts Bay, 65 km a sud di Boston, la piccola **PLYMOUTH**, "la città natale dell'America", è sempre impegnata a ricordare, talvolta in modo un po' pacchiano, lo sbarco dei 102 **Padri Pellegrini** nel dicembre del 1620.

In riva al mare, un maestoso tempio pseudo-greco protegge l'anonima **Roccia di Plymouth** (Plymouth Rock), sulla quale si narra che i Padri Pellegrini toccassero terra. Dato che la roccia (un masso erratico di origine glaciale) fu identificata solo nel 1741 e che prima di stabilirsi qui i Pellegrini avevano già trascorso due mesi su Cape Cod, il luogo ha un'importanza puramente simbolica.

Due attrazioni più degne non hanno pretese di autenticità ma riproducono meticolosamente l'esperienza dei Padri Pellegrini. Sia la copia della "**Mayflower**" collocata in città (la *Mayflower II*), sia la **Plimoth Plantation** (Piantagione di Plymouth), situata circa 5 km a sud, sono gestite da "interpreti" in costume, ciascuno dei quali recita la parte di uno specifico Padre Pellegrino, di un indiano wampanoag o di un marinaio (entrambe le attrazioni: aprile-novembre: tutti i giorni 9-17; solo la *Mayflower II* $10, solo la Plantation $24, tutte e due $28; ☎ 508/746-1622, *www.plimoth.org*). La farsa che i visitatori sono obbligati a recitare – fingendo di essere tornati indietro nel tempo, al XVII secolo – può essere un po' noiosa, ma alla fine l'accuratezza dei dettagli in entrambe le ricostruzioni le rende affascinanti. Nella Plantation tutto quello che si vede nel Villaggio dei Pellegrini (Pilgrim Village) del 1627 e nell'Insediamento degli indiani wampanoag (Wampanoag Indian Settlement) è stato realizzato usando tecniche tradizionali.

Notizie utili

Il **Visitor Information Center** di Plymouth è sul lungomare, al n. 130 di Water St. (tutti i giorni: estate 8-20; inverno 9-17; ☎ 508/747-7525 o 1-800/USA-1620, *www.visit-plymouth.com*). La Plymouth & Brockton fornisce un servizio di **pullman** di linea da e per Boston ($14 solo andata, $25 andata e ritorno; ☎ 508/746-0378, *www.p-b.com*). Ci sono anche dei traghetti espresso da Plymouth a Provincetown (vedi p. 207). Per quanto riguarda l'**alloggio**, un buon motel standard è il pulito e confortevole *Best Western Cold Spring*, 188 Court St. (chiuso da metà gennaio a metà febbraio; ☎ 508/746-2222 o 1-800/678-8667; ❼). Il *By The Sea*, 22 Winslow St. (☎ 508/830-9643, *www.bytheseabedandbreakfast.com*; ❻-❼), è un B&B con vista sul porto, con due suite spaziose e bagno privato. Quanto al **mangiare**, Plymouth offre qualche buona possibilità.

Proprio sul lungomare, *Ziggy's,* 120 Water St. (☎ 508/746-5411), è una baracchina senza fronzoli che vende gelati, frullati e piatti da fast food economici ma gustosi, mentre l'*All American Diner*, 60 Court St. (☎ 508/747-4763), è il posto migliore per le prime colazioni e per un pasto standard a prezzi contenuti. Da *Hearth 'n' Kettle,* nella *John Carver Inn*, 25 Summer St., troverete pesce e frutti di mare del New England a buon prezzo (☎ 508/746-7100).

New Bedford

Il vecchio porto per baleniere di **NEW BEDFORD**, 72 km a sud di Boston, fu immortalato da Herman Melville all'inizio di *Moby Dick* ed è ancora oggi sede di una delle flotte pescherecce più prospere degli Stati Uniti. Gran parte della zona centrale e del lungomare è preservata all'interno del **New Bedford Whaling National Historic Park** (centro visitatori al n. 33 di Williams St., tutti i giorni 9-17; ☎ 508/996-4095), la cui struttura centrale è lo spettacolare **New Bedford Whaling Museum** al n. 18 di Johnny Cake Hill (tutti i giorni 9-17, ogni secondo gio del mese chiude alle 21; $10), un museo dedicato alla caccia alla balena, nel quale si possono vedere uno scheletro di balenottera azzurra lungo 20 m, collezioni di fiocine e di oggetti d'avorio e conchiglie intagliati, e la bella riproduzione in formato ridotto di una baleniera. Più commovente è la **Seamen's Bethel** (Cappella dei Marinai), esattamente di fronte al museo; la cappella ha davvero il pulpito a forma di nave descritto in *Moby Dick*, anche se quello attuale è stato ricostruito dopo che un incendio aveva distrutto l'originale nel 1866.

Un buon posto in cui **pernottare** è il *Melville House*, 100 Madison St. (☎ 508/990-1566, *www.melvillehouse.net*; ❺-❻), che fu la casa della sorella di Melville e un rifugio dello scrittore negli anni Sessanta dell'Ottocento. Per quanto riguarda il **mangiare**, molto apprezzato dalla gente del luogo è un ristorante portoghese, *Antonio's*, 267 Coggeshall St. (☎ 508/990-3636), dove spesso si formano lunghe code fuori dalla porta. Presso il museo, *Freestone's,* 41 Williams St. (☎ 508/993-7477), serve un'eccellente *chowder* (zuppa di pesce e verdure) e birre di produzione artigianale in un'ex banca del 1877 ristrutturata.

Cape Cod e le isole

Il promontorio di **Cape Cod**, una delle porzioni di territorio più famose e rinomate degli Stati Uniti, vanta una splendida linea costiera di 480 km, lungo la quale sono incastonate alcune delle spiagge più belle di tutto il New England. Come si può prevedere, ciò significa che nei mesi estivi le destinazioni principali del promontorio sono affollatissime e che non vale la pena venirci per un weekend, specialmente fra giugno e agosto. La strategia migliore è programmare la visita per maggio o settembre, in giorni infrasettimanali, quando i prezzi degli alberghi sono molto più bassi, il numero di villeggianti e gitanti è minore e il tempo di solito è molto piacevole.

Cape Cod ("Capo Merluzzo") fu così chiamato da Bartholomew Gosnold nel 1602, per via delle prodigiose quantità di merluzzo pescate dall'equipaggio della sua nave al largo di Provincetown. Meno di vent'anni dopo i Padri Pellegrini sbarcarono nelle vicinanze, prima di spostarsi a Plymouth. Oggi gran par-

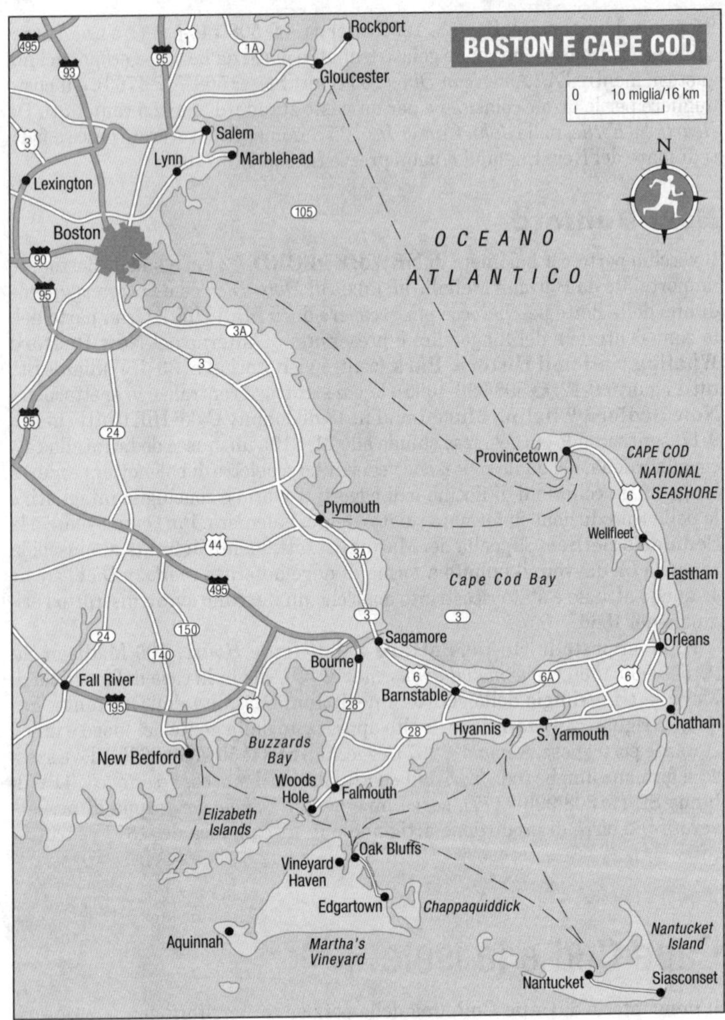

te del territorio del capo, dagli acquitrini salmastri alle dune che si stanno via via sgretolando, è considerato un ecosistema fragile e a rischio, anche se ciò non ha attenuato più di tanto la persistente attività degli operatori e delle società immobiliari. Lo sviluppo urbano sul litorale mostra il suo volto peggiore soprattutto lungo la costa meridionale, e la Hwy-28, che collega Falmouth con Chatham passando per Hyannis, è spesso intasata dal traffico. Solo quando ci si dirige a nord, verso l'**Outer Cape**, superando le spettacolari dune del **Cape Cod National Seashore**, si comprende perché questa stretta lingua di terra conserva la reputazione di luogo selvaggio. **Provincetown**, proprio sulla punta, è l'unica località del Cape che possa essere consigliata senza riserve.

Subito al largo della costa meridionale di Cape Cod, le isole relativamente intatte di **Martha's Vineyard** e **Nantucket** sono da tempo due delle mete di villeggiatura più frequentate e prestigiose di tutti gli Stati Uniti. Entrambe uniscono a un'atmosfera rilassata e cosmopolita alcuni dei migliori ristoranti e bed & breakfast dell'East Coast, mentre le ville decorate e i musei richiamano alla mente l'età dell'oro della caccia alla balena. Come su Cape Cod, d'estate preparatevi a una forte presenza turistica, specialmente nei weekend, quando entrambe le località possono essere sommerse dai turisti mordi e fuggi.

Come raggiungere Cape Cod

All'inizio del Novecento il completamento del Cape Cod Canal trasformò la penisola di Cape Cod in un'isola. Ora tutto il traffico per il capo si incanala in due giganteschi ponti sul canale: il Bourne sulla Hwy-28 e il Sagamore sulla Hwy-6, e in certi momenti potreste rimpiangere di aver tentato di raggiungere Cape Cod **in auto** un venerdì pomeriggio d'estate (o di tornare sulla terraferma la domenica).

Un modo per evitare il traffico è prendere un **aereo**. La US Airways (Ⓣ 1-800/428-4322, *www.usairways.com*) collega Hyannis e le isole con New York e con Washington, DC, mentre la Cape Air (Ⓣ 1-800/352-0714, *www.capeair.com*) vola a Hyannis e a Provincetown da Boston parecchie volte al giorno; a Martha's Vineyard da Hyannis, New Bedford e Providence, Rhode Island; e a Nantucket da Boston, Providence e Martha's Vineyard. Anche la Island Airlines (Ⓣ 1-800/248-7779, *www.nantucket.net/trans/islandair*) e la Nantucket Airlines (Ⓣ 800/352-0714, *www.nantucketairlines.com*) effettuano voli giornalieri tutto l'anno da Hyannis a Nantucket (un volo all'ora d'estate). La Jet Blue offre comodi voli per Nantucket da New York (Ⓣ 1-800/538-2583, *www.jetblue.com*).

L'autolinea Bonanza, sussidiaria della Peter Pan Bus Lines (Ⓣ 888/751-8800, *www.peterpanbus.com*), offre servizi di **pullman** da Boston (solo andata $26) e da New York (solo andata $73) per Falmouth e Woods Hole, sul capo, mentre la Plymouth & Brockton (solo andata da Boston a Hyannis $19, a Provincetown $29; Ⓣ 508/746-0378, *www.p-b.com*) serve un maggior numero di destinazioni su Cape Cod. I **traghetti** da Boston (vedi p. 207) impiegano 90 min per compiere la traversata fino a Provincetown; per i battelli per le varie isole vedi il riquadro a p. 211.

L'Upper Cape

L'**Upper Cape**, vale a dire l'area subito al di là dei ponti, fu la prima parte della penisola ad attirare un gran numero di visitatori, come in qualche caso risulta evidente ancora oggi. Avvicinandosi alle varie comunità della costa sud si potrebbe essere colti di sorpresa notando il livello di commercializzazione che le circonda, ma in alcune delle piccole località costiere basta superare lo sbarramento di centri commerciali, motel e fast food per scoprire che questi centri hanno conservato qualcosa di caratteristico e pittoresco.

Falmouth e Woods Hole

Una comoda base di partenza se si vuole prendere un **traghetto** per le isole è **FALMOUTH**, dove fra le sistemazioni più accoglienti segnaliamo il *Beach Breeze Inn*, 321 Shore St. (Ⓣ 508/548-1765, *www.beachbreezeinn.com*; ❼-❾), una casa vittoriana del 1858 con vista mare, un bellissimo giardino e camere linde, e il *Woods Hole Passage*, al n. 186 di Woods Hole Road (☎ 508/548-9575, *www.woodsholepassage.com*; ❺-❼), con camere dipinte in colori luminosi e attrezzate con connessione wireless a Internet. Il *Sippewissett Campground & Cabins*, un campeggio con bungalow situato a 3 km da Falmouth, al n. 836 di Palmer Ave. (☎ 508/548-2542, *www.sippewissett.com*; stagione di punta $29; fuori stagione $25; più $8 per ogni campeggiatore in più per tutto l'anno), offre un servizio di trasporto gratuito ai traghetti e alle spiagge.

Falmouth conta numerosi **ristoranti**; tuttavia, con la possibile eccezione del *Betsy's Diner*, 457 Main St. (☎ 508/540-0060), un autentico ristorantino anni Cinquanta che vi invita a "mangiare pesante", i pasti migliori sono quelli serviti nei vari ristoranti di pesce a prezzi medi concentrati sul lungomare di **WOODS HOLE**, circa 6,5 km a sud-ovest. Il *Fishmonger's Café*, 56 Water St. (☎ 508/540-5376), si basa su alimenti naturali e serve uova, *granola* (cereali con frutta secca ecc., tipo muesli) e simili a colazione, mentre a pranzo e a cena propone piatti del giorno a base di pesce e frutti di mare. Per quanto riguarda i luoghi d'interesse, il **centro espositivo del Woods Hole Oceanographic Institution**, sito al n. 15 di School St., vicino al Little Harbor (maggio-ottobre: lun-sab 10-16.30; novembre e dicembre: mar-ven 10-16.30; $2; ☎ 508/457-2034, *www.whoi.edu*), si concentra sulle ricerche sottomarine dell'istituto oceanografico, fra cui il sensazionale ritrovamento del relitto del *Titanic* nel 1986. Per chi ha voglia di uscire in mare, Ocean Quest organizza nei mesi estivi istruttive **crociere oceaniche** interattive (luglio e agosto: lun-ven 10, 12, 14 e 16, sab 12 e 14; $22; ☎ 1-800/37-OCEAN, *www.oceanquestonline.org*).

Hyannis

Non si può negare che **HYANNIS**, il maggior porto sulla costa di Cape Cod e il suo principale centro di commerci, abbia un po' meno fascino di Falmouth e Woods Hole, ma ciononostante la cittadina esercita un certo richiamo da quando il **complesso Kennedy** di Hyannisport la pose al centro degli affari internazionali. Di qui l'esistenza del **John F. Kennedy Museum**, 397 Main St.

△ Taverna di pesce, Cape Cod

(metà aprile-metà maggio: lun-sab 10-16, dom 12-16; metà maggio-fine ottobre: lun-sab 9-17, dom 12-17; novembre, dicembre e metà febbraio-metà aprile: gio-sab 10-16, dom 12-16; $5; ☎ 508/790-3077), che mostra fotografie, ritagli di stampa e spezzoni cinematografici sui giorni trascorsi da John Fitzgerald Kennedy a Cape Cod.

Se dovete prendere un battello e **pernottare** a Hyannis, una buona scelta è *Sea Beach Inn*, 388 Sea St. (☎ 508/775-4612, *www.capecodtravel.com/seabeach*; ❹-❻), un albergo accogliente, pulito e a prezzi medi. Un ottimo **B&B** ad Hyannisport è il *Simmons Homestead Inn*, 288 Scudder Ave. (☎ 508/778-4999 o 1-800/637-1649, *www.simmonshomesteadinn.com*; ❽). Per quanto riguarda il **mangiare** e gli intrattenimenti non allontanatevi dalla Main Street: *Harry's*, al n. 700 (☎ 508/778-4188), è un ristorante cajun che serve jambalaya piccante e costolette alla griglia e offre musica blues dal vivo quasi tutti i giorni (specialmente il mercoledì); *The Egg & I*, al n. 521 (☎ 508/771-1596), è ottimo per le prime colazioni molto abbondanti, mentre l'*Alberto's Ristorante*, al n. 360 (☎ 508/778-1770), offre una gustosa cucina italiana. Per informazioni sui **traghetti** vedi riquadro a p. 211.

Il Mid-Cape

Il Mid-Cape, cioè il tratto centrale di Cape Cod, racchiude alcuni dei suoi luoghi più ameni e più intatti. Ciò che la maggior parte della gente spera di trovare quando raggiunge Cape Cod sono vecchie comunità di pescatori come Wellfleet e Chatham, insieme alle decine di villaggi conservati con cura e leggermente turistici sparsi lungo le tante strade tortuose della zona. Attraversando la parte centrale del promontorio, il **Cape Cod Rail Trail** segue da Dennis a Eastham un binario ferroviario ricoperto da pavimentazione, inoltrandosi tra foreste e torbiere di mirtilli rossi, ed è un buon itinerario sia da percorrere a piedi sia per una bella gita in **bicicletta**; le bici si possono noleggiare in tutti i maggiori centri abitati.

Una meta invitante è la vecchia cittadina imbiancata a calce di **CHATHAM**, nascosta in un porto naturale protetto incastonato fra un canale (il Nantucket Sound) e il mare aperto (l'Oceano Atlantico). A metà pomeriggio ci si può fermare sulla Shore Road al **Fish Pier**, il molo del pesce, e aspettare l'arrivo della flotta di pescherecci, altrimenti si può percorrere per 1,5 km la Hwy-28 in direzione sud per raggiungere il **Chatham Light**, uno dei tanti fari costruiti per proteggere i marinai dalle insidiose secche. Il chiosco informazioni al n. 533 di Main St. distribuisce **cartine** turistiche della zona (maggio-ottobre: lun-sab 10-17, dom 12-17; ☎ 508/945-5199, *www.chathamcapecod.org*). Se avete fame, il *Chatham Squire*, una tranquilla istituzione locale al 487 di Main St. (☎ 508/945-0945), serve numerose, buone specialità di **pesce** e frutti di mare. Non scordate di fare un salto al ★ *Marion's Pie Shop*, 2022 Main St., Rte-28 (☎ 508/432-9439), per assaggiare una straordinaria *bumbleberry pie* (bacche miste, per esempio lamponi, mirtilli, fragole ecc., fra due strati di pasta dolce cotta al forno). Se avete intenzione di **fermarvi** nell'elegante Chatham, potreste anche concedervi qualche lusso; il fantastico *Carriage House Inn*, 407 Old Harbor Road (☎ 508/945-0127, *www.captainshouseinn.com*; ❽), è una bellissima, vecchia casa di un capitano di baleniera, con giardini incolti e un *afternoon tea* (tè del pomeriggio), mentre il *Pleasant Bay Village Resort*, 1191 Orleans Road (☎ 508/945-1133, *www.pleasantbayvillage.com*; ❼), vanta un giardino incantevole e dispone di camere un po' meno care.

Nella località di villeggiatura di **EASTHAM** *il* posto in cui **fermarsi** è il romantico *Whalewalk Inn*, 220 Bridge Road (T 508/255-0617 o 1-800/440-1281, *www.whalewalkinn.com*; 8-9), dove le tariffe per le appartate camere tipo B&B includono l'uso delle favolose attrezzature del centro benessere. Subito dietro l'angolo, il *Mid-Cape American Youth Hostel*, 75 Goody Hallet Drive (T 508/255-2785; aperto da maggio a settembre; letti in camerata $32), è un ostello per la gioventù costituito da una serie di bungalow fra i boschi.

Per quanto riguarda il **mangiare**, unitevi a quelli che vanno matti per gli *onion rings* (anelli di cipolla) e andate all'*Arnold's Lobster and Clam Bar*, 3580 Rte-6 (T 508/255-2575), un **ristorante** di pesce con birreria molto frequentato. Il *Box Lunch*, 4205 Rte-6 (T 508/255-0799), come suggerisce il nome, è il posto dove andare per acquistare e farsi incartare sandwich di *pita* da portare sulla spiaggia.

Il Cape Cod National Seashore

Dopo l'animazione delle località di Cape Cod, il **Cape Cod National Seashore** è una proverbiale boccata d'aria fresca. Questo territorio protetto, che il presidente Kennedy salvò dallo sviluppo indiscriminato che stava dilagando a sud, occupa praticamente l'intero versante atlantico di Cape Cod, da Chatham, a nord, fino a Provincetown. Per buona parte del tragitto si può parcheggiare sulla strada, talvolta pagando una tariffa, e tagliare fra le dune per raggiungere una distesa apparentemente sconfinata di spiagge spazzate dal vento; in alcuni punti però il parcheggio è riservato ai residenti. Per proteggere il territorio viene periodicamente ripiantata l'erba: a sud del National Seashore, ogni anno le acque spazzano via quasi un metro di spiaggia.

Le esposizioni e i filmati mostrati nel centro visitatori principale, il **Salt Pond Visitor Center**, situato sulla US-6 subito a nord di Eastham (tutti i giorni 9-16.30, d'estate chiude alle 17; T 508/255-3421, *www.nps.gov/caco*), illustrano la geologia e la storia di Cape Cod. Sia una strada sia un sentiero percorribile a piedi o in bicicletta si dirigono a est fino alle sabbie della **Coast Guard Beach** e della **Nauset Light Beach**, da entrambe le quali si possono fare splendide nuotate. Un'altra bella spiaggia è l'**Head of the Meadow**, a metà strada fra Truro e Provincetown, sul litorale nord-orientale (parcheggio sulla spiaggia $15). L'invitante **ostello** *HI-Truro*, situato a Truro al 111 di North Pamet Road (T 508/349-3889, *www.capecodhostels.org*; metà giugno-primi di settembre), dispone di letti in dormitorio per $29 in un'ariosa ex stazione della guardia costiera, dalla quale si godono vedute spettacolari della riva del mare e delle dune.

Provincetown

Il raccolto paese di pescatori di **PROVINCETOWN** (o, com'è chiamata comunemente,"P-Town") è un luogo magnifico, con le sue case di legno color argento e i giardini splendidamente indisciplinati che fiancheggiano le sue serpeggianti, minuscole stradine. Da almeno un secolo la luce abbagliante e le vaste spiagge attirano qui frotte di artisti e bohémien: già nel 1914 Eugene O'Neill fondò in una piccola capanna la Provincetown Playhouse. Successivamente, a partire dagli anni Cinquanta e dall'epoca della Beat Generation Provincetown è diventata anche un centro **gay**, e oggi la sua popolazione di 5000 abitanti decuplica nei mesi estivi. Le attività commerciali, per quanto dilaganti, tendono a essere controculturali: in **Commercial Street** (nome quanto mai appropriato) le gallerie d'arte, i ristoranti e i bar sono affiancati da numerosi negozi di articoli da regalo che si rivolgono a gay, ambientalisti e femministe. Tuttavia un rigido piano regolatore garantisce che si costruiscano pochi edifici: benché affollata e chiassosa da luglio a settembre compreso, P-Town resta un luogo in cui la storia, la bellezza naturale e soprattutto la differenza sono rispettate e celebrate.

Arrivo e informazioni

Annidata nel più ampio porto naturale della costa del New England, Provincetown dista da Boston 192 km via terra ma meno di 80 via mare. Il modo più suggestivo è arrivarci su uno dei **traghetti** per passeggeri. D'estate la Bay State Cruise Company (☎ 617/748-1428, *www.baystatecruisecompany.com*) gestisce un traghetto espresso al giorno dal molo World Trade Center di Boston (90 min; andata e ritorno $71), e un traghetto standard nei weekend (3 h; andata e ritorno $33), mentre la Boston Harbor Cruises (☎ 617/227-4320, *www.bostonharborcruises.com*) gestisce due traghetti espresso al giorno dal Long Wharf di Boston (maggio-ottobre; 90 min; $71), oltre a un traghetto al giorno da Gloucester (luglio e agosto, $80 andata e ritorno). La soluzione di gran lunga più economica è il traghetto da Plymouth a Provincetown, gestito dalla Captain John's Boats (luglio e agosto tutti i giorni alle 10; 90 min; andata e ritorno $37; ☎ 508/746-2400 o 1-800/242-2469, *www.provincetownferry.com*).

Un'alternativa più lenta è il **pullman** della Plymouth & Brockton, che parte da Boston quattro volte al giorno e raggiunge Provincetown passando per Hyannis ($29 solo andata da Boston; $10 solo andata da Hyannis; 3 h 45 min; ☎ 508/746-0378, *www.p-b.com*).

Il piccolo **centro visitatori**, ospitato nella Chamber of Commerce in fondo alla banchina, al 307 di Commercial St. (maggio-ottobre: tutti i giorni 9-17; novembre-aprile: lun-sab 9.30-16.30; ☎ 508/487-3424, *www.ptownchamber.com*), fornisce un mucchio d'informazioni sulle attrazioni della zona.

Visitare a piedi la piccola P-Town non potrebbe essere più facile, ma molti preferiscono percorrere in **bicicletta** le strette strade, le colline e il Province Lands Bike Trail, un affascinante itinerario ciclabile di quasi 10 km con splendidi scorci panoramici. Un buon noleggio di biciclette in paese è Arnold's, 329 Commercial St. (☎ 508/487-0844); la tariffa è di circa $20 al giorno.

Se vi occorre un mezzo di trasporto, il Cape Cod Regional Transit Authority (☎ 1-800/352-7155, *www.thebreeze.info*) mette a disposizione i frequenti pulmini del servizio Flex Route (dalle 6 alle 20) che collegano P-Town con altri paesi sul Capo, fra cui Truro; per salire a bordo basta mettersi sul ciglio della strada e fermarne uno facendo cenno con la mano (il biglietto costa $2).

L'agenzia Provincetown Trolley organizza **giri turistici guidati** con commento, con partenza dal municipio in Commercial Street (tutti i giorni ogni 30 min 10-16, in alta stagione fino alle 19; 40 min; $11; ☎ 508/487-9483, *www.provincetowntrolley.com*), mentre le dune e le brughiere più isolate si possono esplorare con la Art's Sand Dune Tours, che ha una sede in Commercial Street e un'altra in Standish Street (aprile-ottobre: 10-tramonto; $25 per giri di un'ora; ☎ 508/487-1950 o 1-800/894-1951, *www.artsdunetours.com*). Le **crociere con avvistamento di balene** partono dal MacMillan Wharf da aprile al 31 ottobre; uno degli operatori principali di questo tipo di crociere è Dolphin Fleet Whale Watch (☎ 1-800/826-9300, *www.whalewatch.com*; $37).

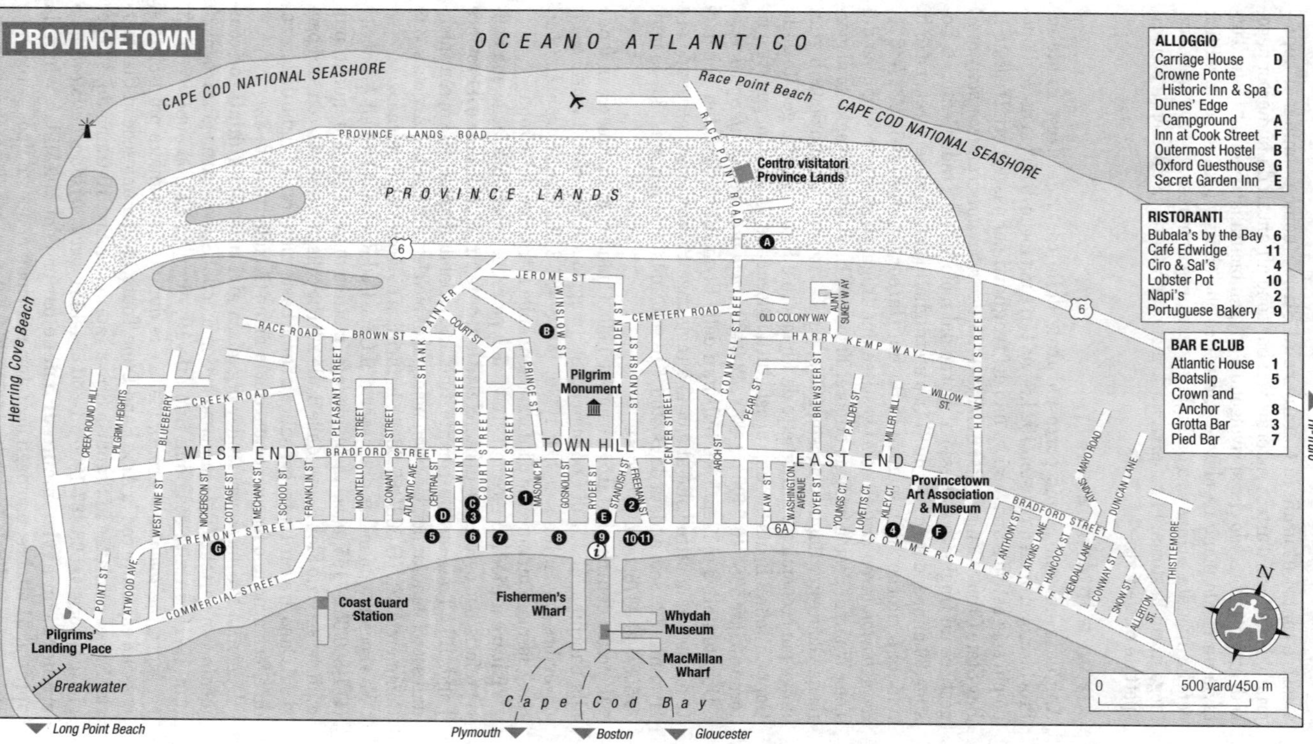
PROVINCETOWN
OCEANO ATLANTICO
CAPE COD NATIONAL SEASHORE
Race Point Beach
CAPE COD NATIONAL SEASHORE
PROVINCE LANDS ROAD
RACE POINT ROAD
Centro visitatori Province Lands
PROVINCE LANDS
Herring Cove Beach
JEROME ST
CEMETERY ROAD
OLD COLONY WAY
AUNT SUKEY WAY
HARRY KEMP WAY
RACE ROAD
BROWN ST
SHANK PAINTER
COURT ST
WINSLOW ST
ALDEN ST
STANDISH ST
CONWELL STREET
PEARL ST
BREWSTER ST
P. ALDEN ST
MILLER HILL
WILLOW ST.
HOWLAND STREET
CREEK ROAD
CREEK ROUND HILL
PILGRIM HEIGHTS
BLUEBERRY
PLEASANT STREET
STREET
STREET
WINTHROP STREET
COURT STREET
CARVER STREET
PRINCE ST
Pilgrim Monument
CENTER STREET
ARCH ST
WEST END
BRADFORD STREET
TOWN HILL
EAST END
WEST VINE ST
NICKERSON ST
COTTAGE ST
MECHANIC ST
SCHOOL ST
FRANKLIN ST
MONTELLO
CONANT
ATLANTIC AVE.
CENTRAL ST
MASONIC PL
GOSNOLD ST
RYDER ST
STANDISH ST
FREEMAN ST
LAW ST
WASHINGTON AVENUE
DYER ST
YOUNGS CT.
LOVETTS CT.
KILEY CT.
6A
Provincetown Art Association & Museum
BRADFORD STREET
ATKINS MAYO ROAD
DUNCAN LANE
THISTLEMORE
TREMONT STREET
COMMERCIAL STREET
COMMERCIAL STREET
ANTHONY ST
ATKINS LANE
HANCOCK ST
KENDALL LANE
CONWAY ST
SNOW ST
ALLERTON ST.
POINT ST
ATWOOD AVE.
Coast Guard Station
Fishermen's Wharf
Whydah Museum
MacMillan Wharf
Pilgrims' Landing Place
Breakwater
Cape Cod Bay
Long Point Beach
Plymouth
Boston
Gloucester
HI-Truro
N
0 500 yard/450 m
ALLOGGIO
Carriage House D
Crowne Ponte Historic Inn & Spa C
Dunes' Edge Campground A
Inn at Cook Street F
Outermost Hostel B
Oxford Guesthouse G
Secret Garden Inn E
RISTORANTI
Bubala's by the Bay 6
Café Edwidge 11
Ciro & Sal's 4
Lobster Pot 10
Napi's 2
Portuguese Bakery 9
BAR E CLUB
Atlantic House 1
Boatslip 5
Crown and Anchor 8
Grotta Bar 3
Pied Bar 7

Alloggio

Oltre ai pochi motel situati in periferia, ogni villino pittoresco di Provincetown che non sia abitato in permanenza sembra essere una **pensione**. I prezzi sono ragionevoli fino a metà giugno, e fuori stagione è possibile trovare qualche sistemazione davvero conveniente. Fra i **campeggi**, l'accogliente *Dunes' Edge Campground*, situato sulla Hwy-6 subito a est dei semafori centrali (maggio-settembre; ⓣ 508/487-9815, *www.dunes-edge.com*), applica una tariffa di $30-40 per i suoi posti-tenda nel bosco.

Carriage Guest House 7 Central St. ⓣ 508/487-8855, *www.thecarriagehse.com*. Camere splendidamente curate, alcune con balcone privato, e tutte con videoregistratore e lettore CD; piacevoli extra sono le raffinate colazioni, la grande vasca idromassaggio e la sauna. ❾

Crowne Pointe Historic Inn & Spa 7 Winthrop St. ⓣ 508/487-6767 o 1-877/276-9631, *www.crownepointe.com*. La sistemazione più lussuosa di Provincetown: camere magnifiche, un ristorante elegante e incredibili cure termali. ❾

Inn at Cook Street 7 Cook St. ⓣ 508/487-3894, *www.innatcookstreet.com*. Tranquillo alberghetto tenuto con grande cura e dotato di molti spazi ariosi; uno sfizio sono i *brownies* (dolci al cioccolato con noci) freschi di forno. ❽

Outermost Hostel 28 Winslow St. ⓣ 508/487-4378, *www.outermosthostel.com*. Le tariffe più basse a Provincetown: 30 letti per $25 a notte in cinque angusti bungalow; la tariffa include l'uso della cucina e il parcheggio. Chiuso da novembre ad aprile.

Oxford Guesthouse 8 Cottage St. ⓣ 508/487-9103, *www.oxfordguesthouse.com*. Sette eleganti camere e suite, con tende classiche e carta da parati a disegni fantasia che contribuiscono all'atmosfera vittoriana. Colazione continentale, *cookies* (focaccine) di pomeriggio, e una civile "wine hour" (ora del vino) tutte le sere. Gli ospiti hanno a disposizione CD, DVD e connessione wi-fi a Internet. ❼

Secret Garden Inn 300a Commercial St. ⓣ 1-866/786-9646 o 508/487-9027, *www.secretgardenptown.com*. Un discreto affare: sette camere pittoresche in una casa con veranda, arredata con mobili rustici e attrezzata con elementi moderni, quali TV e aria condizionata. Abbondante colazione inclusa nel prezzo. ❹-❺

La città e le spiagge

Il piccolo nucleo storico di Provincetown si estende lungo i quasi 5 km della stretta **Commercial Street**. Il **MacMillan Wharf**, il molo sempre affollato di charter (navi noleggiate), yacht e pescherecci che scaricano il pescato ogni pomeriggio, divide in due il centro abitato. Un po' fuori dal centro, su Commercial Street si affacciano decine di pittoresche gallerie d'arte, come pure l'incantevole **Provincetown Art Association and Museum**, al n. 460 (metà maggio-settembre: lun-gio 11-20, ven 11-22, sab e dom 11-17; ottobre-metà maggio: gio-dom 12-17; $5; ⓣ 508/487-1750), che ospita mostre di artisti del posto.

In alto sopra il centro di P-Town si profila il **Pilgrim Monument and Provincetown Museum**, sull'High Pole Hill (tutti i giorni: aprile-metà giugno e metà settembre-novembre 9-17, metà giugno-metà settembre 9-19; $7; ⓣ 508/487-1310). Il museo accoglie esposizioni permanenti che raccontano in modo abbastanza romantico la storia dei Padri Pellegrini e quella successiva della città; del museo fa parte una torre di granito alta 77 m, con una piattaforma d'osservazione (accessibile solo salendo 116 scalini) dalla quale la veduta abbraccia l'intero promontorio.

Poco oltre la stretta striscia di sabbia del centro abitato si stendono **spiagge** non edificate, contraddistinte solo da dune e da qualche capanno da spiaggia in cattivo stato. Qui si può nuotare in un'acqua limpida tuffandosi dagli scogli irregolari del frangiflutti lungo 3 km, dove il fondo marino scricchiola per la presenza di innumerevoli molluschi dalla conchiglia molle; altrimenti ci si può inoltrare fra profumati cespugli di rose selvatiche e prugni marittimi per godersi in beato isolamento le spiagge incontaminate delle vicinanze. A ovest di Provincetown, l'**Herring Cove Beach**, raggiungibile facilmente in bicicletta o attraversando le dune, è più affollata, ma mai in modo insopportabile. Nelle selvagge **Province Lands**, sulla punta settentrionale del capo, vaste distese di brughiera e dune cespugliose sono spazzate dal mare implacabile di Cape Cod, in fondo al quale si sa che riposa un migliaio di relitti di navi. Nel **centro visitatori** (maggio-ottobre: tutti i giorni 9-17; ☎ 508/487-1256), che si trova in Race Point Road, al centro delle dune, si possono vedere video ed esposizioni che illustrano l'ambiente straordinariamente fragile di questa zona.

Mangiare

A P-town abbondano i posti dove si può **mangiare** bene. In Commercial Street ci sono diverse panetterie portoghesi, eredità del primo insediamento; attenzione ai mediocri ristoranti a gestione familiare della zona.

Bubala's By the Bay 183 Commercial St. ☎ 508/487-0773. Forse il pesce più fresco che si possa trovare a P-town, in un ristorante divertente proprio sulla spiaggia; è aperto tutto il giorno e serve anche buoni piatti non di pesce.

Café Edwige 333 Commercial St. ☎ 508/487-2008. Le prime colazioni sono il punto di forza di questo frequentato caffè al primo piano; assaggiate le paste dolci danesi fatte in casa e le frittelle di frutta fresca. A cena servono innovativi piatti da bistrot. Chiuso mar.

Ciro & Sal's 4 Kiley Court ☎ 508/487-6444. Cucina tradizionale del Nord Italia, con molto vitello e molto pesce; è un po' caro, ma i piatti valgono il prezzo.

Lobster Pot 321 Commercial St. ☎ 508/487-0842. La caratteristica insegna al neon è un richiamo per chi viene da lontano per gustare i suoi freschissimi crostacei. Non eccessivamente caro e adatto alle famiglie, con un bello spazio privato all'aperto. Chiuso dicembre-marzo.

Napi's 7 Freeman St. ☎ 508/487-1145. Le portate più rinomate di questo locale decorato con numerosi oggetti artistici sono i piatti di pastasciutta e le famose zuppe (da $5,95 in su): densi stufati di pesce portoghesi (*fish stews*) e zuppe di molluschi con verdure (*clam chowders*). Nei giorni infrasettimanali c'è un menu meno caro.

Portuguese Bakery 299 Commercial St. ☎ 508/487-1803. È in questa vecchia panetteria che si deve andare per trovare buoni prodotti da forno a prezzi contenuti, in particolare la gustosa *rabanada* fritta, simile a un toast francese.

Vita notturna e intrattenimenti

Tutti i weekend, dalle imbarcazioni provenienti dal continente sciama un gran numero di festaioli attirati dalla **vita notturna** notoriamente scatenata di P-Town. Molti locali si rivolgono a una clientela **gay**, da cui la proliferazione di tè danzanti, spettacoli di drag queens e video bar; alcuni esercizi vantano una splendida posizione in riva al mare e terrazze altrettanto invitanti, quindi sono posti ideali in cui sedersi all'aperto sorseggiando un drink al tramonto.

Atlantic House 6 Masonic Place, dietro Commercial St. ☎ 508/487-3821. L'"A-House" – un buio locale di vecchia data dove si va per bere, un tempo frequentato da Tennessee Williams e Eugene O'Neill – oggi è un disco-bar gay di tendenza.

Boatslip 161 Commercial St. ☎ 508/487-1669. I tè danzanti della domenica organizzati da questo complesso sono leggendari (16-19); qui si può ballare su un lungo pontile di legno affacciato sull'acqua, oppure nella sala interna sotto una sfera stroboscopica e luci intermittenti.

Crown and Anchor 247 Commercial St. ☎ 508/487-1430, *www.onlyatthecrown.com*. Un grande complesso che ospita parecchi bar, fra cui *The Vault*, l'unico *leather bar* gay di P-Town, il *Wave*, un bar con video-karaoke, e il *Paramount*, un cabaret con spettacoli tutte le sere.

Grotta Bar *Enzo Hotel*, 186 Commercial St. ☎ 508/487-7555. Uno dei bar più nuovi della città, con intrattenimento dal vivo volutamente kitsch, band musicali, dj, una TV al plasma da 46 pollici e buoni martini. Piano-bar mar, ven e dom.

Pied Bar 193 Commercial St. ☎ 508/487-1527. Benché sia un disco-bar in gran parte lesbico (il più antico di tutti gli Stati Uniti), la piattaforma all'aperto e la pista da ballo interna di questo spazio trendy sul lungomare attirano anche una buona dose di uomini con la loro famosa After Tea T-Dance (tutti i giorni alle 18.30).

Martha's Vineyard

MARTHA'S VINEYARD, l'isola più grande fra quelle al largo del New England (è lunga 32 km), presenta un paesaggio più vario rispetto a Nantucket, con colline e pascoli che forniscono un contrappunto panoramico alle spiagge, e selvagge brughiere spazzate dai venti sull'isola separata di **Chappaquiddick**. Qui è stato girato nel 1974 il famosissimo film *Lo squalo*, ma non preoccupatevi: gli attacchi degli squali sono rarissimi in queste acque (anche se di tanto in tanto gli squali bianchi si aggirano lungo le spiagge), e in realtà il film, per ironia della storia, ha incrementato il turismo sull'isola.

La località più signorile di Martha's Vineyard è **Edgartown**, tutta linda e rispettabile con le sue case coloniali di legno appena dipinte di bianco, i musei

Traghetti per Martha's Vineyard e Nantucket

Se non specificato altrimenti, in piena estate (da metà giugno a metà settembre) tutti i traghetti menzionati sotto effettuano numerose traversate tutti i giorni. Quasi tutti riducono il servizio da maggio a metà giugno e fra metà settembre e ottobre. Ogni isola è servita tutto l'anno da almeno un traghetto, anche se in certi mesi alcuni itinerari sono sospesi. Per scoraggiare l'intasamento delle strade, le tariffe di andata e ritorno per le auto sono proibitive in alta stagione (metà maggio-metà settembre; traghetto per Woods Hole), mentre il prezzo per una bicicletta è di appena $6 all'andata e altrettanti al ritorno. Non dimenticate di telefonare anticipatamente per prenotare, perché può capitare che il traghetto sia al completo.

Per Martha's Vineyard

Da Falmouth a Oak Bluffs (circa 35 min): solo pedoni; $16 andata e ritorno; traghetto *Island Queen* ☎ 508/548-4800, *www.islandqueen.com*.

Da Falmouth to Edgartown (1 h): solo pedoni; $50 andata e ritorno; Falmouth Ferry Service ☎ 508/548-9400, *www.falmouthferry.com*.

Hyannis a Oak Bluffs (circa 1 h 35 min; nave veloce circa 55 min): solo pedoni; $39 andata e ritorno, nave veloce $63 andata e ritorno; Hy-Line ☎ 508/778-2600 a Hyannis, ☎ 508/693-0112 a Martha's Vineyard, *www.hy-linecruises.com*.

Da New Bedford a Oak Bluffs o a Vineyard Haven (1 h): solo pedoni; $72 andata e ritorno; New England Fast Ferry ☎ 1-866/453-6800, *www.nefastferry.com*.

Da Quanset Point, Rhode Island, a Oak Bluffs (1 h 30 min): solo pedoni; $80 andata e ritorno; Vineyard Fast Ferry (☎ 401/295-4040, *www.vineyardfastferry.com*). Navette per la stazione ferroviaria Amtrak di Kingston ($18) e per l'aeroporto di Providence ($15).

Da Woods Hole a Vineyard Haven e a Oak Bluffs (45 min): pedoni $7,50 andata e ritorno; maggio-ottobre: veicoli $135 andata e ritorno; fuori stagione veicoli $85 andata e ritorno; Steamship Authority ☎ 508/477-8600, *www.steamshipauthority.com*.

Per Nantucket

Da Hyannis: pedoni $33 andata e ritorno (viaggio di 2 h); pedoni $65 andata e ritorno (viaggio di 1 h); maggio-ottobre: veicoli $380 andata e ritorno; fuori stagione: veicoli $260 andata e ritorno; Steamship Authority ☎ 508/477-8600 per prenotazione posto auto, ☎ 508/771-4000 sulla terraferma, ☎ 508/228-0262 a Nantucket, *www.steamshipauthority.com*. Inoltre, Hy-Line Cruises, solo pedoni; viaggio di 2 h $39 andata e ritorno; viaggio di 1 h $71 andata e ritorno; ☎ 508/778-2600, *www.hy-linecruises.com*.

D'estate la compagnia di traghetti Hy-Line offre anche un **servizio di collegamento** fra Oak Bluffs, Martha's Vineyard e Nantucket (una partenza al giorno; solo pedoni; $28,50 solo andata; ☎ 508/778-2600). Il viaggio dura 1 h 10 min.

e i giardini ben curati. L'altro insediamento principale, **Vineyard Haven**, è più commerciale ed è uno dei porti per traghetti dell'isola. Fra queste due cittadine c'è l'altro punto d'attracco dei traghetti, **Oak Bluffs**, che presenta una serie di bizzarre casette di legno e di invitanti posti di ristoro. Attenzione alla terminologia in uso sull'isola: dirigersi "Up-Island" significa andare a sud-ovest, verso le scogliere di **Aquinnah** (l'ex Gay Head); "Down-Island" si riferisce invece alla terna di cittadine orientali menzionato sopra.

Sull'isola opera una rete di **pullman** sempre più frequenti e affidabili che collegano le località principali, tutti i giorni dalle 7 alle 0.45 (☎ 508/639-9440, *www.vineyardtransit.com*); i biglietti costano $2 a corsa, o $6 al giorno. Portare un'auto sull'isola costa parecchio e in genere non ha senso, dato che Martha's Vineyard è strapiena di veicoli per tutta l'estate e che si può tranquillamente andare in giro in pullman o in **bicicletta**; presso il molo d'attracco dei traghetti ci sono diversi negozi che noleggiano bici ($25 al giorno). L'itinerario migliore per chi fa cicloturismo è lungo lo State Beach Park fra Oak Bluffs e Edgartown, con le dune da un lato e l'acquitrinosa Sengekontacket Pond dall'altro; delle piste ciclabili approntate appositamente proseguono fino all'ostello per la gioventù di West Tisbury.

Sul versante occidentale dell'isola si viaggia in un paesaggio decisamente bucolico, fra tenute private e colline ondulate che spesso nascondono alla vista il mare; alla fine però si raggiunge il **faro** di **Aquinnah**, dove un tempo l'argilla multicolore era la principale fonte di pittura per le case dell'isola (oggi invece chiunque sia sorpreso ad asportare anche solo un po' d'argilla deve pagare una multa salata). Dalla sottostante spiaggia di Moshup si possono ammirare bellissime vedute di questa formazione spettacolare.

Martha's Vineyard vanta numerose **spiagge** stupende; le migliori sono l'appartata, magnifica Wasque, situata a Chappaquiddick, in fondo a Wasque Road, e la South Beach, che si trova alla fine di Katama Road, a sud di Edgartown, ed è nota per le "buone onde e i buoni corpi". La dolce State Beach, situata lungo Beach Road fra Oak Bluffs e Edgartown, è invece più adatta alle famiglie.

Alloggio

Se gli alloggi sono tutti prenotati, come è molto probabile, la sede principale della **Chamber of Commerce**, al 24 di Beach Road, Vineyard Haven (lun-ven 9-17, sab 10-16; ☎ 508/693-0085, *www.mvy.com*), può essere d'aiuto. A Vineyard Haven c'è un **campeggio** al 569 di Edgartown Road (maggio-ottobre; ☎ 508/693-3772, *www.campmv.com*), dove i posti tenda costano $48 al giorno per due persone e sono dotati di allacciamenti per l'acqua e la corrente elettrica.

Crocker House Inn 12 Crocker Ave., Vineyard Haven ☎ 1-800/772-0206, *www.crockerhouseinn.com*. Elegante e accogliente, il *Crocker House Inn* offre belle camere, connessione wi-fi gratuita a Internet, buona vicinanza ai negozi e molte cose carine di fattura artigianale. ❼

HI-Martha's Vineyard 525 Edgartown-West Tisbury Road ☎ 508/693-2665, *www.usahostels.org*. Ostello situato in una piacevole cornice, sull'orlo del bosco e fuori città; è proprio sul tragitto del bus e vicino alla principale pista ciclabile dell'isola. Connessione wi-fi gratuita a Internet. Aperto da aprile a metà novembre. Letti in camerata $32-35 a notte.

Jonathan Munroe House 100 Main St., Edgartown ☎ 877/468-6763 o 508/627-5536, *www.jonathanmunroe.com*. Incantevole casa del Settecento con appena sei belle camere e una splendida veranda tutt'attorno all'edificio; altre simpatiche iniziative sono le caraffe di sherry in ogni camera e il vino e formaggio offerti di sera. ❽

Menemsha Inn & Cottages e Beach Plum Inn North Road, Menemsha ☎ 508/645-9454 o 1-800/901-2087, *www.menemshainn.com* e *www.beachpluminn.com*. Due proprietà adiacenti splendidamente tenute, con accesso a una spaggia provata e a breve distanza, a piedi, dalla spiaggia di Menemsha. ❾

Oak Bluffs Inn 64 Circuit Ave., Oak Bluffs Ⓣ 508/693-7171, *www.oakbluffsinn.com.* Uno degli alberghi più seducenti dell'isola: comoda posizione, camere accoglienti e pulite in stile vittoriano, connessione wi-fi a Internet, ampia veranda, *cookies* (biscotti) gratuiti e un grande ospite. ❽-❾

The Oak House 79 Seaview Ave., Oak Bluffs Ⓣ 866/693-5805, *www.vineyardinns.com.* Un altro meraviglioso bed & breakfast vittoriano, con stupende vedute marine e camere affacciate sulla spiaggia e attrezzate come cabine di lusso; inoltre servono il tè del pomeriggio nella veranda. ❾

The Winnetu Inn & Resort South Beach, a sud di Edgartown Ⓣ 508/627-4747, *www.winnetu.com.* Un hotel e resort che si rivolge alle famiglie, situato a breve distanza a piedi da un tratto privato della South Beach; ma per soggiornarvi è davvero necessario disporre di un'auto. Camere molto ben arredate, molte delle quali dotate di cucinotto. ❽

Mangiare e bere

Mangiare bene è uno dei maggiori piaceri offerti da Martha's Vineyard, dove abbondano in particolare gli astici appena pescati, i *quahogs* (grandi molluschi) e il pesce fresco. Solo a Edgartown e a Oak Bluffs si può ordinare qualcosa di alcolico con i pasti, ma negli altri posti ci si può portare dietro la bevanda alcolica che si preferisce.

ArtCliff Diner 39 Beach Rd., Vineyard Haven Ⓣ 508/693-1224. Perfetto per fare colazione prima di prendere il traghetto, gustando cose come toast francese in crosta di mandorle e sandwich con *chorizo* (salume tipo salamella), uovo e formaggio *pepperjack.* Aperto dalle 7 alle 14, chiuso mer.

The Bite 29 Basin Rd., Menemsha Ⓣ 508/645-9239. Un nirvana sulla strada e in riva al mare. Vende alcuni dei frutti di mare più succosi che abbiate mai assaggiato (da $13,95 in su), serviti in un piccolo chiosco sulla spiaggia. Buono anche il *chowder* (zuppa di pesce o molluschi stufati con verdure). Pagamento solo in contanti.

The Black Dog Bakery 11 Water St., Vineyard Haven Ⓣ 508/693-4786. Evitate l'adiacente *Black Dog Tavern*, troppo cara rispetto alla qualità, e per il viaggio di ritorno in traghetto fate rifornimento in questa panetteria che vende squisiti *muffins* e pane altrettanto buono.

Chilmark Chocolates 19 State Rd., Chilmark Ⓣ 508/645-3013. Da *Chilmark's* la gente fa la fila per gustare i frutti di bosco dell'isola con una cioccolata biologica incredibilmente buona. Chiuso lun.

Chilmark Store 7 State Rd., Chilmark Ⓣ 866/904-0819. Un'altra istituzione dell'isola, ma non per il pesce: qui le code si formano per i tranci di pizza cotti alla perfezione ($3,95), preparati in quattro sapori con basi di olio d'oliva e pesto fatte sul momento; assaggiate la farina integrale.

Détente Nevin Sq., vicino a Winter St. (fra N Water St. e N Summer St.), Edgartown Ⓣ 508/627-8810. È uno dei ristoranti più eleganti dell'isola ed è quello che consigliamo per un pasto superlativo. I menu stagionali sfruttano gli ingredienti locali, dall'halibut allo stinco d'agnello.

Larsen's Fish Market 56 Basin Road, Menemsha Ⓣ 508/645-2680. Per circa $20 potete scegliere l'astice che preferite e consumarlo sul posto osservando l'andirivieni del porto. Serve anche il miglior *lobster roll* (panino con astice) della costa orientale ($11).

Offshore Ale Company 30 Kennebec Ave., Oak Bluffs Ⓣ 508/693-2626. Un pub che produce in loco la birra che vende, con séparé di legno, gusci di arachidi sul pavimento e molti spettacoli dal vivo. Se ci venite di sera, fermatevi da *Back Door Donuts* (dietro il *Martha's Vineyard Gourmet Café,* Ⓣ 508/693-3688; tutti i giorni 21-00.30) per gustare le loro eccezionali *apple fritters* (frittelle di mela): non si può lasciare Martha's Vineyard senza averle assaggiate.

Nantucket

La traversata di 50 km dalla terraferma a **NANTUCKET** (2 h) non sarà un'odissea oceanica, ma senza dubbio differenzia la "Piccola Signora Grigia" dalla sorella maggiore, Martha. Le minori dimensioni di Nantucket contribuiscono al suo palpabile senso d'identità, e lo stesso vale per l'architettura; l'epiteto "grigia" si riferisce non solo alle nebbie invernali, ma anche all'austero rivestimento grigio di assicelle e ghiaia applicato uniformemente agli edifici dell'isola.

Le viuzze acciottolate di **Nantucket Town**, che un tempo era una delle città più grandi del Massachusetts, rimasero congelate nel tempo 150 anni fa a causa del declino economico. Oggi quest'area di incantevoli, vecchie case restaurate – la città conta un numero maggiore di edifici inseriti nel National Register of Historic Places rispetto a Boston – è senz'altro il fulcro dell'isola. Dall'istante in cui si scende dal traghetto si viene assediati da persone che noleggiano biciclette e da operatori turistici. Lo **Straight Wharf** conduce direttamente nella **Main Street**, fiancheggiata da negozi e ristoranti; l'**ufficio informazioni** – che dispone di una lista di alloggi liberi aggiornata quotidianamente, ma non effettua prenotazioni – è nelle vicinanze, al n. 25 di Federal St. (aprile-dicembre 9-18; gennaio-marzo: lun-sab 9-17; ⓣ 508/228-0925, *www.nantucket.net*). La **Chamber of Commerce**, Zero Main St., 2/F (lun-ven 9-17; ⓣ 508/228-1700, *www.nantucketchamber.org*), è la miglior fonte d'informazioni sull'isola.

L'eccellente **Whaling Museum** (Museo della caccia alla balena), 13 Broad St., all'inizio dello Steamboat Wharf (fine maggio-metà ottobre: tutti i giorni 10-17, ogni primo e terzo mer chiude alle 21; $15; ⓣ 508/228-1894, *www.nha.org*), ospita una notevole collezione di oggetti esotici connessi con la vita di mare, fra cui una galleria di affascinanti oggetti d'avorio o conchiglia delicatamente intagliati e uno scheletro di capodoglio lungo 14 m, gettato a riva nel 1998. Osservate i denti marci della mascella: le autorità ritengono che il cetaceo sia morto a causa di un'infezione ai denti.

Fuori dal centro abitato Nantucket è rimasta sorprendentemente selvaggia: un misto di brughiere, paludi e lande, anche se l'attrattiva principale è costituita come sempre dalle libere **spiagge** sabbiose. Una delle più belle è a **Siaconset** (pron. 'Sconset), 7 miglia (11 km) a est della città, lungo una strada pianeggiante percorribile in bicicletta e fiancheggiata da venerande casette letteralmente incrostate di sale; al ritorno si possono attraversare le lande e le brughiere seguendo la sinuosa **Polpis Road**. Le **biciclette** si possono noleggiare allo Young's Bicycle Shop, 6 Broad St. (circa $25 per una giornata; ⓣ 508/228-1151). Ci sono anche dei pullman che collegano Nantucket Town e 'Sconset: l'NRTA (ⓣ 508/228-7025) gestisce un servizio di navette da fine maggio agli inizi di ottobre ($2 solo andata).

Alloggio

A parte l'ostello per la gioventù, gli alloggi di Nantucket sono un po' cari; d'estate la maggior parte dei **bed & breakfast** e delle **pensioni** applica tariffe ben superiori a $200 al giorno.

Hawthorn House 2 Chestnut St. ⓣ 508/228-1468, *www.hawthornhouse.com*. Pensione centrale e ben arredata, personale simpatico e disponibile e 10 belle camere arredate con mobili antichi. ❼

HI-Nantucket Surfside Beach 31 Western Ave. ⓣ 508/228-0433, *www.usahostels.org*. Letti in camerata ($32-35 a notte) a un tiro di schioppo dalla Surfside Beach, 5 km a sud della città. Chiusura 10-17, rientro obbligatorio per le 23. Aperto da metà maggio a fine settembre.

Martin House Inn 61 Centre St. ⓣ 508/228-0678, *www.martinhouseinn.com*. Tredici camere incantevoli e con un buon rapporto qualità-prezzo, in una casa di marinai del 1803; non distante da negozi e traghetti. ❽

Union Street Inn 7 Union St. ⓣ 888/517-0707, *www.unioninn.com*. Questo bed & breakfast di lusso vanta un posizione centrale, prime colazioni abbondanti e camere stupende, con folti tappeti, tendaggi e carta da parati d'epoca; costa parecchio, quindi fuori stagione è molto più conveniente per rapporto qualità-prezzo. ❾

Veranda House 3 Step Lane ⓣ 508/228-0695, *www.theverandahouse.com*. Questo "boutique hotel" o alberghetto raffinato aggiunge un tocco felicemente contemporaneo ai tradizionali bed & breakfast vittoriani dell'isola. Le camere sono progettate in modo elegante e dotate di connessione wi-fi gratuita a Internet; quasi tutte godono di vista sul porto. ❾

I balenieri di Nantucket

Nel 1659, un gruppo di 27 sobrie famiglie quacchere e presbiteriane sbarcarono sull'isola di Nantucket e si accinsero a imporre l'ordine alla rischiosa industria della **caccia alla balena**. Da sempre le balene si arenavano sugli insidiosi banchi di sabbia della zona (in una violenta tempesta potevano esserne trasportate a riva anche una dozzina), e gli indiani **wampanoag** erano diventati molto abili nel cacciarle nelle acque dei dintorni. Con il passare degli anni i coloni cominciarono a inviare grandi navi per cacciare i cetacei. I wampanoag continuarono a essere una componente essenziale del processo: l'uccisione delle balene avveniva a opera di due barche a remi che lavoravano in coppia, e in ogni equipaggio di 13 uomini almeno 5 erano nativi americani, compreso di norma il **fiociniere**, il cui compito era fondamentale. Poteva capitare che una balena ferita fuggisse a tutta velocità, trascinandosi dietro una barca per interminabili, terribili ore; questo evento piuttosto frequente era chiamato "**corsa in slitta di Nantucket**" dalla gente del luogo.

Nelle sue *Letters from an American Farmer* il vecchio cronista Crèvecoeur ci ha lasciato un ampio resoconto sulla Nantucket del 1782. Benché allarmato dall'abitudine praticata dagli abitanti dell'isola di prendere una dose d'oppio tutte le mattine, Crèvecoeur li indicava come un modello di diligenza e buon autogoverno. La caccia alla balena era una professione disciplinata, e per sostentarsi ed equipaggiare le loro navi gli isolani continuarono sagacemente a praticare vasti commerci con la terraferma. A quell'epoca c'erano già più di cento navi impegnate nella caccia alla balena. I balenieri non venivano pagati con un salario, ma ricevevano una quota dei proventi finali del viaggio. Alcuni abitanti di Nantucket particolarmente ambiziosi si spinsero addirittura fino nel Pacifico, e in particolare alle Hawaii. I giorni di gloria di Nantucket furono immortalati da Herman Melville, ma nel 1851, anno di pubblicazione di *Moby Dick*, era già cominciato il brusco declino delle fortune di Nantucket.

Mangiare e bere

A Nantucket abbondano i **ristoranti** di prima qualità, molti dei quali sono concentrati a Nantucket città o nei suoi dintorni. Tuttavia la cena può essere eccezionalmente cara, e una portata principale può facilmente costare $30-$40. In Broad Street troverete un gruppo di take-away più economici vicino allo Steamboat Wharf.

Black Eyed Susan's 10 India St. ⓣ 508/325-0308. Un piccolo posto specializzato in *brunch*, molto amato dai clienti, cui serve fra l'altro piatti creativi a base di uova strapazzate e deliziose *buttermilk pancakes* (frittelle con siero di latte). Solo contanti.

Chicken Box 14 Dave St. ⓣ 508/228-9717. Tutte le sere d'estate gente di ogni genere affolla "the Box" per gli eccellenti spettacoli dal vivo e per bere qualcosa in un ambiente sobrio. Inoltre, *shuffleboard* (gioco americano) e tavoli da biliardo. Solo contanti; nel locale c'è uno sportello bancomat.

Company of the Cauldron 5 India St. ⓣ 508/228-4016. Un romantico rifugio tappezzato di rampicanti e illuminato da candele, con musica per arpa dal vivo tre volte alla settimana. Entrambi i tavoli in cui viene servito un menu a prezzo fisso ($58, le portate variano di giorno in giorno) vengono occupati presto, quindi conviene prenotare.

Downyflake 18 Sparks Ave. ⓣ 508/228-4533. Il miglior ristorantino popolare dell'isola; è ai margini della città, quindi un po' fuori mano, ma vale la pena andarci per i piatti a prezzi ragionevoli di *comfort food* (cibo che si mangia per tirarsi su) e per gli ottimi *doughnuts* (bomboloni) appena sfornati.

Juice Bar 12 Broad St. ⓣ 508/228-5799. Le spremute di frutta fresca sono la cosa più sana venduta in questo piccolo take-away; d'estate vi sono lunghe file per i succulenti gelati artigianali (assaggiate il "crantucket"), serviti in coppe o in cialde giganti ($3,30-4,50).

Sayle's Seafood 99 Washington St. Extension ⓣ 508/228-4599. Taverna di pesce e frutti di mare informale e vivace, dove servono *chowder* (zuppa di pesce o molluschi con verdure, $3,25), frittura di molluschi, astice fresco e molluschi fritti (a prezzi di mercato): potete comprare quello che preferite per un picnic o consumarlo sul posto nella veranda.

Massachusetts centrale e occidentale

Le 150 miglia (240 Km) di Massachusetts che si estendono nell'entroterra a ovest di Boston hanno sempre avuto un ruolo di secondo piano rispetto alla capitale dello Stato. Appena tre anni dopo la fine della guerra d'indipendenza, gli agricoltori che lottavano per guadagnarsi da vivere lavorando questo suolo mediocre insorsero nella cosiddetta **ribellione di Shay** per impedire ai creditori dell'est di sequestrare le loro proprietà, ma i loro forconi non potevano tener testa ai fucili della nuova nazione.

Ai giorni nostri l'ovest è noto fra i vacanzieri soprattutto per i **Berkshires,** che ospitano ogni estate il celebre festival musicale **Tanglewood** e vantano cittadine ricche di musei, quali **North Adams** e **Williamstown**, entrambe le quali si trovano nell'angolo nord-occidentale dello Stato, alla fine di un itinerario incredibilmente panoramico, il **Mohawk Trail**. **Amherst** e **Northampton** sono stimolanti città universitarie accoccolate nella verdeggiante **Pioneer Valley** e brulicanti di caffè, ristoranti e librerie. A un aspetto più popolare della cultura è dedicato il Basketball Hall of Fame di **Springfield**.

Springfield

La **pallacanestro** è stata inventata a **SPRINGFIELD**, un centro industriale per il resto monotono a 90 miglia (144 km) da Boston, al confine meridionale della Pioneer Valley. La città vanta curiosamente altri possibili motivi di fama, fra cui il fatto di essere il luogo natale del fucile Springfield nonché del Dr. Seuss, autore di libri per bambini, ma è quest'invenzione del 1891, dovuta a James Naismith, che assicura un flusso costante di visitatori. Inaugurato nel 1959, il **Basketball Hall of Fame**, situato al n. 1000 di W Columbus Ave., accanto al fiume e subito a sud del Memorial Bridge (dom-ven 10-18, sab 9-17; $16,99; ⓣ 413/781-6500 o 1-877/4HOOPLA, *www.hoophall.com*), raccoglie vario materiale relativo al basket: film, video, cimeli e congegni interattivi per saggiare le vostre capacità.

La **stazione ferroviaria** di Springfield, dove fermano i treni dell'Amtrak, è molto centrale, al 66 di Lyman St. (ⓣ 413/785-4230). La Peter Pan Trailways (ⓣ 413/781-2900 o 1-800/237-8747, *www.peterpanbus.com*) fornisce servizi giornalieri di **pullman** da e per Boston e New York City, la Pioneer Valley e i

L'Old Sturbridge Village

Sulla US-20, a metà strada fra Worcester e Springfield, vicino all'incrocio fra la I-90 e la I-84 un villaggio restaurato e ricostruito, l'**Old Sturbridge Village** (aprile-metà ottobre: tutti i giorni 9.30-17; metà ottobre-marzo: mar-dom 9.30-16; $20; ⓣ 508/347-3362 o 1-800/SEE-1830, *www.osv.org*), costituito da edifici preservati e trasportati qui da tutta la regione, offre un ritratto un po' idealizzato ma interessante di una piccola cittadina del New England negli anni Trenta dell'Ottocento. Interpreti in costume recitano i loro ruoli – lavorando nelle fucine, piantando e raccogliendo ortaggi, custodendo le mucche ecc. – ma se la cavano in un modo insolitamente convincente. Il luogo in sé, 80 ettari di terreno punteggiato da vecchi alberi, laghetti e sentieri in terra battuta, è molto pittoresco e merita una visita di mezza giornata. Nei pressi, lo *Sturbridge Host Hotel*, 366 Main St. (ⓣ 508/347-7993, *www.sturbridgehosthotel.com*; ⑤), è un bell'**alloggio** situato in un terreno di 3,6 ettari ben tenuti, con una piscina riscaldata al coperto e accesso al bellissimo Cedar Lake.

Berkshires, con partenza dalla vicina autostazione al 1776 di Main St. (☎ 413/781-3320). Il **Convention & Visitors Bureau**, l'**ufficio informazioni turistiche**, è in centro, al 1441 di Main St. (lun-ven 9-17; ☎ 413/787-1548 o 1-800/723-1548, *www.valleyvisitor.com*). In centro le **sistemazioni** comprendono il costoso ma comodissimo *Sheraton Springfield*, 1 Monarch Place (☎ 413/781-1010; ❼), e il più economico *Super 8 Motel*, 1500 Riverdale St., sulla US-5 (☎ 413/736-8080; ❸), situato dall'altra parte del fiume, a West Springfield. Quanto al **mangiare**, potreste abbandonare per un po' la cucina del New England e sostituirla con l'autentica cucina casalinga della Louisiana servita allo *Chef Wayne's Big Mamou*, 53 Liberty St. (☎ 413-732-1011), dove per meno di $10 potrete gustare un bollente *gumbo* (zuppa densa di carne o pesce con baccelli di abelmosco) e dei *catfish poboys* a base di pesce gatto.

Amherst e Northampton

A nord di Springfield, la Pioneer Valley è un corridoio verdeggiante creato dal fiume Connecticut, dove due città universitarie, **AMHERST** e **NORTHAMPTON**, sono ideali per rilassarsi per qualche giorno, bazzicando i caffè e curiosando nelle librerie, in una delle aree più *liberal* e più progressiste del New England.

I **treni** dell'Amtrak fermano ad Amherst alla stazione sita al n. 13 di Railroad St.; i **pullman** della Peter Pan Trailways fermano invece al n. 1 di Roundhouse Plaza, a Northampton (☎ 413/586-1030), e al n. 8 di Main St. ad Amherst (☎ 413/256-1547). Due buone **sistemazioni** sono lo storico *Hotel Northampton* di Northampton, 36 King St. (☎ 413/584-3100 o 1-800/547-3529, *www.hotelnorthampton.com*; ❼), e l'*Allen House Victorian Inn*, 599 Main St., Amherst (☎ 413/253-5000, *www.allenhouse.com*; ❹-❼), un tipico alberghetto del New England. Fra i numerosi posti dove **mangiare**, *Sylvester's*, 111 Pleasant St. (☎ 413/586-5343), serve piatti gustosi, fra cui deliziose prelibatezze per colazione, quali il *banana-bread French toast* (plumcake cotto al forno, con toast francese e banane frullate) con cialde (*waffles*), mentre l'*Herrell's Ice Cream*, 8 Old South St. (☎ 413/586-9700), è la casa base di una piccola ma irresistibile catena di gelaterie. L'*Amherst Chinese Food*, 62 Main St., Amherst (☎ 413/253-7835), serve sane specialità cinesi fatte con verdure biologiche raccolte nel suo giardino.

I Berkshires

Un ricco patrimonio culturale, vari festival di livello internazionale e un paesaggio bucolico di foreste e colline verdeggianti fanno dei **Berkshires**, all'estremo margine occidentale del Massachusetts, un luogo ideale per una bella esplorazione allietata da un clima mite.

Mentre siete in zona, cercate di visitare l'eccellente **Berkshire Visitors Bureau** (lun-ven 8.30-17; ☎ 413/743-4500 o 1-800/237-5747, *www.berkshires.org*), la miglior fonte d'informazioni per quanto riguarda i dintorni; questo ufficio turistico è situato a Adams al n. 3 di Hoosac St. (Rte-8).

Il Mohawk Trail: North Adams e Williamstown

Nell'angolo nord-occidentale della regione, il **Mohawk Trail** ("sentiero dei mohawk") attraversa **NORTH ADAMS** e **WILLIAMSTOWN**, seguendo l'itinerario molto panoramico utilizzato dai nativi americani per spostarsi fra le valli dei fiumi Connecticut e Hudson. A North Adams ha sede lo splendido **Mass MoCA (Massachusetts Museum of Contemporary Art)**, 87 Marshall St. (luglio e agosto: tutti i giorni 10-18; settembre-giugno: lun e mer-dom 11-17; $15; ⓣ 413/662-2111, *www.massmoca.org*), una vasta collezione da moderna "casa degli specchi" di installazioni di arte moderna, video contemporanei e alberi capovolti, riuniti nell'affascinante sito di un vecchio opificio. A Williamstown invece ci sono due notevoli musei d'arte: lo **Sterling and Francine Clark Art Institute**, 225 South St. (mar-dom 10-17, luglio e agosto tutti i giorni 10-17; giugno-ottobre $12,50, resto dell'anno ingresso gratuito; ⓣ 413/458-2303, *www.clarkart.edu*), che vanta in particolare la terza raccolta al mondo di dipinti di **Renoir**, e il **Williams College Museum of Art**, 15 Lawrence Hall Drive (mar-sab 10-17, dom 13-17; ingresso gratuito; ⓣ 413/597-2429, *www.wcma.org*), che ospita belle esposizioni di arte mediorientale antica e arte americana moderna in un magnifico ambiente neoclassico. L'ultra-moderno *Porches Inn,* 231 River St., proprio dietro l'angolo rispetto al Mass MoCA (ⓣ 413/664-0400, *www.porches.com*; ❽-❾), è *il* posto in cui **fermarsi** in questa zona, offrendo fra l'altro connessioni a Internet ad alta velocità, lettori DVD e un arredo elegante e contemporaneo. Per quanto riguarda il **mangiare**, consigliamo il *Café Latino,* un locale alla moda ubicato nel Mass MoCA (mer-sab; ⓣ 413/662-2004), per i croccanti calamari e *caipirinhas,* oppure il suo gemello, il ristorante *Mezze,* ubicato a Williamstown al n. 16 di Water St. (ⓣ 413/458-0123), per i notevoli sapori della nuova cucina americana servita in un gradevole spazio arioso.

Stockbridge

STOCKBRIDGE, situata subito a sud della I-90, 80 km a ovest di Springfield, nacque come "città indiana " nel 1736, quando vi furono trasferiti gli ultimi indiani mohicani della regione. Nel 1739 il reverendo John Sergeant costruì la semplice **Mission House** in legno, ora situata sulla Main Street, nel tentativo di vivere accanto ai mohicani e di convertirli al cristianesimo.

Che oggi Stockbridge sia un po' l'archetipo di una piccola cittadina del New England – soprattutto quando il terreno è coperto da una coltre di neve – si deve in gran parte all'artista **Norman Rockwell**, che visse qui per 25 anni fino alla sua morte, avvenuta nel 1978. Stockbridge compare in molte delle copertine realizzate da Rockwell per il *Saturday Evening Post*, nelle quali il suo spirito acuto rendeva digeribile un certo sentimentalismo; si può vedere una raccolta di tali copertine nel **museo** sulla Rte-183 (maggio-ottobre: tutti i giorni 10-17; novembre-aprile: lun-ven 10-16, sab e dom 10-17; $15; ⓣ 413/298-4100, *www.nrm.org*). Alcune delle guide turistiche fecero da modelli per Rockwell quando erano bambini e ancora oggi ricordano che, se riuscivano a stare immobili per pochi minuti, l'artista li ricompensava allungando loro una moneta prelevata da una montagna di nichelini.

Nelle colline che circondano Stockbridge sorgono due magnifiche ville: **Chesterwood**, la lussuosa casa-studio di Daniel Chester French, scultore del Lincoln Memorial, situata 800 m a sud del Norman Rockwell Museum, al n. 4 di Williamsville Road (maggio-ottobre: tutti i giorni 10-17; $12; ⓣ 413/298-3579, *www.chesterwood.org*), e **Naumkeag**, in Prospect Hill Road, Rte-7 (seconda metà di maggio-metà ottobre: tutti i giorni 10-17; $12; ⓣ 413/298-3239), che fu la prima tenuta del paese a ospitare un giardino modernista.

Il *Red Lion Inn*, un albergo con qualche fronzolo, è uno degli edifici più imponenti sulla Main Street (🅣 413/298-5545, *www.redlioninn.com*; ❺); il suo **ristorante** serve grandi porzioni di affidabile cucina americana, fra cui hamburger e bistecche.

Lenox e dintorni

Circa 8 km a nord di Stockbridge, sulla US-7, ogni anno i turisti benestanti affluiscono in massa a **LENOX** in occasione della stagione estiva della Boston Symphony Orchestra presso il **Tanglewood**, 297 West St. (per informazioni sui biglietti telefonate al 🅣 413/637-1666 o visitate il sito web *www.bso.org*). Da luglio a fine agosto si tengono nei weekend concerti all'aperto per orchestra, mentre in altri giorni si possono ascoltare concerti di musica da camera e recital; i posti a sedere al coperto costano molto e spesso è difficile riuscire a trovarne qualcuno libero, ma pagando un biglietto d'ingresso di $17 ci si può sedere sui rigogliosi prati, magari facendo un picnic mentre si ascolta la musica. Anche alcune prove a metà settimana sono aperte al pubblico, e nel weekend del Labor Day (il primo fine settimana di settembre) si tiene un festival **jazz**. Sulla Rte-20, fra Becket e Lee, **Jacob's Pillow** (🅣 413/243-0745 o visitate il sito web *www.jacobspillow.org*; da giugno ad agosto) ospita uno dei più famosi festival di danza contemporanea del paese.

Più a nord. sulla US-7, **Arrowhead** (seconda metà di maggio-ottobre: tutti i giorni 9.30-16; $12; 🅣 413/442-1793, *www.mobydick.org*), a Pittsfield, era la residenza di Herman Melville nel periodo in cui scrisse *Moby Dick*; alla fine il calo delle vendite dei suoi libri costrinse il grande scrittore a vendere la sua casa e a trasferirsi a New York. L'**Hancock Shaker Village**, 8 km a ovest di Pittsfield (tutti i giorni: metà aprile-fine maggio 10-16, fine maggio-fine ottobre 10-17; resto dell'anno solo con visite guidate, lun-ven alle 13, sab e dom alle 11 e alle 13; estate e autunno $15, resto dell'anno $12,50; 🅣 413/443-0188, *www.hancockshakervillage.org*), è stato un'impresa ben avviata dal 1783 al 1960. Il suo lascito comprende il grande luogo di residenza, nel quale dormivano e mangiavano quasi 100 persone, nonché un fienile circolare in pietra per il loro bestiame. Si può **pernottare** nel lusso assoluto al *Blantyre*, in Blantyre Road; 🅣 413/637-3556, *www.blantyre.com*; ❾), uno dei resort più sfarzosi (e costosi) di tutti gli Stati Uniti. Molto meno cara è la *Walker House*, 64 Walker St. (🅣 413/637-1271, *www.walkerhouse.com*; ❺), un B&B informale con 8 camere in una bella residenza del 1804 in stile federale. Quando al **mangiare**, a Lenox il *Church Street Café,* 69 Church St. (🅣 413/637-2745), serve un'ottima cucina del New England; altrimenti potreste concedervi un martini al caratteristico *Bistro Zinc,* un bistrot ricco d'atmosfera dietro l'angolo, al n. 56 di Church St. (🅣 413/637-8800). Il *Berkshire Bagel,* 18 Franklin St., a poca distanza dalla Rte-7A (🅣 413/637-1500), è uno dei pochi posti di ristoro economici del centro città e vende un'enorme varietà di *bagels*, panini morbidi a forma di grosso anello, bolliti e poi cotti al forno e variamente farciti con formaggio cremoso, burro e marmellata, petto di pollo ecc. ($2-5).

Rhode Island

Lungo appena 77 km e largo 60, il **RHODE ISLAND** è lo Stato più piccolo dell'Unione, e tuttavia ha avuto un'enorme influenza sulla vita nazionale: questo Stato promulgò la prima legge contro la schiavitù nel Nord America, fu la prima delle 13 colonie a proclamare la sua indipendenza dalla Gran Bretagna, contribuì a promuovere la tradizione di libertà religiosa della nazione e assistette anche all'inizio della **Rivoluzione industriale** in America. Oggi il Rhode Island è una destinazione turistica di prim'ordine, vantando una cinquantina di "National Historic Landmarks" e 400 miglia di spettacolare linea costiera.

Dello Stato fanno parte più di 30 isolette, fra cui Hope, Despair e la più grande della baia, Rhode Island (nota anche con il nome nativo-americano di "Aquidneck"), da cui lo Stato prende il nome. La **Narragansett Bay** è sempre stata un fattore determinante sia per lo sviluppo economico del Rhode Island sia per la sua importanza strategica dal punto di vista militare, poiché lo **"Stato sull'Oceano"** si sviluppò grazie al commercio marittimo, alla caccia alla balena e al contrabbando, prima di convertirsi alle attività industriali a partire dall'Ottocento. Oggi le sue destinazioni principali sono i due porti originari: la città universitaria e coloniale di **Providence** e la benestante **Newport**, capitale internazionale del diportismo, caratterizzata da ville sontuose che punteggiano le sue magnifiche coste.

Il Rhode Island è talmente piccolo che **spostarsi** entro i suoi confini non presenta alcun problema. L'importante strada interstatale I-95 attraversa **Providence** nel suo tragitto dal Massachusetts al Connecticut, mentre la più panoramica US-1 segue la costa della Narragansett Bay. **Newport** è raggiunta dalla Hwy-138. È possibile visitare lo Stato usando i **mezzi pubblici**: i treni dell'Amtrak fermano a Providence, mentre i pullman e i traghetti locali della RIPTA collegano Providence e Newport (T 401/781-9400, *www.ripta.com*).

Providence

Distesa su sette colli che si specchiano nei fiumi Providence e Seekonk, **PROVIDENCE** fu il primo insediamento del Rhode Island, fondato nel 1636 "in ricordo della provvidenza divina" su un terreno concesso a Roger Williams dagli indiani narragansett. Nonostante le sue radici affondino nel desiderio di libertà, la città fiorì come uno degli scali più importanti nel famigerato "*triangle trade*": il rum del New England era usato per acquistare schiavi africani, che venivano poi venduti in cambio di melassa delle Indie Occidentali. Quando Samuel Slater importò dall'Inghilterra gli stabilimenti tessili, l'industria e il commercio portuale diventarono le colonne portanti dell'economia di Providence.

Capitale dello Stato dal 1901, oggi Providence è una delle tre città più grandi del New England. La **Brown University**, che fa parte dell'Ivy League, il gruppo di otto prestigiose università del Nord-est, e la **Rhode Island School of Design** (RISD, o "Rizdii") danno alla città una certa verve culturale, mentre le numerose case coloniali originali di **Benefit Street** e della **College Hill** rievocano e trasmettono una suggestiva atmosfera storica. L'eterogeneità etnica di Providence è esemplificata dalla grande comunità italiana che risiede a ovest del centro città sulla **Federal Hill**, caratterizzata da ristoranti animati e dal richiamo della tradizione.

Arrivo, informazioni e trasporti

Il **T.F. Green Airport**, situato a Warwick, 15 km a sud di Providence, è collegato con tutte le grandi città statunitensi. La **stazione ferroviaria dell'Amtrak** (☎ 1-800/USA-RAIL) è in un edificio a cupola al n. 100 di Gaspee St.; qui si può anche prendere il treno per pendolari diretto a Boston (1 h; ☎ 617/222-3200). I **pullman** della Greyhound (☎ 1-800/231-2222) e della Peter Pan (☎ 1-888/751-8800) fermano in centro, presso la Kennedy Plaza.

Il ben fornito **Visitors' Center**, che ha sede nell'atrio del Rhode Island Convention Center, 1 Sabin St. (lun-sab 9-17; ☎ 401/751-1177 o 1-800/233-1636), fornisce cartine, dépliant e opuscoli informativi. La **Rhode Island Historical Society**, 110 Benevolent St. (☎ 401/331-8575 o ☎ 401/273-7507, *www.rihs.org*), organizza giri guidati della città a piedi.

Providence è ben servita da una rete di **autobus** gestita dalla RIPTA ($1,75, biglietti in vendita in vettura; ☎ 401/781-9400, *www.ripta.com*); il centro della rete è la Kennedy Plaza. Da qui parte anche un tram che conduce al molo dei **traghetti** presso i Providence Piers, 180 Allens Ave., dove si prendono i traghetti per Newport (maggio-ottobre fino a 6 tutti i giorni; 1 h; $12; ☎ 401/453-6800, *www.providencefastferry.com*).

Alloggio

Il centro di Providence è attrezzato soprattutto per chi viaggia per lavoro e quindi dispone di poche camere economiche, ma i **bed & breakfast** (**B&B**) sono una buona alternativa. Chi è in auto può sfruttare la serie di **motel** a prezzi medi situati a nord lungo la I-95, direzione Pawtucket, e a sud vicino all'aeroporto, a Warwick.

Annie Brownell House B&B 400 Angell St. ☎ 401/454-2934, *www.anniebrownellhouse.com*. Una manciata di camere in una bella casa del 1899 in stile neocoloniale nelle vicinanze di Thayer Street. Prime colazioni calde complete. ❺

Comfort Inn 1940 Post Rd., Warwick ☎ 401/732-0470, *www.choicehotels.com*. Una sistemazione adeguata presso l'aeroporto. Ce n'è un altro anche a Pawtucket, al n. 2 di George St. (☎ 401/723-6700). ❺

Hotel Dolce Villa 63 DePasquale Sq. ☎ 401/383-7031, *www.dolcevillari.com*. Eleganti, bianche suite nel miglior *boutique hotel* di Federal Hill; dell'albergo fa parte anche una classica villa italiana. Suite ❼, villa ❽

Hotel Providence 311 Westminster St. ☎ 401-861-8000 o 1-800/861-8990, *www.thehotelprovidence.com*. Ottanta camere sfarzose e pittoresche, con un ristorante trendy al piano di sotto. ❼

The Old Court 144 Benefit St. ☎ 401/751-2002, *www.oldcourt.com*. Bel bed & breakfast vittoriano con 10 camere in una vecchia canonica nei pressi della Rhode Island School of Design (RISD). ❻

The Providence Biltmore 11 Dorrance St. ☎ 401/421-0700 o 1-800/294-7709, *www.providencebiltmore.com*. Uno dei punti di riferimento di Providence dal 1922, esibisce un'eleganza da Vecchio Mondo nel cuore del centro storico.

The Westin 1 W Exchange St. ☎ 401/598-8000 o 1-800/937-8461, *www.westin.com*. Lussuose camere moderne in un famoso palazzo in pieno centro. ❽

La città

Il fulcro di "**Downcity**", il centro città, è la Kennedy Plaza, nodo dei trasporti urbani, circondata da nuovi edifici moderni, con la notevole eccezione del

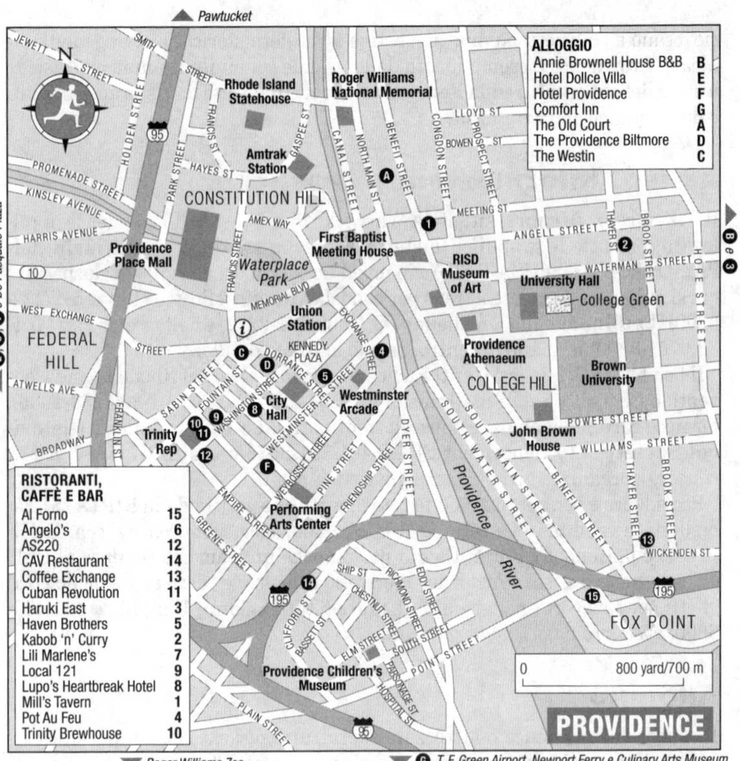

City Hall, il **municipio** del 1878, che ne occupa l'estremità occidentale. Benché non sia più utilizzata come stazione ferroviaria, la vicina **Union Station**, una struttura in stile Beaux Arts del 1898, è un altro bell'esempio del restauro storico in cui la città eccelle. Qualche isolato a sud, la **Westminster Arcade**, costruita nel 1828 e tuttora in funzione, è il più vecchio centro commerciale al coperto della nazione.

A nord di Downcity, il **Roger Williams National Memorial**, all'incrocio fra N Main Street e Smith Street, è il sito dell'insediamento originario del fondatore della città, a ovest del quale, in cima a **Constitution Hill**, la maestosa **Rhode Island State House** in marmo bianco, sede dell'Assemblea legislativa dello Stato, vanta quella che è forse la quarta cupola più grande del mondo e custodisce il Rhode Island Charter, lo statuto originale dello Stato, risalente al 1663 (per gli orari delle visite guidate chiamate il ☎ 401/222-2357).

Subito a sud di Downcity, nel Jewelry District ha sede, al n. 100 di South St., il **Providence Children's Museum** (Museo dei bambini; aprile-agosto: tutti i giorni 9-18; settembre-marzo: mar-dom 9-18; $6,50; ☎ 401/273-5437, *www.childrenmuseum.org*), dove le esposizioni interattive comprendono un avventuroso "viaggio nel tempo" attraverso la storia del Rhode Island. Più a sud, vicino al confine urbano fra Providence e Cranston, il **Culinary Arts Museum**, 315 Harborside Boulevard (mar-dom 10-17; $7; ☎ 401/598-2805, *www.culinary.org*), ripercorre la storia dell'arte culinaria tramite una quantità di materiale, compresi antichi utensili e ricette, nel campus satellite della Johnson & Wales University, uno dei principali college culinari del paese.

Il **Roger Williams Park**, un parco di 175 ettari situato 3 km a sud del centro città, ospita il meraviglioso **Roger Williams Zoo**, il terzo zoo più vecchio del paese, con 130 specie di animali ed esposizioni ricche di fantasia (tutti i giorni: aprile-settembre 9-17, resto dell'anno 9-16; $12; ☎ 401/785-3510, *www.rogerwilliamsparkzoo.org*).

College Hill e Federal Hill

Dall'altra parte del fiume rispetto a Downcity, la tranquilla **College Hill** è un bel quartiere di edifici coloniali e musei. Ai piedi della collina, la bianca struttura in legno della **First Baptist Meeting House**, al 75 di N Main St., risale al 1775 e attesta le origini dello Stato come "vivo esperimento" di libertà religiosa. La vicina **Benefit Street** è il "**miglio storico**" di Providence, fiancheggiato da vecchie case splendidamente restaurate, appartenute in origine a mercanti e capitani di marina. Questa via un tempo era un sentiero sterrato che conduceva a dei cimiteri, fino a che non fu migliorato nell'Ottocento "a beneficio degli uomini e delle donne della Provvidenza" (*Providence* in inglese, da cui il nome della città). Una delle poche case aperte al pubblico, l'elegante **John Brown House**, 52 Power St., all'altezza di Benefit St. (per le visite guidate telefonate; $8; ☎ 401/273-7507), fu la prima casa costruita sulla collina ed era la residenza del patriota e imprenditore (nonché zio dell'uomo cui è intitolata l'Università) che fece fortuna con la tratta degli schiavi e i commerci con la Cina.

Il frondoso, storico campus della **Brown University**, una delle università dell'Ivy League, stabilisce il tono di questo quartiere sorto tre secoli fa; se volete visitare gratuitamente il campus, rivolgetevi all'ufficio permessi (*admissions office*), 45 Prospect St. (☎ 401/863-2378, *www.brown.edu*). Nella stessa zona, il più piccolo campus della Rhode Island School of Design (RISD) è sede del **RISD Museum of Art**, 224 Benefit St. (mar-dom 10-17; $8; ☎ 401/454-6500, *www.risd.edu*), un complesso di 45 gallerie che ospitano fra l'altro superbe collezioni di arti decorative europee e americane e una notevole collezione asiatica comprendente oltre 600 xilografie giapponesi e un Buddha del periodo Heian (Kyoto). Sempre nel campus universitario, la struttura neoclassica del **Providence Athenaeum**, 251 Benefit St. (lun-gio 9-19, ven e sab 9-17, dom 13-17; chiuso dom d'estate; ingresso gratuito; ☎ 401/421-6970, *www.providenceathenaeum.org*), ospita una delle biblioteche più antiche d'America, dove Edgar Allan Poe una volta corteggiò Sarah Whitman. A Est e a Sud di College Hill, **Thayer Street** e **Wickenden Street** sono fiancheggiate da numerose librerie e caffè.

Federal Hill, a ovest di Downcity, è la **Little Italy** di Providence e saluta i visitatori con il tradizionale simbolo di benvenuto, una pigna di bronzo posta sull'arco d'ingresso dell'Atwells Avenue. Federal Hill è una delle zone più accoglienti della città, un susseguirsi di vivaci caffè, negozi di gastronomia, panetterie-pasticcerie e bar, e con un'animata piazza, la **DePasquale Square**, che circonda una fontana italianeggiante.

Lo Slater Mill Historic Site

Subito a nord di Providence, Pawtucket ospita lo **Slater Mill Historic Site**, 67 Roosevelt Ave., uscita 28 dalla I-95 (marzo e aprile: sab e dom 11-15, maggio-giugno e ottobre-novembre: mar-sab 10-15, luglio-settembre: mar-sab 10-17; $9; ☎ 401/725-8638, *www.slatermill.org*). Il sito illustra il passaggio dell'America all'età industriale sotto la guida di Samuel Slater, che nel 1790 importò dall'Inghilterra la tecnologia delle manifatture tessili introducendo tale industria negli Stati Uniti. Le parti più interessanti sono l'**Old Slater Mill**, con rare macchine tessili risalenti al 1838; il **Wilkinson Mill** del 1810, dove è ancora in funzione un'officina meccanica; e la **Sylvanus Brown House**, la casa di un operaio, con copie di mobili dei primi dell'Ottocento.

Mangiare

Providence offre un'ottima scelta per quanto riguarda il **mangiare**. **Thayer Street** è fiancheggiata da ristoranti economici frequentati dagli studenti, mentre la vicina **Wickenden Street** ha una clientela più matura. In alternativa, a **Federal Hill** troverete un'ottima cucina italiana a prezzi ragionevoli.

Al Forno 577 S Main St. ☎ 401/273-9760. Uno dei ristoranti migliori del paese, famoso per le pizze cotte nel forno a legna, le carni e altre prelibatezze. Aperto solo per cena, chiuso dom e lun.

Angelo's 141 Atwells Ave. ☎ 401/621-8171. Presenza costante a Federal Hill sin dal 1924, serve cucina casalinga italiana senza fronzoli a prezzi che ci si può permettere.

CAV Restaurant 14 Imperial Place ☎ 401/751-9164. Menu di piatti americani contemporanei a prezzi medi, serviti in un suggestivo *loft* storico.

Coffee Exchange 207 Wickenden St. ☎ 401/273-1198. Caffè biologici del commercio equo, prodotti da piantagioni cresciute all'ombra e un delizioso menu vegetariano in un ambiente rilassato.

Haruki East 172 Wayland Ave. ☎ 401/223-0332. Ha fama di essere uno dei migliori ristoranti giapponesi in circolazione e serve piatti ben presentati a prezzi medi.

Haven Brothers "Ristorante su ruote" dal 1893, serve classici hot dog, hamburger e patatine fritte. È parcheggiato davanti al municipio tutte le sere dalle 16.30 alle 5 di mattina.

Kabob 'n' Curry 261 Thayer St. ☎ 401/273-8844. Cucina indiana sopra la media nell'animata Thayer St., con variazioni divertenti come il "naninis" ($6-8).

Local 121 121 Washington St. ☎ 401/274-2121. Cucina locale sostenibile e a base di prodotti freschi, servita in un ambiente elegante.

Mill's Tavern 101 N Main St. ☎ 401/272-3331. Raffinata cucina americana contemporanea, con piatti speciali cucinati sul fuoco a legna. Aperto solo per cena.

Pot Au Feu 44 Custom House St. ☎ 401/273-8953. Al piano superiore c'è una costosa sala da pranzo, a pianterreno un bistrot a prezzi medi; in entrambi servono ottime specialità francesi.

Vita notturna e intrattenimenti

Providence offre un panorama particolarmente ricco e vario per quanto riguarda il **cinema** e le **arti dello spettacolo**. L'Avon Rep Cinema, 260 Thayer St. (☎ 401/421-3315), propone **film** indipendenti e d'essai, e lo stesso fa il Cable Car Cinema al n. 204 di S Main St., un cinema pieno di divanetti a esse (☎ 401/272-3970). A Downcity, il Trinity Rep, 201 Washington St. (☎ 401/351-4242, *www.trinityrep.com*), è uno dei principali teatri regionali statunitensi, mentre il **Providence Performing Arts Center**, 220 Weybosset St. (☎ 401/421-2787, *www.ppacri.org*), ospita vari **musical** in una grandiosa, vecchia sala cinematografica in stile art déco. In occasione delle Gallery Nights (marzo-novembre: terzo gio del mese, 17-21; ☎ 401/490-2042, *www.gallerynight.info*), dietro la Citizens Plaza (vicino al Waterplace Park) partono gli "Art Bus", che fermano presso molte delle **gallerie** e dei musei cittadini, dove in quelle stesse serate anche l'ingresso è libero.

Nei mesi più caldi, nell'insolita manifestazione nota come **WaterFire** ("AcquaFuoco"; parecchie volte al mese, maggio-ottobre; *www.waterfire.org*), al tramonto vengono collocati al centro del fiume Providence, partendo dal Waterplace Park, un centinaio di piccoli falò, curati da gondolieri e accompagnati da una musica trascinante. Per un esauriente elenco di avvenimenti si può consultare il settimanale gratuito *Providence Phoenix* o l'edizione del giovedì del *Providence Journal*.

La **vita notturna** della città è particolarmente animata intorno alle vie Empire e Washington, a sud della Kennedy Plaza in Downcity e, durante il periodo scolastico, lungo **Thayer Street**, vicino alla Brown University.

AS220 115 Empire St. ⓣ 401/831-9327. Un esercizio vivace, di tendenza e anti-establishment che opera come caffè-bar-galleria, esponendo eclettica arte locale e ospitando varie performance tutte le sere.

Cuban Revolution 50 Aborn St. ⓣ 401/331-8829. Birra cubana e cocktail tropicali in un'atmosfera rilassata; servono anche vari spuntini, come *tapas*, sushi e patatine fritte.

Lili Marlene's 422 Atwells Ave. ⓣ 401/751-4996. Un piccolo bar buio e tranquillo, con séparé di pelle rossa, un tavolo da biliardo e spuntini serviti fino a tarda sera; è in posizione appartata sulla Federal Hill.

Lupo's Heartbreak Hotel 79 Washington St. ⓣ 401/272-5876. Se volete ascoltare dei gruppi rock noti a livello nazionale è qui che dovete venire. I biglietti costano $10-40, se si acquistano in anticipo costano meno.

Trinity Brewhouse 186 Fountain St. ⓣ 401/453-2337. Fresche birre alla spina, che potete gustare dopo una partita dei Providence Bruins (squadra di hockey della seconda divisione) o dei Friars (squadra di basket dell'università).

Newport

Caratterizzata dagli yacht tirati a lucido, dai tramonti nelle sfumature del rosa e dall'essere da sempre associata con l'America del mito e della ricchezza, **NEWPORT**, soprannominata "il primo luogo di villeggiatura d'America", sembra uscita da un libro illustrato. Qui si sono sposati i Kennedy (Jackie era una ragazza del posto), e durante la sua presidenza Eisenhower vi trascorse vari periodi presso il Naval War College, che continua a garantire la presenza di uomini in uniforme nelle animate vie cittadine. Oggi i turisti visitano Newport soprattutto per ammirare le fastose dimore *fin de siècle* che fiancheggiano Bellevue Avenue: immense tenute alberate e palazzi decorati, un tempo residenze estive di personaggi quali gli Astor e i Vanderbilt.

Tuttavia, dietro le sontuose facciate troverete molto di più, compreso un gran numero di dimore originali del Settecento accoccolate fra i ristoranti, le boutique e i negozi del centro. La splendida posizione in riva al mare significa anche che le vedute sono spesso, se non sempre, sgombre: basta una breve corsa in macchina per essere accolti da litorali e spiagge incomparabili, frastagliati panorami marini e lunghe distese di sabbia.

Arrivo e informazioni

Sull'Aquidneck Island sono sorti tre centri abitati: **Portsmouth**, **Middletown** e **Newport**. La terraferma (e la I-95) è collegata con l'isola dalla US-138, che attraversa il **Jamestown Bridge** sbucando a Jamestown, a sua volta collegata con Newport dal **Newport Bridge**.

Newport è facile da **girare a piedi**, prendendo come punto di riferimento l'arteria principale, Thames (pron. "Theimz") Street. Subito a nord del centro città, al n. 23 di America's Cup Avenue, il **Gateway Visitor Center** è una buona fonte d'informazioni (tutti i giorni 9-17; ⓣ 401/845-9123 o 1-800/976-5122, *www.gonewport.com*), oltre a fungere da capolinea per i pullman delle compagnie **Bonanza** (☎ 401/846-1820) e **RIPTA** e per la **navetta per l'aeroporto**.

Le **biciclette** si possono noleggiare da Ten Speed Spokes, 18 Elm St. ($6 all'ora, $30 al giorno; ☎ 401/847-5609). La Newport Historical Society e la Newport Restoration Foundation organizzano **giri turistici a piedi** in centro, con partenza dal Brick Market Museum, 127 Thames St. ($12; ☎ 401/841-8770, *www.newportrestoration.com / histours*). Il modo più rilassante di vedere Newport è però una delle varie **crociere** proposte, fra le quali suggeriamo quella a bordo della bellissima goletta *Madeleine* (☎ 401/847-0298, *www.cruisenewport.com*), che d'estate effettua giri di 90 min con partenza dal Bannister's Wharf ($27).

Alloggio

Alloggiare a Newport, che dispone soprattutto di piccoli alberghi e bed & breakfast, non costa poco, e nei fine settimana estivi i prezzi salgono alle stelle. Volendo spendere meno, a Middletown e a Portsmouth, qualche chilometro a nord, si può trovare alloggio nei motel delle catene e in diversi **campeggi**. In caso di difficoltà potreste rivolgervi al Visitor Center o, in alternativa, al Bed & Breakfast Newport (☎ 401/846-5408 o 1-800/800-8765; *bbnewport.com*).

The Almondy 25 Pelham St. ☎ 401/848-7202 o 1-800/478-6155, *www.almondyinn.com*. B&B dell'ultimo decennio dell'Ottocento, con vista sul porto, bagni con jacuzzi e prime colazioni da buongustai. ❽

Chart House Inn 16 Clarke St. ☎ 401/207-6418, *www.charthouseinn.com*. Otto camere ariose e soleggiate in un B&B in posizione centrale. Tutte le camere hanno il bagno privato, che però in qualche caso è nel corridoio. ❻

Hotel Viking 1 Bellevue Ave. ☎ 401/847-3300, *www.hotelviking.com*. Hotel di lusso con 222 camere, costruito in origine nel 1926 per alloggiare gli ospiti in sovrannumero delle ville. ❾

Melville House 39 Clarke St. ☎ 401/847-0640, *www.melvillehouse.com*. B&B coloniale dotato di

△ The Breakers

sette camere accoglienti; con bagni privati e in comune. ❻

The Old Beach Inn 19 Old Beach Rd. ⓣ 401/849-3479 o 1-888/303-5033, *www.oldbeachinn.com*. Rifugio isolato e vecchio stile con giardino e veranda, nella strada che parte dal Newport Art Museum. ❻

William Gyles Guesthouse 16 Howard St. ⓣ 401/369-0243, *www.newporthostel.com*. Ostello accogliente nel cuore del centro città. Sono disponibili anche sistemazioni private. In alta stagione, letti in camerata $59 a notte nei weekend, $35-39 nei giorni infrasettimanali.

La città

Le sontuose **ville signorili** erette nell'Ottocento sono la maggior attrattiva di Newport; quando ne avete abbastanza dell'opulenza, dirigetevi sulla costa, dove potrete godere di alcune **spiagge** spettacolari.

Le ville signorili

Quando l'economista e sociologo Thorstein Veblen visitò Newport alla svolta del XX secolo, rimase talmente scandalizzato dal dispendio di ricchezza che coniò l'espressione "consumo opulento". A partire dagli anni Settanta dell'Ottocento, Newport diventò per l'élite di New York un'arena in cui i magnati dell'industria e le loro famiglie si facevano concorrenza cercando di superarsi nella costruzione di proprietà sontuose. Molte di queste residenze di lusso furono abbandonate nel giro di pochi decenni; la **Preservation Society of Newport County**, 424 Bellevue Ave. (ⓣ 401/847-1000, *www.newportmansions.org*; ville aperte da aprile a gennaio), è impegnata a conservare la maggior parte delle ville oggi aperte al pubblico (una dozzina).

Ciascuna villa esibisce una sua versione degli eccessi dell'età dell'oro: **Marble House**, con la sua sala da ballo dorata e l'adiacente sala da tè cinese; **Rosecliff**, con un roseto variopinto e una scalinata a forma di cuore; **The Elms**, una villa riccamente ornata in stile francese, famosa per i suoi giardini; e la più grandiosa del gruppo, **The Breakers** di Cornelius Vanderbilt, un palazzo in stile rinascimentale italiano affacciato sull'oceano. Oltre a queste, diverse case più antiche, fra cui **Kingscote**, un'originale costruzione in stile neogotico di dimensioni minori, possono essere meta di un'escursione ancora più interessante. L'ingresso ai Breakers costa $16,50; la visita di questa e di un'altra proprietà costa $23, mentre per un biglietto cumulativo che permette di visitarne cinque si spendono $31. Da notare che molte ville si possono vedere solo unendosi alle visite guidate di un'ora; se non siete dei veri patiti, vederne una o due dovrebbe essere sufficiente per farsi un'idea della loro opulenza.

Non fa parte delle dimore gestite dalla Preservation Society la villa degli Astor, **Beechwood**, 580 Bellevue Ave. (febbraio-metà maggio: ven-dom 10-16; metà maggio-dicembre: tutti i giorni 10-16, chiuso in gennaio; $15; ⓣ 401/846-3772, *www.astors-beechwood.com*), un divertente antidoto alle più asciutte esercitazioni storiche di altre visite guidate, con attori in costume che vi accompagnano nel loro set. Il **Belcourt Castle**, sempre in Bellevue Ave. al n. 657 (estate e autunno: tutti i giorni 10-16, negli altri mesi l'orario varia; $12; ⓣ 401/846-0669, *www.belcourtcastle.com*), è insolito per il fatto di essere ancora abitato dai suoi proprietari.

Chi ha un budget limitato può vedere le ville senza spendere tanto sbirciando nei giardini sul retro dalla **Cliff Walk**, la "camminata sulla scogliera", che inizia dal Memorial Boulevard nel punto in cui incontra la First (Easton) Beach. Questo spettacolare sentiero di 5,5 km lungo il litorale oceanico alterna bei tratti fiancheggiati da gelsomini e rose selvatiche a passaggi accidentati fra le rocce.

Il centro di Newport

Washington Square, il centro politico e affaristico della Newport coloniale, si trova subito a sud del Gateway Center, a partire dal punto in cui Thames Street incontra il **Brick Market**, l'edificio del Settecento che un tempo era sede di mercato per vari beni. Oggi la struttura ospita il **Brick Market Museum** (lun-gio 10-18, ven e sab 10-20, dom 10-17; offerta suggerita $4; ⓣ 401/841-8770), le cui esposizioni ripercorrono la storia di Newport dall'epoca precoloniale ai giorni nostri. Dalla parte opposta della piazza, l'**Old Colony House** è un edificio in mattoni pre-rivoluzionario che fu sede del governo statale dal 1739 al 1900. Qui, nel maggio del 1776, il Rhode Island fu la prima colonia a dichiarare la propria indipendenza dalla Gran Bretagna.

L'edificio religioso più antico della città è la **Great Friends Meeting House**, luogo di culto quacchero eretto nel 1699 all'incrocio fra le vie Marlborough e Farewell, oggi riportato dai restauri all'aspetto che aveva nell'Ottocento e completamente privo di ornamenti (visite su appuntamento; ⓣ 401/846-0813). La propensione dello Stato per la tolleranza religiosa riecheggia nella vicina **Touro Synagogue**, 85 Touro St., il luogo di culto ebraico più vecchio d'America, fondato da discendenti di ebrei giunti nel nuovo continente per sfuggire all'Inquisizione spagnola (visite guidate $5; ⓣ 401/847-4794, *www.tourosynagogue.org*). La tolleranza fu estesa perfino agli anglicani, che nel 1726 fondarono la **Trinity Church** in Queen Anne Square, mentre la **St. Mary's Church**, all'incrocio fra Spring St. e il Memorial Blvd., è la più vecchia chiesa cattolica del Rhode Island (ⓣ 401/847-0475). Il monumento più enigmatico di tutti, però, è forse quello noto come **Viking Tower** (Torre Vichinga), una struttura in pietra di origini misteriose, forse normanne, che si eleva nel Touro Park.

A parte le ville signorili, Bellevue Avenue vanta anche due musei degni di nota. Il **Newport Art Museum**, al n. 76, è ospitato nella Griswold House, una struttura pseudo-medievale del 1864, ed espone opere d'arte del New England realizzate negli ultimi due secoli (fine maggio-metà ottobre: lun-sab 10-17, dom 12-17; resto dell'anno: lun-sab 10-16, dom 12-16; $8; ⓣ 401/848-8200, *www.newportartmuseum.org*). Al n. 194, il maestoso **Newport Casino** era un vecchio *country club*, un circolo ricreativo e sportivo, e nel 1881 vi si tenne il primo campionato nazionale di tennis, mentre oggi ospita l'**International Tennis Hall of Fame Museum**, che raccoglie una vasta collezione di cimeli collegati al tennis (ⓣ 401/849-3990, *www.tennisfame.com*).

Le spiagge

Innegabilmente l'attrazione della linea costiera di Newport, con le sue tante insenature e le sabbie in lieve pendenza, è costituita dalle spiagge. La piccola **Gooseberry Beach** è circondata da dimore grandiose, mentre la **First Beach** è l'animata spiaggia urbana all'estremità orientale del Memorial Boulevard; più avanti, la **Second (Sachuest) Beach**, con le sue tranquille, lunghe distese sabbiose, è la spiaggia più allettante, mentre alla Third Beach ci sono acque più calme. Nella maggior parte delle spiagge la tariffa estiva per il parcheggio dell'auto è di $10-15 a veicolo. Se volete ammirare vedute spettacolari senza bagnarvi, percorrete in bicicletta l'**Ocean Drive**, che in parecchi chilometri conduce al **Brenton Point State Park** (aperto tutti i giorni dall'alba al tramonto; ingresso gratuito), uno splendido punto dal quale guardare il tramonto e ammirare vedute panoramiche della Narragansett Bay.

Mangiare

Molti dei **ristoranti** di Newport si rivolgono ai turisti e costano troppo, ma andando un po' a caccia si può trovare qualche meravigliosa eccezione. Da notare che in molti dei ristoranti elencati sotto gli orari cambiano a seconda della stagione.

Asterisk 599 Thames St. ⓣ 401/841-8833. Elegante bistrot francese in un ex garage, con prime colazioni squisite, dessert e, per cena, piatti come la *sole meunière* (sogliola alla mugnaia) e scaloppine di pollo.

The Black Pearl Bannisters Wharf ⓣ 401/846-5264. Un'istituzione a Newport, famosa per la sua *clam chowder* (zuppa di molluschi con verdura); si può mangiare nel patio informale o nella classica sala da pranzo.

Firehouse Pizza 595 Thames St. ⓣ 401/846-1199. Una vecchia caserma dei pompieri con eccentrici séparé dipinti a mano e pizze enormi.

Flo's Clam Shack 4 Wave Ave. ⓣ 401/847-8141. Frequentatissima tavola calda all'altezza della First Beach, famosa per l'economica zuppa di pesce (*chowder*) e i consueti piatti di molluschi più apprezzati.

Salvation Café 140 Broadway ⓣ 401/847-2620. Un posto originale fuori dall'itinerario principale, con combinazioni esotiche quali pollo marocchino con tortini di gamberetti thailandesi, il tutto a prezzi ragionevoli. Cena tutti i giorni.

Scales & Shells 527 Thames St. ⓣ 401/846-3474. Ristorante informale famoso per il pesce e i frutti di mare freschi, consumati crudi, bolliti o alla griglia. Aperto solo a cena.

Smokehouse Café America's Cup Ave. e Scotts Wharf ⓣ 401/848-9800. Giganteschi piatti misti alla griglia e costolette a prezzi abbordabili in un'atmosfera vivace.

White Horse Tavern all'angolo fra Marlborough St. e Farewell St. ⓣ 401/849-3600. Cenate a lume di candela in una delle taverne più antiche d'America, in attività sin dal 1687. Cucina continentale con un tocco di New England; a pranzo i prezzi sono più contenuti.

Festival e vita notturna

C'è sempre qualcosa in corso a Newport, in particolare d'estate in occasione del **Newport Folk Festival** (ⓣ 877/655-4849, *www.newportfolk.com*) o del **JVC Jazz Festival** (ⓣ 877/655-4849, *jazz.jvc.com*). Il **Newport Music Festival** (ⓣ 401/846-1133, *www.newportmusic.org*) propone musica classica eseguita presso le ville signorili, mentre l'**Irish Waterfront Festival** è una delle manifestazioni a tema irlandese più importanti della città (ⓣ 401/646-1600, *www.newportfestivals.com*). Anche la **vita notturna** si anima durante l'estate, quando il lungomare è fiancheggiato da numerosi bar animati.

Billy Goode's 23 Marlborough St. ⓣ 401/848-5013. Fatevi un'idea di com'era l'atmosfera ai tempi del proibizionismo in questo vecchio ritrovo nell'ex quartiere dei marinai. Musica country dal vivo mer sera.

The Boom-Boom Room nella *Clarke Cooke House*, Bannister's Wharf ⓣ 401/849-2900. Discoteca molto frequentata che richiama una clientela mista con brani standard, vecchi classici e Top-40.

Mudville Pub 8 W Marlborough St. ⓣ 401/849-1408. Pub irlandese e bar sport sopra il Cardines Field, con una lunga lista di birre.

Newport Blues Café 286 Thames St. ⓣ 401/841-5510. Venite a sentire le leggende e le grandi promesse del jazz e del blues in questo ritrovo tranquillo; blues e jazz dal vivo tutte le sere.

One Pelham East all'angolo fra Thames St. e Pelham St. ⓣ 401/847-9460. Noto e frequentato ritrovo che ospita band dal vivo; al piano di sopra c'è una discoteca.

Connecticut

Il **CONNECTICUT**, lo Stato più meridionale del New England, fu battezzato dai nativi americani *Quinnehtukqut* ("grande fiume di marea") per via del fiume che lo attraversa per poi sfociare nel Long Island Sound. Popolato negli anni Trenta del Seicento da coloni bianchi, il Connecticut è una delle colonie più antiche dell'Unione e svolse ruoli cruciali sia durante la guerra d'indipendenza (quando fu soprannominato **"lo Stato delle provviste"**) sia nella fondazione del paese (il suo statuto originario del 1639 fu una delle fonti d'ispirazione della Costituzione americana, tanto che un altro soprannome del Connecticut è **"lo Stato della Costituzione"**). Nei secoli XVIII e XIX lo Stato prosperò grazie alla costante industrializzazione e alla lucrosa caccia alla balena lungo la costa. Oggi molte delle vecchie industrie sono scomparse, mentre rimangono estese aree di campagna verde e paesi idilliaci che esemplificano l'immagine pittoresca del New England.

Se da un lato il Connecticut è prevalentemente rurale, lungo la costa è densamente popolato, e l'angolo sud-occidentale è un'area piena di vita, in cui si respira l'atmosfera cosmopolita della vicina New York City e di **New Haven**, città al tempo stesso industriale e intellettuale, sede della celebre Università di Yale. Più a est, **Mystic** e **New London** conservano legami intimi con il loro passato marittimo, mentre nell'entroterra le vecchie strutture architettoniche della capitale dello Stato, **Hartford**, raccontano i giorni di maggior gloria della città.

Trasporti nel Connecticut

Il Connecticut è ben collegato con gli Stati confinanti da importanti **strade interstatali**: la I-95 corre lungo la costa da New York al Rhode Island, mentre la I-91 si dirige a nord lungo il fiume Connecticut fino al Vermont. La Greyhound e la Peter Pan (T 1-800/343-9999, *www.peterpanbus.com*) gestiscono servizi di **pullman** per quasi tutte le località principali. La CT Transit (T 860/522-8101) fornisce il trasporto in **corriere locali** nelle aree metropolitane di Hartford e New Haven. I **treni** della Metro North (T 1-800/638-7646) collegano New Haven e New York City, mentre la linea ferroviaria dell'Amtrak collega New York City e Boston, con varie fermate lungo la costa e un collegamento con Hartford.

Connecticut sud-orientale

La **costa sud-orientale** del Connecticut, meta di un gran numero di visitatori, si estende per 40 km da Stonington, a est, fino a Niantic, a ovest. Il vecchio porto per baleniere di **Mystic** è una grossa attrazione grazie al porto marittimo dell'Ottocento, oggi restaurato, e all'enorme acquario, mentre a **New London** ha sede l'Accademia della Guardia costiera statunitense (US Coast Guard Academy). Più a Est s'incontra il pittoresco villaggio marittimo di **Stonington**.

Mystic

Come non mancheranno di dirvi i puristi, la città di **MYSTIC**, proprio sulla I-95, in realtà non esiste: **Old Mystic** comprende un paio di strade pittoresche a nord della statale, mentre i turisti sono attratti dalle ricostruzioni marittime di **Mystic Seaport**, 3 km a sud, e dall'animata zona centrale subito al di là del fiume, il Mystic River. Il ponte girevole che immette nella zona centrale viene sollevato ancora oggi ogni ora e su richiesta per far passare imponenti navi più alte dell'arcata.

La maggior attrazione dell'area è il **Mystic Aquarium & Institute for Exploration** (gennaio e febbraio: lun-ven 10-17, sab e dom 9-18; marzo-dicembre: tutti i giorni 9-18; adulti $24, bambini e ragazzi dai 3 ai 17 anni $18; T 860/572-5955, *www.ife.org*), che ospita oltre 12.000 specie marine strane e meravigliose, fra cui pinguini, leoni di mare, piranha e le uniche balene beluga del New England. Per raggiungerlo, dalla I-95 imboccate l'uscita 90.

Alcuni lo troveranno autentico, altri pacchiano, ma in ogni caso l'altra grande attrazione della zona è il **Mystic Seaport**, noto anche come Museum of America & the Sea (tutti i giorni: aprile-ottobre 9-17, altri mesi 10-16; $18,50, bambini $13; T 860/572-5315, *www.mysticseaport.org*). Qui più di 60 edifici ospitano laboratori e botteghe vecchio stile che rispecchiano la vita di un paese di mare nell'Ottocento. Nel **Preservation Shipyard** si può osservare il restauro e la conservazione di una vasta collezione di navi di legno, fra cui la *Charles W. Morgan* del 1841, l'ultima baleniera in legno ancora esistente.

Notizie utili

L'**ufficio informazioni** principale di Mystic è nel pacchiano Olde Mistick Village Shopping Mall (lun-sab 9-17, dom 10-17; T 860/536-1641), con una succursale più piccola (tutti i giorni 10-16, T 860/572-1102) alla **stazione ferroviaria** dell'Amtrak (T 1-800/872-7245). Fra le possibilità d'**alloggio** consigliamo lo *Steamboat Inn,* 73 Steamboat Wharf (T 860-536-8300, *www.steamboatinnmystic.com*; ❽), che offre 11 camere eleganti con vista sul mare nel cuore del centro abitato. Nelle vicinanze della I-95 ci sono alcuni motel di varie catene, fra cui il *Best Western Mystic*, 9 Whitehall Ave. (T 860/536-4281; ❹); sempre qui, la bella *Whitehall Mansion*, 42 Whitehall Ave. (T 860/572-7280 o 1-800/572-3993; ❻), è una villa restaurata del 1771 con cinque camere per gli ospiti. Il **campeggio** Seaport, situato a Old Mystic su una laterale delle Rte-184 (T 860/536-4044, *www.seaportcampground.com*; $45 per posto tenda), ha 130 piazzole.

Fra i **ristoranti** di Mystic segnaliamo gli eccellenti A*Bravo Bravo*, 20 E Main St. (T860/536-3228), che serve in un ambiente senza pretese ottime pastasciutte e buone specialità classiche della cucina italiana, e *S&P Oyster Company*, 1 Holmes St. (T860/536-2674), che prepara buoni piatti di pesce sul lungomare. *Mystic Pizza*, una piccola pizzeria a gestione familiare al n. 56 di W Main St. (T860/536-3700), non turbata dal fatto che il suo nome è anche quello di un noto film, continua a servire enormi pizze per $10-16.

Stonington

STONINGTON, situata subito a sud della I-95 vicino al confine orientale dello Stato, è un ameno, vecchio paese di pescatori che, fondato nel 1649, ancora oggi esemplifica al meglio il New England, con i suoi villini imbiancati a calce e il tranquillo lungomare. La via principale, **Water Street**, è un susseguirsi di ristoranti e negozi. Al n. 7, l'**Old Lighthouse Museum** (maggio-novembre: tutti i giorni 10-17; $8; T 860-535-1440) ricostruisce in sei piccole sale espositive belle trame di vita urbana negli ultimi secoli. In una giornata soleggiata la vista dalla sommità, come quella dall'entrata, è sconfinata. Il biglietto d'ingresso al museo consente anche l'accesso alla **Captain Nathaniel B. Palmer House**, 40 Palmer St. (maggio-novembre: mer-dom 10-17; $8; ⓣ 860-535-8445), una residenza in stile italianeggiante all'estremità settentrionale della città; in questa casa-museo si celebra il famoso uomo di mare di Stonington cui si attribuisce uno dei primi avvistamenti dell'Antartide.

Riguardo all'**alloggio**, l'*Orchard Street Inn,* 41 Orchard St. (ⓣ 860/535-2681, *www.orchardstreetinn.com*; ❼), mette a disposizione tre camere in un villino silenzioso. Nell'attigua Pawcatuck, il *Cove Ledge Inn & Marina*, situato sulla Rte-1 all'altezza del Whewell Circle (ⓣ 860/599-4130, *www.coveledgeinn.com*; ❹), offre 20 camere vicino all'acqua. Per il **mangiare** consigliamo *Noah's*, 113 Water St. (ⓣ 860/535-3925; chiuso lun), rinomato per la sua buona cucina casalinga ma eclettica, che va dalle frittelle coreane al pesce fresco pescato in loco. In alternativa, lo *Skipper's Dock*, 66 Water St. (ⓣ 860/535-0111), offre piatti di pesce a prezzi medi con contorno di fantastiche vedute marine.

Groton

Circa 11 km a ovest di Mystic Seaport, **GROTON** è un nome adeguatamente sgradevole per la sede della **US Naval Submarine Base**, il quartier generale della flotta statunitense nel Nord Atlantico, una presenza di grande importanza per l'economia locale sin dal 1916. La base navale è *off limits*, ma il **Submarine Force Museum** (metà maggio-ottobre: mer-lun 9-17, mar 13-17; novembre-metà maggio: mer-lun 9-16; ingresso gratuito; ⓣ 800/343-0079) accoglie i visitatori raccontando la storia dei sommergibili, dall'epoca rivoluzionaria al **Nautilus** del 1954, il primo sottomarino americano a propulsione nucleare e il primo sommergibile che navigò sotto la calotta polare. Seguendo stretti passaggi claustrofobici si scende all'alloggiamento dell'equipaggio, dove sembra che le cose siano rimaste più o meno com'erano negli anni Cinquanta, comprese le foto di Marilyn Monroe appese alle pareti.

New London

Situata di fronte a Groton sul versante ovest del fiume Thames, **NEW LONDON** è la città più popolosa su questo tratto di costa, estendendosi per oltre 15 km^2. Fondata nel 1646, nell'Ottocento era un porto fiorente la cui attività principale era la caccia alla balena, mentre oggi vi ha sede l'**US Coast Guard Academy**, l'Accademia della Guardia costiera, situata in una laterale dell'I-95, al n. 31 di Mohegan Ave., su un bel campus in pendenza che si affaccia sul Thames. È possibile visitare il campus per conto proprio (tutti i giorni 9-16.30; occorre un documento d'identità; ingresso gratuito); l'ufficio accettazione, nel Waesche Hall (ⓣ 860/444-8500), distribuisce cartine su cui sono indicati edifici e itinerari. Qui, l'**US Coast Guard Museum** (aperto tutti i giorni, telefonate per gli orari; ingresso gratuito; ⓣ 860/444-8511) esplora due secoli di storia della Guardia costiera statunitense, e si può visitare anche la nave *Eagle* quando è ormeggiata in loco (ⓣ 860/444-8595).

Presso l'**ufficio turistico** del Connecticut sud-orientale (Convention & Visitor's Bureau o **CVB**, ⓣ 860/444-2206), al n. 32 di Huntington St., si può prendere una cartina appositamente studiata per accompagnare i visitatori in un giro turistico a piedi del centro città, per poi proseguire giù per Huntington

Street, una via un tempo prospera, oltrepassando le dimore signorili in stile neoclassico che formano il **Whale Oil Row**. La città vanta un certo numero di edifici storici aperti al pubblico, fra cui la **Shaw-Perkins Mansion**, 11 Blinman St. (mer-ven 13-16, sab 10-16; $5; ⓣ 860/443-1209), un palazzo in pietra costruito nel 1756 per il ricco armatore e commerciante Nathaniel Shaw, e il **Monte Cristo Cottage**, 325 Pequot Ave. (giugno-settembre: mar-sab 10-17, dom 13-15; $7; ⓣ 860/443-5378 int. 290), la casa in cui trascorse l'infanzia il celebre drammaturgo **Eugene O'Neill**, vincitore del premio Nobel nel 1936. L'Eugene O'Neill Theater Center, 305 Great Neck Road (uscita 82 dalla I-95), nella vicina **Waterford**, è un apprezzatissimo banco di prova per drammaturghi e attori emergenti (ⓣ 860-443-5378, *www.oneilltheatercenter.org*).

A sud del centro città, l'**Ocean Beach Park**, al 1225 di Ocean Ave., vanta una spiaggia di sabbia finissima e un'immensa piscina di acqua salata, nonché una passerella di legno sulla spiaggia, un minigolf e una sala giochi (aperto d'estate tutti i giorni fino a tardi; parcheggio $14-18; tariffe aggiuntive per le attività; ⓣ 860-447-3031).

Notizie utili

Si può arrivare a New London in **traghetto** da Orient Point, sulla Long Island (con la Cross Sound Ferry, 2 Ferry St., ⓣ 860/443-5281, *www.longislandferry.com*; si consiglia di prenotare). Inoltre la città è ben servita sia dal **treno** dell'Amtrak sia dai **pullman** della Greyhound.

Per informazioni ci si può rivolgere all'ufficio presso la **Trolley Station**, in Eugene O'Neill Drive (maggio e ottobre: ven-dom 10-16, giugno-settembre: tutti i giorni 10-16; ⓣ 860/444-7264). Lungo la I-95 sono sparsi diversi motel, fra cui l'*Holiday Inn*, 269 N Frontage Road (ⓣ 860/442-0631; ⑥). Una sistemazione più caratteristica e suggestiva è offerta dal *Lighthouse Inn Resort*, 6 Guthrie Place (ⓣ 860/443-8411, *www.lighthouseinn-ct.com*; ⑤), che dispone di camere eleganti nell'ex tenuta di campagna del magnate dell'acciaio Charles S. Guthrie. L'eccellente ristorante dell'albergo, *Timothy's*, in bella posizione panoramica sul Long Island Sound, serve vari tipi di pesce e frutti di mare. In centro, il caffè francese *Mangetout*, 140 State St. (lun-sab 8-16, dom 11-16, ⓣ 860/444-2066), offre pasti a base di freschi alimenti biologici e squisiti dessert.

Hartford

La città che Mark Twain una volta descrisse come "la meglio costruita e la più bella... che io abbia mai visto" oggi è difficilmente riconoscibile come tale. Piuttosto, la moderna capitale del Connecticut, **HARTFORD**, è più nota come il centro delle assicurazioni degli Stati Uniti. Benché la città stessa abbia poi attraversato e stia tuttora vivendo tempi piuttosto difficili, la vecchia architettura sparsa in varie parti della città continua a raccontare molte storie. Fra gli esempi migliori troviamo il **campidoglio** dalla cupola dorata, sede del Congresso del Connecticut, situato nel Bushnell Park (visite gratuite ogni ora, lun-ven 9.15-13.15, in luglio e agosto c'è una visita in più, alle 14.15; aprile-ottobre anche sab 10.15-14.15). Questa costruzione del 1878 combina gli stili gotico, classico e del secondo impero e ricorda una struttura ecclesiastica. Nello stesso parco si può vedere un'antica giostra di legno del

1914 tuttora in funzione; una corsa costa appena $1, scricchiolii compresi (metà maggio-ottobre, chiuso lun).

Il vanto e la gioia di Hartford è il neoclassico **Wadsworth Atheneum**, al n. 600 di Main St. (mer-ven 11-17, sab e dom 10-17; $10; ⓣ 860/278-2670, *www.wadsworthatheneum.org*); fondato da Daniel Wadsworth nel 1842, è il museo statale d'arte più antico del paese fra quelli rimasti aperti senza interruzioni. La collezione, di livello internazionale, copre oltre 5000 anni e comprende una pregevole raccolta di dipinti e sculture di artisti americani, capolavori rinascimentali e barocchi e un'importante collezione contemporanea.

Situata a circa 1,5 km a ovest del centro, la comunità collinare nota come Nook Farm ospitò negli anni Ottanta dell'Ottocento due famosi scrittori, **Mark Twain** e **Harriet Beecher Stowe**. Le loro case vittoriane adiacenti, che hanno conservato sostanzialmente gli arredi originari, sono entrambe visitabili. Twain visse al n. 351 di Farmington Ave. dal 1874 al 1891 e scrisse molti dei suoi classici in questa casa molto ornata, completa di elaborate opere in mattone e interni Tiffany (aprile-dicembre: lun-sab 9.30-17.30, dom 12-17.30; resto dell'anno: chiuso mar; $14; ⓣ 860/247-0998, *www.marktwainhouse.org*).

L'adiacente e molto meno elaborato **Harriet Beecher Stowe Center**, 77 Forest St. (maggio-ottobre: lun-sab 9.30-16.30, dom 12-16.30; novembre-aprile: stessi orari, ma chiuso lun; $8; ⓣ 860/522-9258, *www.harrietbeecherstowecenter.org*), celebra una delle più importanti attiviste americane, l'autrice de *La capanna dello zio Tom*. La bianca casa gotico-vittoriana, nella quale si può vedere lo scrittoio della Stowe, è un bell'esempio di "cottage" ottocentesco e ricorda una villa romantica.

Un altro luogo interessante è il bellissimo campus del **Trinity College** al 300 di Summit Street; il campus si estende per 40 ettari nel punto più alto della città. Fondato nel 1823, il Trinity si segnala per gli straordinari esempi di architettura gotico-vittoriana, fra cui la magnifica **cappella** del college. A ovest, l'**Elizabeth Park**, con ingressi in Prospect Avenue e in Asylum Avenue (tutti i giorni dall'alba al tramonto; ingresso gratuito; *www.elizabethpark.org*), è il primo roseto municipale degli Stati Uniti; il mese migliore per visitarlo è giugno, quando si possono vedere le oltre 800 varietà di rose in fiore, ma ci sono anche giardini rocciosi alla giapponese, serre (ⓣ 860/231-9443; lun-ven 8-15) e chilometri di tranquilli sentieri da esplorare.

Notizie utili

Situata all'incrocio fra la I-91 e la I-84, Hartford è facilmente raggiungibile in auto. Sia i **pullman** delle compagnie Greyhound, Peter Pan e Bonanza sia i **treni** dell'Amtrak fermano all'Union Station, subito a nord del Bushnell Park. Il **Bradley International Airport** del Connecticut (ⓣ 860/292-2000, *www.bradleyairport.com*), servito da un **bus-navetta** della CT Transit che lo collega con la Old State House, in centro, è 12 miglia (18 km) a nord della città. Per **informazioni** rivolgetevi al Greater Hartford Welcome Center, 45 Pratt St. (lun-ven 9-17; ⓣ 860/244-0253, *www.hartford.com*).

Hartford dispone di un numero limitato di **alloggi**. In centro una manciata di alberghi costosi si occupa soprattutto di chi viaggia per lavoro e offre tariffe scontate nei weekend; fra questi segnaliamo il *Goodwin Hotel*, Goodwin Square, 1 Haynes St. (ⓣ 860/246-7500; ⑥), un hotel di lusso con 124 camere di fronte al Civic Center. Lungo la I-91 si trovano diversi motel economici, fra cui il *Super 8*, un motel sopra la media presso l'uscita 33 (☎ 860/246-8888; ❹), a 800 m dal centro città. Troverete alternative più invitanti a Wethersfield e a Farmington, a pochi chilometri dalla città; consigliamo lo spazioso, elegante *Farmington Inn*, 827 Farmington Ave., a Farmington (☎ 860/677-2821, *www.farmingtoninn.com*; ❻).

Un **ristorante** molto apprezzato è il *Black Eyed Sally's*, 350 Asylum St. (☎ 860/278-7427), dove si può gustare una sostanziosa cucina cajun con accompagnamento di gruppi blues dal vivo. Il *Trumbull Kitchen*, 150 Trumbull St. (☎ 860/493-7417), offre un menu interculturale in una cornice moderna, mentre il *Peppercorn's Grill*, 357 Main St. (☎ 860/547-1714), serve eccellenti specialità italiane contemporanee. Se siete in vena di assaggiare qualcosa di esotico, andate all'*Abyssinian*, 535 Farmington Ave. (☎ 860/218-2231), che prepara un'autentica cucina etiope: stufati, insalate, pesce e pani, con molta scelta anche per i vegetariani.

New Haven

Non lasciatevi scoraggiare dalla brutta impressione iniziale che avrete quando arriverete a **NEW HAVEN**, dove le tetre fabbriche e gli anonimi palazzi di uffici nascondono alcuni fra i ristoranti migliori, i locali notturni più entusiasmanti e le attività culturali più interessanti e divertenti di tutto il New England. Fondata nel 1638 da un gruppo di ricchi Puritani di Londra, nel 1716 New Haven divenne la sede della prestigiosa **Università di Yale**, la terza università più antica degli Stati Uniti. Oggi il verde campus universitario e la magnifica architettura gotica sono presenze storiche che continuano a esercitare un fascino autentico. In passato vivere a New Haven poteva essere fonte di disagio a causa delle tensioni fra i due aspetti contrastanti che la caratterizzano (raffinatezza urbana carica di tensione e atmosfera idilliaca da università dell'Ivy League), ma a partire dai primi anni Novanta si è assistito al fiorire di un'attiva simbiosi fra i due elementi. La città ha intrapreso un importante piano di sviluppo del nucleo centrale, che creerà nuovi spazi residenziali, culturali e commerciali.

Arrivo, informazioni e trasporti

New Haven sorge nel punto in cui le strade interstatali I-91 e I-95 si biforcano ed è ben servita dai **pullman** della Greyhound e dai **treni** dell'Amtrak. La stazione principale è la **Union Station**, situata in Union Avenue, sei isolati a sud-est del campus di Yale nel centro città. Da New York, i treni della Metro-North Commuter Railroad (☎ 1-800/638-7646) sono più comodi rispetto a quelli dell'Amtrak. Se arrivate di sera potreste prendere un **taxi**, chiamando per esempio il Metro Taxi (☎ 203/777-7777).

Il **trasporto pubblico** è gestito dalla Connecticut Transit, 470 James St. ($1,25; ☎ 203/624-0151, *www.cttransit.com*), che nelle ore diurne mette a disposizione anche una **navetta** fra Union Station e Temple Plaza, dall'altro lato rispetto all'Omni Hotel. A pochi passi dal Green, al n. 1000 di Chapel St. ha sede un utile ufficio informazioni, **INFO New Haven**, con personale disponibile (lun-gio 10-21, ven e sab 10-22, dom 12-17; ☎ 203/773-9494, *www.infonewhaven.com*).

Alloggio

Per una città delle sue dimensioni New Haven ha un numero sorprendentemente piccolo di **alberghi**. Data la scarsità di camere a disposizione in centro, fate in modo di prenotare con un buon anticipo nel caso intendiate visitare l'Università di Yale in giugno (fine dell'anno accademico), a fine agosto (inizio dell'anno accademico) e durante il "Parents' Weekend" ("Weekend dei genitori"), in ottobre.

Courtyard by Marriott at Yale 30 Whalley Ave. ⓣ 203/777-6221 o 1-888/522-1186, *www.courtyard.com*. Camere comode e in buona posizione subito a ovest del campus; tariffe più basse nei weekend. ❻

Farnum Guesthouse 616 Prospect St. ⓣ 203/562-7121 o 1-888/562-7121, *www.farnamguesthouse.com*. Sette belle camere vicino alla Divinity School di Yale. ❹

Historic Mansion Inn 600 Chapel St. ⓣ 203/865-8324 o 1-888-512-6278, *ww.thehistoricmansioninn.com*. Villa neoclassica del 1830 vicino a Wooster Street. ❼

Hotel Duncan 1151 Chapel St. ⓣ 203/787-1273. Camere in posizione centrale e con un buon rapporto qualità-prezzo in un hotel vecchio stile costruito nel 1894. ❹

New Haven Hotel 229 George St. ⓣ 203/498-3100, *www.newhavenhotel.com*. Discrete camere in centro, alcune delle quali sono state rimesse a nuovo di recente. ❺

Omni New Haven Hotel at Yale 155 Temple St. ⓣ 203/772-6664, *www.omnihotels.com*. Più di 300 unità di lusso in un famoso hotel che è il punto di riferimento del centro città. ❾

La città

Il **centro città** (Downtown), che si sviluppa intorno al **Green**, lo spazio verde centrale, conserva l'atmosfera di un nucleo storico. Sistemato nel 1638, il Green fu il sito dell'insediamento originario e fungeva anche da luogo di riunione e camposanto. Al centro, la **Center Church** del 1812 (ⓣ 203/787-0121) custodisce nella cripta delle tombe risalenti al 1687. Il Green è circondato da un certo numero di imponenti edifici governativi, fra cui il **City Hall**, il municipio del 1861 in stile alto-vittoriano. Ai lati del Green, le animate **College Street** e **Chapel Street**, sempre affollate di studenti, sono fiancheggiate da librerie, negozi, caffè e bar.

All'estremità opposta del Green sorge l'edificio più antico che sia sopravvissuto a New Haven, il **Connecticut Hall** del 1750, appartenente alla Yale University e sorvegliato dalla statua di Nathan Hale, studente di Yale ed eroe della guerra d'indipendenza americana. La vicina **Phelps Gate** del 1895 dà accesso ai cortili acciottolati dell'**Old Campus**, il vecchio campus universitario. È possibile visitare il campus per conto proprio, ma volendo ci si può aggregare a uno dei **giri guidati** gratuiti condotti dagli studenti, che durano un'ora e si svolgono tutti i giorni (lun-ven alle 10.30 e alle 14, sab e dom alle 13.30). Questi tour partono dallo **Yale Visitor Information Center**, 149 Elm St. (ⓣ 203/432-2300, *www.yale.edu/visitor*), e permettono di vedere, fra l'altro, la magnifica **Sterling Memorial Library**, la più grande biblioteca dell'università, in stile neogotico.

Fra i notevoli musei di Yale, lo **Yale Center for British Art** in stile modernista, 1080 Chapel St. (mar-sab 10-17, dom 12-17; ingresso gratuito), vanta la collezione di arte britannica più completa fuori dalla Gran Bretagna. Di fronte, la **Yale University Art Gallery**, 1111 Chapel St. (mar-sab 10-17, dom 13-18; ingresso gratuito), accoglie la più pregevole collezione d'arte universitaria degli Stati Uniti, costituita da oltre 100.000 oggetti e dipinti provenienti da ogni parte del mondo, dai vasi etruschi e dalle maschere africane ai capolavori barocchi e all'arte contemporanea. A nord, al 170 di Whitney Ave., l'immenso **Peabody Museum of Natural History**, 170 Whitney Ave. (lun-sab 10-17, dom 12-17; $7; ☎ 203/432-5050, *www.peabody.yale.edu*), ospita una spettacolare raccolta di manufatti connessi con la storia naturale, fra cui lo scheletro di un brontosauro.

Un'altra fonte d'orgoglio e affetto fra gli abitanti di New Haven è il suo compatto **quartiere italiano** (Italian District), sorto nel 1900 fra gli edifici ben tenuti in arenaria bruno-rossastra e le variopinte cassette per i fiori ai davanzali di **Wooster Square** (subito oltre Crown Street, a sud-est del Green). Fu qui che si stabilirono i primi immigrati italiani giunti in città per lavorare nella costruzione della ferrovia. Qui c'è poco da vedere, ma ci sono alcuni ristoranti assai rinomati e sempre affollati, e vale senz'altro la pena fermarsi quando c'è un festival.

Mangiare

New Haven offre una bella varietà di **ristoranti**, molti dei quali sono situati intorno al Green e lungo due vie, Chapel Street e College Street. Nei tanti bei **caffè** del centro si può assaporare l'atmosfera intellettuale della città universitaria, e se avete nostalgia di casa fate un salto in uno dei ristoranti italiani a gestione familiare di Wooster Square, dove servono ottime **pizze**.

Atticus Bookstore Café 1082 Chapel St., ☎ 203/776-4040. Sandwich, *scones* (focaccine) e un ottimo caffè in un'atmosfera rilassata.

Claire's Corner Copia 1000 Chapel St. ☎ 203/562-3888. Il ristorante vegetariano di New Haven, in attività da trent'anni, serve una cucina informale a prezzi medi.

Frank Pepe's Pizzeria 157 Wooster St. ☎ 203/865-5762. Un'istituzione di Wooster Street dal 1925, questa pizzeria richiama torme di avventori con le sue pizze cotte nel forno a legna.

Geronimo 271 Crown St. ☎ 203/777-7700. Cucina a prezzi medi che s'ispira a quella del sud-ovest, accompagnata da una serie di cocktail e tequile speciali.

Ibiza 39 High St. ☎ 203/865-1933. Costoso ristorante spagnolo che serve specialità tradizionali, con una buona scelta di vini spagnoli.

Louis' Lunch 261-263 Crown St. ☎ 203/562-5507. Un locale piccolo e buio che è un'antica istituzione nel campo degli hamburger e sostiene di aver servito nel lontano 1900 il primo hamburger in America. Niente ketchup; solo contanti.

Miso 15 Orange St. ☎ 203/848-6472. Ristorante giapponese esclusivo, famoso per il sushi.

Tre Scalini 100 Wooster St. ☎ 203/777-3373. Raffinata cucina italiana servita in un ambiente elegante.

Union League Café 1032 Chapel St. ☎ 203/562-4299. Costoso bistrot francese, noto per essere uno dei migliori ristoranti della città.

Spettacoli e vita notturna

Nel ricco **mondo culturale** di New Haven il **teatro** svolge un ruolo di particolare rilievo. Lo Yale Repertory Theater, 1120 Chapel St. (☎ 203/432-1234, *www.yalerep.org*), vanta fra i suoi passati membri più eminenti Jodie Foster e Meryl Streep e propone spettacoli costantemente buoni durante l'anno accademico. Lo Shubert Performing Arts Center, 247 College St. (☎ 203/562-5666, *www.shubert.com*), è noto per i musical.

Come ci si può aspettare in presenza di una consistente popolazione studentesca, New Haven conta un gran numero di ottimi **bar** e **locali**, concentrati in gran parte intorno a Chapel Street e College Street. Il *New Haven Advocate*, un settimanale gratuito di notizie e spettacoli, pubblica dettagliate **rubriche degli spettacoli**.

Bar 254 Crown St. ☎ 203/495-8924. Un nome semplice per un posto che è una combinazione di pizzeria, birreria, bar e locale notturno.

Café Nine 250 State St. ☎ 203/789-8281. Questo piccolo ritrovo propone musica dal vivo tutte le sere, dal punk al jazz e al R&B. Ingresso $5-10.

The Playwright 144 Temple St. ☎ 203/752-0450. Quattro bar, dal pub chiassoso al *dance club*, in un enorme spazio in cui sono stati ricostruiti vari interni di chiese irlandesi.

Prime 16 172 Temple St. ⓣ 203/782-1616. Locale assai animato di Temple Street, con ottimi hamburger creativi e due dozzine di birre alla spina.

Rudy's 372 Elm St. ⓣ 203/865-1242. Una tavernetta molto frequentata dalla gente del posto, con un ottimo jukebox e patatine fritte leggendarie. Solo contanti.

Toad's Place 300 York St. ⓣ 203/562-5589, *www.toadsplace.com*. Ritrovo di medie dimensioni con musica dal vivo, dove Bruce Springsteen e gli Stones a volte "facevano una capatina" per esibirsi in concerti improvvisati. Alcuni spettacoli sono per chi ha compiuto i 21 anni.

New Hampshire

Ancora molto tempo dopo che marinai, pescatori e coloni avevano addomesticato l'intera linea costiera del New England, l'aspro entroterra deturpato dai ghiacciai del **NEW HAMPSHIRE**, con le sue fitte foreste e le impervie montagne, rimaneva riserva esclusiva degli indiani abenaki. Solo lungo i pochi chilometri di litorale erano sorte nel Seicento comunità di coloni europei di una certa dimensione, come quella di **Portsmouth**.

Quando gli indiani furono respinti definitivamente, per i coloni la situazione non mutò: il terreno roccioso di questo "Stato di granito" non consentiva un intenso sfruttamento agricolo, e perché l'economia decollasse si dovette attendere che la Rivoluzione industriale rendesse possibile lo sviluppo di **stabilimenti tessili** che sfruttassero l'energia idrica. Per un breve periodo le implacabili industrie del **legname** sembrarono disposte a disboscare tutto il New Hampshire settentrionale, ma si riuscì a tenerle a freno quando lo Stato riconobbe che il paesaggio incontaminato delle **White Mountains** poteva rivelarsi la maggior risorsa del New Hampshire. Il **turismo** su vasta scala iniziò verso la fine dell'Ottocento; nel suo momento di massimo sviluppo, ben 50 treni al giorno trasportavano i passeggeri sul Mount Washington.

Sin da quando, nel gennaio del 1776, fu il primo Stato americano a proclamare l'indipendenza, il New Hampshire ha sempre fatto a modo suo, seguendo orgogliosamente la sua strada alquanto peculiare. L'assenza di imposte sulle vendite e perfino di tasse sul reddito personale è vista come un adempimento del motto dello Stato, "Vivi libero o muori". Da tempo il New Hampshire si è guadagnato un enorme peso politico come luogo in cui si tengono le prime **elezioni primarie** di ogni campagna presidenziale, e i suoi centri sono ben abituati a ospitare gli aspiranti leader del mondo.

Oltre all'affascinante città costiera di Portsmouth, le destinazioni principali sono **Lake Winnipesaukee**, **Conway**, **Lincoln** e **Franconia Notch**, nelle White Mountains. Per immergervi nel bucolico paesaggio rurale solitamente associato con il New England, dalle strade statali imboccate una delle svolte che risalgono la Merrimack Valley per raggiungere il **Canterbury Shaker Village**, vicino a Concord, o la **Robert Frost Farm**, nei pressi di Nashua.

Trasporti nel New Hampshire

Tre **strade interstatali** attraversano il New Hampshire: la I-89 collega la capitale dello Stato, Concord, con il Vermont; la I-95 corre lungo il breve tratto di linea costiera del New Hampshire, che separa il Massachusetts dal Maine; la I-93 è l'arteria principale nella direzione nord-sud e permette di raggiungere le White Mountains dal New England meridionale.

La Concord Coach Lines (☎ 1-800/639-3317, *www.concordcoachlines.com*), la C&J Trailways (☎ 603/430-1100 o 1-800/258-7111, *www.cjtrailways.com*) e la Greyhound (☎ 1-800/231-2222, *www.greyhound.com*) gestiscono servizi di **pullman** da Boston a Nashua e Concord o alla costa. Solo pochi servizi della Concord Coach Lines proseguono verso nord fino alla Regione dei Laghi e alle White Mountains. Per quanto riguarda il trasporto ferroviario, il servizio è limitato al **treno** *Downeaster* dell'Amtrak, che collega Boston con Portland, nel Maine, fermando nel New Hampshire nelle tranquille cittadine di Exeter, Durham e Dover.

La costa

Di tutti gli Stati affacciati sull'oceano il New Hampshire è quello che ha la linea costiera più breve: appena 30 km. Evitate la pacchiana **Hampton Beach**, una stazione balneare per famiglie, e continuate a guidare sulla Rte-1A fino a **NORTH HAMPTON BEACH**, che è molto più piacevole. Qui la spiaggia di norma è più tranquilla e ci sono numerosi parcheggi con parchimetro, anche se non manca qualche schizzo proveniente dal pantano della sua appariscente vicina.

Qualche chilometro a nord, la **Jenness State Beach**, frequentata sia dai surfisti sia dalle famiglie, offre un lungo arco di sabbia con un parcheggio abbastanza piccolo ($1,50/h). Infine, oltre Rye Harbor si stende la **Wallis Sands State Beach** ($15/car), una spiaggia ancora più tranquilla, la migliore per fare una nuotata e prendere il sole.

Portsmouth

PORTSMOUTH, la comunità più vecchia del New Hampshire, combina l'accessibilità di una piccola cittadina con l'entusiasmo di una grande città ringiovanita. La sua posizione alla bocca del fiume Piscataqua ne ha fatto un porto importante fin dalle origini (Portsmouth è stata la capitale dello Stato fino al 1808), ma le sue dimensioni sono rimaste più o meno le stesse, e la guglia della **North Church**, la chiesa del 1854 che prospetta sulla centrale **Market Square**, è ancora la struttura più alta della città.

Portsmouth possiede otto **case coloniali** accuratamente restaurate, che d'estate sono aperte al pubblico. La più caratteristica è la gialla, squadrata **John Paul Jones House**, una costruzione del 1758 con tetto a mansarda, situata al n. 43 di Middle St., all'altezza di State St. (tutti i giorni: fine maggio-metà ottobre 11-16; ☎ 603/436-8420; $8, solo visite auto-guidate), e sede del museo della Portsmouth Historical Society (*www.portsmouthhistory.org*). Jones, primo grande comandante della Marina statunitense, alloggiò qui nel 1777 mentre le sue navi venivano armate nel porto. Date un'occhiata anche alla **Moffatt-Ladd House**, 154 Market St. (metà giugno-ottobre: lun-sab 11-17, dom 13-35; *www.moffattladd.org*; $6), completata nel 1763 e notevole soprattutto per il suo Great Hall (salone).

Lo Strawbery Banke Museum

Gli edifici storici sono disseminati in tutta Portsmouth, ma se volete dare uno sguardo più concentrato sull'architettura americana degli ultimi tre secoli visitate lo **Strawbery Banke Museum**, 64 Marcy St. (maggio-ottobre: tutti i giorni 10-17; novembre solo con visita guidata, sab e dom all'ora esatta 10-14; ⓣ 603/433-1100, *www.strawberybanke.org*; $15; biglietti validi per due giorni consecutivi). Questo museo all'aperto consiste di un terreno recintato di 4 ettari, contenente 40 vecchie case di legno meticolosamente restaurate e mantenute (alcune visibili solo dall'esterno). Il quartiere sorse come residenza di ricchi armatori, poi fu un covo di corsari e un quartiere a luci rosse prima di trasformarsi in un sobborgo rispettabile, che negli anni Cinquanta cominciò a decadere. Fu in quegli anni che si decise di ricreare il suo aspetto originario, il che comportò sostanzialmente l'abbattimento degli edifici più moderni.

Ciascun edificio è mostrato nella sua passata incarnazione più interessante, che fosse quella del 1695 o del 1955. La **Pitt Tavern** del 1766 è la costruzione di maggior importanza storica, essendo stata un luogo di riunione di patrioti e lealisti durante la Rivoluzione americana. Nel **Dinsmore Shop**, dove un bottaio dotato di una pazienza infinita fabbrica barili con gli strumenti e i metodi del 1800, si possono vedere numerosi oggetti dell'artigianato tradizionale.

Notizie utili

I **pullman** della Greyhound (ⓣ 603/433-3210) collegano Portsmouth con Boston tre volte al giorno, fermando davanti al n. 55 di Hanover St., a breve distanza a piedi da Market Square. Per avere **informazioni** ci si può rivolgere al **centro visitatori** al n. 500 di Market St., a 15 min a piedi da Market Square (giugno-settembre: lun-ven 8.30-17, sab e dom 10-17; ottobre-maggio: lun-ven 8.30-17; ⓣ 603/436-1118, *www.portsmouthchamber.org*), oppure al chiosco in Market Square (maggio-ottobre: tutti i giorni 10-17). La Portsmouth Harbor Cruises (ⓣ 603/436-8084 o 1-800/776-0915, *www.portsmouthharbor.com*) è uno dei numerosi operatori che offrono **gite in barca**, a tariffe che partono da $12.

L'**alloggio** in centro è limitato ad alberghi costosi quali l'imponente *Sise Inn*, 40 Court St. (ⓣ 603/433-1200 o 1-877/747-3466, *www.siseinn.com*; ❼), un palazzo in stile regina Anna magnificamente conservato, con camere molto spaziose; il tranquillo *Inn at Strawbery Banke*, 314 Court St. (ⓣ 603/436-7242 o 1-800/428-3933, *www.innatstrawberybanke.com*; ❼), con 7 camere in una struttura irregolare; e il *Bow Street Inn*, situato sul lungomare al n. 121 di Bow St. (ⓣ 603/431-7760, *www.bowstreetinn.com*; ❼). Vicino alla rotatoria dove s'incrociano la I-95 e la Rte-1 si trovano motel più economici, come il *Port Inn*, un motel con un buon rapporto qualità-prezzo sulla Rte-1, Bypass South (ⓣ 1-800/282-PORT, *www.theportinn.com*; ❺).

Portsmouth ama definirsi, con qualche giustificazione, "la capitale culinaria del New England". Fra i **ristoranti** situati in città, quello che offre il miglior pesce è il *Jumpin' Jay's Seafood Café*, 150 Congress St. (ⓣ 603/766-3474). Il *Ristorante Massimo*, 59 Penhallow St. (ⓣ 603/436-4000), è un ottimo ristorante italiano con una notevole carta dei vini, mentre l'originale *Friendly Toast*, 121 Congress St. (ⓣ 603/430-2154), è un buon posto per la prima colazione e il pranzo, offrendo generose porzioni a prezzi bassi.

Di sera, la *Portsmouth Brewery*, 56 Market St. (ⓣ 603/431-1115, *www.portsmouthbrewery.com*), serve birre eccezionali di produzione propria e occasionale musica dal vivo, mentre *The Press Room*, 77 Daniel St. (ⓣ 603/431-5186, *www.pressroomnh.com*), propone concerti jazz, blues, folk o di bluegrass tutte le sere. Chi preferisce la caffeina all'alcol gradirà il *Breaking New Grounds* (☎ 603/436-9555) in Market Square.

La Merrimack Valley

Il cuore finanziario e politico del New Hampshire è la **Merrimack Valley**, che è sempre stata – inizialmente via fiume, oggi via terra – il percorso principale per i viaggi a nord, verso le White Mountains e il Québec. Nessuno dei centri abitati della valle è di grande interesse per i turisti, ma tutti sono dotati di motel relativamente economici.

Circa 32 km a nord di Concord, capitale dello Stato, lasciando la I-95 dall'uscita 18 si raggiunge il **Canterbury Shaker Village**, 288 Shaker Road (maggio-ottobre: tutti i giorni 10-17; novembre-inizi dicembre: ven-dom 10-17; ☎ 603/783-9511, *www.shakers.org*; $15, valido per due giorni consecutivi). Fondato nel 1774, nel 1860 il villaggio contava 300 abitanti; tre diverse visite guidate di un'ora spiegano come si viveva a Shaker. Ci sono dimostrazioni di attività artigianali (fabbricazione di cesti ecc.) e anche, per chi è interessato, frequenti workshop d'artigianato che durano un giorno intero. La *Shaker Table*, vicino all'ingresso del paese, serve una cucina squisita e preparata con fantasia che s'ispira a Shaker. A sud di Concord, fuori Derry e a poca distanza dalla Rte-28 (dalla I-93 prendete l'uscita 4), la **Robert Frost Farm** (maggio-giugno e settembre-metà ottobre: mer-dom 10-17; luglio e agosto: tutti i giorni 10-17; ☎ 603/432-3091, *robertfrostfarm.org*; ingresso gratuito, visita guidata $7) è stata suggestivamente restaurata e riportata alle condizioni in cui si trovava quando ci visse Robert Frost, celebre poeta laureato del New England, che vi risiedette dal 1900 al 1911. Le esposizioni nel granaio danno rilievo alla sua opera, e un "percorso di poesia nella natura" di mezzo miglio passa accanto ai luoghi che ispirarono molte delle sue liriche più belle.

La Regione dei Laghi

Dei laghi che a centinaia occupano il corridoio centrale dello Stato, quello di gran lunga più vasto è il **Lake Winnipesaukee**, che costituisce il centro di una zona a forte vocazione turistica, la Regione dei Laghi. Lunghi segmenti della sua linea costiera di 450 km consistono, specialmente sul lato orientale, di fitte foreste che digradano in acque punteggiate da isolotti, disturbate solo da imbarcazioni da diporto. La più raffinata fra le cittadine disseminate lungo la riva del lago è **Wolfeboro**, la più divertente **Weirs Beach**.

L'ideale sarebbe di venirci con la propria barca e perdersi nel dedalo di piccoli canali e isolette. Altrimenti, la **nave da crociera** *Mount Washington*, un'enorme imbarcazione lunga ben 368 m, salpa parecchie volte al giorno dalla banchina al centro di Weirs Beach per raggiungere Wolfeboro, sul versante occidentale del lago (metà maggio-ottobre; ☎ 603/366-5531 o 1-888/843-6686, *www.cruisenh.com*, costo minimo $22). La nave salpa anche per cene e crociere con balli parecchie volte alla settimana (tariffe a partire da $43). La stessa compagnia offre crociere da Weirs Beach sulla più piccola *M/V Doris* E (fi-

△ Lake Winnipesaukee

ne giugno-inizi di settembre tutti i giorni; $15) e sul battello postale statunitense *M/V Sophie C* (metà giugno-metà settembre lun-sab; $22), dal quale si possono vedere alcune delle tante isole del lago mentre il battello consegna la posta.

Wolfeboro

Nel 1768 il governatore del New Hampshire Wentworth costruì la sua casa per le vacanze delle vicinanze della minuscola **WOLFEBORO**, ragion per cui quest'ultima si vanta di essere "la località di villeggiatura estiva più vecchia d'America". Accoccolata fra i laghi Winnipesaukee e Wentworth, Wolfeboro è un luogo rilassante in cui passare qualche ora piacevole, specialmente lungo la corta ma animata via principale, accanto al molo ove attracca la *Mount Washington* (vedi p. 241).

Per quanto riguarda l'**alloggio**, il *Wolfeboro Inn*, una costruzione del 1812 al n. 90 di N Main St. (☎ 603/569-3016 o 1-800/451-2389, *www.wolfeboroinn.com*; ❼), è in posizione dignitosa sul lungomare, a pochi metri dal paese vero e proprio. Il *Tuc' Me Inn B&B*, 118 N Main St. (☎ 603/569-5702, *www.tucmeinn.com*; ❻), è un bed & breakfast familiare con camere arredate con gusto, vicino al paese e al lago. Il *Wolfeboro Campground* è un campeggio in Haines Hill Road (☎ 603/569-9881, *wolfeborocamp.delectual.com*; $25-28 a piazzola), aperto da metà maggio a metà ottobre. Quanto al **mangiare**, la *Wolfe's Tavern*, presso la *Wolfeboro Inn*, serve bistecche, pesce e frutti di mare, hamburger e sandwich con un buon rapporto qualità-prezzo, mentre il *Bailey's Bubble*, in Railroad Avenue (☎ 603/569-3612), serve un succulento gelato di produzione artigianale, da gustare sulla banchina; il *Lydia's Café*, 33 N Main St. (tutti i giorni fino alle 14.30; ☎ 603/569-3991), è un posto eccellente tendenzialmente vegetariano e serve prime colazioni, pranzi e *smoothies* (frullati di frutta fresca).

Weirs Beach

D'estate la corta passerella di legno di **WEIRS BEACH**, la quintessenza del cattivo gusto balneare (anche se è nell'entroterra, a 50 miglia dalla costa), è il centro sociale della Regione dei Laghi. Il suo piccolo pontile di legno pullula di vacanzieri, le sale giochi tintinnano di monetine e c'è perfino una piccola mezzaluna di sabbia, adatta per una nuotata in famiglia. Una meta più tranquilla è la **Winnipesaukee Railroad** (fine maggio-inizi di giugno e settembre-ottobre nei fine settimana; metà giugno-agosto tutti i giorni; Ⓣ 603/279-5253, *www.hoborr.com*; $12 per 1 h, $13 per 2 h), una ferrovia sulla quale è in funzione un trenino turistico che offre viaggi panoramici sul lungolago fra Weirs Beach e Meredith.

Meredith

Poco più di 6 km a nord di Weirs Beach, **MEREDITH** gode una tranquilla posizione e ha un'atmosfera elegante che ne fa il luogo migliore in cui fermarsi sul versante occidentale del lago. Il complesso *Inns at Mill Falls*, costituito da quattro alberghi separati (Ⓣ 1-800/622-6455, *www.millfalls.com*), è la scelta migliore per quanto riguarda l'**alloggio**. Potete scegliere fra l'*Inn at Mill Falls* (❻) e la *Chase House* (❽), entrambi sulla collina che si affaccia sul lago, oppure l'*Inn at Bay Point* (❽) o il nuovo *Church Landing* (❾), che è situato direttamente sull'acqua e offre vedute incomparabili del lago. Il ristorante *Town Docks*, ubicato sulla US-3 subito a sud dell'intersezione con la Rte-25 (Ⓣ 603/279-3445), è una scelta sicura per chi ama il pesce e i frutti di mare.

Le White Mountains

Grazie al fatto che sono accessibili sia da Montréal, a nord, sia da Boston, a sud, le **White Mountains** (Montagne Bianche) sono diventate una destinazione turistica per tutto l'anno, essendo frequentate sia d'estate dagli escursionisti, sia d'inverno dagli sciatori. Ciò ha comportato naturalmente lo sviluppo di infrastrutture turistiche, ma i maestosi massicci di granito conservano gran parte della loro grandiosità e imponenza. Nella zona del **Mount Washington**, la cima più alta del Nord-est, le condizioni meteorologiche sono fra le più rigide del pianeta, tanto che qui il limite della vegetazione arborea si colloca poco oltre i 1200 m (sulle Montagne Rocciose è intorno ai 3000 m).

Solo alcuni **valichi** ad alta quota – qui chiamati "***notches***" – perforano la catena montuosa, e le strade che attraversano questi passi, quali la **Kancamagus Highway** fra Lincoln e Conway, sono piacevoli da percorrere in auto (occorre procurarsi i **permessi di parcheggio** obbligatori, che costano $3 per una giornata o $5 per sette giorni consecutivi). Tuttavia, per trarre il massimo vantaggio dalle montagne bisognerebbe lasciare la macchina e la statale ed esplorare, a piedi o con gli sci, le lunghe distese di fitta foresta di conifere che separano le vette innevate che spuntano in ogni direzione. Le migliori fonti d'**informazioni** nella regione sono il White Mountains Visitor Center, all'uscita 32 della I-93, a North Woodstock (luglio-settembre 8.30-18; ottobre-giugno 8.30-17.30; Ⓣ 603/745-8720 o 1-800/FIND-MTS, *www.visitwhite*

Escursioni a piedi, con gli sci e in bicicletta nelle White Mountains

L'escursionismo nelle White Mountains è coordinato dall'Appalachian Mountain Club (AMC), la cui catena di centri d'informazioni, ostelli e capanni lungo l'Appalachian Trail, l'itinerario su **sentieri** che attraversa la regione da nord-est a sud-ovest, è descritta sotto. Per informazioni sui sentieri e sulle condizioni meteorologiche si può telefonare al ☎ 603/466-2725; se si sa l'inglese, prima di intraprendere una spedizione seria è consigliabile procurarsi una copia della guida *AMC White Mountain Guide* ($24,95).

Gli **sciatori** (discesisti e di fondo) possono scegliere fra diverse stazioni di villeggiatura invernale che con il mutamento di stagione diventano centri ricreativi estivi. Sia il Waterville Valley Resort (☎ 603/236-8311 o 1-800/468-2553, *www.waterville.com*) sia il Loon Mountain (☎ 603/745-8111 o 1-800/229-LOON, *www.loonmtn.com*), entrambi subito a est della I-93, sono buone scelte per i discesisti, mentre Jackson (☎ 603/383-9355, *www.jacksonxc.org*), circa 15 miglia a nord di Conway sulla Rte-16, vanta alcuni dei più bei percorsi per sci di fondo del Nord-est. Ski NH (☎ 603/745-9396 o 1-800/88SKI-NH, *www.skinh.com*) fornisce informazioni generali sui centri sciistici.

D'estate i percorsi per lo sci di fondo possono diventare faticose ma divertenti **piste ciclabili** (si possono prendere gli skilift per salire, e poi scendere in bicicletta). Si può noleggiare una bici per circa $30 al giorno da All Seasons Adventures, 134 Main St., a Lincoln (☎ 603/745-8600), e da Joe Jones Sports, 2709 Main St., a North Conway (☎ 603/356-9411, *www.joejonessports.com*).

mountains.com), e il Pinkham Notch Visitor Center, sulla Rte-16, a nord di Jackson (tutti i giorni 6.30-22; ☎ 603/466-2721, *www.outdoors.org*).

Alloggio

Grazie all'afflusso di giovani escursionisti e sciatori nelle White Mountains, nella zona gli **alloggi** economici sono relativamente numerosi. Tenete a mente, inoltre, che le tariffe variano moltissimo da una stagione all'altra, e perfino fra i giorni infrasettimanali e i weekend.

Lungo l'Appalachian Trail (il "Sentiero degli Appalachi", l'itinerario su sentieri percorribili a piedi) ci sono **otto rifugi** (*huts*) **dell'Appalachian Mountain Club**, che si possono raggiungere solo a piedi. D'estate ciascun rifugio fornisce i pasti e un letto a un numero di persone compreso fra 40 e 90. I prezzi variano da $27 a $98 a notte, a seconda della quantità di privacy, lusso e cibo che offrono (e a seconda del fatto che si sia soci o meno dell'AMC; l'adesione come soci costa $50; per i particolari vedi il sito *www.outdoors.org*). Si consiglia caldamente di **prenotare** (chiamate il ☎ 603/466-2727 o visitate il sito web).

Nella White Mountains National Forest, sotto il limite della vegetazione arborea i **campeggiatori** possono piantare la tenda dove vogliono, a patto che si tengano a una certa distanza dalle strade e rispettino l'ambiente. Ci sono anche numerosi campeggi ufficiali ($18-30 a notte), specialmente lungo la Kancamagus Highway.

L'AMC gestisce due servizi di **bus-navetta** ($16) per escursionisti, che collegano sia i principali imbocchi dei sentieri sia gli alberghi e i *lodges* tutti i giorni da giugno a metà settembre (nei weekend il servizio è attivo fino a metà ottobre).

Ostelli e alloggi dell'AMC

Highland Center US-302, Crawford Notch ☎ 603/466-2727, *www.outdoors.org*. Questo edificio progettato in modo innovativo e rispettoso dell'ambiente offre letti in camerata per $40-64 o camere doppie per $81-141 (le meno care hanno il bagno in comune), incluse la prima colazione e la cena (le tariffe indicate sono quelle della stagione di punta). Aperto tutto l'anno.

Joe Dodge Lodge Hwy-16, Pinkham Notch ☎ 603/466-2727, *www.outdoors.org*. Sempre affollato di escursionisti, questo secondo *lodge*-ostello dell'AMC dispone di letti a castello o camere doppie con bagno in comune e pasti per $64 ($51 senza i pasti). Vicino alla Mount Washington Auto Road. Aperto tutto l'anno.

Motel, alberghi e bed & breakfast

Adair Country Inn 80 Guider Lane, Bethlehem ☎ 603/444-2600 o 1-888/444-2600, *www.adairinn.com*. Camere lussuose con mobili antichi, ampie vedute dei terreni sistemati a imitazione di un paesaggio naturale e un personale impeccabile; il tutto si riflette sui prezzi molto alti. ❼

Balsams Dixville Notch ☎ 1-800/255-0800 se si telefona dal New Hampshire, altrimenti 1-800/255-0600, *www.thebalsams.com*. Come il *Mount Washington*, il *Balsams* è un altro degli ultimi, grandi complessi alberghieri dai tetti rossi. Inaugurato negli anni Sessanta dell'Ottocento (sotto un nome diverso) e ampliato nel 1918, l'hotel offre varie attività per tutto l'anno (sci, golf, tennis, escursioni in barca), camere luminose e ariose e pasti squisiti (organizza anche corsi di cucina). ❾

Boulder Motor Court 5 Harmony Hill Road, Rte-302 (incrocio con la US-3), Twin Mountain ☎ 603/846-5437, *www.bouldermotorcourt.com*. Villini con una o due camere da letto, cucina, caminetti e altre comodità, il tutto a prezzi bassi. ❹

Eagle Mountain House 2 Carter Notch Road, Jackson ☎ 603/383-9111 o 1-800/966-5779, *www.eaglemt.com*. Un albergo assai caratteristico e ricco d'atmosfera, con un rumoroso caminetto nell'atrio e una veranda piena di sedie a dondolo che corre tutt'attorno all'edificio, a distanza di sicurezza dal trambusto di North Conway. Ha anche un suo campo da golf a nove buche. ❹

Franconia Inn Easton Road/Hwy-116, Franconia ☎ 603/823-5542 o 1-800/473-5299, *www.franconiainn.com*. Albergo confortevole 3 km a sud della città, dotato di 32 camere con splendide vedute. Una buona base per chi vuole fare un po' di sci di fondo. ❺

Mount Washington Hotel Rte-302, Bretton Woods ☎ 603/278-1000 o 1-800/314-1752, *www.mtwashington.com*. Bellissimo albergo costruito nel 1902, con una terrazza lunga 400 m, fantastiche vedute panoramiche, piscina al coperto e una gamma completa di attività (fra cui golf, equitazione e sci), oltre a pacchetti-vacanze. Gestisce anche il meno elegante *Bretton Arms*, situato sul medesimo terreno e un po' meno caro (❼), anche se le camere sono sempre spaziose. ❽

Thayer's Inn 111 Main St., Littleton ☎ 603/444-6469 o 1-800/634-8179, *www.thayersinn.com*. Un vecchio albergo del 1850, scricchiolante ma confortevole e di classe; ha ospitato fra gli altri Ulysees S. Grant e Richard Nixon. ❹-❺

Franconia Notch

Dirigendosi velocemente verso il Vermont settentrionale, la I-93, superata **Lincoln**, dopo 10 miglia si unisce per un breve tratto alla più lenta US-3 e attraversa il **Franconia Notch State Park**. Il **Franconia Notch** è una valle stretta fra due grandi pareti di roccia. Dal Flume Visitor Center (maggio-fine ottobre: tutti i giorni 10-17; ☎ 603/745-8391) si può procedere a piedi lungo un sentiero di 3 km per raggiungere il fiume Pemigewasset, che rumoreggia nella stretta, rocciosa gola di Flume ($12). In alternativa, prendete la funivia ($12) che risale la ripida parete di granito della Cannon Mountain (seconda metà di maggio-seconda metà di ottobre: tutti i giorni 9-17; ☎ 603/823-8800, *www.cannonmt.com*), oppure scegliete uno dei vari sentieri ben tracciati per risalire la montagna a piedi e ammirare gratuitamente belle vedute panoramiche.

Più avanti, 1,5 km a sud dell'accogliente paese di **FRANCONIA** c'è un'altra ex residenza del poeta Robert Frost, il **Frost Place** in Ridge Road (seconda metà di maggio-primi di luglio: sab e dom 13-17; primi di luglio-primi di ottobre: mer-lun 13-17; ☎ 603/823-5510, *www.frostplace.org*; offerta suggerita $5), memorabile soprattutto per il suggestivo panorama di montagne intatte. Ogni estate il "poet-in-residence", vale a dire il poeta che è ospite fisso del college, spesso dà letture di poesie durante le ore di visita.

Il Mount Washington

In una giornata limpida, dalla maestosa cima del **Mount Washington** (1516 m) si può vedere un panorama sconfinato che spazia fino all'Atlantico e al Canada, ma per chi compie l'ascensione la cosa più interessante è la straordinaria rigidità delle condizioni meteorologiche lassù in cima, dovuta alla posizione della vetta esattamente lungo i principali percorsi delle tempeste e delle masse d'aria che interessano gli Stati Uniti nord-orientali. Qui il vento supera la forza di un uragano in oltre cento giorni all'anno, e nel 1934 raggiunse la velocità più elevata mai registrata nel nostro pianeta: 369 km/h. In cima vedrete il notevole spettacolo degli edifici che sono letteralmente ancorati a terra da grosse catene; nel corso degli anni ne sono stati spazzati via molti, fra cui il vecchio osservatorio, che si dice fosse l'edificio in legno più resistente mai costruito. Lassù troverete anche un **centro visitatori** (metà maggio-metà ottobre 8-18; ⓣ 603/466-3347), il nuovo osservatorio con un piccolo museo (tutti i giorni 9-18; $3), una grande piattaforma panoramica e la **Tip Top House**, che un tempo era un albergo per viaggiatori danarosi e oggi è un museo spartano (giugno-ottobre: tutti i giorni 10-16; ingresso gratuito).

Salendo verso la sommità si attraversano quattro distinte zone climatiche, partendo dagli abeti e dai frassini secolari, così stentati da non arrivare alla cintola, e finendo con la tundra artica. La salita lungo la **Mount Washington Auto Road** (inizi di maggio-fine ottobre, tempo permettendo 8-16; ⓣ 603/466-3988 per le condizioni meteorologiche, *www.mtwashingtonautoroad.com*) non è spaventosa quanto ci si potrebbe aspettare, ma occorre comunque fare molta attenzione per via dei tornanti e per l'assenza di guardrail. Bisogna pagare un **pedaggio** di $20 per l'auto e il conducente (più $7 per ogni passeggero adulto e $5 per i bambini), e in cambio si riceve un'audiocassetta o un CD sulla storia della strada. È anche possibile unirsi a un **tour con commento** in un minibus adattato (tutti i giorni 8.30-17; $26).

Infine si può salire in cima al monte a bordo del treno a vapore della **Mount Washington Cog Railway**, che si arrampica sferragliando lungo il fianco esposto della montagna, risalendo pendenze che in qualche punto raggiungono i 38° su un binario completato nel 1869. È davvero un'esperienza unica, in cui si procede metro dopo metro risalendo le ripide impalcature di legno mentre si cerca di evitare le docce di fuliggine. Il giro circolare di 3 h costa $59 ($39 per i bambini), e i treni partono ogni ora da una stazione nei pressi della Rte-302, 10 km a nord-est di Bretton Woods (metà maggio-inizi di novembre tutti i giorni, tempo permettendo; ⓣ 603/278-5404 o 1-800/922-8825 per altre date e orari e per prenotare, *www.thecog.com*). Nella stagione invernale (novembre-marzo) i treni della Cog permettono di raggiungere le piste di discesa sorvegliate, lunghe 1,5 km circa ($31).

North Conway

Qualche chilometro a sud di Mount Washington, la US-302 e la Hwy-16 entrano in **NORTH CONWAY** dopo aver attraversato un guazzabuglio di centri commerciali, fast food e archi a tema per bambini, come Story Land (ⓣ 603/383-

4186; $24). Più utile è la **White Mountain National Forest Saco Ranger Station**, 33 Kancamagus Hwy, Conway, vicino alla Rte-16 (lun 9-16.30, mar-dom 8-16.30; ☎ 603/447-5448), che vende libri, cartine e gli obbligatori permessi di parcheggio della National Forest ($3 per una giornata, $5 per sette giorni consecutivi). La stessa stazione dei ranger fornisce anche un mucchio di informazioni sulla zona e noleggia chalet nell'entroterra rurale.

La Kancamagus Highway

La **Kancamagus Highway** (Hwy-112), che collega North Conway e Lincoln, è la meno trafficata delle strade che attraversano le montagne e consente di fare una gita in macchina molto piacevole di 55 km. Nei boschi che fiancheggiano la statale ci sono parecchi campeggi e vari sentieri per escursioni muniti di segnavia. La breve camminata verso sud (800 m) fino alle **Sabbaday Falls**, una serie di cascate circa a metà della statale, risale uno stretto sperone roccioso nella foresta, raggiungendo una successione di cascate idilliache. Se state pensando a un picnic, però, prendete nota: lungo la statale non è possibile rifornirsi di cibo o di gas.

Mangiare e bere

Le vie principali dei centri più popolosi, quali North Woodstock e North Conway, sono fiancheggiate da **ristoranti** e fast food. I posti migliori si trovano in zone meno in vista e vale la pena scovarli. Anche alcuni degli alberghi e dei bed & breakfast consigliati a p. 245 servono il vitto.

1785 Inn & Restaurant 3582 Hwy-16, subito a nord di North Conway ☎ 603/356-9025 o 1-800/421-1785. Antipasti e stuzzichini originali, pasti da buongustai e buoni vini, con prezzi all'altezza. Portate principali $18-30.

Flying Moose Café 2 W Main St., Littleton ☎ 603/444-2661. Un bistrot accogliente che serve un mix di cucine classiche con un gusto contemporaneo, per esempio polenta con stinco d'agnello brasato.

Polly's Pancake Parlor I-93 uscita 38, Rte-117, Sugar Hill ☎ 603/823-5575. Sì, è nel bel mezzo del nulla, ma è un nulla assai panoramico e merita la gita, se vi piacciono i *pancakes* (frittelle, $6,99 per tre). Aperto dai primi di maggio a fine ottobre dalle 7 alle 15.

Red Parka Pub US-302, Glen ☎ 603/383-4344. "Casa della bistecca" aperta solo di sera, con bar fino alle 0.30. Musica rock dal vivo nei weekend, e il lunedì è dedicato ai dilettanti.

Yesterday's Rte-16A, accanto al *Wildcat Inn*, Jackson ☎ 603/383-4457. Rinomato soprattutto per le abbondanti ed economiche prime colazioni americane. Tutti i giorni 7-15.

Hanover

Situata subito al di là del fiume Connecticut se si proviene dal Vermont, **HANOVER** è sede del venerabile ed elegante **Dartmouth College**, fondato in questo luogo remoto nel 1769. Qui l'attrazione principale è il piccolo **Hood Museum of Art** (lun, mar, gio e ven 10-16, mer 10-21, sab e dom 10-17; ☎ 603/646-2808, *hoodmuseum.dartmouth.edu*; ingresso gratuito), che si affaccia sullo spiazzo erboso del college ed espone opere di Picasso e Monet accanto a bassorilievi assiri.

La stessa Hanover è piacevole da esplorare a piedi e offre diversi posti animati dove **mangiare e bere**, come ad esempio *Murphy's on the Green*, 11 S Main St. (☎ 603/643-4075), il locale migliore per bere una birra e mangiare qualcosa di sano, e il *Lou's Restaurant & Bakery*, 30 S Main St. (☎ 603/643-3321), un ristorante-panetteria particolarmente indicato per la prima colazione. L'**alloggio** migliore è quello offerto dal costoso *Hanover Inn*, un albergo di lusso affacciato sul Dartmouth Green, all'angolo fra Main Street e Wheelock Street (☎ 603/643-4300 o 1-800/443-7024, *www.hanoverinn.com*; ❾). Il *Chieftain Motor Inn*, al n. 84 di Lyme Road (☎ 603/643-2550, *www.chieftaininn.com*; ❻), è la miglior possibilità economica in questa zona generalmente cara.

Circa 11 km a est di Hanover c'è un luogo appartato e memorabile in cui pernottare, il *Moose Mountain Lodge* (gennaio e febbraio, giugno e settembre-metà ottobre; ☎ 603/643-3529, *www.themoosemountainlodge.com*; ❻, è richiesta una permanenza minima di due notti), situato in alto sulle colline sopra **Etna**, a dominio del Vermont. Il *lodge* sembra felicemente lontanissimo dal mondo sottostante per tutto l'anno, ma dà il meglio di sé nei mesi invernali, offrendo ai suoi ospiti la possibilità di percorrere belle piste per lo **sci di fondo**.

Vermont

Fra gli Stati del New England il **VERMONT**, con le sue chiese bianche e i granai rossi, i ponti coperti e le case di legno, i boschi innevati e lo sciroppo d'acero, è quello che più si avvicina all'immagine ideale dell'America provinciale. La città più grande, **Burlington**, ha una popolazione di appena 40.000 abitanti, e la maggior attrazione turistica è la fabbrica di gelati **Ben & Jerry's** a Waterbury. Benché rurale, il paesaggio non è prevalentemente agricolo, essendo in buona parte coperto da foreste di montagna (il nome dello Stato deriva dal francese *vert mont*, o "montagna verde").

Il Vermont fu l'ultima area del New England a essere colonizzata, all'inizio del Settecento. Il leader dei colonizzatori del New Hampshire, **Ethan Allen**, una figura oggi leggendaria, nel 1770 formò i **Green Mountain Boys**, e durante la guerra d'indipendenza americana questa forza quasi autonoma lo aiutò a vincere la battaglia decisiva, quella di Bennington. Nel 1777 il Vermont diventò una repubblica indipendente – la sua costituzione fu la prima al mondo a proibire esplicitamente la schiavitù e a garantire il suffragio universale (maschile) –, ma alla fine aderì all'Unione, nel 1791. L'inclinazione progressista del Vermont è stata confermata più di recente da un altro avvenimento significativo: nel 2000 l'ex governatore Howard Dean ha firmato la legge sulle **unioni civili**, facendo del Vermont il primo Stato degli USA che abbia ratificato il matrimonio fra persone dello stesso sesso.

Con qualche rara eccezione, quale lo straordinario assortimento di oggetti tipicamente americani esposti allo **Shelburne Museum**, nelle vicinanze di Burlington, ci sono poche mete specifiche per i turisti. I visitatori arrivano numerosi in due occasioni ben definite: per vedere il **fogliame autunnale** nelle prime due settimane d'ottobre, e per **sciare** in pieno inverno, quando le stazioni sciistiche di **Killington** e, più a nord, di **Stowe** (dove si stabilirono i Von Trapp, la famiglia di cantanti famosa per *The Sound of Music*) si attivano quasi all'improvviso. Per il resto dell'anno potreste esplorare qualsiasi strada secondaria dello Stato, nella certezza che dietro l'angolo successivo comparirà qualche paese pittoresco.

Trasporti

La strada principale del Vermont nella direzione nord-sud è la I-91, che rasenta il confine con il New Hampshire. La I-89 attraversa il centro dello Stato, passando per Montpelier e Burlington nel suo tragitto dal New Hampshire al Canada. I **pullman** della Greyhound (☎ 1-800/231-2222, *www.greyhound.com*) collegano città quali Burlington, Montpelier e Brattleboro con la rete nazionale. Il **treno** *Vermonter* dell'Amtrak (☎ 1-800/872-7245), che fa servizio fra Washington e St. Albans, ferma a Brattleboro, Montpelier, Waterbury e Burlington. L'**aeroporto** principale è a Burlington.

Le Green Mountains

Le condizioni meteorologiche nelle **Green Mountains**, che formano la spina dorsale del Vermont, non sono rigide quanto quelle della White Mountains nel New Hampshire, anche se le foreste delle Green Mountains sono invariabilmente sepolte dalla neve per gran parte della stagione invernale e se alle altitudini più elevate le strade possono essere intransitabili per lunghi periodi. Gli itinerari in direzione nord da **Bennington**, **Brattleboro** e lungo la panoramica **Hwy-100** offrono rigeneranti vedute di paesaggi montani intatti e la possibilità di vedere il meglio del New England provinciale.

D'estate gli escursionisti raccolgono la sfida del **Long Trail**, l'itinerario di 425 km che si snoda lungo il crinale centrale, conducendo dal confine con il Massachusetts fino al Québec. Questo percorso è antecedente all'Appalachian Trail, che ora segue la sua sezione meridionale, ed è mantenuto in buone condizioni dal **Green Mountain Club** (☎ 802/244-7037, *www.greenmountainclub.org*), la cui *Long Trail Guide* ($18,95) è uno strumento preziosissimo.

Bennington

Negli ultimi due secoli a **BENNINGTON** non sono successe molte cose che possano reggere il confronto con l'eccitazione dei giorni in cui i Green Mountain Boys di Ethan Allen erano di stanza qui. Un obelisco di 93 m in cima a un colle (metà aprile-ottobre: tutti i giorni 9-17; $2) commemora la **battaglia di Bennington** del 1777, nella quale i Boys svolsero un ruolo cruciale sconfiggendo i britannici al comando del generale Burgoyne (la battaglia stessa però fu combattuta subito al di là del confine con lo Stato di New York). Date un'occhiata anche al **Bennington Museum**, 75 Main St. (tutti i giorni tranne mer 10-17; ☎ 802/447-1571, *www.benningtonmuseum.org*; $9), contenente una memorabile raccolta di oggetti e curiosità tipicamente americani, nonché la più vasta collezione di dipinti dell'artista folk Grandma Moses. Se volete vedere belle ceramiche fatte a mano, fate un salto da **Bennington Potters**, 324 County St. (lun-sab 9.30-18, dom 10-17; ☎ 800/205-8033, *www.benningtonpotters.com*).

Il *Paradise Motor Inn,* 141 West Main Street (☎ 802/442-8351, *www.theparadisemotorinn.com*; ❹-❺), è uno dei tanti **motel** centrali aperti in questo tratto di strada. Altre sistemazioni eleganti, che rientrano in varie categorie di prezzo, sono offerte dal *Four Chimneys Inn*, sulla Rte-9 o West Road (❶ 802/447-3500, *www.fourchimneys.com*; ❻-❾). Quanto al **mangiare**, gli studenti del piccolo, esclusivo e artistico Bennington College prediligono il *Madison Brewing Company,* 428 Main St. (❶ 1-800/44BREWS), o il *Blue Benn Diner*, 102 Hunt St. (❶ 802/442-5140).

A nord di Brattleboro

Dirigendosi a nord di **BRATTLEBORO**, famosa per l'animato ambiente artistico e per la vita notturna scandita dalla presenza di tanti studenti, la Route 30 e la Route 35 offrono un'alternativa meno trafficata a chi vuole recarsi nel Vermont centrale. Pochi posti sono più aderenti all'immagine iconica del New England rurale di **GRAFTON**, un insieme davvero magnifico di bianchi edifici di legno e alberi ombrosi, attraversato da un torrente gorgogliante. Specialmente se vi piace il formaggio vi suggeriamo di visitare l'interessante **Grafton Village Cheese Company**, in Townshend Road (lun-ven 8-17, sab e dom 10-17; ❶ 802/843-2221 o 1-800/472-3866, *www.graftonvillagecheese.com*). Più a nord, nella tranquilla **CHESTER** le case di assicelle di legno tipiche del Vermont sono inframmezzate da esempi più ornati di architettura vittoriana, in un insieme affascinante che abbellisce il tratto in cui la Rte-11 corre lungo uno stretto spiazzo erboso. Qui potrete salire a bordo del **Green Mountain Flyer** (1 partenza alle 12.30: luglio e agosto sab e dom; metà settembre-metà ottobre tutti i giorni; $19; *www.rails-vt.com*), un treno panoramico che effettua un percorso circolare di 2 h dal Chester Depot alle cascate chiamate Bellows Falls e ritorno.

Notizie utili

A Brattleboro l'**alloggio** più apprezzato dai visitatori è un albergo in stile art déco, il *Latchis Hotel*, 50 Main St. (❶ 802/254-6300, *www.latchis.com*; ❹). A Grafton vi consigliamo l'elegante *Old Tavern*, 92 Main St. (❶ 1-800/843-1801, *www.old-tavern.com*; ❽), che ha anche un ottimo **ristorante**. A Chester la sistemazione migliore è l'*Inn Victoria*, 321 Main St. (❶ 802/875-4288 o 1-800/732-4288, *www.innvictoria.com*; ❺-❾).

A Brattleboro non potete sbagliare **mangiando** al *Riverview Café,* 36 Bridge St. (❶ 802/254-9841), che dà sul fiume Connecticut. La **birra** migliore è quella prodotta e servita dalla *McNeill's Brewery*, al n. 90 di Elliot St. (❶ 802/254-2553). Il vicino *Mole's Eye Cafe*, al n. 4 di High St. (❶ 802/257-0771, *www.themoleseye cafe.com*), è un affermato locale notturno con **musica dal vivo** tutte le sere e un menu da bar che comprende alcuni piatti messicani e italiani.

L'Hwy-100 Scenic Drive: Weston

Uno dei paesi più graziosi lungo la panoramica Hwy-100 è **WESTON**, che si estende accanto a un fiumiciattolo sviluppandosi intorno a un perfetto *green*, lo spiazzo erboso centrale. Il **Vermont Country Store**, a sud del *green*, è più grande di quanto non sembri guardando la modesta facciata. Per quanto pittoresca e caratteristica, questa istituzione del Vermont in realtà fa parte di una catena. Di fronte, il **Weston Village Store** è più autentico – e meno caro – e vende vari articoli vagamente rurali e casalinghi, come uno sciroppo di acero e formaggi di produzione locale.

La miglior **sistemazione** di Weston è l'incantevole *Inn at Weston*, sulla Hwy-100, vicino al *green* del paese (Ⓣ 802/824-6789, *www.innweston.com*; ❼), con camere accoglienti, un ottimo **ristorante** e un intimo pub. Un altro piacevole bed & breakfast è il *Darling Family Inn* (Ⓣ 802/824-3223; ❹-❻), situato sulla Hwy-100 a nord del *green*. Una piccola ma magnifica mescita di bevande non alcoliche domina il bar in mogano del ristorante *Bryant House*, costruito nel 1885 sulla Main Street e adiacente al Vermont Country Store (cena solo ven e sab, chiuso dom; Ⓣ 802/824-6287); qui il menu a pranzo offre specialità campagnole, fra cui i "*johnnycakes*" (schiacciate, pane non lievitato). Per quanto riguarda gli intrattenimenti il posto migliore è il **Weston Playhouse**, un bel teatro che allestisce spettacoli d'estate e in autunno (mar-dom; Ⓣ 802/824-5288, *www.westonplayhouse.org*; $39-52).

Killington

La stazione sciistica di **KILLINGTON** (Ⓣ 802/422-6200 per il resort o 1-800/621-6867 per altre prenotazioni nella zona; Ⓣ 802/422-3261 per informazioni registrate 24 h su 24 sulle piste da sci, *www.killington.com*), al centro delle Green Mountains, 30 miglia a nord di Weston, ha conosciuto una crescita esponenziale dal 1958. La stazione sciistica si estende su sette montagne (il Pico Mountain è il più adatto per gli sciatori di media abilità), ed è nota per la sua turbolenta vita notturna. Per gli escursionisti, subito a nord di qui s'incrociano due importanti itinerari, il Long Trail e l'Appalachian Trail. D'estate e in autunno si può ancora prendere la **K-1 Gondola** (**telecabina**, $10 corsa singola, $15 andata e ritorno) per salire alla piattaforma d'osservazione e caffetteria sul Killington Peak (1306 m). Per la discesa potete scegliere se farla a piedi o in mountain bike (queste ultime si possono noleggiare alla base).

D'inverno la Killington Road, che si dirama dalla US-4 e risale il pendio, è animata da affollati **bar e ristoranti**: la *Wobbly Barn Steakhouse* (novembre-aprile; Ⓣ 802/422-6171) è un buon ristorante specializzato in varie pietanze di carne alla griglia, soprattutto manzo, accompagnate da vivaci intrattenimenti, mentre il *Pickle Barrel* (Ⓣ 802/422-3035) è un bar turbolento dove nei fine settimana invernali la clientela è ancora più scatenata. L'*Inn of the Six Mountains*, 2617 Killington Road (Ⓣ 802/422-4302, *www.sixmountains.com*; ❹-❻), è la **sistemazione** migliore all'interno della stazione sciistica e offre tariffe scontate d'estate; l'*Inn at Long Trail*, sul Sherburne Pass (Ⓣ 802/775-7181 o 1-800/325-2540, *www.innatlongtrail.com*; ❹), è in posizione ideale per gli escursionisti che percorrono il Long Trail (vedi p. 249).

Woodstock

Situata qualche chilometro a ovest del fiume Connecticut e raggiunta dalla US-4, la bellissima **WOODSTOCK** (da non confondere con la Woodstock che si trova nello Stato di New York, famosa per il festival musicale che vi si tenne nel 1969) è uno dei centri più raffinati del Vermont sin dalla sua fondazione negli anni Sessanta del Settecento. Le sue case signorili si raggruppano intorno a un *green*, uno spiazzo erboso ovale al centro dell'abitato, e oggi sono occupate in gran parte da gallerie d'arte e sale da tè.

La maggior attrazione a pagamento di Woodstock è la **Billings Farm and Museum**, in Rte-12, all'altezza di River Road (maggio-ottobre: tutti i giorni 10-17; novembre-dicembre: sab e dom 10-16; Ⓣ 802/457-2355, *www.billingsfarm.*

org; $11): in parte moderna fattoria per la produzione di latte e latticini, in parte museo dedicato alla vita in fattoria, la Billings allestisce dimostrazioni di antiche abilità e mostra un eccellente documentario biografico sui vari proprietari della fattoria. Dal centro città si possono raggiungere vari **sentieri per escursioni a piedi**, ideali per una tranquilla camminata; lo stesso vale per i percorsi nella foresta del **Marsh-Billings-Rockefeller National Historical Park** (tutto l'anno; centro visitatori: fine maggio-ottobre tutti i giorni 10-17; ⓣ 802/457-3368, *www.nps.gov/mabi*; ingresso gratuito), percorsi che vengono tenuti in ordine anche per lo sci invernale e le camminate con racchette da neve.

Il simpatico personale del **Woodstock Welcome Center**, che ha sede in centro in Mechanic Street (tutti i giorni 9-17; ⓣ 802/432-1100, *www.woodstockvt.com*), fornisce molte informazioni sugli alloggi, i pasti e le attrazioni della zona. Per quanto riguarda l'**alloggio** segnaliamo il ben arredato *Shire Riverview*, 46 Pleasant St. (ⓣ 802/457-2211, *www.shiremotel.com*; ❹-❼), l'elegante *Woodstock Inn and Resort*, 14 The Green, US-4, nel centro del paese (ⓣ 802/457-1100 o 1-800/448-7900, *www.woodstockinn.com*; ❾), e l'accogliente *Applebutter Inn*, ubicato a Taftsville, 6 km a est di Woodstock, sulla US-4 (ⓣ 802/457-4158, *www.applebutterinn.com*; ❹-❼).

Quanto al **mangiare**, Woodstock conta numerosi posti di ristoro, fra cui *Bentley's*, 3 Elm St. (ⓣ 802/457-3232), che serve varie birre di produzione artigianale e versioni raffinate del tradizionale cibo da bistrot, e il *Kedron Valley Inn*, che è situato a South Woodstock, sulla Rte-106 (ⓣ 802/457-1473), e serve piatti americani più costosi ma superbi. La *Mountain Creamery*, 33 Central St. (tutti i giorni 7-15; ⓣ 802/457-1715), prepara prime colazioni e pranzi a base di buone portate tradizionali, mentre il *Wasp's Snack Bar*, 57 Pleasant St. (ⓣ 802/457-3334), è un'istituzione locale senza fronzoli ed è specializzato in prime colazioni fatte in casa (mar-sab 6-11).

Quechee

Situato quasi 10 km a est di Woodstock, su una diramazione della statale US-4, **QUECHEE** è un pittoresco paese del Vermont con l'aggiunta di nuovi e costosi condomini. La zona di maggior interesse paesaggistico è il **Quechee Gorge State Park**, un parco statale istituito lungo la stessa US-4 per preservare una magnifica gola, la **Quechee Gorge**. Un ponte dalle linee raffinate attraversa l'abisso di 50 m del fiume Ottauquechee, e dal **centro visitatori** (tutti i giorni 9-17; ⓣ 802/295-6852) si diramano vari sentieri che scendono nel fondovalle. Si può **campeggiare** nel parco in uno dei tanti campeggi del Vermont a gestione statale (ⓣ 802/295-2990 o 1-888/409-7579; $14-23 a notte, permanenza minima di due notti). Se invece preferite qualche comodità, il *Quality Inn* (ⓣ 802/295-7600 o 1-800/732-4376, *www.qualityinnquechee.com*; ❺), ubicato sulla US-4, fra la gola e i negozi per turisti del Quechee Gorge Village, offre la **sistemazione** con il miglior rapporto qualità-prezzo.

Il fiume fa girare le turbine del **Simon Pearce Glass Mill** (tutti i giorni 10-21; ⓣ 802/295-2711, *www.simonpearce.com*), una vetreria ospitata in un vecchio lanificio sulla Main Street di Quechee. Qui potrete osservare gli artigiani mentre soffiano il vetro creando ciotole e vassoi (10-17), e poi magari mangiare le specialità servite negli stessi vassoi nel **ristorante** aperto in loco, che si affaccia su una cascata e propone, fra altri piatti, salmerino dell'Artico cotto a fuoco vivo, maiale alle acciughe e croccante anatra arrosto (portate principali: a cena $22-30, a pranzo circa $15); si consiglia di prenotare (🅣 802/295-1470).

Montpelier

Procedendo per quasi 90 km lungo la I-89 in direzione nord si raggiunge **MONTPELIER**, la capitale di Stato più piccola della nazione, contando meno di 10.000 abitanti. Circondata da frondosi giardini, la **State House** (lun-ven 7.45-16.15), sormontata da una cupola dorata, merita una visita (gratuita) per vedere i pavimenti di marmo e i murali che decorano i corridoi (luglio-metà ottobre: lun-ven 10-15.30, sab 11-14.30; 🅣 802/828-2228). Il **Capitol Region Visitors Center**, situato al 134 di State St., di fronte alla State House (lun-ven 6-18, sab e dom 10-18; 🅣 802/828-5981 o 1-800/VERMONT, *www.vermontvacation.com*), fornisce molte informazioni sugli alloggi a Montpelier e in tutto lo Stato. Il centrale ma silenzioso *Betsy's Bed & Breakfast*, 74 E State St. (🅣 802/229-0466, *www.betsysbnb.com*; ❻), dispone di buone **camere**. Se cercate qualcosa di più lussuoso provate al *Capitol Plaza Hotel*, 100 State St. (🅣 802/223-5252, *www.capitolplaza.com*; ❽).

△ State House, Montpelier

Per quanto riguarda il **mangiare**, gli studenti del New England Culinary Institute locale gestiscono il *Main St. Grill & Bar*, che è situato al n. 118 di Main St. (chiuso lun; ⓣ 802/223-3188) e serve ottimi piatti sperimentali internazionali a basso prezzo. Il *Coffee Corner*, ubicato sulla Main Street all'altezza di State Street (ⓣ 802/229-9060), serve da oltre sessant'anni piatti da tavola calda molto economici, mentre il *Capitol Grounds*, 45 State St. (ⓣ 802/223-7800), è decisamente l'ideale per fare colazione con un buon caffè o tè.

In numerosi locali si può ascoltare musica dal vivo: il *Langdon Street Café*, 4 Langdon St. (ⓣ 802/223-8667, *www.langdonstreetcafe.com*), ha un'atmosfera familiare e accogliente e offre musica dal vivo tutte le sere insieme a birra, vino e caffè, mentre il *Black Door Bar*, 44 Main St. (chiuso dom; ⓣ 802/223-7070, *www.blackdoorvt.com*), è un po' più elegante e propone jazz o zydeco (ingresso $3).

Waterbury

Prima del 1978 poche persone conoscevano **WATERBURY**, e anche allora l'apertura di un chiosco di gelati di produzione artigianale gestito da due hippies sullo spiazzo antistante una stazione di servizio suscitò sulle prime ben poco interesse. Da allora però la **Ben & Jerry's Ice Cream Factory**, situata sulla Rte-100, nel centro di Waterbury, 1 miglio a nord della I-89 lungo il tragitto per Stowe, è cresciuta così rapidamente e ha raggiunto una tale dimensione da diventare la maggior destinazione turistica del Vermont. Le visite di mezz'ora (tutti i giorni: luglio-metà agosto 9-20; metà agosto-metà ottobre 9-18; metà ottobre-giugno 10-17; $3, gratis per i minori di 12 anni; ogni 30 min; ⓣ 802/882-1240 o 1-866/BJ-TOURS, *www.benjerry.com*) comprendono un breve documentario, una piattaforma dalla quale si può assistere alla preparazione dei gelati (solo nei giorni feriali) e un opuscolo gratuito sulle persone che hanno reso possibile tutto ciò (uscendo, al bancone si può acquistare altro materiale).

Stowe

Ai piedi della montagna più alta del Vermont, il **Mount Mansfield** (1339 m), si stende **STOWE**, rinomato luogo di villeggiatura estiva e invernale. Nel cuore della cittadina si è conservato un bel paese ottocentesco, con un ameno spiazzo erboso o *green* centrale e un luogo di culto sormontato da una guglia bianca, anche se un secolo di sfruttamento turistico e di frequentazione da parte di numerosi sciatori e appassionati di attività all'aria aperta ha fatto sì che lungo la strada d'accesso alla zona sciistica principale siano spuntati negozi di attrezzature sportive, centri benessere e condomini di appartamenti. Con tutto ciò, la posizione di Stowe è sempre spettacolare.

Il **centro visitatori** di Stowe, ubicato sulla Main Street, vicino all'incrocio con Mountain Road (lun-sab 9-20, dom 9-17; ⓣ 802/253-7321 o 1-877/GO-STOWE, *www.gostowe.com*), fornisce informazioni sulle condizioni delle piste da sci e sugli alloggi. Presso il Mountain Sports & Bike Shop, 580 Mountain Road (ⓣ 802/253-7919, *www.skiershop.com*), si possono noleggiare le **biciclette** per seguire il Recreation Path, un percorso lastricato che si snoda serpeggiando nel paesaggio collinare per 8,5 km.

La Hwy-108 – la **Mountain Road** – sale allo Stowe Mountain Resort (*www.stowe.com*) e prosegue attraverso un passo spettacolare, lo **Smugglers' Notch** (Passo dei Contrabbandieri). Il resort sul versante opposto (ⓣ 1-800/451-8752, *www.smuggs.com*) è un'alternativa agli alloggi di Stowe meno affollata e più adatta alle famiglie. Tempo permettendo, si può salire in cima al Mansfield sia procedendo in auto per 4,5 miglia (7 km) lungo la **Toll Road**, che a sua volta si dirama dalla Mountain Road a 11 km dall'inizio di quest'ultima (fine maggio-metà ottobre: tutti i giorni 9-16; $23 per auto), sia prendendo la **telecabina**, la **Gondola Skyride** (metà giugno-metà ottobre: tutti i giorni 10-17; ⓣ 802/253-7311; $16 solo andata, $22 andata e ritorno), per salire al *Cliff House Restaurant* (aperto solo a pranzo), che è a un'altitudine di 1115 m e dista dalla sommità 1 km estremamente faticoso. Tuttavia Stowe si è fatta un nome come **stazione sciistica** per lo **sci di fondo** soprattutto grazie ai suoi legami con la **famiglia Von Trapp**, famosa per *The Sound of Music*. Fuggiti dall'Austria, i Von Trapp arrivarono qui nel 1941 e vi fondarono il *Trapp Family Lodge*, 700 Trapp Hill Road (ⓣ 802/253-8511 o 1-800/826-7000, *www.trappfamily.com*; ⑨). Il *lodge* originario, dove Maria von Trapp teneva i suoi corsi di canto, è andato distrutto in un incendio (la stessa Maria è morta nel 1987), ma al suo posto è sorto un altro albergo altrettanto lussuoso, con un'*Austrian Tea Room* che serve torte e pasticcini austriaci e tedeschi incredibilmente ricchi (tutti i giorni 11-17). Dall'albergo iniziano quasi 150 km di entroterra rurale e vari percorsi per sci di fondo ben tenuti.

Notizie utili

Oltre al *lodge* menzionato sopra, i migliori fra i numerosi alloggi di Stowe sono il sontuoso *Stowe Mountain Lodge*, 7412 Mountain Road (ⓣ 888/478-6938 o ⓣ 802/253-3560, *www.stowemountainlodge.com*; ⑨), proprio accanto all'area sciistica di Spruce Peak, e lo storico *Green Mountain Inn*, 18 Main St. (ⓣ 802/253-7301 o 1-800/253-7302, *www.greenmountaininn.com*; ⑥-⑦). Il *Riverside Inn*, 1965 Mountain Road (ⓣ 802/253-4217 o 1-800/966-4217, *www.rivinn.com*; ④), dispone di camere più economiche. Il campeggio *Gold Brook Campground* è 3 km a sud, sulla Hwy-100 (ⓣ 802/253-7683; $23).

Lungo Mountain Road ci sono molti posti in cui ci si può fermare per **mangiare**. Il *McCarthy's* (ⓣ 802/253-8626), al n. 2043, è più indicato per la prima colazione; lo *Shed Restaurant & Brew Pub*, al n. 1859 (ⓣ 802/253-4364), serve cucina americana a prezzi medi e buona birra; e il sempre affollato *Pie Casso*, al n. 1899 (ⓣ 802/253-5100), prepara eccellenti pizze e piatti di pastasciutta. Una possibilità più raffinata per cena è il *Blue Moon Café*, che è situato nel paese principale, al n. 35 di School St. (ⓣ 802/253-7006), e offre un menu innovativo (con specialità come il coniglio del Vermont) accompagnato da una buona carta dei vini.

Burlington

Accoccolata sulla sponda di un lago, **BURLINGTON**, che con i suoi quasi 40.000 abitanti è la "città" più grande del Vermont, è uno dei centri abitati più piacevoli del New England. Fusione rilassata e al passo con i tempi di Montréal (80 miglia/125 km a nord) e Boston (oltre 200 miglia/320 km a sud-est), Burlington ha sempre guardato al Canada tanto quanto al sud. La città si affaccia sul **Lake Champlain**, un lago lungo 150 miglia (240 km) che forma il confine tra il Vermont e lo Stato di New York; i collegamenti via acqua con il fiume San Lorenzo erano molto più facili rispetto agli itinerari via terra attraverso le montagne, cosicché il porto diventò un importante centro di approvvigionamento. Tra i fondatori della città c'erano Ethan Allen e famiglia; tuttavia Ethan non era un personaggio impoverito alla Robin Hood, bensì un ricco proprietario terriero, e suo fratello Ira fondò l'Università del Vermont. Come sede dell'università, Burlington è in tutto e per tutto una città universitaria animata da uno spirito giovane e con gli occhi ben aperti sul mondo. Il centro città è tranquillamente esplorabile a piedi, in particolare intorno al **Church Street Marketplace**.

Arrivo, informazioni e trasporti

I **pullman** della Greyhound fermano nel centro di Burlington, al 345 di Pine St., quattro isolati a sud di Main Street. La **stazione ferroviaria** dell'Amtrak è alquanto scomoda, essendo situata 8 km a nord-est, nella piccola comunità di Essex Junction (autobus per Burlington $1,25). L'**aeroporto**, il più grande del Vermont, è qualche chilometro a est della città, sulla US-2.

Per **informazioni** e per farsi dare una mano nella ricerca di una camera ci si può rivolgere alla **Lake Champlain Regional Chamber of Commerce**, 60 Main St. (luglio-settembre: lun-ven 8.30-17, sab e dom 9-17; ottobre-giugno: lun-ven 8.30-17; ☎ 802/863-3489 o 1-877/686-5253, *www.vermont.org*).

La CCTA, l'azienda dei **trasporti** locale (☎ 802/864-2282, *www.cctaride.org*), mette a disposizione una **navetta** gratuita che collega il campus universitario, il centro città e il lungolago (ogni 15-30 min, lun-ven 6.30-19; fine maggio-metà ottobre anche sab e dom 9-21; servizio sospeso in luglio e agosto).

I **traghetti** della Lake Champlain Ferries (vedi più avanti) partono dall'imbarcadero in fondo a King Street. Se volete fare un'escursione in mare, l'allegra *Spirit of Ethan Allen III* (☎ 802/862-8300, *www.soea.com*; tour con commento $14,49, pranzo e cena a tema e crociere serali con aragosta $19,25-47) parte dall'imbarcadero in fondo a College Street. I negozi North Star Sports, 100 Main St. (☎ 802/863-3832), e Skirack, 85 Main St. (☎ 802/658-3313), noleggiano **biciclette** (minimo $28 al giorno).

Se i vostri piani prevedono una traversata, i traghetti della **Lake Champlain Ferries** (☎ 802/864-9804, *www.ferries.com*) attraversano il lago dal Vermont a New York, con partenze da **Burlington** (per Port Kent; $17,50), **Charlotte** (per Essex; $9,50) e **Grand Isle** (per Plattsburgh; $9,50). Le tariffe indicate si riferiscono al costo di sola andata per un'auto e il conducente; gli altri eventuali passeggeri delle auto e coloro che sono a piedi o si spostano in bicicletta pagano da $3,75 a $5,95.

Alloggio

A Burlington non mancano le **sistemazioni** a prezzi medi, specialmente lungo Shelburne Road, nel tratto fra Burlington e Shelburne; se volete **fare campeggio**, il *North Beach Campground* (☎ 802/862-0942 o 1-800/571-1198; $24-33), in riva al lago, è situato circa 3 km a nord, sull'Institute Road.

Courtyard Burlington Harbor 25 Cherry St. ☎ 802/864-4700, *www.marriott.com*. Il miglior albergo del centro, in posizione favolosa vicino al lungolago e con nuove camere e comfort di lusso; colazione a buffet, piscina al coperto e TV con lettore CD. ❽

G.G.T. Tibet Inn 1860 Shelburne Road, South Burlington ☎ 802/863-7110, *www.ggttibetinn.com*. Motel molto frequentato, gestito da affabili emigrati tibetani; le camere, per quanto piccole e semplici, hanno un ottimo rapporto qualità-prezzo (ciascuna è dotata di TV via cavo, frigo e microonde), ma sono i tocchi extra, come gli oggetti d'artigianato, una biblioteca tibetana e le bandiere della preghiera, a rendere il posto così memorabile. ❹

Sunset House B&B 78 Main St. ⓣ 802/864-3790, *www.sunsethousebb.com.* Accogliente B&B in posizione centrale, con bagni in comune. ❹-❻

Willard Street Inn 349 S Willard St. ⓣ 802/651-8710 o 1-800/577-8712, *www.willardstreetinn.com.* Questa casa splendidamente restaurata, situata qualche isolato a sud del centro città, offre un giardino rilassante, una dispensa e abbondanti colazioni. ❼-❾

La città

Il **lungolago** di Burlington è una zona sorprendentemente poco costruita, anche se il Battery Park, alla sua estremità settentrionale, è un bel posto da cui osservare il sole che tramonta dietro gli Adirondacks, specialmente quando c'è una band che suona, come è spesso il caso nei weekend.

Vale senz'altro la pena esplorare, pochi isolati più indietro, la pedonale **Church Street Marketplace**, la piazza del mercato, sulla quale si affacciano sia vecchi edifici più belli sia i moderni caffè e le boutique di Burlington. Il **Robert Hull Fleming Museum** in Colchester Avenue (maggio-primi di settembre: mar-ven 12-16, sab e dom 13-17; primi di settembre-aprile: mar, gio e ven 9-16, mer 9-20, sab e dom 13-17; ⓣ 802/656-0750, *www.flemingmuseum.org*; $5), presso l'Università del Vermont, espone un'interessante collezione di arte e manufatti provenienti da tutto il mondo, compresi alcuni oggetti precolombiani. A nord, sulla Rte-127, l'**Ethan Allen Homestead** (giugno-ottobre: lun-sab 10-16, dom 13-16; ⓣ 802/865-4556, *www.ethanallenhomestead.org*; $5) offre una panoramica sfaccettata sulla vita e sull'epoca del controverso padre fondatore del Vermont.

Lo Shelburne Museum

Ci vuole un'intera giornata, se non di più, per apprezzare pienamente la notevole collezione di *"Americana"*, vale a dire di oggetti e curiosità autenticamente americani raccolti nello **Shelburne Museum**, un villaggio-museo che occupa 20 ettari a Shelburne, sulla US-7, 4,5 km a sud di Burlington (maggio-ottobre: tutti i giorni 10-17; ⓣ 802/985-3346, *www.shelburnemuseum.org*; $18, valido per due giorni consecutivi). Creato nel 1947 dall'ereditiera Electra Webb, il museo si sviluppa intorno ai dipinti di impressionisti francesi appartenuti ai suoi genitori, fra cui tele di Degas e Monet, esposte sulla base di un'attenta ricostruzione del loro appartamento di New York. Tuttavia gli interessi di Electra erano molto più ampi, tanto che mise insieme quella che è probabilmente la miglior celebrazione in tutti gli Stati Uniti, se si eccettua lo Smithsonian Institution, delle invenzioni realizzate nel paese. Più di 30 edifici, alcuni originali, altri costruiti appositamente per il museo, si concentrano su vari aspetti della vita quotidiana americana negli ultimi due secoli. Il villaggio comprende un emporio di generi vari e una farmacia, una stazione ferroviaria e perfino un enorme **piroscafo a vapore a pale** proveniente dal Lake Champlain, l'*SS Ticonderoga*, con tanto di faro fra gli scogli.

Mangiare, bere e intrattenimenti

Nel periodo scolastico la presenza di 10.000 studenti fa sì che a Burlington siano aperti molti **ristoranti** di buona qualità e a basso prezzo, come pure alcuni locali notturni alquanto vivaci.

American Flatbread 115 St. Paul St. ☎ 802/861-2999. Una famosissima pizzeria che prepara pizze naturali e biologiche di ogni genere, spesso utilizzando ingredienti locali.

Club Metronome/Nectar's 188 Main St. ☎ 802/658-4771, *www.clubmetronome.com*. Il *Club Metronome* è un locale molto in voga che ospita anche qualche concerto dal vivo ma offre soprattutto musica house e techno. Al piano di sotto, *Nectar's* (*www.liveatnectars.com*) è un locale rétro noto per aver dato i natali al gruppo dei Phish. Nei weekend si paga per entrare (di solito $5).

Muddy Waters 184 Main St. ☎ 802/658-0466. L'eclettico interno in legno e la vivace e variopinta clientela caratterizzano questa caffetteria molto frequentata. Le bevande alla caffeina sono piuttosto potenti.

Shanty on the Shore 181 Battery St. ☎ 802/864-0238. Pesce e frutti di mare freschissimi in un ambiente tranquillo con vista sul Lake Champlain.

Smokejack's 156 Church St. ☎ 802/658-1119. Piatti creativi a base di carne o di pesce cucinati alla griglia con legno di quercia; il tutto va giù più facilmente se accompagnato da speziati Bloody Mary, martini o birre alla spina

Vermont Pub and Brewery 144 College St. ☎ 802/865-0500. Spazioso, allegro pub-birreria con un buon menu di hamburger, sandwich e altri piatti americani, accompagnati occasionalmente da musica dal vivo.

Maine

Celebrato come "il modo in cui la vita dovrebbe essere", lo spettacolare **MAINE** è all'altezza della sua fama. Grande quanto gli altri cinque Stati del New England messi insieme, il Maine ha una popolazione che non supera quella del Rhode Island. In teoria, dunque, c'è molto spazio per il grande afflusso di visitatori estivi; in pratica, però, la maggior parte di questi ultimi si concentra sulla **costa** molto frastagliata. Tuttavia per apprezzare la dimensione e lo spazio dello Stato bisogna andare più a nord o verso l'entroterra, dove vasti tratti di foresta di montagna sono punteggiati da laghi e attraversati da pochissime strade, tanto che il paesaggio ricorda più l'interno dell'Alaska che le strade di montagna del Vermont e del New Hampshire, spesso intasate dai camper. Questa regione è un territorio ideale per le escursioni a piedi e in canoa (e per avvistare gli alci), in particolare nel **Baxter State Park**, dove si snoda l'ultimo tratto settentrionale dell'Appalachian Trail.

Le prime **colonie** agricole del Nord America misero radici nel Maine: nel 1604 i protestanti **francesi** sotto la guida di de Champlain si insediarono vicino alla Mount Desert Island, e tre anni dopo arrivò un gruppo di **inglesi** che sopravvisse un inverno alla foce del fiume Kennebec. Considerato inizialmente parte del Massachusetts, il Maine divenne un'entità separata solo nel 1820, quando il compromesso del Missouri fece del Maine uno Stato libero e del Missouri uno Stato schiavo. Oggi l'**economia** ruota decisamente intorno alle attività marittime. Grazie a un'attenta pianificazione, nel Maine la pesca delle aragoste in particolare ha smentito le previsioni più cupe e sta conoscendo un nuovo boom, come dimostrano i tanti, fiorenti **laghetti di astici**.

Il clima del Maine è noto per la sua asprezza. D'**inverno** nevica parecchio e il paesaggio è caratterizzato dalla presenza di racchette da neve, ronzanti gatti delle nevi e appassionati di sci di fondo che si muovono silenziosi sulle piste. Ufficialmente l'estate è compresa fra due weekend lunghi: il Memorial Day (l'ultimo lunedì di maggio) e il Labor Day (il primo lunedì di settembre). Nel Maine questo è il periodo di alta stagione, preannunciato dai chioschi che vendono *sweetcorn* (granturco ad alto contenuto di zucchero) e astici; la fine della stagione invece è caratterizzata dalla raccolta degli ottimi mirtilli selvatici (il 90% dei mirtilli degli Usa viene dal Maine), che poi compaiono in tutta una serie di specialità, dai tortini alle frittelle e ai piatti di pollo. A fine settembre (quando, a differenza che negli altri Stati del New England, si applicano le tariffe di bassa stagione) cominciano a diffondersi dal nord i vivaci **colori autunnali**, e il clima gelido è ottimo per raccogliere le mele o semplicemente per rannicchiarsi con una coperta e un libro.

Trasporti nel Maine

Il mezzo di trasporto migliore per esplorare il Maine è senz'altro la **macchina**. L'itinerario più piacevole è quello seguito dalla Rte-1, che corre nell'entroterra a pochi chilometri dalla costa fino al Canada; il tragitto è punteggiato da innumerevoli svolte per isolati paesi in riva al mare. Se avete fretta, la I-95, che inizialmente è la Maine Turnpike (a pedaggio), permette di accedere rapidamente alla zona di Portland e oltre. Nell'**entroterra** le strade sono poco trafficate e le vedute spettacolari; molte delle strade più settentrionali sono in ghiaietto e appartengono alle industrie del legname. In qualunque periodo dell'anno il maltempo può rendere queste strade improvvisamente intransitabili; informatevi sulle loro condizioni prima di mettervi in viaggio.

Mentre molti luoghi turistici offrono un comodo servizio di bus-navetta entro i confini urbani, i **trasporti pubblici** fra le città del Maine possono lasciare molto a desiderare. Tre pullman giornalieri della Greyhound (☎ 1-800/231-2222, *www.greyhound.com*) collegano Boston e Portland; la Greyhound effettua collegamenti anche con Wiscasset, Brunswick, Bath, Rockland e Camden, e con un certo numero di altre località del Maine centrale e settentrionale. La Concord Coach (che copre con i suoi pullman tutto il tragitto costiero fino a Bangor; ☎ 1-800/639-3317, *www.concordcoachlines.com*) ha il miglior accesso alla **costa** e gestisce anche una navetta da Portland al Logan Airport (a Boston). Le autolinee CYR (☎ 207/827-2335) arrivano fino all'estremo nord passando da Bangor (e terminando la corsa a Fort Kent, al confine con il Canada). L'Amtrak mette a disposizione il piacevole treno *Downeaster* (☎ 1-800/USA-RAIL, *www.amtrakdowneaster.com*), che parte dalla North Station di Boston e termina la corsa a Portland (effettuando lungo il tragitto fermate a Wells, Biddeford e all'Old Orchard Beach); con questo treno il viaggio ha un ottimo rapporto qualità-prezzo, costando appena $24 (solo andata).

La costa del Maine

Anche se l'acqua è gelida, le **spiagge** del Maine meridionale sono assolutamente splendide, e ci sono innumerevoli sentieri costieri fra le rocce e piccoli porti da esplorare. Le destinazioni più animate sono **Portland** e **Bar Harbor** (al margine dell'**Acadia National Park**), ma se cercate una base più tranquilla c'è una vasta scelta di località balneari di minori dimensioni, quali **Wiscasset** e **Blue Hill**. Più a sud le **spiagge** sono più numerose (e il mare è più caldo), per esempio a **Ogunquit**.

Il modo migliore per vedere la costa è **dalla barca**. Anche dai porti più piccoli operano traghetti ed escursioni; gli itinerari principali comprendono i traghetti per il Canada da Portland e Bar Harbor, gite più brevi all'isola di **Monhegan** via Port Clyde, Boothbay Harbor e New Harbor, e l'escursione a **Vinalhaven** passando per Rockland.

A sud di Portland

Da Portsmouth, nel New Hampshire (vedi p. 239), la I-95 attraversa una parte del Maine così fitta di piccole comunità che, secondo Mark Twain, non si poteva "gettare un mattone senza correre il rischio di rendere invalido il direttore dell'ufficio postale". Circa 5 m oltre il confine, all'incrocio con la Rte-1, un **centro informazioni** a **Kittery** fornisce una quantità di dettagli su tutto lo Stato (tutti i giorni: estate 8-18; resto dell'anno 9-17.30; ⓣ 207/439-1319). Per una cena divertente a base di pesce e con vista sull'oceano, fermatevi al *Chauncey Creek Lobster Pier* (ⓣ 207/439-1030), 16 Chauncey Creek Road, a Kittery Point.

Se volete evitare i pedaggi sull'interstatale e seguire invece la più panoramica Rte-1 (entrambe si dirigono a nord, ma la Rte-1 corre radente alla costa), presto vi ritroverete nella bella **YORK**, che nel 1642 fu la prima città inglese a ottenere lo statuto in Nord America. La seicentesca **Old Gaol** ("Vecchia prigione") oggi è un museo dedicato al vivace passato criminale della città; risalente al 1653, la struttura fu la prigione principale del Maine fino alla guerra d'indipendenza. Oltre ai monumenti storici, York ospita numerose belle spiagge e una sala giochi d'epoca (l'accattivante "Fun-O-Rama") e offre la possibilità di intraprendere un certo numero di tonificanti camminate sulle scogliere. Potreste dirigervi per esempio al di là della parte antica (Old York) verso il **Nubble Light**, un faro in fondo a Shore Road, laterale della Rte-103: si tratta di uno dei fari più belli del Maine, costruito su un'isola all'altezza della York Beach e osservabile da un promontorio roccioso. Subito a nord di qui, a Cape Neddick la gente fa volentieri la coda per gustare gli **hot dog** di *Flo's*, un'istituzione locale dal 1959, situata sulla Rte-1 fra York e Ogunquit, di fronte a Mountain Road (chiuso mer). Al n. 2 di Stonewall Lane, proprio dietro la Chamber of Commerce e a pochi passi dalla Rte-1, il *Company Store* (ⓣ 207/351-2712), fiore all'occhiello della catena *Stonewall Kitchen's*, vende BLT (*bacon, lattuce, tomato*: sandwich con bacon, lattuga e pomodori) con astice fresco e insalate da portar via per un picnic sulla spiaggia, oltre a una varietà di condimenti tipici, come senape, marmellate e salse al cioccolato.

Ogunquit e dintorni

La lingua di terra di 5 km che ripara **OGUNQUIT**, località *gay-friendly*, dal mare aperto è una delle **spiagge** più belle del Maine, una lunga distesa di sabbia finissima lambita da dolci frangenti che è ideale per tranquille passeggiate. La stagione estiva all'**Ogunquit Playhouse** (ⓣ 207/646-5511) di solito vede la presenza di qualche artista di fama. L'ultimo direttore del Met di New York ha definito l'**Ogunquit Museum of American Art** (ⓣ 207/646-4909; $7) "il piccolo museo più bello del mondo". Il suo minuscolo spazio custodisce una ricca raccolta di marine, messe ulteriormente in risalto dalle immense vedute dell'oceano che si ammirano dalle finestre del museo.

Un ottimo posto in cui **pernottare** a Ogunquit è il *Terrace by the Sea*, 11 Wharf Lane (ⓣ 207/646-3232, *www.terracebythesea.com*; ❺-❽), che vanta un giardino incantevole e una posizione proprio sull'orlo dell'acqua. Il *Beachmere Inn*, in Shore Road (ⓣ 207/646-2021, *www.beachmereinn.com*; ❻-❾), offre camere rimesse a nuovo di recente in un bizzarro, vecchio albergo turrito di legno che si affaccia sull'oceano. Il campeggio più vicino, il *Pinederosa*, è a nord della città, al n. 128 di North Village Road (maggio-settembre; ⓣ 207/646-2492, *www.pinederosa.com*; $28 per due adulti), e in luglio e agosto mette a disposizione un bus-navetta gratuito per l'Ogunquit Beach. Tornando in centro, la Marginal Way, un sentiero panoramico che si snoda in cima alle scogliere (il nome è fuorviante), conduce dal centro di Ogunquit alla suggestiva **Perkins Cove**, un'insenatura 1,5 km a sud. *The Blue Water Inn,* 11 Beach St. (ⓣ 207/646-5559), è lambito dall'oceano e serve **pesce** e frutti di mare freschi a prezzi sorprendentemente bassi, mentre il *Joshua's Restaurant*, ubicato a **Wells**, subito a nord, al n. 1637 della Rte-1 (ⓣ 207/646-3355), prepara le cene migliori della zona, utilizzando per molti dei piatti gli ingredienti che provengono dalla sua fattoria locale.

Kennebunkport

C'è un motivo se gli ex presidenti **George Herbert Walker Bush** (noto in zona con il soprannome di "41") e **George "W" Bush** passano le vacanze estive a **Kennebunkport**: è bellissima, storica e piena di ristoranti, tanto che perfino Barbara, la moglie di Bush Sr., approva. La cittadina può sembrare un po' altezzosa, ma fortunatamente è dotata di belle spiagge oltre che di residenti di sangue blu. La vicina Kennebunk vanta un bel terzetto di **spiagge**: Kennebunk, Mother's e Gooch's, tutte situate lungo Beach Street; procuratevi un permesso da HB Provisions, 15 Western Ave. (6-22, ⓣ 207/967-5762; $15 al giorno). Due posti simpatici in cui passare un po' di tempo gustando pesce e frutti di mare sono *Alisson's*, al n. 8 di Dock Square (ⓣ 207/967-4841), e il *Clam Shack*, un tranquillo locale subito prima del ponte che conduce in città (ⓣ 207/967-3321).

Un interessante diversivo è Tom's of Maine, un piccolo negozio a prezzi scontati situato a Kennebunk, al n. 52 di Main St. (ⓣ 207/985-6331); questo punto vendita piacevolmente aromatico vende sottoprezzo paste dentifrice con piccoli difetti per soli $2.

Portland

PORTLAND, la città più grande del Maine, fu fondata nel 1632 in superba posizione sulla penisola di Casco Bay e prosperò rapidamente grazie alla cantieristica e all'esportazione di tronchi di pino da utilizzare sulle navi come alberi maestri. Sul lungomare si allungava una successione di **pontili** di legno, mentre le case dei mercanti punteggiavano la collina alle sue spalle.

Sin dalla sua fondazione Portland si caratterizzò come città cosmopolita, con una consistente popolazione di neri liberi che tradizionalmente lavoravano come portuali; negli anni fra il 1830 e il 1840 cominciarono ad arrivare e a imporsi gli immigrati irlandesi, suscitando molto risentimento fra la popolazione nera. Con l'arrivo della **ferrovia**, la linea ferroviaria canadese (Canada Trunk Line) aveva il suo capolinea proprio sul molo di Portland e consentiva di trasportare le merci canadesi e quelle delle Grandi Pianure 100 miglia più vicino all'Europa di quanto non fossero in qualsiasi altro porto statunitense. Oggi alcuni dei moli sono occupati da eleganti condomini, ma sopravvive quasi intatto il **Custom House Wharf** (molo della Dogana), rimasto in gran parte come doveva essere quando Anthony Trollope, nel 1861, lo attraversò commentando: "Non credo di avere mai visto una città che mostrasse segni più evidenti di prosperità". Gran parte della città che Trollope vide in quell'occasione fu distrutta da un incendio accidentale nel 1866 (in precedenza i nativi americani nel 1675 e gli inglesi nel 1775 avevano incendiato Portland deliberatamente).

La Grand Trunk Station fu demolita nel 1966, e il centro di Portland sembrò destinato a un declino irreversibile, finché un gruppo di residenti decise di riportare in vita il vecchio quartiere del porto, ristrutturando l'area oggi nota come **Old Port**. Il loro successo ha rivitalizzato la città, facendo sì che continuasse a essere il cuore pulsante del Maine (però non aspettatevi un eccesso di energia). Portland è semplicemente un centro urbano gradevole, raffinato e molto bello, dove si possono sperimentare i benefici di una grande città a un costo minore e senza la seccatura del sovraffollamento.

Arrivo, informazioni e trasporti

Sia la I-95 sia la Rte-1 rasentano il promontorio di Portland, passando a pochi chilometri dal centro città, mentre la I-295 attraversa l'abitato dando accesso al nucleo storico. Il **Portland International Jetport** è accanto alla I-95 ed è collegato con il centro città da autobus urbani di linea. L'arteria principale centrale è Congress Street, mentre Commercial Street è più bella e corre lungo il porto. Le **autolinee** principali lungo la costa sono la Concord Coach (T 207/828-1151, *www.concordcoachlines.com*) e la Greyhound, che offrono frequenti servizi di pullman per Boston come pure per Bangor, a nord, e (solo d'estate) per Bar Harbor. La Greyhound collega Portland anche con Montréal, il New Hampshire e il Vermont, oltre che con varie destinazioni all'interno del Maine; la stazione è al 950 di Congress St., al margine orientale del centro città. Il **centro visitatori** è al n. 245 di Commercial St. (lun-ven 8-17, sab 10-15; T 207/772-5800, *www.visitportland.com*), e il suo personale, gentile e disponibile, potrà darvi tutte le informazioni che vi occorrono sulla città e i suoi dintorni.

Il centro di Portland è servito dagli **autobus** urbani ($1,25), ma è comunque abbastanza compatto da poter essere girato a piedi o in bicicletta; Cyclemania, al n. 59 di Federal St. (T 207/774-2933), noleggia **biciclette** a $25 al giorno. Un'altra possibilità è iscriversi a un **giro turistico via terra e via mare** (*land & sea tour*) della città, organizzato dai simpatici operatori della Mainely/Eagle Island Tours, 170 Commercial St. ($29; T 207/774-0808), oppure al giro anfibio proposto dalla Downeast Duck Adventures, 177 Commercial St. ($24; T 207/774-DUCK), che accompagna i visitatori nello storico Old Port e poi nella Casco Bay per vedere le Calendar Islands.

Tra fine maggio e metà ottobre, il **traghetto** ad alta velocità *Cat* (T 1-877/359-3760, *www.catferry.com*) parte quattro mattine alla settimana alle 8 da Portland per **Yarmouth**, in Nuova Scozia (Canada); la corsa dura 6 h all'andata e altrettante al ritorno. La tariffa di alta stagione è di $99 a persona solo andata, e ci sono vari sconti e tariffe per escursioni; la tariffa minima per il trasporto dell'auto è di $164.

Alloggio

Trovare una camera a Portland non è un grosso problema, ma d'estate e in autunno è meglio prenotare in anticipo. Intorno all'uscita 48 della I-95 sono concentrati alcuni **motel economici**. Il **campeggio** più vicino è il *Wassamki Springs*, ubicato a ovest di Portland, su una diramazione della Rte-22 diretta a Westbrook (solo maggio-metà ottobre; T 207/839-4276; $43).

The Chadwick 140 Chadwick St. ❶ 207/774-5141, *www.thechadwick.com*. Nascosto nel West End di Portland, questo delizioso B&B ha 4 camere accoglienti arredate in tinte calde, un proprietario cordiale, ottime prime colazioni, connessioni WiFi a Internet e ospiti soddisfatti. ❺-❼

Hilton Garden Inn 65 Commercial St. ❶ 207/780-0780, *www.hiltongardeninn.com*. Centro di fitness, piscina con acqua salata e connessione wi-fi a Internet, in bella posizione con vista sul porto. Costa un po' troppo, ma è un bel posto. ❾

Inn at Park Spring 135 Spring St. ❶ 207/774-1059 o 1-800/437-8511, *www.innatparkspring.com*. Un affascinante B&B in un edificio del 1835 nell'Arts District, in comoda posizione rispetto ai ristoranti e ai negozi dell'Old Port. Proprietari cordiali e prime colazioni squisite. ❻-❼

Inn at St. John 939 Congress St. ❶ 207/773-6481 o 1-800/636-9127, *www.innatstjohn.com*. Situato a due passi dal centro storico in una zona leggermente equivoca, questo elegante edificio vittoriano offre camere confortevoli a prezzi ragionevoli, alcune con bagno in comune. Non c'è l'ascensore. ❺-❼

Morrill Mansion B&B 249 Vaughan St. ❶ 207/774-6900, *www.morrillmansion.com*. Bed & breakfast ben arredato nel West End, con camere eleganti e accoglienti, frigo-bar, lettori DVD, accesso gratuito a Internet e un proprietario ben informato e disponibile. ❻-❽

Portland Harbor Hotel 468 Fore St. ❶ 207/775-9090 o 1-888/798-9090, *www.theportlandharborhotel.com*. Camere graziose ma non eccezionali, in ottima posizione vicino al lungomare; molte camere guardano sul giardino inglese. ❾

Portland Regency Hotel 20 Milk St. ❶ 207/774-4200, *www.theregency.com*. Camere di lusso – alcune con vista sulla baia – in un bellissimo edificio in mattoni rimesso a nuovo, non lontano dall'Old Port. ❾

La città

A causa dei numerosi incendi, della vecchia Portland non si è conservato molto, anche se in Congress Street e Danforth Street si possono vedere diversi palazzi signorili maestosi. La **Wadsworth-Longfellow House/Maine Historical Society**, al 485-489 di Congress St. (maggio-ottobre e dicembre: lun-sab 10-16, dom 12-16; novembre: solo sab, 10-16; $7 compreso il museo, vedi sotto; visita di 45 min all'ora esatta), fu costruita nel 1785 da Peleg Wadsworth e fu il primo edificio in mattoni di Portland. Tuttavia la casa deve la sua fama principalmente al nipote di Wadsworth, il poeta Henry Wadsworth Longfellow, che vi trascorse l'adolescenza. L'adiacente **Historical Society Museum** (lun-sab 10-17, dom 12-17; $4; ❶ 207/879-0427) ospita esposizioni temporanee relative alla storia e all'arte del Maine.

Il **Portland Museum of Art**, 7 Congress Square, è un museo moderno edificato nel 1988 da I.M. Pei e soci (mar-gio, sab e dom 10-17, ven 10-21; giugno-metà ottobre: lun 10-17; $10, gratis ven 17-21; ❶ 207/775-6148, *www.portlandmuseum.org*). Si tratta di uno stupendo spazio espositivo, pieno di pezzi legati al mare quali "Weatherbeaten" di Winslow Homer e altre marine commoventi. I piani inferiori di solito ospitano mostre temporanee, mentre il secondo piano espone classici paesaggi del New England. L'ultimo piano è un po' più vivace, ospitando una notevole collezione di fantastiche opere moderne quali l'"abito di mitili" di Brian White, interamente composto di conchiglie di mitili.

L'**Old Port**, il bel quartiere restaurato alle spalle della banchina, fra Exchange Street e Pearl Street, può essere piuttosto divertente e affascinante, con le sue stradine acciottolate fiancheggiate da caseggiati e negozi d'antiquariato in mattoni rossi, librerie, boutique (specialmente in Exchange Street) e altre particolarità. Diverse agenzie organizzano **escursioni in barca** dai moli vicini: la Portland Schooner Co. ha due golette d'epoca che navigano nel porto e proseguono per le isole e i fari della Casco Bay, partendo dal Maine State Pier, il molo adiacente alla sede della Casco Bay Lines in Commercial Street (tutti i giorni d'estate; gita di 2 h $35, gite serali $240; ❶ 207/766-2500 o 1-87/SCHOONER, *www.portlandschooner.com*). La Casco Bay Lines gestisce inoltre per tutto l'anno un battello postale per sette delle innumerevoli **Calendar Islands** che punteggiano la Casco Bay; il battello parte due volte al giorno (d'estate le crociere sono più numerose) dal suo imbarcadero al n. 56 di Commercial St., all'altezza di Franklin St. (viaggio diretto solo andata $7,75-11,50, crociere panoramiche $12-22,50; ☎ 207/774-7871, *www.cascobaylines.com*). Le **isole Long**, **Peaks** e **Cliff** dispongono di alberghi o campeggi.

Se si segue il lungomare di Portland fino alla fine della penisola si raggiunge l'**Eastern Promenade**, una tranquilla passeggiata di 3 km lungo il porto, che conduce all'East End Beach, sotto il promontorio. In alto sopra la *promenade*, in cima a Munjoy Hill, al n. 138 di Congress St. sorge il **Portland Observatory**, un osservatorio ottagonale in legno del 1807 (giugno-metà ottobre: tutti i giorni 10-17; $7; ☎ 207/774-5561); salendo i suoi 103 gradini si raggiunge la sommità, dalla quale si ammira una splendida veduta della baia.

Mangiare

Portland conta numerosi **ristoranti** di ottima qualità, e anche gran parte dei suoi *barn bars* (vedi p. 265) serve buoni spuntini. Il ricco **Farmer's Market** (mercato dell'agricoltore), in Monument Square (aperto mer 7-14, maggio-novembre) è l'ideale se si vogliono assaggiare i prodotti locali.

Asmara 51 Oak St. ☎ 207/253-5122. Fantastici cibi etiopi ed eritrei, per esempio *tsebhi hamli* (due tipi di cavolo cucinati con curry e serviti con pane *injera*). Chiuso lun.

Aurora Provisions 64 Pine St. ☎ 207/871-9060. Questo mercato/emporio di gastronomia di alta qualità, con un angolo in cui ci si può sedere a un tavolo, vende squisiti sandwich e un assortimento completo di caffè, bevande, paste dolci, insalate e dessert. Perfetto per far provviste per un picnic. Chiuso dom.

Becky's Diner 390 Commercial St. ☎ 207/773-7070. Posto di ristoro d'epoca per la prima colazione, tipico del Maine, con una recente aggiunta al piano superiore; serve sostanziose porzioni di piatti americani fra cui *muffins* e *pies* fatti in casa, dalle 4 di notte (per i pescatori) alle 21.

Flatbread Company 72 Commercial St. ☎ 207/772-8777. Gustose pizze preparate con l'impasto per le schiacciate, salsa fatta in casa e ingredienti assolutamente naturali, in un locale in bella posizione sul lungomare.

Herbs Gully 55 Oak St. ☎ 207/780-8080. Gustosi e fantasiosi *burritos* (tortillas ripiegate e farcite), *quesadillas* e contorni vari, accompagnati da bevande originali, come il "kind buzz" (banane, miele, vaniglia e polline d'ape).

Lobster Shack at Two Lights 225 Two Lights Road ☎ 207/799-1677. Forse lo scenario migliore di tutto il Maine per gustare pesce e frutti di mare: un faro a sinistra, l'oceano indisciplinato a destra, e un succulento *lobster roll* (panino con astice) sul piatto davanti a voi.

Market Street Eats 36 Market St. ☎ 207/773-3135. Non troverete leziosi succhi di frutta sul menu di questo locale sotterraneo specializzato in sandwich, che serve ottimi cibi a pranzo, come il *Red Rooster wrap* (pollo, bacon, provolone, maionese piccante thailandese e cipolla rossa, $6,75).

Shays Grill Pub 18 Monument Square ☎ 207/772-2626. Prepara i migliori hamburger con cipolla di tutta Portland; buoni martini e birre in un ambiente rilassato in Monument Square.

Street and Co. 33 Wharf St. ☎ 207/775-0887. Un ottimo ristorante specializzato in pesce e frutti di mare, perfetto per le occasioni speciali: i tagli sono cucinati alla griglia, anneriti o cotti ai ferri alla perfezione in un'intima, chiassosa sala da pranzo. Il menu comprende anche alcune portate non di pesce. Si consiglia di prenotare.

Walter's Cafe 15 Exchange St. ☎ 207/871-9258. Nuova cucina americana servita in una raffinata sala da pranzo dal soffitto alto, con ingresso in Exchange Street. Le portate principali costano $15-20; a pranzo si spende meno e si mangia altrettanto bene.

Vita notturna e intrattenimenti

Per quanto riguarda le **arti dello spettacolo**, Portland ospita un nutrito programma di spettacoli e concerti, proponendo musica da camera, opera, danza e compagnie teatrali in tournée; alcuni di questi spettacoli sono allestiti nell'ambito delle PCA Great Performances, una manifestazione organizzata annualmente dalla Portland Concert Association, e si tengono nel Merrill Auditorium del Municipio (biglietti ⓣ 207/842-0800, *www.pcagreatperformances.org*). La Portland Stage Company mette in scena produzioni di maggiori dimensioni nel suo teatro omonimo al n. 25A di Forest Ave. (ⓣ 207/774-0465). L'agenzia Portland Parks and Recreation (ⓣ 207/756-8130, *www.ci.portland.me.us*) nei mesi estivi sponsorizza **concerti jazz** e **blues** gratuiti all'aperto in vari punti della città, a mezzogiorno e di sera. Il settimanale gratuito *Portland Phoenix* pubblica **rubriche degli spettacoli**.

L'ambiente dei **bar** di Portland è più turbolento del previsto, e nei fine settimana i pub si riempiono di bevitori di birra in vena di divertirsi.

Great Lost Bear 540 Forest Ave. ⓣ 207/772-0300, *www.greatlostbear.com*. Fuori dal nucleo centrale di Portland, è un'ottima birreria che vale la scarpinata, specialmente se amate la birra. Assaggiate una delle 65 birre alla spina disponibili, 15 delle quali sono prodotte artigianalmente dallo Stato. Qui servono anche discreti piatti da pub.

Gritty McDuff's 396 Fore St. ⓣ 207/772-2739. Il primo *brewpub* di Portland, cioè un pub che produce in loco la birra che vende: la Portland Head Pale Ale e la Black Fly Stout. Cibi, musica folk, lunghe panche di legno e un'atmosfera simpatica; il sabato sera il clima può riscaldarsi parecchio.

Novare Res Bier Café 4 Canal Plaza, Suite 1 (si entra da un vicolo che inizia nel tratto inferiore di Exchange St., presso il cartello della Keybank) ⓣ 207/761-2437. Un po' difficile da trovare, questa birreria molto in voga nell'Old Port vanta più di 200 tipi di birra (di cui 15 alla spina), tavoli da picnic al coperto e all'aperto e gustosi piatti di carne e formaggi per accompagnare le bevande.

The Port Hole 16 Custom House Wharf ⓣ 207/780-6533. Questa istituzione di Portland, situata proprio sull'acqua e ventilata dalle brezze marine, offre ai suoi clienti ogni genere di sfizi, compresa un'ottima prima colazione servita tutto il giorno. I concerti reggae estivi, organizzati ogni domenica al porto su una terrazza soleggiata, sono una vera botta d'energia.

RiRa 72 Commercial St. ⓣ 207/761-4446. Animato pub irlandese con ottima cucina, in bella posizione sul lungomare.

Rivalries 10 Cotton St. ⓣ 207/774-6044. Un nuovo arrivato sulla scena di Portland: un bar su due piani pulito e alla moda, sempre affollato di vivaci tifosi.

SPACE Gallery 538 Congress St. ⓣ 207/828-5600, *www.space538.org*. Questo raffinato spazio con pretese artistiche mette in mostra opere d'arte contemporanee e propone sempre qualcosa d'interessante, che si tratti di film, musica, esposizioni d'arte o band locali.

Top of the East Lounge Nell'*Eastland Park Hotel* 157 High St. ⓣ 207/775-5411. Elegante bar-terrazza sul tetto, con sciccosi martini e splendide vedute della città.

A nord di Portland: la mid-coast

Le località costiere immediatamente a nord di Portland non sono a vocazione meno commerciale rispetto a quelle situate a sud; **Freeport**, per esempio, è sostanzialmente un centro commerciale all'aperto (ma se non altro è un *buon* centro commerciale). Tuttavia, appena passata **Brunswick**, la I-95 piega verso l'interno alla volta di Augusta, e solo la Rte-1 continua a correre parallela all'oceano. Da qui in avanti il ritmo si fa molto meno frenetico e i prezzi si abbassano notevolmente; perfino sulla strada principale s'incontrano comunità piacevoli quali **Bath** e **Belfast**, e i numerosi promontori possono essere ancora più tranquilli.

Freeport

L'attuale prosperità di **FREEPORT**, località situata 15 miglia/24 km a nord di Portland, deriva in gran parte da un'invenzione di Leon L. Bean, il quale nel 1912 ideò un originale stivale da pesca con suola di gomma. La calzatura originaria è ancora fabbricata e venduta (all'ingresso ce n'è una copia di enormi dimensioni), e la **L.L. Bean** è diventata una multinazionale nel settore del-

Eartha: il globo presso la DeLorme Headquarters

Se da Portland ci si dirige a nord sulla I-95, alla volta dell'emporio L.L. Bean di Freeport, nei pressi dell'uscita 17 della statale si può notare un enorme globo illuminato. Si tratta di **Eartha**, il più grande globo rotante del mondo (ha un diametro di 41,5 m), simbolo iconico della **DeLorme Headquarters**. Il luogo merita assolutamente una sosta per il gran numero di mappe e cartine in vendita (fra cui l'indispensabile *Maine Atlas & Gazetteer*) o anche solo per osservare gli affascinanti movimenti di Eartha, che imita la vera rotazione della Terra (dom-gio 9-18, ven e sab 9-19; ⓣ 1-800/642-0970).

l'abbigliamento e delle attrezzature sportive, con un gigantesco emporio sulla Main Street che praticamente non chiude mai. In origine si decise per l'apertura notturna in modo da consentire ai cacciatori di far provviste prima delle spedizioni organizzate prima dell'alba, e ancora oggi si può acquistare o noleggiare tutta l'attrezzatura necessaria. In pratica, tuttavia, le ore notturne sembrano destinate soprattutto agli studenti delle superiori, che cercano di addormentarsi nelle tende senza essere notati dai commessi. Oggi L.L. Bean è più un negozio di mode e del tempo libero (è la destinazione più visitata nel Maine), e Freeport si è estesa fino a includere un tratto di 1,5 km nel quale sono concentrati diversi **outlet e negozi al dettaglio** di nomi famosi (Gap, Banana Republic, Cole Haan ecc.), la maggior parte dei quali offre davvero forti sconti sui prezzi.

Freeport non è un posto ideale in cui fermarsi (una volta che gli acquirenti se ne sono tornati a casa la quiete regna sovrana), ma se vi occorre un **alloggio** l'*Harraseeket Inn*, al n. 162 di Main St. (ⓣ 207/865-9377 o 1-800/342-6423, *www.harraseeketinn.com*; ❽-❾) è un meraviglioso albergo-B&B in legno con un'ottantina di camere. L'*Applewood Inn,* 8 Holbrook St. (ⓣ 207/865-9705, *www.applewoodusa.com*; ❼-❾), è un ottimo B&B subito dietro l'emporio L.L. Bean. Qualche chilometro a nord della città, l'incantevole *Maine Idyll Motor Court*, al n. 1411 della Rte-1 N (ⓣ 207/865-4201, *www.maineidyll.com*; ❸-❺), affitta villini funzionali ma romantici in una bella cornice fra i boschi.

Fra i **ristoranti**, nella zona di Freeport quello che serve la cucina migliore è il *Conundrum Wine Bistro,* 117 Rte-1 S (ⓣ 207/865-0303), a sud della città; molti lo scelgono per gli ottimi martini, dopodiché rimangono "agganciati", attirati dalle portate principali che utilizzano ingredienti freschi di stagione, per esempio i *butternut squash ravioli* (ravioli con crema alla salvia). Nel centro di Freeport, il *Mediterranean Grill*, 10 School St. (ⓣ 207/865-1688), serve a pranzo e cena autentica cucina libanese davvero buona (come i *gyro kebabs*). Per cambiare panorama, imboccate la Rte-1 e seguitela verso sud per 1,5 km per raggiungere il mare, dove l'*Harraseeket Lunch & Lobster Co* (ⓣ 207/865-4888), che si allunga nella tranquilla baia sul suo molo di legno, offre ottimi pranzi all'aperto. Il verde promontorio visibile sull'altro versante fa parte del **Wolfe's Neck Woods State Park**. D'estate, pagando $3 si possono seguire itinerari escursionistici e percorsi naturalistici lungo i margini intatti del capo (tutti i giorni 9-18; ⓣ 207/865-4465).

Bath e dintorni

Circa 12 km più avanti, l'affascinante cittadina di **BATH** ha una tradizione eccezionalmente lunga nel campo della **cantieristica**: il primo vascello varato qui fu la *Virginia*, costruita nel 1607 dalla colonia di Sir George Popham, che ebbe vita breve. La **Bath Iron Works**, una ferriera fondata nel 1833, attirò un numero di irlandesi in cerca di lavoro talmente elevato da suscitare una reazione anti-immigranti da parte di una marmaglia di teppisti, i cosiddetti "**Know-Nothings**" ("Ignoranti"), i quali nel luglio del 1854 incendiarono la chiesa cattolica locale. La ferriera, dove durante la seconda guerra mondiale furono costruite più cacciatorpediniere che in tutto il Giappone, continua ancora oggi a produrre navi. Nello straordinario **Maine Maritime Museum**, sito al n. 243 di Washington St., accanto all'Iron Works, 3 km a sud del centro città (tutti i giorni 9.30-17; $10 per 2 giorni; ⓣ 207/443-1316), è possibile visitare la Iron Works (si consiglia di prenotare, $26), esplorare parecchi vascelli storici o curiosare nell'interessante collezione di dipinti, fotografie e manufatti collegati alle navi. C'è perfino una mini-nave pirata sulla quale i piccoli bucanieri possono salire.

Dirigendosi per 22 km verso sud lungo la Rte-209 si raggiunge la stupenda **Popham Beach** ($4; ⓣ 207/389-1335), una spiaggia al termine della penisola di Phippsburg, dove si possono esplorare le suggestive distese sabbiose nonché il massiccio **Fort Popham**, un forte di granito eretto nell'Ottocento.

L'*Inn at Bath*, 969 Washington St. (ⓣ 207/443-4294 o 1-800/423-0964, *www.innatbath.com*; ❼), è un ottimo **B&B** con un bellissimo giardino e tutti i comfort, mentre il *Kismet Inn*, 44 Summer St. (ⓣ 207/443-3399, *www.kismetinnmaine.com*; ❽-❾), offre camere luminose, bagni di lusso, trattamenti per il corpo e corsi di yoga.

Per quanto riguarda i posti dove **mangiare**, in zona segnaliamo il *Solo Bistro*, 128 Front St. (ⓣ 207/443-3373), che serve una cucina moderna e gustosa in un ambiente contemporaneo e organizza serate con jazz dal vivo, e il *Beale Street Barbecue & Grill*, al n. 215 di Water St. (ⓣ 207/442-9514), che offre fra l'altro pollo affumicato, *pulled pork* (pietanza a base di carne di maiale) e costolette, da consumare in loco o da portar via. *The Cabin*, 552 Washington St. (ⓣ 207/443-6224), prepara buone pizze. *The Sea Basket,* situato a Wiscasset proprio sulla Rte-1 N (ⓣ 207/882-6581), serve ottime fritture di molluschi, mentre mangiare al *Red's Eats* (ⓣ 207/882-6128), poco più avanti sulla Rte-1 N, è un po' un rito di passaggio culinario, con gli avventori che si mettono in fila intorno all'isolato solo per mettere le mano su uno dei suoi famosi *lobster rolls* (panini con astice, tipici del New England).

Boothbay Harbor

Situata all'estremità meridionale della Hwy-27, quasi 20 km a sud della Rte-1, **BOOTHBAY HARBOR** è una località di villeggiatura affollata ma innegabilmente graziosa che si trova letteralmente sull'acqua. La cittadina organizza gite in barca di ogni genere; la Balmy Days Cruises (ⓣ 207/633-2284 o 1-800/298-2284), per esempio, offre gite di una giornata alla Monhegan Island per $32 e giri del porto per $14. Le divertenti "Puffin nature cruises" proposte dalla Cap'n Fish's (ⓣ 207/633-3244 o 1-800/636-3244; $24 per una visita di 2 h 30 min) offrono la possibilità di osservare i buffi pulcinella di mare o *puffins*, gli uccelli dal becco variopinto che abitano l'Eastern Egg Rock (portate un binocolo). I Coastal Maine Botanical Gardens (telefonate per sapere qual è il tragitto migliore per arrivarci; tutti i giorni 9-17; $10; ⓣ 207/633-4333, *www.mainegardens.org*) sono attraversati da bei sentieri che si snodano fra distese di fiori lungo il fiume Sheep.

Se volete **pernottare** a Boothbay, vi consigliamo l'elegante *Topside Inn*, 60 McKown St. (ⓣ 207/633-5404, *www.topsideinn.com*; ❺), che dispone di camere piacevoli nella vecchia casa di un capitano di marina e vanta splendide vedute del porto. Il *Lobster Dock,* situato al 49 di Atlantic Ave., di là dal ponte pedonale (☎ 207/633-7120), offre freschissimi panini all'astice (*lobster rolls*) e cene a base di pesce e frutti di mare a prezzi bassi, mentre il *Boathouse Bistro,* presso il Pier 1 (☎ 207/633-0400), prepara ottime *tapas* (stuzzichini) e dispone di una soleggiata terrazza sul tetto con annesso bar. Infine, *The Thistle Inn*, 55 Oak St., serve squisite specialità della nuova cucina americana all'ora di cena e dispone anche di belle camere (☎ 207/633-3541, *www.thethistleinn.com*; ⑤). Tornati sulla Rte-1 N (15 km a nord di Boothbay) a Waldoboro, il leggendario ★*Moody's Diner* (☎ 207/832-7785) è un'istituzione del Maine da oltre cinquant'anni. *Moody's* è un vero affare: resta aperto fino a tardi e trasuda nostalgia, con i suoi séparé di vinile, i piatti del giorno a basso prezzo e i 14 tipi di *pies* appena sfornate (torte dolci e salate: dovete assolutamente assaggiare la torta ai quattro frutti di bosco).

Rockland e la Monhegan Island

ROCKLAND, dove la Rte-1 raggiunge la Penobscot Bay, è da sempre il maggior distributore di **astici** o gamberi di mare (*lobsters*) del Maine, vantando uno dei porti più trafficati dello Stato, e più di recente è diventata uno dei luoghi più vivibili e alla moda del suo Stato. La cittadina ospita tutti gli anni il Maine Lobster Festival, dedicato all'astice (primo weekend d'agosto; ☎ 1-800/LOB-CLAW, *www.mainelobsterfestival.com*), nonché il North Atlantic Blues Festival (a metà luglio; ☎ 207/596-6055, *www.northatlanticbluesfestival.com*); la maggior attrazione culturale è il notevole **Farnsworth Art Museum**, 352 Main St. (seconda metà di maggio-metà ottobre: tutti i giorni 10-17; resto dell'anno: mar-dom 10-17; $10; ☎ 207/596-6457, *www.farnsworthmuseum.org*). Distribuita in parecchi edifici, la collezione museale abbraccia due secoli di arte americana focalizzandosi soprattutto sulla produzione artistica legata al Maine. Il **Wyeth Center**, una splendida galleria ospitata in quella che era una vecchia chiesa, si distribuisce su due piani e raccoglie le opere di Jamie e N.C. Wyeth. L'altra grande attrazione di Rockland è il sontuoso **Strand Theatre** in stile art déco (biglietti $8,50; ☎ 207/594-0070, *www.rocklandstrand.com*), un cinema-teatro che è situato al n. 345 di Main St. e mostra i classici del cinema come pure film indipendenti contemporanei.

Una divertente gita di un giorno è la **Maine Eastern Railroad** (Ferrovia orientale del Maine; ☎ 1-866/637-2457, *www.maineeasternrailroad.com*; $40 andata e ritorno), che offre viaggi panoramici di 2 h lungo la costa fra Rockland e Brunswick (comprese le fermate a Bath e a Wiscasset), nelle sue carrozze ferroviarie restaurate in stile art déco.

Per quanto riguarda il **mangiare**, uno dei posti migliori fra i tradizionali laghetti di astici della zona è *Miller's* (☎ 207/594-7406), aperto in alta stagione dalle 10 alle 19 e situato sul litorale della Wheeler's Bay, in un'insenatura isolata dello Spruce Head, sulla Hwy-73. Il *Brass Compass Café*, 305 Main St. (☎ 207/596-5960), prepara prime colazioni e pranzi squisiti. Le cene migliori sono quelle servite dall'originale e perennemente affollato *Café Miranda*, che è nascosto al n. 15 di Oak St., a pochi passi dalla Main Street (☎ 207/594-2034), e propone una serie di specialità internazionali a prezzi medi, mentre *Primo*, 2 S Main St. (☎ 207/596-0770), serve una delle migliori cucine dello Stato (a prezzi un po' più alti) in un ambiente vittoriano con vista panoramica. Un ottimo albergo in cui **pernottare** è il turrito ★*LimeRock Inn*, 96 Limerock St. (☎ 207/594-2257, *www.limerockinn.com*; ⑥-⑧), che ha fantastici proprietari e offre la connessione WiFi gratuita a Internet e un arredamento confortevole; un'altra gradevole possibilità è il luminoso, piccolo *Ripples Inn,* 16 Pleasant St. (☎ 207/594-5771, *www.ripplesinnattheharbor.com*; ❻-❽).

La Monhegan Island

A sud di Rockland, la bella **St. George Peninsula**, e in particolare il paese di Tenants Harbor, ispirò il classico romanzo di Sarah Orne Jewett *Country of the Pointed Firs*, ambientato nel Maine. Sulla punta della penisola, dal villaggio di Port Clyde partono i battelli per la piccola **Monhegan Island**, che è situata a 18 km dalla costa e ha una popolazione permanente che non raggiunge i 100 abitanti. L'isola è una splendida destinazione di una gita di un giorno per chi vuole allontanarsi per un po' dal traffico turistico della terraferma; è possibile arrivarci (in circa un'ora) con un battello della Monhegan Boat Lines (maggio-ottobre tutti i giorni; novembre-aprile lun, mer e ven; tre traversate al giorno d'estate, meno in altri periodi; $30 andata e ritorno; ☎ 207/372-8848, *www.monheganboat.com*).

Su questo affioramento roccioso la pesca degli **astici** è l'attività principale, ma le magnifiche scogliere e le insenature isolate attirano da tempo anche gli artisti (per esempio Edward Hopper). Vari **itinerari escursionistici** si snodano sull'isola in una rete di 15 miglia, attraversandone le zone selvagge e passando accanto a uno stupendo faro del 1824. Gli **alloggi** – come l'*Island Inn*, un hotel con vista sul porto, situato in bella posizione presso il molo dei traghetti (☎ 207/596-0371, *www.islandinnmonhegan.com*; ❻-❾) – in genere sono cari; se non volete spendere troppo potreste gradire i semplici comfort del *Trailing Yew* (☎ 207/596-6194, *www.trailingyew.com*; ❸).

Camden e Rockport

Le comunità adiacenti di **CAMDEN** e **ROCKPORT** si divisero in due cittadine separate nel 1891 a causa di una disputa su quale delle due avrebbe dovuto pagare per un nuovo ponte sul fiume Goose. Oggi Rockport è un tranquillo porto in attività, fra i più graziosi sulla costa del Maine, e ospita barche per la pesca degli astici, cabinati da diporto e poco altro: Camden ha chiaramente vinto la gara per la conquista dei turisti. L'unica tappa essenziale in questa zona è il **Camden Hills State Park**, un parco statale 3 km a nord di Camden ($3), dove si può raggiungere a piedi o in auto una torre che vanta una delle vedute panoramiche più belle della costa del Maine; in una giornata limpida la vista spazia fino all'Acadia National Park.

Camden e Rockport sono specializzate nell'organizzazione di spedizioni su navi a vela (durata massima di sei giorni) nei grandi schooner chiamati ***windjammers*** (grandi velieri). La stagione di queste spedizioni va da fine maggio a metà ottobre. Fra i vascelli c'è l'*Appledore* (☎ 207/236-8353), che effettua crociere da Camden di 2 h per $30. Per informazioni e orari delle gite più lunghe (3-6 giorni) fuori zona rivolgetevi alla Maine Windjammer Association (☎ 1-800/807-WIND). A Rockport, il negozio Maine Sport Outfitters (☎ 207/236-7120, *www.mainesport.com*) noleggia **kayak** e **biciclette**. L'ufficio **informazioni** di Camden è presso il Public Landing (☎ 207/236-4404, *www.camdenme.org*).

Non sottovalutate il magnetismo delle mucche di razza Belted Galloway dell'**Aldermere Farm**, una fattoria di Rockport situata in Russell Avenue (☎ 207/236-2739, *www.aldermere.org*). Queste strambe, tenere *Oreo cookie cows* ("mucche biscotti Oreo", così chiamate per la buffa fascia centrale di pelo bianco posta fra la parte anteriore e quella posteriore, entrambe nere, come il ripieno di crema dei biscotti Oreo) sono da secoli una presenza divertente nel paesaggio del Maine. Attualmente la fattoria non organizza programmi per il pubblico, ma le mucche sono quasi sempre in bella vista.

Un ottimo posto in cui **pernottare** in città è il bellissimo *Camden Maine Stay Inn*, 22 High St. (☎ 207/236-9636, *www.camdenmainestay.com*; ❼-❽), un accogliente albergo del 1813 fatto di assi di legno bianco. *The Belmont*, 6 Belmont Ave. (☎ 1-800/238-8053, *www.thebelmontinn.com*; ❼), ha una veranda e un giardino incantevoli ed esibisce un'eleganza all'antica. Il *Ducktrap Motel*, situato subito a nord a Lincolnville, sulla Hwy-1 (☎ 207/789-5400 o 1-877/977-5400; ❹), è una graziosa soluzione economica.

Fra i posti dove **mangiare** e **bere**, a Camden segnaliamo il *Camden Deli*, 37 Main St. (☎ 207/236-8343), che prepara squisiti, grossi sandwich e offre una bella vista del porto dal patio al piano di sopra. Il *Francine*, 55 Chestnut St. (☎ 207/230-0083), serve eccellenti piatti da bistrot francese in una cornice romantica (si cena a lume di candela). Il *Lobster Pound Restaurant,* ubicato a Lincolnville sulla Rte-1 N (☎ 207/789-5550), è un ristorante assai frequentato in riva al mare che serve montagne di rossi crostacei.

Belfast e dintorni

La bella **BELFAST**, a quasi 20 km da Camden, è una delle località più accoglienti e vivibili della costa del Maine. Qui il boom della cantieristica è finito da tempo (e la stessa sorte ha subìto lo stabilimento di lavorazione del pollame che regolarmente arrossava le acque della baia). Negli ultimi anni il lungomare della cittadina è stato dichiarato quartiere storico; mentre fate una passeggiata, cercate le case imbiancate a calce in stile neoclassico, in particolare fra Church Street e Congress Street. Negli scorsi anni Sessanta Belfast era un centro animato, un fatto che ancora si rispecchia nelle cooperative e nelle feste gastronomiche, mentre oggi ha una forte inclinazione creativa, con molte gallerie invitanti lungo Main Street e una Gallery Walk, una "passeggiata" dedicata alle gallerie ogni venerdì d'estate. A Searsport, 8 km a nord sulla Rte-1, ha sede il suggestivo **Penobscot Marine Museum**, situato sulla Rte-1 all'altezza di Church St. (lun-sab 10-17, dom 12-17; $8; ☎ 207/548-2529). Il museo espone vedute marine e manufatti nautici, distribuiti in un certo numero di edifici storici, fra cui la casa ottocentesca di un capitano di marina (la quale comprende fra i suoi arredi un giradischi d'epoca davvero stupendo e un pianoforte con chiavi di madreperla).

Per quanto riguarda l'**alloggio**, consigliamo il *Jeweled Turret Inn*, 40 Pearl St. (☎ 207/338-2304 o 1-800/696-2304, *www.jeweledturret.com*; ❺-❻), una bellissima casa vittoriana con connessione wireless gratuita a Internet, o il *Penobscot Bay Inn*, 192 Northport Ave. (☎ 207/338-5715 o 1-800/335-2370, *www.penobscotbayinn.com*; ❹-❻). C'è anche un **campeggio** sull'oceano a Searsport, il *Searsport Shores Camping Resort*, al 216 di W Main St. (Rte-1) (☎ 207/548-6059; $38-55 per posto tenda).

A Belfast ci sono alcuni posti dove si **mangia** molto bene. Il *Chase's Daily*, 96 Main St. (☎ 207/338-0555), prepara cibi freschi, come *burritos* (tortillas farcite) per colazione e *smoothies* (frullati) di pesca con zenzero e limetta, come anche bouquet di fiori della loro fattoria. Il *Three Tides*, al n. 2 di Pinchy Lane (☎ 207/338-1707), è un bar alla moda in riva al mare, specializzato in *tapas* (spuntini); i proprietari producono in loco la loro birra (come anche una bevanda frizzante a base di estratti di radici) e hanno un emporio al porto, lo *Ship* *to Shore*, dove si possono comprare *lobster rolls* (panini con astice) e viveri per un picnic o per la nave. Sull'altro versante della baia, lo *Young's Lobster Pound* (🅣 207/338-1160) serve cene a base di astici appena bolliti – fra i migliori dello Stato –, da consumare ammirando il tramonto.

La Blue Hill Peninsula

Un tempo la **Blue Hill Peninsula**, che da Bucksport si allunga verso sud, era un territorio molto tranquillo, troppo distante dalle strade principali per attirare l'attenzione. Tuttavia, a poco a poco si sta spargendo la voce su questa bellissima regione, ricoperta di campi di mirtilli selvatici con i loro fiori biancorosati e punteggiata sia di cittadine decorose come **Blue Hill** sia di rudi paesi dediti alla pesca, come **Stonington** e **Deer Isle**. Ancora più distante dal consueto itinerario turistico, l'**Isle au Haut** è un remoto avamposto cui si accede solo con il battello postale. Come ci si può aspettare, la maggior attrazione della penisola è la silenziosa tranquillità che accompagna l'isolamento, e se da un lato l'area offre ampie opportunità di esplorazione, dall'altro potreste scoprire quanto è piacevole rilassarsi con un buon libro, un sonnellino pomeridiano e una notte in un elegante bed & breakfast.

Alloggio

Se avete bisogno d'aiuto per trovare un **alloggio**, rivolgetevi alla Blue Hill Peninsula Chamber of Commerce, 28 Water St. (🅣 207/374-3242), che può indirizzarvi nella giusta direzione.

Blue Hill Inn 40 Union St., Blue Hill 🅣 207/374-2844 o 1-800/826-7415, *www.bluehillinn.com*. Romantico albergo del 1830 con camere invitanti e arredamento gradevole. Agli ospiti sono offerte squisite prime colazioni da buongustai e una gustosa "ora del vino" serale. D'inverno è disponibile un piccolo appartamento, Cape House, per $165 a notte (permanenza minima di due notti). Aperto solo da maggio a novembre. ❼-❽

Boyce's Motel 44 Main Street, Stonington 🅣 207/367-2421 o 1-800/224-2421. Camere pulite ed essenziali in posizione centrale, con un proprietario che è proprio un bel tipo. Sono disponibili anche appartamenti con cucina e soggiorno, per $540-780 alla settimana. ❸

Deer Isle Homestead Hostel 65 Tennis Road, Deer Isle 🅣 207/348-2308, *www.deerislehostel.com*. Questo bellissimo ostello circondato da abeti rossi e giardini biologici dovrebbe aprire nel luglio del 2009. Costruito ex novo dai proprietari, è un alloggio senza fronzoli, con una stufa a legna per cucinare, docce a energia solare e una toilette chimica al chiuso; inoltre dall'ostello si possono raggiungere sia 3-4 miglia di sentieri escursionistici sul litorale sia i vicini punti d'imbarco per gite in canoa. Letti in camerata $25 a notte.

Inn on the Harbor Main St. Stonington 🅣 1-800/942-2420. L'alloggio più elegante (e più caro) di Stonington, con camere molto belle e buoni comfort (connessione wi-fi a Internet, TV, binocoli). Vanta anche la posizione migliore, con una bella vista del porto. Prima colazione inclusa nel prezzo. ❻-❽

Pres du Port B&B W Main St., all'altezza di Highland Ave., Stonington 🅣 207/367-5007. Un bed & breakfast con vivace carta da parati, arredamento eccentrico e splendida vista dalla terrazza sul tetto (letteralmente in cima al tetto). C'è anche una graziosa cameretta per soli $40. No carte di credito. Aperto solo da giugno a ottobre. ❷-❺

Blue Hill

Molta gente si reca a **BLUE HILL**, all'incrocio fra la Rte-172, la 176 e la 15 e adiacente al Blue Hill Harbor, semplicemente per rilassarsi in tutta tranquillità. Tuttavia è anche possibile dedicarsi ad attività più vivaci, in particolare grazie alla musica: oltre a essere la "capitale dello *steel drum*" del Maine (*www.peninsulapan.org*; lo *steel drum*, letteralmente "tamburo d'acciaio", è uno strumento fatto con bidoni metallici opportunamente modificati), la cittadina organizza ogni estate un festival di musica da camera assai apprezzato (*www.kneisel.org*). Il periodo migliore per visitarla è il weekend del Labor Day (l'ultimo weekend d'agosto; la festa del Lavoro in Usa si celebra il 1° lunedì di settembre), quando si svolge una fiera, la Blue Hill Fair ($5; *www.bluehillfair.com*), che prevede fra l'alto prove d'abilità per cani da pastore, fuochi d'artificio e corse carnevalesche. A questa fiera si ispirò il famoso scrittore americano E.B. White per descrivere la fiera di contea nel suo *La tela di Carlotta* (White visse per molti anni in questa zona).

In 30-45 min a piedi si può salire in cima alla **Blue Hill Mountain**, da cui la vista abbraccia la Blue Hill Bay spaziando fino agli spettacolari promontori della Mount Desert Island. L'imbocco del sentiero non è difficile da trovare: è circa a metà della Mountain Road, fra la Rte-15 e la Rte-172. Seguendo invece la Rte-175 verso sud si raggiungono delle cascate, le **Blue Hill Falls**, che sono un buon punto per provare ad andare in kayak: l'Activity Shop, un negozio situato a Blue Hill al n. 61 della Rte-172 (☎ 207/374-3600, *www.theactivityshop.com*), noleggia canoe e kayak che all'occorrenza consegna a domicilio (tariffa minima $25 al giorno; si consiglia di prenotare). D'estate il Marine Environmental Research Institute (**MERI**), 55 Main St. (☎ 207/374-2135), organizza eco-crociere (adulti $40, bambini $20) ed escursioni alle isole (adulti $60, bambini $40), dove dal litorale deserto potreste avvistare una foca.

Stonington e l'Isle au Haut

La penisola della **Deer Isle** è una delle regioni più belle in uno Stato famoso per la sua bellezza. In fondo alla fine della Rte-15, troverete in men che non si dica **STONINGTON**, un attivo villaggio di pescatori i cui residenti hanno da sempre fama di essere maestri nell'arte della navigazione (a quanto si racconta, nella seconda metà dell'Ottocento molti pirati e contrabbandieri facevano scalo qui). Negli ultimi 100 anni Stonington ha trovato la sudata prosperità in due attività distinte, l'inscatolamento delle sardine e l'estrazione del granito, e ora si è data alla pesca degli astici. La Old Quarry Ocean Adventures (☎ 207/367-8977, *www.oldquarry.com*) organizza eccellenti gite in kayak e in barca a vela ed escursioni con campeggio, oltre a una gita in barca caldamente consigliata, il Puffin Boat Trip, il cui scopo è l'osservazione dei *puffins* o pulcinella di mare, simpatici uccelli dal becco inconfondibile. Per quanto riguarda la vita notturna, l'**Opera House**, un teatro restaurato risalente a oltre un secolo fa (☎ 207/367-2788, *www.operahousearts.org*), propone sempre qualcosa d'interessante, che sia un festival jazz, un'opera di Shakespeare o un film contemporaneo.

I battelli postali diretti all'**ISLE AU HAUT** partono dall'attracco di Stonington parecchie volte al giorno (☎ 207/367-5193 o 207/367-6516; $16 solo andata). Su quest'isola solitaria si possono esplorare i sentieri della parte meno visitata dell'**Acadia National Park**, esaltato dal litorale roccioso, dalle paludi e dai fitti boschetti di abeti rossi. Se volete trascorrere più tempo su quest'isola, c'è un solo posto in cui si può **pernottare**, l'*Inn at Isle au Haut*, un bel bed & breakfast i cui proprietari verranno a prendervi al molo dei traghetti per portarvi a destinazione, 4 km a est (☎ 207/335-5141, *www.innatisleauhaut.com*; ⑨).

Mangiare e bere

Sulla penisola si può **mangiare** bene in numerosi posti, ma tenete a mente che le distanze fra i centri abitati sono ingannevolmente grandi. L'affascinante **mercato degli agricoltori** di Blue Hill si tiene il sabato mattina (d'estate il venerdì) presso la Blue Hill Fairgrounds (Rte-172).

El El Frijoles 41 Caterpillar Hill Road (Rte-15), Sargentville Ⓣ 207/359-2486. Questa *taqueria* informale in stile californiano, che meriterebbe una visita anche solo per il nome (che rimanda scherzosamente a "L.L. Bean": *frijoles* in spagnolo significa "fagioli", come *beans* in inglese), serve buonissimi *tacos*, *burritos* e *agua fresca* fatta in casa. Aperto mer-sab 11-20, colazione ven-dom 8-11.

Fish Net 162 Main St., Blue Hill Ⓣ 207/374-5240. Gelati e *lobster rolls* (panini con astice) davvero buoni proprio in centro.

Harbor Café Main St., Stonington Ⓣ 207/367-5099. Questo locale in pieno centro – il posto in cui i pescatori vanno a fare colazione la mattina – serve sandwich, caffè e *muffins* (biscotti).

Lily's Café and Wine Bar 450 Airport Rd at Rte-15, Stonington Ⓣ 207/367-5936. I giardini soleggiati e pieni di fiori vi danno il benvenuto in questo caffè-enoteca che serve prime colazioni e pranzi, dove potrete gustare sandwich appena preparati e zuppe fatte in casa, sedendovi a tavoli ricavati da finestre. Chiuso nei weekend.

The Wescott Forge 66 Main St., Blue Hill Ⓣ 207/374-9909. Il meglio di due mondi: favolose cene raffinate in una terrazza soleggiata e un bar elegante che rimane aperto fino a tardi. Il pranzo costa meno ed è altrettanto buono; la domenica preparano anche un gustoso brunch.

La Mount Desert Island

Considerando che ogni anno 5 milioni di turisti visitano la **MOUNT DESERT ISLAND**, che quest'ultima costituisce gran parte dell'unico parco nazionale del New England e che l'isola vanta non solo un autentico fiordo ma anche il promontorio più alto dell'intera costa atlantica a Nord di Rio de Janeiro, la Mount Desert Island è un luogo sorprendentemente piccolo, misurando appena 25 km per 20. Naturalmente è semplicemente una fra le innumerevoli isole accidentate di granito che punteggiano la costa del Maine; il motivo per venirci sta nel fatto che è la più accessibile, essendo collegata alla terraferma da un ponte costruito nel 1836, e la meglio attrezzata.

L'isola fu battezzata *Monts Deserts* (monti deserti) da Samuel de Champlain nel 1604, e per il resto del secolo fu oggetto di contesa tra i francesi e gli inglesi. Anche se tutti gli altri insediamenti risalgono a molti anni dopo la sconfitta definitiva dei francesi, il nome si è conservato ed è ancora pronunciato in francese (il suono è simile a *dessert*).

L'Osservatorio di Bucksport

La tranquilla ma emergente **BUCKSPORT**, che prende il nome dal suo fondatore, il colonnello Jonathan Buck, sepolto al Bucksport Cemetery vicino al Verona Bridge, fu colonizzata inizialmente come stazione commerciale nel 1762, mentre oggi è famosa per il **Penobscot Narrows Observatory** (sul ponte sulla Rte-1 dall'altra parte di Bucksport, i biglietti si acquistano a Fort Knox, sulla Rte-174; tutti i giorni 9-17, estate 9-19; $5; Ⓣ 207/469-7719), che trasporta in alto gli allegri visitatori dentro una stazione d'osservazione alta quasi 130 m. In una giornata serena il panorama si estende fino alla Mount Desert Island e a Katahdin, ma anche quando è nuvoloso è sempre emozionante guardare giù e vedere il traffico che si muove sul ponte 120 m sotto di voi.

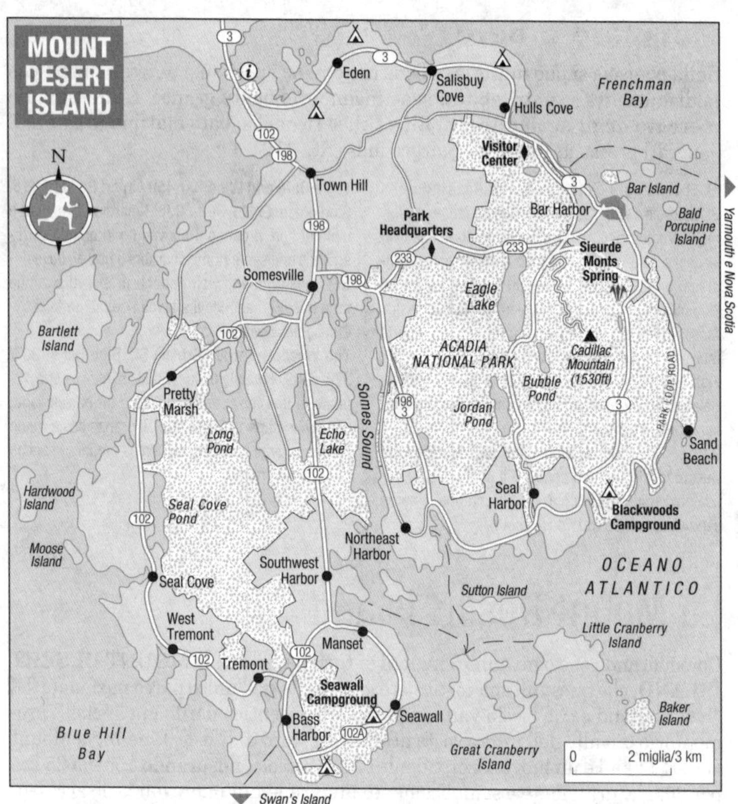

Il centro della vita sociale, **Bar Harbor**, dispone di alloggi e ristoranti per tutte le tasche, e ci sono altre comunità più piccole sparse per tutta l'isola. L'**Acadia National Park**, che copre gran parte dell'isola, offre ai viaggiatori molte opportunità per quanto riguarda le attività all'aria aperta, dal campeggio alle gite in bicicletta, dalle escursioni in canoa e in kayak al bird-watching.

Come arrivare e come muoversi

Mount Desert è raggiungibile facilmente in **macchina** percorrendo la Hwy-3, che si dirama dalla Rte-1. In piena estate, però, le strade sull'isola sono piuttosto congestionate – i giri sulle carrozze trainate da cavalli non aiutano – e gli 88 km (55 miglia) da Belfast sembrano molto più lunghi.

Sulla Mount Desert Island si possono usare vari **mezzi pubblici**. Prima di tutto, informatevi sugli eccellenti servizi dell'Island Explorer (☎ 207/667-5796, *www.exploreacadia.com/guide.html*), fra cui i **bus navetta** gratuiti che attraversano l'Acadia National Park e arrivano a Bar Harbor, proseguendo poi per l'aeroporto. Nelle vicinanze, l'Hancock City/Bar Harbor Airport (☎ 207/667-7432) offre un servizio limitato gestito dalla Colgan Air (prenotazioni tramite la US Airways ☎ 1-800/428-4322); il Bangor International Airport, a 72 km di distanza, è servito dalle compagnie aeree Northwest, Delta, Continental, US Airways Express e Allegiant Air; un **bus-navetta** collega Bar Harbor e Bangor ($30 e più, solo in contanti; ☎ 207/479-5911). Il **catamarano ad alta velocità** *Cat* ci mette meno di 3 h per collegare Bar Harbor con Yarmouth, in Nuova Scozia (Nova Scotia, in Canada; giugno-inizi di ottobre, $69). Per prenotazioni e orari rivolgetevi alla Bay Ferries (☎ 1-888/249-7245, *www.catferry.com*).

Alloggio

L'Hwy-3, la statale che attraversa Bar Harbor (diventando Main Street nel tratto meridionale), è fiancheggiata da **motel** a prezzi contenuti che soddisfano l'enorme domanda di alloggi. Molti posti sono aperti solo da maggio a ottobre, e le tariffe aumentano drasticamente in luglio e agosto; anche le sistemazioni con vista sul mare costeranno molto di più. Se possibile, prenotate in anticipo.

Bar Harbor Hostel 321 Main St., Bar Harbor ☎ 207/288-5587, *www.barharborhostel.com*. Ostello pulito e sicuro vicino al centro. Letti in camerata $25 a notte (biancheria da letto inclusa nel prezzo), camera privata $80. Ci sono anche tre piazzole per tenda ($10 a persona).

Coach Stop Inn 715 Acadia Highway, Bar Harbor ☎ 207/288-9886 o 1-800/927-3097, *www.coachstopinn.com*. Un bellissimo alloggio di Bar Harbor, con albergatori squisiti, splendide camere e un mucchio di ottime specialità culinarie (fra cui delle frittelle ai mirtilli buone da morire). ❺-❻

Emery's Cottages on the Shore Sand Point Road, 8 km a Nord di Bar Harbor ☎ 207/288-3432 o 1-888/240-3432, *www.emeryscottages.com*. Piccoli, graziosi villini con cucinotto (molti hanno anche la connessione wi-fi a Internet) su una spiaggia di ciottoli privata a poca distanza dalla Hwy-3. In alta stagione un soggiorno di una settimana costa come minimo $550. ❹

Hearthside B&B 7 High St., Bar Harbor ☎ 207/288-4533, *www.hearthsideinn.com*. Ha un aspetto un po' lezioso, ma gli ospiti vanno pazzi per gli squisiti albergatori, le camere accoglienti, le ottime colazioni e la vicinanza a negozi e ristoranti. ❺-❼

Lindenwood Inn 118 Clark Point Road, Southwest Harbor ☎ 207/244-5335 o 1-800/307-5335, *www.lindenwoodinn.com*. Questo alberghetto di prima classe, costruito nel 1904, offre camere arredate con gusto e accenti africani in una casa elegante che un tempo apparteneva a un capitano della Marina. ❻-❾

Ullikana B&B 16 The Field, Bar Harbor ☎ 207/288-9552, *www.ullikana.com*. Situato in una strada secondaria fuori mano a poca distanza dalla Main St., è il posto in cui andare in città per una pazzia romantica: camere ben arredate e prime colazioni incredibilmente sontuose su una terrazza affacciata sul mare. Gli stessi proprietari possiedono anche la *Yellow House*, dall'altra parte della via. ❼-❾

Bar Harbor

La cittadina di **BAR HARBOR** nacque come stazione balneare esclusiva, residenza estiva dei Vanderbilt e degli Astor; il grande incendio che nell'ottobre del 1947 distrusse i loro opulenti "cottage" mutò la direzione del suo sviluppo, e oggi Ben Harbor è saldamente orientata verso il turismo, pur non rivolgendosi affatto a una fascia bassa.

L'**ufficio informazioni turistiche** principale di Bar Harbor è presso la stazione marittima (☎ 207/288-5103). D'estate apre un secondo ufficio turistico nel Municipal Building, al n. 93 di Cottage Street. Entrambi gli uffici distribuiscono molte cartine della zona, gratuite e ben fatte. In alta stagione, ogni giorno i villeggianti possono scegliere fra una ventina di **gite in mare** di vario genere, dalla pesca d'altura alle crociere con cocktail. Fra le più apprezzate sono le escursioni in barca finalizzate all'**osservazione delle balene** (*whale-watching*), dei pulcinella di mare (*puffins*) e delle foche (*seals*), offerte dalla Bar Harbor Whale Watch Company, 1 West St. (giugno-ottobre, almeno due volte al giorno; ☎ 207/288-2386, *www.barharborwhales.com*), e le crociere di 2 h sullo spettacolare **schooner a quattro alberi** *Margaret Todd* con partenza dal *Bar Harbor Inn* (tutti i giorni da giugno a ottobre; $32; ☎ 207/288-4585, *www.downeastwindjammer.com*).

Il retaggio degli indiani wapanaki è preservato nel Robert **Abbe Museum**, 26 Mount Desert St. (metà maggio-ottobre: tutti i giorni 10-18; resto dell'anno: gio-sab 10-16; $6, il biglietto include anche l'accesso al sito originario di Sieur de Monts; ☎ 207/288-3519, *www.abbemuseum.org*), che ha realizzato splendidi spazi espositivi pieni di luce e di pannelli in legno chiaro. Le mostre d'apertura sulla civiltà wapanaki sono ben allestite, ma il pezzo più straordinario dell'Abbe è il "Circolo delle Quattro Direzioni", uno spazio circolare contemplativo fatto di pannelli di cedro. Il museo possiede perfino un pezzo originale del "mago del vetro" Dale Chihuly, suo dono personale al museo. Nel prezzo del biglietto è incluso anche il sito originario del museo, che è situato nei pressi della Park Loop Road e racconta la storia dell'istituzione (metà maggio-metà ottobre: tutti i giorni 9-16).

L'Acadia National Park

L'**ACADIA NATIONAL PARK**, che si estende su gran parte della Mount Desert Island, sulla Schoodic Peninsula a est e sull'Isle au Haut a sud, è il luogo naturale più visitato del Maine. Il parco è visivamente meraviglioso e ha tutto ciò che potreste desiderare in termini di monti e laghi come scenario di lunghe escursioni a piedi in luoghi remoti e solitari, oltre a una **fauna selvatica** comprendente foche, castori e aquile di mare dalla testa bianca. Le due caratteristiche geografiche principali sono lo stretto fiordo del **Somes Sound**, il canale che quasi divide in due l'isola, e l'incantevole **Cadillac Mountain** (465 m), che offre magnifiche vedute marine. Si può raggiungere la sommità di questa altura sia a piedi, con una salita mediamente faticosa, sia molto più comodamente in auto, salendo per una strada in lieve pendenza.

△ Acadia National Park

Il parco è aperto tutto l'anno; il **centro visitatori** è nella Hulls Cove, vicino all'entrata sulla Loop Road, la strada di raccordo, a Nord di Bar Harbor (metà aprile-ottobre: tutti i giorni 8-16.30, aperto fino alle 18 in luglio e agosto; ⓣ 207/288-3338), mentre la sede centrale del parco è presso l'Eagle Lake (tutti i giorni 8-16.30; stesso numero riportato sopra). La tariffa d'ingresso è di $20 per veicolo o $5 per motocicletta o bicicletta; il biglietto è valido sette giorni. Ci sono due **campeggi** ufficiali: il *Blackwoods*, 8 km a sud di Bar Harbor, su una traversa della Rte-3 (prenotate tramite il National Park Service, ⓣ 1-800/365-2267 o *reservations.nps.gov*; $20 per posto tenda), e il *Seawall*, sulla Hwy-102A, 6,5 km a sud di Southwest Harbor (ⓣ 207/288-3338; posti tenda $14-20). Entrambi sono fra i boschi, vicino all'oceano, e d'estate sono completamente attrezzati; d'inverno è aperto solo il *Blackwoods*, con attrezzature ridotte al minimo indispensabile.

Una volta arrivati in loco, i **bus-navetta** gratuiti Island Explorer (*www.exploreacadia.com*) attraversano l'Acadia conducendo a Bar Harbor. Tuttavia il modo più piacevole di esplorare il parco è noleggiare una **bicicletta** e iniziare a percorrere le 50 miglia complessive di "**rotabili**" ricoperte di ghiaietto, costruite da John D. Rockefeller per protestare contro il voto del 1913 che permetteva l'introduzione sull'isola di "infernali motori a combustione". Tre negozi di Bar Harbor noleggiano mountain bike a meno di $30 al giorno: il Bar Harbor Bicycle Shop, al 141 di Cottage St., al margine della città (ⓣ 207/288-3886), l'Acadia Bike & Canoe, di fronte all'ufficio postale, al n. 48 di Cottage St. (ⓣ 1-800/526-8615), e il Southwest Cycle, con sede sulla Main Street a Southwest Harbor (ⓣ 207/244-5856). Tutti i punti vendita forniscono ottime **cartine**. Non scordate di portarvi dell'acqua, perché all'interno del parco i posti di ristoro sono pochissimi. Da metà maggio a metà ottobre è possibile partecipare a un'**escursione guidata in kayak** di 4 h ($48) con la National Park Sea Kayak Tours, 39 Cottage St. (ⓣ 1-800/347-0940, *www.acadiakayak.com*). Un altro operatore apprezzato, la Coastal Kayaking Tours (ⓣ 207/288-9605, *www.acadiafun.com*), ha la stessa ubicazione dell'Acadia Bike (vedi sopra).

L'unica spiaggia di una certa dimensione, 8 km a sud di Bar Harbor, lascia a bocca aperta: chiamata semplicemente **Sand Beach**, è un lido stupendo delimitato da due promontori, con toilette, un parcheggio e qualche breve percorso escursionistico. L'acqua, purtroppo, di solito è gelida.

Mangiare, bere e vita notturna

Le esperienze **gastronomiche** più memorabili sulla Mount Desert Island sono i pasti serviti nei pressi dei tanti **laghetti di astici** di tutta l'isola. Quanto alla vita notturna (per quel che vale), è a Bar Harbor che la gente si ritrova. Rispetto al lungomare, stranamente fin troppo calmo, una zona molto più promettente in cui cercare è Cottage Street, sia per il cibo sia per l'atmosfera serale. Il **Criterion**, un **cinema** in stile art déco al n. 35 di Cottage St. (ⓣ 207/288-3441), proietta film appena usciti, mentre d'estate l'ImprovAcadia, al n. 15 di Cottage St., 2° piano ($15; ⓣ 207/288-2503), propone tutte le sere un programma di spettacoli comici.

Beal's Lobster Pier 182 Clark Point Road, Southwest Harbor ⓣ 207/244-7170. Pesce e frutti di mare freschi per meno di $10, serviti su un traballante molo di legno. Si può scegliere l'astice da una vasca, oppure altre specialità di pesce da un piccolo menu.

Café This Way 14 Mount Desert St., Bar Harbor ⓣ 207/288-4483. Prime colazioni orginali preparate con ingredienti freschi, come il "café Monte Cristo" (un sandwich con pane da toast francese, uova, prosciutto e formaggio cheddar, accompagnato da sciroppo). Molto affollato d'estate. Aperto anche per cena.

Eden 78 West St., Bar Harbor ⓣ 207/288-4422. Questo ristorante assai apprezzato, aperto di sera, propone una cucina internazionale inventiva e vegetariana, utilizzando soprattutto alimenti biologici prodotti in loco.

Havana 318 Main St., Bar Harbor ⓣ 207/288-CUBA. Cucina americana con sensibilità latina, il che si traduce in piatti quali salmone affumicato con limone e foglie di coriandolo. Bell'ambiente moderno, a volte con sottofondo di musica dal vivo non invasiva.

Jordan Pond Park Loop Road, Acadia National Park ⓣ 207/276-3316. Pasti leggeri, gelati e *popovers* (focaccine all'uovo soffici e leggere). Il tè del pomeriggio, una vecchia tradizione di Acadia, è servito nel bellissimo giardino sul lago dalle 11.30 alle 17.30; si consiglia di prenotare.

Lompoc Café & Brewpub 36 Rodick St., Bar Harbor ⓣ 207/288-9392. Sano menu mediorientale per $14-20, con birre alla spina locali (come la Bar Harbor Blueberry Ale e altre birre dell'Atlantic Brewing Company); ci sono anche una zona pranzo all'aperto nel bosco e un campo da bocce. Musica dal vivo ogni ven e sab sera. Aperto dalle 11.30 di mattina all'una di notte.

Maggie's Restaurant 6 Summer St., Bar Harbor ⓣ 207/288-9007. Ospitato in una piccola casa azzurra a una certa distanza dal centro, il *Maggie's* serve portate ben preparate di pesce e crostacei freschi pescati in zona, come le *crêpes* di astice e salmone con salsa di menta e cetrioli. Chiuso dom.

Morning Glory Bakery 39 Rodick St., Bar Harbor ⓣ 207/288-3041. Favolosi prodotti da forno, caffè e paste dolci serviti in un piccolo edificio con finiture viola. Serve anche buoni pranzi. Chiuso dom.

XYZ Restaurant Alla fine di Bennett Lane, su una laterale di Seawall Road (Rte 102-A), Manset ⓣ 207/244-5221. Portate principali messicane ben preparate e servite in una sala luminosa, decorata con esempi di arte popolare che vi faranno sognare le terre del sud. Si consiglia caldamente di prenotare (e di assaggiare i margaritas); aperto solo per cena, chiuso dom.

Maine nord-orientale: la costa fino al Canada

Pochi viaggiatori si avventurano nel centinaio di miglia del Maine che si estendono a est oltre l'Acadia National Park, soprattutto perché si tratta di un territorio quasi completamente spopolato, spazzato dai venti e remoto. D'estate, però, nel tratto più settentrionale della frastagliatissima costa del Maine, il cosiddetto **Downeast Maine**, il clima è caratterizzato da affascinanti nebbie, e guidare lungo la costa è molto divertente: qui la strada costeggia la baia di Fundy, che vanta le maree più alte dell'intera nazione. Il Maine nord-orientale è caratterizzato anche dall'abbondanza di **mirtilli selvatici**: il 90% dei mirtilli raccolti in tutti gli Stati Uniti proviene da questo angolo dello Stato.

A nord-est di Acadia, a poca distanza dal parco, una strada di raccordo conduce dalla Rte-1 all'affioramento roccioso di **Schoodic Point**, che offre buone opportunità per gli appassionati di bird-watching, magnifiche vedute e uno splendido senso di solitudine. Ogni paese possiede uno o due bed & breakfast e qualche ristorante a buon prezzo. Dopo essersi ricongiunti alla Rte-1 a Gouldsboro, quasi 40 miglia (64 km) più avanti s'incontra **Machias**, un paese alquanto pittoresco con una cascatella proprio al centro dell'abitato. Il paese fu l'improbabile teatro, nel 1775, della prima battaglia navale della guerra d'indipendenza americana: impadronitisi della goletta britannica *Margaretta*, gli abitanti del paese si dettero a terrorizzare tutte le imbarcazioni britanniche di passaggio, un attacco progettato in una taverna dal tetto a mansarda ancora esistente, la **Burnham Tavern**, sita sulla Rte-192, a pochi passi dalla Rte-1 (metà giugno-inizi di settembre: lun-ven 9.30-16; $2,50; ⓣ 207/255-6930). Forse il posto in cui si **mangia** meglio è l'*Artist's Café*, 3 Hill

St. (☎ 207/255-8900), che propone un menu a prezzi medi con piatti che variano di frequente; due specialità tipiche sono il pollo alla parmigiana e i linguini all'astice. Un altro posto che serve buoni pasti è il *Fat Cat Deli*, 50 Main St. (Rte-1) (☎ 207/255-6777), mentre da *Helen's*, famoso punto di riferimento del Maine, ubicato al n. 28 di E Main St. (Rte-1) (☎ 207/255-8433), dovreste assolutamente assaggiare la *blueberry pie* (torta ai mirtilli). I proprietari di *Helen's* gestiscono anche l'*Inn at Schoppee Farm*, situato a Machias sulla Rte-1 (☎ 207/255-4648, *www.schoppeefarm.com*; ❺-❾); questo alberghetto sul fiume Machias dispone di due bellissime camere nonché di una pensione familiare ospitata in un granaio ristrutturato.

Il West Quoddy Head e dintorni

Il **WEST QUODDY HEAD**, il promontorio che si sporge spavaldo nel burrascoso Atlantico, è la punta più orientale degli Stati Uniti, e il punto più estremo è segnalato in modo spettacolare dal caratteristico **faro** a strisce. Appena passata la svolta per il Quoddy Head, il paesino di **LUBEC** un tempo era sede di oltre 20 stabilimenti per l'inscatolamento delle sardine. Oggi gli impianti sono tutti scomparsi, ma la McCurdy's Fish Company, in Water Street, è stata restaurata e offre interessanti giri turistici ($3); passeggiando lungo la via centrale potreste anche riuscire a vedere una foca. Lubec ospita inoltre un dinamico campo estivo per adulti che si rivolge ad appassionati di musica, "The Summer Keys" (*www.summerkeys.com*), ed è la porta d'accesso per la **Campobello Island**, l'isola canadese (New Brunswick) in cui il presidente Franklin D. Roosevelt trascorse le estati dal 1909 al 1921 e fece ritorno di tanto in tanto durante la sua presidenza. Il suo villino rosso (metà maggio-metà ottobre: tutti i giorni 9-17; ingresso gratuito), aperto al pubblico, è arredato esattamente come lo lasciarono i Roosevelt; tenete a mente che per attraversare la frontiera occorre un passaporto valido. Il resto del **Roosevelt Campobello International Park** (tutti i giorni alba-tramonto; ingresso gratuito; *www.fdr.net*), situato su suolo canadese ma istituito congiuntamente da Canada e Stati Uniti, è perfetto per una camminata o una gita di un paio d'ore: sia i sentieri costieri sia l'escursione in auto a **Liberty Point** meritano lo sforzo. La *Peacock House*, 27 Summer St. (☎ 207/733-2403, *www.peacockhouse.com*; ❹-❻), un posto fantastico in cui **pernottare**, offre una sistemazione accogliente tipo B&B, con arredamento elegante ma confortevole.

Il confine fra gli Stati Uniti e il Canada attraversa il centro della Passamaquoddy Bay; le località situate sui due lati del confine vanno così d'accordo che nella guerra del 1812 rifiutarono di combattere l'una contro l'altra e che oggi si promuovono congiuntamente sul fronte turistico come **Quoddy Loop** (*www.quoddyloop.com*). È perfettamente fattibile fare una "vacanza in due nazioni" , ma ciascun passaggio attraverso la dogana e l'ufficio immigrazione fra **Calais** (pron. "callous") negli Stati Uniti (80 km a nord di Lubec) e **St. Stephen** in Canada richiede un po' di tempo; ricordate inoltre che le località dei due Stati hanno fusi orari diversi. Se vi piace guidare, **Eastport**, circa 60 km a est di Calais, è una località interessante, con un'atmosfera da porto di mare ai confini del mondo, e offre incredibili vedute della costa canadese. A Eastport ci sono alcuni buoni **posti di ristoro**, in particolare il *Pickled Herring*l, 32 Water St. (☎ 207/853-2323), e l'*Eastport Chowderhouse*, 169 Water St. (☎ 207/853-4700). *Katie's on the Cove* (☎ 207/454-8446), un'istituzione del Maine a nord della città, sulla Rte-1, sforna pasticcini incredibilmente buoni da una casetta color giallo canarino. *The Commons*, 51 Water Street (☎ 207/853-4123, *www.thecommonseastport.com*; affitto $700 a settimana, talvolta l'alloggio è affittato per un periodo più breve), offre tutto l'anno due suite invitanti sopra una galleria d'arte ed è una delle **sistemazioni** migliori di tutto il Maine; ogni alloggio è composto da due camere da letto, cucina, sala da pranzo, lavanderia, connessione a Internet e portico sul davanti, con barbecue e con vedute mozzafiato del porto e del Canada.

L'entroterra e la parte occidentale del Maine

Le vaste distese dell'**entroterra del Maine**, che si allungano verso i climi freddi dell'estremo nord, consistono in gran parte di foreste sempreverdi di pini, abeti e abeti rossi, inframmezzati da betulle bianco-argentee e aceri, gli alberi responsabili degli spettacolari colori autunnali.

Da queste parti le distanze sono notevoli. Una volta usciti dalle due città più grandi – **Augusta** e **Bangor** –, su strada ci vogliono circa 200 miglia (320 km) per raggiungere il confine a **Fort Kent**, mentre le due basi interne più probabili, **Greenville** e **Rangeley**, distano l'una dall'altra 3 h e più. Guidare in questo scenario di monti (non esistono mezzi pubblici) può essere assai piacevole – mentre si procede l'aria profuma di alberi di Natale –, ma sappiate che, una volta passata Millinocket, molte strade sono a pedaggio in quanto appartengono alle segherie e alle ditte che commerciano il legname; inoltre in molti casi si tratta di strade di ghiaietto che sono soggette ad avverse condizioni meteorologiche e spesso non conducono da nessuna parte in particolare.

Questo è un territorio splendido da **esplorare a piedi**: il **Sentiero degli Appalachi** o Appalachian Trail, proveniente dalla Georgia, termina il suo itinerario di 3200 km (2000 miglia) in cima al Mount Katahdin, e in agosto spesso capita di imbattersi in escursionisti che, giunti alla fine del sentiero, festeggiano con lo champagne. Altrettanto entusiasmante è scendere con una zattera l'**Allagash Wilderness Waterway**. Specialmente nella zona del **Baxter State Park** le foreste ospitano cervi, castori, qualche orso, alcuni caribù introdotti di recente e molti **alci**. Queste creature teneramente goffe sono praticamente cieche e tendono a comparire di primo mattino o al crepuscolo, quando le si può scorgere mentre si nutrono nell'acqua bassa. Gli alci possono causare un grande scompiglio sulle strade, specialmente di sera, tanto che ogni anno parecchi automobilisti (e parecchi alci) muoiono negli scontri reciproci.

Il Baxter State Park e l'estremo nord

Attraversando in auto il Maine settentrionale si ha quasi l'impressione di inoltrarsi nei feudi privati delle compagnie del legname; solo il **Baxter State Park** è terreno pubblico. Tuttavia, in genere si è liberi di fare escursioni, campeggiare ed esplorare il territorio a piacimento, a patto che si informi delle proprie intenzioni chi lavora in loco.

A poco più di 110 km (70 miglia) da Bangor, **MILLINOCKET** è un'autentica *company town*, una città i cui abitanti sono quasi tutti dipendenti di un'unica azienda, essendo stata costruita nel 1899-1900 su un terreno incolto dalla Great Northern Paper Company. Le attrezzature industriali, vecchie di un secolo, producono tuttora quasi il 20% della carta da giornale fabbricata negli Stati Uniti.

Accanto al **Millinocket Lake**, 16 km a nord-ovest, il *Big Moose Inn* (☎ 207/723-8391, *www.bigmoosecabins.com*; ❷), una splendida, vecchia struttura un po' fatiscente, è un'ottima sistemazione con diversi bungalow e un alberghetto e offre un'ampia gamma di attività. C'è anche un campeggio adiacente ($10 a persona). Due esercizi più consueti in cui soggiornare sono l'*America's Best Value Heritage Inn,* 935 Central St. (Rte-11) (☎ 207/723-9777, *www.heritageinnmaine.com*; ❹), con tanto di vasca idromassaggio, e il pulito *Gateway Inn*, Rte-11/157, a pochi metri dall'uscita della I-95 per Medway (☎ 207/746-3193, *www.medwaygateway.com*; ❸); molte delle camere di quest'ultimo sono dotate di terrazze con vista su Katahdin. Il New England Outdoor Center (☎ 1-800/766-7238, *www.neoc.com*) organizza spedizioni di **rafting** e in **canoa** di una giornata, come pure "***moose safaris***" alla scoperta degli **alci** e vacanze con gatti delle nevi o noleggio di questi ultimi, a seconda della stagione. Per quanto riguarda il **mangiare**, andate all'*Appalachian Trail Café,* 210 Penobscot Ave. (☎ 207/723-6720) e consumate un bel pasto bollente prima di incamminarvi verso il parco.

A questo punto vi state avvicinando all'estremità meridionale del vasto (80.960 ettari) e incontaminato **BAXTER STATE PARK** (☎ 207/723-5140; $13 per auto). In una giornata serena si scorge da lontano la cima del **Katahdin** (o "grandissima montagna" nella lingua della tribù dei penobscot), che raggiunge i 1610 m. La **Chamber of Commerce** della zona ha sede a Millinocket, al n. 1029 di Central St. (Rte-11/157) (☎ 207/723-4443, *www.katahdinmaine.com*); la **Baxter State Park Authority** è al n. 64 di Balsam Drive, accanto al *McDonald's* (☎ 207/723-5140).

A nord fino al Canada

La punta più settentrionale del Maine fa parte dell'Aroostook County, una contea che si estende su un'area più vasta di quella coperta da parecchi Stati singoli. L'attività più diffusa è la coltivazione su vasta scala delle patate, ma la regione è nota anche perché ospita l'**Allagash Wilderness Waterway**, dove effettuano le loro spedizioni quasi tutti gli operatori che organizzano **discese di rapide su gommone**. La Raft Maine (☎ 1-800/723-8633, *www.raftmaine.com*) è un'associazione che riunisce parecchi operatori e può aiutarvi a uscire dall'acqua.

Nel 1839 la Gran Bretagna e gli Stati Uniti quasi si ritrovarono sul piede di guerra a causa di una disputa sul possesso del fiume Aroostook; a **Fort Kent**, dove termina il tratto settentrionale della Rte-1 (che inizia il suo percorso a Key West, in Florida), il luogo di maggior interesse è un fortino in solido legno di cedro, il **Fort Kent Blockhouse**, che fu costruito per difendere l'integrità americana e sembra riportare i visitatori indietro nel tempo, ai giorni dei pionieri. La gente arriva da tutti i dintorni per mangiare all'*Eureka Hall* (situato a Stockholm, 53 km a sud, su una laterale della Rte-161, ☎ 207/896-3196), un'istituzione dell'Aroostook County che serve pasti casalinghi e dessert incredibili.

Greenville

GREENVILLE, all'estremità meridionale del Moosehead Lake, è un paese piuttosto piccolo e ameno, in bella posizione per chi vuol esplorare i boschi del

Maine. L'attrazione principale è il lago, un'immensa, serena macchia d'inchiostro che di sera sembra d'argento. Si può fare una gita sul lago con un **piroscafo** restaurato, il *Katahdin*, che fa il giro del lago e funge da Museo galleggiante della Marina. Un'avvertenza per le signore: sulla nave non si portano tacchi alti e non si fuma (per gli orari delle crociere telefonate; $30-35; ⓣ 207/695-2716).

La **Chamber of Commerce**, situata subito a sud della città sulla Rte-6/15 (lun-sab 10-16; ⓣ 207/695-2702, *www.greenvilleme.com*), fornisce informazioni dettagliate sugli **alloggi**, fra i quali consigliamo l'incantevole *Pleasant Street Inn*, 26 Pleasant St. (ⓣ 207/695-3400, *www.pleasantstinn.com*; ❺-❼), e il *Blair Hill Inn*, 351 Lily Bay Road (ⓣ 207/695-0224, *www.blairhill.com*; ❾ e oltre), un alberghetto quasi incredibilmente ben arredato e attrezzato, completo di camere sontuose, favolosa vista sul lago, cene straordinariamente raffinate (illuminate da lampade Tiffany originali) e addirittura un eccellente programma di concerti estivi. Fra le agenzie locali che organizzano escursioni di **rafting** ($80-135 per una giornata in acqua) segnaliamo la Wilderness Expeditions (ⓣ 1-800/825-WILD), che opera in associazione con il *Birches Resort* di North Rockwood (ⓣ 207/268-4330), dove si può soggiornare nella struttura principale (❹-❺), in un bungalow (*cabin*, ❼-❾) o in una yurta o tenda di feltro mongola (❷). Per quanto riguarda il **mangiare**, consigliano il *Rod-N-Reel* (ⓣ 207/695-0388), al n. 77 di Pritham Avenue, per le portate di pesce fresco da consumare in un patio all'aperto, o lo *Stress Free Moose Pub & Café* (ⓣ 207/695-3100), al n. 65 di Moosehead Lake Road, per il gustoso cibo da pub e le buone birre alla spina.

In questa zona gli **alci** (*moose* in inglese) sono una specie indigena ed è difficile trovare un'attività, una ditta, un'azienda che non incorpori in qualche modo l'animale nel suo nome. In giugno c'è perfino una celebrazione annuale che si protrae per parecchie settimane, chiamata in modo creativo MooseMainea (per maggiori informazioni chiamate il ⓣ 207/695-2702). Greenville è anche la più grande base di **idrovolanti** del New England; se volete fare un volo panoramico sul lago rivolgetevi al Currier's Flying Service (ⓣ 207/695-2778) o al Jack's Air Service (ⓣ 207/695-3020).

Rangeley

RANGELEY è appena entro i confini del Maine, e dunque si trova a poca distanza dal New Hampshire, subito a ovest, e a una distanza ancora più breve dal Québec, lo Stato canadese immediatamente a nord. Inoltre, come proclama orgogliosamente un'insegna sulla Main Street, è equidistante dal Polo Nord e dall'Equatore, distando da entrambi 4972 km. Ciò non significa che sia su uno dei percorsi principali degli Stati Uniti; tuttavia, se si vuole evitare la costa si può raggiungere Rangeley direttamente dal versante nord delle White Mountains tramite la Rte-17, uno degli itinerari più belli dello Stato. Il paese è sempre stato una stazione di villeggiatura, e già nel 1900 era servito da due linee ferroviarie e da parecchi piroscafi (oggi invece per arrivarci bisogna disporre di un proprio mezzo di trasporto); a quell'epoca la maggior attrazione era la pesca in un lago dal nome spettacolare, il Mooselookmeguntic Lake.

Questo paesino molto raccolto, accoccolato intorno a un'unica via e in mezzo a una rete di laghi e corsi d'acqua navigabili, è una buona base per esplorazioni estive, mentre d'inverno è la località più vicina all'**area sciistica** della **Saddleback Mountain**. Rangeley vanta anche una singolare attrazione turistica, situata lungo il versante nord del Rangeley Lake circa a metà strada: l'isolato **Wilhelm Reich Museum** (luglio e agosto: mer-dom 13-17; settembre: dom 13-17; $6; ⓣ 207/864-3443), la casa che Wilhelm Reich alla fine scelse come sua abitazione in America dopo essere fuggito dalla Germania nel 1933. Da Rangeley si segue la Rte-16 in direzione di Oquissoc, poi si volta a destra nella Dodge Pond Road; l'edificio è in fondo a una pista sulla sinistra, a 1,5 km dall'imbocco. Seguace di Sigmund Freud, con cui poi entrò in conflitto, e autore dell'acclamato *Psicologia di massa del fascismo*, Reich è ricordato in particolare per aver sviluppato e usato a scopi terapeutici l'"accumulatore orgonico", che secondo Reich poteva concentrare l'energia atmosferica: l'orgone è l'energia cosmica primordiale, di cui l'energia sessuale sarebbe una manifestazione. Le autorità, scettiche, si concentrarono sul modo non ben precisato in cui l'accumulatore poteva raccogliere e sfruttare l'energia sessuale umana. Reich è sepolto qui, fra prati ben curati e sfreccianti colibrì, e la sua casa è un museo per chi vuole meditare sul suo lavoro.

Notizie utili

Il *Rangeley Inn,* al n. 343 di Main St. (ⓣ 207/864-3341, *www.rangeleyinn.com*; ❹), si trova fra il Rangeley Lake e la più piccola riserva per la protezione degli uccelli di Haley Pond, per cui è possibile **alloggiare** in città e contemporaneamente avere una camera che dà con il retro su una scena di assoluta tranquillità; c'è anche una splendida, vecchia sala da pranzo in legno. Il *Pleasant Street Inn*, al n. 104 di Pleasant St. (ⓣ 207/864-5916, *www.pleasantstreetinnbb.com*; ❻), è un'ottima seconda scelta: chiedete la camera n. 5. Quanto al **mangiare**, consigliamo *The Shed*, 2647 Main St. (gio-dom, ⓣ 207/864-2277), dove il padrone di casa, Martin, si alza all'ora esatta per affumicare le sue ottime costolette di maiale ("è pronto quando è pronto"). Nei dintorni il posto in cui si mangia meglio è il *Porterhouse Restaurant*, a Eustis (prendete la Rte-16E fino alla Rte-27N, poi voltate in quest'ultima e seguitela per 6,5 km, ⓣ 207/246-7932). Ospitato in una fattoria del 1908, questo ristorante offre squisite, raffinate portate principali e vanta una premiata carta dei vini.

Subito a sud del *Porterhouse,* in Eustis Road c'è un bel **campeggio**, il *Cathedral Pines* ($22 per piazzola, ⓣ 207/246-3491). Una trentina di chilometri a nord di Rangeley, il tranquillo *Grant's Kennebago Camps*, sul Kennebago Lake (ⓣ 1-800/633-4815), organizza gite in canoa, escursioni di pesca con la mosca e uscite in windsurf, con alloggio in bungalow confortevoli, a una tariffa di circa $185 a persona al giorno, inclusi tutti i pasti; le tariffe settimanali sono leggermente più basse. La **Chamber of Commerce** dei Rangeley Lakes, presso il Lakeside Park (ⓣ 207/864-5364 o 1-800/MT-LAKES, *www.rangeleymaine.com*), fornisce informazioni dettagliate su varie attività, fra cui gite su un gatto delle nevi (*snowmobiling*) e spedizioni in **canoa** all'alba per osservare gli alci.

4

La Capital Region

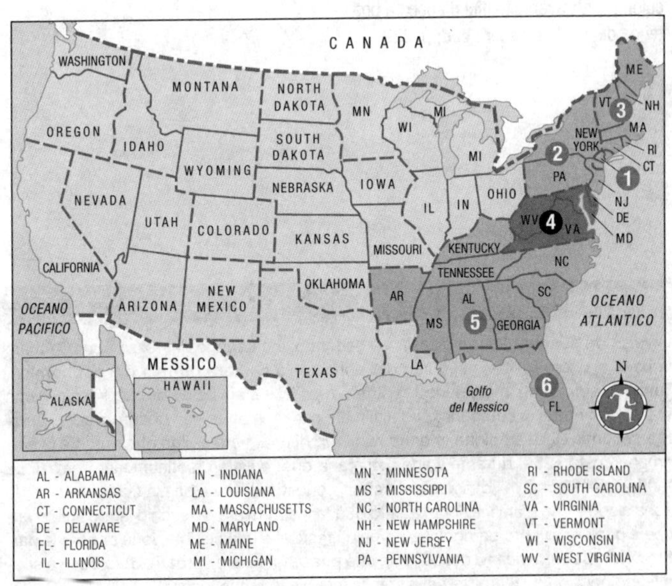

Da non perdere

- **National Gallery of Art, Washington DC** Al centro del National Mall si erge la sede imponente ed elegante di una delle più prestigiose istituzioni culturali e artistiche del paese. **Vedi p. 302**
- **Georgetown, Washington DC** Sebbene oggi faccia parte di Washington, questo quartiere del XVIII secolo è nato molto prima della capitale e richiama numerosi viaggiatori con i suoi capolavori architettonici, i suoi ristoranti e i suoi negozi. **Vedi p. 310**
- **Colonial Williamsburg, Virginia** Divertente e interessante ricostruzione dell'America coloniale attraverso edifici d'epoca e botteghe di antichi mestieri. **Vedi p. 329**
- **Monticello, Virginia** La residenza di Thomas Jefferson rappresenta per molti un'icona architettonica e un simbolo di democrazia. **Vedi p. 338**
- **New River Gorge, West Virginia** Questa spettacolare gola fluviale scavata tra ripide pareti di calcare alte 300 m offre uno degli scenari naturali più belli del paese. **Vedi p. 351**
- **The du Pont Mansions, Delaware** A Wilmington si trovano alcune delle più imponenti e sontuose residenze della famiglia di industriali du Pont, oggi aperte al pubblico. **Vedi p. 371**

Prezzi degli alloggi

I **prezzi degli alloggi** sono classificati secondo le categorie di prezzo sottoelencate in base al costo medio, nel corso dell'anno, della **camera doppia più economica**. Tuttavia, a parte nei motel lungo la strada è difficile stabilire un prezzo fisso per una stanza. Un motel di categoria media al mare o in montagna può quadruplicare i prezzi a seconda della stagione, mentre l'albergo di una grande città che durante la settimana costa $200, durante il fine settimana può tagliare drasticamente i prezzi. Le tariffe on line sono più basse e visto che il concetto di alta e bassa stagione varia da zona a zona, una pianificazione attenta può far risparmiare parecchio (state attenti anche a qualche evento particolare, come un festival o una celebrazione oppure le partite di football americano dei college, che possa far alzare i prezzi). Solo dove è specificato nella guida il prezzo della stanza include le **tasse** locali.

❶ fino a $35
❷ $36-50
❸ $51-75
❹ $76-100
❺ $101-130
❻ $131-160
❼ $161-200
❽ $201-250
❾ oltre $251

4

La Capital Region

La **CAPITAL REGION** (la regione della capitale) è costituita dalla città di Washington, nel Distretto di Columbia, e dai quattro Stati circostanti, ovvero Virginia, West Virginia, Maryland e Delaware. In questa regione si è plasmata la storia degli Stati Uniti: dallo sbarco dei primi coloni a Jamestown alla guerra d'indipendenza, dalle battaglie della rivoluzione e della guerra di secessione alle conquiste del movimento per i diritti civili degli scorsi anni Sessanta, fino alle più recenti manifestazioni contro la guerra, in favore dell'aborto e dei diritti degli omosessuali.

All'inizio del XII secolo, i primi coloni inglesi cominciarono a insediarsi lungo il vasto estuario della **Chesapeake Bay** e fondarono la prima colonia, la Virginia. Dopo aver cercato inutilmente l'oro, i coloni si arricchirono grazie alla coltivazione del tabacco e la colonia divenne la più grande e popolosa della regione. Metà dei suoi abitanti erano **schiavi** portati dall'Africa, sui quali veniva scaricato il peso del duro lavoro nelle piantagioni. Nonostante si trovi al centro della costa orientale, gran parte della regione si estende al di sotto della cosiddetta linea Mason-Dixon, che rappresentava il confine simbolico tra il Nord abolizionista e il Sud schiavista tracciato nel 1763. Fino all'epoca della guerra di secessione a soli due isolati dalla Casa Bianca sorgeva uno dei mercati di schiavi più attivi del paese e furono molti gli afroamericani impiegati per la costruzione del Campidoglio.

Le tensioni fra il Nord e il Sud sfociarono nella **guerra di secessione**, le cui tracce sono ancora visibili in tutta la regione. Per quattro lunghi anni i territori tra la capitale dell'Unione – Washington DC – e quella della Confederazione – Richmond, Virginia – furono teatro di sanguinose battaglie.

Washington DC, con la sua splendida architettura monumentale, è una meta imperdibile per chiunque visiti la regione o gli Stati Uniti in generale. In **Virginia**, più a sud, si trovano centinaia di siti storici, dalle tenute dei capi della rivoluzione e dei primi politici alla capitale coloniale, **Williamsburg**, ma anche le montagne ammantate di foreste dello **Shenandoah National Park**, lungo la dorsale delle Blue Ridge Mountains. La meno visitata **Virginia Occidentale** vanta grandiosi paesaggi naturali, fiumi impetuosi e innumerevoli villaggi isolati.

La maggior parte dei turisti visitano il **Maryland** per i villaggi di antiche tradizioni marinare della Chesapeake Bay, anche se nei fine settimana molti borghi pittoreschi sono invasi dalle imbarcazioni da diporto.

Baltimora è una città ricca di carattere, piacevolmente semplice e un po' sfrenata (lo storico quartiere marinaro di Fell's Point vanta una straordinaria con-

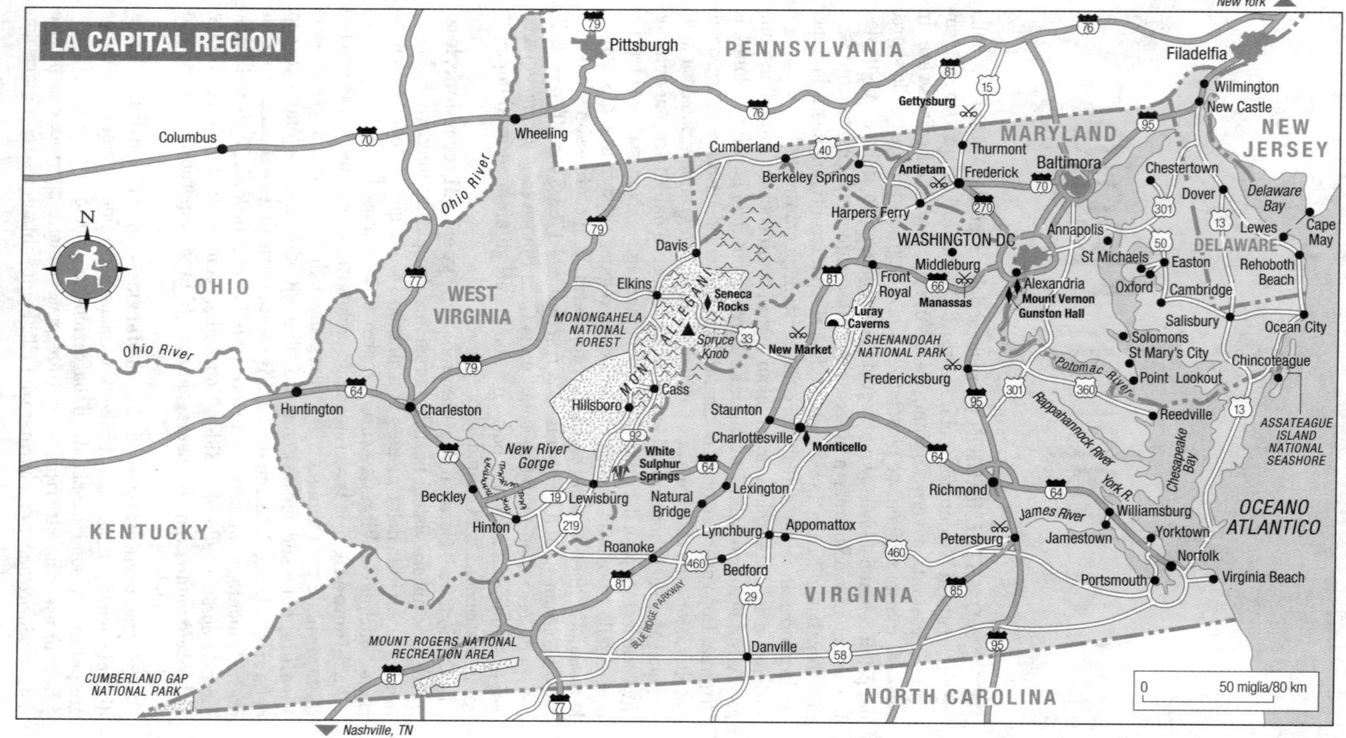
LA CAPITAL REGION
New York
Nashville, TN
Pittsburgh
PENNSYLVANIA
Filadelfia
Wilmington
New Castle
NEW JERSEY
MARYLAND
Gettysburg
Thurmont
Columbus
Wheeling
Ohio River
Cumberland
Antietam
Frederick
Baltimora
Chestertown
Dover
Delaware Bay
Berkeley Springs
Harpers Ferry
Annapolis
Lewes
Cape May
DELAWARE
WASHINGTON DC
St Michaels
Easton
Rehoboth Beach
Davis
Middleburg
Front Royal
Manassas
Alexandria
Mount Vernon
Gunston Hall
Oxford
Cambridge
OHIO
WEST VIRGINIA
Elkins
Seneca Rocks
MONTI ALLEGANI
Luray Caverns
Salisbury
Ocean City
MONONGAHELA NATIONAL FOREST
Spruce Knob
New Market
SHENANDOAH NATIONAL PARK
Solomons
St Mary's City
Chincoteague
Potomac River
Point Lookout
Fredericksburg
Huntington
Charleston
Hillsboro
Cass
Staunton
Rappahannock River
Reedville
ASSATEAGUE ISLAND NATIONAL SEASHORE
Charlottesville
Monticello
New River Gorge
White Sulphur Springs
Chesapeake Bay
York R.
Richmond
Beckley
Lewisburg
Natural Bridge
Lexington
James River
Williamsburg
OCEANO ATLANTICO
KENTUCKY
Hinton
Appomattox
Petersburg
Jamestown
Yorktown
Lynchburg
Roanoke
Bedford
Norfolk
Portsmouth
Virginia Beach
BLUE RIDGE PARKWAY
VIRGINIA
MOUNT ROGERS NATIONAL RECREATION AREA
Danville
CUMBERLAND GAP NATIONAL PARK
NORTH CAROLINA
0
50 miglia/80 km
N
79
76
81
15
70
40
95
270
301
13
50
66
77
33
64
360
92
19
219
460
29
85
58

centrazione di bar). **Annapolis**, la gradevole capitale dello Stato, è collegata da un ponte e da un traghetto alla costa orientale, mentre **Assateague Island** è un paradiso circondato dall'Atlantico. **New Castle**, nel vicino Stato del **Delaware**, è un villaggio coloniale perfettamente conservato nei pressi di alcune delle spiagge più belle e meno affollate della costa orientale.

Washington DC

WASHINGTON, nota anche come "**District of Columbia**" in quanto la città e il distretto hanno praticamente la stessa estensione, gode di un clima caratterizzato da estati molto calde e umide e inverni rigidi. La città fu scelta come **capitale** federale degli Stati Uniti d'America proprio a causa di questo clima inospitale, nella speranza che avrebbe scoraggiato i membri del congresso dal fare della politica un'occupazione a tempo pieno. Il distretto ha una popolazione prevalentemente afroamericana ed è governato come una colonia virtuale del Congresso; i suoi abitanti non dispongono di un seggio con diritto di voto e sono stati esclusi dalle elezioni presidenziali fino al 1961, quando fu ratificato il ventitreesimo emendamento – il motto ufficioso della città, diffuso sulle targhe automobilistiche, è "Tasse senza rappresentanza parlamentare".

I periodi migliori per visitare Washington sono il mese di aprile, in occasione del National Cherry Blossom Festival, e i mesi più temperati (da maggio a giugno e settembre). La capitale degli Stati Uniti è ricca di attrattive turistiche e offre l'accesso gratuito ai principali musei e monumenti del **National Mall**.

Lungo il Mall sono concentrati i luoghi d'interesse più famosi della città, come la Casa Bianca, i monumenti dedicati a quattro dei più grandi presidenti americani e i superbi musei della Smithsonian Institution. Recentemente anche la vecchia area degradata del **centro storico** (a nord del lato orientale del Mall) ha visto un notevole incremento di turisti e locali notturni nella zona chiamata **Penn Quarter**, ma è più probabile che trascorrerete le serate negli alberghi e nei ristoranti dei quartieri più vivaci della città: lo storico **Georgetown**, l'artistico **Dupont Circle** e l'elegante **Adams Morgan**.

Cenni storici

Il sito designato per accogliere la capitale della nazione fu scelto in quanto punto intermedio tra gli Stati del Nord e quelli del Sud, facilmente accessibile dal mare e a basso costo: il Maryland e la Virginia, infatti, acconsentirono a cedere parte del loro territorio al governo federale (ma la Virginia ne riprese possesso cinquant'anni dopo). Nel 1791 George Washington incaricò l'architetto francese **Pierre L'Enfant** di progettare il nucleo storico a pianta radiale della capitale, ma alla fine del secolo erano stati costruiti pochi edifici oltre all'attuale Campidoglio. Nel 1842 Charles Dickens visitò Washington e la bollò come una città con "viali spaziosi che partono in mezzo al niente e non portano da nessuna parte". Dopo la guerra di secessione, dal Sud arrivarono migliaia di **afroamericani** in cerca di un rifugio dall'oppressione razziale, e in una certa misura lo trovarono. Intorno al 1870 gli afroamericani costituivano più di un terzo dei 150.000 abitanti di Washington, ma l'aumento della miseria e del degrado portò il Congresso a reintrodurre ufficialmente la **segregazione razziale** nel 1920. Dopo la seconda guerra mondiale, l'economia e la popolazione di Washington si svilupparono notevolmente. Negli anni Cinquanta la segregazione delle infrastrutture pubbliche fu dichiarata illegale e nel 1963 Martin Luther King Jr fece il suo famoso discorso sulla scalinata del Lincoln Memorial. Quando King fu assassinato cinque anni dopo, buona parte dei ghetti neri furono dati alle fiamme e solo oggi cominciano a essere ricostruiti come quartieri residenziali d'élite. L'aumento vertiginoso dei prezzi degli immobili ha favorito il rinnovamento delle aree degradate del centro e l'asfaltatura delle strade e oggi i ristoranti eleganti e i numerosi eventi culturali e sportivi richiamano un numero crescente di visitatori.

Arrivo, informazioni e trasporti

Washington DC è servita da tre **aeroporti** principali. La maggior parte dei voli internazionali fanno scalo al **Dulles International Airport**, situato 26 miglia (40 km) a ovest della capitale nella Virginia settentrionale (IAD; ☎ 703/572-2700, *www.mwaa.com/dulles*), e al **Baltimore-Washington International Airport** (BWI), situato a metà strada tra DC e Baltimore (BWI; ☎ 410/859-7111). Il più comodo **Ronald Reagan Washington National Airport**, che si trova sul fiume Potomac di fronte al Mall (DCA; ☎ 703/417-8000, *www.mwaa.com/national*), è servito prevalentemente da voli interni.

Il centro cittadino si può raggiungere in **taxi** dagli aeroporti BWI e Dulles ($55-60), mentre le navette SuperShuttle (☎ 1-800/BLUE-VAN, *www.supershuttle.com*) offrono il collegamento **porta-a-porta** dal Dulles (45 min; $27), dal BWI (1 h; $35) e dal National (15 min; $12). I primi due aeroporti sono serviti ogni 30 min da **autobus** pubblici diretti alla vicina stazione della metropolitana. Dal Dulles, il Washington Flyer Express Bus (☎ 1-888/WASH-FLY, *www.washfly.com*) raggiunge la stazione della metropolitana di West Falls Church (30 min; $9, andata e ritorno $16) mentre il BWI è collegato alla stazione dei treni BWI da un servizio di navette gratuite (10-15 min). L'alternativa più economica è la Penn Line diretta a sud del **Maryland Rail Commuter Service** (MARC; ☎ 410/539-5000, *www.mtamaryland.com*; $6 solo andata), che nelle ore di punta offre frequenti collegamenti con la Union Station di Washington (40 min). La stazione si raggiunge anche con i più rapidi treni giornalieri **Amtrak** (*www.amtrak.com*; $12 solo andata), che partono regolarmente dal BWI e impiegano 30 min. Il National Airport è servito da una comoda stazione della metropolitana e dista pochi minuti dal centro cittadino; il tragitto in **taxi** costa circa $20.

I **treni** arrivano alla **Union Station** situata in 50 Massachusetts Ave. NE, tre isolati a nord del Campidoglio, costruita in stile neoclassico e dotata di una stazione della metropolitana. I **pullman** della Greyhound e di altre compagnie fermano alla moderna autostazione di 1005 First St. NE, in una zona piuttosto malfamata qualche isolato a nord della stazione della metropolitana della Union Station; vi consigliamo di prendere un taxi, specialmente di sera. Se arrivate a Washington in **automobile**, sappiate che il traffico è tra i peggiori della costa orientale – le arterie principali I-95 e I-495 che formano il raccordo anulare chiamato **Beltway** sono congestionate per il traffico 18 ore al giorno.

Una volta in città, fermatevi al **DC Chamber of Commerce Visitor Center** situato all'interno del Ronald Reagan Building (1300 Pennsylvania Ave. NW; lun-ven 8-17.30, sab-dom 9-16; ⓣ 1-866/324-7386, *www.dcchamber.com*), che offre cartine, visite guidate, informazioni e un servizio di prenotazioni. Nonostante il nome il **White House Visitor Information Center** non si trova nella residenza presidenziale ma in centro (1450 Pennsylvania Ave. NW; tutti i giorni 7.30-16; ⓣ 202/208-1631, *www.nps.gov/whho*) e fornisce cartine gratuite e utili guide di musei e luoghi d'interesse.

L'**ufficio postale Benjamin Franklin** (1200 Pennsylvania Ave. NW; lun-ven 7.30-17.30, sab 8-12.30; ⓣ 202/842-1444) si trova in centro e ha un orario di apertura prolungato rispetto agli altri uffici cittadini.

Trasporti urbani

La Casa Bianca, i musei e i principali monumenti del centro distano pochi minuti a piedi l'uno dall'altro, mentre i luoghi d'interesse turistico e i quartieri fuori dal centro sono raggiungibili con l'eccellente rete di **trasporti pubblici**. La vasta **rete metropolitana Metro** (ⓣ 202/637-7000, *www.wmata.com*) dispone di treni puliti ed efficienti (lun-gio 5-24, ven 5-3, sab 7-3 e dom 7-24). Le tariffe di corsa semplice partono da $1,35 e nelle ore di punta il biglietto costa $1,65 (5.30-9.30 e 15-19); per i sobborghi, le corse costano fino a $4,50. Le **tessere valide per un'intera giornata** costano $7,80 e sono valide a partire dalle 9.30 nei giorni feriali e tutto il giorno nei fine settimana. I **settimanali** costano $26,40 e sono convenienti per le corse fino a $2,65 nelle ore di punta nei giorni feriali e per tutte le corse in altri orari. La tariffa standard sulla vasta rete di **autobus** è di $1,35 o di $3 per gli autobus espressi. I **taxi** rappresentano una buona alternativa: le corse all'interno del centro costano circa $10 e per attraversare la città di solito non si spendono più di $20. I posteggi dei taxi si trovano presso i principali alberghi, gli aeroporti e le stazioni (come la Union Station). Per maggiori informazioni, telefonate a **DC Taxicab Commission** al ⓣ 202/645-6018 o consultate il sito *dctaxi.dc.gov*.

Il **"DC Circulator"** (ⓣ 202/962-1423, *www.dccirculator.com*) è una navetta che offre il collegamento tra la Union Station e Georgetown o, in alternativa, tra il Convention Center e il Southwest Waterfront; un'altra navetta effettua un percorso ad anello tra i musei del Mall (circuito musei sab e dom 10-16; altri percorsi tutti i giorni 7-21; $1 per tutti i percorsi).

Visite guidate

Tourmobile (9.30-16.30; ⓣ 202/554-5100, *www.tourmobile.com*; $24-30) offre un servizio di autobus che collegano tutti i giorni i principali musei e monumenti cittadini e consentono ai passeggeri di fermarsi a piacere in 15-20 luoghi di interesse.

Se desiderate fare un'escursione in **bicicletta** o in **barca** lungo il fiume Potomac o lo storico C&O Canal, Thompson's Boat Center (2900 Virginia Ave. NW; metà marzo-settembre: tutti i giorni 8-18; ⓣ 202/333-9543), situato nei pressi del Rock Creek Parkway vicino a Georgetown, e Fletcher's Boat House (4940 Canal Rd. NW; tutti i giorni 9-19; ⓣ 202/244-0461), 2 miglia (3 km) più a monte lungo la strada di alaggio del canale, noleggiano biciclette, barche a remi e canoe (biciclette $5-10/h, $15-50/giorno; barche $10-12/h, $25-30/giorno). Potete anche visitare la città in bicicletta con il tour di 3 h offerto da Bike the Si-

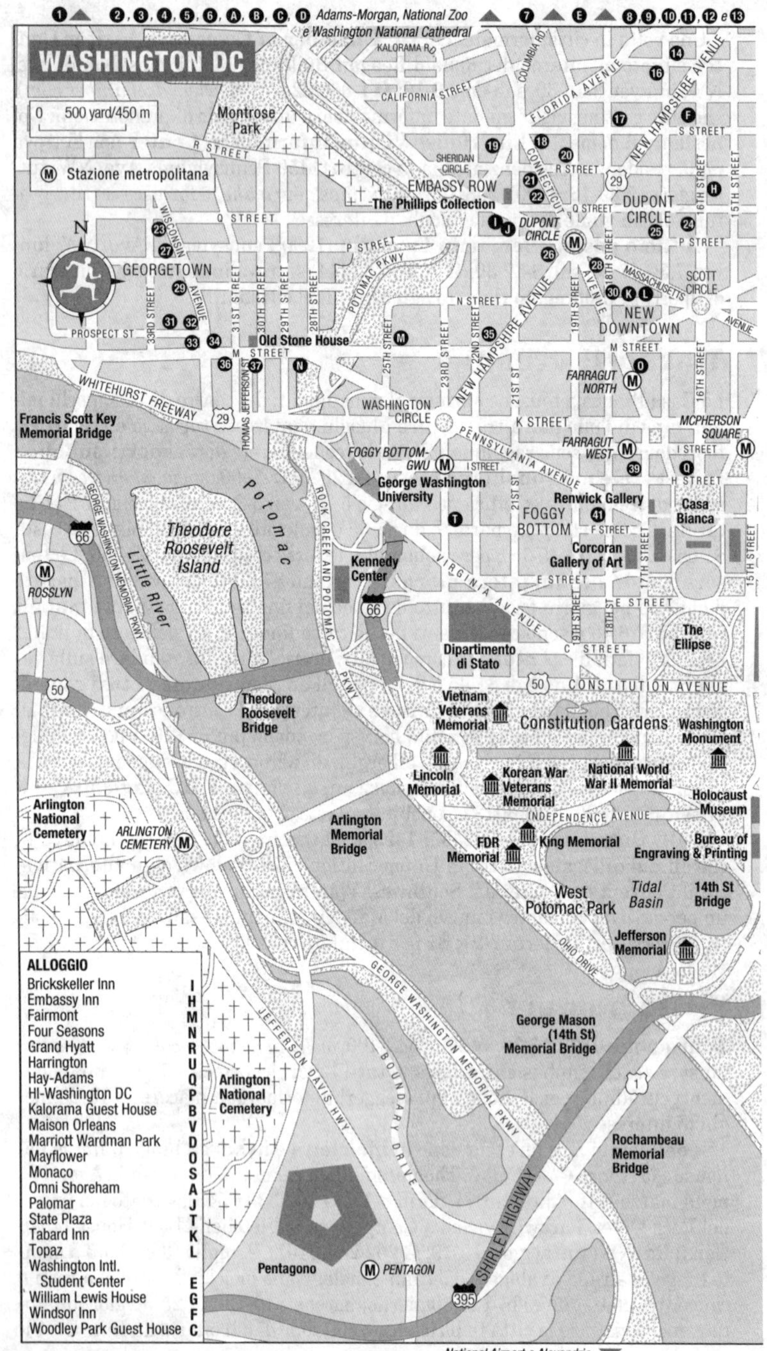
WASHINGTON DC
Adams-Morgan, National Zoo e Washington National Cathedral
0 500 yard/450 m
Stazione metropolitana
Montrose Park
EMBASSY ROW
The Phillips Collection
DUPONT CIRCLE
GEORGETOWN
NEW DOWNTOWN
Old Stone House
WASHINGTON CIRCLE
FARRAGUT NORTH
FARRAGUT WEST
MCPHERSON SQUARE
FOGGY BOTTOM-GWU
George Washington University
Francis Scott Key Memorial Bridge
Potomac
Theodore Roosevelt Island
Little River
ROSSLYN
Kennedy Center
Renwick Gallery
Casa Bianca
FOGGY BOTTOM
Corcoran Gallery of Art
The Ellipse
Dipartimento di Stato
Theodore Roosevelt Bridge
Vietnam Veterans Memorial
Constitution Gardens
Washington Monument
Lincoln Memorial
Korean War Veterans Memorial
National World War II Memorial
Holocaust Museum
Arlington National Cemetery
ARLINGTON CEMETERY
Arlington Memorial Bridge
FDR Memorial
King Memorial
Bureau of Engraving & Printing
West Potomac Park
Tidal Basin
14th St Bridge
Jefferson Memorial
George Mason (14th St) Memorial Bridge
Rochambeau Memorial Bridge
Pentagono
PENTAGON
SHIRLEY HIGHWAY
ALLOGGIO
Brickskeller Inn I
Embassy Inn H
Fairmont M
Four Seasons N
Grand Hyatt R
Harrington U
Hay-Adams Q
HI-Washington DC P
Kalorama Guest House B
Maison Orleans V
Marriott Wardman Park D
Mayflower O
Monaco S
Omni Shoreham A
Palomar J
State Plaza T
Tabard Inn K
Topaz L
Washington Intl. Student Center E
William Lewis House G
Windsor Inn F
Woodley Park Guest House C
National Airport e Alexandria

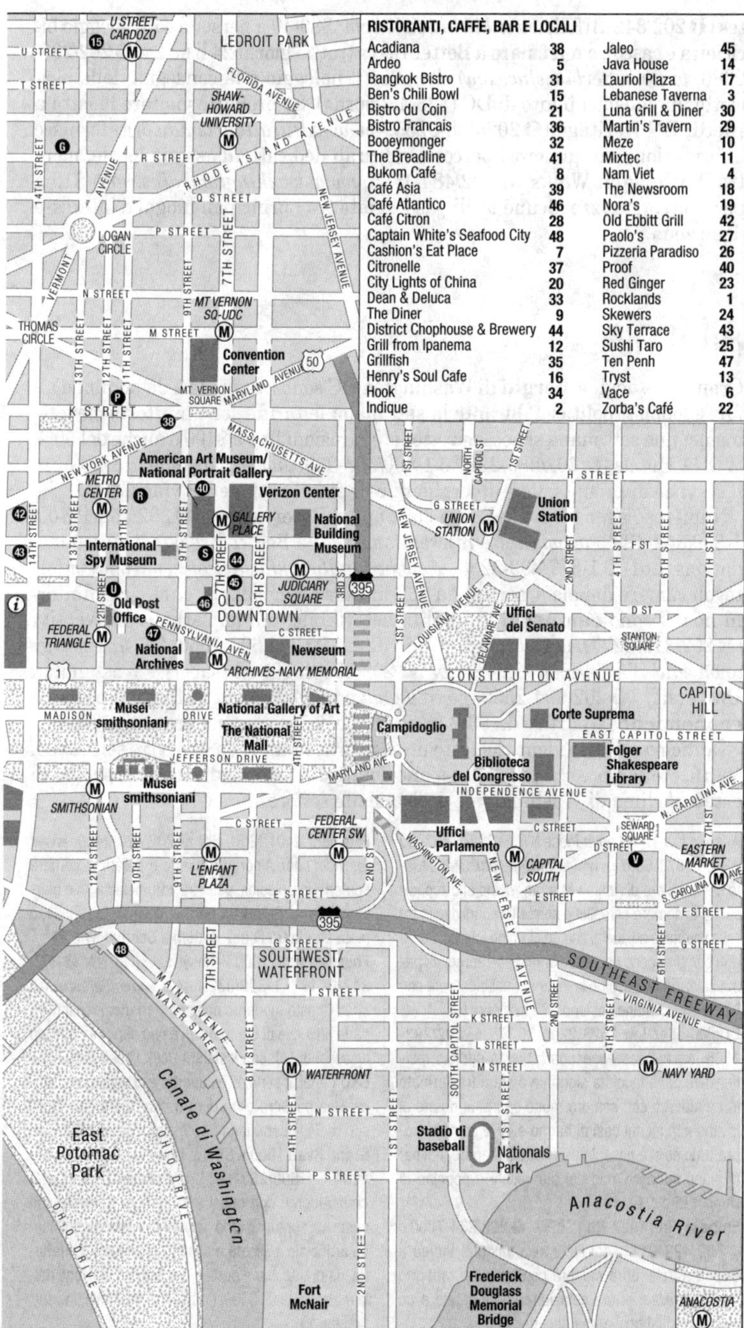
RISTORANTI, CAFFÈ, BAR E LOCALI
Acadiana 38
Ardeo 5
Bangkok Bistro 31
Ben's Chili Bowl 15
Bistro du Coin 21
Bistro Francais 36
Booeymonger 32
The Breadline 41
Bukom Café 8
Café Asia 39
Café Atlantico 46
Café Citron 28
Captain White's Seafood City 48
Cashion's Eat Place 7
Citronelle 37
City Lights of China 20
Dean & Deluca 33
The Diner 9
District Chophouse & Brewery 44
Grill from Ipanema 12
Grillfish 35
Henry's Soul Cafe 16
Hook 34
Indique 2
Jaleo 45
Java House 14
Lauriol Plaza 17
Lebanese Taverna 3
Luna Grill & Diner 30
Martin's Tavern 29
Meze 10
Mixtec 11
Nam Viet 4
The Newsroom 18
Nora's 19
Old Ebbitt Grill 42
Paolo's 27
Pizzeria Paradiso 26
Proof 40
Red Ginger 23
Rocklands 1
Skewers 24
Sky Terrace 43
Sushi Taro 25
Ten Penh 47
Tryst 13
Vace 6
Zorba's Café 22
U STREET CARDOZO
LEDROIT PARK
U STREET
T STREET
FLORIDA AVENUE
SHAW-HOWARD UNIVERSITY
RHODE ISLAND AVENUE
R STREET
Q STREET
P STREET
LOGAN CIRCLE
VERMONT AVENUE
14TH STREET
NEW JERSEY AVENUE
7TH STREET
9TH STREET
N STREET
MT VERNON SQ-UDC
THOMAS CIRCLE
M STREET
13TH STREET
12TH STREET
11TH STREET
Convention Center
MT VERNON SQUARE
MARYLAND AVENUE
K STREET
MASSACHUSETTS AVE.
NEW YORK AVENUE
American Art Museum/ National Portrait Gallery
METRO CENTER
Verizon Center
GALLERY PLACE
National Building Museum
International Spy Museum
6TH STREET
JUDICIARY SQUARE
3RD ST
Old Post Office
OLD DOWNTOWN
FEDERAL TRIANGLE
PENNSYLVANIA AVE.
C STREET
National Archives
Newseum
ARCHIVES-NAVY MEMORIAL
1ST STREET
NORTH CAPITOL ST
H STREET
G STREET
UNION STATION
Union Station
F ST
D ST
LOUISIANA AVENUE
DELAWARE AVE.
Uffici del Senato
STANTON SQUARE
2ND STREET
4TH STREET
6TH STREET
7TH STREET
CONSTITUTION AVENUE
CAPITOL HILL
MADISON DRIVE
Musei smithsoniani
National Gallery of Art
The National Mall
4TH STREET
Campidoglio
Corte Suprema
EAST CAPITOL STREET
Folger Shakespeare Library
JEFFERSON DRIVE
MARYLAND AVE.
Biblioteca del Congresso
INDEPENDENCE AVENUE
SMITHSONIAN
N. CAROLINA AVE.
C STREET
FEDERAL CENTER SW
Uffici Parlamento
SEWARD SQUARE
D STREET
EASTERN MARKET
12TH STREET
10TH STREET
9TH STREET
L'ENFANT PLAZA
2ND ST
WASHINGTON AVE.
CAPITAL SOUTH
NEW JERSEY AVENUE
S. CAROLINA AVE
E STREET
G STREET
SOUTHWEST/ WATERFRONT
SOUTHEAST FREEWAY
VIRGINIA AVENUE
MAINE AVENUE
WATER STREET
I STREET
K STREET
L STREET
M STREET
SOUTH CAPITOL STREET
WATERFRONT
NAVY YARD
Canale di Washington
N STREET
East Potomac Park
OHIO DRIVE
Stadio di baseball
Nationals Park
P STREET
Anacostia River
Fort McNair
Frederick Douglass Memorial Bridge
ANACOSTIA
Anacostia Museum

tes (☎ 202/842-BIKE, *www.bikethesites.com*; $30-40 a persona con noleggio bicicletta e casco), o telefonare a Better Bikes (tutti i giorni 24 h su 24; ☎ 202/293-2080, *www.betterbikesinc.com*) che offre il noleggio e la consegna delle biciclette in qualsiasi punto di DC ($38-48/giorno). Se preferite visitare la città **a piedi**, DC Heritage (☎ 202/828-9255, *www.culturaltourismdc.org*) fornisce informazioni sui numerosi percorsi culturali dedicati alla storia locale, mentre Washington Walks (☎ 202/484-1565, *www.washingtonwalks.com*; $10 a persona) organizza alcune facili passeggiate tra i principali luoghi d'interesse della zona.

Alloggio

Gran parte degli **alberghi** di Washington DC sono frequentati da uomini d'affari e lobbisti politici e durante la settimana le tariffe sono piuttosto elevate, ma nei fine settimana si possono ottenere riduzioni fino a $100 o anche del 50%. WDCA Hotels (☎ 202/289-2220 o 1-800/503-3330, *www.wdcahotels.com*) offre il servizio di prenotazione alberghiera e di pianificazione del viaggio.

Numerose agenzie di **B&B**, tra cui Capitol Reservations (☎ 202/452-1270 o 1-800/847-4832, *www.capitolreservations.com*) e Bed & Breakfast Accommodations, Ltd (☎ 1-877/893-3233, *www.bedandbreakfastdc.com*), offrono confortevoli camere doppie a partire da $60 in bassa stagione. In città e nei dintorni non ci sono **campeggi** di qualità accettabile, ma la Catholic University (☎ 202/319-5277), la Georgetown University (☎ 202/687-4560, *housing.georgetown.edu*), l'American University (☎ 202/885-3370) e la George Washington University (☎ 202/994-2552, *gwired.gwu.edu/gwhousing*) affittano **camere economiche** (a partire da $30) in estate; le camere vanno prenotate con largo anticipo e spesso viene richiesto un soggiorno minimo da una a tre settimane. Verificate sempre che le camere siano dotate di **aria condizionata**, perché in estate il clima di Washington è decisamente soffocante.

Adam's Inn 1744 Lanier Place NW ☎ 202/745-3600 o 1-800/578-6807, *www.adamsinn.com*. B&B situato nel quartiere di Adams Morgan, vicino allo zoo, dispone di camere semplici e senza TV suddivise in tre case vittoriane adiacenti con un giardino interno. Le tariffe comprendono l'accesso gratuito a Internet, la prima colazione e l'uso della lavanderia. Le camere con il bagno in comune costano $30 in meno. ❺

Brickskeller Inn 1523 22nd St. NW ☎ 202/293-1885, *www.lovethebeer.com*. Questo edificio residenziale dalla facciata signorile è stato trasformato in un albergo con camere molto spartane dotate di lavabo e in alcuni casi di bagno e TV. È comodo soprattutto se si è passata una notte di bagordi nel bar al piano inferiore, uno dei più vecchi e popolari di Dupont Circle. ❺

Embassy Inn 1627 16th St. NW ☎ 202/234-7800 o 1-800/423-9111. Accogliente pensione vicino a Dupont Circle, offre camere con un buon rapporto qualità-prezzo, prima colazione continentale e un bicchiere di sherry prima di cena. ❼

Fairmont 2401 M St. NW ☎ 202/429-2400, *www.fairmont.com*. Albergo raffinato e dotato di camere confortevoli, piscina, palestra, idromassaggio e giardino interno. Si trova a nord di Washington Circle, a metà strada tra Foggy Bottom e Georgetown. ❾

Four Seasons 2800 Pennsylvania Ave. NW ☎ 202/342-0444 o 1-800/332-3442, *www.fourseasons.com*. Questo moderno palazzo in mattoni rossi nella parte orientale di Georgetown è uno degli alberghi più lussuosi di DC, con vista sul Rock Creek Park o sul C&O Canal. Il servizio è superbo e ci sono una piscina, una palestra e un centro benessere con tutti i servizi. Fine settimana $395, giorni feriali $595. ❾

Grand Hyatt 1000 H St. NW, Downtown ☎ 202/582-1234 o 1-800/233-1234, *grandwashington.hyatt.com*. Albergo con quasi 900 camere arredate con gusto, un sontuoso atrio, alto 12 piani con tanto di lago artificiale, cascate e ascensori in vetro, caffetteria, ristorante, bar e perfino una propria stazione della metropolitana. $499, riduzioni di $100 nei fine settimana. ❾

Harrington 1100 E St. NW Ⓣ 202/628-8140 o 1-800/424-8532, *www.hotel-harrington.com.* Uno dei vecchi alberghi classici del centro, situato in splendida posizione vicino a Pennsylvania Avenue. Le camere (da singole a quadruple) sono un po' datate, ma dispongono di aria condizionata e TV e le tariffe sono le migliori della zona. ❺

Hay-Adams 800 16th St. NW, Foggy Bottom Ⓣ 202/638-6600 o 1-800/424-5054, *www.hayadams.com.* È uno degli alberghi più raffinati di DC, dalla lobby in legno di noce con lamina d'oro fino alle camere eleganti e moderne; quelle ai piani superiori offrono splendide vedute della Casa Bianca, sull'altro lato della piazza. La prima colazione viene servita in una delle sale più belle del District. ❾

HI-Washington DC 1009 11th St. NW Ⓣ 202/737-2333, *www.hiwashingtondc.org.* Ostello grande (270 letti) e pulito situato in centro città, vicino al Convention Center. Offre prima colazione continentale, Internet veloce, camerate maschili e femminili, cucina, sala comune, lavanderia, deposito bagagli e attività organizzate. ❶

Kalorama Guest House 1854 Mintwood Place NW Ⓣ 202/667-6369, *www.kaloramaguesthouse.com.* Ricavato in tre case vittoriane vicino ad Adams Morgan, offre camere spaziose piene di mobile pregiati e oggetti d'antiquariato (ma senza TV). Le tariffe comprendono la prima colazione, il caffè e lo sherry serale. La prenotazione è essenziale – le camere single costano solo $70 e le doppie $100, anche se i prezzi aumentano notevolmente in alta stagione. ❹-❻

Maison Orleans 414 5th St. SE, Capitol South Metro Ⓣ 202/544-3694. Piacevole B&B ricavato in una villetta a schiera del 1902, poco lontano dal Campidoglio. Offre tre camere funzionali, collegamento wireless a Internet, prima colazione continentale, un patio con fontane e un piccolo giardino. ❻

Marriott Wardman Park 2660 Woodley Rd. NW, Woodley Park-Zoo Metro Ⓣ 202/328-2000 o 1-800/228-9290, *www.marriott.com.* Monumento storico di Woodley Park, questo albergo frequentato da personaggi famosi è il più grande della città e spesso ospita raccolte di fondi per i politici. Dispone di due piscine, centro benessere e ristoranti con personale molto efficiente. Nei giorni feriali le camere sono quasi tutte occupate dai partecipanti a convention aziendali. Fine settimana $329, giorni feriali $399; supplemento $50 per le camere nella torretta. ❾

Mayflower 1127 Connecticut Ave. NW, New Downtown Ⓣ 202/347-3000 o 1-800/228-7697, *www.renaissancehotels.com/*WASSH. Frequentato dall'élite politica nazionale e internazionale, è un albergo sontuoso con un vasto atrio in stile imperiale e camere eleganti arredate con gusto. L'eccellente *Café Promenade* è un ritrovo alla moda. $499 fine settimana, $665 giorni feriali. ❾

Monaco 700 F St. NW, Downtown Ⓣ 202/628-7177, *www.monaco-dc.com.* Questo imponente edificio neoclassico progettato da Robert Mills si distingue dal punto di vista architettonico dagli altri alberghi del centro. In origine ospitava un ufficio postale, ma oggi è un albergo molto raffinato con camere moderne e sofisticate, arredi minimalisti, sale comuni con pavimenti in marmo e colonne e spettacolari scale a chiocciola. $369, riduzioni del 50% nei fine settimana. ❾

Omni Shoreham 2500 Calvert St. NW, Upper Northwest Ⓣ 202/234-0700, *www.omnihotels.com.* Lussuoso e imponente albergo storico situato accanto al Rock Creek Park, sul quale si affacciano molte delle camere sontuose e confortevoli. Nel complesso ci sono una piscina scoperta, campi da tennis e il *Marquee Bar.* ❾

Palomar 2121 P St. NW, Dupont Circle Ⓣ 202/293-3100, *www.hotelpalomar-dc.com.* Eccellente hotel di charme, offre camere con TV a schermo piatto e lettori CD, piscina, centro fitness, una lounge raffinata e una "wine hour" serale per familiarizzare con gli altri ospiti. $219 fine settimana, $329 giorni feriali. ❽-❾

State Plaza 2117 E St. NW, Foggy Bottom Ⓣ 202/861-8200 o 1-800/424-2859, *www.stateplaza.com.* Suite eleganti e spaziose con cucina perfettamente attrezzata e sala da pranzo, solarium all'ultimo piano, centro benessere e un piacevole caffè. $149 fine settimana, $249 giorni feriali (talvolta viene richiesto un soggiorno minimo di tre giorni). ❻-❽

Tabard Inn 1739 N St. NW Ⓣ 202/785-1277, *www.tabardinn.com.* Tre case vittoriane vicino a Dupont Circle offrono quaranta camere esclusive piene di mobile antichi, salottini confortevoli, romantici caminetti, un cortile e un bel ristorante. Nelle tariffe è compresa la prima colazione e il biglietto giornaliero per il vicino YMCA. ❺; ❻ con bagno privato.

Topaz 1733 N St. NW, Dupont Circle Ⓣ 202/393-3000, *www.topazhotel.com.* Hotel di charme, offre camere vivaci arredate con mobili raffinati, letti con le testate imbottite a pois e carta da parati a righe; alcune dispongono di spazi per lo yoga o attrezzati con tapis roulant, cyclette ed ellittica. Fine settimana $263, giorni feriali $399. ❾

Washington International Student Center 2451 18th St. NW Ⓣ 202/667-7681 o 1-800/567-4150, *www.washingtondchostel.com.* Questo ostello situato nel quartiere di Adams Morgan offre semplici camerate, accesso a Internet, armadietti e trasporto gratuito dalle stazioni dei treni e dei pullman (su prenotazione). È la sistemazione più economica del centro e va prenotato con almeno due settimane di anticipo. ❶

William Lewis House 1309 R St. NW ❶ 202/462-7574 o 1-800/465-7574, *www.wlewishous.com*. Elegante B&B per omosessuali situato in due residenze del secolo scorso situate a nord di Logan Circle. Le dieci camere arredate con mobili antichi hanno il bagno in comune e l'accesso a Internet. Nel giardino sul retro ci sono un ampio portico e una vasca idromassaggio con acqua calda. Le tariffe comprendono la prima colazione continentale nei giorni feriali e prima colazione nei fine settimana. Eccellente rapporto qualità prezzo, prenotazione indispensabile. ❹

Windsor Inn 1842 16th St. NW ❶ 202/667-0300 o 1-800/423-9111, *www.windsor-inn-dc.com*. A poca distanza da Dupont Circle, dispone di suite spaziose e unità abitative in villette bifamiliari in mattoni degli scorsi anni Venti. Alcune camere hanno il frigorifero e quelle al piano terra si aprono su una terrazza. Collegamento WiFi gratuito e prima colazione continentale servita in una bella saletta. ❺-❼ secondo la stagione.

Woodley Park Guest House 2647 Woodley Rd. NW, Upper Northwest ❶ 202/667-0218 o 1-866/667-0218, *woodleyparkguesthouse.com*. Nel prezzo delle 18 camere accoglienti (le più economiche hanno il bagno in comune) è compresa la prima colazione continentale. Si trova vicino allo zoo, alla metropolitana e a molti buoni ristoranti. ❺, supplemento $50 per una doppia con bagno privato.

La città

Washington ha una **struttura urbana** facilmente percorribile: la città è suddivisa in quattro **quadranti** – nord-est, nord-ovest, sud-est e sud-ovest – al centro dei quali sorge il Campidoglio. Decine di ampi **viali**, intitolati ai nomi degli Stati americani, sono orientati diagonalmente rispetto la classica griglia di **vie** che convergono nelle grandi rotatorie come Dupont Circle. Le vie identificate con numeri procedono in direzione nord-sud, mentre quelle contrassegnate con lettere vanno da est a ovest (la via J è stata volutamente evitata per non confonderla con la I, che spesso compare come Eye Street). Il codice di due lettere presente in ogni **indirizzo** (NW, NE, SW, SE) indica il quadrante ed è molto importante: 1600 Pennsylvania Ave. NW è molto distante da 1600 Pennsylvania Ave. SE.

La maggior parte dei luoghi di interesse turistico si trova in **Capitol Hill** o più a ovest lungo il **National Mall**, la vasta distesa erbosa lunga 2 miglia (3 km) sulla quale sorgono i monumenti dedicati ai presidenti più famosi e la **Casa Bianca**, residenza ufficiale del presidente in carica. Lungo il Mall sono concentrati anche numerosi grandi musei, come quelli che ospitano le incomparabili collezioni della **Smithsonian Institution**.

Tra il Mall e **Pennsylvania Avenue** – il viale principale che collega Capitol Hill alla Casa Bianca – sorgono gli edifici neoclassici del **Federal Triangle** che ospitano gli uffici del governo federale. A nord e a est si estende **Old Downtown**, il centro di Washington nel quale si trovano nuovi centri commerciali, gallerie e ristoranti (in particolare nei pressi del **Verizon Center**) ma anche attrattive turistiche tradizionali come l' Old Post Office (vecchio ufficio postale) e il Ford Theatre dove Abraham Lincoln fu assassinato. A ovest della Casa Bianca, **Foggy Bottom** è un altro quartiere di uffici governativi. Nel quadrante nord-occidentale si trova il quartiere più antico di Washington, **Georgetown**, che vanta una serie di bar e ristoranti molto frequentati lungo M Street e Wisconsin Avenue sopra il **fiume Potomac**. Georgetown dista un quarto d'ora a piedi dalla stazione della metropolitana Foggy Bottom-GWU, ma le sue case in stile coloniale e vittoriano e la strada di alaggio del **C&O Canal** ne fanno una meta turistica molto popolare. Altri quartieri da segnalare, soprattutto per quanto riguarda gli alberghi, i bar e i ristoranti, sono **Dupont**

Circle (in particolare Massachusetts Ave., Connecticut Ave. e New Hampshire Ave.) e **Adams Morgan**, recentemente trasformato in un quartiere residenziale che nei fine settimana diventa sempre molto animato. I visitatori più zelanti possono prendere la linea rossa della metropolitana fino al sobborgo signorile di **Upper Northwest** per visitare alcuni interessanti quartieri storici e il National Zoo. Molti turisti si spingono anche fino ad **Arlington**, in Virginia, raggiungibile a piedi o con un breve tragitto in metropolitana, per visitare il National Cemetery in cui è sepolto John F. Kennedy.

Capitol Hill

A Washington DC c'è più di una collina, ma quando la gente parla di **"The Hill"** si riferisce a **Capitol Hill**, una collina sormontata dall'imponente cupola bianca del Campidoglio, centro simbolico della città. Sede del potere legislativo (il **Congresso)** e giudiziario (la **Corte Suprema**), è il luogo dove vengono emanate e interpretate le leggi del paese e sede della celebre **Biblioteca del Congresso** e della rinomata **Folger Shakespeare Library**.

Campidoglio

Il maestoso **Campidoglio (US Capitol)**, situato all'estremità orientale del National Mall tra Constitution Ave. e Independence Ave. (informazioni sulle visite guidate ☎ 202/225-6827, informazioni generali ☎ 202/224-3121, *www.aoc.gov*), riassume perfettamente il grande potere esercitato dai membri del Congresso.

George Washington posò la prima pietra dell'edificio nel 1793 durante una complessa cerimonia massonica, e sebbene sia stato dato alle fiamme dalle truppe britanniche nel corso della guerra del 1812, l'edificio fu ricostruito e ampliato ininterrottamente nei secoli successivi. Nell'imponente **Rotonda** sormontata da una maestosa cupola in ghisa alta 54 m e con un diametro di 30 m che collega le due ali del Campidoglio – il **Senato** in quella settentrionale e la **Camera dei Rappresentanti** in quella meridionale – è stata allestita la camera ardente di dieci presidenti, l'ultimo dei quali fu Gerald Ford. Quando la lanterna nel "tholos" sopra la cupola è accesa significa che il Congresso è riunito.

A causa delle rigide misure di sicurezza, l'accesso al Campidoglio è limitato alle **visite guidate** gratuite che partono ogni 30 min (9-16.30; 35 min). I biglietti non si possono ritirare in anticipo, ma vengono distribuiti a partire dalle 9 al chiosco del Capitol Guide Service (all'altezza di 1st St. SW e Independence Ave.); cercate di arrivare presto perché le code iniziano già dalle 7 e preparatevi a lunghe attese presso il South Visitor Receiving Facility, a sud dell'edificio. I cittadini dei diversi Stati americani che vogliono assistere a una delle sedute del Congresso devono richiedere il permesso di accesso ai propri rappresentanti, mentre gli stranieri devono presentarsi muniti di passaporto al centro visitatori e farsi rilasciare un permesso internazionale. All'epoca delle nostre ricerche era in corso la costruzione di un nuovo **centro visitatori sotterraneo** sul lato orientale dell'edificio, la cui apertura è prevista alla fine del 2008 o nel 2009 e per il quale si è ampiamente superato il preventivo di spesa di 550 milioni di dollari.

Biblioteca del Congresso

Con un patrimonio di 128 milioni di libri, manoscritti, microfilm e fotografie suddivisi tra 530 mila scaffali, la **Library of Congress** è la più grande biblioteca del mondo. Situata a est del Campidoglio all'interno dei Jefferson, Madison e John Adams Buildings (tra 1 St. e 3 St. SE e E Capitol St. e C St. SE; lun-sab 10-17.30; T 202/707-8000, *www.loc.gov; ingresso libero*), la biblioteca fu fondata nel 1800 per essere utilizzata solo dai membri del Congresso, ma nel 1870 divenne depositaria della cultura nazionale e ha continuato ad ampliarsi fino ai giorni nostri. Nel 1897 fu aperto l'eclettico **Thomas Jefferson Building**, con una **sala di lettura** ottagonale a cupola e una spettacolare Great Hall decorata con centinaia di mosaici, dipinti murali e sculture. La vasta collezione della biblioteca è conservata al secondo piano nella **galleria principale**, dove vengono allestite mostre temporanee di vari argomenti (tra gli oggetti esposti in passato ricordiamo i taccuini scritti da Walt Whitman durante la guerra di secessione, il dattiloscritto originale del discorso di Martin Luther King Jr "I Have a Dream" e una copia dello "Star-Spangled Banner", l'inno nazionale scritto da Francis Scott Key). L'accesso alla biblioteca è gratuito (**partenza visite** lun-sab 10.30, 11.30, 13.30, 14.30 e, sab escluso, 15.30).

Corte Suprema

Situato di fronte al Campidoglio, l'edificio della **Supreme Court** (all'angolo tra First Street NE e Maryland Avenue NE; lun-ven 9-16.30; T 202/479-3211, *www.supremecourtus.gov*; ingresso libero) è la sede della Corte Suprema, organo superiore del potere giudiziario degli Stati Uniti. Istituita nel 1787, la Corte Suprema federale non ebbe una sede propria fino al 1935 quando Cass Gilbert – l'architetto del Woolworth Building di New York – progettò questo capolavoro a forma di tempio greco. La Corte si riunisce dall'inizio di ottobre alla fine di aprile (lun-mer 10-12; a volte anche 13-15). Le singole udienze, che durano generalmente un'ora, sono **aperte al pubblico** fino a esaurimento posti. Per assicurarvi uno dei 150 posti, vi consigliamo caldamente di arrivare entro le 8.30.

Folger Shakespeare Library

La rinomata **Folger Shakespeare Library** (201 E Capitol St.; lun-sab 10-16; visite guidate lun-ven 11, sab 11 e 13; *www.folger.edu*) è situata sul lato meridionale della Corte Suprema. Fondata nel 1932, custodisce più di 350.000 libri, manoscritti, dipinti e incisioni relative alla storia e alle opere di Shakespeare. Nella Great Hall in legno di quercia con le architravi intagliate, i vetri istoriati, le rose di Tudor e il soffitto scolpito vengono allestite mostre temporanee su argomenti letterari ed elisabettiani. Nella riproduzione dell'Elizabethan Theater si tengono conferenze, letture e concerti di musica medievale e rinascimentale; nel giardino elisabettiano nella parte orientale del parco sono coltivate piante e fiori comuni nel XVI secolo.

National Mall – Monumenti

Uno degli elementi centrali dell'imponente progetto di L'Enfant è il **National Mall**, la vasta distesa erbosa lunga 2 miglia (3 km) e delimitata alle due estremità dal Campidoglio e dal Lincoln Memorial. Lo spazio verde più popolare di Washington è teatro di dimostrazioni di vario genere, ospita le partite estive di softball e i concerti del 4 luglio, ma è famoso soprattutto per il quartetto di **monumenti** presidenziali, la Casa Bianca e i toccanti **monumenti commemorativi** dedicati ai veterani delle varie guerre del XX secolo.

Washington Monument

Con i suoi 170 m, il **Washington Monument** dedicato alla memoria di George Washington è la struttura in pietra più alta del mondo. Questo sobrio obelisco in marmo sorge in cima a una collina all'angolo tra 15th Street NW e Constitution Avenue (tutti i giorni 9-17; ⓣ 202/426-6841, *www.nps.gov/wamo*). L'ingresso è libero, ma è necessario munirsi di biglietto presso il chiosco di 15th Street, immediatamente a sud di Constitution Avenue in Madison Drive (8-16.30), e presentarsi all'orario indicato. I biglietti vengono distribuiti fino a esaurimento posti e in alta stagione finiscono velocemente; i biglietti si possono anche prenotare telefonando al National Park Service (ⓣ 1-877/444-6777; $1,50). Un **ascensore** interno vi porterà in 70 secondi fino a una piattaforma panoramica che offre vedute mozzafiato (anche se ai vetri non farebbe male una ripulita); potrete poi scendere lungo le scale e ammirare gli stemmi di tutti gli Stati.

Casa Bianca

La **Casa Bianca** (*White House*) è la residenza e l'ufficio del presidente degli Stati Uniti da quasi due secoli. Situato in fondo al Mall a nord del Washington Monument, al n. 1600 di Pennsylvania Ave. NW, questo maestoso edificio neoclassico fu edificato nel 1800 dall'architetto di origini irlandesi James Hoban su modello delle residenze georgiane di Dublino. Le misure di sicurezza alla Casa Bianca sono comprensibilmente molto rigide e dopo l'11 settembre le **visite guidate** gratuite (ⓣ 202/456-7041, *www.whitehouse.gov*; mar-sab 7.30-12.30) sono diventate ancora più complicate: possono essere effettuate solo da gruppi composti da 10 persone e devono essere prenotate con un mese di anticipo a un membro del Congresso del proprio Stato (i visitatori stranieri devono rivolgersi all'ambasciata americana nel loro paese o al consolato del loro paese presente a Washington). Se siete interessati a conoscere la storia della Casa Bianca e dei suoi occupanti, recatevi al **centro visitatori** situato pochi isolati a sud-est (1450 Pennsylvania Ave.; tutti i giorni 7.30-16; ⓣ 202/208-1631, *www.nps.gov/whho*).

National World War II Memorial

Aperto al pubblico nel 2004, il **National World War II Memorial** (17th Street SW all'angolo con Independence Avenue; aperto tutti i giorni 24 h su 24, orario personale 9.30-23.30; ⓣ 202/426-6841, *www.nps.gov/nwwm*; ingresso libero), è un monumento al dovere e al sacrificio di grande impatto emotivo. Situato immediatamente a ovest del Washington Monument, è composto da due archi ("Atlantico" e "Pacifico") e 56 colonne in pietra decorate con ghirlande bronzee (che rappresentano gli Stati e i territori dell'Unione all'epoca della guerra) disposte intorno a una fontana centrale. Sotto i due archi si trovano quattro aquile in bronzo e una ghirlanda scolpita e sulle pareti sono incise citazioni di Roosevelt e di Eisenhower e 4000 stelle d'oro che ricordano i 400.000 caduti americani – un numero eguagliato solo dalla carneficina della guerra di secessione.

Lincoln Memorial

Il **Lincoln Memorial** dalle maestose colonne doriche situato all'estremità occidentale del Mall (tutti i giorni 24 h su 24, orario personale 9.30-23.30; *www.nps.gov/linc*; ingresso libero) è un degno tributo al sedicesimo presidente degli Stati Uniti, che garantì il mantenimento dell'Unione durante la guerra di secessione e pose fine alla schiavitù con il Proclama di Emancipazione del 1863. Durante la marcia per i diritti civili su Washington nel 1963, Martin Luther King Jr fece il suo storico discorso "I Have a Dream" sulla scalinata antistante e le proteste contro la guerra in Vietnam degli anni Sessanta del Novecento ne fecero un simbolo del movimento pacifista. L'edificio contiene un'enorme statua dai lineamenti marcati raffigurante un pensoso Abraham Lincoln seduto su una sorta di trono. Sulle pareti settentrionale e meridionale sono incisi i suoi due discorsi più famosi: il Gettysburg Address (il discorso di Gettysburg) e il secondo discorso inaugurale.

Vietnam Veterans Memorial

Situato nella distesa erbosa del Mall, il **Vietnam Veterans Memorial** (all'angolo tra Constitution Avenue e 21st Street NW; tutti i giorni 24 h su 24, orario personale 9.30-23.30; *www.nps.gov/vive*; ingresso libero) è formato da due pareti di marmo nero inclinate a forma di cuneo, che simboleggiano l'indelebile cicatrice lasciata dalla guerra dl Vietnam sullo spirito della nazione. I nomi dei 58.000 soldati morti in questa guerra, in ordine cronologico dal 1959 al 1975, e i toccanti oggetti lasciati dai familiari contribuiscono allo straordinario impatto emotivo di questo monumento.

Korean War Veterans Memorial

A sud-est del Lincoln Memorial, il **Korean War Veterans Memorial** (tutti i giorni 24 h su 24, orario personale 8-23.45; *www.nps.gov/kwvm*; ingresso libero) raffigura una pattuglia di 19 soldati in acciaio a grandezza naturale in marcia verso una bandiera americana attraverso un campo triangolare composto da file alternate di pietre e piante, accanto a un muro di lucido granito nero su cui sono incisi i volti dei militari e del personale medico che parteciparono a quel conflitto e la frase "Freedom is not free" (La libertà ha un prezzo).

Jefferson Memorial eTidal Basin

Inaugurato nel 1943 a sud del Mall e liberamente ispirato alla casa di campagna di Thomas Jefferson a Monticello (vedi p. 338), il **Jefferson Memorial** (all'angolo tra 14th Street SW e Ohio Drive; tutti i giorni 24 h au 24, orario personale 9.30-23.30; *www.nps.gov/thje*; ingresso libero) racchiude un'imponente statua bronzea del terzo presidente degli Stati Uniti e autore della Dichiarazione d'indipendenza sormontata da un'imponente cupola. Di fronte all'edificio, il pittoresco **Tidal Basin** è un laghetto artificiale che si estende fino al Mall e rappresenta uno dei luoghi più piacevoli per riposarsi tra una visita e l'altra; il lago è particolarmente incantevole nella prima metà di aprile, durante la fioritura dei numerosi **ciliegi** donati dal Giappone.

FDR Memorial e King Memorial

Situato lungo le sponde del Tidal Basin, immediatamente a ovest del Jefferson Memorial, l'**FDR Memorial** (all'angolo tra West Basin Drive SW e Ohio Drive; tutti i giorni 24 h su 24, orario personale 9.30-23.30; *www.nps.gov/fdrm*; ingresso libero) è uno dei memoriali più popolari e suggestivi di Washington. Si estende su una superficie di 3 ettari con una serie di "camere" comunicanti in granito inframmezzate da cascate, statue, bassorilievi, incisioni, boschetti, panchine e piazzette ombreggiate. Per la fine del 2008 tra il lato settentrionale

△ Korean War Veterans Memorial

del FDR Memorial e il Lincoln Memorial è prevista l'inaugurazione del **Martin Luther King Jr National Memorial** (per maggiori informazioni, vedi *www.mlkmemorial.org*), dedicato agli eroi e alle vittime della lotta per i diritti civili.

National Mall – Musei

Se il lato occidentale del National Mall è costellato di monumenti e memoriali, quello orientale è dominato dai musei, gran parte dei quali appartengono alla prestigiosa **Smithsonian Institution**, fondata nel 1946 per volere dell'inglese James Smithson. La sede originale dell'istituto, il cosiddetto **Castle** costruito nel 1855 sul lato meridionale del Mall, ospita oggi il **centro visitatori** (1000 Jefferson Drive SW; tutti i giorni 8.30-17.30; ❶ 202/633-1000). Salvo diversa indicazione, tutti i musei e le gallerie descritti di seguito sono a **ingresso libero** e **aperti tutti i giorni** (tranne a Natale) dalle 10 alle 17.30; in estate l'orario è prolungato fino alle 19.30-20. Per informazioni dettagliate sulle mostre e gli eventi in corso, telefonate al centro visitatori o consultate il sito Internet della Smithsonian Institution, *www.si.edu*.

National Museum of American History

Il **National Museum of American History** (all'angolo tra 14th Street NW e Constitution Avenue; ⓣ 202/633-1000, *www.americanhistory.si.edu*) è uno dei musei più visitati del paese e vanta una delle più importanti collezioni dedicate alla storia e alla cultura della nazione americana negli ultimi quattro secoli. Nel museo vedrete gli oggetti più disparati, dal dente di legno di George Washington agli abiti firmati di Jackie Kennedy, alle pantofoline rosse indossate da Judy Garland nel film *Il mago di Oz*. La collezione è così ricca che potreste trascorrere un'intera giornata a curiosare per le sale del museo e se vorrete limitare la visita a un tempo ragionevole di 3-4 ore dovrete essere molto selettivi. Il pezzo forte del museo è la **Star-Spangled Banner**, la bandiera americana a stelle e strisce sopravvissuta al bombardamento inglese del porto di Baltimora durante la guerra del 1812 che ha ispirato l'inno nazionale americano.

National Museum of Natural History

Proseguendo in direzione est verso il Campidoglio, sul lato settentrionale del Mall si trova l'imponente rotonda di accesso alta tre piani del **National Museum of Natural History** (all'angolo tra Tenth Street NW e Constitution Avenue; ⓣ 202/633-1000). Il museo ripercorre la storia dell'evoluzione attraverso una ricca collezione che va dai fossili di plancton risalenti a 4 miliardi di anni fa alle uova di dinosauro, a reperti di ogni genere. La sezione più popolare è quella dedicata ai dinosauri, nella quale gli enormi scheletri sono stati ricomposti in pose fantasiose. Il museo vanta anche una straordinaria collezione di pietre preziose, che comprende il leggendario diamante da 45 carati chiamato Chope appartenuto a Maria Antonietta, e la Lem and Mineral Hall (sala di mineralogia) che presenta ambienti naturali e ricostruiti, mostre interattive e spazi per l'attività sperimentale. Nella Hall of Mammals (sala dei mammiferi) sono esposte circa 300 riproduzioni di mammiferi da pelliccia, mentre la vasta Ocean Hall illustra la vita nei mari attraverso centinaia di mostre e oggetti – tra cui la riproduzione di una balena lunga 28 metri.

National Gallery of Art

Situata poco più a est, la bellissima **National Gallery of Art** (Constitution Avenue, tra Third St. e Ninth St. NW; lun-sab 10-17, dom 11-18; ⓣ 202/737-4215, *www.nga.gov*; ingresso libero) è uno dei musei più prestigiosi degli Stati Uniti. La galleria originale in stile neoclassico, progettata da John Russell Pope e aperta nel 1941, corrisponde all'odierno **West Building** e custodisce buona parte della collezione permanente. Le gallerie dell'ala ovest ospitano le opere dei più grandi maestri del periodo rinascimentale e barocco suddivisi per nazionalità: nella galleria **olandese** sono esposte alcune tele di Rembrandt tra cui un intenso *Suicidio di Lucrezia*, i quadri di Van Eyck e Rubens dominano la galleria **fiamminga** mentre in quella **spagnola** si confrontano le opere di El Greco, Goya e Velázquez. Nelle vaste gallerie **italiane** sono esposte l'unica opera di **Leonardo da Vinci** presente nel continente americano, *Ginevra de' Benci* (1474), dipinta a olio su legno, l'intenso *San Giovanni Evangelista a Patmos* e la *Venere allo specchio* di **Tiziano** e la famosa *Madonna d'Alba* (1510) di **Raffaello**. L'ala orientale ospita una straordinaria collezione di dipinti del XIX secolo, tra cui un paio di Van Gogh, alcuni studi di Monet sulla cattedrale di Rouen e sulle ninfee e alcune nature morte di Cézanne. L'arte britannica è rappresentata da raffinati ritratti di Gainsborough e Reynolds e dai suggestivi paesaggi nebulosi di **J.M.W. Turner**. Un'intera galleria è occupata dalla scultura epica di **Augustus St. Gaudens** intitolata *Memorial to Robert Gould Shaw and the Massachusetts 54th Regiment*.

Aperto nel 1978, l'**East Building** (stessi orari e tariffe) della National Gallery è un edificio moderno realizzato sulla base di un audace progetto di **I.M. Pei** e dominato da un enorme atrio. La collezione permanente comprende prestigiose opere di artisti europei come i quadri di **Pablo Picasso** *La tragedia* e *Famiglia di saltimbanchi* del periodo blu e *Donna nuda* del periodo cubista, e l'esuberante *Pianista e giocatori di dama* di **Henri Matisse**. Tra le numerose opera di Andy Warhol figurano le classiche serie *32 Soup Cans*, *Let Us Now Praise Famous Men* e *Green Marilyn*. La sezione dedicata agli espressionisti astratti comprende le grandi tele sospese dai colori sgargianti di Mark Rothko, le tredici stazioni della via crucis di Barnett Newman e *Number 1, 1950 (Lavender Mist)* di Jackson Pollock. La mostra comprende anche la scultura realizzata con un'aquila impagliata da Robert Rauschenberg e intitolata *Canyon* e la famosa serie *Target* di Jasper Johns.

National Museum of the American Indian

Proseguendo il giro del Mall in senso orario, costeggiate la Reflecting Pool del Campidoglio e ritornate verso ovest lungo Jefferson Drive fino al **National Museum of the American Indian** (☎ 202/633-1000, *www.nmai.si.edu*). L'edificio moderno, circondato da riproduzioni di foreste e paludi, è riconoscibile dalla struttura ondulata color ocra che rappresenta il paesaggio naturale americano e dalla facciata a terrazze. Il museo presenta mostre che coprono l'arco di migliaia di anni e comprende quasi un milione di affascinanti reperti tra ceramiche, tessuti e manufatti provenienti da tutto il paese e realizzati dalle popolazioni native americane quali olmec, maya e inca.

National Air and Space Museum

Più a ovest, il **National Air and Space Museum** (all'angolo tra Fourth St. e Seventh St. SW; ☎ 202/633-1000, *www.nasm.si.edu*) è il più celebre tra i musei di Washington. All'ingresso, la "Milestones of Flight" (Pietre miliari del volo) è una vasta sala piena di ogni genere di macchine volanti, razzi, satelliti e un assortimento di congegni aeronautici tra cui spicca lo *Spirit of St. Louis* di Charles Lindbergh. La mostra intitolata "Space Race" ripercorre la storia del volo nello spazio e presenta una serie di tute spaziali di varie epoche, mentre la vicina "Rocketry and Space Flight" illustra la storia della missilistica. Una mostra dal nome fantasioso, "Wright Cycle Co.", è dedicata ai fratelli Wright e al loro pionieristico velivolo Wright Flyer a bordo del quale fecero il primo volo a motore nel dicembre del 1903. La sala più visitata del museo è però "Apollo to the Moon", dedicata alle missioni *Apollo 11* (1969) e *17* (1972), il primo e l'ultimo volo americano sulla luna. Altri cimeli che non trovano posto in questo museo, per quanto spazioso, sono esposti nello **Steven F. Udvar-Hazy Center** in Virginia, dove gli appassionati di aeronautica potranno vedere da vicino un Concorde e uno shuttle.

Hirshhorn Museum

Proseguendo in direzione ovest si arriva all'**Hirshhorn Museum** (all'angolo tra Independence Avenue e 7th Street SW; ☎ 202/633-4674), situato in un gigantesco edificio in cemento che rappresenta un ottimo esempio di architettura postmodernista. Il pezzo forte del museo sono indiscutibilmente le sculture: bronzi di Henri Matisse, maschere e busti di Pablo Picasso e il *Torso di uomo* di Brancusi che sembra un fallo in ottone. La collezione di pittura moderna vanta alcune opere pregevoli (de Kooning, Bacon) che vanno dalla pittura figurativa di fine Ottocento e inizio Novecento fino all'espressionismo astratto e alla pop art. In alcune sale separate sono esposte opere delle principali correnti artistiche del secolo scorso, dal surrealismo di Salvador Dalí, Max Ernst e Joan Miró all'astrattismo organico di Alexander Calder.

National Museum of African Art

Proseguendo, l'edificio sormontato da una cupola è la sede del **National Museum of African Art** (950 Independence Ave. SW; ☎ 202/633-4600, *www.nmafa.si.edu*) che custodisce più di 6000 sculture e opere d'arte provenienti dall'Africa subsahariana. La collezione permanente è molto varia e vengono allestite numerose mostre a rotazione degli oggetti più disparati quali poggiatesta di legno intagliati con l'ascia, contenitori per tabacco in avorio, pipe, pettini, ceste, tazze, un ricco assortimento di ciotole in ceramica perfettamente rotonde malgrado siano realizzate a mano (notate quella con una testa di ippopotamo al posto del beccuccio) e piedini scolpiti e raffinate statuine di animali in avorio per i letti funebri utilizzati per trasportare i defunti al cimitero.

Arthur M. Sackler Gallery

L'edificio piramidale della **Arthur M. Sackler Gallery** (1050 Independence Ave. SW; ☎ 202/633-4880, *www.asia.si.edu*) e la vicina Freer Gallery (vedi avanti) costituiscono nel loro insieme il National Museum of Asian Art. "The Arts of China" è la più importante tra le eccellenti mostre permanenti e presenta oggetti cinesi in bronzo risalenti a 3000 anni fa, contenitori rituali di vino decorati con musi e code di draghi, elaborati pendenti in giada, armadietti e librerie in legno scolpito splendidamente conservati e porcellane imperiali Qing decorate con figure e motivi simbolici. "Sculpture of South and Southeast Asia" ripercorre la storia della scultura votiva in tutto il continente asiatico. Tra le sculture dei templi hindu indiani figurano rappresentazioni in bronzo, ottone e granito di Brahma, Vishnu e Shiva e una superba statua in pietra del XIII secolo raffigurante Ganesha, il dio dalla testa di elefante.

Freer Gallery of Art

Dal giorno della sua inaugurazione nel 1923, la **Freer Gallery** (Jefferson Drive all'altezza di 12th Street NW; ☎ 202/357-4880) è uno dei più eclettici tra i musei smithsoniani. Il museo comprende la più vasta collezione al mondo di lavori del pittore americano residente a Londra James McNeil Whistler, composta da più di mille stampe, disegni e dipinti e dalla magnifica Peacock Room, una stanza decorata dall'artista con il soffitto dorato e le pareti ornate di pavoni e piume blu e oro. Il museo ospita inoltre una collezione di giade e bronzi cinesi, manoscritti miniati bizantini, sculture buddhiste e oggetti metallici persiani collezionati sotto la supervisione di Whistler. Ta le altre opere esposte figurano lavori di Winslow Homer e John Singer Sargent, contemporanei di Whistler.

United States Holocaust Memorial Museum

Situato immediatamente a est del National Mall, il vasto **United States Holocaust Memorial Museum** (100 Raoul Wallenburg Place SW; ☎ 202/488-

0400, *www.ushmm.org*) testimonia la persecuzione e lo sterminio di sei milioni di ebrei perpetrati dai nazisti concentrandosi sulle sofferenze individuali delle vittime. La mostra comprende giornali e filmati che documentano le attività dei nazionalsocialisti dall'inizio degli anni Trenta del Novecento fino alla "soluzione finale", riproduzioni o elementi originali delle strade del ghetto di Varsavia, carri bestiame e altri oggetti esposti ai piani superiori. Il numero impressionante delle vittime della follia nazista viene evocato lungo tutto il percorso, prima da una sala piena di scarpe rubate ai deportati e in seguito da montagne di coperte, ombrelli, forbici, posate e altri effetti personali sottratti alle centinaia di migliaia di persone arrivate nei campi di concentramento per lavorare ma quasi sempre finite nella camera a gas.

I **biglietti** per le visite in orario fisso sono distribuiti gratuitamente a partire dalle 10 di ogni giorno, con un limite di 4 per persona, all'ingresso di 14th Street. È anche possibile prenotare telefonicamente (☎ 1-800/400-9373).

The Bureau of Engraving and Printing

Il **Bureau of Engraving and Printing** (all'angolo tra 14th St. e C St. SW; ☎ 202/874-2330, *www.moneyfactory.com*; ingresso libero), situato un isolato a sud del Mall, è l'agenzia governativa in cui vengono disegnati e stampati le banconote, i titoli di Stato e i francobolli statunitensi. La visita guidata è una delle più affollate di Washington e richiama ogni anno mezzo milione di visitatori. Tra maggio e agosto i **biglietti** si possono ritirare dalle 9 alle 14, ma vi consigliamo di mettervi in coda già a partire dalle 8 perché spesso finiscono intorno alle 11.30. Nel resto dell'anno potete presentarvi senza biglietto, ma dovrete comunque fare la fila. Prenotando presso l'ufficio rappresentanza (lun-ven 8.15 e 8.45) è possibile partecipare a una visita più approfondita della durata di 40 min, denominata "Congressional/VIP". Se volete solo dare un'occhiata al **centro visitatori** (dove potrete acquistare come ricordo una costosa borsa realizzata con frammenti di banconote), lo troverete aperto tutti i giorni dalle 8.30 alle 15.30.

Corcoran Gallery of Art

Situata immediatamente a nord del Mall, la **Corcoran Gallery of Art** (all'angolo tra 17th Street NW e New York Avenue; mer-dom 10-17, gio 10-21; *www.corcoran.org*; $6) è una delle gallerie d'arte più antiche e rinomate di tutto il paese. Il museo conserva una bella collezione di paesaggi, con capolavori di Frederic Edwin Church e Albert Bierstadt, e ritratti di John Singer Sargent, Thomas Eakins, Mary Cassatt e altri artisti. Alcune delle opere più note sono esposte nella **Clark Landing**, una galleria su due piani con le pareti rivestite in legno accessibile dalla rotonda al secondo piano dove potrete ammirare interessanti opere di Degas, Renoir, Monet, Sisley e Pissarro e lavori di artisti quali Rousseau e Corot. Il **Salon Doré** è la spettacolare ricostruzione di un salone parigino del XVIII secolo con pareti pannellate fino al soffitto affrescato e mobilio rococò.

Centro e dintorni

Se ne avete abbastanza delle orde di turisti che affollano il Mall, potete fare una passeggiata nel gradevole **centro** di Washington. Danneggiato durante i disordini del Sessantotto, negli ultimi quindici anni ha visto l'apertura di nuove boutique, ristoranti e alberghi nel cosiddetto **Penn Quarter**. Nell'adiacente zona nota come **Federal Triangle** si trovano numerosi uffici governativi e alcune importanti attrattive turistiche come i National Archives, mentre verso nord-ovest la zona denominata **New Downtown** comprende il famoso viale dei lobbisti K Street e numerosi negozi e ristoranti di lusso.

National Archives

All'interno dei **National Archives** (700 Pennsylvania Ave. NW; sala consultazione tutti i giorni 9-17, rotonda e sala esposizioni tutti i giorni 10-17.30, primavera ed estate 10-19; ultimo ingresso 30 min prima della chiusura; ⓣ 202/501-5205, *www.archives.gov*; ingresso libero) sono custoditi tre importanti documenti su cui è fondata la democrazia americana: la **Dichiarazione d'indipendenza**, la **Costituzione degli Stati Uniti** e la **Dichiarazione dei diritti**. I tre documenti originali, redatti rispettivamente nel 1776, 1787 e 1789, sono custoditi in contenitori a prova di bomba in vetro e titanio riempiti con argo che scivolano in un caveau in caso di incendio o di altri eventi pericolosi. L'imponente edificio neoclassico, progettato da John Russell Pope, ospita anche esposizioni temporanee di affascinanti documenti come il cosiddetto Acquisto della Louisiana, il Piano Marshall, la lettera di dimissioni di Nixon, il Proclama di Emancipazione e l'atto di resa giapponese che pose fine alla seconda guerra mondiale.

Archivio ufficiale di tutti i dati nazionali – dati del censimento, contratti, domande di rilascio passaporto – i National Archives vengono visitati ogni anno da migliaia di persone alla ricerca di dati genealogici, documenti militari e altre informazioni. Dell'archivio fanno parte 7 milioni di fotografie, 125.000 microfilm, 200.000 registrazioni sonore, 11 milioni di mappe e cartine e 250.000 altre testimonianze.

National Portrait Gallery e American Art Museum

Al centro del Penn Quarter sorge l'**Old Patent Office**, un gioiello neoclassico del 1836 che ospita al suo interno due dei musei d'arte più importanti della città: gli smithsoniani **National Portrait Gallery** e **American Art Museum** (aperti tutti i giorni 11.30-19; ⓣ 202/633-8300, ; ingresso libero). Nella Portrait Gallery sono esposti affascinanti ritratti di personaggi del mondo dello spettacolo tra cui Paul Robeson nei panni di Otello, fotografie di Gloria Swanson e Boris Karloff, una testa in legno scolpito con il volto di Bob Hope e uno studio metallico quasi tridimensionale di Ethel Merman nel ruolo di Annie Oakley. Interessanti anche i ritratti di tutti i presidenti americani, da quello di George Washington immortalato in posa solenne da Gilbert Stuart a quello eccessivamente lusinghiero di Richard Nixon opera di Norman Rockwell. Completano la collezione una serie di ritratti di coloni e nativi americani, tra cui un quadro raffigurante Pocahontas in abiti inglesi.

L'**American Art Museum** offre al visitatore una completa panoramica dell'arte americana dal primo Ottocento a oggi. Il museo vanta quasi 400 quadri di George Catlin, che trascorse sei anni girovagando per le Great Plains e dipingendo ritratti e scene di vita dei nativi americani e lussureggianti paesaggi. La collezione comprende inoltre pregevoli opere moderne di artisti del XX secolo quali Robert Motherwell, Willem de Kooning, Robert Rauschenberg, Clyfford Still, Ed Kienholz e Jasper Johns; la più spettacolare è sicuramente *Electronic Superhighway*, un'enorme videoinstallazione di Nam June Paik sulla quale è delineata al neon la sagoma degli Stati Uniti. La **Renwick Gallery** (all'angolo tra 17th Street e Pennsylvania Avenue; tutti i giorni 10-17.30;

ⓣ 202/633-2850; ingresso libero), situata vicino alla Casa Bianca, è la sede distaccata dell'American Art Museum; ospita i tesori che non trovano spazio nel museo e propone mostre a rotazione dedicate all'arte decorativa.

International Spy Museum

Il popolarissimo **International Spy Museum** (800 F St. NW; tutti i giorni 9-19 in estate, 10-18 nel resto dell'anno; orari soggetti a variazioni secondo la stagione; *www.spymuseum.org*; $18) presenta un'avvincente esposizione dedicata al mondo dello spionaggio, dai silenziosi e micidiali ninja del Giappone ai piccioni viaggiatori utilizzati per le comunicazioni durante la prima guerra mondiale, alle tristemente famose talpe della CIA dei giorni nostri come Aldrich Ames. Il pezzo forte del museo sono sicuramente i congegni utilizzati dalle spie durante la Guerra Fredda degli scorsi anni Cinquanta e Sessanta, presentati in vetrine di vetro e suddivisi per tema: "addestramento", "sorveglianza" e così via. La mostra comprende inoltre rossetti, portasigarette, pipe e torce elettriche trasformati in mini pistole, kit di scrittura con inchiostro simpatico, un telefono a forma di scarpa stile Get Smart!, una copia funzionante della Aston Martin di James Bond, ombrelli con la punta avvelenata al ricino per uccidere i dissidenti e una capsula rotonda contenente cacciavite, rasoio e coltello a serramanico chiamata "kit rettale" (il nome dice già tutto). In alta stagione, i biglietti per questo museo vanno acquistati con diversi giorni di anticipo perché si esauriscono molto in fretta.

Ford's Theatre e Petersen House

Il **Ford's Theatre National Historic Site** (511 Tenth St. NW; tutti i giorni 9-17, chiuso durante le prove e le matinée; ⓣ 202/347-4833, *www.nps.gov/foth*; ingresso libero) è un edificio del XIX secolo restaurato con cura in cui vengono tuttora allestite produzioni di teatro moderno e drammatico (vedi p. 316). Fu qui che il 14 aprile del 1865, appena cinque giorni dopo la fine della guerra di secessione, **Abraham Lincoln** fu assassinato dall'attore e partigiano sudista John Wilkes Booth durante la rappresentazione di *Our American Cousin* mentre sedeva sulla sua sedia a dondolo nel palco presidenziale con i mobili damascati.

All'epoca della stesura di questa guida tutte le rappresentazioni pubbliche erano sospese ed era in corso un imponente restauro dell'edificio in vista del bicentenario della nascita di Lincoln, che si è festeggiato nel febbraio del 2009 (maggiori informazioni su *www.lincoln200.gov*). In questa occasione verrà inaugurato il **Lincoln Campus**, che oltre al teatro ospiterà, nel seminterrato, il **Lincoln Museum** contenente alcuni oggetti risalenti al tragico avvenimento come l'arma del delitto (una .44 Derringer), un lembo del cappotto di Lincoln macchiato di sangue e il coltello, le chiavi, la bussola, gli stivali e il diario di Booth. Dopo l'attentato, il presidente moribondo fu portato alla **Petersen House**, situata sul lato opposto della via, dove spirò il mattino successivo. Anche la casa è aperta al pubblico (tutti i giorni 9-17; ⓣ 202/426-6924) ed è possibile visitare la camera mortuaria con una copia del letto in cui Lincon morì.

National Museum of Women in the Arts

Situato in un palazzo che in passato era un tempio massonico, il **National Museum of Women in the Arts** (1250 New York Ave. NW; lun-sab 10-17, dom 12-17; ⓣ 202/783-5000, *www.nmwa.org*; $10) è l'unico museo del paese dedicato all'arte femminile. La collezione è esposta in ordine cronologico a partire dalle artiste del Rinascimento come Sofonisba Anguissola, considerata la massima esponente femminile della pittura dell'epoca. Circa un secolo dopo troviamo le nature morte e le scene di genere realizzate da artiste olandesi e fiamminghe come Clara Peeters, Judith Leyster e Rachel Ruysch – si noti la vivacità di *Still Life of Fish and Cat* della Peeters. Tra le opere del XX secolo figurano la scultura classica di Camille Claudel, i quadri di Georgia O'Keeffe e Tamara de Lempicka, le incisioni su linoleum di Hannah Höch e un ciclo di stampe dedicate agli stenti della classe lavoratrice opera della socialista Käthe Kollwitz. Nei suoi autoritratti, Frida Kahlo compare in abiti da contadina mentre stringe in mano un biglietto indirizzato a Trotsky e insieme a un cagnolino minuscolo e stranamente adorabile nel più affascinante *Itzcuintli Dog with Me*.

Newseum

Il **Newseum** (6th Street all'altezza di Pennsylvania Avenue; tutti i giorni 9-17; ☎ 1-800/NEWSEUM, *www.newseum.org*; $20) è un nuovo colosso del "divertimento educativo" aperto nel 2008 e dedicato alla storia e all'evoluzione dell'informazione. Negli oltre 23.000 m^2 di spazi espositivi suddivisi su sette piani potrete vedere come vengono raccolte e trasmesse le notizie nell'era digitale, assistere a momenti cruciali della storia del giornalismo attraverso ricostruzioni documentaristiche romanzate, ascoltare messaggi a sostegno della libertà di parola e di stampa e vedere come nascono le notizie trasmesse dalla News Corporation, proprietaria della controversa *FOX News*.

National Building Museum

Ospitato all'interno del Pension Building, precedentemente sede di diversi uffici federali, il **National Building Museum** (401 F Street NW; lun-sab 10-17, dom 11-17; *www.nbm.org*; $5) è un interessante museo dedicato all'architettura in cui sono allestite mostre temporanee che illustrano svariati temi architettonici come l'urbanistica moderna, la tecnologia dei grattacieli, l'ecologia e molti altri ancora. L'elemento più interessante del museo, tuttavia, è lo spazio espositivo: l'impressionante **Great Hall** è un salone centrale grande quanto uno stadio, con una fontana funzionante al centro e 8 colonne alte 23 m e di 7,5 m di diametro, ognuna costruita con 70.000 mattoni e dipinta a finto marmorizzato.

Da Dupont Circle a Upper Northwest

Gli altri luoghi di interesse turistico di Washington sono sparsi per la città, ma vale comunque la pena spingersi nei vari quartieri per visitarli. Molti si trovano vicino a Connecticut Avenue, sul tratto che corre da **Dupont Circle**, zona alla moda ricca di ristoranti e negozi eleganti, all'esclusivo quartiere di **Upper Northwest** (entrambi comodamente raggiungibili con la metropolitana). Meno comodo da raggiungere è il quartiere multietnico di **Adams-Morgan**, situato a nord-est dei precedenti e sempre molto animato grazie ai numerosi ristoranti, bar e locali notturni.

Phillips Collection

La parte più antica del palazzo coloniale in arenaria situato a nord-ovest di Dupont Circle ospita la **Phillips Collection** (1600 21st St. NW; mar-sab 10-17, gio 10-20.30, dom 11-18; ☎ 202/387-2151, *www.phillipscollection.org*; ingresso libero giorni feriali, $10 fine settimana, $12-15 mostre speciali), uno dei musei più importanti di Washington che negli ultimi anni è stato notevolmente ampliato con l'aggiunta dell'adiacente edificio principale, il Goh Annex, e di una nuova ala sotterranea, il Sant Building, in cui sono esposte opere d'arte contemporanea. La collezione spazia da Renoir a Rothko (ma sono presenti anche alcuni pittori rinascimentali come Giorgione ed El Greco). Tra i capolavori esposti figurano opere di Willem de Kooning e Richard Diebenkorn, quadri del periodo blu di Picasso, *Lo studio al Quai St..Michel* di Matisse, una natura morta di Cézanne e almeno quattro van Gogh, tra cui l'intenso *Selciatori*. L'opera più famosa di tutta la collezione è la *Colazione dei Canottieri* di Renoir, che raffigura un gruppo di amici con il cappello di paglia seduti al ristorante.

Embassy Row

Washington DC è l'unica città degli Stati Uniti ad avere una strada delle ambasciate, nota con il nome di **Embassy Row**, che corrisponde al tratto di Massachusetts Avenue a nord-ovest di Dupont Circle. Al n. 2020, l'**Ambasciata indonesiana** (chiusa al pubblico) occupa un magnifico edificio in stile art nouveau costruito nel 1903 su progetto degli architetti Walsh e McLean per il barone dell'oro Thomas Walsh. Il superbo edificio con la loggia con colonne e le elaborate finestre intagliate era uno dei ritrovi più alla moda dell'alta società dell'epoca. La vicina **Anderson House**, al n. 2118 (visite guidate gratuite mar-sab 13.15, 14.15 e 15.15; ☎ 202/785-2040; ingresso libero) è un vero palazzo. Ultimata nel 1905, sfoggia un esterno in pietra grigia con due entrate ad arco, porte in legno massiccio e un portico a colonne. All'interno si trovano una sontuosa sala da ballo e arredi originali tra cui un enorme caminetto, pavimenti in marmo, arazzi fiamminghi e diversi affreschi murali. Per informazioni su mostre d'arte, conferenze, rassegne gastronomiche, film ed esposizioni in programma nelle ambasciate di Washington, consultate il sito *www.embassyevents.com*.

National Zoo

Proseguendo in direzione nord fino alla zona collinare di Upper Northwest, a due passi dalla fermata della metropolitana si trova il **National Zoo** (3001 Connecticut Ave. NW; edifici: aprile-ottobre tutti i giorni 10-18; novembre-marzo 10-16.30; parco: tutti i giorni aprile-ottobre 6-20; novembre-marzo 6-18; *www.natzoo.si.edu*; ingresso libero), fondato nel lontano 1889 e di proprietà della Smithsonian Institution. **Amazonia** è la riproduzione di un fiume tropicale e dell'ecosistema della foresta pluviale – con tanto di piranha – mentre nella **Small Mammal House** si possono vedere alcuni dei mammiferi più originali e teneri dello zoo quali tamarindi dalla criniera dorata, armadilli, suricati e porcospini. Gli orangutan sono liberi di fare la spola tra la **Great Ape House** e il **"Think Tank"**, dove gli scienziati e i primati a quattro zampe affinano le loro tecniche di comunicazione e discutono dei fatti del mondo. Tra l'Ape House e il Think Tank si trova il **Reptile Discovery Center**, dove si possono osservare da vicino serpenti, tartarughe, coccodrilli, alligatori, lucertole, rane e gli straordinari varani di Komodo, tra cui il primo nato in cattività lontano dall'Indonesia. E se i rettili non vi piacciono ci sono sempre i **panda giganti**, che divertono i visitatori fin dal loro arrivo nel 1972. Nel vicino **Asia Trail** si possono infine vedere animali insoliti come l'orso labiato, il gatto viverrino, una salamadra giapponese un po' grottesca e il temibile leopardo nebuloso.

Washington National Cathedral

Le torri gemelle della **Washington National Cathedral** (lun-ven 10-17.30, sab 10-18.30, dom 8-18.30; *www.cathedral.org / cathedral*; offerte), la sesta cattedrale più grande del mondo, sono visibili molto prima di raggiungere il Mount St. Alban, il punto più alto della città su cui sorge l'edificio, raggiungibile con una bella camminata dalla metropolitana di Upper Northwest. Edificata nel corso di 83 anni in pietra calcarea dell'Indiana nello stile delle cattedrali gotiche inglesi del medioevo, la cattedrale protestante misura più di 160 m dal lato ovest della navata centrale all'altare maggiore. All'interno si notino la tomba di **Woodrow Wilson**, l'unico presidente americano sepolto nel District (anche se nella cattedrale sono state allestite le camere ardenti di vari presidenti, tra i quali Ford e Reagan) e la **Space Window**, una vetrata policroma che commemora il volo dell'Apollo 11 nella quale è inserito un frammento di pietra lunare.

Georgetown

Sebbene non possieda nemmeno una stazione della metropolitana (il mezzo di trasporto più comodo è il DC Circulator; vedi p. 291), **Georgetown** è la zona più esclusiva della capitale, attraversata da una vivace arteria principale – M Street – sulla quale si affacciano belle case ottocentesche trasformate in ristoranti e boutique eleganti e delimitata a sud dal vecchio C&O Canal (che si può percorrere in barca durante l'escursione storica guidata; vedi p. 291). Lungo M Street ci sono poche attrattive turistiche vere e proprie ma la **Old Stone House**, al n. 3051 (mer-dom 12-17; *www.nps.gov / olst*; ingresso libero), può essere considerata tale. La casa in pietra grezza, con le pareti spesse un metro, fu costruita nel 1765 da un carpentiere della Pennsylvania ed è l'unica costruzione prerivoluzionaria di Washington.

Nella parte collinare del quartiere si trovano due edifici che meritano una visita: Tudor Place e Dumbarton Oaks. **Tudor Place** (1644 31st St. NW; visite guidate mar-ven 10-14.30, sab 10-15, dom 12-15; *www.tudorplace.org*; $6) era la tenuta della nipote di Martha Washington e con la sua architettura in stile federale e il classico portico a cupola è rimasta praticamente inalterata dal 1816, anno in cui fu costruita. **Dumbarton Oaks** (giardini: marzo-ottobre: mar-dom 14-18; novembre-marzo: mar-dom 14-17; *www.doaks.org*; $8) è una splendida villa georgiana in mattoni rossi circondata da boschi e giardini. Qui nel 1944 si tenne un'importante riunione che portò alla nascita, l'anno seguente, dell'Organizzazione delle Nazioni Unite. All'interno è custodita la **Bliss Collection** (chiusa per restauri fino al 2009), una pregevole collezione di antichità precolombiane comprendente ori, giade, sculture policrome, ciondoli, asce cerimoniali, gioielli fatti con conchiglie Spondylus, maschere in pietra dal significato sconosciuto e affilate "celte" in giada usate forse per i sacrifici umani.

Arlington National Cemetery e dintorni

A ovest del National Mall, la vasta distesa di lapidi bianche dell'**Arlington National Cemetery** (tutti i giorni: aprile-settembre 8-19; ottobre-marzo 8-17; *www.arlingtoncemetery.org*; ingresso libero) che si estende sulla sponda opposta del fiume Potomac rispetto a Washington, in Virginia, crea un suggestivo contrasto con gli imponenti monumenti della capitale. Il cimitero più venerato del paese fu creato durante la guerra di secessione su un terreno di proprietà del generale confederato **Robert E. Lee**. Oggi è il luogo in cui riposano 350.000 soldati americani e numerose personalità, dai presidenti ai giudici della Corte Suprema. Una fiamma perenne arde sulla tomba di **John F. Kennedy**, che riposa accanto alla moglie Jacqueline Kennedy Onassis, poco lontano dal fratello Robert (l'unica tomba con una semplice croce bianca). Alla **Tomba del Milite Ignoto** si svolge ogni mezz'ora la solenne cerimonia del cambio della guardia (ogni ora da ottobre a marzo). La neoclassica **Arlington House** (stessi orari; ingresso libero) situata all'interno del cimitero era la modesta dimora di campagna del generale Lee, ma la sua famiglia fu costretta a venderla alla fine della guerra dopo che intorno alla casa erano stati sepolti i corpi dei soldati morti.

Se non siete grandi camminatori e avete poco tempo a disposizione, il modo migliore per visitare il vasto cimitero è il Tourmobile (vedi p. 291) che parte dal centro visitatori vicino all'entrata. In alternativa potete raggiungere il cimitero dal Lincoln Memorial attraversando l'Arlington Bridge o con la metropolitana Blue Line. All'interno del cimitero si trovano alcuni famosi **memoriali**. Il **Marine Corps Memorial** (Arlington Boulevard all'altezza di Meade Street; tutti i giorni 24 h su 24; *www.nps.gov/gwmp/usmc.htm*), che raffigura i soldati che combatterono sull'isola di Iwo Jima, commemora la sanguinosa battaglia della seconda guerra mondiale in cui persero la vita 6800 uomini. L'**Air Force Memorial** (Columbia Pike nei pressi di Washington Boulevard; tutti i giorni: aprile-settembre 8-11; ottobre-marzo 8-21; *www.airforcememorial.org.*) consiste in tre archi in acciaio alti più di 80 metri che simboleggiano i combattimenti nei cieli.

Mangiare e bere

A Washington DC i **ristoranti** aprono e chiudono più velocemente che in qualsiasi altra città degli Stati Uniti, ma alcuni quartieri – Connecticut Avenue nei pressi di Dupont Circle, 18th Street e Columbia Road ad Adams-Morgan, M Street a Georgetown e Seventh Street e Chinatown in centro città – offrono sempre un numero soddisfacente di locali. Le catene come *Teaism* e *Firehook* sono diffuse in tutta la città e offrono buon caffè e spuntini veloci. A pranzo, un'alternativa ai ristoranti è rappresentata dai caffè dei musei più importanti e dalle comode aree di ristorazione della Union Station e dell'Old Post Office.

Centro

Acadiana 901 New York Ave. NW ⓣ 202/408-8848. Elegante ristorante Cajun a prezzi medi situato vicino al centro congressi, serve pesce gatto, panini ai frutti di mare e pasticci ai crostacei a mezzogiorno e medaglioni di vitello, anatra arrosto e pesce spada alla griglia a cena.

The Breadline 1751 Pennsylvania Ave. NW ⓣ 202/822-8900. I migliori panini di Washington con il pane più buono della città. Ma questa superba panetteria all'aperto serve anche pizze, empanadas, focacce, insalate e frullati, preparati il più possibile con ingredienti biologici.

Café Asia 1720 I St. NW ⓣ 202/659-2696. Arioso ristorante panasiatico, perfetto per mangiare sushi e sashimi o per assaggiare zuppa di pollo alla griglia, satay o tagliolini Thai.

Café Atlantico 405 8th NW ⓣ 202/393-0812. Sofisticato locale *nuevo Latino* che serve piccanti specialità tradizionali, ma la gente ci viene soprattutto per il *Minibar*, un bancone a sei posti famoso per la sua "gastronomia molecolare" – barba di frate, bon bon all'olio d'oliva e iniezioni di aragosta (in bocca). Il posto va prenotato con un mese di anticipo e si spendono circa $120 a testa.

Captain White's Seafood City 1100 Maine Ave. SW ⓣ 202/484-2722. Situata a sud del centro all'altezza del Fish Wharf, è un'ottima bancarella che vende pesce gatto, ostriche, granchi e altre prelibatezze da consumare crude o fritte in un appetitoso piatto assortito o in un panino.

District Chophouse & Brewery 509 7th St. NW Ⓣ 202/347-3434. Locale non proprio conveniente, offre un sostanzioso menu a base di carne e patate (e qualche corposa torta alla polpa di granchio) e buone birre della casa alla spina.

Grillfish 1200 New Hampshire Ave. NW Ⓣ 202/331-7310. Locale industrial-chic dall'atmosfera informale, serve pesce e frutti di mare preparati con cura; il menu del giorno varia in base al pescato e può prevedere branzino, tonno, dentice, trota, mahi-mahi, squalo o calamari.

Jaleo 480 7th St. NW Ⓣ 202/628-7949. In questo raffinato e rinomato tapas bar-ristorante con intrattenimento di flamenco potrete gustare buoni piatti di pesce e una superba paella annaffiati da sangria a volontà. Accettano un numero limitato di prenotazioni e nelle ore di punta le attese sono piuttosto lunghe.

Old Ebbitt Grill 675 15th St. NW Ⓣ 202/347-4801. Frequentato da una clientele raffinata, è una lussuosa ricostruzione di una taverna del XIX secolo con il bar in mogano (che serve birre artigianali), lampade a gas, séparé in pelle e specchi dorati e un menu che spazia dagli hamburger alle ostriche.

Proof 775 G St. NW Ⓣ 202/737-7663. Un delizioso e raffinato miscuglio di stili e sapori e una buona lista di vini. Cominciate con i piatti di affettato e passate al ricco assortimento di formaggi, sashimi, ceviche e salmone reale o merluzzo nero.

Sky Terrace *Hotel Washington*, 515 15th St. NW Ⓣ 202/638-5900. Una romantica terrazza con vista a 360° sulla città. Il pesce e i panini non sono niente di speciale, ma è molto conveniente considerata la posizione affacciata sopra la Casa Bianca. Aperta solo maggio-ottobre.

Ten Penh 1001 Pennsylvania Ave. NW Ⓣ 202/393-4500. Ristorante di alto profilo con cucina fusion-orientale, serve piatti costosi ma deliziosi come tartare di manzo Kobe, salmone glassato al limone e filetto di manzo alle spezie e tè.

Dupont Circle

Bistro du Coin 1738 Connecticut Ave. NW Ⓣ 202/234-6969. Classico e chiassoso bistrò con un bar superbo e vere specialità francesi a prezzi abbordabili tra cui insalata con formaggio di capra, cozze al vapore, pâté e stufato di coniglio.

Café Citron 1343 Connecticut Ave. NW Ⓣ 202/530-8844. Ristorante alla moda, serve gustose specialità latine con influenze caraibiche – assaggiate il ceviche o una delle famose fajitas della casa. A tarda sera, il locale si anima al ritmo di salsa e samba.

City Lights of China 1731 Connecticut Ave. NW Ⓣ 202/265-6688. Piacevole ristorante cinese, propone piccanti specialità dello Szechuan e Hunan prevalentemente a base di pesce (provate i gamberetti Hunan) ma ci sono anche alcuni piatti vegetariani come ravioli al vapore e melanzane all'aglio.

Java House 1645 Q St. NW Ⓣ 202/387-6622. Molto popolare tra la gente del quartiere, serve indiscutibilmente il miglior caffè della zona oltre a dolci, ciambelle, insalate e panini. Ideale per leggere un libro, chiacchierare o collegarsi a Internet con la tecnologia wi-fi.

Luna Grill & Diner 1301 Connecticut Ave. NW Ⓣ 202/835-2280. Tavola calda con un ambiente allegro, serve un menu del giorno completo, piatti "verdi" (vegetariani) e caffè e tè biologici. Consigliati i panini alla polpa di granchio o alle polpette e gli hamburger di carne e vegetali.

The Newsroom 1803 Connecticut Ave. NW Ⓣ 202/332-1489. Questa edicola offre un discreto assortimento di riviste, pubblicazioni inglesi e francesi e giornali poco diffusi e serve caffè, spuntini e pasticcini.

Nora's 2132 Florida Ave. NW Ⓣ 202/462-5143. Ristorante di ottimo livello con prezzi adeguati alla qualità. Il menu a base di ingredienti biologici comprende risotto ai funghi, arrosto di maiale Amish, costine e torta salata al brie.

Pizzeria Paradiso 2029 P St. NW Ⓣ 202/223-1245. Eccellente pizzeria, famosa per le sue pizze saporite come l'enorme Siciliana, la Genovese con pesto e patate e la piccante Atomica ai peperoni. Preparatevi a fare la coda.

Skewers 1633 P St. NW Ⓣ 202/387-7400. Offre appetitose specialità mediorientali come kebab, melanzane, frutti di mare e piatti insoliti come frittelle di ravioli e capelli d'angelo – per non parlare della danza del ventre.

Sushi Taro 1503 17th St. NW Ⓣ 202/462-8999. Ottimi sushi, sashimi, tempura e teriyaki a prezzi medio-alti. Se non vi piace il pesce crudo, potrete scegliere tra bistecche e cotolette di maiale.

Zorba's Café 1612 20th St. NW Ⓣ 202/387-8555. Economici e sostanziosi piatti misti, spiedini, pizze e panini con pane pita oltre a un menu del giorno e a piatti tradizionali della cucina greca come fagioli in casseruola e torta salata agli spinaci.

Adams Morgan e Shaw

Ben's Chili Bowl 1213 U St. NW, Shaw Ⓣ 202/667-0909. Merita il viaggio per i leggendari hot dog al chili, i frappé e le patatine fritte al formaggio.

Bukom Café 2442 18th St. NW, Adams Morgan ⓣ 202/265-4600. Serve deliziosi piatti dell'Africa occidentale come coda di bue e zuppa di ocra, *egusi*, brodo di carne di capra con semi di melone macinati e spinaci e pollo *yassa* al forno con cipolle e spezie a circa $10.

Cashion's Eat Place 1819 Columbia Rd. NW, Adams Morgan ⓣ 202/797-1819. Nuova cucina del Sud che trasforma stufati, crostate, torte di granturco, cereali, patate dolci e torte di frutta e noci in delizie, piuttosto costose, per le papille gustative.

The Diner 2453 18th St. NW, Adams Morgan ⓣ 202/232-8800. Nonostante il nome, è un caffè elegante con un menu ricco di uova, crêpes, panini e piatti classici buoni e sostanziosi. 24 h su 24.

Grill from Ipanema 1858 Columbia Rd. NW, Adams Morgan ⓣ 202/986-0757. Specialità brasiliane come l'ottima *feijoada* (stufato di carne), piatti di gamberi e un delizioso brunch nel fine settimana. Provate le vongole al forno e non esagerate con la *caipirinha* (cocktail a base di rum).

Henry's Soul Cafe 1704 U St. NW, Shaw ⓣ 202/265-3336. Uno dei locali più popolari del District in cui gustare la cucina tipica dei neri del Sud nota con il termine "soul food": ali di pollo fritte, filetto di trota, polpettone, fegato di manzo e frattaglie a prezzi intorno ai $10.

Lauriol Plaza 1835 18th St. NW, Adams Morgan ⓣ 202/387-0035. Ristorante Tex-Mex, serve deliziose grigliate di carne, gamberi, fajitas, bistecche cubane e pollo arrosto a prezzi contenuti, ma è spesso pieno di turisti e allegre compagnie e il servizio lascia un po' a desiderare.

Meze 2437 18th St. NW, Adams Morgan ⓣ 202/797-0017. Ristorante alla moda con un ricco assortimento di deliziose ed economiche *meze* (tapas mediorientali) e altre specialità turche come omelette alla salsiccia e pastrami (carne di manzo affumicata) e hamburger di Istanbul.

Mixtec 1792 Columbia Rd. NW, Adams Morgan ⓣ 202/332-1011. L'ambiente è un po' scialbo ma la cucina messicana è sostanziosa ed economica e comprende ottimi tacos, pollo arrosto, cozze al vapore con peperoncino e decine di varietà di tequila.

Tryst 2459 18th St. NW, Adams Morgan ⓣ 202/232-5500. Locale molto popolare dove potrete mangiare discreti panini e torte salate sorseggiando vino, birra e ottimi cocktail, anche di mattina. C'è anche il collegamento a Internet.

Georgetown

Bangkok Bistro 3251 Prospect St. NW ⓣ 202/337-2424. Eccellente ristorante di fascia media, serve specialità classiche (tom yum, pad thai, torte ai gamberetti e satay) e piatti come gamberi al cocco, tagliolini con anatra, manzo al curry piccante e scampi al peperoncino in una sala elegante e spesso affollata.

Bistro Francais 3128 M St. NW ⓣ 202/338-3830. Famoso per la cucina francese (a prezzi contenuti) che spazia dai piatti più semplici come bistecca con patatine fritte, cozze al forno e filetto di manzo a specialità come agnello e mousse di fegato; aperto fino alle 3-4 nei fine settimana.

Booeymonger 3265 Prospect St. NW ⓣ 202/333-4810. Affollata caffetteria-gastronomia, propone eccellenti e fantasiosi panini come il Gatsby Arrow (manzo arrosto e brie) e il Patty Hearst (tacchino e pancetta con insalata russa).

Citronelle all'interno del *Latham Hotel*, 3000 M St. ⓣ 202/625-2150. Uno dei ristoranti più popolari di Washington, offre specialità francesi e menu a prezzo fisso con vini abbinati a $235. Prenotate un tavolo, indossate un abito elegante e datevi un certo contegno.

Dean & DeLuca 3276 M St. NW ⓣ 202/342-2500. Eccellente caffetteria self-service in uno degli edifici in mattoni più belli e antichi di M Street, serve croissant, cappuccini, fantasiose insalate miste, pasta e panini.

Hook 3241 M St. NW ⓣ 202/625-4488. Questo popolare locale del centro è uno dei migliori ristoranti di pesce della città e serve ottimi tonno pinna nera, trota arcobaleno e salmone reale a prezzi elevati.

Martin's Tavern 1264 Wisconsin Ave. NW ⓣ 202/333-7370. Tradizionale tavola calda, serve succulente bistecche e costine, fantastici hamburger, linguine alle vongole e piatti di ostriche in un ambiente accogliente.

Paolo's 1303 Wisconsin Ave. NW ⓣ 202/333-7353. Ristorante italiano di fascia media con pochi, ambitissimi tavoli sul marciapiede. Le specialità della casa sono le pizze gustose e gli ottimi piatti di pasta.

Red Ginger 1564 Wisconsin Ave. NW ⓣ 202/965-7009. Stinco di agnello, pollo al curry "mojo" e gamberi e frattaglie sono alcuni dei piatti piccanti proposti da questo ristorante caraibico-africano.

Rocklands 2418 Wisconsin Ave. NW ⓣ 202/333-2558. Leggermente più a nord rispetto al fulcro della vita notturna, ma vale la pena andarci per i panini con carne di maiale, le costine, i fagioli, le salsicce e gli altri piatti alla griglia, economici e tra i più buoni della città.

Upper Northwest

Ardeo 3311 Connecticut Ave. NW ⓣ 202/244-6750. Locale all'ultima moda ma non troppo costoso dove gustare lombate di agnello, capesante e cozze, gamberi in padella con animelle di agnello e altre specialità della costa atlantica preparate con cura.

Indique 3512 Connecticut Ave. NW ⓣ 202/244-6600. Questo raffinato ristorante propone specialità indiane con un tocco moderno a prezzi convenienti. Provate i saporiti gamberi al curry, il tikka makhani o il piccante agnello vindaloo.

Lebanese Taverna 2641 Connecticut Ave. NW ⓣ 202/265-8681. Delizioso ristorante mediorientale arredato con colori scuri, fa parte di una catena che ha altri cinque locali in città. Chiedete un assaggio dei vari piatti di spiedini e carni alla griglia o passate direttamente al cosciotto di agnello.

Nam Viet 3419 Connecticut Ave. NW ⓣ 202/237-1015. Semplice ristorante vietnamita dove potrete gustare buone zuppe, maiale caramellato, gamberi al barbecue e pollo e pesce alla griglia.

Vace 3315 Connecticut Ave. NW ⓣ 202/363-1999. La pizza della casa, creativa o tradizionale, è tra le più buone di Washington, ma servono anche appetitosi panini, focacce e pasta. Se preferite, scegliete tra l'assortimento di salsicce, insalate e olive e andate a fare un picnic allo zoo.

Vita notturna

I **locali** di Washington tendono a essere piuttosto affollati nelle ore di punta, ma per bere qualcosa a tarda notte potete scegliere tra i popolari ritrovi dell'aristocratico quartiere di **Georgetown**, del rampante **Dupont Circle** e dell'animato **Adams Morgan** (e nei locali eleganti di **Capitol Hill** potreste perfino imbattervi in qualche politico). Nelle discoteche, l'ingresso costa generalmente da $5 a $25, con tariffe maggiorate nei fine settimana; i biglietti per i concerti hanno prezzi piuttosto simili a meno che non si tratti di artisti famosi. Per **informazioni** aggiornate su concerti, teatri e altri eventi in programma nella capitale, recensioni e articoli vari, consultate il settimanale gratuito *CityPaper*. A Dupont Circle si trovano alcuni dei migliori locali frequentati dalla clientela **omosessuale**.

Bar

Aroma 3417 Connecticut Ave. NW ⓣ 202/244-7995. Questo raffinato cigar-bar dall'atmosfera elegante e vagamente rispettabile ha un tocco di raffinatezza ma ricorda comunque un pub di quartiere.

Bedrock Billiards 1841 Columbia Rd. NW ⓣ 202/667-7665. Locale accogliente e animato situato in un seminterrato, con ottimi baristi e una clientela affezionata, si distingue dai locali più frenetici e dalle discoteche di Adams Morgan.

Birreria Paradiso 2029 P St. NW ⓣ 202/223-1245. Al piano inferiore della famosa *Pizzeria Paradiso* (vedi p. 312) di Dupont Circle, è il favorito dagli amanti della birra che possono scegliere tra un'ottantina di marche in bottiglia e diverse birre alla spina statunitensi ed europee tra cui alcune eccellenti ale, lambic, stout e porter di produzione belga.

Brickskeller 1523 22nd St. NW, Dupont Circle ⓣ 202/293-1885. Rinomato saloon rivestito in mattoni situato in un seminterrato, offre "l'assortimento di birre più vasto del mondo": un migliaio di marche diverse tra cui decine di birre artigianali statunitensi (ma in genere solo una parte è effettivamente disponibile). Al piano superiore c'è una pensione economica (vedi p. 294).

Bullfeathers 410 First St. SE ⓣ 202/543-5005. Se volete incrociare qualche personaggio politico, venite in questo tipico bar di Capitol Hill che serve birra a prezzi convenienti in un ambiente intimo e poco illuminato. Il nome del locale si riferisce all'eufemismo usato da Teddy Roosevelt durante i suoi anni alla Casa Bianca.

Capitol City Brewing Co 2 Massachusetts Ave. NE ⓣ 202/842-2337. Eccellente microbirrificio vicino a Union Station, serve ottime Amber Waves Ale, Capitol Kolsch e Prohibition Porter.

Capitol Lounge 229 Pennsylvania Ave. SE ⓣ 202/547-2098. Popolare locale sulla "Collina" con le pareti in mattoni, tre bar su due livelli, tavoli da biliardo e birra economica, è frequentato da molti impiegati governativi in cerca di distrazione.

D.A.'s RFD Washington 810 7th St. NW ⓣ 202/289-2030. Il migliore tra i birrifici del centro offre 300 birre in bottiglia e 40 alla spina di produzione locale e internazionale. Si trova vicino al Verizon Center e spesso è frequentato dai tifosi nel dopo partita.

The Dubliner 520 N Capitol St. NW, in the *Phoenix Park Hotel* ⓣ 202/737-3773. Accogliente e chiassoso pub irlandese con il soffitto a volta in legno, Guinness alla spina e musica irlandese, frequentato da una clientela più raffinata rispetto agli altri bar di Capitol Hill. In estate il patio è sempre molto affollato.

Fox and Hounds 1537 17th St. NW, Dupont Circle ⓣ 202/232-6307. Al centro dell'animazione di 17th Street, questo bar informale è frequentato da una clientela eterogenea per i cocktail potenti ed economici e l'ottimo jukebox.

Garrett's 3003 M St. NW ⓣ 202/333-1033. In mezzo alla sala in legno e mattoni del *Garrett's* c'è un jukebox per allietare la giovane clientela, alla quale offre tutte le sere happy hour e qualche birra artigianale.

Hawk 'n Dove 329 Pennsylvania Ave. SE ⓣ 202/543-3553. Storico (e un po' trasandato) pub di Washington decorato con bottiglie e anticaglie, è frequentato da impiegati di Capitol Hill per i piatti economici e le partite di calcio trasmesse alla televisione.

Nanny O'Brien's 3319 Connecticut Ave. NW ⓣ 202/686-9189. Autentico pub irlandese nel quartiere di Upper Northwest, propone concerti di musica irlandese più o meno genuina diverse sere alla settimana.

Discoteche e musica dal vivo

The Black Cat 1811 14th St. NW, Shaw ⓣ 202/667-7960. Il batterista dei Foo Fighters Dave Grohl è uno dei proprietari di questo storico locale in cui si esibiscono promettenti gruppi rock, punk e garage e nomi noti della musica alternative. Legato al *Red Room Bar*.

Blues Alley 1073 Wisconsin Ave. NW (rear) ⓣ 202/337-4141. Piccolo e rinomato jazz bar di Georgetown in attività da più di 40 anni, ospita artisti di grande richiamo. Concerti alle 20 e 22, a volte anche alle 24 nei fine settimana; l'ingresso può ammontare anche a $45. È consigliata la prenotazione.

Bohemian Caverns 2003 11th St. NW, Shaw district ⓣ 202/299-0800. Leggendario ristorante-jazz club di Washington situato in una grotta sotto l'elegante ristorante al piano terreno. Ingresso $15 o più, prevendita di un numero limitato di biglietti in occasione dei concerti più importanti.

Chief Ike's Mambo Room 1725 Columbia Rd. NW, Adams Morgan ⓣ 202/332-2211. Questo locale un po' trasandato con le pareti ricoperte di murales è un posto divertente e informale in cui ballare; propone concerti dal vivo di gruppi rock, reggae e R&B e serate a tema con dj.

Eighteenth Street Lounge 1212 18th St., Dupont Circle ⓣ 202/466-3922. Locale molto "cool" situato all'interno dell'antica residenza di Teddy Roosevelt dove potrete ascoltare dell'ottima musica – prevalentemente techno, house e dub – e i migliori dj della città. Indossate un abito elegante e cercate la porta senza insegna.

Habana Village 1834 Columbia Rd. NW ⓣ 202/462-6310. Inebriante ed eclettico locale di musica latina (offre anche lezioni di tango e salsa) con un bel bar al piano inferiore che serve un ottimo mojito.

HR-57 1610 14th St. NW, Logan Circle ⓣ 202/667-3700. Localino dove ascoltare il vero jazz – classico, hard bop, free e cool – eseguito da appassionati musicisti professionisti ed emergenti.

IOTA 2832 Wilson Blvd, Arlington, VA ⓣ 703/522-8340. Questo locale stile magazzino, con un ottimo bar e un ristorante, è uno dei migliori della zona per ascoltare musica dal vivo; tutte le sere propone concerti di musica indie, folk e blues eseguiti da gruppi locali e nazionali.

Madam's Organ 2461 18th St. NW ⓣ 202/667-5370. Rinomato locale dove potrete ascoltare musica blues, grinding, raw R&B e qualche gruppo bluegrass, mangiando sostanziose specialità afroamericane e sorseggiando bevande particolarmente alcoliche.

9:30 Club 815 V St. NW, Shaw ⓣ 202/265-0930. I migliori artisti della scena musicale amano esibirsi in questo locale grande ma accogliente, meritatamente famoso come il migliore di Washington per i concerti dal vivo di musica indie rock, pop, reggae e rap.

Rumba Café 2443 18th St. NW, Adams Morgan ⓣ 202/588-5501. Questo bar latino con le pareti ricoperte di quadri e fotografie è il posto ideale per passare la notte sorseggiando caipirinha e godersi i concerti dal vivo di bossa nova e ritmi afrocubani.

Spettacoli

Il posto migliore della capitale per assistere a uno **spettacolo** è il **Kennedy Center** (2700 F St. NW; ⓣ 202/467-4600), situato accanto al Watergate Complex. In questo centro si svolgono gli eventi culturali più prestigiosi della città, come i concerti della National Symphony Orchestra e della Washington National Opera.

Tra le principali sedi di spettacoli di Washington, segnaliamo:

Arena Stage ⓣ 202/488-3300, *www.arenastage.org*. Rinomata sede di rappresentazioni di teatro classico e di spettacoli sperimentali e d'avanguardia. All'epoca della stesura di questa guida il teatro era in ristrutturazione e le rappresentazioni si svolgevano ad Arlington, in Virginia.

Ford's Theatre 511 Tenth St. NW, Downtown ⓣ 202/347-4833, *www.fordstheatre.org*. Storico teatro per famiglie con un cartellone che spazia dai musical di successo alle tragedie, spesso a tema storico.

Shakespeare Theatre 450 Seventh St. NW, Downtown T202/547-1122, *www.shakespearedc.org*. Questa famosa compagnia teatrale mette in scena dieci produzioni all'anno e d'estate offre spettacoli gratuiti nel Rock Creek Park.

National Theatre 1321 Pennsylvania Ave. NW, Downtown ⓣ 202/628-6161, *www.nationaltheatre.org*. Ospita famosi musical internazionali e altri spettacoli di grande richiamo.

Woolly Mammoth Theatre 641 D St. NW, Downtown T202/289-2443, *www.woollymammoth.net*. Teatro sperimentale con spettacoli di teatro contemporaneo e sperimentale a prezzi medio-bassi.

Studio Theatre 1501 14th St. NW, Logan Circle ⓣ 202/332-3300, *www.studiotheatre.org*. Uno dei migliori nel panorama del teatro alternativo di Washington.

Wolf Trap Farm Park all'esterno della Beltway tra Rte-7 e Rte-267, all'altezza di 1624 Trap Rd., Vienna, Virginia T703/255-1868, *www.wolftrap.org*. Questo parco ospita concerti di musica bluegrass, jazz, ragtime, cajun, zydeco e ogni altro genere nativo americano, all'aperto presso il Filene Center o al chiuso nei Barns. Per la maggior parte degli spettacoli c'è un servizio di navette in partenza dalla stazione della metropolitana di West Falls Church (per informazioni ⓣ 202/637-7000 o *www.wmata.com*).

Sport

I Washington Redskins, la squadra cittadina di **football americano**, giocano le partite casalinghe al FedEx Field di Landover, nel Maryland (ⓣ 301/276-6050); alle partite possono accedere solo i possessori di abbonamenti, che spesso sono introvabili a meno di avere qualche aggancio. I biglietti per la squadra di **baseball** dei Washington Nationals, che giocano nel nuovissimo Nationals Park sul lungofiume nel quartiere di Anacostia (ⓣ 202/675-NATS, *www.nationals.mlb.com*; biglietti $10-90) sono più facili da reperire. A est di Capitol Hill, l'RFK Stadium ospita le partite di **calcio** dei DC United (ⓣ 202/587-5000, *www.dcunited.com*; biglietti $20-50), che militano nel campionato professionisti MLS. L'imponente Verizon Center, situato nel centro di Washington, ospita le partite di **basket** dei Washington Wizards (ⓣ 202/661-5050, *www.nba.com/wizards*; biglietti $10-105), delle Washington Mystics (biglietti $10-60; ⓣ 202/397-SEAT, *www.wnba.com/mystics*) e della squadra di **hockey su ghiaccio** dei Washington Capitals (ⓣ 202/397-SEAT, *www.washingtoncapitals.com*; biglietti $10-95).

Virginia

Fondata nel 1607 a **Jamestown**, non lontano dalla Chesapeake Bay, la **VIRGINIA** è la più antica colonia americana e la sua storia è indissolubilmente legata a quella degli Stati Uniti. Dopo aver cercato inutilmente l'oro, i primi coloni si arricchirono grazie alla coltivazione del **tabacco**. Le piantagioni richiedevano un'immensa quantità di terra e mano d'opera, così i coloni cacciarono gli indigeni dai loro territori e iniziarono una massiccia importazione di **schiavi** dall'Africa. Molti dei ricchi proprietari delle piantagioni di tabacco divennero i padri fondatori della nazione: George Mason, Thomas Jefferson e James Madison scrissero la Dichiarazione d'indipendenza e la Costituzione e quattro dei primi cinque presidenti degli Stati Uniti (eccetto John Adams) erano originari della Virginia. In seguito, quando il dibattito sempre più acceso tra Nord e Sud sullo schiavismo e sulle tematiche a esso legate sfociò nella **guerra di secessione**, la Virginia si unì alla Confederazione alla quale fornì una capitale, Richmond, e un capo militare, il generale Robert E. Lee. Nel corso dei successivi quattro anni le piantagioni e le città della Virginia furono saccheggiate e date alle fiamme e quasi un'intera generazione di giovani fu distrutta.

La stessa **Richmond** fu in gran parte distrutta dalla guerra e oggi è una piccola città con qualche bel museo, soprattutto a tema storico. La maggior parte dei siti coloniali è concentrata a est della città, nel cosiddetto **Triangolo storico** costituito dalle città di **Jamestown**, primo insediamento inglese, **Williamsburg**, capitale coloniale della Virginia, e **Yorktown**, teatro della battaglia conclusiva della rivoluzione americana, situate a mezz'ora di viaggio l'una dell'altra lungo la Colonial Parkway. **Charlottesville**, un'altra località storica famosa per la residenza di Thomas Jefferson, Monticello, sorge alle pendici delle spettacolari **Blue Ridge Mountains**, a un'ora di strada a ovest di Richmond e non lontano da uno dei parchi nazionali più spettacolari del paese, il **Shenandoah National Park**, e della cittadine delle valli occidentali. Nella **parte settentrionale della Virginia**, spesso visitata in giornata da Washington DC, si trovano diversi sobborghi signorili, numerose dimore storiche restaurate, la cittadina di **Alexandria** con i suoi suggestivi edifici di epoca coloniale e **Manassas**, teatro di due importanti battaglie della guerra di secessione.

Come muoversi

Muoversi in Virginia è facile. La parte centrale e quella orientale dello Stato sono attraversate da nord a sud da sette linee **Amtrak**, tra cui un servizio "Auto-Treno" che collega Lorton, in Virginia, con Sanford, in Florida. Inoltre, la linea Cardinal diretta a est collega tutti i giorni Washington DC con Charlottesville e con Chicago. I **pullman** Greyhound effettuano servizio per decine di località minori. Gli **automobilisti** diretti a sud possono percorrere la panoramica Blue Ridge Parkway lungo i Monti Appalachi. Per chi ha tempo, la regione offre numerose opportunità per effettuare gite in **bicicletta**, su tranquille strade di campagna o in montagna, ed **escursioni a piedi**.

Virginia settentrionale

Malgrado la sua lunga tradizione conservatrice, negli ultimi anni la **Virginia settentrionale** è diventata un vasto quartiere suburbano con tendenze decisamente liberali grazie ai numerosi abitanti di Washington, tra cui numerosi senatori degli Stati Uniti, che vi si sono trasferiti. **Alexandria**, situata sulla riva del fiume Potomac appena fuori dai confini della capitale (ma raggiungibile in metropolitana), sembra lontana almeno due secoli dalla confusione della politica moderna. Roccaforte dei ricchi proprietari terrieri, e spesso chiamata "Hunt Country" a causa dell'amore dei suoi abitanti per i cavalli e la caccia, la parte settentrionale della Virginia è costellata di tenute di campagna, chiese e granai perfettamente conservati e taverne nascoste lungo tranquille strade secondarie che richiamano un gran numero di turisti. Le località più visitate sono **Mount Vernon**, che fu per diversi anni la dimora

△ King Street, Alexandria

di George Washington, e **Manassas**, più a ovest, teatro delle sanguinose battaglie di Bull Run.

Alexandria

Il **centro storico** di **ALEXANDRIA**, che si estende per quasi 1 km sulla riva ovest del fiume Potomac, è una meta obbligata soprattutto per chi visita Washington DC ma non ha tempo per esplorare il resto della Virginia. Importante centro di commerci e porto in epoca coloniale, la città (che prende il nome dal pioniere John Alexander) fu ceduta al Distretto di Columbia nel 1801, ma la Virginia ne riprese possesso insieme al territorio circostante nel 1847.

Alexandria vanta stretti legami con George Washington, che qui possedeva una residenza di campagna e frequentava la famosa **Gadsby's Tavern** (134 N Royal St.; visite guidate: aprile-ottobre: mar-sab 10-17, dom e lun 13-17; novembre-marzo: mer-sab 11-16, dom 13-16; ☎ 703/838-4242, *www.gadsbystavern.org*; $4), che occupa due edifici signorili in stile georgiano, il *City Hotel* del 1792 e la taverna vera e propria, del 1785. Al piano inferiore c'è un ristorante che propone piatti coloniali serviti da camerieri in costume d'epoca. Tra gli altri edifici restaurati aperti al pubblico ricordiamo la **Carlyle House** (121 N Fairfax St.; visite guidate mar-sab 10-16, dom 12-16.30; ☎ 703/549-2997, *www.carlylehouse.org*; $4), un palazzo in arenaria del 1752 che fu la residenza di cinque governatori reali, e la **Lee-Fendall House** (614 Oronoco St.; mar e gio-sab 10-16, mer e dom 13-16; ☎ 703/548-1789, *www.leefendallhouse.org*; $4), una splendida villa rivestita in legno costruita nel 1785 da Phillip Fendall, un cugino del padre di Robert E. Lee. A sud di King Street, il **Lyceum** (201 S Washington St.; lun-sab 10-17, dom 13-17; ☎ 703/838-4994) ospita il museo storico della città in un imponente edificio neoclassico costruito nel 1830 come centro culturale cittadino.

George Washington partecipava spesso alle funzioni nella **Christ Church** (118 N Washington St.; lun-sab 9-16, dom 14-16), costruita nel 1773 in stile georgiano. Le medicine per il generale venivano appositamente preparate dietro le finestrelle gialle della **farmacia Stabler-Leadbeater** (105 S Fairfax St.; aprile-ottobre: mar-sab 10-17, dom e lun 13-17; novembre-marzo: mer-sab 11-16, dom 13-16; ☎ 703/838-3852, *www.apothecarymuseum.org*; $4); aperta nel 1792 e rimasta in attività fino agli anni Trenta del Novecento, la farmacia è stata trasformata in un museo e presenta una collezione di circa 8000 tra erbe, pozioni e attrezzature mediche.

Sul lungofiume, una fabbrica d'armi in disuso ospita il **Torpedo Factory Art Center** (105 N Union St.; tutti i giorni 10-17; ☎ 703/838-4565, *www.torpedofactory.org*; ingresso libero), un centro artistico nel quale potrete osservare gli artisti al lavoro in oltre 200 studi e visitare numerose gallerie. Nello stesso edificio si trova l'**Alexandria Archaeology Museum** (mar-ven 10-15, sab 10-17, dom 13-17; ☎ 703/838-4399, *www.alexandriaarchaeology.org*; ingresso libero) che ripercorre 250 anni di storia e preistoria della città.

Accanto alla stazione dei treni Amtrak e della metropolitana di King Street svetta l'obelisco alto 100 m del **George Washington National Masonic Memorial** (101 Callahan Dr.; tutti i giorni 9-17; ☎ 703/683-2007, *www.gwmemorial.org*; ingresso libero), visibile a chilometri di distanza; al suo interno si trovano una **statua** bronzea alta 5 m del padre fondatore della nazione americana, svariati cimeli massonici e diorami raffiguranti scene della vita del presidente.

Notizie utili

La stazione della **metropolitana** di Alexandria (linee gialla e blu) si trova in King Street, a 25 min dal centro di Washington e a poco più di un chilometro dalla maggior parte dei luoghi d'interesse turistico. In alternativa potete prendere l'autobus locale **DASH** (☎ 703/370-3274, *www.dashbus.com*; $1) che percorre King Street e scendere all'altezza di Fairfax Street, oppure raggiungere il centro storico a piedi dalla stazione in una ventina di minuti. L'utile **centro visitatori** (221 King St.; tutti i giorni 9-17; ☎ 703/838-5005, *www.funside.com*), dove potrete trovare il consueto materiale turistico e informazioni sulle escursioni nella zona, si trova all'interno della **Ramsay House**, la casa più antica della città.

Tra gli **alberghi** di Alexandria segnaliamo il *Best Western Old Colony Inn* (1101 N Washington St.; ☎ 703/739-2222, *www.bestwestern.com*; ❼), che offre la prima colazione compresa nel prezzo e l'accesso veloce a Internet, la *Morrison House* (116 S Alfred St.; ☎ 703/838-8000, *www.morrisonhouse.com*; ❾), una riproduzione di una casa dell'epoca federale (costruita nel 1985) dotata di biancheria firmata, accesso veloce a Internet e tutti i moderni comfort, e l'*Hotel Monaco* (480 King St.; ☎ 703/549-6080, *www.monaco-alexandria.com*; ❾), che offre interni di design, collegamento WiFi gratuito, degustazione di vini e camere e suite lussuose con vasche idromassaggio, TV a schermo piatto e *wet bar* (bancone con il lavandino).

I **ristoranti** abbondano. Provate l'esclusivo ★*Restaurant Eve* (110 S Pitt St.; ☎ 703/706-0450), un bistrò specializzato nella nuova cucina del Sud che offre costosi pasti da cinque a nove portate scelte da un menu a rotazione a base di pesce, selvaggina e carne ($95 o $125). Il *Fish Market* (105 King St.; ☎ 703/836-5676), situato in un edificio in mattoni con terrazza a un isolato dal fiume, serve ostriche e zuppa di pesce al bar e piatti di pesce fritto, pasta e antipasti di pesce, mentre *The Majestic* (911 King St.; ☎ 703/837-9117) è un bel ristorante di categoria elevata che offre specialità come zuppa di pesce, costine, polpettone e fegato.

Mount Vernon

Affacciata sul fiume Potomac 8 miglia (13 km) a sud di Alexandria, **Mount Vernon** (3200 George Washington Memorial Parkway; tutti i giorni: aprile-agosto 8-17; marzo, settembre e ottobre 9-17; novembre-febbraio 9-16; ☎ 703/780-2000, *www.mountvernon.org*; $13) fu per anni la residenza di campagna di **George Washington**. Circondata da 200 ettari di giardini curatissimi, la casa restaurata si presenta come nel 1799, anno della morte del generale. La tenuta si trova a 15 miglia (24 km) dal centro di Washington e si può comodamente visitare in giornata con i Tourmobile (vedi p. 291) o con l'autobus Fairfax Connector n. 101 in partenza dalla stazione della metropolitana di Huntington (ogni ora; *www.fairfaxcounty.gov/connector*; $1).

Washington amava la vita semplice e questa semplicità si riflette nei mobili e negli interni della casa. Tra gli oggetti esposti figurano una sedia da lettura con ventaglio incorporato e una chiave della Bastiglia distrutta, donata al presidente da Thomas Paine per conto di Lafayette. In una delle camere al piano superiore è conservato il letto a baldacchino in cui Washington morì. Fuori dalla casa si possono vedere gli **alloggi degli schiavi** costruiti per ospitare i 90 servitori che vivevano e lavoravano nella tenuta. Washington e sua moglie Martha sono sepolti in una semplice tomba sul lato meridionale della casa. Il moderno e interessante **Reynolds Museum** ospita una mostra molto approfondita che illustra la storia del presidente a partire dai suoi antenati attraverso dimostrazioni interattive, modelli, cortometraggi; nel museo è esposta anche una collezione di porcellane, medaglie, armi, argenti e splendide miniature appartenute alla famiglia Washington.

△ Mount Vernon

A 3 miglia (5 km) da Mount Vernon, sulla Route 235 S, si può visitare il **mulino per cereali** (aprile-ottobre tutti i giorni 10-17; $4, $6 incluso ingresso a Mount Vernon), precursore delle future industrie americane, fatto costruire da Washington; nel mulino ristrutturato alcuni figuranti in costume d'epoca affrontano il laborioso lavoro di macinare grano e granturco trasformandoli farina. Nella vicina **distilleria**, ricostruita di recente, si possono vedere alambicchi in rame, una caldaia, vasche di macerazione e un breve filmato sul ruolo di Washington nella distillazione del whisky.

Gunston Hall

A 20 minuti di viaggio a sud della capitale, nei pressi delle statali 1 e 95, sorge **Gunston Hall** (tutti i giorni 9.30-17; ⓣ 703/550-9220, *www.gunstonhall.org*; $8), un edificio in stile georgiano in mattoni rossi del 1755 che fu la residenza di **George Mason**. La Dichiarazione dei diritti della Virginia scritta da Mason, contemporaneo di George Washington, ispirò la Dichiarazione d'indipendenza redatta in seguito da Thomas Jefferson, ma sebbene fosse uno dei padri della Costituzione americana, Mason rifiutò di appoggiarla perché non conteneva né la Dichiarazione dei diritti né l'abolizione della schiavitù (nonostante fosse lui stesso un proprietario di schiavi). Gunston Hall è una delle opere architettoniche più imponenti della Virginia. La casa, di fronte alla quale si apre un grande giardino formale, vanta splendidi interni ornati di squisite sculture, in particolare il soggiorno; la vasta tenuta è circondata da un parco nazionale e riserva naturale che si affaccia sul fiume.

Manassas National Battlefield Park

Il **Manassas National Battlefield Park** si estende sulle colline verdeggianti alla periferia occidentale di Washington, poco lontano dalla I-66. La mattina del 21 luglio 1861 la zona fu teatro della prima grande battaglia della guerra di secessione, chiamata **Battle of Bull Run** negli Stati del Nord. Contando su una rapida vittoria, circa 25.000 soldati dell'Unione attaccarono una brigata dell'esercito confederato che presidiava un collegamento ferroviario cruciale con la valle dello Shenandoah. Gli abitanti della zona, attendendosi una facile vittoria unionista, si radunarono per assistere al combattimento, ma i ribelli si dimostrarono superiori e la loro forza in battaglia valse al comandante Thomas Jackson il famoso soprannome di "Stonewall" (muro di pietra). Lui e il generale Lee furono gli artefici di un'altra umiliante sconfitta per l'esercito unionista avvenuta a Manassas alla fine di agosto del 1862.

Le mostre allestite nel piccolo **centro visitatori** vicino all'entrata (6511 Sudley Rd.; giugno-agosto: lun-ven 8.30-17, sab e dom 8.30-18; settembre-maggio: tutti i giorni 8.30-17; ⓣ 703/361-1339, *www.nps.gov/mana*; $3 ingresso al parco) illustrano lo svolgimento delle battaglie e altri aspetti della guerra.

Richmond e la regione di Tidewater

Situate nel cuore della Virginia, **Richmond** e la **Chesapeake Bay** costituiscono un'area piuttosto compatta che racchiude alcuni dei siti storici più importanti del paese. I più interessanti si trovano nell'affascinante **Historic**

Triangle, a est di Richmond, e a nord nella cittadina di **Fredericksburg**, intorno alla quale si svolsero alcune battaglie decisive della guerra di secessione.

Fredericksburg

Situata a meno di 2 km dalla Hwy I-95, a metà strada tra Richmond e Washington, **FREDERICKSBURG** è una delle cittadine più graziose della Virginia, con un elegante centro storico circondato da viali di case circoscritte da staccionate bianche. In epoca coloniale, Fredericksburg era un importante porto sul fiume Rappahannock dal quale partivano le imbarcazioni cariche di tabacco e altri prodotti delle piantagioni. Oggi le decine di residenze coloniali situate lungo il fiume ospitano negozi di antiquariato e boutique.

Allestito nel municipio del 1816, il **Fredericksburg Area Museum** (907 Princess Anne St.; lun-sab 10-17, dom 13-16; ❶ 540/371-3037, *www.famcc.org*; $7) presenta alcune mostre dedicate alla storia locale, dagli insediamenti dei nativi americani all'era dei diritti civili. La **Rising Sun Tavern** fu costruita nel 1760 come abitazione privata dal fratello di George Washington, Charles. Trasformata in locanda, divenne un importante luogo di incontro di patrioti e rivoluzionari. Oggi è sede di un piccolo **museo** (1304 Caroline St.; marzo-novembre: lun-sab 9-17, dom 11-17; dicembre-febbraio: lun-sab 10-16, dom 12-16; ❶ 540-371-1494; $5) nel quale potrete vedere una collezione di giochi da pub e antichità in peltro accompagnati da guide in costume d'epoca. Altre guide vi spiegheranno la medicina del XVIII secolo, che spesso prevedeva l'uso di sanguisughe e chele di granchio, all'interno dello **Hugh Mercer's Apothecary Shop** (1020 Caroline St.; stessi orari del museo; $5). Se siete più interessati a George Washington potete visitare la **Ferry Farm** (268 Kings Hwy; tutti i giorni 10-17, gennaio e febbraio solo sab e dom; ❶ 540/370-0732, *www.kenmore.org*; $5), la fattoria di famiglia dove il futuro presidente trascorse l'infanzia, che conserva i giardini e l'ambiente bucolico dell'epoca.

Durante la **guerra di secessione** Fredericksburg assunse un'importanza cruciale per la sua posizione strategica e nella città e nella zona circostante si svolsero combattimenti particolarmente cruenti. Circa 20.000 uomini persero la vita nelle sanguinose battaglie di Fredericksburg, Chancellorsville, Spotsylvania e in numerosi scontri minori. Il **centro visitatori** (702 Caroline St.: tutti i giorni: estate 9-17; resto dell'anno 9-17; ❶ 540/373-1776, *www.fredericks burgva.com*), ospita interessanti mostre e organizza visite guidate al **Fredericksburg and Spotsylvania National Battlefield Park** (alba-tramonto; *www.nps.gov/frsp*; ingresso libero), situato a sud dell'abitato. Per informazioni sugli altri due importanti campi di battaglia situati a ovest di Fredericksburg, **Wilderness** e **Chancellorsville**, e sulle numerose residenze storiche e i memoriali della zona, consultate il centro visitatori o il sito Internet sopra indicato.

Notizie utili

La stazione **Amtrak** si trova al n. 200 di Lafayette Blvd. mentre quella della **Greyhound** è situata in 1400 Jefferson Davis Hwy. A Fredericksburg ci sono diversi **B&B** tradizionali di buon livello. Il *Kenmore Inn* (1200 Princess Anne St.; ❶ 540/371-7622, *www.kenmoreinn.com*; ❺), ospitato in un edificio del 1812, dispone di camere eleganti con accesso a Internet e di un accogliente pub nel seminterrato che propone spesso musica dal vivo. Il *Richard Johnston Inn* (711

Caroline St.; ☎ 540/899-7606 o 877-557-0770, *www.therichardjohnstoninn.com*) è un elegante B&B del XVIII secolo con camere lussuose e tariffe da ❹ a ❽. Tra i motel consigliamo l'*Inn at the Olde Silk Mill* (1707 Princess Anne St.; ☎ 540/371-5666, *www.fci1.com*; ❹), famoso per le sue camere piene di pezzi d'epoca. Se preferite alloggiare vicino ai campi di battaglia, *On Keegan Pond* (11315 Gordon Rd.; ☎ 540/785-4662; ❹) offre camere arredate con mobili antichi in un piacevole ambiente di campagna.

In città ci sono numerosi buoni locali dove **mangiare** e **bere**. *Sammy T's* (801 di Caroline St.; ☎ 540/371-2008) è un bar-tavola calda molto popolare che serve sostanziosi panini, insalate, pasta e un ricco assortimento di birre in bottiglia. *Virginia Deli* (101 Williams St.; ☎ 540/371-2233) prepara abbondanti panini dai nomi storici come Stonewall Jackson (salame e due tipi di prosciutto) e Blue & Grey (pollo caldo, prosciutto cotto e formaggio svizzero). La *Colonial Tavern* (406 Lafayette Blvd.; ☎ 540/373-1313) è il posto giusto per gustare cibo, musica e birra irlandese.

Richmond e dintorni

Fondata nel 1737 sul fiume James, che diventa da qui navigabile, **RICHMOND** rimase un piccolo avamposto fino alla fine dell'epoca coloniale quando i virginiani, accortisi che la capitale Williamsburg era troppo esposta agli attacchi inglesi, la spostarono di 50 miglia (80 km) verso l'interno. Durante la guerra di secessione, Richmond diventò la **capitale della Confederazione** e per quattro anni fu l'epicentro della resistenza sudista e degli attacchi nordisti, ma nonostante l'assedio pressoché costante riuscì a resistere quasi fino alla fine del conflitto. Dopo la guerra Richmond fu devastata e le piantagioni circostanti furono date alle fiamme dai confederati in fuga per evitare che i depositi di munizioni e i magazzini pieni di tabacco finissero nelle mani dei vincitori. Oggi i numerosi pregevoli edifici storici di Richmond convivono accanto a moderni grattacieli, mentre il **tabacco** resta la principale risorsa economica. Per quanto possa sembrare sorprendente, Richmond è una città relativamente liberale. A Tredagar, nella vecchia fabbrica di armi della Confederazione, è stata inaugurata nel 2003 una statua dedicata all'acerrimo nemico Abraham Lincoln.

Arrivo, informazioni e trasporti

Richmond è situata a 2 h di viaggio da Washington lungo la I-95, che attraversa la parte orientale del centro cittadino. I treni regionali **Amtrak** che collegano Newport News, in Virginia, con Washington e Boston fermano alla stazione di 1500 E Main St. (gli stessi treni e quelli della linea Silver Service/Palmetto che collega Miami, Washington e New York fermano anche alla stazione situata fuori città al n. 7519 di Staples Mill Rd.). La stazione dei pullman **Greyhound** si trova lontano dal centro, nei pressi della I-64 in 2910 N Blvd. L'**aeroporto**, situato 10 miglia (16 km) a est del centro, è servito dalle principali compagnie aeree e dispone di un piccolo centro visitatori (lun-ven 9.30-16.30; ☎ 804/236-3260; *www.flyrichmond.com*) all'interno del terminal degli arrivi. Il **centro visitatori** di Richmond (403 N 3rd St.; tutti i giorni 9-17; ☎ 804/782-2777 o 1-888/RICHMOND, *www.visit.richmond.com*) offre sconti sugli alberghi della zona e informazioni turistiche. Il centro di Richmond è piuttosto compatto e si può esplorare comodamente a piedi; per visitare i luoghi d'interesse più distanti potete prendere un **autobus** GRTC (☎ 804/358-GRTC, *www.ridegrtc.com*; $1,25, $1,75 autobus espressi).

Alloggio

Nel centro di Richmond ci sono numerose catene alberghiere frequentate da uomini d'affari e politici, pertanto non è difficile trovare una **sistemazione** a prezzi convenienti. Se preferite l'atmosfera del vecchio Sud, potete optare per uno dei **B&B** del centro storico.

The Berkeley 1200 E Cary St. ⓣ 804/780-1300 o 1-888/780-4422, *www.berkeleyhotel.com.* Piccolo albergo elegante con qualche tocco di charme e suite con terrazze private nello storico Shockoe Slip. ❽

Grace Manor Inn 1853 W Grace St. ⓣ 804/353-4334, *www.thegracemanorinn.com.* Signorile B&B con tre belle suite in uno splendido edificio del 1910. Le camere lussuose sono arredate con mobili antichi e alcune sono dotate di caminetto e vasche da bagno con i piedini. ❼

Henry Clay Inn 114 N Railroad Ave., Ashland, Virginia ⓣ 804/798-3100, *www.henryclayinn.com.* Situato 11 miglia (18 km) fuori città, questo eccellente B&B dispone di 16 camere arredate con mobili antichi, un vero salotto e una maestosa veranda. Alcune suite hanno la vasca idromassaggio. ❹

The Jefferson 101 W Franklin St. ⓣ 804/788-8000 o 1-800/424-8014, *www.jefferson-hotel.com.* Albergo sontuoso e ben tenuto, con uno splendido atrio con colonne in marmo, accesso a Internet veloce, bagni in marmo e camere eleganti. ❾

Linden Row Inn 100 E Franklin St. ⓣ 804/783-7000 o 1-800/348-7424, *www.lindenrowinn.com.* Una serie di splendide villette a schiera in stile georgiano in mattoni rossi trasformate in un albergo moderno e confortevole con mobili antichi, Internet veloce e prima colazione continentale compresa nel prezzo.

Richmond Marriott 500 E Broad St. ⓣ 804/643-3400, *www.marriott.com.* Elegante albergo appartenente alla nota catena, offre Internet veloce e comoda posizione centrale. ❻

William Catlin House 2304 E Broad St. ⓣ 804/780-3746. B&B del 1845, offre sette tra camere e suite del periodo antecedente la guerra e vittoriano; è situato nel distretto di Church Hill, non troppo distante dal centro e dallo Shockoe Slip. ❺

Centro

Il **centro** di Richmond consiste di alcuni isolati che partono dal fiume James e si estendono sui due lati di Broad Street. Moderni grattacieli di uffici si affacciano su un parco in riva al fiume, mentre nel quartiere di **Court End** sulla collina decine di edifici ben conservati del periodo antecedente la guerra creano lo scenario ideale per alcuni importanti musei e siti storici.

Il **Virginia State Capitol** (910 Capitol St.; visite guidate lun-sab 8.30-17, dom 13-16; ⓣ 804/698-1788, *www.legis.state.va.us*; ingresso libero) è il più antico edificio governativo degli Stati Uniti. Costruito su progetto di Thomas Jefferson e recentemente riaperto al pubblico dopo un lungo e accurato restauro, il Campidoglio è attivo ininterrottamente dal 1788 come sede governativa dello Stato della Virginia (e per un breve periodo della Confederazione). La rotonda centrale sormontata da una cupola (visibile solo dall'interno) ospita l'unica statua in marmo per la quale George Washington posò personalmente (opera del grande scultore Jean-Antoine Houdon) e i busti di Jefferson e degli altri sette presidenti americani nati in Virginia.

Su Capitol Square si affaccia la **Governor's Mansion** (901 E Grace St.; ⓣ 804/371-2642 per le visite guidate), un palazzo in stile federale che dal 1813 è la residenza del governatore della Virginia. Dall'altra parte della piazza sorge l'imponente edificio vittoriano dell'**Old City Hall** (1001 E Broad St.), costruito nel 1894 in stile gotico particolarmente elaborato. Due isolati a nord del Campidoglio, il **Museum of the Confederacy** (1201 E Clay St.; *www.moc.org*; $8) illustra la storia della guerra di secessione attraverso armi, uniformi ed effetti personali dei generali confederati tra cui il cappello piumato di J.E.B. Stuart, gli strumenti utilizzati per amputare il braccio di "Stonewall" Jackson (che morì poco tempo dopo) a Chancellorsville, il revolver di Robert E. Lee e la penna che usò per firmare la resa. L'adiacente **White House of the Confederacy** (lun-sab 10-17, dom 12-17; $8, $11 biglietto cumulativo), edificata nel

1818 in stile neoclassico e accuratamente restaurata, fu la residenza dell'unico presidente della Confederazione, Jefferson Davis.

Due isolati più a ovest, la **Wickham House** del 1812 fa parte dell'ottimo **Valentine Richmond History Center** (1015 E Clay St.; mar-sab 10-17, dom 12-17; ☎ 804/649-0711, *www.richmondhistorycenter.com*; $10). Questo monolito in stile federale ospita un piccolo museo di storia locale con sezioni dedicate alla classe operaia e agli afroamericani e una ricca collezione di mobili e capi di abbigliamento stile *Via col vento* come i corsetti irrigiditi con stecche di osso di balena.

Jackson Ward

A ovest del Convention Center di Sixth Street, **Jackson Ward** è un quartiere storico di rilevanza nazionale che occupa una decina di isolati intorno a First St. e Clay St., caratterizzato da case di inizio Ottocento e abitato prevalentemente da afroamericani fin dai tempi precedenti la guerra di Secessione, quando la comunità nera di Richmond era la più numerosa degli Stati Uniti. La **Maggie L. Walker House** (110 E Leigh St.; lun-sab 9-17; ☎ 804/771-2017, *www.nps.gov/mawa*; ingresso libero) non è soltanto un museo di storia locale, ma ripercorre la storia della prima imprenditrice afroamericana che negli scorsi anni Venti fondò una banca, l'odierna Consolidated Bank and Trust. Il vicino **Black History Museum** (00 Clay St.; mar-sab 10-17; *www.blackhistorymuseum.org*; $5) illustra il ruolo avuto da Richmond nelle conquiste sociali raggiunte dai neri del Sud e comprende una bella galleria di manufatti del movimento per i diritti civili e tessuti realizzati da vari popoli africani e americani.

Canal Walk e dintorni

Il **Canal Walk**, una bella passeggiata che corre per circa 2 km tra il centro di Richmond e lo Schockoe Bottom, rappresenta un ottimo esempio di rinnovamento urbano. Le **imbarcazioni** in partenza da 14th St. e Virginia St. (aprile-novembre: ven e sab 12-19, dom 12-17; giugno-agosto anche mer e gio 12-19; ☎ 804/649-2800; $5) offrono piacevoli escursioni di mezz'ora sul canale. Lungo il Canal Walk incontrerete numerosi siti storici risalenti all'era confederata. Potete iniziare o finire la passeggiata dall'**American Civil War Center** (490 Tredegar St.; tutti i giorni 9-17; ☎ 804-771-2145, *www.nps.gov/rich*; $8), che comprende mostre multimediali sulla storia della guerra di secessione e tre piani di esposizioni, e visitare la **Tredegar Iron Works**, una fabbrica d'armi ristrutturata che sfornava tonnellate di materiale confederato. Tredagar è anche il principale centro visitatori del **Richmond National Battlefield Park**, che commemora decine di siti di battaglie della guerra di secessione visitabili lungo un percorso di 8 miglia (13 km). Il più interessante degli altri quattro centri visitatori locali è il **Chimborazo Medical Museum**, situato poche miglia più a est (3215 E Broad St.; tutti i giorni 9-17; ☎ 804/226-1981; ingresso libero), che presenta inquietanti mostre sulle medicine e le tecnologie dell'epoca disponibili (o meno) per aiutare i soldati feriti. I meno fortunati riposano poco più a ovest di Tredagar all'**Hollywood Cemetery** (412 S Cherry St.; tutti i giorni 8-17; ☎ 804/648-8501, *www.hollywoodcemetery.org*), dove una **piramide** in granito alta 27 m commemora i 18.000 soldati confederati uccisi nella zona.

Shockoe Bottom, Poe Museum e Church Hill

Diviso a metà dalla sopraelevata I-95, lo storico quartiere sul fiume di **Shockoe Bottom** conserva ancora tra le sue strade acciottolate e i suoi vecchi magazzini qualche testimonianza del passato industriale di Richmond. Da **Shockoe Slip**, un bel molo ricostruito intorno al 1890 dopo essere stato distrutto durante la guerra di secessione, Cary Street corre in direzione est lungo il fiume fiancheggiata da una fila di magazzini in mattoni – oggi trasformati in loft e condomini eleganti – nota come **Tobacco Row**.

Poco lontano sorge l'edificio più vecchio di Richmond, una tetra casa in pietra risalente a 250 anni che è la degna sede dell'**Edgar Allan Poe Museum** (1914 E Main St.; mar-sab 10-17, dom 11-17; ☎ 804/648-5523, *www.poemuseum.org*; $6). Poe trascorse buona parte della sua gioventù a Richmond, che considerava la sua città natale, e tra i cimeli esposti nel museo figurano il suo bastone da passeggio, una ciocca dei suoi capelli e un plastico raffigurante la città al tempo in cui vi abitava.

Church Hill, a pochi isolati dal museo in direzione nord-est, è uno dei quartieri più antichi di Richmond e conserva belle case del XVIII secolo affacciate sul fiume James; qui si trova inoltre il Chimborazo Museum (vedi p. 325). In cima alla collina al centro del quartiere sorge la **St. John's Church** (2401 E Broad St.; visite guidate lun-sab 10-15.30, dom 13-15.30; *www.historicstjohnschurch.org*; $6), edificata nel 1741. Durante il tumultuoso Secondo Congresso della Virginia tenutosi nel 1775, nella chiesa il futuro governatore **Patrick Henry** pronunciò la celebre frase "Datemi la libertà o uccidetemi". Questa scena viene rievocata nel corso di un'appassionante rappresentazione in costume in programma tutte le domeniche estive alle 14.

Fan District e Carytown

Il **Fan District**, così chiamato per i suoi viali alberati che si aprono a ventaglio, è un interessante quartiere che si estende a ovest del centro cittadino, oltre Belvidere Street (US-1), intorno al campus della Virginia Commonwealth University. Lungo la via principale, **Monument Avenue**, si affacciano sfarzose case vittoriane e residenze in stile fine Ottocento. Poco più a sud, il **Virginia Museum of Fine Arts** (2800 Grove Ave.; mer-dom 11-17; *www.vmfa.museum*; $5 offerte) possiede una vasta collezione di dipinti impressionisti e postimpressionisti e una raccolta di opere di pittori americani, dai famosi ritratti di Charles Willson Peale alle romantiche immagini di Plains Indians di George Catlin alle creazioni di pop art di Roy Lichtenstein e Claes Oldenburg. Altre gallerie ospitano mobili di Frank Lloyd Wright, gioielli di Lalique, sculture hindu e buddiste provenienti dalla regione himalayana e quattro uova Fabergé tempestate di pietre preziose realizzate nell'ultima decade dell'Ottocento per gli zar russi.

Poco oltre il Fan District, **Carytown** è una fiorente zona di nove isolati ricca di negozi alla moda che offrono arte asiatica, lettura dei tarocchi e medicine olistiche. Il **Byrd Theatre** (2908 W Cary St.; *www.byrdtheatre.com*; biglietti $2-5) è uno dei cinema più sfarzosi della regione. Costruito nel 1928 e ricco di marmi e lampadari di cristallo, il cinema è tuttora in funzione e a volte le proiezioni sono precedute da concerti d'organo Wurlitzer.

Mangiare e bere

A Richmond non mancano i buoni **ristoranti** per tutte le tasche. Le specialità locali sono le grigliate di carne e la più costosa nuova cucina del Sud.

Border Chophouse 1501 W Main St., Fan District ☎ 804/355-2907. Ristorante tex-mex, serve piatti di pasta, vitello e agnello ma la specialità della casa sono le grigliate di ogni tipo di carne.

Cabo's Corner Bistro 2053 W Broad St., Fan District ☎ 804/355-1144. Questo raffinato locale offre piatti creativi di carne, pesce e pasta, deliziosi dessert e, la sera, musica jazz dal vivo.

Millie's Diner 2603 E Main St. ☎ 804/643-5512. Situato poco lontano dal centro, oltre Shockoe Bottom, è un locale rimodernato sullo stile degli scorsi anni Cinquanta con tanto di mini-jukebox su ogni tavolo. Il menu cambia in continuazione e comprende piatti piuttosto costosi ma ottimi come frutti di mare, bistecche, costate di agnello, petto d'anatra e un buon assortimento di birre.

O'Neill's Penny Lane Pub 421 E Franklin St., Downtown ☎ 804/780-1682. Locale in stile inglese con un ricco assortimento di birre inglesi ed estere, serve sostanziose grigliate ed economici piatti da pub come l'ottimo pasticcio di carne e Guinnes. La televisione trasmette partite di calcio europeo.

Richbrau Brewing Co 1214 E Cary St., Shockoe Slip ☎ 804/644-3018. È il posto giusto per gustare corpose birre artigianali e buoni piatti della cucina del Sud, bistecche e fish and chips, ma anche per ballare e giocare a biliardo o a freccette.

Strawberry Street Café 421 N Strawberry St. ☎ 804/353-6860. Questo caffè accogliente e informale del Fan District serve soprattutto torte salate, pasta e insalate a prezzi convenienti ma anche jambalaya, torta alla polpa di granchio e un buffet di insalate presentate in una vecchia vasca da bagno.

Third Street Diner 218 E Main St., Downtown ☎ 804/788-4750. Tranquilla tavola calda aperta 24 h su 24, serve sostanziose ed economiche prime colazioni e costine di maiale, omelette, cereali, grigliate e salsicce. È frequentata soprattutto da studenti alla moda, soprattutto la sera quando funge anche da bar.

The Tobacco Company 1201 E Cary St., Shockoe Slip ☎ 804/782-9555. Ricavato in un vecchio magazzino di tabacco disposto su tre piani, splendidamente ristrutturato e dotato di ascensore d'epoca, propone una fantasiosa nuova cucina americana. A mezzogiorno serve panini e hamburger a prezzi convenienti, la sera offre piatti più costosi a base di carne e frutti di mare.

Vita notturna

I **locali notturni** di Richmond sono concentrati nei dintorni di **Shockoe Slip** e **Shockoe Bottom**, poco più a est del centro cittadino. Il Barksdale Theatre (1601 Willow Lawn Drive; ☎ 804/282-2620, *www.barksdalerichmond.org*; $35-38) è un buon **teatro** tradizionale, mentre il Chamberlayne Actors Theatre (319 N Wilkinson Rd.; ☎ 804/262-9760, *www.cattheatre.com*; $15) propone spettacoli di teatro sperimentale e d'avanguardia. Per informazioni su concerti e spettacoli, consultate il settimanale gratuito *Style Weekly* o il sito *www.arts.Richmond.com*.

Historic Triangle

Il cosiddetto "**triangolo storico**", situato sulla penisola che si estende a sud-est di Richmond tra i fiumi James e York, racchiude la maggiore concentrazione di siti del periodo coloniale di tutti gli Stati Uniti. **Jamestown**, fondata

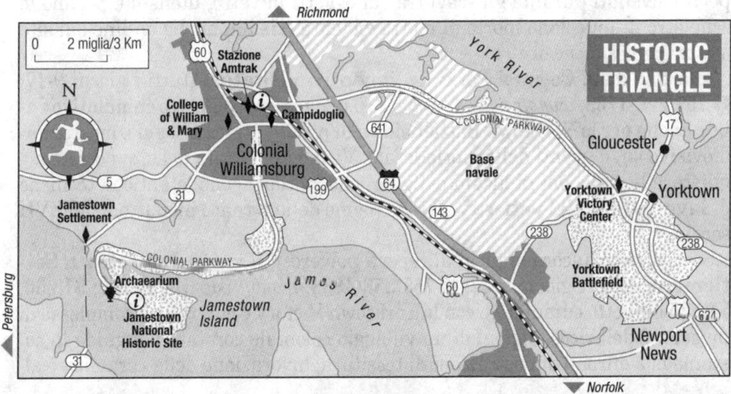

nel 1607, fu il primo insediamento della Virginia, **Williamsburg** è una fedele ricostruzione dalla capitale coloniale e a **Yorktown** si svolse la battaglia finale della guerra d'indipendenza americana. Tutti e tre i siti si trovano a meno di un'ora di macchina da Richmond e Williamsburg è accessibile anche con i treni Amtrak.

Williamsburg dista 50 miglia (80 km) da Richmond e si può raggiungere velocemente percorrendo la I-64. Un percorso più panoramico è rappresentato dalla US-5, che corre attraverso gli sterminati campi di **piantagioni** dove si possono visitare molte residenze del XVIII secolo. Le principali località dell'Historic Triangle sono collegate dalla **Colonial Parkway**, che si snoda per 20 miglia (32 km) tra i boschi in direzione ovest fino a Jamestown e verso est fino a Yorktown. Gran parte delle strutture turistiche della zona si trovano nei dintorni di Williamsburg; troverete maggiori informazioni alla voce "Notizie utili" a p. 331.

Jamestown

Primo tentativo di insediamento inglese nel Nuovo Mondo, **Jamestown** divenne un avamposto commerciale e militare la cui importanza storica viene celebrata ancora oggi, 400 anni dopo, grazie a recenti scoperte archeologiche che gettano nuova luce sulla storia della colonia. Il sito in cui sorgeva l'insediamento originale e la sua fedele ricostruzione si possono visitare percorrendo la panoramica Colonial Parkway oppure le statali 5 e 31 da Williamsburg. Protetta all'interno del **Jamestown National Historic Site** su Jamestown Island, tutto ciò che resta della Jamestown del XVII secolo è la torre della prima chiesa in mattoni costruita intorno al 1650 (il resto fu distrutto da un incendio nel 1698); la torre, alta 15 m, è una delle più antiche costruzioni coloniali sopravvissute negli Stati Uniti.

Il sito è diviso grossomodo in due sezioni: la **New Towne** era il nuovo insediamento in cui i coloni si trasferirono dopo il 1620 edificando abitazioni permanenti, edifici commerciali, recinti per gli animali e così via. Gran parte di ciò che si può vedere oggi è una ricostruzione basata sulle fondamenta originali in mattoni (interrate per proteggerle dalle intemperie). La più interessante **Old Towne** è il sito in cui sorgeva l'insediamento originale e vi si possono vedere le rovine del forte triangolare edificato nel 1607 e decine di archeologi al lavoro all'interno di una zona recintata. Nel sito potrete inoltre visitare l'**Archaearium**, un museo in cui sono esposti alcuni dei numerosi reperti rinvenuti durante gli scavi tra cui oggetti in vetro, utensili e perfino lo scheletro di un colono morto di morte violenta (visibili anche on line sul sito *historicjamestowne.org*).

Alla fine della Colonial Parkway, il **centro visitatori** (tutti i giorni 9-17; ☎ 757/229-1733, *www.nps.gov/jame*; $10 per vettura, biglietto cumulativo valido anche per lo Yorktown Battlefield, vedi p. 330) ospita disegni e mostre audiovisive sugli eventi della storia locale. Vicino all'entrata del sito potrete acquistare le creazioni di alcuni artigiani che ripropongono le antiche tecniche di **lavorazione del vetro** e vedere le rovine della fornace in mattoni del XVII secolo.

Se non siete ancora stanchi di reperti polverosi, il vicino **Jamestown Settlement** (tutti i giorni 9-17; ☎ 757/253-4838, *www.historyisfun.org*; $13,50, $19,25 biglietto cumulativo con lo Yorktown Victory Center) è un complesso di musei e fedeli ricostruzioni di un villaggio coloniale con tanto di guide in costume che offrono dimostrazioni di tessitura, lavorazione della ceramica e altri antichi mestieri. Sul fiume James sono ormeggiate le riproduzioni delle tre **navi** con cui i primi coloni giunsero a Jamestown.

Colonial Williamsburg

Splendida ricostruzione di quella che fu la capitale della Virginia nel XVIII secolo, **Colonial Williamsburg** è una meta imperdibile per chiunque sia interessato alla storia americana. Si può girovagare a proprio piacimento per le stradine acciottolate e i giardini, ma per entrare negli edifici storici restaurati è necessario acquistare il biglietto.

Dal Wren Building del William and Mary College, separato da Colonial Williamsburg da un centro commerciale in stile coloniale, **Duke of Gloucester Street** corre verso est attraverso il quartiere storico fino al vecchio Campidoglio. Il primo edificio del XVII secolo che si incontra lungo questa via è la **Bruton Parish Church**, la chiesa parrocchiale frequentata da tutti i grandi personaggi del periodo rivoluzionario. Dietro la chiesa, il vasto **Palace Green** si estende verso nord fino al Governor's Palace (vedi p. 330). A ovest della chiesa, in Market Square, si trovano il **tribunale** del 1771 e la **polveriera** ottagonale protetta dalla palazzina del corpo di guardia. Più avanti la **Chowning's Tavern**, ricostruzione di una taverna del 1766, è uno dei quattro pub del quartiere storico che propongono intrattenimento serale.

L'edificio più interessante dal punto di vista architettonico è l'imponente **Campidoglio** situato all'estremità orientale di Duke of Gloucester Street. L'attuale edificio, una ricostruzione del 1945 dell'originale del 1705, presenta un **portico** aperto al piano terra che collega le due ali dall'estremità arrotondata: la prima era la sede dell'organo legislativo del governo coloniale, la **House of Burgesses**, mentre l'altra ospitava le camere del **tribunale** dove venivano processati i presunti malfattori, compresi tredici dei pirati di Barbanera.

△ Colonial Williamsburg

Biglietti per Colonial Williamsburg

Per entrare negli edifici storici restaurati o ricostruiti della Williamsburg di epoca coloniale è necessario acquistare il biglietto presso il **centro visitatori** principale (tutti i giorni 9-17; ☎ 1-800/HISTORY, *www.history.org*), situato a nord del quartiere storico nei pressi della Colonial Parkway, o presso il piccolo ufficio situato all'estremità occidentale di Duke of Gloucester Street. Quasi tutti gli edifici del parco sono aperti tutti i giorni dalle 9 alle 17, ma in molti casi orari e giorni di apertura sono soggetti a variazioni; per informazioni dettagliate, consultate il sito Internet.

È possibile scegliere tra diversi tipi di **biglietti**, che comprendono sempre una visita guidata di orientamento e il parcheggio gratuito presso il centro visitatori. Il semplice **Capital City Pass** ($36, bambini $18), valido un giorno, permette di visitare molti degli edifici, fatta eccezione per il Palazzo del Governatore; il più conveniente **Key-to-the-City Pass** ($49, bambini $24) è valido per due giorni e consente di visitare anche il palazzo; il **Freedom Pass** ($59, bambini $29) è uguale al precedente ma è valido per un anno, mentre il più costoso **Independence Pass** ($79, bambini $39) è praticamente uguale al Freedom Pass ma offre anche l'ingresso agli spettacoli serali. Altri biglietti speciali consentono di partecipare a eventi particolari quali rappresentazioni di processi nel tribunale, spettacoli in occasione delle festività e visite guidate a lume di candela.

Lungo Duke of Gloucester Street si affacciano numerose riproduzioni di botteghe di farmacisti, ciabattini e argentieri del XVIII secolo che vendono souvenir e la **Raleigh Tavern**, la ricostruzione della taverna in cui il governo coloniale indipendentista tornò a riunirsi dopo essere stato sciolto dai governatori lealisti nel 1769 e nel 1774; la taverna originale fu distrutta da un incendio nel 1859. All'estremità nord del Palace Green sorge il **Governor's Palace**, un imponente edificio a due piani con una sontuosa sala da ballo e arredi opulenti; il palazzo del governatore era il simbolo vivente del potere reale, sottolineato dall'impressionante collezione di spade, moschetti e armi letali appese alle pareti del salone d'ingresso.

Per chi desidera immergersi maggiormente nell'atmosfera coloniale di questo parco a tema storico, "**Revolutionary City**" è uno spettacolo di due ore che viene proposto tutti i giorni nella parte orientale del sito: attori in costume d'epoca rievocano gli eventi più importanti verificatisi tra il 1770 e il 1780 e coinvolgono i visitatori nel fervore della rivoluzione con discorsi veementi e accese discussioni.

Yorktown

YORKTOWN, situata lungo il fiume York nella parte settentrionale della penisola, fu teatro della battaglia decisiva della **guerra d'indipendenza americana**. Yorktown era poco più di un villaggio di campagna quando, il 18 ottobre del 1781, l'esercito britannico (e i mercenari tedeschi) comandato da Lord Charles Cornwallis si arrese dopo un lungo assedio alle truppe franco-americane comandate da George Washington. Al centro dell'omonimo campo di battaglia che circonda la città, il **centro visitatori** (tutti i giorni 9-17; ☎ 757/898-2410; *www.nps.gov/yonb*; $10 per vettura, biglietto di 7 giorni valido anche per il Jamestown National Historic Site) ospita alcune mostre interpretative tra cui la riproduzione visitabile di una nave da battaglia, reperti militari e una breve presentazione audiovisiva sulla guerra e offre visite guidate del sito, dove si possono vedere una decina di edifici originali e le trincee scavate dalle truppe. La **Siege Line Overlook** (presso il centro visitatori) offre belle vedute dei punti strategici; se desiderate esplorare il sito in maniera più approfondita sono disponibili cartine e un'audioguida.

La **Yorktown** moderna, situata all'interno del sito, vanta alcuni interessanti edifici storici tra cui le belle residenze della borghesia locale, la dogana e soprattutto i resti archeologici della bottega del **Poor Potter** (povero vasaio), che a dispetto del nome era un ricco mercante e uno dei primi uomini d'affari delle colonie a produrre ceramiche e oggetti in vetro di qualità paragonabile a quelli importati dall'Inghilterra.

Come a Jamestown, lo Stato della Virginia e il National Park Service hanno realizzato un piccolo parco a tema – la ricostruzione di un accampamento dell'esercito britannico – presso lo **Yorktown Victory Center** (tutti i giorni 9-17; *www.historyisfun.org*; $9,25, $19,25 valido anche per il Jamestown Settlement, vedi p. 328), situato a ovest del campo di battaglia lungo la US-17. La mostra illustra il conflitto dal punto di vista di vincitori e vinti e due musei all'aperto ricostruiscono la vita in una fattoria e in un accampamento della guerra d'indipendenza.

Notizie utili

Dei tre siti principali, solo Williamsburg si raggiunge facilmente in automobile. I **treni** Amtrak e i **pullman** Greyhound fermano in 468 N Boundary St., a due isolati dal Palazzo del Governatore. La Colonial Parkway è un eccellente percorso ciclabile panoramico che permette di raggiungere Jamestown e Yorktown, rispettivamente a 12 miglia (19 km) e a 14 miglia (22 km) di distanza; le **biciclette** si possono noleggiare presso Bikes Unlimited di Williamsburg (759 Scotland St.; ⓣ 757/229-4620, *www.bikewilliamsburg.com*; $15-20/giorno). I titolari del biglietto per Colonial Williamsburg possono utilizzare gratuitamente le **navette** (9-17.30) che partono dal centro visitatori ogni 10 min circa e fermano in diversi punti del quartiere storico. L'**Historic Triangle Shuttle** è una navetta gratuita che ferma presso i principali luoghi d'interesse del "triangolo storico" (marzo-ottobre: tutti i giorni ogni 30 min 9.30-16).

Per quanto riguarda il **pernottamento**, la Williamsburg Hotel/Motel Association (ⓣ 757/220-3330 o 1-800/221-7165, *www.gowilliamsburg.com*) si occupa di trovare sistemazioni ai viaggiatori senza far pagare alcuna commissione. A ovest del centro, la US-60 è costeggiata da numerosi motel; pochi isolati a est del Campidoglio si possono trovare altre sistemazioni economiche tra cui il semplicissimo *Bassett Motel* (800 York St.; ⓣ 757/229-5175, *www.bassettmotel.com*; ❸) e il pulito e comodo *Quarterpath Inn* (620 York St.; ⓣ 1-800/446-9222, *www.quarterpathinn.com*; ❸). A Yorktown, il *Duke of York Motel* (508 E Water St.; ⓣ 757/898-3232, *www.dukeofyorkmotel.com*; ❸) situato lungo il fiume York offre camere affacciate sulla spiaggia, alcune delle quali dotate di cucinotto, frigorifero e vasca idromassaggio. Per una sistemazione più lussuosa provate il *Marriott's Manor Club at Ford's Colony* (101 St. Andrews Drive; ⓣ 757/258-5705, *www.marriott.com*; ❽), situato 4 miglia (6,5 km) fuori città, che offre ville lussuose e unità abitative più economiche con lettori DVD, caminetti e patio. Lungo la US-5 e la US-60 a ovest di Williamsburg ci sono inoltre diversi **campeggi** (piazzole $25-35).

I numerosi **ristoranti** e taverne lungo Duke of Gloucester Street a Colonial Williamsburg servono piatti da pub buoni ma costosi; alcuni sono aperti solo in alta stagione (generalmente da aprile a ottobre) e in tutti, fatta eccezione per la *Chowning's Tavern*, è richiesta la prenotazione (ⓣ 1-800/HISTORY). A ovest del quartiere storico, nel centro commerciale di Merchants Square, l'eccellente *Trellis Café* (☎ 757/229-8610) serve costosi piatti di carne e pesce a cena e panini e hamburger a prezzi contenuti a mezzogiorno; sull'altro lato della strada, il *Cheese Shop* (☎ 757/220-0298) è un negozio di gastronomia che prepara fantastici panini, ma nelle ore di punta è sempre molto affollato. Per piatti ancora più fantasiosi provate il *Whitehall* (1325 Jamestown Rd.; ☎ 757/229-4677), un elegante ristorante di categoria elevata specializzato in piatti francesi prevalentemente a base di frutti di mare e di manzo. Anche vicino al William and Mary College ci sono alcuni eccellenti ristoranti, come il *Green Leafe Café* (765 Scotland St.; ☎ 757/220-3405) che offre chili, hamburger, pizza e pasta e trenta birre alla spina.

La costa atlantica

Il trafficato porto di **Norfolk** è situato al centro della costa orientale all'altezza della Chesapeake Bay. Unico centro dell'industria pesante della Virginia, non è una località particolarmente invitante ma vanta una lunga tradizione marinara e navale ed è sede del Chrysler Museum, una delle più belle gallerie d'arte della regione. Lungo la costa atlantica, 15 miglia (24 km) a est di Norfolk, **Virginia Beach** vanta la spiaggia più popolare dello Stato che in estate è sempre molto affollata.

Il resto della costa atlantica della Virginia si affaccia sulla **Eastern Shore**, una regione isolata e scarsamente popolata la cui principale località è **Chincoteague**. Situata sull'isola omonima, la cittadina ospita una riserva naturale che si estende oltre il confine del Maryland ed è parte dell'Assateague Island National Seashore.

Norfolk e Portsmouth

Insieme a Hampton Roads e Newport News sulla riva settentrionale del fiume James, **NORFOLK** è sede della base navale più grande degli Stati Uniti, nella quale prestano servizio circa 60.000 marinai e dove fanno regolarmente scalo le enormi unità navali della marina americana. Situato sul lungomare di Norfolk, il **Nauticus National Maritime Center** (giugno-agosto: tutti i giorni 10-17; settembre-maggio: mar-sab10-17, dom 12-17; ☎ 757/664-1000, *www.nauticus.org*; $11) è un gigantesco museo navale dotato di esposizioni oceanografiche, vasche che permettono di accarezzare creature marine e innocui squali nutrice, grandi acquari, proiezioni su schermo gigante e un sommergibile per scendere nelle profondità marine. Al secondo piano, l'**Hampton Roads Naval Museum** (giugno-agosto: tutti i giorni 10-17; settembre-maggio: mar-sab10-17, dom 12-17; *www.hrnm.navy.mil*; ingresso libero) ripercorre la storia marittima della regione. Di fronte al centro, potrete visitare il ponte della **USS Wisconsin** (stessi orari; ingresso libero).

Un piccolo **ferry boat** (orari soggetti a variazioni, generalmente 7.15-23.30 nei giorni feriali e 10.15-23.45 nei fine settimana; *www.hrtransit.org*; $1) fa la spola dal vicino **Waterside Park** alla storica città di **PORTSMOUTH**, dall'altra parte del porto. Sul lungomare gli appassionati di storia navale potranno visitare il **Norfolk Naval Shipyard Museum** (2 High St.; lun-sab 10-17, dom 13-17; settembre-maggio chiuso lun; ☎ 757/393-8591, *www.portsnavalmuseums.com*; $3) e salire a bordo di una **nave-faro** del secolo scorso (stessi orari del museo, chiusa da dicembre a febbraio) che un tempo operava nel porto. Allontanandosi dal porto, le strade selciate di Portsmouth sono fiancheggiate da graziose case in stile coloniale come il bel **Palazzo di giustizia** (all'angolo tra High St. e Court St.; mar-sab 10-17, dom 13-17; *www.courthouse galleries.com*; ingresso libero), edificato nel 1846 in stile coloniale e oggi sede di una galleria d'arte.

Tornati a Norfolk potete visitare la straordinaria mostra di antiquariato asiatico dell'**Hermitage Foundation Museum** (7637 N Shore Rd.; solo visite guidate di 45 min; lun-sab 10-17, dom 13-17; ⓣ 757/423-2052, *www.hermitage foundation.org*; $5) , situato in un accogliente edificio in stile Tudor sul fiume Lafayette. La collezione comprende tappeti persiani, arazzi medievali, antichi vasellami cerimoniali cinesi e vetri romani. Si possono visitare anche i giardini ($6) e alcuni degli altri edifici del complesso (estate, solo su prenotazione; $40).

Proseguendo sul lungomare in direzione nord per 800 m, all'altezza del Mowbray Arch sorge il **Chrysler Museum** (245 W Olney Rd.; mer 10-21, gio-sab 10-17, dom 13-17; ⓣ 757/664-6200, *www.chrysler.org*; $7, mer ingresso libero). Il museo più prestigioso della città ospita al suo interno l'eclettica collezione del magnate dell'automobile Walter Chrysler Jr. comprendente statue greche, quadri di impressionisti francesi, opere astratte di Franz Klein e ceramiche funerarie maya nonché splendidi oggetti in vetro Tiffany e Lalique. Per uno spaccato di vita della borghesia locale intorno al 1800 potete visitare la **Moses Myers House** (Bank St. all'altezza di E Freemason St.; mer-sab 10-16, dom 13-16; ingresso libero), elegante abitazione di uno dei residenti ebrei più facoltosi di Norfolk adorna di ritratti di Gilbert Stuart e Thomas Sully, e il **Norfolk History Museum** (601 E Freemason St.; mer-sab 10-16, dom 12-16; ⓣ 757/441-1526; ingresso libero), un museo di storia locale interessante soprattutto per l'imponente palazzo georgiano del 1794 in cui è allestito.

Notizie utili

Airport Connection (ⓣ 757/963-0433) collega il centro di Norfolk con il **Norfolk International Airport** ($21), situato a 5 miglia (8 km) in direzione nord-est. Gli **autobus** Amtrak provenienti da Newport News fermano in W Bute St. all'altezza di York St., mentre la fermata dei mezzi Greyhound è al n. 701 di Monticello Ave. Il **centro visitatori** si trova presso il Nauticus Center (232 E Main St.; tutti i giorni 9-17; ⓣ 757/664-6620 o 1-800/368-3097, *www.norfolk cvb.com*), ma per chi arriva in automobile c'è un altro comodo centro visitatori con parcheggio all'uscita 273 della I-64 (9401 Fourth View St.; tutti i giorni 9-17; ⓣ 757/441-1852). Gli **autobus gratuiti NET** offrono il collegamento con i principali luoghi d'interesse di Norfolk (lun-ven 6-23, sab 12-24, dom 12-20; *www.norfolk.gov/Visitors/net.asp*).

Gli **alloggi** della vicina Virginia Beach (vedi p. 334) sono decisamente migliori degli anonimi alberghi appartenenti a catene di Norfolk. Due eccezioni sono il piacevole *Freemason Inn* (411 W York St.; ⓣ 757/963-7000, *www.freemasoninn.com*; ⑥), un B&B con quattro camere dotate di caminetto, letto a baldacchino e vasca idromassaggio, e il signorile *Governor Dinwiddie* (506 Dinwiddie St.; ⓣ 757/392-1330, *www.hawthorn.com*; ⑥), un'istituzione di Portsmouth recentemente rinnovato con camere e suite dotate di lettori DVD, cucina e wet bar (bancone con il lavandino). Per quanto riguarda i locali dove **mangiare** potete scegliere tra le appetitose tapas e i cocktail piccanti di *Bardo* (430 W 21st

St.; ☎ 757/622-7362) e la cucina eclettica di *The 219* (219 Granby St.; ☎ 757/627-2896), che propone torte alla polpa di granchio, tagliolini, bistecche e sostanziosi panini. Per gustare una cucina tipicamente americana a prezzi economici andate da ★*Doumar's* (1919 Monticello Ave.; ☎ 757/627-4163), un ristorante stile drive-in degli scorsi anni Cinquanta dove i pasti vengono serviti in macchina da camerieri con il cappellino bianco; le specialità della casa sono la carne alla brace, gli hamburger e i coni gelato. Il **Wells Theater** (110 E Tazewell St.; ☎ 757/627-1234), situato nel centro di Norfolk, propone commedie, musical e qualche spettacolo di varietà in un sontuoso edificio del 1913.

Virginia Beach

La vasta stazione balneare di **VIRGINIA BEACH** si è estesa fino a diventare la città più grande dello Stato, con una popolazione di quasi mezzo milione di abitanti. Nonostante i negozi pacchiani del lungomare e i numerosi bar frequentati da surfisti dal testosterone a mille, l'atmosfera rilassata del luogo invita a trattenersi più a lungo del previsto.

La principale attrattiva locale è la lunga **spiaggia** di sabbia costeggiata dai consueti alberghi e motel e da una passerella in legno costellata di bar, ristoranti e locali notturni. Virginia Beach è rinomata anche per il **surf** e alla fine di agosto ospita l'**East Coast Surfing Championships** (☎ 1-800/861-SURF, *www.surfecsc.com/index.html*). Si possono noleggiare tavole da surf e body-surf presso Wave Riding Vehicles (Cypress Ave. all'altezza di 19th St.; ☎ 757/422-8823). La via principale è l'animato lungomare, Atlantic Avenue.

Il **Virginia Aquarium and Marine Science Center** (717 General Booth Blvd.; tutti i giorni: estate 9-19; resto dell'anno 9-17; ☎ 757/385-FISH, *www.vmsm.com*; $12, $17 con cinema IMAX) offre una ricca esposizione di fauna marina comprendente vasche di squali, razze, tartarughe marine, meduse e altre creature, mostre tecnologiche, un cinema IMAX, un aviario con decine di specie endemiche e un breve e piacevole percorso naturalistico attraverso la **salina di Owls Creek**. Il centro organizza anche uscite in barca per l'**avvistamento di delfini** (aprile-ottobre; 90 min; $18) e **balene** (2 h 30 min; fine dicembre-metà marzo; $28), da prenotare in anticipo.

Proseguendo verso nord, presso il quartier generale dell'Association for Research and Enlightenment (215 67th St. all'altezza di Atlantic Ave.; lun-sab 9-20, dom 12-20; *www.edgarcayce.org/visit_are*; ingresso libero), l'eccentrico **A.R.E. Center** è dedicato al sensitivo **Edgar Cayce** (1877-1945), denominato "il profeta dormiente" e famoso per la sua capacità di entrare in trance e diagnosticare e curare malattie anche a distanza. I visitatori possono consultare la fornitissima biblioteca metafisica, assistere a conferenze ispirate alla filosofia New Age (tutti i giorni 15.30) e mettere alla prova le proprie capacità extrasensoriali (sab e dom 13). Vicino al centro, il **First Landing State Park** è il parco statale più popolare della Virginia e ospita il punto in cui nel 1607 approdarono i primi coloni inglesi prima di insediarsi a Jamestown; il parco è perfetto per andare in barca e in bicicletta e al suo interno ci sono diversi campeggi (alcuni dotati di elettricità; ☎ 1-800/933-PARK; $24-30) e una spiaggia che si estende sulla Chesapeake Bay. Circa 8 miglia (13 km) più all'interno si trova uno dei molti siti storici della città (richiedete l'elenco completo al centro visitatori), l'**Adam Thoroughgood House** (1636 Parish Rd.; mar-sab 9-17, dom 11-17; ☎ 757/460-7588; $4), la tozza casa in mattoni di un leader dei coloni e capitano della milizia locale che iniziò la sua vita nel Nuovo Mondo come domestico; la sua storia, e quella della colonia, è raccontata attraverso gli oggetti esposti nel museo.

La costa a nord e a sud è costellata di belle spiagge tranquille di sabbia dorata. A sud si trovano la **Back Bay National Wildlife Refuge** (tutti i giorni alba-tramonto; *www.fws.gov/backbay*; $5 automobili, $2 pedoni e ciclisti), una bella riserva che si estende su una superficie di 3200 ettari dove potrete fare escursioni a piedi e in bicicletta o pescare (ma non nuotare), e il **False Cape State Park**, una lingua di terra larga 1 miglio a cavallo tra la Virginia e il North Carolina che è una delle zone costiere più incontaminate della regione. Il parco è accessibile solo a piedi, in bicicletta o in barca (le automobili sono vietate) e dispone di un campeggio molto spartano (T 1-800/933-PARK; $11 a notte).

Notizie utili

I pullman della compagnia Greyhound fermano all'altezza di 1017 Laskin Rd., nei pressi di 31st Street, mentre le fermate dei mezzi Amtrak provenienti da Newport News si trovano in 19th Street e in Pacific Avenue. Il **centro visitatori** (2100 Parks Ave. all'altezza di 21st St.; tutti i giorni 9-17; T 1-800/822-3224) si trova all'estremità orientale della I-264, 800 m a ovest della spiaggia. Il mezzo di trasporto più comodo è il **tram** chiamato The Wave (giugno-agosto: tutti i giorni 8-2; T 757/222-6100, *www.hrtransit.org*; $1) che presta servizio lungo Atlantic Avenue (n. 30; da maggio a ottobre) e lungo altri due percorsi all'interno della città. La compagnia gestisce anche un servizio di autobus (biglietti $1,50).

Virginia Beach offre eccellenti **alberghi** di categoria economica. A un isolato dall'oceano, *Angie's Guest Cottage* (aprile-ottobre; T 757/491-1830; 302 24th St.) offre letti in camerata a partire da $17-21, camere private ❷ e convenienti sistemazioni con trattamento B&B a partire da ❹ (per queste ultime è richiesto un soggiorno minimo di due notti). In estate le tariffe degli alberghi sul lungomare si aggirano sui $200. Per spendere qualcosa di meno potete provare *The Capes Ocean Resort* (2001 Atlantic Ave.; marzo-ottobre; T 757/428-5421; *www.capeshotel.com*; ❸ ma le tariffe estive possono raggiungere i $150), che offre una varietà di camere tutte con balcone vista mare e frigorifero, e il *Cavalier* (Atlantic Ave. all'altezza di 42nd Street; T 1-800/446-8199; *www.cavalierhotel.com*; ❻), un albergo signorile del 1927 situato sul lungomare e dotato di due piscine, palestra e campi da tennis e camere con frigorifero e forno a microonde (supplemento $60 per la vasca idromassaggio).

In città ci sono anche alcuni ottimi **ristoranti** e alcuni discreti **locali notturni**. Tra i migliori locali segnaliamo *Tilted Table* (2181 Upton Drive; T 757/563-8458) che offre un buon assortimento di economici piatti di pasta, carni più costose e deliziosi frutti di mare crudi, e l'esclusivo *One Fish-Two Fish* (2109 W Great Neck Rd.; T 757/496-4350) dove troverete molti piatti di pesce ma anche bistecche e costolette di agnello. I ristoranti sul lungomare non sono niente di speciale, ma *Catch 31* (3001 Atlantic Ave.; T 757/213-3472) offre discreti hamburger e piatti "surf-and-turf" (a base di crostacei, pesce e carne) e una piacevole vista sul mare, mentre *Baja Cantina* (206 23rd St.; T 757/437-2920) è un bar accogliente dove gustare piatti messicani a prezzi convenienti. Per ascoltare **musica dal vivo** provate il *Jewish Mother* (3108 Pacific Ave.; T 757/422-5430), un negozio di gastronomia che la sera si trasforma in bar e propone esibizioni di blues e roots, talvolta eseguiti da artisti affermati (biglietti per i concerti $5-20).

La Eastern Shore

Separata dal resto dello Stato dalla Chesapeake Bay, la **Eastern Shore** è il tratto di costa più lungo e isolato della Virginia. La penisola di Delmarva (vedi p. 367), che si frappone fra la costa orientale e l'oceano, è infatti territorio del Maryland tranne che per l'ultima, lunga appendice orlata di isolette, che appartiene alla Virginia pur essendo un territorio completamente slegato dal resto dello Stato.

La US-13, che corre al centro della penisola e rappresenta una comoda scorciatoia per chi arriva da Filadelfia o è diretto a nord, attraversa 17 miglia (28 km) di mare aperto della Chesapeake Bay grazie al **Chesapeake Bay Bridge-Tunnel** (*www.cbbt.com*; pedaggio $12 solo andata, $17 andata e ritorno nelle 24 h). Lunga 23 miglia (37 km), la strada corre quasi sempre a pochi metri dall'acqua, immergendosi due volte sotto la superficie prima di raggiungere l'estremità meridionale a metà strada tra Norfolk e Virginia Beach. La costa ai due lati della US-13 è punteggiata di piccoli villaggi di pescatori come Nassawadox, Assawoman e Accomac, seminascosti lungo sconnesse strade secondarie.

Chincoteague e Assateague Island National Seashore

Chincoteague, situata sull'isola omonima lunga 7 miglia (11 km) poco più a sud del confine con il Maryland, è la più bella località della Virginia affacciata sulla Eastern Shore. Poco più di un villaggio, Chincoteague si sta lentamente popolando di nuovi residenti e condomini residenziali, ma resta comunque una base comoda e rilassante per esplorare la **Assateague Island National Seashore** (☎ 757/336-6577, *www.nps.gov/asis*; automobili $15/5 settimana/giorno), raggiungibile solo dal Maryland. Nella parte settentrionale di quest'isola ci sono diversi bei sentieri escursionistici e possibilità di **campeggio** fino a esaurimento posti con vista sulla baia o sull'oceano (metà ottobre-metà aprile; ☎ 410/641-3030; $16). Nella parte meridionale della costa, a meno di 2 km da Chincoteague, si estende la **Chincoteague National Wildlife Refuge** (tutti i giorni: maggio-settembre 5-22; novembre-aprile 6-18; ottobre 6-20; automobili $10/settimana), una riserva di 5600 ettari che ospita numerosi uccelli acquatici migratori e pony che vivono allo stato brado. Per informazioni sui sentieri che si snodano per 15 miglia (24 km) tra dune e paludi e sulla bella spiaggia di **Tom's Cove**, contattate il **centro visitatori** (☎ 757/336-6122, *www.chinco.fws.gov*). Se vi trovate a Chincoteague l'ultimo mercoledì di luglio, non perdete l'annuale **Pony Swim**, in occasione del quale i 300 pony che vivono sulla Assateague Island vengono condotti a nuoto attraverso il canale che separa l'isola dalla terraferma fino al Chincoteague Memorial Park e venduti all'asta per sostenere la comunità locale.

Tra le migliori **sistemazioni** di Chincoteague segnaliamo la splendida *Island Manor House* (4160 Main St.; ☎ 1-800/852-1505; *www.islandmanor.com*; ❺), un elegante B&B con 8 camere pittoresche arredate con mobili antichi, il *Refuge Inn* (7058 Maddox Blvd.; ☎ 757/336-5511; *www.refugeinn.com*; ❹), che offre diverse belle camere e suite con patio e balconi privati (tenete però presente che le tariffe raddoppiano in estate), e la *Cedar Gables Seaside Inn*, (6095 Hopkins Lane; ☎ 1-888/491-2944; *www.cedargable.com*; ❼), un accogliente B&B dotato di 4 suite con caminetto, vasca idromassaggio, lettore CD e frigorifero. Il miglior **ristorante** di pesce è *Bill's Seafood* (4040 Main St.; ☎ 757/336-5831), dove troverete deliziosi granchi, ostriche, vongole e gamberi a prezzi contenuti.

Charlottesville e valle dello Shenandoah

I picchi poco elevati e ricoperti di fitte foreste delle **Blue Ridge Mountains** costituiscono la sezione orientale delle Appalachi Mountains, che si estendono per 400 miglia (640 km) parallelamente alla costa atlantica. Le montagne furono scelte dalla corona inglese per delimitare la linea di confine ufficiale della colonia, nel tentativo non sempre riuscito di impedire ai coloni americani di invadere le terre degli indiani (e interferire con i trattati) durante il periodo coloniale. Al centro geografico dello Stato si trova l'accogliente cittadina universitaria di **Charlottesville**, che ospita due siti legati a Thomas Jefferson. Più a sud, l'**Appomattox Court House** è il luogo in cui il generale Robert E. Lee, comandante in capo dell'esercito confederato, si arrese alle forze nordiste. A ovest si estende la rigogliosa **valle dello Shenandoah**, teatro di importanti battaglie durante la guerra di secessione; nella valle si trova lo **Shenandoah National Park** la cui cima più alta, il monte Rogers, raggiunge i 1746 m.

La strada principale che attraversa la valle dello Shenandoah è la I-81, raggiungibile da nord con la I-66 proveniente da Washington e dal centro con la I-64 proveniente da Richmond via Charlottesville. Ci sono numerose altre strade panoramiche, più tortuose e lente da percorrere ma molto più suggestive, come la **Skyline Drive** e la **Blue Ridge Parkway** che percorrono la dorsale delle montagne raggiungendo anche i 1200 m di altitudine. L'**Appalachian Trail**, il celebre percorso escursionistico, attraversa la parte centrale della valle e molte strade secondarie si possono percorrere in bicicletta, ma tenete presente che per esplorare in lungo e in largo la regione avrete bisogno di un'automobile.

Charlottesville

CHARLOTTESVILLE, situata 70 miglia (112 km) a ovest di Richmond, conserva alcuni pregevoli edifici del periodo coloniale che si possono ammirare passeggiando lungo le vie del centro ombreggiate dalle magnolie, e in particolare negli isolati pedonali di **Main Street**. La destinazione turistica più popolare di Charlottesville è **Monticello**, la residenza di Thomas Jefferson situata in cima a una collina a est della città e affacciata sul bel campus della University of Virginia, anch'esso progettato da Jefferson.

University of Virginia

La **University of Virginia** era il principale motivo di orgoglio dell'autore della Dichiarazione d'indipendenza e terzo presidente degli Stati Uniti. Thomas Jefferson ne progettò ogni edificio fin nei minimi dettagli, programmò il piano di studi e selezionò le facoltà. A differenza delle altre università dell'epoca, la University of Virginia era indipendente dalla dottrina religiosa (la teologia fu bandita dai corsi di studio) e proponeva un'educazione su scala più estesa e liberale (Jefferson fu tra i primi a promuovere la separazione tra la chiesa e lo Stato).

Simbolo dell'ateneo è l'imponente **Rotunda** in mattoni rossi sormontata da una cupola bianca, ispirata al Pantheon di Roma e completata nel 1821 per ospitare la biblioteca e le aule (ma ricostruita nel 1976). Una galleria nel seminterrato ripercorre la storia dell'università, mentre al piano superiore un salone centrale riccamente decorato collega tre aule ellittiche. Una scalinata sale fino alla **Dome Room**, dove coppie di colonne corinzie si innalzano fino a un lucernario vetrato. Dalla Rotunda partono le visite guidate gratuite del campus (tutti i giorni alle 10, 11, 14, 15 e 16, vacanze escluse; 45 min). Sui due lati di un lussureggiante giardino di forma quadrangolare – **The Lawn** – portici colonnati collegano i padiglioni a un piano che ospitano i dormitori degli studenti a dieci edifici più alti nei quali si trovano gli alloggi dei professori e le aule per le lezioni.

Paralleli a questi edifici sorgono altri due padiglioni di dormitori, detti East e West Range, ognuno con il proprio giardino cintato separato dagli altri grazie a muri chiamati "serpentine". **Edgar Allan Poe** fu uno degli ospiti del West Range nel 1826, prima di abbandonare l'università sommerso dai debiti di gioco. La sua camera – la numero 13, naturalmente – è stata restaurata dall'onorata Ravens Society (*www.uvaravensociety.com*), che si occupa di mantenerla tetra e spartana come all'epoca della sua permanenza.

Monticello

Situato 3 miglia (4,8 km) a sud-est di Charlottesville lungo la Hwy-53, **Monticello**, che fu la residenza di Thomas Jefferson per buona parte della sua vita, è uno degli edifici più conosciuti degli Stati Uniti (la sua immagine è impressa sul retro della moneta da cinque centesimi di dollaro). La dimora sorge in cima a un colle che offre belle vedute della campagna della Virginia ed è circondata da una tenuta che un tempo era una vasta piantagione. La facciata simmetrica in mattoni con il portico bianco sorretto da colonne doriche nasconde un interno eccentrico, ancora arredato come ai tempi in cui vi abitava Jefferson.

Monticello si può visitare partecipando a una **visita guidata** (tutti i giorni: marzo-ottobre 8-17; novembre-febbraio 9-16.30; ☎ 434/984-9822, *www.monticello.org*; $15). Esternamente, la casa sembra un'elegante dimora di campagna in stile palladiano, ma non appena si entra nell'atrio a cupola pieno di

△ Monticello

pelli di animali, oggetti d'artigianato indigeno, ossa fossilizzate e corna d'alce (tutti raccolti da Lewis e Clark durante la loro epica spedizione del 1804 attraverso il Nord America, che Jefferson sponsorizzò durante la sua presidenza) si comincia a scorgere un altro lato di Jefferson. Il suo amore per i congegni e i meccanismi è testimoniato, tra gli altri, da un elaborato dispositivo a due penne che usava per copiare automaticamente tutte le sue lettere e dalla banderuola sul tetto collegata a un orologio collocato nel patio così da poter rilevare la direzione del vento senza uscire di casa. Nelle sue **stanze private**, il presidente dormiva in una minuscola alcova che collegava il suo studio e il suo spogliatoio, in modo da scendere dal letto a destra se voleva scrivere qualcosa a tarda notte e a sinistra se voleva vestirsi.

Nel prezzo del biglietto è compresa la visita dei **giardini** (aprile-ottobre 9-16) pieni di aiuole fiorite e orti che si estendono verso sud e ovest, di altre parti della piantagione (10-15) e dei resti del **Mulberry Row**, i ricoveri degli schiavi che lavoravano a Monticello. Pur definendo lo schiavismo un "abominevole crimine", il presidente americano possedeva quasi duecento schiavi e recenti ricerche indicano che probabilmente ebbe uno o più figli da una di essi, Sally Hemings. All'estremità meridionale di Mulberry Row, un boschetto di latifoglie circonda la tomba di Jefferson, sormontata da un semplice **obelisco** in pietra; l'epitaffio che ricorda i suoi tre maggiori risultati non dice che fu presidente degli Stati Uniti.

Notizie utili

I treni Amtrak provenienti da Washington fermano alla stazione situata in 810 W Main St.; la stazione dei pullman Greyhound si trova al n. 310 di W Main St. Tutti i principali luoghi d'interesse di Charlottesville sono raggiungibili a piedi, compreso il **centro visitatori** principale (610 E Main St.; lun-sab 10-17, dom 11-15; ⓣ 434/293-6789 o 1-877/386-1103, *www.pursuecharlottesville.com*). Un altro centro visitatori (tutti i giorni 9-17; ⓣ 434/977-1783), ben segnalato sulla Hwy-20 poco più a sud della I-64, ospita una splendida e istruttiva mostra gratuita di 400 pezzi intitolata "Thomas Jefferson at Monticello".

A Charlottesville non mancano gli **alloggi**, anche se nella maggior parte dei casi si tratta dei consueti alberghi appartenenti a catene. Per qualcosa di diverso, provate l'*English Inn* (2000 Morton Drive; ⓣ 434/971-9900; *www.englishinncharlottesville.com*; ❺), un grande motel vecchio stile dalla facciata in stile Tudor che dispone di camere pulite e funzionali, alcune dotate di frigorifero e forno a microonde. Il *200 South Street Inn* (200 South St.; ⓣ 434/979-0200; *www.southstreetinn.com*; ❻) è un **B&B** con un buon rapporto qualità prezzo situato in due case restaurate piene di oggetti antichi; alcune delle camere hanno il caminetto e la vasca idromassaggio. *Inn at Court Square* (410 E Jefferson St.; ⓣ 434/295-2800; *www.innatcourtsquare.com*; ❻) è un'altra bella struttura che offre nove camere con trattamento di B&B e un'eccellente cucina del Sud. Per prenotare un B&B potete rivolgervi al servizio di prenotazione Guesthouses (ⓣ 434/979-7264, *www.va-guesthouses.com*).

I migliori **ristoranti** e **bar** si trovano vicino all'università e al viale pedonale del centro. Poco più a nord di questo, ★ l'elegante *Tastings* (502 E Market St.; ⓣ 434/293-3663) serve bistecche, fricassee e granchio in casseruola e una buona lista di vini, molti dei quali di produzione locale. Un isolato più a nord, *Court Square Tavern* (500 Court Square; ⓣ 434/296-6111) è una taverna in stile inglese dove potrete trovare un ricco assortimento di birre (più di cento tipi diversi) e sostanziosi piatti da pub a prezzi convenienti. Infine il *C&O Re-*

staurant (515 E Water St.; ☎ 434/971-7044), all'interno di un vecchio edificio delle ferrovie, offre stuzzichini al bar e specialità della nuova cucina del Sud nel ristorante al piano superiore.

Appomattox Court House

Circondato dalle dolci colline della Virginia centrale, circa 60 miglia (96 km) a sud di Charlottesville lungo la US-460 e la Hwy-24, il villaggio di **APPOMATTOX COURT HOUSE** è il luogo in cui il 9 aprile del 1865 il generale dell'esercito confederato Robert E. Lee si arrese al generale nordista Ulysses S. Grant, ponendo termine alla sanguinosa guerra di secessione, durata quattro anni. La resa fu firmata presso la casa della **famiglia McLean** che, ironia della sorte, si era trasferita qui dopo che la prima grande battaglia, Bull Run, era stata combattuta sulla loro proprietà di Manassas. I particolari della resa sono illustrati presso l'**Appomattox Court House National Historical Park** (tutti i giorni 8.30-17; *www.nps.gov/apco*; $3-4 a persona in base al periodo). Il villaggio è stato restaurato con cura e la casa dei McLean è stata trasformata in un museo.

L'**albergo** più vicino si trova nel più recente borgo di **Appomattox**, situato pochi chilometri più a ovest: l'accogliente *Longacre B&B* (1670 Church St.; ☎ 434/352-9251 o 1-800/758-7730; *www.longacreva.com*; ④) è circondato da boschi secolari di bossi e dispone di una piccola piscina. Alcuni chilometri a nord-ovest dell'abitato, lungo la Rte-613, *Spring Grove Farm* (Spring Grove Rd.; ☎ 434/352-74293440; *www.springgrovefarm.com*; ⑤) si trova in una piantagione del 1842 che si estende per 80 ettari e offre 12 camere e suite arredate con gusto in stile coloniale (alcune con caminetto) e dotate di vasche idromassaggio.

Shenandoah National Park

Caratterizzato da fitte foreste, ripide gole rocciose e belle cascate, lo **SHENANDOAH NATIONAL PARK** non era originariamente un'area incontaminata ma fu creato durante la Grande Depressione, quando centinaia di piccole fattorie a conduzione familiare furono allontanate e trapiantate in nuove aree dal governo nazionale e federale e la natura si riappropriò del territorio. Non sorprende quindi che la strada che attraversa il parco, la **Skyline Drive**, sia una delle più panoramiche di tutti gli Stati Uniti. Shenandoah significa "fiume delle alte montagne" e la sottile e tortuosa striscia di asfalto lunga 105 miglia (168 km) corre proprio lungo la dorsale delle Blue Ridge Mountains. La strada parte nei pressi della I-66, vicino alla città di **Front Royal**, 75 miglia (120 km) a ovest di Washington, e si snoda attraverso il parco in direzione sud offrendo la possibilità di ammirare panorami fantastici.

L'**ingresso** al parco per una settimana costa $15 per le automobili e $8 per le persone (rispettivamente $10 e $5 in inverno). Il parco è splendido in tutte le stagioni ed è attraversato da numerosi **sentieri escursionistici**, lunghi mediamente da 2 a 6 miglia (3-10 km). Uno di questi inizia vicino al centro visitatori di Byrd e si snoda fino alle cascate di **Dark Hollow Falls**; un'altra escursione decisamente impegnativa parte dalla Skyline Drive all'altezza del Mile 45 (miglio 45) e si arrampica fino alla cima dell'**Old Rag Mountain**, offrendo panorami spettacolari di tutta la Virginia e dei monti Allegani a ovest. Gli escursionisti più ambiziosi, o coloro che desiderano trascorrere la notte in mezzo alla natura, possono raggiungere l'**Appalachian Trail**. I seguenti **cen-**

tri visitatori (tutti i giorni 8.30-17; ⓣ 540/999-3500, *www.nps.gov/shen*) forniscono informazioni dettagliate su tutte le escursioni sopra citate e permessi per il campeggio libero: Dickey Ridge (Mile 4,6), Harry F. Byrd Sr (Mile 51) e Loft Mountain (Mile 79).

Per **pernottare**(ⓣ 1-888/896-3833) all'interno del parco, potete scegliere tra lo *Skyland Lodge*, una struttura del 1894 dotata di camere e bungalow (Mile 41,7; ❻) e di un grande ristorante con vista panoramica, il *Big Meadows Lodge*, che offre servizi analoghi (Mile 51,2; ❻), e il *Lewis Mountain Cabins* dotato di bungalow rustici ma accoglienti (Mile 57,5; ❹). Nel parco si trovano anche 4 campeggi ($15-17 a notte); prenotazioni on line su *www.recreation.gov* o telefonando al ⓣ 1-877/444-6777.

Valle dello Shenandoah

Molte delle cittadine pittoresche della **VALLE DELLO SHENANDOAH**, che si estende sotto la Skyline Drive, furono distrutte durante la guerra di secessione (il controllo della regione passò di mano tra le parti più di 70 volte, provocando circa 100.000 morti e feriti) ma oggi sono state accuratamente restaurate. Le strade secondarie, circondate da allevamenti di cavalli e meleti, sono costellate di monumenti e cimiteri. La regione è stata designata ufficialmente **National Historic Area** e racchiude otto importanti campi di battaglia con i rispettivi centri visitatori, mostre di armi antiche e musei; per maggiori informazioni sull'itinerario a piedi o in automobile lungo i luoghi della guerra di secessione, consultate il sito *www.shenandoahatwar.org*.

Oltre ai siti militari, nella parte settentrionale della valle dello Shenandoah ci sono alcune delle numerose **grotte calcaree** della Virginia, generalmente di proprietà di privati e piuttosto turistiche; per visitarle si spendono tra $15 e $20. Tra le più vaste segnaliamo le **Luray Caverns**, situate 12 miglia (19,2 km) a est di New Market, nei pressi della Hwy-211 (tutti i giorni: aprile-metà giugno e settembre-ottobre 9-18; metà giugno-agosto 9-17; novembre-marzo 9-16; *www.luraycaverns.com*; $19); durante la visita guidata di un'ora potrete ammirare straordinarie formazioni calcaree, una delle quali simile a un gigantesco organo con le "canne" formate da stalagmiti. Più a sud, nei pressi della Hwy-250 a nord-ovest della cittadina di **STAUNTON**, il **Frontier Culture Museum of Virginia** (tutti i giorni: inverno 10-16; resto dell'anno 9-17; *www.frontiermuseum.org*; $10) ospita sei autentiche fattorie d'epoca provenienti da diversi paesi europei e ricostruite pezzo per pezzo. Più che un museo si tratta di un parco a tema storico, ma è comunque un'esperienza interessante che offre uno spaccato della dura vita dei contadini del passato. Il **Woodrow Wilson Presidential Library** (18-24 N Coalter St.; tutti i giorni: marzo-ottobre 9-17; novembre-febbraio 10-16, dom 12-16; *www.woodrowwilson.org*; $12) commemora il 28° presidente degli Stati Uniti, personaggio ancora controverso per la sua decisione di partecipare alla prima guerra mondiale e per le sue varie crociate morali, attraverso una rievocazione della sua vita accademica e politica. Accanto al museo potrete visitare la casa natale di Wilson e la sua lussuosa limousine presidenziale Pierce-Arrow.

Lexington

Con i carretti trainati dai cavalli che si aggirano per le tranquille strade selciate, **Lexington** è una placida cittadina ricca di languide atmosfere campagnole e ricordi della guerra. Uno dei più interessanti è il cupo **Lee Chapel and Museum** (aprile-ottobre: lun-sab 9-17, dom 13-17; novembre-marzo: lun-sab 9-16, dom 13-16; *www.chapelapps.wlu.edu*; ingresso libero), situato poco più a nord del centro cittadino nell'imponente campus colonnato della **Washington and Lee University**. Al termine della guerra di secessione, l'icona dell'esercito confederato insegnò in questa università, che all'epoca si chiamava Washington University. La sua tomba e quella della sua famiglia si trovano nella cripta della cappella, mentre il suo cavallo, Traveler, è sepolto all'esterno. A est della cappella, ai margini del cortile delle parate del **Virginia Military Institute**, il **George C. Marshall Museum** (lun-sab 9-17, dom 13-17; ⓣ 540/463-7103, *www.marshallfoundation.org*; $5) ospita una rievocazione della vita del generale della seconda guerra mondiale e futuro segretario di Stato George C. Marshall.

Nel centro di Lexington, la **Stonewall Jackson House** (8 E Washington St.; lun-sab 9-17, dom 13-17; *www.stonewalljackson.org*; $6) commemora un altro grande combattente, che qui visse e insegnò alla locale Accademia Militare prima di partire per la guerra (dove morì nella battaglia di Chancellorsville, ucciso dal fuoco amico). La spartana casa in mattoni del 1801 è ancora arredata come ai tempi in cui il futuro generale confederato vi abitava. Jackson è sepolto poco lontano, insieme a 144 altri "ribelli", nello **Stonewall Jackson Memorial Cemetery** (all'incrocio tra S Main St. e White St.; tutti i giorni alba-tramonto; ingresso libero).

Se ne avete abbastanza di storia militare, potete fare una gita fuori città e visitare la **Cyrus McCormick's Farm** (tutti i giorni 8.30-17; ⓣ 540/377-2255; ingresso libero), la fattoria-museo con tanto di mulino per cereali, fucina e affumicatoio che celebra il famoso inventore della mietitrice meccanica. La trovate 15 miglia (24 km) a nord di Lexington nei pressi della Rte-606. Per un altro assaggio di vita bucolica, il **Virginia Horse Center** (ⓣ 540-464-2950, *www.horsecenter.org*) occupa una tenuta di 240 ettari subito a nord di Lexington lungo la Rte-39. Il centro ippico dispone di 8 stalle e 18 piste e arene per l'allenamento e le esibizioni – trotto, dressage, salto ostacoli e così via. Alcune sono gratuite, altre costano da $5 e $12 e i biglietti vanno acquistati in anticipo (prenotazioni ⓣ 540/464-2956).

Situato 20 miglia (32 km) a sud di Lexington lungo la US-11, lo spettacolare **Natural Bridge** (tutti i giorni 8-tramonto; *www.naturalbridgeva.com*; $12) è un arco naturale alto quasi 65 m eroso da un torrente; si dice che George Washington abbia inciso le sue iniziali nella roccia (ma ci vuole una vista molto acuta per riuscire a vederle), mentre Thomas Jefferson ne fu così affascinato che acquistò il terreno e ne rimase proprietario per cinquant'anni.

Notizie utili

A Lexington si possono visitare numerose case storiche; presso il **centro visitatori** (106 E Washington St.; tutti i giorni: giugno-agosto 8.30-18; settembre-maggio 9-17; ⓣ 540/463-3777, *www.lexingtonvirginia.com*) troverete una cartina con l'ubicazione di tutte le case aperte al pubblico. Se volete **dormire** in una casa storica, *Historic Country Inns* (ⓣ 1-877/283-9680, *www.lexingtonhistoricinns.com*; ❹-❼ a notte) gestisce alcuni dei B&B più belli della zona, distribuiti in cinque pittoresche case d'epoca per un totale di 43 unità abitative, alcune delle quali dotate di caminetto, vasca idromassaggio e wet bar (bancone con il lavandino). In alternativa, *Magnolia House Inn* (501 S Main St.; ⓣ 540/463-2567, *www.magnoliahouseinn.com*; ❺) offre 5 camere confortevoli e arredate con gusto in un edificio con un bel giardino. Pochi chilometri a nord dell'abitato, *Hummingbird Inn* (30 Wood Lane; ❶ 540/997-9065, *www.hummingbirdinn.com*; ❻) dispone di 5 camere pittoresche in una fattoria ristrutturata del 1780 con una bella sala da pranzo, solarium, veranda e accesso a Internet.

Per quanto riguarda i **ristoranti**, il *Southern Inn Restaurant* (37 S Main St.; ❶ 540/463-3612) è situato in pieno centro e serve buone specialità regionali come polpettone e pollo fritto oltre a piatti di carne, pesce e pasta. Il più costoso *Sheridan Livery Inn* (35 N Main St.; ❶ 540/464-1887) è uno dei migliori ristoranti della zona e propone gamberi alla griglia, torte alla polpa di granchio, spezzatino, paella e vari piatti internazionali. Il *Bistro on Main* (8 N Main St.; ❶ 540/464-4888) è un'ottima alternativa per gustare deliziosi hamburger, frutti di mare e specialità messicane a prezzi più contenuti.

Lungo la Blue Ridge Parkway

Uscendo dallo Shenandoah National Park, dove termina la Skyline Drive inizia la **Blue Ridge Parkway**, una strada altrettanto panoramica che corre in direzione sud-ovest lungo la cresta dei monti Appalachi. Se preferite viaggiare più velocemente potete prendere la **I-81**, che costeggia il fianco delle montagne collegando la Virginia con il North Carolina e le Great Smoky Mountains (vedi p. 403). Per informazioni sui **campeggi** ($16) e i **centri visitatori** situati lungo la Blue Ridge Parkway, telefonate al ❶ 828/271-4779 o consultate il sito *www.nps.gov/blri*. Da maggio a novembre, il *Rocky Knob Cabins* (Mile 174; ❶ 540/593-3503, *www.blueridgeresort.com*; ❸) offre bungalow con angolo cottura e caminetto per un soggiorno indimenticabile nella romantica località di Meadows of Dan. Il *Peaks of Otter Lodge*, situato 20 miglia (32 km) a nord di Roanoke, in Virginia (Mile 86; ❶ 1-800/542-5927, *www.peaksofotter.com*; ❺) è una bella struttura aperta tutto l'anno con camere semplici e pulite e vista sul lago.

Roanoke

ROANOKE, il principale centro della Virginia occidentale situato tra la I-81 e la Blue Ridge Parkway, è famoso per il suo storico **mercato agricolo** che dal 1882 si tiene all'angolo tra Campbell Avenue e Market Street (lun-sab 8-17, dom 10-16; ❶ 540/342-2028). L'affascinante **History Museum of Western Virginia** (1 Market Square; mar-ven 10-16, sab 10-17, dom 13-17; *www.history-museum.org*; $3) ripercorre la storia della regione attraverso una eterogenea collezione che spazia da capi di abbigliamento di epoca vittoriana a documenti firmati da Thomas Jefferson, a cimeli di guerra. Il **Virginia Museum of Transportation** (303 Norfolk Ave.; mar-sab 10-17, dom 13-17; *www.vmt.org*; $8) conserva veicoli rappresentativi della storia dei trasporti come antiche carrozze, autobus e camion dei pompieri e la più grande collezione di locomotive diesel del sud degli Stati Uniti. Il **centro visitatori** (101 Shenandoah Ave. NE; tutti i giorni 9-17; ❶ 540/342-6025 o 1-800/635-5535, *www.visitroanokeva.com*) distribuisce utili cartine della città e informazioni sulle case storiche, le piantagioni e gli altri siti d'interesse turistico. Per uno splendido panorama della valle salite sulla Mill Mountain, a un quarto d'ora di viaggio dal mercato agricolo (fatevi indicare la strada dal personale del centro visitatori), sulla cui sommità è stata eretta nel 1949 la **Roanoke Star**, una stella illuminata alta circa 27 metri che ha valso alla città il soprannome di "Star City."

A differenza di molte altre cittadine della regione, Roanoke vanta un bell'**albergo**, l'★*Hotel Roanoke* (110 Shenandoah Ave.; ☎ 540/985-5900, *www.hotelroanoke.com*; ❼), un elegante edificio costruito in stile Tudor nel 1882 e dotato di tutti i comfort tra cui piscine, centro fitness e connessione a Internet veloce. Il *Roanoke Plaza* (2801 Hershberger Rd.; ☎ 540/563-9300, *www.roanokeplaza.com*; ❺) è un albergo più economico situato vicino all'aeroporto che è stato rimodernato di recente e offre piscina, palestra, sauna e camere con accesso a Internet veloce. Per informazioni sui **B&B** della zona, rivolgetevi al centro visitatori.

A Roanoke troverete diversi piacevoli **ristoranti** e tavole calde: *Texas Tavern* (114 W Church Ave.; ☎ 540/342-4825) è rinomato per le abbondanti porzioni di hamburger, panini e, naturalmente, chili; *Stephen's* (2926 Franklin Rd. SW; ☎ 540/344-7203) offre costose (ma eccellenti) ostriche alla Rockefeller, branzino, salmone e bistecche, e *Grace's Place* (1316 Grandin Rd.; ☎ 540/981-1340) propone un assortimento di pizze, pasta e panini gustosi a prezzi moderati.

Bedford e Lynchburg

Se vi incuriosiscono altre guerre oltre a quella di secessione, potete visitare **BEDFORD**, situata circa 20 miglia (32 km) a est di Roanoke, che perse 21 uomini (su 35, la media pro capite più elevata di tutti gli Stati Uniti) a Omaha Beach durante lo sbarco alleato in Normandia. Per questo motivo Bedford fu scelta per ospitare il **National D-Day Memorial** (tutti i giorni 10-17; ☎ 540/586-DDAY, *www.dday.org*; $5), che sorge su una collina e rievoca lo sbarco dei soldati alleati con monumenti, statue e un imponente arco alto 13 m nella Victory Plaza; per raggiungere il sito, seguite le indicazioni nei pressi della US-460. Circa 20 miglia (32 km) a est di Bedford, **LYNCHBURG** è una vivace cittadina famosa per la **Poplar Forest** (aprile-novembre: mer-lun 10-16; *www.poplarforest.org*; $9), l'**altra** residenza di Thomas Jefferson in Virginia. Costruita nel 1806, la casa a pianta ottagonale con elementi classici palladiani è oggi sottoposta a un lento restauro insieme ai 20 ettari di terreno circostante (un tempo erano 2000): si trova lungo la Rte-661, nei pressi della Rte-460.

West Virginia

La **WEST VIRGINIA** (Virginia Occidentale) è uno Stato povero e prevalentemente rurale. L'economia locale è basata principalmente sulle miniere di carbone e sull'industria del legname, due risorse naturali di cui lo Stato è particolarmente ricco. Chiamata anche "Mountain State" (Stato della montagna), vanta i più lunghi fiumi con rapide e le più vaste aree selvatiche degli Stati Uniti orientali; per questo motivo è diventato una meta molto popolare tra gli escursionisti e gli appassionati di sport d'avventura, al punto che guide e istruttori di sci hanno preso il posto dei contrabbandieri del passato.

Dopo la guerra d'indipendenza, decaduto il confine ufficiale delimitato dai monti Appalachi imposto dalla Gran Bretagna, molti pionieri tedeschi e scozzesi-irlandesi iniziarono a colonizzare la parte occidentale della Virginia, fondando piccole proprietà indipendenti che coltivavano senza ricorrere al lavoro degli schiavi come nelle piantagioni della regione di Tidewater situate nella parte orientale dello Stato. Di conseguenza, quando la Virginia proclamò la propria indipendenza durante la guerra di secessione, la regione occidentale decise di rimanere fedele all'Unione e si staccò dal resto dello Stato. Il nuovo Stato venne riconosciuto ufficialmente dal Congresso nel 1863, e otto anni dopo anche dalla Corte Suprema. Intorno al 1900, quando le prime linee ferroviarie raggiunsero l'interno accidentato, le compagnie del legno cominciarono ad abbattere vasti tratti di foresta per costruire villaggi operai che venivano smantellati quando i lavori si trasferivano altrove. In seguito, le industrie minerarie perfezionarono il concetto di "**company town**" (città-fabbrica), nelle quali i minatori erano costretti a versare ogni mese una piccola parte del loro salario in cambio di vitto e alloggio, una politica che finì per creare grande risentimento tra i lavoratori scatenando la rivolta di uno dei sindacati più potenti degli Stati Uniti, la United Mine Workers.

La meta più popolare dello Stato è la storica cittadina di **Harpers Ferry**, che in realtà è situata a cavallo dei grandi fiumi che segnano il confine tra il Maryland e la Virginia. A ovest, i **monti Allegani** si estendono per più di 150 miglia (240 km) con oltre 400.000 ettari di foreste che in autunno sfoggiano colori belli quanti quelli del New England. La città più antica della Virginia Occidentale, **Lewisburg**, si trova nei pressi della I-64 alle pendici meridionali delle montagne, mentre la capitale **Charleston** è situata più a ovest nella valle relativamente pianeggiante del fiume Ohio.

Come muoversi

Dato che buona parte del territorio dello Stato è occupato da montagne e fiumi, non esistono praticamente strade diritte e pianeggianti e **muoversi** diventa difficile per chi non dispone di un proprio mezzo di trasporto. I pullman Greyhound servono quasi esclusivamente la regione occidentale lungo la Hwy-77, mentre la linea Cardinal della Amtrak attraversa la parte sud-orientale da White Sulphur Springs a Huntington passando per Charleston (lungo parte della linea da Washington a Chicago). Capitol Limited collega Washington con Harper's Ferry e Martinsburg nella regione dei Grandi Laghi. Per attraversare il resto dello Stato in automobile, preparatevi a strade strette, tortuose e lente da percorrere e a continui saliscendi.

Harpers Ferry

HARPERS FERRY, una cittadina del XVIII secolo restaurata e trasformata in **parco storico nazionale**, è incassata tra imponenti montagne alla confluenza dei fiumi Potomac e Shenandoah. Devastata dalla guerra di secessione (vedi riquadro p. 346) e da terribili inondazioni, la città fu quasi completamente abbandonata, ma oggi è stata ricostruita come un museo all'aperto che unisce l'importanza storica alle bellezze naturali, soprattutto in autunno quando gli alberi sfoggiano foglie multicolori.

Gli autobus navetta fermano in fondo a Shenandoah Street, una via illuminata dai lampioni a gas situata nel cuore del centro storico restaurato, o **Lower Town**. Tra gli edifici storici potrete vedere la bottega del fabbro, alcuni negozi di abbigliamento e di tessuti, la taverna, la locanda e la **Master Armorer's House**, l'antica residenza del capo armaiolo. High Street, la via che sale dal fiume, è costeggiata sui due lati da musei dedicati alla guerra di secessione e

John Brown e Harpers Ferry

Per armare la sua giovane repubblica, George Washington fece costruire a **Harpers Ferry** la prima fabbrica di armi nazionale, che verso la metà del 1800 era un fiorente complesso industriale che dava lavoro a circa 5000 persone ed era collegato alla capitale dalla Ferrovia B&O e dal Chesapeake & Ohio Canal. Nel 1859, l'**insurrezione** nell'enorme arsenale militare capeggiata dall'abolizionista **John Brown** aggravò i dissidi nella nazione già divisa accelerando lo scoppio della guerra di secessione, che ebbe inizio appena 18 mesi dopo. Nella speranza di far scoppiare una vasta rivolta tra gli schiavi neri, nella notte del 16 ottobre Brown e altri 21 abolizionisti, tra cui due dei suoi figli e cinque afroamericani, occupò la fabbrica di armi e il suo grande arsenale. Resistettero per due giorni prima che le truppe statunitensi, comandate dal generale **Robert E. Lee**, prendessero d'assalto gli edifici uccidendo molti dei ribelli. Brown fu catturato e portato nella vicina Charles Town, dove fu processato appena nove giorni dopo e condannato per tradimento; quando fu impiccato, il 2 dicembre, furono in molti a considerarlo un martire della causa abolizionista.

alla storia dei neri d'America. Nei pressi, alcuni gradini in pietra portano alla casa più antica della città, **Harper House**, che risale al 1782.

Un sentiero s'inerpica accanto a sagrati abbandonati cinti da muri in pietra a secco fino alla **Jefferson Rock**, un gigantesco masso di pietra grigia che offre splendide vedute dei due fiumi. Se desiderate fare un'escursione più lunga, nei boschi circostanti troverete diversi sentieri: l'**Appalachian Trail** – che si snoda dal Maine alla Georgia – prosegue da Jefferson Rock attraversando il fiume Shenandoah fino alle Blue Ridge Mountains della Virginia, mentre il **Maryland Heights Trail** è un percorso ad anello lungo 4 miglia (6 km) intorno ai promontori del fiume Potomac. È anche possibile organizzare discese lungo il fiume Shenandoah con **rafting** o grandi camere d'aria che si possono noleggiare presso una delle numerose agenzie situate lungo il fiume a est e a sud di Harpers Ferry.

Notizie utili

Harpers Ferry è una popolare meta di escursioni da Washington. È servita da diversi treni al giorno della compagnia Maryland Rail Commuter (Ⓣ 1-800/325-7245, *www.mtamaryland.com*) e da un treno giornaliero Amtrak, il Capitol Limited. In alternativa, si può raggiungere in automobile. Il parcheggio è vietato all'interno della Old Town, servita da autobus navetta in partenza dal grande **centro visitatori** del parco nazionale lungo la US-340 (parco e centro tutti i giorni 8-17; Ⓣ 304/535-6029, *www.nps.gov/hafe*; ingresso pedoni/automobili $4/6).

Se desiderate fermarvi per la notte, nella zona ci sono diversi graziosi **B&B**, tra i quali *Ledge House* (280 Henry Clay St.; Ⓣ 304/582-2443, *www.theledgehouse.com*; ⑤), che offre camere semplici e confortevoli con balcone e accesso a Internet, l'accogliente *Laurel Lodge* (844 E Ridge St.; Ⓣ 304/535-2886, *www.laurellodge.com*; ⑤) che dispone di tre belle camere arredate in stile antico dotate di accesso wireless a Internet. *Angler's Inn* (867 W Washington St.; Ⓣ 340/535-1239, *www.theanglersinn.com*; ⑥, sconto $30 nei giorni feriali) è un altro B&B che offre gli stessi servizi e organizza escursioni di pesca in giornata nei fiumi della zona (pacchetti a partire da $400). Un'altra alternativa è l'*Harpers Ferry Hostel*, situato 7 miglia (11 km) più a est a Knoxville, nel Maryland (19123 Sandy Hook Rd.; Ⓣ 301/834-7652, *www.harpersferryhostel.org*;

letti in camerata a partire da $23, camere private $50). Presso il centro visitatori del parco e l'**ufficio turistico Jefferson County** (37 Washington Court; ⓣ 304/535-2627, *www.hello-wv.com*) troverete informazioni sui campeggi della zona.

Dintorni di Harpers Ferry

CHARLES TOWN, situata 4 miglia (6 km) a sud di Harpers Ferry lungo la US-340, è il luogo dove John Brown fu processato e impiccato; il **Jefferson County Museum** (all'angolo tra Washington St. e Samuel St.; marzo-dicembre: mar-sab 11-16; ⓣ 304/725-8628, *www.jeffctywvmuseum.org*; ingresso libero) ripercorre la storia del suo processo, che ebbe luogo nella **Jefferson County Courthouse** (100 E Washington St.; lun-ven 9-17), uno splendido edificio neoclassico del 1836 tuttora in funzione, e della sua esecuzione. Dal museo partono le visite a piedi agli interessanti edifici storici della città, alcuni dei quali sono di proprietà della famiglia di George Washington. **SHEPHERDSTOWN**, un accogliente villaggio sul fiume Potomac 10 miglia (16 km) più a nord, è ancora più piacevole da girare a piedi, con bei negozi e caffè affacciati sul fiume verso il tristemente noto **Antietam Battlefield** (vedi p. 363), nel Maryland. Ospitato in un edificio in mattoni rossi del 1786 ricco di mobili vittoriani e oggetti d'antiquariato, l'**Historic Shepherdstown Museum** (129 E German St.; aprile-ottobre: sab 11-17, dom 13-16; *www.historicshepherdstown.com*; offerte) espone cimeli di guerra e la riproduzione di un battello a vapore.

Circa 30 miglia (48 km) a ovest di Harpers Ferry lungo la Hwy-9 e 7 miglia (11 km) a sud della I-70 si incontra **BERKELEY SPRINGS** (chiamata anche Bath), oggi parco storico nazionale. In epoca coloniale, questa popolare località termale era frequentata anche da George Washington e da altre importanti personalità ed è tuttora possibile sottoporsi a numerosi trattamenti e massaggi. **Roman Baths** (2 S Washington St.; tutti i giorni 10-18; ⓣ 304/258-2711 per prenotazioni, *www.berkeleyspringssp.com*; $20 bagno di 30 min, $45 bagno e massaggio) è uno stabilimento termale in attività dal 1815; le acque termali sgorgano tutto l'anno a una temperatura di 23 °C, ma nelle piscine sono riscaldate a 38 °C. Dall'alberata **piazza centrale** partono numerosi sentieri che si diramano in tutte le direzioni; uno di questi sale sulla collina fino al merlato **Berkeley Castle**, un castello privato in stile medievale costruito nel 1885. Tra i migliori **B&B** cittadini segnaliamo *Highlawn Inn* (171 Market St.; ⓣ 304/258-5700 o 1-888/290-4163, *www.highlawninn.com*; ❹), che offre camere distribuite in tre edifici, alcune delle quali dotate di vasca idromassaggio alimentata con la famosa acqua curativa locale, e *Manor Inn* (234 Fairfax St.; ⓣ 304/258-1552, *www.bathmanorinn.com*; ❹), una delle sistemazioni più convenienti della zona dotata di camere semplici e confortevoli.

Monti Allegani

I **monti Allegani** sono il tratto della più vasta catena dei Monti Appalachi che si estende per 140 miglia (224 km) nella Virginia Occidentale e rientra sotto la tutela della **Monongahela National Forest**, all'interno della quale si trovano alcuni straordinari parchi statali. I pochi centri abitati della regione sono piccoli, non esistono mezzi di trasporto pubblici e dopo il tramonto non c'è molto da fare, ma se vi piace il campeggio e amate le escursioni a piedi e in bicicletta, l'arrampicata su roccia e la canoa, gli Allegani meritano sicuramente un soggiorno di qualche giorno. Per cartine e maggiori informazioni sulla zona, contattate l'ufficio turistico dello Stato (vedi p. 33) o il Monongahela National Forest Supervisor di Elkins (200 Sycamore St.; lun-ven 8-16.45; ☎ 304/636-1800, *www.fs.fed.us/r9/mnf*).

Monongahela National Forest settentrionale

Alcuni dei parchi più belli della Monongahela National Forest si trovano nella parte **settentrionale** dello Stato. Nel **Blackwater Falls**, torrenti impetuosi precipitano da una parete calcarea alta più di 18 m riversando in un canyon acqua dalle sfumature ambrate dovute alla presenza di tannino. Più a sud si estende la fitta foresta dell'ampia **Canaan Valley**, mentre a est s'innalzano le montagne della **Dolly Sods Wilderness**, caratterizzata da un territorio roccioso e paludi fangose. Tutta la regione è attraversata da una rete di sentieri che si possono percorrere a piedi o in bicicletta e piste da sci.

All'estremità meridionale della Canaan Valley si trova la cima più alta dello Stato, lo **Spruce Knob** (1458 m), che s'innalza sopra la sorgente del fiume Potomac (una strada carrozzabile sale fino alla vetta). Le **Seneca Rocks**, situate a circa 20 miglia (32 km) in direzione nord-est, offrono vedute ancora più spettacolari e sono uno dei migliori siti di arrampicata di tutta la costa orientale grazie alle impegnative pareti di arenaria, che nei punti più elevati raggiungono un'altezza di 300 m. Se preferite salire dalla via più facile, nella parte posteriore del North Peak c'è un bel sentiero che conduce alla cima in meno di un'ora. Per maggiori informazioni visitate il **Seneca Rocks Discovery Center**, situato vicino all'incrocio tra la Hwy-33 e la Hwy-55 (aprile-ottobre: tutti i giorni 9-16.30; ☎ 304/567-2827; ingresso libero). *Yokum's* (☎ 304/567-2351 o 1-800/772-8342, *www.yokum.com*), ai piedi della montagna, dispone di un economico **motel** ($40), **bungalow** ($80) e di un grazioso **campeggio** sul fiume (a partire da $5 a persona). Più a nord-ovest si trova lo **Smoke Hole Canyon**, un baratro profondo quasi 800 m scavato nella ripida parete rocciosa da un fiume impetuoso avvolto da un'onnipresente e suggestiva foschia. Se avete voglia di camminare, il **North Fork Mountain Trail** è un sentiero che segue il canyon per 24 miglia (38 km), mentre il **Big Bend Campground** è un campeggio aperto da aprile a ottobre (☎ 304/257-4488 o ☎ 1-877/444-6677; $16).

DAVIS, un paesino di boscaioli situato subito a est della US-219, all'estremità settentrionale della Canaan Valley, rappresenta una comoda **base** per esplorare i dintorni: *Bright Morning Inn* (William Avenue; ☎ 304/259-5119, *www.brightmorninginn.com*; ❹) è una locanda del 1896 con camere molto graziose, mentre *Meyer House* (all'angolo tra Third Street e Thomas Avenue; ☎ 304/259-5451, *www.meyerhousebandb.com*; ❹) risale al 1885 e offre quattro belle camere arredate con mobili d'epoca e lettori DVD. Tra le numerose **guide e agenzie** locali segnaliamo Blackwater Outdoor Adventures di St. George (☎ 304/478-3775, *www.blackwateroutdoors.com*), a 20 miglia (32 km) da Davis lungo la Rte-72, che organizza rafting, uscite in kayak e in canoa e noleggia biciclette. *Timberline Resort* (☎ 304/866-4801 o 1-800/SNOWING, *www.timberlineresort.com*; impianti di risalita $57), alcuni chilometri a sud-est dell'abitato, gestisce uno dei comprensori sciistici alpini più vasti dello Stato, mentre *Canaan Valley Resort* (☎ 1-800/622-4121, *www.canaanresort.com*), situato nei pressi della Route 32 N, offre la possibilità di praticare numerose attività all'aperto e sistemazioni in albergo (❺), campeggio ($25), bungalow e cottage

($417; soggiorno minimo 3 notti). Per maggiori informazioni sulla regione, contattate il **centro visitatori** (1401 Main St.; ⓣ 1-800/782-2775, *www.canaanvalley.org*).

Elkins e Augusta Festival

Situata a ovest della Canaan Valley, **ELKINS** è il principale centro abitato della parte settentrionale della Virginia Occidentale. La città è sede dell'**Augusta Heritage Center**, situato all'interno del Davis and Elkins College (100 Campus Drive; ⓣ 304/637-1209, *www.augustaheritage.com*), che si occupa di presentare la musica tradizionale, le danze e il folclore della zona attraverso numerose manifestazioni, tra le quali i concerti di salterio in aprile e di fiddle (un violino usato nella musica popolare) in ottobre. L'evento più importante è l'**Augusta Festival**, che si svolge a metà agosto e prevede concerti di banjo, danze popolari e dimostrazioni di arti e mestieri come la lavorazione del ferro e delle trapunte; la sera, i partecipanti si riuniscono per un'allegra festa allietata da musiche e balli popolari, cantastorie e gruppi di musica bluegrass.

Presso il **centro visitatori** di Elkins (1035 N Randolph Ave.; ⓣ 1-800/422-3304, *www.randolphcountywv.com*) potrete informarvi sugli **alberghi** della zona. Tra questi il *Cheat River Lodge* (ⓣ 304/636-2301, *www.cheatriverlodge.com*), situato a 6 miglia (10 km) da Elkins lungo la Rte-33, offre una bella posizione sul fiume ma le camere nella struttura principale (❹) e i bungalow moderni (❽) sono piuttosto anonimi. ★ *Graceland Inn*, situato presso il Davis and Elkins College (ⓣ 1-800/624-3157, *www.gracelandinn.com*; ❻), è una bella dimora del 1893 con 11 camere eleganti in stile vittoriano. Per quanto riguarda i **ristoranti**, a un isolato dal centro visitatori troverete il *Kissel Stop Café* (21 Third St.; ⓣ 304/636-8810) che serve appetitosi panini e caffè in un locale a tema ferroviario.

Monongahela National Forest meridionale

La **parte meridionale** della Monongahela National Forest, come buona parte dei Monti Allegani, è una regione montuosa e quasi inaccessibile – ci sono due strade, la US-219 e la Hwy-92, che si snodano da nord a sud oltre a poche, tortuose stradine secondarie – che offre scenari spettacolari e la possibilità di praticare numerose attività all'aperto. Troverete cartine della zona presso il **centro visitatori** di Marlinton (8th St. all'altezza di 4th Ave.; ⓣ 1-800/336-7009; *www.pocahontascountywv.com*).

Nel **Cass Scenic Railroad State Park**, i treni a vapore di una ferrovia del 1902 che un tempo veniva utilizzata per il trasporto del legname offrono un viaggio di 5 h (orari soggetti a variazioni; ⓣ 304/456-4300 o 1-800/CALL-WVA, *www.cassrailroad.com*; $22-25) fino alla cima del monte Bald Knob (1452 m). I treni partono da **CASS**, un vecchio paese di boscaioli situato 5 miglia (8 km) a ovest della Hwy-28 vicino alla città di Greenbank, oggi trasformato in parco storico protetto. Potete **dormire** in uno dei 13 cottage a due piani costruiti nel 1902 per i dipendenti della ferrovia e ora convertiti in unità abitative per 4-10 persone (ⓣ 1-800/CALL-WVA; ❺). Telefonando allo stesso numero potrete anche affittare una **carrozza ferroviaria d'epoca**, pulita e arredata in modo spartano, per una gita in giornata ($139-199) o con pernottamento (❹ oltre al biglietto del treno).

Uscendo da Greenbank non potrete fare a meno di vedere il gigantesco disco bianco del **telescopio Robert C. Byrd Green Bank,** intitolato all'anziano senatore democratico, che pesa 16 milioni di tonnellate e vanta il primato di essere l'oggetto mobile più grande della terra. Le navette per la visita guidata gratuita partono ogni ora (giugno-agosto: tutti i giorni 9-18; settembre-ottobre: mer-dom 9-18; novembre-maggio: mer-dom 10-17; ⓣ 304/456-2011, *www.gb.nrao.edu*).

Da Cass potete seguire i binari per 5 miglia (8 km) fino all'inizio del **Greenbrier River Trail** (*www.greenbrierrivertrail.com*), un percorso ciclabile che costeggia il fiume e la ferrovia per 79 miglia (126 km) sbucando nei pressi di Lewisburg (vedi avanti). Per noleggiare una **mountain bike** recatevi all'Elk River Touring Center (ⓣ 1-866/572-3771, *www.ertc.com*), situato 15 miglia (24 km) a nord di Marlinton, nei pressi della US-219, nel paesino di **Slatyfork**. Il centro mette a disposizione una navetta per il trasporto fino all'inizio dei percorsi e organizza uscite in bicicletta, pesca a mosca ed escursioni con gli sci in inverno. È anche dotato di un ristorante piuttosto costoso che serve trota, pesce e pasta e gestisce alcune semplici **camere** in una locanda (❺) e in fattoria (❹) e quattro bungalow più confortevoli (❼); nei fine settimana è richiesto un soggiorno minimo di due notti.

Circa 5 miglia (8 km) a ovest dell'incrocio con la panoramica Highland Scenic Highway (Rte-150) si incontra la **Cranberry Glades Botanical Area**, un'area protetta che racchiude quattro paludi di torba – una delle quali si estende per 300 ettari – attraversate in parte da una passerella di legno lunga 800 m. Per maggiori informazioni potete rivolgervi al Cranberry Mountain Nature Center (fine aprile-ottobre: gio-lun 9.16.30; ⓣ 304/653-4826), situato all'incrocio tra la Hwy-39 e la Hwy-55. Più avanti, lungo le 43 miglia (69 km) della **Highland Scenic Highway** troverete panorami spettacolari, diversi bei campeggi e 150 miglia (240 km) di sentieri escursionistici che iniziano in prossimità della strada. Per informazioni, contattate il Marlington Ranger District (ⓣ 304/799-4334).

Lewisburg e Greenbrier Resort

Situato nei pressi della I-64 a sud della Monongahela National Forest, **LEWISBURG** è noto soprattutto per la **West Virginia State Fair** (107 W Fair St.; ⓣ 304/645-1090, *www.wvstatefair.com*) che si svolge nel mese di agosto, ma merita una visita anche per le belle case ottocentesche con la facciata in mattoni che si affacciano su **Washington Street**. Il **centro visitatori** (540 N Jefferson St.; ⓣ 1-800/833-2068, *www.greenbrierwv.com*) distribuisce cartine e informazioni sulle escursioni in automobile nella Greenbrier Valley e può mettervi in contatto con diversi **alberghi** accoglienti come il *General Lewis Inn*. (301 E Washington St.; ⓣ 304/645-2600 o 1-800/628-4454, *www.generallewisinn.com*; ❻), che dispone di una ventina di confortevoli camere vittoriane e di un buon **ristorante** che serve specialità americane a prezzi contenuti.

Poco più a est di Lewisburg, **WHITE SULPHUR SPRINGS** è un'antica località termale conosciuta soprattutto per l'albergo e centro termale ★ *Greenbrier* (300 W Main St.; ⓣ 304/536-1110 o 1-800/453-4858, *www.greenbrier.com*; $379). Il più sontuoso albergo e centro termale dello Stato sfoggia un ingresso a colonne, 2600 ettari di giardini lussureggianti, 850 camere, campi da golf e ottimi ristoranti (prenotate in anticipo). L'albergo ha ospitato più di venti presidenti americani, probabilmente anche grazie al vasto **bunker** sotterraneo concepito ai tempi della guerra fredda; oggi non è più un luogo segreto e vengono organizzate affascinanti visite guidate (tutti i giorni: aprile-ottobre 9.30, 11.30, 13.30 e 15.30; novembre-marzo 13.30; ⓣ 304/536-7810; $30).

New River Gorge

Il New River, che nonostante il nome è uno dei fiumi più antichi del Nord America, scorre attraverso una stretta gola che costituisce uno degli scenari più spettacolari della Virginia Occidentale, la **New River Gorge** (tutti i giorni 9-17; *www.nps.gov/neri*; ingresso libero), situata appena 30 miglia (48 km) a ovest di Lewisburg lungo la I-64. Un parco nazionale protegge il tratto del New River che in 80 km supera un dislivello di 300 m. A parte un treno giornaliero della Amtrak, buona parte della gola non è accessibile ai mezzi di trasporto e il modo migliore per esplorarla è una discesa di rafting lungo il fiume con uno degli oltre 50 operatori che operano nella zona. Per informazioni sulle escursioni a piedi e in bicicletta, sulle scalate che si possono praticare nella gola e sulle possibilità di praticare il rafting, visitate il **Sandstone Visitor Center**, che si trova nella parte meridionale del parco nel punto in cui la Hwy-64 attraversa il fiume (T 304/466-0417), o il **Canyon Rim Visitor Center** che sorge lungo il **New River Gorge Bridge**, uno spettacolare ponte sulla gola alto 270 m situato 7 miglia (11 km) a nord di Oak Hill lungo la Hwy-19 (T 304/574-2115).

HINTON, all'estremità meridionale della gola (e sede di un'altra stazione Amtrak), è una company town ("città-fabbrica") perfettamente conservata e situata in posizione panoramica, con le strade selciate costeggiate da decine di splendidi edifici civici e file di vecchie case operaie. Potete procurarvi una cartina presso il **centro visitatori** (206 Temple St.; lun-ven 10-16; T 304/466-5420, *www.threeriverswv.com*), che ospita anche un museo ferroviario. Oltre ai consueti **motel** di categoria economica, a Hinton troverete il *New River Falls Lodge* (110 Cliff Island Drive; T 304/466-5710, *www.newriverfallslodge.com*), un B&B che offre 6 camere semplici (4) e 4 cottage con due camere da letto, cucina e caminetto (7). Cantrell Ultimate Rafting, situato a sud dell'abitato lungo la Hwy-20 (1-800/470-RAFT, *www.ultimaterafting.com*), organizza discese di **rafting** a partire da $49-100 a persona, in base al fiume e alla destinazione.

△ New River Gorge Bridge

Charleston

CHARLESTON, capitale della Virginia Occidentale e principale città dello Stato, vanta pochi luoghi d'interesse turistico ma conserva una serie di pregevoli edifici vittoriani, che potrete ammirare partecipando alle visite guidate a piedi organizzate dal **centro visitatori** (200 Civic Center Drive; lun-ven 9-17; ⓣ 304/344-5075, *www.charlestonwv.com*). Il **Campidoglio** (1900 Kanawha Blvd.; lun-sab 9-19, dom 12-19; visite guidate lun-ven 9-15.3 0; ⓣ 304/558-4839), situato lungo il fiume e progettato dall'architetto Cass Gilbert, autore del Lincoln Memorial e del palazzo della Corte Suprema degli Stati Uniti, è una maestosa struttura neorinascimentale del 1932 sormontata da una spettacolare cupola rivestita di lamina dorata. Il **Virginia Occidentale Cultural Center** (lun-gio 9-20, ven e sab 9-18, dom 12-18; ingresso libero; ⓣ 304/558-0220, *www.wvculture.org*), nello stesso complesso, ospita interessanti mostre sull'estrazione del carbone, la geologia, la silvicoltura, la guerra e la storia dello Stato. La principale espressione della cultura locale è rappresentata dal **Vandalia Festival**, la più importante fiera di arti e mestieri degli Appalachi che si svolge nel fine settimana del Memorial Day ed è allietata da concerti di musica popolare e bluegrass e racconti di storie.

Se cercate un **albergo** caratteristico a Charleston, provate il *Brass Pineapple* (1611 Virginia St. E; ⓣ 304/344-0748, *www.brasspineapple.com*; ❺), un B&B in stile vittoriano pieno di mobili antichi e decorazioni floreali, oppure il *Tikvah's Kosher Bed-and-Breakfast* (1564 Virginia St. E; ⓣ 304/345-8511, *www.tikvahskosherbandb.com*; ❹), che offre camere confortevoli e vera cucina kosher garantita da un rabbino della zona. Tra i **ristoranti**, ★ *Southern Kitchen* (5240 MacCorkle Ave. SE; ⓣ 304/925-3154) serve specialità regionali come ham-and-gravy (prosciutto al sugo) e pollo fritto a prezzi contenuti, mentre *Blossom Dairy and Soda Fountain Cafe* (904 Quarrier St.; ⓣ 304/345-2233) è un caffè in stile art déco dove potrete gustare appetitosi panini, hamburger e affogati a mezzogiorno e costose specialità regionali, carne e pesce la sera.

Maryland

Fondato come unica colonia cattolica nell'America protestante, e isolato nel XIX secolo quale Stato schiavista più settentrionale, il **MARYLAND** è sempre stato unico. Il suo piccolo territorio di forma irregolare racchiude attrattive turistiche dalle caratteristiche più eterogenee, dalla confusione delle spiagge di **Ocean City** ai sonnolenti villaggi di pescatori della **Chesapeake Bay**, all'animata città di **Baltimora**. Per non parlare dei leggendari **granchi blu** della Chesapeake Bay e del delizioso branzino americano, molto apprezzati dai diportisti che nei fine settimana bordeggiano tra le cittadine coloniali della baia.

Il Maryland vanta numerosi primati nazionali – la prima cattedrale cattolica, la prima strada illuminata con lampioni a gas e la prima linea telegrafica (tra Baltimora e Washington) – mentre Kent Island, fondata nel 1631 sulla **Eastern Shore**, fu il terzo insediamento stabile inglese in America (dopo Jamestown e Plymouth Rock).

La principale città dello Stato, **Baltimora**, è una bella metropoli con un importante porto, un lungofiume riqualificato, un vivace panorama culturale e un mix di quartieri eclettici. Il **Maryland occidentale** si estende per 100 miglia (160 km) fino alle pendici dei monti Appalachi e le sue campagne ondulate furono teatro di uno degli scontri più cruenti della guerra di secessione, la battaglia di **Antietam**. Situata a sole 20 miglia (38 km) a sud di Baltimora, la pittoresca **Annapolis** è la capitale del Maryland sin dal 1694. Alcune delle località più belle dello Stato, dal grazioso villaggio di pescatori di **St. Michaels** alla selvaggia e incontaminata **Assateague Island**, si trovano sulla Eastern Shore, dall'altra parte della Chesapeake Bay, collegata al resto dello Stato dal ponte US-50.

Come muoversi

Il mezzo migliore per visitare il Maryland è l'**automobile** o, se potete noleggiarla, un'**imbarcazione** per bordeggiare la splendida Chesapeake Bay. Utile anche la **bicicletta**, soprattutto sulla costa orientale dove le strade che si snodano da un paesino all'altro sono dotate di parapetti e poco trafficate. L'ufficio turistico statale del Maryland (T 1-800/634-7386, *www.visitmaryland.org*) stampa un'eccellente cartina gratuita che riporta i percorsi più sicuri e panoramici. Baltimora è situata sulla linea principale dei treni Amtrak tra New York, Filadelfia e Washington ed è collegata ad Annapolis e ad altre località da un regolare servizio di pullman.

Baltimora

Grazie al famoso serial televisivo *The Wire*, **BALTIMORA** (*Baltimore*) ha la reputazione di una città in rapido declino e infestata da criminali che combattono una guerra disperata per la sopravvivenza. Ma se è vero che in città ci sono luoghi da evitare, Baltimora resta comunque una delle località più piacevoli della costa orientale e i suoi quartieri storici e i suoi distretti offrono svariate attrattive, soprattutto nella zona riqualificata del **lungofiume**. La città vanta anche alcuni eccellenti **musei** dedicati agli argomenti più diversi, dalle belle arti alla storia dei neri d'America, all'archeologia urbana. Tra le personalità che hanno vissuto a Baltimora ricordiamo gli scrittori Edgar Allan Poe e H.L. Mencken e le icone dei diritti civili Frederick Douglass e Thurgood Marshall.

Arrivo, informazioni e trasporti

Il **Baltimore-Washington International Airport** (BWI; T 410/859-7111, *www.bwiairport.com*) è situato 10 miglia (16 km) a sud del centro cittadino. Il mezzo più economico per raggiungere la città è il **passante ferroviario MTA** (T 410/539-5000 o 1-800/RIDE-MTA, *www.mtamaryland.com*; 25 min; $1,60), che garantisce i collegamenti tra l'aeroporto e la restaurata **Pennsylvania Station**. Anche i **treni** Amtrak (T 1-800/USA-RAIL) arrivano in questa stazione, che si trova a quasi 1 km dal centro al n. 1515 di N Charles St., in un quartiere piuttosto pericoloso; per raggiungere il centro prendete un taxi o la **ferrovia leggera** Penn-Camden (lun-sab 6-23, dom 11-19; $1,60 solo andata). Super Shuttle (T 1-800/BLUE VAN, *www.supershuttle.com*; 20 min; $35 solo andata) gestisce un servizio di **navette** dall'aeroporto al centro di Baltimora. I **pullman** Greyhound fermano a sud del centro in 2110 Haines St., un'altra zona poco raccomandabile; per raggiungere il centro prendete un taxi o l'autobus n. 27.

Troverete **cartine** e **guide** gratuite presso il Baltimore Area Convention and Visitors Association (401 Light Street; aprile-ottobre 9-18; novembre-marzo 9.30-16.30; ⓣ 410/837-7024 o 1-877/BALTIMORE, *www.baltimore.org*), situato vicino al Maryland Science Center, o presso gli sportelli all'aeroporto e alla stazione ferroviaria.

Trasporti urbani

Baltimora è una città compatta e molte zone si possono visitare comodamente a piedi. Gli autobus, la metropolitana e la metropolitana leggera **MTA** ($1,60, biglietto giornaliero $3,50; ⓣ 410/539-5000, *www.mtamaryland.com*) servono molte destinazioni, ma la metropolitana e la metropolitana leggera hanno solo una linea principale. Sugli autobus occorre portare l'importo esatto per il biglietto. Yellow Cab (ⓣ 410/685-1212) e Royal Cab (ⓣ 410/327-0330) sono due delle compagnie di **taxi** che operano in città. I **taxi acquatici** raggiungono l'Inner Harbor e altre sedici attrattive situate nella zona del porto, compresi il National Aquarium, Fell's Point e Fort McHenry (gli orari sono soggetti a variazioni, ma in genere ci sono partenze ogni 15-20 min; estate lun-sab 10-23, dom 10-19; resto dell'anno tutti i giorni 11-18; ⓣ 410/563-3901 o 1-800/658-8947, *www.thewatertaxi.com*; $8 biglietto giornaliero).

Alloggio

Nel centro di Baltimora troverete i consueti **alberghi** appartenenti a catene e qualche istituzione locale, mentre nella zona del lungofiume di Fell's Point ci sono numerosi **B&B** dall'aspetto gradevole. Il Convention and Visitors office (ⓣ 410/837-7024 o 1-877/BALTIMORE, *www.baltimore.org*) offre un servizio di prenotazioni.

Admiral Fell Inn 888 S Broadway ⓣ 410/522-7377 o 1-866/583-4162, *www.harbormagic.com*. Raffinato albergo storico composto da sette edifici (alcuni costruiti intorno al 1770) situati nel cuore di Fell's Point. Le camere hanno il soffitto a volta e il caminetto e alcune sono dotate anche di vasca idromassaggio e balcone. ❽

Celie's Waterfront Inn 1714 Thames St. ⓣ 410/522-2323 o 1-800/432-0184, *www.Baltimore-Bed-Breakfast.com*. Offre 9 camere e suite deliziose, alcune con balcone privato. Dalla terrazza all'ultimo piano si gode una splendida vista sul porto di Fell's Point. ❼

Henderson's Wharf Inn 1000 Fell St. ⓣ 410/522-7087, *www.hendersonswharf.com*. Situato in splendida posizione sul porto, ha camere moderne arredate con eleganza e dotate di frigorifero e accesso a Internet. Nell'albergo c'è anche una palestra e viene servita la prima colazione continentale. ❽

HI-Baltimore 17 W Mulberry St. ⓣ 410/576-8880 *www.baltimorehostel.org*. Questo splendido edificio in arenaria costruito intorno al 1850 è un ostello dotato di una quarantina di posti letto in camerata, mobili antichi, veranda, patio, collegamento wi-fi e lavanderia. Organizza anche karaoke, proiezioni cinematografiche e "pastasciuttate". ❶

The Inn at Government House 1125 N Calvert St. ⓣ 410/539-0566, *www.baltimorecity.gov/visitor/inn@gh*. Un'elaborata residenza vittoriana del 1889 con camere piene di oggetti antichi, eleganti mobili in legno, un salotto e una sala della musica; la prima colazione e il parcheggio sono compresi nel prezzo. ❺

Mount Vernon 24 W Franklin St. ⓣ 410/727-2000 o 1-800/245-5256, *www.mountvernonbaltimore.com*. Albergo grande e signorile situato in posizione centrale, offre camere confortevoli con collegamento veloce a Internet e prima colazione. ❹

Peabody Court 612 Cathedral St. ⓣ 410/727-7101, *www.peabodycourthotel.com*. Lussuoso albergo situato in un quartiere storico e ricavato da un ex condominio del 1928 ristrutturato. Dispone di bagni in marmo e arredi eleganti e offre l'accesso a Internet. Gli animali sono i benvenuti. ❽

▲ Pennsylvania Station e Baltimore Museum of Art

BALTIMORA

RISTORANTI E CAFFÈ

Babalu Grill	6
Da Mimmo	8
Donna's	3
Faidley's	4
Helmand	2
Vaccaro's Italian Pastries	7

ALLOGGIO

Admiral Fell Inn	E
Celie's Waterfront Inn	F
Henderson's Wharf Inn	G
HI-Baltimore	D
Inn at Government House	A
Mount Vernon	C
Peabody Court	B
Pier 5	H

BAR E LOCALI NOTTURNI

The 8x10	9
Brewer's Art	1
Maggie Moore's	5

Meyerhoff Symphony Hall
STATE CENTER
CHASE STREET
MARTIN LUTHER KING BOULEVARD
READ STREET
CATHEDRAL STREET
CHARLES STREET
EAGER ST
ST PAUL STREET
CALVERT STREET
HUNTER STREET
GUILFORD AVENUE
JONES FALLS EXPRESSWAY
LIGHT RAIL
EUTAW STREET
LINDEN AVENUE
ORCHARD STREET
ST MARY STREET
Mount Vernon
MADISON STREET
Washington Monument
Maryland Historical Society
Peabody Conservatory of Music
Walters Art Museum
HOWARD STREET
CENTRE STREET
PARK AVENUE
FRANKLIN STREET
MULBERRY STREET
MONUMENT STREET
CONSTITUTION STREET
FOREST STREET
HILLEN STREET
EAST ST
ENSOR ST
HIGH ST
ORLEANS STREET
COLVIN STREET
GAY ST
THE FALLSWAY
LOW STREET
FRONT STREET
Lexington Market
LEXINGTON MARKET
LIBERTY STREET
SARATOGA ST
HOLLIDAY STREET
PACA STREET
LEXINGTON STREET
City Hall
Westminster Church e tomba di Edgar Allan Poe
FAYETTE STREET
BALTIMORE STREET
CHARLES CENTER
BALTIMORE ST
COMMERCE ST
GAY STREET
SHOT TOWER
Complesso Power Plant Live!
GREENE STREET
REDWOOD STREET
WATER STREET
Port Discovery
SOUTH STREET
LOMBARD STREET
MARKET PL
Flag House
World Trade Center
PRATT STREET
LIGHT STREET
Harborplace
Baltimore Maritime Museum
CAMDEN STREET
USS Constellation
National Aquarium
Oriole Park at Camden Yards
CONWAY STREET
HARBORPLACE PROMENADE
Inner Harbor
METROPOLITANA LEGGERA
Maryland Science Center
M&T Stadium
FEDERAL HILL DISTRICT
Federal Hill Park
American Visionary Art Museum
KEY HIGHWAY
CROSS STREET
Cross Street Market
N
0 400 yard/350 m

▶ Great Blacks in Wax Museum (1,2 km)
▶ 7, E, F, G, Little Italy e Fells Point, Canton
▶ Taxi d'acqua per Fell's Point
◀ Stazione Greyhound
▼ Fort McHenry

Pier 5 711 Eastern Ave. ⓣ 410/539-2000, *www.harbormagic.com*. Situato in posizione centrale, questo elegante hotel di charme offre belle camere moderne con lettori CD e suite con frigorifero, microonde e wet bar (bancone con il lavandino). ⑨

Centro di Baltimora

Animato da numerosi nuovi bar e ristoranti, il **centro di Baltimora** è una zona piacevole da girare a piedi e vanta numerose attrattive a tema nautico e scientifico sul lungofiume selciato. La zona è raggiungibile a piedi dai due stadi cittadini e i bar e ristoranti sono un popolare luogo di ritrovo per i tifosi.

La maggior parte dei ristoranti e dei caffè sono concentrati a ovest di **Charles Street**, nel vecchio quartiere commerciale di Baltimora, riqualificato dopo anni di declino. Qui si trova anche uno dei simboli della città, il **Lexington Market** (400 W Lexington St.; lun-sab 8.30-18; ⓣ 410/685-6169, *www.lexingtonmarket.com*), il più antico e animato mercato coperto cittadino, che risale al 1782 e ospita più di cento bancarelle di generi alimentari, tra cui *Faidley's* (vedi p. 360). La zona è tranquilla durante il giorno, ma dopo il tramonto è preferibile evitarla.

Poco più a sud del mercato, al n. 519 di W Fayette St., la **Westminster Church** fu costruita nel 1852 sopra il cimitero principale di Baltimora. Vi sono sepolte numerose personalità, tra le quali **Edgar Allan Poe**, che intorno al 1830 trascorse tre anni a Baltimora, sposò una cugina tredicenne e iniziò la carriera giornalistica prima di trasferirsi a Richmond, in Virginia. Nel 1849 Poe, di passaggio a Baltimora, fu trovato in stato confusionale su una banchina del porto e morì qualche giorno dopo. Nel 1875 la sua salma fu spostata dalla misera tomba situata sul terreno di famiglia al monumento in marmo di Green Street, sul lato nord della chiesa. Ogni 19 gennaio, data della morte, un misterioso personaggio vestito di nero deposita sulla tomba una bottiglia di cognac e tre rose rosse.

Ancora più popolare della tomba di Poe è l'**Oriole Park at Camden Yards**, cinque isolati più a sud, lo stadio di baseball dei Baltimore Orioles (ⓣ 1-888/848-BIRD, *www.theorioles.com*; $8-80 biglietti). Aperto nella parte anteriore rivolta verso la città, fu uno dei primi a tornare allo stile antico dei vecchi stadi di baseball, differenziandosi dalle strutture chiuse in cemento che per decenni avevano caratterizzato gli impianti sportivi. I **Baltimore Ravens** disputano le partite di football nel vicino **M&T Bank Stadium** (ⓣ 410/547-SEAT, *www.baltimoreravens.com*; $50-115 biglietti), una struttura che ricorda un'astronave aliena costruita nel 1998 con una capacità di 68.400 posti a sedere; la squadra prende il nome dal personaggio più famoso di Edgar Allan Poe (Il Corvo).

Inner Harbor

L'**Inner Harbor** ha visto la luce a seguito di un imponente progetto di riqualificazione del lungofiume. Le banchine degradate e i magazzini abbandonati per tutti gli scorsi anni Settanta sono stati rimpiazzati dall'**Harborplace**, un grande e luccicante complesso in vetro e acciaio (lun-sab 10-21, dom 12-18; ⓣ 410/332-4191) che ospita i consueti negozi e locali di un classico centro commerciale. La terrazza panoramica Top of the World situata al 27° piano del **World Trade Center** di Baltimora, sul molo nord (ottobre-aprile: mer-dom 10-18; maggio-settembre: 10-21; ⓣ 410/837-VIEW, *www.viewbaltimore.org*; $5), offre panorami spettacolari della città. L'unica attrattiva dell'Inner Harbor che risale all'epoca precedente alla ristrutturazione è la bella **USS Constellation** (aprile-ottobre 10-17.30; novembre-marzo 10-16.30; ☎ 410/539-1797, *www.constellation.org*; $8,75), l'unica nave da guerra completamente a vela fatta costruire dalla marina americana nel 1854 durante la guerra di secessione e restaurata nel 1999. Se vi piacciono le navi, dirigetevi al molo vicino e visitate il **Baltimore Maritime Museum** (tutti i giorni 10-17; ☎ 410/396-3453, *www.baltomaritimemuseum.org*; $6), dove potrete vedere un cutter della guardia costiera sopravvissuto a Pearl Harbor, una nave-faro della Chesapeake Bay, un sottomarino diesel della seconda guerra mondiale e perfino un faro del 1856.

Il fiore all'occhiello di Baltimora è senza dubbio il **National Aquarium** (501 E Pratt St.; primavera e autunno: sab-gio 9-17, ven 9-20; estate tutti i giorni 9-20; inverno sab-gio 10-17, ven 10-20; ultimo ingresso 90 min prima della chiusura; ☎ 410/576-3800, *www.aqua.org*; $22, $26 incluso spettacolo dei delfini), una meta imperdibile per tutti gli appassionati di meduse, squali, razze, tartarughe e altre creature marine, che potranno vederli nuotare nelle grandi vasche e piscine dell'acquario.

Se i bambini non sono ancora stanchi, portateli allo scintillante **Port Discovery** (35 Market Place; estate lun-sab 10-17, dom 12-17; resto dell'anno mar-ven 9.30-16.30, sab 10-17, dom 12-17; ☎ 410/727-8120, *www.portdiscovery.org*; $10,75), un museo interattivo situato poco più a nord del porto dove potranno realizzare uno spettacolo televisivo in un vero studio, risolvere enigmi e divertirsi con una miriade di avventure interattive.

Federal Hill e dintorni

Situato pochi minuti a piedi a sud dell'Inner Harbor, il quartiere di **Federal Hill** è un luogo perfetto per sfuggire alla confusione. L'arteria principale, **Light Street**, costeggiata di bei negozi, ristoranti e gallerie, conduce al **Cross Street Market**, un mercato coperto attivo dal 1875 con due isolati di bancarelle all'aperto che vendono eccellenti prodotti di gastronomia, frutti di mare da consumare crudi e frutta fresca. Il **Federal Hill Park**, situato su un promontorio nella parte nord-orientale del quartiere, è un tranquillo parco pubblico con una bella vista sul porto e sulla città e in estate al tramonto è particolarmente romantico.

Nella parte settentrionale del quartiere, vicino al porto, il rilucente complesso in vetro, acciaio e cemento del **Maryland Science Center** (601 Light St.; mar-gio 10-17, ven 10-20, sab 10-18, dom 11-17; ☎ 410/685-5225, *www.mdsci.org*; interi/bambini $16,25/11,75, film IMAX $8) si rivolge soprattutto ai bambini e ospita un'infinità di mostre interattive dedicate agli argomenti più diversi, dai dinosauri ai viaggi nello spazio. Ancora più affascinante è l'**American Visionary Art Museum** (800 Key Hwy; mar-dom 10-18; ☎ 410/244-1900, *www.avam.org*; $12), situato a est del Federal Hill Park, che espone esclusivamente opere di artisti autodidatti o di pittori amatoriali. La collezione comprende 400 opere realizzate da personaggi "visionari" americani con ogni genere di materiale, dal vetro alla porcellana, dagli stuzzicadenti alla stagnola. Due delle opere più interessanti sono un'intricata scultura raffigurante la passerella lungomare di Coney Island e un bizzarro dipinto raffigurante alieni che ricorda i quadri di Bosch.

Mount Vernon

Il quartiere più elegante di Baltimora è situato poco più a nord del centro, su una collinetta chiamata **Mount Vernon**. Costellato di belle case in mattoni del XVIII secolo, questo quartiere che prende il nome dalla casa di George Washington è l'ideale per una passeggiata. La statua del presidente corona il **Washington Monument** (mer-dom 10-17; ingresso libero), una monumentale colonna dorica alta 54 m; salendo i 228 gradini che consentono di raggiungere la cima potrete ammirare uno splendido panorama dall'alto della città. Il monumento è situato in un piccolo parco vicino alla guglia della Mount Vernon Methodist Church, una chiesa in falso stile gotico all'angolo tra Charles Street e Monument Place.

Sull'altro lato della strada, la solenne facciata in pietra del **Peabody Conservatory of Music** nasconde una delle sale più belle della città: lo splendido atrio illuminato da lucernari della **Peabody Library** (17 E Mount Vernon Place; mar-ven 9-17, sab 9-13; ⓣ 410/659-8179), un gioiello vittoriano del 1878 con balconi in ferro battuto, alte colonne e lucernari vetrati. Al piano terra sono esposti numerosi libri di storia, tra i quali una splendida edizione illustrata del 1555 del *Decamerone* del Boccaccio e una stampa del 1493 delle *Cronache di Norimberga*. Due isolati a ovest della biblioteca, la **Maryland Historical Society** (201 W Monument St.; mer-dom 10-17; ⓣ 410/685-3750, *wwww.mdhs.org*; $8) custodisce varie collezioni che ripercorrono la storia locale e consentono di farsi un'idea della ricchezza creata nel XIX secolo dai commerci marittimi attraverso antichi ritratti dell'élite del Maryland, importanti documenti e manufatti antichi.

Un isolato a sud del Washington Monument sorge il **Walters Art Museum** (600 N Charles St.; mer-dom 11-17; ⓣ 410/547-9000, *www.thewalters.org*; $12), disposto intorno a un grande cortile di sculture ispirato a un palazzo rinascimentale italiano. Nelle moderne gallerie sono esposti antichi manufatti greci e romani, manoscritti miniati medievali, ceramiche islamiche, argenti bizantini, manufatti precolombiani, capolavori dell'impressionismo francese, gioielli e sarcofagi egizi e perfino una mummia perfettamente conservata.

Flag House and Star-Spangled Banner Museum e Little Italy

Circa 400 m a est del centro e dell'Inner Harbor si trova l'affascinante **Flag House and Star-Spangled Banner Museum** (844 E Pratt St.; mar-sab 10-16; ultima visita 15.30; ⓣ 410/837-1793, *www.flaghouse.org*; $7), allestito all'interno della casa in cui Mary Pickersgill cucì la grande bandiera (9x13 m) a stelle e strisce che nel 1812 sventolò orgogliosamente nel porto di Baltimora durante l'attacco degli inglesi e ispirò Francis Scott Key a scrivere "The Star-Spangled Banner" (La bandiera ornata di stelle), l'inno nazionale degli Stati Uniti d'America. La casa è piena di cimeli patriottici e di oggetti d'epoca e ospita un altro museo meno interessante, il **War of 1812 Museum** (stessi orari e biglietto), in cui sono esposti costumi e cimeli militari della guerra del 1812.

A est del centro si trova l'intrico di strade disseminate di buoni ristoranti e caffè di **Little Italy**, un quartiere in cui vive tuttora una nutrita comunità italiana. Nel quartiere, che si estende intorno alla chiesa di **St. Leo the Great**, edificata nel 1881 in 227 S Exeter St., si possono vedere numerose delle **case a schiera** con la facciata in pietra tipiche di Baltimora, quasi tutte con i gradini lucidissimi dello stesso marmo locale con cui sono costruiti i monumenti di Washington.

Fell's Point, Canton e Greektown

Situato a sud-est di Little Italy, **Fell's Point** è il quartiere più vecchio e vivace di Baltimora, che grazie alla sua posizione sul mare era il fulcro della fiorente industria navale della città. Oggi i cantieri navali non ci sono più, ma tra i suggestivi edifici del XVIII secolo sono rimasti molti vecchi bar e taverne (la maggiore concentrazione di tutta la città) che fanno della vita notturna di Fell's Point una delle più animate di tutta la costa orientale. Per un sano spuntino recatevi al **Broadway Market** (610 S Broadway; ⓣ 410/675-1466), il popolare mercato locale. Il **centro visitatori** (808 S Ann St.; tutti i giorni 12-16; ⓣ 410/675-6750) distribuisce belle cartine del quartiere e organizza visite guidate alla **Robert Long House**, la più antica residenza coloniale di Baltimora risalente al 1765.

Il **Fell's Point Maritime Museum** (1724 Thames St.; gio-lun 10-17; ⓣ 410/732-0278; $4), situato in un vecchio deposito di tram, propone un'interessante mostra sulla tradizione marinara di Baltimora, porto di partenza di frutta e tabacco ma anche di schiavi e oppio. Una diversa prospettiva è offerta dal **Frederick Douglass Isaac Myers Maritime Park** (1417 Thames St.; lun e mer-ven 11-17, sab e dom 12-17; ⓣ 410/685-0295, *www.douglassmyers.org*; $5), un museo storico intitolato ai primi leader del movimento abolizionista americano attivi nella regione. La mostra illustra la loro biografia e la storia del porto e del commercio degli schiavi e comprende la ricostruzione di un cantiere navale della fine del XIX secolo che dava lavoro ad afroamericani.

A est di Fell's Point e 3 km a sud-est del centro, **Canton** è un altro quartiere ricco di antiche case a schiera, alcune delle quali risalgono ai tempi della guerra di secessione; anche in questa zona è in corso un progetto di rivitalizzazione e stanno aprendo numerosi nuovi ristoranti e locali notturni. Proseguendo verso est per circa 1 km e mezzo si raggiunge **Greektown**, una zona in cui risiede da quasi un secolo una nutrita comunità greca e nella quale si possono trovare molti ristoranti e negozi di alimentari con autentiche specialità della Grecia. Al centro del quartiere sorge l'imponente **chiesa greco-ortodossa di St. Nicholas**, un edificio in mattoni situato all'angolo tra Eastern Avenue e Ponca Street.

Fort McHenry

Situato dalla parte opposta del porto rispetto a Fell's Point e raggiungibile con un taxi acquatico, il **Fort McHenry National Monument** (2400 E Fort Ave.; tutti i giorni 8-20 in estate, 8-17 nel resto dell'anno; ⓣ 410/962-4290, *www.nps.gov/fomc*; $7 biglietto valido 7 giorni) è un forte a forma di stella che svolse un ruolo determinante durante la guerra del 1812 per respingere l'attacco inglese al porto di Baltimora. La notte di bombardamenti ispirò Francis Scott Key, che scrisse il poema "The Star-Spangled Banner" (originariamente intitolato "The Defense of Fort McHenry") che sarebbe diventato l'inno nazionale. Nel secolo successivo il forte fu adibito a prigione per i soldati confederati e i prigionieri politici sudisti. La visita comprende le vecchie caserme, gli alloggi degli ufficiali e dei soldati, la palazzina del corpo di guardia e una mostra di armi e cimeli militari di varie epoche.

Quartieri settentrionali

Circa 1 miglio (1,6 km) a nord-est del centro, una vecchia caserma dei pompieri nei pressi di Broadway ospita il **Great Blacks in Wax Museum** (1601 E North Ave.; inverno: mar-sab 9-17, dom 12-17; estate: mar-sab 9-18, dom 12-18; ⓣ 410/563-7809, *www.ngbiwm.com*; $12), un'esposizione comprendente statue di cera raffiguranti i più importanti personaggi di colore della storia, dai faraoni egizi ai primi musulmani fino a Martin Luther King Jr, Marcus Garvey, Rosa Parks e Malcolm X. Il museo si trova in una zona piuttosto malfamata, perciò andateci in automobile o prendete un taxi. Proseguendo verso nord, a 2 miglia (3 km) dal centro si raggiunge il distretto di Charles Village dove potrete fare una piacevole passeggiata tra belle case a schiera di inizio Novecento. In fondo a Charles Street si trova il **Baltimore Museum of Art** (10 Art Museum Drive; mer-ven 11-17, sab e dom 11-18; ⓣ 443/573-1700, *www.artbma.org*; ingresso libero), che possiede una vastissima collezione comprendente opere di Botticelli, Raffaello, Rembrandt e Van Dyck, *A Game of Knucklebones* di Chardin raffigurante una fanciulla sorridente che gioca a palla, disegni di Durer e Goya e fotografie di Weston, Stieglitz e altri artisti. Fiore all'occhiello del museo è la **Cone Collection** che comprende opere di Delacroix, Degas, Cézanne e Picasso e oltre cento disegni e dipinti di Matisse, tra i quali i famosi *Large Reclining Nude* e *Odalisque assise*.

Mangiare e bere

La maggior parte dei ristoranti di Baltimora sono semplici, adatti alle famiglie e con prezzi contenuti. In città troverete molti bei locali che servono **frutti di mare** freschi ed eccellenti **granchi al vapore**, tavole calde, una schiera di buoni ristoranti a Little Italy e numerosi ristoranti vegetariani, di pesce ed etnici a Fell's Point.

Babalu Grill 332 Market Place, poco a nord dell'Inner Harbor ⓣ 410/234-9898. Popolare e animato ristorante, serve specialità tradizionali della cucina cubana e *Nuevo Latino* a prezzi convenienti. Provate il ceviche, le crocchette di prosciutto, lo stinco di agnello e il panino alla cubana con yucca fritta.

Bertha's 734 S Broadway ⓣ 410/327-5795. Ristorante di pesce informale ed economico (ma raffinato) situato in posizione defilata dietro un piccolo bar di Fell's Point, famoso per le cozze deliziose, le torte alla polpa di granchio, l'*high tea* (anticipazione della cena al tardo pomeriggio della domenica o dei giorni festivi) e i concerti serali di musica blues, jazz e Dixieland.

Black Olive 814 S Bond St., Fell's Point ⓣ 410/276-7141. Serve specialità del Mediterraneo costose ma appetitose quali costine di agnello e coda di aragosta e più economici *meze* (piattini) di polipo in insalata, calamari e zucchine impanate.

Da Mimmo 217 S High St. ⓣ 410/727-6876. Intimo ed elegante locale di Little Italy, ideale per una cena romantica con musica al pianoforte. Offre un menu molto vario a base di specialità italiane come vongole, saltimbocca, gnocchi e pasta fagioli.

Donna's 800 N Charles St. ⓣ 410/385-0180. Questo elegante locale di Mount Vernon serve deliziosi panini e hamburger a pranzo e buoni piatti di pasta, carne e pesce a prezzi medi la sera.

Faidley's 203 N Paca, centro ⓣ 410/727-4898. Situata nel Lexington Market e in attività dal 1886, è la migliore e la più economica delle numerose bancarelle che servono ostriche, vongole e altri frutti di mare freschissimi della Chesapeake Bay e fantastiche torte alla polpa di granchio. Si mangia in piedi.

Helmand 806 N Charles St. ⓣ 410/752-0311. Economico ma raffinato ristorante afghano aperto solo la sera nel quartiere di Mount Vernon, propone molti piatti a base di agnello, aushak (ravioli vegetariani ai porri) e il delizioso kaddo borawni (un antipasto a base di zucca fritta).

Matthew's Pizza 3131 Eastern Ave., a ovest di Greektown ⓣ 410/276-8755. Questo vecchio ristorantino serve la pizza migliore della città, ricca e saporita, con una crosta croccante e ingredienti tradizionali o fantasiosi (come i granchi).

Obrycki's 1727 E Pratt St., a nord di Fell's Point ⓣ 410/732-6399. Il più vecchio ristorante di pesce di Baltimora propone deliziosi granchi blu al vapore e alla griglia a prezzi molto convenienti e altri eccellenti frutti di mare. Chiuso in inverno.

Peter's Inn 504 S Ann St., Fell's Point ☎ 410/675-7313. Ristorante eccellente ma informale, con un bel bar e un buon menu a rotazione che spazia dalla crema di gamberetti al tonno alla griglia, al controfiletto con prezzi da $14 a $28.

Vaccaro's Italian Pastries 222 Albemarle St., Little Italy ☎ 410/685-4905. In questa fantastica pasticceria troverete cheesecake, biscotti e altre leccornie e un delizioso gelato italiano.

Locali e vita notturna

A Baltimora non mancano i **locali** dove bere qualcosa. **Fell's Point** è il quartiere che vanta la maggiore concentrazione di bar, soprattutto lungo Broadway e nelle stradine circostanti, e quasi tutti propongono intrattenimenti di vario genere. Il complesso **Power Plant Live!** situato vicino all'Inner Harbor (34 Market Place; ☎ 410-727-LIVE, *www.powerplantlive.com*) offre un ricco assortimento di ristoranti e locali tradizionali. La scena culturale di Baltimora è concentrata a nord-ovest del centro, nei dintorni di Mount Royal Avenue, dove si trovano tra gli altri la **Meyerhoff Symphony Hall** (1212 Cathedral St.; ☎ 410/783-8000, *www.bsomusic.org*) e la **Lyric Opera House** (110 W Mount Royal Ave.; ☎ 410/727-6000, *www.baltimoreopera.com*). Per una panoramica degli spettacoli e dei locali di Baltimora, consultate l'eccellente settimanale gratuito *City Paper* (*www.citypaper.com*) o il sito Internet *www.Baltimore.org*.

The 8x10 10 E Cross St., Federal Hill ☎ 410/625-2000. Piacevole bar con musica dal vivo che propone un mix eclettico di jazz, indie rock e musica elettronica; spesso per assistere ai concerti si paga solo l'ingresso.

Brewer's Art 1106 N Charles St., Mount Vernon ☎ 410/547-9310. È il posto dove tutti gli amanti della birra dovrebbero andare – un'istituzione locale, famoso soprattutto per le ottime birre di produzione propria come la "Ozzy" in stile belga, la scura "Proletary Ale" e la tradizionale "Charm City Sour Cherry."

Cat's Eye Pub 1730 Thames St., Fell's Point ☎ 410/276-9085. Bar accogliente e affollato con un buon assortimento di birre ed esibizioni di musica jazz, blues, bluegrass e folk tutte le sere.

Looney's Pub 2900 O'Donnell St. ☎ 410/675-9235. Questo animato locale è uno dei più frequentati di Canton; offre un assortimento di spuntini e birre e musiche proposte da dj.

Lulu's Off Broadway 1703 Aliceanna St., Fell's Point ☎ 410/537-LULU. Locale vivace dove potrete cenare a base di costine al barbecue, polpettone e panini all'aragosta, oltre a qualche piatto vegetariano, o sorseggiare un bicchiere di vino o una birra artigianale ascoltando la musica proposta dai dj nei fine settimana.

Maggie Moore's 21 N Eutaw St., a nord dell'Inner Harbor ☎ 410/837-2100. Elegante e accogliente pub irlandese, offre buone birre scure e piatti come stufato di manzo alla birra e panino con cosciotto di agnello.

Max's on Broadway 735 S Broadway ☎ 410/675-6297. In questo grande locale con un bar lunghissimo troverete circa 300 tipi di birra in bottiglia e più di 70 alla spina a rotazione; ci sono anche un tavolo da biliardo e una sala fumatori con tappezzeria in pelle al piano superiore.

Wharf Rat Bar 801 S Ann St., Fell's Point ☎ 410/276-9034. Accogliente bar con un buon assortimento di birre inglesi ed europee e birre regionali, frequentato da una clientela esigente e alla moda.

Maryland occidentale

Il **Maryland occidentale** si estende per circa 200 miglia (320 km) da est a ovest, ma in alcuni tratti raggiunge appena i 3 km di larghezza da nord a sud. Procedendo verso ovest, il paesaggio diventa via via sempre più montuoso e rurale, simile a quello della Virginia Occidentale.

A parte il celebre campo di battaglia della guerra di secessione situato ad **Antietam**, a ovest dell'unico grosso centro abitato della regione, **Frederick**, la principale attrattiva del Maryland occidentale è il **Chesapeake and Ohio Canal**, un antico canale che segue il corso del fiume Potomac lungo la sponda del Maryland collegando Washington con **Cumberland**, tra le montagne occidentali. La strada di alaggio, che si snoda per più di 180 miglia (288 km), può essere percorsa sia a piedi sia in bicicletta. Ancora più a ovest si trova il più grande lago dello Stato, il **Deep Creek Lake**, molto frequentato dagli appassionati di sport acquatici. Il lago è circondato da più di 49.000 ettari di parchi pubblici e foreste, alcune delle quali si prestano particolarmente allo sci di fondo durante la stagione invernale.

Frederick e dintorni

FREDERICK, situata a meno di un'ora di viaggio a ovest di Baltimora, all'incrocio tra la I-70 e la I-270, è una delle città più antiche del Maryland nordoccidentale. Fondata nel 1745 da un gruppo di coloni tedeschi, la città diventò una tappa di grande importanza dell'itinerario verso ovest e la valle dell'Ohio; il suo centro storico conserva numerosi edifici risalenti all'inizio del 1800. Frederick costituisce una comoda base per visitare Antietam (vedi p. 363) e Harpers Ferry (vedi p. 345).

Il **centro visitatori** (19 E Church St.; tutti i giorni 9-17; ☎ 301/600-2888 o 1-800/999-3613, *www.fredericktourism.org*) distribuisce cartine che vi guideranno nella visita a piedi dei principali luoghi d'interesse cittadini. Tra questi ricordiamo la **Schifferstadt House** (da aprile a metà dicembre: gio-dom 12-16; ☎ 301/668-6088; $3), situata nei pressi della US-15, una fattoria in pietra del 1756 che non è molto cambiata dall'epoca della sua costruzione; la **Roger Taney House** (121 S Bentz St.; sab 10-16, dom 13-16; ☎ 301/663-1188; $3), residenza del presidente della Corte Suprema la cui sentenza sul tristemente famoso caso *Dred Scott* contribuì allo scoppio della guerra di secessione; e la **Beatty-Cramer House** (9010 Liberty Rd.; offerte; visite su appuntamento ☎ 301/668-2086), situata in una fattoria lungo la Rte-26, che risale al 1732 ed è la più antica casa a sé stante della regione.

La **Barbara Fritchie House** (154 W Patrick St.; visite su appuntamento ☎ 301/698-8992) sarebbe la casa da cui Barbara Fritchie, di 95 anni, sventolò orgogliosamente la bandiera degli Stati Uniti al passaggio dei soldati confederati. Probabilmente si tratta solo di una leggenda popolare, ma la casa è autentica e ben conservata, con una vecchia bandiera ancora appesa al tetto spiovente. Poco più a est si trova l'affascinante **National Museum of Civil War Medicine** (48 E Patrick St.; lun-sab 10-17, dom 11-17; *www.civilwarmed.org*; $6,50), che consente di farsi un'idea della medicina militare all'epoca della guerra di secessione e ospita alcuni raccapriccianti strumenti di amputazione utilizzati sui campi di battaglia.

Alla periferia nord di Frederick, il **Cunningham Falls State Park** (8-tramonto) e il **Catoctin Mountain Park** (alba-tramonto; ingresso libero) ospitano i resti di alcune abitazioni coloniali circondate da una distesa sterminata di boschi, particolarmente suggestivi in autunno. Per informazioni sulle escursioni a piedi e i campeggi, recatevi al **centro visitatori** principale, situato nei pressi della Hwy-77, 2 miglia (3 km) a ovest della US-15 (lun-gio 10-16.30, ven 10-17, sab e dom 8.30-17; ☎ 301/663-9330, *www.nps.gov/cato*). Qui troverete anche un **campeggio** ($20 a notte) e **bungalow in affitto** di varie dimensioni ($40-80).

Ci sono alcuni **motel** lungo la I-70 e la US-15, ma i **B&B** di Frederick rappresentano una sistemazione migliore: *Hill House* (12 W Third St.; ⓣ 301/682-4111; ⑤) offre camere arredate con gusto, con oggetti antichi e balconi, mentre *Hollerstown Hill* (4 Clarke Place; ⓣ 301/228-3630, *www.hollerstownhill.com*; ⑤) dispone di 4 belle camere in un edificio storico di fine Ottocento. Se avete intenzione di visitare Antietam (vedi avanti) potete dormire al *Jacob Rohrbach Inn* di Sharpsburg (138 W Main St.; ⓣ 301/432-5079, *www.jacob-rohrbach-inn.com*; ⑤), che offre 4 belle camere e suite e una villetta a sé stante, tutte arredate in uno stile consono a una dimora del XIX secolo.

Per quanto riguarda i **ristoranti**, *Monocacy Crossing* (4424 Urbana Pike; ⓣ 301/846-4204) serve buoni panini e pesce a mezzogiorno mentre la sera propone costine, torte alla polpa di granchio e altre eccellenti specialità dell'Atlantico a prezzi medi. Troverete piatti simili, ma leggermente più economici e buone birre artigianali chiare e scure da *Barley & Hops* (5473 Urbana Pike; ⓣ 301/668-5555) e un buon assortimento di birre della casa alla spina da *Brewer's Alley* (124 N Market St.; ⓣ 301/631-0089).

Antietam National Battlefield

Il sito in cui si svolse una delle battaglie più cruente della guerra di secessione – che causò un numero di vittime superiore a qualsiasi altra battaglia nella storia degli Stati Uniti – si estende nelle campagne intorno al villaggio di **Sharpsburg**, 15 miglia (24 km) a ovest di Frederick. Qui, la mattina del 17 settembre del 1862, 40.000 soldati confederati affrontarono l'esercito dell'Unione, di due volte numericamente superiore. La battaglia lasciò sul campo 23.000 tra morti e feriti da entrambi le parti. I combattimenti più cruenti e sanguinosi si svolsero nei campi di granturco a nord.

La carneficina non fu decisiva sotto il profilo tattico, ma ebbe un ruolo rilevante per dissuadere la Gran Bretagna dal riconoscere la Confederazione, mentre la "parziale" vittoria dell'Unione fornì a Lincoln il pretesto per emanare il Proclama di Emancipazione. Il **centro visitatori**, situato 1 miglio (1,6 km) a nord di Sharpsburg nei pressi della Hwy-65 (tutti i giorni 8.30-18, orari soggetti a variazioni; ⓣ 301/432-5124, *www.nps.gov/anti*; biglietto valido per tre giorni $4) distribuisce opuscoli informativi e una cartina che vi guiderà nella visita in automobile.

Cumberland e C&O Canal

Unico grande centro abitato nelle remote regioni occidentali del Maryland, situata tra la Virginia Occidentale e la Pennsylvania in una parte dello Stato larga soltanto 8 miglia (13 km), **CUMBERLAND** nacque alla fine del 1700 come centro per l'estrazione del carbone e divenne il punto di arrivo del **C&O (Chesapeake and Ohio) Canal**, un capolavoro di ingegneria idraulica costruito a partire dal 1813 ma ultimato soltanto nel 1850. Nel frattempo la cittadina era stata raggiunta dalla prima strada ferrata del paese, che in breve tempo rese obsoleto il canale (la stazione Amtrak di Cumberland si trova all'angolo tra E Harrison Street e Queen City Street).

Lungo il canale ci sono sei **centri visitatori**: il più occidentale si trova a Cumberland (13 Canal St.; tutti i giorni 9-17; ⓣ 301/722-8226, *www.nps.gov/choh*). Un altro centro visitatori è situato a Potomac, nel Maryland (11710 MacArthur Blvd.; ⓣ 301/767-3714), all'interno del **Great Falls Park** (ingresso al parco pedoni/automobili $3/5 per 3 giorni). Tutti i centri forniscono informazioni sui campeggi e gli operatori dei dintorni che noleggiano attrezzatura, che vi saranno molto utili se volete percorrere le 185 miglia (300 km) del canale in canoa, a piedi o in bicicletta lungo la **strada di alaggio**, una delle più lunghe di tutti gli Stati Uniti. In estate, i treni a vapore della **Western Maryland Scenic Railroad** (partenza 11.30: maggio-settembre: ven-dom; ottobre; gio-dom; novembre-metà dicembre: sab e dom; ⓣ 301/759-4400 o 1-800/872-4650, *www.wmsr.com*; $25) conducono i passeggeri attraverso le montagne circostanti fino a Frostburg; in tutto il viaggio dura circa 3 h. Di fronte alla stazione, sull'altra sponda del canale, notate la capanna in legno bianca e nera in cui George Washington alloggiò intorno al 1750 durante il suo primo servizio militare.

A Cumberland le possibilità di **alloggio** sono piuttosto limitate; *Bruce House Inn* (201 Fayette St.; ⓣ 301/777-8860, *www.brucehouseinn.com*; ⑤) è un incantevole B&B con 4 camere eleganti e collegamento a Internet veloce in un edificio del 1840.

Circa 30 miglia (48 km) a est di Cumberland, la I-68 passa letteralmente attraverso una spettacolare formazione rocciosa sinclinale alta circa 480 m, visibile da una piattaforma presso l'interessante **Sideling Hill Exhibit Center** del Fort Frederick State Park (tutti i giorni 9-17; ⓣ 301/842-2155), che ospita una mostra dedicata alla sua storia geologica e offre splendide vedute dei dintorni.

Annapolis e Maryland meridionale

Capitale del Maryland sin dal 1694, **Annapolis** ha conservato l'aspetto del XVIII secolo e il fitto reticolo di stradine acciottolate che ne fanno una delle città più affascinanti degli Stati Uniti. Se volete farvi un'idea più approfondita della Chesapeake Bay, dirigetevi verso sud fino a **St. Mary's City**, la prima capitale del Maryland, ricostruita negli anni Sessanta, o a **Solomons Island**, una delle numerose cittadine della baia dove il tempo sembra essersi fermato.

Annapolis

Nel centro di **ANNAPOLIS** sorge l'imponente **Maryland State House** (lun-ven 9-17, sab e dom 10-16; visite guidate 11 e 15; ⓣ 410/974-3400; ingresso libero), il Campidoglio edificato nel 1779. Per sei mesi, tra il 1783 e il 1784, in questo palazzo si riunì l'assemblea legislativa nazionale; oggi ospita il parlamento statale che svolge da più tempo la sua funzione legislativa senza interruzioni. All'interno della **Old Senate Chamber**, alla quale si accede dal sontuoso salone d'ingresso, fu ratificato il Trattato di Parigi che nel 1784 mise ufficialmente fine alla guerra d'indipendenza americana. La statua di George Washington è situata nel punto in cui, tre settimane prima di firmare il trattato, si dimise dalla carica di comandante delle Forze Continentali. Accanto alla State House si trova il piccolo edificio dell'**Old Treasury**, costruito nel 1735 per custodire le ricchezze nazionali durante il periodo coloniale.

Le vie di Annapolis sono costeggiate da numerose, splendide dimore in mattoni risalenti alla fine del Settecento. La villa in mattoni rossi situata due isolati a ovest della State House è la **Hammond-Harwood House** (19 Maryland Ave. all'altezza di King George St.; aprile-ottobre: mar-dom 12-17, ultima visita alle 16; *www.hammondharwoodhouse.org*; $6), costruita nel 1774, che vanta pregevoli mobili scolpiti e un'intricata porta d'ingresso. Sempre del 1774, la **Chase-Lloyd House** (22 Maryland Ave.; lun-sab 14-16; offerta; ☎ 410/263-2723) è una residenza georgiana in mattoni che sfoggia al suo interno una splendida scalinata, colonne ioniche e decorazioni elaborate. La **William Paca House** (186 Prince George St.; inverno ven-dom 12-17; resto dell'anno lun-sab 10-17, dom 12-17; ☎ 410/267-7619; $8 compresa visita guidata) venne fatta costruire nel 1765 da William Paca, governatore del Maryland e uno dei firmatari della Dichiarazione d'indipendenza. La casa è arredata con colori caldi e mobili elaborati; lo splendido parco in stile inglese si sviluppa su terrazze e ospita un incantevole giardino ornamentale e un grazioso gazebo. Oltre a queste dimore sontuose, le stradine che si diramano dal centro sono costellate di cottage rivestiti in legno e magazzini del XVIII secolo. Presso la **Historic Annapolis Foundation** (18 Pinkney St.; ☎ 410/267-7619, *www.annapolis.org*), che ha sede in una taverna del 1715 circa, troverete informazioni che vi guideranno nella visita a molti di questi edifici.

Per un diverso approccio alla storia del Maryland, visitate il **Banneker-Douglass Museum** (84 Franklin St.; mar-sab 10-16; ☎ 410/216-6180, *www.marylandhistoricaltrust.net/bdm.html*; ingresso libero). Il museo, situato pochi isolati a nord-est del Campidoglio e intitolato a due delle figure più importanti della storia afroamericana, ospita la più grande collezione di arte e manufatti afroamericani degli Stati Uniti.

Lungomare e US Naval Academy

Uno dei pochi siti di epoca coloniale rimasti sul lungomare della **Chesapeake Bay** è la **Market House**, (25 Market Place; orari soggetti a variazioni; *www.annapolismarkethouse.com*), costruita nel porto intorno al 1850 per rimpiazzare un vecchio magazzino usato dall'esercito rivoluzionario e oggi sede di alcune squallide bancarelle di generi alimentari. Tra i negozi di accessori nautici e i bar del porto spicca l'edificio in pietra grigia della **US Naval Academy**, la prestigiosa accademia frequentata da 4000 allievi e una piccola percentuale di allieve che studiano qui per 4 duri anni prima di diventare ufficiali della marina degli Stati Uniti. Dall'**Armel-Leftwich Visitor Center** (tutti i giorni: marzo-dicembre 9-17; gennaio e febbraio 9-16; ☎ 410/293-8687, *www.navyonline.com*; $8,50) partono le interessanti visite guidate che comprendono anche l'elaborata cripta e la tomba in marmo dell'eroe della marina coloniale John Paul Jones; il centro visitatori si trova presso la Halsey Field House, subito dopo l'ingresso 1 in fondo a King George Street.

Notizie utili

Annapolis è dotata di buoni collegamenti: i pullman Greyhound fermano in 308 Chinquapin Round Road, mentre dall'aeroporto BWI si possono raggiungere i treni Amtrak e MARC (☎ 1-800/RIDE-MTA; *www.mtamaryland.com*) con la linea di autobus North Star (C-60) della compagnia ADOT (☎ 410/263-7964; $4). In automobile, Annapolis dista solo mezz'ora da Washington (lungo la US-50) e da Baltimora (lungo la I-97). Il centro storico di Annapolis si può visitare comodamente a piedi; il **centro visitatori** (26 West St.; tutti i giorni 9-17; ☎ 410/280-0445, *www.visit-annapolis.org*) distribuisce cartine gratuite e informazioni pratiche sulle visite a piedi, in minibus e in battello.

Per prenotare una **camera** in un albergo di Annapolis c'è un servizio prenotazioni gratuito (☎ 410/263-3262, *www.stayannapolis.com*). I **B&B** sono incantevoli, e se ne approfittano; i migliori e più convenienti sono il *Flag House Inn* (26 Randall St.; ☎ 410/280-2721 o 1-800/437-4825, *www.flaghouseinn.com*;

❼), che dispone di 4 camere e una suite, e il *Royal Folly* (65 College Ave.; ☎ 410/263-3999, *www.royalfolly.com*; ❽), che offre suite spaziose ed eleganti, alcune con caminetto, vasca idromassaggio e patio. Le tre elegantissime suite dell'*Annapolis Inn* (114 Prince George St.; ☎ 410/295-5200, *www.annapolis inn.com*; ❾) e i tre edifici signorili dell'*Historic Inns of Annapolis* (58 State Circle; ☎ 410/263-2641, *www.historicinnsofannapolis.com*; ❻) sono altre due belle sistemazioni in classici edifici georgiani.

Tra i **ristoranti** consigliamo il semplice *Chick and Ruth's Delly* (165 Main St.; ☎ 410/269-6737), che serve prime colazioni e panini particolarmente abbondanti; il più elegante *Harry Browne's* (66 State Circle; ☎ 410/263-4332), frequentato da uomini politici e lobbisti per gli ottimi piatti di carne e di pesce; e l'eccellente *Wild Orchid Cafe* (909 Bay Ridge Ave.; ☎ 410/268-8009), dove potrete gustare specialità a base di pesce freschissimo ma anche costine di agnello e un buon menu a prezzo fisso ($39).

Maryland meridionale

Il **Maryland meridionale** con le sue tortuose stradine secondarie ricorda sotto molti aspetti il Sud rurale. Le due strade principali, la US-301 da Baltimora e la Hwy-2 da Annapolis, sono circondate da campi di granturco e tabacco costellati di vecchi granai in legno. Le stradine alberate di campagna si diramano verso i fiumi o le cave dell'ampia Chesapeake Bay. Una delle mete più interessanti della zona è il **Battle Creek Cypress Swamp Sanctuary** (mar-sab 10-16.30, dom 13-16.30; ingresso libero; ☎ 410/535-5327), situato in un'insenatura del fiume Patuxent, circa 45 miglia (72 km) a sud di Annapolis, nei pressi della Hwy-2. La riserva comprende 40 ettari di antichi cipressi dalle radici nodose che emergono in parte dal fango della palude per assorbire l'ossigeno; una passerella aerea lunga 500 m permette di ammirare dall'alto lo strano scenario.

Storica sede di cantieri navali, **SOLOMONS ISLAND** – che in realtà non è un'isola ma una stretta penisola che si estende per 2 miglia (3 km) tra il fiume Patuxent e la Back Creek Bay – si trova 60 miglia (96 km) a sud di Annapolis lungo la Hwy-2. Il principale luogo d'interesse è il **Calvert Marine Museum** (tutti i giorni 10-17; *www.calvertmarinemuseum.com;* $7), situato lungo la Hwy-2 alla periferia nord dell'abitato e dedicato all'ecosistema marino del fiume Patuxent e della Chesapeake Bay e alle due aree paludose protette, una di acqua salata e l'altra di acqua dolce. Il biglietto di ingresso consente di accedere anche al vicino **faro di Drum Point**, un piccolo cottage coloniale in legno appollaiato sopra al mare su sottili pali di ferro. Il lungomare è costellato di accoglienti **B&B** come il *Back Creek Inn* (210 Alexander Lane; ☎ 410/326-2022, *www.backcreek innbnb.com*; $115), che ha camere graziose, un paio di suite e un cottage, e il *Solomons Victorian Inn* (125 Charles St.; ☎ 410/326-4811, *www.solomonsvicto rianinn.com*; $100), che offre sette camere pittoresche, alcune delle quali con vista sulla baia e vasca idromassaggio. In questa zona si possono gustare specialità di **pesce** davvero eccellenti, come la costosa coda di aragosta e le torte alla polpa di granchio di *Captain's Table* (275 Lore St.; ☎ 410/326-2772), un bel ristorante con i tavoli sul lungomare. *CD Cafe* (14350 Solomons Island Rd.; ☎ 410/326-3877) serve hamburger, pesce e pasta a prezzi medi.

Pochi chilometri a nord di Solomons Island si incontra il **Calvert Cliffs State Park** (2750 Sweden Point Rd.; alba-tramonto; ☎ 301/743-7613; ingresso libero), una riserva di circa 400 ettari ricca di boschi, paludi e rocce sedimentarie tra le quali sono state ritrovate circa 600 specie diverse di fossili. Una passeggiata di 2 miglia (3 km) conduce a un tratto di spiaggia dove potrete liberamente cercare antichi denti di squalo e altri fossili.

Eastern Shore

La **Eastern Shore** (costa orientale) è l'area del Maryland compresa nella vasta penisola di Delmarva (il nome deriva dalle iniziali dei tre Stati dai quali è amministrata, ovvero *Del*aware, *Mar*yland, *V*irgini*a*), che separa la Chesapeake Bay dall'Oceano Atlantico. Il territorio è attraversato da stradine di campagna dissestate e punteggiato di vecchie fattorie e magazzini per il tabacco diroccati. Il ponte US-50 che attraversa la Chesapeake Bay, costruito agli inizi degli scorsi anni Sessanta, ha reso più accessibile la Eastern Shore, ma le zone lontano dalle strade principali sono ancora molto tranquille. Dalla US-50, che prosegue fino alla località balneare di **Ocean City**, si diramano tranquille stradine che conducono agli storici villaggi sulla baia di **Chestertown** e **St. Michaels**.

Chestertown

In epoca coloniale **CHESTERTOWN**, che si estende a ovest del fiume Chester lungo High Street, era un importante porto sulla Chesapeake Bay. Da allora non è molto cambiata e conserva alcune belle case storiche sul lungofiume e un palazzo di giustizia circondato da graziosi cottage in legno. Malgrado sia ricca di residenze storiche come la **Widehall**, una splendida dimora georgiana del 1769 situata in 101 N Water St., l'unico edificio regolarmente aperto al pubblico è la moderna **Geddes-Piper House** (101 Church Alley; mar-ven 10-16; visite maggio-ottobre: sab 13-16; ⓣ 410/778-3499; $4), che ospita una bella collezione di utensili da cucina e mobili del XVIII secolo.

Molte delle vecchie case sono state trasformate in incantevoli **B&B**, come il *Widow's Walk Inn* (402 High St.; ⓣ 410/778-6455 o 1-888/778-6455, *www.chestertown.com/widow*; ❺), il *Great Oak Manor* (10568 Cliff Rd.; ⓣ 1-800/504-3098, *www.greatoak.com*; ❽), che offre una decina di camere eleganti, alcune delle quali dotate di caminetto e arredi antichi, e l'*Imperial Hotel* (208 High St.; ⓣ 410/778-5000, *www.imperialchestertown.com*; ❼), situato in posizione centrale e dotato di collegamento WiFi e del **ristorante** *Front Room*, che serve buoni piatti di carne e pesce. Dall'altra parte della strada, l'eccellente *Feast of Reason* (203 High St.; ⓣ 410/778-3828) offre buone minestre e panini a mezzogiorno. Il **centro visitatori** (122 North Cross St.; primavera ed estate: lun-ven 9-17, sab e dom 10-16; autunno e inverno: lun-ven 9-17, sab e dom 10-14; ⓣ 410/778-9737, *www.chestertown.com*) fornisce informazioni sulla storia della città e sulle escursioni a piedi e in bicicletta e organizza un'escursione di 2 h a bordo del *Sultana*, la riproduzione di una goletta del XVIII secolo (aprile-settembre; ⓣ 410/778-5954, *www. sultanaprojects.org*; 2 ore; $30).

A ovest di Chestertown, alcune stradine di campagna si snodano per 15 miglia (24 km) fino alle banchine e ai ristoranti sul porto di **ROCK HALL**, un vecchio villaggio di pescatori dove potrete osservare i pescherecci che tornano dal mare mentre vi concedete un piatto di saporito cholo di granchio nel semplicissimo *Waterman's Crabhouse* (21055 Sharp St.; ⓣ 410/639-2261), sul molo principale.

St. Michaels

Il grazioso porto di **ST. MICHAELS**, situato 12 miglia (19 km) a ovest della US-50 lungo la Hwy-33, è uno dei porti più antichi della Chesapeake Bay. Fondato intorno alla metà del 1600, St. Michaels fu una delle principali sedi di cantieri navali dell'America coloniale. Dagli anni Sessanta del Novecento è stato sottoposto a un processo di riqualificazione e oggi gli edifici storici sono stati trasformati in gallerie d'arte, boutique e accoglienti B&B.

La verde piazza del centro storico, **St. Mary's Square**, si apre su Mulberry Street a un isolato da Talbot Street, mentre nella zona settentrionale del porto si trova il vasto e moderno **Chesapeake Bay Maritime Museum** (tutti i giorni: aprile-maggio e ottobre 10-17; giugno-settembre 10-18; novembre-gennaio 10-16; *www.cbmm.org*; $13), all'interno del quale potrete visitare l'**Hooper Strait Lighthouse**, un faro del 1879 ristrutturato vicino al quale sono ormeggiate diverse imbarcazioni tipiche della Chesapeake Bay, progettate per navigare sulle acque poco profonde della baia. Patriot Cruises (tutti i giorni 11, 12.30, 14.30 e 16; ⓣ 410/745-3100, *www.patriotcruises.com*; $22,50) organizza **escursioni** nella baia di 60-90 min, mentre altri operatori propongono uscite più brevi (e più economiche).

Per quanto riguarda i **B&B**, il *Parsonage Inn* (ⓣ 410/745-5519, *www.parsonage-inn.com*; ⓻) è uno splendido edificio vittoriano del 1883 con graziose camere in stile antico, alcune dotate di caminetto, mentre i tre splendidi edifici dell'*Old Brick Inn* (401 Talbot St.; ⓣ 410/745-3323, *www.saintmichaelsmdbedandbreakfast.com*; ⓻) ospitano camere pittoresche con collegamento wi-fi, TV a schermo piatto o vasca idromassaggio che in alta stagione si riempiono in fretta e vanno prenotate con largo anticipo. Tra i **ristoranti** locali, il *Bistro St. Michaels* (403 S Talbot St.; ⓣ 410/745-9111) è uno dei migliori della zona dove gustare cozze al vapore, salmone e gamberetti a prezzi molto contenuti, mentre il *Key Lime Cafe* (207 N Talbot St.; ⓣ 410/745-3158) offre eccellenti vongole, ostriche, insalate e costine e un buon assortimento di pesce fresco.

Se volete trattenervi nei dintorni potete spingervi fino al placido paesino di Oxford, situato 7 miglia (11 km) a sud di St. Michaels; qui troverete il *Robert Morris Inn* (314 N Morris St.; ⓣ 410/226-5111, *www.robertmorrisinn.com*; $150), una locanda del 1710 che offre eleganti camere in stile antico con collegamento wi-fi e un ristorante che serve deliziose torte alla polpa di granchio.

Tilghman Island

Il principale motivo di richiamo di **TILGHMAN ISLAND**, un vecchio villaggio di pescatori situato a ovest di St. Michaels, al di là del ponte girevole di Knapps Narrows, è l'ottimo **pesce**. Fate un salto al **Dogwood Harbor**, nella parte orientale del villaggio, dove in autunno e in inverno i tonni pinna rossa vengono scaricati alla Harrison Oyster Packing Company (ⓣ 410/886-2530), una fabbrica all'ingrosso situata ai piedi del ponte. Qui potrete acquistare ostriche fresche appena sbarcate dai pescherecci, o gustarle nei due ristoranti situati sui due lati del ponte: *Bay Hundred* (6176 Tilghman Island Rd.; ⓣ 410/886-2126), che offre un buon assortimento di *surf-and-turf* (piatti comprendenti pesce, crostacei e carne) a prezzi medi, e *The Bridge* (6136 Tilghman Island Rd.; ⓣ 410/886-2330), che serve discrete zuppe di pesce e pesce fritto. Nel fine settimana, *Harrison's Chesapeake House* (21551 Chesapeake House Drive; ⓣ 410/886-2121), che si trova 2 miglia (3 km) a sud del villaggio, è molto frequentato dalla gente del posto e dai pescatori per la conveniente cena tradizionale della Eastern Shore a base di pannocchie di granturco e pollo fritto; hanno anche un semplice **B&B** (*www.chesapeakehouse.com*; ❻).

Ocean City

Con più di 10 miglia (16 km) di vaste spiagge bagnate dall'Oceano Atlantico, un'animata passerella in legno che corre sul lungomare, un parco di divertimenti e schiere di vacanzieri, **OCEAN CITY** è la principale località di villeggiatura del Maryland. La si raggiunge attraversando la Eastern Shore con il ponte US-50, ma se volete trascorrere una tranquilla vacanza al mare evitatela assolutamente nei fine settimana e durante le vacanze di Pasqua, quando si riempie di studenti.

L'autostazione della compagnia Greyhound si trova all'angolo tra Second Street e Philadelphia Avenue. Nella cittadina ci sono due **centri visitatori**: la camera di commercio, situata sulla US-50 prima di entrare nell'abitato (tutti i giorni 9-17; ⓣ 410/213-0552, *www.oceancity.org*), e un altro ufficio al n. 4001 di Coastal Hwy (tutti i giorni 9-17; ⓣ 1-800/626-2326, *www.ococean.com*); entrambi distribuiscono utili opuscoli e possono aiutarvi a trovare una sistemazione.

Le **strutture ricettive** sono numerose, ma nei fine settimana estivi può essere difficile trovare una camera e in alta stagione le tariffe possono raddoppiare rispetto alla bassa stagione. Il *Crystal Beach Hotel* (2500 N Baltimore Ave.; ⓣ 1-866/BEACH-21, *www.crystalbeachhotel.com*; ❸-❾) dispone di camere con collegamento WiFi ($6/giorno), cucinotto e balcone, mentre il *Sea Hawk Motel* (12410 Coastal Hwy; ⓣ 1-800/942-9042, *www.seahawkmotel.com*; ❸-❻ in base alla stagione) offre camere più semplici ed economiche e il *Commander Hotel* (Boardwalk all'altezza di 14th Street; ⓣ 410/289-6166 o 1-888/289-6166, *www.commanderhotel.com*; ❸-❽) un assortimento di camere, suite e appartamenti. Tra i numerosi locali appartenenti a catene ci sono alcuni buoni **ristoranti**, tra i quali il *PGN Crab House* (2906 Philadelphia Ave.; ⓣ 410/289-8380), che serve deliziose torte alla polpa di granchio, e il più costoso *Macky's Bayside Bar and Grill* (5311 Coastal Hwy; ⓣ 410/723-5565) che offre buoni piatti di pesce e pasta e una bella vista. Tra i **locali notturni** segnaliamo il frenetico *Big Kahuna*, (all'angolo tra 18th e Coastal Highway; ⓣ 410/289-6331), frequentato soprattutto da studenti, e il *Shenanigan's* (Boardwalk all'altezza di 4th St.; ⓣ 410/289-7181), un pub irlandese con un ricco menu e musica dal vivo.

Assateague Island National Seashore

Proseguendo per 9 miglia (14 km) lungo la costa si raggiunge la **Assateague Island National Seashore**, un'isola che si estende per 37 miglia (59 km) e ospita uno splendido parco caratterizzato da un paesaggio sabbioso interrotto qua e là da dune erbose, che offre un piacevole rifugio alla confusione di Ocean City. Il **centro visitatori** principale (tutti i giorni 9-17; ⓣ 410/641-1441, *www.nps.gov/asis*) è situato a 8 miglia (13 km) dalla località balneare, poco prima del ponte che conduce all'isola (automobili $15/5 settimana/giorno; accesso gratuito per pedoni e ciclisti). Sul parco ci sono tre **percorsi** principali costituiti da passerelle sospese sopra paludi riparate dal vento e spiagge di sabbia bianca, ma il principale motivo di richiamo sono soprattutto le spiagge. Su Assateague Island ci sono due **campeggi**, uno affacciato sul mare e l'altro sulla baia (metà ottobre-metà aprile; ⓣ 410/641-3030; $16). Se cercate una sistemazione più confortevole, l'**albergo** migliore si trova a **Chincoteague** (vedi p. 336), nella parte meridionale dell'isola che ricade in Virginia.

Delaware

Fondato nel 1631, il piccolo Stato del **DELAWARE** un tempo apparteneva alla vicina Pennsylvania (Filadelfia si trova soltanto 10 miglia (16 km) più a nord), dalla quale si separò nel 1776. Nel 1787 fu la prima colonia della giovane nazione a ratificare la Costituzione e a entrare a far parte dell'Unione. Per gran parte della sua storia l'economia del Delaware fu legata alla **famiglia du Pont** che, fuggita dalla Francia rivoluzionaria, vi fondò una fabbrica di polvere da sparo che divenne la principale fornitrice di esplosivi del governo degli Stati Uniti. La famiglia costruì alcune sontuose residenze nella **Brandywine Valley** a nord di Wilmington, vicino all'antica capitale coloniale **New Castle**, situata sulla Baia di Delaware 5 miglia (8 km) a sud della I-95 e ancora perfettamente conservata. **Dover**, l'attuale capitale situata più a sud, non ha molto da offrire ai visitatori, ma proseguendo lungo il litorale si incontrano le incantevoli cittadine balneari di **Lewes** e **Rehoboth Beach** situate all'estremità settentrionale di oltre 20 miglia (32 km) di spiagge incontaminate lambite dall'Oceano Atlantico.

Come muoversi

Fatta eccezione per Wilmington, che si trova sulla linea dei **treni** e dei **pullman** diretti verso la costa orientale, le altre località del Delaware sono difficili da raggiungere con i mezzi di trasporto pubblici. I pullman Greyhound fermano solo a Wilmington e Dover, la I-95 e la New Jersey Turnpike convergono a Wilmington, da dove inizia la US-13 che attraversa lo Stato in direzione sud. Comunemente chiamata **du Pont Highway**, la strada fu fatta costruire a proprie spese dalla famiglia di industriali per raggiungere comodamente Dover dalle loro residenze di Wilmington. Un **traghetto** con trasporto auto collega direttamente Cape May, sulla punta meridionale del New Jersey, con Lewes, all'imboccatura della Baia di Delaware (vedi p. 374).

Wilmington e dintorni

WILMINGTON, una piacevole cittadina che vanta discreti musei d'arte e alcuni graziosi parchi sul fiume, è circondata dalla Brandywine Valley dove si possono ammirare le sontuose residenze e i giardini (e le fattorie) dei Du Pont, la famiglia di origine francese più importante del Delaware.

Wilmington è servita dai treni Amtrak (100 S French St.) e dagli autobus Greyhound (101 N French St.); entrambe le stazioni si trovano nella malfamata parte meridionale della città (per una cittadina delle sue dimensioni, Wilmington ha un tasso di criminalità piuttosto elevato). Da qui le due vie principali, Market St. e King St., corrono verso nord per circa 1 miglio (1,6 km) fino al fiume Brandywine, lungo il quale si trovano negozi, locali e alcuni edifici restaurati del XVIII secolo come il bel palazzo in stile federale dell'**Old Town**

Hall (500 Market St.; aperto solo in occasione di eventi speciali; ⓣ 302/655-7161 per informazioni), il vecchio municipio risalente al 1798.

Poco più a nord della zona commerciale, in fondo a Market Street, il **Brandywine Park** è un bel parco ondulato che si estende sulle due rive del fiume Brandywine. Nel vicino **Delaware Art Museum** (2301 Kentmere Parkway; mar-sab 10-16, dom 12-16; *www.delart.org*; $10, dom ingresso libero) sono esposte opere di artisti americani del XIX e XX secolo e numerosi paesaggi di celebri pittori quali Frederic Church, Winslow Homer, Edward Hopper e Augustus Saint Gaudens. Agli appassionati d'arte moderna interesserà il **Delaware Center for the Contemporary Arts** (200 S Madison St.; mar e gio-sab 10-17, mer e dom 12-17; *www.thedcca.org*; $5), situato in centro e famoso per le numerose mostre temporanee dedicate ad artisti regionali e nazionali.

Gran parte dei siti coloniali di Wilmington sono nascosti tra i vecchi magazzini e le aree industriali del lungofiume a est del centro. Tra questi ricordiamo l'**Hendrickson House Museum**, un edificio in legno di pino del 1690 circa arredato con mobili di varie epoche e la **Old Swedes Church**, una delle chiese più antiche di tutti gli Stati Uniti, costruita nel 1698 (606 di Church St.; chiesa e museo: mer-sab 10-16; ⓣ 302/652-5629; $2). Alcuni chilometri più a nord, nel Rockwood Park vicino alla I-95, la **Rockwood Mansion** (610 Shipley Rd.; parco e giardini tutti i giorni 6-22, residenza visite guidate mar-dom 10-15; *www.rockwood.org*; $5) è un'elegante residenza in stile neogotico del 1854 ispirata alle dimore di campagna inglesi e oggi perfettamente restaurata. Nella sontuosa **Butler's Pantry** vengono serviti caffè e pasticcini e, su prenotazione, *high tea* per gruppi di più persone (12 mar-sab; prenotazioni ⓣ 302/761-4340; $18).

Notizie utili

Il centro visitatori **CVB** (100 W 10th St.; lun-ven 9-17; ⓣ 1-800/489-6664, *www.VisitWilmingtonDe.com*) è situato in posizione centrale e fornisce utili cartine e carte stradali e informazioni pratiche. I **pullman** DART servono le principali località della regione (ⓣ 302/652-3278, *www.dartfirststate.com*; biglietti $1,15). Tra gli **alberghi**, l'*Hotel du Pont* (100 W 11th St.; ⓣ 302/594-3100 o 1-800/441-9019, *www.hoteldupont.com*; ❽) è una splendida struttura del 1913 con camere e suite lussuose e raffinate dotate di tutti i comfort, mentre il *Brandywine Suites* (707 King St.; ⓣ 1-800/756-0700, *www.brandywine suites.com*; ❹) offre camere spaziose e convenienti con microonde, frigorifero e collegamento a Internet veloce. Tra i numerosi **ristoranti** situati nei dintorni dell'animata Trolley Square a nord-ovest del centro, *Moro* (1307 N Scott St.; ⓣ 302/777-1800) serve costose specialità di mare come salmone allo sciroppo d'acero e ostriche alla griglia con tartufo e diversi menu a prezzo fisso. ★ *Attilio's* (1900 Lancaster Ave.; ⓣ 302/428-0909) è uno dei migliori ristoranti tradizionali italiani del Delaware, mentre alla *Washington Street Ale House* (1205 Washington St.; ⓣ 302/658-2537) troverete semplici piatti di pasta e pesce ma soprattutto un ricco assortimento di birre artigianali.

Le residenze du Pont

Seguendo la I-95 dalla Rockwood Mansion, dopo pochi chilometri si raggiunge la prima delle **residenze du Pont** aperte al pubblico, **Bellevue State Park** (800 Carr Rd.; tutti i giorni 8-tramonto; ingresso libero), un edificio neogotico che William du Pont Jr trasformò in una versione personalizzata della residenza neoclassica di James Madison, chiamandola **Bellevue Hall**. La casa non è aperta al pubblico, ma si può passeggiare tra gli stagni, i boschi, i giardini e i campi da tennis del parco.

A una ventina di minuti di viaggio a nord-ovest di Wilmington si estende la Brandywine Valley, una valle nella quale diverse generazioni della famiglia du Pont costruirono le loro opulente residenze. L'**Hagley Museum**, situato poco più a nord di Wilmington nei pressi della Hwy-141 (metà marzo-dicembre: tutti i giorni 9.30-16.30; gennaio-metà marzo: sab e dom 9.30-16.30; *www.hagley.org*; $11) ripercorre la storia della famiglia di industriali francesi, dalla fondazione nel 1802 del primo mulino da polvere da sparo alla creazione di nuovi, più grandi stabilimenti alimentati con vapore ed energia elettrica, la maggior parte dei quali sono ancora in funzione. Non mancate di visitare la lussuosa residenza Eleutherian Mills, fulcro della tenuta di 95 ettari.

A poco meno di 2 km si trova l'enorme edificio ristrutturato color rosa antico della **Nemours Mansion** (1600 Rockland Rd.; per prenotazioni ☎ 1-800/651-6912, *www.Nemours.org/mansion.html*), costruita nel 1910 da Alfred du Pont che la chiamò come la casa ancestrale della famiglia in Francia. La residenza è circondata da 120 ettari di giardini in stile francese e al suo interno potrete vedere decine di camere sontuose tra le quali la palestra, il bowling e la ghiacciaia e una collezione di automobili del XX secolo. Proseguendo in direzione nord-ovest per circa 2 miglia (3,2 km), nei pressi della Hwy-52 si incontra l'antica tenuta di famiglia dei du Pont, il **Winterthur** (mar-dom 10-17; *www.winterthur.org*; visite $20-30, giardini e gallerie $15), che oggi ospita al suo interno un museo dedicato alle arti decorative dal 1640 al 1860 e la residenza di campagna comprendente 175 camere con le più diverse ambientazioni, dal semplice cottage degli Shaker a una bella scala ellittica alta tre piani proveniente da una piantagione del North Carolina. Gallerie separate situate all'interno della tenuta ospitano mostre più convenzionali di mobili, tessuti, ceramiche, quadri e oggetti in vetro.

New Castle

Antica capitale del Delaware, **NEW CASTLE** si affaccia sull'ampio fiume Delaware 6 miglia (10 km) a sud di Wilmington lungo la Hwy-141. Fondata intorno al 1650 dagli olandesi e occupata dagli inglesi nel 1664, New Castle è riuscita a preservare il centro storico con le tranquille vie acciottolate e i suggestivi edifici in mattoni del XVIII secolo ombreggiati da alberi secolari.

La cittadina si sviluppa intorno alla **piazza centrale** alberata (chiamata *green*) che si estende a est dei negozi di Delaware Street. Sulla piazza incombe la robusta torre della **Immanuel Episcopal Church**, edificata nel 1703 e fiancheggiata da un cimitero con file ordinate di lapidi del XVIII secolo; la chiesa si trova all'angolo tra Harmony Street e The Strand. Sul lato occidentale della piazza sorge la **Old Court House** (211 Delaware St.; mar-sab 10-15.30, dom 13.30-16.30; ingresso libero), costruita nel 1732 e prima sede governativa dello Stato fino al 1881. Dalla bella cupola, i topografi determinarono il confine settentrionale dello Stato quando il Delaware si staccò dalla Pennsylvania nel 1776.

Gli isolati intorno allo spazio verde sono disseminati di belle case coloniali. La più grande è la **George Read II House** (42 The Strand; inverno: dom 11-16 e sab 10-16; resto dell'anno: mar-ven e dom 11-16, sab 10-16; *www.*

hsd.org/read.htm; $5), una sontuosa copia di una residenza del 1800 con camini in marmo, pareti dipinte in colori vivaci, elaborati mobili in legno, stucchi in stile federale e pittoreschi giardini situata sul fiume due isolati a sud della piazza. Altri edifici classici sono concentrati più a nord lungo Third St. e Fourth St.: la **Amstel House** (2 E Fourth St.; aprile-dicembre: mer-sab 11-16, dom 13-16; *www.newcastlehistory.org*; $4), una residenza del 1730 in stile neogeorgiano che ha ospitato importanti personaggi del periodo della rivoluzione americana; l'edificio esagonale in mattoni dell'**Old Library Museum**. (40 E Third St.; marzo-dicembre sab e dom 13-16; ingresso libero), il museo storico di New Castle; e la **Dutch House** (32 E Third St.; aprile-dicembre mer-sab 11-16, dom 13-16; $4), una semplice residenza del 1700 circa con arredi e manufatti originali, tra i quali una credenza in ciliegio, sedie inglesi in legno e ceramiche policrome di Delft.

Notizie utili

Per procurarvi la **cartina** che vi assisterà nella visita a piedi della città, recatevi al **centro visitatori** situato all'interno dell'Old Court House (211 Delaware St.: ⓣ 302/323-4453), o telefonate all'**Historic New Castle Visitor's Bureau** (ⓣ 1-800/758-1550). Tra i migliori **B&B** segnaliamo la *William Penn Guest House* (206 Delaware St.; ⓣ 302/328-7736; $79), un edificio del 1682 dotato di 4 camere accoglienti (William Penn è stato uno degli ospiti), e la *Terry House* (130 Delaware St.; ⓣ 302/322-2505, *www.terryhouse.com*; ④), che risale ai tempi della guerra di secessione e offre quattro camere semplici e arredate con gusto. I migliori **ristoranti** di New Castle, come la popolare *Jessop's Tavern* (114 Delaware St.; ⓣ 302/322-6111), servono specialità coloniali come granchi, vongole e *shepherd's pie* (pasticcio di carne). Per una cena più raffinata, recatevi allo splendido *Arsenal at Old New Castle*, situato accanto alla Episcopal Church (30 Market St.; ⓣ 302/328-1290).

Dover

La capitale del Delaware, **DOVER**, è situata nel centro geografico e prevalentemente agricolo dello Stato, poco più a ovest della US-13, e circondata da case suburbane. A sud di **Lockerman Street**, la via principale che attraversa la cittadina, sorge l' **Old State House** del 1792 , l'antico Campidoglio che oggi ospita un museo di arte coloniale (25 The Green; lun-sab 9-16.30, dom 13.30-16.30; ⓣ 302/739-4266; ingresso libero). A ovest, l'ovale **piazza centrale** è circondata da numerosi edifici del XVIII e XIX secolo che ospitano studi legali e assicurazioni.

Vicino all'Old State House, nello stesso edificio del **centro visitatori** (all'angolo tra Duke of York St. e Federal St.; lun-sab 9-16.30, dom 13.30-16.30; ⓣ 302/739-4266), l'imponente **Biggs Museum of American Art** (stessi orari; *www.biggsmuseum.org*; ingresso libero) presenta una collezione dedicata all'arte decorativa americana comprendente mobili coloniali, dipinti di artisti come Benjamin West e Gilbert Stuart, servizi in argento e porcellana e splendidi paesaggi di Albert Bierstadt e Thomas Cole. A ovest della piazza principale, i **Delaware State Museums** (316 S Governors Ave.; lun-sab 9-16.30, dom 13.30-16.30; *www.history.delaware.gov*; ingresso libero) sono tre piccoli musei piuttosto eccentrici dedicati a discipline diverse; l'**Archaeology Museum** ripercorre la storia della regione dalla fine dell'Era glaciale attraverso punte di lancia indigene, frammenti di vasellame e oggetti d'uso quotidiano di epoca coloniale; il **Museum of Small Town Life** è un gradevole miscuglio di oggetti ed edifici del secolo passato e comprende uno spaccio, un ufficio postale, una farmacia e una tipografia; il **Johnson Victrola Museum**, dedicato all'inventore del giradischi Victrola, espone decine di "macchine parlanti", dai primi giradischi ai prototipi di jukeboxe, dischi d'epoca e divertenti fotografie che documentano le tecniche di incisione prima dell'avvento dell'elettricità.

Da più di cinquant'anni lo **Spence's Bazaar** (all'angolo tra Queen St. e 550 S New St.; mar e ven 7.30-18.30; ⓣ 302/734-3441; ingresso libero), situato due isolati più a sud, ospita un **mercato delle pulci** frequentato da tutti gli abitanti di Dover, comprese le decine di **amish** della zona che vengono a vendere i prodotti del loro orto su vecchi carretti trainati da cavalli.

Pochi chilometri fuori città, nei pressi della Rte-9, la **John Dickinson Plantation** (340 Kitts Hummock Rd.; mar-sab 10-15.30, dom 13.30-16.30; ⓣ 302/739-3277; ingresso libero) è una piantagione di 3 ettari dove viene rievocata la vita dei coloni, schiavi compresi, attraverso attori in costume che lavorano la terra, cucinano e si occupano dei giardini. La tenuta e la casa in mattoni del 1740 si possono visitare partecipando alle visite guidate, di durata variabile da 90 min a 2 ore.

Notizie utili

Tra i **B&B** più graziosi segnaliamo il *Little Creek Inn* (2623 N Little Creek Rd.; ⓣ 302/730-1300, *www.littlecreekinn.com*; ⑤), una bella tenuta del 1860 dotata di 5 camere con arredi d'epoca (alcune con vasca idromassaggio), piscina, palestra e campo da bocce; si trova nei pressi della Hwy-8. Lo *State Street Inn*, (228 N State St.; ⓣ 302/734-2294, *www.statestreetinn.com*; ⑤) offre gli stessi servizi ed è situato in centro, ma le camere sono un po' più piccole. La maggior parte dei **ristoranti** di Dover sono concentrati in Lockerman St. e State St., poco più a nord della piazza principale. Da *W.T. Smithers* (140 State St.; ⓣ 302/674-8875) troverete bistecche, panini e pesce a prezzi contenuti, mentre *Kirby and Holloway's*, (656 N Dupont Hwy; ⓣ 302/734-7133), meno centrale, è uno dei ristoranti più economici dei dintorni ed è famoso per gli abbondanti piatti di carne, pollo e gnocchi e tacchino che costano generalmente meno di $10.

La costa del Delaware

Lunga 30 miglia (48 km), la costa del Delaware è uno dei gioielli poco conosciuti della costa orientale, fatta eccezione per la località balneare di **Rehoboth Beach**. Lo storico villaggio di pescatori di **Lewes** è molto grazioso, ma quello che contraddistingue la costa del Delaware sono le lunghe spiagge sabbiose e isolate. La maggior parte sono protette, in particolare all'interno del **Delaware Seashore State Park**, che si estende a sud del confine con il Maryland.

Lewes

Accessibile con la Hwy-1, **LEWES**, il porto naturale situato all'imboccatura della Baia di Delaware, ha sempre richiamato i marinai di passaggio. Il primo insediamento fu una stazione per la caccia alle balene fondata dagli olandesi nel 1631, la cui storia è illustrata nello **Zwaanendael Museum**, (Savannah Rd. all'altezza di Kings Hwy; mar-sab 10-16.30, dom 13.30-16.30; ⓣ 302/645-1148; ingresso libero). Il vicino **ufficio turistico** (ⓣ 302/645-8073, *www.leweschamber.com*), ospitato in una fattoria del 1730 con il tetto a mansarda, distribuisce utili cartine sulle quali sono indicati i numerosi edifici del XVIII secolo della cittadina. Tre isolati più a nord, non mancate di visitare il **Lewes Historic Complex** (110 Shipcarpenter St.; maggio-metà giugno: sab 11-16; metà giugno-metà settembre: lun-sab 11-16; ⓣ 302/645-7670, *www.historiclewes.org*; $7), che comprende 12 edifici classici di epoca coloniale e vittoriana, tra cui una casa in legno grezzo, uno studio medico, uno spaccio e una rimessa per le imbarcazioni. In Front Street, il **Memorial Park** sfoggia una fila di cannoni e commemora l'attacco inglese del 1813 in cui la città fu pesantemente bombardata.

Ai margini dell'abitato, le lunghe **spiagge** della Baia di Delaware sono molto frequentate. Situato circa 1 miglio (1,6 km) a est di Lewes, nel punto in cui la baia si congiunge con l'oceano, il **Cape Henlopen State Park** (ⓣ 302/645-8983) è un parco statale lungo 4 miglia (6 km) che protegge un'area di oltre 1600 ettari. All'interno del parco ci sono un **campeggio** ($30-32 a notte), situato oltre le dune a nord di Cape Hatteras, e alcuni bei sentieri escursionistici, uno dei quali conduce a una torre di guardia della seconda guerra mondiale. Un **traghetto** collega il parco con Cape May, nel New Jersey (orari soggetti a variazioni; ⓣ 1-800/64-FERRY, *www.cmlf.com*; 80 min; automobili $34, passeggeri $9,50, novembre-marzo $28/$7; vedi anche p. 167).

Potete visitare il parco a piedi, oppure **noleggiare una bicicletta** da Lewes Cycle Sports, (526 Savannah Rd.; ⓣ 302/645-4544). In estate, i prezzi degli **alberghi** possono essere piuttosto elevati a causa della vicinanza a Rehoboth Beach. Ci sono alcuni motel economici lungo Savannah Road, ma noi consigliamo ★*Hotel Blue* (110 Anglers Rd.; ⓣ 302/645-4880, *www.hotelblue.info*; in base alla stagione ❺-❽), dotato di camere e suite lussuose con TV a schermo piatto, caminetto e accesso a Internet. *Blue Water House* (ⓣ 302/645-7832, *www.lewes-beach.com*; ❻-❽, soggiorno minimo di due notti) è un B&B che offre camere accoglienti e confortevoli e una suite, tutte con accesso a Internet e noleggio attrezzature sportive. Tra i **ristoranti**, da *Striper Bites*, (107 Savannah Rd.; ⓣ 302/645-4657) troverete pesce, panini e hamburger a prezzi contenuti (ma a cena le tariffe raddoppiano), mentre *Café Azafran* (109 Market St.; ⓣ 302/644-4446) offre un discreto assortimento di tapas (anche di pesce) di diversi prezzi. *The Buttery* (all'angolo tra 2nd St. e Savannah Rd.; ⓣ 302/645-7755) è un bel ristorante francese che a mezzogiorno serve torte alla polpa di granchio, hamburger e panini ai frutti di mare a prezzi medi e la sera bistecche e costate di agnello più costose.

Rehoboth Beach

Una fila continua di motel e centri commerciali costeggia la Hwy-1 tra Lewes e **REHOBOTH BEACH**, la località balneare più grande e animata del Delaware, alla cui estremità meridionale si estende la scatenata **Dewey Beach**.

La **passerella in legno** che costeggia la spiaggia è una delle ultime rimaste sulla costa orientale e si estende sui due lati di Rehoboth Avenue – **"The Avenue"** – la via principale lunga 4 isolati sulla quale si affacciano una serie di negozi di souvenir e bancarelle di T-shirt. La maggior parte dei **ristoranti** e dei **locali notturni** sono concentrati lungo questa via, ma in genere la qualità è inferiore rispetto ai locali di Lewes. Fanno eccezione il ★*Back Porch Café*, (59 Rehoboth Ave.; ⓣ 302/227-3674), che offre un costoso menu a base di granchi blu, faraona, salmone e coniglio, e il *Dogfish Head*, (320 Rehoboth Ave.; ⓣ 302/226-2739), dove troverete buone birre artigianali, musica dal vivo nei fine settimana e una distilleria.

Tra i **motel** di Rehoboth (molto costosi in luglio e agosto) segnaliamo il *Sandcastle*, (123 Second St.; aprile-ottobre; ❶ 302/227-0400 o 1-800/372-2112, *www.thesandcastlemotel.com*; ❸-❼ in base alla stagione), dotato di piscina e solarium, e il *Crosswinds*, (312 Rehoboth Ave.; ❶ 302/227-7997, *www.crosswindsmotel.com*; ❸-❽), che offre camere con frigorifero e Internet wi-fi. Per quanto riguarda i **B&B**, provate il *Corner Cupboard Inn* (50 Park Ave.; ❶ 302/227-8553, *www.cornercupboardinn.com*; ❹-❽), che ha camere semplici e pulite, o la *Rehoboth Guest House* (40 Maryland Ave.; ❶ 302/227-4117, *www.rehobothguesthouse.com*; ❹-❻), che offre camere semplici (supplemento $35 per la camera con bagno privato) in una casa con portico e giardino ombreggiato sul retro. Presso l'**ufficio turistico** (501 Rehoboth Ave.; ❶ 302/227-2233 o 1-800/441-1329, *www.beach-fun.com*) troverete l'elenco completo delle strutture ricettive.

A sud di Rehoboth, il **Delaware Seashore State Park** (❶ 302/227-2800, *www.destateparks.com*) è un altro parco statale che si estende per chilometri lungo una sottile penisola sabbiosa attraversata dalla Hwy-1 e delimitata dall'oceano e da paludi di acqua dolce; il parco è particolarmente indicato per la pesca e il surf. Proseguendo in direzione sud verso il confine con il Maryland si oltrepassano i palazzi in cemento della **Bethany Beach** e il **Fenwick Island State Park** (❶ 302/227-2800), una bella isola di barriera lunga 3 miglia (5 km) ideale per nuotare e fare **"surf fishing"** parcheggiando sulla spiaggia e lanciando la lenza direttamente dall'automobile.

5

Il Sud

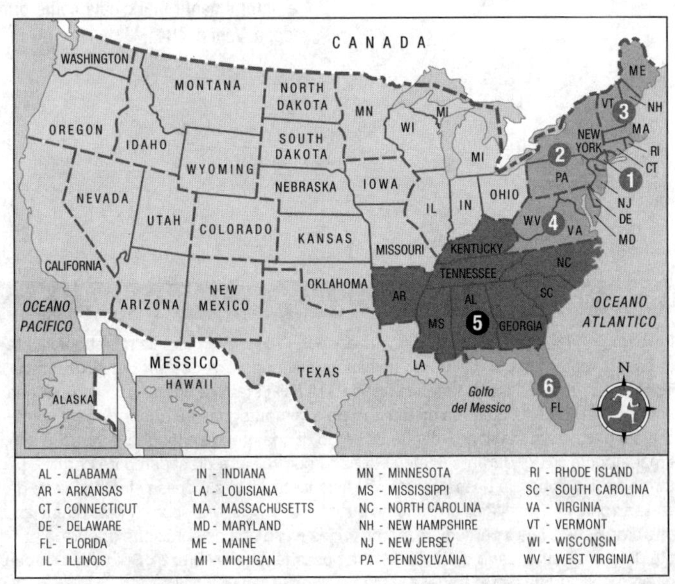
CANADA
WASHINGTON
MONTANA
NORTH DAKOTA
MN
OREGON
IDAHO
SOUTH DAKOTA
WI
MI
ME
VT
3
NH
MA
NEW YORK
2
RI
CT
WYOMING
NEBRASKA
IOWA
PA
1
NEVADA
IL
IN
OHIO
NJ
DE
UTAH
COLORADO
KANSAS
WV
4
VA
MD
CALIFORNIA
MISSOURI
KENTUCKY
NC
TENNESSEE
OKLAHOMA
AR
SC
AL
OCEANO PACIFICO
ARIZONA
NEW MEXICO
MS
5
GEORGIA
OCEANO ATLANTICO
MESSICO
LA
TEXAS
HAWAII
ALASKA
Golfo del Messico
6
FL
N
AL - ALABAMA
AR - ARKANSAS
CT - CONNECTICUT
DE - DELAWARE
FL- FLORIDA
IL - ILLINOIS
IN - INDIANA
LA - LOUISIANA
MA - MASSACHUSETTS
MD - MARYLAND
ME - MAINE
MI - MICHIGAN
MN - MINNESOTA
MS - MISSISSIPPI
NC - NORTH CAROLINA
NH - NEW HAMPSHIRE
NJ - NEW JERSEY
PA - PENNSYLVANIA
RI - RHODE ISLAND
SC - SOUTH CAROLINA
VA - VIRGINIA
VT - VERMONT
WI - WISCONSIN
WV - WEST VIRGINIA

Da non perdere

- **Blue Ridge Parkway, North Carolina** Una tortuosa ma coinvolgente autostrada in una terra incontaminata: una vera e propria attrazione. **Vedi p. 399**
- **Casa natale di Martin Luther King, Atlanta, Georgia** Affascinanti tour guidati vi porteranno alla casa d'infanzia di King, nella città più vivace del Sud. **Vedi p. 420**
- **Savannah, Georgia** È un sogno passeggiare in questa splendida città, ricca di fascino, con le sue romantiche piazze, i suoi bei parchi e l'animato lungofiume. **Vedi p. 429**
- **Memphis, Tennessee** Particolarmente emozionante per gli appassionati di musica: riuscirebbero a trascorrere giornate intere a battere ogni angolo di Beale Street, dei Sun Studio, dello Stax Museum, della chiesa di Al Green e di Graceland, ovviamente. **Vedi p. 449**
- **Country Music Hall of Fame, Nashville, Tennessee** Un affascinante museo interattivo e una miniera di memorabilia, tra cui anche la Cadillac d'oro di Elvis. **Vedi p. 464**
- **Delta del Mississippi, Mississippi** Culla della musica blues dall'irresistibile fascino e naturalmente Clarksdale come prima tappa. **Vedi p. 484**

Prezzi degli alloggi

I **prezzi degli alloggi** sono classificati secondo le categorie di prezzo sottoelencate in base al costo medio, nel corso dell'anno, della **camera doppia più economica**. Tuttavia, a parte nei motel lungo la strada è difficile stabilire un prezzo fisso per una stanza. Un motel di categoria media al mare o in montagna può quadruplicare i prezzi a seconda della stagione, mentre l'albergo di una grande città che durante la settimana costa $200, durante il fine settimana può tagliare drasticamente i prezzi. Le tariffe on line sono più basse e visto che il concetto di alta e bassa stagione varia da zona a zona, una pianificazione attenta può far risparmiare parecchio (state attenti anche a qualche evento particolare, come un festival o una celebrazione oppure le partite di football americano dei college, che possa far alzare i prezzi). Solo dove è specificato nella guida il prezzo della stanza include le **tasse** locali.

❶ fino a $35
❷ $36-50
❸ $51-75
❹ $76-100
❺ $101-130
❻ $131-160
❼ $161-200
❽ $201-250
❾ oltre $251

5

Il Sud

La miglior definizione la diede Mark Twain nel 1882: "Nel Sud, la guerra [civile] rappresenta quello che per altri è l'Anno Domini; punto di partenza per datare ogni evento". A distanza di generazioni, l'eredità della schiavitù e "la guerra tra Stati" è ancora evidente negli Stati del Sud del North Carolina, del South Carolina, della Georgia, del Kentucky, del Tennessee, dell'Alabama, del Mississippi e dell'Arkansas. È praticamente impossibile viaggiare nella regione senza che i due epici scontri storici – guerra di secessione e movimento dei diritti civili degli anni Cinquanta e Sessanta – che hanno forgiato il destino di questi Stati, non siano costantemente richiamati alla memoria.

E se la reale esistenza del tanto decantato "Nuovo Sud" è ancora discutibile, non lo sono invece i notevoli cambiamenti che si sono verificati negli ultimi decenni. Le campagne ispirate che hanno assicurato la partecipazione della gente di colore alle elezioni nel Sud non solo hanno portato alla ribalta leader politici dalla pelle scura, ma anche liberali progressisti bianchi come Jimmy Carter e Bill Clinton. Sono sorte numerose industrie dell'alta tecnologia, che hanno richiamato una grande quantità di persone, e centri urbani come **Atlanta**, patria di Martin Luther King Jr. e sede dei giochi olimpici del 1996, hanno cominciato a espandersi.

Detto ciò, è comunque fuorviante fare troppe generalizzazioni sul "Sud". Proprio durante la guerra di secessione ci furono numerose sacche di resistenza che si dichiararono a favore dell'Unione, soprattutto nelle zone montane, mentre, nel corso del lungo secolo di segregazione che seguì, alcuni Stati come il Mississippi e l'Alabama, misero in atto sistemi di oppressione molto più crudeli rispetto ad altri. Oggi, le differenze esistenti al Sud, tra i centri industrializzati della "Sun Belt", la cosiddetta "cintura del sole", del North Carolina e dell'Alabama settentrionale e gli sperduti centri rurali molto più poveri del sud della Georgia, dello Stato del Mississippi o del Tennessee, sono tanto significative quanto quelle che esistono tra il Sud e il resto della nazione e non sono più ovviamente limitate alle origini di tipo razziale.

Per molti turisti, l'elemento più coinvolgente di un viaggio nel Sud è senz'altro la **musica**. Folle di appassionati si accalcano nella patria di Elvis Presley, Hank Williams, Robert Johnson, Dolly Parton e Otis Redding, si dirigono a **Nashville** e **Memphis**, mecche della musica country e blues o vanno a scovare barn dance (feste campestri con balli tradizionali) in luoghi sperduti degli Appalachi e blues jook joint nel Delta del Mississippi o nel South Carolina. Ma le vicende del Sud rivivono anche grazie a una ricca **letteratura** regionale, do-

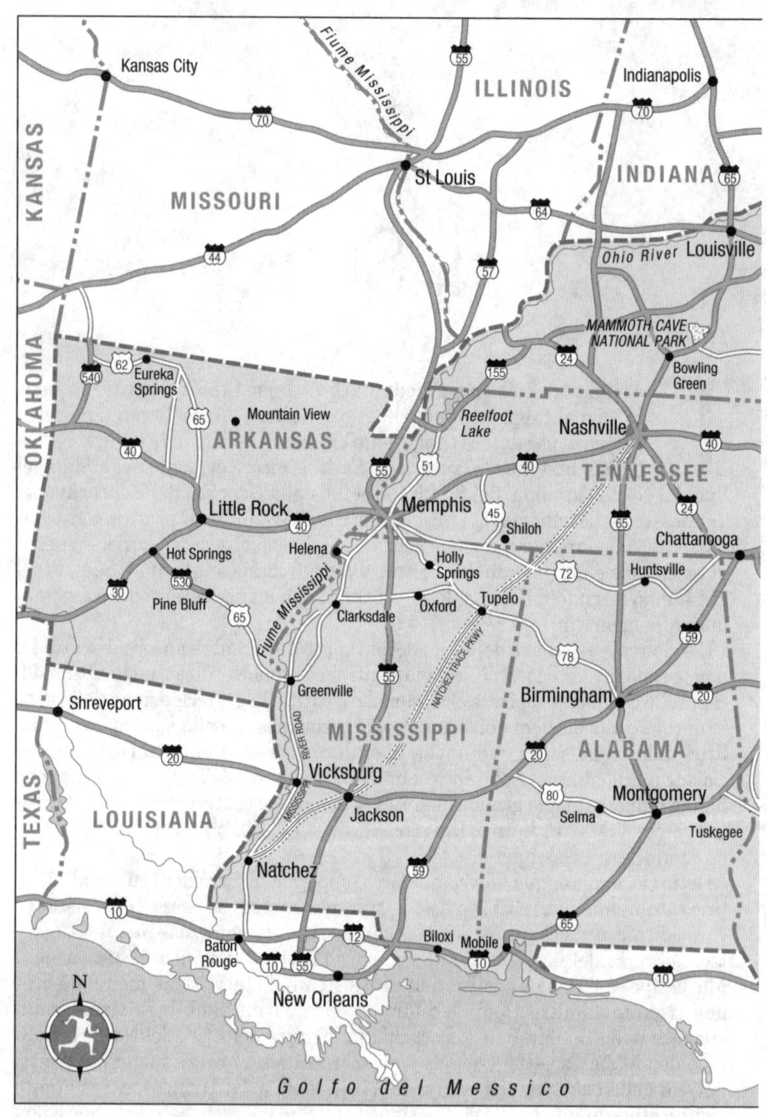

cumentata da autori del calibro di William Faulkner, Carson McCullers, Eudora Welty, Margaret Mitchell e Harper Lee.

Tra le destinazioni più interessanti si contano le eleganti città costiere di **Charleston** e **Savannah**, le frenetiche località turistiche di **Myrtle Beach**, le città universitarie di **Athens** e **Chapel Hill** e gli storici porti di **Natchez** e **Vicksburg** sul Mississippi. Lontano dai centri urbani, il paesaggio del Sud si trasforma in terra fertile – sebbene sia arsa dal sole – e in colline ondeggian-

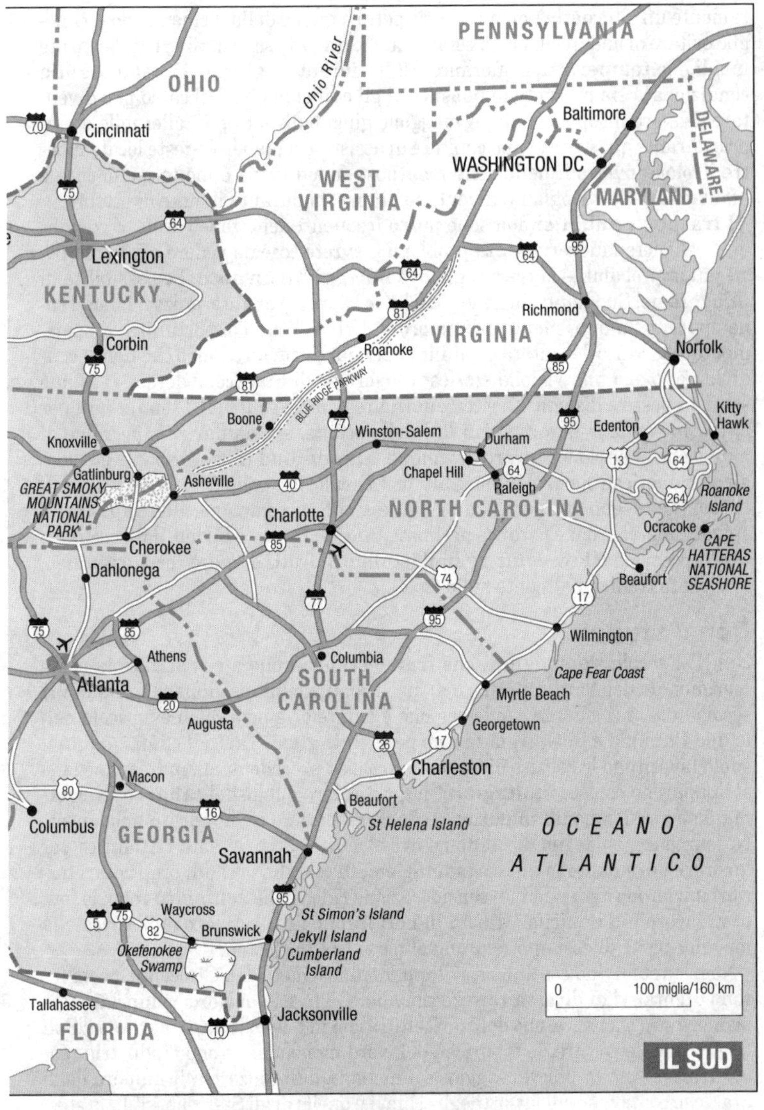

ti disseminate di baracche di legno e granai dalle sfumature color ruggine, interrotte qua e là da distese boschive. Da non perdere poi sono anche i **monti Appalachi**, immersi nella nebbia, tra il Kentucky, il Tennessee e il North Carolina; le **spiagge** subtropicali e le **isole barriera** lungo le coste atlantiche e quelle del Golfo, e la strada che costeggia il fiume e che attraversa i paesini disseminati nella distesa agricola del Delta del Mississippi.

Se invece avete deciso di visitare la costa, le cui spiagge rappresentano sicuramente un'alternativa meno cara rispetto a quelle della vicina Florida, è meglio evitare di andarci in piena estate. Luglio e agosto sono mesi particolarmente umidi e le **temperature** sfiorano i 32 °C durante il giorno: nonostante l'aria condizionata sia presente in quasi tutti gli edifici pubblici, il caldo può diventare davvero insopportabile. A maggio e giugno diventa più tollerabile e proprio durante questi mesi può capitare di assistere a numerose feste locali; mentre i colori invernali nelle zone montuose (magnifiche e molto meno care e affollate del New England) diventano più vivaci durante il mese di ottobre.

I **trasporti pubblici** non sono molto frequenti nelle zone rurali. E comunque, se volete muovervi senza problemi – avrete cose da vedere e fare nei posti più improbabili – la cosa migliore è **noleggiare un'auto**. Le possibilità di **alloggio** nel Sud hanno in genere un buon rapporto qualità-prezzo. I motel sono sparsi ovunque, mentre i numerosi B&B offrono l'opportunità di sperimentare la tanto decantata ospitalità del Sud: tuttavia, a meno che non si condivida appieno una visione storica a favore degli Stati confederati, ci si può sentire spesso a disagio. La ricca **cucina** regionale, i cui piatti sono serviti per lo più in semplici baracche sui lati delle strade, spazia dai grit (porridge di mais), che si possono trovare dovunque, al **soul food** (il tradizionale cibo degli afroamericani), irresistibile e altamente calorico: pollo fritto, barbecue dall'aroma del legno affumicato e pietanze simili, accompagnati da rape verdi, spinaci, maccheroni e verdure prelibate. Anche il pesce è buono, dal pesce gatto all'eccezionale **low country boil** (stufato di frutti di mare servito con riso, preparato tradizionalmente sulle isole).

Cenni storici

Nel XVI secolo sia **spagnoli** che **francesi** iniziarono a colonizzare la costa meridionale del Nord America e a dar vita ad alcuni insediamenti. Dal XVII secolo in avanti a dominare la regione e a dare origine a colonie agricole nelle due Carolina e in Georgia furono però gli **inglesi**. Tanto il clima quanto il suolo favorirono le colture di base: nel periodo precedente all'indipendenza si svilupparono estese **piantagioni**, in particolare quelle del **tabacco**, trasformate successivamente in **cotone**, che richiedevano un'intensa manodopera. Nessun europeo degno di tal nome avrebbe però attraversato l'Atlantico per lavorare duramente in queste piantagioni, fu così che i grandi proprietari terrieri iniziarono a prendere in considerazione l'idea della **schiavitù** come la fonte di lavoro più proficua. Milioni di neri furono fatti arrivare dall'Africa e la maggior parte di essi approdarono al porto di Charleston.

Nonostante il Sud continuò a svilupparsi fino a metà dell'Ottocento, pochi furono i tentativi di diversificare l'economia. Gli Stati del Nord cominciarono a primeggiare sia nel campo dell'agricoltura che in quello industriale; e se il Sud migliorò nelle colture, le fabbriche del Nord monopolizzarono l'industria manifatturiera molto più vantaggiosa. Finché la differenza tra il numero degli Stati che contavano sul lavoro degli schiavi e quello degli Stati "liberi" fu la stessa, il Sud continuò a giocare un ruolo importante nella politica nazionale e riuscì a contrastare i desideri **abolizionisti**. Tuttavia, più gli Stati Uniti adempivano al loro "Manifest Destiny" (destino manifesto) secondo cui bisognava espandersi in tutto il continente, più i nuovi Stati aderivano all'Unione, per cui l'agricoltura nelle piantagioni e la schiavitù risultavano ingiuste. I politici e i proprietari di piantagioni del sud accusarono il Nord di aggressione politica ed economica e sentirono di contare sempre meno nel futuro della nazione. L'elezione nel 1860 di **Abraham Lincoln** a presidente, che da sempre si era mostrato critico nei confronti dello schiavismo, fece precipitare la situazione. Il dicembre di quell'anno il South Carolina **si separò** dall'Unione e subito dopo altri dieci Stati seguirono il suo esempio. Il 18 febbraio del 1861, Jefferson Davis fu nominato presidente degli **Stati confederati d'America**: in questa occasione il suo vice presidente proclamò con orgoglio che quello era il primo governo nella storia "che si basava sulla grande verità fisica e morale... che i neri non erano uguali ai bianchi".

Nel corso della **guerra di secessione** che ne scaturì, le forze del Sud furono sopraffatte dalle maggiori risorse del Nord. Gli Stati confederati spararono i primi colpi e vinsero la prima battaglia nell'aprile del 1861, quando le truppe dell'Unione capitolarono a Fort Sumter (appena fuori Charleston). L'Unione rimase sulla difensiva fino alla metà del 1862, quando le sue forze navali bloccarono la Georgia e le due Carolina, e occuparono i porti strategici. A occidente le forze dell'Unione, al comando dei generali Grant e Sherman, irruppero nel Tennessee. Alla fine del 1863 il Nord aveva conquistato Vicksburg, l'ultimo porto sul Mississippi dei confederati, e la strategica città di Chattanooga, chiusa tra le montagne, al confine tra Tennessee e Georgia. Grant proseguì a nord in direzione della Virginia, mentre Sherman conquistò Atlanta e diede inizio a una marcia spietata e sanguinosa verso la costa, distruggendo tutto quello che incontrò sul suo cammino. La resa dei confederati con 258.000 morti fu totale e il generale Robert E. Lee **capitolò** il 9 aprile del 1865, ad Appomattox, in Virginia.

La guerra gettò il Sud nel caos. Un quarto della popolazione adulta maschile bianca rimase ucciso e due terzi delle risorse del Sud andarono distrutte. Dal controllo del 30% delle risorse nel 1860 si passò al 12%, mentre l'impulso che la guerra diede all'industrializzazione portò all'espansione del Nord. Per un breve periodo della **Ricostruzione**, il Sud fu occupato dalle truppe dell'Unione. I nuovi neri del Sud liberati riuscirono a ottenere il diritto di voto e rappresentanti di colore furono eletti sia in uffici statali che in quelli federali. Tuttavia, ex confederati impenitenti si opposero a qualsiasi tipo di cambiamento e, alla fine del secolo, gli Stati del Sud ritornarono sotto il totale controllo democratico dei bianchi. Furono imposte le leggi di segregazione di "**Jim Crow**", spalleggiate dal terrorismo del **Ku Klux Klan**, e tutta la popolazione nera fu praticamente privata di ogni diritto civile, dell'istruzione e dei titoli di proprietà. Molti si ritrovarono in condizioni appena migliori da **mezzadri** – ma in pratica quasi tutto quel che riuscivano a ottenere dal raccolto serviva per pagare il proprietario delle terre coltivate – di quanto non lo fossero da schiavi, e cominciarono le migrazioni di massa verso città come Memphis e Atlanta e verso il Nord.

Le autorità federali di Washington non presero mai nessuna iniziativa rispetto alle disuguaglianze vigenti al Sud fino al 1954, quando la Corte Suprema mise al bando la segregazione nelle scuole; ma anche allora, singoli Stati del Sud si mostrarono del tutto riluttanti a rispettare tale divieto. Di fronte alla resistenza istituzionalizzata dei bianchi, la lotta non violenta dei neri diede vita al **movimento dei diritti civili** che, attraverso l'azione di massa, pose fine alla segregazione. Dopo aver lottato per contrastare il problema non solo sui trasporti pubblici, attraverso il boicottaggio delle autolinee di Montgomery e le cosiddette *Freedom Rides* (marce verso la libertà), ma anche nelle aree di ristorazione, attraverso il sit-in al bancone di un negozio a Greensboro, la protesta culminò con il ripristino delle iscrizioni alle liste elettorali di tutta la popolazione nera. Un itinerario scontato per i turisti consiste nel ripercorrere il cammino di **Martin Luther King Jr.**, da Atlanta, sua città natale, a Montgomery, nella chiesa dove predicò, fino a Memphis dove fu assassinato.

L'espropriazione dei **nativi d'America** è spesso un capitolo dimenticato della storia del Sud. Nella migliore delle ipotesi i colonialisti tollerarono gli indiani, per gran parte pacifiche tribù agricole, e se ne servirono come alleati nel corso delle guerre imperialiste. Dopo la Rivoluzione, la pressione da parte dei proprietari delle piantagioni e dei piccoli proprietari terrieri portò negli anni Trenta dell'Ottocento al trasferimento forzato delle "cinque tribù civilizzate" (i cherokee, i creek, i choctaw, i chickasaw e i seminole) nell'Oklahoma infestato dalla malaria. Oggi solo poche migliaia di nativi d'America vivono ancora nel Sud.

North Carolina

Il **NORTH CAROLINA**, lo Stato più industrializzato del Sud, conta circa nove milioni di abitanti su un territorio più esteso dell'Inghilterra. Dal punto di vista geografico, si presenta suddiviso in tre aree distinte: la costa, la regione del Piedmont e l'area montuosa. La **costa** garantisce spiagge favolose, magnifici paesaggi e una storia affascinante. La parte più estrema è caratterizzata perlopiù dalla **penisola di Albemarle**, meno sviluppata, e dalla vicina cittadina coloniale di **Edenton**. La zona centrale del **Piedmont** è dominata invece dalle città industriali e dalle istituzioni accademiche del prestigioso "Triangolo della ricerca" con **Raleigh**, capitale dello Stato e sede della North Carolina State University, con **Durham** culla della Duke University e con **Chapel Hill**, cittadina alla moda, patria della University of North Carolina. **Winston-Salem** abbina la coltura del tabacco con il patrimonio culturale dei moravi, mentre **Charlotte** è ricordata solo per i suoi grattacieli della periferia. Sui **monti Appalachi**, le uniche città di un certo rilievo, **Asheville** e **Boone**, sono posti piacevoli da visitare lungo la spettacolare **Blue Ridge Parkway**; mentre il **Great Smoky Mountains National Park** si estende a cavallo dei confini con lo Stato del Tennessee.

Come muoversi nel North Carolina

Gli **aeroporti** principali del North Carolina sono quelli di Charlotte (punto di arrivo per i voli transatlantici), di Raleigh-Durham e di Wilmington, da dove partono voli per le principali città degli Stati Uniti. Dal piccolo aeroporto di Manteo, nelle Outer Banks (T 252/475-5570, *www.fly2mqi.com*), decollano invece voli charter per le isole barriera (*barrier island*), ma arrivarci in macchina è più semplice. Charlotte, Raleigh, Durham e Greensboro (con un collegamento di autobus veloci fino a Winston-Salem) sono serviti dall'**Amtrak**, sfortunatamente però non ci sono trasporti pubblici che fanno servizio sui tratti costieri. Numerosi **pullman** collegano le zone interne della regione del Piedmont. Lo Stato dispone anche di un'ottima rete di piste **ciclabili** lungo quiete strade di campagna; per informazioni contattate il Dipartimento dei Trasporti (T 919/807-0777, *www.ncdot.org*).

La costa del North Carolina

Lungo la **costa del North Carolina**, che spazia dalle paludi salmastre, alle spiagge e alle isole barriera, si trovano numerosi **luoghi storici**. Tra questi l'isola di **Roanoke**, dove nel 1590 i primi colonizzatori inglesi del continente sparirono nel nulla, e **Kill Devil Hills**, dove oltre trecento anni più tardi i fratelli Wright fecero alzare in volo il primo aereo a motore. Quanto alle bellezze naturali, le **Outer Banks**, le lunghe scogliere delle isole barriera che si estendono fino alla Virginia, sono posti incontaminati, sebbene in alcuni punti siano piuttosto trascurati.

Edenton e Albemarle

L'ampia **penisola di Albemarle** risulta per gran parte inesplorata. I cittadini del posto cercano di dare molto risalto alla loro **storia coloniale**, anche se non è rimasto granché da vedere. Sarete ricompensati se esplorate le zone che si allontanano dai percorsi battuti, con tranquille cittadine e remote piantagioni, che si estendono tra ampie fasce di terreni rurali e paludi sconfinate che vanno verso il mare.

Edenton

EDENTON, costruita lungo il maestoso lungomare di Albemarle Sound, fu la prima capitale del North Carolina nel 1722 e uno dei centri più importanti delle agitazioni durante la Rivoluzione americana. Oggi, se amate la pace e la tranquillità, è un punto piacevole da cui partire per esplorare la costa, con alcuni buoni B&B e ristoranti dall'atmosfera tipica delle piccole cittadine.

La via principale della città, **Broad Street**, presenta facciate vittoriane e negozi vecchio stampo. L'**historic Edenton visitor center**, al 108 N Broad (aprile-ottobre: lun-sab 9-17, dom 13-17; novembre-marzo: lun-sab 10-16, dom 13-16; Ⓣ 252/482-2637), organizza **tour in tram** che toccano i punti più importanti della città, tra cui una serie di eleganti residenze del periodo coloniale e di quello precedente alla guerra di secessione.

Il centro visitatori fornisce inoltre una cartina sugli itinerari a piedi che ripercorrono la **storia degli africani d'America**; tra le grandi personalità che abitarono a Edenton si ricorda **Harriet Jacobs**, una schiava che, dopo la fuga, rimase nascosta per sette anni nella soffitta di sua nonna. Nel 1842, scappò al Nord e si ricongiunse a Boston con i due figli che aveva avuto da un uomo bianco di Edenton. Qui scrisse la sua autobiografia dal titolo *Incidents in the Life of a Slave Girl*. Nessuno degli edifici citati nel libro è rimasto in piedi, ma i tour vi daranno un'idea di dove si trovavano.

Tra i **B&B** più lussuosi ci sono il tranquillo *Trestle House Inn*, che si estende in uno spazio di circa tre ettari e che si affaccia all'interno di un'oasi naturale su di un lago; si trova circa 5 miglia (8 km) a sud della città, poco distante dalla Hwy-32, al 632 Soundside Rd. (Ⓣ 252/482-2282, *www.trestlehouseinn.com*; ❺). Pochi minuti a piedi dal lungomare, il *Governor Eden Inn*, al 304 N Broad St. (Ⓣ 252/482-2072, ❹), offre invece camere meravigliose e una grossa veranda. Edenton vanta inoltre un buon numero di ottimi posti dove **mangiare**. *Chero's*, al 112 W Water St. (Ⓣ 252/482-5525), è un posto originale e animato che serve deliziosi piatti di cucina mediterranea e regionale, mentre il *Waterman's Grill*, ristorante di pesce, al 427 S Broad St. (Ⓣ 252/482-7733), all'ora di pranzo è preso d'assalto da gente del posto.

All'esplorazione di Albemarle

La **vita delle piantagioni** ad Albemarle rivive nel tour ad **Hope**, residenza di David Stone, governatore di Stato e senatore degli Stati Uniti durante il periodo della Rivoluzione e quello federale. La residenza si trova sulla Hwy-308, pochi chilometri a ovest di **Windsor**, che a sua volta è circa 25 miglia (40 km) a sud-ovest di Edenton (tour: aprile-ottobre: lun-sab 10-17, dom 14-17; novembre-marzo: 10-16, dom 14-17; $8; *www.hopeplantation.org*). L'edificio principale, risalente al 1803, fu costruito secondo un modello inglese.

A Creswell, 25 miglia (40 km) a sud-est di Edenton, sulla US-64, un vivido ritratto della vita degli schiavi è delineato nel **Somerset Place State Historic Site** (aprile-ottobre: lun-sab 9-17, dom 13-17; novembre-marzo: mar-sab 10-16, dom 13-16; ingresso gratuito). Il museo ripercorre la storia della piantagione, dalle origini negli anni Ottanta del Settecento, al suo sviluppo, nel 1860, in un'azienda di ottanta ettari, fino al suo definitivo declino dopo la guerra di secessione.

Sulla costa meridionale della penisola di Albemarle c'è meno da vedere, sebbene le strade di campagna immerse nelle paludi rendano piacevole il viaggio in macchina. Il **Lake Mattamuskeet Wildlife Refuge** (☎ 252/926-4021) è un posto meraviglioso d'inverno, quando migliaia di cigni arrivano in volo dal Canada. L'ingresso al rifugio si trova sulla Hwy-94, circa 1 miglio (1,6 km) a nord all'incrocio con la US 264. A sud di Mattamuskeet, potrete prendere un **traghetto** da **Swan Quarter** per Ocracoke sulle Outer Banks (vedi p. 390).

Le Outer Banks

Le **OUTER BANKS** sono una sottile striscia di isole barriera, resti di antiche dune di sabbia, che si estende per circa 180 miglia (288 km) dal confine con la Virginia fino a Cape Lookout, vicino a Beaufort. È un'ampia regione da esplorare, con spiagge meravigliose ancora incontaminate, paludi incantevoli e cittadine interessanti. Tenete presente che nelle Outer Banks quando si parla di alberghi "**lungomare**", si intende semplicemente il fatto che si trovano sul litorale e non necessariamente che hanno la vista sull'oceano. Sulle Outer Banks non ci sono **trasporti pubblici** che prestano servizio, fatta eccezione per i traghetti che fanno la spola tra le isole e la terraferma.

Se vi immettete da nord sulla strada principale, la US-158, fermatevi al **centro visitatori**, ben fornito, di Cape Hatteras National Park Service (tutti i giorni: giugno-agosto 9-18, settembre-maggio 9-17; ☎ 252/473-2111, *www.nps.gov/caha*). A sud, lungo la US-158 e la litoranea parallela della Beach Road, le città costiere di **Kitty Hawk**, **Kill Devil Hills** e **Nags Head**, le cui **spiagge** sono fiancheggiate da motel, ristoranti ed enormi "cottage" per le vacanze estive, sono attaccate una all'altra. Se arrivate da ovest, sulla Hwy-64, vi imbatterete in un altro utile **centro visitatori** (tutti i giorni: 9-17.30; ☎ 252/473-2138, *www.outerbanks.org*) a **Roanoke Island**. L'isola, primo insediamento inglese negli Stati Uniti, ha evidenti interessi storici, mentre la cittadina **Manteo** è probabilmente la più carina delle Outer Banks.

Kill Devil Hills e Nags Head

L'elemento più caratteristico del **Wright Brothers National Memorial** (tutti i giorni: giugno-agosto 9-18, settembre-maggio 9-17; $4; ☎ 252/473-2111, *www.nps.gov/wrbr*), nelle vicinanze della strada principale, a **KILL DEVIL HILLS**, è il monumento ai fratelli Wright, un granito di circa 18 m in cima a una duna di 30 m (che è di fatto *la* Kill Devil Hill) che commemora **il primo volo di un aereo a motore**, del 17 dicembre del 1903. Un masso accanto al **centro visitatori** indica il punto in cui il primo velivolo di Orville toccò il suolo e una segnaletica numerata evidenzia la distanza dei tre voli successivi. Un **museo** nel centro visitatori ricorda, inoltre, i diversi esperimenti dei fratelli.

Pochi chilometri a sud, a **NAGS HEAD**, al miglio 12 sulla Hwy-158, il **Jockey's Ridge State Park** (☎ 252/441-7132, *www.jockeysridgestatepark.com*) vanta le più estese dune di sabbia sulla costa orientale. Il parco offre programmi estivi all'insegna della natura e istruttori della Kitty Hawk Kites (☎ 252/441-2426 o 1-877/359-8477, *www.kittyhawk.com*) possono darvi lezioni di base per andare in **deltaplano** (prezzi a partire da $99). È bellissimo al tramonto.

I **motel** sono allineati lungo i lati delle spiagge a nord di Oregon Inlet, che separa Bodie Island e Cape Hatteras National Seashore. Il *First Colony Inn*, un lussuoso **B&B**, al 6720 S Virginia Dare Trail, a Nags Head (☎ 252/441-2343 o 1-800/368-9390, *www.firstcolonyinn.com*; ❺-❽), è ospitato in un albergo degli anni Trenta sulla spiaggia, con verande e una piscina. La **cucina** locale è piuttosto ricca tuttavia il *the Flying Fish Café*, al 2003 S. Croatan Hwy, a Kill Devil Hills (☎ 252/441-6894), serve piatti dai sapori mediterranei e portate di frutti di mare o carne, con prezzi che si aggirano tra i $17-24. A Nags Head, il *Tortugas Lie*, al miglio 11,5 sulla Beach Road (☎ 252/441-7299), è un posto originale per i fantasiosi piatti di frutti di mare e per la cucina tex-mex.

Roanoke Island e Manteo

ROANOKE ISLAND, situata tra la terraferma e Bodie Island, è raggiungibile attraverso alcuni ponti da entrambe le parti. Fondata nel 1585, e nota come la cosiddetta "Colonia perduta" di Sir Walter Raleigh (vedi riquadro a p. 388), fu il **primo insediamento inglese** nel Nord America.

Non è rimasto nulla dell'insediamento, tuttavia il **Fort Raleigh National Historic Site**, 3 miglia (5 km) a nord di Manteo, vicino alla US-64, custodisce una piccola ricostruzione del terrapieno del forte dei coloni, posto in una radura boschiva (tutti i giorni: giugno-agosto 9-18, settembre-maggio 9-17; ingresso gratuito; ☎ 252/473-5772, *www.nps.gov/fora*). Un museo ripercorre la storia delle spedizioni e della colonizzazione e un anfiteatro ospita rappresentazioni del *The Lost Colony* (giugno-fine agosto: dom-ven 20.30; $16-20; ☎ 252/473-3414, *www.thelostcolony.org*). All'esterno, un semplice monumento commemora la Underground Railroad e la **Freedmen's Colony**, che si formò qui durante la guerra di secessione. Accanto al forte, gli **Elizabethan Gardens** sono elegantemente abbelliti con vialetti e statue (giugno-agosto: lun-ven 9-20, sab 9-19; aprile, maggio, settembre e ottobre: tutti i giorni 9-18; marzo: tutti i giorni 9-17; ottobre: tutti i giorni 9-18; novembre: tutti i giorni 9-17; dicembre-febbraio: tutti i giorni 10-16; $8; ☎ 252/473-3234, *www.elizabethangardens.org*).

Dall'altra parte del lungomare a **Manteo**, il **Roanoke Island Festival Park** offre moltissime storiche attrazioni (tutti i giorni: aprile-metà giugno e metà agosto-ottobre 10-18; metà giugno-metà agosto 10-19; novembre-dicembre e metà febbraio-marzo 10-17; $9 biglietti validi per due giorni consecutivi; ☎ 252/475-1500, *www.roanokeisland.com*). Non potete perdere l'**adventure museum**, una mostra interattiva sulla storia delle Outer Banks, il **luogo storico dell'insediamento**, un museo vivente popolato da soldati e artisti "elisabettiani" e l'*Elizabeth II*, una ricostruzione della nave inglese del XVI secolo.

Roanoke: la colonia perduta

Secondo la leggenda popolare, il primo tentativo degli inglesi di stabilirsi nel Nord America (la colonia di Sir Walter Raleigh a **Roanoke**) rimane un mistero ancora irrisolto: la "colonia perduta" è scomparsa infatti senza lasciare alcuna traccia.

Lo stesso Sir Walter non visitò mai il Nord America. La prima concessione di fondare una colonia fu avallata dalla regina Elisabetta I al suo fratellastro, Sir Humphrey Gilbert, che però morì in seguito a un approdo fallimentare a Newfoundland nel 1583. Le esplorazioni che seguirono, dirette da Raleigh, si spinsero ancora più a sud. Durante la spedizione del 1584, dietro le Outer Banks del North Carolina, fu localizzata Roanoke Island, che gli inglesi battezzarono **Virginia**, in onore della regina. Un reparto di uomini guidato da Ralph Lane nel 1585 si spinse alla ricerca dell'oro; ma le speranze di trovare fortuna furono immediatamente annientate e l'anno seguente fecero ritorno in patria insieme a Sir Francis Drake, di passaggio da quelle terre mentre era di ritorno dalle Indie orientali. Nel 1587, altri centodiciassette coloni salparono dall'Inghilterra, con l'intenzione di coltivare un luogo più fertile accanto alla baia di Chesapeake; tuttavia, temendo l'attacco degli spagnoli, furono fatti approdare ancora una volta a Roanoke. Il loro leader, **John White**, che un mese più tardi fu costretto a fare ritorno in patria per rifornirsi di altri approvvigionamenti, al momento dello scoppio della guerra con la Spagna, mentre l'Invincibile armata spiegava le vele, rimase bloccato in Inghilterra. Quando nel 1590 finalmente riuscì a convincere un capitano riluttante a riportarlo indietro a Roanoke, trovò l'isola abbandonata. Tuttavia l'assenza di segnali di pericolo (una croce maltese incisa) lo rassicurò e la parola "**Croatoan**" iscritta su un albero pareva essere un chiaro messaggio che i coloni si fossero spostati a sud, verso quell'isola. Temendo sia gli spagnoli, sia l'arrivo di una tempesta, gli equipaggi di White si rifiutarono però di accompagnarlo all'isola.

Di solito è qui che si interrompe il racconto, con i coloni che non furono mai più ritrovati. In realtà, nel corso del decennio successivo, alcune notizie di coloni inglesi dispersi come schiavi tra le tribù di nativi del North Carolina arrivarono alla colonia di Jamestown (in quello che oggi è lo Stato della Virginia), che ebbe vita più duratura. Più che ammettere la propria incapacità di salvare i propri contadini, e quindi svelare una vulnerabilità che avrebbe potuto scoraggiare gli abitanti dell'insediamento o gli investitori, sembra che i coloni di Jamestown abbiano semplicemente eliminato i loro predecessori dalla storia.

Roanoke Island guadagnò e perse un'altra colonia durante la **guerra di secessione**. Nel febbraio del 1862 fu presa dalle forze dell'Unione e numerosi schiavi liberati e scappati attraverso i confini degli Stati confederati si stabilirono in queste terre, tanto che il governo federale dichiarò formalmente Roanoke la "**Freedmen's Colony**" (colonia dei liberati). Alla fine della guerra l'isola ospitava circa quattromila neri e molti di essi si arruolarono nell'esercito dell'Unione. Durante la Ricostruzione, il governo restituì tutte le terre ai legittimi proprietari e la colonia fu smobilitata. Attualmente Roanoke è popolata per gran parte da gente di colore.

Se siete alla ricerca di buona **cucina** sulle Outer Banks, Manteo è il posto giusto. Il *Clara's Seafood Grill* (Ⓣ 252/473-1727), proprio sul litorale propone fantasiose portate di frutti di mare, mentre il *Full Moon Café*, dalla parte opposta del litorale, all'angolo tra Sir Walter Raleigh e Queen Elizabeth (Ⓣ 252/473-6666), è più informale e serve zuppe di pesce, panini farciti e quiche. Manteo offre anche un'ampia scelta di posti dove **pernottare**. Il *The Outdoors Inn*, al 406 Uppowoc St. (Ⓣ 252/473-1356, *www.theoutdoorsinn.com*; ❺), offre due eleganti camere con bagno, dai colori vivaci, in una casa spaziosa. L'*Island Guesthouse*, sulla Hwy-64 (Ⓣ 252/473-2434, *www.theislandmotel.com*; ❺), è molto più di un **motel**, con camere arredate e un'atmosfera accogliente.

Cape Hatteras National Seashore

CAPE HATTERAS NATIONAL SEASHORE si estende verso sud da Nags Head su Bodie Island fino alle isole di **Hatteras** e **Ocracoke**, con più di 40 miglia (64 km) di spiagge incontaminate. Persino in alta stagione potrete allontanarvi dalla strada principale e, attraverso le dune, dirigervi verso spiagge deserte. Anche le paludi salmastre sul lato orientale sono meravigliose. All'estremità settentrionale di Hatteras Island, il **Pea Island National Wildlife Refuge** (☎ 252/987-2394, *www.fws.gov/peaisland*) offre visite guidate in canoa, sui sentieri e sulle piattaforme d'osservazione per l'eccellente attività di bird-watching.

All'estremità meridionale di Hatteras Island, non molto lontano dal **Cape Hatteras Lighthouse** dei primi anni del XIX secolo, a strisce bianche e nere, un **centro visitatori** (tutti i giorni: estate 9-18; resto dell'anno 9-17) ha allestito una mostra sulla storia marittima dell'isola. Il faro alto circa 63 m, che potete visitare (metà aprile-metà ottobre; $7), è stato spostato di 800 m rispetto alla sua originaria posizione perché fosse protetto dalla risacca delle acque. Più a sud, nel villaggio di **Frisco**, il **Native American Museum** custodisce una deliziosa collezione di pezzi d'arte e di artigianato da tutti gli Stati Uniti, tra cui un tamburo proveniente da una *kiva*, o camera delle preghiere degli Hopi. Il museo offre inoltre diversi ettari di percorsi **naturalistici** in mezzo alla foresta (mar-dom 11-17, lun su appuntamento; $5; ☎ 252/995-4440, *www.nativeamericanmuseum.org*).

Ad **Hatteras**, accanto allo sbarco dei traghetti di Ocracoke, il **Graveyard of the Atlantic Museum** (lun-ven 10-16; ingresso gratuito; *www.graveyardoftheatlantic.com*) ripercorre le storie degli esploratori, dei pirati e di chi forzò il blocco durante la guerra di secessione e che morì in queste sottili e selvagge strisce di terra.

Diversi **motel**, negozi alimentari e **ristoranti** sono disseminati negli squallidi paesini lungo la Hwy-12. Il *Cape Hatteras Motel*, a Buxton, un miglio (1,6 km) dal faro (☎ 252/995-5611, *www.capehatterasmotel.com*; ❹-❼), offre camere confortevoli con vista sull'oceano e una piscina. Un buon posto per la colazione e per i frutti di mare è il *Diamond Shoals*, sempre a Buxton sulla Hwy-12 (☎ 252/995-5611), mentre sul lungomare di Hatteras, l'*Austin Creek Grill* serve insalate preparate con classe, frutti di mare, e di sera anche pasta (☎ 252/986-1511). Per **campeggiare** le zone migliori sono le aree gestite dal National Park Service (☎ 252/473-2111, *www.nps.gov/caha*; $20 a notte) in cui viene rispettato l'ordine d'arrivo; i campeggi si trovano a Frisco e a Oregon Inlet su Bodie Island (entrambi inizi aprile-metà ottobre) e a Cape Point, vicino a Buxton (fine maggio-agosto).

Ocracoke Island

Tranquilla e preservata dall'urbanizzazione **OCRACOKE ISLAND** si trova a 40 minuti di traghetto gratuito da Hatteras (vedi riquadro a p. 390). Queste 16 miglia (25 km) di striscia di terra sono divise in due dalla Hwy-12, dove, in qualsiasi posto, potrete accostare la vostra macchina e approfittare di alcune spiaggette deserte. Nonostante la folla di turisti nel villaggio di **Ocracoke**, l'isola ha conservato la sua tranquilla atmosfera. È perfetta per prendere il sole, fare due passi o godervi una pedalata in bici, diversi posti, tra cui anche alberghi, **noleggiano biciclette**.

Gli alberghi e i **B&B** nel villaggio di Ocracoke in estate sono di solito pieni e piuttosto cari e come in qualsiasi altro posto sulle Outer Banks, le tariffe calano con l'arrivo di settembre. L'*Anchorage Inn*, sulla Hwy-12 (🅣 252/928-1101, *www.theanchorageinn.com*; ❺), è accogliente, con viste su mare, una piscina e, compresa nel prezzo, colazione continentale. In alternativa, potete fermarvi a dormire in una delle insolite camere, le cosiddette "crow's-nest", nell'*Island Inn and Dining Room*, aperta dal 1901, sulla Hwy-12 (🅣 1-877/456-3466, *www.ocracokeislandinn.com*; ❸-❻), il cui **ristorante** è famoso per le sue polpette di granchio (🅣 252/928-7821). Tra i ristoranti meno cari ci sono il *Back Porch*, sulla Back Road (🅣 252/928-6401), che serve ottimo pesce e l'animato *Howard's Pub & Raw Bar*, un miglio (1,6 km) a nord del villaggio, sulla Hwy-12 (🅣 252/928-4441), che propone un assortimento di più di duecento birre. Si tratta di uno dei pochi posti sull'isola aperti tutto l'anno. Il **campeggio** gestito dal Park Service, piuttosto isolato, di solito è il primo posto, sulle Outer Banks, a riempirsi; contrariamente agli altri campeggi, qui si accettano prenotazioni (🅣 1-800/365-2267; $23 a notte; aperto: inizi aprile-fine ottobre).

Cape Lookout National Seashore

La terraferma tra Cedar Island e Beaufort (vedi p. 391) è una laguna rurale, con poche abitazioni e poco frequentata dai turisti. Il motivo più plausibile per fare un salto è visitare il **CAPE LOOKOUT NATIONAL SEASHORE** per nulla deserto, una sottile striscia di sabbia a sud di Ocracoke Island, lungo le tre Outer Banks, senza strade né abitazioni. Il litorale è accessibile soltanto con il **traghetto** (metà marzo-inizi dicembre) o con imbarcazioni private dove pochi turisti si contendono le circa 56 miglia (90 km) di spiaggia lungo tutte e tre le isole. Il **centro visitatori** si trova all'estremità orientale dell'insediamento sulla terraferma di **Harker's Island** (tutti i giorni 9-17; 🅣 252/728-2250, *www.nps.gov/calo*).

Traghetti per Ocracoke

D'estate, traghetti gratuiti collegano Hatteras e Ocracoke (40 min). C'è spazio solo per trenta macchine che vengono caricate in base all'ordine d'arrivo.

Hatteras-Ocracoke maggio-ottobre: 7.30-19, ogni 30 min, 5-7 e 19-24 ogni ora; novembre-aprile: 5-24, ogni ora.

Ocracoke-Hatteras maggio-ottobre: 8-19, ogni 30 min, 5-7 e 19-24 ogni ora; novembre-aprile: 5-24, ogni ora.

I traghetti che partono **da Ocracoke** effettuano collegamenti anche con la costa a sud, con **Cedar Island** sulla terraferma (2 h 15 min; $1 pedoni, $3 con bici, $10 con moto, $15 con auto) e con **Swan Quarter** sulla penisola di Albemarle (2 h 30 min; stesse tariffe). Per entrambi è richiesta la **prenotazione** d'estate, meglio un paio di giorni prima (Ocracoke 🅣 1-800/345-1665, Cedar Island 🅣 1-800/856-0343, Swan Quarter 🅣 1-800/773-1094); con poco preavviso potreste riuscire ad andare il giorno in cui desiderate.

Tra Ocracoke e Cedar Island primavera ed estate sette o otto partenze 7-19.30; autunno e inverno quattro partenze 7-17.

Ocracoke-Swan Quarter fine maggio-inizi settembre 6.30, 10, 12.30, 16; quello delle 16 non parte nel resto dell'anno.

Swan Quarter-Ocracoke fine maggio-inizi settembre 7, 9.30, 16; quello delle 7 non parte nel resto dell'anno.

Per **ulteriori informazioni** contattate il 🅣 1-800/BY-FERRY o consultate il sito Internet *www.ncferry.org*.

Alla punta più estrema della prima isola, **North Core Banks**, giacciono le fantastiche rovine del villaggio abbandonato di **Portsmouth**, gli ultimi due residenti se ne andarono nel 1971. I traghetti da Ocracoke giungono a Portsmouth (circa $16 andata e ritorno; chiamate l'Island Boat Tours al ☎ 252/928-4361). Il traghetto da **Atlantic**, a sud di Cedar Island, sulla terraferma ($14 a persona o $75 con auto andata e ritorno; chiamate la Morris Marina al ☎ 252/225-4261), attracca a **Long Point**, 17 miglia (27 km) a sud di Portsmouth, che è raggiungibile solo a piedi. I **bungalow** sull'isola sono gestiti dalla Morris Marina (a partire da $100 a notte per massimo sei persone); in alternativa potrete trovare semplici strutture da **campeggio**.

South Core Banks è collegata con traghetti privati che partono da **Davis**, a sud di Atlantic, sulla terraferma ($14 andata e ritorno; ☎ 1-877/956-6568). Qui, la compagnia di traghetti gestisce più di venti **bungalow**, tutti con docce (❸-❻). Tre traghetti passeggeri collegano la punta meridionale dell'isola da Beaufort (vedi avanti) e da Harker's Island, a 3-4 miglia (5-6,5 km) da **Cape Lookout** e dal faro.

Per raggiungere la tranquilla **Shackleford Banks**, terra di cavalli allo stato brado della razza mustang, sin dagli inizi del 1500, quando si pensava che avessero raggiunto la riva a nuoto dopo un naufragio, potete prendere i traghetti a Beaufort e a Morehead City (vedi avanti).

Beaufort

BEAUFORT, circa 150 miglia (240 km) a sud di Raleigh, è forse la più bella città costiera del North Carolina. Un ottimo punto d'appoggio per visitare le spiagge vicine, ha un affascinante lungomare che è particolarmente animato di sera.

La terza città più antica del North Carolina, Beaufort vanta anche un attraente **centro storico** che si estende in un'area di dodici isolati, concentrati su Turner Street, vicino al lungomare. Qui troverete bellissime residenze antiche, una farmacia e l'antica prigione cittadina; Beaufort ospita un **centro di accoglienza visitatori**, al 130 Turner St. (tutti i giorni: marzo-novembre 9.30-17; dicembre-febbraio 10-16; ☎ 252/728-5225, *www.historicbeaufort.com*), che propone diverse tipologie di visite.

Il servizio di traghetti diretti a **Shackleford Banks** (vedi p. 390) è gestito dalla Island Ferry Adventures (metà marzo-metà ottobre; andata e ritorno $15; minimo due adulti, ☎ 252/728-7555, *www.islandferryadventures.com*), dalla Mystery Tours (con prezzi a partire da $16; ☎ 252/728-7827, *www.mysteryboattours.com*) e dalla Outer Banks Ferry Service (☎ 252/728-3576), che si trovano tutte sul lungomare. Potete arrivarci anche da **Morehead City**, 2 miglia (3 km) più a sud (Waterfront Ferry Service ☎ 252/726-7678). Il Beaufort Inlet Watersports, accanto alla Outer Banks Ferry Service, al 328 Front St. (☎ 252/728-7607), offre la possibilità di fare **paracadutismo ascensionale** a circa $50 a persona, $90 in coppia.

Tra i numerosi storici **B&B** sulle strade residenziali vicino a Turner, la *Langdon House*, al 135 Craven St. (☎ 252/728-5499, *www.langdonhouse.com*; ❺), è accogliente e tranquilla; il *Cedars Inn*, al 305 Front St. (☎ 252/728-7036, *www.cedarsinn.com*; ❻), è piuttosto elegante. L'*Inlet Inn*, sul litorale, al 601 Front St. (☎ 252/728-3600 o 1-800/554-5466, *www.inlet-inn.com*; ❻), conta ampie camere e propone colazione continentale in camera. Morehead City e Bogue Banks vantano una grande quantità di **motel**.

Per quanto riguarda la **cucina e la vita notturna**, il lungomare di Beaufort è vivace di sera, affollato da gente del posto e vacanzieri che bevono, passeggiano o ascoltano musica dal vivo alla *Dock House* (☎ 252/728-4506). Bar e ristoranti discreti si trovano sui lati delle **passeggiate lungomare**, con altre buone alternative all'interno, a più o meno un isolato di distanza. Il *Beaufort Grocery Co*, al 117 Queen St. (chiuso mar; ☎ 252/728-3899), è orgoglioso di offrire piatti ricchi di inventiva con ingredienti freschissimi, mentre il rumoroso *Aqua*, al 114 Middle Lane (☎ 252/728-7777; solo a pranzo, chiuso dom e lun), offre tapas stile Carolina e abbondanti dessert.

Le spiagge

A sud di Beaufort, le **spiagge** lungo le 20 miglia (32 km) delle **Bogue Banks**, sono sempre molto frequentate, soprattutto Atlantic Beach all'estremità orientale. A **Bear Island**, a sud – raggiungibile da **Swansboro** con un taxi d'acqua o traghetto (aprile-ottobre, orari variabili; $5; ☎ 910/326-4881) –, il favoloso **Hammocks Beach State Park** presenta alte dune di sabbia, rive boscose e spiagge perfette. Per **campeggiare** ($9), dovrete registrarvi al piccolo centro del parco (tutti i giorni: settembre-maggio 8-18; giugno-agosto 8-19; ☎ 910/326-4881); non è possibile farlo in marzo e aprile, quando le **tartarughe marine** giungono a riva per depositare le uova.

Wilmington

Nonostante sia la cittadina più grande sulla costa del North Carolina, l'atmosfera di **WILMINGTON**, situata lungo il **Cape Fear River**, 50 miglia (80 km) dai confini meridionali dello Stato, è piuttosto rilassata. Nel corso della guerra di secessione, fu per un breve periodo il porto più importante della Confederazione, che esportava cotone in tutto il mondo. I "**blockade-runners**" (coloro che forzavano il blocco imposto dalle navi dell'Unione) tentarono di superare le forze navali dell'Unione, rifugiandosi al sicuro a Fort Fisher.

Oggi Wilmington è una città affascinante, accogliente ed energica. La sua notorietà come **sede cinematografica** le ha fatto guadagnare il soprannome di "Wilmywood" e l'influsso di gente creativa ha portato a una certa urbanizzazione che la rende molto diversa dal resto delle città costiere.

E se le sue sontuose abitazioni, il **Palazzo municipale** riccamente adornato e il grazioso **Thalian Hall** sono la chiara testimonianza della ricchezza di un tempo, le strade del litorale con le passeggiate **sul lungofiume** esposte alle intemperie, punteggiate da caffè e ristoranti, sono la vera attrazione. Il **Chandler's Wharf**, un esclusivo centro commerciale in un magazzino ristrutturato, è indicativo della rivitalizzazione dell'area, mentre il **Cotton Exchange**, al 321 N di Front St., vende articoli artigianali e alimentari in una serie di edifici che un tempo ospitavano un mulino, un deposito e una fabbrica di cotone. In fondo a Market Street, nel piccolo **Riverfront Park**, potete richiedere una **visita su una carrozza trainata da cavalli** (☎ 910/251-8889; $11), una **crociera sul fiume** (☎ 910/343-1611, *www.cfrboats.com*; prezzi a partire da $10) o un **taxi fluviale** per raggiungere la corazzata USS *North Carolina*, che partecipò a tutte le offensive navali durante la seconda guerra mondiale. Al 814 di Market St., il **Cape Fear Museum** (estate: lun-sab 9-17, dom 13-17; resto dell'anno chiuso lun; $6; *www.capefearmuseum.com*) è un intenso resoconto della storia locale.

Per capire come funziona Wilmywood, fate un giro agli **EUE/Screen Gems**

Studios, al 1223 N della 23th St., sede di produzione di diversi film, da *Blue Velvet* di David Lynch, ai successi televisivi come *Dawson's Creek* (informatevi sugli orari che variano a seconda della stagione; $12; ⓣ 910/343-3500, *www.screengemsstudios.com*).

Dall'alto di una roccia, che si affaccia sia sul mare che sulla foce del Cape Fear River, domina il **Fort Fisher State Historic Site**, 20 miglia (32 km) a sud di Wilmington sulla Hwy-421, vicino a Kure Beach. Un piccolo **museo** ripercorre i giorni in cui la città fu una roccaforte dei confederati, attraverso le reliquie dei *blockade-runners* affondati (aprile-ottobre: lun-sab 9-17, dom 13-17; novembre-marzo: gio-sab 10-16; ingresso gratuito; ⓣ 910/458-5538).

Notizie utili

La **stazione dei pullman** si trova al 201 Harnett St., 1 miglio (1,6 km) a nord della periferia, a poca distanza dalla Third Street. Il **centro visitatori** di Wilmington, al 24 N Third St. (lun-ven 8.30-17, sab 9-16, dom 10-16; ⓣ 1-877/406-2356, *www.cape-fear.nc.us*), dispone di mappe e itinerari a piedi, un'ottima cartina del sito afroamericano e degli stampati con le domande più frequenti su *Dawson's Creek*. I panorami più divertenti potrete sperimentarli con gli Adventure Walking Tour, che partono dall'asta della bandiera tra Market Street e Water Street (aprile-ottobre: 10 e 14; $12; ⓣ 910/763-1785).

Motel economici popolano le ultime miglia di Market Street all'interno di Wilmington; ci sono inoltre dei graziosi **B&B**: star del cinema alloggiano nel lussuoso *Graystone Inn*, su Third and Dock (ⓣ 910/763-2000, *www.graystoneinn.com*; ❼). Al *Best Western Coastline Inn*, per non fumatori, che si affaccia sul porto, al 503 Nutt St. (ⓣ 910/763-2800 o 1-800/617-7732, *www.coastlineinn.com*; ❹), i prezzi includono la colazione in camera.

Gli edifici centrali del centro città ospitano numerosi **ristoranti** alla moda, spesso dalle atmosfere asiatiche, come il *Deluxe*, al 114 Market St. (ⓣ 910/251-0333), dove piatti particolari come il filetto scottato nel garam masala speziato vi verrà a costare $27. Ma potrete mangiare bene anche spendendo meno nei ristoranti locali, come il *Dock Street Oyster Bar*, al 12 Dock St. (ⓣ 910/762-2827), un posto piccolo che serve ostriche e frutti di mare crudi a prezzi economici.

Wilmington vanta anche una vivace **vita notturna**; per informazioni dettagliate sugli **eventi culturali**, prendete una copia del settimanale gratuito *Encore*. Il *Soapbox*, al 266 N. Front St. (ⓣ 910/251-5800), ospita il meglio della musica indie locale e nazionale, mentre il *Barbary Coast*, al 116 S. Front St. (ⓣ 910/762-8996), è un piccolissimo locale che si è guadagnato un certo prestigio per essere il bar preferito da Mickey Rourke. Se volete arte ed enogastronomia provate il moderno *Bottega Gallery and Art Bar*, al 208 N. Front St. (mar-dom 13-fino a tardi; ⓣ 910/763-3737, *www bottegagallery.com*). Costruito nel 1858, il *Thalian Hall*, al 310 Chestnut St. (ⓣ 1-800/523-2820, *www.thalianhall.com*), offre musica, teatro e cinema.

Il Piedmont

Il **PIEDMONT** è un'area industrializzata del North Carolina caratterizzata da città con industrie tessili e produzione di tabacco i cui centri hanno assistito a una certa rivitalizzazione. La principale area di interesse è il cosiddetto

Triangolo della ricerca, il terzetto delle tre città universitarie: **Raleigh**, capitale dello Stato; la tranquilla **Durham**, con la sua numerosa comunità nera e **Chapel Hill** che si distingue per opporsi chiaramente alla cultura dominante. **Winston-Salem**, famosa per l'industria del tabacco, vanta il villaggio Old Salem.

Raleigh

Fondata come capitale del North Carolina nel 1792, **RALEIGH** si concentra tutta intorno alla centrale **Capitol Square**, dove il **North Carolina Museum of History**, al 5 E Edenton St. (lun-sab 9-17, dom 12-17; ingresso gratuito; ⓣ 919/807-7900), offre una dettagliata cronologia sulla storia dello Stato. Di fronte, il **North Carolina Museum of Natural Sciences**, al 11 W Jones St. (lun-sab 9-17, dom 12-17; ingresso gratuito), si concentra sulla geologia locale, dalle forme di vita animale a quelle vegetali, fino all'era dei dinosauri.

A sud del Campidoglio, si trovano i quattro edifici della **City Market**: un'enclave compresa tra Blount e Martin Street le cui strade, illuminate da lampioni e pavimentate con ciottoli, ospitano numerosi negozi e ristoranti di buona qualità. Andate a vedere gli artisti locali ad **Artspace**, al 201 E Davie St. (mar-sab 10-18; *www.artspacenc.org*). Il 17° presidente degli Stati Uniti **Andrew Johnson** nacque in una casetta proprio a nord del Campidoglio; il suo luogo di nascita è stato poi trasferito al **Mordecai Historic Park**, a nord della città, all'angolo tra Wake Forest Rd. e Mimosa St. (mar-sab 10-16, dom 13-16; le visite guidate di 1 h cominciano allo scoccare di ogni ora e l'ultima visita è alle 15; $5).

Alla periferia della città in direzione nord-ovest, attraverso la I-40, l'imponente **North Carolina Museum of Art**, al 2110 Blue Ridge Rd. (mar-gio e sab 9-17, ven 9-21, dom 10-17; visite tutti i giorni 13.30; ingresso gratuito tranne che per esposizioni particolari), presenta un'eclettica collezione di lavori del mondo antico, dall'Africa all'Europa e agli Stati Uniti, oltre a un magnifico ristorante (vedi avanti).

Notizie utili

L'**aeroporto** Raleigh-Durham (*www.rdu.com*) si trova vicino alla I-40, 15 minuti a nord-ovest della città. Per una corsa in **taxi** fino in città spenderete intorno ai $30, mentre un **servizio di navette** con percorsi molto indiretti vi costerà $25. L'Amtrak effettua fermate vicino al 320 W Cabarrus St., mentre la stazione Greyhound si trova in una squallida zona del centro, al 314 W Jones St. Il **centro visitatori**, al 220 Fayetteville St. (lun-sab 10-17, dom 12-16; *www.visitraleigh.com*), si presenta con i soliti scaffali pieni di dépliant.

Se volete **fermarvi qui a dormire**, evitate gli alberghi anonimi del centro e dirigetevi invece verso Hillsborough Street, vicino alla North Carolina State University, dove il *Velvet Cloak Inn* al n. 1505 offre camere confortevoli e una piscina coperta (ⓣ 919/828-0333, *www.velvetcloakinn.com*; ⑤). Per **mangiare**, il *Big Ed's*, a City Market, al 220 Wolfe St. (chiuso dom; ⓣ 919/836-9909), propone favolose colazioni tipiche del Sud. L'enorme *42nd St Oyster Bar*, in centro città, al 508 Jones St. (ⓣ 919/831-2811), è famoso per il pesce fresco e i frutti di mare. Il museo d'arte vanta il moderno *Blue Ridge Restaurant* (mar-dom pranzo, dom brunch; ⓣ 919/664-6838). Nella zona completamente rinnovata di Fayetteville Street si trovano i posti per uomini d'affari, tra cui il *The Mint*, al n. 219 (ⓣ 919/821-0011), che serve piatti come braciola di maiale kurobuta accompagnata da gazpacho di anguria.

Hillsborough Street, piena di bar e ristoranti, è l'epicentro della **vita notturna** studentesca di Raleigh. Il *The Brewery*, al n. 3009 (☎ 919/838-6788, *www.brewerync.com*), accoglie le migliori band rock regionali e alternative. Lontano da Hillsborough, il *Berkeley Café*, al 217 W Martin (☎ 919/821-0777), è specializzata in root music, in country alternativo e rock.

Durham

Venti miglia (32 km) a nord-ovest di Raleigh, **DURHAM** si ritrovò a essere epicentro nazionale dell'industria del tabacco dopo che il contadino Washington Duke tornò a casa dalla guerra di secessione con l'idea di produrre sigarette. Nel 1890 insieme ai suoi tre figli diede vita all'**America Tobacco Company**. Il **Duke Homestead Historical Site**, a nord della I-85, al 2828 Duke Homestead Rd. (mar-sab 9-17; ingresso gratuito), ripercorre la storia sociale della coltivazione del tabacco.

Nel 1924, il patrimonio di 40 milioni di dollari lasciati in eredità dalla famiglia Duke al Trinity College favorì l'espansione di una struttura di ricerca medica riconosciuta in tutto il mondo che diventò la **Duke University**. Nel campus, il **Nasher Museum of Art**, al 2001 Campus Drive (mar, mer, ven e sab: 10-17, gio 10-21, dom 12-17; $5; ☎ 919/684-5135, *www.nasher.duke.edu*), custodisce ottime collezioni d'arte africana, precolombiana, medievale e asiatica.

Il **centro storico** di **Durham** suscita poco interesse, tuttavia vale la pena fare una passeggiata a **Brightleaf Square**, una vivace zona per gli acquisti tra Gregson e Main Street, caratterizzata da vecchi magazzini di tabacco ristrutturati ed esplorare le sue gallerie, le sue librerie e i suoi negozi specializzati.

Durham va fiera del suo ricco **patrimonio della cultura nera**. 7 miglia (11 km) a nord della città, a Treyburn Park, l'affascinante **Historic Stagville** (mar-sab 10-16; ingresso gratuito; ☎ 919/620-0120, *www.historicstagvillefoundation.org*) illustra la vita delle piantagioni nel North Carolina, in particolare l'esperienza degli schiavi, dai primi anni del 1800 fino alla Ricostruzione. Sono state conservate due piccole abitazioni in cui vivevano gli schiavi all'epoca, così come quelle dei proprietari delle piantagioni e un enorme granaio costruito da abili falegnami di colore.

Notizie utili

La fermata degli **autobus** Greyhound si trova al 412 W. Chapel Hill St. Prendetevi cartine e raccogliete informazioni nel **centro visitatori** di Durham, al 101 E Morgan St. (lun-ven 8.30-17, sab 10-14; ☎ 919/687-0288 o 1-800/446-8604, *www.durham-nc.com*). L'*Arrowhead Inn*, al 106 Mason Rd. (☎ 919/477-8430, *www.arrowheadinn.com*; ❺), che risale al 1775, offre graziose camere da **B&B**.

Per **mangiare**, provate i locali vicino a Brightleaf Square: il *Fowler's*, al 112 S Duke St. (☎ 919/683-2555), propone ottimi panini vegetariani e caffè, mentre l'*Anotherthyme*, al 109 N Gregson St. (solo cena; ☎ 919/682-5225), è specializzato in frutti di mare e *tapas*.

Chapel Hill

La progressista **CHAPEL HILL**, a sud-ovest della periferia di Durham, è nota a livello nazionale come la patria di band musicali, come i Superchunk, e di musicisti, come Ben Folds e Ryan Adams, per non menzionare Taylor. Una piacevole città in cui girovagare in mezzo ai tanti bar e caffè rilassanti lungo **Franklin Street**, che confina con l'estremità settentrionale del campus. Franklin prosegue in direzione ovest verso la cittadina adiacente di **Carrboro**, dove diventa **Main Street**; qui bar e ristoranti hanno uno stile leggermente post collegiale.

La **University of North Carolina**, risalente al 1789, è stata la prima università statale. Il più antico degli edifici del XVIII secolo è **Old East**, con i suoi originali mattoni di un marroncino chiaro di moda negli anni Quaranta dell'Ottocento. Testimonianze della ricchezza dell'università sono evidenti al **Morehead Planetarium**, sulla E Franklin St. (lun-gio 10-15.30, ven-sab 10-15.30 e 18.30-20.45, dom 13-17; $6; *www.moreheadplanetarium.org*), che fu il primo centro di addestramento della NASA, e all'**Ackland Art Museum**, tra South Columbia e Franklin Street (mer-sab 10-17, dom 13-17; ingresso gratuito; *www.ackland.org*), che è particolarmente ricco di pezzi d'arte e antichità asiatiche.

Notizie utili

L'**ufficio turistico** di Chapel Hill/Orange County si trova al 501 W Franklin (lun-ven 8.30-17, sab 10-14; Ⓣ 1-888/968-2060, *www.chocvb.org*). In città troverete diversi posti in cui **pernottare**: uno dei più popolari è il lussuoso *Carolina Inn*, di proprietà dell'università, nel cuore del campus, al 211 Pittsboro St. (Ⓣ 919/933-2001 o 1-800/962-8519, *www.carolinainn.com*; ❻). 5 miglia (circa 8 km) a nord-est della città, lo *Sheraton*, all'1 Europa Drive (Ⓣ 919/968-4900; ❺), dispone di camere eleganti, ultra confortevoli, mentre il vicino *Hampton Inn*, al 1740 Fordham Blvd. (Ⓣ 919/968-3000; ❹), risulta più economico.

A Chapel Hill non mancano **ristoranti** degni di nota. Il minimalista *Lantern*, al 423 W Franklin St., serve fantastici piatti di cucina panasiatica fino a tarda notte (chiuso dom; Ⓣ 919/969-8846) in un'atmosfera tipica di un bar. Al 610 W Franklin, il *Crooks Corner* (chiuso lun; Ⓣ 919/929-7643) offre menu, che varia tutti i giorni, di deliziosa ed elaborata cucina del Sud. L'*Elmo's Diner*, nel Carr Mill Mall a Carrboro, al 200 N Greensboro St. (Ⓣ 919/929-2909), prepara ottime colazioni, gustose scelte vegetariane e specialità del giorno. Al *Southern Rail*, al 201 E Main St. (Ⓣ 919/967-1967), mangerete piatti eclettici al riparo di carrozze ferroviarie riconvertite; informatevi sulle diverse serate di musica dal vivo.

Per la **vita notturna**, rimanete in Franklin e Main Street. L'*Orange County Social Club*, al 108 E Main St., a Carrboro (Ⓣ 919/933-0669, *www.orangecountysocialclub.com*), è un **bar** tranquillo, di tendenza, con arredamento vintage, un tavolo a forma di piscina, un grande jukebox e un giardino. Nella maggior parte dei posti **in cui si ascolta musica** vige un'eclettica politica di prenotazione: il *Local 506*, al 506 W Franklin St. (Ⓣ 919/942-5506, *www.local506.com*), accoglie band indie, open-mike e hip-hop, mentre a Carrboro, il *Cat's Cradle*, al 300 E Main St. (Ⓣ 919/967-9053, *www.catscradle.com*), ospita le migliori band sul circuito nazionale. Per informazioni sugli **eventi e sugli spettacoli** prendete una copia del settimanale gratuito *Independent Weekly* (*www.indyweek.com*).

Winston-Salem

Nonostante l'omonimia con il marchio delle sigarette, **WINSTON-SALEM**, 80 miglia (128 km) a ovest di Chapel Hill, presenta come punto forte d'attrazione l'itinerario turistico per **Old Salem** dove venti isolati, preservati, onorano il patrimonio culturale dei primi coloni moravi della città. In fuga dalle persecuzioni religiose da quelle terre che oggi sono occupate dalla Repubblica Ceca e dalla Slovacchia, i primi moravi si stabilirono a Piedmont nella metà del XVII secolo. Quasi subito diedero vita a collegamenti commerciali con i coloni al confine e fondarono la città di Salem su un'idea di comunità: solo chi aveva la stessa fede religiosa poteva vivere lì. La domanda dei loro prodotti contribuì alla nascita della comunità adiacente di Winston, che, accumulando ingenti guadagni provenienti dal tabacco, diventò immediatamente più grande della più antica Salem. Le due comunità si fusero nel 1913 e diedero vita a Winston-Salem.

I turisti sono liberi di girovagare a piedi o in macchina per le strade di Old Salem, oppure visitare i dieci **palazzi restaurati** (gennaio e febbraio: mar-sab 9.30-16.30, dom 13-17; marzo-dicembre: lun-sab 9.30-16.30, dom 13-17; $21, o $24 per due giorni). Cominciate dall'enorme **centro visitatori** tra Academy e Old Salem Rd. (gennaio e febbraio: mar-sab 9-17.30, dom 12.30-17.30; marzo-dicembre: lun-sab 9-17.30, dom 12.30-17). Vale poi la pena fare una sosta alla **St. Philips Moravian Church**, una chiesa afroamericana costruita nel 1823. L'ingresso include la visita anche al **Museum of Early Southern Decorative Arts** (mar-sab 9.30-16.30, dom 13-16.30), al **Children's Museum**, (gennaio-febbraio: mar-sab 9.30-16.30, dom 13-17; marzo-dicembre: lun-sab 9.30-16.30, dom 13-17; $6 per entrambi se non avete il biglietto per Old Salem) e al **Toy Museum** (mar-sab 9.30-16.30; dom 13.00-16.30), che ospita migliaia di giocattoli (i più antichi risalgono al 225 d.C.). Pranzi e cene abbondanti, accompagnati da birra, vengono serviti all'*Old Salem Tavern*, al 736 S Main (T 336/748-8585), dove in uno spazioso patio camerieri in costume servono ai clienti piatti moravi come il *chicken pie* (pasticcio di pollo) a $7,50.

Tre miglia (5 km) a nord-ovest del centro città, il **Reynolda House Museum of American Art**, al 2250 Reynolda Rd. (mar-sab 9.30-16.30, dom 13.30-16.30; $10), ospitato nella residenza del grande industriale del tabacco Richard Joshua Reynolds, raccoglie pezzi di importanti artisti americani dal XVIII secolo fino ai giorni nostri. Il palazzo, progettato da Charles Barton Keen, è immerso in ricchi e lussureggianti giardini, insieme a una serie di edifici circostanti trasformati in negozi di lusso e ristoranti che costituiscono il noto **Reynolda Village**.

Notizie utili

Il **centro visitatori** di Winston-Salem si trova a pochi isolati da Old Salem, al 200 Brookstown Ave. (T 336/728-4200, *www.visitwinstonsalem.com*). Accanto, il *Brookstown Inn* (T 336/725-1120, *www.brookstowninn.com*; 6) è un piccolo e grazioso **albergo** situato in una vecchia fabbrica tessile.

Trovare un posto dove mangiare non è un'idea particolarmente allettante, tuttavia l'*Hutch & Harris*, al 420 W Fourth St. (chiuso lun T 336/721-1336), serve buona cucina regionale e internazionale. Il *Tumeric Indian Restuarant & Bar*, al 3088 Healey Drive, offre piatti da tutte le regioni dell'India per lo più speziati e dai prezzi moderati.

Charlotte

Il polo finanziario e dei trasporti di **CHARLOTTE**, dove la I 77 o la I-85 si incrociano, vicino al confine con il South Carolina, è la città più grande dello Stato, nonostante le attrazioni turistiche siano ridotte all'osso. La trafficata arteria centrale di **Tryon Street** è un quartiere costituito da grattacieli e conglomerati in serie, poco attraenti, noto con il nome di "uptown". A distanza di qualche isolato, l'ottimo **Museum of the New South**, al 200 E Seventh St. (lun-sab 10-17, dom 12-17; $6; *www.museumofthenewsouth.org*), ripercorre lo sviluppo della regione dalla Ricostruzione in avanti. Il **Discovery Place**, al 301 N Tryon St., è un museo della scienza per ragazzi che conta una foresta pluviale al coperto, un cinema IMAX e un planetarium (lun-ven 9-17, sab 9-18, dom 12-18; $10, IMAX $11, biglietto combinato $19; *www.discovery place.org*).

Notizie utili

L'**aeroporto internazionale di Charlotte/Douglas**, 7 miglia (circa 11 km) a ovest della città, sulla Old Dowd Road o sulla I-85, è raggiungibile con l'**autobus** 5 ($1,75) diretto in aeroporto, che parte ogni ora dal Charlotte Transportation Center, in "uptown" su Brevard Street, tra Fourth Street e Fifth Street; il **taxi** vi costerà circa $25. I mezzi della Greyhound fermano al 601 W Trade St., mentre i treni dell'Amtrak entrano in stazione al 1914 N Tryon St. L'imponente **centro visitatori** si trova al 330 S Tryon St. (lun-ven 8.30-17, sab 9-15; ⓣ 704/331-2753 o 1-800/231-4636, *www.charlottecvb.org*). Un nuovo servizio di metropolitana vi permetterà di muovervi in città più agevolmente.

La maggior parte degli **alberghi** di Charlotte si rivolge a una clientela che viaggia per affari, nonostante il *Dunhill Hotel*, al 237 N Tryon St. (ⓣ 704/332-4141, *www.dunhillhotel.com*; ⑥), dal 1929 abbia mantenuto l'eleganza di un tempo. Il *Days Inn*, al 601 N Tryon St. (ⓣ 704/333-4733; ③), è un'alternativa centrale più economica. Tra i **ristoranti** degni di nota si contano l'elegante *Providence Café*, al 110 Perrin Place (ⓣ 704/376-2008), per la sua cucina vegetariana e contemporanea americana e *LaVecchia's Seafood Grille*, al 225 E Sixth St. (ⓣ 704/370-6776; chiude dom). L'animata **vita notturna** di Charlotte si concentra nel quadrilatero di vie facilmente percorribili di Tryon, College, Seventh Street e Fifth Street e nel South End, a sud-ovest di "uptown". Per conoscere tutti gli **eventi culturali** consultate il settimanale gratuito *Creative Loafing* (*charlotte.creativeloafing.com*).

Attività in montagna

Tra le **attività all'aperto** che vengono proposte e che si possono praticare lungo la Blue Ridge sono contemplate il **rafting** e il **canoismo**, soprattutto sul fiume Nolichucky vicino al confine con il Tennessee, a sud di Johnson City, nel Tennessee, ma anche sul fiume Watauga e Wilson Creek. La Nantahala Outdoor Center (ⓣ 1-888/905-7238, *www.noc.com*) e la High Mountain Expeditions (ⓣ 1-800/262-9036, *www.highmountainexpeditions.com*), organizzano gite in bici, escursioni e tour guidati nelle grotte. Aspettatevi di pagare intorno ai $75 a persona per una giornata di rafting.

In inverno lo **sci** la fa da padrone in numerose montagne e stazioni sciistiche, soprattutto nella zona di **Banner Elk**, 12 miglia (circa 20 km) a sud-ovest di Boone. Le possibilità di alloggio nelle stazioni sciistiche sono care, gli ski pass costano meno. L'Appalachian Ski Mountain (ⓣ 1-800/322-2373, *www.appskimtn.com*) si trova vicino al Blowing Rock e lo Ski Beech (ⓣ 1-800-438-2093, *www.skibeech.com*), la zona sciistica che si trova nel punto più alto del lato orientale, si trova a Beech Mountain. Potete informarvi su tutte le stazioni sciistiche nei centri turistici o controllare sul sito Internet *www.skithehighcountry.com*.

I monti del North Carolina

Partire dall'emozionante **Blue Ridge Parkway**, che attraversa la zona nord-occidentale dello Stato, dalla Virginia fino al **Great Smoky Mountains National Park**, è il modo migliore per ammirare le **catene montuose** del North Carolina. La distesa panoramica di colline boscose può lasciare a bocca aperta i turisti che provengono dai centri affollati della East Coast. Dai primi anni del XX secolo, la regione è terreno fertile per la **musica bluegrass** (musica folk tipica dei monti Appalachi), ai cui spettacoli si può regolarmente assistere ancora oggi in tutta la regione. La tranquilla **Asheville** è un ottimo posto per presenziare a reinvenzioni più sperimentali dei suoni tradizionali della montagna.

L'accogliente **centro visitatori,** al 1700 Blowing Rock Rd. di Boone (ⓣ 1-800/438-7500, *www.mountainsofnc.com*), serve gran parte delle zone montane.

La Blue Ridge Parkway

Ottobre è il periodo di maggior affluenza turistica per la **BLUE RIDGE PARKWAY**, quando le foglie degli alberi decidui diventano vivide ombre gialle, dorate e arancio. Durante tutto l'anno, comunque, questa tortuosa strada di montagna – costruita in gran parte negli anni Trenta dai volontari dei Civilian Conservation Corps (corpo forestale civile) creati dal presidente Roosevelt – è di per sé un'attrazione turistica che vale la pena visitare, disseminata di campeggi statali, di brevi sentieri di montagna e di straordinari belvedere. Nonostante sulla Parkway l'accesso sia chiuso ai veicoli commerciali, le continue curve rendono difficile raggiungere i 70 km/h.

Boone

BOONE è la base migliore a nord per esplorare le catene montuose. Divertimenti scontati per famiglie sono disseminati lungo tutta la US-321, mentre delle graziose strade secondarie accolgono dei bizzarri paesini come **Valle Crucis**, a poca distanza dalla US-194, dove vale la pena dare un'occhiata al Mast

△ La Blue Ridge Parkway

General Store aperto dal 1883 (estate: lun-sab 7-18.30, dom 12-18; in inverno l'orario è variabile; ⓣ 828/963-6511) per gli utensili da cucina in ghisa, chicchi freschi di caffè, semplici mobili e attrezzature per attività all'aperto.

Il **centro visitatori** di Boone si trova in centro, al 208 Howard St. (ⓣ 828/262-3516 o 1-800/852-9506, *www.visitboonenc.com*). Se cercate camere d'**albergo** pulite dirigetevi verso l'*High Country Inn*, sulla 1785 Hwy-105 (ⓣ 828/264-1000 o 1-800/334-5605, *www.highcountryinn.com*; ❸), che dispone di un caffè e di un bar discreti; buoni **B&B** sono il *Lovill House Inn*, al 404 Old Bristol Rd. (ⓣ 1-800/849-9466, *www.lovillhouseinn.com*; ❻). Se percorrete King Street troverete numerose alternative per fermarvi a **mangiare** e **bere**. L'*Earth Fare*, n. 178 (ⓣ 828/263-8138), è un negozio che vende prodotti naturali, con un caffè e un juice bar, mentre il vicino *Cafe Portofino*, al 970 Rivers St., (ⓣ 828/264-7772), si distingue per il pane fatto in casa e un mix eclettico di piatti di frutti di mare euroasiatici e italiani.

A sud lungo la Parkway

Circa 8 miglia (circa 13 km) a sud di Boone, **BLOWING ROCK** è una deliziosa località di soggiorno, anche se turistica, proprio a sud della Blue Ridge Parkway. Lo stesso "Blowing Rock", uno strapiombo scosceso, da cui se provate a lanciare oggetti leggeri su di un fianco ve li vedrete risucchiare, è molto più spettacolare di quanto le foto suggeriscano. La **Tweetsie Railroad**, lunga 3 miglia (5 km), caratterizzata da treni a vapore e oggi sede di un parco a tema per famiglie sulla Hwy-321, è quel che rimane di una linea ferroviaria di cui ci si serviva per attraversare le montagne in direzione di Johnson City, nel Tennessee (giugno-agosto: tutti i giorni 9-18; maggio, settembre e ottobre: ven-dom 9-18; $30; *www.tweetsie.com*).

Il **centro visitatori** di Blowing Rock (lun-sab 9-17; ⓣ 828/295-4636; *www.blowingrock.com*) si trova in Valley Boulevard. In Main Street troverete **alberghi** come il *Boxwood Lodge* al n. 671 (ⓣ 828/295-9984, *www.boxwoodlodge.com*; ❹). Al *Woodlands* (ⓣ 828/295-3651), sulla tangenziale Hwy-321, il **barbecue** di carne di maiale è ottimo; è anche un bel posto per bere birra, così come lo è la comoda veranda sul retro del *The Canyons*, sulla Hwy-321 (ⓣ 828/295-7661), che propone cucina contemporanea regionale e degli Stati Uniti sud-occidentali.

Il *The Canyons* offre magnifiche vedute della **Grandfather Mountain** (1817 m), 15 miglia (24 km) a sud di Blowing Rock, con accesso dal "milepost" (indicatori delle distanze in miglia) 305 (tutti i giorni: primavera e autunno 8-18; estate 8-19; inverno 9-17; $14; *www.grandfather.com*). I prezzi possono risultare alti, ma i proprietari fanno degli sforzi non indifferenti per proteggere questo ambiente e renderlo unico.

Rough Ridge, vicino al "milepost" 301, è uno dei numerosi punti di accesso per il **Tanawha Trail** a 13,5 miglia (circa 22 km), che corre lungo il crinale della Parkway da Beacon Heights a Julian Price Park e che si affaccia sulla fitta foresta verso oriente. Un'altra ottima destinazione per escursioni è il **Linville Gorge Wilderness**, vicino al "milepost" 316, 2 miglia (3 km) fuori dal villaggio di Linville Falls. Ci sono due sentieri principali; quello ripido presenta una salita di 2,5 km ad andare e tornare fino in cima alle alte e spettacolari **Linville Falls** (cascate di Linville). Viste mozzafiato si aprono da entrambi i lati della gola sul **Linville River** che scorre 610 m più in basso. Una passeggiata più semplice porta dritto alla base delle cascate. Potete anche scalare le montagne **Hawksbill** o **Table Rock** partendo dalla strada forestale più vicina, che si dirama dalla Hwy-181, a sud del villaggio di Jonas Ridge (cartello stradale "Gingercake Acres", con una piccola indicazione in basso per Table Rock). Nei piacevoli villaggi di **Linville** e **Linville Falls** si trovano i soliti **motel** e ristoranti; a Linville Falls c'è anche un **campeggio** (☎ 828/765-2681, *www.linvillefalls.com*; $28 a notte); vale la pena fare una deviazione per lo *Spears Restaurant*, sulla Hwy-221 (☎ 828/765-2658), per il barbecue di maiale cotto su legna di noce americano.

I panorami dalla Parkway nell'area di **Mount Mitchell State Park** (☎ 828/675-4611), a sud in direzione di Asheville, sono straordinari. Sfortunatamente, però, tali vedute si devono al fatto che gli alberi sulla sommità di Mount Mitchell – il punto più alto negli Stati Uniti orientali (2260 m) – sono stati distrutti dalla pioggia acida delle industrie che bruciano carbone e le cui grosse chiazze sterili si innalzano verso l'orizzonte cristallino.

Asheville

Attorniata da una rete di interstatali e circondata a est e a sud dalla Parkway, **ASHEVILLE** una città dalle pretese artistiche, 100 miglia (160 km) a sud-ovest di Boone, conserva un affascinante centro storico risalente agli anni Venti. Con una forte presenza di studenti della UNC, è diventata anche un centro piuttosto alternativo, pieno di caffè, gallerie e negozi vintage. Animata ma tranquilla, è un posto piacevole dove passeggiare con numerosi begli edifici in stile **art déco**. **Woolworth Walk**, al 25 Haywood St., è uno spazio eccentrico, che espone più di un centinaio di opere di artisti locali in un negozio vintage di Woolworth, mentre il Malaprop's Bookstore, al 55 Haywood, vanta un'ampia scelta di titoli. Sono disponibili insoliti tour di 90 minuti su autobus a biodiesel color porpora della LaZoom, che partono dal 60 Biltmore Ave. (tutti i giorni: maggio-ottobre, controllate l'orario estivo, ☎ 828/225-6932, *www.lazoomtours.com*). Il romanziere del XX secolo Thomas Wolfe immortalò la città nel suo romanzo autobiografico, *Angelo guarda il passato*. La sua casa d'infanzia, in stile vittoriano di un giallo splendente – che per qualche tempo è stata anche pensione, la Old Kentucky Home – è stata tutelata come un monumento (mar-sab 9-17, dom 13-17, $1,☎ 828/253-8304).

Circa 2 miglia (3 km) a sud della città su Biltmore Avenue, il **Biltmore Estate** è la villa privata più grande degli Stati Uniti, con 250 camere (tutti i giorni: aprile-dicembre 8.30-17; gennaio-marzo 9-17; i prezzi possono variare, normalmente dom-ven $47, sab $51; *www.biltmore.com*). Costruita negli ultimi anni del XIX secolo da George Vanderbilt, la casa che si ispira allo stile dei castelli della Loira, è un pezzo stravagante della follia dei nuovi ricchi. Potete trascorrervi un'intera giornata, fare un'escursione, prendervela comoda degustando vini in cantina, affittare una zattera o una bici per esplorare i cento ettari di terreno, mangiare nei quattro ristoranti e perché no, alloggiare nella camera "inn" 213 (☎ 1-800-411-3812; ❽).

La stazione degli autobus **Greyhound/Trailways** di Asheville si trova in una posizione poco pratica, al 2 Tunnel Rd., 2 miglia (3 km) lontano dal centro; prendete l'autobus 13 o il 4 che fermano all'Innsbruck Mall. C'è un buon **centro visitatori** al 36 Montford Ave., raggiungibile dall'uscita 4C vicino alla I-240 (lun-ven 8.30-17.30, sab e dom 9-17; ☎ 828/258-6101, *www.exploreasheville.com*). Tra i **motel** in zone centrali troverete il *Days Inn*, al 120 Patton Ave. (☎ 828/254-9661; ⓿); un altro *Days Inn* è situato vicino all'Asheville Mall, al 201 Tunnel Rd. (☎ 828/252-4000, *www.daysinnashevillemall.com*; ❸). Se volete coccolarvi un po' allora andate nel lussuoso *Cedar Crest* **B&B**, immerso in otto ettari di terreno a tre isolati dal Biltmore Estate, al 674 Biltmore Ave. (T 828/252-1389 o 1-877/251-1389, *www.cedarcrestvictorianinn.com*; 6). Il **campeggio** più vicino è il *Bear Creek RV Park*, al 81 S Bear Creek Rd., a poca distanza dalla I-40 in direzione ovest (T 1-800/833-0798, *www.asheville bearcreek.com*; $38).

Senza dubbio Asheville vanta i **posti gastronomici** di gran lunga migliori della regione, con molti locali che propongono cucina etnica e biologica. Lo stupendo *Laughing Seed Café*, al 40 Wall St. (T 828/252-3445; chiuso mar), serve cucina vegetariana da tutto il mondo di ottima qualità. Troverete cibo biologico a prezzi stagionali americani, a buon mercato, dal minimalista *Table*, al 48 College St. (chiuso mar; T 828/254-8980). La migliore colazione in città viene servita all'*Over Easy Cafe*, al 32 Broadway St. (mer-sab 9-14; T 828/236-3533). Nella promettente zona artistica vicino al fiume, dove stanno aprendo gallerie e spazi espositivi, il *12 Bones Smokehouse*, al Riverside Drive (lun-ven, solo a pranzo; T 828/253-4499), propone appetitose cotolette a una coda di clienti che si allunga fin fuori l'ingresso. Asheville può contare anche su un'animata **vita notturna**; il *Jack of the Wood*, un gradevole bar al 95 Patton Ave. (sotto il *Laughing Seed*; T 828/252-5445) e il *Grey Eagle*, al 185 Clingman Ave. (T 828/232-5800), propongono entrambi musica country, folk e jazz dal vivo. Per le tournée nazionali recatevi all'*Orange Peel*, al 101 Biltmore Ave. (T 828/225-5851). Per sorseggiare qualcosa da bere con tanto di veduta della città andate allo *Sky Bar*, al 18 Battery Park Avenue (T 828/225-6998), dove i cocktail sono serviti su una spaziosa scalinata da cui si può apprezzare uno straordinario panorama. Andate a vedere lo spettacolo di drag al *LaRue's Backdoor,* o meglio *'Cookie's'*, situato sul retro di un magazzino, al 237 Haywood St. (mer-sab; T 828/252-1014), la cui immagine della proprietaria è attaccata dietro il bar esageratamente kitsch. Per informazioni dettagliate sugli eventi e sugli spettacoli locali date un'occhiata alla rivista gratuita *Mountain Xpress* (*www.mountainx.com*).

Black Mountain e Chimney Rock

BLACK MOUNTAIN, 14 miglia (circa 23 km) a est di Asheville sulla I-40, è sede del piacevolissimo **Leaf Festival** (*www.theleaf.com*). Questo raduno di musica folk e di arti e artigianato, tra metà maggio e ottobre, vetrina per la musica folk della zona degli Appalachi e di quella mondiale, di solito richiama i più importanti musicisti europei e africani. Aldilà del raduno, a Black Mountain non c'è granché da fare, tuttavia vale la pena farci un salto per l'aria pulita e fresca, per i bei paesaggi e l'atmosfera tranquilla. Il *Monte Vista*, al 308 W State St. (T 828/669-2119 o 1-888/804-8438, *www.montevistahotel.com*; 4), è un piccolo **albergo** vecchio stampo; il *Dripolator*, nei paraggi di 221 W State St. (T 828/669-0999), serve caffè, frullati e dolci.

Venti miglia (32 km) a sud-est della Parkway sulla US-64/74A, sul lato quasi a picco della Hickory Nut Gorge, si staglia la torre di granito naturale di **Chimney Rock** (tutti i giorni: estate 8.30-17.30; resto dell'anno 8.30-16.30; il parcheggio rimane aperto altri 90 min dopo la vendita degli ultimi biglietti; $14; T 828/625-9611 o 1-800/277-9611, *www.chimneyrockpark.com*). Dopo aver preso l'ascensore che scala la montagna fino al ventiseiesimo piano, potrete passeggiare per i vialetti protetti lungo le impressionanti alture. Molte scene cruciali del film *L'ultimo dei Mohicani* sono state girate qui; riconoscerete le imponenti **Hickory Nut Falls**, che sgorgano dall'estremità occidentale della gola a un'altezza di 136 m.

Great Smoky Mountains National Park

A ovest di Asheville, il **GREAT SMOKY MOUNTAINS NATIONAL PARK** è il parco nazionale più visitato negli Stati Uniti. Si trova a cavallo del confine con il Tennessee, ed è per questo affrontato più nel dettaglio (con una cartina) nella sezione relativa al Tennessee. In estate e in autunno è possibile prenotare l'alloggio con settimane di anticipo.

La base di partenza più importante per escursioni all'interno del parco è **CHEROKEE**, dove alcuni cherokee cercarono di opporre resistenza, quando nel 1838 la tribù fu "costretta a trasferirsi" e a marciare lungo il Trail of Tears (Sentiero di Lacrime) in direzione dell'Oklahoma (vedi p. 474). Oggi conosciuta come la "Eastern Band of the Cherokee Nation" (gruppo orientale della nazione dei cherokee), i cherokee occupano la piccola riserva al confine del parco, che vive principalmente di turismo. Di conseguenza, anche Cherokee ha il suo buon numero di dettaglianti di mocassini e di attrazioni a tema oltre all'immancabile casinò.

Aldilà del suo essere kitsch, l'imponente **Museum of the Cherokee Indian**, sulla Hwy-441 a Drama Road (tutti i giorni 9-17; $9; *www.cherokeemuseum.org*), ospita mostre archeologiche e interattive sull'arte e la storia dei cherokee (tra cui l'invenzione di un sillabario di sequoia nel 1821). Qualla Arts and Crafts, dall'altro lato della strada, è una cooperativa di cherokee che vende prodotti **artigianali** di alta qualità (giugno-agosto: lun-sab 8-19, dom 8-17; settembre-maggio: tutti i giorni 8-17; ⓣ 828/497-3103). Nelle vicinanze, l'**Oconaluftee Indian Village** (metà maggio-fine ottobre: tutti i giorni 9-17.30; $15) è una ricostruzione del villaggio dei cherokee della metà del XVIII secolo. Tra capanne di legno, potrete assistere a dimostrazioni sulle tecniche di costruzione delle canoe e della caccia alla cerbottana. In estate, al Mountainside Theater, sulla Hwy-441, un dramma all'aperto, *Unto these Hills*, rimette in scena la storia dei cherokee dall'arrivo di Hernando De Soto al *trails of tears* (metà giugno-fine agosto, lun-dom 8; $16-18; ⓣ 1-866/554-4557).

Il **centro visitatori** (tutti i giorni: novembre-fine agosto 8-21; fine agosto-ottobre 8-17; 1-800/438-1601, *www.cherokee-nc.com*), sulla Hwy-441 che costeggia il fiume, offre numerose informazioni sul Parco nazionale e sulla Parkway. Ci sono diversi motel dai prezzi moderati; ma potreste alloggiare anche a Maggie Valley (vedi avanti). Se amate il fast food o vi piace mangiare in piedi troverete ottime alternative per **il pranzo**: tenete presente che a Cherokee, essendo una riserva, l'alcool è proibito.

L'**Oconaluftee visitor center**, il quartier generale del parco nell'area del North Carolina, si trova 2 miglia (3 km) a nord di Cherokee sulla US-441 (tutti i giorni: giugno-agosto 8-18; settembre-ottobre 8.30-18; novembre-aprile 8.30-16.30; maggio 8.30-17; ⓣ 828/497-1904). La piccola comunità di **MAGGIE VALLEY**, 17 miglia (24 km) a est, vanta una serie di motel dai tranquilli panorami: uno dei più economici, il *Riverlet*, sulla US-19 (ⓣ 828/926-1900 o 1-800/691-9952, *www.riverlet.com*; ❸), si affaccia su due fiumi. Il turismo si concentra sulla cultura hillbilly, con numerose feste e balli popolari; il vicino **Ghost Town in the Sky** è uno straordinario esempio del kitsch, con una teleferica che si muove rapidamente in un parco a tema stile Selvaggio West (estate tutti i giorni; inverno solo ven-dom; $30, bambini $22; *www.ghosttowninthesky.com*). Negli ultimi quindici giorni di luglio, Maggie Valley ospita l'**International Folk Festival** del North Carolina (*www.folkmootusa.org*).

South Carolina

Il **SOUTH CAROLINA**, piuttosto piccolo, è, insieme al Mississippi, uno degli Stati più poveri e rurali degli Stati Uniti e non ospita centri urbani particolarmente importanti. Lungo la costa piccoli appezzamenti di terreno sono stati trasformati e sviluppati in campi da golf e in club da tennis: piccole enclavi indipendenti, che però colpiscono poco rispetto al resto dello Stato. **Dal punto di vista politico** il South Carolina, primo Stato a separarsi dall'Unione nel 1860, è sempre stato per tradizione conservatore. La Ricostruzione è stata resa difficoltosa dalla violenza del Klan, mentre i governatori si sono esposti apertamente al linciaggio e hanno applicato le leggi di "Jim Crow" con uno zelo terrificante. Oggi, lo Stato ospita un sorprendente numero di università tra cui Clemson per gli appassionati di football; la Christian Bob Jones University a Greenville, un terreno di allenamento per la destra fondamentalista; l'accademia militare The Citadel; la South Carolina State University, uno storico college frequentato da gente di colore e la University of South Carolina, la più grande dello Stato.

Tuttavia il South Carolina ha molto da offrire ai turisti. Le principali attrattive sono la sua costa subtropicale, anche nota con il nome di **Low Country**, e le sue **sea islands**. Grandi spiagge, paludi e rigogliosi palmeti conservano tracce della cultura indipendente nera (che hanno come attrazione principale l'eccezionale dialetto "gullah"), che risale al periodo in cui gli schiavi africani arrivarono qui in fuga dalle piantagioni dell'entroterra. Non ci sono interstatali lungo la costa, quindi i viaggi sono più lunghi di quel vi potreste aspettare, e il ritmo della vita scorre decisamente più lento. Dietro il grande vecchio porto peninsulare di **Charleston** – con i suoi vecchi edifici color pastello, le spiagge affascinanti e i grandiosi viali alberati – piantagioni rinvigorite si estendono a nord fino a **Georgetown**, sulla strada per **Myrtle Beach**. Nell'entroterra, nell'ondulata pianura di Piedmont e sulla piatta fascia costiera c'è poco da vedere.

Come muoversi nel South Carolina

Charleston ha l'**aeroporto** più grande del South Carolina, con voli per e dalle maggiori città sull'East Coast. Tre rotte dell'Amtrak attraversano lo Stato, con fermate a Greenville e Clemson a ovest, a Columbia e in altre città nella zona centrale e a Charleston sulla costa. I **pullman** percorrono la I-85 tra Charlotte, North Carolina e Atlanta, mentre un servizio meno regolare effettua i collegamenti lungo la costa con fermate a Myrtle Beach e Charleston.

Myrtle Beach e la costa settentrionale

MYRTLE BEACH è una vera e propria striscia di spiaggia commerciale lunga 20 miglia (32 km) che si estende fino al confine con il North Carolina. Località turistica prevalentemente per famiglie, durante le vacanze di metà anno è affollata da studenti che bevono e si divertono come matti. Appassionati del complicato mini-golf, di parchi acquatici, di centri commerciali, di parchi di divertimento e di parapendio trovano qui il loro paradiso, e la **spiaggia** in sé non è niente male. La striscia più ampia si trova a North Myrtle Beach, una serie di piccole comunità il cui centro è Ocean Boulevard.

A sud di Myrtle Beach sorge **Murrells Inlet**, un porto di pescatori con molti buoni ristoranti di pesce e **Pawleys Island**, una località turistica isolata, un tempo luogo prediletto dai proprietari di piantagioni e oggi più tranquilla rispetto alle località vicine. Tra le due località sulla Hwy-17 sorgono i meravigliosi **Brookgreen Gardens** (tutti i giorni: gennaio-novembre 9.30-17; dicembre 9.30-17; ingresso $12, valido per una settimana; Ⓣ 1-800/849-1931, *www.brookgreen.org*), una ex piantagione di riso e indaco con un'esposizione all'aperto di sculture figurative americane e scenario di ambientazione di molti romanzi sulla vita dei gullah di Julia Peterkin. C'è inoltre un'area naturale protetta dove potrete spesso avvistare alligatori e cervi.

Notizie utili

La US- o Hwy-17 (anche nota con il nome di Kings Highway) è l'arteria principale di Myrtle Beach; la parallela, Ocean Boulevard, è fiancheggiata da entrambi i lati da alberghi e motel. I **pullman** della Greyhound da Charleston e Wilmington arrivano al 511 7th Ave. N. La Great American Trolley effettua un collegamento lungo Ocean Boulevard dalla 29th Ave. S fino a Broadway in spiaggia (marzo-ottobre; Ⓣ 843/236-0337). Il principale **centro visitatori** al 1200 N Oak St. (Ⓣ 843/626-7444 o 1-800/356-3016, *www.myrtlebeachinfo.com*) fornisce orari degli autobus, elenchi degli spettacoli e brochure.

I prezzi degli **alloggi** si impennano in modo esagerato in estate; può essere più economico alloggiare a **Conway**, circa 11 miglia (circa 18 km) a ovest della US-501, dove si trova un altro centro visitatori, al 2090 Hwy-501 E. A Myrtle Beach, il grandissimo *Compass Cove Resort*, al 2311 S Ocean Blvd. (Ⓣ 1-800/331-0934, *www.compasscove.com*; ❼), ha come attrazione principale venti piscine, oltre a viste sull'oceano dalle camere più costose, ai piani alti; il *Serendipity Inn*, vicino al mare, al 407 71st Ave. N (Ⓣ 843/449-5268, *www.serendipityinn.com*; ❹), è un vecchio motel stile missione spagnola che è stato riconvertito in B&B.

Non avrete nessuna difficoltà a trovare da **mangiare** se avete voglia di piatti di *surf 'n' turf* (a base di carne e pesce), di hamburger o di cucina da tavola calda. Fantasiosi frutti di mare sono nel menu dell'elegante *Sea Captain's House*, al 3002 N Ocean Blvd. (Ⓣ 843/448-8082), o nei numerosi locali in Murrells Inlet; per un pasto dai sapori mediterranei in un'atmosfera pittoresca, fermatevi al *Collector's Café*, al 7726 N Kings Hwy (Ⓣ 843/449-9370).

La **vita notturna** di Myrtle Beach **si concentra** intorno a elaborati bar a tema e locali dove si ascolta musica. C'è un'*House of Blues* a Barefoot Landing, al 4640 Hwy17 (Ⓣ 843/272-3000, *www.hob.com*), che richiama importanti band nazionali. Di tenore più kitsch sono i tantissimi **spettacoli di varietà di musica country**; trovate quello più longevo al *Carolina Opry*, Hwy17 N (Ⓣ 843/913-4000, *www.thecarolinaopry.com*), dove i più grandi cantanti suonano il rock'n'roll, il country, il gospel e il bluegrass, musiche più orientate alle famiglie. Accanto, al *Dixie Stampede*, di proprietà di Dolly Parton, al 8901B Hwy17 N (Ⓣ 1800/433-4401, *www.dixiestampede.com*), potrete assistere a una patriottica e surreale pellicola sulla guerra di secessione.

A sud di Charleston: Georgetown e le piantagioni

La tranquilla comunità costiera di **GEORGETOWN** – il primo paese 40 miglia (64 km) oltre Myrtle Beach, che non è solo una località di villeggiatura – crea un piacevole contrasto. È difficile immaginarla oggi, ma nel XVIII secolo Georgetown era il centro di una fiorente rete di piantagioni di riso del Low Country; negli anni Quaranta dell'Ottocento l'area circostante produceva quasi la metà del riso prodotto in tutti gli Stati Uniti.

Il **centro storico** di Georgetown, che si estende per trentadue isolati, vanta un gran numero di bellissime abitazioni del XVIII secolo e del periodo precedente alla guerra di secessione; il **centro visitatori**, al 531 Front St. (lun-sab 9-17; ⓣ 843/546-8436 o 1-800/777-7705, *www.georgetownchamber.com*), dispone di cartine per percorsi turistici fai da te. Il **Rice Museum**, nella torre dell'Orologio, al 633 Front St. (lun-sab 10-16.30; $7; *www.ricemuseum.org*), racconta la lunga storia della coltivazione del riso del Low Country e della sua continua dipendenza dagli schiavi africani che venivano richiamati in queste terre per le loro conoscenze. Saltate sul veliero Jolly Rover (lun-sab; tour di 2 h a partire da $26; ⓣ 843/546-8812) per uno storico tour lungo la costa. Scegliete un tour a tema, tra cui l'*Adventure Pirate*.

Se volete **fermarvi** qui, il *Carolinian Inn*, al 706 Church St. (ⓣ 843/546-5191 o 1-800/722-4667, *www.carolinianinn.com*; ❸), con piscina, è l'offerta migliore. Ci sono pochi buoni posti per **mangiare**, comunque il *Kudzu Bakery*, al 120 King St. (ⓣ 843/546-1847), offre pasti leggeri e dolci.

L'**Hopsewee Plantation**, l'estesa villa del 1740 e casa di Thomas Lynch, uno dei firmatari della Dichiarazione d'indipendenza, è immersa in terreni ricoperti di muschio spagnolo, 12 miglia (32 km) a sud di Georgetown sulla US-17 (febbraio-novembre 10-16; $15; *www.hopsewee.com*). L'**Hampton Plantation State Historic Site**, un po' più a sud, a 2 miglia (3 km) dalla US-17 sulla Hwy-857, conserva l'aspetto più tipico di una piantagione. I campi (9-18; ingresso gratuito) sono affascinanti, ma l'abitazione (marzo-ottobre: mar-sab 12-16; novembre-febbraio gio-dom 12-16; $4) è più emozionante. Si tratta di una costruzione monolitica neoclassica del XVIII secolo eretta dagli ugonotti, dagli esterni restaurati e l'interno piuttosto spoglio. La piantagione stessa è isolata nel cuore della fitta **Francis Marion National Forest**. Quest'area, molto afroamericana, è particolarmente nota per l'arte di confezionare cestini di vimini, le cui origini risalgono agli schiavi dell'Africa occidentale.

Più a sud, oltre la foresta e qualche chilometro a nord di Charleston sulla US-17, si incontra la più nota **Boone Hall Plantation** (aprile-inizi settembre: lun-sab 8.30-18.30, dom 13-17; inizi settembre-marzo: lun-ven 9-17, dom 13-16; $17,50; *www.boonehallplantation.com*). Sebbene la piantagione risalga all'ultimo periodo del Seicento, la casa è una ricostruzione del XX secolo.

Charleston

CHARLESTON sorge quasi a metà strada tra Myrtle Beach a nord e Savannah, in Georgia, a sud, a 100 miglia di distanza (160 km) da entrambe. È una cittadina imperdibile, con un **centro storico**, fiancheggiato da case alte, strette, con stuccature graffiate multicolore, ornate da persiane di legno e ampie verande. L'atmosfera caraibica è accentuata ancor di più dalle palme e dal clima tropicale, mentre i cortili interni, i patii frondosi e i balconi di ferro evocano il fascino romantico di New Orleans.

Fondata da un gruppo di aristocratici inglesi nel 1670, Charles Towne si sviluppò ben presto come **porto** che serviva le piantagioni di riso e cotone. Grazie agli immigrati, francesi, tedeschi, ebrei, italiani e irlandesi e, per gran parte inglesi, la città diventò il centro commerciale e culturale della regione. Un terzo degli **schiavi africani** della nazione passarono da Charleston, venduti al mercato sul lungofiume, portando con sé l'abilità di lavorare il ferro, le conoscenze sull'edilizia e sulle coltivazioni. In città viveva anche una considerevole comunità di **neri liberi**. Eppure un malcontento non ancora sopito serpeggiava tra gli schiavi e culminò nella rivolta fallimentare di Veysey del 1823,

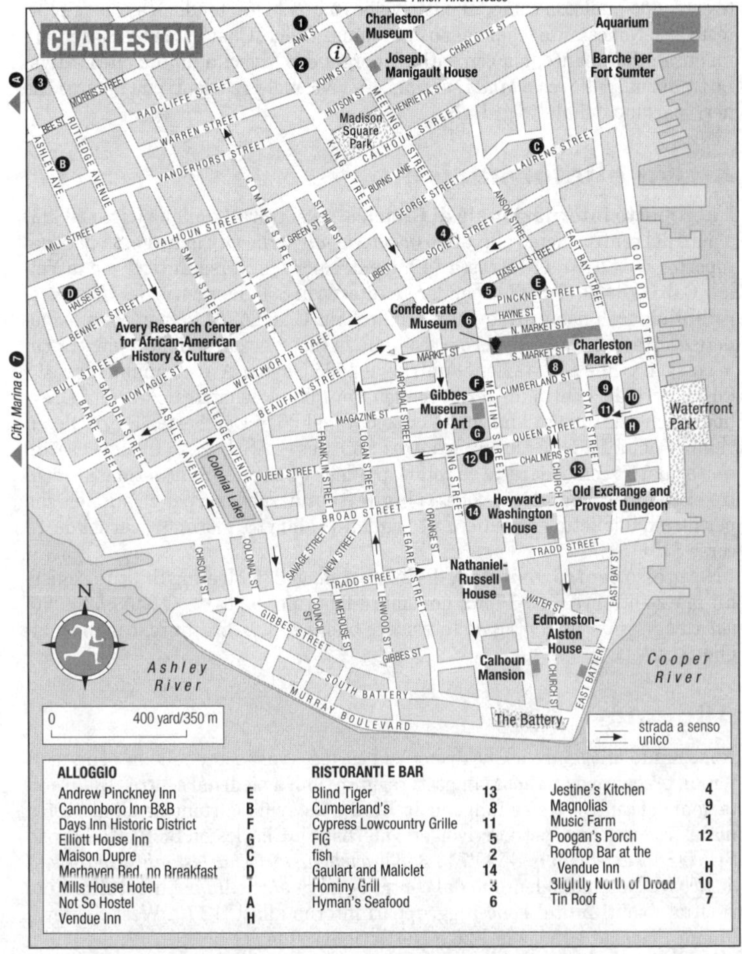

in seguito alla quale la città costruì l'arsenale della Citadel e più tardi l'università militare.

Charleston fu praticamente distrutta durante la **guerra di secessione**, che ebbe inizio a pochi passi da lì, al porto di **Fort Sumter**. I primi colpi furono esplosi nel 1861 e il bombardamento dell'Unione, le cui forze conquistarono la città nel febbraio del 1865, fu implacabile. Dopo la guerra, il peggioramento dell'economia basata sulla coltivazione delle piantagioni e il crollo dei prezzi del cotone portò a un declino economico, acutizzato da un terremoto catastrofico avvenuto nel 1886. Mentre l'entroterra si industrializzava, la città si andava progressivamente svuotando e si riprese realmente durante la seconda guerra mondiale, quando le fu riconosciuto un ruolo importante come base e porto navale. Da allora, un solido programma di conservazione e restauro ha reso il **turismo** la principale risorsa di Charleston. In centro si respira un'atmosfera signorile e raffinata e i prezzi, sia se state cercando una camera, sia se state cercando qualcosa come un pasto veloce o una birra, tendono a essere piuttosto alti. Nonostante il fenomeno di urbanizzazione, Charleston ha conservato un'aura affascinante, ma con tutta l'energia e la vivacità di una città attiva. Le tradizioni delle *sea islands* sono ancora vive: molti residenti (sia bianchi che neri) parlano il dialetto **gullah**.

Arrivo e informazioni

L'**aeroporto internazionale di Charleston** si trova 12 miglia (circa 20 km) a nord del centro, vicino alla I-526 (*www.chs-airport.com*); la **navetta** per l'aeroporto (T 843/767-1100) costa $12, mentre per una corsa in **taxi** con le Yellow Cab (T 843/577-6565) spenderete intorno ai $30. Il servizio dei **trasporti pubblici** locali non è affato male: gli autobus CARTA ($1,25 portatevi le monete esatte; *www.ridecarta.com*) coprono la maggior parte delle zone, tra cui le spiagge vicine e la stazione Amtrak al 4565 Gaynor Ave., 8 miglia (circa 13 km) a nord del centro (di sera prendete un taxi) e della stazione della Greyhound, che si trova in una zona poco sicura, al 3610 Dorchester Rd., nelle vicinanze della I-26. La Downtown Area Shuttles (DASH; $1,25 monete esatte) conta quattro comode tratte su rotaie, tre delle quali effettuano fermate al centro visitatori. Comprate, se volete, i **biglietti** utilizzabili sia per gli autobus che per i tram (biglietto giornaliero $4, biglietto valido tre giorni $9, carnet da 10 corse $10).

Nel grosso **centro visitatori** di Charleston, al 375 Meeting St. (tutti i giorni: marzo-ottobre 8.30-17.30; novembre-febbraio: 8.30-17; T 843/853-8000, *www.charlestoncvb.com*), potete trovare buoni sconto, brochure, cartine e biglietti.

Alloggio

Nonostante alloggiare a Charleston sia costoso, vale comunque la pena mettere in preventivo una sosta in posti raggiungibili a piedi dal centro. Molte abitazioni del centro storico fungono da **B&B** e le tariffe partono da circa $100 a notte; tra le agenzie, potrete rivolgervi all'Historic Charleston B&B, al 60 Broad St. (T 843/722-6606 o 1-800/743-3583, *www.historiccharlestonbedandbreakfast.com*). Non molto lontano dal centro si trova anche un buon **ostello**. Fuori città, i soliti **motel** sono raggruppati intorno alla US-17 a West Ashley e Mount Pleasant e lungo la I-26 a North Charleston.

Visite guidate

Charleston è ideale per gli **itinerari a piedi**; al centro visitatori troverete numerose informazioni a riguardo. Per una visita documentata e travolgente, partite dalla fontana circolare di Waterfront Park con la **Tour Charleston LLC** (lun-sab 10 e 14; $18; Ⓣ 843/723-1670, *www.tourcharleston.com*). La stessa agenzia propone i famosi **tour dei pirati** (10 e 16; $18) e i **ghost tour** (17, 19.30 e 21.30; $18). È necessario prenotare. Il **Civil War Walking Tour** parte dal *Mills House Hotel*, al 115 Meeting St. (marzo-dicembre: tutti i giorni alle 9; $17; visite private disponibili tutto l'anno; Ⓣ 843/722-7033). L'**Architectural Walking Tours di Charleston** propone tour della durata di 2 ore, con partenza dal *Meeting Street Inn*, al 173 Meeting St.: la visita del mattino ripercorre il XVIII secolo, quella del pomeriggio il XIX secolo (lun e mer-sab 10 e 14; $20; Ⓣ 843/893-2327 o 1-800/931-7761, *www.architecturalwalkingtoursofcharleston.com*). In autunno, la **Preservation Society**, al 147 King St. (Ⓣ 843/722-4630), accompagna i turisti in un tour del centro storico a lume di candela che prevede la visita di alcune antiche abitazioni private (settembre e ottobre: gio-sab 19-22; $45; *www.preservationsociety.org*).

Ci sono poi due **tour sulla storia della comunità nera** di buona qualità. Le visite guidate di **Al Miller** forniscono notizie sulla rivolta degli schiavi, sulla guerra di secessione e sulle vite degli schiavi liberi e partono dal centro visitatori (1 h/2 h; $13/18; Ⓣ 843/762-0051, *www.sitesandinsightstours.com*), mentre i **Gullah Tours**, con partenza dalla Gallery Chuma, al 43 John St., dalla parte diagonalmente opposta rispetto al centro visitatori, propongono racconti in gullah (lun-ven 11 e 13, sab 11, 13 e 15; $18; Ⓣ 843/763-7551, *www.*gullahtours.*com*).

Una panoramica piacevole ed emozionante della città potrete sperimentarla con corse **a cavallo e in carrozza**. Provate l'**Old South Carriage Co**, con partenze regolari tra le 9 e le 17 dal 14 Anston St. (1 h; $21, bambini $9; Ⓣ 843/723-9712, *www.oldsouthcarriagetours.com*).

Andrew Pinckney Inn 40 Pinckney St. Ⓣ 843/937-8800 o 1-800/505-8983, *www.andrewpinckneyinn.com*. Camere eleganti, dall'atmosfera caraibica in questa pensione situata nei pressi del mercato storico di Charleston. Colazione continentale servita sul tetto da cui si gode il panorama della città. ❺

Cannonboro Inn B&B 184 Ashley Ave., Cannonboro Ⓣ 843/723-8572 o 1-800/235-8039, *www.charleston-sc-inns.com*. Casa dall'elegante colonnato con un bel patio e giardino. Sei camere per non fumatori dotate di tutti i comfort, e deliziose colazioni. ❻

Days Inn Historic District 155 Meeting St. Ⓣ 843/722-8411, *www.the.daysinn.com/charleston05262*. Inatteso panorama da questo motel a due piani così vicino al mercato. Le camere sono sorprendentemente spaziose e confortevoli, con bei balconi in ferro battuto. Una piscina e il parcheggio gratuito lo rendono la migliore alternativa del centro. ❹-❻

Elliott House Inn 78 Queen St. Ⓣ 843/723-1855 o 1-800/729-1855, *www.elliotthouseinn.com*. Costruito come residenza privata nel 1861, oggi l'*Elliott House* ospita ventiquattro camere dall'arredo antico e lussuoso. Vino e tè pomeridiano sono serviti all'interno di un grazioso cortile, in cui c'è anche una Jacuzzi. Uso gratuito di biciclette e una buona colazione continentale. ❺-❼

Maison Dupre 317 E Bay St. Ⓣ 843/723-8691 o 1-800/844-4667, *www.maisondupre.com*. Splendida pensione con quindici camere in una costruzione fatiscente in stile europeo del 1804 e altre strutture risalenti ad altri periodi. Un idilliaco giardino accoglie alcune fontane e un pozzo. Nel prezzo sono inclusi un'abbondante merenda al pomeriggio oltre a un'ottima colazione continentale. ❻-❽

Merhaven Bed, no Breakfast 16 Halsey St. Ⓣ 843/577-3053. Due camere semplici ma luminose e confortevoli, con bagno in comune, e ovviamente, senza colazione, in un'accogliente casa privata con un piccolo giardino. Non si accettano carte di credito. ❹-❺

Mills House Hotel 115 Meeting St. Ⓣ 843/577-2400 o 1-800/874-9600, *www.millshouse.com*. Maestoso albergo, molto lussuoso e centrale, aperto dal 1853, è rimasto fedele alle sue tradizioni nonostante sia stato completamente rinnovato. Le camere combinano un mobilio d'epoca con uno moderno e confortevole; il grazioso lounge bar propone di tanto in tanto musica dal vivo. ❻-❽

Not So Hostel 156 Spring St. Ⓣ 843/722-8383, *www.notsohostel.com*. Interessante ostello in una casa dal doppio porticato del 1850. Nel prezzo sono inclusi l'accesso a internet e la colazione. Regolari spettacoli di musica dal vivo su un piccolo palco, nel cortile interno. Camerate a $21 a notte. Sono disponibili anche stanze private a partire da $60. ❶-❸

Vendue Inn 19 Vendue Range ⓣ 843/577-7970, *www.vendueinn.com*. Un lussuoso B&B, di ispirazione francese, situato proprio di fronte al litorale. Dal suo *Rooftop Bar & Restaurant* (vedi p. 413) si godono splendide viste sul porto. ❻-❽

La città

Il **centro storico** di Charleston è perlopiù un'area residenziale dai colori naturali e dai deliziosi cortili interni, delimitata da Calhoun Street a nord e da East Bay Street nei pressi del fiume. Se vi dirigete un po' più a sud di Broad, le strade diventano più eleganti e residenziali. Il quartiere si può apprezzare meglio se fate una tranquilla passeggiata. Tra i posti incantevoli potete fare una sosta e sedervi sulle panchine dondolanti all'ombra di **Waterfront Park**, una piazza dalle splendide fontane e passerelle di legno che portano dritte al fiume, e di **White Point Gardens**, accanto al Battery all'estremità della penisola, dai cui giardini fioriti si godono bellissimi panorami sul fiume.

Gran parte delle **abitazioni** più eleganti della città sono di proprietà privata e potrete ammirarle solo dall'esterno; alcune sono comunque aperte al pubblico per le **visite**. **Calhoun Mansion**, risalente alla fine del XIX secolo, poco più avanti rispetto al Battery Park, al 16 Meeting St., è straordinaria, con intonachi e infissi in legno riccamente ornati, sala da ballo con candelieri di porcellana decorati a mano e stravaganze simili (visite 11-17, chiamate ⓣ 843/722-8205 per gli orari stagionali; $15). Nei pressi, l'**Edmonston-Alston House**, del periodo antecedente alla guerra di secessione, si affaccia sul porto al 21 E Battery St. (mar-sab 10-16.30, dom e lun 13.30-16.30; $10). Fu una delle prime abitazioni a essere costruite sul Battery nel 1825. La **Nathaniel-Russell House**, di

△ Strada del centro storico di Charleston

stile neoclassico, situata al 51 Meeting St. (lun-sab 10-17, dom 14-17; $10), si distingue invece per la sua particolare scalinata a chiocciola, che si inerpica per tre piani, priva di qualsiasi supporto. Con il biglietto cumulativo di $22 che vi permette di visitare anche il Charleston Museum (vedi avanti) potrete visitare la **Joseph Manigault House**, del 1803, una struttura neoclassica costruita dai discendenti dei coloni ugonotti e la **Heyward-Washington House**, del 1772, all'estremità meridionale della penisola all'87 Church St., che fu fatta costruire da Thomas Heyward, un magnate del riso e firmatario della Dichiarazione d'indipendenza (George Washington vi soggiornò un mese nel 1791, da lì il nome). L'ingresso singolo a ognuna di queste residenze costa $10 (lun-sab 9-17, dom 13-17). A nord del centro, la residenza **Aiken-Rhett House**, del periodo precedente alla guerra di secessione al 48 Elizabeth St., conserva mobili originari d'epoca (lun-sab 10-17, dom 14-17; $10).

Costruita nel 1771 per ospitare la dogana e utilizzata, in seguito, come una prigione durante la guerra d'Indipendenza, l'**Old Exchange and Provost Dungeon**, al 122 E Bay St. (tutti i giorni 9-17; $7), ha mantenuto una significativa impronta coloniale. Oggi nei piani più alti sono state allestite esposizioni che raccontano nel dettaglio la storia dell'edificio e della città. Lo scenario cambia se ci si sposta nell'umida zona sotterranea, dove manichini illuminati ripercorrono la storia dei rivoluzionari e dei pirati "gentiluomini".

La **zona del mercato** di Charleston si estende da Meeting Street a East Bay Street ed è caratterizzata da un'estesa e stretta fila di capannoni chiusi, dai tetti bassi dell'Ottocento: innegabilmente turistico, questo luogo è uno dei più vivaci della città.

L'immenso **Charleston Museum**, di fronte al centro visitatori al 360 Meeting St. (lun-sab 9-17, dom 13-17; *www.charlestonmuseum.org*; $10, $16 abbinato alla visita della Joseph Manigault House o della Heyward-Washington House, $22 con entrambe), è ricco di reperti della città, con filmati che ne ripercorrono la storia, dalla crescita delle piantagioni di riso agli ugonotti, e con sezioni particolarmente ricche sugli americani nativi, sull'architettura e sulla distruzione della città in seguito alla guerra di secessione.

Un'ottima fonte storica sulla comunità nera è l'**Avery Research Center for African-American History and Culture**, ospitato in quella che un tempo fu una prestigiosa scuola privata afroamericana, a ovest del mercato al 125 Bull St. (visite lun-ven 10-17, sab 12.30, 13.30, 14.30, 15.30; è consigliata un'offerta; *www.cofc.edu/avery/*). La principale fonte di attrazione è l'archivio di lettere personali, fotografie, racconti orali e arte; il centro proietta periodicamente film, organizza conferenze e mostre.

L'eccellente **Gibbes Museum of Art**, un paio di isolati a sud del mercato, al 135 Meeting St. (mar-sab 10-17, dom 13-17; *www.gibbesmuseum.org*; $9), si concentra su Charleston, fornendo, attraverso l'arte, una breve storia della città.

In fondo a Calhoun Street, che dà sul porto, troverete l'**Aquarium** di Charleston (metà agosto-fine marzo lun-sab 9-17, dom 12-17; aprile-metà agosto lun-sab 9-18, dom 12-18; si possono acquistare biglietti fino a 1 h prima della chiusura; $17). Si tratta di uno spazio ben progettato, con una vasca profonda circa 13 m aperta e visibile al pubblico.

Monumento nazionale di Fort Sumter

I primi colpi della guerra di secessione furono esplosi il 12 aprile del 1861, a **Fort Sumter**, un formidabile presidio federale che occupava una piccola isola artificiale all'ingresso del porto di Charleston. Dopo la secessione il governo federale si trovò a dover decidere se rifornire i suoi forti al sud. Quando fu mandata una spedizione in aiuto a Fort Sumter, il generale dei confederati Pierre Beauregard chiese la resa. Dopo una resistenza implacabile, il presidio si arrese il giorno seguente.

Il Fort Sumter può essere visitato solo grazie a escursioni a bordo di **battelli** che partono nella zone accanto all'Aquarium, all'estremità orientale di Calhoun Street (diverse partenze durante il giorno; $15; ☎ 843/881-7337 o 1-800/7893678, *www.fortsumtertours.com*). Dei tre piani originari del forte ne è rimasto in piedi soltanto uno, non a causa dell'assalto che diede inizio alla guerra, ma per l'assedio che ne derivò e per il bombardamento delle truppe dell'Unione, che lo conquistarono il venerdì santo del 1865, il giorno stesso in cui Lincoln fu assassinato. Un imponente museo si trova dietro il centro visitatori del Fort Sumter sulla terraferma e ripercorre la storia, non solo del forte ma anche di Charleston, e dei preparativi al conflitto (tutti i giorni: 8.30-17; ingresso gratuito).

Mangiare

L'elegante atmosfera di Charleston ben si addice con l'eccellente **cucina del Nuovo Sud** servita in diversi ristoranti innovativi. Una gran quantità di ristoranti internazionali e caffè fiancheggiano Market Street e King Street.

Cypress - a Lowcountry Grille 167 E Bay St. ☎ 843/727-0111. Ottima cucina del Sud con fusioni panasiatiche: ostriche crude e al forno, cernia con gombo e brodo di erbe aromatiche, sashimi di tonno in questo locale dalle alte volte. I prezzi delle portate principali si aggirano sui $22-35. Solo cena.

FIG 232 Meeting St. ☎ 843/805-5900. Piccolo, minimalista, senza pretese, questo bistrò propone soprattutto piatti freschi regionali.

fish 442 King St. ☎ 843/722-3474. Piccolo ed esclusivo ristorante di pesce, un isolato a ovest del centro visitatori. Il menu è estremamente semplice, con portate etichettate come "salmone", "trota"e i cui prezzi oscillano tra i $18-28. Chiuso sab a pranzo e dom tutto il giorno.

Gaulart and Maliclet o anche *Fast and French*, 98 Broad St. ☎ 843/577-9797. Caratteristico bistrò francese, popolare tra la gente del posto. Anche se non è del tutto autentica, la cucina è molto buona: si va da economici spuntini a $4 come il *croque monsieur* (sandwhich con prosciutto cotto e groviera grattugiato) a specialità come bouillabaisse (zuppa di pesce marsigliese) o pollo *du jour* a $13.

Hominy Grill 207 Rutledge Ave. ☎ 843/937-0930. Questo ristorante di quartiere alla moda è il migliore per la fantasiosa cucina della regione del Low Country: provate i brunch. Chiuso la dom sera.

Hyman's Seafood 213 Meeting St. ☎ 843/723-6000. Grande e caotico ristorante a gestione familiare che serve ottimi piatti di frutti di mare in un ambiente conviviale e informale.

Jestine's Kitchen 251 Meeting St. ☎ 843/722-7224. Autentica cucina africana del Low Country, in una semplice sala, nel cuore della città. Provate il delizioso pollo fritto o la carne e le verdure. Chiuso lun.

Magnolia's 185 E Bay St. ☎ 843/577-7771. *Nouvelle* cuisine del Sud: gamberetti con grit e piatti simili in un ambiente movimentato e monocolore, con un bancone circolare.

Poogan's Porch 72 Queen St. ☎ 843/577-2337. Deliziosi piatti di cucina locale in un'antica e spaziosa abitazione di Charleston, tra cui i low country boil, composte di granchi e pesci gatto. Molto frequentato per il brunch della domenica. Pranzate sotto il porticato o all'ombra nel patio.

Slightly North of Broad 192 E Bay St. ☎ 843/723-3424. Un altro elegante ristorante che propone *nouvelle* cuisine del Sud: capesante con salsicce affumicate, insalata di granchio e altre portate simili. All'ora di pranzo, con un menu a prezzo fisso a $10, è molto frequentato da chi lavora in centro (solo lun-ven).

Vita notturna e divertimenti

Charleston vanta numerosi locali in cui si ascolta **musica**, **club** e **bar**. Per sapere tutto sugli eventi e sugli spettacoli, consultate il settimanale gratuito *City*

Paper (*www.charlestoncitypaper.com*). Chiedete al centro visitatori sui numerosi **festival** della città: il più importante è lo **Spoleto Festival** (☎ 843/722-2764, *www.spoletousa.org*), un grande evento, straordinariamente ricco di arti internazionali per una città piuttosto piccola come Charleston. Ispirata all'omonimo evento italiano, il festival dura diciassette giorni tra maggio e giugno. Il **Moja Arts Festival** a ottobre (*www.mojafestival.com*) celebra invece il teatro, la danza e il cinema afroamericano.

Blind Tiger 38 Broad St. ☎ 843/577-0342. Affollato pub/bar con musica dal vivo e un ingresso secondario non in vista.

Music Farm 32 Ann St. ☎ 843/577-6989, *www.musicfarm.com*. Questa sorta di magazzino vicino al centro visitatori è il posto migliore di Charleston per assistere alle performance di band regionali e nazionali in tournée.

Rooftop Bar al Vendue Inn (vedi p. 410). Elegante bar sul tetto e un ristorante dagli splendidi panorami sulla città e musica dal vivo di ogni genere, tutti i giorni.

Tin Roof 1117 Magnolia Rd. ☎ 843/571-0775. Questo piccolo bar senza pretese nel quartiere di West Ashley tutte le settimane è una vetrina per le band rock e punk.

Nei dintorni di Charleston

La Hwy-61, **la strada che costeggia il fiume**, conduce a **ovest** di Charleston, lungo il fiume Ashley, attraversando una serie di magnifiche **piantagioni**. **Drayton Hall**, la più vicina a Charleston, al 3380 Ashley River Rd. (tutti i giorni: marzo-ottobre 8.30-17; novembre-febbraio 8.30-16; *www.draytonhall.org*; $14), è un'elegante residenza georgiana con legno e intonaci intagliati a mano e mobilio in esposizione. Le visite guidate dell'edificio, che partono ogni ora, si concentrano sulla splendida architettura. Alle 11.15, alle 13.15 e alle 15.15, nel corso di particolari conferenze, grazie al supporto di fotografie e prodotti artigianali, si sottolinea il ruolo degli **afroamericani** nella regione del Low Country, ripercorrendo la storia della schiavitù e dell'emancipazione, e del ruolo che ebbe a tal proposito Drayton Hall.

Lì nei pressi si trova la **Magnolia Plantation and Gardens**, (tutti i giorni: marzo-ottobre 8-tramonto; tra novembre e febbraio è necessario chiamare di persona perché gli orari variano; $15, biglietto valido per 6 giorni; ☎ 1-800/367-3517, *www.magnoliaplantation.com*), degna di nota per i suoi straordinari giardini ornamentali, soprattutto in primavera quando le azalee fioriscono. L'ingresso consente l'accesso ai giardini, che ospitano una serra tropicale, una fattoria didattica, un labirinto e una torre di osservazione della flora e della fauna; dovrete pagare un extra per **le visite dell'edificio** (tutti i giorni 9.30-16.30; $7). Non vi costerà nulla invece per esplorare l'**Audubon Swamp Garden** ($7), una palude protetta con tanto di alligatori e fiori rigogliosi. Se avete pagato l'ingresso potrete fare anche un giro delle paludi a bordo di un "nature train" o di una "nature boat"; una visita dura 45 minuti e costa $7.

Dall'altra parte del fiume Ashley, sulla Hwy-171, a ovest di Ashley River Bridge, il **Charles Towne Landing** è un parco statale di 265 ettari di terreno, situato lì dove i coloni inglesi nel 1670 fondarono il primo insediamento nella Carolina (tutti i giorni 9-17; $5). Anche luogo di approdo, qui potrete toccare con mano la vera storia dell'insediamento, grazie a una riproduzione di una nave mercantile del XVII secolo e uno zoo, culla di tutte le specie animali in cui i coloni si sono imbattuti dal momento in cui giunsero su questa terra: puma, bisonti, alligatori, orsi neri e lupi.

A est di Charleston, **spiagge** come **Isle of Palms** e **Sullivan's Island** sono località molto frequentate dagli abitanti del posto nei fine settimana. Mano a mano che vi allontanerete dalla città, avrete più possibilità di trovare una striscia di terra solo per voi. Se volete fermarvi a dormire, ci sono molti motel e posti in cui **mangiare**. Su Isle of Palms, andate al *Sea Biscuit Café*, al 21 J.C. Long Blvd. (☎ 843/886-4079; chiuso lun), per provare le ottime colazioni del Sud, e al *Windjammer*, al 1008 Ocean Blvd. (☎ 843/886-8596), un bar aperto di sera con musica dal vivo nei fine settimana. A Sullivan's Island, il *Bert's Bar*, al 2209 Middle St. (☎ 843/883-3924), è un bar e un ristorante accogliente dove si servono cibi alla griglia.

Le sea islands

A sud di Charleston verso Savannah, la costa si dissolve, mano a mano, in tante piccole isole paludose. Sulla graziosa **Edisto Island**, a sud della US-17 sulla Hwy-174, querce imponenti drappeggiate di muschio fiancheggiano le strade, accanto a paludi dalle acque di un verde brillante, ricche di numerose specie di uccelli e bellissime spiagge che si susseguono lungo la costa. Se avete intenzione di fermarvi qui non troverete motel economici, tuttavia il **campeggio** a **Edisto Beach State Park** (☎ 843/869-2756, *www.southcarolinaparks.com*; $19 per campeggiare) si trova vicino a una spiaggia fiancheggiata da alberi di palmetto e da altre piante tropicali. Ci sono alcune cabine con aria condizionata che vengono prenotate con mesi di anticipo (❸).

La più grande cittadina della zona, **BEAUFORT** (che si pronuncia "Biufert"), vanta un grazioso antico centro storico che stride abbastanza con il ricordo delle tensioni razziali e con la vicinanza minacciosa della base della marina militare degli Stati Uniti di Parris Island, nota per la brutalità del suo regime di addestramento. Pensate che i film *Il grande freddo* e *Full Metal Jacket* di Kubrick sono stati girati qui. La stazione degli **autobus** della Greyhound si trova 2 miglia (3 km) a nord della città sulla US-21. Il **centro visitatori** al 1106 Carteret St. (☎ 843/525-8531, *www.beaufortsc.org*) dispensa informazioni dettagliate sulle visite ai posti storici e buoni sconto per i **motel** sulla US-21. In città il *Best Western Sea Island Inn*, vicino al mare, al 1015 Bay St. (☎ 843/522-2090, *www.bestwestern.com/seaislandinn*; ❻), dispone di belle camere dall'antico fascino. Per un **B&B** lussuoso, recatevi al *Beaufort Inn*, al 809 Port Republic St. (☎ 843/379-4667, *www.beaufortinn.com*; ❻), che vanta un magnifico **ristorante** con cucina low country/new american. La colazione è migliore al *Blackstone's*, al 205 Scott St. (☎ 843/524-4330); se siete invece alla ricerca di un caffè o di uno spuntino, c'è il *Firehouse Books and Espresso*, al 706 Craven St. (☎ 843/522-2665).

St. Helena Island e la spiaggia di Hunting Island

Attraversato il ponte, a sud-est di Beaufort, **ST. HELENA ISLAND**, punteggiata da piccoli battelli e comunità di pescatori di ostriche, è tra le isole orientali più incontaminate. Mano a mano che vi spostate verso sud, il **paesaggio** diventa formidabile: incredibili ciuffi di muschio spagnolo pendono dalle querce secolari, mentre ampie e straordinarie vedute si aprono sulle acque scintillanti delle paludi. Di tanto in tanto avrete l'impressione di vedere una sorta di flotte di navi in mezzo a un campo, ma vi renderete ben presto conto che in realtà le navi sono ormeggiate a una piccola baia salata, che si nasconde dietro le canne di scintillanti paludi dalle acque verdi.

È un'area dalla forte presenza di **comunità nere**, di discendenza degli schiavi, che al momento della liberazione da parte dell'esercito dell'Unione, nel febbraio del 1865, ricevettero in concessione appezzamenti di terreno; in queste comunità si continua a parlare il dialetto gullah, una lingua vernacolare afroinglese con numerose parole risalenti alla lingua dell'Africa occidentale. Il **Gullah Institute**, nel **Penn Center Historic District**, vicino alla US-21 (T 843/838-2432, *www.penncenter.com*), ospita la **scuola** aperta per gli schiavi liberati da Charlotte Forten, un'insegnante di colore del Massachusetts. La scuola è stata importante asilo per i leader dei diritti civili degli anni Sessanta. Nelle vicinanze, a poca distanza dalla US-21, si trova la **Chapel of Ease** in rovina, frequentata dai neri, con pareti interne adornate di conchiglie, che fu costruita nel 1742.

Nei dintorni ci sono alcuni bei **posti per fermarsi a mangiare**. L'*Ultimate Eating*, al 859 Sea Island Parkway (T 843/838-1314), serve piatti tipici del Low Country e dei gullah, mentre al 1929 Sea Island Parkway, prima del ponte che porta ad Hunting Island, il minuscolo *Shrimp Shack* (marzo-dicembre: lun-sab dalle 11; T 843/838-2962), è un locale di **pesce** che serve panini con gamberetti.

La **spiaggia** più importante di St. Helena, all'**Hunting Island State Park**, sulla costa orientale (tutti i giorni alba-tramonto; $4), può risultare spesso affollata. I pellicani arrivano qui per nutrirsi, ma la spiaggia è anche un luogo in cui le tartarughe depongono le uova. Riuscirete a **trovare un posto per dormire** vicino alla spiaggia, ma in estate è necessario prenotare almeno per una settimana e chiamare circa un anno prima (T 843/838-2011, *www.southcarolinaparks.com*; ❹).

Georgia

Fatta eccezione per le luci scintillanti della sua capitale Atlanta, la **GEORGIA**, Stato più grande del Sud, è prevalentemente agricola. La costa piuttosto frastagliata accoglie diverse spiagge e località turistiche, tuttavia la regione è perlopiù costituita da tranquille e pacifiche cittadine, dove il modo migliore per rilassarsi è sorseggiare tè freddo e chiacchierare in veranda.

Il primo insediamento in Georgia, tredicesima colonia inglese (che prese il nome di re Giorgio II), ebbe inizio nel 1733 a Savannah, ritenuta inizialmente terra di principi cristiani per poveri britannici, dove alcool e schiavitù erano banditi. Sotto la pressione di proprietari di piantagioni, nel 1752 fu introdotta la **schiavitù**, e all'epoca della **guerra di secessione** quasi la metà della popolazione era costituita da schiavi neri. Fino a quando le truppe di Sherman non fecero irruzione dal Tennessee e non rasero al suolo Atlanta, distruggendo tutto quello che incontrarono sul cammino nella ormai tristemente nota "marcia verso il mare", sul suolo della Georgia si combatterono battaglie poco significative.

Oggi, la vivace **Atlanta** è considerata la capitale non ufficiale del Sud. La città dove nacque, predicò e fu seppellito **Martin Luther King Jr.** e in qualche modo associata ai cliché di *Via con il vento*, con la sua energica lungimiranza, è ritenuta un modello. La principale destinazione turistica rivale di Atlanta è la **costa della Georgia**, che si estende dall'antica **Savannah** e, attraverso le **sea islands**, arriva fino alla semitropicale **Okefenokee Swamp** (palude di Okefenokee), nell'entroterra vicino alla Florida. Nel **nord-est**, le **colline pedemontane degli Appalachi** sono particolarmente incantevoli in autunno, mentre la cittadina universitaria di **Athens** è nota come la città in cui si formarono i gruppi rock dei R.E.M. e dei B-52.

Muoversi in Georgia

I principali luoghi di attrazione della Georgia sono facilmente raggiungibili, tuttavia i servizi dei trasporti locali sono limitati. I **treni** dell'Amtrak da Washington DC per New Orleans e per la Florida si fermano rispettivamente ad Atlanta e Savannah. Il servizio dei **pullman** nella maggior parte del territorio è irregolare e poco frequente, sebbene siano garantiti continui collegamenti tra Atlanta e le più importanti città; alcuni **pullman** che effettuano servizi giornalieri lungo la costa si fermano a Savannah. Atlanta ha l'**aeroporto** più trafficato al mondo per il trasporto passeggeri e Savannah è servita discretamente, nonostante i prezzi dei biglietti aerei tra le due città siano elevati.

Atlanta

ATLANTA, nata nel 1837, quando nel corso della progettazione della costruzione delle ferrovie, un puntino preso quasi a caso sulla cartina geografica, fu chiamato "Terminus", è una città relativamente giovane. Con l'arrivo delle ferrovie, la ribattezzata Atlanta si rivelò un centro cruciale di trasporto durante la guerra di secessione. Sede dell'industria delle munizioni della Confederazione, nel 1864 fu **rasa al suolo** dall'esercito dell'Unione capeggiato da Sherman, un evento immortalato in *Via col vento*. Dopo il conflitto, Atlanta si riprese in fretta diventando l'archetipo del "Nuovo Sud" industriale, sostenuta dall'appoggio di proprietari di quotidiani, banchieri, politici e leader cittadini. Tra i giganti dell'industria mondiale che hanno sede in questa città si ricorda la **Coca-Cola**, fonte di una serie di regali provvidenziali alla città. Gli immigrati **di colore** aumentarono e si aggiunsero alla presenza già considerevole della popolazione afroamericana portando alla fondazione della fiorente comunità, concentrata su **Auburn Avenue**, che avrebbe poi dato i natali a **Martin Luther King Jr.**

L'Atlanta odierna, di primo acchito, risulta una tipica metropoli americana, ma a nessun turista può sfuggire l'atmosfera progressista. In città infatti fu eletto il primo sindaco di colore della nazione, il defunto Maynard Jackson, e sempre in questa città raggiunsero il successo politici afroamericani. L'aver ospitato nel 1996 le **Olimpiadi**, tra tutte le conquiste imprenditoriali che durano ormai da tempo, è stato uno dei più grandi successi. I turisti giungono ad Atlanta per l'atmosfera vivace dal punto di vista artistico, culinario e del divertimento, oltre che per le imperdibili attrazioni che vanno da quelle associate ai luoghi di Martin Luter King fino alle istituzioni culturali, come l'High Museum of Art e l'Atlanta History Center.

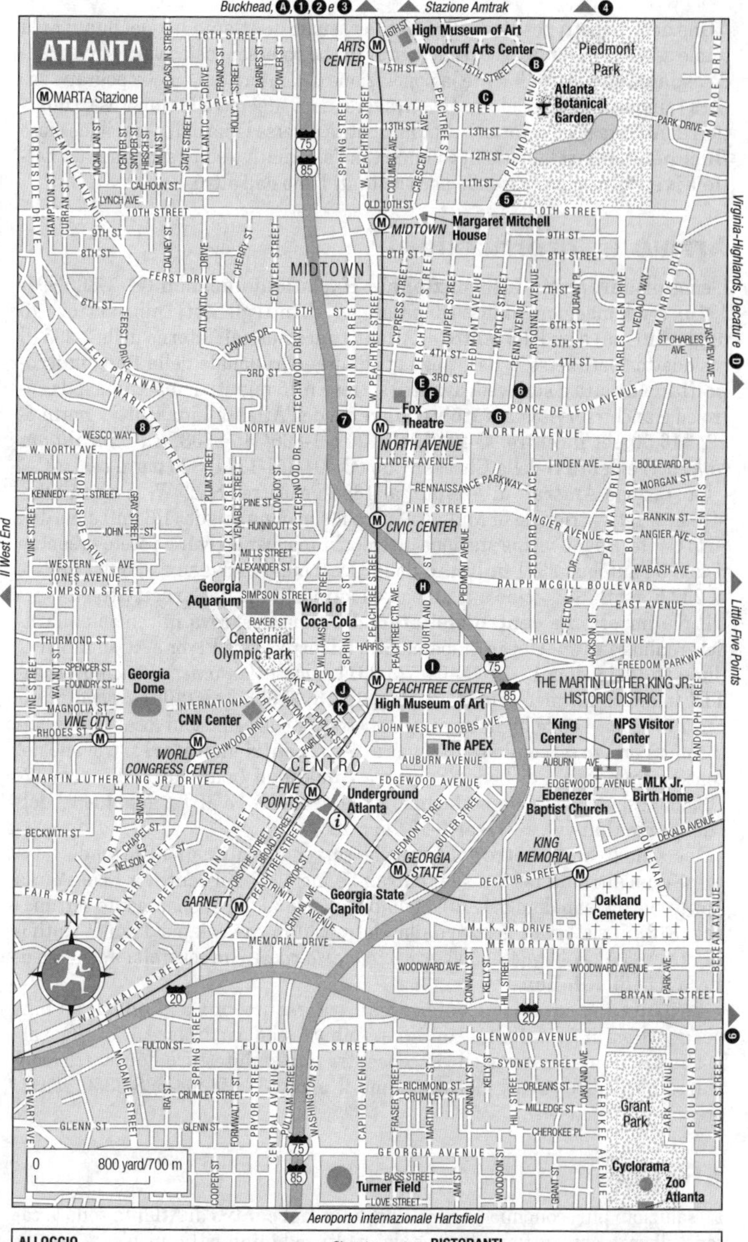

ALLOGGIO						RISTORANTI			
Ansley Inn	B	Hampton Inn & Suites	J	Sheraton	I	Ann's Snack Bar	0	Flying Biscuit	5
Atlanta International Hostel	G	Highland Inn	D	Super 8	K	Atlanta Fish Market	2	Mary Mac's Tearoom	6
Georgian Terrace Hotel	F	Hotel Indigo	E	Travelodge	H	Colonnade	3	R Thomas' Deluxe Grill	1
		Ritz-Carlton Buckhead	A	W Atlanta-Midtown	C	Fat Matt's Rib Snack	4	Thelma's Kitchen	8
								The Varsity	7

Uno degli aspetti positivi della nascita casuale di Atlanta in quel punto fu la totale assenza di confini geografici naturali che potessero ostacolarne una grande **espansione**. Attualmente la popolazione dell'intera area metropolitana supera i cinque milioni di abitanti. Attraversati da superstrade rumorose, i quartieri di Atlanta sono caratterizzati da identità diverse l'una dall'altra: il lussuoso **Buckhead** infatti ha poco in comune con l'alternativo e più sgangherato **Little Five Points**, pur essendo poco distanti l'uno dall'altro.

Arrivo e informazioni

L'enorme **aeroporto internazionale Hartsfield-Jackson** (T 1-800/897-1910), con il maggiore afflusso di passeggeri di tutti gli Stati Uniti, si trova 10 miglia (16 km) a sud del centro di Atlanta, racchiuso all'interno della I-285 (il cosiddetto "perimetro"). Esso segna il limite meridionale della linea **metropolitana** diretta a sud (vedi avanti), si trova a 15 minuti di macchina dal centro ed è anche servito da **autobus navetta** dell'Atlanta Link (tutti i giorni 6-12; $16,50 per il centro; T 404/5243-400 o 1-866/545-9633, *www.theatlantalink.com*) e dai **taxi** della Checker Cab (T 404/351-1111; $30 per il centro).

La stazione **Amtrak** di Atlanta, al 1688 Peachtree St. NW, si trova all'estremità settentrionale di Midtown, poco meno di un miglio (1,6 km) a nord di Arts Center, la più vicina stazione metropolitana; per arrivarci potete prendere il taxi o l'autobus 23. I **pullman** della Greyhound arrivano a sud del centro, al 232 Forsyth St., vicino alla stazione metropolitana di Garnett Street.

Il più importante **centro visitatori** di Atlanta si trova in centro nell'Underground Mall (50 Upper Alabama St.), all'incrocio tra Pryor e Atlanta Street (lun-sab 10-18, dom 12-18; T 404/523-2311, *www.atlanta.net*). Il vicino **AtlanTIX** (mar 11-15, mer-sab 11-18, dom 12-15; T 678/318-1400, *www.atlantaperforms.com*) vende biglietti per gli spettacoli e le esibizioni locali, con sconti a metà prezzo disponibili tutti i giorni. Altri **centri visitatori** si trovano nel centro commerciale di Lenox Square a **Buckhead** (mar-sab 11-17, dom 12-16), che ospita anche un botteghino della AtlanTIX, e al Terminal nord dell'**aerporto** (lun-ven 9-21, sab 9-18, dom 12.30-18).

Due sono le linee **metropolitane** che servono la città: una che va da est a ovest e un'altra da nord a sud; entrambe incrociano il centro a Five Points (lun-ven 5-13, sab-dom 5-12.30; biglietto singolo $1,75, abbonamento settimanale $13). Il sistema è gestito dalla Metropolitan Area Rapid Transit Authority (MARTA; T 404/848-5000, *www.itsmarta.com*), che controlla anche un'estesa rete di **autobus**.

L'Atlanta Preservation Center organizza **escursioni a piedi** di 90 min nei quartieri di Atlanta, tra cui Sweet Auburn (con particolare attenzione alle chiese), e un itinerario che si concentra sull'architettura del centro (solo marzo-novembre tutti i giorni, tranne il mar; $10; T 404/688-3350, *www.preserveatlanta.com*).

Alloggio

Le soluzioni più economiche **per alloggiare nel centro** di Atlanta sono le catene alberghiere, tuttavia per via dei molti raduni in città anch'esse non risultano particolarmente a buon mercato; durante il fine settimana le tariffe possono essere migliori, anche se solo per parcheggiare arriverete a spendere almeno $15 a notte. **Midtown** è in genere più economico, qui potrete sperimentare più da vicino la vita notturna, mentre **Buckhead** vanta alcuni degli alberghi più alla moda del paese. L'agenzia di B&B Atlanta può prenotare camere in **bed and breakfast** (☎ 404/875-0525 o 1-800/967-3224, *www.bedandbreakfastatlanta.com*).

Ansley Inn 253 15th St. ☎ 404/872-9000 o 1-800/446-5416. Delizioso e accogliente B&B di Midtown, in un'antica villa del secolo scorso in stile Tudor vicino ad Ansley Park. Ventidue camere con parquet, mobili antichi, wet bar e vasche idromassaggio. ❺

Atlanta International Hostel 223 Ponce de Leon Ave. ☎ 404/875-9449 o 1-800/473-9449, *www.hostel-atlanta.com*. Situato in una posizione centrale a Midtown, a pochi passi dalla stazione MARTA di North Ave., dispone di circa un centinaio di posti a $22 all'interno di camerate maschili, femminili e miste, un tavolo da biliardo, una cucina e una lavanderia.

Georgian Terrace Hotel 659 Peachtree St. NE ☎ 404/897-1991 o 1-800/651-2316, *www.thegeorgianterrace.com*. Lussuoso albergo del secolo scorso, in un'ottima posizione, di fronte al Fox Theatre. Camere e suite molto eleganti (alcune sono circolari da cui si godono meravigliosi panorami) oltre a bellissimi ristoranti e una piscina sul tetto. ❼

Hampton Inn and Suites Atlanta Downtown 161 Spring Street NW ☎ 404/589-1111 o 1-800/426-7866, *hamptoninn.hilton.com*. Questo albergo in centro a sei piani di una catena alberghiera, contrariamente all'impressione piuttosto ordinaria che può dare, offre camere ristrutturate dagli standard sorprendentemente alti. Quanto a qualità e prezzo rappresenta quindi una delle soluzioni migliori in centro. Il prezzo include la colazione. ❻

Highland Inn 644 N Highland Ave. ☎ 404/874-5756, *www.thehighlandinn.com*. Folle di appassionati di jazz si accalcano in questo economico albergo, situato in una posizione nascosta e comoda vicino a Little Five Points e Virginia Highland. Alcune sere la sala da ballo e il bar ospitano musica dal vivo e dj.

Hotel Indigo 683 Peachtree St. in Ponce de Leon ☎ 404/874-9200, *www.hotelindigo.com*. Elegante ma piccolo albergo di lusso vicino al Fox Theatre nel cuore di Midtown. ❺

Ritz-Carlton Buckhead 3434 Peachtree Rd. NE ☎ 404/237-2700, *www.ritzcarlton.com*. Albergo raffinato ed elegante, uno dei più belli della catena Ritz-Carlton, con uno dei ristoranti migliori d'haute cuisine di Atlanta. ❼

Sheraton Atlanta Hotel 165 Courtland St. NE ☎ 404/659-6500 o 1-800/833-8624, *www.sheratonatlantahotel.com*. Lussuoso albergo del centro con una splendida piscina coperta circondata da giardini, oltre al piccolo centro commerciale. ❻

Super 8 111 Cone St. ☎ 404/524-7000 o 1-800/800-8000, *www.super8atlanta.com*. Davvero atipico, il *Super 8*, è ospitato in un edificio del centro riconvertito in albergo, con prezzi che sono un affare per un posto così bello vicino a Centennial Park. ❹

W Atlanta - Midtown 188 14th St. NE ☎ 404/892-6000, *www.starwoodhotels.com/whotels*. Elegante albergo boutique dell'impero degli alberghi W nel cuore di Midtown. Oltre alle lussuose attrezzature troverete una Bliss spa e un ristorante Jean-Georges. ❾

La città

La pianta di Atlanta è piuttosto disorientante, caratterizzata da strade che seguono gli antichi sentieri dei nativi più che una griglia logica. Un numero incredibile di strade recano il nome di "Peachtree"; accertatevi se state cercando una "avenue", "road", "boulevard" e così via. La più importante **Peachtree Street**, taglia Atlanta da nord a sud come un lungo varco. I luoghi di interesse turistico sono disseminati nella città, ma sono comunque relativamente semplici da raggiungere con i mezzi pubblici. La maggior parte dei quartieri caratteristici, tra cui **il centro**, la zona storica di Martin Luther King lungo **Auburn Avenue** e quelli alla moda di **Little Five Points** e **Virginia-Highland**, si possono facilmente girare a piedi.

Il centro di Atlanta

Il **centro di Atlanta** si concentra tutto intorno alla stazione ferroviaria grazie alla quale fu fondata la città. Nel corso degli ultimi anni del XIX secolo, il suo centro originario fu effettivamente sepolto dalla costruzione dei viadotti ferroviari; le aziende trasferirono le loro attività commerciali sul nuovo livello stradale e utilizzarono i vecchi edifici come cantine. Per due volte, nel 1969 e 1989, la città ha tentato di rivitalizzare il labirinto sotterraneo di strade acciottolate con complessi dedicati all'intrattenimento, allo shopping e ai ristoranti. Nota come **Underground Atlanta** (o "the Underground"), si tratta di un centro commerciale pieno di trovate ad effetto.

Per contrasto, i turisti e la gente del posto si accalcano al **Centennial Olympic Park**, circa 440 m a nord-ovest rispetto alla Underground Atlanta. Creato in occasione delle Olimpiadi del 1996 dopo che alcuni edifici del centro furono abbattuti, e progettato come centro per le feste pubbliche durante i Giochi, il parco fu costretto a una chiusura temporanea a causa di ordigni esplosivi che uccisero due persone. Dopo essere stato riprogettato, oggi è lo spazio aperto più popolare della città.

A nord del parco, il **Georgia Aquarium**, al 225 Baker St. (dom-ven 10-17, sab 9-18; $26, sotto i 13 anni $19,50; ☎ 404/581-4000, *www.georgiaaquarium.org*), si fregia di essere l'acquario più grande del mondo. Una struttura all'avanguardia per ragazzi, sta avendo un tale successo che se non prenotate i biglietti in anticipo per una determinata fascia oraria, potreste non riuscire a entrare.

Subito a est dell'acquario, il museo **World of Coca-Cola** si è recentemente trasferito qui dalla vecchia sede nell'Underground Atlanta. Visitate le mostre altamente tecnologiche sulla storia della Coca-Cola e dissetatevi con i prodotti Coca-Cola provenienti da tutto il mondo (tutti i giorni: gli orari variano, $15; ☎ 404/676-5151, *www.worldofcoca-cola.com*).

Nell'angolo sud-orientale del Centennial Park, si trova il **CNN Center**, quartier generale della più grande emittente televisiva al mondo dell'informazione. Adrenaliniche visite guidate di 55 minuti (lun-ven 9-17, $12; necessaria la prenotazione; ☎ 404/827-2300) accompagnano i visitatori in percorsi frettolosi tra produttori esausti e conduttori con sorrisi a trentadue denti.

Sweet Auburn

Circa 700 m a est del centro, **Auburn Avenue** è un monumento alla storia della cultura afroamericana di Atlanta. Durante il periodo d'oro negli anni Venti, "**Sweet Auburn**" si distinse per essere una zona fiorente, progressista con imprese di proprietà di gente di colore e jazz club; con la Depressione, cadde in un declino da cui, nonostante ripetuti tentativi di rivitalizzazioni, non è mai più riuscita a riprendersi.

Tuttavia, alcuni isolati sono stati destinati al **Martin Luther King Jr. National Historic Site**, in onore del figlio nativo più amato di Auburn. Questo breve tratto di strada è il luogo turistico più visitato in tutta la Georgia. Andate prima al **centro visitatori** di Park Service, al 450 Auburn Ave. NE (tutti i giorni: metà giugno-metà agosto 9-18; metà agosto-metà giugno 9-17; ☎ 404/331-5190, *www.nps.gov/malu*). Se siete alla ricerca di notizie sugli anni dei diritti civili il museo di Memphis è molto più esauriente (vedi p. 454), il centro fornisce comunque un riassunto efficace.

Una volta arrivati al centro visitatori, registratevi per una visita gratuita della **casa natale** di King, una passeggiata a piedi in direzione est, al 501 di Auburn (stesse ore del centro visitatori). Siccome possono entrare quindici persone per volta, e le scolaresche spesso vi entrano in massa, è probabile che dobbiate accontentarvi solo di un "giro virtuale", utilizzando i computer del centro visitatori. La casa, è una camera in stile regina Anna, restituita al suo

Martin Luther King Jr. (1929-68)

Martin Luther King Jr. nacque ad Atlanta, al 501 di Auburn Avenue, il 15 gennaio del 1929. In casa con lui vivevano i suoi genitori e i suoi nonni; sia il nonno materno, il reverendo A.D. Williams, sia suo padre, Martin Luther King Sr., furono pastori alla vicina **Ebenezer Baptist Church**. Il giovane Martin fu ordinato all'età di 19 anni e divenne insieme a suo padre co-pastore all'Ebenezer; proseguì gli studi al Crozer Theological Seminary in Pennsylvania, dove si lasciò influenzare dalle idee del Mahatma Gandhi, e quindi alla Boston University.

Dopo aver fatto ritorno al Sud, nel 1954 King diventò pastore della Dexter Avenue Baptist Church a **Montgomery**, in Alabama, dove, il suo essere stato a capo di un boicottaggio di autobus l'anno seguente (vedi p. 481), lo fece balzare agli onori della cronaca nazionale. Una visita in India nel 1957 consolidò ulteriormente le sue idee sulla resistenza non violenta. Nel 1960 fece nuovamente ritorno ad Atlanta e diventò ancora una volta co-pastore a Ebenezer, assumendo questa volta anche la presidenza della **Southern Christian Leadership Conference**. Qui si distinse come figura di spicco per la lotta dei **diritti civili**, pianificando strategie per campagne future, correndo in aiuto di qualsiasi località si trovasse in difficoltà e commentando tutte le notizie che venivano date dai media sugli ultimi sviluppi. La sua apoteosi giunse nell'agosto del 1963, quando, durante il discorso al termine della **marcia su Washington**, si indirizzò alla folla con il suo famoso discorso "I Have a Dream". Nel 1964 King fu insignito del premio Nobel per la pace e nonostante l'appassionata adozione della non violenza, l'**FBI** di J. Edgar Hoover lo stigmatizzò come il "più pericoloso leader negro in attività nel paese" e tentò di screditare la sua vita personale. King diventò più apertamente politicizzato negli ultimi anni della sua vita e turbato dallo stridore di Malcolm X e dal radicalismo della gioventù nera urbana, constatò quanto le privazioni e la povertà delle città del Nord riguardassero tanto i neri quanto i bianchi, e potevano essere risolte solo affrontando "i tre mali del razzismo, dell'estremo materialismo e del militarismo". Nel Sud era sempre riuscito a farsi considerare dal governo federale un alleato riluttante, ma dal momento in cui si dichiarò contrario alla guerra in **Vietnam**, dovette affrontare una lotta più solitaria. La sua **Poor People's Campaign** era appena partita quando fu assassinato a Memphis il 4 aprile del 1968.

antico splendore degli anni Trenta. In questa abitazione, che rimase di proprietà della famiglia fino al 1971, King visse fino a dodici anni.

Di fronte al centro visitatori, il **King Center**, al 449 Auburn Ave. NE (tutti i giorni 9-17; *www.thekingcenter.org*), è gestito personalmente dalla famiglia di King. Una struttura essenzialmente educativa e di ricerca, espone oggetti personali come le Bibbie di King. I suoi resti mortali, protetti da una fiamma eterna, sono ospitati in una semplice **tomba** di marmo, su cui sono incise le parole "Free at last, free at last, thank God Almighty I'm free" (Finalmente libero, finalmente libero, grazie a Dio Onnipotente sono finalmente libero), che si trova all'esterno, circondata da una vasca d'acqua riflettente poco profonda.

Accanto, la **Ebenezer Baptist Church**, dove furono celebrati i funerali di King – e dove sua madre fu assassinata mentre suonava l'organo nel 1974 – è stata riconvertita in un altro museo (attualmente chiusa per restauro, visitate il sito Internet *www.nps.gov/malu* per maggiori informazioni) ed è gestita da ministri entusiasti di condividere i propri ricordi. Oggi è utilizzata per occasioni speciali, mentre la congregazione si è trasferita in una chiesa più gran de vicino al centro visitatori.

Midtown

Midtown si estende da Ponce de Leon Avenue fino alla 26th Street. Negli ultimi tempi è diventato il regno di enormi grattacieli: guardate l'aguzzo **One Atlantic Center**, tra 15th Street e Peachtree Street, progettato da Philip Johnson e John Burgee. Non potete perdervi neanche il vistoso **Fox Theatre** in art déco, al 660 Peachtree St. NE, a Ponce de Leon (Ⓣ 404/881-2100, *www.foxtheatre.org*), con le sue ricche decorazioni moresche. A meno che non compriate un biglietto per uno degli spettacoli piuttosto tradizionali, l'unico modo per vedere il teatro è una visita guidata (lun, mer e gio 10, sab 10 e 11; $10; Ⓣ 404/688-3353).

Tre isolati a nord del teatro, la **Margaret Mitchell House** (lun-sab 9.30-17, dom 12-17; $12; Ⓣ 404/249-7015, *www.gwtw.org*), al n. 990, è l'unica casa in mattoni semplici rimasta a Peachtree Street. Mitchell e suo marito vissero nel piccolo appartamento a pianterreno per tutti quei dieci anni che videro la scrittrice impegnata a scrivere *Via col vento*, il romanzo più venduto di tutti i tempi. Pubblicato nel 1936, bastarono, infatti, soltanto sei settimane perché si vendessero copie sufficienti a formare una torre cinquanta volte più alta dell'Empire State Building; la sua popolarità fu poi amplificata dal film che uscì nel 1939. Visite guidate e diverse mostre ne ripercorrono la storia. Altre memorabilia sono esposte nel **museo del film** adiacente, separato ma collegato (stessi orari e stesso biglietto).

Un po' più avanti su Peachtree, al n. 1280, il colossale **Woodruff Arts Center** ospita l'**High Museum of Art** di Atlanta (mar, mer, ven e sab 10-17, gio 10-20, dom 12-17; $18; Ⓣ 404/773-4444, *www.high.org*). Nel 2005 l'High ha inaugurato tre nuovi edifici, progettati da Renzo Piano, intorno alla sua piazza centrale. Oggi con il suo doppio spazio espositivo è un museo di stampo internazionale. Tra le collezioni permanenti ci sono le mostre "Art and Life in Africa" al pianterreno, l'arte popolare americana di artisti outsider, come Howard Finster e Mose Tolliver, e vaste gallerie europee che ripercorrono cinque secoli dal Rinascimento italiano agli impressionisti francesi. L'High vanta anche un eccellente ristorante, il *Table 1280*.

Alcuni isolati a est di Peachtree St., meglio raggiungibile dalla 14th St, il bel **Atlanta Botanical Garden** (tutti i giorni tranne lun: aprile-ottobre 9-19, novembre-marzo 9-17; $12) è l'attrazione principale del **Piedmont Park**. Oltre a serre di piante tropicali e del deserto, il giardino ospita per tutta l'estate mostre di sculture.

Buckhead

A nord di Midtown, nel punto in cui Peachtree incrocia Paces Ferry Road, il ricco quartiere di **Buckhead** è stato a lungo una zona alla moda con sfarzosi centri commerciali e raffinati alberghi, ma negli ultimi tempi si è guadagnato un'indesiderata reputazione di "scenario di feste notturne" ed è stato addirittura teatro di alcuni omicidi. Tuttavia la zona continua a essere la più importante della città per quanto riguarda la **vita notturna** e gli **acquisti**, e sta diventando molto esclusiva.

In una posizione nascosta, un po' più a ovest rispetto al centrale Buckhead, troverete le mostre dell'**Atlanta History Center**, al 130 W Paces Ferry Rd. (lun-sab 10-17.30, dom 12-17.30; $15; Ⓣ 404/814-4000, *www.atlantahistorycenter.com*). All'interno del centro una sezione ripercorre nei minimi dettagli la storia di Atlanta e si sofferma in particolare su quella dei bianchi e delle donne; poco si dice invece di King. Diverse altre sale espongono una ricca collezione di reperti della guerra di secessione. Qui potrete inoltre visitare anche due abitazioni: la **Swan House**, una casa in stile classicheggiante degli anni Venti e la **Tullie Smith Farm** con annesso giardino del periodo precedente alla guerra di secessione.

Il West End

Il **West End**, il quartiere più antico di Atlanta, è una zona vivace nella parte sud-orientale del centro. Storicamente è stata l'area residenziale degli afroamericani e oggi rimane il contrappunto più allegro di Sweet Auburn. Qui, troverete l'unico museo della Georgia dedicato all'arte afroamericana e haitiana, la **Hammonds House**, al 503 Peeples St. SW (mar-ven 10-18, sab e dom 13-17; ☎ 404/752-8730) e la **Herndon Home**, al 587 University Place NW (mar-sab 10-16; $7), del 1910 in stile beaux arts, che fu progettata e abitata da Alonzo Herndon, un ex schiavo che finì per diventare il primo nero milionario della città.

Potrete anche visitare la **Wren's Nest**, al 1050 R.D. Abernathy Blvd., la vecchia casa di Joel Chandler Harris, l'autore bianco di *Brer Rabbit* (mar-sab 10-14.30; $8). La casa è rimasta quasi uguale a come Harris la lasciò alla sua morte, avvenuta nel 1908. Al sabato, in giardino, alle 13 si tengono sessioni narrative.

Grant Park

Un miglio (1,6 km) a sud-ovest del centro, **Grant Park** – chiamato così per via di un difensore dei confederati di Atlanta e non per il generale vittorioso dell'Unione – è sede di due vicine attrazioni. Un teatro ospita il **Cyclorama**, una grande rappresentazione pittorica circolare che ricostruisce la battaglia della guerra di secessione di Atlanta e che potete ammirare sedendovi all'interno di una piattaforma girevole che ruota lentamente intorno al pubblico. Il **museo** adiacente (mar-dom 9-16.30; $8) affronta invece il tema della guerra con lo sguardo del soldato medio. Nelle vicinanze, l'**Oakland Cemetery**, il più grande e il più antico della città, è la dimora dei cittadini famosi di Atlanta e, tra questi, anche di Margaret Mitchell. Nel 2008 la sezione ebraica del cimitero, che si trova in una posizione più nascosta rispetto a quella dei confederati, fu investita da un tornado.

Il vicino **Zoo Atlanta** (tutti i giorni 9.30-17.30; $18; *www.zooatlanta.org*) vanta come principali attrazioni un paio di panda giganti dal Chengdu, un gorilla e alcuni oranghi, oltre alla riproposizione di diversi habitat.

Da Little Five Points a Emory University

A nord-est di Auburn Avenue, intorno a Euclid Avenue e Moreland Avenue, il giovane quartiere di **Little Five Points** è una profusione di mercatini dell'usato, negozi di dischi di seconda mano, ristoranti alla moda, laboratori per body-piercing, bar e discoteche. A mo' di contrasto, a qualche isolato a nord all'1 Copenhill Ave., sulla collina dove si dice che Sherman vide Atlanta bruciare, il **Jimmy Carter Presidential Library and Museum** (lun-sab 9-16.45, dom 12-16.45; $8; ☎ 404/865-7100, *www.jimmycarterlibrary.org*) è consacrato al produttore di arachidi che diventò il governatore di Stato della Georgia e il 39° presidente degli USA.

A nord-est, oltre il quartiere dei ristoranti del **Virginia-Highland**, sarete ricompensati della fatica fatta per raggiungere il campus della **Emory University** dallo spazioso **Michael C. Carlos Museum**, al 571 S Kilgo Circle (mar-sab 10-17, dom 12-17; offerta di $7; ⓣ 404/727-4282, *carlos.emory.edu*), che ospita una collezione di pregiate opere d'arte e antichità provenienti da tutti e sei i continenti abitati.

Stone Mountain

A mezz'ora di macchina a est del centro di Atlanta, lo **Stone Mountain State Park** si trova intorno alla base di quel che si dice sia la più grande montagna monolitica di granito naturale; su un lato del monolito spicca una **scultura in bassorilievo**, di 30 m per 64 m che raffigura i confederati Jefferson Davis, Robert E. Lee e Stonewall Jackson. Avviata nel 1924 da Gutzon Borglum, che passò poi a incidere il Mount Rushmore nel South Dakota, fu portata a termine nel 1970. Potete ammirarla pagando il parcheggio $8; con $25 in più per gli adulti e $20 per i bambini dai 3 agli 11 anni (la tariffa ridotta del 'tramonto' è $15 per tutti dopo le 16) avrete diritto ad accedere a una serie di attrazioni tra cui un **giro in treno** di 30 minuti intorno alla montagna, tour in **barche a pale** e **a pedali** sul lago vicino, due corsi di **mini-golf** e un **parco a tema** nell'area di Crossroads, che ha come centro di attrazione un cinema in "4D". Potrete anche **arrivare in cima** attraverso un sentiero di 45 minuti oppure in skylift. Contattate il ⓣ 1-800/401-2407 o visitate il sito Internet *www.stonemountainpark.com* per tutte le informazioni sugli orari di apertura stagionali.

Mangiare

Atlanta ha decine e decine di buoni **ristoranti** che accontentano tutte le tasche. Molti locali che troverete in centro sono esclusivi, anche se in Buckhead ce ne sono addirittura di più eleganti. Il miglior **soul food** del Sud si trova ad Auburn Avenue.

Ann's Snack Bar 1615 Memorial Drive ⓣ 404/687-9207. La gente del posto attende in coda per il famosissimo "Ghetto burger", in cui strabordano cipolle fritte, peperoncino, insalata di cavolo, pancetta e formaggio. La proprietaria di questa piccola tavola calda, Ann Price, che ha fatto fortuna quasi cinque anni fa, prepara ancora personalmente i panini. Chiuso dom.

Atlanta Fish Market 265 Pharr Rd. NE ⓣ 404/262-3165. Il miglior ristorante di pesce a Buckhead. All'insegna di grosse porzioni di pesce, ostriche e gamberi freschissimi, la cena può risultare cara, ma il pranzo ha un buon rapporto qualità-prezzo.

Colonnade 1879 Cheshire Bridge Rd. NE a Wellborne ⓣ 404/874-5642. Ristorante aperto da tempo che offre specialità di cucina del Sud a prezzi economici, confinante con il *Cheshire Motor Inn* di Midtown. La specialità del pollo fritto è il motivo per cui andare.

Fat Matt's Rib Shack 1811 Piedmont Ave. NW ⓣ 404/607-1622. Il miglior barbecue di Atlanta, oltre al blues alle 20 di ogni sera, in questo locale a metà strada tra Midtown e Buckhead. Fa poco differenza se scegliete succulenti piatti di maiale o di pollo, oppure un "sandwich" (una cotoletta con su una fetta di pane): qui tutto è delizioso.

Flying Biscuit 1001 Piedmont Ave. ⓣ 404/874-8887. Una gradevole tavola calda all'incrocio con il vivace quartiere di Midtown. Noto tra gli abitanti per le sue colazioni sane e naturali, serve anche pranzo e cena della cucina new american a prezzi moderati, con richiami ai sapori del Sud. Ad Atlanta ci sono altri quattro succursali.

The Glenwood 1263 Glenwood Ave. ⓣ 404/622-6066. Cucina eclettica in questo gastropub di quartiere in un ambiente accogliente dell'East Atlanta. Bar a tutti gli effetti e un'ampia scelta di birre.

Holy Taco 1314 Glenwood Ave. SE ⓣ 404/230-6177. Fresca cucina messicana a prezzi moderati in un'atmosfera trendy dell'East Atlanta. La gente del posto lo sceglie per lo spazioso patio e per le margarita con agave naturale.

Mary Mac's Tearoom 224 Ponce de Leon Ave. ⓣ 404/876-1800. Grazioso ristorantino di Midtown, che sembra uscire direttamente dagli anni Quaranta, famoso per la sua economica cucina tradizionale, servita tutti i giorni a pranzo e a cena.

R Thomas' Deluxe Grill 1812 Peachtree St. NW ⓣ 404/872-2942. Eccentrico locale di Midtown aperto 24 ore su 24, i cui posti sono tutti all'esterno, riparati da una protezione di rattan. Il menu, vario, spazia da sautè della cucina thailandese con quinoa ai tacos di pesce. È un'alternativa economica e salutare.

Thelma's Kitchen 302 Auburn Ave. ⓣ 404/688-5855. Un'istituzione del soul food dai prezzi economici in una nuova ambientazione, ospitata nell'antico edificio Rib Shack in Auburn Avenue; provate il salmone e i grit a colazione, e naturalmente, il pollo fritto a pranzo. Lun-sab 8-20.

The Varsity 61 North Ave. NW ⓣ 404/881-1706. Immenso e affollato fast food e ristorante drive in: un vero ritorno agli anni Cinquanta, con chili dog (hotdog con carne) a meno di $2. Aperto almeno fino alle 23.30 tutte le sere.

Vita notturna

Atlanta è un posto dove potrete davvero divertirvi. I locali più importanti si trovano nei quartieri di **Virginia Highland**, **Little Five Points** e **Midtown**, il fulcro della scena **gay e lesbica** della città. **Buckhead** può essere uno spasso se siete pronti a spendere molto. I locali più importanti per le tournée sono il *Tabernacle*, al 152 Luckie St. (ⓣ 404/659-9022), e il *Variety Playhouse*, al 1099 Euclid Ave. (ⓣ 404/524-7354, *www.variety-playhouse.com*). Informazioni aggiornate sugli spettacoli potete trovarle nel settimanale gratuito *Creative Loafing* (*www.creativeloafing.com*).

Apache Café 64 Third St. NW ⓣ 404/876-5436, *www.apachecafe.info*. Questo animato cafè del centro serve specialità latine e caraibiche, ma è apprezzato soprattutto per gli spettacoli serali dal vivo, sempre interessanti, di R & B e di artisti soul, per i balli serali di jazz funk e hip-hop e per le performance di *spoken words* (spettacoli recitati).

Blind Willie's 828 N Highland Ave. NE ⓣ 404/873-2583, *www.blindwilliesblues.com*. Il miglior locale di blues in città, con ospitate degli artisti più importanti, questo ritrovo di Virginia Highland è anche un bar vivace. Aperto lun-sab dalle 19.

Django Gypsy Kitchen and Saloon 495 Peachtree St. ⓣ 404/347-8648, *www.djangoatlanta.com*. "*The Belly*", il moderno pianterreno di questo ristorante contemporaneo e alla moda, all'estremo sud del centro città, è il ritrovo notturno per le feste da ballo esagerate ed eclettiche, con musica che va dall'house, all'hip-hop, al soca, al jazz afrocubano. Chiuso dom.

The Drunken Unicorn 736 Ponce de Leon Pl. NE, *www.thedrunkenunicorn.net*. Questo anonimo locale di musica a pianterreno, adatto a gente di tutte le età, ospita band hot indie e feste di ballo dove la filosofia del D.I.Y. (do it yourself) è ancora molto viva.

The Earl 488 Flat Shoals Rd. ⓣ 404/522-3950, *www.badearl.com*. La discoteca rock più bella d'Atlanta, a East Atlanta, proprio a sud della I-20, che allestisce, quasi tutte le sere, vere esibizioni dal vivo. Assicuratevi di chiedere un cestino gratuito di arachidi bollite.

Eddie's Attic 515-B N McDonough St., Decatur ⓣ 404/377-4976, *www.eddiesattic.com*. Musica acustica di sera: dai tradizionali violinisti ai cantautori contemporanei, oltre a occasionali spettacoli di cabaret.

Manuel's Tavern 602 N Highland Ave., ⓣ 404/525-3447, *www.manuelstavern.com*. Memorabilia allineati lungo le pareti in questo classico bar di quartiere, noto come il bar preferito dai giornalisti, scrittori e politici. Jimmy Carter annunciò qui la sua corsa alle elezioni da governatore nel 1970. Favolosi piatti, tipici da pub, vengono serviti fino a tardi.

Star Community Bar 437 Moreland Ave. NE ⓣ 404/681-5740, *www.starbar.net*. Piacevole bar a Little Five Points, ospitato nella sede di una vecchia banca, che straborda di ricordi di Elvis e che propone musica dal vivo mer-sab. Chiuso dom.

A nord di Atlanta: le catene montuose

A solo poche ore di macchina da Atlanta potrete godere di alcuni degli spettacolari **panorami dei monti Appalachi** (al massimo splendore a ottobre, quando le foglie assumono una colorazione rosso e oro brillante). La Hwy-348 ripercorre in salita un tratto particolarmente emozionante al confine della White County, attraversata in cima dal **sentiero degli Appalachi**. Tra le varie città, **Dahlonega** rappresenta la base migliore; le altre – come **Helen**, 35 miglia (56 km) a nord-est, oggi un villaggio pseudo bavarese – assumono contorni quasi kitsch. In cambio, la regione abbonda di **parchi statali**.

Dahlonega

L'affascinante **DAHLONEGA**, ai piedi degli Appalachi, 50 miglia (80 km) a nord-est di Atlanta sulla US-19, deve le sue origini alla prima **corsa all'oro** degli Stati Uniti. Nel 1828 Benjamin Parks scoprì l'oro ad Auraria, 6 miglia (circa 10 km) a sud e cinque anni più tardi Dahlonega fu dichiarata capoluogo della Lumpkin County. Ben presto si cominciò a scavare alla ricerca dell'oro anche nel suo territorio perché proprio Dahlonega potesse guadagnarsi una posizione di preminenza nella US Mint, che prima della fine della guerra di secessione produsse oltre $6 milioni di monete d'oro. La storia è narrata nel **Gold Museum**, ospitato nell'ex Palazzo di giustizia che si trova sulla piazza (lun-sab 9-17, dom 10-17; $4; ⓣ 706/864-2257). Potrete andare alla ricerca dell'oro nelle piccole miniere disseminate nella zona. Alla fine di giugno, la città ospita uno dei festival annuali di **bluegrass** più importanti degli Appalachi, mentre alla fine di ottobre vanno in scena i **Gold Rush Days**: un festival locale.

Il **centro visitatori** di Dahlonega si trova di fronte al Palazzo di giustizia (tutti i giorni 9-17.30; ⓣ 706/864-3711 o 1-800/231-5543, *www.dahlonega.org*). Lo *Smith House*, più in giù rispetto alla piazza, all'84 S Chestatee St. (ⓣ 706/867-7000 o 1-800/852-9577, *www.smithhouse.com*), è un classico **ristorante** del Sud, che serve pasti a buffet, a prezzi bassi, e anche un paio di **camere** confortevoli (④).

Amicalola Falls State Park

L'**Amicalola Falls State Park** (tutti i giorni 7-22; $3 per le auto, $25 per campeggiare; ⓣ 706/265-1969), 20 miglia (32 km) a ovest di Dahlonega sulla Hwy-52, vanta delle emozionanti cascate che sgorgano dal fianco di una ripida collina. Dopo aver raggiunto in macchina la cima della collina, per ammirarle dall'alto, continuate ancora per circa un chilometro e raggiungerete il moderno **alloggio**, che ha sede nel parco (ⓣ 706/265-8888 o 1-800/573-9656, *www.amicalolafalls.com*; ④), dotato di confortevoli camere doppie e un ristorante dalle vedute panoramiche. Se volete stare da soli, salite su ancora per circa 5 miglia (8 km) verso il punto in cui ha inizio il **sentiero degli Appalachi** e arriverete al *Len Foote Hike Inn* (prenotazioni obbligatorie, ⓣ 1-800/581-8032, *www.hike-inn.com*; ⑥), raggiungibile soltanto a piedi, che offre camere semplici, ma anche colazioni e cene familiari, incluse nel prezzo di una notte.

Athens

L'affascinante **ATHENS** dall'atmosfera progressista, situata quasi 70 miglia (112 km) a est di Atlanta, è sede di oltre 30.000 studenti dell'Università della Georgia. Il suo minuscolo centro a nord del campus pullula di librerie e negozi di dischi, discoteche, bar, ristoranti e caffè; in particolare **Broad Street** è fiancheggiata da tavoli sui marciapiedi.

Nonostante Athens abbia poche attrazioni turistiche convenzionali, si è guadagnata una fama internazionale per essere riconosciuta come la patria di gruppi rock come i R.E.M. e i B-52. I R.E.M. hanno cominciato a suonare al *40 Watt Club*, situato originariamente al 171 College Ave., e poi trasferitosi in diverse sedi fino all'attuale edificio, al 285 W Washington St. (T 706/549-7871, *www.40watt.com*), luogo in cui continuano a essere ospitati eclettici musicisti. Grandi nomi della musica suonano normalmente al *Georgia Theatre*, al 215 N Lumpkin St. (T 706/549-9918, *www.georgiatheatre.com*), un ex cinema, che in serate tranquille proietta anche dei film. Gruppi musicali promettenti potrete ascoltarli al *Caledonia Lounge*, al 256 W Clayton St. (T 706/549-5577, *www.caledonialounge.com*). Sul settimanale gratuito *Flagpole* (*www.flagpole.com*) troverete **l'elenco completo degli eventi musicali**.

Notizie utili

I pullman della Greyhound collegano Atlanta con Athens e si fermano al 220 W Broad St., mentre l'Athens Transit System gestisce le linee di **autobus** cittadine (ogni 30 min circa; $1,25¢ tariffa fissa). Il **centro visitatori**, ospitato nella Church-Waddel-Brumby House del 1820, la residenza più antica della città, si trova vicino al campus, al 280 E Dougherty St. (estate: lun-sab 10-18, dom 12-18, altrimenti lun-sab 10-17, dom 14-17; T 706/353-1820, *www.athenswelcomecenter.com*). Visite storiche della città, in autobus, partono alle 14 dal lunedì al mercoledì e dal venerdì alla domenica ($15; T 706/208-8687).

Trovare **alloggio** può essere un problema durante le partite di football e durante le cerimonie più importanti dell'università. Tra le varie alternative ci sono il *Courtyard by Marriott Athens Downtown*, al 166 N. Finley St. (T 706/369-7000, *www.marriott.com/ahncy*; 4) dal buon rapporto qualità-prezzo, l'*Hilton Garden Inn*, al 390 E Washington St. (T 706/353-6800, *www.hi-athens.com*; 4) oppure il B&B *The Colonels* all'interno della Angel Oaks Farm, proprio a 15 minuti dal centro, al 3890 Barnett Shoals Rd. con dieci camere (T 706/559-9595, *www.thecolonels.net*).

Come normalmente ci si aspetta da una città universitaria, Athens offre diverse proposte gastronomiche a prezzi accettabili. Gli appassionati dei R.E.M. potranno andare dritti al locale dal cui nome è stato tratto il titolo di uno dei loro album, **Automatic for the People**: si tratta del piccolo ristorante di soul food *Weaver D's*, pochi passi a est del centro, al 1016 E Broad St. (solo a pranzo; T 706/353-7797), che serve delizioso pollo fritto e cucina vegetariana. Il *The Grit*, anch'esso vicino al centro, sul lato nord-orientale, al 199 Prince Ave. (T 706/543-6592), offre eclettici piatti vegetariani a prezzi economici, mentre il *Mama's Boy*, proprio a sud del centro, al 197 Oak St. (T 706/548-6249), serve la migliore colazione della città. Athens vanta anche un gran numero di **bar**, nonostante in Georgia la legge ne imponga la chiusura domenicale. Il *The Globe* al 199 Lumpkin Street è un bar informale che serve anche cibo delizioso. Per una classica osteria provate il *The Georgia Bar*, al 159 W. Clayton St. (T 706/546-9884), dove una birra a buon mercato si accompagna a buone conversazioni.

Georgia centrale

A sud di Atlanta, **la Georgia centrale** è famosa più per la sua gente che per i suoi posti. **Otis Redding**, **James Brown**, **Little Richard** e gli **Allman Brothers** sono nati e cresciuti in questa terra. L'ex presidente **Jimmy Car-**

ter è nativo di Plains, circa 120 miglia (192 km) a sud della capitale.

Nei piccoli paesini c'è poco da vedere, sebbene **Juliette**, 20 miglia (32 km) a nord di Macon, sia il posto in cui il *Whistle Stop Café* serve pomodori verdi fritti dalla fama letteraria e cinematografica (🅣 478/992-8886; dom-ven 11-16, sab 11-20). **Vidalia** più a est, è nota come "la capitale delle cipolle più dolci del mondo". I centri più importanti sono Columbus, una spenta sede militare, e la piacevole **Macon**.

Macon

MACON, 80 miglia (130 km) a sud-est di Atlanta sulla I-75, rappresenta una piacevole sosta sulla strada per Savannah, soprattutto nel periodo in cui i suoi 280.000 **ciliegi**, celebrati in un festival a fine marzo, sono in fiore. Situata lungo l'**Ocmulgee River**, Macon fu fondata nel 1823 e diventò uno dei più importanti porti per il commercio del cotone.

Cittadina dove sono cresciuti **Little Richard**, **Otis Redding** e gli **Allman Brothers**, Macon è anche il posto in cui **James Brown** registrò, in una villa dall'aspetto improbabile, al 830 Mulberry St., il suo primo grande successo, "Please Please Please". Otis è anche ricordato da una statua di bronzo accanto all'Otis Redding Memorial Bridge. Duane Allman e Berry Oakley, morti in un incidente motociclistico, rispettivamente nel 1971 e 1972, sono seppelliti al **Rose Hill Cemetery** sul Riverside Drive, fonte di ispirazione per alcune canzoni della band. Le vite di questi personaggi sono tutte celebrate nel **Georgia Music Hall of Fame**, accanto al centro visitatori (vedi avanti) in Martin Luther King Jr. Blvd. e Walnut St. (lun-sab 9-17, dom 13-17; $8; 🅣 478/751-3334, *www.gamusichall.com*). I musicisti georgiani vengono celebrati in diversi spazi espositivi, tra cui una cappella gospel, un negozio consacrato al rock'n'roll e un bar con musica country. Vale la pena fare una visita anche al **Tubman African American Museum**, al 340 Walnut St. (lun-sab 9-17; $5; 🅣 478/743-8544, *www.tubmanmuseum.com*), il cui nome onora la leader degli Underground Railroad, Harriet Tubman, e che è consacrato all'arte, alla cultura e alla storia afroamericana.

Ocmulgee National Monument

Tra il 900 e il 1100, un gruppo di nativi migrarono dalla valle del Mississippi e spianarono quella terra che si affacciava sull'Ocmulgee River, circa 2 miglia (3 km) a est dell'attuale centro di Macon e che oggi è occupata dall'**Ocmulgee National Monument** (tutti i giorni 9-17; ingresso gratuito; *www.nps.gov/ocmu*). L'insediamento di capanne dai tetti di paglia non esiste più, nonostante siano ancora rimaste a testimonianza della loro esistenza due montagnole erbose, su cui si pensa sorgessero due templi. Vicino al centro visitatori, potrete accedere in una camera sotterranea, con pavimento in argilla, di un'**abitazione nel cuore della terra** adibita ai riti, che accoglie una serie di sedie realizzate a mano e un impressionante altare a forma di uccello.

Notizie utili

Il **centro visitatori** di Macon, alla Terminal Station, in fondo a Cherry Street (lun-sab 9-17.30; 🅣 478/743-3401 o 1-800/768-3401, *www.maconga.org*), è anche il punto da cui partono le **visite guidate in tram** ($15).

I pullman della **Greyhound** arrivano in città al 65 Spring St., dove si racconta che Little Richard abbia scritto la canzone "Tutti Frutti" lavando i piatti. Le alternative migliori per **pernottare** si trovano in centro: se volete sperimentare l'antica ospitalità della gente del Sud recatevi al *1842 Inn*, al 353 College St. (T 478/741-1842 o 1-800/336-1842, *www.1842inn.com*; 6), che propone una colazione tipica del Sud nel suo grazioso cortile. *La Quinta Inn & Suites*, al 3944 River Place Drive (T 478/474-8107 o 1-800/531-5900, *www.lq.com*), offre, a prezzi onesti, camere ben tenute e internet ad alta velocità.

Nonostante la maggior parte delle alternative **gastronomiche** proponga cucina del Sud, il *Bert's*, in centro al 442 Cherry St. (T 478/742-9100; chiuso dom), è un posto carino dove provare economici hamburger con feta greca a pranzo o costosi *wasabi tuna* a cena. Per un appetitoso soul food del Sud andate all'*H & H*, al 807 Forsyth St. (T 478/742-9810; lun-sab 6.30-16), un'istituzione a Macon. Troverete autentici **barbecue** del Sud al *Fresh Air Barbecue*, vicino a Jackson (T 478/775-3182), a 45 minuti di macchina fuori città, a nord, sulla US-23, in una baracca sul ciglio della strada che serve tutto il giorno maiale cotto affumicato su legna di noce.

Savannah

Non esistono città americane più belle di **SAVANNAH**, edificata sul fiume Savannah, 17 miglia (27 km) dalla costa e 20 miglia (32 km) a sud del confine di Stato del South Carolina. L'**historic district** (quartiere storico), caratterizzato da una serie di piazze con giardini ricchi di muschio e cuore della città antica, vanta edifici appartenenti a quasi tutti gli stili architettonici del XVIII e del XIX secolo. Il **lungofiume** pavimentato sul Savannah, invece, è fiancheggiato da vecchi e imponenti magazzini di cotone.

Savannah, fondata nel 1733 da **James Oglethorpe**, fu il primo insediamento della colonia inglese della Georgia. L'idea iniziale era farla diventare un rifugio per i debitori, lontano da cattolici, avvocati, senza superalcolici e, soprattutto, senza schiavi. Eppure, con l'arrivo dei coloni nel North Carolina nel 1750, anche qui ebbe inizio la coltivazione delle piantagioni, che si basava proprio sulla manodopera degli schiavi. Posta al termine di importanti linee ferroviarie la città diventò uno dei maggiori centri di esportazione in cui convergeva tutto il **cotone** proveniente da regioni lontane. Il generale Sherman arrivò qui nel dicembre del 1864, al termine della sua "marcia verso il mare" e, all'esortazione di Lincoln, si mise al lavoro per distribuire terre agli schiavi liberati. Questo fu il primo riconoscimento del bisogno latente di una "ricostruzione", anche se poi per gli schiavi non sarebbero state adottate molte altre misure economiche concrete.

Dopo la guerra di secessione, le piantagioni attraversarono un momento di difficoltà, il prezzo del cotone crollò e Savannah cadde in declino. Oltre il porto c'era una piccola industria che cadde in disuso e le graziose case a schiera e i viali alberati cittadini persero il loro splendore. Negli anni Sessanta i cittadini diedero avvio a quella che, più tardi, si sarebbe rivelata una riuscita ristrutturazione urbana e negli ultimi due decenni, il tranquillo **Savannah College of Art and Design** (SCAD), richiamando giovani artisti e rigenerando il centro, ha restituito a Savannah maggior vitalità.

A metà degli anni Novanta la città ha vissuto un periodo di rinnovata popolarità grazie al ruolo da protagonista nel best seller di John Berendt *Mezzanotte nel giardino del bene e del male*: un dettagliato racconto letterario e ci-

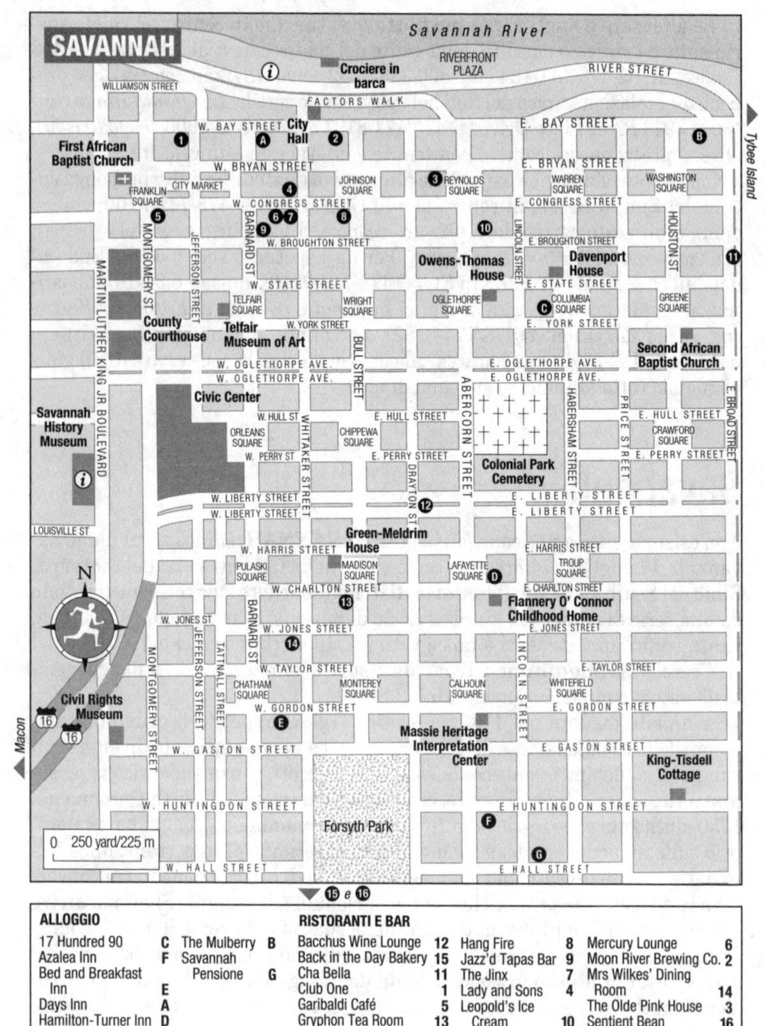

nematografico di un appassionante intreccio tra storie di travestimenti, riti voodoo e uccisioni.

Arrivo, informazioni e come muoversi

L'**aeroporto** di **Savannah** si trova 8 miglia (circa 13 km) a ovest della città e una corsa in centro in taxi vi costerà all'incirca $28. Sul lato occidentale del centro, al 610 W Oglethorpe Ave., trovate la **stazione degli autobus**, mentre 3 miglia (5 km) a sud-ovest, al 2611 Seaboard Coastline Drive, incontrate la **stazione dei treni**. Qui non arrivano gli autobus e una corsa in taxi fino al centro normalmente vi verrà a costare intorno ai $12.

Il quartiere storico è preferibile girarlo a piedi, ma se volete spingervi fuori città, la Chatham Area Transit (CAT; *www.catchacat.org*) gestisce un servizio gratuito di **CAT Shuttle** – le cui navette passano per il centro, il centro visitatori, il lungofiume e il mercato della città – nonché un discreto servizio di **autobus** ($1). Al **centro visitatori**, al 301 Martin Luther King Jr. Blvd. (lun-ven 8.30-17, sab e dom 9-17; ⓣ 912/944-0455, *www.savannahvisit.com*) sono disponibili mappe con i diversi itinerari. A River Street sul lungofiume c'è un altro piccolo ufficio di informazioni turistiche (tutti i giorni 10-22).

Il centro visitatori più importante offre una quantità di indicazioni sugli **itinerari a piedi** (molti hanno come tema "la caccia ai fantasmi") ed è punto di partenza per alcuni **tour sui tram**, che costano intorno ai $20. Potete anche scegliere i **tour in carrozza**, che partono da Reynolds e Madison Square ogni 20/30 minuti (tariffe a partire da $20; ⓣ 912/443-9333, *www.savannahcarriage.com*) o **le crociere sul fiume**, che partono da dietro il comune (con prezzi a partire da $18; ⓣ 1-800/786-6404, *www.savannahriverboat.com*).

Alloggio

Teoricamente, i posti migliori per dormire a Savannah si trovano nel **quartiere storico**, che è pieno zeppo di splendidi **B&B** e qualche albergo carino. Per chi ha un budget limitato, si possono però trovare le solite catene di **motel** vicino alla stazione Greyhound e, appena fuori, sulla Ogeechee Road (US-17). Il **campeggio** più vicino è 6 miglia (circa 10 km) a sud-est, a Skidaway Island State Park (con prezzi a partire da $25; ⓣ 1-800/864-7275).

17 Hundred 90 307 E President St. ⓣ 912/236-7122, *www.17hundred90.com*. La pensione più antica della città, che si dice sia infestata da fantasmi, con un bar ricco d'atmosfera e un elegante ristorante. Le camere sono piccole, ma, molte, dotate di originali caminetti in mattoni. ❻

Azalea Inn 217 E Huntingdon St. ⓣ 912/236-2707 o 1-800/582-3823, *www.azaleainn.com*. Incantevole e accogliente B&B, con dieci camere luminose, con servizi privati e arredi deliziosi, e un'accogliente piscina nel giardino. Superbe colazioni del Sud vengono servite quotidianamente, cene formali molto più di rado. ❻

Bed and Breakfast Inn 117 W Gordon St. ⓣ 912/238-0518, *www.savannahbnb.com*. B&B dall'ottimo rapporto qualità-prezzo, in due residenze del 1853 che si affacciano sull'ombreggiata Chatham Square: la prenotazione è obbligatoria. ❹

Days Inn 201 W Bay St. ⓣ 912/236-4440, *www.daysinn.com*. Anche se non ha l'atmosfera tipica di un B&B, è un'opzione abbordabile in una posizione centrale. ❹

Hamilton-Turner Inn 330 Abercorn St. ⓣ 912/233-1833 o 1-877/468-8849, *www.hamilton-turnerinn.com*. Sontuoso B&B in stile secondo impero francese del 1873 con diciassette camere che si affacciano su Lafayette Square. ❼

The Mulberry 601 E Bay St. ⓣ 912/2381-200 o 1-877/468-1200, *www.savannahhotel.com*. Accogliente albergo gestito dalla catena *Holiday Inn* dalla tipica atmosfera di un B&B. Una Jacuzzi sul tetto, piscina, cortile e camere lussuose con vedute sul fiume. ❻

Savannah Pensione 304 E Hall St. ⓣ 912/236-7744. Questo antico ostello, in un palazzo del victorian district (quartiere vittoriano), non offre più letti singoli in camerate. I prezzi delle camere semplici sono molto a buon mercato: è un'opzione economica per coppie o amici che viaggiano in compagnia. ❷

La città

Il **quartiere storico** di Savannah è costeggiato dal fiume a nord, da Martin Luther King Jr. Boulevard a ovest e da Broad Street (che da qualche tempo è stata rimpiazzata da Broughton Street come la principale strada commerciale del centro) a est. Per una panoramica sulla città visitate il **Savannah Hi-**

story Museum, accanto al centro visitatori nella restaurata Railroad Station, al 303 Martin Luther King Jr. Blvd. (lun-ven 8.30-17, sab e dom 9-17; $4,25).

Il modo migliore per gustarvi l'atmosfera della città è passeggiare per le sue strade fiancheggiate da abitazioni in stile federale, regency e in quello precedente alla guerra di secessione, dalle persiane sbarrate e con intricati balconi lavorati in ferro intarsiato e con dettagli interessanti. Anche la stupenda **vegetazione** subtropicale non è da meno. Più di venti **piazze** residenziali ombreggiate **con giardini** rifulgono di alberi drappeggiati di muschio spagnolo

△ Lafayette Square

e con la loro ombra offrono sollievo dall'intensa calura estiva. Forrest Gump raccontò la sua storia seduto su una panchina in **Chippewa Square**, i fan appassionati del film scopriranno però che la panchina non esiste più e che al suo posto si può invece ammirare una maestosa statua di James Oglethorpe.

Gran parte dei turisti si limita a visitare alcune antiche **abitazioni**, come la georgiana **Davenport House**, al 324 E State St. (lun-sab 10-16, dom 13-16; $8; *www.davenporthousemuseum.org*), che vanta una scalinata ellittica. La **Green-Meldrim House**, su Madison Square (mar, gio e ven 10-16, sab 10-13; $7), è invece una casa in stile neogotico che il generale Sherman utilizzò come suo quartier generale. Le sue ringhiere in ferro sono un raro esempio dell'arte del periodo precedente alla guerra di secessione; la maggior parte delle ringhiere e dei cancelli a Savannah si fuse completamente proprio durante la guerra di secessione. Quasi tutti i balconi e le inferriate che vedete oggi in città sono delle copie più recenti. La maestosa **Sorrel Weed House**, tra West Harris Street e Bull Street dall'altra parte di Madison Park (tutti i giorni 10-17; $10), è stata una delle prime due case a essere ritenuta un punto di riferimento per lo Stato della Georgia. In questa casa, che si dice sia la più infestata di fantasmi, vengono organizzati dei ghost tour notturni.

Una casa del periodo regency progettata dall'architetto inglese William Jay, su Telfair Square, costituisce il cuore del **Telfair Museum of Art**, al 121 Barnard St. (lun, mer, ven e sab 10-17, gio 10-20, dom 12-17; $10; *www.telfair.org*), il museo d'arte più antico del Sud. Nel 2006 ha aperto il **Jepson Center for the Arts** del Telfair: il centro ospita mostre temporanee che espongono le opere degli artisti del Sud e di Savannah e i bambini apprezzeranno i gadget ad alta tecnologia dell'ArtZeum. Un'altra residenza progettata da Jay a soli 24 anni, l'**Owens-Thomas House**, al 124 Abercorn St., costituisce il terzo edificio del Telfair (lun 12-17, mar-sab 10-17, dom 13-17, $10 il biglietto consente l'ingresso a tutti e tre gli edifici).

Non sarà certo un esempio rilevante dell'architettura del periodo precedente alla guerra di secessione, ma vale comunque la pena visitare la **Flannery O'Connor Childhood Home** al 207 E. Charlton St. (sab e dom 13-16; $4). Questo leggendario romanziere del Sud, autore di racconti gotici, visse in questa casa dalla nascita nel 1925 fino al 1938.

Nella parte meridionale del quartiere storico, su Calhoun Square, il **Massie Heritage Center**, al 207 E Gordon St. (lun-ven 9-16; $3), è ospitato nella sede della prima scuola elementare pubblica di Savannah e ravviva l'architettura della città con mostre sui quartieri vicini e sul loro sviluppo.

In fondo alla ripida scogliera sotto Bay Street, il **lungofiume** di Savannah assomiglia a un porto europeo del Settecento. La via principale, **River Street**, è cosparsa di zavorre portate da velieri scomparsi da tempo e da grossi depositi di cotone in mattone che si dice siano infestati dai fantasmi degli stivatori schiavi. Oggi è una zona turistica, popolata da ristoranti di pesce e da bar strabordanti di folle in festa.

Due isolati a sud del centro visitatori, al 460 Martin Luther King Jr. Blvd., il **Ralph Martin Gilbert Civil Rights Museum** (lun-sab 9-17; $4) documenta il ruolo significativo di Savannah nella **storia dei neri**. Con un intenso programma di sit-in, attacchi sulle spiagge per soli bianchi a Tybee Island e quindici mesi di boicottaggio al negozio locale della Levy's (il più lungo boicottaggio nella storia del movimento) Savannah si mostrò attiva nelle campagne degli anni Sessanta; nel 1964, il Dr. King la definì "la città del Sud più integrata sulla linea Mason-Dixon".

La storia afroamericana è rievocata anche nella **First African Baptist Church** del 1775 al 23 Montgomery St.: la chiesa più antica dei neri nel Nord America, costruita dagli schiavi. Al pianterreno, le forme losangate create dalle buche sul pavimento erano in realtà buche di aerazione per gli schiavi, che si nascondevano in spazi sotterranei angusti, a circa 1,5 m di profondità, nell'attesa di scappare in un rifugio sicuro lungo i binari sotterranei. Nella **Second African Baptist Church**, al 123 Houston St., il generale Sherman lesse la Proclamazione dell'Emancipazione nel dicembre del 1864 e pronunciò il famoso **Field Order #15**, con cui ricompensava ogni schiavo liberato con sedici ettari di terreno e un mulo.

A sud-est del centro, il **quartiere vittoriano** si sta lentamente rinnovando e conta un paio di ottimi musei. Il cuore di questo processo di rinnovamento è il **King-Tisdell Cottage**, al 514 E Huntingdon St. (mar-sab 12-17; $4; *www.kingtisdell.org*): oltre alla collezione dei cestini gullah e delle sculture africane in legno, ripercorre la storia africana prima e dopo della guerra di secessione. Il **Beach Institute**, al 502 E Harris St. (mar-sab 12-17; $4), la prima scuola per schiavi liberati della Georgia, oggi ospita una galleria d'arte afroamericana con una mostra permanente di sculture in legno dell'artista folk Ulysses Davis.

Dieci minuti di macchina a est di Savannah si trova il **Bonaventure Cemetery**, al 330 Bonaventure Rd., immerso tra gli alberi, che declina verso Wilmington River. Il cimitero delle personalità importanti della città, come Johnny Mercer e Conrad Aiken, è anche uno dei luoghi più importanti descritti con grande efficacia in *Mezzanotte nel giardino del bene e del male*.

Mangiare

Savannah conta un gran numero di **ristoranti**. Gran parte di quelli che si trovano sul **lungofiume** sono comuni. Molto meglio dirigersi verso **City Market** – quattro edifici di magazzini di grano a pochi isolati dal fiume – che è il quartiere dove troverete i migliori ristoranti e locali del centro.

Back in the Day Bakery 2403 Bull St. ⓣ 912/495-9292. Panetteria artigianale aperta di recente dove si prepara tutto al momento, anche i *red velvet cupcake*. Serve anche gustose prelibatezze, come magnifici panini al prosciutto. Mar-ven 8-16, sab 8-15.

Cha Bella 102 E Broad St. ⓣ 912/790-7888. Ristorante italiano contemporaneo all'estremità orientale del centro, con cucina mediterranea di alta qualità e una forte predilezione per gli ingredienti naturali. Mar-dom 5.30-22.

Garibaldi Cafe 315 W Congress St. ⓣ 912/232-7118. Questo ristorante d'atmosfera di City Market, dagli specchi dorati e soffitti decorati con rivestimento di metallo, serve piatti deliziosi di cucina italiana settentrionale, nouvelle cuisine e frutti di mare.

Gryphon Tea Room Tra Bull e Charlton St. ⓣ 912/525-5880. Questa graziosa sala da tè, frequentata da una multiforme clientela di studenti d'arte, professori e signore e ospitata in una vecchia farmacia con bancone originale, pavimento piastrellato e specchi, è ricca d'atmosfera. Vi offriranno centinaia di tè speciali, ottimi spuntini e torte che fanno venire l'acquolina in bocca; l'ora per gli aperitivi oscilla tra le 16-18. Chiuso la dom.

Lady and Sons 102 W Congress St. ⓣ 912/233-2600. Grazie alla lunga esposizione mediatica, al ristorante del Sud di Paula Deen, tutti i giorni c'è gente che fa la fila per i buffet di pollo fritto, per il low country boil e per altri piatti simili. Molta gente del posto insiste nel dire che non c'è paragone con *Mrs Wilkes* (vedi avanti).

Leopold's Ice Cream 212 E Broughton St. ⓣ 912/234-4442. Stratton Leopold, produttore di Hollywood, ha rinnovato questa antica gelateria di famiglia, in attività dal 1919, e propone gelati artigianali, oltre a un menu ricco di panini, insalate e hamburger.

Local 11 Ten 1110 Bull St. ⓣ 912/790-9000. In questo locale, in cui il termine "locavore" (chi mangia cibi prodotti esclusivamente in loco) è interpretato alla lettera, troverete tutte le ultime e stuzzicanti interpretazioni stagionali dei piatti della regione del Low Country, italiani e francesi, dettagliate liste dei vini e cocktail fantasiosi. Prenotazione consigliata. Aperto a pranzo mar-sab.

Mrs Wilkes' Dining Room 107 W Jones St. ☎ 912/232-5997. Una vera esperienza meridionale in questa istituzione locale con buffet a $16. I clienti siedono intorno ad ampi tavoli dinanzi a montagne di pollo fritto, patate dolci, spinaci e spaghetti. Non c'è un'insegna all'esterno per cui andate presto e mettetevi in fila. Lun-ven 11-14. Non si accettano carte di credito.

The Olde Pink House 23 Abercorn St. ☎ 912/232-4286. Con la sua facciata in stile regency, questo posto sembra troppo bello per essere vero; la cucina del Low Country, ricca di pesce è davvero deliziosa. Aperto solo a pranzo.

Sentient Bean 13 E. Park Ave. ☎ 912/232-4447. Questa spaziosa ma accogliente tavola calda che si affaccia su Forsyth Park offre squisiti piatti vegetariani e ottimo caffè proveniente dal commercio equo solidale. Il locale è diventato punto di incontro per attivisti del posto, appassionati del movimento D.I.Y., cantanti e cantautori.

Divertimento e vita notturna

La **vita notturna** di Savannah è decisamente tranquilla. I locali tra City Market e il fiume chiudono più o meno agli stessi orari. È l'unico posto in quasi tutti gli Stati Uniti (New Orleans è un'altra eccezione), in cui si possono bere **alcolici** per strada. Per avere informazioni dettagliate sugli **spettacoli**, consultate il settimanale gratuito *Connect* (*www.connectsavannah.com*).

Savannah vanta la più alta concentrazione di popolazione irlandese procapite degli Stati Uniti e il **St. Patrick's Day** (17 marzo) è un evento eccezionale: circa un milione di persone in festa si riversa in città a tracannare copiose quantità di Guinness; molti invece dei 130.000 residenti scelgono proprio questi giorni per allontanarsi dalla città.

Bacchus Wine Lounge 102 E. Liberty St. ☎ 912/235-4447. Questo elegante e raffinato spazio dalle ampie vetrate offre una lunga lista di marche pregiate di vini.

Club One 1 Jefferson St. ☎ 912/232-0200. Discoteca per gay decadente: tra gli spettacoli di drag queen che si tengono una volta al mese troverete anche quelli di Lady Chablis; ingresso aperto a tutti.

Hang Fire 37 Whitaker St. ☎ 912/443-9956. Ritrovo in centro città per appassionati di jazz dove la birra PBR (Pabst Blue Ribbon) scorre a flutti. In questo piccolo locale, dove alcune serate sono animate da dj, si accalca, sul tardi, una folla festosa di ventenni-trentenni.

Jazz'd Tapas Bar 52 Barnard St. ☎ 912/236-7777, *www.jazzdsavannah.com.* Bar postmoderno di City Market al pianterreno dell'ex grande magazzino Kress. Serve *tapas* tipiche della cucina del Sud (del tutto diverse da quelle spagnole) e propone spettacoli serali dal vivo di musica jazz e blues (tranne lun).

The Jinx 127 W Congress St. ☎ 912/236-2281, *www.thejinx.net.* Primo club rock di Savannah, a City Market, propone anche delle serate danzanti.

Mercury Lounge 125 W Congress St. ☎ 912/447-6952. Bar super trendy, con arredamenti eccentrici, musica swing e jazz dal vivo.

Moon River Brewing Co. 21 W Bay St. ☎ 912/447-0943. Popolare pub-birreria vicino al lungofiume.

Dintorni di Savannah

Tybee Island, 18 miglia (circa 30 km) a est della città sulla US-80, vanta la **spiaggia** migliore della zona e un **faro** del 1736 alto 53 m (tutti i giorni tranne mar 9-17.30; $6). Old Savannah Tours gestisce un servizio giornaliero estivo di **autobus navetta** ($10 andata e ritorno; ☎ 912/234-8128 o 1-800/517-9007, *www.oldsavannahtours.com*). Tra gli **alloggi** troverete il *DeSoto Beach Hotel*, degli anni Trenta, al 212 Butler Ave. (☎ 912/786-4542 o 1-877/786-4542, *www.desotobeachhotel.com*; ❺) con vista sull'oceano. Per la **cucina** del **Low Country**, provate il *The Crab Shack*, al 40 Estill Hammock Rd (☎ 912/786-9857), nei pressi del fiume, se riuscite a trovarlo, per i suoi granchi e gamberi freschi. Dalla strada principale che porta verso la spiaggia prendete quella a destra, circa 2 miglia (3 km) prima dello svincolo per il faro.

Il **Fort Pulaski National Monument**, vicino alla US-80 E nella direzione per Tybee Island (tutti i giorni: estate 9-17.30, resto dell'anno 9-17; $3; *www.nps.gov/fopu*), è il più interessante tra i forti. Imponente roccaforte dei confederati, a un certo punto della storia, fu la prima fortezza in muratura a essere colpita dal fuoco dei cannoni. 10 miglia (16 km) a sud di Savannah, al 7601 Skidaway Rd., si trova il **Wormsloe State Historic Site** (mar-sab 9-17, dom 14-15.30; $4; *www.wormsloe.org*): un'importante piantagione nel XVII secolo e le rovine di cemento della casa fortificata del colono inglese Noble Jones sono oggi ricoperte di palme e alberi. All'interno, un museo narra la storia dei primi insediamenti di Savannah.

Gran parte della costa della Georgia è costituita da una striscia del **National Wildlife Refuges** (Rifugio nazionale di animali e piante selvatiche), sulle piccole isole paludose della **catena delle isole barriera**. Vale la pena fare una deviazione per visitare **Blackbeard Island**, **Wolf Island**, **Pinckney** o **Wassaw**, dove le paludi, popolate di uccelli che nidificano, offrono grandi possibilità di pesca.

Brunswick e la costa meridionale

BRUNSWICK, l'unico insediamento piuttosto grande a sud di Savannah, è un punto di partenza per dirigersi al largo delle **sea islands**. Il paese in se è industriale, nonostante il bacino dei gamberi, quando la pesca è aperta, può risultare abbastanza interessante. Se vi fermate qui una notte, il **centro visitatori**, al 4 Glynn Ave. (tutti i giorni 8.30-17; Ⓣ 912/265-0620 o 1-800/933-2627, *www.bgivb.com*), dispone di un elenco di **motel** economici e di **B&B** centrali. Un'alternativa più insolita è il meraviglioso *Hostel in the Forest*, circa 2 miglia (3 km) a ovest della I-95, all'uscita 6, raggiungibile attraverso un accesso fangoso sul lato sud della US-82 (Ⓣ 912/264-9738, *www.foresthostel.com*). Per $20 a persona avrete un letto in una camerata in una struttura geodetica o una camera privata in una delle otto case costruite sugli alberi. Il prezzo comprende una cena in comune, in cambio di una mano nelle piccole faccende domestiche. Nelle vicinanze la **cucina** migliore la potete provare al superlativo *Georgia Pig*, in uno scenario improbabile, accanto al distributore di benzina, all'uscita 6 sulla I-95, in direzione della Hwy 17 (Ⓣ 912/264-6664), dove si cucina carne alla griglia affumicata nonché piatti locali di Brunswick con spezzatini, insalate a base di cavolo e fagioli al forno.

Le sea islands

Alcune **sea islands** della Georgia, come quelle del South Carolina, dopo la guerra di secessione furono divise tra schiavi liberati. Queste isole rimasero comunque povere comunità agricole, con poco di turistico da offrire. Tuttavia per chi vive nell'entroterra e necessita di vacanze sulla spiaggia, queste isole rappresentano delle comode alternative alle coste della Florida.

Jekyll Island

Le **isole del sud** sono quelle più sviluppate, grazie soprattutto a **Jekyll Island**, che fu comprata nel 1887, come "club" esclusivo di un gruppo di miliardari tra cui i Rockefeller, i Pulitzer, i Macy e i Vanderbilts. Troverete un piccolo **welcome center** su un sentiero rialzato (tutti i giorni 9-17; ☎ 912/635-3636 o 1-877/453-5955, *www.jekyllisland.com*), anche se una più utile visione d'insieme sulla storia dell'isola la fornisce il **Jekyll Island Museum Center** (tutti i giorni 9-17). Per raggiungerlo, una volta pagato il pedaggio di $3 per entrare nell'isola, girate a sinistra e poi dirigetevi verso Riverview Drive sulla Stable Road; il museo gestisce anche visite guidate delle ville signorili che partono ogni ora, al costo di $10. Il "quartiere storico" si concentra intorno all'antico edificio del club, dalle forme irregolari che, come il *Jekyll Island Club Hotel*, oggi offre **alloggi** eleganti e sorprendentemente alla portata (☎ 912/635-2600 o 1-800/535-9547, *www.jekyllclub.com*; ❺). C'è un **campeggio** un po' più a nord (☎ 1-866/658-3021; tariffe a partire da $21), vicino al luogo in cui le tartarughe caretta caretta depongono le uova.

St. Simon's Island e Cumberland Island

Gran parte di **St. Simon's Island**, raggiungibile attraversando una palude dalle acque verdi (pedaggio 35¢), ha mantenuto un panorama evocativo di palme e querce secolari ricoperte di muschio spagnolo. Il villaggio è piacevolmente rilassante e la vicina spiaggia è bella per fare delle passeggiate, le forti correnti però rendono il **nuoto** poco sicuro: andate invece sul lato orientale dell'isola, dove la spiaggia si estende per chilometri. La Southeast Adventure Outfitters, al 313 Mallory St. (☎ 912/638-6732, *www.southeastadventure.com*), affitta **kayak** e promuove tour di osservazione degli uccelli e dei delfini. Il **Fort Frederica National Monument**, 7 miglia (circa 11 km) dal sentiero rialzato (tutti i giorni 9-17; $30 per l'auto), fu costruito dal generale Oglethorpe nel 1736 come il forte inglese più grande nel Nord America e che da allora giace in stato di abbandono.

Oltre ai graziosi **resort**, come il *Sea Palms*, al 5445 Frederica Rd. (☎ 912/638-3351 o 1-800/841-6268, *www.seapalms.com*; ❹), le cui camere si affacciano sulle paludi, tra le alternative per **alloggiare** troverete il *Saint Simon's Inn*, al 609 Beachview Drive, a un isolato dalla spiaggia vicino al villaggio (☎ 912/638-1101, *www.stsimonsinn.com*; ❹). Il posto migliore per **mangiare** è il *Frannie's Place Restaurant*, al 318 Mallory St. (☎ 912/638-1001), famoso per il suo stufato di Brunswick; provate anche tutti i panini speciali, le insalate di cavolo e i dolci.

A sud, **Cumberland Island** è un'oasi incontaminata di paludi, spiagge e foreste tropicali in cui si aggirano cavalli allo stato brado e dove troverete le sorprendenti rovine della residenza abbandonata del piantatore. Potete arrivarci prendendo il traghetto dal villaggio di St. Mary's, sulla terraferma vicino al confine con la Florida (marzo-novembre: tutti i giorni 9 e 11.45; dicembre-febbraio: gio-lun 9 e 11.45; 45 min; $15 andata e ritorno).

Okefenokee Swamp

La fitta **palude di Okefenokee**, oltre 30 miglia (48 km) a sud-ovest di Brunswick, si estende per quasi 30 miglia fino alla Florida. Tra piante e alberi rigogliosi si nascondono oltre una trentina di specie tra serpenti, orsi, puma e alligatori. Si può entrare solo attraverso l'**Okefenokee Swamp Park**, concessione di un ente privato di beneficenza, all'estremità nord-est, sulla Hwy 177 vicino alla US-23/1 (tutti i giorni 9-17.30; $15; ☎ 912/283-0583, *www.okeswamp.com*). L'ingresso consente l'accesso al centro interpretativo sulla fauna e la flora, a una torre di osservazione e a edifici pionieristici ricostruiti; pagando $12-30 in più, potrete esplorare le paludi attraverso un'**escursione in barca** (assicuratevi di ungervi con un repellente per gli insetti). Quanto all'alloggio, **Waycross**, nelle vicinanze, 10 miglia (16 km) a nord, ospita **motel** economici come il *Pinecrest*, al 1761 Memorial Drive (Ⓣ 912/283-3580; ❶). Nei paraggi il *Laura Walker State Park*, proprio a nord della palude, al 5653 Laura Walker Rd. (Ⓣ 912/287-4900 o 1-800/864-7257), conta 44 tende e camper a $23 a notte.

Kentucky

Sono passati duecento anni da quando fu strappato ai nativi e il **KENTUCKY** non ha ancora deciso se appartenere al Nord o al Sud. Entrambi i presidenti, Abraham Lincoln e Jefferson Davis, rivali durante la guerra di secessione, nacquero in questo Stato, e profonde furono le divisioni fra i coloni proprietari di schiavi e i mercanti che dipendevano dal commercio con le vicine città del Nord industriale. E mentre lo Stato si dichiarava ufficialmente neutrale, gli abitanti del Kentucky si arruolavano in maggior numero nell'esercito dell'Unione rispetto a quello dei confederati. Dopo la guerra, osteggiando la Ricostruzione, lo Stato passò a parteggiare per il Sud e si mostrò propenso a seguire le tendenze politiche di quest'ultimo.

L'austera bellezza del Kentucky diventa più affascinante nell'**est** montuoso e nelle piccole cittadine storiche del **Bluegrass Downs**, le cui visite possono essere animate da diverse meraviglie come il bourbon, i cavalli purosangue e la musica bluegrass. La maggior parte di queste attrazioni si trova vicino alla riservata **Lexington**, uno dei più importanti mercati di allevamento di cavalli; la più elegante **Louisville**, sede del **Kentucky Derby**, sorge invece 80 miglia (128 km) a ovest ed è un animato centro industriale e d'arte.

Muoversi nel Kentucky

I limitati **trasporti pubblici** del Kentucky possono essere una vera e propria seccatura. Lungo l'interstatale a sud di Louisville e Lexington i collegamenti della Greyhound servono l'intero Stato, ma sono gli unici. L'Amtrak, invece, non presta servizio in questa zona. **Andare in bicicletta** è un'alternativa piacevole e fattibile, tuttavia **muoversi in macchina** è l'unico modo per raggiungere gran parte dello Stato.

Lexington, Bluegrass Country e il Kentucky orientale

Il **Bluegrass Downs**, che si estende da una parte all'altra dello Stato per 80 miglia (128 km), è il centro dell'industria che ruota intorno ai purosangue da corsa americana, e **Lexington**, una fiorente cittadina, ne è il cuore. Il nome *bluegrass* deriva dall'eccezionale lucentezza del blu elettrico dei boccioli nei prati, visibili solo nelle prime ore del mattino durante i mesi di aprile e maggio. I primi pionieri bianchi del Kentucky, che attraversarono negli anni Settanta del 1700 le 150 miglia (240 km) della regione selvaggia che oggi sono terreno del **Daniel Boone National Forest**, si stupirono nel trovare abbandonato questo "Eden" e del fatto che gli indiani vivessero in una terra molto meno affascinante. Più tardi gli archeologi scoprirono che il motivo di tale abbandono derivava dall'assenza di minerali nel terreno, che causava malattie mortali alle ossa. L'area intorno a Lexington ospita alcune delle città più antiche degli Allegani. Il Kentucky orientale, comunque, è molto povero dal punto di vista agricolo nonostante il bellissimo paesaggio delle regioni del **Natural Bridge** e del **Cumberland Gap**.

Lexington

La produttività dei campi delle graminacee ha rappresentato l'economia di **LEXINGTON** sin dal 1775, nonostante l'assenza di un fiume navigabile abbia sempre reso vulnerabili i commercianti nella competizione con Louisville. Tuttavia, l'attuale stato di benessere risale al periodo successivo alla prima guerra mondiale, quando Lexington si distinse come il mercato più importante del **tabacco burley**, sebbene oggi l'attività più cospicua sia il commercio dei **cavalli**, con circa 450 fattorie disseminate nella campagna circostante. È così che, Lexington, che vanta numerose eleganti abitazioni del periodo precedente alla guerra di secessione, assume un aspetto quasi agreste malgrado la popolazione superi i 200.000 abitanti.

Arrivo e informazioni

L'**aeroporto** di Lexington si trova 6 miglia (circa 10 km) a ovest della città lungo la US-60 W, vicino a Keeneland Racetrack. I pullman della **Greyhound** si fermano circa 1 miglio (1,6 km) a nord-est del centro, al 477 New Circle Rd., di fronte alla stazione degli autobus locali (l'autobus 3 va in centro). Lex-Tran (T 859/253-4636, *www.lextranonthemove.org*) gestisce un ottimo servizio per l'università e le periferie, tuttavia per raggiungere la zona di allevamento dei cavalli avrete bisogno di una **macchina**. Il **centro visitatori** si trova al 301 E Vine St. (lun-ven 8.30-17, sab 10-17, dom: maggio-agosto 12-17; T 859/233-7299 o 1-800/845-3959, *www.visitlex.com*) e distribuisce delle utili cartine con itinerari a piedi e in macchina. Per **informazioni** sugli eventi locali controllate il settimanale gratuito *ACE Weekly* (*www.aceweekly.com*).

Alloggio

Lexington conta pochi alloggi in centro, anche se ci sono **motel** economici nei pressi della I-75, e il centro visitatori (vedi sopra) può darvi una mano a cercare delle camere. Il **campeggio** migliore si trova a nord del centro all'Horse Park (T 859/233-4303, *www.kyhorsepark.com*; tariffe a partire da $15).

Gratz Park Inn 120 W Second St. T 859/231-1777 o 1-800/752-4166, *www.gratzparkinn.com.* L'albergo più prestigioso e antico del centro, con camere arredate in stile Ottocento e un ristorante di alta classe. 7

Holiday Inn North 1950 Newtown Pike T 859/233-0512, *www.hilexingtonnorth.com.* Grandissimo albergo della catena Holiday Inn, molto elegante, a nord-est del centro, che vanta un "Holidome", uno spazio coperto con una piscina, una sala sportiva e una palestra. 5

Homewood Suites 249 Ruccio Way T 859/223-0880 o 1-800/225-5466, *www.homewoodsuites.com.* Suite spaziose, dall'ottimo rapporto qualità-prezzo, in questo albergo situato in una zona popolata da centri commerciali 4 miglia (circa 7 km) a sud del centro. Considerando la vicinanza alle più

importanti autostrade è piuttosto tranquillo. ❺
La Quinta 1919 Stanton Way, all'incrocio della I-64 con la I-75, uscita 115 ☎ 859/231-7551 o 1-800/531-5900. Motel in una posizione comoda, con camere confortevoli e colazione continentale compresa nel prezzo. ❸

Swann's Nest B&B 3463 Rosalie Lane ☎ 859/226-0095, *www.swannsnest.com.* Un affascinante posticino rustico, che offre cinque suite dotate di comfort, in una tenuta di cavalli purosangue. ❺

Centro di Lexington

Uffici in vetro, passerelle e centri commerciali del centro cittadino, sorgono su un avvallamento sul Bluegrass Downs, e si concentrano intorno a **Triangle Park** e alle sue fontane. Oltre all'**University of Kentucky Art Museum**, nel Singletary Center for the Arts, a Rose Street ed Euclid Avenue (mar-dom 12-17, ven fino alle 8; ☎ 859/257-5716 *www.uky.edu/ArtMuseum*; ingresso gratuito), che espone arte contemporanea americana e manufatti dei nativi, ci sono poche cose da vedere. La migliore fotografia della città potete farla a **Thoroughbred Park**, in Main Street e Midland Avenue, dove un'imponente scultura di bronzo a grandezza naturale rappresenta una corsa di cavalli in movimento.

I cavalli di Lexington

Nelle vicinanze del villaggio **Paris** lungo gli **Ironworks pikes**, a nord-est di Lexington, in un idilliaco paesaggio del Kentucky, lucidi purosangue si impennano in prati di graminacee, alcuni ancora rinchiusi dietro staccionate dalle assi di un bianco immacolato. A occidente, potete assistere agli allenamenti mattutini dei cavalli sulle piste del **Keeneland** (aprile-ottobre: tutti i giorni alba-10; ingresso gratuito; ☎ 859/254-3412 o 1-800/456-3412, *www.keeneland.com*). Eleganti tribune dal colore verde scuro esaltano il bianco delle nuove staccionate che corrono lungo tutto il chilometro e mezzo della pista ovale, dove sono ospitate gare per tre settimane ad aprile (mer-dom 7.30) e a ottobre (mer-dom 13). Prenotate i biglietti ($6-15) telefonicamente oppure on line.

I **tour** negli allevamenti di cavalli sono molto di moda, tuttavia i proprietari cominciano a essere sempre più riluttanti. Il modo più semplice per visitare un allevamento è scegliere una visita guidata in autobus nella campagna di Lexington; il **Blue Grass Tours** (tutti i giorni 9 e 13.30$; $30; ☎ 859/252-5744 o 1-800/755-6956, *www.bluegrasstours.com*) propone un itinerario di tre ore, lungo un percorso di 50 miglia (80 km) che include una fermata a **Old Friends Farm** (*www.oldfriendsequine.org*) e una visita a Keeneland. Una delle poche tenute che organizza escursioni è la **Three Chimneys** (☎ 859/873-7053 *www.threechimneys.com*) a Old Frankfort Pike, circa 15 minuti a ovest del centro; le visite sono gratuite, ma è richiesta la prenotazione. Al **Thoroughbred Center**, al 3380 Paris Pike (aprile-ottobre: lun-sab 9; novembre-marzo: lun-ven 9; $10; ☎ 859/293-1853, *www.thethoroughbredcenter.com*) potrete vedere gli addestratori a lavoro. Nel divertente **Kentucky Horse Park**, di circa 412 ettari, un po' più avanti del 4089 Ironworks Parkway (metà marzo-ottobre: tutti i giorni 9-17; novembre-metà marzo: mer-dom 9-17; $9-15; ☎ 859/233-4303, *www.kyhorsepark.com*) troverete oltre trenta razze equine, una tenuta e la possibilità di **escursioni guidate a cavallo** ($22 extra); l'affascinante **International Museum of the Horse** ripercorre l'utilizzo dei cavalli nel corso della storia. Nelle vicinanze di Georgetown, a **Whispering Woods**, cavallerizzi esperti possono cavalcare senza l'aiuto di supervisori, mentre i principianti possono farlo con l'aiuto di una guida ($25 per 1 h, fino a $80 al giorno; ☎ 502/570-9663, *www.whisperingwoodstrails.com*).

Mangiare, bere e vita notturna

Grazie alla numerosa popolazione studentesca a Lexington si trovano diversi posti per **mangiare**, animati e frequentati da gente giovane oltre a tutti quei ristoranti che propongono specialità di bistecche di carne alle folle che assistono alle corse dei cavalli e a chi giunge in città per convegni. Le strade attorno a Broadway Street e Main Street ospitano alcuni bar animati, come l'*Horse & Barrel*.

Alfalfa Restaurant 141 E Main St. ☎ 859/253-0014. Tavola calda hippy che propone un'ampia scelta di piatti internazionali a buon mercato, con particolare attenzione ai piatti vegetariani e ai famosi pancake con grano saraceno. Alcune sere ospita spettacoli di musica dal vivo, oltre a esposizioni temporanee d'arte.

Atomic Café 265 N Limestone St. ☎ 859/254-1969. Una divertente atmosfera caraibica che si accompagna a ottimo cibo speziato e forti cocktail. Musica reggae dal vivo gio-sab e un piacevole spazio esterno.

Common Grounds 343 High St. ☎ 859/233-9761. Famosa tavola calda del centro, aperta tutti i giorni almeno fino a mezzanotte con musica dal vivo nel fine settimana. Un ottimo luogo di ritrovo per caffè, panini e semplici spuntini.

Keeneland Track Kitchen 4201 Versailles Rd. ☎ 859/254-3412. Un posto chiassoso per gustare abbondanti colazioni caserecce spendendo pochissimo, in compagnia di fantini e appassionati di cavalli.

Kentucky Theatre 214 E Main St. ☎ 859/231-6997, *www.kentuckytheater.com*. Antico palazzo del cinema degli anni Venti riportato al suo antico splendore proietta film anticonformisti e d'autore, ma è anche luogo di incontro per concerti rock, blues e jazz. Serve alcolici e discreti stuzzichini.

Metropol 307 W Short St. ☎ 859/381-9493. Accogliente ristorante del centro, ospitato in un edificio in mattoni del 1825, serve piatti di qualità come aragoste e ravioli.

Ramsey's Diner 496 E High St. ☎ 859/259-2708. Tavola calda molto popolare e d'atmosfera, con altre quattro sedi in città, propone gustosi panini, hamburger e piatti con prezzi che oscillano tra i $5-12. Aperto fino alle 13.

Bluegrass Country

Se escludiamo le tenute dei cavalli a nord, la maggior parte dei luoghi di interesse nei pressi di Lexington, tra cui le meravigliose città antiche di **Danville** e **Harrodsburg** e il restaurato **Shaker Village** a Pleasant Hill, si trovano a sud. Dopo circa 40 miglia (64 km), i prati lasciano spazio agli straordinari **Knob**: affioramenti grumosi, nascosti tra gli alberi e nubi basse e sottili, che rappresentano i resti erosi dell'altopiano del Pennyrile.

Lo Shaker Village a Pleasant Hill

L'utopico insediamento di **PLEASANT HILL**, nascosto tra le collinette di graminacee vicino a Harrodsburg, 26 miglia (circa 40 km) a sud-ovest di Lexington, fu fondato dai **missionari Shaker** provenienti dalla Nuova Inghilterra intorno al 1805. Per vent'anni, circa 500 abitanti del villaggio continuarono a produrre semi, strumenti e vestiti, che poi rivendevano in terre lontane come New Orleans. Durante la guerra di secessione, gli Shaker pacifisti furono costretti ad alloggiare temporaneamente le truppe sia dell'Unione sia dei confederati. Da allora in poi il villaggio cominciò a spopolarsi finché gli ultimi membri morirono nel 1923; un'organizzazione no-profit ha però ridato al villaggio l'aspetto originario del XIX secolo.

I valori degli Shaker fondati su celibato, igiene, semplicità e proprietà comune hanno lasciato il segno nelle trentaquattro abitazioni dai colori grigio e pastello, le cui entrate sono diverse per uomini e donne. Gli ospiti possono assistere a dimostrazioni che vanno dalle creazioni di scope, alla tessitura, all'imbottitura di piumini, ad altre attività artigianali tradizionali (aprile-ottobre: tutti i giorni 10-17; $14; novembre-marzo 10-16.30, ridotto programma di eventi; $7), e fare anche escursioni lungo il fiume a bordo del *Dixie Belle*, il piroscafo a vapore (fine aprile-ottobre: tutti i giorni 12, 14 e 16; $6). La **pensione** in loco offre camere dal buon rapporto qualità-prezzo e accoglie anche un superbo **ristorante** che propone specialità come prosciutto bollito, torta al limone e altri piatti del Kentucky (Ⓣ 859/734-5411 o 1-800/734-5611, *www.shakervillageky.org*; 4); prenotate con molto anticipo sia per mangiare che per dormire.

Berea

BEREA, 30 miglia (48 km) a sud di Lexington, proprio vicino alla I-75 sulle colline dove la Bluegrass Country si fonde con gli Appalachi, è sede dell'eccezionale **Berea College**, che offre insegnamento gratuito ai suoi 1500 studenti locali, in cambio di prestazioni di lavoro in uno dei centoventi mestieri, dal ricamo all'arte del ferro battuto. Fondato nel 1855, da abolizionisti, come collegio vocazionale per i giovani del Kentucky dell'Est, sia bianchi che neri, fu per quaranta anni l'unica università del Sud a integrazione razziale. La sua fama ha calamitato l'attenzione, sulla piccola Berea, di molte gallerie d'arte e artigianato. Per informazioni dettagliate e se volete comprare i prodotti dell'artigianato locale, visitate il **Kentucky Artisan Center** all'uscita 77 vicina alla I-75 (tutti i giorni 8-20; Ⓣ 859/985-5548, *www.kentuckyartisancenter.ky.gov*). Visite gratuite del campus e dei laboratori artigianali di studenti partono dalla splendida *Boone Tavern Inn*, una pensione e un ristorante gestito da studenti a Main Street e Prospect Street (Ⓣ 859/985-3700 o 1-800/366-9358, *www.berea.edu/boonetavern*; 5). Se avete un **budget** limitato, *Mario's Pizza*, al 636 Chestnut St. (Ⓣ 859/986-2331), è una buona alternativa.

Daniel Boone National Forest

Quasi tutto il lungo tratto orientale del Kentucky da nord a sud è occupato da gole profonde, strette vallate e scogliere di arenaria dell'incontaminata **DANIEL BOONE NATIONAL FOREST**. Pochi americani sono stati così mitizzati come **Daniel Boone**, che per primo esplorò la regione nel 1767, e che si annovera tra i primi pionieri ad aver cacciato animali da pelliccia del Kentucky. La leggenda più famosa è forse quella che racconta della sua cattura da parte dagli indiani shawnee che lo nominarono "sheltowee" o tartaruga gigante. Dopo aver studiato i piani di attacco degli indiani nei confronti delle comunità dei pionieri, la "tartaruga gigante" riuscì a fuggire in tempo per avvertire gli abitanti del suo insediamento di Boonesborough, a sud-est di Lexington. Sfortunatamente, Boone non riuscì a rendere legale la rivendicazione delle proprie terre e fu costretto a spingersi più a ovest verso il Missouri, dove morì nel 1820 all'età di 86 anni.

Se volete sostare in **campeggio** in questa zona, il *Twin Knobs*, a Salt Lick all'estremità nord della foresta, con una serie di strutture, rappresenta una buona alternativa (metà marzo-ottobre; $16; Ⓣ 1-877-444-6777).

Natural Bridge e dintorni

La particolare composizione geologica della **Red River Gorge**, 60 miglia (96 km) a est di Lexington lungo la Mountain Parkway, si può apprezzare meglio se si percorrono in macchina le 30 miglia (50 km) di anse a partire dal **Natu-**

ral Bridge State Resort Park sulla Hwy-77, vicino al villaggio di Slade. Il Natural Bridge è un enorme arco naturale in arenaria circondato da gole profonde e coste rocciose; per chi è restio a negoziare anche solo qualche miglio in arrampicata, c'è una seggiovia che corre in aiuto ($7 andata e ritorno). Oltre a sentieri per escursionisti, al canoismo, alla pesca, alle arrampicate sulla roccia e al campeggio, c'è **posto per dormire** nell'isolato *Hemlock Lodge* (**T** 606/663-2214 o 1-800/325-1710, *www.naturalbridgepark.com*; 4), dove i fine settimana possono essere prenotati anche con un anno d'anticipo.

Verso il sud

Nel 1940, il "colonnello" Harland Sanders, e per questo nominato membro dell'Honorable Order of Kentucky Colonels, aprì nella minuscola **Corbin**, 90 miglia (145 km) a sud di Lexington sulla I-75 una piccola tavola calda, il *Sanders Café*, insieme a un motel e a un distributore di benzina. Il suo impero, il **Kentucky Fried Chicken**, si è poi diffuso in tutto il mondo. L'antica tavola calda da cento posti, vicino all'incrocio della US-25 E con la US-25 W, è stata rinnovata, dotata di arredi anni Quaranta e un'enorme quantità di memorabilia (tutti i giorni 10-22; **T** 606/528-2163). Anche se il cibo servito è lo stesso di quello di qualsiasi altro KFC, l'atmosfera del posto è comunque caratteristica.

Al confine dei tre Stati del Kentucky, Tennessee e Virginia, il **Cumberland Gap National Historic Park** è uno dei luoghi più visitati della zona. Corridoio naturale utilizzato da cervi e bisonti per le loro migrazioni, l'area servì come ingresso verso l'occidente per Boone e gli altri pionieri. Il **Pinnacle Overlook**, un osservatorio a 340 m sui tre Stati, si trova vicino al **centro visitatori**, sulla US-25 E a Middlesboro (tutti i giorni 8-17; **T** 606/248-2817, *www.nps.gov/cuga*).

Louisville, Kentucky centrale e occidentale

In uno Stato che si basa essenzialmente sull'agricoltura, spicca **Louisville**, il gigante industriale con la sua vivace miscela di razze e culture. Raramente si preoccupa di promuovere quell'immagine di tranquillità tipica del Sud contrariamente a quanto si affannano a fare le altre zone dello Stato. Nell'entroterra **meridionale**, molte cittadine hanno conservato le piazze ombreggiate dagli alberi e le abitazioni del XIX secolo (e il loro rigido credo battista), mentre l'esteso sistema di grotte del **Mammoth Cave National Park** attira in massa migliaia di speleologi e scalatori. L'**occidente**, dove il fiume Ohio incontra il Mississippi, è piatto, ricco di boschi e, in generale, meno affascinante.

Louisville

LOUISVILLE, proprio a sud dell'Indiana e vicina al fiume Ohio, è nota a tutti gli americani per il suo multimilionario **Kentucky Derby**. Tutti gli anni, a maggio, la corsa dei cavalli richiama oltre mezzo milione di appassionati in questa cosmopolita città industriale e culturalmente ricca, che porta ancora con sé le tracce dei primi coloni francesi che giunsero su per il fiume da New Orleans. Louisville produce inoltre un terzo del **bourbon** del paese.

La storia della città è imperniata sull'eterna rivalità con Cincinnati, a solo 100 miglia (160 km) di distanza, che sorge invece sul fiume. E nonostante si fosse dimostrata a favore dell'Unione durante la guerra di secessione, da allora in avanti pensò da sola a promuovere se stessa (erigendo statue ai confederati) come *il* posto in cui investire per l'economia meridionale. Oggi, oltre a un vivace scenario artistico e ai numerosi festival che si tengono in tutta la città, Louisville vanta un'ottima rete di parchi pubblici. Un nativo del luogo che sfruttò gli impianti ricreativi fu il tre volte campione del mondo di pugilato nella categoria dei pesi massimi, **Muhammad Ali**, che era solito allenarsi di prima mattina sullo sfondo del pittoresco scenario di Chickasaw Park.

Arrivo e informazioni

La maggior parte delle linee aeree degli Stati Uniti atterrano all'**aeroporto internazionale di Louisville** (T 502/368-6524), 5 miglia (8 km) a sud del centro sulla I-65; per raggiungere il centro città potete prendere l'autobus 2 oppure pagare $18 per una corsa in taxi. Gli autobus della **Greyhound** terminano la loro corsa quasi in centro, al 720 W Muhammad Ali Blvd. I **tram** che attraversano il centro funzionano dalle 7.30 alle 20/22 durante la settimana e fino alle 18 il sabato, per 50¢. Il **centro visitatori** si trova tra Fourth Street e Jefferson Street (lun-sab 10-18, dom 12-17; T 502/379-6109 o 1-888/568-4784, *www.gotolouisville.com*) e propone sconti su alcune delle attrazioni. Per sapere quali sono gli eventi organizzati, consultate la **rubrica degli spettacoli** sulle pubblicazioni gratuite *LEO* (*Louisville Eccentric Observer*) o *Velocity*.

Alloggio

Le possibilità di **alloggio** a Louisville sono numerose, nonostante i prezzi in centro stiano lentamente salendo e nonostante siano naturalmente tutte prenotate per il Derby. Potete fermarvi al **campeggio** proprio in prossimità del fiume, a Clarksville, nell'Indiana, nel centrale *KOA* al 900 Marriott Drive (T 812/282-4474, *www.koa.com*).

Central Park B&B 1353 S Fourth St. T 502/638-1505 o 1-877/922-1505, *www.centralparkbandb.com*. Un lussuoso B&B in stile vittoriano con sette camere nel cuore del quartiere storico. 5

The Columbine B&B 1707 S Third St. T 502/635-5000 o 1-800/635-5010, *www.thecolumbine.com*. B&B vicino all'università, con sei camere, tutte con bagni privati, ospitato in una villa signorile con colonnati. Meravigliosi giardini e colazioni di ottima qualità. 5

Econo Lodge 401 S Second St. T 502/583-2841, *www.econolodge.com*. Un'alternativa quasi economica come quelle che troverete proprio in centro. La maggior parte delle camere sono semplici, ma assolutamente adeguate, mentre quelle più costose sono dotate di vasche con acqua calda. 3

Galt House 140 N Fourth St. T 502/589-5200 o 1-800/626-1814, *www.galthouse.com*. In questo enorme albergo di venticinque piani, su due edifici, sul lungofiume Ohio, si respira l'inconfondibile atmosfera del Kentucky, con grandiose sale da ballo, ampie scalinate e lunghi corridoi. 7

Hampton Inn Downtown Louisville 101 E Jefferson St. T 502/585-2200, *www.louisvilledowntown.hamptoninn.com*. Camere confortevoli e colazione a buffet inclusa nel prezzo, una piscina coperta e un centro benessere. 6

Centro di Louisville

Il **centro di Louisville** si estende dolcemente verso Main Street, per poi allungarsi improvvisamente verso il fiume. La **Riverfront Plaza**, tra Fifth Street e Sixth Street è uno dei più importanti punti di osservazione per le **cascate dell'Ohio** dall'altra parte del fiume. Due piroscafi a vapore, il *Belle of Louisville* e lo *Spirit of Jefferson*, effettuano delle crociere sul fiume salpando dal pontile a Fourth Street e in estate a River Road (lun-sab 12-14 e 19-21; estate solo dom 12-14; $16; ☎ 502/574-2355 o *www.belleoflouisville.org*). Persino chi non è appassionato di baseball rimarrà probabilmente stupito dal **Louisville Slugger Museum**, al 800 W Main St. (aprile-giugno: lun-sab 9-17; dom 12-17; luglio-16 agosto: lun-sab 9-18, dom 12-18; 18 agosto-novembre: lun-sab 9-17, dom 12-17; 1 dicembre-25 dicembre: lun-sab 9-17, dom 12-17; 26 dicembre-1 gennaio 2010: sab-mer 9-17, dom 12-17; $10; ☎ 502/588-7228, *www.sluggermuseum.com*). Le frequenti **visite** sono introdotte da un breve e suggestivo filmato che ritrae i più importanti tiri ottenuti con le mazze da baseball della Louisville Slugger e proseguono con la visione delle mostre che rendono omaggio ai giocatori più importanti e che danno delle chiare spiegazioni sul processo di produzione delle famose mazze in legno. Tutti i visitatori ricevono in omaggio una Louisville Slugger in miniatura.

Il museo più nuovo della città è il grandioso **Muhammed Ali Center**, accanto al fiume, al 144 N Sixth St. (lun-sab 9.30-17, dom 12-17; $9; ☎ 502/584-9254, *www.alicenter.org*), che, oltre a ripercorrere la storia della carriera dell'eroe locale di pugilato attraverso interessanti filmati multimediali, si concentra sul suo attivismo politico e sulla sua fede musulmana, presentate sotto una luce piacevolmente positiva. Lo **Speed Art Museum**, al 2035 S Third St., nel campus della University of Louisville (mar, mer e ven 10.30-16, gio 10.30-20, sab 10.30-17, dom 12-17; ingresso gratuito; ☎ 502/634-2700, *www.speedmuseum.org*), ospita mostre itineranti e consta di una piccola, ma interessante collezione permanente d'arte e scultura dal periodo medievale ai tempi moderni, con particolare attenzione alle opere di Rembrandt, Monet, Rodin, Henry Moore.

Mangiare

I **ristoranti** di Louisville soddisfano tutti i gusti, nonostante i prezzi del centro siano piuttosto alti.

Il Kentucky Derby

Il **Kentucky Derby** è una delle corse di cavalli più importanti al mondo; e come sostenne Hunter S. Thompson, è anche "decadente e depravata". Il Derby day si tiene il primo sabato di maggio, al termine delle due settimane del **Kentucky Derby Festival**. Dal 1875, il fior fiore della società del Sud si riunisce nell'elegante tribuna, a **Churchill Downs**, 3 miglia (5 km) a sud del centro, dove scommette, mangia *haute cuisine* e sorseggia bourbon alla menta, mentre decine di migliaia di proletari che tracannano birra si vanno ad ammassare nel campo vicino alla porta. Escludendo i biglietti per questa area del campo, disponibili tutti i giorni spendendo $40 (che non offrono nessuna reale opportunità di godere di una buona visione), tutti i posti sono già prenotati con mesi di anticipo. Attualmente la corsa, preceduta tradizionalmente da un'interpretazione del pubblico ubriaco di "My Old Kentucky Home" si disputa su una pista lunga 2 km, dura soltanto due minuti e prevede come premio circa un milione di dollari in denaro. Churchill Downs ospita anche razze purosangue da maggio a luglio e da ottobre a novembre (☎ 502/636-4400 o 1-800/283-3729).

L'eccellente e interattivo **Kentucky Derby Museum** (metà marzo-novembre: lun-sab 8-17, dom 12-17; dicembre-metà marzo: lun-sab 9-17, dom 11-17; $10; ☎ 502/637-7097, *www.derbymuseum.org*), accanto a Churchill Downs, al 704 Central Ave., affascinerà sia gli appassionati delle corse di cavalli sia i neofiti. L'ingresso include la visione di un magnifico documentario audiovisivo che fa rivivere l'atmosfera del Derby Day su uno schermo a 360° e una visita alle scuderie; una corsa a cavallo è possibile pagando un extra di $10.

Bristol Bar & Grille 1321 Bardstown Rd. ☎ 502/456-1702. Da sempre uno dei preferiti di Louisville, questo bar propone ottime insalate e piatti da bistrò, ma anche magnifici dessert. Altre due sedi sono situate al 300 N Hurstbourne Parkway e al 614 W Main St.

Café Kilimanjaro 649 S Fourth St. ☎ 502/583-4332. Piatti e bibite dai Caraibi, dall'Africa e dal Sud America in un ambiente rilassante dagli arredi tropicali.

Lynn's Paradise Café 984 Barrett Ave. ☎ 502/585-5966. Lo chef di fama nazionale Lynn Winter propone una cucina familiare in un'atmosfera accogliente ed eccentrica.

Ramsi's Café on the World 1293 Bardstown Rd. ☎ 502/451-0700. Piccolo ristorante d'atmosfera aperto di sera fino a tardi, che propone una selezione molto gustosa ed eclettica di piatti da tutto il mondo. Una succursale in centro, al 215 S Fifth St., apre come self service solo a pranzo durante la settimana.

Seviche 1538 Bardstown Rd. ☎ 502/473-8560. Elegante ristorante latino nell'animato quartiere di Deer Park, che si distingue per il ceviche, per i frutti di mare e piatti di carne cucinati secondo le ricette del Sud America. La maggior parte dei piatti costano oltre i $20.

Vietnam Kitchen 5339 S Mitscher Ave. ☎ 502/363-5154. Una piccola e semplice trattoria con un ricco menu, a 15 minuti di macchina in direzione Third St., dietro il centro commerciale Iriquois Manor. È il posto in cui gli chef asiatici della città mangiano quando sono liberi dal lavoro. Chiusi il mer.

Vita notturna e divertimento

Di fronte ad alcune bizzarre sculture, il **Kentucky Center for the Arts**, al 501 W Main, tra Fourth Street e Sixth Street (☎ 502/562-0100 o 1-800/775-7777, *www.kentuckycenter.org*), è la sede principale di Louisville per l'alta cultura. Mentre l'**Actors' Theatre of Louisville**, al 316 W Main St. (☎ 502/584-1205 o 1-800/428-5849, *www.actorstheatre.org*), è conosciuto a livello nazionale per le sue nuove produzioni. Se volete **bere** e ascoltare **musica dal vivo**, i circa 3 km intorno a Bardstown Road e Baxter Avenue (prendete l'autobus 17) sono punteggiati di bar e ristoranti piacevoli; i migliori club **gay** si trovano nella parte orientale del centro.

Connections 130 S Floyd St. ☎ 502/585-5752. Il migliore nell'ambiente gay di Louisville. Nel fine settimana, questo grande club, con giardino sul terrazzo, arriva a contenere oltre 2000 persone.

Headliners 1386 Lexington Rd. ☎ 502/584-8088, *www.headlinerslouisville.com*. Animato club e vetrina di band locali, nazionali e internazionali.

Molly Malone's 933 Baxter Ave. ☎ 502/473-1222. Divertente pub inglese e ristorante, con musica dal vivo la domenica e partite di calcio in TV.

Phoenix Hill Tavern 644 Baxter Ave. ☎ 502/589-4957, *www.phoenixhill.com*. Grande bar con quattro aree separate; saltuariamente ospita spettacoli nazionali in tournée.

Stevie Ray's 230 E Main St. ☎ 502/582-9945, *www.stevieraysbluesbar.com*. Come suggerisce il nome, un bar dove si suona musica blues ad alto volume.

I dintorni di Louisville

A sud di Louisville in direzione del Tennessee, il **Kentucky centrale** offre grandi possibilità per viaggi in macchina. C'è **Bardstown**, cittadina dall'incantevole fascino dove troverete bourbon invecchiato, e c'è **Hodgenville**, paese natale di Abraham Lincoln, anche se la più grande attrazione naturale è lo straordinario **Mammoth Cave National Park**, il più esteso sistema di grotte sotterranee al mondo.

Fort Knox

La leggendaria **FORT KNOX** si estende per 400 ettari sull'altro lato della US-31 W, 30 miglia (58 km) a sud-ovest di Louisville. L'antiaereo **Bullion Depository**, sulla Gold Vault Road, cinto da recinzioni di sicurezza, torrette mitragliatrici, guardie di pattuglia ed enormi riflettori, conserva nove milioni di sterline della banca centrale dell'oro dietro porte che pesano venti tonnellate ciascuna. Non sono consentite visite al deposito; potete soltanto fermarvi sulla strada per al massimo cinque minuti.

Bardstown e la terra del bourbon

L'affascinante **BARDSTOWN**, 40 miglia (64 km) a sud di Louisville, sulla US-31 E, è il posto dove assaggiare il **bourbon** del Kentucky, creato dai primi pionieri – così si racconta – quando Elijah Craig, un ministro battista, aggiunse mais agli usuali segale e orzo. Ereditato il nome dalla Bourbon County vicino a Lexington, il whiskey del Kentucky si guadagnò da subito una fama nazionale, grazie anche all'increspata acqua calcarea, alle rigide leggi sulla produzione e gli ingredienti e alle abilità dei piccoli distillatori.

Assaggiate il superalcolico all'**Oscar Getz Museum of Whiskey History** di Bardstown, a Spalding Hall, al 114 N Fifth St. (1 maggio-31 ottobre: lun-ven 10-17, sab 10-16, dom 12-16; novembre-aprile: mar-sab 10-16, dom 12-16, ingresso gratuito; Ⓣ 502/348-2999, *www.whiskeymuseum.com*). 14 miglia (quasi 23 km) a ovest, a **Clermont**, potete fermarvi al **Jim Beam American Outpost** (lun-sab 9-16.30, dom 13-16; ingresso gratuito; Ⓣ 502/543-9877), che presenta un museo divulgativo, un filmato sul processo di produzione del whiskey, una distilleria all'aperto, un museo sulla produzione di barili e la casa di famiglia dei Beam. La **Maker's Mark Distillery**, 20 miglia (32 km) a sud sulla Rte-49 di Bardstown vicino a **Loretto**, è una serie di casette sperdute in legno dai colori nero, rosso e grigio, meravigliosamente restaurate, in cui si distilla il whiskey ancora manualmente (lun-sab 10.30-15.30, dom: marzo-dicembre 13.30-15.30; ingresso gratuito; Ⓣ 502/865-2099, *www.makersmark.com*). Ma non aspettatevi nemmeno una degustazione: gran parte del Kentucky rurale è **proibizionista**.

Casa natale di Abraham Lincoln

Il 12 febbraio del 1809, **Abraham Lincoln**, il sedicesimo presidente degli Stati Uniti, figlio di un contadino errante e, a detta di alcuni, di una madre priva di istruzione e illegittima, nacque in una zona selvaggia di frontiera, in una capanna di legno con un'unica stanza. 3 miglia (5 km) a sud di Hodgenville, sulla US-31 E, il **National Historic Site** (estate: tutti i giorni 8-18.45; resto dell'anno: tutti i giorni 8-16.45; ingresso gratuito; Ⓣ 270/358-3137, *www.nps.gov/abli*) ospita una riproduzione simbolica della capanna natale, racchiusa all'interno del Memorial Building, una costruzione in granito e marmo con 56 gradini, che simboleggiano gli anni della vita di Lincoln. Potete soggiornare sul posto in una delle tre rustiche *Nancy Lincoln Inn Cabins* (Ⓣ 270/358-3845; ③). Nel 1811 la famiglia si trasferì a nord-est, 10 miglia (16 km) di distanza, nella zona di **Knob Creek**, dove risalgono i primissimi ricordi di Lincoln legati alle immagini di schiavi incatenati e spinti a forza lungo la strada. Qui potrete visitare un'altra riproduzione della casa in cui visse lo stesso Lincoln durante l'adolescenza (tutti i giorni: aprile-ottobre orari variabili; ingresso gratuito).

Mammoth Cave National Park

Le 365 miglia (584 km) di passaggi labirintici (con in media 5 nuove miglia (8 km) che vengono scoperte ogni anno) e grotte a cupola del **MAMMOTH CAVE NATIONAL PARK** si trovano a 10 miglia (16 km) di distanza dalla I-65, 90 miglia (144 km) a sud di Louisville. Le straordinarie formazioni geologiche, scolpite dall'acidità dell'acqua che stilla attraverso il calcare, vantano una stupefacente esposizione di stalattiti e stalagmiti, un'imponente cascata di depositi di minerali nota con il nome di **Frozen Niagara** e il **fiume Echo**, che scorre a 125 m di profondità, popolato da rare specie di pesci ciechi e incolori. Tra le tracce di insediamenti umani sono stati ritrovati manufatti dei nativi, una ex miniera di salnitro di potassio e resti di un ospedale costruito nel 1843 che curava la tubercolosi in via sperimentale, nella convinzione che la fredda atmosfera della grotta avrebbe aiutato a liberare i polmoni. È possibile esplorare le grotte anche senza guida, ma con accesso limitato; tuttavia per apprezzarle meglio occorre partecipare a una delle lunghe **visite guidate dai ranger** (2-6 h $5-48). I biglietti si possono comprare al **centro visitatori** (metà aprile-novembre: tutti i giorni 8-18.15; dicembre-metà aprile 9-17; ☎ 270/758-2328, *www.nps.gov/maca*). Prenotate in anticipo (☎ 1-877/444-6777, *www.recreation.gov*) soprattutto d'estate, e tenete presente che la temperatura nelle grotte è sempre a 12 °C.

Le attrazioni del parco sono senza dubbio tutte sotterranee. Potete esplorare il pittoresco **Green River**, nel suo attraversare le fitte colline di boschi e le scogliere calcaree frastagliate o affittare una canoa al Green River Canoeing (☎ 270/597-2031 o 1-800/651-9909). Il **campeggio** è gratuito nelle pianure aride e remote; tuttavia è necessario un permesso che è possibile ritirare al centro visitatori; il rustico *Mammoth Cave Hotel* (☎ 270/758-2225, *www.mammothcavehotel.com*; ❹) dispone di **camere** in cottage e motel. Meglio non considerare le grotte di proprietà privata nei paraggi, molte delle quali disturbano la visione con spettacoli di luci abbaglianti, né le "attrazioni" nei pressi di Cave City e Park City.

Tennessee

Con un territorio che si estende per 500 miglia (800 km) da est a ovest, il **TENNESSEE** è ricco di contrasti: non ci sono colture tanto diverse tra loro come quella tradizionale sulle montagne delle Smoky Mountains e quella irrigua del cotone della valle del Mississippi.

Soltanto un insediamento piuttosto grande, l'esteso porto di **Memphis**, si è sviluppato sulle paludi che costeggiano il Mississippi. La città più grande del Tennessee, culla del **blues** urbano e per lungo tempo patria di **Elvis Presley**, è idolatrata dagli appassionati della musica. Le meravigliose abitazioni delle piantagioni e i minuscoli paesini sulle terre ondulate del **middle Tennessee** testimoniano lo stile di vita agiato dei suoi pionieri e cozzano contro lo sviluppo senza freni di **Nashville**, sinonimo di **musica country**. Le catene montuose a **est** condividono con il North Carolina i principali luoghi d'interesse: le cime del **Great Smoky Mountains National Park**.

Cenni storici

I primi coloni bianchi del Tennessee, la maggior parte dei quali protestanti inglesi, attraversarono le montagne negli anni Settanta del 1700 per stabilirsi sulle colline e le piccole valli degli Appalachi. Inizialmente le relazioni con i **cherokee** furono ottime. Ma la domanda delle terre aumentò e gli scontri nello Stato culminarono, nel 1838, con l'allontanamento forzato degli indiani sul "Trail of Tears". Allo scoppio della **guerra di secessione**, i proprietari delle piantagioni dell'ovest cercarono di manovrare l'entrata del Tennessee nella Confederazione, contro la volontà degli agricoltori dell'est che non si basavano sulla manodopera degli schiavi. Ultimo Stato a separarsi diventò campo di 424 battaglie e combattimenti.

Nonostante lo sviluppo economico, l'erosione del suolo e la meccanizzazione nelle aziende agricole portarono, negli anni che precedettero la prima guerra mondiale, a una migrazione di massa verso le città. Il credo fondamentalista di questi abitanti delle colline trapiantati in città influenzò un movimento **proibizionista** che tenne all'asciutto il Tennessee fino al 1939. In numerose contee, ancora oggi, è vietata la vendita degli alcolici. Il New Deal (nuovo corso) degli anni Trenta portò a dei cambiamenti significativi, in particolare, la **Tennessee Valley Authority**, nata nel 1933, sfruttò l'inclinazione del **fiume Tennessee**, che provvedeva al lavoro di molti e forniva un'energia a basso costo, e avviò la transizione da un'economia agricola a una industriale.

Muoversi nel Tennessee

Dagli **aeroporti** di Memphis e Nashville si raggiungono le principali città statunitensi, anche se le tariffe sono abbastanza alte. Se nutrite fantasie circa un viaggio in **nave** lungo il Mississippi, considerate che oggi solo le navi lussuose effettuano questo genere di escursioni ma a prezzi proibitivi (vedi p. 456). L'**Amtrak** si ferma a Memphis, mentre la Greyhound fornisce un servizio discreto nelle principali città e metropoli; viaggiare in **autobus** nei piccoli centri, a est, risulta molto difficoltoso. Percorrere quindi in **macchina** la I-40, che si estende da est a ovest, è la migliore alternativa. Il paesaggio montuoso non potrebbe essere più straordinario di quello che si può godere in macchina attraversando la Newfound Gap Road, che si snoda in modo incredibilmente sinuoso attraverso le Smoky Mountains.

Memphis

Appollaiata sul fiume Mississippi, i turisti si accalcano a **MEMPHIS** per celebrare la città che diede voce al **blues**, al **soul** e al **rock 'n' roll** e per mangiare nell'impareggiabile capitale nazionale del **barbecue**. Se è **Elvis** il motivo che vi ha attirati in città, non rimarrete certo delusi, anche se il Re rappresenta solo una parte del ricco patrimonio musicale della culla dei **Sun** e degli **Stax studio**.

Sia culturalmente sia geograficamente, Memphis ha sempre avuto molte più cose in comune con il Delta del Mississippi e l'Arkansas, più che con il resto del Tennessee. Fondata nel 1819 e ribattezzata con il nome dell'antica capitale egiziana sul Nilo, le sue alterne fortune furono legate al **cotone**. L'insuccesso dei confederati che portò alla schiavismo, fece, in breve tempo, precipitare la città nel caos economico, ma grazie alle potenzialità del fiume e dei trasporti ferroviari, Memphis riuscì in altrettanto breve tempo a riprendersi. Il secondo porto interno più grande della nazione diventò uno dei più importanti punti di sosta per i contadini e mezzadri **emigranti di colore** che sfuggivano alle miserie del Delta; molti trovarono qui una sistemazione definitiva cambiando in modo significativo l'identità della città.

Negli anni Cinquanta e Sessanta, Memphis mostrava una fiducia in se stessa che strideva con le sue dimensioni. Nel 1968 con l'**assassinio** di **Martin Luther King Jr.** visse i suoi giorni peggiori, e per un paio di decenni a seguire rimase in bilico, sul punto di naufragare, con il centro cittadino compromesso dalla fuga di migliaia di bianchi. Negli anni Novanta la città rivisse una nuova rinascita, con investimenti di denaro che finanziarono la trasformazione di **Mud Island** e la costruzione dell'inossidabile **Pyramid** d'acciaio di 110 m. In tempi ancora più recenti, il centro ha assistito all'arrivo non solo del grande centro commerciale **Peabody Place**, ma anche di un grandioso stadio destinato alle gare del campionato minore di baseball, dell'**Autozone Field**, sede del Redbirds e di un'arena per i grandi spettacoli, il **Fed Ex Forum**. Il leggendario corridoio del **blues** di **Beale Street** si sta espandendo sempre di più, anche se i nuovi **Rock'n'Soul Museum**, **Gibson Guitar Plant** e **Stax Museum** rappresentano il vero patrimonio musicale della città. E poi c'è **Graceland** (un cambiamento originale rispetto alla solita "casa graziosa del Sud") che ci restituisce uno scorcio intimo del figlio più famoso della città.

Arrivo e informazioni

Memphis si trova nel punto in cui la I-40, che corre da est a ovest, e la I-55 che taglia lo Stato da nord a sud, convergono sulla I-240, che gira intorno alla città e incrocia il fiume Mississippi. L'**aeroporto internazionale di Memphis** si trova 12 miglia (19 km) a sud del centro: una corsa lunga e difficoltosa in autobus vi costerà $1,50, ma ci impiegherete solo 15 minuti con il servizio di **limousine** degli Yellow Cabs ($15; ⓣ 901/577-7700 o 1-800/796-7750, *www.premierofmemphis.com*) oppure in **taxi** ($20-25). Gli **autobus** della Greyhound si fermano al 203 Union Ave. nel cuore della città, mentre la rinnovata stazione dell'**Amtrak** al 545 S Main St., si trova all'estremità meridionale del centro.

Lo spazioso **Tennessee Welcome Center**, in centro, poco distanza dalla I-40, al 119 N Riverside and Adams – di fronte a Mud Island all'altezza del fiume – è aperto 24 ore su 24 (ⓣ 901/543-5333, *www.memphistravel.com*). C'è un altro **centro visitatori** al 3205 Elvis Presley Blvd., sulla strada per Graceland (stessi orari e stesso numero di telefono).

Trasporto pubblico e tour organizzati

La **Memphis Area Transit Authority** (ⓣ 901/274-6282, *www.matatransit.com*) gestisce un comodo servizio di **tram**: uno transita lungo Main Street e Riverside Drive e collega la Pyramid e il vicino Pinch District con Beale Street, il Civil Rights Museum e il South Main Arts District, e un altro percorre Madison Avenue fino al centro medico in centro città, ma questo percorso risulta meno utile per i turisti. Le **tariffe** sono le stesse per entrambi ($1, lun-ven 11-13.30 50¢, un abbonamento per due viaggi $1,50, un giornaliero $3,50, un biglietto valido 3 giorni $8).

I **tour in carrozze** trainate da cavalli abbondano in centro: i prezzi sono diversi ma normalmente si aggirano intorno ai $45 per 30 minuti, date un'occhiata in giro. Una proposta particolarmente originale è quella dell'**American Dream Safari** (ⓣ 901/527-8870, *www.americandreamsafari.com*) che offre **tour in macchina**, in una Cadillac del 1955: si va dai percorsi "più noti" di 3 ore, ($40 a persona, massimo 5 persone), al gospel domenicale, alle gite per gustare il pollo fritto ($75); sono costosi, ma piacevoli. Un altro modo per visitare la città è percorrere in barca il lunghissimo Mississippi: **battelli a vapore** partono dal Riverside Drive in Monroe Avenue (aprile-ottobre almeno una volta al giorno, 14.30; più frequenti d'estate e meno tra novembre-marzo; 90 min; $20; ⓣ 901/527-2628, *memphisriverboats.net*).

A Shangri-La Projects (una succursale dell'imperdibile negozio di musica in centro) giovani all'ultima moda propongono l'**Ultimate Rock'n'Roll Tour** (*www.memphisrocktour.com*): una sorta di panoramica di tutti i posti migliori di Memphis (1 h, $75 massimo 2 persone; 3 h, $180) che può essere anche personalizzata in base ai vostri interessi. ($75/h).

Alloggio

Il centro di Memphis è il posto più conveniente per **alloggiare**, con una buona scelta tra alberghi storici ed eleganti catene alberghiere; sarete, comunque, fortunati se troverete qualcosa a meno di $100 a notte. Si trovano opzioni più economiche vicino a Graceland, sulla Elvis Presley Boulevard, verso sud. Il centro visitatori può aiutarvi a trovare una camera, anche se è meglio prenotare in anticipo, nei periodi di maggior afflusso, come l'anniversario della morte di Elvis a metà agosto e durante il lungo mese del festival di maggio (vedi p. 460).

Days Inn Graceland 3839 Elvis Presley Blvd. ⓣ 901/346-5500 o 1-800/329-7466. Alternativa affidabile vicino a Graceland. Nella hall memorabilia e video che ricordano Elvis, oltre a una straordinaria piscina a forma di chitarra. Colazione continentale compresa nel prezzo. ❹

Elvis Presley's Heartbreak Hotel 3691 Elvis Presley Blvd. ⓣ 901/332-1000 o 1-877/777-0606, *www.elvis.com*. Una scelta ideale per i fan di Elvis, questo albergo di lusso, vicino a Graceland, si distingue per una (piccola) piscina a forma di cuore, filmati di Elvis in camera 24 ore su 24 e panini con burro e arachidi nel bar della *Jungle Room*. Le camere più grandi sono dotate di angolo cottura, ma se avete intenzione di fare una pazzia chiedete una delle eleganti suite a tema su Elvis, in cui potrete soggiornare fino a un massimo di otto giorni (partono da circa $500 a notte). Navetta per il centro e colazione compresa nel prezzo. ❹

Holiday Inn Select 160 Union Ave. ⓣ 901/525-5491, *www.hisdowntownmemphis.com*. In una posizione imbattibile di fronte al *Peabody*, questa pensione offre ottime camere a prezzi ragionevoli, una piscina all'aperto e un sushi bar. ❺

Kings Court Hotel-Downtown Memphis 265 Union Ave. ⓣ 901/527-4305, *www.kingscourtmemphis.net*. Recentemente ristrutturato, proprio vicino a Beale Street, questo albergo si distingue per camere semplici, ben tenute, a prezzi economici.

The Peabody 149 Union Ave. ⓣ 901/529-4000 o 1-800/732-2639, *www.peabodymemphis.com*. Questo lussuoso albergo vicino a Beale Street è *il* posto in cui fermarsi a dormire a Memphis. Non perdetevi le leggendarie anatre mascotte, che puntualmente alle 11 escono in fila dall'ascensore e trascorrono la giornata alla fontana della hall per poi ritornare nel loro attico alle 17. Le camere sono eleganti e dotate di ogni comfort, anche se già la splendida hall è di per sé un'attrazione, con un bar accogliente e rilassante. ❽

Sleep Inn at Court Square 40 N Front St. ⓣ 901/522-9700, *www.choicehotels.com*. Questo esclusivo motel di fronte al fiume, vicino a Mud Island, e che sul retro si affaccia su Main Street e la linea tramviaria, rappresenta l'offerta migliore in centro quanto a rapporto qualità-prezzo. Colazione continentale compresa nel prezzo. Parcheggio $8. ❹

Talbot-Heirs Guesthouse 99 S Second St. ⓣ 901/527-9772 o 1-800/955-3956, *www.talbothouse.com*. Sistemazioni caratteristiche, accoglienti e confortevoli vicino a Beale Street. Ognuna delle nove suite a tema può contare su arredi moderni, angolo cottura, lettore CD e accesso a internet. Colazione continentale compresa nel prezzo. ❻

La città

Un centro rivitalizzato e un'atmosfera accogliente, non comune in città di certe dimensioni, caratterizzano la città di Memphis. Diversi edifici in ottimo stato, risalenti all'epoca delle piantagioni, sono sopravvissuti nel tempo e sono concentrati tutti nel **centro storico**: per apprezzarli meglio conviene ammirarli dal lungofiume o dal percorso del tram che va verso **Main Street**. Questi edifici più che ospitare uffici di grandi società sono stati riconvertiti in costosi appartamenti, eppure le strade della città continuano a essere animate da pedoni. La vita turistica si concentra intorno all'enorme centro commerciale di **Peabody Place** – che anche se assomiglia a un comune centro commerciale degli Stati Uniti è riuscito a richiamare i cittadini di Memphis nelle vie secondarie circostanti – a soli pochi passi dai bar e dai club di **Beale Street**, e appena oltre i musei di **Civil Rights** e **Rock'n'Soul**, e non molto a est del **Sun Studio**. Da tutt'altra parte, **Mud Island** sul fiume merita una mezza

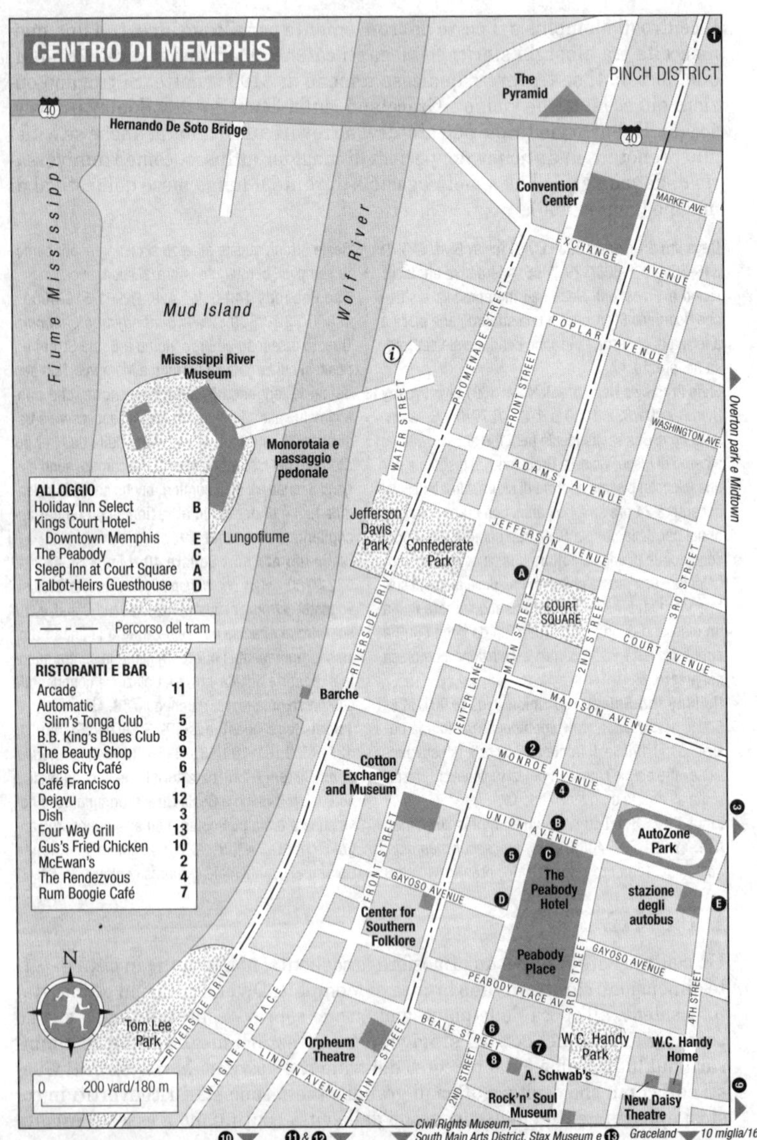

giornata, così come il museo **Stax**, mentre non potete perdervi **Graceland**, 10 miglia (16 km) a sud.

Beale Street e dintorni

Beale Street nasce nella metà del XIX secolo come una delle enclavi più esclusive di Memphis, ma per via di epidemie di febbre gialla e devastazioni della guerra di secessione, i ricchi residenti si allontanarono mano a mano dal quartiere e nel giro di cinquant'anni furono rimpiazzati da bianchi, greci, ebrei, cinesi e italiani. Ma fu soprattutto la **cultura nera** che diede popolarità alla strada. Beale Street è stato il luogo degli scaricatori di porto e dei commercianti di colore che erano di passaggio a Memphis. Nell'era di Jim Crow, Beale fu il centro per gli uomini d'affari, finanzieri e professionisti di colore.

Come la nera Main Street del mid-South, Beale nel suo periodo d'oro degli anni Venti era piena di teatri di varietà, auditori, bar e juke joint (di proprietà della maggior parte dei bianchi). Accanto alla leggerezza che la caratterizzava arrivò però anche la fama del pesante gioco d'azzardo, dei riti vodoo, degli omicidi e della prostituzione. Nonostante negli anni Quaranta Beale attirasse ancora grosse folle, con lo spostamento verso le periferie e, ironia della sorte, con il successo degli anni dei **diritti civili**, che aprirono le porte di tutte le altre zone di Memphis agli uomini d'affari di colore, fu quasi del tutto cancellata. I **bulldozer** di fine anni Sessanta risparmiarono solo l'immenso Orpheum Theatre, al 203 S Main St., e qualche edificio commerciale tra Second Street e Fourth Street.

Beale Street è oggi un bel **quartiere storico** rinnovato. I suoi negozi di souvenir, i club musicali e i caffè sono abbelliti da facciate retrò e da insegne al neon, mentre la Walk of Fame (via della celebrità), con note musicali incastonate sui marciapiedi, rende omaggio ai grandi della musica come B.B. King e Howlin' Wolf. In particolare i fan del blues saranno attirati dai suoi locali: vetrina dei più grandi talenti regionali. All'estremità occidentale di Beale, il 126 – la sede del negozio del mitico **Lansky**, sarto delle star di Memphis – è stata completamente ristrutturata nel 1997 per trasformarsi in un ristorante a tema su Elvis; il locale oggi è vuoto, sebbene lo stesso Lansky continui a far fortuna in una nuova sede nello storico albergo *Peabody* (vedi p. 451).

Al 163 Beale si trova l'**A. Schwab's Dry Goods Store**, che dal 1876, anno in cui fu aperto ha subito pochi cambiamenti. È una miniera di oggetti con un incredibile assortimento: tra i più venduti troverete le polveri voodoo e i tronchetti della felicità di High John the Conqueror (chiuso dom). Più a est, al 352, vi imbatterete nella piccola abitazione di **W.C. Handy**: trasferita qui dalla sua sede originale al 659 Janette St. offre un'altra evocazione suggestiva dell'antica Memphis. Nel 1910, Handy fu il primo a pubblicare le melodie blues (spesso blues soltanto nel nome; vedi pp. 486-487).

Un isolato più a sud di Beale, nella piazza dell'enorme FedEx Forum, il **Rock'n'Soul Museum** (tutti i giorni 10-19, ultimo ingresso 18.15; $10), è il posto ideale per iniziare il tour musicale di Memphis. A mo' di album fotografico il museo presenta il patrimonio musicale della città e attraverso una serie di oggetti, dai vestiti di cerimonia di Elvis a quelli di B.B, dalle chitarre "Lucille" di King alla Bibbia di Al Green, crea una serie di collegamenti con temi come migrazione, razzismo, diritti civili e cultura giovanile.

Anche nella piazza, il **Gibson Guitar Factory** offre visite guidate che vi permettono di assistere alla creazione di quei bassi e di quelle chitarre classiche a sei corde tanto amati da musicisti come King e Chuck Berry (tutti i giorni:

lun-sab 11-16, dom tutti i giorni 12-16; $10; non sono ammessi i minori di cinque anni; *www.gibsonmemphis.com*).

Il National Civil Rights Museum

Il **National Civil Rights Museum**, che offre il più completo e gratificante racconto delle lotte tumultuose per i diritti civili che si siano mai verificate nel Sud, si trova a qualche isolato da Beale, al 450 Mulberry St. (giugno-agosto: lun-sab 9-18, dom 13-18; settembre-maggio: lun-sab 9-17, dom 13-17; $12, ingresso gratuito lun dopo le 15, quando non ci sono visite con audio guide; $15 biglietto cumulativo con lo Stax museum). Sorge sulle fondamenta dell'ex *Lorraine Motel*, dove **Martin Luther King** fu assassinato da James Earl Ray il 4 aprile del 1968.

Il *Lorraine*, durante l'era della segregazione, era uno dei pochi posti, a Memphis, in cui bianchi e neri potevano incontrarsi; fu qui che il cantante nero Eddie Floyd e il chitarrista bianco Steve Cropper scrissero i classici del soul come "Knock on Wood" e il Dr. King era un ospite abituale. La facciata esterna dell'albergo è ancora molto riconoscibile grazie alle immagini che ricordano la morte di King; una volta entrati, però, vi troverete di fronte a una serie di gallerie che ripercorrono la storia e gli eventi cruciali del movimento. Potrete sperimentare i momenti più toccanti nella camera 306, rimasta così com'era ai tempi di King: vedrete il luogo in cui la sua vita fu spezzata.

L'altra ala, dall'altra parte del motel, completa il racconto e incorpora la pensione da cui fu esploso il colpo fatale. Da dietro una vetrata potrete scorgere la camera affittata quello stesso giorno da James Earl Ray e il bagno che gli servì come nascondiglio, e alle spalle, chiaramente visibile, il luogo della morte. La famiglia di King fu molto scettica sull'ipotesi che Ray agì da solo e pannelli dettagliati ripercorrono tutte le teorie cospirative.

Il Center for Southern Folklore

Un paio di isolati a ovest dell'affollata catena dei grandi magazzini del **Peabody Place Mall**, il piccolo **Center for Southern Folklore**, al 119 S Main St. (🅣 901/525-3655, *www.southernfolklore.com*) celebra la cultura del Sud, con un negozio pieno di libri, arte folcloristica e CD e un palco per le esibizioni dal vivo. Nel weekend del 1 maggio, lo spazio ospita il **Memphis Music and Heritage Festival**, un evento gratuito con musica dal vivo, recitazioni e danza.

Sun Studio

Secondi solo a Graceland, i **Sun Studio**, dove, nel 1953, il timido camionista diciassettenne di Tupelo si presentò con la sua chitarra, sostenendo: "Suono come nessun altro", rappresentano il più importante monumento di Memphis alla memoria di Elvis. Lo studio, che cominciò a far conoscere il rock'n'roll al mondo, si trova a pochi passi da Beale Street, verso est, al 706 Union Ave. La Sun Records si trasferì nel 1959; tuttavia, anche quando la sede diventò per un breve periodo un negozio che vendeva articoli per le immersioni subacquee, l'insonorizzazione non fu toccata, il che permise che la sede potesse essere riaperta nel 1987. Ogni ora, allo scoccare della mezz'ora, visite di 40 minuti (tutti i giorni 10-18; $12) conducono alle bacheche al piano di sopra – una delle quali ospita il diploma delle scuole superiori di Elvis – all'interno dell'unica sala dello studio. La squallida camera, 18 m per 10 m, richiama l'attenzione sull'asta del microfono di Elvis, dove potrete posare per delle fotografie.

Il South Main Arts District

Un isolato a ovest del National Civil Rights Museum, quella che un tempo era la sporca South Main Street, oggi risplende di nuova luce. Con più o meno otto edifici lungo Main Street tra Vance Avenue e G. E. Patterson Avenue, il **South Main Arts District** (*www.southmainmemphis.org*) è una fiorente area di gallerie, boutique e ristoranti, e una serie di condomini e loft. L'ultimo venerdì del mese, quando l'"Art Trolley" (18-21) percorre gratuitamente Main Street e la sua parallela Tennessee Street, e i negozi offrono snack e bibite, è particolarmente vivace. Date un'occhiata alla galleria *D'Edge*, al 550 Main St. (T 901/521-0054, *www.d-edgeart.com*), che si concentra sulle opere inspirate d'arte popolare dell'artista afroamericano George Hunt.

Stax Museum of American Soul Music

Nel 2003 uno degli indirizzi più famosi della città, il 926 E McLemore Ave., ritornò in auge. Nel 1960, questo spazio, occupato dal Capitol Theater, era la tappa centrale di un quartiere in cui il numero dei neri aveva cominciato a superare quello dei bianchi. Il teatro finì per diventare il quartiere generale dell'etichetta discografica **Stax**, dove artisti come Otis Redding, Isaac Hayes e Albert King registrarono per quindici anni le loro canzoni entrate per 237 volte nella classifica dei 100 brani più ascoltati. Lo studio di produzione fu una ricca fucina di funky soul; ma nel 1990, quando la Stax si era ormai sciolta, il 926 E McLemore Ave. diventò un'area abbandonata.

Oggi il complesso, in cui ha sede lo **Stax Museum of American Soul Music**, è stato completamente ristrutturato e accanto è sorta un'accademia della musica, conosciuta anche come **Soulsville** (marzo-ottobre: lun-sab 9-17, dom 13-16; novembre-febbraio: lun-sab 10-16, dom 13-16; $10, $15 biglietto cumulativo con il Civil Rights Museum). Le visite hanno inizio con un filmato sulla storia dell'etichetta, una straordinaria pellicola che chiarisce trionfi e tensioni che si verificarono per il fatto di essere un gruppo di bianchi e neri nel Sud segregato. Il primo spazio espositivo all'interno, allestito per sottolineare l'importanza delle radici gospel della musica soul, è una vera e propria Chiesa episcopale, trasportata qui da Duncan, nel Mississippi. Tra gli oggetti in esposizione troverete la Cadillac di Isaac Hayes con rifiniture blu e oro. I veri studi della Stax sono stati ricreati nei minimi dettagli e sono stati dotati dei due mangianastri originali utilizzati da Otis Redding per registrare "Mr. Pitiful" e "Respect". Una mappa delle immediate vicinanze, ancora piuttosto malridotte, mostra quali bei talenti hanno vissuto nei paraggi; Aretha Franklin nacque al 406 Lucy Ave.

Il lungofiume

Il confine a nord del centro di Memphis è caratterizzato da un edificio di 32 piani, alto circa 110 m, la cosiddetta **Pyramid**, due terzi della grande Piramide d'Egitto. Completata nel 1991, fu costruita con l'intento di creare un legame simbolico con il Delta del Nilo dell'Egitto. Dopo aver ospitato per quindici anni le più importanti esibizioni, concerti e giochi, è stata oscurata dal FedEx Forum e dal 2005 è vuota. E se da una parte non si sa ancora cosa il futuro riserva per questa meravigliosa follia (al momento si discute sull'ipotesi che possa diventare uno store commerciale), dall'altra però il suo simbolismo è innegabile. Il quartiere circostante, lo storico **Pinch District**, è chiamato così per via degli immigrati irlandesi "pinched" (impoveriti) che si stabilirono qui nella metà dell'Ottocento.

Dal Riverside Drive, che comincia a sud della Pyramid, **treni su monorotaie** e un passaggio pedonale attraversano il Wolf Channel del Mississippi e conducono a **Mud Island** (mar-dom: aprile, maggio, settembre e ottobre 10-17; giugno-agosto 10-18; parcheggio gratuito, treno su monorotaia $4 oppure $8 con incluso l'ingresso al museo). Tra le cose da vedere dell'isola il **Mississippi River Museum** conserva una barca a vapore ricostruita a grandezza naturale infilata all'interno dell'edificio, un "Theater of disasters" (teatro dei disastri) molto affascinante e racconti di personaggi come Mike Fink, membro dell'equipaggio di un barcone piatto americano, che nel 1830 si autodefinì metà cavallo, metà alligatore. **River Walk**, che conduce alla punta più estrema dell'isola è la riproduzione in scala della parte finale del fiume Mississippi. Al padiglione accanto, è possibile anche affittare canoe ($20/h) e kayak ($15/h); in estate, potete persino prendere un sacco a pelo e accamparvi insieme a tantissima altra gente: troverete tende, cene, colazione e divertimento (aprile-ottobre: secondo venerdì di ogni mese; ⓣ 901/576-7241).

Tornati sulla terraferma, a sud della monorotaia, **Jefferson Davis** e i **par-**

Il Big Muddy

Non so molto sugli dei; ma penso che il fiume sia un forte dio bruno: cupo, indomito e intrattabile.

T.S. Eliot, nativo di St. Louis, *Quattro quartetti*

Il fiume navigabile più importante del Nord America, il **Mississippi** (il nome deriva dalle parole "grande" e "fiume" nella lingua algonquina) nasce 150 km a sud del confine con il Canada dal lago Itasca, nel Minnesota, e serpeggia per circa 3800 km fino a sfociare nel Golfo del Messico, accogliendo nel suo percorso un centinaio di affluenti e bagnando tutti o in parte trentuno Stati statunitensi e due province canadesi.

Il **"Big Muddy"** (trasporta circa 1 kg di detriti per ogni 450 l di acqua) è uno dei fiumi commerciali più movimentati al mondo e uno dei meno convenzionali. Invece di allargarsi verso la foce, come la maggior parte dei fiumi, il Mississippi diventa più stretto e profondo. Il suo **delta**, vicino a Memphis, a distanza di più di 480 km dalla foce del fiume, non è affatto un delta, ma una pianura alluvionale.

Per dirla come Mark Twain, che trascorse quattro anni come pilota di battelli a vapore sul Mississippi, è anche il "**più tortuoso** fiume al mondo". Mano a mano che procede zigzagando in modo stravagante nel suo percorso, attraversa strette strisce di terra per formare e riformare mortizze e meandri, scorciatoie e acque stagnanti paludose. Un locale notturno potrebbe trovarsi la sera prima in Arkansas e il giorno dopo nell'arido Tennessee, per via di un'improvvisa interruzione.

Una manifestazione più seria della potenza del Mississippi è la sua propensione alle **inondazioni**. Sul fiume, dal 1717, sono stati costituiti degli argini, terrapieni artificiali, che hanno aiutato a salvaguardare i raccolti e le abitazioni. Dopo la disastrosa inondazione del 1927, il governo federale ha installato numerose misure di protezione contro le alluvioni; lungo tutto il lungofiume da Cape Girardeau, in Missouri, fino al mare sono state innalzate delle mura e la parte superiore, dagli argini più ampi, è percorribile in macchina.

E se non è fattibile navigare sulla rotta di Twain, **escursioni fluviali** sono possibili nelle città più grandi che attraversano il fiume, tra cui Memphis (vedi p. 450). Le navigazioni più lunghe, tra St. Louis e New Orleans – o addirittura più lontano – a bordo dei lussuosi **battelli a vapore** come il *Delta Queen*, l'*American Queen* e il *Mississippi Queen*, sono costose; contattate il Delta Queen Steamboat Company (ⓣ 1-800/543-1949, *www.deltaqueen.com*).

△ Graceland

chi confederati riservano poco da vedere. Dirigendovi a sud percorrendo **Front Street**, arriverete agli imponenti edifici di **Cotton Row**. Quest'area che dovrebbe essere visitata nei giorni più animati, è ancora il mercato del cotone più grande del mondo (il che significa che il cotone si vende ancora, in contanti). Il **Cotton Museum** di Memphis, nel grande vecchio Cotton Exchange (cambio del cotone) a Front Street e al 65 Union Ave. illustra la storia dell'"oro bianco" che ha avuto una così grande influenza sull'economia e la cultura del Sud (mar-sab 10-17, dom 12-17; $5).

Un po' più a sud, **Tom Lee Park**, il posto per gli eventi all'aperto più importanti, come il festival **Memphis in May** (vedi p. 460), si estende per circa 1,5 miglia (2,5 km) lungo il fiume. Il parco commemora un barcaiolo di colore che nel 1925 soccorse trentadue persone naufragate nonostante non sapesse nuotare.

Graceland

La **Graceland** di Elvis Presley era in sé una casa sorprendentemente modesta per l'intrattenitore più famoso del mondo: non è certamente la "villa" che voi vi immaginate. E se Elvis fu certamente un uomo che si abbandonò ai piaceri, Graceland non ha nulla della solennità che contraddistingue le tante residenze modello del Sud. Le visite sono amorevoli celebrazioni dell'artista; non proprio ironiche, ma neppure di una riverenza stucchevole.

Nel 1957 quando Elvis comprò Graceland per $100.000 aveva solo 22 anni. Costruita nel 1939, la casa di pietra era considerata a quel tempo una delle proprietà più ambite a Memphis, oggi invece il quartiere con la sua via principale – **Elvis Presley Boulevard** – fiancheggiata da negozi che vendono liquori scontati, antichi salotti di bellezza, fast food e, stranamente, pochi negozi di souvenir legati a Elvis, è senza dubbio meno esclusivo. Le visite hanno inizio da **Graceland Plaza** sul lato opposto della casa; visitatori entusiasti, armati di cuffie, vengono fatti salire a bordo di minibus, che partono a pochi minuti di distanza l'uno dall'altro e che varcano il famoso "cancello musicale" della casa, su cui sono impresse le note musicali e la silhoutte di Elvis. Lungo il perimetro del "muro dell'amore", scarabocchiato da centinaia di migliaia di messaggi dei fan non si effettuano fermate, siete però liberi di ritornarci a piedi dopo la visita.

Le visite audioguidate, accompagnate da ricordi registrati della figlia di Elvis, Lisa Marie, e da entusiasmanti ritornelli cantati dallo stesso Re, vi permetteranno di trascorrere tutto il tempo che vorrete, nonostante le camere al piano di sopra non siano aperte ai visitatori. L'interno è un freddo tributo allo stile degli anni Settanta; tra le cose da vedere la **Jungle Room**, a tema hawaiano, con cascate e soffitti di moquette verdi, dove Elvis registrò "Moody Blue" e altre perle dei suoi ultimi anni, la **Pool Room**, le cui pareti e i cui soffitti sono tappezzate di un luminoso tessuto in cachemire che richiamano una poco documentata fase psichedelica, e la **TV Room**, gialla e blu, dotata di specchi e tre schermi su cui oggi sono mandati in onda spettacoli classici della televisione degli anni Settanta. In un vecchio garage potrete ammirare oggetti personali che Elvis conservava al piano superiore, da un grandioso letto bianco, circolare, di pelliccia, a ciabatte da camera molto comuni, a libri di filosofia con appuntate le proprie riflessioni, all'estesa collezione di pistole e ai vestiti striminziti degli anni Sessanta.

Nell'appartata **Trophy Room**, passerete in rassegna i dischi di platino, d'oro e d'argento di Elvis, i costumi di scena e i ricordi provenienti dai suoi trentuno film; un video sulle sue prime apparizioni in TV offre ricordi straordinari del carisma del giovane Elvis. La visita all'interno termina con la **racquetball room**, dove giocava la mattina in cui morì. Nel bar accanto, il piano che suonò per l'ultima volta (a quanto pare "Unchained Melody") se ne sta stranamente in silenzio, mentre nel cortile la sua luccicante mantella con lustrini e la tuta dei concerti di Las Vegas fanno come da sentinelle sotto gli enormi schermi che proiettano le sue ultime esibizioni. Qui, forse più che in qualsiasi altro luogo, potrete avvertire la presenza dell'uomo che cambiò per sempre il volto della musica.

Elvis (8 gennaio 1935-16 agosto 1977), sua madre Gladys, suo padre Vernon e sua nonna Minnie Mae, riposano all'esterno nel **Meditation Garden**; le loro tombe sono cosparse di fiori e peluche lanciati dai fan. Il corpo di Elvis è stato trasferito qui due mesi dopo la sua morte, quando i problemi di sicurezza con il cimitero locale diventarono ingestibili. In questo punto c'è spesso una gran confusione, visto che i visitatori si sporgono per leggere i messaggi lasciati dai fan, stazionano per offrire le proprie preghiere e per scattare fotografie alle targhe commemorative di bronzo.

Graceland Plaza, in cui i successi di Elvis echeggiano ininterrottamente, ospita altre piacevoli attrazioni: non perdetevi il film *Walk a Mile in My Shoes* montato in modo spiritoso, il museo "**Sincerely Elvis**", che ripercorre, mese per mese, il 1956, l'anno in cui ebbe successo, e gli **aeroplani** personali di Elvis, il *Lisa Marie*, personalizzato con lavandini d'oro 24 carati e arredi in pelle scamosciata blu. Terminate la visita sedendovi all'**Elvis Presley Automobile Museum**, che, a parte una golf cart Harley-Davidson e una Cadillac rosa cipria, ripropone delle clip d'azione tratte dai suoi film e che hanno in qualche modo a che fare con le auto. L'**Elvis After Dark**, nella misera galleria accanto, ripercorre gli svaghi di Presley notoriamente giocosi, ma paragonato al resto del complesso, sembra poco più che accessorio al negozio di souvenir lì vicino. I collezionisti, non vorranno mica perdersi la TV perforata da un proiettile esploso dallo stesso Elvis (sparò anche contro il frigorifero, lo stereo e persino contro la dia-

Notizie utili su Graceland

Graceland si trova 10 miglia (16 km) a sud-est del centro di Memphis, al 3734 Elvis Presley Blvd. La biglietteria è aperta marzo-ottobre: lun-sab 9-17; dom 10-16; novembre: tutti i giorni 10-16; dicembre-febbraio: lun e merc-dom 10-16. L'ultima visita della casa parte alla chiusura della biglietteria, mentre le altre attrazioni restano aperte più o meno per altre due ore dopo la chiusura.

Un **biglietto** Platinum combinato valido per tutte le principali attrazioni (prendetevi almeno tre ore) costa $32; per visitare solo la residenza spenderete $27; per il parcheggio $8. Non vale molto la pena richiedere il tour vip che costa $68, visto che concede in più soltanto l'accesso a una camera con alcuni oggetti personali e la possibilità di saltare le code. Le **prenotazioni** sono consigliate, soprattutto in agosto (☎ 901/332-3322 o 1-800/238-2000, *www.elvis.com*).

positiva di Lisa Marie)? I molti **negozi di souvenir** nella Plaza e il gruppo di **ristoranti** a tema su Elvis (provate a sedervi nella Cadillac degli anni Cinquanta per il barbecue al *Chrome Grill*) rendono la visita più piacevole.

Midtown e East Memphis

Colonna portante del boscoso **Overton Park**, 3 miglia (5 km) a est del centro sulla Poplar Avenue, è lo **zoo di Memphis** (tutti i giorni: marzo-ottobre 9-18; novembre-febbraio 9-17; si può entrare fino a un'ora prima della chiusura; $13, $3 parcheggio). Se i soliti gorilla, oranghi e giraffe non vi soddisfano, potete fare visita a un paio di panda giganti. Il parco ospita anche il **Memphis Brooks Museum of Art** (mar e merc 10-16, gio 10-20, ven 10-16, sab 10-17, dom 11.30-17; $7), la cui raccolta d'arte si distingue per una considerevole collezione di opere d'arte medievali e rinascimentali.

Circa 1 miglio (1,6 km) a sud del parco, l'incrocio **Cooper-Young** vanta una serie di bar e ristoranti alla moda, oltre a un buon numero di ottimi negozi. È una zona animata, piuttosto diversa dal centro, ma ancora decisamente Memphis, dove accanto al blues e barbecue troverete letture di poesie e vendite di oggetti usati, mostre d'arte e aste di oggetti antichi. Il suo **festival** (*www.cooperyoungfestival.com*), che si tiene a settembre, in una sola giornata, richiama grosse folle grazie alle arti folcloristiche, ai prodotti regionali e alla musica locale. A un paio di miglia (3 km) di distanza verso sud-est, il **Memphis Pink Palace Museum and Planetarium**, al 3050 Central Ave. (lun-sab 9-17, dom 12-17; $8,75), focalizza l'attenzione sull'abitazione in marmo di Clarence Saunders, che nel 1916 diede vita alla prima catena di **supermercati** self service, i Piggly-Wiggly. Nel 1923 Saunders finì in bancarotta e in realtà non abitò mai in questa casa che diventò, invece, sede di un museo storico di Memphis, interessante e piuttosto eccentrico, a cui furono aggiunte nuove ali. Raccoglie ogni genere di stranezze e fossili di animali, tra cui anche una cruenta esposizione sui primi anni della città e un affascinante modellino del primo supermercato Piggly-Wiggly. L'abitazione ospita anche un cinema IMAX e lo **Sharpe Planetarium**.

Mangiare

I cittadini di Memphis amano la loro cucina e ritengono che la loro città sia la capitale mondiale del **maiale alla griglia**. Ma oltre al barbecue, a Memphis, c'è molto altro: i cultori del **soul food** rimarranno deliziati, ma lo saranno anche tutti quelli che adorano la fantasiosa **cucina contemporanea del Sud**. Non avrete nessuna difficoltà a trovare qualcosa di buono in **centro** (tenete presente che alcuni club in Beale Street elencati nella sezione "Vita notturna e divertimento" a p. 461 fanno anche da mangiare) o nell'eclettico quartiere **Cooper-Young**.

Arcade 540 S Main St. Ⓣ 901/526-5757. Si dice che sia il ristorante più antico di Memphis, questa caratteristica tavola calda (Elvis ha mangiato qui!) nel South Main District fu scelta da Jim Jarmusch per il film *Mystery Train – Martedì notte a Memphis* . Venite qui per le abbondanti colazioni del Sud, pizze e cucina casalinga. Tutti i giorni 8-15.

Automatic Slim's Tonga Club 83 S Second St. Ⓣ 901/525-7948. Un'istituzione a Memphis, nel cuore della città: in questo locale elegante e alla moda potrete assaggiare tutta la cucina mondiale soffusa di sapori sud-occidentali, un esempio ne è il pesce con crosta di noce di cocco servito con insalata di cavolo e *jicama* (patata messicana) e avocado. Chiuso dom.

The Beauty Shop 966 S Cooper Ⓣ 901/272-7111. I briosi arredi retrò (divisori in vetro, stoviglie spaiate, poltrone da parrucchiere anni Quaranta) sono perfettamente intonati con l'eleganza del negozio vintage di Cooper-Young, mentre è gustosa l'eccentrica combinazione di sapori provenienti da diverse cucine (pranzo, cena e brunch domenicale) che dà soddisfazioni al palato.

Café Francisco 400 N Main St. Ⓣ 901/578-8002. Accovacciatevi su uno dei divani imbottiti di velluto o sedetevi a uno dei tavoli traballanti in questo tetro ristorantino dall'atmosfera bohémienne molto rilassante, situato sulla via del tram, vicina a Pyramid in Pinch District; serve anche ottimi piatti leggeri. Accesso wi-fi gratuito.

Dejavu 936 Florida Ⓣ 901/942-1400. Sedetevi e mangiate soul food creolo e piatti vegetariani in questo ottimo locale alla portata di tutti, che in origine era una chiesetta. Il menu varia tutti i giorni con particolare attenzione ai piatti stagionali. Chiuso domenica.

Dish 948 S. Cooper Ⓣ 901/276-0002. Nel cuore dell'elegante quartiere Cooper-Young, questo ristorante minimalista serve tapas e sushi a una clientela chic. Dopo le 22 i dj, dal vivo, aprono le danze.

Four Way Grill 998 Mississippi Blvd. Ⓣ 901/507-1519. Comodo per lo Stax museum, questo locale piccolo ma pulito, specializzato in soul food (posto preferito da Martin Luther King) serve impareggiabili specialità del giorno a prezzi incredibilmente bassi. Chiuso lun.

Gus's Fried Chicken 310 S Front St. Ⓣ 901/527-4877. Questo piccolo e familiare posto vicino al South Main Arts District ha calamitato l'attenzione della stampa nazionale per le sue deliziose patatine croccanti e il suo pollo speziato. Non perdetevelo.

Interstate Bar-B-Que 2265 S Third St. Ⓣ 901/775-2304, *www.jimneelysinterstatebarbecue.com*. Leggendario ristorante specializzato in piatti alla griglia, a sud del centro (lasciate la I-55 all'uscita 7) in direzione del Delta. Provate gli spaghetti cucinati al barbecue. Chiuso dom.

Java Cabana 2170 Young Ave. Ⓣ 901/272-7210. Alternativo e accogliente ristorantino nel quartiere Cooper-Young, con letture di poesie e musica dal vivo. Chiuso lun.

McEwan's 122 Monroe Ave. Ⓣ 901/527-7085. Nel cuore di Memphis, quattro isolati a nord di Beale, *McEwan's* ha l'atmosfera tipica di un accogliente bistrò di quartiere e serve piatti di una fantasiosa e deliziosa cucina contemporanea del Sud in una sala dalle pareti in mattoni. Il tranquillo bar annesso è anche uno dei preferiti dalla gente del posto.

Otherlands 641 S Cooper Ave. Ⓣ 901/278-4994. Un piccolo ristorante alla moda di Midtown ottimo per l'espresso, i succhi e i panini freschi. La folla indugia tranquilla per ore nelle sale labirintiche, tra vecchi divani e poltrone e tavoli malandati. Aperto fino alle 20 lun-sab, 19 il fine settimana.

The Rendezvous General Washburn Alley, 52 S Second St. Ⓣ 901/523-2746, *www.hogsfly.com*. Il posto più famoso per il barbecue di maiale nel centro di Memphis, nascosto in una stradina laterale, è immenso e affollatissimo. Gustatevi le costolette di maiale in un ambiente frenetico. Aperto mar-sab.

Vita notturna e divertimento

Il ricco scenario **musicale dal vivo** di Memphis dà il meglio di sé durante i numerosi **festival** della città, soprattutto nel corso del lungo **Memphis in May** (*www.memphisinmay.org*), dove esibizioni di grandi nomi della musica si succedono uno dietro l'altro accanto al World Championship Barbecue Cooking Contest, e durante l'**Elvis Tribute Week** ad agosto.

In altri periodi l'animata e turistica **Beale Street** con il suo vasto assortimento di club musicali ha molto da offrire. Tutta la zona è perfetta sia dal punto di vista architettonico che dell'atmosfera, arricchita quest'ultima dalla presenza dei musicisti di strada. I venerdì sera, l'accesso a tutti i più importanti club è consentito attraverso l'acquisto a $10 di un braccialetto. Sul palco di **W.C. Handy Park**, a Beale sulla Third Street, si esibiscono anche alcune band dal vivo e l'ingresso è gratuito quasi tutte le sere. In maniera diametralmente opposta, la vibrante scena musicale punk e garage rock vede invece **band alternative** esibirsi in piccoli locali.

Oltre alla musica, Memphis è anche un buon posto per gli amanti del cinema con proiezioni di film classici nel grande e antico *Orpheum*, in estate e ad aprile durante un **film festival**, la cui popolarità sta diventando internazionale; mentre a ottobre potrete assistere a proiezioni sul cinema del Sud indipendente, durante la manifestazione d'avanguardia dell'**Indie Memphis**.

La migliore risorsa per avere un **elenco completo degli spettacoli** è il settimanale gratuito *Memphis Flyer* (*www.memphisflyer.com*). Potete fare un salto anche al Shangri-La Records, una miniera d'oro della musica di Memphis, in centro al 1916 Madison Ave. (T 901/274-1916, *www.shangri.com*), per volantini e notizie sui concerti in programmazione.

B.B. King's Blues Club 147 Beale St. T 901/524-KING. Nonostante le accuse da parte dei puristi di essersi "venduto", rimane il club più popolare di Beale. È spazioso e delizioso, con concerti blues (tra altra musica) e un barbecue niente male. B.B. in persona si fa vedere una o due volte all'anno.

Blues City Café 138 Beale St. T 901/526-3637, *www.bluescitycafe.com*. Popolare locale a Beale Street specializzato in barbecue, dove i musicisti, che arrivano dai club vicini, cenano con costolette, pesci gatto, tamale e gumbo a ottimi prezzi. Di sera musica dal vivo fino a tardi in un'atmosfera familiare. Aperto di giorno 11-15 (17 il fine settimana).

Buccaneer Lounge 1368 Monroe Ave. T 901/278-0909. Questo dottrinale locale del centro (con un'atmosfera da centro commerciale a tema sui pirati) è uno dei posti migliori della città per vedere le band underground.

Earnestine and Hazel's 531 S Main St. T 901/523-9754. Questo leggendario bordello riconvertito in un juke joint, è stato un po' il ritrovo di tutti, da Elvis ai musicisti dello Stax. È particolarmente bello di sera tardi, quando la musica da juke box di Memphis è diffusa a tutto volume e i famosi panini cominciano a sfrigolare.

HiTone Café 1913 Poplar Ave. T 901/278-8663, *www.hitonememphis.com*. Dalle band di garage rock di Memphis, ai comici, agli imitatori di Elvis, vale sempre la pena farci un salto in questo eclettico bar/club del centro.

Hollywood Raiford's 115 Vance Ave. T 901/528-9313. Ritenuto il club più alla moda tra quelli che chiudono a notte fonda, il locale è stato venduto e completamente rivoluzionato con la benedizione del precedente proprietario. Il Raiford ha ereditato i vecchi dj e il locale continua a essere il posto per ascoltare jam session di funk degli anni Settanta, Ottanta e Novanta.

New Daisy Theater 330 Beale St. T 901/525-8981, *www.newdaisy.com*. Ex cinema, all'estremità orientale di Beale, che richiama una folla di giovani alternativi per i suoi spettacoli punk, metal, per la box e per il wrestling estremo.

P&H Café 1532 Madison Ave. T 901/726-0906. *www.pandhcafe.com*. Mitico localino. Qui si servono i boccali di birra più freddi. Troverete gomito a gomito appassionati di jazz, artisti e musicisti.

Rum Boogie Café 182 Beale St. T 901/528-0150. *www.rumboogie.com*. Blues dal vivo nella sala principale, in quella accanto, nella *Blues Hall*, più piccola e più accogliente e riproduzione di un juke joint, sono invece regolarmente ospitati diversi generi musicali dal boogie blues al frenetico punkabilly.

Wild Bill's 1580 Vollintine Ave. T 901/726-5473. Juke joint di quartiere, situato circa 5 km a nord-est del centro in North Memphis, dove i turisti sono invitati a sedere ai lunghi tavoli insieme alla gente del posto per ascoltare dal vivo rilassante musica blues e soul ven-sab.

Young Avenue Deli 2119 Young Ave. T 901/278-0034, *www.youngavenuedeli.com*. Eletto erroneamente il preferito di Cooper-Young, suonano quasi tutte le sere band rock, folk, punk e alternative, locali e nazionali.

Shiloh National Military Park

Circa 110 miglia (176 km) a est di Memphis e 12 miglia (20 km) a sud-ovest di Savannah, nel Tennessee, sulla US-64 e l'Hwy-22, lo **Shiloh National Military Park** (tutti i giorni 8-17; $5 per auto; ☎ 731/689-5696, *www.nps.gov/shil*) commemora una delle battaglie cruciali della guerra di secessione. Dopo le vittorie a Fort Henry e Fort Donelson, gli uomini dell'Unione guidati dal generale Grant, sicuri delle proprie forze, furono tutt'altro che sconfitti dai confederati nel corso dell'attacco a sorpresa, sferrato alle prime ore del mattino, il 6 aprile del 1862. Un gruppo di resistenza aveva atteso fino alle 17, ma i confederati piuttosto che sferrare un attacco al tramonto scelsero di portare a termine l'azione la mattina seguente. I reggimenti decimati di Grant furono però rassicurati dall'arrivo di rinforzi nella notte e fu così che l'iniziativa presa all'alba obbligò gli stanchi e demoralizzati confederati a ritirarsi. Furono uccisi oltre 20.000 uomini.

Il **centro visitatori** espone oggetti recuperati dal campo di battaglia. Un tour in macchina che si snoda lungo un percorso di circa 10 miglia (16 km) attraversa il **National Cemetery**, le cui mura ricoperte da muschio accolgono migliaia di tombe di corpi rimasti senza identità.

Nashville

Situata tra le dolci colline e i terreni agricoli del Tennessee centrale, la caotica **NASHVILLE** richiama ogni anno milioni di visitatori. La maggior parte arriva per immergersi nel mondo della **musica country**, e non importa se in vetrine più importanti come il **Country Music Hall of Fame** e il **Grand Ole Opry**, o in club più piccoli e in locali *honky-tonk* (taverne con annesse sale da ballo) che si trovano non solo in centro, ma anche in molti quartieri di Nashville.

Eppure dietro lo showbiz e i lustrini si nasconde una città conservatrice che lavora sodo! Da quando fu fondato il **Fort Nashborough** nel 1779, Nashville è stato l'insediamento più importante nel Tennessee centrale. Capitale di Stato dal 1843, è oggi il centro **finanziario e assicurativo** del mid-South. Il rapido sviluppo dalla seconda guerra mondiale ha trasformato una città, un tempo piccola, in un agglomerato urbano labirintico, che si estende in tutte le direzioni lungo strade ondeggianti, qui conosciute come "**pike**" (vette).

Malgrado l'immagine pubblica di "Nash-Vegas", la città ha mantenuto un'alta reputazione per la **cultura** sin dai tempi delle piantagioni. Ospitando oltre un migliaio di **chiese** (più di una pro capite, più di qualsiasi altra città dello Stato), e anche per via della proliferazione di scuole di formazione per sacerdoti e missionari, uffici amministrativi ecclesiali e case editrici religiose, si è guadagnata l'appellativo di "Vaticano protestante".

Arrivo, informazioni e come muoversi

L'**aeroporto internazionale di Nashville** si trova 8 miglia (circa 13 km) a sud-est del centro (una corsa in **taxi** costa $25). La navetta della Gray Line (5-23, ogni 15-20 min; $12 solo andata, $20 andata e ritorno; ☎ 615/883-5555) serve gli alberghi del centro; gli **autobus** della Metropolitan Transit Authority partono ogni ora ($1,60; ☎ 615/862-5950, *www.nashvillemta.org*). La stazione della **Greyhound** si trova in una zona squallida del centro, al 200 Eighth Ave. S. L'Amtrak non effettua nessun servizio.

Il posto migliore per ottenere informazioni sulla città è l'eccellente **centro visitatori**, situato in centro tra Fifth e Broadway, nell'enorme Gaylord Entertainment Center (lun-sab 8.30-17.30, dom 10-17; ☎ 615/259-4747 o 1-800/657-6910, *www.visitmusiccity.com*); anche l'altra sede, al 150 4th Ave. N (lun-ven 8-17; ☎ 615/259-4731) è ottima.

Se amate la musica country preparatevi a un divertimento esagerato, saltate a bordo del "Big Pink Bus" e ascoltate i pettegolezzi delle guide canterine dei **Na-**

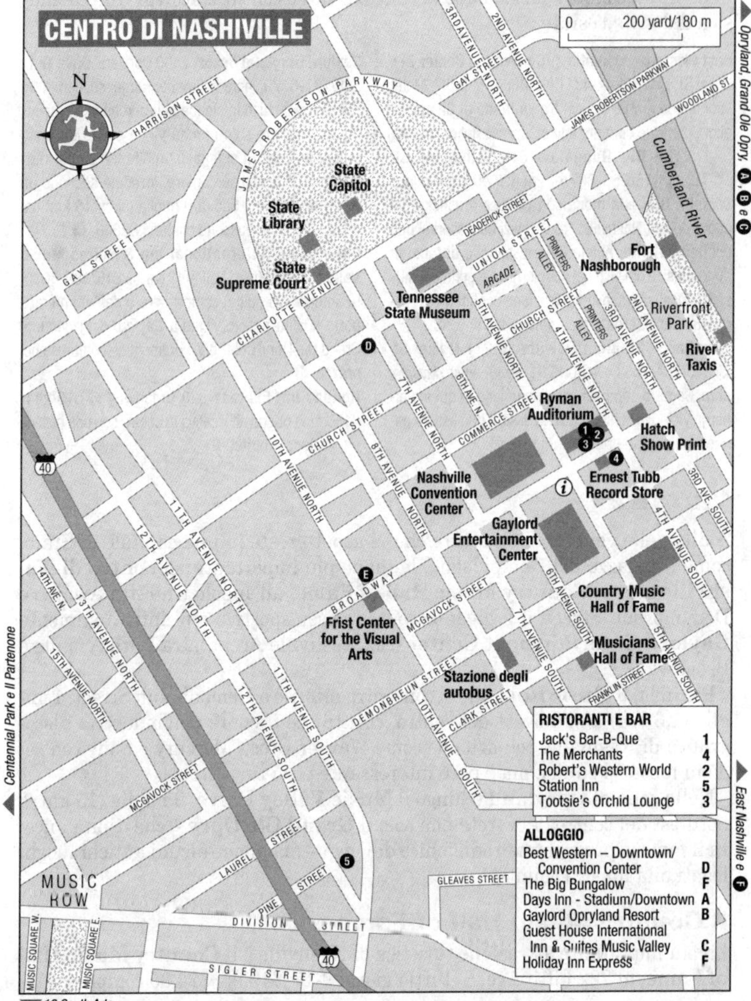

sh-**Trash Tours** sulle vostre star preferite (mer-sab, 90 min; $29,50; prenotazioni obbligatorie; ☎ 615/226-7300 o ☎ 1-800/342-2132, *www.nashtrash.com*).

Alloggio

Il **Central Reservations Center** (☎ 1-800/657-6910) del CVB (Convention & Visit Bureau) offre tariffe scontate nella maggior parte degli alberghi cittadini; i **motel** a prezzi più bassi sono concentrati 2 miglia (3 km) a nord del centro, vicino alla I-65 Trinity Lane/Brick, all'uscita Church Pike. Le tariffe sono normalmente più alte a giugno durante il CMA Music Festival (l'ex Fan Fair; vedi p. 468). Ci sono camper e tende da **campeggio** all'*Opryland KOA*, al 2626 Music Valley Drive (☎ 615/889-0286 o 1-800/562-7789, *www.nashvillekoa.com*), in un interessante spazio di una decina di ettari e con spettacoli gratuiti di musica dal vivo d'estate.

Best Western – Downtown/Convention Center 711 Union St. ☎ 615/242-4311 o 1-800/627-3297. Motel economico a nord del centro, di fronte al Campidoglio. Colazione continentale compresa nel prezzo. ❸

The Big Bungalow 618 Fatherland St. ☎ 615/256-8375, *www.thebigbungalow.com*. Un B&B alla moda con pretese artistiche nel cuore di East Nashville. Tra i servizi accessori si può contare su un terapista del massaggio; di tanto in tanto musica dal vivo nel soggiorno, eseguita dai musicisti locali di Nashville. Colazione continentale preparata dall'albergatore compresa nel prezzo.

Days Inn – Stadium/Downtown 211 N First St. ☎ 615/254-1551 o 1-800/251-3038, *www.daysinn.com*. Camere semplici ed economiche in questo albergo vicino al centro. La zona di sera può essere pericolosa, per cui prendete un taxi. ❸

Gaylord Opryland Resort 2800 Opryland Drive ☎ 1-888/777-6779. Incredibilmente immenso, con 3000 camere, è incluso in elenco non perché ve lo raccomandiamo, ma solo perché viene scelto da molti gruppi turistici. Ci si impiega molto tempo per raggiungere le lussuose camere, arredate secondo un moderno stile del Sud, a 9 miglia (circa 15 km) dal centro. Le suite possono costarvi $3500. ❼

GuestHouse International Inn & Suites Music Valley 2420 Music Valley Drive ☎ 615/885-4030. Un'alternativa pulita, confortevole e dall'ottimo rapporto qualità-prezzo vicino a *Gaylord Opryland* e al Grand Ole Opry. Colazione continentale compresa nel prezzo. ❹

Holiday Inn Express 920 Broadway ☎ 615/244-0150. Una buona alternativa in centro con una piscina e colazione a buffet. ❺

La città

Aldilà delle venerabili strutture che vi aspettereste in una capitale di Stato, come il palazzo del Campidoglio, le tappe più importanti nel **centro di Nashville** sono il **Country Music Hall of Fame**, all'angolo tra Fifth Avenue e Demonbreun Street, e il gigantesco complesso sportivo e di intrattenimento **Gaylord Entertainment Center** (l'ex Nashville Arena), tra Fifth Avenue e Broadway.

Più in là, il **Music Row**, che si concentra intorno a Demonbreun Street, 1 miglio (1,6 km) a sud-ovest del centro, costituisce il cuore dell'industria discografica di Nashville, con aziende come Warner Bros., Mercury e Sony con sede in lussuosi edifici, ma è poco interessante per i turisti.

Nella zona di **Opryland** e lungo il **Music Valley Drive**, 9 miglia (15 km) a nord-est del centro, troverete non solo il **Grand Ole Opry** – che ospita ancora il famoso programma radiofonico dal vivo – ma anche alcuni antichi luoghi legati alla musica country.

Il Country Music Hall of Fame

La più importante attrazione turistica di Nashville è il **Country Music Hall of Fame**, al 222 Fifth Ave. S (tutti i giorni 9-17; $19,95, $25,95 compreso l'ingresso allo Studio B, $32,95 ingresso a entrambi). L'edificio in sé è una grande realizzazione architettonica, carica di simbolismo musicale (tutto l'edificio è a forma di chiave di basso), quel che però lo rende davvero speciale sono gli oggetti in esposizione. Accanto a oggetti appartenenti a innumerevoli star, tra cui la Cadillac d'oro di Elvis, troverete una storia dettagliata del genere sin dalle sue più antiche origini. Cantautori e musicisti si esibiscono regolarmente dal vivo dando prova delle loro abilità. L'**Hall of Fame** è invece deludente: semplici camere circolari piene di targhe.

L'Hall of Fame propone anche brevi **tour in autobus** che rappresentano l'unico modo per visitare il mitico **Studio B** della RCA (Radio Corporation of America) a Music Row. Tra il 1957 e il 1977, si registrarono in questi studi quaranta dischi d'oro, tra cui "Jolene" di Dolly Parton, ma si ricorda senza dubbio per i tredici anni di produzione dei successi di Elvis. Recentemente rinnovato e con un nuovo impianto elettrico, lo studio è stato riaperto per attività commerciali e solo i più appassionati possono riuscire a trovare interessante passeggiare nelle sale vuote.

△ Ernest Tubb Record Shop

Centro di Nashville

Gran parte del **centro di Nashville** non si differenzia molto da quello di molti altri centri d'affari della regione, tuttavia vale la pena passeggiare lungo **Broadway** e **Second Avenue** per godersi i vari *honky-tonk*, bar, ristoranti e negozi di souvenir. Dal 1879, l'imperdibile **Hatch Show Print**, al 316 Broadway (lun-ven 9-17, sab 10-17; ☎ 615/2562805), stampa e vende poster che risalgono alle origini della musica country e del rock 'n' roll, usando i cliché originari e continua a crearne di nuovi. Di fronte, l'**Ernest Tubb Record Shop** (☎ 615/557-503, *www.etrecordshop.com*), un'altra istituzione, vende musica country e bluegrass vintage ed espone costumi del Grand Ole Opry.

Potrete visitare da soli la sede originaria del Grand Ole Opry, il **Ryman Auditorium**, al 116 Fifth Ave., (tutti i giorni 9-16; $12,50; $16,25 per tour saltuari del dietro le quinte; *www.ryman.com*). Uno spazio che, con i suoi banchi in legno, illuminati da vetrate colorate richiama una chiesa e rievoca la grande stagione del country tradizionale. Di sera, potrete anche riuscire ad assistere a inusuali esibizioni dal vivo di band importanti.

Sconfinando dal suo ambito di competenza della musica country, il **Musicians Hall of Fame** (lun-gio 10-18, ven e sab 10-17; $14.95; *www.musicians halloffame.com*), a pochi isolati di distanza, al 301 Sixth Ave. S, rende omaggio a musicisti spesso dimenticati. Strumenti, foto, filmati e registrazioni raccontano la storia di generazioni di musicisti che hanno dato il proprio contributo a canzoni famosissime.

Il centro è caratterizzato anche da alcune attrazioni che non hanno nulla a che vedere con la musica. Ospitato in uno splendido edificio art déco, il **Frist Center for the Visual Arts**, al 919 Broadway (lun-mer 10-17.30, gio e ven 10-21, sab 10-17.30, dom 13-17; $8,50; *www.fristcenter.org*), contiene di tutto, dalla scultura alla fotografia all'arte antica. Dall'altra parte di Broadway, si trova il **Riverfront Park** che declina verso il **Cumberland River**. Subito a nord, una ricostruzione in legno del **Fort Nashborough** commemora i fondatori della città nel 1779. E ancora, pochi isolati a nord, il **Tennessee State Museum**, al 505 Deaderick St. (mar-sab 10-17, dom 13-17; ingresso gratuito), ripercorre la storia della guerra di secessione, sottolineando le difficoltà affrontate dai soldati di entrambe le fazioni (23.000 dei 77.000 uomini morirono a Shiloh, vedi p. 462).

A ovest del centro

Nel 1897, il Tennessee celebrò la sua Centennial Exposition nel **Centennial Park**, 2 miglia (4 km) a sud-ovest del centro tra West End Avenue e 25th Avenue. Nashville onorò il suo appellativo di "Atene del Sud" costruendo una copia del **Partenone**, in legno e gesso, a grandezza naturale: la riproduzione fu così apprezzata che nel 1931 fu sostituita da una struttura permanente, oggi sede del più importante **museo d'arte** di Nashville (mar-sab 9-16.30; giugno-agosto: anche dom 12.30-16.30; $5). La sala al piano più alto è dominata da una riproduzione della dea Atena di Fidia, alta circa 14 m: si dice che sia la più grande statua al coperto nell'emisfero occidentale.

Proprio partendo da Centennial Park e attraversando West End Avenue, strutture in stile gotico, danneggiate dal tempo, giacciono accanto agli edifici più moderni della prestigiosa **Vanderbilt University**. A sud, la 21st Avenue S attraversa il cuore dell'animato **Hillsboro Village**, che straborda di caffè, ristoranti e antichi negozi. 800 metri a nord-est di Centennial Park, la **Fisk University** è una delle università di gente di colore più antiche della nazione. L'ottima **Van Vechten Gallery**, nel campus tra Jackson St. e 18th Ave. N (mar-ven 10-17, sab e dom 13-17; chiuso dom d'estate, offerta), ospita opere di Picasso, Cézanne, Renoir e Georgia O'Keeffe e accoglie anche mostre temporanee sui temi afroamericani. A est, la 12th Avenue South dal punto in cui incrocia Wedgewood Avenue fino a Sevier Park, costituisce il brulicante quartiere di **12 South Arts**, con molte boutique alla moda, piccoli ristoranti, gallerie e bar.

Mangiare

Anche Nashville propone una vasta possibilità di scelta tra diverse catene di ristoranti, ma conta anche molti locali a gestione familiare caratteristici del Sud, così come ristoranti eleganti per cene esclusive. In molti locali dove si ascolta musica dal vivo (vedi avanti) si può anche mangiare.

Arnold's 605 8th Ave. S ⓣ 615/256-4455. Classica mensa dove mangiare il tipico piatto "*meat-and-three*" del Sud (che contiene carne, tre tipi di verdure e focaccia di granoturco e/o panini). La deliziosa cucina del paese include pollo fritto, prosciutto o costolette di maiale con contorni. Piatti sui $7. Per pranzare andateci presto ed eviterete una lunga attesa. Lun-ven 10.30-14.45.

Frothy Monkey 2509 12 Ave. South ⓣ 615/292-1808, *www.frothymonkeynashville.com*. Nell'epicentro del caotico quartiere 12 South Arts, questa tavola calda serve panini confezionati con prodotti locali e biologici e zuppe in un ambiente eclettico. Connessione wi-fi gratuita.

Jack's Bar-B-Que 416 Broadway St. ⓣ 615/254-5714, *www.jacksbarbque.com*. In una comoda posizione di fronte a Ernest Tubb's, il *Jack's* è sempre nel novero dei migliori locali della città specializzati in carne alla griglia. Spalla di maiale in umido e *mac 'n' cheese* vengono impilati in piatti Styrofoam da camerieri ospitali.

Jimmy Kelly's 217 Louise Ave. ⓣ 615/329-4349. Da settanta anni la steakhouse preferita dagli abitanti di Nashville, poco distante da West End Ave. vicino a Vanderbilt. Solo cena lun-sab.

The Loveless Café 8400 Hwy-100, 20 miglia (32 km) a sud della città ⓣ 615/646-9700, *www.lovelesscafe.com*. Accogliente tavola calda nota per la sua cucina di campagna. La colazione è il miglior pasto della giornata: grossi pezzi di prosciutto salato con intingoli, uova, toast e morbidi biscotti. Prenotazione consigliata.

Marché Artisan Foods 1000 Main St. ⓣ 615/262-1111, *www.marcheartisanfoods.com*. Piatti europei cucinati in modo impeccabile nel nuovo e caotico quartiere di East Nashville. Brioche e croissant preparati in casa rendono il brunch particolarmente appagante. Carni, formaggi e antipasti artigianali sono anche in vendita. Chiuso lun, cena, colazione e pranzo tutti i giorni, cena mar-sab.

Merchants 401 Broadway ⓣ 615/254-1892. Storico edificio del centro che ospita due sale; la "grill" più informale al piano inferiore, ideale per un pranzo gustoso (polpette di granchio, panini grigliati con funghi portabella e altri piatti simili) e il ristorante più formale al piano superiore, che serve specialità americane.

Pancake Pantry 1796 21st Ave. ⓣ 615/383-9333. Un assortimento tra più di venti pancake e buonissime frittelle, questa allegra istituzione dell'Hillsboro Village è famosa per la colazione: durante il fine settimana è possibile che si debba attendere per un tavolo per ore. Lun-ven 6-15, sab e dom 6-16.

Radius10 1103 McGavock St. ⓣ 615/259-5105, *www.radius10.com*. Allievo del Culinary Institute of America lo chef Jason Brumm porta a Nashville, in un ambiente prestigioso, deliziosi tacos di pesce dell'haute cuisine e bistecca di lombo. Pranzo lun-ven, cena lun-sab. Prenotazione consigliata.

Vita notturna e divertimento

Per sperimentare la **musica country dal vivo** a Nashville avete due possibilità: o puntare al gruppo di **honky-tonk** che fiancheggiano Lower Broadway tra Second Avenue e Fourth Avenue oppure comprare un biglietto per uno spettacolo al **Grand Ole Opry**. Se vi fermate in città per poche sere, comunque, vale la pena fare uno sforzo per riuscire a vedere le esibizioni più promettenti e più particolari in posti come il *Bluebird Café* e la *Station Inn*; prendete in considerazione, anche, gli eventi speciali, tra cui le serate di bluegrass al **Ryman Auditorium** (vedi p. 466). A ovest del centro, l'elegante quartiere residenziale di **Elliston Place** vanta numerosi locali dove si ascolta musica. È meglio invece evitare **Printers Alley** con i suoi squallidi club e le vetrine dei negozi vuote.

A giugno, il **CMA Music Festival** (quello che prima era noto come **Fan Fair**) è una manifestazione di quattro giorni no-stop con concerti e dove è possibile incontrare le star (*www.cmafest.com*).

Per **gli spettacoli in programma**, date un'occhiata sui settimanali gratuiti *Nashville Scene* (mer) e *All The Rage* (gio) oppure sul *Tennessean* il venerdì e il sabato.

12 South Taproom 2318 12th Ave. South ☎ 615/463-7552, *www.12southtaproom.com*. Piatti discreti e un gran numero di birre alla spina, tra cui la Yazoo preparata in loco nell'elegante quartiere 12 South Arts.

Bluebird Café 4104 Hillsboro Rd. ☎ 615/383-1461, *www.bluebirdcafe.com*. Questo accogliente caffè, 6 miglia (circa 10 km) a ovest del centro nel quartiere di Green Hills, che ha lanciato le carriere di superstar come Garth Brooks e Faith Hill, è *il* posto per assistere agli spettacoli degli artisti più in voga del country. Le esibizioni di cantautori emergenti nel tardo pomeriggio sono gratuite, ma è richiesta una consumazione con prezzi che oscillano tra gli $8 e i $15 per il secondo spettacolo.

Douglas Corner Café 2106 Eighth Ave. S ☎ 615/298-1688, *www.douglascorner.com*. Il maggior concorrente di *Bluebird* propone musica dal vivo (americana, rock e country) sei sere a settimana, spesso non è necessaria la consumazione. La sera si alternano regolarmente cantautori con esibizioni acustiche dal vivo.

Ernest Tubb Record Store Midnight Jamboree Texas Troubadour Theatre, 2414 Music Valley Drive ☎ 615/885-0028. Un programma radiofonico dal vivo, registrato ogni sabato da mezzanotte all'una, in un teatro situato accanto al Music Valley, succursale del negozio *Tubb* (ne troverete un altro su Broadway). Servizi speciali sui giovani e sulle più importanti star dell'Opry. Ingresso gratuito.

Exit/In 2208 Elliston Place ☎ 615/321-3340, *www.exitin.com*. Venerabile locale per il rock, il reggae e la musica country e di tanto in tanto nomi importanti: non parliamo poi della birra e della pizza!

Nashville Palace 2611 McGavock Pike ☎ 615/889-1540, *www.nashvillepalace.net*. Di fronte al *Gaylord Opryland* è un resort che propone musica tutto il giorno, tutti i giorni, con grandi nomi della C & W, serate dedicate ai giovani talenti e spettacoli post *Opry*.

Robert's Western World 416 Broadway ☎ 615/244-9552, *www.robertswesternworld.com*. Uno dei migliori locali a Broadway dove si suona musica country, oltre alla rockabilly e al Western swing, in un animato locale notturno che fa anche da negozio di stivali da cowboy.

Station Inn 402 12th Ave. S ☎ 615/255-3307, *www.stationinn.com*. Locale molto popolare di musica bluegrass e acustica vicino a Music Row. Spettacoli serali 21. Vietato fumare.

The Sutler 2608 Franklin Pike ☎ 615/292-5254. Aspiranti cantanti e cantautori si precipitano in questo bar/club a sud del centro, che ha ospitato tutti, da Nanci Griffith e Emmylou Harris a Guy Clark.

Tootsie's Orchid Lounge 422 Broadway ☎ 615/726-0463, *www.tootsies.net*. Locale notturno del centro dall'atmosfera turbolenta e con ottimi e vivaci interpreti dal vivo.

A sud di Nashville

A sud-est di Nashville, abitazioni delle piantagioni del XIX secolo sono allineate lungo la US-31 tra la periferia di Brentwood e lo storico quartiere **Franklin**, 18 miglia (circa 30 km) fuori città. Qui il 30 novembre del 1864 fu combattuta una delle battaglie più sanguinose della guerra di secessione, quando in meno di un'ora caddero 8500 uomini. Ventiduemila confederati costrinsero l'Unione a ritirarsi a Nashville, tuttavia nel tentativo di infrangere completamente l'armata confederata del Tennessee subirono pesanti perdite. Tra gli edifici strategici aperti ai visitatori c'è la **Carnton Plantation**, quella che un tempo fu l'ospedale dei confederati e dove sono ancora visibili sul pavimento macchie di sangue, un miglio (1,6 km) a sud-est della città sulla Hwy-431 (lun-sab 9-17, dom 13-17; $12; *www.carnton.org*).

Il Jack Daniel's a Lynchburg

Il villaggio di **LYNCHBURG** (pop. 361), 70 miglia (112 km) a sud-est di Nashville, restio ai cambiamenti, è sede della **Jack Daniel's Distillery** (tutti i giorni 9-16.30; ingresso gratuito). Fondata nel 1866, è la distilleria più antica che si registri nel paese. **Visite** guidate di 70 minuti portano a scoprire, passo dopo passo, l'intero processo di produzione dal malto al whiskey; sfortunatamente, non potrete degustare il prodotto, visto che vi trovate in una contea proibizionista.

Lynchburg è disposta tutta intorno alla piazza del paese con un Palazzo di giustizia in mattoni rossi e diversi negozi vecchio stampo. Un piacevole ritorno al passato è la *Miss Mary Bobo's Boarding House*, che serve grandiose **cene con cucina del Sud** (pollo fritto, rape verdi e piatti simili) a un gruppo di tavoli in una casa del 1805 (prenotazione obbligatoria; ⓣ 615/759-7394).

Tennessee orientale

Prima della creazione della Tennessee Valley Authority, dell'apertura del **Great Smoky Mountains National Park** e della costruzione delle autostrade interstatali, nelle remote colline e vallate del **Tennessee orientale**, nulla era cambiato dall'arrivo dei primi pionieri, e tutto era rimasto immutato. Oggi i turisti si accalcano nella regione per le sue bellezze naturali e, soprattutto in autunno, è possibile che le Smokies siano intasate dal traffico. Le comunità nella zona sono in gran parte piccole cittadine, alcune troppo turistiche, altre troppo tranquille. I due centri più importanti, la moderna **Knoxville** e la pittoresca **Chattanooga**, hanno beneficiato entrambe della considerevole crescita industriale grazie all'adeguata influenza della TVA, ma soltanto Chattanooga conserva un certo fascino per i turisti.

Città d'ingresso per le Smoky Mountains

La maggior parte dei visitatori che raggiunge le Smokies da nord o da ovest lascia la I-40, 20 miglia (32 km) a est di Knoxville o 200 miglia (320 km) a est di Nashville e devia verso sud sulla **Hwy-66** e sulla **US-441**, attraversando in successione una serie di "**città d'ingresso**" fortemente commercializzate, lungo un percorso che si snoda per 25 miglia (40 km) fino al parco nazionale. Questa è l'area più turistica del Tennessee, caratterizzata da numerosissimi motel e da costose nuove "attrazioni" create appositamente per le famiglie.

Pigeon Forge

Con così tante **attrazioni** a tema, da Dollywood (vedi avanti) al *Black Bear Jamboree Dinner and Show*, nell'arido paese di **PIGEON FORGE** le cose da fare non mancano di certo: quasi tutto risulta affascinante, ma solo in un'ottica kitsch. Situato su una strada con una serie interminabile di outlet e motel, il **welcome center** di Pigeon Forge si trova al 1950 Parkway (ⓣ 865/453-8574 o 1-800/251-9100, *www.mypigeonforge.com*). Tra **i motel** discreti troverete il *Best Western Toni Inn*, al 3810 Parkway (ⓣ 865/453-9058; ③) che è ben gesti-

Il Dollywood di Dolly Parton

Nata nel 1946, **Dolly Parton** visse, insieme agli altri undici fratelli, in alcune modeste abitazioni nei pressi di Pigeon Forge: la più isolata tra queste sorge a 2 miglia (3 km) dal più vicino centro abitato e oltre 4 miglia (7 km) distante da una buca per le lettere. Da bambina – prima di lasciare la famiglia e partire per Nashville, lo stesso giorno in cui terminò gli studi alla Sevier County High School – cantava tutte le settimane nelle radio locali. Il suo primo successo, in duetto con Porter Wagoner, a inizi anni Settanta finì nel dimenticatoio e fu con la canzone "Jolene" nel 1976 che scalò le più importanti classifiche di musica country. Si avvicinò successivamente alla musica pop e, grazie a una personalità carismatica, riuscì a recitare senza grandi difficoltà in film come *9 to 5* e *The Best Little Whorehouse in Texas*. Le sue canzoni sono state apprezzate per aver affrontato con determinazione questioni legate alla povertà rurale; come donna, cantante e autrice dei testi ha sempre avuto le idee chiare e molta ispirazione.

Dollywood, il parco a tema di Parton del "puro divertimento", al 700 Dollywood Lane a Pigeon Forge (aprile-dicembre; chiamate o visitate il sito Internet per il programma; aprile-ottobre $51,30, bambini 4-11 $40,15; ⓣ 865/428-9488, *www.dollywood.com*), combina elementi ispirati alla cultura delle terre montane con le attrattive più moderne; **produzioni artigianali** degli Appalachi, dal sapone di liscivia alle carrozze trainate da cavalli, sono esposte all'interno di una sezione del parco. Un museo ripercorre la vita di Dolly attraverso particolari divertenti e sono programmati regolarmente spettacoli musicali. Moltissimi i percorsi per chi vuole sperimentare momenti di adrenalina pura, ma anche quelli per bambini: dopo un'intera giornata però tutto può iniziare a sembrare alquanto artificioso. Accanto troverete il **Dolly's Splash Country**, un parco acquatico (fine maggio-metà settembre; chiamate per il programma; adulti $43,50, ragazzi $37,90; stesso numero di telefono, *www.dollywoodssplashcountry.com*).

to e il confortevole e accogliente *Shular Inn*, al 2708 Parkway (ⓣ 1-800/451-2376; ❸), dotati entrambi di piscine. La *Smoky Mountain Pancake House*, al 4050 Parkway (ⓣ 865/453-1193), è ottima per la **colazione**.

Gatlinburg

Se non vi siete imposti di fermarvi a Pigeon Forge, probabilmente finirete a **GATLINBURG**, altre 5 miglia (8 km) a sud sulla US-441. Stretta tra le colline delle Smokies, è ancora assai viva l'eredità germanica. Oltre a essere un po' più esclusiva, è anche "umida", ecco perché i suoi ristoranti servono alcolici. E se da una parte ha a malapena un centro per far due passi, dall'altra è piena di attrazioni turistiche costose e d'effetto. Offre inoltre un paio di seggiovie che conducono su per le cime circostanti, una delle quali porta alla **stazione sciistica e parco divertimenti** di Ober Gatlinburg, aperta tutto l'anno.

La Parkway centrale di Gatlinburg ospita tre **centri visitatori** (ⓣ 1-800/588-1817, *www.gatlinburg.com*). Essendo la località più vicina al parco, le possibilità di **alloggio** risultano piuttosto care. Il *Sidney James Mountain Lodge* dal buon rapporto qualità-prezzo, in una posizione un po' più tranquilla, al 610 Historic Nature Trail (ⓣ 1-800/876-6888, *www.sidneyjames.com*; ❸), offre camere confortevoli (alcune di queste si affacciano sul ruscello) e due piscine. Tra le alternative centrali per **mangiare** potete contare sul *Lineberger's*, al 903 Parkway (ⓣ 865/436-9284), che serve discreti frutti di mare.

Townsend

Se arrivate in macchina da est e desiderate accedere alle Smokies percorrendo una strada meno frenetica, seguite la Foothills Parkway e poi imboccate la

US-321 e percorrete le ultime 7 miglia (circa 11 km) in direzione **TOWNSEND**, 12 miglia (circa 20 km) a ovest di Pigeon Forge. Non c'è nulla di interessante, si tratta soltanto di una tranquilla fascia di terra dove ci sono motel rilassanti e dove l'aria è pulita. L'*Highland Manor*, al 7766 E Lamar Alexander Parkway (☎ 865/448-2211 o 1-800/213-9462, *www.highlandmanor.com*; ❸), ha deliziosi giardini, vedute meravigliose e una piscina. Potete **mangiare** trote fresche e pollo fritto croccante in un'atmosfera da emporio di paese all'*Hearth and Kettle*, di fronte all'albergo, al 7767 E Lamar Alexander Parkway (☎ 865/448-6059).

Great Smoky Mountains National Park

Il confine settentrionale del **GREAT SMOKY MOUNTAINS NATIONAL PARK**, che si estende per 70 miglia (112 km) lungo i confini tra Tennessee e North Carolina (vedi anche p. 403), si trova 2 miglia (3 km) a sud di Gatlinburg sulla US-441. Non aspettatevi subito quiete: sulle strade, soprattutto in autunno, può esserci traffico. Se non alloggiate a Gatlinburg vi conviene prendere la tangenziale, ben segnalata, piuttosto che attraversare la città in macchina.

Le Smokies richiamano oltre dieci milioni di visitatori all'anno, più del doppio rispetto a qualsiasi altro parco nazionale. Queste cime prendono il loro nome dalla **foschia bluastra** che le avvolge, fatta di umidità e idrocarburi rilasciati dalla rigogliosa vegetazione. Dagli anni Sessanta, però, all'**inquinamento dell'aria** si sono aggiunti i solfati, che hanno ridotto la visibilità del 30%. Sedici vette superano i 2000 m.

Un ottimo periodo per visitare il parco è quello che va da fine marzo a metà maggio per i suoi fiori primaverili, mentre i **mesi più affollati** sono quelli estivi (metà giugno-metà agosto) e, soprattutto, ottobre, quando le colline sono avvolte in un manto di fiori rossi, gialli e marroni. Probabilmente il modo migliore per evitare le folle è provare i 1280 km di sentieri del parco per l'**escursionismo**.

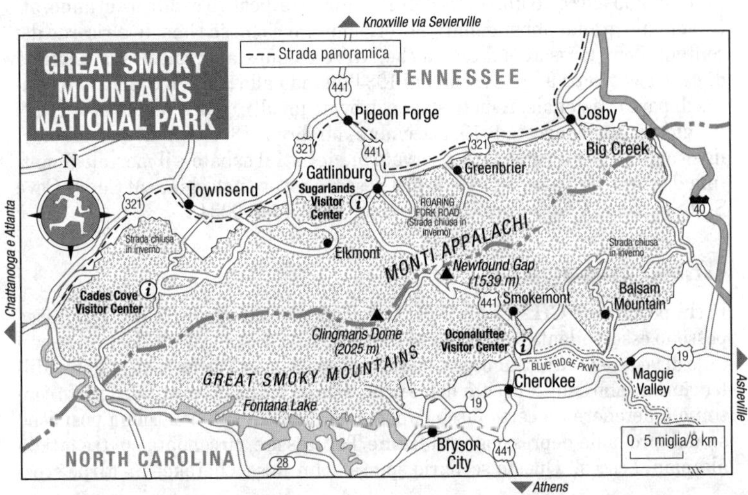

Campeggi sulle Smokies

Gli escursionisti che intendono fermarsi tutta la notte devono richiedere **permessi speciali** gratuiti, disponibili presso i centri visitatori (tranne che nelle Cades Cove), presso gli uffici dei campeggi e presso le basi dei ranger. Per alcune zone bisogna prenotarli in anticipo. Per informazioni chiamate il ☎ 865/436-1231. Tenete presente che se volete fermarvi in campeggio sull'**Appalachian Trail** dovrete montare la tenda nelle aree indicate, protette da barre di ferro per tenere lontani gli orsi.

Il parco conta anche dieci **campeggi** attrezzati (i cosiddetti "frontcountry", ossia dove si può piantare la tenda vicino all'automobile), di cui soltanto due, *Cades Cove* e *Smokemont*, rimangono aperti tutto l'anno. Gli altri sono aperti tra metà marzo e ottobre. I posti dei tre campeggi più noti (*Cades Cove*, *Elkmont* e *Smokemont*) vengono occupati prima. Se volete un posto in estate o in autunno, dovreste **prenotare** chiamando il ☎ 877/444-6777 oppure sul sito *www.recreation.gov*.

All'interno del parco sulla US-441, il **Sugarlands visitor center** (tutti i giorni: marzo 8-17, aprile-maggio e settembre-ottobre 8-18, giugno-agosto 8-19, dicembre-febbraio 8-16.30 ☎ 865/436-1200, *www.nps.gov/grsm*) offre opuscoli sui sentieri per le escursioni, sui tour in macchina, sui boschi, sulla fauna e la flora e può fornire informazioni dettagliate sul programma quotidiano dei tour e delle attività organizzate dai ranger. Molti visitatori, comunque, non fanno altro che seguire la **US-441**, qui nota come la Newfound Gap Road, che porta fino al North Carolina. Dalla Gap Road, 10 miglia (16 km) lungo il confine statale, uno svincolo a destra si snoda per altre circa 7 miglia (11 km) fino al **Clingman's Dome**, che con i suoi 2258 m è il punto più alto del Tennessee. In cima, un vialetto a spirale offre una veduta panoramica delle montagne piuttosto deturpate, per via del fatto che gli abeti adulti nell'area sono stati colpiti da infestazioni di insetti.

Se volete fermarvi più a lungo, la vostra principale attrazione turistica figura nell'area delle **Cades Cove**, che si possono raggiungere da Sugarlands prendendo la strada a ovest lungo la pittoresca **Little River Road**, oppure direttamente da Townsend attraverso la **Rich Mountain Road** (chiusa d'inverno). Le 11 miglia (circa 18 km) di tornanti, sempre trafficate d'estate e autunno, attraversano granai abbandonati, fattorie, mulini e chiese rimaste a ricordo dei contadini che trassero a fatica di che vivere da questa terra selvaggia, prima di essere costretti ad andar via nel 1934 quando alla zona fu conferita lo status di parco nazionale. A metà strada, trovate un altro **centro visitatori** (tutti i giorni: aprile-agosto 9-19, settembre- ottobre 9-18, chiamate per gli orari invernali). Questo percorso è riservato ai **ciclisti** il sabato e il mercoledì mattina d'estate, dall'alba alle 10; le bici possono essere noleggiate al Cades Cove Store vicino al *Cades Cove Campground* (☎ 865/448-9034).

Chattanooga

Pochi posti come **CHATTANOOGA**, nell'angolo sud-orientale del Tennessee possono essere identificati con una canzone. Anche se i visitatori che si aspettano di vedere la "Chattanooga Choo-Choo" cantata da Tex Beneke e Glenn Miller rimarranno delusi (la città non è nemmeno servita dall'Amtrak), il posto continua a detenere un certo fascino; non è da meno la sua bellissima posizione su una profonda depressione sul **fiume Tennessee**, circondata sui tre lati da altopiani boscosi. Questo scenario spinse John Ross, cherokee di stirpe scozzese, a fondare qui nel 1815 un emporio e la sua strategica importanza la rese preziosa durante la guerra di secessione.

La città

Il cuore delle 20 miglia (32 km) del risanato lungofiume di Chattanooga è **Ross's Landing** (il nome originario della città), un parco in fondo a Broad Street. Qui i cinque piani del **Tennessee Aquarium** riproducono la vita acquatica del Mississippi, dai suoi affluenti nel Tennessee al Golfo del Messico e, nel mentre, potrete anche vedere un film al cinema IMAX (tutti i giorni 10-18; orari prolungati in estate; $19,95, IMAX $8,50, biglietti combinati $25,95; ⓣ 1-800/262-0695, *www.tnaqua.org*). **Crociere** in **barca** sulla *Southern Belle* (ⓣ 423/266-4488, *www.chattanoogariverboat.com*) partono in fondo alla vicina Chestnut Street. I prezzi per un tour panoramico alla luce del sole di 90 minuti si aggirano intorno ai $15.

Appollaiato sul fiume, il **Bluff View Art District**, dove High Street interseca Second Street, vanta una serie di gallerie, laboratori, musei e caffè in antichi e graziosi edifici. Vale la pena dare un'occhiata all'**Hunter Museum of American Art**, con una serie di mostre temporanee dedicate alla fotografia, alla pittura, alla scultura, all'arte popolare e all'artigianato dal XIX secolo a oggi (lun, mar, ven e sab 10-17, mer e dom 12-17, giov 10-20; $8; *www.huntermuseum.org*).

Se continuate a camminare nell'animato **quartiere d'affari** troverete i grandiosi edifici del secolo scorso, come il Tivoli Theatre al 709 Broad St.; in generale, comunque, mano a mano che vi allontanate dal fiume, Chattanooga assume un aspetto sempre più decadente.

Per una corsa su un "Chattanooga choo-choo", gli autentici **treni a vapore** della **Tennessee Valley Railroad**, potrete scegliere tra una varietà di escursioni, dalle gite locali di 55 minuti a eccezionali percorsi di una decina di chilometri, che attraversano il fiume, che corrono attraverso ripidi trafori e che fanno salire e scendere i passeggeri da una piattaforma girevole (marzo-ottobre: mar-sab; novembre e dicembre: solo alcuni giorni; a partire da $14; ⓣ 423/894-8028, *www.tvrail.com*). Le due stazioni principali, restaurate e riportate al loro antico aspetto degli anni Trenta, si trovano al 2202 N Chamberlain Ave. a est di Chattanooga e al 4119 Cromwell Rd. (I-75, uscita 4 in direzione della Hwy-153).

Lookout Mountain

In lontananza, 6 miglia (circa 10 km) a sud del centro, si profila la **Lookout Mountain** (*www.lookoutmountain.com*), alta circa 750 m. Per raggiungere la vetta, potete percorrere tutto il tragitto in macchina lungo una strada accidentata oppure ricorrere a una corsa sulla "**ferrovia inclinata**" più ripida del mondo, che partendo dal 3917 St Elmo Ave., ai piedi della montagna, avanza lentamente, attraverso squarci di foresta e si inerpica su fino in cima, raggiungendo una pendenza del 72,7% (tutti i giorni: gennaio, febbraio, marzo, novembre e dicembre 10-18; aprile-maggio e settembre-ottobre 9-18; giugno-agosto 8.30-21.30; 3 escursioni/h, 45 min; $14 andata e ritorno; ragazzi $7; ⓣ 423/821-4224).

Una volta in cima, dopo una breve passeggiata su un terreno scosceso che attraversa il **Point Park** arriverete al **Point Lookout**, che vi offrirà una veduta panoramica sulla città e sul fiume Tennessee. Il Point Park è inserito all'interno del **Chickamauga and Chattanooga National Military Park**, che

I cherokee e il "Sentiero di Lacrime"

Nel XVIII secolo e nei primi anni del XIX, la tribù indiana dei **cherokee** era la più potente nelle regioni del Tennessee, della Georgia e del North Carolina. I cherokee avevano stabilito dei forti legami con i pionieri bianchi, adottando gli stessi sistemi nel campo dell'istruzione e dell'agricoltura, i matrimoni avvenivano tra consanguinei ed erano persino diventati proprietari di schiavi africani. Furono gli unici nativi a sviluppare un proprio sistema di scrittura e a pubblicare regolarmente un quotidiano, il *The Cherokee Phoenix*.

Sullo sfondo delle richieste sempre più aggressive avanzate dai coloni bianchi per il possesso dei territori, i cherokee diedero vita a una costituzione scritta sul modello di quella statunitense, secondo cui ribadivano l'intenzione di continuare a essere una nazione autogovernante. John Ross, fondatore di Ross's Landing e primo grande capo dei cherokee, nel 1828 fu eletto come capo supremo perché negoziasse con i governi nazionali e statali per la cessione delle proprie terre. E mentre l'avanzata dei bianchi si faceva sempre più importante, il loro ex alleato Jackson, diventato presidente degli Stati Uniti, si vide costretto dai georgiani a "offrire" ai cherokee le terre occidentali in cambio di quelle orientali del Mississippi. Sebbene il capo tribù avesse rifiutato l'offerta, una fazione minoritaria accettò, lasciando al governo quanto aveva loro richiesto. Fu così che, nel 1838, fu ordinato loro di abbandonare le terre nel giro di un paio d'anni. Quattordicimila indiani, furono costretti a spostarsi verso l'Oklahoma, attraverso il terrificante percorso noto come il **Trail of Tears** (Sentiero di Lacrime): quattromila cherokee morirono per malattie e assideramento. Le loro terre furono vendute attraverso un sistema di lotterie e Ross's Landing fu ribattezzata Chattanooga. I discendenti di quel migliaio di cherokee che riuscì a evitare il trasferimento forzato rifugiandosi tra le montagne ora occupano una piccola riserva nel North Carolina (vedi p. 403).

Il **Red Clay State Historic Park**, 20 miglia (32 km) a est di Chattanooga, vicino alla Hwy-317, attraverso riproduzioni di abitazioni, strumenti e utensili casalinghi, testimonia lo stile di vita degli anziani cherokee. Il loro benefico Sacro consiglio di Primavera era un tempo luogo di incontro per gli anziani cherokee.

comprende anche alcuni luoghi nelle vicinanze della città e di Chickamauga, in Georgia, che sono stati testimoni delle violente battaglie durante la guerra di secessione nel 1863. Tra i numerosi monumenti commemorativi a Point Park, troverete una **statua**, l'unica nel paese, a celebrare la stretta di mano tra i soldati confederati e quelli dell'Unione.

Se siete alla ricerca di qualcosa di meno impegnativo, potete percorrere i sentieri battuti per generazioni dagli escursionisti e visitare gli antichi fienili posti ai lati delle strade e il cui slogan "See Rock City", impresso sui tetti, fu il risultato di un'aggressiva campagna di marketing negli anni Trenta. **Rock City** è in realtà un sentiero tra le montagne che offre non solo il piacere di inerpicarsi tra strette gole e farsi dondolare su ponti sospesi, ma delizia i visitatori anche per le sue **Fairyland Caverns**, grotte scavate nella roccia e popolate dai personaggi delle fiabe. All'interno della Lookout Mountain, le **Ruby Falls**, cascate che raggiungono i circa 50 m di altezza, sono annunciate da un finto ingresso in un castello medievale (Rock City $15,95, bambini $8,95; Ruby Falls $14,95, bambini $7,95; biglietto cumulativo $29/$15, biglietto combinato con l'Incline Railway $42/$23).

Notizie utili

La **Greyhound** collega Nashville, Knoxville e Atlanta e arriva su Broad Street, in centro. Trovate il **centro turistico** (tutti i giorni 8.30-17.30; ☎ 423/756-

8687 o 1-800/322-3344, *www.chattanoogafun.com*) accanto al Tennessee Aquarium, vicino al fiume. Numerosi **motel** economici sono allineati sui lati delle interstatali, ma se volete qualcosa di più particolare recatevi nell'elegante *Bluff View Inn*, al 412 E Second St. (⓿ 423/265-5033 o 1-800/725-8338; ❺), che offre diverse camere – alcune con viste graziose – distribuite su tre edifici ristrutturati nell'affascinante Bluff View Art District. C'è un **campeggio** al *Raccoon Mountain Campground*, al 319 West Hills Drive (⓿ 423/821-9403, *www.raccoon mountain.com*; bungalow ❶-❷, piazzola per le tende $18).

Per **mangiare**, il Bluff View Art District può contare sul romantico *Back Inn Café*, stile bistrò, al 412 E 2th St. (⓿ 423/265-5033), che serve cucina mediterranea su un terrazzo con vista sul fiume. Al 222 Broad St. invece il *Big River Grille & Brewing Works*, (⓿ 423/267-2739), è un pub e ristorante poco illuminato, vicino all'Aquarium. Per una cucina esclusiva con frutti di mare provate l'*Easy Seafood Bistro and Pub*, al 203 Broad St. (⓿ 423/266-1121). Il vicino *Hair of the Dog Pub*, al 334 Market St. (⓿ 423/265-4615), serve fino a tarda notte e ha un terrazzo spazioso dove potersi immergere in uno spettacolo naturale bevendo una delle cinquanta birre alla spina. Per squisiti pancake in un'atmosfera originale provate l'*Aretha Frankensteins*, al 518 Tremont St. (⓿ 423/265-7685).

Alabama

250 miglia (400 km) da nord a sud di fiumi, cascate e laghi di **colline pedemontane degli Appalachi**, baie e spiagge della **Gulf Coast** (costa del Golfo), rappresentano la varietà di paesaggi che costituiscono il territorio dell'**ALABAMA**. L'area industriale si concentra a **nord**, intorno a **Birmingham** e **Huntsville**, che è stata una delle prime sedi del programma spaziale nazionale. Le terre coltivate si estendono invece intorno alla capitale **Montgomery**, nell'area centrale dello Stato. Fatta eccezione per l'influenza francese di **Mobile** sulla fascia costiera, a guidare lo Stato sono stati spesso governatori appartenenti all'ala destra fondamentalista, come **George Wallace**, alla guida dello Stato per ben quattro volte. Oggi, l'Alabama, privilegiando lo sviluppo industriale, è seconda negli Stati Uniti, nell'industria automobilistica, dietro soltanto a Detroit.

Muoversi in Alabama

I **treni** dell'Amtrak che partono tutti i giorni da New York e da Atlanta e che sono diretti a New Orleans fermano ad Anniston, Birmingham e Tuscaloosa, mentre quelli che da Jacksonville raggiungono New Orleans, passano per Mobile. Gli **autobus** dell'Amtrak collegano Birmingham e Mobile passando per Montgomery, mentre i pullman della Greyhound servono le città e i paesi più importanti. Un **viaggio in macchina** sulla strada secondaria della Talledega Scenic vi condurrà lungo la zona più a sud dei monti Appalachi e sulla vetta più alta dello Stato, la Cheaha Mountain.

Alabama settentrionale

L'**Alabama settentrionale**, ai piedi dei monti Appalachi, è animata dalla presenza della **Tennessee River Valley**. I primi coloni bianchi dell'area furono piccoli contadini che avevano poco in comune con i proprietari delle piantagioni più a sud e che durante la guerra di secessione tentarono di separarsi dalla Confederazione. L'importante scoperta di minerali portò a uno sviluppo industriale che raggiunse il culmine nei primi anni Trenta.

Huntsville

Molte città del Sud hanno tentato di fondere il vecchio con il nuovo, ma poche hanno raggiunto risultati così straordinari come quelli di **HUNTSVILLE**, 100 miglia (160 km) a sud di Nashville, appena oltre i confini dell'Alabama. Il suo centro con l'**Huntsville Depot Museum**, al 320 Church St. NW (marzo-dicembre: mar-gio 10-16, mer-sab 10-16; $10; *www.earlyworks.com*) fa ritornare indietro nel tempo al periodo dei commercianti del cotone e dei proprietari di ferrovie; poco distante, l'**Alabama Constitution Village**, al 109 Gates Ave. (stessi orari del Depot Museum; $10 oppure biglietto combinato $15), attraverso la ricostruzione di edifici in stile federale, ripercorre invece i primissimi anni della storia della città.

Durante la seconda guerra mondiale l'esercito americano scelse di concentrare qui i propri sforzi sulla **ricerca missilistica**: a Huntsville infatti giunse, dopo un simbolico periodo di riabilitazione, il dottor **Wernher von Braun**, capo del progetto di sviluppo, insieme da altri centodiciotto scienziati tedeschi. Il coinvolgimento e il contributo dello stesso von Braun nella guerra nazista sembra essere completamente ignorato dalla città che preferisce, invece, osannare le sue conquiste, l'**Explorer I**, il primo satellite della nazione e il missile **Saturn V**, che diedero avvio all'era spaziale.

Il colossale **US Space and Rocket Center**, 5 miglia (8 km) a ovest del centro, sulla Hwy-20, vicino alla I-65 (tutti i giorni: 9-17; $20, $25 con cinema IMAX; *www.spacecamp.com/museum*), racchiude una serie sbalorditiva di esposizioni tecnologiche, ma anche un cinema IMAX. All'esterno, nei parchi Rocket and Space Shuttle alcuni missili, sotto la cocente luce del sole dell'Alabama, puntano verso il cielo.

Notizie utili

Il **centro visitatori** di Huntsville si trova al 500 Church St., nella parte più settentrionale del centro (lun-sab 9-17, dom 12-17; ⓣ 256/551-2370, *www.huntsville.org*). Tra le catene di **motel** che potete trovare in periferia c'è *Best Value Inn*, vicino allo Space Center, al 2201 N Memorial Parkway (ⓣ 256/536-7441; ❷). Tra i **ristoranti**, il *Jazz Factory*, al 109 Northside Sq. (ⓣ 256/539-1919), propone cucina di San Francisco, mentre il *Little Paul's Barbecue*, al 815 Madison St. SE (ⓣ 256/536-7227; chiuso dom), serve ottimi piatti alla griglia a prezzi moderati.

Birmingham

La trasformazione delle terre coltivate nell'attuale **BIRMINGHAM** cominciò nel 1870. I mercanti furono attirati in questa zona dalla presenza di minerali

Diritti civili a Birmingham

Agli inizi del 1963, i leader dei diritti civili scelsero la città di Birmingham per attuare il cosiddetto "Project C" (per lo scontro): l'obiettivo era costringere le aziende ad abolire la discriminazione razziale nei bar e a dare impiego a un maggior numero di gente di colore. Nonostante le minacce espresse da parte del capo di polizia **"Bull" Connor** su un possibile "spargimento di sangue per le strade di Birmingham", i picchetti, i sit-in e le marce continuarono e furono, spesso, il motivo di arresti di massa. Martin Luther King Jr., scrisse *Letter from a Birmingham Jail*, dopo essere stato bollato come estremista da parte di un sacerdote bianco locale. L'utilizzo che fece Connor di idranti ad alta pressione, sproni di bestiame e cani contro i dimostranti risvegliò la solidarietà di molti. Immagini di pastori tedeschi che affondavano i propri canini sui corpi di piccoli studenti andarono in onda sulle televisioni di tutto il mondo e portarono, a giugno di quello stesso anno, a un accordo. Il successo di Birmingham scatenò azioni dimostrative in altre centottantasei città, che culminarono nella proclamazione del **Civil Rights Act** (legge sui diritti civili) del 1964, che proibiva la segregazione razziale.

Il 15 settembre del 1963 la **16th Street Baptist Church**, quartier generale della protesta, fu teatro di una ripugnante esplosione rivendicata da alcuni membri del Ku Klux Klan, che causò la morte di quattro giovani ragazze di colore che stavano partecipando all'ora di religione. Due dei tre assassini sono stati condannati nel 2000.

Nei dintorni, il meraviglioso **Civil Rights Institute**, al 520 16th St. (mar-sab 10-17, dom 13-17; $9; *www.bcri.org*), è un toccante tentativo di analisi sulle cause che portarono a una così tale violenza e odio razziale. Le mostre ricreano la vita in una città segregata, con tanto di autobus bruciato, filmati strazianti sui boicottaggi degli autobus e sulla marcia su Washington.

di ferro, calcare e carbone, miscela perfetta per la produzione di ferro e acciaio. Lo sviluppo industriale subì la battuta d'arresto definitiva durante il periodo della Grande Depressione; oggi ferro e acciaio danno lavoro solo a poche migliaia di abitanti. L'industria sanitaria e dei servizi ha contribuito a trasformare quella che un tempo era una città piena di smog.

Arrivo e informazioni

L'**aeroporto di Birmingham** si trova a 5 miglia (8 km) dal centro; chiamate un taxi (la corsa vi costerà intorno ai $20) al ☎ 205/252-1131. La stazione della Greyhound si trova alla 19th Street N, tra Sixth Avenue e Seventh Avenue (una zona pericolosa), mentre l'**Amtrak** arriva in centro fino al 1819 Morris Ave. I **trasporti pubblici** sono limitati. Il principale **centro visitatori** si trova proprio vicino alla I-20/59, al 2200 Ninth Ave. N (lun-ven 8.30-17; ☎ 205/458-8000, *www.birminghamal.org*). A Birmingham troverete due riviste gratuite: il *The Birmingham Weekly* (*birminghamweekly.com*) e il *Black and White* (*www.bwcitypaper.com*) su cui sono elencati **gli eventi** in programma.

Alloggio

Gli **alberghi** del centro sono, senza dubbio, più costosi delle catene vicino all'autostrada, molti però propongono offerte speciali durante il fine settimana.

Hotel Highland a Five Points South 1023 20th St. S ☎ 205/933-9555, *www.thehotelhighland.com*. Questo moderno albergo boutique poco distante da Five Points South può contare su lussuose suite matrimoniali e mobili intarsiati brasiliani. Tutte le camere sono dotate di TV LCD e connessione internet gratuita. Colazione continentale e navetta per l'aeroporto compresi nel prezzo. ❻

△ Civil Rights Memorial

Redmont Hotel 2101 5th Ave. N ⓣ 205/324-2101, *www.theredmont.com*. Grazioso albergo storico in cui si respira la tipica atmosfera anni Venti, pochi isolati a nord-est dell'Amtrak. ❹

Tutwiler Hotel 2021 Park Place N ⓣ 205/322-2100, *www.thetutwilerhotel.com*. Lussuoso albergo degli anni Venti ristrutturato, nei pressi del Civil Rights Institute, gestito dalla Hampton Inn & Suites. Ogni camera, dalle grosse vetrate con infissi in legno scuro, è dotata di arredi personalizzati. ❻

La città

Il **centro di Birmingham** si estende, a nord, dai binari in Morris Avenue fino a Tenth Avenue N, tra 15th Street e 25th Street. I principali luoghi d'attrazione sono il formidabile **Civil Rights Institute** e la **16th St. Baptist Church** (vedi riquadro a p. 477). Andate a vedere anche il **Carver Theatre for the Performing Arts**, al 1631 Fourth Ave. N, dove l'**Alabama Jazz Hall of Fame** (mar-sab 10-17; $2; *www.jazzhall.com*) è un monumento commemorativo alle leggende del musica jazz, dal maestro del boogie-woogie Clarence "Pinetop" al jazzista d'avanguardia Sun Ra. Il quartiere **Five Points South**, tra 20th St. e 11th St., deve la sua maggiore vivacità alla vicinanza all'università. Le strette stradine sono piene zeppe di bar e ristoranti.

A nord-ovest del centro, il Birmingham-Jefferson Civic Center, tra 22th St. e Tenth Ave. N, ospita l'**Alabama Sports Hall of Fame** (lun-sab 9-17; $5; *www.ashof.org*), un tributo alle grandi personalità dello sport, all'eroe delle Olimpiadi del 1936 **Jesse Owens**, a **Le Roy "Satchel" Paige** e al pugile **Joe Louis**. Al vicino **Museum of Art**, al 2000 Eighth Ave. N (mar, gio-sab 10-17, mer 10-21 dom 12-17; ingresso gratuito) i pezzi forti sono quelli appartenenti al panorama artistico americano e le collezioni di ceramica Wedgwood.

Sulla parte orientale del centro, tra First Ave N e 32th St., sorgono le **Sloss Furnaces** (mar-sab 10-16, dom 12-16; ingresso gratuito; *www.slossfurnaces.com*), una serie di ciminiere che dal 1882 al 1971 produssero ferro per alimentare i mulini della città e le fonderie. Nella **visita** ripercorrerete le dure condizioni lavorative patite da ex schiavi, prigionieri e immigranti inesperti che lavorarono in queste ciminiere.

Mangiare e bere

Birmingham può contare su diversi magnifici posti specializzati nel **barbecue**; se cercate qualcosa di un po' più esclusivo, vi conviene escludere il centro e prendere in considerazione **Five Points South**. Per la **vita notturna** potrete scegliere tra un ampio numero di locali, da quelli più classici a quelli più alla moda.

Bottega 2240 Highland Ave. S ☎ 205/939-1000. È tra i ristoranti più eleganti di Five Points South, ospitato in un lussuoso negozio di abbigliamento degli anni Venti: propone una deliziosa cucina mediterranea dai forti sapori. I prezzi delle portate partono dai $25 in su; sono invece leggermente più bassi nel bar vicino.

Bottle Tree Cafe 3719 3th Ave. S ☎ 205/533-6288, *www.thebottletree.com*. Fermatevi in questa galleria, club, bar, caffè tappezzata di comodi divani retrò per ascoltare le band indie più cool del momento.

Dreamland Barbecue 1427 14th Ave. S ☎ 205/933-2133. Sullo sfondo di un'atmosfera vivace gustatevi il piatto forte della casa: costolette con fette di pane bianco e salsina.

Garage Cafe 2304 10th Terr S ☎ 205/332-3220. Un garage riconvertito e trasformato in un locale trendy, tappezzato di oggetti antichi ormai inutilizzati. Si accettano solo contanti.

Highlands Bar and Grill 2001 11th Ave. S ☎ 205/939-1400. Locale dall'atmosfera raffinata che propone piatti d'alta qualità che mixano la cucina francese con quella tradizionale del Sud. Nel menu, ogni giorno diverso, troverete anche i cocktail classici, mixati alla perfezione, come l'Highlands Martini-Bombay – la loro specialità –, con uno spruzzo di vermouth secco e olive. Mar-sab solo cena. Prenotazioni consigliate.

A ovest di Birmingham

Esattamente a ovest di Birmingham la I-20/59 attraversa **Bessemer**, una piacevole cittadina. L'**Hall of History Museum**, nel deposito della ferrovia, al 1905 Alabama Ave. (mar-sab 9-16; ingresso gratuito), espone manufatti dei nativi americani accanto a mostre che raccontano l'era dei pionieri. Il *Bob Sykes*, al 1724 Ninth Ave. (☎ 205/426-1400), serve succulenti **barbecue**.

Tuscaloosa, animata sede del campus più importante della University of Alabama, si trova 32 miglia (51 km) a sud-ovest di Bessemer. Se avete fame, abbinate il pranzo con la veduta del **Black Warrior River** al *Cypress Inn*, al 501 Rice Mine Rd. N (☎ 205/345-6963), specializzato in frutti di mare e pesce gatto, dai prezzi modesti. Se invece non cercate nulla di stravagante, il *Nick's in the Sticks*, al 4018 Culver Rd. (☎ 205/758-9316), un locale piccolissimo privo di qualsiasi insegna, circa dieci minuti fuori città, offre i piatti alla griglia più buoni che si possano trovare nei paraggi, in un'atmosfera da "baracca" indimenticabile. Preparatevi a fare la coda.

Alabama centro-meridionale

L'**Alabama meridionale** – magistralmente descritta nella visione del conflitto razziale del bambino del romanzo di Harper Lee *Il buio oltre la siepe* – ancora oggi è costituita, in gran parte, da tranquille comunità rurali dai costumi morigerati. Solo la capitale di Stato, **Montgomery**, con una popolazione che supera gli oltre 200.000 abitanti, può fregiarsi dello status di città metropolitana. La **Black Belt**, così chiamata per via del terreno ricco di sostanze vegetali decomposte, è oggi considerata un punto di riferimento per la sua ricca composizione etnica. Il cotone costituì la maggior fonte di guadagno fino al 1915, quando un coleottero infestò tutte le piantagioni. Oggi la sua coltura è stata (ufficialmente) soppiantata da quella dei fagioli di soia, del grano e degli arachidi.

Montgomery

La posizione di **MONTGOMERY**, 90 miglia (145 km) a sud di Birmingham e 169 miglia (257 Km) a ovest di Atlanta, l'ha resa da una parte un naturale centro politico per le personalità d'élite delle piantagioni e dall'altra l'ha portata a esser scelta come capitale dello Stato, nel 1846, e quindici anni più tardi anche capitale provvisoria della Confederazione. Malgrado i monumentali edifici del centro, Montgomery è stranamente tranquilla. Quasi tutti i suoi quartieri sono abitati o esclusivamente da bianchi o esclusivamente da gente di colore: l'integrazione razziale, sfortunatamente, non pare sia considerata affatto una priorità sociale della città, testimone, quest'ultima, della prima manifestazione di massa e di successo a favore dei diritti civili tra il 1955 e il 1956.

Arrivo, informazioni e alloggio

L'**aeroporto Dannelly Field** si trova a 15 miglia (24 km) dal centro sulla US-80; la stazione della Greyhound è situata invece al 950 W South Blvd. Il **centro visitatori** ha sede nella vecchia stazione ferroviaria, al 300 Water St. (lun-sab 9-17, dom 12-16; ☎ 334/262-0013, *www.visitingmontgomery.com*). Quanto all'alloggio, troverete in città un paio di accoglienti **B&B**, oltre ai soliti **motel** lungo le autostrade.

Capitol Inn 205 N Goldthwaite St. ☎ 334/265-3844 o 1-866/471-9028, *www.capitolinnhotel.com.* Motel vecchio stampo, appollaiato su una piccola altura, 15 minuti a piedi dal centro; di sera il posto è piuttosto buio. ❷

Lattice Inn 1414 S Hull St. ☎ 334/262-3388. Abitazione del 1906, 1 miglio (1,6 km) a sud-est del centro, nei dintorni di Cloverdale, graziosamente ristrutturata, offre quattro camere da B&B e una piscina. ❹

Red Bluff Cottage 551 Clay St. ☎ 334/264-0056 o 1-888/551-2529, *www.redbluffcottage.com.* Accogliente B&B vicino al Campidoglio, con camere confortevoli, un ampio portico e buon cibo. ❹

La città

Sebbene la bandiera dello Stato dell'Alabama nel 1993 abbia sostituito la bandiera dei confederati, in cima al **Campidoglio**, in fondo a Dexter Avenue, il centro di Montgomery reca ancora i segni dell'antica supremazia dei bianchi. È possibile visitare il Campidoglio (lun-ven 9-17, sab 9-16; ingresso gratuito): qui una stella di bronzo indica il luogo in cui Jefferson Davis giurò come presidente della Confederazione, il 18 febbraio del 1861 (vedi p. 383); un centinaio di anni più tardi, da questo stesso posto, il governatore George Wallace proclamò: "Segregazione per sempre!"

Nel 1953, la città fu invasa da una folla di gente, in occasione dei funerali del ventinovenne **Hank Williams**, star del paese, che morì per un attacco cardiaco mentre si stava recando a un concerto per celebrare il Capodanno. Nativo dell'Alabama, Williams era noto per il suo stile di vita disordinato, fatto di alcol e droga, ma anche per aver scritto classici come "I'm So Lonesome I Could Cry". L'**Hank Williams Memorial**, al 1304 Upper Wetumpka Rd., nelle vicinanze del centro, domina l'Oakwood Cemetery Annex; una statua in suo onore è stata innalzata in Lister Hill Plaza, su N Perry Street. Al 118 Commerce St. si trova invece l'**Hank Williams Museum**, (lun-ven 9-16.30, sab 9-16, dom 13-16; $8; *www.thehankwilliamsmuseum.com*), che espone anche la sua Cadillac del 1952, su cui fece il suo ultimo viaggio.

Proprio vicino a Woodmere Boulevard, 10 miglia (16 km) a sud-est della città, il **Blount Cultural Park** è un centro regionale per le arti e sede dell'**Alabama Shakespeare Festival** (☎ 1-800/841-4273, *www.asf.net*) e del **Montgo-**

Diritti civili a Montgomery

Negli anni Cinquanta, il **sistema degli autobus** di Montgomery rappresentava un modello in miniatura della società segregata. Le norme che imponevano alla gente di colore di rinunciare ai propri posti a favore dei bianchi finirono nel mirino di ripetuti attacchi, da parte delle organizzazioni di gente di colore, che culminarono in un boicottaggio di massa, avviato dal Women's Political Council, dopo che la sarta **Rosa Parks** fu arrestata il 1° dicembre del 1955, per essersi rifiutata di cedere il posto, perché troppo stanca. A tutti i lavoratori di colore fu chiesto di recarsi a piedi a lavoro, mentre per chi abitava in zone lontane fu prevista la possibilità di giungere al lavoro viaggiando su taxi guidati da gente di colore, al prezzo di 10 ¢, la stessa cifra che avrebbero pagato per un viaggio in autobus. La protesta potè contare sul sostegno di oltre il 90% della popolazione e la Montgomery Improvement Association (MIA) si preparò a coordinare le manifestazioni, eleggendo come portavoce il pastore ventiseienne **Martin Luther King Jr**. Nel frattempo, gli autisti bianchi degli autobus che erano stati temporaneamente sospesi, furono impiegati come ufficiali di polizia. Malgrado le difficoltà, le esplosioni e le carcerazioni, il boicottaggio si protrasse per undici mesi, fino al novembre del 1956, quando la Suprema Corte degli Stati Uniti dichiarò finalmente illegale la segregazione sui trasporti pubblici.

King continuò a essere pastore alla **Dexter Avenue King Memorial Baptist Church**, nella piccola chiesa in mattoni, all'ombra del Campidoglio, al 454 Dexter Ave. (mandate una mail con una settimana di anticipo per richiedere la visita; *www.dexterkingmemorial.org*), fino al 1960, quando fece ritorno nella sua città natale di Atlanta. Il piano superiore della chiesa, che ospita l'antico pulpito, è rimasto così come era durante gli anni del suo ministero.

A un isolato di distanza, all'angolo tra Washington Avenue e Hull Street, di fronte al Southern Poverty Law Center (che opera in aiuto delle vittime di attacchi razziali), si trova il toccante **Civil Rights Memorial**, un tavolo di granito a forma di cono, progettato da Maya Lin, su cui sono incise le date delle morti di quaranta martiri uccisi dalla polizia, sostenitrice della supremazia dei bianchi; il cerchio si chiude con la data dell'assassinio di King. Tutto intorno scorre dell'acqua. La parete retrostante reca incisa la citazione usata molto spesso da King: "(We will not be satisfied) until justice rolls down like waters and righteousness like a mighty stream" [(Non saremo soddisfatti) finché la giustizia non scorrerà come l'acqua e il diritto come un potente fiume]. Le mostre nel **Civil Rights Memorial Center** (lun-ven 9-16.30, sab 10-16; $2; *www.splcenter.org*) ripercorrono la storia delle proteste.

Qualche isolato a ovest del memoriale, il **Rosa Parks Museum**, al 252 Montgomery St. (lun-ven 9-17, sab 9-15; $5,50), commemora "la madre dei movimenti dei diritti civili". Le mostre raccontano la sua vita, il boicottaggio dell'autobus e la vita di altre importanti personalità dei diritti civili.

mery Museum of Fine Arts (mar-sab 10-17, dom 12-17; ingresso gratuito), i cui pezzi raccontano più di duecento anni d'arte americana; il museo vanta anche una straordinaria selezione di opere europee.

Mangiare e bere

Nel **centro di Montgomery** troverete ottimi locali specializzati soprattutto in soul food. A pochi minuti di macchina, verso sud-est, la periferica **Cloverdale** offre una selezione più raffinata di ristoranti; questa zona grazie ai suoi bar e jazz club è anche il posto dove recarsi se volete vivere la **notte**, il centro è piuttosto tranquillo di sera.

Farmers' Market Café 315 N McDonough St. ☎ 334/262-1970. Poco distante dal centro, accanto all'animata zona del mercato, è il posto migliore di Montgomery per le tipiche colazioni del Sud. Lun-ven 5.30-14.

Lek's Railroad Thai 300b Water St. ☎ 334/269-0708. Accanto al centro visitatori, questo originale ed elegante locale del centro serve gustosi pad thailandesi, sushi, noodle e zuppe, oltre a molte altre buone alternative vegetariane. Chiuso dom.

Martha's Place 458 Sayre St. ☎ 334/263-9135. Superba cucina del Sud, dalle foglie di cavolo verde al pollo fritto. Solo pranzo, chiuso sab.

Vintage Year 405 Cloverdale Rd. ☎ 334/264-8463. Uno dei migliori ristoranti dell'Alabama, con cucina del Sud *haute nouvelle* in un'atmosfera da bistrò. Solo cena, prenotazioni consigliate; chiuso dom e lun.

Selma

La città di mercato di **SELMA**, 50 miglia (80 km) a ovest di Montgomery, nei primi anni Sessanta, diventò il fulcro del movimento dei diritti civili. Le manifestazioni della gente di colore e i tentativi di iscriversi nelle liste elettorali incontrarono più volte la risposta violenta da parte della polizia, fino a quando l'uccisione di un manifestante di colore da parte di un poliziotto diede avvio alla storica **marcia da Selma a Montgomery**. Nella "domenica di sangue" del 7 marzo del 1965 seicento marciatori disarmati si misero in cammino sullo stretto **Edmund Pettus Bridge**. Mano a mano che essi avanzavano, alcuni poliziotti tentarono di respingerli lanciando gas lacrimogeni e inveendo con manganelli e sproni di bestiame. Questo violento confronto, le cui immagini furono diffuse sulle televisioni di tutto il mondo, è ritenuto l'episodio che portò all'approvazione del **Voting Rights Act**. La storia è ripercorsa nel **National Voting Rights Museum**, accanto al ponte, al 1012 Water Ave. (lun-ven 9-17, sab 10-15, chiuso tutti i giorni dalle 12.30-13.30; $6; *www.nvrm.org*).

Fiancheggiata da negozi e caffè, **Broad Street** è l'arteria principale della città, che si trasforma nell'immenso lungofiume di **Water Avenue**, con le vetrine dei negozi e i garage che ricordano lo stile d'arte della frontiera americana. A qualche isolato di distanza sorgono le meravigliose abitazioni del **quartiere storico** di Selma.

Notizie utili

Il **visitor welcome center** di Selma si trova al 2207 Broad St., a nord della città, all'incrocio con la Hwy-22 (tutti i giorni 8-20; ☎ 334/875-7241, *www.selmaalabama.com*). In centro città sono presenti pochi **posti in cui poter alloggiare**. Lo storico *St. James Hotel*, vicino al Pettus Bridge, al 1200 Water Ave. (☎ 334/872-3234 o 1-800/678-8946; ⑤), è uno degli Historic Hotel of America. Tra i **ristoranti di soul food, il migliore è il *Downtowner***, al 1114 Selma Ave. (lun-ven 7-14.30; ☎ 334/872-5933).

Gulf Coast dell'Alabama

La stretta fascia costiera della **Gulf Coast** dell'Alabama è stata solo in parte colpita dall'uragano Katrina nel 2005: le sue spiagge dalla sabbia bianca hanno infatti continuato a essere lambite da acque azzurre e cristalline. La costa cambia bruscamente aspetto all'interno, verso la città portuale di **Mobile**, il cui centro, ombreggiato dagli alberi, è caratterizzato da edifici appartenenti al periodo precedente alla guerra di secessione. Fatta eccezione per la zona costiera, l'agricoltura di noci pecan, pesche e angurie è in pieno rigoglio sulle pianure che degradano dolcemente verso la costa.

Mobile

Le origini della città portuale di **MOBILE** (pronunciato "Mo-bil") risalgono a un'antica comunità francese, fondata nel 1702 da Jean-Baptiste Le Moyne, il quale contribuì anche alla fondazione di Biloxi e di New Orleans. In questa città, sin dal 1704, addirittura prima che fosse fondata New Orleans, si celebra, tutti gli anni, il **Mardi Gras**, una festa eredità dei primi coloni bianchi. Oltre ai suoi palazzi in stile coloniale e spagnolo, parallelismi con New Orleans possono essere rintracciati un po' dovunque, dal nome delle strade, come per esempio Bienville, alle specialità gumbo: ci sono comunque poche attrazioni nel senso tradizionale.

Mobile sopravvisse agli incendi dell'esercito dell'Unione durante la guerra di secessione, riuscendo a preservare un numero abbastanza consistente di edifici del periodo precedente alla guerra di secessione, tanto da dare a vita a quattro quartieri storici. Un buon punto di partenza per la vostra visita è il **Fort Conde**, al 150 S Royal St. (tutti i giorni 8-17; ingresso gratuito): una ricostruzione del forte francese della città del 1724. Alcuni diorami ripercorrono la storia locale. Nelle vicinanze, potrete visitare la corazzata **USS Alabama** della seconda guerra mondiale (tutti i giorni: aprile-settembre 8-18; ottobre-marzo 8-16; $12, parcheggio $2). A nord del forte troverete invece il **Church Street Historic District**, che ospita quarantanove edifici, quasi tutti risalenti al periodo precedente guerra di secessione. Non perdetevi il **Museum of Mobile**, nel vecchio Municipio, al 111 S Royal St. (lun-sab 9-17, dom 13-17; $5; *www.museumofmobile.com*), che ripercorre la storia della città sin dai suoi primi giorni. 20 miglia (32 km) a sud, vicino alla I-10, i ventisei ettari dei **Bellingrath Gardens** (tutti i giorni 8-17; $10, $18 con la visita alle abitazioni; *www.bellingrath.org*) sono tappezzati di 250.000 azalee.

Notizie utili

Il **centro di Mobile** sorge nelle vicinanze della I-10. La stazione della **Greyhound** si trova in una posizione centrale, al 2545 Government St. Il **centro visitatori**, che ha sede a Fort Conde (vedi sopra), può aiutarvi a trovare la sistemazione (tutti i giorni 8-17; ⓣ 251/208-7569 *www.mobile.org*). **Motel** economici sono raggruppati all'uscita 3 della I-65; è comunque più piacevole rimanere in centro. Il *Malaga Inn*, al 359 Church St. (ⓣ 251/438-4701, *www.malagainn.com*; ④), dispone di camere spaziose e di un grazioso cortile. L'*Admiral Semmes*, un altro storico **albergo**, al 251 Government St. (ⓣ 251/432-8000, *www.radisson.com*; ⑤), è di proprietà dei Radisson.

A Mobile troverete parecchi **posti in cui poter mangiare pesce**: il *Wintzells' Oyster House*, al 605 Dauphin St. (ⓣ 251/432-4605; un'altra sede si trova a West Mobile), serve ostriche fresche dall'ottimo rapporto qualità-prezzo. E se invece al pranzo volete aggiungervi una veduta panoramica sul mare, prendete la Hwy-98 dall'altra parte del ponte: l'*Original Oyster House*, sulla baia (ⓣ 251/626-2188) serve deliziosi granchi blu fritti.

La **vita notturna** si concentra lungo Dauphin Street. Il *The Bicycle Shop*, al 661, è un **pub** tranquillo; al *Grand Central*, al 256, in cui non vi sarà chiesto di pagare il coperto, assisterete alle esibizioni di diverse band; il *Soul Kitchen*, al 219, ospita, nei fine settimana, serate di jazz, blues e reggae. Il *Lagniappe* è il settimanale gratuito per consultare la **rubrica degli spettacoli** (*www.lagniappemobile.com*).

Mississippi

Prima della guerra di secessione, quando il cotone era il sovrano incontrastato e la schiavitù era indiscussa, il **MISSISSIPPI** risultava il quinto Stato più ricco della nazione. Dopo quella guerra diventò il più povero e la sua dipendenza dal cotone si trasformò in un handicap che lo rese ostaggio dei capricci del mercato delle materie prime.

Dalla Ricostruzione in avanti, il Mississippi fu anche tristemente noto come il bastione della segregazione più accanito del Sud. Fu testimone di alcuni dei più noti incidenti che si verificarono durante il periodo del movimento dei **diritti civili**, dal linciaggio dell'adolescente Emmett Till a Chicago nel 1955, all'assassinio dei tre attivisti durante la "Freedom Summer" del 1964. Le esplosioni e le uccisioni non videro la fine prima degli anni Settanta. Persino oggi è palpabile la **tensione razziale** ed è difficile negarne l'evidenza; la **povertà** che serpeggia tra le strade di periferia – evidente nelle zone oltre la ferrovia – può essere uno schock per molti turisti.

La legalizzazione del gioco d'azzardo nei primi anni Novanta ha segnato l'avvio di una rinascita economica: gli enormi casinò di Biloxi hanno infatti attirato visitatori sulla Gulf Coast. Tuttavia, il litorale è stato terribilmente devastato dall'uragano Katrina del 2005 e i piani di ricostruzione si protrarranno per anni.

La città più importante del Mississippi è la sua capitale, **Jackson**, ma storiche città sul fiume, come **Vicksburg** e **Natchez**, sono delle ottime ragioni per allontanarvi dalle interstatali. La **Oxford** intellettuale ha un che di affascinante, mentre gli appassionati del **blues** non avranno certo bisogno di essere incoraggiati per andare a esplorare i quieti **insediamenti sul Delta**, come Alligator o Yazoo City.

Muoversi nel Mississippi

Sebbene la **Greyhound** serva gran parte dello Stato del Mississippi, incluso la regione del Delta, soltanto lungo la fascia costiera i collegamenti sono frequenti. L'unico **aeroporto** di certe dimensioni si trova a Jackson, mentre i **treni** dell'Amtrak che da New Orleans sono diretti a nord, verso Memphis, passano da Jackson e Greenwood; quelli invece diretti a nord-est, verso Atlanta, si fermano, in successione, in una serie di paesini poco attraenti; i treni che attraversano la costa e vanno verso la Florida, si fermano invece a Biloxi. Escursioni sul Mississippi sono organizzate su lussuose e costose **imbarcazioni da crociera** (vedi p. 450).

Il Delta

Quel Delta. Cinquemila miglia quadrate, senza neppure un'altura, salvo il cumulo di rifiuti che gli indiani innalzarono per proteggersi dallo straripamento del fiume.

William Faulkner, *Santuario*

"Quel Delta", in realtà non è affatto un delta; tecnicamente si tratta di una pianura alluvionale, 200 miglia (320 km) dalla foce del fiume Mississippi. Il no-

△ Pescando sul Mississippi

me del delta è dovuto piuttosto alla sua somiglianza con quello fertile del Nilo (anch'esso nasceva sulla città chiamata originariamente Memphis); i bizzarri meandri del fiume nella sua marcia verso **Vicksburg** depositano una quantità di humus fertile sufficiente a rendere queste terre le regioni con la migliore produzione di cotone al mondo.

Sebbene la principale direttiva verso sud sia la mitica **Hwy-61**, le strade secondarie caratterizzate da ampi panorami che si aprono nel vuoto, punteggiate da capanne ai lati delle strade, da chiesette e dal suono della musica blues, sono il modo migliore per esplorare la regione.

Clarksdale

CLARKSDALE, il primo paese a sud di Memphis di una certa rilevanza, si può indiscutibilmente ritenere, a ragione, la culla del blues. L'eccezionale chiamata a raccolta dei suoi ex residenti – da Muddy Waters, John Lee Hooker, Howlin' Wolf, Robert Johnson fino a Ike Turner e Sam Cooke – è celebrata nel **Delta Blues Museum**, ospitato all'1 Blues Alley (marzo-ottobre: sab 9-17, novembre-febbraio: lun-sab 10-17; $7 adulti, $5 ragazzi 6-12, sotto i 6 anni di età ingresso gratuito; ☎ 662/627-6820, *www.deltabluesmuseum.org*).

Clarksdale, per lungo tempo una comunità rurale in rovina, ha assistito a un notevole afflusso di denaro e di visitatori, richiamati dai numerosi **casinò** 12 miglia (circa 20 km) a nord di **Tunica**. Tentativi di rivitalizzare il patrimonio blues della città sono concentrati attualmente nell'area del quartiere **Blues Alley**, il cui nome generico indica la zona intorno alla restaurata stazione ferroviaria della Illinois Central Railroad, da dove molta gente di colore del Mississippi, tra cui Muddy, partì per emigrare verso le città del Nord. Tutti gli anni, ai primi di agosto, la città ospita il **Sunflower River Blues and Gospel Festival** (ingresso gratuito; ☎ 1-800/626-3764, *www.sunflowerfest.org*).

Notizie utili

La **sistemazione** più stravagante e di tendenza vicino a Clarksdale si trova presso l'**Hopson Plantation**, 2 miglia (3 km) a sud della città, sulla US-49: capanni rustici di vecchi mezzadri e sgranatrici di cotone il cui aspetto esterno è rimasto identico a quello del periodo in cui funzionavano come piantagioni di cotone; tutt'altra storia invece per gli interni! La *Shack Up Inn* (T 662/624-8329, *www.shackupinn.com*; 3), dove B&B sta per "bed and beer" (letto e birra) conta una dozzina di casette in legno e una decina di camere alla *Cotton Gin Inn*. Tutte le camere sono confortevoli e le casette in legno sono dotate di angolo cottura e di un piccolo porticato. Un'altra alternativa può essere il *Riverside Hotel*, al 615 Sunflower Ave. (T 662/624-9163, *www.cathead.biz/riverside.html*; 2), molto spartano: un ex ospedale, famoso perché fu il luogo in cui morì **Bessie Smith** nel 1937. Se sceglieste di trascorrere qui la notte, andate a chiacchierare con la leggenda del paese, Frank "Rat" Ratliff, il figlio del primo proprietario e avrete modo di conoscere la "vera storia del blues".

Per **mangiare**, l'*Abe's*, al 616 S State St. (T 662/624-9947, *www.abesbbq.com*), è un ottimo locale, situato in posizione centrale, specializzato nel barbecue. Il più esclusivo *Madidi*, al 164 Delta Ave. (T 662/627-7770; chiuso dom e lun), la cui eccellente cucina francese si fonde con elementi della cucina tradizionale del Sud, fa parte di un consorzio che vede tra i suoi fondatori l'attore Morgan Freeman; il gruppo gestisce anche il *Ground Zero Blues Club*, nelle vicinanze di 0 Blues Alley (T 662/621-9009, *www.groundzerobluesclub.com*), che,

Il blues del Delta

Nel 1903, W.C. Handy, spesso definito come il "padre del blues", e allora direttore di un'orchestra che suonava in spettacoli di varietà, stava aspettando un treno a Tutwiler, 15 miglia (24 km) a sud-est di Clarksdale. Nell'attesa, si andò a sedere accanto a lui un uomo di colore tutto vestito di stracci e con in mano una chitarra, che cominciò a suonare quella che Handy definì "la musica più bizzarra che avesse mai sentito". Usando un coltellino che sfregava contro le corde della chitarra per accentuare la sua vocalità funerea, l'uomo cantando diceva: *Goin' where the Southern cross the Dog* (Sto andando dove la "Southern" incrocia la "Dog").

Questo era il **Delta blues**: un'interazione tra parole e musica, in cui la chitarra mirava ad accompagnare e a esaltare il canto, piuttosto che essere semplicemente un supporto. Sebbene si trattasse di una musica locale, tipica di quel posto (la "Southern" e la "Dog" erano ferrovie che si incrociavano a sud, a Moorhead) non era affatto il risultato di tradizioni musicali solo di quella terra, ma combinava tecniche strumentali e vocali tipiche africane, caratterizzate dalle "urla che gli schiavi erano soliti fare nei campi", *reel* e *jigs*, che rappresentavano, a quel tempo, la base dell'intrattenimento popolare.

Il blues si distinse inizialmente come musica dei giovani; gli adulti amavano il banjo, il piffero e la batteria. Le generazioni più giovani impazzivano per le sfrenate capacità comunicative di cantanti blues come **Charley Patton**. Nato nell'aprile del 1891, Patton fu il classico cantante blues itinerante, che si muoveva di piantagione in piantagione e di "moglie in moglie", esibendosi duranti i balli del sabato sera, in un repertorio che spaziava da esuberanti pezzi danzanti a canzoni "documentario" come "High Water Everywhere", che affrontava la questione della rottura degli argini del Mississippi, nell'aprile del 1927. Un altro artista prolifico fu l'enigmatico **Robert Johnson** su cui si vociferava che avesse venduto la sua anima al diavolo, in cambio di quei pochi anni che passò a scrivere canzoni come "Love in Vain" e "Stop Breakin' Down".

nei fine settimana, si accaparra musicisti d'alto livello. Per il resto, assistere a spettacoli di blues dal vivo richiede un po' di fortuna: per gli ormai vecchi juke joint è impossibile competere con i casino di Tunica. Per un elenco degli eventi in programma nei locali più autentici come il *Red's*, sulla Sunflower Ave. & MLK Drive (☎ 662/627-3166 o 662/302-1600) o il *Sarah's Kitchen*, al 278 Sunflower Ave. (☎ 662/627-3239) chiedete al Delta Blues Museum.

Le città del Delta

GREENVILLE, 70 miglia (112 km) a sud di Clarksdale, è la città più grande del Delta. Rimasta un importante porto fluviale, ogni anno, il terzo fine settimana di settembre, ospita il **Mississippi Delta Blues Festival** (☎ 1-888/812-5837, 662/335-3523, *www.deltablues.org*). Un'alternativa valida e sicura per **alloggiare** nei pressi del fiume è la *Greenville Inn*, al 211 Walnut St. (☎ 662/332-6900; ❸). Per un **pranzo**, fermatevi al *Doe's Eat Place*, al 502 Nelson St. (☎ 662/334-3315), che propone, senza dubbio, la migliore cucina casalinga di tutto il Delta e che si è trasformato in una catena in franchising con ristoranti nell'Arkansas, in Oklahoma, in Louisiana, in Missouri, in Kansas e nel Kentucky.

INDIANOLA, 23 miglia (circa 38 km) a est di Greenville, sulla US-82, ogni anno, a giugno, celebra la manifestazione del"Home-Coming" (il ritorno a casa) in onore di **B.B. King**, nato proprio in questa cittadina. Il concerto all'aperto è organizzato dal *Club Ebony*, al 404 Hannah Ave. (☎ 662/887-9915, *www.clubebony.biz*), che è stato acquistato dallo stesso King nel 2008.

Nella sua "Crossroads Blues" diceva di essere rimasto bloccato di notte nell'agghiacciante vuoto del Delta; temi portati agli estremi metafisici furono invece quelli delle canzoni "Hellhound on My Trail" e "Me and the Devil Blues": "you may bury my body down by the highwayside / So my old evil spirit can catch a Greyhound bus and ride." (Possa essere seppellito il mio corpo al lato dell'autostrada/ perché il mio vecchio spirito del male possa prendere l'autobus della Greyhound e viaggiare).

Sia Patton che Johnson morirono negli anni Trenta. Nel giro di pochi anni il Delta blues si spostò a nord verso **Chicago** grazie a uomini come **Muddy Waters** e **Howlin' Wolf**. Il loro blues urbano elettrico fu il più vicino antenato del rock 'n' roll.

Oltre a città come Clarksdale (vedi p. 485) ed Helena, nell'Arkansas (vedi p. 495), gli appassionati del blues possono scovarlo nei seguenti posti rurali:

Stovall Plantation Stovall Road, 7 miglia (11 km) a nord-ovest di Clarksdale. Qui furono incise per la prima volta la musica del guidatore di trattori Muddy Waters; sono rimaste in piedi solo alcune abitazioni: quella di Muddy fa parte del museo di Clarksdale.

Sonny Boy Williamson II's Grave Outside Tutwiler, 13 miglia (circa 21 km) a sud-est di Clarksdale.

Parchman Farm all'incrocio tra la US-49 W e l'Hwy-32. Penitenziario dello Stato del Mississippi, immortalato dall'ex prigioniero Bukka White.

Dockery Plantation Sulla Hwy-8, tra Cleveland e Ruleville. Una delle poche basi più durature di Patton, sede anche di Howlin' Wolf e Roebuck "Pops" Staples.

Charley Patton's Grave New Jerusalem Church, Holly Ridge, vicino alla US-82, 6 miglia (circa 10 km) a ovest di Indianola.

Robert Johnson's Grave Payne Chapel a Quito, vicino alla Hwy-7, 6 miglia (circa 10 km) a sud-ovest di Greenwood, dove fu avvelenato.

GREENWOOD, una tranquilla cittadina di 20.000 abitanti, 40 miglia (64 km) a est di Indianola, sulla US-82, è la seconda città per il commercio del cotone nel paese, dopo Memphis. Nonostante la città si affanni nel sottolineare il suo legame con Robert Johnson (morì qui), il **Cotton Capital Blues Festival**, che ha luogo a ottobre, resta l'unico tributo della città al patrimonio musicale del Delta blues.

Dei numerosi **motel** che troverete allineati lungo la US-49 e la US-82, il *Travel Inn*, al 623 sulla US-82 W (T 662/453-8810; ❷) dotato di una piscina all'aperto, è essenziale, pulito e dal buon rapporto qualità-prezzo. Attualmente la **cucina** migliore a Greenwood è quella italiana e *cajun* che trovate da *Lusco's*, nella zona meno rispettabile della città, vicino alla ferrovia, al 722 Carrolton Ave. (T 662/453-5365). In questo vecchio ed eccentrico locale ogni tavolo si cela dietro séparé chiusi con tende di chintz: una sistemazione che risale ai giorni del Proibizionismo, quando *Lusco's* era il locale dei baroni del cotone che venivano qui a bere alcolici di contrabbando.

Mississippi nord-orientale

Tagliando verso sud, lungo il Mississippi, la I-55 fa da confine tra il Delta e i piacevoli boschi del **nord-est**. Tra i piccoli centri di mercato più affascinanti dell'area si annoverano le città vecchio stampo e regno dello shopping di **Columbus** e **Holly Springs**. Tra gli altri luoghi di interesse turistico si distinguono la raffinata **Oxford** e la piccola **Tupelo** dei colletti blu, che diede i natali a **Elvis Presley** e a **John Lee Hooker**.

Oxford

Dodicimila residenti e undicimila studenti consentono a **OXFORD**, un'oasi di ricchezza, in una regione prevalentemente povera, di fondere in un connubio pressoché perfetto fascino rurale e animata vita notturna. La sua piazza centrale ricorda quella delle cittadine americane, mentre le sue strade frondose richiamano un aspetto vagamente europeo: la città prese il nome dall'omonima città inglese nella speranza di convincere la **University of Mississippi**, nota come Ole Miss, a stabilire nella città il suo campus più importante.

Oggi località dall'innegabile fascino, Oxford in passato è stata invece teatro di una delle manifestazioni d'odio razziale più tristi a cui si sia assistito nel Mississippi, nel 1962. Dopo diciotto mesi tra dispute legali e politiche, le autorità federali concessero a **James Meredith**, primo studente di colore, di iscriversi a Ole Miss. La notizia secondo cui Meredith era stato "introdotto furtivamente" nell'università dalle truppe federali diede inizio a una sommossa che lasciò sul campo tre morti e centosessanta feriti. Malgrado continue minacce, Meredith si laureò l'anno seguente, indossando uno stemma capovolto, con la scritta simbolica "NEVER", lo slogan segregazionista del governatore Ross Barnett. Finalmente a quaranta anni dalla sua ammissione all'università, nel 2002 è stato inaugurato un monumento che commemora la sua vittoria. Nel campus, il **Blues Archive** (lun-ven 8-17; ingresso gratuito; T 662/915-7753) ospita centinaia di registrazioni e diversi oggetti personali di B.B. King, mentre il **Center for the Study of Southern Culture** ripercorre la cultura del Sud con i suoi usi e costumi (lun-ven 8-17; ingresso gratuito; Ⓣ 662/915-5993).

Da Ole Miss, in soli 10 minuti a piedi, attraverso il rigoglioso Bailey Woods, arriverete alla solitaria **Rowan Oak**, quella che un tempo fu la casa dello scrittore **William Faulkner**, rimasta immutata dal giorno della sua morte, avvenuta nel luglio del 1962 (mar-sab 10-16, dom 13-16; $5; Ⓣ 662/234-3284). La città immaginaria di Jefferson, del profondo Sud, nella contea di Yoknapatawpha, in cui sono ambientati molti dei più importanti romanzi del vincitore del Premio Nobel, ricorda molto Oxford e dintorni. Ogni anno, nell'ultima settimana di luglio, l'Università ospita una conferenza che commemora l'opera di Faulkner insieme alla sua Yoknapatawpha.

In città, una passeggiata in **piazza** vi porterà al Neilson's, il grande magazzino più antico del Sud: rimasto immutato (con qualche lieve cambiamento) e splendido dal 1897. Continuando la vostra passeggiata, potrete acquistare qualche oggetto dell'eccentrica arte popolare del Mississippi oppure unirvi agli studenti che sorseggiano latte macchiato sulle balconate della singolare Square Books, tra Van Buren Street e Lamar Street.

Notizie utili

Il **centro visitatori** di Oxford (lun-ven 9-17, sab 10-16, dom 13-16; Ⓣ 662/232-2367 o 1-800/758-9177, *www.oxfordcvb.com*), accanto al Neilson's, nella piazza della città, distribuisce ottime brochure informative sugli itinerari a piedi. Tra le alternative per **pernottare** ci sono il *Downtown Oxford Inn and Suites*, al 400 N Lamar Blvd. (Ⓣ 662/234-3031 o 1-800/606-1497; ④) e il confortevole B&B *The Five Twelve Bed and Breakfast*, al 512 Van Buren Ave. (Ⓣ 662/234-8043; ③). Sulla piazza cittadina, potrete **mangiare** piatti casereccі all'*Ajax Diner* (Ⓣ 662/232-8880; chiuso dom) oppure assaggiare la cucina più sofisticata del Sud al *City Grocery* (Ⓣ 662/232-8080; chiuso dom). Il *Bottletree Bakery*, al 923 Van Buren Ave. (Ⓣ 662/236-5000; chiuso lun), è un locale accogliente che serve zuppe e panini.

Tupelo

L'8 gennaio del 1935, nascevano a **TUPELO**, paese industriale del Mississippi nord-orientale, **Elvis Presley** e suo fratello gemello Jesse. Jesse morì appena nato, Elvis crebbe e diventò camionista. I genitori, Gladys e Vernon Presley, che abitavano nel povero quartiere dei bianchi, nell'East Tupelo, vivevano di stenti. Le finanze familiari andavano talmente male che suo padre, mezzadro, nel disperato tentativo di racimolare qualche soldo, ricorse persino alla falsificazione di denaro e fu incarcerato per tre anni. La famiglia rientrò in possesso della sua casa e nel 1948 si trasferì a Memphis.

Il **CVB** di Tupelo, al 399 E Main St. (lun-ven 8-17; Ⓣ 662/841-6521 o 1-800/533-0611, *www.tupelo.net*), fornisce informazioni dettagliate circa un tour in macchina su un percorso di 4 miglia (circa 6,5 km) che fa tappa alla prima scuola di Elvis e al negozio in cui comprò la sua prima chitarra. Il paese non si fa nessuna pubblicità: Main Street è un lungo e tranquillo tratto di strada con edifici anonimi e privo di qualsiasi negozio di souvenir. L'attuale **Elvis Presley Birthplace**, al 306 Elvis Presley Drive (maggio-settembre: lun-sab 9-17.30, dom 13-17; ottobre-aprile: lun-sab 9-17, dom 13-17; $4,00; *www.elvispresleybirthplace.com*; Ⓣ 662/690-6623), è piuttosto piccolo. Un'abitazione lunga e stretta, dalla forma rettangolare, con solo due camere, costruita nel 1934, per $150, è stata dotata di mobilio così da sembrare la stessa a quella del giorno in cui nacque Elvis. Il **museo** accanto (stessi orari; $8 o $12 con l'ingresso combinato) è ricco di oggetti personali, poesie e teche dedicate al *the King*.

Tra i **motel** locali, ce n'è uno centrale, il *Comfort Inn*, al 1190 Gloster St. (T 662/842-5100, *www.comfortinn.com*; 3), mentre il *Wingate Inn*, proprio vicino alla Hwy-78, al 186 Stone Creek Blvd. (T 662/680-8887 o 1-800/228-1000, *www.tupelowingateinn.com*; 3), è un'alternativa più esclusiva per chi viaggia per lavoro. Il *Park Heights*, al 335 E Main St. (T 662/842-5665; aperto solo per cena e chiuso dom e lun), che serve frutti di mare, insalate, bistecche e pasta, è uno dei migliori **ristoranti** della città.

Mississippi centro-meridionale

Il Sud del Delta, i terreni boscosi e i prati del **Mississippi centrale** sono preannunciati da scoscesi promontori di loss e ospitano affascinanti cittadine storiche, come **Vicksburg** e **Natchez**. Guidare nell'area circostante è un piacere, soprattutto lungo la **Natchez Trace Parkway**: nessun camion, nessun edificio e nessuna insegna al neon.

Jackson

Situata a 200 miglia (321 km) da Memphis e New Orleans, **JACKSON** è la capitale dello Stato del Mississippi dal 1821. Nel XX secolo è diventato il più grande agglomerato urbano della nazione, che raccoglie gran parte del patrimonio storico e culturale del paese.

In seguito agli ingenti danni arrecati dagli uragani Katrina e Rita, il **Vecchio Campidoglio** è rimasto chiuso per più di tre anni per lavori di ristrutturazione, ed è stato riaperto insieme al suo museo, al 100 S State St., nel gennaio del 2009 (lun-ven 9-17, sab 9-13); il **Museum of Mississippi History**, un tempo ospitato nel vecchio Campidoglio, attende che venga costruito un nuovo edificio sulla North Street. Il **Mississippi Museum of Art** (mar-sab 10-17, dom 12-17; adulti $5, studenti $3), al 380 South Lamar St., è la nuovissima sede del museo d'arte più grande dello Stato. Il MMA ospita collezioni degli artisti più conosciuti del Mississipi e accoglie frequenti esposizioni di arte regionale, nazionale e internazionale. Al 528 Bloom St., lo **Smith-Robertson Museum and Cultural Center** (lun-ven 9-17, sab 10-14, dom 14-17; adulti $4,50), ospitato nella prima scuola pubblica di Jackson per gente di colore (aperta dal 1894 al 1971), racconta la storia dei neri del Mississippi da quando i francesi, per primi, portarono gli schiavi nel 1719.

A Jackson, un esiguo, ma vivace scenario artistico fa da contraltare a queste istituzioni. L'eclettica galleria **Artichoke** (lun-ven 10-17.30, sab 10-15), al 1012 E Fortification St., espone e vende opere degli artisti contemporanei del Mississippi.

Notizie utili

Gli **autobus** della Greyhound arrivano al 201 S Jefferson St. mentre i **treni** dell'Amtrak terminano la loro corsa al 300 W Capitol St. Il **CVB** di Jackson ha sede al 111 E Capitol St., Suite 102 (lun-ven 8.30-17; T 601/960-1891 o 1-800/354-7695, *www.visitjackson.com*).

Se cercate **camere** in posizione centrale andate all'*Old Capitol Inn*, un ex YMCA ristrutturato con gusto, al 226 N State St. (☎ 601/359-9000 o 1-888/359-9001, *www.oldcapitolinn.com*; ❹), vicino al Campidoglio di Stato, mentre la striscia di terra lungo il corridoio della I-55 accoglie l'usuale selezione di catene alberghiere e motel. Nel centro di Jackson i locali chiudono più o meno alle 18, ad eccezione di *Hal & Mal's Restaurant & Brewery*, al 200 S Commerce St. (*www.halandmals.com*, ☎ 601/948-0888; chiuso dom), specializzato nella cucina di New Orleans, in cui si esibiscono, durante tutta la settimana, **band dal vivo**.

Vicksburg

Il porto storico di **VICKSBURG**, 44 miglia (circa 71 km) a ovest di Jackson, è situato su un alto promontorio e si affaccia su un'ansa del Mississippi. Durante la guerra di secessione, la posizione strategica della città sul fiume bloccò la spedizione marittima dell'Unione e spinse Abraham Lincoln a definire Vicksburg l'"elemento chiave per la Confederazione". Fu ritenuta bersaglio cruciale dal generale Grant che, nella primavera del 1863, riuscendo a sbarcare nella parte meridionale della città, l'attaccò da est. Dopo un assedio durato quarantasette giorni, i confederati si arresero il 4 luglio (una festa che Vicksburg si rifiutò di celebrare per i successivi cent'anni) e Lincoln non poté far altro che affermare: "Il padre delle acque si dirige di nuovo imperturbato verso il mare".

Una volta entrati in città attraverso Clay Street (US-80), nella zona nord-orientale il **Vicksburg National Military Park** salvaguardia il più importante campo di battaglia della guerra di secessione (tutti i giorni: estate 8-17; $8 per auto; ☎ 601/636-0583, *www.nps.gov/vick*). 16 miglia (26 km) di tornanti in mezzo a verdi colline ondulate ripercorrono i luoghi delle trincee dell'Unione e dei confederati; lungo tutto il percorso troverete disseminate qua e là statue, cannoni rimessi in sesto e oltre 1330 monumenti. Nelle vicinanze, nel **Vicksburg National Cemetery**, tredicimila delle diciassettemila tombe dell'Unione recano la semplice iscrizione "non identificato".

In seguito al cambiamento del percorso del Mississippi già dagli anni Sessanta del 1800, accanto al campo di battaglia, oggi, scorre l'esile e canalizzato fiume Yazoo che attraversa anche gran parte del centro di Vicksburg. Il cuore della città ha, comunque, subito pochi cambiamenti, nonostante l'apertura di quattro **casinò** attraccati al molo in modo permanente. Il **Catfish Row Art Park** (centro di Vicksburg sulla Levee St., tra Clay St. e Grove St.), gratuito e aperto tutti i giorni dalle 9 alle 20, rende omaggio alla storia del battello a vapore della città, propone un tour interattivo, ospita una "fontana a spruzzi" per bambini e un mercato stagionale dei contadini. Il centro ha gradualmente riacquistato l'aspetto originario del periodo tardo vittoriano, nonostante la maggior parte degli edifici più belli siano andati distrutti durante l'assedio.

L'affascinante **Old Court House Museum**, al 1008 Cherry St. (estate: lun-sab 8.30-17, dom 13.30-17; resto dell'anno chiude alle 16.30; $5; *www.oldcourthouse.org*), ripercorre ogni dettaglio della guerra di secessione, vendendo persino autentici proiottili minié (pallottole) a $2. Il museo ospita non solo esposizioni sul primo insediamento di Vicksburg, Nogales, che fu fondato nel 1796, ma anche mostre sugli anni del dopo guerra. Un piccolo museo al **Biedenharn Candy Company**, al 1107 Washington St. (lun-sab 9-17, dom 13.30-16.30;

$3; *www.biedenharncoca-colamuseum.com*), sorge sul luogo in cui fu imbottigliata la prima Coca-Cola; con dettagliate dimostrazioni su tutto il processo.

Notizie utili

A Vicksburg ci sono due **centri visitatori** principali, entrambi vicini alla I-20: il Mississippi Welcome Center, all'uscita 1A, accanto al fiume (tutti i giorni 8-18), e il centro di informazioni turistiche della città vicino all'uscita 4, di fronte all'entrata del campo di battaglia su Clay Street (tutti i giorni: estate 8-17.30; inverno 8-17; ⓣ 601/636-9421 o 1-800/221-3536, *www.visitvicksburg.com*).

Il parco militare è un'ottima zona per trovare qualche **motel**, come lo spartano *Hillcrest*, 4503 Hwy-80 E (ⓣ 601/638-1491; ❶), con piscina, e il confortevole *Battlefield Inn*, al 4137 I-20 Frontage Rd. (ⓣ 601/638-5811 o 1-800/359-9363, *www.battlefieldinn.org*; ❹), che prevede l'utilizzo della piscina, due cocktail e una colazione buffet gratuiti. Tra gli affascinanti **B&B**, in posizione centrale, ci sono l'*Anchuca*, ospitato nella prima antica residenza con colonnati della città, al 1010 First East St. (ⓣ 601/661-0111 o 1-888/686-0111, *www.anchucamansion.com*; ❺) che dispone di sette camere, una splendida suite che si prolunga fino ai vecchi alloggi degli schiavi, una piscina e un'ottima colazione, e l'*Annabelle*, in stile vittoriano del 1868, al 501 Speed St. (ⓣ 601/638-2000 o 1-800/791-2000, *www.annabellebnb.com*; ❺).

Quando è tempo di **mangiare**, buttatevi sui superbi spuntini a buffet di pollo fritto e altre prelibatezze del Sud, disposti su "tavoli rotondi", a *Walnut Hills*, 1214 Adams St. a Clay (ⓣ 601/638-4910; lun-sab 9-23, dom 11-14). Al *The Biscuit Company*, al 1100 Washington St. (ⓣ 601/631-0099), potete mangiare pizza oppure *po'boy* (un sandwich con carne e frutti di mare) e ascoltare **jazz** o **blues dal vivo** quasi tutti i fine settimana.

Natchez

La città fluviale di **NATCHEZ**, 60 miglia (96 km) a sud di Vicksburg, è l'insediamento permanente più antico sul fiume Mississippi. Quando nel 1798 sventolò la bandiera a stelle e strisce americana, la città accoglieva i nativi di Natchez (vedi avanti) e i loro predecessori, ma anche coloni francesi, inglesi e spagnoli. Diversamente dalla sua grande rivale, Vicksburg, Natchez fu risparmiata dalle devastazioni della guerra di secessione e le numerose ville dall'architettura *greek revival* e dai giardini curatissimi rimasero intatte. Disseminate tra le ville, lungo ampi viali alberati di querce maestose, che rendono Natchez una delle città più graziose del Sud, si trovano, però anche innumerevoli case bianche in legno, più semplici, ma pur sempre affascinanti. Tour in **carrozze trainate da cavalli** (vedi p. 493) esplorano l'area del centro, mentre quattordici caratteristiche ville sono aperte tutto l'anno, tra queste si distinguono l'elaborata **Longwood**, dalla forma ottagonale, al 140 Lower Woodville Rd. (tutti i giorni 9-16.30; $8), con la sua grossa cupola, le sue candide volte e le sue colonne e la splendida **Stanton Hall**, al 401 High St. (tutti i giorni 10-16; $8). I tour partono dal 200 State St. durante il **Natchez Pilgrimage** che si tiene due volte all'anno (metà marzo-metà aprile e le prime due settimane di ottobre; $34; *www.natchezpilgrimage.com*).

E mentre Natchez è appollaiata a picco sul fiume, una piccola striscia del lungofiume, ai piedi del promontorio, costituisce la **Natchez Under-the-Hill**. Conosciuta un tempo come la "Sodoma del Mississippi", ospita oggi una piccola quantità di bar e ristoranti, oltre all'*Isle of Capri*, un **casinò** sulla barca, aperto 24 ore su 24, e un suono sgradevole di slot machines e tavoli da gioco (*www.isleofcapricasinos.com/natchez/*).

Natchez deve il suo nome agli **indiani natchez** che vissero qui fino al 1729, quando si ribellarono ai francesi. Supportati dagli schiavi africani, uccisero duecentocinquanta coloni prima che i francesi e i loro alleati choctaw soffocassero la ribellione. L'antico centro spirituale di Natchez noto con il nome di **Grand Village** e sede di un leader venerato come il "Great Sun" (Grande Sole) può essere visitato al 400 Jefferson Davis Blvd. (lun-sab 9-17, dom 13.30-17; ingresso gratuito). Andate a vedere anche il centro turistico che ospita abitazioni ricostruite e un parco con imponenti montagnole cerimoniali che sorgono su entrambe l'estremità dell'area. Un altro luogo di interesse storico di Natchez, l'**Emerald Mound**, molto più grande, si trova vicino alla Natchez Trace, a nord-est della città (ingresso libero 24 ore su 24).

Il ricco patrimonio **afroamericano** di Natchez (Richard Wright, l'autore di *Native Son*, nacque qui vicino e da bambino visse a Natchez) viene narrato nelle ventisei pagine di un eccellente catalogo gratuito.

Notizie utili

L'immenso **Visitor Reception Center** di Natchez, al 640 S Canal St., occupa una posizione panoramica che si affaccia sul fiume, accanto al ponte del fiume Mississippi (marzo-ottobre: lun-sab 8.30-18, dom 9-16; novembre-febbraio: lun-sab 8.30-17, dom 9-16; Ⓣ 601/446-6345 o 1-800/647-6724, *www.visitnatchez.com*). È il punto di partenza dei **tour in tram ($2)** e in **autobus** (minimo 2 persone, $20 per un tour di 1 h) e il punto in cui si vendono i biglietti sia per i **ghost tour** (tutti i giorni 19.30; minimo 6 persone; $20) sia per i **tour in carrozza** ($15; 45 min) che partono da Canal e State Street.

Per quanto riguarda l'**alloggio**, il *Ramada Inn*, di fronte al centro visitatori, al 130 John R. Junkin Drive (Ⓣ 601/446-6311 o 1-800/256-6311, *www.ramada.com*; ❹), può contare sugli stessi magnifici panorami del centro, mentre il *Natchez Eola*, al 110 N Pearl St. (Ⓣ 601/445-6000 o 1-866/445-3652, *www.natchezeola.com*; ❺), è un prestigioso albergo del centro di notevole fascino. La *Mark Twain Guesthouse*, al 33 Silver St. (Ⓣ 601/446-8023, *www.underthehillsaloon.com*; ❸), si trova nella parte bassa della città, nelle vicinanze del fiu-

La Gulf Coast del Mississippi

Le precedenti edizioni di questa guida includevano un'esauriente descrizione della **"Gulf Coast" del Mississippi**, dove le bellissime spiagge e l'atmosfera da luogo di villeggiatura, di **Biloxi** in particolare, solevano richiamare considerevoli quantità di turisti estivi. Ma l'ondata di piogge torrenziali che hanno accompagnato l'uragano Katrina nell'agosto del 2005 ha causato gravissimi danni alla regione che da anni attende la ricostruzione. Qui, diversamente da New Orleans, il litorale è stato devastato da onde altissime e intere città sono state cancellate dalle cartine geografiche. Attività ricreative, come gli enormi casinò di Biloxi, hanno ripreso a funzionare e secondo il Biloxi Visitor's Center (lun-ven 9-17; Ⓣ 228/374-3105 al 136 Lameuse St.) anche l'80-90% degli alberghi della zona. Lungo la costa persistono, comunque, delle aree desolate (ci vorranno anni per un pieno recupero), nel frattempo però, si possono trovare moltissime cose da fare. Va detto ai turisti che trascorrere le vacanze sulla Gulf Coast può essere un'esperienza ricca e gratificante che può avere un impatto sicuramente positivo sull'economia della regione.

me; le sue tre camere, essenziali, hanno un bagno in comune e la sua vicinanza con l'*Under the Hill Saloon* garantisce un'atmosfera vivace e festosa. Per un'autentica esperienza di Natchez, prendete in considerazione la sosta nel **B&B** più esclusivo, il magnifico *Burn*, al 712 N Union St. (❶ 601/442-1344, *www.theburnbnb.com*; ❻), con una meravigliosa piscina.

Per **mangiare**, il *Cock of the Walk*, sul promontorio, al 200 N Broadway (❶ 601/446-8920), serve pesci gatto irresistibilmente gustosi, mentre il *Marketplace Café*, al 613 Main St. (❶ 601/304-9399; chiuso lun), che occupa, in centro, gran parte di un vasto edificio del mercato, vende ottime ed economiche colazioni e spuntini. Il *Biscuits and Blues*, al 315 Main St. (❶ 601/446-9922), abbina panini e piatti alla griglia al **blues dal vivo**, il fine settimana.

Arkansas

La configurazione geografica dell'**ARKANSAS**, da sud-est a nord-ovest, è caratterizzata da una superficie leggermente ondulata, dalle pianure alluvionali del Delta alle colline boscose delle Ozark Mountains, alle Grandi Pianure. Contrariamente agli Stati del Sud sul lato orientale del fiume Mississippi, l'Arkansas continuò a essere poco popolato (la pronuncia corretta è "Arkansaw" in base a una legge statale del 1881) fino agli anni Ottanta del 1800, quando l'arrivo della ferrovia aprì le porte alle zone interne e i coloni cominciarono a muoversi verso i centri urbani. Le forze congiunte della Grande Depressione e la meccanizzazione industriale nei primi decenni del secolo scorso costrinsero migliaia di contadini ad abbandonare i campi e, di conseguenza, a far sì che l'Arkansas cominciasse a sviluppare una base economica industriale. Dal punto di vista storico, l'Arkansas appartiene fermamente all'America del sud. Durante la guerra di secessione si schierò a fianco dei confederati e la sua capitale, Little Rock, nel 1957, nella lotta per i diritti civili, fu uno dei centri, tra i più conosciuti, in gran fermento. Ma fu nel 1992, con l'ascesa alla presidenza americana di Bill Clinton, figlio dell'Arkansas, a essere catapultata alla ribalta nazionale. Quattro città se lo contendono: Hope, il paese in cui nacque, Hot Springs, la città dove visse, Fayetteville, dove sposò Hillary e, naturalmente, Little Rock. Ciascuna di queste località è inserita all'interno del "Billgrimage": un tour, che richiede anche un passaporto per l'Arkansas (disponibile all'Arkansas Visitor's Centers e alla Clinton Presidential Library) e che viene vidimato in ogni paese.

Anche se l'Arkansas accoglie nelle sue terre il **Delta del Mississippi** a est, foreste ricche di petrolio a sud e le sconfinate **Ouachita Mountains** ("Washih-taw") a ovest, sono le scoscese e carismatiche **Ozark Mountains** a nord, ricche di parchi, laghi, fiumi e corsi d'acqua, il patrimonio più pittoresco.

Come muoversi in Arkansas

Se da una parte **percorrere in macchina** le autostrade alberate dello Stato è un vero piacere, dall'altra è arduo avventurarsi aldilà delle località di Little Rock e Hot Springs, se si utilizzano **i trasporti pubblici**. La Greyhound effettua corse intermittenti e l'Amtrak taglia diagonalmente lo Stato da nord-est a sud-ovest, passando da Little Rock e da alcuni paesi più piccoli. L'aeroporto di Little Rock e il Northwest Arkansas Regional Airport vicino a **Rogers** sono gli unici **aeroporti** di certe dimensioni. Per visitare le Ozark Mountains avrete certamente bisogno di una **macchina**.

Arkansas orientale

Quel che sorprende delle terre del Delta dell'Arkansas orientale è il fatto che non siano per nulla piatte: il **Crowley's Ridge**, uno stretto arco di colline di loss piegato dal vento, interrompe le dolci piatte distese, che si estendono per 150 miglia (240 km) dal Missouri meridionale fino a **Helena**, città fluviale d'atmosfera. Ci sono molte ragioni per cui vale la pena visitare Helena, non in ultimo il suo apprezzabile patrimonio **blues**.

Helena

Il piccolo porto di **HELENA** sul Mississippi, 60 miglia (96 km) a sud di Memphis, un tempo era il porto in cui giungeva tutta la coltura del cotone dell'Arkansas; Mark Twain la descrisse come la città che occupava "una delle posizioni più belle sul fiume". Un minuscolo **centro storico** racchiuso tra Holly, College e Perry Steet, testimonia quel breve periodo di benessere, prima che arrivasse la ferrovia. Oggi invece vive delle continue sollecitazioni che provengono dal vivere all'ombra degli enormi casinò, dall'altra parte del fiume. Eppure, Helena è un posto tranquillo, che suscita grande fascino per gli appassionati del **Delta blues** e gran parte delle attività cittadine sono confinate lungo la malridotta **Cherry Street** sull'argine del fiume.

Proprio da Helena nel 1941 fu mandato in onda per la prima volta il celebre **King Biscuit Time Show**, sulla stazione radiofonica KFFA (1360 AM). Privilegiando nella sua programmazione esibizioni di leggende come il pianista del boogie Pinetop Perkins e il grande dell'armonica **Sonny Boy Williamson II** ("Rice" Miller), lo show radiofonico fu il primo della nazione a trasmettere dal vivo il Delta blues. Il programma, che esercita una notevole influenza a dispetto della sua mezz'ora di programmazione (musicisti come BB King e Levon Helm lo citano come una delle più importanti fonti di ispirazione), da allora, non ha mai smesso di andare in onda e dal 1951 è condotto dalla leggenda vivente "Sunshine" Sonny Payne. Le puntate del programma, trasmesse su KFFA 1360 AM (lun-ven 12.15-12.45; *www.kingbiscuittime.com*; ⓣ 870/338-4350), vengono registrate nella hall dell'eccellente **Delta Cultural Center Visitor Center**, al 141 Cherry St. (mar-sab 9-17 ⓣ 870/338-4350) dove gli spettatori sono i benvenuti. Se vi siete persi la trasmissione, fate in modo di fermarvi almeno alla **mostra musicale** accanto al centro turistico, completa di postazioni per l'ascolto di musica e di ottimi filmati video.

Gli appassionati del blues potranno anche comprare – e ascoltare – un avvincente assortimento di dischi al **Bubba Sullivan's Blues Corner**, nel centro commerciale al 105 Cherry St. (ⓣ 870/338-3501). Bubba è una miniera di informazioni sui concerti locali e non lo è da meno il superbo e gratuito **Arkansas Blues and Heritage Festival** (un tempo chiamato King Biscuit Blues Festival; *www.bluesandheritage.com*) della città. La manifestazione, che si tiene ogni autunno il fine settimana che precede il Columbus Day, richiama grandi nomi del blues, dell'acustica e interpreti gospel.

Il **Delta Cultural Center** vanta un altro luogo d'interesse un isolato a sud del centro turistico, all'interno di una ferrovia restaurata, al 95 Missouri St. (mar-sab 9-17; ingresso gratuito). Le mostre ripercorrono la storia della regione, dai primi coloni di questa umida frontiera al razzismo dei giorni nostri; non mancano naturalmente i moltissimi oggetti che appartengono al patrimonio musicale della regione. Da qui potrete passeggiare lungo gli argini fino a **River Park,** da cui si possono godere splendidi panorami del Mississippi.

Notizie utili

L'*Edwardian Inn*, costruito nel 1904, al 317 Biscoe St., sulla più importante autostrada che attraversa la città a nord del Mississippi Bridge (Ⓣ 870/338-9155 o 800/598-4749, *www.edwardianinn.com*; ❹), è un magnifico **B&B** con camere spaziose rivestite con pannelli di legno di quercia e il cui unico inconveniente è il vicino edificio industriale che copre, in parte, la visuale sul fiume. Per **mangiare**, il *Cherry Street Deli*, al 420 Cherry St. (Ⓣ 870/817-7706), propone ottime zuppe e panini, mentre l'*Oliver's*, al 101 Missouri St. (Ⓣ 870/338-7228), serve pesce gatto, bistecche e altri piatti simili. Al *Roadkill Grill*, al 523 Cherry St. (Ⓣ 870/995-2881) troverete panini e frittura. Se volete ascoltare musica **blues** dal vivo, rimanete su Cherry Street e andate a dare un'occhiata al *Sonny Boy's Music Hall*, al n. 301 (Ⓣ 870/338-3501) oppure al *Fonzie's*, al n. 400 (Ⓣ 870/817-7736).

Arkansas centrale

Little Rock sorge al centro dello Stato, 50 miglia (80 km) a ovest dell'eccentrica città termale di **Hot Springs** che segna l'ingresso orientale per le remote **Ouachita Mountains**. Strette tra le cime delle Ouachita a sud e gli scoscesi pendii montuosi delle Ozark Mountains, a nord, sono situate le ondulate pianure dell'**Arkansas River Valley**. Nelle campagne collinari, da est a ovest, comunità di minatori e legnaioli punteggiano le strade, mentre la zona contraddistinta da un più rapido sviluppo è il corridoio I-540 che collega la città universitaria **Fayetteville** e **Bentonville**, quest'ultima sede legale dei grandi magazzini Wal-Mart.

Little Rock

Centro geografico, politico e finanziario dell'Arkansas, **LITTLE ROCK** è il punto in cui convergono le due regioni più importanti dello Stato: le colline nord-orientali e il Delta orientale. Oggi, in città si respira un'atmosfera serena e tranquilla; una bella differenza se si pensa al periodo drammatico del 1957 (vedi avanti); dall'elezione alla presidenza nel 1992 di William J. Clinton, si è poi guadagnata un certo prestigio, che è unico nello Stato.

L'attrattiva più nuova della città, il **William J. Clinton Presidential Library and Museum**, immediatamente a est del centro, al 1200 President Clinton Ave. (lun-sab 9-17, dom 13-17; $7; *www.clintonlibrary.gov*), è situata in una posizione affascinante sul fiume ed è ospitata in un edificio di prestigio in vetri e metallo. Una splendida struttura, la Clinton Library, è la metafora

Crisi alla Central High School

Nel 1957, Little Rock diventò inaspettatamente campo di battaglia del primo importante scontro tra governo statale e federale sulle **relazioni razziali**. In quel periodo, per gli standard del Sud, Little Rock era considerata una città progressista. In tutti i parchi, le biblioteche e gli autobus vigeva l'integrazione, una percentuale piuttosto alta, pari al 30%, di gente di colore era registrata nelle liste elettorali; c'erano pure poliziotti di colore. Eppure, quando la giunta scolastica della Little Rock School annunciò la decisione di **abolire** gradualmente la segregazione nella propria scuola – essendo stata dichiarata incostituzionale dalla Suprema Corte – James Johnson, un candidato a governatore, diede inizio a una campagna che si opponeva all'educazione interrazziale. La retorica di Johnson cominciò a guadagnare consensi tanto che il governatore in carica, **Orval Faubus**, ne sposò la causa.

I primi nove studenti di colore sarebbero dovuti entrare nella **Central High School** quel settembre. Il giorno prima che la scuola aprisse, Faubus, "nell'interesse della sicurezza", fece retromarcia sulle sue intenzioni di lasciare iscrivere gli studenti di colore solo per obbedire alla Corte federale. Ordinò quindi alle truppe di Stato di bloccare gli studenti di colore; i soldati con i fucili, obbligarono Elizabeth Eckford, una dei nove studenti, a star lontana dall'entrata della scuola e questa, per sottrarsi dalla folla in subbuglio, si vide costretta a saltare su un autobus. Quello stesso giorno si scatenarono diverse battaglie legali e quella stessa sera la gente di colore subì violenti attacchi da parte di bande di bianchi. Tre settimane più tardi, il presidente Eisenhower a malincuore inviò la 101ª Divisione Aviotrasportata, e, tra violente dimostrazioni, i nove entrarono in aula. Quell'anno, questi studenti furono oggetto di violente intimidazioni e quando una di esse reagì fu espulsa. La laurea di James Green sembrò mettere un punto fermo alla questione, ma Faubus, in corsa per la rielezione, ribadì le sue posizioni politiche chiudendo tutte le scuole pubbliche nella città per l'anno accademico 1958-59 aumentando così il numero dei consensi.

Oggi la Central High School – un'immensa struttura scura a forma di mezzaluna, che somiglia non poco a una fortezza – è sede del National Register of Historic Places ed è stata designata come luogo storico nazionale del Parco. Si trova al 1500 S Park Ave., a circa un miglio (1,6 km) dal Campidoglio. Dalla parte opposta della strada in un ex distributore di benzina ristrutturato, al 2125 Daisy L. Gatson Bates Drive, il **Central High Visitor Center**, era il luogo da cui i cronisti inviavano i propri articoli in redazione, dall'unico telefono pubblico presente nei paraggi. Il **centro visitatori** (lun-sab 9-16.30, dom 13-16.30; ingresso gratuito; *www.nps.gov/chsc/*), è stato ampliato con un secondo edificio nel 2007, al 2120 Daisy L. Gatson Bates Drive, per commemorare il cinquantesimo anniversario degli eventi e ospita un'ottima mostra sulla crisi del 1957.

visiva della dichiarazione più volte ripetuta da Clinton: un ponte verso il XXI secolo. L'accogliente edificio "ambientale" fa parte di un campus di costruzioni "ecologiche", certificate a livello federale, all'interno del quale sono inseriti anche il quartier generale della **Heifer International**, un'organizzazione internazionale non governativa che opera per ridurre la fame nel mondo e che offre tour gratuiti oltre a numerosi progetti che coinvolgono comunità in costante evoluzione (lun-ven 9-17), rivitalizzando così un quartiere di depositi abbandonati, un tempo depresso.

La Clinton Library è anche un modo astuto per spingere i visitatori verso l'animato **River Market District** di Little Rock, con i suoi molti ristoranti e bar, il mercato dei contadini e le ricche ed eclettiche food hall. In fondo alla strada della biblioteca, al 610 President Clinton Ave., il **negozio del museo** (*www.clintonmuseumstore.com*) vende meravigliosi souvenir: dagli adesivi "I

Miss Bill" e tappetini per il mouse con il gattino Socks, alle compilation della musica preferita dell'ex presidente. Nelle vicinanze, inoltre, al 500 President Clinton Ave., il **Museum of Discovery** è uno dei musei preferiti dai ragazzi (lun-sab 9-17, dom 13-17; adulti $8, ragazzi $7), mentre, lungo il fiume, il **Riverfront Park** si estende per alcuni isolati. Una targa commemorativa indica la "little rock" (piccola roccia) da cui la città trae il nome (non è particolarmente imponente, d'altronde lo dice lo stesso nome).

Circondato da prati uniformi e ombreggiato da piante sempreverdi, vale la pena visitare anche l'**Old State House Museum** (lun-sab 9-17, dom 13-17; ingresso gratuito), ospitato nel vecchio edificio del Campidoglio, al 300 W Markham St. Le esposizioni (dalle bandiere delle battaglie della guerra di secessione alle coperte afroamericane) rappresentano un'opera ammirevole che copre tutta la storia dell'Arkansas, con ricche sezioni sulla storia politica e delle donne. Qui, il 3 ottobre del 1991, Clinton annunciò la propria candidatura alla presidenza e tredici mesi più tardi tenne il suo discorso di investitura; fece lo stesso nel 1996.

L'Hinderliter Grog Shop dell'**Historic Arkansas Museum**, al 200 E Third St. (lun-sab 9-17, dom 13-17; $2,50), l'edificio più antico ancora in piedi di Little Rock, risale intorno al 1827. Una **galleria** al museo espone le opere d'artigianato locali degli ultimi due secoli, mostre storiche temporanee e arte contemporanea dell'Arkansas.

Il MacArthur Park, un altro luogo da vedere, presenta l'elegante **Arkansas Arts Center** (mar-sab 10-17, dom 11-17; ingresso gratuito; *www.arkarts.com*), con mostre a rotazione (l'MFA a Boston presterà i propri capolavori dell'Egitto nel 2009-2010), una collezione di dipinti dal Rinascimento a oggi e una meravigliosa raccolta di opere d'arte contemporanee. L'Arts Center ospita anche opere di artisti locali o "nati nelle vicinanze" e concorsi d'arte giudicati da giurie come il **The Delta Exhibition**.

A ovest del centro, a nord di Markham Street lungo Kavanaugh Boulevard, si trova lo storico quartiere di **Hillcrest**. Pieno di capanne degli inizi del XX secolo, Hillcrest è un quartiere collinare, alla moda e famoso per essere percorribile a piedi e il cui centro, tra Van Buren Avenue e Walnut Street, offre un'accogliente serie di boutique e di pittoreschi ristoranti.

Il quartiere **The Heights**, che si espande verso ovest lungo Kavanaugh dall'incrocio con Cantrell, assomiglia a Hillcrest, nonostante sorga su una collinetta, in una posizione più elevata e le cui strade più esclusive hanno una meravigliosa vista sul fiume. Giù a valle da The Heights, chi fa jogging, pedoni e ciclisti si fanno largo a **Murray Park** lungo le sponde del fiume, una meravigliosa distesa di verdi parchi delimitati a ovest dal **Big Dam Bridge** e a est dal **Rebsamen Park Golf Course**.

Notizie utili

La **Greyhound** arriva al 118 E Washington Ave., a North Little Rock, dall'altra parte del fiume. L'**Amtrak** si ferma in una zona più centrale tra Markham Street e Victory Street. Il **centro visitatori** si trova al 615 E Capitol Ave., vicino all'ufficio postale (lun-ven 8.30-16.30; ⓣ 501/376-4781 o 800/844-4781, *www.littlerock.com*).

Trovare **alloggio** in centro non dovrebbe essere un problema. Il lussuoso *Rosemont B&B*, al 515 W 15th St. (ⓣ 501/374-7456, *www.rosemontoflittlerock.com*; ❹-❻) offre comfort casalinghi come una ricca colazione e una dispensa rifornita, mentre al *Comfort Inn & Suites Downtown*, a pochi passi dal Clinton Center, al 707 I-30 (☎ 501/687-7700; *www.comfortinnlittlerock.com*; ④) troverete grandi camere, una piscina e una colazione abbondante inclusa nel prezzo.

In città ci sono molti ottimi posti in cui potrete fermarvi per mettere qualcosa sotto i denti. L'animata piazzetta del mercato a **River Market District** (lun-sab 7-18) offre una varietà di scelta che non ha eguali da queste parti, con bancarelle che preparano zuppe vegetali, insalate del Middle East, barbecue caserecci e pad thai. Il *Boulevard Bread Co.*, che confina con la piazzetta, al 400 President Clinton Ave. (☎ 501/374-1232), che conta una succursale al 1620 N Grant St. anche a The Heights, fornisce una profusione di gustose prelibatezze, il tutto accompagnato da uno spirito coscienzioso con caffè equo solidale e prodotti locali; il *The Rumba Revolution* nell'area del River Market, al 300 President Clinton Ave. (☎ 501/823-0090, *www.rumbarevolution.com*) è più nuovo, meno squallido rispetto a un paio di altri locali di Little Rock in cui si ascolta musica, e vanta un ristorante mexi-cubano da una parte e un locale in cui si ascolta musica dall'altra: entrambi sono ugualmente vincenti ed eclettici. Il *Vino's*, al 923 W Seventh St. (☎ 501/375-8466, *www.vinosbrewpub.com*), è un pub modesto, accogliente che serve birre e pizze: un posto popolare per le pause pranzo, più alternativo al calar della sera, con musica punk dal vivo. C'è molta più musica al *Juanita's*, al 1300 S Main St. (☎ 501/372-1228, *www.juanitas.com*; chiuso dom), un ristorante tex-messicano piuttosto tipico e un'istituzione nello scenario musicale di Little Rock, che ospita spettacoli rock dal vivo quasi tutte le sere. Probabilmente il ristorante più rinomato di Little Rock è il *Doe's Eat Place*, al 1023 W Markham St. (☎ 501/376-1195), una succursale del Greenville, nel Mississippi, che propone ottime bistecche e tamale in un ambiente senza pretese; è da tempo uno dei preferiti dell'ex presidente Clinton nonché un locale alla moda per politici affamati. Eppure, forse, il miglior ristorante in città, è il *Brave New Restaurant*, appena fuori dal centro, al 2300 Cottondale Lane (☎ 501/663-2677, *www.bravenewrestaurant.com*), che serve delicate combinazioni di carne fresca e frutti di mare e intingoli, sullo sfondo del fiume Arkansas.

A Hillcrest, il *Ciao Baci*, un *wine e tapas bar* e ristorante, in un villino ristrutturato, al 605 Beechwood St. (dom-ven 5-14, sab 17-1; ☎ 501/603-0238), offre cibo e bibite deliziosi e rimane aperto fino a tardi. Il *Za Za*, al 5600 Kavanaugh, a Hillcrest (lun-gio 10.30-21, ven e sab 10.30-22.30; ☎ 501/661-9292), è un ottimo posto per fermarvi a gustare audaci insalate, pizze cotte nel forno a legna e gelato artigianale.

Hot Springs

La città termale dal basso profilo storico e alquanto surreale di **HOT SPRINGS**, 50 miglia (80 km) a sud-ovest di Little Rock, si annida tra le fitte Zig Zag Mountains sul fianco orientale delle Ouachita. Le sue **acque termali** richiamano visitatori dai tempi in cui i nativi usarono l'area come una zona neutrale per risolvere le dispute. I primi coloni crearono una località turistica rudimentale, fuori dalle zone selvagge, e nel 1875 con l'arrivo del treno diventò una città termale in stile europeo: si dice che le sue acque calde curino i reumatismi, le artriti, le malattie ai reni e i problemi al fegato. La località raggiunse l'apice del suo splendore durante gli anni Venti e Trenta, quando il sindaco, a quanto pare, si mise a gestire un'associazione di imprese d'azzardo che fruttava $30 milioni all'anno, e tra i cui giocatori figuravano Al Capone e Bugsy Siegel. Star dello spettacolo e politici, aristocratici e pugili vincenti si affollavano per "bere tutto d'un fiato l'elisir" e Hot Springs diventò *il* posto da visitare e dove esser "visitati". La popolarità del luogo turistico venne meno quando negli anni Cinquanta si scoprirono nuove cure, malgrado la sua bellezza un po' sbiadita e il torpore da piccolo centro le conferisse un fascino particolare.

Il **centro** di Hot Springs si infila in una boscosa e sinuosa vallata, abbastanza grande da accogliere la strada principale di Central Avenue. Otto magnifici edifici dietro una lussureggiante rassegna di alberi di magnolia, olmi e siepi formano la splendida **Bathhouse Row**. Tra il 1915 e il 1962, il più grande di tutti era il **Fordyce Bathhouse**, all'isolato 300 di Central, che riaprì nel 1989 come sede del **centro visitatori** dell'**Hot Springs National Park**: l'unico parco nazionale a rientrare nei confini cittadini. Oltre al Buckstaff (vedi avanti), sono le uniche terme attualmente aperte: l'interno, riportato al suo antico splendore, è un mix di antica ed elegante atmosfera. L'intenso uso di marmo italiano venato, di pavimenti a mosaico e di vetro colorato, gli conferisce un aspetto decadente, mentre le enormi strumentazioni di idroterapia ed elettroterapia, che includono un massaggiatore elettroshock, appaiono incredibilmente prive di grazia (tutti i giorni 9-17; ingresso gratuito; ⓣ 501/624-2701, *www.nps.gov/hosp*).

È ancora possibile fare i "**bagni**" – un processo lungo un'ora che include massaggi energici, impacchi caldi, vapori bollenti e una doccia pungente – sulla Bathhouse Row. L'unico edificio ancora aperto per affari è il **Buckstaff** del 1912, al 509 Central Ave., dove un bagno termale con sali minerali costa $22 e il tradizionale pacchetto di bagni con massaggi $50 (marzo-novembre: lun-sab 7-11.45 e 13.30-15, dom 8-11.45; dicembre-febbraio: lun-ven 7-11.45 e 13.30-15, sab 7-11.45; ⓣ 501/623-2308, *www.buckstaffbaths.com*). Avvolti in lenzuola di cotone alcune guide vi accompagneranno ai bagni, alle docce, fino al tavolo dei massaggi; il tutto in un'atmosfera campanilistica, o meglio prosaica. Strutture termali a tutti gli effetti sono disponibili anche in diversi alberghi. L'acqua di Hot Springs è priva del sapore sulfureo spesso associato alle sorgenti termali; riempitevi una bottiglia in una delle fontane con acqua potabile vicino a Central Avenue. Dalla maggior parte di esse sprizza acqua calda: se la preferite fredda, andate all'Happy Hollow Spring su Fountain Street.

Dietro il Fordyce, due piccole **sorgenti** sono state lasciate aperte alle visite. La **Grand Promenade** da qui è un vialetto in mattoni di 700 metri, che dà sul centro. Sentieri di diverse lunghezze e di diversi gradi di difficoltà portano agli scoscesi pendii della **Hot Springs Mountain**. Per raggiungere la cima, potete seguire un breve percorso in macchina oppure percorrere uno dei vari sentieri, tra cui una arrampicata impegnativa di 4 km attraverso i fitti boschi di querce, di hickory e pini con poche foglie. In cima, il punto d'osservazione alto circa 74 m della **Mountain Tower** (tutti i giorni: estate 9-21; estate e autunno 9-18; inverno 9-17; $6) offre superbi panorami della città, delle Ouachita e dei laghi circostanti.

A parte le sue acque, Hot Springs va fiera delle sue piccole **gallerie**, molte delle quali sono allineate lungo Central Avenue, punteggiate da alcuni buoni esempi di prodotti della cultura americana meravigliosamente eccentrici.

Notizie utili

La **Greyhound** si spinge fino al 1001 Central Ave.; gran parte dei luoghi di interesse, tra cui buone alternative di **alloggio**, sono vicinissimi a Central Avenue, l'arteria principale della città. I lussuosi alloggi sono sorprendenti economici e spaziano da alberghi con beauty farm e saune a motel e B&B, anche se i prezzi possono salire durante la lunga alta stagione (febbraio-novembre). L'*Arlington Resort/Spa*, albergo d'atmosfera degli anni Venti, dominando sul centro città, al 239 Central Ave. (T 501/623-7771, *www.arlingtonhotel.com*; ④; piscina e idromassaggi $26, massaggio $34) e sprigionando una bellezza d'altri tempi, è di gran lunga il posto più carino dove alloggiare: Al Capone affittò l'intero quarto piano e il presidente Clinton partecipò ai suoi balli studenteschi nella sala da ballo. Le camere di buon gusto sono spaziose e confortevoli, anche se un po' piccole. Il posto più vicino per **fermarsi in campeggio** è il Gulpha Gorge Campground nel parco nazionale, 2 miglia (3 km) a nord-est sulla Hwy-70 B, vicino alla Hwy-70 E (T 501/624-3383, *www.nps.gov/hosp*; $10 a notte).

Nascosto tra gli economici **ristoranti** familiari lungo Central Avenue, il *Rolando's* al n. 210, è un posto allegro che serve piatti deliziosi e fantasiosi (T 501/318-6054). Nelle vicinanze, il ristorante *Arlington* è la versione *haute cuisine* di Hot Springs (offre un delizioso brunch alla domenica) in un ambiente elegante. Il *Mollie's*, vicino al centro, in una vecchia casa, al 538 Grand Ave., propone nel menu piatti deliziosi, come pollo in pentola e polpette di *matzo* in brodo (T 501/623-6582; chiuso dom), mentre al *McClard's Bar-B-Q*, 3 miglia (5 km) a sud del centro, al 505 Albert Pike (T 501/624-9586; chiuso dom e lun), le succulente costolette di maiale, insalate a base di cavolo, piselli e tamale caldi sono tutti preparati a mano. Il *McClard's* è imperdibile; persino Bill e Hillary si sono fermati qui il giorno del loro matrimonio.

Come è prevedibile la **vita notturna** di Hot Springs è sorprendentemente elegante: si va da spettacoli di varietà a grandi rappresentazioni come quello del *The Witness*, un musical all'aperto sulla vita di Cristo, cantato dalla voce dell'apostolo Pietro che si tiene al 1960 Millcreek Rd. (giugno-settembre: ven e sab 20; $13,50; T 501/623-9781, *www.witnessproductions.com*) a 6 miglia (circa 10 km) dal centro. Se avete gusti più raffinati potreste scegliere di andare a vedere il *The Maxwell Blade Magic Lantern Theater*, al 121 Central Ave. (estate: mar-sab 20; adulti $15, ragazzi sotto i 15 anni di età $10; T 501/623-6200, *www.maxwellblade.com*), che ha come protagonista principale il "maestro delle illusioni" Maxwell Blade. D'altro tenore, è invece il prestigioso **Documentary film festival** che si tiene ogni ottobre, organizzato dall'Hot Springs Documentary Film Institute (*www.hsdfi.org*), e un **festival di musica classica** molto noto, nei primi due weekend di giugno (*www.hotmusic.org*).

Le Ozark Mountains

Nonostante la cima più alta sfiori i 680 metri, le **Ozark Mountains**, che si estendono oltre la parte settentrionale dell'Arkansas nel sud del Missouri sono caratterizzate da promontori scoscesi e speroni frastagliati. Le strade serpeggiano pericolosamente su colline a picco, oltre le rive frastagliate dei laghi e dei fiumi incontaminati. Quando negli anni Trenta del 1800 speculatori ambiziosi si riversarono nell'Arkansas, coloro che persero le terre migliori si ritirarono nelle lontane fattorie collinari e rimasero isolati fino a qualche decennio fa. Le Ozark sono oggi diventate la zona rurale degli Stati Uniti in cui si è verificata la crescita più rapida, un'importante destinazione turistica e luogo di ritiro. In queste terre vi si riversò più denaro del necessario e centri come **Harrison** si trasformarono in cittadine americane prive di originalità.

La parola "Ozark" si vede dappertutto: utilizzata per attirare i turisti agli spettacoli musicali, ma anche negli empori di souvenir. Con tutta la martellante pubblicità, è diventato sempre più difficile distinguere i prodotti veri dalle imitazioni: una buona ragione quindi per visitare il **parco statale** al **Mountain View**, che preserva la musica e i mestieri tradizionali delle Ozark. La destinazione più popolare della regione, **Eureka Springs**, proprio all'interno del confine del Missouri, è una graziosa città termale vittoriana sul fianco della montagna in cui si respira una tranquilla atmosfera bohémienne.

Mountain View e dintorni

Circa 60 miglia (95 km) a nord di Little Rock, all'**Ozark Folk Center**, gestito dallo Stato, 2 miglia (3 km) a nord della città di **MOUNTAIN VIEW** sulla Hwy-14, troverete un ottimo museo che rivisita la storia degli stili di vita in queste remote colline. Dimostrazioni di mestieri artigianali sono inscenate all'interno di capanne di legno ricostruite, mentre musicisti folk e cantastorie si esibiscono all'interno parco. Eventi speciali, tra cui **concerti** di root music e musica tradizionale delle Ozark, si tengono quasi tutte le sere (esposizione d'artigianato metà aprile-fine settembre: merc-sab 10-17, ottobre: mar-dom 10-17, $10; concerti metà aprile-fine settembre: mer-sab 19.30, ottobre: mar-sab 19.30, $10; biglietto combinato $17,50; ⓣ 870/2693-851, *www.ozarkfolkcenter.com*).

Il **centro visitatori** di Mountain View, al 107 N Peabody Ave. (aprile-ottobre: lun-ven 9-17, sab 10-16; novembre-marzo: lun-ven 10-16, sab 10-14; ⓣ 870/269-8068 o 888/679-2859, *www.ozarkgetaways.com*), può aiutarvi a trovare una **sistemazione**; avrete ampia scelta, soprattutto se vi piace il servizio personale di un B&B oppure il fascino rustico di una cabina di montagna. Il *Dry Creek Lodge* (ⓣ 1-800/264-3655; ❸), sul territorio del Folk Center, è un'alternativa di ottima qualità in rapporto al prezzo, mentre l'accogliente *Inn at Mountain View*, al 307 W Washington St. (ⓣ 870/269-4200, *www.innatmountainview.com*; ❹), è un grazioso B&B, i cui proprietari, musicisti folk, servono una ricca colazione di campagna. Buoni **ristoranti** includono l'*Iron Skillet* (ⓣ 870/269-3851) del Folk Center e il *Tommy's Famous...*, pizzeria che ha ricevuto alcuni riconoscimenti ed è il posto in cui si cucinano costolette, al 205 Carpenter St., quattro isolati dalla piazza cittadina (ⓣ 870/269-3278). Per l'intrattenimento, persino in inverno, è difficile evitare le interessanti **jam session** in piazza; naturalmente non mancano i numerosi **festival** musicali di buona qualità. Prenotate una stanza con molto anticipo per il notevole **Arkansas Folk Festival** (musica, artigianato, bancarelle, parate) che si svolge ad aprile e per il **Bean Festival** (piselli, focacce di granoturco, musica, gare di capanni in legno spinti ognuno da due corridori sulla neve), l'ultimo sabato di ottobre.

All'**Ozark National Forest**, 15 miglia (24 km) a nord-ovest di Mountain View, vicino alla Hwy-14, potrete scegliere tra una varietà di tour (orari e tariffe variano; *www.fs.fed.us/oonf/ozark/recreation/caverns.html*) delle **Blanchard Springs Caverns**, un sistema sotterraneo di grotte incredibilmente meraviglioso con una piscina naturale dall'acqua cristallina attorniata da svettanti promontori di roccia.

Il **Buffalo River** – un'importante destinazione per il canoismo sulle rapide – scorre in tutto lo Stato a nord di Mountain View. Nel piccolo e grazioso insediamento di Gilbert, vicino alla Hwy-65, in fondo alla Hwy-333 E, **il Buffalo Camping and Canoeing** (☎ 870/439-2888, *www.gilbertstore.com*) affitta canoe per escursioni a metà percorso del fiume, nel punto più spettacolare, intorno al **Pruitt Landing**. Poche **cabine** di legno, la maggior parte delle quali disponibili al massimo per quattro notti, si trovano a *www.buffaloriver cabin.com*; ❹-❽).

Eureka Springs

La pittoresca **EUREKA SPRINGS**, situata su ripidi pendii montani nell'angolo nord-orientale dell'Arkansas, nacque un secolo fa come centro benessere. Questa funzione si andò indebolendo, ma la sua straordinaria posizione la trasformò in una destinazione turistica, ricca di edifici vittoriani collegati tra loro da rampe di scale in pietra. Oggi è una cittadina dall'atmosfera rilassante e progressista, con proiezioni cinematografiche all'aperto di tenore kitsch (*www.lucky13cinema.org*), lo speciale "Diversity Weekends" (*www.eurekapride.com*) e numerosi luoghi che propongono terapie alternative. Fate un giro sull'**Eureka Springs and North Arkansas Railway**, il cui materiale rotabile include una magnifica locomotiva dal caratteristico comignolo a forma di "cavolo"; i tour partono dalla stazione ferroviaria al 299 N Main St. (metà aprile-ottobre: lun-sab 10.30, 12, 14 e 16; $10; *www.esnarailway.com*).

Tre miglia (5 km) a est della città sulla US-62 E, un **Cristo degli Ozark** – una statua surreale di Gesù con un'apertura di braccia di 20 metri – conferisce al complesso religioso conosciuto come il **Great Passion Play** (fine aprile-fine ottobre) un'immagine così particolare da lasciarvi a bocca aperta. Si tratta della personale invenzione di Elna M. Smith, che, preoccupato per il fatto che i luoghi sacri del Middle East sarebbero stati distrutti, decise di costruire delle riproduzioni sulle Ozark. Il complesso include un **Bible Museum** e un **Sacred Arts Center** (entrambi aperti gli stessi giorni in cui lo spettacolo va in scena, 10-20; ingresso incluso nel prezzo del tour). La **Passion Play** (rappresentazione della passione) rivisita gli ultimi giorni di Cristo sulla terra con un cast di duecentocinquanta attori e figuranti, tra cui anche animali, in un anfiteatro con 4100 posti (stessi mesi; di sera tranne dom e mer 20.30, dopo agosto 19.30; $23,25, incluso il Bible Museum e il Sacred Arts Center; ☎ 1-866-566-3565, *www.greatpassionplay.com*).

Notizie utili

In città, la US-62 diventa Van Buren e accoglie il **centro visitatori** al 137 W Van Buren (tutti i giorni 9-17; ☎ 479/253-8737, *www.eurekasprings.com*). Cabine di legno e B&B abbondano, molte dei quali offrono panorami strabilianti; lungo la Hwy-62 ci sono numerosi **alloggi** economici. In centro troverete due alternative particolarmente deliziose: il *Trade Winds*, accanto al centro visitatori, al 141 W Van Buren, è un posto alla moda e "gay friendly", con camere decorate spiritosamente a tema e una piscina (☎ 479/253-9774 o 1-800/242-1615; *www.eurekatradewinds.com*; ❸); a 10 minuti a piedi, al 27 Glenn (Hwy 62 W), il superbo *Sherwood Court* offre cottage con arredi personalizzati, alcuni con Jacuzzi, circondati da cortili pieni di fiori (☎ 479/253-8920 o 1-800-2686052, *www.sherwoodcourt.com*; ❷-❺ colazione continentale inclusa).

Per **mangiare**, il *Mud Street Café*, dalle pretese artistiche, al 22 S Main St., offre un buon espresso, pasti leggeri e dessert, oltre a cene il venerdì e il sabato (T 479/253-6732; chiuso mer). L'accogliente istituzione locale il *Chelsea's Corner*, al 10 Mountain St., vicino a Spring St. (T 479/256-723), presenta quasi tutte le sere **musica dal vivo**. Eureka Springs ospita il bellissimo **Ozark folk festival** a ottobre (T 501/253-7788) e l'acclamato **blues festival** a giugno (*www.eurekaspringsbluesfestival.com*).

6

Florida

CANADA
WASHINGTON
MONTANA
NORTH DAKOTA
MN
MI
WI
ME
VT
3
NH
MA
OREGON
IDAHO
SOUTH DAKOTA
NEW YORK
2
RI
CT
WYOMING
MI
PA
1
NEBRASKA
IOWA
NEVADA
IL
IN
OHIO
NJ
DE
UTAH
COLORADO
WV
4
VA
MD
KANSAS
MISSOURI
KENTUCKY
CALIFORNIA
NC
TENNESSEE
OKLAHOMA
NEW MEXICO
AR
SC
OCEANO PACIFICO
ARIZONA
AL
5
MS
GEORGIA
OCEANO ATLANTICO
MESSICO
LA
TEXAS
N
HAWAII
ALASKA
Golfo del Messico
6
FL
AL - ALABAMA
AR - ARKANSAS
CT - CONNECTICUT
DE - DELAWARE
FL- FLORIDA
IL - ILLINOIS
IN - INDIANA
LA - LOUISIANA
MA - MASSACHUSETTS
MD - MARYLAND
ME - MAINE
MI - MICHIGAN
MN - MINNESOTA
MS - MISSISSIPPI
NC - NORTH CAROLINA
NH - NEW HAMPSHIRE
NJ - NEW JERSEY
PA - PENNSYLVANIA
RI - RHODE ISLAND
SC - SOUTH CAROLINA
VA - VIRGINIA
VT - VERMONT
WI - WISCONSIN
WV - WEST VIRGINIA

Da non perdere

- **Ocean Drive, Miami** La più bella esposizione di art déco lungo South Beach, affollata di caffè, sgargianti macchine d'epoca e aspiranti modelle. **Vedi p. 514**
- **Florida Keys** Potete immergervi, nuotare o solo ammirare il tramonto fiammeggiante su queste isole incantevoli. **Vedi p. 523**
- **Key West** È un luogo straordinario, dove può accadere di tutto; sembra di essere dall'altra parte del mondo. **Vedi p. 526**
- **Kennedy Space Center, Space Coast** La tecnologia più avanzata del mondo a un tiro di schioppo da una riserva selvaggia. **Vedi p. 535**
- **St. Augustine** Città spagnola del XVI secolo ricca di reperti storici e di piccole spiagge deliziose. **Vedi p. 537**
- **Walt Disney World, Orlando** Divertimento allo stato puro, programmato nei minimi dettagli. Irresistibile. **Vedi p. 545**
- **Everglades National Park** Si può andare in bicicletta e fare escursioni tra le piantagioni di falasco delle Everglades o pagaiare tra le paludi di mangrovie pullulanti di alligatori. **Vedi p. 561**

Prezzi degli alloggi

I **prezzi degli alloggi** sono classificati secondo le categorie di prezzo sottoelencate in base al costo medio, nel corso dell'anno, della **camera doppia più economica**. Tuttavia, a parte nei motel lungo la strada è difficile stabilire un prezzo fisso per una stanza. Un motel di categoria media al mare o in montagna può quadruplicare i prezzi a seconda della stagione, mentre l'albergo di una grande città che durante la settimana costa $200, durante il fine settimana può tagliare drasticamente i prezzi. Le tariffe on line sono più basse e visto che il concetto di alta e bassa stagione varia da zona a zona, una pianificazione attenta può far risparmiare parecchio (state attenti anche a qualche evento particolare, come un festival o una celebrazione oppure le partite di football americano dei college, che possa far alzare i prezzi). Solo dove è specificato nella guida il prezzo della stanza include le **tasse** locali.

❶ fino a $35	❹ $76-100	❼ $161-200
❷ $36-50	❺ $101-130	❽ $201-250
❸ $51-75	❻ $131-160	❾ oltre $251

6

Florida

I dépliant che mostrano fotografie di gente abbronzata e di Topolino non rendono giustizia alla **FLORIDA**. Anche se il suo soprannome "Sunshine State", Stato del Sole, è azzeccato e legato al turismo, essa rimane una delle zone meno conosciute degli Stati Uniti. Lontano dai resort più famosi ci sono fiumi e foreste, spiagge ricche di animali selvatici, città vivaci e paludi primordiali. L'immagine popolare di rifugio per pensionati è cambiata negli ultimi anni: la Florida adesso è abitata da gente giovane, con le enclave spagnole che rendono più vicine l'America Latina e i Caraibi.

Il posto da cui partire è la cosmopolita **Miami**, città per metà latina. Un breve viaggio verso sud porta alle **Florida Keys**, una striscia di 150 km di isole dove si possono fare diversi sport acquatici, pescare e nuotare sulla barriera corallina, e a **Key West**, famosa per i costumi liberali e i magnifici tramonti. Sulla terraferma a ovest di Miami ci sono le **Everglades**, una distesa di falasco piena di alligatori a cui piace farsi fotografare.

La maggior parte della **costa orientale** è molto urbanizzata nonostante i chilometri di spiagge che la costeggiano. La concentrazione abitativa si dirada procedendo verso nord, dove dal **Kennedy Space Center** avvengono i lanci della NASA. Proseguendo ancora a nord si incontra **St. Agustine**, il più antico insediamento di coloni europei esistente negli Stati Uniti.

Nella **Florida centrale** la terra diventa verde anche se non è un idillio agreste per la presenza di **Orlando** e **Walt Disney World** che si estendono nella campagna. Da qui si arriva rapidamente alla **Gulf Coast** e poco più a nord al **Panhandle**, che si collega con il profondo Sud.

Il **tempo** è mite con temperature calde e sole splendente. Lo Stato è diviso però in due **fasce climatiche**: subtropicale a sud e caldo temperato al nord. A Orlando e dintorni la mezza stagione è tra ottobre e aprile, con temperature calde e scarsa umidità. È questa l'**alta stagione** turistica e i prezzi sono più alti. Al contrario l'estate meridionale è da maggio a settembre con molta umidità e temporali pomeridiani, però i turisti diminuiscono e i prezzi sono più bassi.

A nord di Orlando l'inverno corrisponde alla bassa stagione con temperature sempre abbastanza miti (anche se la neve è caduta sul Panhandle). Durante l'estate a nord arrivano i turisti e le giornate sono calde e appiccicose. Ricordate che da giugno a novembre ci sono i **tornadi** o forti tempeste.

Cenni storici

Il primo avvistamento della Florida pare sia da attribuire a John e Sebastian Cabot che, nel 1498, scorsero l'odierno Cape Florida (a Key Biscayne), sei an-

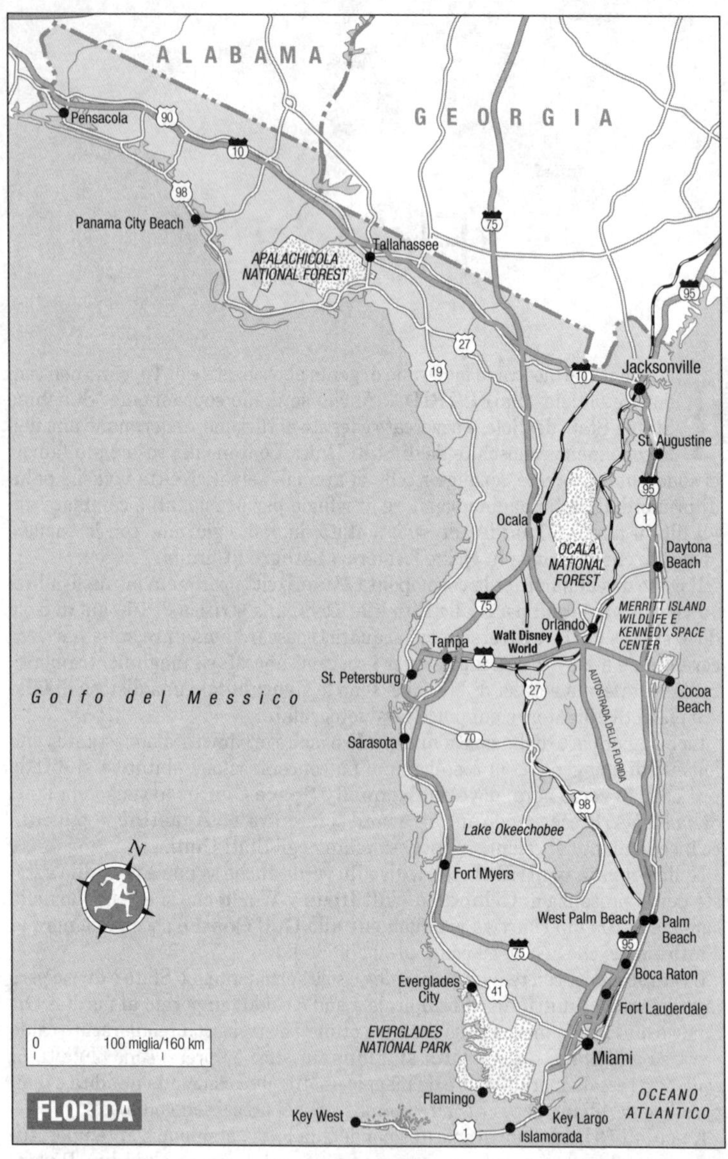

ni dopo che Cristoforo Colombo scoprì il Nuovo Mondo. A quei tempi l'area aveva circa 100.000 abitanti divisi in tribù: i tumuca a nord, i calusa a sud-ovest e a Lake Okeechobee, gli appalachee nel Panhandle e i tequesta lungo la costa sud-orientale.

Nel 1513 lo spagnolo **Juan Ponce de León** giunse sul continente nel periodo di Pasqua, la *Pascua Florida*, in spagnolo. Nominò quella terra *La*

Florida o Terra dei Fiori. L'esploratore vi fece ritorno otto anni dopo, per la prima di diverse incursioni, seguendo le dicerie che sostenevano ci fosse dell'oro nascosto a nord della regione. Quando divenne chiaro che non c'era alcun tesoro nascosto l'interesse scemò e solo nel 1565 il conquistatore Pedro Menéndez de Avilés fondò **St. Augustine**, l'insediamento europeo più antico e longevo del Nord America. Nel 1586 la città fu distrutta dal bombardamento navale capitanato da Francis Drake. Il sanguinoso confronto terminò quando gli inglesi si impossessarono di Cuba, terra cruciale per gli spagnoli che, per averla indietro, rinunciarono alla Florida. Nel frattempo gli indigeni erano stati decimati dalle malattie. La popolazione nativa americana era composta da tribù provenienti dal nord, note con il nome collettivo di **seminole**, che vivevano indisturbate nelle regioni interne.

Dopo la guerra d'indipendenza la Florida tornò agli spagnoli. Nel 1814 il generale Andrew Jackson, futuro presidente, con la scusa di sottomettere i seminole, ma con l'intenzione di prendere la Florida, marciò verso sud dal Tennessee, uccidendo migliaia di indiani e dando inizio alla **prima guerra seminole** nel 1819. La Spagna **cedette la Florida** agli Stati Uniti per sanare un debito di 5 milioni di dollari. Poco dopo Jackson fu nominato primo governatore e Tallahassee divenne la capitale.

Undici anni dopo, l'**Act of Indian Removal** decretò che tutti gli indiani dovevano essere confinati in riserve nel Midwest. I seminole erano determinati a restare e questo portò alla **seconda guerra seminole**, in seguito alla quale vennero cacciati dalle terre fertili e spinti a sud nelle Everglades, dove accettarono di insediarsi. La Florida fu annessa come **27° Stato** degli Stati Uniti il 3 marzo 1845 in coincidenza con la ricchezza portata dalla ferrovia. Durante la **guerra civile**, come Stato della confederazione, la Florida approvvigionava le truppe di cibo, posizione che avrebbe mantenuto anche dopo essere stata riammessa all'Unione.

All'inizio del Novecento i giornali cominciarono a pubblicizzare le virtù curative dello Stato e gli speculatori settentrionali decisero di investire. Questi primi sforzi di promuovere la Florida come **destinazione turistica** portarono molti ricchi a svernare nella zona. Henry Flagler ed Henry Plant estesero la ferrovia aprendo hotel di lusso rispettivamente sulla costa est e ovest. Dopo la prima guerra mondiale sembrava che tutti volessero un pezzo di Florida, arrivavano treni pieni di compratori, ma la maggior parte dei contratti restava solo su carta finché nel 1926 le banche cominciarono a essere inadempienti. Il **crollo di Wall Street** rese poveri i milionari che avevano contribuito allo sviluppo dello Stato. La Florida si risollevò dopo la **seconda guerra mondiale**. Durante la guerra le truppe erano di guardia alla costa e molti di quei soldati tornarono in seguito. A metà degli scorsi anni Sessanta, lo Stato agevolò la Disney Corporation ad acquistare un considerevole pezzo di territorio che sarebbe diventato il **Walt Disney World**, il più grande parco a tema mai costruito. L'enorme successo commerciale incrementò il turismo internazionale, che oggi rappresenta il 20% delle entrate dello Stato.

Restano tuttavia molti **problemi** dietro la facciata sorridente. È aumentato il divario tra la libertà delle città e il conservatorismo della Bible Belt a nord. Le leggi sull'uso delle armi sono deboli e il commercio multimilionario della **droga** sembra non diminuire; un quarto della cocaina che entra negli Stati Uniti passa dalla Florida. È aumentata l'attenzione verso le **riserve naturali** e una grande porzione di terre è sotto la tutela statale, mentre la natura è meno in pericolo ora rispetto a quando arrivarono i primi coloni.

Come muoversi in Florida

La Florida è **facile da girare** se si ha un'auto: dalla costa est alla ovest sono un paio d'ore e lo Stato si può attraversare per il lungo da Miami fino al Panhandle in giornata. Spostarsi con i **mezzi pubblici** richiede un'attenta pianificazione. I **pullman** Greyhound collegano le città insieme a qualche **treno** Amtrak, ma molte zone rurali e costiere non sono servite. La **bicicletta** è un ottimo mezzo per vedere la Florida anche se non è consigliata nelle città, mentre ci sono chilometri di piste lungo la costa e sentieri battuti all'interno.

Miami

Sicuramente **MIAMI** è la città più affascinante della Florida, un posto bellissimo e coinvolgente, con palme che ondeggiano al vento e i famosi palazzi art déco di South Beach che risplendono al sole. Lontano dalle spiagge e dai turisti i luccicanti grattacieli del centro indicano Miami come quartiere generale di molte corporazioni americane per le organizzazioni latino-americane. Ma è soprattutto la gente e non il clima, il panorama o i soldi che fa di Miami un posto speciale. Due terzi della popolazione (2 milioni) è ispanica, di cui i più sono **cubani**, e lo spagnolo è la lingua più comune.

Solo un secolo fa Miami era un un posto paludoso con pochi abitanti tormentati dalle zanzare. Con la ferrovia di Henry Flagler, costruita nel 1896, la città si trovò per la prima volta collegata alla terraferma e così si aprì la strada al boom delle proprietà costruite negli scorsi anni Venti. Negli anni Cinquanta, poi, divenne meta di vacanze per le celebrità e contemporaneamente cominciarono ad arrivare migliaia di cubani in fuga dalla dittatura di Fidel Castro. Il declino arrivò tra il 1960 e il 1970 e la pessima reputazione di Miami era assolutamente meritata: infatti nel 1980 c'era il tasso di omicidi più alto di tutta l'America.

In seguito i rapporti economici con l'America Latina si sono rafforzati e a South Beach si è insediata una popolazione più abbiente, cosa che ha aiutato il turismo negli scorsi anni Novanta a diventare linfa vitale dell'economia locale. Oggi Miami gode di una ripresa di affluenza turistica e di ottimismo.

Arrivo e informazioni

Il **Miami International Airport** (☎ 305/876-7000, *www.miami-airport.com*) è situato circa 10 km a ovest della città. Un taxi dall'aeroporto costa $22-52, a seconda della destinazione. Potete scegliere anche uno dei pulmini SuperShuttle attivi 24 h al giorno che vi lascerà in qualunque posto; $15-20 a persona (☎ 305/871-2000, *www.supershuttle.com*). Con i **trasporti pubblici** prendete il Metrobus n. 7 fino in centro, circa 40/50 min di viaggio ($1,50; ogni 30 min; ☎ 305/770-3131) o l'autobus J ($1,50; ogni 20-40min) per Miami Beach e oltre. Ci sono anche navette che vanno alla stazione **Tri-Rail** (☎ 1-800/TRI-RAIL), con collegamenti fino a West Palm Beach.

Un breve viaggio dall'aeroporto con il taxi ($10) vi consentirà di arrivare alla stazione dei pullman Greyhound di Miami, 4111 NW 27th Street (☎ 305/871-1810). Molti autobus si fermano in centro, a 1012 NW 1st Avenue (☎ 305/374-6160). La stazione **Amtrak**, 8303 NW 37th Ave, è 10 km a nord-ovest rispetto al centro. Tre isolati a sud si trova la Tri-Rail Metrorail Station, 1125 E 25 St. (se arrivate da Amtrak prendete un taxi perché questa zona può essere pericolosa), dove la Tri-Rail si collega con il **Metrorail per il centro**. Anche l'autobus L ferma qui. Per il 2011, i treni e gli autobus dovrebbero arrivare al nuovo Miami Intermodal Center, vicino all'aeroporto.

Per **informazioni turistiche** andate al Downtown Welcome Center nell'atrio dell'Olympia Theater, 174 E Flagler St. (lun 12-17, mar-sab 10-17; ☎ 305/379-7070, *www.downtownmiami.com*); altrimenti provate alla camera di commercio di Miami Beach, 1920 Meridian Ave (lun-ven 9-18, sab e dom 10-16; ☎ 305/672-1270, *www.miamibeachchamber.com*), che è ricca di brochure. A South Beach l'Art Déco Welcome Center, 1001 Ocean Drive, è in ristrutturazione e dovrebbe essere pronto per l'inizio del 2010. Fino ad allora la **Miami Design Preservation League** (☎ 305/672-2014, *www.mdpl.org*) organizza tour a piedi (vedi avanti), a partire dal negozio sulla 12th Street, vicino a Ocean Drive.

Trasporti urbani e visite guidate

Le principali zone turistiche, il centro e South Beach sono **pedonali**. Per visitare altre zone della città il mezzo più pratico è l'**auto**. Metro-Dade Transit (☎ 305/770-3131, *www.miamidade.gov/transit*) gestisce la rete di **trasporti pubblici** che permette di muoversi facilmente ma con tempi più lunghi. Meglio usare i mezzi pubblici di giorno perché di notte le corse sono ridotte al minimo. I treni **Metrorail** ($1,5) hanno un'unica linea che attraversa Miami da nord a sud; le fermate utili sono Government Center (per il centro città) e Vizcaya, Coconut Grove, Douglas Road o University (per Coral Gables). Intorno al centro città corre anche il **Metromover** (gratuito), un solo binario che fa il giro del centro senza percorrere grandi distanze ma con una bella vista. **Metrobus** ($2, con $0,50 di sovrapprezzo per i cambi) copre tutta la città, ma il numero delle corse diminuisce verso sera. Ci sono molti **taxi** in città (si parte da $2,50) che potete fermare in mezzo alla strada o chiamando il Central Cab (☎ 305/532-5555) e Metro Taxi (☎ 305/888-8888). Se preferite affittare una **bicicletta** c'è Miami Beach Bicycle Center, 601 5th St., South Beach (lun-sab 10-19 dom 10-17; $8/h, $24/24h; ☎ 305/674-0150, *www.bikemiamibeach.com*).

Un giro guidato è organizzato da **Dr. Paul George's Walking Tours**, partendo dall'Historical Museum of Southern Florida (chiamate per prenotare; non ci sono tour in luglio e agosto; da $20 in su; ☎ 305/375-1621, *www.hmsf.org*). A South Beach non perdetevi l'ora e mezza dell'**Art Deco Walking Tour** (mar e mer, ven-dom 10.30; gio alle 18.00; $20; ☎ 305/672-2014), che parte dal negozio sulla 12th Street fino all'apertura (2010) dell'Art Deco Welcome Center. Il negozio mette a disposizione spiegazioni audio (tutti i giorni 9.30-17; 90 min; $15).

Alloggio

Cercare un posto dove **dormire** a Miami non è mai un problema, anche se le **tariffe** salgono durante i fine settimana, le vacanze e in alta stagione (dicembre-aprile), quando i prezzi si aggirano sui $120-150 in su fino ai $250 nei posti più lussuosi. Anche se è divertente stare in uno dei numerosi alberghi art déco di **South Beach**, ricordatevi che sono stati costruiti in un'altra epoca e che quindi le stanze possono essere molto piccole. La maggior parte dei turisti preferisce stare vicino alla spiaggia, anche se si possono avere prezzi più vantaggiosi prenotando su Internet in qualche altra zona della città.

Albion Hotel 1650 James Ave, South Beach ⓣ 1-877/RUBELLS, *www.rubellhotels.com.* Un vecchio palazzo nautico in stile art déco accuratamente trasformato in albergo. È uno dei migliori sulla spiaggia. Le stanze sono moderne ma semplici e la piscina rialzata con gli oblò sui fianchi è molto suggestiva. ❹

Cadet Hotel 1701 James Avenue ⓣ 305/672-6688, *www.cadethotel.com.* Tranquillo hotel dall'aspetto fresco e pulito, valorizzato da pavimenti in bambù e dalla terrazza-giardino dove gustare un bicchiere di vino. Le fragole fresche e la cioccolata che si trovano all'arrivo in camera sono tocchi di gusto. ❺

Catalina 1732 Collins Ave ⓣ 305/674-1160. Le stanze bianche sono arricchite da oggetti di lusso, come TV a schermo piatto e bagni di marmo. Ci sono anche una piscina scoperta, un solarium e un giardino zen di bambù dove leggere o meditare. ❹

Clay Hotel Hostel-Miami Beach International Youth Hostel 1438 Washington Ave, South Beach ⓣ 1-800/379-2529, *www.clayhotel.com.* Ecco un bellissimo ex monastero che vanta i prezzi più bassi di Miami e funziona anche da ostello. Le stanze con il bagno partono da $75, senza bagno $60, il dormitorio per i membri dell'IYH costa $25, $26 per gli altri, comprese le lenzuola. Le tariffe scendono a $20 per gli ospiti del dormitorio durante l'estate.

The Hotel 801 Collins Ave ⓣ 305/531-2222 o 1-877/843-4683, *www.thehotelofsouthbeach.com.* Il designer Todd Oldham ha curato ogni dettaglio della ristrutturazione: piena di colori e charme, è una delle scelte di lusso sulla spiaggia. Non perdete la piscina sulla terrazza tagliata come una gemma in ricordo del vecchio nome dell'hotel. ❻

Miami Beach International Travelers Hostel 236 9th St., South Beach ⓣ 305/534-0268, *www.hostelmiamibeach.com.* Ostello accogliente con stanze quadruple a partire da $25, singole $89, doppie ($49 a testa). Nel prezzo è compresa colazione, Internet, cucina, lavatrice, sala cinema e book tour.

Park Central 640 Ocean Drive, South Beach ⓣ 305/538-1611, *www.theparkcentral.com.* Stanze in stile safari-coloniale, insonorizzate dai rumori dei locali vicini, con tariffe ragionevoli per South Beach. ❺

Pelican 826 Ocean Drive, South Beach ⓣ 1-800/7-PELICAN, *www.pelicanhotel.com.* Albergo singolare: ogni stanza è a tema e ha un nome. Provate la lussuriosa camera rossa "Best Little Whorehouse". ❻

The Shore Club 1901 Collins Ave, South Beach ⓣ 305/695-3100, *www.shoreclub.com.* Albergo ultra trendy sulla spiaggia con stanze minimali dipinte a colori vivaci e parecchi bar-ristoranti di grido come lo *Sky Bar* con piscina. (vedi p. 522). ❾

The Standard Miami 40 Island Ave, South Beach ⓣ 305/673-1717, *www.standardhotels.com/miami.* L'avamposto di André Balazs a Miami, che ha trasformato un hotel ordinario in un posto di lusso con bagni turchi, spa e centro yoga. ❽

Townhouse 150 20th St., South Beach ⓣ 1-877/534-3800, *www.townhousehotel.com.* Stanze piccole e bianche, eleganti, personale splendido, colazione gratuita e morbidi letti ad acqua sulla terrazza. Il tutto a un prezzo eccellente. ❺

La città

Ogni **distretto** di Miami ha caratteristiche ben distinte. Il più famoso è **Miami Beach** – separato dalla terraferma da Biscayne Bay –, la cui principale attrazione è **South Beach**. Oltre alla meravigliosa striscia di sabbia qui si trova la maggior parte di palazzi art déco, con colori pastello, neon e linee sinuose.

Sulla terraferma, in **centro**, c'è qualche buon museo, anche se la zona è stata trasformata dalla più alta concentrazione di grattacieli a uso residenziale di tutti gli Stati Uniti. A nord le gallerie d'arte, gli showroom di **Wynwood**, del **Design District** e anche **Little Haiti**, con la sua comunità schietta di caraibici, stanno lentamente interessando i turisti. **Little Havana** è a sud-ovest rispetto al centro e non c'è posto migliore dove mangiare cubano. Subito a sud c'è **Coral Gables**: i viali ampi e gli edifici pubblici decorati colpiscono come ne-

△ Edificio art déco

gli anni Venti del Novecento, quando il quartiere impose nuove leggi per lo sviluppo della città. In ultimo i fan del sole dovrebbero avere il tempo per **Key Biscayne**, un'isola con una comunità vivace e con spiagge magnifiche a 7 km dalla terraferma, raggiungibile con la sopraelevata.

Miami Beach

MIAMI BEACH è un braccio di terra lungo e stretto tra Biscayne Bay e l'oceano Atlantico, a 5 km dalla costa. È stato uno dei più frequentati luoghi di vacanza per quasi cento anni, dai giorni di gloria negli scorsi anni Venti dell'art déco, al periodo scintillante stile Las Vegas fino all'edonismo elegante di oggi. Fino al 1910 era poco più di una tenuta agricola in difficoltà che produceva frutta, quando il proprietario, il quacchero John Collins, strinse un'inverosimile alleanza commerciale con lo sfarzoso imprenditore Carl Fisher. Con i soldi di Fisher, Biscayne Bay fu dragata e il fango raccolto fu interrato per trasformare quest'iso-

Le spiagge di Miami

È difficile che a qualcuno non piacciano le **spiagge** di Miami: 20 km di mare tranquillo, sabbia pulita, palme ondeggianti e torrette dei bagnini color confetto. La bella gioventù si abbronza tra la quinta e la 21esima strada, a due passi dai bar e dalle caffetterie di Ocean Drive. **Lummus Park**, tra la sesta e la quattordicesima, ha la sabbia portata dalle Bahamas ed è il cuore della scena di South Beach. C'è anche una zona gay non ufficiale vicino alla 12th St. A nord della 21th St. c'è la zona delle famiglie, con un **lungomare** tra la spiaggia e gli hotel che arriva alla 46th St. A sud, **First Street Beach** e **South Pointe** sono le preferite dalle famiglie cubane e diventano molto movimentate durante i fine settimana. Per una bella **nuotata** andate fino all'85th St., una zona tranquilla sorvegliata dai bagnini.

la selvatica, isolata da una barriera vegetale, in un posto raffinato caratterizzato da palme, alberghi e campi da tennis. Nel 1926 un uragano distrusse Miami e soprattutto la spiaggia, gli edifici danneggiati furono sostituiti da magnifiche costruzioni art déco e Miami Beach è diventata quella che oggi conosciamo. Da quel momento la sua storia procede a blocchi: negli scorsi anni Ottanta South Beach era divisa tra case di riposo e luoghi di spaccio, ma dal 1990 ci fu una rinascita grazie a degli albergatori lungimiranti e alla comunità gay.

South Beach

Gli ultimi 5 km a sud di Miami Beach diventano la straordinaria **SOUTH BEACH**, con centinaia di costruzioni dai radiosi color pastello tipici degli anni Venti e Trenta del secolo scorso. Il sole di giorno picchia sui corpi sdraiati sulla sabbia, e vale la pena una levataccia all'alba per vedere la luce cristallina che illumina gli alberghi. Di notte i dieci isolati di Ocean Drive diventano una delle zone più vivaci di Miami, con i bar che si affacciano sui marciapiedi appositamente ampliati e la folla di turisti e locali che passeggia placidamente sul lungomare.

Il **Deco District** è delimitato da nord a sud dalla 5th St. e dalla 20th St., a ovest c'è Lenox Avenue e a est l'oceano. Nel quartiere è possibile osservare stili di differenti epoche: potete scegliere una delle passeggiate proposte dalla **Miami Design Preservation League** (vedi p. 511) per imparare le differenze tra lo "Streamline", il "Moderne", il "Florida Deco", senza dimenticare il "Mediterranean Revival".

I palazzi più famosi sono lungo **Ocean Drive**, dove alberghi ristrutturati traggono vantaggio dal loro patrimonio artistico. Spicca tra gli hotel **Casa Casuarina** (Ⓣ 305/672-6604, *www.casacasuarina.com*), all'angolo con l'11th St., dove fu assassinato lo stilista Gianni Versace. È un club esclusivo cui si accede solo su invito, ma nel 2008 per la prima volta è stata decisa la sua apertura: infatti si può visitare il lussuoso interno (**tour** guidati tutti i giorni 9, 11, 14) $50.

Se l'orda di turisti è troppa spostatevi di un isolato a ovest verso **Collins Avenue**, piena di alberghi déco e negozi di abbigliamento, o verso **Washington Avenue**, che ha divertenti negozi dell'usato e bar di tendenza. Il Mediterranean-Revival **Wolfsonian-FIU** (lun, mar, sab e dom 12-18, gio e ven 12-21; $7; gratuito ven dopo le 18; Ⓣ 305/531-1001, *www.wolfsonian.fiu.edu*) ospita una collezione di pezzi d'arte dalla fine dell'Ottocento fino al 1945. L'esposizione di vecchi libri, foto, dipinti, manifesti e oggetti di ogni tipo è notevole, anche se un po' disordinata.

Nella storia di Miami si registra la presenza costante di un gruppo: è la popolazione ebraica che comprende parecchi sopravvissuti all'Olocausto e le loro famiglie. Questa è la ragione dello spostamento dell'**Holocaust Memorial** vicino alla punta nord di South Beach, 1933-1945 Meridian Ave. (tutti i giorni 9-21; $2 offerta per brochure; ☎ 305/538-1663, *www.holocaustmmb.org*), una complessa memoria della loro esperienza, il monumento rappresenta un pugno di sfida innalzato verso il cielo. Statue dolenti a misura naturale cercano di arrampicarsi sul braccio dove è tatuato, vicino al polso, un numero di Auschwitz.

Poco più in là, a nord-est, si trova il **Bass Museum of Art**, 2121 Park Ave. (mar-sab 10-17, dom 11-17; $8; ⓣ 305/673-7530, *www.bassmuseum.org*). Il Bass è l'unico museo di belle arti della città e ha sede in un palazzo anni Trenta del Novecento disegnato dall'architetto Russell Pancost, cognato del pioniere della spiaggia John Collins. Il museo ha un'aggiunta vistosa fatta dal giapponese Arata Isozaki nel 2002: la scatola bianca agganciata alla struttura originale in Park Avenue ha triplicato lo spazio per le mostre. La collezione permanente è composta per lo più da dipinti europei, anche se poco importanti, mentre le mostre temporanee sono eccellenti e valgono una visita.

Miami centro

Per anni il **CENTRO DI MIAMI** è stato il cuore latino della città, ma anche se oggi resiste ancora qualche bar cubano, quei giorni sono ormai tramontati. La zona da Brickell a sud, fino all'Omni Mall a nord della I-395 è stata trasformata da uno dei più grossi boom edilizi degli Stati Uniti: torri luccicanti di vetro e acciaio in riva al mare, un misto di uffici, alberghi e soprattutto appartamenti molto costosi. Quest'ultima tendenza implica che, se anche il cuore commerciale rimane, il centro è destinato a diventare nei prossimi anni una zona residenziale esclusiva; tuttavia non è ancora chiaro se questa trasformazione avrà successo perché molti appartamenti rimangono invenduti e dopo le 18 il quartiere si svuota. Fino al futuro sviluppo dell'area c'è poco che possa trattenervi qui: ciò che resta del centro animato dei giorni d'oro è vicino a **Flager Street**, piena di negozi a buon mercato di elettronica, vestiti e gioielli.

Sul lato ovest della strada c'è l'**Historical Museum of Southern Florida** (lun-sab 10-17, dom 12-17, il terzo gio di ogni mese 10-21; $8; ⓣ 305/375-1492, *www.hmsf.org*), all'interno del **Metro-Dade Cultural Center**, che illustra la storia della regione e include due minuscole zattere usate dai profughi, veramente impressionanti. Il **Miami Art Museum** (gio-ven 10-17, dom 12-17, il terzo gio di ogni mese 10-21; $8, gratuito a sab alternati; ⓣ 305/375-3000, *www.miamiartmuseum.org*) è a est della piazza e ospita una col-

Le residenze milionarie di Biscayne Bay

Gli americani ricchi e famosi vengono a Miami da anni e si nascondono in ville appartate al riparo delle palme sugli isolotti presenti tra la città e Miami Beach. L'unico modo per avvicinarsi è fare un giro in traghetto partendo da Bayside Market. Sono tragitti vergognosamente turistici, ma offrono una vista splendida della città e anche un'escursione con guida che illustra gli isolotti più esclusivi. Le guide vi segnaleranno le opulente ville di Shaquille O'Neal, Sean Combs (alias P Diddy) e Oprah Winfrey, tra gli altri. Tra gli operatori c'è **Island Queen Cruises** (ⓣ 305/379-5119, *www.islandqueencruises.com*) che fa giri giornalieri 1,5 h, $22 (11-19 ogni ora). Potete anche girare le isole in kayak, anche se la prima volta è meglio il tour guidato così poi saprete di quali celebrità sono le case. Provate **South Beach Kayak** (lun-sab 10.30-tramonto, sab e dom 11-tramonto; $25/2h, $80 al giorno; ⓣ 305/332-2853, *www.southbeachkayak.com*), 1771 Purdy Ave, Miami Beach vicino alla Venetian Causeway.

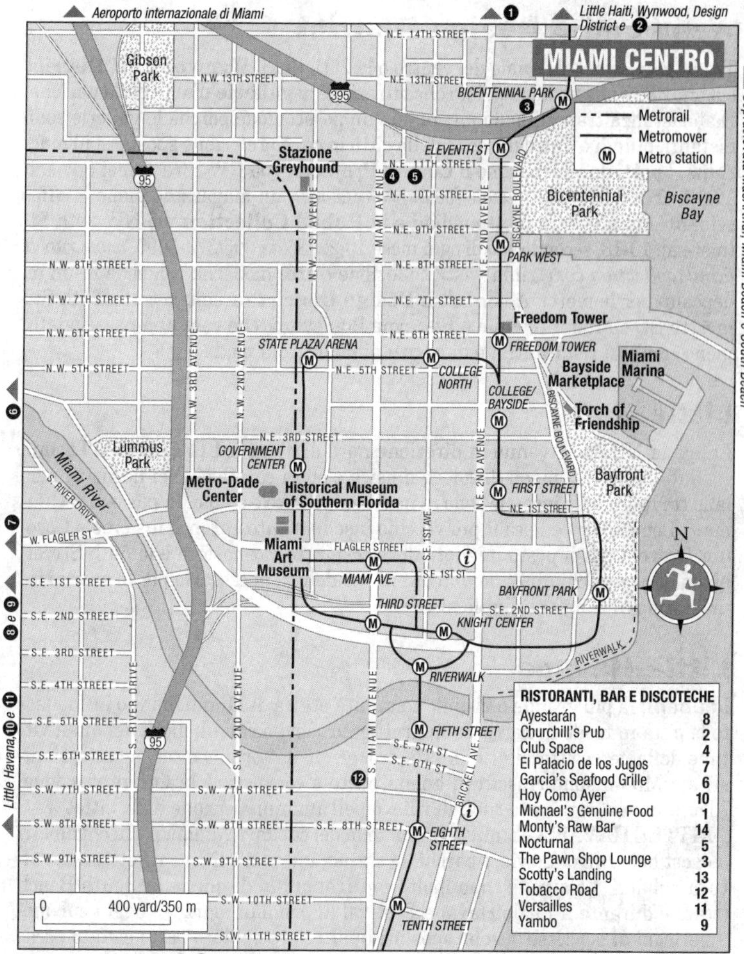

lezione d'arte degli anni Quaranta del Novecento e una notevole collezione di reperti di viaggio internazionali. Il museo dovrebbe essere spostato sul lungomare vicino all'I-395 ed essere chiamato Museum Park verso il 2012. Chiamate o andate sul sito del museo per maggiori informazioni.

L'angolo estremo a est del centro è circondato da Biscayne Boulevard e vicino c'è il **Bayside Marketplace**, un grosso centro commerciale rosa con una bella vista mare dalla terrazza. Fate un giro di Biscayne Bay in **traghetto** partendo da qui (vedi riquadro a p. 516). Dall'altra parte della strada c'è la **Froodom Tower**, costruita nel 1925 e simile a un campanile spagnolo, che si chiama così perché ospitava il Cuban Rofugee Center negli scorsi anni Sessanta. Adesso appartiene al Miami-Dade Community College e qualche volta apre in occasione di mostre speciali.

Wynwood e Design District

Tra la parte settentrionale del centro e la 20th St., il **Wynwood Art District** è il quartiere che ha la maggior concentrazione di **gallerie d'arte** della nazione. È abbastanza tranquillo da girare, ma un po' scomodo perché le gallerie sono distanti, quindi è una delle zone della città in cui è preferibile spostarsi in macchina. I posti da vedere sono il **Locust Projects**, 105 NW 23rd Street (gio-sab 12-17; ☎ 305/576-8570, *www.locustprojects.org*), un magazzino pieno di affascinanti installazioni multimediali e la **Rubell Collection**, 95 NW 29th St. (mer-sab 10-18, secondo sab di ogni mese 10-22; $5; ☎ 305/573-6090, *www.rubell familycollection.com*), una vasta collezione d'arte moderna con sede in un ex deposito per le merci. A nord c'è il **Design District** racchiuso tra la 36th St., la 41th St. e Miami Avenue e Biscayne Boulevard, che vale una passeggiata, pieno com'è di ristorantini e di negozi di mobili alla moda.

Little Haiti

Lungo la NE 2nd Avenue in direzione nord arrivate a **LITTLE HAITI**, una zona di immigrati piena di colori, musica e odori caraibici. Nei negozi si parlano tre lingue e le insegne sono in inglese, francese e creolo. In passato si chiamava Lemon City ed era il più vecchio insediamento europeo insieme a Coconut Grove. Oggi il posto migliore dove respirare l'atmosfera è la 54th Street, piena di negozi chiamati *botánicas* che vendono il necessario per la **santeria**, una forma di religione simile al voodoo.

Little Havana

I **cubani**, la più grande e visibile comunità etnica di Miami, hanno influenzato la città in modo decisivo. Immigrati poco convenzionali, molti dei quali vittime delle persecuzioni di Fidel Castro, erano dottori, avvocati e professionisti e a Miami sono riusciti in buona parte a conservare la loro professione. Alcuni hanno raggiunto ruoli di rilievo nell'amministrazione della città.

LITTLE HAVANA è stata la prima zona dei cubani a Miami, pochi chilometri a ovest del centro. Le vie, i parchi, le statue, i negozi e il cibo riflettono la cultura cubana. Le strade sono molto più tranquille di quelle di South Beach (tranne durante il Little Havana Festival ai primi di marzo) e oggi i cubano-americani di successo si sono spostati in altre aree; il loro posto è stato preso da altri immigrati provenienti dal Centro America, soprattutto dal Nicaragua.

Fermatevi per pranzo in uno dei piccoli ristoranti in SW 8th Street, o in Calle Ocho, le due strade principali del quartiere. Fate un salto anche al **Cuban Memorial Boulevard**, il prolungamento di SW 13th Avenue a sud di Calle Ocho, dove si trova un gruppo di statue che ricorda la presenza dei cubano-americani a Miami. La lapide spoglia del **Brigade 2506 Memorial** ricorda i morti della Baia dei porci del 17 aprile del 1961, durante la fallita invasione di Cuba promossa da esuli cubani istruiti dagli americani. I veterani dello sbarco si riuniscono qui a ogni anniversario per dare prova tutta la notte del loro patriottismo: sono uomini in età avanzata vestiti con logore divise.

Coral Gables

Tutti i quartieri importanti di Miami hanno una forte personalità, ma il carattere più deciso è quello di **CORAL GABLES**, a sud-ovest di Little Havana:

I cubani di Miami

A metà degli scorsi anni Cinquanta, l'opposizione al dittatore cubano Batista cominciò ad affermarsi e un manipolo di cubani si stabilì in una zona prevalentemente ebraica della città, chiamata Riverside. Il gruppo crebbe fino a diventare un fiume in piena quando Fidel Castro prese il potere nel 1959 e la zona fu rinominata **Little Havana**. Era popolata dalla ricca borghesia cubana in fuga dal comunismo.

I primi immigrati furono raggiunti da una seconda ondata nel maggio del 1980, quando la **nave Mariel** fece sbarcare 125.000 cubani nel porto di Miami in pochi giorni. Questa seconda migrazione era composta da gente senza cultura e povera, un quinto della quale era appena uscito dalle galere, dove si trovava per vari crimini piuttosto che per cause politiche. Castro si era liberato degli indesiderabili. La città all'inizio barcollò, poi si riprese, ma la comunità cubana rimase nettamente divisa. Anche oggi i vecchi cubano-americani dicono che possono capire chi è un *marielito* dal modo in cui cammina o parla.

Detto ciò, le divisioni smettono di esistere quando si parla di Fidel, che è detestato universalmente. A Miami sono stati uccisi cubani sospettati di mantenere un dialogo con Castro. Malgrado non siano riusciti a deporlo, i cubano-americani sono riusciti a condizionare il governo americano. Dal 1980 i cubani sono ferventi sostenitori del Partito Repubblicano in uno Stato tradizionalmente oscillante tra democratici e repubblicani; quindi l'embargo americano a Cuba (imposto nel 1962) è rimasto.

venti chilometri quadrati di ampi viali, strade laterali alberate e forme architettoniche spagnole e italiane.

Il fondatore di Coral Gables era un esteta del luogo, **George Merrick**, che ha scovato i nomi delle strade in un dizionario spagnolo, per organizzare piazze, fontane e palazzi accuratamente invecchiati e con decorazioni in stucco. Sfortunatamente il quartiere di Coral Gables stava prendendo forma proprio quando il boom immobiliare in Florida si stava spegnendo. Merrick fu messo da parte e morì come direttore di un ufficio postale nel 1942. Ma Coral Gables non perse il suo aspetto magnifico ed è tutt'ora un luogo particolare da visitare. Merrick voleva che le persone capissero di essere arrivate in un posto speciale e così furono progettate otto grandi **porte** sulle strade principali (anche se ne furono completate solo quattro). Tre di queste sono sul lato ovest di Calle Ocho se arrivate da Little Havana.

Il modo migliore per entrare a Coral Gables è dalla SW 22 Street, conosciuta come **Miracle Mile**. A lungo è stata dominata da stantii e anonimi negozi di abbigliamento, ma adesso è ristrutturata in modo da attirare qualche affittuario più vivace. Prestate attenzione all'**Omni Colonnade Hotel**, con le sue arcate, balconate, spirali e picchi, al 180 Aragon Avenue, un isolato più a nord, completato nel 1926 per ospitare l'ufficio di George Merrick. Più a ovest, lungo Coral Way, si incontra la **Merrick House**, la casa dove crebbe George (45 min di tour solo dom e mer 14 e 15; $5; ☎ 305/460-5361). La sua famiglia arrivò a Miami nel 1899, quando lui aveva dodici anni, per gestire una fattoria di 65 ettari, che ebbe così grande successo che la baracca di legno in cui vivevano si trasformò in un'elegante dimora in pietra corallina e con finestre nel sottotetto (*gabled windows*, da cui il nome del futuro quartiere).

Il suo scavare nel calcare lasciò brutte cicatrici nel quartiere mentre si costruiva, ma Merrick ebbe la lungimiranza di trasformare la cava più grande in una lussosa piscina. La **Venetian Pool** aprì i battenti nel 1924, al 2701 De Soto Blvd. (giugno-agosto: lun-ven 11-19.30; settembre e ottobre, aprile e maggio: gio-ven 11-17.30; novembre-marzo: gio-ven 10-16.30; tutto l'anno sab e dom 10-16.30; aprile-ottobre $10, novembre-marzo $6,75; ☎ 305/460-5356, *www.venetianpool.com*), ed è un tappa inevitabile nei bollenti pomeriggi di Miami. I muri color pastello nascondono una deliziosa laguna alimentata da un ruscello, fontane e balconate coperte di viti, cascate, grotte di corallo e tanto spazio per nuotare.

La zona a sud di De Soto Blvd. è avvolta dalle ampie ali del favoloso **Biltmore Hotel**, al 1200 Anastasia Ave. (☎ 1-800/727-1926, *www.biltmorehotel.com*). La torre di 26 piani è visibile da tutta Miami e tutto del *Biltmore* è speciale: 8 m di pareti affrescate, soffitti a botte, camini immensi, tappeti personalizzati e un'enorme piscina che ospita spettacoli di bellezze al bagno come Esther Williams e Johnny Weissmuller. Oggi costa $200 a notte, ma c'è un affascinante giro turistico gratuito che parte dalla lobby ogni domenica 13.30 e 14.30; appuntamento alle gabbie degli uccelli. Potete anche fermarvi per il **tè del pomeriggio** nella *lobby* per $17 (lun-ven 15 e 16.30).

Villa Vizcaya

Nel 1914 il magnate dei macchinari agricoli James Deering spese 15 milioni di dollari per costruire, a sud del centro città, una villa in stile rinascimentale in mezzo alla giungla tropicale. Migliaia di operai lavorarono per finire **Villa Vizcaya**, al 3251 S Miami Ave. (tutti i giorni 9.30-16.30; visite guidate gratuite della casa ogni 20 min; $12; ☎ 305/250-9133, *www.vizcayamuseum.org*), in soli due anni. Il desiderio di Deering era che la villa sembrasse essere stata abitata per 400 anni e insieme alla sua eclettica collezione di opere d'arte il risultato fu un'accozzaglia di stili nelle stutture e negli arredamenti: barocco, rinascimentale, rococò e neoclassico. I meravigliosi **giardini** all'inglese con fontane e sculture sono altrettanto eccessivi.

Key Biscayne

KEY BISCAYNE, a 7 km dalla terraferma, è un'isola piccola e curatissima, un posto bellissimo dove vivere per chi se lo può permettere. L'unico modo per accedere all'isola è con la **Rickenbacker Causeway** ($1,50 solo andata), che va dalla SW 26th Road verso sud.

Crandon Park Beach, a 1 km lungo la Crandon Boulevard (la continuazione della via principale dopo la strada rialzata), è una delle più belle spiagge della città, con acque cristalline, griglie per barbecue e possibilità di fare sport (tutti i giorni 8-tramonto $5 per automobile; ☎ 305/361-5421). 5 km di spiaggia dorata costeggiano il parco e da qui si possono raggiungere le secche lontane dalla costa, camminando con l'acqua al ginocchio.

Crandon Boulevard finisce all'entrata del **Bill Baggs Cape Florida State Recreation Area**, 160 ettari di foresta che coprono l'estremità a sud di Key Biscayne (tutti i giorni dalle 8- tramonto $5 in automobile, $1 pedoni e ciclisti ☎ 305/361-5811). C'è una **spiaggia** ottima per nuotare sul lato atlantico del parco e una passerella che taglia le dune battute dal vento per arrivare al **faro di Cape Florida**, che risale al 1820. Salite per 300 m per avere una vista mozzafiato dell'isola e del centro di Miami.

Per informazioni più dettagliate potete fare una visita guidata (mar e gio 13; gratuito) e vedere la mostra e i video nella **casa del guardiano**.

Mangiare

Il **cibo cubano** è il meglio che potete trovare a Miami e non solo nei ristorantini di **Little Havana**. I classici piatti di riso e fagioli, banane fritte e panini con carne di maiale sono ovunque. Assaggiate anche il caffè cubano: potete scegliere tra *café cubano* forte, dolce con la schiumetta che si beve in un sorso con un bicchier d'acqua o il *café con leche*, con latte bollente, buono da bere a colazione con il *pan cubano* (una fetta sottile di pane spalmata di burro) o il *café cortadito*, versione ristretta di quello con *leche*. La cucina cubana è affiancata da sushi bar, *diner* americani, ristoranti haitiani, italiani e New Floridian (spesso chiamati Floribbean, un incrocio tra i sapori speziati dei Caraibi e quelli fruttati della Florida), tra le altre cucine etniche.

Coral Gable, South Beach e il **Design District** sono i posti migliori per trovare caffè e ristoranti esclusivi. Il **pesce** è abbondante: cernie saporite, tonni pinna gialla e il *wahoo*, un pesce locale, sono tra le cinquecento specie che prolificano al largo della costa. Le **chele di granchio** sono un'altra specialità della Florida meridionale e si mangiano da ottobre a maggio.

Ayestarán 706 SW 27th Ave, Little Havana ☎ 305/649-4982. Questo caotico ristorante cubano serve piatti tipici ed economici che potete abbinare secondo il vostro gusto e un magnifico *café con leche*.

Big Pink 157 Collins Ave, South Beach ☎ 305/532-4700. Venite qui per grosse porzioni di cibo classico: purè, costolette, pasta al formaggio e le classiche cene da tv, servite a lunghi tavoli dove si mangia tutti insieme.

David's Café 1058 Collins Ave. ☎ 305/534-8736. Mangerete delicatezze fritte e classici piatti cubani come pollo e fagioli con il riso ($6) ai tavoli all'aperto, stretti tra uomini d'affari e ragazzini, prendete anche un caffè (95¢) dalla finestra take away. Nella seconda filiale, 1654 Meridian Ave., dietro Lincoln Road c'è una sala da pranzo: provate i panini cubani ($7,95) e le braciole di maiale ($12,45). Aperto 24h.

El Palacio de los Jugos 5721 W Flagler Ave., Little Havana ☎ 305/264-1503. Pochi tavolini dietro il mercato di prodotti cubani, dove i panini con il maiale e la zuppa di molluschi sono i migliori nel raggio di chilometri. Servono anche succhi rinfrescanti.

The Forge 432 41st St., Miami Beach ☎ 305/538-8533. Un posto elegante, dove il cibo tradizionale e le risorse dell'enorme cantina si mescolano con l'atmosfera vibrante e una clientela eclettica.

Front Porch Café 1418 Ocean Drive, South Beach ☎ 305/531-8300. Questo locale è di basso profilo, rispetto alla posizione: i deliziosi pancake grossi come il piatto di portata faranno da colazione e pranzo.

Garcia's Seafood Grille 398 NW N River Drive, downtown ☎ 305/375-0765. Meraviglioso caffè con il mare di fronte e panche di legno sgangherate. Qui servono piatti a base di pesce fresco per circa $15. Chiude, di solito, alle 21.30.

Joe's Stone Crabs 11 Washington Ave., South Beach ☎ 305/673-0365. Sono specializzati nel cucinare il granchio e sono sempre pieni. Se avete fretta fate come i locali e andate all'angolo take away. Le tortine di granchio, il pesce fresco e le patatine fritte sono ottimi. Aperto da ottobre a maggio.

La Sandwicherie 229 W 14th St., South Beach ☎ 305/532-8934. Enormi panini ripieni con ingredienti di prima categoria, dal prosciutto al formaggio importati. Il prezzo si aggira intorno a $5,30. Rimane aperto fino alle 5; ottimo per uno spuntino dopo la discoteca.

Michael's Genuine Food 130 NE 40th St., Design District ☎ 305/573-5550. Uno dei più gettonati ristoranti della città: gli ingredienti di stagione e del luogo vengono trasformati dal famoso chef Michael Schwartz; le porzioni vanno da piccole a grandi (un antipasto medio o grande costa $10-27).

News Café 800 Ocean Drive, South Beach ☎ 305/538-NEWS. È un caffè sulla strada che guarda il lungomare di South Beach. I piatti non sono niente di speciale. Aperto 24 h su 24.

Pizza Rustica 863 Washington Ave., South Beach ☎ 305/674-8244. Deliziosa pizza cotta con ingredienti freschi, servita a fette molto grandi intorno a $5. Lo trovate anche al 667 di Lincoln Rd.

Scotty's Landing 3381 Pan American Drive, Coconut Grove ☎ 305/854-2626. Un economico e saporito ristorante di pesce, che offre fish 'n' chips. Si mangia su tavolini da picnic. È protetto dall'acqua della City Hall e può essere difficile da trovare. Chiedete se vi perdete.

Smith & Wollensky 1 Washington Ave. (e South Pointe Park) ☎ 305/673-2000. Questa catena di steakhouse bisogna provarla solo per il posto. Sarete seduti a guardare la foce del Miami River con le navi e le imbarcazioni che entrano in porto.

Tap Tap 819 5th St., South Beach ☎ 305/672-2898. Si serve cibo haitiano saporito e ben presentato. La maggior parte dei piatti costa meno di $10. La capra in brodo speziato al pomodoro è imperdibile. Solo a cena.

Versailles 3555 SW 8th St., Little Havana ☎ 305/444-0240. Famiglie del luogo, uomini d'affari e backpacker si ritrovano qui per mangiare piatti cubani a poco prezzo serviti da personale gentile in un arredamento kitsch con candele e specchi ai muri.

Yambo 1643 SW 1st St., Little Havana ☎ 305/642-6616. Vi sembrerà di uscire dagli Usa e di entrare in Centro America, lo *Yambo* è un posto speciale, dove si servono piatti del Nicaragua a prezzi ragionevoli.

Vita notturna e divertimenti

La **vita notturna** di Miami non ha rivali in tutta la Florida. Ogni pista da ballo è vicina a un ristorante o a un bar e potreste finire a ballare ovunque. Nelle **discoteche** vere e proprie si balla al ritmo di musica house o techno oppure salsa e merengue che viene proposta da dj che parlano spagnolo. La maggior parte della vita notturna si concentra a South Beach e l'**ingresso** ai locali costa circa $20. Le regole per riuscire a entrare sono ferree in quelli più alla moda. La lista seguente segnala sia i posti meno famosi sia i bar e le discoteche più frequentate. Il *New Time* è una rivista gratuita che esce ogni giovedì con l'**elenco** degli eventi di rilievo e una sezione dedicata a **gay e lesbiche**.

Se vi interessa lo **sport**, c'è la squadra di baseball dei Marlins e quella di football dei Dolphins, che gioca al Dolphin Stadium, 2269 Dan Marino Blvd., 25 km a nord-ovest del centro (☎ 305/623-6100, *www.dolphinstadium.com*, prendete l'autobus n. 27 dalla stazione principale). I Marlins stanno per spostarsi in un nuovo stadio al 1400 NW 4th St., Little Havana.

Bar e musica dal vivo

The Abbey Brewing Company 1115 16th St., South Beach ☎ 305/538-8110. Piccolo e poco pretenzioso microbirrificio che serve la migliore birra di South Beach. Provate la cremosa Oatmeal Stout, la migliore e la più richiesta. Aperto fino alle 5.

Churchill's Pub 5501 NE 2nd Ave., Little Haiti ☎ 305/757-1807, *www.churchillspub.com*. Una comunità inglese in mezzo a Little Haiti, con partite di calcio e rugby in TV, birre inglesi alla spina e rock dal vivo. Guardate sul sito la programmazione.

Club Deuce Bar & Grill 222 14th St., South Beach ☎ 305/531-6200. Questo bar sporco e grunge è un rimasuglio dell'epoca pre-elegante di South Beach. Le bevande costano poco, la gente è tranquilla, si gioca a freccette e al biliardo. Aperto fino alle 5.

Hoy como ayer 2212 SW 8th St., Little Havana ☎ 305/541-2631, *www.hoycomoayer.net*. Nonostante la grossa comunità cubana, questo minuscolo posto buio e fumoso è l'unico a Miami dove ascoltare buona musica cubana. Guardate sul sito la programmazione.

Jimbo's all'interno del parco a Virginia Key Beach, Virginia Key ☎ 305/361-7026. Famosa bettola dove ci si serve la birra prendendola da una carriola piena di ghiaccio. Un buon posto per chiacchierare con gli abitanti della vecchia Miami.

Monty's Raw Bar 2550 S Bayshore Drive, Coconut Grove ☎ 305/858-1431. Il numero di chi vuole bere spesso supera quello di chi vuole mangiare (è anche un ristorante) in questo bar stile tiki, attirato dall'atmosfera gioviale e dalla vista sulla baia. Forse il volume della musica reggae è un po' troppo alto.

Purdy Lounge 1811 Purdy Ave, South Beach ☎ 305/531-4622. È un gioiellino senza insegna questo grande bar di quartiere che evita la folla di stranieri, data la sua posizione nella zona meno turistica di South Beach. Aperto fino alle 5.

The Raleigh Bar all'interno del *Raleigh Hotel*, 1775 Collins Ave., South Beach ☎ 305/534-6300. Questo hotel-bar degli scorsi anni Quaranta con pannelli di legno restaurati vi riporterà indietro ai giorni d'oro dell'arte di fare i cocktail.

Sky Bar all'interno del *Shore Club Hotel*, 1901 Collins Ave., South Beach ☎ 786/276-6772. Bar all'aperto che circonda la piscina dell'albergo con enormi e morbidi cuscini: vestitevi bene e aspettatevi di far fatica a entrare se non siete ospiti. Andate anche al *Sandbar*, lì vicino, che ha una magnifica vista sull'oceano e sulla spiaggia.

Tobacco Road 626 S Miami Ave., centro ☎ 305/374-

1198, *www.tobacco-road.com*. Questa piccola taverna è la più vecchia di Miami e risale al 1912. È uno dei posti preferiti dai locali per l'eccezionale R&B dal vivo. Guardate sul sito per la programmazione.

Nightclub

Cafe Nostalgia all'interno del *Versailles Hotel*, 3425 Collins Ave., Miami Beach ⓣ 305/531-6092, *www.cafenostalgia.com*. È un leggendario club cubano (itinerante), dove si suona dal vivo per gente avanti con l'età; dall'una del mattino c'è musica latina per ventenni.

Club Space 34 NE 11th St., centro ⓣ 305/375-0001, *www.clubspace.com*. Locale pioniere del centro con arredo grezzo e atmosfera illecita: molti arrivano qui dopo che gli altri locali hanno chiuso, per ballare fino all'alba. Gente giovane e DJ dai nomi famosi.

Mansion 1235 Washington Ave., South Beach ⓣ 305/532-1525, *www.mansionmiami.com*. Grande nightclub con sei zone vip, nove bar e cinque piste da ballo, ognuna con una musica diversa. L'hip hop è la più gettonata.

Mynt Ultra Lounge 1921 Collins Ave., South Beach ⓣ 786/276-6132, *www.myntlounge.com*. Lounge/dance club, illuminato di luce verde chiaro, con un grande bar e divani di pelle nera. Farete fatica a entrare ogni giorno della settimana.

Nikki Beach 1 Ocean Drive ⓣ 305/538-1111, *www.nikkibeach.com/miami*. È proprio sulla spiaggia, con letti e palme. Questa discoteca offre un'autentica esperienza alla South Beach. Il ristorante è aperto tutti i giorni, mentre la discoteca solo nei fine settimana, con dj internazionali che suonano fino all'alba.

Nocturnal 50 NE 11th St., centro ⓣ 305/576-6996, *www.nocturnalmiami.com*. Terrazza dove si proiettano immagini a 360 gradi su uno schermo IMAX, mentre la house music rimbomba nelle orecchie.

The Pawn Shop 1222 NE 2nd Ave, tra la 12th e la 13th ⓣ 305/373-3511, *www.thepawnshoplounge.com*. È un ex banco dei pegni ristrutturato, con arredamento stile "Alice nel paese delle meraviglie": ci sono anche un autobus della scuola e candelieri che pendono dal soffitto.

Florida Keys

140 km al largo di Cuba, le **FLORIDA KEYS** sono una catena di isole che si allungano per centosessanta chilometri. Folclore, film e fiction hanno regalato loro un'immagine intrigante ed elegante che non si meritano, almeno non dopo che i giorni d'oro dei cowboy della cocaina degli scorsi anni Ottanta sono finiti. Le Keys sono piuttosto un paradiso all'aria aperta, dove regnano la pesca, lo snorkelling e le immersioni. Tra le meravigliose aree naturali intatte c'è **Florida Reef**, una barriera di corallo vivo a poche miglia dalla costa. Per i più le Keys rimangono una fermata sulla strada per **Key West**. Questa è stata la città più ricca degli Stati Uniti e l'ultimo punto del Nord America prima di chilometri di oceano, ci sono strade in stile caraibico piene di bar, dove passare il tempo ad ammirare i meravigliosi **tramonti**.

Ovunque siate nelle Keys, aspettatevi una **cucina** tipica, servita in ristorantini particolari dove gli ingredienti sono freschi e l'atmosfera tranquilla. Lo strombo è un mollusco ricco di polpa, specialità del luogo, e viene servito in zuppe o frittelle. C'è anche la **key lime pie**, un cremoso miscuglio fatto con i lime delle Key e latte condensato, che ha poco da spartire con quelle servite nel resto degli Stati Uniti.

Girare le Keys è facilissimo. C'è solo una strada dritta fino a Key West: l'**Overseas Highway** (US-1). La strada è segnalata dai **mile markers** (MM; contachilometri) che cominciano con MM127 a sud di Miami e finiscono con MM0 a Key West, all'angolo delle strade Whithead e Fleming. Gli indirizzi alle Key di regola sono dati dal più vicino *mile marker*, con l'indicazione di Oceanside o di Bayside, a seconda che il posto si affacci sull'Atlantico o sulla Florida Bay.

Key Largo

La prima isola delle Keys, e la più grande, **KEY LARGO**, è un deludente susseguirsi di stazioni di servizio, grandi magazzini e fast food. La città però fornisce l'opportunità di visitare la Florida Reef al **John Pennekamp Coral Reef State Park**, al MM102,5-Oceanside (tutti i giorni dalle 8-tramonto; $3,50 per auto e guidatore, più $2,50 per il primo passeggero e 50¢ per gli altri passeggeri; pedoni e ciclisti $1,50; ⓣ 305/451-1202, *www.pennekamppark.com*): 125 km^2 di barriera corallina, una delle più belle del mondo. Potete fare lo **snorkelling tour** (9, 12 e 15; 2 h,30min; $29,95, più $7 per l'attrezzatura), o fare un'immersione con la guida (9.30 e 13.30; 1 h 30min; $60; è necessario avere il brevetto da sub). L'**escursione con la barca con il fondo di vetro** è meno impegnativa (9.15, 12.15 e 15; 2 h 30min; $24). Per informazioni e prenotazioni ⓣ 305/451-6300. Vedrete aragoste, chetodonti, anguille, meduse e branchi di pesciolini argentei puntati da barracuda dall'occhio spietato. La barriera è un sistema vivente delicato, con milioni di gemme di corallo che con il calcio contenuto nel mare crescono da 1 a 5 m ogni mille anni. Purtroppo, è più facile vedere segni di morte che di vita: spazi bianchi lasciati da un'ancora o da un sub che hanno tolto lo strato di mucosa lasciando il corallo esposto a malattie.

Notizie utili

Key Largo ha la più grande offerta di **alloggi** a prezzi ragionevoli della Florida e molti alberghi hanno anche un pacchetto completo con le immersioni. Tra quelli più economici c'è il semplice ma pulito *Ed & Allen's Lodgings*, MM103,5-Oceanside (ⓣ 1-888/333-5536; *www.ed-ellens-lodgings.com*; ❸-❹), o l'originale solo per adulti ✱*Largo Lodge*, MM101,5-Bayside (ⓣ 1-800/468-4378, *www.largolodge.com*; ❺-❻); se volete qualcosa di più elegante, provate i grandi e raffinati chalet al *Kona Kai Resort*, MM97,8-Bayside (ⓣ 1-800/365-7829, *www.konakairesort.com*; ❾). Il **pesce fresco**, come i pezzi di alligatore fritti si trovano al ✱*Snapper's*, 139 Seaside Ave., alla fine di Ocean View Ave. dietro la US-1, al MM94,5-Oceanside (ⓣ 305/852-5956), mentre *Harriette's*, MM95,7-Bayside (ⓣ 305/852-8689, aperto fino alle 14) propone ottime colazioni.

Islamorada

L'**ISLAMORADA** raccoglie 30 km di isolette, comprese Plantation, Windley, e Upper e Lower Matecumbe. È un posto più accogliente rispetto a Key Largo. Molti turisti arrivano qui per **pescare** (vedrete pubblicità di imbarcazioni charter lungo la strada), ma potete anche visitare **l'Indian Key Historic State Park**, una delle piccole isole rivestite di mangrovia vicino a Lower Matecumbe Key. Una volta florida colonia del pirata Jacob Houseman, adesso ospita piante esotiche e rovine suggestive. Si possono affittare kayak ($20/h, $50/giorno) da **Robbie'Marina** (ⓣ 305/664-9814), al MM78,5-Oceanside (non ci sono traghetti).

Il *Key Lantern/Blue Fin Inn*, MM82-Bayside (☎ 305/664-4572, *www.keylantern.com*; ❸) è un posto per **dormire** pagando poco, oppure chiedete una stanza appena ristrutturata al *Blue Fin* (stesso prezzo), oppure al tranquillo *Drop Anchor Resort*, MM85-Oceanside (☎ 1-888/664-4863, *www.dropanchorresort.com*; ❺). Per **mangiare**, ★ *Hungry Tarpon*, MM77,5-Bayside (☎ 305/664-0535), ha ottimo pesce fresco e buone colazioni, oppure provate il più caro e spesso pieno *Islamorada Fish Company*, MM81,5-Bayside (☎ 1-800/258-2559), sempre per mangiare pesce.

Middle Keys

Passato il Long Key Bridge siete arrivati alle **MIDDLE KEYS**. All'associazione no-profit **Dolphin Research Center**, MM59-Bayside (tutti i giorni 9-16.30; ☎ 305/289-1121, *www.dolphins.org*), potete nuotare con i delfini, $180 (per prenotare ☎ 305/289-0002).

La più grande delle Middle Keys è **Key Vaca**, che ha anche la cittadina più grande, **Marathon**. Qui potrete **pescare** e fare **sport acquatici**, oppure scegliere tra diverse spiagge. **Sombrero Beach** è lungo la Sombrero Beach Road, (non lontano da Overseas Highway, MM50-Oceanside), con acqua bellissima e tavoli da picnic.

Sulla deviazione opposta rispetto alla spiaggia c'è l'entrata del **Crane Point**, 25 ettari di foresta tropicale (lun-sab 9-17, dom 12-17; $8; ☎ 305/743-9100, *www.cranepoint.net*). All'interno c'è il **Museum of Natural History of the Florida Keys**, dove vedere un'esposizione sulla storia e sulla natura della zona. Percorrete il **natural trail** (un sentiero) per 3 chilometri, in una foresta di latifoglie, tipiche delle isole Keys. Qui c'è l'**Adderley House Historic Site**, costruito da coloni delle Bahamas.

Marathon ha bei **resort**, come il lussuoso *Banana Bay*, MM49,5-Bayside (☎ 1-800/226-2621, *www.bananabay.com*; ❺), con spiaggia privata. Per un **budget contenuto** c'è il ★ *Flamingo Inn*, MM59,3-Bayside (☎ 1-800/439-1478, *www.theflamingoinn.com*; ❹-❺), un delizioso motel in stile rétro con grandi stanze. Per **mangiare** c'è dell'ottimo pesce, come i gamberetti stufati alla birra al *Castaway*, 15th Street vicino MM47.5-Oceanside (☎ 305/743-6247). Il piccolo e nascosto ★ *Seven Mile Grill*, vicino al ponte omonimo, è al MM47,5-Bayside (☎ 305/743-4481), dove potrete assaggiare lo strombo e la cremosa lime pie. Per piatti freschi cubani a poco prezzo provate *Taino*'s, MM53-Oceanside (☎ 305/743-5247).

Lower Keys

Le **LOWER KEYS** sono radicalmente diverse dalle altre isole a nord. Sono silenziose, coperte di fitta vegetazione e per lo più residenziali. Le costruzioni sono a base calcarea piuttosto che in corallo e le isole hanno flora e fauna tipiche, come il **cervo dalla coda bianca** (vedi p. 526).

Il primo posto che si incontra, dopo aver attraversato il Seven Mile Bridge, è uno dei più belli delle Key: **Bahia Honda State Park**, al MM37-Oceanside (tutti i giorni 8-tramonto; $3,50 per auto e guidatore, più $2,50 per un altro passeggero, 50¢ per gli altri passeggeri; pedoni e ciclisti $1,50; ☎ 305/872-2353, *www.bahiahondapark.com*). È la più bella striscia di sabbia delle Keys dove l'acqua è limpida con due toni di colore. Potete fare un giro in **kayak** ($10/1h, $30/giorno), o snorkelling al largo al **Looe Key Marine Sanctuary** (tutti i giorni 9.30 e 13.30; $29,95, $7 per l'attrezzatura; ☎ 305/872-3210). 8 km^2 di barriera protetta, simile al John Pennekamp Coral Reef State Park (vedi p. 524). Se volete passare più tempo in acqua andate a **Ramrod Key** al Looe Key Dive Center, dove potrete fare immersioni per 5 h a $70, snorkelling nella riserva a $30.

Al **National Key Deer Refuge** a Big Pine Key potrete vedere il cervo dalla coda bianca addomesticato. Per una cartina con i posti più belli, chiedete al refuge center (lun-ven 8-17, il parco è aperto tutti i giorni dal mattino al tramonto; ☎ 305/872-2239, *www.nationalkeydeer.fws.gov*), che si trova in un centro commerciale vicino a Key Deer Boulevard, a nord dell'US-1 al MM30.

A **Big Pine Key** c'è il centro più grande delle Lower Key. Lì si trova dove **dormire**, anche se i posti sono di meno e più cari rispetto alle Middle e Upper Key. *Looe Key Reef Resort*, MM27,5-Oceanside (☎ 1-800/942-5397, *www.diveflakeys.com*; ❹-❺), è la base ideale per visitare il santuario marino, mentre se volete esagerare andate al *Little Palm Island*, MM28,5-Oceanside, Little Torch Key (☎ 1-800/343-8567, *www.littlepalmisland.com*; ❾), un isolotto privato (solo per adulti), con casette dai tetti di paglia sparse in un meraviglioso giardino a pochi metri dalla spiaggia.

Per **mangiare** c'è il pluridecorato ✯ *No Name Pub*, 1 km da MM30-Bayside verso North Watson Boulevard (☎ 305/872-9115), famoso per la pizza sottile e croccante. Oltre la Overseas Highway, sulla Sugarloaf Key, al MM20-Bayside, c'è l'accogliente *Mangrove Mama's* (☎ 305/745-3030; chiuso a settembre), dove assaggiare la cucina locale in un posto vivace con giardino tropicale.

Key West

KEY WEST è più vicina a Cuba che alla Florida e ha poco in comune con il resto degli Stati Uniti. Rinomati per le abitudini tolleranti e per il tranquillo stile di vita, i suoi 30.000 abitanti sembrano spersi nel mare e nel cielo. Nonostante il milione di turisti all'anno, l'isola mantiene la propria forte identità. I costumi anticonformisti hanno aperto la porta a una vasta comunità omosessuale, circa due abitanti su cinque. Anche se oggi Key West è stata ristrutturata e adattata per il turismo, la città conserva ancora la sua atmosfera individualista e solitaria, soprattutto lontano dall'affollata Duval Street. Per vivere meglio il tranquillo ritmo degli abitanti, girate con calma per le meravigliose strade piene di alberi, mangiate lentamente e fermatevi spesso nei numerosi bar.

Arrivo e informazioni

L'aeroporto (☎ 305/296-5439) è a 6 km a est della città e accanto all'entrata c'è la fermata dei **pullman** Greyhound (☎ 305/296-9072). Non ci sono navette per andare in città e un **taxi** (☎ 305/296-6666) costa $16.

Il posto migliore per avere **informazioni** è la camera di commercio Greater Key West, in centro città, vicino a Mallory Square, 402 Wall St. (lun-ven 8.30-18.30, sab e dom 9-18; ☎ 305/294-2587, *www.keywestchamber.org*). Lì troverete le date delle **festività** annuali: le migliori sono la Conch Republic Celebration ad aprile e la Fantasy Fest a fine ottobre, un incrocio tra un *mar-*

di gras gay e Halloween. I turisti **gay** possono trovare informazioni al Key West Business Guild, 513 Truman Ave. (tutti i giorni 9-17; ⓣ 305/294-4603, *www.gaykeywestfl.com*).

La parte vecchia della città può essere visitata **a piedi** e troverete lì tutto quello che c'è da vedere. Può bastare una giornata, anche se correndo perderete lo spirito del posto. La **bicicletta** può essere un'altra soluzione: si affittano all'Adventure Scooter & Bicycle Rentals, che ha sede in 1 Duval St. (ⓣ 305/293-0441) e 617 Front St. ($15 al giorno; ⓣ 305/293-9955).

Alloggio

In inverno è necessario prenotare per riuscire a trovare **alloggio** a Key West. Un altro periodo di ressa è durante il Fantasy Fest alla fine di ottobre. In estate c'è meno gente e i prezzi calano del 30%.

Angelina Guest House 302 Angela St. ⓣ 1-888/303-4480, *www.angelinaguesthouse.com*. È una pensione carina nascosta nelle stradine dietro il Bahamian Village. Si respira un'atmosfera caraibica e ha i migliori prezzi in città. Stanza con bagno in comune ❸-❹, stanza con bagno privato ❹-❺

Big Ruby's 409 Applerouth Lane ⓣ 1-800/477-7829, *www.bigrubys.com*. Pensione gay con stanze arredate con stile che si affacciano su una piscina e un patio. Perfetta per rilassarsi. ❼

Eden House 1015 Fleming St. ⓣ 305/296-6868, *www.edenhouse.com*. Dietro una lobby dozzinale si nasconde uno dei posti migliori della città: grandi stanze, parcheggio gratuito, happy hour gratis tutte

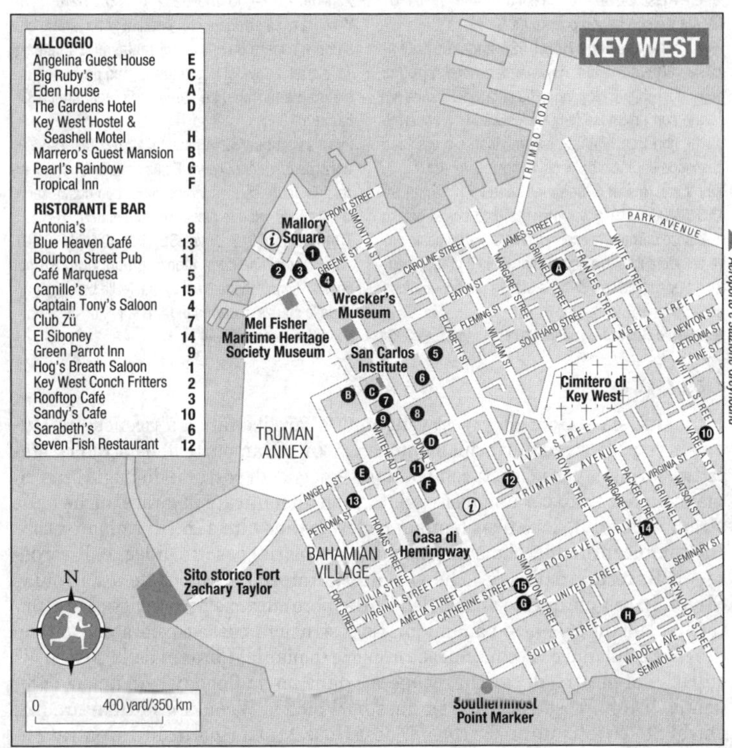

△ Key West

le sere e piscina. Stanze con bagno in comune da ❹-❻, stanze con bagno privato da ❻-❼

The Gardens Hotel 526 Angela St. Ⓣ 1-800/526-2664, *www.gardenshotel.com.* Uno degli alberghi più eleganti della città: ha 17 suite arredate con un arioso stile malesiano, tv a schermo piatto, fiori freschi e letti enormi. Piante e orchidee nascondo l'edificio da occhi indiscreti. ❼-❾

Key West Hostel & Seashell Motel 718 South St. Ⓣ 305/296-5719, *www.keywesthostel.com.* L'ostello ha stanze dormitorio economiche ($34), un posto dove prendere il sole, e non ci sono limiti d'orario, mentre il *Seashell Motel* ❸ ha le stanze più economiche della zona.

Marrero's Guest Mansion 410 Fleming St. Ⓣ 305/294-6977 o 1-800/459-6212, *www.marreros.com.* Vecchia casa arredata con pezzi di antiquariato che sembra essere infestata dai fantasmi. La camera 18 è quella dove si è registrata gran parte dell'attività paranormale. La camera più economica ❻, camera 18 ❼

Pearl's Rainbow 525 United St. Ⓣ 1-800/749-6696, *www.pearlsrainbow.com.* È una pensione per donne sole. Ex fabbrica di sigari arredata con gusto, serve la colazione, ha due piscine e due jacuzzi. ❺

Tropical Inn 812 Duval St. Ⓣ 1-888/611-6510, *www.tropicalinn.com.* Stanze grandi e ariose per questa "conch" house restaurata. Nella maggior parte delle stanze si dorme in tre e le più costose hanno un terrazzino. ❻-❼

La città

Chiunque sia stato a Key West vent'anni fa farebbe fatica a riconoscere **Duval Street**, la strada principale, lunga 1,5 km. Gran parte della strada è stata trasformata per i turisti con boutique e negozi di costumi da bagno, ma rimane un bel posto per una passeggiata. Non dimenticate di girare anche nelle stradine laterali, dove ficus baniani nodosi, palme alte e sottili e piante esotiche rampicanti minacciano di seppellire le scolorite casette di legno. Ricordatevi il **Bahamian Village** che si sviluppa intorno a Thomas e a Petronias Street. In origine questo angolo della città, poco curato e poco turistico era abitato da cubani e da afro-bahamiani. Le costruzioni basse e colorate, ospitano drogherie cubane e vecchie chiese ricoperte di piante. I **musei** della città si occupano dei pirati o di carichi recuperati dalle navi affondate. All'inizio, l'economia di Key West si basava su questo. Il piccolo **Wrecker's Museum**, 322 Duval St. (conosciuto anche come Oldest House; tutti i giorni 10-16; entrata libera; Ⓣ 305/294-9502), illustra la vita dei pirati e li dipinge come coraggiosi eroi che rischiavano tutto per salvare le navi in difficoltà e le vite dei marinai. Guardando l'arredamento della casa, abitata dal capitano Watlingon intorno al 1830, il risultato delle loro azioni è molto soddisfacente.

Il **San Carlos Institute** è a Duval Street, al n. 518 (ven-dom 12-18, $3 offerta; Ⓣ 305/294-3887). Ha giocato un ruolo fondamentale nella vita degli esiliati cubani, da quando è stato aperto nel 1871. Finanziato da una concessione del governo cubano, l'edificio attuale è del 1924. L'architetto cubano Francisco Centurion ha disegnato il palazzo a due piani nello stile cubano barocco dell'epoca. La terra originaria delle sei province di Cuba copre il terreno e una pietra angolare proviene dalla tomba di José Martí, un reduce delle battaglie di indipendenza. C'è una mostra del patrimonio storico di Cuba e qui si può avere il Cuban Heritage Trail Pamphlet che elenca i posti più interessanti intorno alla città.

Il **Southernmost Point Marker**, il punto più a sud di Key West e di conseguenza degli Stati Uniti, è all'incrocio di Whitehead e South Street; un'enorme boa colorata contrassegna il posto.

Alla fine di Duval Street c'è **Mallory Square**. All'inizio del 1800 un carico recuperato dai flutti, che valeva migliaia di dollari, arrivò al porto, fu immagazzinato e poi venduto alle case d'asta. Oggi la strada è piena di negozi turistici e merita solo una breve occhiata.

Andate piuttosto al vicino **Mel Fisher Maritime Heritage Society Museum**, 200 Greene St. (lun-ven 8.30-17, sab-dom 9.30-17; $12; Ⓣ 305/294-2633, *www.melfisher.org*) che espone diamanti, perle, spade, vasi, smeraldi e un cannone che Fisher tirò a riva negli scorsi anni Ottanta da una nave naufragata nel XVII secolo. È un tesoro che vale almeno 200 milioni di dollari.

Alla fine di Whitehead Street c'è il celebre **Ernest Hemingway Home & Museum**, al n. 907 (tutti i giorni 9-17; $12, il giro comincia ogni 10-30 min e dura circa mezz'ora; Ⓣ 305/294-1136, *www.hemingwayhome.com*).

Questa grande casa moresca appartenne a Hemingway per circa trent'anni, ma lo scrittore ci visse solo dieci e anche l'originalità dell'arredamento è incerta. Resta il fatto che alcuni dei suoi romanzi più famosi come *Addio alle armi* o *Avere e non avere* sono stati scritti nello studio della casa (un ex fienile dove stavano i cavalli delle carrozze, che Hemingway raggiungeva con un ponte di corde). Dopo aver divorziato nel 1940, lo scrittore inscatolò i propri manoscritti e li mise in una stanza del vecchio *Sloppy Joe's* (vedi p. 530) prima di portarli a Cuba in una nuova casa dove visse con la terza moglie, la giornalista Martha Gellhorn. Oggi circa cinquanta gatti, la maggior parte con sei dita, tradizionalmente usati come mascotte delle navi, girano nei giardini. Qualsiasi cosa dica la guida, Hemingway decise di tenere dei gatti a Cuba e non a Key West, quindi è improbabile che questi siano imparentati con quelli dello scrittore.

Mangiare

Non è difficile trovare eleganti ristoranti che cucinano francese, italiano o asiatico, ma la maggior parte dei locali ha un menu a base di **pesce**. E dovreste proprio provare la **key lime pie** e i **conch fritters**, le specialità di Key West.

Antonia's 615 Duval St. Ⓣ 305/294-6565. Cara ma gustosa cucina del nord Italia servita in un ambiente piacevole. Sedetevi nella vecchia stanza all'entrata, piuttosto che in quella anonima più moderna aggiunta nel retro. Solo a cena.

Blue Heaven Café all'angolo di Thomas e Petronia Street Ⓣ 305/296-0867. Sedetevi in un cortile sporco e godetevi il pesce fresco, il pollo marinato, e le meravigliose aragoste, mentre i polli vi saltellano attorno ai piedi.

Café Marquesa all'interno del *Marquesa Hotel* at 600 Fleming St. ⓣ 305/292-1244. Ristorante elegante con un menu fantasioso e caro, è uno dei posti migliori della città.

Camille's 1202 Simonton St. ⓣ 305/296-4811. Sostanziose colazioni e brunch a buon prezzo. In passato il menu aveva focaccine alle noci di acagiù e pancake al siero di banana. Il menu della cena cambia tutte le sere ma i grandi classici sono pesce fresco e bistecche.

El Siboney 900 Catherine St. ⓣ 305/296-4184. Venite in questo locale senza fronzoli per assaggiare abbondanti piatti cubani a ottimi prezzi.

Key West Conch Fritters Mallory Sq. (senza telefono). Casupola color bianco e salmone di fronte all'acquario dove mangiare le migliori conchiglie fritte in città. Dodici frittelle costano $11 (sei $6.25), vale la pena anche assaggiare i gamberi al cocco. Tutti i giorni 10.30-6.

Rooftop Café 310 Front Street, ⓣ 305/294-2042. Questo è il posto dove mangiare la key lime pie. Viene servita con uno strato di meringa morbida e crosticina croccante, imbevuta di sciroppo profumato al lime e burro. $7 a fetta.

Sandy's Cafe all'interno del *M&M Laundry*, 1026 White St. ⓣ 305/295-0159. Scolorito caffè che serve panini cubani buoni ed economici e il miglior *café con leche* in questa zona di Miami.

Sarabeth's 530 Simonton St. ⓣ 305/293-8181. Buona cucina casalinga, il locale è in una casa rivestita di legno.

Seven Fish Restaurant 632 Olivia St. ⓣ 305/296-2777. È un bistrò poco conosciuto, è facile non vederlo nella piccola casa bianca d'angolo. Preparano i migliori scampi e carne della città. Ci sono circa una decina di tavoli, quindi conviene prenotare.

Vita notturna e divertimenti

La vita secondo natura di Key West è evidente nei **bar** che sono il fulcro della **vita notturna** dell'isola. Allegri e accoglienti, molti sono aperti fino alle 4 del mattino e si può ascoltare **musica dal vivo**. I locali più frequentati sono raggruppati alla fine di Duval Street, verso nord, non più di qualche minuto di camminata a piedi l'uno dall'altro.

Bourbon Street Pub 724 Duval St. ⓣ 305/296-1992. È un enorme pub, gay-friendly, al centro della città. Nel retro c'è un bel giardino con una grande vasca di acqua calda.

Captain Tony's Saloon 428 Greene St. ⓣ 305/294-1838. Una volta, questo bar era il vero *Sloppy Joe's*, dove Hemingway veniva a bere (vedi p. 529). Oggi è un posto dove ascoltare musica dal vivo.

Club Zü 422 Applerouth Lane ⓣ 305/295-2498, *www.clubzu.com.* È il locale che più si avvicina a una discoteca a Key West, nonostante l'atmosfera molto sensuale. Aperto tutte le notti, la clientela è per lo più gay: controllate sul sito per eventi speciali e dj. Happy hour tutti i giorni 8-22.

Green Parrot Inn 601 Whitehead St. ⓣ 305/294-6133, *www.greenparrot.com.* Rappresenta una pietra miliare di Key West, aperto dal 1890, pieno di gente del luogo che gioca al biliardo, a freccette o con il flipper. Durante il fine settimana c'è musica dal vivo.

Hog's Breath Saloon 400 Front St. ⓣ 305/292-2032, *www.hogsbreath.com.* Questo è il bar dove ascoltare la miglior musica in città, non lasciatevi spaventare dagli ubriachi intorno all'entrata.

La costa orientale

La **costa orientale** della Florida parte dalla periferia di Miami e corre per 500 km lungo l'Oceano Atlantico. Ogni comunità vicino alla città vanta spiagge con palme e acque calde tipiche del sud della Florida e offre qualcosa di speciale. **Fort Lauderdale** non è più la città delle feste dell'immaginario collettivo, ma è diventata un centro culturale sofisticato con una popolazione locale molto ricca. A nord ci sono **Boca Raton** e **Palm Beach**, due comunità tranquille ed esclusive abitate da multimilionari. Dopo Palm Beach la costa è per lo più non edificata: anche lo **Space Coast** vicino al famoso **Kennedy Space Center** è nel mezzo di una riserva naturale. A **Daytona Beach** ci sono le corse di automobili, ritrovi per gli appassionati di motociclette e il Daytona International Speedway. All'estremità della città c'è l'incantevole **St. Augustine**, il posto dove gli spagnoli fondarono la prima colonia di stranieri nel Nord America.

In auto, la strada panoramica da percorrere è l'**Hwy-A1A**, dalla parte oceanica dell'**Intercoastal Waterway**, creata quando i fiumi che dividevano la terraferma dalle isole furono uniti e resi profondi durante la seconda guerra mondiale. Quando diventa necessario la Hwy-A1A si collega con la meno pittoresca **US-1**. La strada più veloce della regione è la **I-95**, a 15 km dalla costa e vale la pena sceglierla solo se avete fretta.

Fort Lauderdale

Subito dopo la commedia musicale del 1960 *La spiaggia del desiderio* (*Where the Boys Are*), **FORT LAUDERDALE**, con 10 km di palme e spiagge di sabbia bianca, divenne la meta preferita per le vacanze di primavera. Dopo un boom economico basato su un turismo legato a eccessi sessuali, con ragazzi che bevevano senza averne l'età, la città voltò le spalle ai festeggiamenti. Alla fine degli scorsi anni Ottanta furono stabilite regole sull'alcol e sui comportamenti per mettere fine ai baccanali. Da allora la città si è trasformata in un porto tranquillo, frequentato da yacht e crociere. È anche una delle zone residenziali in crescita del paese e da anni è conosciuta come il posto di vacanza prediletto dai **gay**.

Arrivo e informazioni

Il capolinea dei **pullman** Greyhound è 515 NE 3rd St., in centro. La stazione dei **treni** Amtrak e Tri-Rail (☎ 1-800/TRI-RAIL, *www.tri-rail.com*) è circa a 3 km, al 200 SW 21st Terrace: prendete l'autobus n. 22 verso la città ($1,50). Il **centro visitatori** è a 100 E Broward Blvd., Suite 200 (lun-ven 8.30-17; ☎ 1-800/22-SUNNY, *www.sunny.org*).

L'**autobus** n. 11 passa due volte all'ora lungo Las Olas Boulevard e va dal centro alla spiaggia. C'è anche il **taxi d'acqua** (abbonamento giornaliero $13; ☎ 954/467-6677, *www.watertaxi.com*), che vi porta ovunque lungo la costa.

Alloggio

Fort Lauerdale sta diventando sempre più cara, ma ci sono ancora parecchi **motel** vicino alla spiaggia che hanno prezzi intorno ai $50 d'estate (in inverno $90).

The Atlantic Resort & Spa 601 North Fort Lauderdale Beach Blvd ☎ 954/567-8020, *www.theatlantichotelfortlauderdale.com.* La prima di una serie di proprietà di lusso di fronte all'oceano: stile mediterraneo, camere eleganti, suite, centro benessere, piscina sull'oceano e un ottimo ristorante. ❾

Backpackers Beach Hostel 2115 N Ocean Blvd ☎ 954/567-7275, *www.fortlauderdalehostel.com.* Ostello pulito e ben arredato con parcheggio, internet e chiamate locali gratis. Letto in dormitorio $20, camera privata ❸

Pillars at New River Sound 111 N Birch Rd ☎ 954/

467-9639, *www.pillarshotel.com.* Un tranquillo albergo in stile inglese nel cuore della zona delle spiagge (la vista però è sul canale e non sull'oceano). ❼

Riverside Hotel 620 E Las Olas Blvd ☎ 1-800/325-3280, *www.riversidehotel.com.* Costoso ed elegante in pieno centro città. ❻

Tropi Rock Resort 2900 Belmar St. ☎ 1-800/987-9385, *www.tropirock.com.* Albergo divertente a conduzione familiare, dista solo un isolato dalla spiaggia. Nel prezzo è compreso l'uso dei campi da tennis e della palestra. ❹-❺

Il centro di Fort Lauderdale

Il **centro di Fort Lauderdale** si trova tra i boulevard E Broward ed E Las Olas, che incrocia la US-1, 3 km a est della I-95. È un bel posto dove fare una passeggiata, pieno com'è di parchi e strade, soprattutto se seguite la **Riverwalk** (2 km circa), lungo la sponda nord del New River fino all'**historic district** (centro storico). Las Olas Boulevard è il centro dello **shopping** e c'è gente giorno e notte che si sposta tra negozi, gallerie, ristoranti, bar e caffè. Sempre qui si trova il **Museum of Art**, al n. 1 E Las Olas Blvd. (tutti i giorni 11-17, chiuso mar giugno-settembre; $10; ☎ 954/525-5500, *www.moafl.org*), che ospita una collezione d'arte moderna, tra cui le opere fortemente espressive del movimento CoBrA di Copenhagen, Bruxelles e Amsterdam. Poco lontano, verso est, c'è il **Museum of Discovery & Science**, 401 SW 2nd St., (lun-dom 10-17, dom 12-18; $10, $15 compreso IMAX; ☎ 954/467-6637, *www.mods.org*), con simulatori e display interattivi, che dovrebbero piacere ai bambini che anelano al Disney World. C'è anche uno schermo IMAX in 3D: chiamate o controllate sul sito per gli orari.

La spiaggia

La città è sicuramente molto interessante e piena di divertimenti, ma la maggior parte dei visitatori arriva a Fort Lauderdale per la grande, pulita e meravigliosa **spiaggia**. La trovate attraversando l'Intracoastal Waterway Bridge, a circa 3 km dal centro. La Fort Lauderdale Beach Boulevard, di fronte al mare, era una volta il fulcro dei party delle vacanze di primavera, ma adesso pochi dei bar rimasti ricordano la baraonda del passato. Oggi la promenade è un flusso di gente salutista che corre, va in skate o in bicicletta.

Mangiare e bere

A Fort Lauderdale ci sono due strade, Las Olas e la Sunrise, dove sono concentrati i posti per **mangiare** e **bere**.

Casablanca Café 3049 Alhambra St. ☎ 954/764-3500. È un american bar in ambientazione marocchina, dove servono piatti a prezzo medio in stile mediterraneo con influenze americane. Musica dal vivo da mer a sab sera.

Ernie's BBQ Lounge 1843 S Federal Hwy (US-1) ☎ 954/523-8636. Posto disordinato ma piacevole, a sud del centro città, famoso per la zuppa di molluschi.

The Floridian 1410 E Las Olas Blvd. ☎ 954/463-4041. In stile retrò, questo diner è specializzato in colazioni pantagrueliche a prezzo bassissimo. Aperto 24 h su 24.

Mangos 904 E Las Olas Blvd. ☎ 954/523-5001. Si mangia abbastanza bene, ma la gente ci va per guardare la folla lungo Las Olas e per ballare tutta la notte al ritmo di musica dal vivo, rock, R&B e jazz.

Seasons 52 2428 E Sunrise Blvd. al Galleria Mall ☎ 954/537-1052. Catena di ristoranti con cucina regionale attenta alla salute. I piatti fatti con ingredienti freschi e di stagione non superano le 475 calorie. Buona anche la lista dei vini.

Southport Raw Bar 1536 Cordova Rd. ☎ 954/525-2526. A sud del centro questo bar allegro e chiassoso vicino Port Everglades è specializzato in crostacei e in succulenti piatti a base di pesce.

Taverna Opa 3051 NE 32nd St. ☎ 954/567-1630. Ristorante greco che serve piatti eccellenti accompagnati da fiumi di uzo. Solo per cena.

Boca Raton

A circa 30 km da Fort Laurderdale si trova **BOCA RATON** (la bocca del ratto), nota soprattutto per l'**architettura** che si ispira al Rinascimento italiano. Lo stile è stato introdotto intorno agli scorsi anni Venti ed è stato mantenuto negli anni a causa di un rigido canone architettonico nella costruzione di nuovi palazzi. Le strutture devono avere entrate ad arco, finti campanili e tetti con le mattonelle rosse per assicurare uno stile omogeneo e caratteristico.

Il merito è di Addison Mizner che arrivò a Boca Raton sull'onda del boom edilizio del 1925. Mizner fu influenzato dall'architettura tipica delle zone mediterranee. Gli edifici pubblici che costruì, oltre a cinquanta abitazioni, lasciarono un marchio indelebile a Boca Raton (Mizner ha anche dato forma alla vicina Palm Beach). Il *Cloister Inn*, da un milione di dollari, costruito all'interno dell'attuale **Boca Raton Resort and Club**, 501 E Camino Real, è un palazzo rosa con colonne di marmo, fontane con sculture e legno anticato (➊ 1-888/491-BOCA, *www.bocaresort.com*; ➐-➒). La linea di Mizner si nota anche al **Mizner Park** non lontano dall'US-1, tra Palmetto Park Rd. e Glades Rd, un centro commerciale all'aperto abbellito da palme e fontane. Al suo interno c'è il **Boca Raton Museum of Art**, 501 Plaza Real (mar, gio e ven 10-17, mer 10-21, sab e dom 12-17; $8; ➊ 561/392-2500, *www.bocamuseum.org*), che vale la pena vedere per i dipinti di Degas, Matisse, Picasso e per l'incredibile collezione di arte africana.

Sulla Hwy-798 verso nord (che collega il centro di Boca Raton alla spiaggia), al 1801 N Ocean Blvd/Hwy-A1A, c'è il **Gumbo Limbo Nature Center** (lun-sab 9-16, dom 12-16; $3 offerta; ➊ 561/338-1473, *www.gumbolimbo.org*), un parco di 8 ettari che ospita falchi, pellicani e tartarughe di mare. Prenotate per tempo per l'osservazione notturna delle tartarughe tra maggio e giugno.

A 3 km dal centro di Boca Raton c'è lo **Spanish River Park** (tutti i giorni dalle 8 al tramonto; auto $16 durante la settimana, $18 il fine settimana, pedoni e ciclisti gratuito). La maggior parte dei 20 ettari di vegetazione lussureggiante e di alberi ad alto fusto si possono vedere seguendo i sentieri che tagliano ombrosi boschi.

Notizie utili

I pullman Greyhound non arrivano a Boca Raton. I treni della **Tri-Rail** si fermano vicino alla I-95 al n. 680 di Yamato Rd. (➊ 1-800/TRI-RAIL), da qui c'è una navetta per il centro città. La **camera di commercio** è al 1800 N Dixie Hwy (lun 9.30-17 mar-ven 8.30-17; ➊ 561/395-4433, *www.bocaratonchamber.com*). Il *Townplace Suites by Marriott*, 5110 NW 8th Ave. (➊ 561/994-7232, *www.towneplacebocaraton.com*; ➎), e l'*Ocean Lodge*, 531 N Ocean Blvd. (➊ 561/395-7772, *www.oceanlodgeflorida.com*; ➌), sono due **alberghi** con un buon rapporto qualità-prezzo. Potete **mangiare** all'elegante *Max's Grill*, 404 Plaza Real, Mizner Park, (➊ 561/368-0080), che propone appetitosi piatti di cucina americana con influenze asiatiche. C'è anche il *Boca Diner*, 2801 N Federal Hwy (➊ 561/750-6744), che cucina di tutto, comprese pietanze greche e italiane.

Palm Beach

PALM BEACH è una cittadina su un'isola, con palazzi splendidi, giardini e strade così pulite che ci si potrebbe mangiare. Da quasi cento anni è sinonimo di uno stile di vita che solo pochi possono permettersi. Gli americani benestanti cominciarono a svernare qui negli anni Ottanta del Novecento, dopo che Henry Flagler portò la sua ferrovia East Coast a sud di St. Augustine, costruendo due alberghi di lusso in questa esclusiva isola piena di palme. Da allora i ricchi e famosi sono arrivati per far parte dell'élite di Palm Beach.

Worth Avenue è piena di negozi di stilisti di grido e gallerie di classe ed è il posto dove si trova l'**architettura** di Mizner: mura stuccate, facciate romaniche, stradine che finiscono in piccoli cortili e scale a spirale per salire ai piani superiori.

Verso nord, vicino a Cocoanut Row, c'è il **Flagler Museum** con bianche colonne doriche (mar-sab, 10-17, dom 12-17 $15 ; ⓣ 561/655-2833, *www.flagler.org*). È la casa più opulenta dell'isola: regalo di nozze da $4 milioni di Henry Flagler alla terza moglie Mary Lily Kenan. Come in molte case importanti della Florida gli interni si ispirano alle grandi ville europee: tra le altre, nelle 73 stanze, ci sono una biblioteca italiana, un salone francese e una sala da ballo alla Luigi XV. Tutte decorate a dismisura, mancano però di armonia estetica.

L'albergo **The Breakers** è stato costruito nel 1926 in stile italiano sulla South County Road, vicino alla strada principale (ⓣ 561/655-6611 o 1-888/BREAKERS, *www.thebreakers.com*; ⑨). È il resort più lussuoso di Palm Beach, con soffitti affrescati e arazzi enormi. Fate il giro guidato, ogni mar alle 14 (gratuito per gli ospiti, $15 per il pubblico; per informazioni chiamate ⓣ 561/655-6611).

Notizie utili

In linea con l'atmosfera facoltosa che si respira a Palm Beach, i **mezzi pubblici** sono pochi. Le stazioni di West Palm Beach Amtrak (ⓣ 1-800/USA-RAIL), Tri-Rail (ⓣ 1-800/TRI-RAIL) e Greyhound (ⓣ 561/833-8534) sono al n. 205 di S Tamarind Ave., a West Palm Beach sulla terraferma. Per arrivare a Palm Beach prendete qualsiasi autobus PalmTran ($1,50; ⓣ 561/841-4BUS), con capolinea a Quadrille Blvd. e cambiate con il n. 41 o il n. 42 (non circolano la dom). Il **Convention and Visitors' Bureau** è al 1555 Palm Beach Lakes Blvd., Suite 800 (lun-ven 9-17; ⓣ 561/233-3000, *www.palmbeachfl.com*).

Avrete bisogno di molti soldi per **stare** qui e pagare $200 a notte è la norma (le tariffe sono più basse tra dicembre e settembre). L'albergo *Palm Beach Historic Inn*, 365 S County Rd (ⓣ 561/832-4009, *www.palmbeachhistoricinn.com*; ⑦), arredato con mobili antichi, è il più economico in città, ma bisogna prenotare molto in anticipo. L'opulento *Chesterfield*, 363 Cocoanut Row (ⓣ 561/659-5800, *www.chesterfieldpb.com*; ⑦) è un'altra buona scelta. Al *Charley's Crab*, 456 S Ocean Blvd. (ⓣ 561/659-1500), si mangia del buon **pesce** a prezzi ragionevoli, mentre al bancone dell'*Hamburger Heaven*, 314 S County Rd. (chiuso dom; ⓣ 561/655-5277), a pranzo servono ottimi **hamburger** dal 1945. Se non avete problemi di budget, e potete vestirvi in modo impeccabile andate al *Café L'Europe*, 331 S County Rd. (chiuso lun; ⓣ 561/655-4020): in questo elegantissimo ristorante francese se spendete meno di $50 a testa uscirete ancora affamati.

Space Coast

350 km a nord di Palm Beach c'è la **Space Coast**, la base dell'industria spaziale del paese. Il fulcro è il visitatissimo **Kennedy Space Center**, che si tro-

va su un'isoletta acquitrinosa che si protende nell'Atlantico. In netto contrasto, il resto dell'isola è una riserva naturale, il **Merritt Island National Wildlife Refuge**, dove è possibile osservare gli animali selvatici e molte specie di uccelli.

Kennedy Space Center

Il **Kennedy Space Center** è il nucleo del programma spaziale degli Stati Uniti. Qui i veicoli vengono sviluppati, testati e spediti in orbita. **Merritt Island** è il centro delle attività della NASA dal 1964, quando la base di lancio a Cape Canaveral, dall'altra parte dell'acqua, si dimostrò troppo piccola per l'enorme razzo Saturn V, che serviva a lanciare la missione Apollo.

Per arrivare al **Visitor Complex** (tutti i giorni 9-18; $38 adulti, $28 bambini; T 321/449-4444, *www.kennedyspacecenter.com*), imboccate l'uscita 212 della I-95 verso la statale 405 e seguite i cartelli; si può arrivare anche dalla statale 3, che si prende sulla Hwy-A1A.

Il momento migliore per **visitare** il centro è durante i fine settimana e tra maggio e settembre, quando c'è meno folla. Ci vuole un giorno intero per vedere tutto il posto: cercate di arrivare la mattina presto. Controllate le previsioni meteorologiche, perché in caso di temporali alcune zone potrebbero essere chiuse.

Gli oggetti esposti nel Visitor Complex – capsule, tute spaziali, moduli lunari, un finto ponte di lancio di uno Space Shuttle – tengono impegnato, per almeno un paio d'ore, chiunque abbia un minimo interesse per lo spazio. Dopo, si possono vedere, su due enormi schermi IMAX, filmati sullo spazio e si può fare una passeggiata nel **Rocket Garden**, pieno di falsi missili degli scorsi anni Cinquanta, attentamente illuminati per mostrare com'erano alla partenza. L'ultima attrazione è lo **Shuttle Launch Experience**, un simulatore di viaggio, dove i passeggeri osservano il lavoro di un astronauta: si è lanciati in verticale nello spazio e fatti orbitare intorno alla terra a bordo dello Space Shuttle. Il resto del giro comprende un **tour** guidato di 2 h su un **autobus**. Si passa accanto al Vehicle Assembly Building (dove gli Space Shuttle sono disposti alla partenza), poi si sosta per vedere una rampa di lancio e ci si ferma per visitare il missile Saturn V e assistere a un conto alla rovescia simulato per l'Apollo. Per le date e gli orari dei **veri lanci** chiamate il T 321/449-4444 o controllate il sito citato sopra.

A Titusville, vicino allo Space Center, c'è l'**Astronaut Hall of Fame** (il biglietto è compreso nei $38 di entrata), uno dei musei della Florida più divertenti e interattivi, dove potrete sperimentare la forza di gravità e un viaggio pieno di scossoni sulla superficie di Marte.

Notizie utili: Cocoa Beach

I **motel** più vicini al Kennedy Space Center sono sulla terraferma, lungo l'US-1 (a Titusville per esempio). Se cercate posti caratteristici dirigetevi verso **COCOA BEACH**, pochi chilometri più a sud, una spiaggia di 15 km con le onde più grandi della Florida per fare surf.

Le possibilità sono *Luna Sea*, 3185 N Atlantic Ave (T 1-800/586-2732; *www.lunaseacocoabeach.com*; ④), *Days Inn*, 5500 N Atlantic Ave (T 321/784-2550; *www.daysinncocoabeach.com*; ④) e il *Fawlty Towers*, 100 E Cocoa Beach Causeway (T 321/784-3870; *www.fawltytowersresort.com*; ③-④). Per mangiare ostriche sopraffine in riva al mare andate al *Sunset Café*, 500 W Cocoa Beach Causeway (☎ 321/783-8485), ma fatelo presto perché c'è molta gente. Se volete **cenare** bene c'è l'*Atlantic Ocean Grille*, al Cocoa Beach Pier (☎ 321/783-7549), che ha un menu di qualità, anche se caro, a base di ottimo pesce.

Merritt Island National Wildlife Refuge

La NASA non ha l'uso esclusivo di Merritt Island, la divide con il **Merritt Island National Wildlife Refuge** (tutti i giorni alba-tramonto, gratuito). Alligatori, armadilli, procioni, linci, insieme a molte specie di uccelli vivono vicino a uno dei più avanzati centri di ricerca al mondo. L'inverno (ottobre-marzo) è il momento migliore per andarci, perché i cieli sono pieni di uccelli che migrano dal freddo nord e non ci sono zanzare. In ogni altro momento dell'anno la Mosquito Lagoon dell'isola è piena di zanzare, portate un repellente.

A 12 km dall'uscita 220 della I-95 c'è il **Black Point Wildlife Drive**, lungo 11 km circa, che vi dà un'idea precisa dell'ecosistema dell'isola. Prendete il foglio illustrativo all'entrata. Ricordatevi di andare al rifugio: fuori dalla Wildlife Drive, c'è il **Cruickshank Trail** che incrocia l'Indian River. Guidate pochi chilometri verso est lungo la statale 402 che biforca dalla statale 406 a sud della Wildlife Drive e arrivate al **centro visitatori** (lun-ven 8-16,30, sab e dom 9-17; chiuso dom aprile-ottobre; ☎ 321/861-0667). Da lì potete percorrere l'**Oak Hammock Trail**, lungo 1 km circa, o il **Palm Hammock Trail**, lungo 3 km. Entrambi partono dal parcheggio del centro visitatori.

Daytona Beach

È la città sulla spiaggia più conosciuta della Florida con i negozi di t-shirt, le sale giochi e i motel uno in fila all'altro. **DAYTONA BEACH** deve la propria fama a 30 km di spiaggia dorata. A lungo è stata meta dei ragazzi per le vacanze di primavera, ma recentemente ha cercato di migliorare la propria immagine, con un risultato parziale, perché gli studenti in vacanza sono stati rimpiazzati da motociclisti e da appassionati delle corse. La città ospita tre importanti eventi: la leggendaria gara di auto **Daytona 500** a febbraio (biglietti a partire da $99; chiamate ☎ 877/306-RACE o guardate il sito *www.daytonainternationalspeedway.com*); la **Bike Week**, all'inizio di marzo, che attira migliaia di motociclisti, e la recente **Biketoberfest**, in ottobre, una versione per famiglie della Bike Week.

A Daytona le prime corse di auto e moto si svolsero agli inizi del Novecento, quando pionieri dell'auto come Louis Chevrolet, Ransom Olds e Henry Ford arrivarono su questa sabbia dura per provare i prototipi vicino all'oceano. Il record di velocità su terra fu battuto proprio qui cinque volte, dal milionario inglese Malcolm Campbell. L'aumento della velocità rese la sabbia poco sicura e nel 1959 fu costruito il **Daytona International Speedway**, una sgraziata costruzione di cemento e acciaio in grado di ospitare 150.000 persone. È a 5 km dal centro città in direzione ovest, lungo la International Speed Boulevard (autobus n. 9, n. 10 e n. 60).

Anche se manca l'eccitazione della corsa, il **giro guidato** (tutti i giorni, tranne durante le corse 9.30-17.30 ogni 30 min, il biglietto è compreso) dà un'idea della pendenza che rende questa pista la più veloce del mondo.Vicino alla Speedway c'è una grossa struttura che ospita il museo della **Daytona 500 Ex-**

perience (tutti i giorni 9-17, $24; ⓣ 386/947-6800, *www.daytona500experience.com*), dove potrete virtualmente sollevare una macchina al pit-stop, fare la cronaca di una gara, mentre uno schermo con il 3D vi spiega il NASCAR (National Association of Stock Car Auto Racing).

La cosa migliore di Daytona, a parte l'adrenalina delle corse, è la **spiaggia** infinita, che con la bassa marea è larga 1,5 km e scompare in lontananza nel vento caldo. Daytona è anche una delle poche spiagge su cui si può guidare: 16 dei 32 km sono accessibili ai veicoli motorizzati. Pagate $5 all'entrata e seguite le indicazioni sui manifesti. Un'altra cosa da fare a Daytona Beach è visitare l'eclettico **Museum of the Arts and Sciences**, 1,5 km a sud della Speedway al 352 di S Nova Rd (mar-ven 9-16, sab-dom 12-17; $13; ⓣ 386/255-0285, *www.moas.org*), dove si trovano i resti ricomposti di un bradipo gigante di un milione di anni fa e la prima Coca-cola spedita nello spazio.

Notizie utili

La US-1 (chiamata in città Ridgewood Avenue) taglia Daytona Beach e arriva alla stazione dei pullman **Greyhound**, al 138 di S Ridgewood. I **filobus** ($1,25) vanno avanti e indietro sulla spiaggia fino a mezzanotte da metà gennaio ai primi di settembre. Il **centro visitatori** è al 126 di E Orange Ave. (lun-ven 9-17; ⓣ 1-800/854-1234, *www.daytonabeach.com*). Se volete andare a Daytona durante uno dei grandi eventi, dovrete prenotare l'**alloggio** almeno con sei mesi d'anticipo, potrete stare pochissimo e i prezzi saranno raddoppiati. Qualsiasi **motel** lungo Atlantic Avenue, davanti all'oceano, è un buon punto per raggiungere la spiaggia: c'è l'*Audrey's Tropical Manor*, 2237 S Atlantic Ave., appena a sud della città, a Daytona Beach Shores (ⓣ 386/252-4920, *www.tropicalmanor.com*; ❹-❺); o il caldo *Ocean Court*, 2315 S Atlantic Ave (ⓣ 386/253-8185, *www.oceancourt.com*; ❸), gestito da inglesi. Lontano dalla spiaggia, ma vicino alla vivace Beach Street, c'è il *Coquina Inn*, 544 S Palmetto Ave. (ⓣ 386/254-4969; *www.coquinainndaytonabeach.com*; ❺), un tranquillo B&B.

Atlantic Avenue è piena di fast food, ma se volete **mangiare** meglio andate a Beach Street dove il *Daytona Diner*, in stile scorsi anni Cinquanta al 290 1/2 N (ⓣ 386/258-8488), prepara pantagrueliche colazioni per $6, e *Angell & Phelps Café* al n. 156 S (ⓣ 386/257-2677) offre una cucina americana in un ambiente informale. Per il pesce fresco andate a sud verso Ponce Inlet, dove ci sono gli entrambi buoni *Lighthouse Landing*, accanto al Ponce Inlet Lighthouse, al 4940 di S Peninsula Drive (ⓣ 386/761-9271) e *Inlet Harbor*, che guarda il porto al n. 133 Inlet Harbor Rd. (ⓣ 386/767-5590). La **vita notturna** di Daytona si svolge intorno a Seabreeze Boulevard, con le discoteche in linea con le vacanze di primavera, come il *Razzles*, al n. 611 (ⓣ 321/257-6236) e Main Street, con i rumorosi bar da motociclisti tipo il *Boot Hill Saloon* al n. 310 (ⓣ 386/258-9506).

St. Augustine

La US-1, a 60 km da Daytona Beach, attraversa il cuore dell'affascinante **ST. AUGUSTINE**. Ci sono pochi posti in Florida così carismatici come questa vecchia città che, come dimensioni e sembianze, ricorda una cittadina del Mediterraneo. È il più antico insediamento permanente degli Stati Uniti, con l'atmosfera dei vecchi tempi che trapela dalle stradine; la cittadina è resa ancora più piacevole da due **spiagge** a Matanzas Bay.

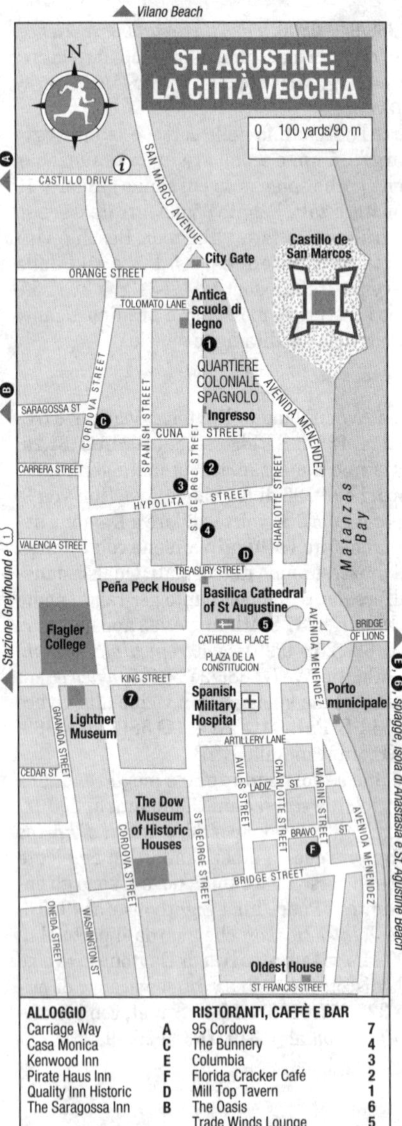

Ponce de León ha toccato terra qui nel 1513, ma l'insediamento europeo si è stabilizzato 50 anni dopo, quando Pedro Menéndez de Avilés è sbarcato a St. Augustine nel 1565. La città divenne presto un importante centro amministrativo e la capitale della Florida orientale. In seguito, Tallahassee (vedi p. 565) divenne la capitale dell'intera Florida e così cominciò il declino di St. Augustine. Da allora il progresso ha toccato solo incidentalmente la città, facilitando inconsapevolmente il programma di ricostruzione che l'ha trasformata in un delizioso pezzo di storia.

Arrivo e informazioni

La stazione dei **pullman** Greyhound è a 3 km dal centro, in 1711 Dobbs Rd. Il **centro visitatori**, al 10 di Castillo Drive (tutti i giorni 8.30-17.30; ☎ 1-800/653-2489, *www.visitoldcity.com*), mostra un film con la storia della città, propone vari tour (vedi avanti), informazioni sulle feste, come la processione con le torce e la Menorcan Fiesta.

È meglio visitare St. Augustine **a piedi**, anche se ci sono due **treni panoramici** che toccano i punti storici della città (tutti i giorni 8.30-17, $21, i biglietti li trovate al centro visitatori e in quasi tutti gli hotel e B&B). Non ci sono **trasporti pubblici**: se volete raggiungere la spiaggia, a 3 km, e non avete l'auto dovete prendere un **taxi** (Ancient City Cabs, ☎ 904-824-8161). L'Old Town Trolley panoramico comprende il trasporto gratuito al **Beach Bus**. Per escursioni organizzate rivolgetevi a Scenic Cruise ($15,75, ☎ 904-824-1806), che propone crociere nel porto, che partono dalle quattro alle sei volte al giorno dalla Marina Municipale vicino a King Street. Per un giro a piedi di St. Augustine c'è il Tour St. Augustine che vi porta nei luoghi storici, mentre di sera si possono visitare i posti spettrali con "A Ghostly Experience" ($12; ☎ 904/461-1009).

Alloggio

La città vecchia ha molti **edifici** restaurati che fanno da bed & breakfast e ci sono **alberghi** più economici fuori dal centro, lungo la San Marco Avenue e Ponce de León Boulevard. Ricordate che durante il fine settimana le tariffe aumentano di $15-50.

Carriage Way 70 Cuna St. ⓣ 1-800/908-9832, *www.carriageway.com.* Enormi letti a baldacchino, vasche con i piedini e altri pezzi d'antiquariato vi riporteranno al 1880, data della costruzione dell'edificio. ❺-❻

Casa Monica 95 Cordova St. ⓣ 1-800/648-1888, *www.casamonica.com.* Hotel elegante in stile spagnolo, assai ben ristrutturato, che ha ospitato il re e la regina di Spagna. Prenotate con anticipo. ❼-❽

Kenwood Inn 38 Marine St. ⓣ 904/824-2116, *www.thekenwoodinn.com.* B&B silenzioso vicino al mare, ha una piscina e offre l'uso delle biciclette gratuito per gli ospiti. ❺

Pirate Haus Inn 32 Treasury St. ⓣ 904/808-1999, *www.piratehaus.com.* È l'unico ostello della città vicino alla piazza, famoso tra i backpackers. Ha un'enorme cucina e una stanza comune piena di guide. I letti sono in dormitori con l'aria condizionata a $20; cinque stanze singole. ❷

Quality Inn Historic 1111 Ponce de León Blvd. ⓣ 904/824-5554 o 1-800/575-5288. Anche se è sulla trafficata Hwy-A1A e le stanze sono semplici, questo posto è a 20 min dal centro, prezzi modici, internet gratuito e colazione continentale. ❹

The Saragossa Inn 34 Saragossa St. ⓣ 904/808-7384 o 1-877/808-7384, *www.saragossainn.com.* Questo piccolo cottage rosa è stato costruito nel 1924 come bungalow dello Sears Craftsman e adesso ha quattro stanze per gli ospiti e due suite e si trova a ovest della strada battuta. ❺-❻

La città vecchia

La **città vecchia** è delimitata a ovest da St. George Street e a sud dalla Plaza de la Constitución e conserva le tracce del periodo spagnolo. È piccola ma c'è molto da vedere: se partite verso le 9 sarete in anticipo sul resto della folla di turisti e riuscirete a visitare quasi tutto nel corso della giornata.

Il **Castillo de San Marcos National Monument** (tutti i giorni 8.45-16.45, $6, *www.nps.gov/casa*) è ancora in ottime condizioni e si fa fatica a credere che la fortezza sia stata costruita alla fine del 1600. Il merito è della struttura: c'è un bastione a forma di diamante agli angoli per massimizzare la possibilità di fare fuoco e mura spesse 4 m per ridurre le possibilità di attacco. All'interno non c'è molto da vedere a parte un piccolo museo e stanze vuote, ma se si cammina lungo i bastioni lunghi 9 m si vedono la città e la baia.

100 m a ovest della fortezza ci sono le ottocentesche **porte della città**, City Gate, verso **St. George Street**, una volta la strada principale e oggi via pedonale turistica, anche se ricca di vestigie storiche. L'**Oldest Wooden Schoolhouse** è immersa in un rigoglioso giardino al 14 di St. George St. (tutti i giorni 9-17, $3,5) ed è una costruzione di legno ristrutturata con appese alle pareti le foto degli alunni dell'Ottocento.

Verso sud, sulla St. George St., c'è il **Colonial Spanish Quarter**, un gruppetto di case originali, tra Tolomato Lane e Cuna Street, (tutti i giorni 9-17.30, ultimo biglietto alle 16.45, $7). Sono 9 le case e le botteghe ricostruite, dove volontari, vestiti con gli abiti spagnoli dell'epoca, lavorano con le incudini e torni di legno a pedali.

Per uno sguardo ravvicinato alla vita dell'epoca di qualche anno dopo, andate alla **Peña Peck House**, 143 St. George St. (dom-ven 12.30-16.15, sab 10.30-16.15; offerta; ⓣ 904/829-5064). Pare che fosse il Tesoro spagnolo e nel 1763, quando arrivarono gli inglesi, era la casa di un medico e di sua moglie che ne fecero un luogo di incontro per l'alta società.

Nel 1500 il re spagnolo decise che tutte le città dovevano essere costruite in-

△ Antica scuola in legno

torno a una piazza centrale, per questo St. George St. finisce a **Plaza de la Constitución**, la piazza del mercato dal 1598. A nord della piazza c'è la **Basilica Cathedral of St. Augustine** (tutti i giorni 7-17; offerta) che aggiunge magnificenza anche se è un rifacimento degli anni Sessanta del Novecento sull'originale della fine del 1700.

I turisti diminuiscono se vi dirigete **a sud della piazza**, che sfocia in una rete di stradine, vecchie quanto St. George St. A ovest, lungo King Street, di fronte al Flager College c'è il ricco **Lightner Museum** (tutti i giorni 9-17, ultima entrata alle 16, $10 ⓣ 9048242874), che possiede una vasta collezione di dipinti e di oggetti nell'edificio che ospitò uno degli alberghi più belli di fine Ottocento. A 10 min di cammino c'è l'**Oldest House**, 14 St. Francis St. (tutti i giorni 9-17, ultima entrata 16.30, $8), che è veramente la più vecchia dimora della città, risalente ai primi del Settecento. Le stanze sono arredate per mostrare come la casa e la vita degli abitanti siano cambiate nel tempo.

Le spiagge

Alcune **spiagge**, affollate durante il fine settimana, sono pochi chilometri a est della città vecchia. Se attraversate la baia sul Bridge of Lions e continuate verso est sulla Hwy-A1A arriverete all'**Anastasia State Recreation Area**, sull'isola Anastasia (tutti i giorni 8-tramonto, auto $3-5, biciclette e pedoni $1), con qualche migliaio di ettari protetti di dune, acquitrini e boschi collegati tra loro da sentieri naturali. Poco più a sud c'è **St. Augustine Beach**, zona per famiglie, con buoni ristoranti e un pontile per pescare. A nord della città vecchia (prendete May St. da San Marco Ave.) c'è la **Vilano Beach**, affollata di giovani.

Mangiare, bere e divertimenti

Mangiare nella città vecchia è costoso e molti ristoranti sono chiusi la sera. Tra quelli aperti alcuni sono anche **bar** e altri hanno **musica dal vivo**.

95 Cordova all'interno del *Casa Monica hotel*, 95 Cordova St. ⓣ 904/810-6810. Il menu di questo lussuoso ed elegante ristorante presenta la nouvelle continental cuisine, molto costosa, ma cucinata in modo magistrale.

The Bunnery 121 St. George St. ⓣ 904/829-6166. Vecchio panificio spagnolo dove potete trovare caffé, colazioni economiche e anche panini gustosi.

Columbia 98 St. George St. ⓣ 904/824-3341. Gustatevi la paella, le tapas e altri piatti della tradizione spagnola-cubana in un ambiente con fontane e candele.

Florida Cracker Café 81 St. George St. ⓣ 904/829-0397. Insalate miste, frittura di molluschi e dolci fatti in casa a prezzi modici.

Mill Top Tavern 19 1/2 George St. ⓣ 904/829-2329. Si respira un'aria meravigliosa in cima a questo mulino dell'Ottocento, dove si può ascoltare musica dal vivo e avere una vista magnifica del Castello.

The Oasis 4000 Ocean Trace Rd, St. Augustine Beach ⓣ 904/471-3424. Bar sulla spiaggia, famoso per gli hamburger con un'infinita varietà di condimenti.

Trade Winds Lounge 124 Charlotte St. ⓣ 904/826-1590. Bar allegro dove battere il tempo a ritmo di musica country, western e rock 'n' roll.

Jacksonville

JACKSONVILLE è nel mezzo dell'ansa del fiume St. John. Per anni il centro ha cercato di scuotersi di dosso la fama di severa città portuale e industriale con una popolazione profondamente conservatrice. Durante gli scorsi anni Novanta cominciò a distinguersi come centro industriale di servizi e questo portò a un'ondata di progetti edilizi e a nuovi acquirenti. Cogliendo l'occasione del Super Bowl del 2005 si cercò di migliorarla, costruendo parchi e passeggiate lungo il fiume. Comunque, la dimensione della città, 1.345 km^2, la più estesa degli Stati Uniti, ne smorza il carattere amichevole.

L'edificio più importante del centro, sul lato nord del fiume, è il **Florida Theatre**, 128 E Forsyth St. (ⓣ 904/355-2787, *www.floridatheatre.com*). Elvis Presley suonò qui nel 1957, durante il suo primo concerto al chiuso, evento che fu vigilato dal giudice della corte minorile, preoccupato che fosse troppo allusivo.

Da allora l'interno del teatro è stato restaurato con un dorato scintillante arco di proscenio ed è usato per diverse manifestazioni. A 5 min di cammino dal teatro, al 333 N Laura St., c'è il **Museum of Contemporary Art** (mar, mer, ven e sab 10-16, gio 10-20, dom 12-16; $8, gratuito mer 5-21; ⓣ 904/366-6911, *www.mocajacksonville.org*) con dipinti, sculture e fotografie di sorprendente grandezza e profondità, tra cui grandi tele di Ed Paschke e James Rosenquist.

Il **Museum of Science and History**, 1025 Museum Circle (lun-ven 10-17, sab 10-18, dom 13-18; $9, bambini 3-12 $6; ⓣ 904/396-6674, *www.themosh.org*), con il planetario e i reperti, lo potete raggiungere con il River Taxi ($3 solo andata; $5 andata e ritorno), attraversando la sponda sud del fiume.

Proprio a sud del ponte Fuller Warren River (I-95) c'è il **Cummer Museum of Art and Gardens**, 829 Riverside Ave. (mar 10-21, mer, gio, ven 10-16 dom 12-17; $10, gratuito mar dopo le 16; ⓣ 904/356-6857, *www.cummer.org*), che ha stanze spaziose con opere di maestri americani ed europei e corridoi pieni di sculture. Quasi un ottaro di terreno con giardini all'italiana e all'inglese che dominano il fiume sono uno stimolo in più alla visita.

Ovunque voi siate a Jacksonville vedrete l'Alltel Stadium con 73.000 posti, base dei **Jacksonville Jaguars**, la società di football della città (biglietti a partire da $50-250 ❶ 1-877/4JAGS-TIX). È anche lo stadio dove si scontrano ogni autunno il Florida e il Georgia College, un momento collettivo per bere e festeggiare che dura 48 ore. Accanto c'è il **Metropolitan Park**, un posto tranquillo con vegetazione tipica fluviale.

Notizie utili

Dalla **stazione dei pullman** Greyhound in centro, al 10 N Pearl St., con una breve camminata si arriva al **Convention and Visitors Bureau**, 550 Water St., suite 1000 (lun-ven 8-17; ❶ 904/798-9111 o 1-800/733-2668, *www.visitjacksonville.com*). La **stazione dei treni**, invece, è 10 km a nord-ovest del centro al 3570 Clifford Lane. L'**alloggio** più economico si trova negli alberghi alla periferia della città, tipo il *Comfort Suites*, 1180 Airport Rd. (❶ 904/741-0505; ❺). In città lo *Hyatt Regency Jacksonville Riverfront*, 225 Coastline Drive (❶ 1-800/233-1234, *www.jacksonville.hyatt.com*; ❼) ha una magnifica vista del fiume. In alternativa potete scegliere il quartiere residenziale di Riverside-Avondale (vicino al Cummer Museum) per una buona scelta di B&B, tra cui *The House on Cherry Street*, 1844 Cherry St. (❶ 904/384-1999, *www.houseoncherry.com*; ❹-❺) di fronte al fiume. Per **mangiare**, ci sono diversi posti per un veloce e nutriente pasto lungo la Jacksonville Landing, tra Water St. e il fiume. Sulla sponda sud il *River City Brewing Co.*, 835 Museum Circle (❶ 904/398-2299) ha meravigliose bistecche, birra fatta in casa e vista sul fiume, mentre la Riverside-Avondale ha alcuni bei caffè come il *Biscotti's*, 3556 St. Johns Ave. (❶ 904/387-2060).

Le spiagge di Jacksonville

A sud di Jacksonville, prendete la I-95, e poi a est la statale 202, per arrivare a **Ponte Vedra Beach**, una delle più esclusive comunità della Florida nord-orientale, con la spiaggia poco affollata e case da milioni di dollari. Pochi chilometri a nord, sulla Hwy-A1A, c'è la meno pretenziosa **Jacksonville Beach**. Se vi stancate di guardare i surfer principianti c'è **Adventure Landing**, 1944 Beach Blvd. (dom-gio 10-22, ven e sab 10-12; ❶ 904/246-4386, *www.adventurelanding.com*), un parco divertimenti, dove ogni gioco ha un prezzo diverso. Ci sono i posti dove allenarsi alla battuta del baseball ($2), giochi sull'acqua ($27) e piste per go-kart ($7). 3 km a nord del vecchio molo di Jacksonville Beach troverete la più commerciale **Neptune Beach,** identica all'**Atlantic Beach**; entrambe sono pensate per le famiglie e frequentate per il cibo e per fare amicizia.

Notizie utili

Il posto migliore e il più caro dove **dormire** è lo pseudoartistico boutique hotel *One Ocean*, 1 Ocean Blvd., Atlantic Beach (❶ 904/247-0305, *www.oneoceanresort.com*; ❼-❽), mentre dall'altra parte della strada e sempre con vista sull'oceano, c'è il *Sea Horse Oceanfront Inn*, 120 Atlantic Blvd., Neptune Beach (❶ 904/246-2175, *www.seahorseoceanfrontinn.com*; ❺). I posti per **mangiare** bene sulle spiagge sono *Ragtime Tavern Seafood Grill*, 207 Atlantic Blvd., Atlantic Beach (❶ 904/241-7877), con il suo ampio menu a base di pesce; *Sun Dog Diner*, 207 Atlantic Blvd., Neptune Beach (❶ 904/241-8221) offre piatti creativi e il ✱ *Beach Hut Café*, 1281 S 3rd St., Jacksonville Beach (❶ 904/249-3516) serve deliziose colazioni abbondanti.

La Florida centrale

La **Florida centrale**, stretta tra le coste orientale e occidentale, è una striscia di terra molto fertile che prima dell'arrivo dei vacanzieri era dedita all'agricoltura. Dal 1970 questa situazione si è rivoluzionata: nessuna zona dello Stato è stata più colpita dal turismo moderno. Il risultato è che l'area più visitata della Florida è anche la più brutta. Intorno a **Orlando** ci sono superstrade che si intersecano, motel e cartelloni pubblicitari, e in città i soldi dei turisti sono tutti per il **Walt Disney World**: il parco di divertimenti più grande e articolato mai costruito; il resto della Florida al confronto è soporifera.

Orlando e i parchi a tema

Una volta **ORLANDO** era una tranquilla cittadina agricola, ma oggi ospita più visitatori che ogni altro posto dello Stato. La ragione è ovviamente il **Walt Disney World**, che con **Universal Orlando**, il **SeaWorld Orlando** e una miriade di altre attrazioni di vario tipo e genere attrae ogni anno milioni di persone. La maggior parte dei motel si trova lungo l'International Drive, sulla statale 192 e nell'area che circonda Disney World. Tutti sono abbastanza lontani dal centro, dove c'è una movimentata vita notturna.

Arrivo e informazioni

L'**aeroporto internazionale** è a 15 km dal centro, raggiungibile con gli autobus n. 11 e n. 51, mentre il n. 42 vi porta sull'International Drive. Ci sono anche le **navette** della Mears Transportation (24h ⓣ 407/423-5566): si paga una tariffa unica di $16 per arrivare in qualsiasi albergo in centro, $17 all'International Drive e $19 per la statale 192. Chi alloggia al Disney World può approfittare del **Disney's Magical Express Transportation** (ⓣ 1-866/599-0951). I **taxi** verso queste destinazioni costano tra $30 e $60. I **pullman** arrivano in centro, alla stazione Greyhound 555 N John Young Parkway (ⓣ 407/292-3424), i **treni** alla stazione Amtrak 400 Sligh Blvd (ⓣ 407/843-7611). L'**ufficio informazioni**, 8723 International Drive (tutti i giorni 8.30-18.30 ⓣ 407/363-5872, *www.orlandoinfo.com*) vi riempirà di brochure e coupon di sconto.

Come muoversi

Arrivare nei parchi a tema senza auto è difficile ma si può fare. Gli **autobus** Lynx fanno capolinea in centro, 455 N Garland Ave (ⓣ 407/841-5969, *www.golynx.com*). Il n. 50 arriva al Walt Disney World, il n. 8 e il n. 38 vanno verso l'International Drive. Sempre sull'International Drive, passando anche per il Sea World Orlando, ci sono le **navette I-Ride** (ⓣ 1-866/243-7483, *www.iridetrolley.com*) hanno una frequenza di 20 min, tutti i giorni dalle 8.30-22.30, costano $1 solo andata. I **taxi** sono il modo migliore per girare di sera: provate Diamond Cab (ⓣ 407/523-3333). Le agenzie di **noleggio auto** hanno gli uffici all'aeroporto o nelle immediate vicinanze.

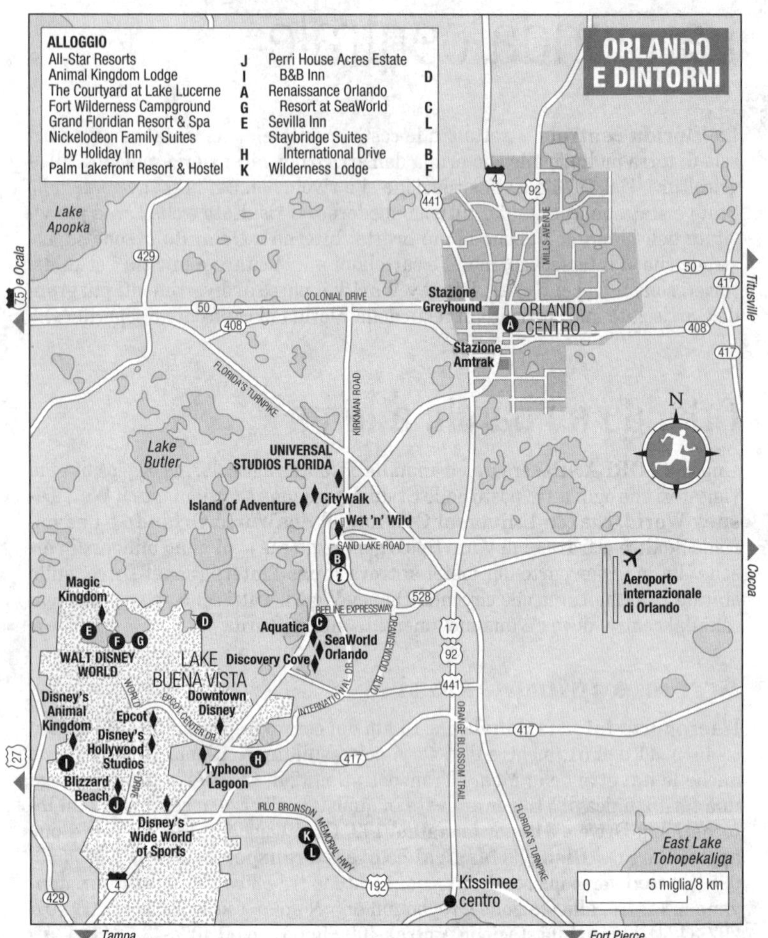

Alloggio fuori dal Walt Disney World

Se avete i soldi contati o volete visitare altri parchi a tema vi conviene alloggiare **fuori dal Walt Disney World**. Sull'**International Drive** ci sono molti alberghi e sono vicini anche all'Universal Orlando e al Sea World Orlando: i ristoranti e i negozi si possono raggiungere a piedi. Anche intorno al parco di Disney ci sono hotel nella zona di **Lake Buena Vista**, mentre gli hotel a prezzi medi e gli ostelli sono sulla **statale 192** (molto vicina a Disney). A Orlando in **centro** ci sono molti posti a conduzione familiare e B&B.

The Courtyard at Lake Lucerne 211 N Lucerne Cirle E ⓣ 407/648-5188, *www.orlandohistoricinn.com*. Si possono scegliere camere in stile edoardiano, vittoriano o ampie suite art déco. ❺

Nickelodeon Family Suites by Holiday Inn 14500 Continental Gateway, Lake Buena Vista ⓣ 1-877/642-5111, *www.nickhotel.com*. Particolarmente accogliente per i bambini. Ci sono stanze da due o tre letti, suite, due piscine con gli scivoli e anche un centro benessere per i più piccoli. ❻

Palm Lakefront Resort & Hostel 4840 W Hwy-192 ☎ 407/396-1759, *www.orlandohostels.com.* Prima scelta dei backpacker, è un ostello-hotel con sei letti nei dormitori ($19), stanze private, una piscina e una bella vista sul lago. ❷

Perri House Acres Estate B&B Inn 10417 Vista Oaks Court, Lake Buena Vista ☎ 1-800/780-4830, *www.perrihouse.com.* La strana presenza di un B&B con otto stanze in mezzo a 2 ettari di foresta è l'antidoto perfetto alla frenesia dei parchi. ❺

Renaissance Orlando Resort at SeaWorld 6677 Sea Harbor Drive ☎ 1-800/327-6677. Albergo di lusso vicino all'International Drive, esattamente di fronte al Sea World Orlando, con ampie stanze. ❼

Sevilla Inn 4640 W Hwy-192 ☎ 407/396-4135, *www.sevillainn.com.* Motel a conduzione familiare, poco pretenzioso ed economico, soprattutto in bassa stagione. È una buona alternativa agli alberghi di catena. ❷

Staybridge Suites International Drive 8480 International Drive ☎ 407/352-2400 o 1-800/866-4549, *www.sborlando.com.* Albergo piacevole e affollato a metà dell'I-Drive, con suite ben arredate, Internet gratuito e una colazione a buffet. ❻

Alloggi all'interno del Walt Disney World

I prezzi dei favolosi **alberghi di Disney World** (prenotazioni valide per tutti gli alberghi ☎ 407/939-6244 o *www.disneyworld.com* e della zona circostante sono molto più alti rispetto agli altri. Si può arrivare a pagare $300 a notte. I vantaggi però sono molti: agevolazioni eccezionali, trasporti da e per l'aeroporto gratuiti, parcheggio gratuito e la possibilità di entrare al parco prestissimo. In bassa stagione si può prenotare con poco preavviso, ma in alta bisogna organizzarsi **per tempo**, anche 9 mesi prima.

Se preferite il **campeggio**, una buona scelta è il *Fort Wilderness Campground* immerso in 300 ettari di foresta vicino al Magic Kingdom, la tenda si paga $34 a notte, un bungalow da sei posti $265 circa e si gode dei privilegi di un ospite Disney.

All-Star Resorts Tre resort vicino al parco acquatico Blizzard Beach, con zone dedicate allo sport, alla musica e ai film. È la sistemazione più economica che si può trovare a Disney, ma assolutamente decorosa. ❹

Animal Kingdom Lodge Vi svegliate con animali selvatici africani che vi spiano dalla finestra in uno dei resort più lussuosi e spettacolari. ❽

Grand Floridian Resort & Spa Tetti spioventi, verande, candelieri di cristallo e una spa appartengono al resort più elegante e costoso di Disney. ❾

Wilderness Lodge Convincente ricostruzione di una capanna di frontiera fatta con i tronchi d'albero. C'è il fuoco acceso nella hall e stanze accoglienti. ❽

Walt Disney World

Il **WALT DISNEY WORLD** ha trasformato una zona della Florida prevalentemente agricola in una delle mete di vacanza più redditizie. Questo immenso impero accuratamente pianificato ha fatto salire di molto le quotazioni della Florida. Se prima la zona era un agglomerato di motel scadenti, case di riposo e zoo di alligatori, dal 1971 è diventata una vetrina del turismo internazionale.

Il Disney World è il migliore tra i parchi a tema. Supera di molto Disneyland, il parco aperto ad Anaheim, California, nel 1955 che ha portato evasione e divertimento con tecnologie avanzate in una zona grande il doppio di Manhattan. Il Disney World ha quattro parchi a tema principali e si dovrebbe dedicare una giornata a ciascuno. Il **Magic Kingdom** è quello per bambini, dove gira Topolino, ma le varie tecnologie catturano anche l'attenzione degli adulti. **Epcot**, conosciuto per l'enorme palla da golf montata come un mappamondo, è il parco dedicato alla scienza, alla tecnologia e alle culture del mondo. Bisogna camminare molto e forse è stancante per i più piccoli. Il più piccolo è il **Disney's Hollywood Studios**, che si ispira ai film, alla televisione e alla musica, con discese elettrizzanti e spettacoli che piacciono a grandi e piccoli. Il più recente dei quattro è il **Disney's Animal Kingdom Park** che presenta tutte le specie animali selvatiche africane e asiatiche.

Insieme ai parchi più importanti ci sono altri divertimenti, creati per far rimanere la gente a Disney il più a lungo possibile. Ci sono due parchi acquatici: il **Blizzard Beach** e il **Typhoon Lagoon**, un complesso sportivo, il **Disney's Wide World of Sports** e il **Downtown Disney** un centro dove bere, mangiare e fare acquisti.

Magic Kingdom

Il **Magic Kingdom** è dominato dal **castello di Cenerentola**, una meravigliosa ricostruzione di un castello del Rhinland. Il parco segue la formula collaudata dal Disneyland californiano e si divide in diverse sezioni tematiche: **Tomorrowland**, **Frontierland**, **Fantasyland**, **Adventureland**, **Liberty Square** e **Mickey's Toontown Fair**. Fantasyland e Mickey's Toontown Fair sono dedicati soprattutto ai bambini, mentre gli altri, e in particolare Tomorrowland e Frontierland, hanno dei magnifici ottovolanti. Alcune attrazioni sono uguali a quelle del modello californiano e altre sono nuovissime. A Tomorrowland il vecchio **Space Mountain** è un normale ottovolante, anche se il fatto che sia completamente al buio fa impazzire di gioia i bambini. Lo **Splash Mountain** usa l'acqua per creare effetti speciali: si arriva a un'altezza di 150 m, per poi piombare giù. Sicuramente vi bagnerete. Il **Big Thunder Mountain Rail-**

△ Magic Kingdom

Informazioni, biglietti e come evitare la folla

Per **informazioni** generali chiamate ⓣ 407/939-6244 o visitate il sito *www.disneyworld.com*. I **biglietti** costano $75 (bambini dai 3-9 anni $63), comprendono l'entrata in un solo parco solo per quel giorno e si possono fare tutti i giochi e tutti i percorsi senza limiti. La formula **Magic Your Way** fa risparmiare se si spezza la visita in diversi giorni: per esempio un biglietto valido una settimana costa $228 (bambini 3-9 anni $193). Si possono comprare i biglietti Magic Your Way per un massimo di dieci giorni ed è possibile visitare solo un parco alla volta. Se volete farne più di uno lo stesso giorno, bisogna aggiungere l'opzione **Park Hopper** per altri $50. Il **Water Park Fun & More** vi permette l'entrata a Blizzard Beach, al Typhoon Lagoon, al DisneyQuest e al Disney's Wide World of Sports da due a dieci volte con $50 extra (il numero esatto dipende dalla durata del biglietto). Il **parcheggio** costa $12 al giorno, è gratuito se siete ospiti di uno dei Disney resort.

Ogni parco **apre** tutti i giorni dalle 9 alle 18 o alle 22, dipende dalla stagione. Procuratevi il programma quando arrivate. Il Disney's Animal Kingdom Park chiude alle 17 tutto l'anno. Nei casi peggiori i tempi d'attesa per i percorsi più richiesti arrivano all'ora. Il modo migliore per **evitare la folla** è il sistema Disney FASTPASS. Si mette il biglietto d'entrata in un apparecchio all'ingresso del gioco, che restituisce un altro biglietto con la ricevuta della prenotazione e l'indicazione dell'orario in cui far ritorno, di solito dopo 2 h. Quando è il momento, entrate nella fila FASTPASS che vi fa entrare senza attesa. Un altro modo è correre alla fine del parco e ripercorrerlo all'inverso o dirigersi direttamente verso i percorsi più importanti.

road vi fa salire su un treno che attraversa la California della corsa all'oro a una velocità sostenuta.

A parte le discese elettrizzanti, molte attrazioni si basano su personaggi "Audio-Animatronics", robot che parlano inventati da Disney. I migliori sono allo **Stitch's Great Escare** e provocano danni vicino agli spettatori, che sentono, provano e odorano strane cose nell'oscurità. Un gran numero di questi robot viene usato per creare gli effetti alla **Haunted Mansion**, un viaggio tra i fantasmi, da ricordare per gli ologrammi. C'è la **Jungle Cruise** che viaggia lungo il Nilo, il Rio delle Amazzoni, il fiume Congo e il Mekong, accanto a feroci bestie e ad accampamenti di cannibali. C'è anche il **Pirates of Caribbean**, il classico giro in barca intorno a un'isola infestata dai pirati.

Fantasyland è per lo più piena di datati percorsi per i piccoli, ma c'è anche il fantastico **Mickey's PhilharMagic**, un viaggio in 3D con Paperino e altri personaggi Disney, con una bellissima colonna sonora. Altrettanto magico è **Wishes**, uno spettacolo di fuochi d'artificio che viene proposto verso l'ora di chiusura.

Epcot

Ancora prima che si inaugurasse Magic Kingdom, Walt Disney stava sviluppando il progetto di **Epcot** (Experimental Prototype Community of Tomorrow), ideato nel 1966 come un vero centro di sperimentazione per idee e materiali della nuova tecnologia americana. Il progetto prese forma come lo voleva Disney ed Epcot aprì solo nel 1982, quando la recessione e le preoccupazioni per l'ecologia avevano incrinato la fede infallibile nella scienza. Un punto a sfavore del parco è la sua grandezza: è molto stancante da girare a piedi.

L'imperdibile geosfera larga 56 m (completamente rotonda), nel cuore del **Future World**, si avvicina all'originale concetto di Epcot di esplorare la storia e di indagare il futuro dell'agricoltura, trasporti, energia e comunicazione. Il parco è diviso in diversi padiglioni (compresa la geosfera con il percorso **Spa-**

ceship Earth), ognuno sponsorizzato singolarmente e ognuno con i propri percorsi, film, mostre interattive e giochi. Le attrazioni migliori sono: **Soarin'**, che usa gli ultimi simulatori di volo e la tecnologia IMAX per i film che vi porta in un volo mozzafiato sulla California; **Mission: SPACE** è la realistica rappresentazione di una missione su Marte con un vero decollo G-force, **Test Track**, un ottovolante dove provare un'auto ad alte capacità e il 3D di **Honey, I Shrunk the Audience**.

L'attrazione più grande è il **World Showcase**, dove undici diversi paesi sono rappresentati tramite icone caratteristiche o scene tipiche.

Qui ci sono i migliori ristoranti del Disney World ed è il posto migliore per guardare lo spettacolo di luci e suoni **IllumiNations: Reflections of Earth**.

Disney's Hollywood Studios

Walt Disney ha firmato nel 1980 un contratto con la Metro-Goldwyn-Mayer (MGM) per utilizzare le immagini di molti film classici, che vengono ripresentate durate i percorsi e sono adatte a grandi e piccini. Il parco ha aperto nel 1980 con il nome di Disney-MGM Studios, ma l'aggiunta di televisione, musica e teatro ha fatto cambiare il nome in **Disney's Hollywood Studios** per dare l'idea più ampia dell'intrattenimento.

La proposta riguarda spettacoli o percorsi e ci sono meno attrazioni sensazionali rispetto agli altri parchi. Chi cerca il brivido si divertirà nella **Twilight Zone Tower of Terror**, dove in alcuni momenti manca la forza di gravità o nella più normale **Rock 'n' Roller Coaster**, un ottovolante dalla velocità spropositata.

Non mancate alla mezz'ora dietro le quinte nel **Backlot Tour**, con il culmine nel set del film *Catastrophe Canyon* o il divertente **Muppet Show in 3D** e il **The Great Movie Ride**, dove personaggi Audio-Animatronics interagiscono con attori veri.

I più richiesti spettacoli dal vivo sono **The Indiana Jones Epic Stunt Spectacular!** che ripropone e spiega gli effetti speciali dei film di Steven Spielberg, e il **Lights, Motors, Action! Stunt Show**, in cui alcune controfigure fanno acrobazie con auto, motociclette e moto d'acqua.

Il mondo di Walt Disney

Quando il brillante illustratore Walt Disney inaugurò il primo parco a tema **Disneyland** in California non si assicurò il controllo su alberghi e ristoranti che aumentarono a dismisura e gli impedirono una crescita e un guadagno che lui pensava giustamente suo. Decisa a non ripetere l'errore, la Disney Corporation comprò segretamente 11.000 ettari di terreno agricolo della Florida centrale arrivando ad avere, alla fine degli scorsi anni Sessanta, un territorio grande 100 volte Disneyland. Dietro la promessa di un aumento di posti di lavoro, lo Stato diede alla Corporation il permesso di migliorare le strade, stendere regolamenti per edificare e rinforzare la polizia con le proprie guardie.

Il primo parco che aprì fu Magic Kingdom e riscosse un enorme successo. Nel 1982 fu aperto Epcot, il primo parco non basato sull'evasione del cartone animato, ma il futuro riservava qualche sorpresa. Per questo e per alcune cattive decisioni nella gestione, a metà degli scorsi anni Ottanta l'impero Disney dovette confrontarsi con la bancarotta (Walt Disney era morto nel 1966). Da allora la Corporation è riemersa dall'abisso e nonostante la Comcast abbia cercato, fallendo, di acquisirla, guida gli affari in modo rigido e competitivo. Si lavora con la fantasia ma quando si tratta di soldi, i piedi della Disney Corporation sono ben piantati per terra.

Disney Animal Kingdom Park

Il **Disney's Animal Kingdom Park** è stato inaugurato nel 1998 come parco a tema con gli animali, realizzato sempre con il tocco speciale tipico di Disney. Il parco è diviso in sei territori: **Africa**, **Asia**, **Discovery Island**, **Camp Minnie-Mickey**, **DinoLand U.S.A.** e **Rafiki's Planet Watch**, con Africa e Asia in primo piano: di ognuno è stato ricreato il paesaggio naturale e il sapore esotico con estrema attenzione ai dettagli.

Il **Kilimanjaro Safaris** è l'attrazione ricostruita meglio: una jeep vi trasporta in un viaggio che assomiglia molto a un safari africano, con giraffe, elefanti, leoni, gazzelle, rinoceronti e sarete anche parte delle operazioni contro i cacciatori di frodo. In un'altra zona dell'Africa, al **Pangani Forest Exploration Trail**, vale la pena visitare i gorilla. Passando in Asia vedrete le più belle e sane tigri tenute in cattività al **Maharajah Jungle Trek**. Sempre in Asia c'è l'elettrizzante ottovolante **Expedition Everest**, dove un treno schizza avanti e indietro tra le cime delle montagne dell'Himalaya. **DINOSAUR** (DinoLand U.S.A) è un percorso più lento ma altrettanto divertente nell'oscurità con dinosauri che spuntano da tutte le parti.

Il resto del parco si può girare liberamente. L'incantevole Flights of Wonder è uno spettacolo con falchi, gufi e altri meravigliosi uccelli, mentre le due produzioni, **Festival of the Lion King** e **Finding Nemo – The Musical**, sono notevoli per le scenografie ricercate e per i costumi.

Universal Orlando

Per alcuni anni sembrò che le produzioni cinematografiche e televisive dovessero spostarsi dalla California alla Florida, viste le tasse più basse e il costo del lavoro inferiore. L'apertura dell'Universal Studios nel 1990 sembrò confermarlo. Fino a ora, per varie ragioni, la Florida non si è impegnata a essere un'alternativa valida. Ma questo non ha fermato il gruppo Universal, qui conosciuto come **Universal Orlando**, dal diventare uno dei protagonisti nella gara dei parchi a tema. Il parco si trova sulla I-4, 700 m a nord dell'uscita 74B o 75A (apre tutti i giorni alle 9). Gli orari di chiusura variano. Il giornaliero comprensivo di parcheggio costa $73, per bambini dai 3 ai 6 anni $61, sotto i 3 gratuito, il biglietto per due giorni con parcheggio viene $104,99/$94,99, parcheggio $12, ⓣ 1-407/363-8000, *www.uescape.com*). Il Disney World è sempre il parco più gettonato, ma la Universal gli ha soffiato parecchi visitatori con le attrazioni dell'**Universal Studios'** basate su film ad alta tecnologia e con il percorso da brivido dell'**Islands of Adventure**. A Disney la vita notturna ha chiuso, mentre quella di **City Walk** deve competere con Orlando (vedi p. 552). Inoltre ha aperto tre **alberghi** di lusso al suo interno: *Loews Portofino Bay*, *Hard Rock* e *Loews Royal Pacific Resort* (per prenotare qualsiasi dei tre ⓣ 1-888/273-1311, *www.uescape.com*; ⑨). Il Disney FASTPASS (vedi p. 547) si chiama **Universal Express** e funziona allo stesso modo. Se comprate **Universal Express Plus** ($25,99-50,99 a seconda del periodo), potete entrare nella fila Universal Express quando e dove volete per tutto il giorno in entrambi i parchi.

Universal Studios

I 160 ettari degli Universal Studios sono, come i rivali Disney's Hollywood Studios, studi di produzione. L'ultima attrazione **The Simpsons Ride** mescola la tecnologia avanzata dei simulatori di volo con l'umorismo irriverente dei Simpsons. L'unico ottovolante del parco **Revenge of the Mummy** è un viaggio nel-

Orlando Flexticket

Universal Orlando, SeaWorld Orlando e altri due parchi acquatici, Wet 'n Wild e Aquatica si sono uniti per offrire un abbonamento che permetta l'entrata in ogni parco per un periodo di due settimane consecutive. L'**Orlando Flexticket** costa $234,95 (bambini dai 3-9 anni $194,95) o $279,95/$233,95, e comprende Tampa's Busch Gardens, con una navetta gratuita che collega Orlando a Busch Gardens.

le scene del film omonimo. Non mancate **Shrek 4-D**, una rappresentazione tridimensionale ancora più reale per le frequenti spruzzate d'acqua. **Disaster** vi darà 2 min di assoluto terrore: chiusi in una metropolitana durante un terremoto all'ottavo grado. Sulla stessa linea c'è **TWISTER...Ride It Out**, dove vi dovrete tenere attaccati a qualcosa durante un tornado.

Se volete assistere a uno spettacolo, scegliete l'Universal Horror Make-Up Show, che rivela i trucchi del make up o provate il **Fear Factor Live!** (chi vuole partecipare si deve prenotare in anticipo), che prende in giro uno show famoso.

Islands of Adventure

L'**Islands of Adventure** è il parco numero 1 per i percorsi di paura: anche se ce ne sono di meno avventurosi, questi sono quelli che vuole la gente. Il parco è diviso in cinque sezioni: **Marvel Super Hero Island**, **The Lost Continent**, **Jurassic Park**, **Toon Lagoon** e **Seuss Landing**, tutte intorno alla laguna.

Il percorso migliore è **The Amazing Adventures of Spider-Man**, dove si usa ogni trucco immaginabile: 3D, stimolazione sensoriale, simulazione motoria per farvi entrare nei combattimenti tra Spider-Man e i cattivi. **Dueling Dragons** è il più spaventoso: ci sono due ottovolanti (Fuoco e Ghiaccio su due tratte separate) montati in modo che sembra che si scontrino, per questo i posti in prima fila sono i più ricercati. Meno intensa è l'**Incredible Hulk Coaster**, con una catapulta all'inizio e piena di anelli e discese. **Doctor Doom's Fearfall** offre una vista panoramica del parco, ma la caduta, breve e controllata, dove vi sentirete senza peso, fa passare la fantasia. Lo stesso vale per il **Jurassic Park River Adventure**: si attraversa un fiume con una caduta finale di 25 m.

Le offerte per i ragazzi comprendono il **Dudley Do-Right's Ripsaw Falls** e il **Popeye & Bluto's Bilge-Rat Barges**, buoni tutti e due per un bagno a metà mattina e la Seuss Landing, dove tutto è basato sui personaggi del Dr Seuss. C'è un'**esibizione dal vivo** durante il giorno: **The Eighth Voyage of Sindbad Stunt Show**, dove le ambientazioni, le acrobazie, i giochi pirotecnici sono coinvolgenti, mentre lo stesso non si può dire per le battute di spirito.

SeaWorld Orlando e Discovery Cove

SeaWorld Orlando, a Sea Harbor Drive, vicino all'incrocio della I-4 e della Beeline Expressway è il migliore dei parchi marini della Florida. Ritagliatevi un giorno intero per visitarlo (il parco apre tutti i giorni alle 9, la chiusura varia, $69,95, bambini dai 3-9 anni $59,95; ☎ 407/351-3600, *www.seaworld.com*). Il grande spettacolo è *Believe*: mezz'ora di salti fatti dalle orche marine (se vi sedete nelle prime quattordici file vi bagnerete). Non perdetevi anche i leoni marini Clyde and Seamore Take Pirate Island. Il complesso del **Wild Arctic**, con tanto di neve artificiale e ghiaccio, vi porta vicino alle balene beluga, ai trichechi e agli orsi polari, mentre un simulatore di volo vi farà girare sull'Artico.

Il più bel percorso da brivido è il **Journey to Atlantis** dove si viaggia sia sui binari che in acqua, con una discesa di 18 m (preparatevi a bagnarvi). Molto più divertente è il **Kraken**, un ottovolante che corre a 100 km all'ora. L'ultima creazione è il **Manta**, che dovrebbe aprire nel 2009.

Ci sono molti acquari di piccole dimensioni, con informazioni sul mondo marino. Il **Penguin Encounter** ricrea l'Antartide con i pinguini che scorrazzano su un iceberg, il **Manatee Rescue** vi fa avvicinare ai lamantini, mammiferi in pericolo, e il **Shark Encounter** è una passeggiata tra gli squali in un tunnel dalle pareti in acrilico con il tetto trasparente.

Il **Discovery Cove** dopo SeaWorld Orlando sulla Central Florida Parkway (tutti i giorni 9-17.30; $169-189 senza nuotata con i delfini, $269-289 con nuotata con i delfini; ☎ 1-877/4-DISCOVERY, *www.discoverycove.com*) limita l'entrata a 1000 persone al giorno (prenotate con un buon anticipo). Si viene qui per giocare e nuotare con i delfini, ma si può anche fare snokelling in mezzo ai pesci tropicali, nuotare in una piscina piena di mante non velenose e dare da mangiare a uccelli esotici. Il biglietto d'entrata è valido anche per SeaWorld Orlando e Busch Gardens per una settimana.

Parchi acquatici

Disney World ha due **parchi acquatici**. **Blizzard Beach**, a nord dell'*All-Star Resorts* (vedi p. 545) sulla World Drive (tutti i giorni 10-17, più tardi in estate; $40, bambini dai 3-9 anni $34; ☎ 407/560-3400) è basato sull'idea fantasiosa di uno sfortunato imprenditore che aveva aperto un impianto sciistico in Florida che poi ha cominciato a sciogliersi. La star dello spettacolo è **Summit Plummet**, che vi lascia cadere da un'altezza di 36 m a quasi 100 km all'ora. Percorsi più moderati sono lo slalom del tabaga e il rafting. Insieme agli scivoli, il **Typhoon Lagoon**, a sud del Downtown Disney (tutti i giorni 10-17, più tardi in estate $40, bambini di 3-9 anni $34; ☎ 407/560-4141), ha un'enorme piscina per fare surf e una scogliera degli squali dove nuotare con i pesci tropicali. Il SeaWorld Orlando ha appena aperto **Aquatica**, di fronte al SeaWorld sull'International Drive (tutti i giorni 10-17, più tardi in estate; $41,95, bambini dai 3-9 anni $35,95; ☎ 1-888/800-5447, *www.aquaticabyseaworld.com*), che mescola spettacoli con animali, piscine con le onde, scivoli e spiagge. L'ultimo è il **Wet 'n Wild**, 6200 International Drive (tutti i giorni 10-17, più tardi in estate; $41,95, bambini dai 3-9 anni $35,95 ☎ 1-800/992-9453, *www.wetnwild orlando.com*), che ben partecipa alla competizione, con una sfilza di scivoli pazzeschi, compreso il quasi verticale **Der Stuka**.

Mangiare a Orlando e dintorni

In centro città e nei dintorni ci sono i posti migliori per **mangiare**, ma la maggior parte dei visitatori preferisce andare sull'International Drive, dove si trovano ristoranti di lusso e buffet economici aperti tutto il giorno. Non è possibile portare cibo in nessuno dei parchi a tema, ma a Epcot ci sono ottimi locali, soprattutto nei padiglioni francese e messicano.

Bahama Breeze 8849 International Drive ☎ 407/248-2499. Piatti caraibici decenti ($15-20) in un'atmosfera vivace. Solo a cena.

Café Tu Tu Tango 8625 International Drive ☎ 407/248-2222. Piatti originali e creativi in piccole porzioni ($7-11), le opere d'arte alle pareti sono in vendita.

Dexter's of Thornton Park 808 E Washington St., downtown ☎ 407/648-2777. Posto alla moda ma informale al centro del quartiere di Thornton Park. Prezzi medi.

The Globe 25 Wall St. Plaza, downtown ☎ 407/849-9904. Assaggi economici e pasti leggeri con un tocco asiatico. I tavoli all'aperto sono perfetti per guardare il passeggio.

Ming Court 9188 International Drive ☎ 407/351-9988. Eccezionale ristorante cinese che prepara anche dim sum e sushi. Non è caro come come vi potreste aspettare.

Panera Bread 227 N Eola Drive, centro ☎ 407/481-1060. Una catena di ristoranti accogliente che offre una vasta scelta di piatti al forno, zuppe, insalate e panini. È anche un punto WiFi.

Punjab 7451 International Drive ☎ 407/352-7887. Piatti al curry speziati secondo il vostro gusto a prezzi medi. Gran scelta di piatti vegetariani.

Roy's 7760 W Sand Lake Rd, vicino International Drive ☎ 407/352-4844. Il primo è stato aperto alle Hawaii, *Roy's* è specializzato in cucina hawaiana fusion. Assaggiate il menu di tre portate a $35.

Seasons 52 7700 W Sand Lake Rd, vicino International Drive ☎ 407/354-5212. Si preparano piatti sani con poche calorie, c'è anche un piano bar per un drink serale.

White Wolf Café 1829 N Orange Ave, centro ☎ 407/895-9911. Locale semplice, famoso per le insalate e per i panini.

Vita notturna e divertimenti

Nel 2008 a **Downtown Disney** hanno chiuso le discoteche e il complesso dedicato allo shopping e ai divertimenti. Adesso i posti dove andare la **sera** sono concentrati in due zone principali di Orlando, ognuna con un'atmosfera particolare.

Se cercate uno svago ordinato, organizzato e un po' vuoto dirigetevi verso la Universal Orlando, alla **CityWalk**, 6000 Universal Boulevard ($11,95 per poter entrare in ogni locale e parcheggio gratuito dopo le 18; ☎ 407/363-8000, *www.citywalkorlando.com*). Ci sono 10 ettari coperti da ristoranti, discoteche e negozi, stretti tra Universal Studios e Islands of Adventure. Qui trovate il reggae dal vivo al **Bob Marley – A Tribute to Freedom**; un'atmosfera rallegrata dai margarita al **Jimmy Buffett's Margaritaville**, mentre **the groove** è una discoteca vera e propria, con un buon sistema audio e luci stroboscobiche.

A **Orlando centro** ci sono molti bar, lounge e discoteche. La maggior parte della vita notturna si raccoglie sulla **Orange Avenue**: *The Social*, al n. 54, è un locale famoso perché si suona dal vivo rock alternativo e grunge; *Tabu*, al n. 46, è un'enorme discoteca ricavata da un vecchio teatro e *Pulse*, al n. 1912, 1,5 km a sud del centro, è un noto locale frequentato da **gay**.

La costa occidentale

Nei 500 km dall'estrema punta sud fino ai territori del Panhandle (vedi p. 564), la **costa occidentale** della Florida racchiude tutti gli estremi. Ci sono cittadine giovani e vivaci che sorgono accanto a tranquilli villaggi di pescatori, spiagge affollate all'inverosimile vicino a terre deserte e collezioni d'arte di fama mondiale che convivono con sfarzosi parchi a tema. Le sorprese sono tante, anche se la caratteristica più importante è la vicinanza con il Golfo del Messico: i tramonti competono solo con quelli delle Keys.

Tampa è la città più grande e offre più di quello che le due torri fanno pensare, non ultimi la vita notturna nella comunità cubana di **Ybor City** e il parco Bush Gardens. Per la massa di turisti Tampa inizia e finisce con le **spiagge di St. Petersburg**, zona consacrata al turismo. A sud di Tampa una striscia di sabbia corre parallelamente al Golfo e vi si può accedere dalle città di Sarasota e di Fort Myers, che vale la pena visitare. Sulla terraferma ci sono le **Everglades** che si possono girare seguendo i tracciati, in canoa o passando la notte nei campeggi con l'unica compagnia degli alligatori.

Tampa

TAMPA, piccola e vivace città con una natura positiva contagiosa, è il centro dell'economia della costa ovest, con magnifici centri culturali che fanno invidia alle città più grandi. Insieme ai musei e al parco **Busch Gardens** a Tampa c'è **Ybor City**, a nord del centro, un quartiere con influenze cubane, eclettico, culturale e moderno.

Tampa nacque nel 1820 come piccolo insediamento accanto a una base militare americana che si occupava dei seminole. Nel 1880 arrivò la ferrovia e il fiume Hillsborough, dove sorge la città, fu dragato per permettere l'approdo delle navi. La città divenne un porto trafficato, appropriandosi anche delle industrie del tabacco per le migliaia di cubani che si spostavano dalle Keys verso nord nella vicina Ybor City. La Grande depressione mise fine al boom economico, ma il porto è ancora uno dei più importanti del paese e ha mitigato il declino del dopoguerra. Oggi sembra che non ci sia niente in grado di fermare lo sviluppo della città, che continua a essere una comunità finanziariamente sicura e proiettata verso il domani.

Arrivo e informazioni

L'**aeroporto** di Tampa (**T** 813/870-8700, *www.tampaairport.com*) è 8 km a nord-ovest del centro. L'autobus HART n. 30 è il mezzo meno costoso (vedi avanti). I **taxi** (United **T** 813/253-2424) verso il centro o verso i motel di Busch Boulevard costano $25-50; verso St. Petersburg o le spiagge, $45-75. I **pullman** Greyhound arrivano in centro a 610 Polk St. (**T** 813/229-2174); i treni a 601 N Nebraska Ave (**T** 813/221-7600).

L'**ufficio di informazioni turistiche**, 615 Channelside Drive, suite 108A (lun-ven 9.30-17, **T** 1-800/44-TAMPA, *www.visittampabay.com*) e il **centro visitatori di Ybor City**, 1600 E 8th Ave, suite B104 (lun-sab 10-18, dom 12-18; **T** 813/241-8838, *www.ybor.org*), hanno informazioni utili e carine.

Il centro di Tampa e Ybor City si girano a piedi, ma per spostarvi tra le due città dovrete usate gli **autobus HART** ($1,75, abbonamento giornaliero $3,75; **T** 813/254-4278, *www.hartline.org*) o la TECO Line **Streetcar System** ($2,50; **T** 813/254-4278, *www.tecolinestreetcar.org*), una ricostruzione d'epoca di un tram che va dal centro a Ybor diverse volte in 1 h. Gli autobus HART n. 8 vanno a Ybor City, n. 5 a Busch Gardens, n. 6 al Museum of Science and Industry.

Alloggio

Tampa non ha molte **sistemazioni** a prezzo contenuto. Si può risparmiare dormendo a St. Petersburg (vedi p. 556) o sulle spiagge (vedi p. 557). I motel vicino a Busch Gardens offrono soluzioni convenienti.

Best Western All Suites 301 University Center Drive, dietro Busch Gardens ⓣ 813/971-8930 o 1-800/780-7234. Un posto comodo per girare la città con l'auto e così vicino a Busch Gardens che i suoi pappagalli si trovano sugli alberi. Happy hour tutti i giorni e colazione compresa nel prezzo. ❺

Don Vincente de Ybor Historic Inn 1915 Avenida Republica de Cuba ⓣ 1-866/206-4545, *www.donvicenteinn.com*. Un B&B di lusso a Ybor City. Ci sono 16 suite ristrutturate benissimo e il giovedì sera si balla lo swing. ❻

Gram's Place 3109 N Ola Ave ⓣ 813/221-0596, *www.grams-inn-tampa.com*. Motel-ostello che propone sia stanze private, ognuna arredata secondo un diverso stile musicale, sia il dormitorio da ostello. $23 per un letto in dormitorio, stanza privata ❸

Hilton Garden 1700 E 9th Ave ⓣ 813/769-9267, *www.tampayborhistoricdistrict.gardeninn.com*. Alloggi confortevoli anche se l'arredo è un po' freddo vista la posizione nel quartiere più ricco di Tampa. ❼-❽

Sheraton Tampa Riverwalk 200 N Ashley Drive ⓣ 813/223-2222, *www.tampariverwalkhotel.com*. Posto molto comodo, in centro, vicino alla riva del fiume Hillsborough. ❼

Wingate by Wyndham 3751 E Fowler Ave ⓣ 813/979-2828. Qui non si sbaglia, c'è una navetta che vi porta gratuitamente a Busch Gardens, colazione compresa nel prezzo, stanze pulite e personale attento. ❺-❻

Tampa centro

Al momento della redazione di questa guida, l'interessante museo **Tampa Museum of Art**, che si trovava al 2306 N Howard Ave (mar-sab 10-16, offerta obbligatoria; ⓣ 813/274-8130, *www.tampamuseum.org*) era sul punto di essere spostato. Probabilmente aprirà nell'autunno 2009 in un'altra struttura nel Curtis Hixon Waterfront Park con 20.000 metri quadrati di spazio, il 150% in più rispetto al precedente. Il nuovo museo sarà specilizzato in antichità classiche, arte americana del XX secolo e ritrovamenti di viaggio.

Dal fiume si vedono le cupole e i minareti argentei che si innalzano dall'edificio principale dell'università di Tampa. Sono ornamenti architettonici che in origine appartenevano al **Tampa Bay Hotel**, una struttura di 500 stanze finanziata dal magnate dei battelli a vapore e dei treni Henry B. Plant. Per arrivarci bisogna attraversare il fiume a Kennedy Blvd. e scendere gli scalini che portano al Plant Park.

Oggi appare come un edificio stravagante, come già doveva sembrare alla sua inaugurazione nel 1891. Sin dalla guerra civile, Plant ha continuato a comprare ferrovie che erano in bancarotta tracciando la strada verso la Florida dove i suoi battelli a vapore venivano scaricati nel porto. Alla fine divenne abbastanza ricco da trasformare le sue fantasie in realtà e costruire il più maestoso albergo mai esistito. La mancanza di cure nel dettaglio e la morte di Plant nel 1899 trasformarono questo meraviglioso hotel in un cumulo di macerie. La città lo acquistò nel 1905 e 23 anni dopo lo diede all'università. Un'ala ospita l'**Henry B. Plant Museum**, 401 W Kennedy Blvd (mar-sab 10-16, dom 12-16; $5; ⓣ 813/254-1891, *www.plantmuseum.com*), dove sono raccolti gli arredamenti del vecchio albergo.

Nella zona portuale, 1,5 km a sud-est del *Tampa Bay Hotel*, c'è il magnifico **Florida Aquarium**, 701 Channelside Drive (tutti i giorni 9.30-17; $19,95; ⓣ 813/273-4000, *www.flaquarium.org*), che ha ricostruito gli habitat naturali di acqua dolce, acqua marina, sorgenti, acquitrini e barriere coralline. Tra gli animali presenti ci sono tantissimi pesci, uccelli, tartarughe, lontre e alligatori.

Ybor City

Henry Plant riuscì, nel 1886, ad assicurare con le sue navi una fornitura regolare di tabacco a Tampa. A quel punto il magnate del tabacco Don Vincente

Martínez Ybor ripulì un pezzo di terra a 5 km dall'attuale centro di Tampa e gettò le fondamenta per **YBOR CITY**. 20.000 emigranti, soprattutto cubani, si trasferirono qui, fondando un'enclave latino-americana, che produceva i migliori sigari fatti a mano e trasformarono Tampa nella **capitale mondiale del sigaro**. L'avvento delle sigarette, la conseguente produzione e l'arrivo della depressione lasciarono senza lavoro gli arrotolatori di sigari. La disoccupazione trasformò Ybor City, dalle strade acciottolate e gli edifici di mattoni rossi, in uno dei quartieri poveri e trascurati.

Oggi la cittadina è piena di turisti e di sera l'atmosfera può diventare molto movimentata, soprattutto nei fine settimana. La città è un centro di culture diverse anche se le radici cubane sono evidenti e spiegano le decorazioni di molti edifici. L'**Ybor City State Museum** 1818 9th Ave (tutti i giorni 9-17; $3; ☎ 813/247-1434, *www.ybormuseum.org*) racconta la storia della città e le sue radici multietniche, c'è anche una dimostrazione su come si arrotola un sigaro (ven-dom 11-13) e percorsi in luoghi storici (sab 10.30; $6).

Busch Gardens e il Museum of Science and Industry

Busch Gardens è a 3 km a est della I-275 o 3 km a ovest della I-75, uscita 54, a 3000 E Busch Blvd (gli orari di apertura variano di giorno in giorno ma di solito sono 10-18; $67,95, bambini $57,95, parcheggio $10, ☎ 1-888/800-5447, *www.buschgardenstampabay.com*). È uno dei parchi a tema più importanti della Florida ed è la ricostruzione dell'Africa nell'epoca coloniale, con alcuni degli ottovolanti più mozzafiato del paese. Il treno a vapore più tranquillo vi porta a guardare gli animali selvatici. L'ottovolante più impressionante è **Sheikra**, con la dicesa di 60 m e una pendenza a 90 gradi, su **Montu** le vostre gambe penzoleranno nel vuoto, **Gwazi** è tutto di legno e **Kumpa** è pieno di anelli percorsi a velocità impressionante. Dopo tutte queste emozioni riposatevi nella Hospitality House con due bicchieri di birra Budweiser offerti dalla casa.

Il **Museum of Science and Industry** è a 3 km nord-est rispetto ai Busch Gardens, 4801 E Fowler Ave (lun-ven 9-17, sab-dom 9-18, $20,95, ☎ 813/987-6100, *www.mosi.org*). Qui sono ricostruiti eventi naturali che vi faranno provare a stare seduti con il vento fortissimo o andare in bicicletta su un filo sospeso. Ci sono anche schermi **IMAX** con proiezioni durante tutto il giorno.

Mangiare

Ci sono parecchi posti dove **mangiare** bene a Tampa e il maggior numero di ristoranti è a Ybor City.

Bernini 1702 7th Ave, Ybor City ☎ 813/248-0099. Nella vecchia banca di Ybor City, servono pizza cotta al forno e pasta.

Café Dufrain 707 Harbour Post Drive, Harbour Island, ☎ 813/275-9701. Locale con vista sul porto a prezzi medi, i piatti sono di cucina contemporanea, ottimi la carne e il pesce. Provate il salmone latino grigliato o la carne argentina.

Cephas 1701 E 4th Ave, Ybor City ☎ 813/247-9022. Ristorante giamaicano con piatti a base di pollo, capra al curry e pesce.

Columbia 2117 E 7th Ave, Ybor City ☎ 813/248-4961. A Tampa è un'istituzione. È il ristorante più vecchio della città che serve piatti spagnoli e cubani. È consigliata la prenotazione.

La Creperia Café 1729 E 7th Ave, Ybor City ☎ 813/248-9700. Vasta scelta di crêpe dolci e salate, con accesso Internet gratuito.

Shells 11010 N 30th St. ☎ 813/977-8456. Si trova vicino agli alberghi di Busch Gardens; è un ristorante economico e allegro che prepara piatti a base di pesce.

Vita notturna e divertimenti

La **vita notturna** di Ybor City è più indicata per i giovani rispetto alla zona di Channelside, in centro vicino al Florida Aquarium, o l'international Plaza e Bay Street vicino all'aeroporto all'incrocio tra West Shore e Boy Scout Blvd. Il *Weekly Planet* (*www.weeklyplanet.com*) è una rivista gratuita con l'elenco degli **appuntamenti**, così come il *Tampa Tribune* del venerdì.

Blue Martini tra International Plaza e Bay Street ⓣ 813/873-2583. Una clientela composta da professionisti frequenta questo bar alla moda.

Green Iguana 1708 E 7th Ave, Ybor City ⓣ 813/248-9555. Le rock band suonano ogni sera e i dj fanno ballare i ragazzi.

Side Splitters 12938 N Dale Mabry Hwy ⓣ 813/960-1197. Uno dei teatri con le migliori commedie.

Skipper's Smokehouse 910 Skipper Rd ⓣ 813/971-0666. Blues e reggae sono i protagonisti della musica dal vivo di questo locale.

Tampa Theatre 711 Franklin St. ⓣ 813/274-8981. Film in lingua originale e classici sono proiettati in questo cinema con una bella atmosfera degli scorsi anni Venti. Biglietti $9.

St. Petersburg

All'estremità orientale della penisola di Pinellas si trova **ST. PETERSBURG**, un ingombrante pezzo di terra tra Tampa Bay e il Golfo del Messico. Nonostante disti solo 30 km da Tampa, St. Petersburg ha caratteristiche completamente differente. Nel 1885 è stato nominato il posto più salutare degli Stati Uniti, e in breve tempo, per conquistare gli anziani e i degenti ha installato 5000 panchine bianche per agevolarli. Anche se rimane il posto ideale per chi è in pensione, la città si è data da fare per attirare gente giovane. Ha rinnovato il molo e adesso ci sono intrattenimenti per tutte le età. I musei, le gallerie d'arte e la maggior parte delle opere di Salvador Dalí la rendono uno dei centri culturali emergenti.

Il **Salvador Dalí Museum**, 1000 S 3rd St. (lun-mer e sab 9.30-17.30, gio 9.30-20, ven 9.30-18.30, dom 12-17.30; $15, gio dopo le 17 $5; ⓣ 727/823-3767, *www.salvadordalimuseum.org*), raccoglie più di mille dipinti appartenuti a un imprenditore di Cleveland, A. Reynolds Morse, che legò con l'artista negli anni Quaranta del secolo scorso. Le **escursioni gratuite** durano 1 h e illustrano in modo cronologico il percorso dell'artista: gli inizi con il cubismo e l'impressionismo fino alla tela surrealista *The Disintegration of the Persistence of Memory*.

Finito di visitare il museo di Dalí, si può andare sul **molo**, lungo 500 m, che parte dalla fine della 2nd Avenue North ed è il centro vitale della città. Spesso ospita mostre di artisti e di artigiani e all'inizio la piramide capovolta è la sede, alta 5 piani, di ristoranti, negozi e fast food. Alla fine del molo c'è il **Museum of History**, 335 2nd Ave. NE (mar-sab 10-17, dom 13-17, $12; ⓣ 727/894-1052, *www.spmoh.org*), che ripercorre i giorni d'oro di St. Petersburg, quando era ancora un luogo di vacanze invernali. Accanto c'è il **Museum of Fine Arts**, 255 Beach Drive NE (mar-sab 10-17, dom 13-17; $12, compreso il tour guidato gratuito; ⓣ 727/896-2667, *www.fine-arts.org*), che ha un'incredibile collezione d'arte del periodo precolombiano, africana, asiatica fino ai maestri europei. Nell'ala Hazel Hough vengono allestite le mostre itineranti. Il **Florida International Museum**, 244 2nd Ave N (solo in caso di mostre in corso mar-sab 10-17, dom 12-17, ultima entrata 16; $10; ⓣ 727/341-7900, *www.floridamuseum.org*), occupa un intero isolato e ospita tre mostre all'anno: si spazia dall'antico Egitto ai Beatles.

Notizie utili

La stazione dei **pullman** Greyhound è in centro 180 9th St. N (☎ 727/898-1496). La **camera di commercio** è a 100 2nd Ave. N (lun-ven 8-19, sab 9-19; ☎ 727/821-4715, *www.stpete.com*). L'**alloggio** a St. Petersburg è meno caro rispetto alle spiagge (vedi avanti). La zona è piena di B&B ricchi di storia, come il *Dickens House*, 335 8th Ave. NE (☎ 1-800/381-2022, *www.dickens house.com*; ❻). Per chi vuole il lusso, c'è *Renaissance Vinoy Resort*, 501 5th Ave. NE (☎ 1-888/303-4430, *www.renaissancehotels.com/tpasr*; ❽). Del buono ed economico **cibo** cubano si trova *Tangelo's Grill*, 226 1st Ave. N (☎ 727/894-1695). Altrimenti provate *Moon Under Water*, 332 Beach Drive NE (☎ 727/896-6160), di fronte al lungomare, taverna inglese nota per i cocktail e il curry.

St. Petersburg Beaches

St. Petersburg Beaches sono 56 km di barriera di sabbia che chiudono la parte verso il Golfo del Messico della penisola Pinellas, una delle zone più affollate della costa della Florida. Nel 1970 lo splendore di Miami Beach si offuscò e da allora questa è diventata una meta privilegiata dagli americani e dagli europei nei viaggi organizzati. Le spiagge sono bellissime, il mare caldo e i tramonti mozzafiato, ma non è il meglio che lo Stato può offrire. Alcune zone, infatti, sono di cattivo gusto e mantenute senza cura.

Tutti gli **autobus** ($1,75; ☎ 727/540-1900, *www.psta.net*) per le spiagge partono da St. Petersburg, dalla stazione di Williams Park, a 1st Avenue North e 3rd Street North; qui c'è un **chiosco informazioni** che fornisce l'elenco dettagliato delle tratte. Il **n. 35** va tutti i giorni a St. Pete Beach, sul Gulf Boulevard, dove ci sono collegamenti per tutte le spiagge di St. Petersburg. A St. Pete Beach, potete cambiare per la **navetta Suncoast Beach**, che collega Pass-a-Grille a sud a Sand Key a nord.

Le spiagge meridionali

Su 40 km di costa molto turistica, solo **Pass-a-Grille**, all'estrema punta meridionale della barriera, ha le sembianze di un luogo salutare: 3 km di case in fila, ordinate, piccoli negozi e pochi bar e ristoranti. Durante la settimana la cittadina è molto tranquilla, mentre durante i fine settimana arriva gente del luogo per godere di una delle spiagge migliori dello Stato.

A 2,5 km a nord di Pass-a-Grille c'è il lussuosissimo **Don CeSar Hotel**, 3400 Gulf Blvd. (☎ 727/360-1881 o 1-866/728-2206, *www.doncesar.com* ❾), un enorme castello rosa che occupa 3 ettari di spiaggia. Aperto nel 1928, ha goduto per poco tempo di gente come Scott e Zelda Fitzgerald. Durante la Grande Depressione parte dell'albergo è stata usata come magazzino e in seguito come ritiro primaverile della squadra di baseball New York Yankees.

Continuando a nord su Gulf Blvd., arrivate a **St. Pete Beach**, una striscia di motel, ristoranti e alberghi poco accoglienti. Proseguendo ancora verso nord si arriva a **Treasure Island**, meno turistica. Un ponte levatoio ad arco arriva fino a **Madeira Beach**, che è simile alle precedenti, anche se leggermente meglio.

Le spiagge settentrionali

L'area settentrionale di **Sand Key**, l'isola-barriera più lunga di St. Petersburg e anche una delle zone più ricche della costa, è in gran parte piena di eleganti condomini e appartamenti da affitti stagionali. L'isola finisce nel **Sand Key Park**, dove le palme incorniciano una porzione di sabbia. Il parco occupa una sponda del **Clearwater Pass** oltre il quale c'è il villaggio vacanziero **CLEARWATER BEACH**, che ha avuto un recente boom edilizio, che non ha cancellato l'atmosfera originaria. Il *Barefoot Bay Motel*, 401 East Shore Drive (727/447-1016, *www.barefootbayresort.com*; ❹), a conduzione familiare non potrebbe fornire un servizio più disponibile. Le stanze sono pulite e ben tenute e la spiaggia è a 5 min di cammino. Gli **autobus** (n. 80) collegano il paese a Clearwater, sulla strada rialzata lunga 3 km.

Informazioni pratiche

I **motel** che scorrono sul Gulf Boulevard sono più economici degli **alberghi**, con costi che si aggirano di solito sui $75-100 in inverno, $15-20 di meno in estate. Si pagano $5-10 extra per una stanza vista mare sul Gulf Boulevard rispetto alla stessa stanza sul lato interno. Sulle spiagge meridionali, alloggi di buona qualità ed economici sono il tranquillo *Lamara Motel & Apartments*, 520 73rd Ave., St. Petersburg Beach (1-800/211-5108, *www.lamara.com*; ❸), mentre l'albergo migliore delle spiagge settentrionali è *Sheraton Sand Key*, 1160 Gulf Blvd., Sand Key (727/595-1611, *www.sheratonsandkey.com*; ❽).

È facile trovare posti in cui **mangiare** bene vicino alle spiagge. Di fronte al mare c'è *Hurricane*, 807 Gulf Way, Pass-a-Grille (727/360-9558), con piatti di pesce. *Fetishes*, 6690 Gulf Blvd., St. Pete Beach (727/363-3700), è la scelta per chi cerca un posto elegante e intimo, dove si serve cucina americana costosa. A Clearwater Beach, *Frenchy's Café*, 41 Baymont St. (727/446-3607), prepara panini alla cernia e zuppa di pesce.

Sarasota

SARASOTA si estende su un pendio collinoso accanto alle acque blu di Sarasota Bay, a 50 km da St. Petersburg ed è una località molto ricca e attraente. È uno dei centri culturali più grandi dello Stato dove vivono numerosi scrittori e artisti e sede di note compagnie di spettacolo. La città è meno chiusa di quanto la sua ricchezza faccia pensare: il centro è pieno di ristoranti, bar e librerie.

Ringling Museum Complex

John Ringling fu uno dei proprietari del Ringling Brothers Circus che girò per gli Stati Uniti alla fine dell'800, guadagnando una fortuna stimata 200 milioni di dollari. Egli vide in Sarasota l'occasione per un ottimo investimento e vi fece costruire la prima sopraelevata verso le isole-barriera per farne la base invernale del circo. Il regalo più grande per la città fu un palazzo gotico-veneziano e un'incredibile collezione di dipinti barocchi, esposti in un museo costruito appositamente accanto alla casa.

Il **Ringling Museum Complex**, che comprende il palazzo (tutti i giorni 10-17.30; $19; 941/359-5700, *www.ringling.org*), è a 5401 Bay Shore Rd., 5 km a nord del centro accanto alla US-41.

Cominciate la vostra visita dall'ex residenza invernale di John e Mable Ringling, **Ca' d'Zan** ("Casa di John," in veneziano), costruita nel 1926 per 1,5 milioni di dollari, e arredata con altri 400.000 dollari di mobili provenienti da aste newyorchesi. Le opere d'arte sono esposte nello spazioso **museo** costruito accanto a un finto palazzo italiano del 1400. Da non perdere sono cinque tele di Rubens del 1626, il *Ritratto dell'Arciduca Ferdinando*, insieme alle scuole europee del 1500 e 1700. I **tour** gratuiti partono dall'entrata.

Spiagge di Sarasota

Le **spiagge** bianche di Sarasota valgono una visita. Si trovano su due isole, Lido Key e Siesta Key, accessibili dalla terraferma anche se non sono collegate tra loro, mentre Longboat Key è soprattutto residenziale. La sopraelevata Ringling attraversa Sarasota Bay partendo dalla Main Street di Sarasota, e arrivando a **Lido Key**, si immette poi in **St. Armands Circle**, una rotonda con negozi di lusso e ristoranti decorati alla maniera di Ringling. Proseguendo a sud lungo la Benjamin Franklin Drive, arrivate alle spiagge più accessibili che finiscono 3 km dopo al **South Lido Park** (tutti i giorni 8-tramonto, gratuito).

Siesta Key, a forma di girino, si raggiunge con la Siesta Drive dall' US-41, 7 km a sud del centro ed è frequentata da gente giovane. La sabbia morbida della bella ma affollata **Siesta Key Beach** (accanto a Beach Road) sembra zucchero visto che è piena di quarzo (e non corallo frantumato). Per fuggire dalla folla, oltrapassate Crescent Beach seguendo Midnight Pass Road per 10 km fino a **Turtle Beach**, una spiaggia piccola ma raccolta.

Notizie utili

In centro, i **pullman** Greyhound fermano a 575 N Washington Blvd. (➊ 941/955-5735). Il pullman **Amtrak** da Tampa entrano a 1993 Main Street. La stazione degli autobus è 5 isolati a ovest in 1565 1st St. (a Lemon St.): prendete qui l'autobus per andare alla proprietà Ringling o alle spiagge ($0,75). Passate dall'**Information and History Visitor Center**, 701 N Tamiami Trail (lun-sab 10-16 ➊ 1-800/522-9799, *www.sarasotafl.org*), per buoni sconto e brochure.

Sulla terraferma i **motel** sono lungo la US-41 (N Tamiami Trail), tra la proprietà Ringling e il centro di Sarasota, costano circa $60-90 a notte: provate il *Best Western Midtown*, 1425 S Tamiami Trail (➊ 941/955-9841, *www.bwmidtown.com*; ❸). I prezzi salgono vicino alle spiagge: l'accogliente *Lido Vacation Rentals*, 528 S Polk Drive, Lido Key (➊ 1-800/890-7991, *lidovacationrentals.com*; ❸-❹), è quello con le tariffe più abbordabili.

Si trova da **mangiare** a Main Street, presso il *Main Bar Sandwich Shop*, n. 1944 (➊ 941/955-8733), come al *Two Señoritas*, n. 1355 (➊ 941/366-1618), che propone cucina tex-mex. A Siesta Key, provate ★ *The Broken Egg*, 140 Avenida Messina (➊ 941/346-2750), famoso tra i locali per i pranzi e le colazioni.

Fort Myers

A **FORT MYERS**, 70 km più a sud, manca la vivacità di Sarasota ma resta una delle comunità più frequentate della costa sud-ovest. La crescita recente è avvenuta dal lato settentrionale del grande fiume Caloosahatchee, che circonda la città, così il centro è rimasto intatto.

Passato il fiume, la US-41 arriva nel **centro** di Fort Myers, racchiuso pittorescamente ai margini dell'acqua. Se vi interessa la storia andate al **Southwest Florida Museum of History**, 2300 Peck St. (mar-sab 10-17; $9,50; ☎ 239/332-5955), dove c'è anche un vagone privato di 25 m.

Nel 1885, sei anni dopo aver inventato la lampadina, **Thomas Edison** ebbe un collasso. Il suo medico gli consigliò di trovare un posto caldo e tranquillo dove riposare se non voleva morire prematuramente. Il trentasettenne Edison comprò 5 ettari di terra sulle rive del Caloosahatchee e ne sistemò un pezzo per trascorrerci gli inverni. Questa proprietà divenne la **Edison Winter Estate**, 2350 McGregor Blvd, 1,5 km a ovest del centro (tutti i giorni 9-17.30; $20 le visite guidate per la casa e il giardino partono ogni 30 min; ☎ 239/334-3614, *www.efwefla.org*). La visita parte dal giardino ricco di piante esotiche africane e di orchidee selvatiche, la casa è molto semplice, forse perché Edison trascorreva tutto il suo tempo in **laboratorio** con i suoi esperimenti. Quando si arriva al **museo** il talento dell'inventore emerge: ci sono i prototipi del fonografo, inventato nel 1877 e proiettori stravaganti derivanti dal kinetoscopio, che lo resero milionario a partire dal 1907. Accanto si vede la **Ford Winter Estate** comprata dall'amico Henry Ford nel 1915. Fuori dalla biglietteria c'è un enorme ficus baniano, il più grande degli Stati Uniti.

Le spiagge di Fort Myers

Le **spiagge di Fort Myers**, a **Estero Island**, 20 km a sud del centro, sono più belle di quelle molto turistiche della costa ovest. Ci sono molti posti dove alloggiare vicino all'Estero Boulevard, collegato a San Carlos Boulevard, che percorre i 10 km dell'isola. Il centro vitale sono il molo di pesca e il **Lynne Hall Memorial Park**, all'estremo settentrionale.

Estero Island diventa residenziale verso sud, dove Estero Boulevard, alla fine, sale su una sopraelevata per arrivare a **Lovers Key State Recreation Area** (tutti i giorni 8-tramonto; $3-5 auto, $1 pedoni e ciclisti; ☎ 239/463-4588), dove c'è una passerella che collega due isolette ricche di mangrovie e con insenature affollate di cefali per arrivare a **Lovers Key**, una spiaggia isolata. Se non vi va di camminare, c'è una navetta che vi porta dall'entrata del parco fino alla spiaggia.

Si raggiungono solo con la sopraelevata (pedaggio $6), le isole **Sanibel** e **Captiva**: situate 35 km a sud-ovest di Fort Myers, sono impossibili da girare se non avete un'auto. Queste isole ospitano vita selvatica, mangrovie e spiagge piene di conchiglie. Rispetto alle soffici spiagge del lato del golfo di Sanibel Island, sul lato opposto ci sono baie, insenature, animali selvatici sotto la protezione del **J.N. "Ding" Darling National Wildlife Refuge** (tutti i giorni tranne ven 7.30 tramonto; auto $5, pedoni e ciclisti $1; ☎ 239/472-1100). L'entrata principale e **l'ufficio informazioni** sono vicino a Sanibel-Captiva Road. Se volete rimanere un giorno o due chiamate per tempo il centro visitatori di Fort Myers, che vi troverà dei lodge, in posti tranquilli e isolati.

Notizie utili

I pullman **Greyhound** arrivano al Rosa Parks Transportation Center, 2250 Peck St., e i pullman **Amtrak** da Tampa arrivano a 6050 Plaza Drive, 10 km a est del centro. La **camera di commercio** è al n. 2310 di Edwards Drive (lun-ven 9-16.30; ☎ 1-800/366-3622, *www.fortmyers.org*). Le distanze a Fort

Myers sono grandi e anche andare dal centro verso le spiagge senza un'auto è complicato, ma le spiagge si possono raggiungere con gli **autobus** LeeTran (T 239/533-8726, *www.rideleetran.com*; $1,25). Potete ottenere le informazioni alla stazione Greyhound.

Il prezzo degli **alloggi** a Fort Myers e dintorni è basso tra maggio e dicembre, quando cala del 30-60% rispetto alla tariffa normale. In centro, lungo la 1st Street, c'è lo *Sea Chest Motel*, al n. 2571 (T 1-800/438-6461; ❸), con vista mare, uno dei più accessibili. Vicino alle spiagge a Estero Boulevard ci sono *Beacon*, n. 1240 (T 239/463-5264, *thebeaconmotel.com*; ❸) e *Casa Playa*, n. 510 (T 1-800/569-4876, *www.casaplayaresort.com*; ❹-❼), entrambi puliti e affidabili. Tra i **campeggi**, solo *Red Coconut*, 3001 Estero Blvd (da $40; T 239/463-7200, *www.redcoconut.com*) è sulla spiaggia.

Per **mangiare** in centro provate *The Veranda*, 2122 Second St. (T 239/332-2065), con un bellissimo cortile antico con alberi di mango, o *Oasis Restaurant*, 2260 Dr Martin Luther King Jr Blvd. (T 239/334-1556), per una colazione abbondante. Sulle spiagge provate il pesce e la musica dal vivo al *Beach Pierside Grill & Blowfish Bar*, 1000 Estero Blvd. (T 39/765-7800), o una birra al *Top O' The Mast*, 1028 Estero Blvd. (T 239/463-9424), anche lì ci sono musica dal vivo e dj.

Everglades National Park

Una delle più famose aree naturali del paese, l'**EVERGLADES NATIONAL PARK** è una grande e tranquilla riserva in contrasto con i parchi più impervi degli Stati Uniti. Forse la cosa più eccitante da vedere è un gruppo di alberi con le chiome chinate verso il falasco, un'erba palustre, ma questi spazi ampi sono ricchi di vita e formano un ecosistema in continua evoluzione con una composita combinazione di clima, vegetazione e animali.

Sembra una distesa completamente piatta, in realtà il calcare che sta alla base pende leggermente verso sud-ovest. Per milioni di anni l'acqua dei temporali e delle esondazioni del vicino Lake Okeechobee è fluita attraverso le Everglades verso la costa. L'acqua nutre il falasco che cresce su uno strato sottile di terra che si forma dalla macerazione della vegetazione. Questa dà vita alle alghe che sono alla base della catena alimentare di animali molto più grossi, come gli **alligatori**. Quando le acque hanno raggiunto il mare attraverso il substrato roccioso o sono evaporate, le Everglades diventano brulle tranne per l'acqua che si accumula negli stagni o *gator-holes* (buche degli alligatori). Si chiamano così perché sono scavate dai rettili quando con la coda avvertono l'acqua nel terreno. Oltre a nutrire gli alligatori, gli stagni servono alla sussistenza di altri animali fino all'arrivo delle piogge estive. Il falasco copre la maggior parte delle Everglades, ma quando i solchi naturali del calcare si riempiono di terra fertile si creano isolotti di alberi – gli "**hammock**" –, abbastanza alti da superare il pelo dell'acqua.

Nell'Ottocento i seminole e i miccosukee, due **tribù di nativi americani**, furono costretti a vivere nelle Everglades, e ancora molti di essi vi abitano. Alla fine del secolo furono fondate cittadine dai coloni che, a differenza dei nativi americani, erano intenzionati a sfruttare il terreno. Con l'aumento della popolazione, i danni causati dalla caccia, dalla costruzione delle strade e dall'irrigazione delle terre fecero emergere un gruppo importante di **ecologisti**. Nel

1947 un'area delle Everglades – l'estrema parte meridionale della penisola –, fu dichiarata parco nazionale e posta sotto la tutela federale. Negli ultimi anni i confini del parco sono stati sempre più circoscritti dallo sviluppo urbano e l'utilizzo commerciale sregolato delle vicine aree compromette il ciclo naturale della regione. La rete di canali, lunga 1900 km, costruita per deviare il flusso d'acqua dalle Everglades verso le città, l'inquinamento causato dai fertilizzanti agricoli e i cambiamenti portati dal riscaldamento globale potrebbero distruggere uno dei più importanti ambienti naturali della Florida.

Arrivo e informazioni

Ci sono **tre entrate** al parco: Everglades City, all'angolo nord-ovest, Shark Valley, all'angolo nord-est e una vicino al centro visitatori Ernest Coe, all'angolo sud-est. La **US-41**, sul lato settentrionale, è l'unico accesso via terra per Everglades City e Shark Valley. Non ci sono **trasporti pubblici** lungo la US-41 in direzione delle entrate.

L'**ingresso** è gratuito da Everglades City, anche se da qui ci si può muovere solo con una barca o una canoa. Le altre entrate sono $10 per auto e $5 per pedoni e ciclisti. I biglietti sono validi sette giorni.

Il parco è **aperto tutto l'anno**, ma il momento migliore per andarci è l'**inverno**, quando il defluire dell'acqua fa radunare gli animali intorno agli stagni e ci si può organizzare con i ranger per un tour e le zanzare sono poche. In **estate** i temporali pomeridiani allagano i terreni, le iniziative sono meno numerose e le zanzare moltissime. Si può andare anche in primavera e autunno.

Alloggio

Ci sono pochi posti dove alloggiare nelle cittadine vicine al perimetro del parco. A Everglades City, provate il pulito e affascinante *Ivey House*, 107 Camellia St. (☎ 239/695-3299, *www.iveyhouse.com*; ❹) o, 7 km più a sud il *Chokoloskee Island Resort* (☎ 239/695-2881), dove potete affittare un **camper** per la notte a $69-89. 20 km a est del parco, ci sono molti **motel** a Homestead e a Florida City, come l'*Everglades International Hostel*, 20 SW 2nd Ave., vicino Palm Drive (☎ 1-800/372-3874, *www.evergladeshostel.com*); è la soluzione migliore per chi non dispone di molto denaro e non vuole fare campeggio. I letti costano $25-28 a notte e le stanze private $55-75. Si possono affittare le canoe ($30 al giorno) e le biciclette ($15 al giorno); noleggio bici più trasporto all'entrata del parco $30. Offrono anche eccellenti escursioni (minimo 4 persone; $80). Ci sono anche **campeggi** ben organizzati ($16 a notte; prenotazioni al ☎ 1-800/365-CAMP o *www.nps.gov*) a Flamingo e a Long Pine Key, a 10 km dall'entrata Coe. Si può anche campeggiare in terreni liberi sui sentieri e lungo i percorsi per le canoe (i permessi vengono rilasciati al centro visitatori $10, più $2 a persona). Ricordate che l'hotel di Flamingo, danneggiato da un uragano, non riaprirà che nel 2011.

Everglades City e dintorni

Acquistata e chiamata così da un pubblicitario che sognava una metropoli subtropicale, **EVERGLADES CITY** è a 5 km dalla US-41 sulla Route 29 e conta 500 abitanti. I visitatori sono interessati perlopiù ai pesci che vivono intorno alle isole di mangrovie, le **Ten Thousand Islands**, disposti come sparsi tasselli di puzzle lungo la costa.

Se volete vedere da vicino le mangrovie, che salvaguardano le Everglades dalle maree, fate un giro con le **imbarcazioni** del parco. Potete fare anche un'escursione con Everglades National Park Boat Tours (☎ 239/695-2591; da $26,50), che parte dal centro visitatori o con Everglades Rentals ed Eco Adventures (☎ 239/695-3299, *www.evergladesadventures.com*), all'*Ivey House* (vedi p. 562). Il **centro visitatori di Gulf Coast** (tutti i giorni: maggio-ottobre 9-16.30, novembre-aprile 9-16.30; ☎ 239/695-3311) offre informazioni sulle escursioni in barca o sull'affitto di **canoe** guidate da ranger.

Shark Valley e Miccosukee Indian Village

60 km a est di Everglades City c'è **Shark Valley** (entrata tutti i giorni 8.30-18), soprannominata **River of Grass**, fiume d'erba delle Everglades. Qui il falasco, interrotto solo da qualche isolotto, corre all'infinito. Oltre che percorrendo i sentieri vicino al **centro visitatori** (tutti i giorni: maggio-ottobre 9.15-17.15, novembre-aprile 8.45-17.15; ☎ 305/221-8776), si può visitare la Shark Valley solo percorrendo un lungo circuito di 20 km, da fare possibilmente in **bici** ($6,50/h, bisogna restituirla entro le 16). C'è anche un tour in tram molto istruttivo di 2 h (tutti i giorni; $15,25; per prenotare ☎ 305/221-8455) che si ferma spesso per farvi osservare la riserva naturale, ma non vi farà permanere in nessun posto.

Sulla US-41 si attraversa un vero villaggio indiano, che appartiene alla tribù dei **miccosukee**, discendenti dei sopravvissuti dell'ultima guerra seminole (1858). Oggi la tribù gestisce una piccola ma florida riserva nel cuore delle Everglades, anche se i souvenir esposti al **Miccosukee Indian Village** (tutti i giorni 9-17; $10; ☎ 305/223-8380) sono fasulli; assaggiate invece il *chili* fatto in casa al vicino *Billie's Restaurant*.

Pine Island e Flamingo

La sezione del parco chiamata **Pine Island** si raggiunge dall'entrata Coe a Flamingo ed è l'estrema zona meridionale del parco. C'è tutto quello che serve per

△ Tartaruga nell'Everglades National Park

l'ecosistema della zona, e bastano due giorni qui per capire i fondamenti di questo equilibrio delicatissimo.

La **Route-9336** (l'unica strada in questa parte di parco) porta al **centro visitatori Ernest Coe** (tutti i giorni: maggio-ottobre 9-17, novembre-aprile 8-17; ☎ 305/242-7700) fino all'entrata principale. 1 km oltre c'è il **centro visitatori Royal Palm** (aperto 24 h su 24), con molte iniziative guidate dai ranger ma poche informazioni.

Chi vuole semplicemente vedere un alligatore basta che cammini lungo l'**Anhinga Trail**: i rettili si vedono facilmente durante l'inverno, spesso sdraiati vicino al sentiero e sembrano finti. Ci sono anche molte specie di uccelli come l'anhinga, un uccello elegante dal corpo nero, che ricorda il cormorano. Per evitare la folla andateci presto e dopo dirigetevi verso il **Gumbo Limbo Trail**, una porzione di giungla piena di specie subtropicali.

Se lo spettacolo vi piace, proseguite per 55 km lungo la Route-9336 (ci sono molte indicazioni per le escursioni) fino al piccolo insediamento di **FLAMINGO**, un ex colonia di pescatori che attualmente comprende un porticciolo e tutto il necessario per gli appassionati della pesca. Fermatevi al **centro visitatori** (9.30-16.30; ☎ 239/695-2945) prima di andare al porto, dove **Backcountry Cruise** (minimo 6 persone; tutti i giorni 10-13 e 15.30 $18; per prenotare ☎ 239/695-3101) fa un'escursione di 2 h intorno a Whitewater Bay ricoperta di mangrovie a nord di Flamingo.

Panhandle

Molto vicino all'Alabama, a ovest, e alla Georgia, a nord, il lungo e stretto territorio del **PANHANDLE** è più simile agli Stati del profondo Sud che al resto della Florida. È difficile credere che poco più di cento anni fa il Panhandle *era* la Florida. All'estremità occidentale **Pensacola** era già una cittadina quando Miami era ancora una palude. Il suolo fertile richiamò i proprietari terrieri che fondarono **Tallahassee**, un centro amministrativo che raccoglieva i notabili del luogo, caratteristiche che continua ad avere in quanto capitale dello Stato. Il declino del cotone, l'eccessivo disboscamento e la ferrovia della costa orientale lasciarono il territorio del Panhandle in difficoltà. La maggior parte dell'interno della regione è ancora trascurata e la **Apalachicola National Forest** è forse il posto migliore della Florida per sparire in un territorio selvaggio. La parte costiera si trova in una condizione migliore: nonostante le file di alberghi, ancora molto è rimasto intatto, con chilometri e chilometri di spiaggia bianca.

Tallahassee e dintorni

Anche se è la capitale, **Tallahassee** è una cittadina provinciale piena di querce e di dolci colline che non ha bisogno di più di due giorni per essere visitata. Intorno a un gruppo di strade centrali, dove si trovano molti ricordi degli inizi della Florida, girano uomini d'affari e studenti che rallegrano l'atmosfera e tengono viva la città.

Tallahassee è stata costruita sul sito di un importante insediamento preistorico e deve il suo nome agli indiani apalachee: *talwa*, città, e *ahassee*, vecchia. La sua **storia** comincia quando la Florida è annessa agli Stati Uniti e il centro diventa la capitale: il primo governo della Florida si è riunito qui nel 1823, da allora la città è stata teatro di ogni disputa politica, compresa quella sul controllo delle schede elettorali nelle elezioni del 2000. Oggi, in contrasto con la velocità di sviluppo del resto dello Stato, Tallahassee ha un ritmo tranquillo e un forte senso storico che si rispecchia negli edifici e nei musei.

Arrivo e informazioni

La stazione dei **pullman** Greyhound è al 112 W Tennessee St. (☎ 850/222-4249); si può andare in centro e visitarlo **a piedi**. Per i dettagli e gli orari andate all'**ufficio informazioni**, 106 E Jefferson St. (lun-ven 8-17, sab 9-13; ☎ 1-800/628-2866, *www.visittallahassee.com*).

Alloggio

È difficile trovare alloggio a Tallahassee solo durante i sessanta giorni dell'assemblea legislativa statale che iniziano ai primi di marzo e durante i fine settimana autunnali, per le partite di football americano di Florida State Seminoles e Florida A&M Rattlers. **Alberghi** e **motel** a N Monroe Street, 5 km dal centro, sono i più economici.

Comfort Suites 1026 Apalachee Parkway ☎ 850/224-3200, *www.comfortsuites.com*. I letti sono da sogno in questo motel pulitissimo da cui si può andare a piedi fino alla capitale. Colazione continentale compresa nel prezzo. ❻

Governors Inn 209 S Adams St. ☎ 1-800/342-7717, *www.thegovinn.com*. Ogni stanza in questo albergo del centro è arredata con mobili antichi che riflettono le epoche dei governatori. ❽-❾

Super 8 2801 N Monroe St. ☎ 850/386-8286. Buona scelta per chi ha i soldi contati, stanze e servizio semplice. ❸

La città

Una brutta struttura costata 50 milioni di dollari domina il **centro di Tallahassee**: sono le prese d'aria verticali del torreggiante **New Capitol Building**, tra Apalachee Parkway e Monroe Street (lun-ven 8-17; gratuito). L'esercito crescente dei burocrati della Florida prima era stipato nel più bello **Old Capitol Building** (lun-ven 9-16.30, sab 10-16.30, dom 12-16.30; gratuito), che ora sta all'ombra del suo successore.

Per conoscere davvero la storia dello Stato andate al **Museum of Florida History**, 500 S Bronough St. (lun-ven 9-16.30, sab 10-16.30, dom 12-16.30; gratuito; ☎ 850/245-6400, *www.museumoffloridahistory.com*). I racconti dettagliati degli insediamenti paleoindiani, il significato della sepoltura e dei templi sono strumenti importanti per comprendere la preistoria della Florida. Le crociate coloniali spagnole sono testimoniate da numerosi reperti, mentre c'è poco della guerra seminole dell'Ottocento, scheletro nell'armadio della Florida.

Il **Black Archives Research Center and Museum**, nell'ottocentesco palazzo della Union Bank Building – lungo la Apalachee Parkway, si entra dall'Old Capitol (lun-ven 9-17; gratuito ☎ 850/599-3020) –, possiede una delle più grandi e importanti collezioni di manufatti afroamericani della nazione. Ci sono anche cabine in cui ascoltare racconti orali e musiche, insieme con alcuni agghiaccianti cimeli del Ku Klux Klan.

Mangiare

Tallahassee è frequentata da politici e studenti e vi sono posti dove mangiare per tutte le tasche.

Andrew's Capital Grill & Bar/Andrew's 228 228 S Adams St. ⓣ 850/222-3444. Il grill e il bar servono di giorno una gran varietà di panini e hamburger, mentre il piano sotto, molto elegante, prepara piatti deliziosi di cucina italiana, come la torta al gorgonzola.

Barnacle Bill's 1830 N Monroe St. ⓣ 850/385-8734. Pesce e frutti di mare serviti in un'atmosfera allegra.

Capital Steak House nell'*Holiday Inn Select*, 316 W Tennessee St. ⓣ 850/222-9555. Anche chi mangia solo carne bianca acclama questo posto per la qualità della carne rossa.

La Fiesta 2329 Apalachee Pkwy. ⓣ 850/656-3392. I migliori piatti messicani della città.

Mom and Dad's 4175 Apalachee Pkwy. ⓣ 850/877-4518. Cucina italiana fatta in casa. Chiuso dom e lun.

Po' Boys Creole Café 224 E College Ave. ⓣ 850/224-5400. Piatti creoli e uno dei posti dove ascoltare musica dal vivo.

Wakulla Springs State Park

Il **Wakulla Springs State Park** (tutti i giorni 8-tramonto; auto $4, pedoni e ciclisti $1; ⓣ 850/926-0700), 20 km da Tallahassee sulla Route-267 dalla Route-61, vanta una delle più importanti e profonde sorgenti naturali del mondo. Pompa quasi due milioni di litri di acqua cristallina tutti i giorni dalle profondità terrestri, anche se non si direbbe mai guardandone la superficie piatta.

È molto rinfrescante **nuotare** nella piscina naturale (è recintata perché territorio di alligatori), ma per saperne di più fate il giro di 30 min con la **barca dal fondo di vetro** ($6) e guardate i banchi di pesci che girano intorno alla caverna di 54 m attraverso cui scorre l'acqua. Con 40 min di **crociera sul fiume** potrete osservare alcuni abitanti del parco, come cervi, tartarughe, aironi e gli immancabili alligatori. Accanto alla sorgente c'è il delizioso *Wakulla Lodge* (ⓣ 850/926-0700; ❹-❺), costruito nel 1937 interamente in legno, con un **ristorante** che prepara piatti rustici fatti in casa a colazione, pranzo e cena.

Apalachicola National Forest

Paludi, savane e sorgenti sono sparse nei 230.000 ettari dell'**Apalachicola National Forest** che si estende a sud-ovest di Tallahassee. Ci sono diverse strade che permettono di addentrarsi con molti posti dove sostare. Per entrare nel profondo della foresta è possibile seguire uno dei sentieri per le escursioni, andare in canoa sul fiume o semplicemente accamparsi in uno dei campeggi a disposizione. All'estremo sud della foresta c'è la grande **Tate's Hell Swamp**, dove si riproducono i mortali serpenti mocassino acquatici: statene lontani.

Gli **ingressi** principali per la foresta (gratuiti) sono sulla statale 20 e sulla statale 319; si segnalano anche le strade minori 267, 375 e 65, che si intersecano tra la foresta e le statali. Ci sono solo **campeggi**: *Camel Lake* e *Wright Lake* ($10 a notte; con acqua calda), gli altri sono gratuiti (auto $3 al giorno), con attrezzature minime (non c'è acqua corrente). Per maggiori informazioni rivolgetevi alla base dei **ranger** ad Apalachicola (ⓣ 850/643-2282) o a Wakulla (ⓣ 850/926-3561).

Panama City Beach

Seguite la statale 98 per 80 km da Apalachicola in direzione ovest e vi troverete in mezzo a motel, piste di go-kart, percorsi di minigolf e parchi divertimenti che costituiscono **PANAMA CITY BEACH**. Località senza pretese, capitalizza rumorosamente i suoi 40 km di sabbie bianche. È assolutamente consumistica, ma tra la quantità di negozi, bar e ristoranti si possono trovare ottime occasioni. Durante l'estate (i "100 Magic Days) l'alloggio è caro e bisogna prenotare per tempo. In inverno i prezzi calano e i turisti diminuiscono: la maggior parte sono canadesi con un numero crescente anche di europei, che non sono fanatici del sole e non temono le temperature più fresche.

Abbronzarsi, praticare sport e stare fuori tutta la notte sono le attività principali offerte da Panama City Beach, una delle destinazioni più famose per le vacanze di primavera. Go-kart, moto d'acqua e parasailing sono ovunque lungo la costa; in alternativa c'è il parco acquatico ($32 tutto il giorno). Si segnalano per i sub interessanti relitti nell'area: chiedete informazioni nei negozi che noleggiano l'attrezzatura.

Notizie utili

Ci sono molti posti dove **alloggiare**, anche se si riempiono durante i fine settimana. Di regola, i **motel** sul lato orientale della spiaggia sono più graziosi e costosi rispetto a quelli in centro. Sul lato ovest sono più tranquilli e a gestione familiare. Il *Sugar Sands Motel*, 20723 Front Beach Rd. (T 1-800/367-9221, *www.sugarsands.com*; ❺-❻), è un motel con vista sull'oceano, lontano dal chiasso. I posti più economici dove **mangiare** sono i ristoranti a buffet di Front Beach Road, dove pagate $8-12 per tutto quello che riuscite a mangiare. Provate anche i posti classici o i diner: *Shuckum's Oyster Pub & Seafood Grill*, 15614 Front Beach Rd. (T 850/235-3214); *Mike's Diner*, 17554 Front Beach Rd. (T 850/234-1942), aperti dalla colazione a notte fonda. Il *Boatyard*, 5323 N Lagoon Drive (T 850/249-9273), è un'ottima soluzione per mangiare fuori, vicino alla palude. La **notte**, chi vuole uscire va al *Club La Vela*, 8813 Thomas Drive (T 850/235-1061) o allo *Spinnaker*, 8795 Thomas Drive (T 850/234-7892), con decine di bar e discoteche frequentati da giovani.

Pensacola e dintorni

Si potrebbe anche pensare di saltare **PENSACOLA**, visto com'è nascosta all'estremità occidentale del Panhandle. La città, sul lato settentrionale della vasta Pensacola Bay, è 8 km all'interno rispetto alla spiaggia più vicina e ci sono solo una scuola aeronavale e alcuni cantieri navali. Ma vale la pena passarci. Le spiagge vicine sono ancora intatte ed è ricca di storia a causa dell'occupazione spagnola del 1559. La città è passata di mano, dagli spagnoli ai francesi, agli inglesi, prima di diventare il luogo in cui la Florida fu consegnata dagli spagnoli agli americani nel 1821.

Era già un porto ricco nel 1900 e ci si aspettava ancora di più con l'apertura del Canale di Panama. Gli edifici costruiti nel **Palafox District** ai primi del Novecento riflettono l'ottimismo del momento con i delicati ornamenti e l'attenzione al dettaglio.

I nativi americani, i pionieri e i commercianti del mare si riunivano al Seville District per scambi, vendite e baratti a est di Palafox Street. Chi ebbe successo si stabilì qui e molte case sono diventate musei, nell'**Historic Pensacola Village** (lun-sab 10-16; $6; T 850/595-5985, *www.historicpensacola.org*). I biglietti sono validi per una settimana e permettono l'ingresso in tutti i musei e in tutti gli edifici storici in una zona di quattro isolati. All'interno della base navale sulla Navy Boulevard, 12 km a sud-ovest di Pensacola, c'è il **Museum of Naval Aviation** (tutti i giorni 9-17; gratuito, IMAX film $8; ⓣ 1-800/327-5002, *www.navalaviationmuseum.org*), con apparecchi dell'aeronautica militare, dal primo idrovolante del 1911 ai più recenti Phantom e Hornet.

Pensacola Beach

Sul lato meridionale della baia rispetto alla città, sabbia scintillante e dune accarezzate dal vento formano la costa di **Santa Rosa Island**. Sull'isola c'è **PENSACOLA BEACH** con tutto il necessario per una spiaggia sulla Gulf Coast: sabbia bianca, sport d'acqua, attrezzature, un molo, motel, bar e chioschi.

Notizie utili

La stazione dei **pullman** Greyhound è 10 km a nord rispetto al centro città, a 505 W Burgess Rd. (ⓣ 850/476-8199); gli autobus ECAT n. 50 e n. 45 ($1,75; ⓣ 850/595-3228, *www.goecat.com*) portano in centro. Il **taxi** è Yellow Cab (ⓣ 850/433-3333). Gli **autobus** ECAT servono la città, mentre il 61 raggiunge la spiaggia due volte al giorno; il capolinea è a 1515 W Fairfield Drive. Ai piedi del Pensacola Bay Bridge, c'è il **centro visitatori**, 1401 E Gregory St. (lun-ven 8-17, sab 9-16 e dom 11-16; ⓣ 1-800/874-1234, *www.visitpensacola.com*), che ha tutte le informazioni necessarie.

Ci sono molti alberghi economici a $50-65 per notte, sui boulevard North Davis e Pensacola, le due strade principali di collegamento alla I-10. Se volete stare in centro ci sono il *Days Inn*, 710 N Palafox St. (ⓣ 850/438-4922; ❸), e il *Noble Manor*, 110 W Strong St. (ⓣ 850/434-9544, *www.noblemanor.com*; ❺), un delizioso B&B. A Pensacola Beach, provate l'*Hilton Pensacola Beach*, 12 Via De Luna Drive (ⓣ 850/916-2999; ❼-❽). Per **mangiare** in città, *Fish House*, 600 S Barracks St. (ⓣ 850/470-0003), ha sushi e bistecche insieme ai frutti di mare. Per cenare in riva al mare, *Peg Leg Pete's*, 1010 Fort Pickens Rd. (ⓣ 850/932-4139), è famoso per i piatti cajun e per il bar.

Contesti

Contesti

Breve storia degli Stati Uniti

La storia degli Stati Uniti è solo una parte della storia del Nord America. In queste poche pagine, tuttavia, dobbiamo limitarci a fornire una breve panoramica relativa al popolamento e allo sviluppo politico delle regioni che oggi compongono gli USA. Molti degli avvenimenti e dei problemi discussi in questa sezione sono analizzati in maggior dettaglio nei capitoli relativi, mentre i libri menzionati più avanti (in "Letture consigliate") sono preziose fonti d'informazione per ulteriori studi.

Le prime popolazioni

La prima traccia databile con precisione di una presenza umana nelle Americhe risale ad appena 14.000 anni fa, quando i veri pionieri del Nord America, cacciatori-raccoglitori nomadi provenienti dalla Siberia, raggiunsero quella che oggi è l'**Alaska**. Grazie al fatto che nell'ultima era glaciale il livello del mare era più basso di 90 m rispetto all'odierno Stretto di Bering, un "**ponte di terra**" – in realtà una vasta pianura che si estendeva per 960 km da nord a sud – collegava l'Eurasia con l'America.

In quell'epoca l'Alaska faceva parte dell'Asia piuttosto che del Nord America, essendo separata dall'odierno Canada e dai territori più a sud da ghiacciai impenetrabili. Come una bolla d'aria, la regione si "aprì" in direzioni diverse in tempi diversi. I primi immigrati provenienti da ovest, ignari del fatto che stavano lasciando il continente asiatico, scoprirono che la strada verso est era bloccata. Sarebbero potute passare parecchie generazioni prima che comparisse un passaggio a est, e nel frattempo il collegamento con l'Asia avrebbe potuto essere interrotto. Quando lo scioglimento dei ghiacci aprì un passaggio che penetrava nel Nord America, non fu lungo la costa del Pacifico ma lungo un corridoio che, attraversando le Montagne Rocciose da ovest a est, conduceva nelle Grandi Pianure.

Questa migrazione fu quasi certamente stimolata non dal desiderio di esplorare quello che doveva sembrare un territorio poco promettente, ma dalle esigenze della caccia, dalla necessità di inseguire in nuovi territori i grandi mammiferi, e specialmente il **mammut**, che in quasi tutta l'Eurasia era già sull'orlo dell'estinzione a causa della caccia spietata. Una straordinaria abbondanza attendeva i cacciatori giunti dall'Asia, che si imbatterono infine nella "**megafauna**" indigena americana: mammut, mastodonti, megateri (o bradipi giganti) ed enormi bisonti dalle lunghe corna, tutte specie che si erano evolute senza dover temere la predazione da parte dell'uomo e quindi senza doversi proteggere dall'aggressione umana.

In un migliaio di anni la specie umana popolò sia il Nord che il Sud America, raggiungendo un totale di 10 milioni di persone. Potrebbe sembrare una velocità di diffusione fenomenale, ma in realtà per ottenere questo risultato sarebbe bastato che giungesse nel continente americano un gruppo di appena un centinaio di individui e che questi avanzassero per 12-13 km all'anno, con un aumento di popolazione dell'1,1% all'anno. L'**estinzione** di massa della megafauna americana coincise così precisamente con l'arrivo degli esseri umani che questi ultimi ne furono certamente i responsabili: si pensa che di volta in volta in ogni zona i cacciatori eliminassero questi animali giganteschi quasi in un sol colpo prima di procedere in cerca di altre prede.

A parte l'impatto ecologico, le conseguenze della scomparsa dei grandi mammiferi terrestri furono molteplici. La loro eliminazione precluse alle future civiltà americane la possibilità di addomesticare le specie animali che furono invece di vitale importanza per le economie del Vecchio Mondo. Senza bestiame, cavalli, pecore e capre, o specie equivalenti, mancavano le risorse utilizzate altrove per rifornire di cibo e vestiti grandi insediamenti, le bestie da tiro per trainare gli aratri o i veicoli a ruote, o per aumentare la mobilità e il potenziale di conquista. Inoltre la maggior parte delle malattie umane che furono introdotte successivamente da altre parti del mondo si svilupparono in associazione con gli animali domestici; i primi americani non svilupparono né un'immunità nei confronti di tali malattie, né qualche malattia indigena che avrebbe potuto attaccare gli invasori.

Almeno tre distinte ondate di **immigranti** giunsero nel Nord America passando per l'Alaska. Ciascuna ondata avanzò nel continente insediandosi in un ambiente più marginale rispetto a quello in cui si erano stabiliti i suoi predecessori. La seconda ondata, avvenuta 5000 anni dopo la prima, era costituita dai "**nadene**" o athapaschi, gli antenati sia degli haida (popolazione indigena che viveva nel nord-ovest sulla costa canadese del Pacifico, nell'odierna Columbia britannica) sia dei navajo e degli apache del sud-ovest degli Stati Uniti, mentre la terza, che ebbe luogo altri 2000 anni più tardi, trovò la sua nicchia a nord, fra i ghiacci dell'Artico, dove dette origine agli **aleutini** e agli **inuit** (eschimesi del Canada, dell'Alaska e della Groenlandia).

Entro i confini dei moderni Stati Uniti il sito dell'insediamento più antico finora scoperto, risalente a 12.000 anni fa, è a Meadowcroft, nella Pennsylvania sud-occidentale. Cinquecento anni più tardi, il sud-ovest era dominato da quella che gli archeologi chiamano civiltà di **Clovis**, le cui caratteristiche punte di freccia sono state identificate per la prima volta a Clovis, nel New Mexico. Successivamente si crearono sottogruppi che andavano dagli agricoltori algonchini che vivevano nell'odierno New England a popoli quali i chumash e i macah, che vivevano nel nord-ovest cacciando pesci, lontre e perfino balene lungo le coste del Pacifico.

Nei territori del nord America non emerse nessuna civiltà che potesse rivaleggiare con la ricchezza e la raffinatezza delle grandi città dell'antico Messico, quali Teotihuacan o Tenochtitlan. Tuttavia l'influenza di quelle civiltà lontane riuscì a diffondersi lentamente a nord; colture quali i fagioli, le zucche e il granturco resero possibile lo sviluppo di grandi comunità, e si ritiene che i culti religiosi del nord, compresi quelli che praticavano sacrifici umani, debbano molto alle credenze del Centro America. Ai cosiddetti **costruttori di tumuli** delle valli dell'**Ohio** e del **Mississippi** si devono siti quali il Tumulo del Grande Serpente nell'odierno Ohio e Punta Povertà in Louisiana. La più importante di queste antiche società, oggi conosciuta con il nome di civiltà di **Hopewell**, fiorì fra i primi anni della nostra era e il 400. Più tardi **Cahokia**, nelle immediate vicinanze dell'odierna St. Louis, diventò la più vasta città precolombiana del Nord America, al cui centro si elevava un enorme tumulo coronato da una qualche forma di tempio, e raggiunse il massimo sviluppo fra il 1050 e il 1250.

Nei deserti del **sud-ovest**, l'insediamento degli indiani **hohokam** a Snaketown, vicino all'attuale Phoenix, in Arizona, dovette affrontare gli stessi problemi di gestione dell'acqua che ancora oggi affliggono la regione. Nelle vicinanze, intorno al 200 d.C. gli **anasazi** o **pueblo** (*ancestral puebloans*) svilupparono la tecnica della ceramica e cominciarono a riunirsi nei villaggi cinti di mura che in seguito divennero noti come *pueblos*, forse costruiti per difendersi dalla minaccia degli invasori athapaschi, come gli apache, che stavano arrivando dal nord. I monumenti antichi più spettacolari che siano sopravvissuti in Nordamerica sono le "città" degli anasazi, come Pueblo Bonito, nel Chaco Canyon del New Mexico (un centro del commercio dei turchesi con i potenti aztechi), e il "Cliff Palace" ("Palazzo sulle rocce") a Mesa Verde, nel Colorado. Sebbene dopo il XII secolo gli anasazi non siano più identificabili come gruppo (probabilmente si dispersero dopo una devastante siccità), molti degli insediamenti creati dai loro immediati discendenti sono rimasti in uso sin da allora. Nonostante secoli di migrazioni, guerre e mutamenti di governo, gli agricoltori del deserto che vivevano nelle **mesas degli hopi** in Arizona e i pueblo di **Taos** e **Ácoma** nel New Mexico non sono mai stati espropriati delle loro case.

Le stime relative alla popolazione indigena totale che abitava nelle Americhe prima dell'arrivo degli europei variano molto. Per il Nord America le ipotesi più serie formulate dagli studiosi al riguardo hanno suggerito una presenza umana oscillante fra i 2 e i 12 milioni; come cifre mediane accettabili si potrebbe ipotizzare una popolazione di 5 milioni di amerindi nell'America settentrionale e di 50 milioni in tutte le Americhe, mentre le lingue parlate erano circa 400.

I contatti con gli europei

I più grandi navigatori dell'Europa alto-medievale, i **vichinghi**, fondarono una colonia in Groenlandia intorno al 982 d.C. Sotto l'energica guida di Eirik il Rosso, la colonia fu una base di partenza per le navigazioni lungo la misteriosa linea costiera a ovest. **Leif Eiriksson** – noto anche come Leif il Fortunato – trascorse l'inverno del 1001-02 in un luogo che è stato identificato con l'Anse aux Meadows, nel nord dell'isola di Terranova (Canada). Le condizioni climatiche potrebbero essere state molto migliori di quelle attuali, ma non si sa che cosa fosse la "vite" che lo indusse a chiamare quel luogo **Vinland**. Nei 12 anni successivi si susseguirono varie spedizioni dirette a Vinland, alcune delle quali potrebbero essersi spinte a sud fino al Maine. Tuttavia, i ripetuti scontri con le popolazioni che i vichinghi conoscevano come **skraelings** o "miserabili" – probabilmente inuit, anch'essi giunti nella regione intorno a quel periodo – li indussero ad accantonare i progetti di insediamento permanente.

Passarono altri cinque secoli prima che arrivasse il momento cruciale del contatto con il resto del mondo, che avvenne il 12 ottobre 1492, quando **Cristoforo Colombo**, finanziato dai sovrani spagnoli, raggiunse l'isola di San Salvador, nelle Bahamas. Appena quattro anni più tardi il navigatore inglese John Cabot "scoprì" ufficialmente l'isola di Terranova, e non passò molto tempo prima che i pescatori inglesi in particolare cominciassero ad approntare accampamenti di fortuna nel territorio che divenne noto come **New England**

(Nuova Inghilterra) per trascorrervi i mesi invernali salando ed essiccando il pescato per conservarlo.

Negli anni successivi varie spedizioni esplorative tracciarono mappe del litorale orientale del continente americano. Nel 1524, per esempio, l'italiano **Giovanni da Verrazzano** costeggiò il Maine, che definì "Terra della gente cattiva" a causa del comportamento inospitale e sprezzante dei nativi, e raggiunse la foce del fiume Hudson. Inizialmente la grande speranza era di trovare nel nord-est una rotta marittima che conducesse in Cina: il leggendario **Passaggio a nord-ovest**. Per il francese **Jacques Cartier** il canale navigabile San Lorenzo (St. Lawrence) era una possibilità da non trascurare, e dal 1530 in avanti spedizioni successive esplorarono le aree settentrionali della regione dei Grandi Laghi, tentando (senza successo) di insediarsi in quelle terre. Intrepidi mercanti e cacciatori di pelli iniziarono ad avventurarsi ancora più a ovest.

A sud, nel 1513 gli spagnoli avevano cominciato a procedere verso nord dai Caraibi; in quello stesso anno la spedizione di **Ponce de Leon**, partita alla ricerca della Fontana della Giovinezza, approdò nell'odierna Palm Beach e battezzò la regione **Florida**. Negli anni seguenti le attenzioni della Spagna si concentrarono sulla lucrosa conquista del Messico, ma nel 1528 gli stessi spagnoli si apprestarono a tornare in Florida sotto la guida di Panfilo de Narvaez, il cui viaggio però terminò tragicamente in un naufragio avvenuto da qualche parte nel Golfo del Messico. Uno dei suoi giovani ufficiali, **Cabeza de Vaca**, riuscì a sopravvivere e, insieme ad altri tre compagni di bordo superstiti, trascorse i sei anni successivi in una straordinaria odissea che li vide attraversare il Texas e inoltrarsi nel sud-ovest. Talvolta tenuti come schiavi, talvolta riveriti come profeti, i quattro riuscirono finalmente a ritornare in Messico nel 1534 e raccontarono di città d'oro in mezzo al deserto, le **Sette città di Cibola**.

Uno dei compagni di Cabeza de Vaca era uno schiavo nero africano chiamato **Estevanico il Moro**, un uomo gigantesco che aveva sbalordito i nativi che li avevano incontrati. Piuttosto che ritornare a una vita di schiavitù, Estevanico si offrì spontaneamente di tracciare l'itinerario per una nuova spedizione, ma mentre percorreva velocemente l'entroterra, con la sola compagnia di due colossali levrieri, fu ucciso nel 1539 a Zuni Pueblo (denominazione di un *pueblo* abitato prevalentemente da indiani zuni). L'anno seguente, la squadra al comando di **Francisco Vázquez de Coronado** riuscì a dimostrare, con grande disappunto di tutti, che le Sette città di Cibola non esistevano. Questi uomini si spinsero fino al Grand Canyon del Colorado, incontrando durante il viaggio gli hopi e altre popolazioni pueblo. Nel frattempo Hernán Cortés, il conquistatore degli aztechi, aveva disegnato il contorno della penisola della Baja California, e nel 1542 Juan Cabrillo rimontò la costa della California raggiungendo le Channel Islands, al largo della costa di Santa Barbara, ma a causa delle consuete nebbie non riuscì a scorgere la baia di San Francisco.

Benché nel Nord America non venissero scoperti grandi tesori che potessero reggere il confronto con le vaste ricchezze saccheggiate nell'impero azteco e in quello inca, un flusso costante di scoperte meno spettacolari – che fossero nuovi prodotti alimentari, come le patate, o l'accesso ai vivai di merluzzi dell'Atlantico settentrionale – iniziò a risollevare l'economia in tutta Europa. Furono gli spagnoli che nel 1565 fondarono sulla costa della Florida il primo insediamento permanente negli odierni Stati Uniti, **St. Augustine** (permanente, perlomeno, finché non fu raso al suolo dalle fiamme nel 1586 per ordine del celebre corsaro e navigatore Francis Drake). Nel 1598 gli spagnoli riuscirono anche a soggiogare le popolazioni pueblo e fondarono la colonia del **Nuovo Messico** (New Mexico) lungo il Rio Grande. Questa colonia era più una missione che un avamposto militare, e la sua sopravvivenza fu sempre precaria a causa delle vaste distese di deserto che la separavano dal resto del Messico. Ciononostante, nel 1609 iniziò la costruzione di una nuova capitale, **Santa Fe**.

Lo sviluppo delle colonie

Nella seconda metà del Cinquecento l'accesa rivalità fra l'Inghilterra e la Spagna si estese in ogni angolo del mondo conosciuto. Gli avventurieri-corsari inglesi contrastarono l'egemonia spagnola lungo entrambe le coste del Nord America. Francis Drake avanzò pretese sulla California nel 1579, cinque anni prima che **Walter Raleigh** rivendicasse la **Virginia** nell'est, nel nome della sua "regina vergine", Elisabetta I. Il gruppo di coloni da lui inviato in avanscoperta nel 1585 fondò un insediamento che ebbe vita breve, **Roanoke**, oggi ricordato come la misteriosa "colonia perduta".

I nativi americani in cui si imbatterono i primi coloni inizialmente non si dimostrarono quasi mai ostili. In una certa misura i nuovi arrivati europei furono costretti a fare amicizia con le popolazioni indigene: la maggior parte di loro aveva attraversato l'Atlantico in nome della libertà di culto o per fare fortuna e mancava dell'esperienza o perfino dell'inclinazione a fare fortuna dedicandosi all'agricoltura di sussistenza. La prima colonia permanente della Virginia, **Jamestown**, fu fondata il 24 maggio del 1607 dal capitano John Smith, il quale così si lamentava: "sebbene ci siano Pesci nel Mare, e Uccelli nell'aria, e Bestie nei boschi, i loro balzi sono così grandi, ed essi sono così selvaggi, e noi così deboli e ignoranti, che non possiamo essere un grande fastidio per loro"; non sorprendentemente, sei su sette coloni morirono entro un anno dopo il loro arrivo nel Nuovo Mondo.

A poco a poco però i coloni impararono le tecniche necessarie per coltivare le insolite piante che crescevano in quel terreno poco familiare. Per il governo inglese era inconcepibile che i coloni potessero avere dei loro scopi: le colonie erano semplicemente imprese commerciali rischiose, il cui scopo era di produrre colture che non potevano essere coltivate in Gran Bretagna. Dopo aver fallito con lo zucchero e il riso, nel 1615 la Virginia cominciò finalmente a cavarsela con il suo primo raccolto di **tabacco** (il responsabile, John Rolfe, oggi è più noto come il marito di Pocahontas). Per risultare redditizia, una piantagione di tabacco richiede molta terra e molto lavoro manuale. La necessità di disporre di vasti terreni intensificò la pressione nei confronti degli indiani e la volontà di espropriarli delle loro terre. Quanto al lavoro manuale, nessun inglese che si rispettasse era venuto in America per lavorare per altri; quando la prima **nave negriera** attraccò nel porto di Jamestown nel 1619, il capitano trovò un mercato ricettivo per il suo carico di venti schiavi africani. A quell'epoca in Sud America il numero di schiavi aveva già raggiunto il milione.

Nell'inverno del 1620 la *Mayflower* depositò a Cape Cod i 102 **puritani** passati alla storia come **"Padri Pellegrini"**, i quali entro breve tempo fondarono la loro colonia a Plymouth (oggi nel Maine). Cinquanta di loro morirono durante quell'inverno, e la stessa sorte sarebbe forse toccata anche agli altri non fosse stato per il fortuito incontro con un uomo straordinario, **Squanto**. Questo nativo americano era stato rapito due volte e condotto in Europa, ma era riuscito a tornare a casa; durante i suoi vagabondaggi aveva lavorato quattro anni come mercante nella City di Londra e aveva anche vissuto in Spagna. Tornato in patria di recente, aveva scoperto che nel frattempo tutta la sua tribù era stata sterminata dal vaiolo e aveva quindi deciso di legare la sua sorte a quella degli inglesi. Con la sua guida questi ultimi riuscirono finalmente a portare a termine il loro primo raccolto, salutato con la grande **festa del Ringraziamento** (*Thanksgiving Day*) che è celebrata ancora oggi.

Di maggior importanza per la storia del New England fu la fondazione, nel 1630, di una nuova colonia da parte della Massachusetts Bay Company sulla costa più a nord, a Naumkeag (la futura Salem). Poco tempo dopo il governatore del Massachusetts, **John Winthrop**, decise di fondare una nuova capitale sulla penisola di Shawmut: la città di **Boston**, dove sorse anche l'Università di Harvard. La visione di un'utopica "Città su una collina" da lui propugnata non prevedeva un Paradiso condiviso con gli indiani; Winthrop sosteneva che questi non avevano "sottomesso" la terra, la quale pertanto era un "vuoto" che i puritani potevano usare come meglio credevano. Mentre la fede aiutò i singoli coloni a sopportare le privazioni e le fatiche del primo periodo, la colonia nel suo insieme non riuscì a conservare una forte identità religiosa (i processi alle streghe di Salem del 1692 indussero molti a dubitare che il Nuovo Mondo avesse una qualche superiorità morale sul Vecchio), e presto da essa si staccarono gruppi di dissidenti, che andarono a fondare gli insediamenti rivali di Providence e Connecticut.

Fra il 1620 e il 1642 60.000 emigranti – l'1,5% della popolazione – abbandonò l'Inghilterra per l'America. Coloro che emigravano in cerca di opportunità economiche tendevano a raggiungere le colonie già esistenti, dove con la loro presenza attenuarono lo zelo religioso dei puritani, mentre i gruppi che speravano di trovare la libertà spirituale erano più inclini a ricominciare daccapo in nuovi insediamenti; così, il **Maryland** fu creato come rifugio per i cattolici nel 1632, e 50 anni dopo i quaccheri fondarono la **Pennsylvania**.

Tuttavia gli inglesi non erano i soli. Dopo che Henry Hudson riscoprì Manhattan nel 1609, quest'ultima fu "acquistata" dagli **olandesi** nel 1624 (anche se gli indiani che ricevettero il denaro erano nomadi di passaggio che non ne rivendicavano affatto la proprietà). La colonia olandese di Nuova Amsterdam, fondata nel 1625, durò meno di quarant'anni, poi fu riconquistata dall'Inghilterra e ribattezzata **New York**; in quel periodo c'era una forte presenza olandese lungo il corso inferiore del fiume Hudson.

Nel frattempo, dalle loro basi nella regione dei Grandi Laghi i **francesi** nel 1673 incaricarono gli esploratori Joliet e Marquette di seguire il corso del Mississippi per disegnarne una mappa. Una volta stabilito che il fiume in effetti sfociava nel Golfo del Messico i due tornarono indietro, ma il loro viaggio aprì la strada alla fondazione, nel 1699, della **Louisiana**, una colonia immensa e dai confini incerti. Nel 1718 iniziò la costruzione della città di **New Orleans** alla foce del Mississippi.

Mentre gli spagnoli si erano assestati saldamente in Florida, nel sud-ovest le cose non andavano altrettanto lisce. Nella sanguinosa **rivolta dei pueblo** del 1680, le popolazioni pueblo riuscirono a scacciare gli spagnoli dal Nuovo Messico, solo per vederli ritornare in forze una decina d'anni dopo. Di conseguenza cominciò a svilupparsi una curiosa sintesi fra civiltà tradizionale e religione e cultura ispanica, e la presenza spagnola, a parte le incursioni ostili dal nord, non fu seriamente messa in discussione.

Con l'arrivo degli stranieri le cose stavano cambiando anche nell'entroterra sconosciuto. La frontiera avanzava costantemente verso ovest, via via che i coloni si impossessavano della terra indiana, con o senza la scusa di una "sollevazione" o una "ribellione" che inducesse i coloni a compiere un massacro. La principale causa di morte fra i popoli indigeni era però il **vaiolo**, che si era diffuso nell'interno del continente molto tempo prima dell'arrivo degli europei. (Gli scienziati ipotizzano che i nativi americani potrebbero non aver avuto nessuna "nuova" malattia equivalente da trasmettere ai nuovi arrivati per via del lungo periodo che i loro antenati avevano trascorso nell'Artico a temperature inferiori allo zero.) Con lo scoppio delle epidemie le popolazioni venivano decimate e si verificavano grandi migrazioni. Inoltre, nel Cinquecento nelle Grandi Pianure fece la sua comparsa il **cavallo**. I primi abitanti della regione erano agricoltori sedentari, i quali oltre a dedicarsi alla coltivazione cacciavano i bisonti facendoli precipitare da promontori a picco. L'arco e la freccia comparvero intorno al V secolo, ma l'acquisizione dei cavalli (probabilmente catturati agli spagnoli, e chiamati inizialmente "cani del mistero") rese possibile un modo di vita completamente nuovo, basato sul nomadismo. Gruppi quali i cheyenne e gli apache spinsero i loro rivali in aree marginali riuscendo a dominare vasti territori, e quando a tempo debito furono introdotte le armi da fuoco ne colsero il potenziale. Ciò creò una civiltà molto dinamica ma fondamentalmente instabile, che per le necessità della vita dipendeva dal commercio con gli europei.

La guerra d'indipendenza americana

Nel **Settecento** le colonie americane prosperarono, mentre nelle città di Boston, New York e Filadelfia in particolare si affermò una classe media ricca, istruita ed estremamente articolata. Le ingiustizie insite nel rapporto delle colonie con la Gran Bretagna cominciarono a provocare un senso di frustrazione sempre più intenso. Agli americani era permesso commerciare fra di loro, altrimenti potevano vendere i loro prodotti esclusivamente ai britannici, e tutto il commercio transatlantico doveva servirsi di navi britanniche.

La completa indipendenza diventò un fine esplicito solo alla fine del secolo, ma il fattore principale che la rese possibile fu l'impatto economico del conflitto europeo noto come **guerra dei Sette anni**. Ufficialmente la guerra in Europa durò dal 1756 al 1763, ma in Nord America il conflitto fra l'Inghilterra, la Francia e la Spagna scoppiò un po' prima. Nel 1755 gli inglesi espulsero in massa i coloni francesi dalla regione dell'Acadia, in Nuova Scozia (provocando la loro epica migrazione verso la Louisiana, dove vivono tutt'oggi come **cajun**), e procedettero alla conquista di tutto il Canada. La guerra giunse al termine nel 1759, quando il generale Wolfe costrinse alla resa il **Québec**; la Francia cedette la Louisiana alla Spagna piuttosto che lasciarla agli inglesi, mentre la Florida passò sotto il controllo inglese per un anno prima di tornare agli spagnoli. Tutti i monarchi europei rimasero azzoppati dai debiti, e gli inglesi si resero conto che il colonialismo in America non era un affare redditizio quanto in quelle parti del mondo in cui le popolazioni indigene potevano essere costrette a lavorare per i loro padroni d'oltremare.

Un altro importante giocatore sulla scena era la **Confederazione irochese**. Nella regione dei Grandi Laghi sono state rinvenute testimonianze concrete della civiltà irochese, caratterizzata dall'espansionismo militare e perfino dai sacrifici umani; tali testimonianze ne attestano la presenza almeno a partire pressappoco dall'anno 1000 d.C. Da sempre in competizione con gli algonchini e gli uroni, nel Settecento gli irochesi meridionali si erano costituiti in una Lega delle Cinque Nazioni comprendente i seneca, i cayuga, gli onondaga, gli oneida e i mohawk o mohicani, tutti insediati nell'interno dello Stato di New York. Blanditi sia dai francesi sia dagli inglesi, gli irochesi per gran parte del secolo adottarono una linea d'azione indipendente da entrambi. Nel 1744, durante un negoziato con i coloni un capo degli onondaga, poco impressionato dai litigiosi delegati della Pennsylvania, della Virginia e del Maryland, aveva raccomandato: "osservando gli stessi metodi dei nostri saggi antenati, acquisirete nuova forza e potere". Benjamin Franklin, che era presente alle trattative, nel 1751 scrisse che "Sarebbe molto strano se (...) dei selvaggi ignoranti fossero capaci di progettare un'unione tale (...) da esistere per secoli e sembrare indissolubile; e che tuttavia una simile unione fosse impraticabile per dieci o dodici colonie inglesi".

Poco dopo la guerra dei Sette anni, nel 1763 la fallita insurrezione della tribù degli ottawa, guidata dal loro capo **Pontiac**, indusse gli inglesi in bolletta a concludere che, se l'America aveva bisogno di un suo esercito permanente, non era irragionevole aspettarsi che fossero i coloni a pagarne le spese.

Nel 1765 l'Inghilterra introdusse lo **Stamp Act**, una legge parlamentare in base alla quale nelle colonie si doveva pagare alla Corona britannica una **tassa di bollo** su tutte le transazioni legali e il materiale a stampa. Fermamente convinti che non dovesse esserci "tassazione senza rappresentanza", nell'ottobre del 1765 i delegati di nove delle colonie si riunirono nello Stamp Act Congress per discutere la questione. Nel frattempo però il primo ministro britannico responsabile della suddetta legge era già stato rimosso da re Giorgio III. I bolli incriminati furono distribuiti solo per un breve periodo e solo in Georgia, e nel 1766 la legge fu abrogata.

Nel 1767, però, il cancelliere Townshend sfruttò politicamente la vicenda in patria proclamando: "Oso tassare l'America" e presentando un progetto di legge che includeva il Revenue Act, molto simile al precedente Stamp Act. I commercianti del Massachusetts, ispirati da **Samuel Adams**, reagirono votando a favore del boicottaggio delle merci britanniche; successivamente a loro si unirono tutte le altre colonie tranne il New Hampshire. I Townshend's Acts furono a loro volta abrogati da un nuovo primo ministro, Lord North, il 5 marzo del 1770. Per combinazione, quello stesso giorno una folla tumultuante circondò la Customs House, l'edificio della Dogana di Boston, scagliando pietre; le guardie spararono uccidendo cinque persone in quello che divenne noto come il "**massacro di Boston**". Nonostante ciò, quasi tutte le colonie ricominciarono a commerciare con l'Inghilterra, e la crisi fu differita di qualche anno.

Nel maggio del 1773 il **Tea Act** (legge sul tè) di Lord North liberò l'East India Company, sommersa dai debiti, della necessità di pagare i dazi sulle esportazioni verso l'America, continuando però a imporre agli americani il dazio sul tè. Il Massachusetts chiese alle colonie di mobilitarsi, e il 16 dicembre i suoi cittadini presero l'iniziativa con il cosiddetto **Boston Tea Party**: i dimostranti salirono a bordo di tre navi che trasportavano tè e ne gettarono in mare 342 casse. Come affermò John Adams, "permettere che il tè venisse sca-

La Costituzione

Firmata nel 1787 e ratificata nel 1788, la **Costituzione** stabiliva la seguente forma di governo:

Al **Congresso degli Stati Uniti** erano garantiti tutti i poteri **legislativi**. La più bassa delle due camere, la **Camera dei Rappresentanti** (House of Representatives), doveva essere eletta ogni due anni, e i suoi membri sarebbero stati in proporzione al numero di "Persone libere" di ciascuno Stato più i "tre quinti di tutte le altre persone" (un'espressione che indicava gli schiavi). La camera alta, il **Senato**, sarebbe stata composta da due senatori per ciascuno Stato, scelti da assemblee legislative statali piuttosto che da elezioni dirette. Ciascun Senatore sarebbe rimasto in carica 6 anni, ma un terzo dei senatori sarebbero stati eletti ogni due anni.

Il potere **esecutivo** era assegnato al **Presidente**, che era anche il Comandante in capo dell'Esercito e della Marina. Il Presidente sarebbe stato eletto ogni 4 anni da un numero di "**Elettori**" per ogni singolo Stato corrispondente al numero di deputati e senatori di quello Stato. Ciascuno Stato poteva decidere come nominare quegli Elettori; quasi tutti scelsero di avere elezioni popolari dirette. Nonostante ciò, da allora è rimasta la distinzione fra il numero di "voti popolari" ricevuti da un candidato presidenziale in tutti gli Stati presi nel loro complesso, e il numero di "voti elettorali" ricevuti Stato per Stato, numero che determina il risultato reale. Originariamente chi arrivava secondo nella votazione diventava automaticamente **Vicepresidente**.

Il Presidente poteva porre il **veto** alle leggi del Congresso, veto che però poteva essere annullato da una votazione di due terzi dei rappresentanti in entrambe le camere. La Camera dei Deputati poteva **mettere in stato d'accusa** (*impeachment*) il Presidente per tradimento, corruzione o "altri gravi crimini e violazioni di legge", nel qual caso il Senato poteva rimuoverlo dall'incarico con una maggioranza di due terzi.

Del potere **giudiziario** era investita la **Corte Suprema**, coadiuvata da "Corti inferiori": al Congresso spettava deciderne il numero.

A oggi la Costituzione è stata modificata da 27 **emendamenti**. Quelli che hanno introdotto importanti modifiche concernenti le elezioni sono il **14** e il **15**, che nel 1868 e nel 1870 estesero il voto ai neri di sesso maschile; il **17**, che rese i senatori soggetti all'elezione popolare diretta, nel 1913; il **18**, che introduceva il suffragio delle donne, nel 1920; il **22**, che limitava a due i mandati presidenziali, nel 1951; il **24**, che proibì agli Stati di usare le imposte pro capite per privare del diritto di voto gli elettori neri, nel 1964; e il **26**, che ha abbassato a 18 anni l'età minima per votare, nel 1971.

ricato a terra avrebbe significato rinunciare al principio della tassazione tramite l'autorità del Parlamento".

Infuriato, il Parlamento britannico iniziò ad approvare un insieme di leggi note collettivamente come leggi "coercitive" e "intollerabili", le quali comprendevano la chiusura del porto di Boston e lo scioglimento del governo del Massachusetts. Thomas Jefferson sostenne che tali leggi equivalevano a "un progetto deliberato e sistematico di ridurci in schiavitù". Per discutere una risposta, il 5 maggio 1774 si tenne a Filadelfia il primo **Congresso continentale**, cui parteciparono i rappresentanti di tutte le colonie tranne la Georgia.

La guerra scoppiò il 18 aprile 1775, quando il generale Gage, il nuovo governatore del Massachusetts imposto dall'Inghilterra, inviò a **Concord** 400 soldati inglesi per distruggere il deposito di armi, al fine di impedire che queste ultime cadessero nelle mani dei ribelli. Quello stesso giorno l'argentiere **Paul Revere**, su incarico dei cittadini di Boston, intraprese la sua leggendaria cavalcata per avvertire i ribelli, e i soldati inglesi si scontrarono a Lexington con

77 "Minutemen" (volontari) americani. La scaramuccia che ne seguì, lo "sparo udito in tutto il mondo", segnò l'inizio della guerra.

Il Congresso si apprestò a formare un esercito coloniale a Boston e decise, nell'interesse dell'unità, di nominare comandante un uomo del Sud, **George Washington**. Mentre la guerra infuriava, le colonie istituirono una dopo l'altra i loro governi e si costituirono in Stati, mentre gli uomini politici cominciavano a definire la società che volevano creare. Gli scritti del panflettista Thomas Paine (specialmente *Senso comune*), unitamente alla Confederazione degli Irochesi, ebbero una grande influenza sulla **Dichiarazione d'indipendenza**. Stilata da Thomas Jefferson, questa Dichiarazione fu adottata il luglio 1776 dal Congresso continentale riunito a Filadelfia. Le clausole contrarie allo schiavismo originariamente incluse da Jefferson – egli stesso proprietario di schiavi – furono omesse per non urtare i sentimenti dei rappresentanti degli Stati del Sud, mentre fu lasciata la sezione che denunciava gli accordi del re d'Inghilterra con gli "spietati selvaggi indiani".

Inizialmente la guerra d'indipendenza americana (chiamata anche "Rivoluzione americana" o "guerra rivoluzionaria") sembrò volgersi a favore degli inglesi. Il generale Howe attraversò l'Atlantico con circa 20.000 uomini, occupò New York e il New Jersey e si nascose a Filadelfia per l'inverno del 1777-78. L'esercito di Washington, stremato dal freddo e dalla fame, era accampato non lontano, a Valley Forge. Fu presto evidente che, se gli americani fossero riusciti a evitare di perdere una battaglia campale, gli inglesi avrebbero probabilmente dovuto allungare troppo le loro file mentre avanzavano nel vasto continente sconosciuto. Così, la spedizione del generale Burgoyne, che, partita dal Canada, stava marciando verso il New England, fu attaccata di continuo dai guerriglieri ribelli, al punto che nell'ottobre del 1777 il generale si vide costretto ad arrendersi a Saratoga. A mano a mano che la difficoltà logistica di mantenere lo sforzo di guerra da parte dei britannici diventava sempre più palese, altre potenze europee non tardarono a scendere in campo per dar man forte agli americani. Benjamin Franklin guidò una delegazione americana diretta in Francia per chiedere aiuto; l'iniziativa ebbe un tale successo che presto navi francesi e spagnole affiancarono la nascente flotta americana impegnata a cercare di intercettare le comunicazioni navali britanniche. La fine della guerra si avvicinò quando Cornwallis, che aveva sostituito Howe, ricevette l'ordine di trincerarsi a Yorktown e lì attendere che la Marina Militare britannica arrivasse in suo aiuto. I francesi però isolarono la Baia di Chesapeake e impedirono l'arrivo dei rinforzi, cosicché Cornwallis dovette arrendersi a Washington il 17 ottobre del 1781, ad appena 15 miglia dal luogo del primo insediamento inglese a Jamestown.

Il **trattato di Parigi** che ne seguì garantì agli americani la loro indipendenza in termini molto generosi (gli inglesi abbandonarono completamente i nativi americani loro alleati, compresi gli irochesi, lasciandoli alla vendetta dei vincitori), e nel novembre del 1783, mentre gli inglesi partivano, Washington entrò a New York. Gli spagnoli ottennero la conferma del possesso della Florida.

Dopo la vittoria il Congresso statunitense si riunì per la prima volta nel 1789, e la tradizione di affidare il potere politico ai generali di maggior successo della nazione fu inaugurata dall'elezione di George Washington a primo **presidente**. Washington ricevette un ulteriore onore quando il suo nome fu dato alla nuova capitale, **Washington DC**, deliberatamente situata fra il nord e sud del paese.

L'Ottocento

Nel loro primo secolo di storia i territori e la popolazione dei nuovi **Stati Uniti d'America** si espandettero a una velocità fenomenale. Nel 1800 la popolazione bianca del Nord America si aggirava sui 5 milioni, cui andava aggiunto un milione di schiavi africani (30.000 dei quali nel Nord). Di quel totale, l'86% viveva a una distanza dall'Atlantico non superiore alle 50 miglia, ma nessuna città statunitense poteva eguagliare Città del Messico, la cui popolazione sfiorava i 100.000 abitanti. (Tuttavia sia New York che Filadelfia raggiunsero quella cifra entro vent'anni, e cinquant'anni dopo New York aveva superato il milione.)

Agli inglesi era convenuto scoraggiare i coloni dall'avventurarsi a ovest degli Appalachi, dove sarebbero stati fuori dal campo d'azione del potere britannico e perciò inclini a condurre un'esistenza indipendente. Per George Washington, tuttavia, gli accordi che avevano seguito tale politica erano stati solo un "espediente temporaneo per placare gli animi degli indiani". Negli anni Settanta del Settecento avventurieri come **Daniel Boone** cominciarono ad attraversare le montagne e a esplorare il Tennessee e il Kentucky, e presto iniziarono a navigare a gran velocità verso ovest, lungo il fiume Ohio (l'unico fiume del continente che scorra in quella direzione), zattere di fortuna fatte con tavole di legno del tipo di quelle che in seguito sarebbero state usate per costruire capanne di tronchi.

Nel 1801, la Spagna riconsegnò la Louisiana alla Francia, dietro esplicita promessa che la Francia ne avrebbe conservato il possesso per sempre. Napoleone però si rese subito conto che qualsiasi tentativo di tenersi stretti i possedimenti americani avrebbe implicato un eccessivo sparpagliamento dell'esercito, per cui decise invece di trarne il miglior profitto vendendoli agli Stati Uniti per 15 milioni di dollari, nel cosiddetto **Acquisto della Louisiana** del 1803 (*Louisiana Purchase* in inglese). I nuovi territori si estendevano ben oltre i confini della Louisiana attuale (vedi cartina nella pagina successiva), e il presidente Thomas Jefferson incaricò gli esploratori **Lewis e Clark** di recarsi urgentemente in quelle regioni per tracciarne una mappa. Con l'aiuto di Sacagawea, la donna shoshone che faceva loro da guida, i due seguirono i fiumi Missouri e Columbia fino al Pacifico; sulla loro scia giunsero nell'ovest cacciatori di pelli e "uomini di montagna" per cacciare nelle aree selvagge delle Montagne Rocciose. A quell'epoca i **russi** avevano già raggiunto il nord-ovest bagnato dal Pacifico e costruito una rete di avamposti fortificati per commerciare le pellicce di castori e lontre.

I tentativi dell'Inghilterra di bloccare l'Atlantico, intesi soprattutto come una mossa contro Napoleone, dettero alla nuova nazione la possibilità di misurare per la prima volta le proprie forze e mostrare i suoi muscoli militari. Gli incursori britannici riuscirono a conquistare la città di Washington e a dare alle fiamme la Casa Bianca radendola al suolo, ma la **guerra del 1812** fornì soprattutto agli Stati Uniti un pretesto per l'aggressione contro i nativi americani alleati degli inglesi. **Tecumseh**, capo degli shawnee, fu sconfitto vicino a Detroit, mentre **Andrew Jackson** mosse contro i creek, insediati nel Mississippi meridionale. La campagna di Jackson contro i seminole in Florida permise agli Stati Uniti di prendere possesso dello Stato sottraendolo agli spagnoli, Jackson fu ricompensato subito con il governatorato del nuovo Stato, e più tardi con l'elezione alla presidenza degli Stati Uniti. Durante il periodo in cui detenne la carica, dal 1829 al 1836, Jackson procedette nell'attuazione del-

L'ESPANSIONE DEGLI STATI UNITI
Acquisto della Louisiana 1803
Cessione dalla Spagna 1819
Annessione del Texas 1845
Territorio dell'Oregon 1846
Cessione dal Messico 1848
Acquisto dal Messico 1854
Acquisto dalla Russia 1867
Annessione nel 1898
L'anno di istituzione è dato per ogni Stato
C A N A D A
MESSICO
OCEANO PACIFICO
OCEANO ATLANTICO
Golfo del Messico
Seattle
WASHINGTON 1889
OREGON 1859
IDAHO 1890
MONTANA 1889
WYOMING 1890
NORTH DAKOTA 1889
SOUTH DAKOTA 1889
NEBRASKA 1867
MINNESOTA 1858
IOWA 1846
WISCONSIN 1848
MICHIGAN 1837
CALIFORNIA 1850
NEVADA 1864
UTAH 1896
ARIZONA 1912
COLORADO 1876
NEW MEXICO 1912
KANSAS 1861
OKLAHOMA 1907
TEXAS 1845
MISSOURI 1821
ARKANSAS 1836
LOUISIANA 1812
ILLINOIS 1818
INDIANA 1816
OHIO 1803
KENTUCKY 1792
TENNESSEE 1796
MISSISSIPPI 1817
ALABAMA 1819
GEORGIA 1788
FLORIDA 1845
SOUTH CAROLINA 1789
NORTH CAROLINA 1789
VIRGINIA 1788
WEST VIRGINIA 1863
WASHINGTON DC
MARYLAND 1788
DELAWARE 1787
NEW JERSEY 1787
PENNSYLVANIA 1787
NEW YORK 1788
CONNECTICUT 1788
RHODE ISLAND 1790
MASSACHUSETTS 1788
NEW HAMPSHIRE 1788
VERMONT 1791
MAINE 1820
San Francisco
Los Angeles
Salt Lake City
Santa Fe
Denver
San Antonio
Chicago
St Louis
Memphis
New Orleans
Detroit
Atlanta
Charleston
Savannah
Montréal
Boston
New York City
N
0 200 miglia/320 km
RUSSIA
USA
ALASKA 1959
CANADA
0 200 miglia/320 km
Kauai
Oahu
Maui
HAWAII 1959
Big Island
0 50 miglia/80 km

la sua politica mirante a sgombrare tutti gli Stati a est del Mississippi delle loro popolazioni native. La brulla regione che in seguito fu chiamata Oklahoma fu dichiarata "territorio indiano" e destinata a ospitare "cinque tribù civilizzate". Ai creek e ai seminole si aggiunsero i choctaw e i chickasaw del Mississippi e infine, dopo quattro terribili mesi di marcia forzata nota come "**Sentiero di Lacrime**", i cherokee dei bassi Appalachi.

Per i cittadini della giovane repubblica, fra la consapevolezza che il loro paese poteva estendersi da un capo all'altro dell'intero continente e la convinzione di avere il dovere quasi religioso di realizzare tale fine – un "**destino manifesto**" – il passo era breve. Espressa in parole povere quella dottrina si limitava ad affermare che il potere deve essere giusto, ma l'idea di adempiere la volontà di Dio ispirò innumerevoli pionieri, spingendoli a partire e ad attraversare le pianure verso ovest in cerca di una nuova vita.

Il Messico aveva già ottenuto l'indipendenza dalla Spagna. I territori spagnoli del sud-ovest non avevano mai attirato abbastanza immigrati da poter diventare vere e proprie colonie, ma i coloni americani che arrivavano sempre più numerosi cominciarono a dominare le loro controparti ispaniche. I coloni di origine inglese del **Texas** si ribellarono nel 1833, sotto la guida del generale Sam Houston. Poco dopo la leggendaria sconfitta subita ad **Alamo** nel 1836, i coloni sbaragliarono l'esercito messicano di Santa Anna e il Texas diventò di diritto una repubblica indipendente.

La conseguente **guerra contro il Messico** fu uno spudorato esercizio di aggressione da parte degli americani, durante il quale molte delle future figure guida della guerra di secessione fecero la loro prima esperienza combattendo dalla stessa parte. Il conflitto determinò l'acquisizione non solo del Texas ma anche dell'Arizona, dello Utah, del Colorado, del Nevada, del Nuovo Messico e infine della California, nel 1848. Il pagamento simbolico di 15 milioni di dollari al governo messicano da parte degli Stati Uniti era una riedizione del cosiddetto Acquisto della Louisiana. La controversia relativa alla legalità o meno della schiavitù nei nuovi Stati diventò una questione accademica quando si seppe che, praticamente lo stesso giorno in cui era finita la guerra, nella Sierra Nevada della California era stato scoperto l'oro. La **corsa all'oro** che ne seguì ebbe fra le sue conseguenze la fondazione della prima città importante della California, vale a dire **San Francisco**, e l'arrivo di un massiccio afflusso di coloni bianchi liberi in una terra che in ogni caso era del tutto inadatta a un'economia basata sulle piantagioni.

I sostenitori del "destino manifesto" non sembra si preoccupassero troppo della regione nord-occidentale bagnata dal Pacifico (*Pacific Northwest*), che rimaneva teoricamente sotto il controllo del Canada britannico. Tuttavia, dopo il 1841, anno in cui fu inaugurato l'Oregon Trail, in quella regione il numero di coloni americani superò rapidamente quello dei britannici. Nel 1846, un trattato sorprendentemente amichevole fissò la frontiera lungo il 49° parallelo, come era già stato stabilito per il Canada orientale, e lasciò agli inglesi l'intera isola di Vancouver.

La guerra di secessione

L'unità degli Stati Uniti poggiava sin dall'inizio su fondamenta traballanti. Al fine di concepire una **Costituzione** che bilanciasse la necessità di un forte governo federale con l'aspirazione all'autonomia dei singoli Stati, si decise di articolare il Congresso in due camere separate: la **Camera dei Rappresentanti**, in cui il numero di rappresentanti per ciascuno Stato dipendeva dalla sua popolazione, e il **Senato**, in cui ogni Stato aveva due membri, indipendentemente dalle sue dimensioni. Quindi, sebbene in teoria non menzionasse la questione della **schiavitù**, la Costituzione dissipava il timore degli Stati del Sud, meno popolosi, che gli elettori del Nord potessero distruggere la loro economia costringendoli ad abbandonare la loro "peculiare istituzione" (va ricordato che, sebbene gli schiavi non avessero diritto di voto, ciascuno di loro era contato come tre quinti di una persona quando si doveva determinare il numero di rappresentanti eletti in ciascuno Stato). Tuttavia, a poco a poco divenne evidente che il sistema poteva funzionare solo fintanto che ci fosse stato un ugual numero di Stati "liberi", cioè antischiavisti, e Stati schiavisti. L'unico modo praticabile di mantenere l'equilibrio era garantire che, ogni volta che un nuovo Stato veniva ammesso nell'Unione, fosse ammesso anche un altro Stato di orientamento opposto riguardo alla schiavitù. Di conseguenza l'ammissione di ogni nuovo Stato diventò oggetto di interminabili macchinazioni. Il **Compromesso del Missouri** del 1820, con il quale entrarono a far parte degli Stati Uniti il Missouri come Stato schiavista e il Maine come Stato antischiavista, fu una cosa semplice in confronto alle prevaricazioni e alle esibizioni di forza che circondarono l'ammissione del Texas, mentre la guerra contro il Messico fu vista da molti nel Nord come un tentativo di accaparrarsi una fetta di territorio da parte dei nuovi Stati schiavisti.

Nel Nord, prima della metà dell'Ottocento i sentimenti abolizionisti non erano così preponderanti. Nel migliore dei casi, dopo il 1808, anno in cui ebbe termine l'importazione di schiavi dall'Africa, i cittadini del Nord coltivavano la vaga speranza che lo schiavismo fosse un anacronismo destinato prima o poi a scomparire. In realtà la redditività delle piantagioni del Sud aumentò enormemente grazie allo sviluppo della ginnatrice o sgranatrice di cotone e all'aumento della domanda di articoli di cotone confezionati innescato dalla **rivoluzione industriale**. Ciò che da ultimo cambiò la situazione fu la rapida crescita della nazione nel suo complesso, crescita che rese difficile mantenere un equilibrio politico fra Nord e Sud.

Le cose precipitarono nel 1854, quando la legge chiamata **Kansas-Nebraska Act**, permettendo a entrambi i potenziali Stati l'autodeterminazione sulla questione, innescò scorrerie e scontri violenti fra coloni rivali. Sempre in quell'anno fu fondato il **Partito Repubblicano**, che nella sua piattaforma politica aveva fra gli obiettivi principali l'opposizione a un'ulteriore espansione dello schiavismo. Le storie degli ex schiavi fuggiti al Nord, come Frederick Douglass, avevano cominciato a suscitare un forte sdegno morale fra i cittadini di quegli Stati, e il romanzo di Harriet Beecher Stowe *La capanna dello zio Tom* conobbe un successo senza precedenti.

Nell'ottobre del 1859 **John Brown** – un uomo dalla barba bianca e dallo sguardo allucinato, veterano di alcune delle lotte più sanguinose combattute nel Kansas – guidò una spettacolare incursione in un'armeria di Harpers Ferry, nella Virginia Occidentale, allo scopo di procurarsi armi per un'insurrezione di schiavi. Catturato dai soldati sotto il comando di Robert E. Lee, Brown fu impiccato dopo poche settimane, ma prima dell'esecuzione proclamò: "Ora sono certo che i crimini di questa terra colpevole potranno essere lavati solo con il sangue".

Il candidato repubblicano alla presidenza nel 1860 era il poco conosciuto **Abraham Lincoln**, originario del Kentucky; pur non avendo vinto in nessuno Stato del Sud, grazie alla scissione dei democratici, che si divisero in una fazione settentrionale e una meridionale, Lincoln fu eletto con il 39% del voto popolare. Poche settimane dopo, il 20 dicembre 1860, la Carolina del Sud fu il primo Stato a staccarsi dall'Unione, seguita da Mississippi, Florida, Alabama, Georgia, Louisiana e Texas; il 4 febbraio 1861 questi Stati si unirono in una **Confederazione**, il cui primo (e unico) presidente fu **Jefferson Davis**, anch'egli del Kentucky; il giorno dell'insediamento, il suo nuovo vicepresidente sottolineò che il loro governo era "il primo nella storia del mondo basato sulla grande verità fisica e morale che l'uomo negro non è uguale all'uomo bianco". Lincoln a sua volta si insediò alla presidenza dell'Unione nel marzo del 1861, proclamando: "Non ho intenzione, né direttamente né indirettamente, di interferire con l'istituzione della schiavitù negli Stati in cui esiste. Credo di non avere il diritto legale di farlo, e non sono incline a farlo". Tuttavia Lincoln si dimostrò assolutamente inflessibile su una questione della massima importanza: la sopravvivenza dell'Unione.

La **guerra di secessione** iniziò qualche settimana dopo. I primi colpi furono sparati il 12 aprile, quando il tardivo tentativo federale di rifornire Fort Sumter, nel porto di Charleston (Carolina del Sud), fu accolto da un bombardamento confederato che costrinse il forte alla resa. L'immediata richiesta di Lincoln di radunare un esercito contro il Sud fu salutata dall'ulteriore secessione della Virginia, dell'Arkansas, del Tennessee e della Carolina del Nord. Entro un anno i due eserciti contrapposti avevano ammassato 600.000 uomini; Robert E. Lee, cui era stato offerto il comando di entrambi, optò per quello confederato, mentre George McLellan divenne il primo leader delle forze dell'Unione. Benché le due capitali rivali, Washington DC, e Richmond, in Virginia, distassero l'una dall'altra appena un centinaio di miglia, nei quattro anni successivi le operazioni di guerra interessarono quasi tutto il territorio a sud di Washington e a est del Mississippi.

Ripercorrendo le alterne vicende delle campagne militari – dalle vittorie dei confederati nei primi anni al vittorioso assedio di Vicksburg operato da Grant nel 1863 e alla devastante "Marcia verso il mare" di Sherman nel 1864, fino alla resa di Lee ad Appomattox nell'aprile del 1865 – è facile perdere di vista il fatto che non fu tanto la strategia, l'abilità militare a determinare la vittoria dei nordisti, quanto piuttosto la mera potenza economica (e umana). La guerra contrappose l'**Unione** di 23 Stati settentrionali, popolati da 22 milioni di abitanti, alla **Confederazione** di 11 Stati meridionali, con 9 milioni di abitanti. Per quanto riguarda i potenziali combattenti, inizialmente il Nord poteva contare su 3,5 milioni di maschi bianchi di età compresa fra i 18 e i 45 anni – cui in seguito si aggiunsero anche i neri reclutati –, mentre il Sud disponeva pressappoco di un milione di uomini arruolabili. Alla fine circa 2,1 milioni di uomini combatterono per l'Unione, 900.000 per la Confederazione. Dei 620.000 soldati morti durante il conflitto, 258.000 venivano dal Sud (dove rappresentavano un quarto degli uomini bianchi in età di leva). Nel frattempo, il Nord non solo fu in grado di continuare a commerciare con il resto del mondo, avendo conservato la sua produzione industriale e agricola, ma soffocò la Confederazione con un devastante **blocco navale**. Lo sforzo di guerra del Sud fu finanziato stampando 1,5 miliardi di dollari in banconote, ma tale finanziamento, in assenza di riserve e di introiti che lo sostenessero, fu così eroso dall'inflazione da diventare privo di valore.

Nonostante ciò, la Confederazione andò molto più vicino alla vittoria di quanto non si pensi comunemente. Le ripetute vittorie ottenute dalle forze federali grazie alle abili manovre del generale **Robert E. Lee**, e le sue incursioni nel territorio dell'Unione, indicano che per tre anni consecutivi, dal 1862 al 1864, ci fu la concreta possibilità che il morale dei nordisti crollasse, il che avrebbe consentito a chi si opponeva alla guerra di essere eletto e accettare la pace. Dopotutto, la "guerra rivoluzionaria" aveva mostrato come si poteva vincere una guerra di questo genere: l'Unione per uscire vittoriosa avrebbe dovuto invadere il Sud e distruggere il suo esercito, mentre al Sud per vincere sarebbe bastato sopravvivere finché il Nord non si fosse stancato di combattere.

Le ardite tattiche dei generali confederati Lee e Jackson, impegnati senza sosta ad attaccare e contrattaccare, rientravano forse nelle migliori tradizioni romantiche del Vecchio Sud, ma probabilmente contribuirono alla sua sconfitta. La spietata, implacabile campagna di guerra totale di Grant e Sherman alla fine sbaragliò le difese del Sud. C'è una particolare ironia nel fatto che, se la Confederazione avesse sollecitato la pace prima che Lee le desse nuove speranze, un accordo negoziato avrebbe potuto non includere l'abolizione della schiavitù. Di fatto, nel prosieguo della guerra civile, con gli schiavi del Sud che si rifugiavano sotto la bandiera dell'Unione e i soldati neri che combattevano in prima linea, l'emancipazione divenne inevitabile. Nel 1862 Lincoln prese la decisione politica che corrispondeva alle sue convinzioni morali emanando un **proclama sull'emancipazione** in cui dichiarava liberi tutti gli schiavi degli Stati coinvolti nella guerra; tuttavia il **tredicesimo emendamento** che aboliva la schiavitù entrò in vigore solo nel 1865.

Lincoln stesso fu assassinato a pochi giorni dalla fine della guerra, un segno della profonda amarezza che quasi certamente avrebbe reso impossibile una **ricostruzione** coronata da successo anche se Lincoln fosse vissuto. Dopo che fu garantito il voto ai neri (1870), per un breve periodo negli Stati del Sud furono eletti rappresentanti politici di colore, ma, mancando la volontà di impegnarsi seriamente per permettere agli ex schiavi di possedere della terra, le relazioni razziali nel Sud peggiorarono rapidamente. A causa della presenza di organizzazioni che credevano nella supremazia della razza bianca, quali il Ku Klux Klan, teoricamente clandestino ma spudoratamente pubblico, i neri del Sud furono presto privati nuovamente dei loro diritti civili. Chiunque lavorasse per trasformare il Sud veniva attaccato come *carpetbagger* (avventuriero nordista nel Sud, politicante opportunista del Nord che si recava nel Sud per profitto personale) oppure come infido *scalawag* (collaborazionista sudista).

Si potrebbe quasi affermare che il dopoguerra sia durato un centinaio d'anni. Mentre il Sud si condannava a un secolo di statico isolamento, per il resto degli Stati ri-Uniti iniziò un periodo di espansionismo e prosperità.

Le guerre indiane

Con il completamento, nel 1867, della ferrovia transcontinentale il "destino manifesto" diventò un'innegabile realtà. Fra i primi a dirigersi a ovest furono i soldati dell'esercito federale, in cui i veterani dell'Unione e quelli della Confederazione marciavano sotto la stessa bandiera per dar battaglia ai nativi americani superstiti. Con questi ultimi furono firmati trattati su trattati, che poi venivano prontamente rotti dai bianchi quando tornava loro utile (di solito in seguito alla scoperta dell'oro o di metalli preziosi). Quando i bianchi facevano il passo più lungo della gamba o quando erano spinti alla disperazione, gli indiani erano in grado di contrattaccare. La sconfitta inflitta nel 1876 al **generale George Custer** da **Toro Seduto** (Sitting Bull) e dai suoi guerrieri sioux e cheyenne a Little Bighorn fece infuriare il governo. Nel giro di pochi anni, leader quali **Cavallo Pazzo** (Crazy Horse), degli oglala sioux, e **Geronimo**, capo degli apache, furono costretti ad arrendersi, e i loro popoli furono confinati nelle riserve. L'ultimo atto di resistenza assunse la forma del culto visionario e messianico della **Ghost Dance** o **Danza degli Spettri** (o degli Spiriti), i cui praticanti speravano che, osservando un rituale corretto, avrebbero potuto riconquistare il modo di vita perduto, in una terra miracolosamente priva di intrusi bianchi. Tali aspirazioni erano considerate ostili, e le vessazioni e gli attacchi al movimento da parte dei militari culminarono nel massacro di **Wounded Knee**, nel South Dakota (1890).

Una tattica ampiamente usata nella campagna contro gli indiani delle pianure per costringerli alla sottomissione fu di affamarli sterminando le grandi mandrie di bisonti che erano la loro fonte primaria di cibo. Come dichiarò il generale Philip Sheridan: "Per una pace duratura (...) uccidete, spellate e vendete fino a sterminare i bisonti. Allora le vostre praterie potranno riempirsi di mucche chiazzate e allegri cowboy". Più importanti delle attività dei tanto mitizzati cowboy, però, erano il lavoro massacrante dei minatori sulle montagne e quello delle famiglie che vivevano in fattorie nelle pianure.

Industria e immigrazione

La seconda metà dell'Ottocento fu un'epoca di massiccia **immigrazione** dal resto del mondo verso il Nord America. Agli afflussi dall'Europa diretti sulla costa orientale corrisposero analoghe immigrazioni dall'Asia verso l'Ovest. Come nel periodo coloniale, i gruppi nazionali tendevano a formare *enclaves* in aree specifiche; gli esempi vanno dagli agricoltori scandinavi del Minnesota e delle pianure settentrionali ai pastori baschi dell'Idaho e ai minatori del Colorado provenienti dalla Cornovaglia. Nel sud-ovest, dove il duro lavoro individuale contava meno dello sforzo comune condiviso, i **mormoni** dello Utah per sfuggire alla persecuzione avevano attraversato gli Stati Uniti verso ovest per diventare i primi coloni bianchi a tirare avanti in qualche modo nel deserto implacabile.

La crescita più rapida ebbe come teatro le **città** più grandi, specialmente New York, Chicago e Boston, che con la loro potenza industriale e commerciale attirarono e assorbirono immigrati non solo da tutta Europa ma anche dal Sud, in particolare ex schiavi, che ora perlomeno potevano scegliere dove vivere.

Ora che si estendevano "dal mare al mare scintillante", i confini territoriali degli Stati Uniti avevano quasi raggiunto la loro forma attuale. Nel 1867, però, il segretario di Stato William Seward si accordò per acquistare per 7,2 milioni di dollari l'**Alaska** dalla Russia, che all'epoca era lacerata da una grave crisi. L'acquisto fu inizialmente deriso come "la follia di Seward", ma non passò molto tempo prima che il consueto tocco di Mida degli americani si manifestasse anche in Alaska, dove fu scoperto l'oro.

I vari presidenti americani dell'epoca, dal vittorioso generale Grant (che non si dimostrò all'altezza) in avanti, ora sembrano figure anonime in confronto agli industriali e ai finanzieri che manovravano l'economia nazionale. Di questi "Robber Barons" o "**baroni ladroni**" (come furono soprannominati i dieci imprenditori che assunsero il controllo dell'economia americana dopo la morte di Lincoln) facevano parte uomini quali John D. Rockefeller, che controllava il 70% del petrolio mondiale quasi prima che tutti gli altri si rendessero conto del suo valore; Andrew Carnegie, che fece fortuna introducendo il processo Bessemer nell'industria siderurgica; e J.P. Morgan, che mirava al bene più essenziale di tutti: il denaro. Il loro successo si basava sulla disponibilità del governo a cooperare nel contrastare lo sviluppo di un forte movimento sindacale. Una serie di scioperi ampiamente pubblicizzati – come quelli nelle ferrovie del 1877, nelle miniere del Tennessee nel 1891 e negli stabilimenti siderurgici di Pittsburgh nel 1892 – furono schiacciati con la forza.

L'Ottocento aveva anche conosciuto lo sviluppo di una caratteristica voce americana nella **letteratura**, che rese sempre più superflui gli sforzi dei visitatori inglesi di passaggio – per esempio Charles Dickens e i Trollope, madre e figlio – di "spiegare" gli Stati Uniti. Dagli anni Trenta dell'Ottocento in avanti emerse un ampio ventaglio di scrittori intenzionati a trovare modi originali per descrivere il loro nuovo mondo, con esiti molto vari, dai saggi introspettivi di Henry Thoreau alle morbose visioni di Edgar Allan Poe, dai romanzi onnicomprensivi di Herman Melville alla poesia irrefrenabile di Walt Whitman, il cui *Foglie d'erba*, continuamente riveduto e corretto, era un inno d'esultanza alla giovane repubblica. Praticamente ogni partecipante di spicco alla guerra di secessione scrisse almeno un volume di memorie di piacevole lettura, mentre anche figure pubbliche disparate quali Buffalo Bill (William Cody) e lo showman P.T. Barnum produssero vivaci autobiografie. L'illimitata fiducia della nazione in se stessa trovò la sua maggior espressione nel vigoroso stile vernacolare di **Mark Twain**, le cui descrizioni della vita di frontiera, riportate in forma giornalistica come nel libro *In cerca di guai* e in *Vita sul Mississippi*, oppure in forma romanzata in libri quali *Huckleberry Finn*, dettero al resto del mondo l'impressione forse più duratura del carattere americano.

Molti americani pensarono che la "chiusura" ufficiale della frontiera occidentale, annunciata dal Census Bureau nel 1890, equivalesse a privare il paese del "destino manifesto" che era la sua *raison d'être* e si sentirono spinti a cercare nuove frontiere altrove. Tali **avventure imperialistiche** raggiunsero un crescendo nel 1898, con l'annessione del regno delle **Hawaii** – che perfino il presidente Cleveland condannò come "senza alcuna giustificazione (...) non semplicemente sbagliata, ma una vera disgrazia" – e l'entrata in possesso di Cuba e delle Filippine nella **guerra ispano-americana**, che catapultò **Theodore Roosevelt** alla presidenza. Benché avesse scelto come suo motto il proverbio africano "parla dolcemente e porta un grosso bastone" (e a dire il vero non era famoso per avere una voce dolce e cordiale), una volta in carica Roosevelt fece molto per sanare le divisioni interne alla nazione. La nuova legislazione, pur dovendo convivere con i peggiori eccessi dei "baroni ladroni" e del capitalismo rampante in generale, mitigò il malcontento popolare senza minacciare sostanzialmente la comunità degli affari e senza conferire poteri al movimento dei lavoratori. Nel primo decennio del XX secolo gli Stati Uniti avevano ormai fatto grandi progressi, al punto che si rendevano conto di essere diventati il paese più forte e più ricco del mondo.

Il Novecento

All'epoca la cosa può non essere apparsa evidente a tutti, ma nei primi anni del Novecento emersero molti degli elementi peculiari destinati a caratterizzare l'America moderna. Nel solo 1903, Wilbur e Orville Wright, pionieri dell'aviazione, compirono il primo **volo** su un biplano a motore, ed Henry Ford fondò la sua Ford Motor Company. L'entusiastica adozione da parte di Ford della tecnologia più recente nella produzione di massa – la catena di montaggio – dette a Detroit un vantaggio iniziale nella nuova industria dell'**automobile**, che nel giro di pochi anni in America diventò il settore più importante. In quello stesso periodo il **jazz** e il **blues** si fecero conoscere per la prima volta a livello nazionale, mentre Hollywood ebbe il suo primo **studio cinematografico** nel 1911 e il suo primo successo nel 1915, con la spudorata glorificazione del Ku Klux Klan esibita nel film *Nascita di una nazione* di D.W. Griffith.

I primi anni del secolo furono anche un periodo di crescente **radicalismo**. In quegli anni furono fondate due organizzazioni come la NAACP (National Association for the Advancement of Colored People), che intendeva battersi per il progresso della gente di colore, e gli International Workers of the World (i "Wobblies"), un movimento socialista, e balzò in primo piano anche la campagna per il suffragio femminile. Scrittori quali Upton Sinclair (che in *La giungla* denunciava le dure condizioni di vita e di lavoro dei proletari di Chicago) e Jack London fecero proseliti fra le masse, mentre i miglioramenti apportati al sistema scolastico suggeriscono che questo potrebbe essere stato il periodo più colto della storia degli Stati Uniti.

Il presidente **Woodrow Wilson** riuscì a tenere gli Stati Uniti fuori dalla **grande guerra** per parecchi anni, ma quando giunse il momento l'intervento americano fu decisivo. Inoltre, di fronte al rischio di anarchia prefigurato dalla Rivoluzione russa, gli Stati Uniti si assunsero il ruolo di supervisori della pace. Tuttavia, sebbene Wilson presiedesse i negoziati del dopoguerra che si conclusero nel 1919 con il Trattato di Versailles, i sentimenti isolazionisti prevalenti in patria impedirono agli Stati Uniti di aderire a un progetto che pure stava loro a cuore, la Società delle Nazioni, creata allo scopo di preservare la pace mondiale.

Negli Stati Uniti, il 18° emendamento alla Costituzione, approvato nel 1920, proibì la vendita e la distribuzione di bevande alcoliche, mentre il 19° dette finalmente il diritto di voto a tutte le donne americane. Come il **proibizionismo** possa essere diventato una legge nazionale è un po' un mistero; quel che è certo è che nelle vivaci metropoli dei "Roaring Twenties", i ruggenti anni Venti, furono in pochi ad appoggiarlo. Nel paese non ci fu nessuna evidente elevazione del tono morale, e Chicago in particolare divenne famosa per le guerre fra gangster arricchitisi con il contrabbando di bevande alcoliche, quali Al Capone e i suoi rivali.

I due presidenti repubblicani eletti dopo Wilson sostanzialmente stettero alla finestra durante tutti i Roaring Twenties. **Warren Harding** fu molto amato dall'opinione pubblica almeno fino alla sua prematura morte, ma oggi è ricordato come il peggiore o uno dei peggiori fra tutti i presidenti statunitensi, a causa del clientelismo e della corruzione degli uomini del suo governo. Quanto al suo successore **Calvin Coolidge**, è difficile dire se fece mai qualcosa: il suo atteggiamento improntato al *laissez-faire* arrivò al punto di limitare a quattro ore al giorno il tempo dedicato al lavoro e di annunciare poco dopo il suo insediamento che "quattro quinti dei nostri problemi sparirebbero se ci sedessimo e rimanessimo immobili".

La Grande Depressione e il New Deal

Alla metà degli anni Venti gli Stati Uniti erano una grande potenza industriale responsabile di oltre la metà della produzione mondiale di beni confezionati. Tuttavia, dopo essersi messi alla testa delle nazioni occidentali entrando in una nuova era di prosperità, gli Stati Uniti si ritrovarono improvvisamente a trascinare il resto del mondo nel collasso economico. È difficile individuare esattamente che cosa provocò la **Grande Depressione**: le conseguenze della crisi furono talmente vaste da non poter essere attribuite a un'unica causa. Fra i possibili fattori si può indicare l'eccesso di investimenti da parte degli americani nell'economia in cattive acque dell'Europa del dopoguerra, unito alle alte tariffe sulle importazioni che di fatto preclusero la ripresa europea. I commentatori di orientamento conservatore dell'epoca interpretarono il catastrofico **crollo di Wall Street** dell'ottobre del **1929** come un sintomo di incombente depressione piuttosto che come concausa, ma la fede quasi superstiziosa nel mercato azionario che precedette il tracollo mostrava tutte le caratteristiche dei classici boom speculativi. In un unico "martedì nero" si registrò in Borsa una perdita totale di 10.000 milioni di dollari, più del doppio della quantità totale di denaro in circolazione negli Stati Uniti. Nei tre anni successivi la produzione industriale si ridusse della metà, il reddito nazionale calò del 38% e, soprattutto, il numero di disoccupati balzò da 1,5 milioni a 13 milioni.

La fiducia nelle proprie capacità come nazione, per quanto scossa alle fondamenta, ha sempre svolto un ruolo cruciale nella storia degli Stati Uniti, e il presidente Hoover non era l'uomo in grado di restituire tale fiducia. Le cose cominciarono a migliorare solo nel 1932, quando una figura nobile come **Franklin Delano Roosevelt** accettò la candidatura alla presidenza offertagli dai democratici con queste parole: "Mi impegno per un nuovo corso per l'America", e alle elezioni ottenne una vittoria schiacciante. Al tempo del suo insediamento, all'inizio del 1933, il sistema bancario era sull'orlo della chiusura; ci vollero i "cento giorni" oggi proverbiali di vigorosa legislazione di Roosevelt perché l'umore del paese mutasse.

Sfruttando il nuovo mezzo di comunicazione, la radio, Roosevelt usò le sue "Fireside Chats" ("Conversazioni al caminetto") per far uscire l'America dalla crisi; una delle sue prime osservazioni fu che era il momento giusto per una birra e che perciò l'esperimento del proibizionismo era finito. Il **New Deal** (nuovo corso), il programma di riforme economiche e sociali attuato da Roosevelt, assunse molte forme e operò tramite numerose agenzie create appositamente, ma fu in ogni caso contrassegnato da un massiccio intervento regolatore del governo federale. Fra le novità introdotte dal New Deal segnaliamo la National Recovery Administration, che creò due milioni di posti di lavoro; il Social Security Act (legge sulla previdenza sociale), riguardo al quale Roosevelt dichiarò: "nessun maledetto politico potrà mai accantonare il mio programma di previdenza sociale"; la Public Works Administration, che costruì in tutto il paese dighe e strade nell'ambito di un piano di grandi opere pubbliche; la Tennessee Valley Authority, che, generando elettricità di proprietà pubblica per il bene comune, fu probabilmente l'iniziativa più simile a una forma di socialismo istituzionalizzato mai adottata negli Stati Uniti; e misure volte a legittimare il ruolo dei sindacati, a regolamentare il mercato del lavoro e a rivitalizzare l'agricoltura, sostenendo in particolare gli agricoltori del "Dust Bowl" ("catino di polvere", la regione delle Grandi Pianure che in quegli anni diventò desertica).

Roosevelt inizialmente si considerava un populista che poteva ottenere il sostegno da ogni settore della società. Nel 1936, però, i maggiori protagonisti dell'industria e del commercio – e la Corte Suprema – sostennero che per quanto li riguardava il presidente aveva tatto più che abbastanza per ridare impulso all'economia. Da allora in avanti Roosevelt, il primo presidente americano eletto per quattro mandati consecutivi, fu il campione dell'uomo comune.

Dopo che i programmi del New Deal miranti a creare lavoro avevano rimesso in piedi l'America, la necessità di ottenere la vittoria nella **seconda guerra mondiale** stimolò ulteriormente la produzione industriale e il know-how. Anche questa volta gli Stati Uniti inizialmente si mantennero neutrali, finché l'attacco preventivo sferrato dai giapponesi, nel dicembre del 1941, contro la base navale statunitense di Pearl Harbor, nelle Hawaii, non li costrinse a entrare in guerra. Sia nel Pacifico che in Europa, il potenziale umano e la potenza economica americani alla fine assicurarono una vittoria travolgente. Roosevelt morì nell'aprile del 1945, due mesi dopo aver partecipato con Stalin e Churchill alla conferenza di Yalta per discutere dell'assetto da dare all'Europa nel dopoguerra ormai imminente e porre le basi per la spartizione delle sfere d'influenza; gli fu quindi risparmiata la decisione fatale, presa dal suo successore, **Harry Truman**, di usare la bomba atomica su Hiroshima e Nagasaki.

La guerra fredda

Vinta la guerra, l'America non era intenzionata a tornare all'isolazionismo degli anni Trenta. In un clima di grandi speranze condite da molta retorica, Truman partecipò con entusiasmo alla creazione dell'**Organizzazione delle Nazioni Unite** e predispose il **Piano Marshall** per accelerare la ripresa dell'Europa (un progetto che ebbe molto più successo degli analoghi tentativi fatti 25 anni prima). Tuttavia, come annunciò nel Missouri Winston Churchill nel 1946, una "**cortina di ferro**" era scesa sull'Europa, e Stalin si trasformò da alleato a nemico quasi dalla sera alla mattina.

La conseguente **guerra fredda** si protrasse per oltre quarant'anni, a volte combattuta con ferocia in vari angoli del mondo (ma spesso per procura), mentre negli intervalli si dirottavano colossali risorse economiche per accumulare arsenali ancora più distruttivi. Alcuni dei momenti peggiori si verificarono nei primi anni della guerra fredda; Truman era ancora in carica nel 1950 quando scoppiò la **guerra di Corea**. Una disputa sulla divisione arbitraria della penisola coreana in due nazioni separate, la Corea del Nord e la Corea del Sud, si trasformò in un conflitto fra le due parti, con l'appoggio degli Stati Uniti per la Corea del Sud e della Cina per la Corea del Nord (con la Russia che, perlomeno in teoria, stava in attesa nell'ombra). Il conflitto si protrasse per due anni di stallo sanguinoso e si concluse senza mutamenti territoriali o d'altro genere; l'unica differenza per gli Stati Uniti era che nel 1953 Truman era stato sostituito dal gioviale **Dwight D. Eisenhower**, l'ultimo eroe di guerra a diventare presidente.

Gli anni della presidenza Eisenhower sono spesso visti come un'era caratterizzata da un moderato auto-compiacimento. Una volta che il senatore **Joseph McCarthy**, il flagello anticomunista protagonista della "caccia alle streghe" nel Dipartimento di Stato e a Hollywood, si screditò attaccando lo stesso esercito, l'America borghese sembrò scivolare volontariamente in una sorta di torpore suburbano. Nel contempo stavano tuttavia cominciando a prendere forma grandi cambiamenti sociali. Durante la seconda guerra mondiale molte donne e un gran numero di persone appartenenti alle minoranze etniche avevano svolto per la prima volta un lavoro in fabbrica, e molti americani che vivevano nelle regioni meno prospere avevano avuto sentore delle migliori condizioni in cui si viveva in altre parti del paese. Lo sviluppo di una **rete stradale nazionale** e l'enorme aumento del numero di automobili vendute incoraggiarono la gente a perseguire l'American Dream, il sogno americano, ovunque volesse. Questa possibilità, combinata con la crescente meccanizzazione nelle piantagioni di cotone del Sud, condusse a un altro **esodo di massa** di neri dal Sud rurale alle città del Nord e, in misura minore, dell'Ovest. Le città della **California** entrarono in un periodo di rapida crescita; in particolare, le industrie aeronautiche di Los Angeles attirarono migliaia di potenziali lavoratori.

Fu sempre negli anni Cinquanta che la **televisione** raggiunse ogni casa del paese. Insieme al disco a 33 giri, la televisione creò un'industria del divertimento che pareva destinata a promuovere il conformismo di massa ma che presto si dimostrò in grado di venire incontro ai bisogni di consumatori che fino a quel momento non erano stati presi in considerazione. La **cultura giovanile** irruppe sulla scena pubblica dal 1954 in avanti, proponendo nuovi protagonisti che salirono alla ribalta quasi contemporaneamente: il disco *That's Alright Mama* di Elvis Presley comparve sul mercato a pochi mesi dall'uscita di due film fondamentali come *Fronte del porto*, che fece conoscere Marlon Brando in un memorabile ruolo di primo piano, e *Gioventù bruciata*, che consacrò il mito di James Dean.

Gli anni dei diritti civili

La **segregazione razziale** nei servizi pubblici, che era rimasta la norma nel Sud fin dalla Ricostruzione seguita alla guerra di secessione, nel 1954 fu finalmente dichiarata illegale dalla Corte Suprema, chiamata a decidere sul caso *Brown contro il Consiglio scolastico di Topeka*. Esattamente come cent'anni prima, però, gli Stati del Sud consideravano la questione più in termini di diritti degli Stati che di diritti umani, e tentare di applicare la legge, o perfino di contestare la sua mancata applicazione, richiedeva un immenso coraggio. Il gesto di Rosa Parks, la donna di colore che a Montgomery, in Alabama, nel dicembre del 1955 rifiutò di cedere il posto sull'autobus a un uomo bianco, innescò un riuscito boicottaggio di massa dei trasporti pubblici, promosso fra gli altri da **Martin Luther King**, pastore battista allora ventisettenne, destinato a diventare una figura di primissimo piano nella campagna per i diritti civili. Un altro braccio di ferro si verificò nel 1957 ed ebbe come teatro la Central High School di Little Rock, in Arkansas; in quell'occasione Eisenhower, per quanto riluttante, si trovò costretto a chiamare le truppe federali per garantire l'ingresso degli studenti neri nelle scuole pubbliche, dopo che il governatore dello Stato aveva manifestato la sua opposizione all'integrazione razziale.

L'elezione di **John F. Kennedy** alla presidenza nel 1960, ottenuta con uno strettissimo margine, segnò un cambiamento epocale nella politica americana, anche se a posteriori la sua linea politica non sembra esattamente radicale. Kennedy, il presidente americano più giovane (quando fu eletto a 43 anni) e il primo presidente cattolico, era pronto a raggiungere la luna (in senso letterale) e a spingere gli Stati Uniti alla vittoria nella "corsa spaziale" in cui fino ad allora erano rimasti indietro in modo umiliante rispetto all'Unione Sovietica. I due decenni successivi, tuttavia, sarebbero stati caratterizzati da disillusione, sconfitta e disperazione. Se gli anni di Eisenhower erano stati noiosi e monotoni, gli anni Sessanta in particolare furono per molti fin troppo interessanti per i loro gusti.

L'autentico fascino di Kennedy ne fece un presidente molto amato dalla gente, e il suo assassinio suffuse la sua amministrazione di un alone romantico, come fosse una sorta di "Camelot" moderna. Il suo unico trionfo indiscusso, tuttavia, venne con la **crisi dei missili cubani** del 1962, quando i militari statunitensi individuarono delle basi russe a Cuba prima ancora che i missili fossero pronti per l'uso, e Kennedy affrontò con successo Krusciov, il premier sovietico, insistendo perché le smantellasse. D'altro canto, l'anno prima il presidente americano aveva avuto meno successo in occasione del fallito tentativo di sbarco di esuli cubani sull'isola, nella **Baia dei Porci**, tentativo appoggiato militarmente dagli Stati Uniti, e aveva anche impegolato l'America più profondamente nella guerra contro il Vietnam comunista mandando più "consiglieri" a Saigon, fra cui reparti di Berretti Verdi.

Uno dei fattori che contribuirono al successo elettorale di Kennedy fu la telefonata alla moglie di Martin Luther King durante uno dei tanti soggiorni di King nelle carceri del Sud, telefonata peraltro molto pubblicizzata; tuttavia il presidente raramente si mostrò ansioso di essere identificato con il movimento per i **diritti civili**. Ciononostante, la campagna fece progressi, acquistando nuovo slancio grazie alla copertura televisiva completa di orribili scontri quali il furioso assalto della polizia di Birmingham contro pacifici manifestanti, nel 1963. Il momento determinante del movimento fu l'elettrizzante, celebre discorso – "I Have a Dream..." – pronunciato da King quella stessa estate durante la marcia su Washington. Successivamente King vinse il premio Nobel per la pace per la sua ferma adesione ai principi gandhiani della non violenza. Un fattore forse altrettanto potente nel riconoscimento da parte dell'americano medio del fatto che era giunto il momento di affrontare le diseguaglianze razziali fu la minaccia non così implicita contenuta nella retorica di **Malcolm X**, secondo il quale i neri avevano il diritto di difendersi contro le aggressioni.

Dopo l'assassinio di Kennedy, avvenuto nel novembre del 1963, il suo successore, **Lyndon B. Johnson**, fece approvare una legislazione che adottava gran parte delle richieste fondamentali dei sostenitori attivi dei diritti civili. Nonostante ciò, nel Sud continuò la resistenza violenta da parte dei razzisti bianchi, e solo il lungo, scrupoloso e pericoloso lavoro di iscrizione di massa dei neri degli Stati del Sud nelle liste elettorali costrinse alla fine i politici sudisti a cambiare rotta.

Johnson stravinse le elezioni nel 1964, ma la sua visione di una "**Grande società**" presto naufragò, e le sue sorti politiche ebbero un rovescio di fortuna a causa della **guerra del Vietnam**, dove il coinvolgimento degli Stati Uniti conobbe un'escalation del tutto irragionevole e fuori controllo. La vasta opposizione popolare al conflitto crebbe in modo proporzionale al numero dei morti americani, e la minaccia della coscrizione alimentò la ribellione giovanile. San Francisco in particolare rispose al richiamo del profeta psichedelico Timothy Leary: "*turn on, tune in, drop out*" ("accenditi, sintonizzati, abbandona tutto"), e nella "Summer of Love" (Estate dell'Amore) del 1967 i beatnik solitari degli anni Cinquanta si trasformarono d'incanto in un'intera generazione di hippies.

Fin dall'inizio della lotta per i diritti civili Martin Luther King aveva sostenuto che si poteva ottenere la giustizia sociale solo tramite l'eguaglianza economica. Questo messaggio emerse in tutta la sua drammatica urgenza in occasione sia delle rivolte scoppiate nei ghetti di Los Angeles nel 1965 e di Detroit nel 1967, sia della comparsa delle Black Panthers, le Pantere Nere, un movimento di difesa armata nella tradizione di Malcolm X (che era stato assassinato nel 1965). King iniziò anche a condannare pubblicamente la guerra del Vietnam; nel frattempo, per aver rifiutato la chiamata di leva con le parole "Nessun vietcong mi ha mai chiamato negro", **Muhammad Ali** fu privato del titolo di campione mondiale dei pesi massimi.

Nel 1968 il tessuto sociale degli Stati Uniti fu sul punto di disgregarsi. La caduta verticale della popolarità di Johnson costrinse il presidente a non ripresentarsi alle elezioni presidenziali di fine anno; poco tempo dopo il suo annuncio, Martin Luther King fu ucciso a colpi d'arma da fuoco in un motel di Memphis. Due mesi dopo anche **Robert Kennedy**, fratello di JFK, presentatosi alle elezioni presidenziali come portavoce dei diseredati, fu assassinato quando stava emergendo come candidato favorito fra i democratici. Non ci voleva un teorico della cospirazione per rendersi conto che l'ondata di morti rifletteva un malessere nell'anima dell'America.

Da Richard Nixon a Jimmy Carter

In qualche modo – forse perché le dimostrazioni e le rivolte alla Convenzione democratica di Chicago, represse con brutalità dalla polizia, evocarono lo spettro dell'anarchia – gli avvenimenti del 1968 portarono all'elezione a presidente del repubblicano **Richard Nixon**. Vicepresidente di Eisenhower quando non aveva ancora compiuto i quarant'anni, Nixon aveva notoriamente dichiarato alla stampa, dopo il suo fallito tentativo di essere eletto governatore della California nel 1962: "non vedrete più Nixon in circolazione". Ora era tornato, e fu presto evidente che aveva diversi conti in sospeso con i suoi innumerevoli nemici o presunti tali, soprattutto nei media. Le sue impeccabili credenziali conservatrici gli permisero di allacciare rapporti con la Cina, ma la guerra in Vietnam continuò a trascinarsi; alla fine il conflitto costò 57.000 morti fra i soldati americani. Fra i tentativi di vincere la guerra vanno annoverati i bombardamenti segreti e illegali della Cambogia, che fecero crescere ulteriormente l'opposizione dell'opinione pubblica americana, ma alla fine si rivelò più semplice abbandonare gli scopi originari nel nome della "pace con onore". Nel 1972 Henry Kissinger e Le Duc Tho vinsero il premio Nobel per la pace per aver negoziato un trattato (Tho almeno ebbe il buongusto di rinunciare al premio), e nel 1975 gli americani si ritirarono finalmente da Saigon.

Durante il primo mandato di Nixon, molte delle persone politicizzate dagli avvenimenti degli anni Sessanta si coalizzarono in **gruppi di attivisti**. Le femministe si unirono in una campagna per il diritto all'aborto e perché venisse approvato un emendamento sull'uguaglianza dei diritti; nel bar *Stonewall* di New York i gay reagirono contrattaccando a un'ennesima incursione della polizia; i nativi americani formarono l'American Indian Movement; e perfino i detenuti tentarono di organizzarsi, andando incontro a sanguinose sconfitte come l'assalto al carcere di Attica (1971). Nixon utilizzò varie agenzie federali per monitorare il nuovo radicalismo, ma il suo vero spauracchio furono i contestatori che si opponevano alla guerra. Le operazioni segrete sempre più assurde contro oppositori reali e potenziali culminarono nel maldestro tentativo di spionaggio elettronico operato nel 1972 ai danni del Comitato elettorale del Partito Democratico, che aveva sede nel **Watergate** Hotel, un complesso residenziale di Washington. Ci vollero due anni di indagini per provare il ruolo di Nixon nel successivo insabbiamento, ma nel 1974, prevenendo l'imminente *impeach-*

ment da parte del Senato, il presidente **si dimise**; gli succedette **Gerald Ford**, suo vicepresidente non eletto.

Con i repubblicani momentaneamente screditati, nel 1976 alle elezioni del bicentenario fu eletto presidente l'ex governatore della Georgia **Jimmy Carter**, un *outsider* dalle mani pulite. La sua vittoria mostrò quanta strada avevano fatto gli Stati Uniti in un decennio, per non parlare di due secoli: una parte fondamentale dei sostenitori di questo democratico del Sud che si distingueva per il suo stile nuovo era costituita dalla popolazione nera del Sud, emancipata solo di recente. Tuttavia gli appassionati tentativi di Carter di mettere in pratica i suoi principi battisti su argomenti quali i diritti umani finirono per essere percepiti come naif, se non come non-americani. E siccome le disgrazie non vengono mai sole, Carter dovette annunciare alla nazione che gli Stati Uniti dovevano affrontare una grave **crisi energetica** dovuta al notevole aumento del prezzo del petrolio deciso dai paesi produttori riuniti nell'OPEC. Ancora peggio, in Iran lo Scià fu deposto, e a Teheran un gruppo di rivoluzionari islamici prese in ostaggio il personale dell'ambasciata americana. I falliti tentativi di Carter di ottenere il loro rilascio furono giudicati dai repubblicani come un segno della sua debole leadership e distrussero le sue speranze di essere rieletto nel 1980. Le elezioni furono vinte invece da un personaggio molto diverso, l'ex attore di Hollywood **Ronald Reagan**.

Gli anni di Reagan e Bush

Reagan fu un altro tipo di presidente. A differenza del suo predecessore Jimmy Carter, un infaticabile stacanovista, Reagan adottò nei confronti del suo nuovo lavoro un approccio distaccato, riassumibile in una sua battuta: "Dicono che il duro lavoro non ha mai ucciso nessuno, ma io ho pensato: perché correre il rischio?" Questo atteggiamento improntato al *laissez-faire* era particolarmente evidente nelle sue posizioni concernenti la politica economica nazionale, in base alle quali i ricchi dovevano essere lasciati liberi di arricchirsi quanto potevano. La percezione comune che Reagan fosse scarsamente consapevole di quello che succedeva intorno a lui permise alla sua popolarità di uscire indenne da una serie di scandali, fra i quali spicca l'intricata vicenda **Iran-Contras**, concernente la vendita illegale di armi all'Iran da parte della CIA al fine di finanziare illegalmente con i suoi proventi i Contras, i guerriglieri controrivoluzionari in Nicaragua; l'operazione puntava anche al rilascio di alcuni ostaggi statunitensi in mano agli Hezbollah, legati all'Iran. A questo riguardo, dovendo giustificare di fronte alla Commissione d'inchiesta l'errore palese commesso quando aveva sostenuto di non aver mai fornito armi agli iraniani per liberare gli ostaggi, Reagan si esibì in una scusa straordinaria: "Qualche mese fa dissi agli americani di non aver scambiato armi con ostaggi. Il mio cuore e le mie migliori intenzioni ancora mi dicono che è vero, ma i fatti e le prove mi dicono di no".

Reagan ottenne il successo più duraturo durante il suo secondo mandato, quando, grazie alle sue indiscusse credenziali di "Fautore della guerra fredda", l'elettorato gli permise una libertà d'azione maggiore di quella che un democratico avrebbe mai potuto ottenere per negoziare accordi per il **controllo delle armi** con **Michail Gorbaciov**, il nuovo leader di quello che in precedenza Reagan aveva definito "l'impero del male". Un elemento negativo fu che i suoi successori dovettero fronteggiare l'esplosione del **debito nazionale**, dovuta a un insieme di fattori: i cospicui **tagli alle imposte**, la deregulation dei mercati finanziari, il crollo del sistema di risparmi e prestiti e soprattutto l'enorme aumento delle spese per la difesa che finanziavano progetti quali l'Iniziativa di difesa strategica (il programma noto come "**Guerre stellari**").

Nel 1988 **George Bush** divenne il primo vicepresidente, in 150 anni, a essere immediatamente eletto alla presidenza. Nonostante la sua esperienza insolitamente vasta in politica estera (compreso un breve periodo come direttore della CIA), Bush sostanzialmente rimase a guardare con aria stupita mentre la teoria del domino aveva un'improvvisa inversione di tendenza. Uno dopo l'altro i regimi comunisti dell'Europa dell'Est crollarono, seguiti alla fine dalla stessa Unione Sovietica. Bush era presidente anche quando, nel febbraio del 1991, l'**Operazione "Desert Storm"** ("Tempesta nel deserto") ricacciò gli iracheni fuori dai confini del Kuwait, un'impresa che durò 100 ore e nella quale gli americani praticamente non persero nessuna vita umana. Al momento del trionfo in Kuwait, l'altissima popolarità di Bush sembrava garantirgli un'elezione sicura.

E tuttavia il previsto "**dividendo per la pace**" – la spettacolare iniezione di denaro contante nell'economia che, nelle aspettative degli elettori, avrebbe dovuto verificarsi con la fine della corsa agli armamenti – non si materializzò mai. Come disse succintamente Paul Tsongas, un democratico che concorreva alla candidatura per le elezioni presidenziali del 1992: "la guerra fredda è finita e il Giappone ha vinto". Fra il 1980 e il 1990, gli Stati Uniti erano passati dall'essere il maggior creditore del mondo all'essere il maggior debitore. Il debito nazionale era salito da 908 miliardi di dollari a 2,9 trilioni di dollari, e buona parte dei prestiti proveniva dal Giappone. La campagna elettorale del 1992 si focalizzò sugli affari interni piuttosto che sulla politica estera, e la vittoria di **Bill Clinton**, governatore democratico dell'Arkansas, alle elezioni presidenziali mise fine a 12 anni di governo repubblicano.

Clinton e la fine del secolo

L'iniziale incapacità di Clinton di mantenere promesse specifiche – e in particolare di riformare il sistema di assistenza sanitaria – permise ai repubblicani di conquistare la maggioranza al Congresso nel 1994, con ciò dando inizio a due anni di paralisi legislativa. Ciononostante Clinton riuscì ad attribuire la colpa dell'inefficienza governativa ai repubblicani e fu eletto per un secondo mandato, durante il quale dovette affrontare una nuova sfida: la sua storia con Monica Lewinsky, stagista alla Casa Bianca, gli fece infatti rischiare l'**impeachment**; il Senato, però, alla fine non lo condannò, forse percependo che per gli americani i peccatucci di Clinton non erano abbastanza gravi da fargli meritare l'allontanamento.

Il nuovo millennio

Quando Clinton lasciò la presidenza al termine del secondo mandato, l'economia era in pieno **boom**. Il deficit di bilancio era stato eliminato ben oltre le più ottimistiche previsioni, mentre l'indice Dow Jones era salito di oltre il 260% durante la presidenza Clinton. Tuttavia il suo ex vicepresidente, **Al Gore**, riuscì a gettare via le elezioni presidenziali del 2000. Sia Gore sia il candidato repubblicano, **George W. Bush**, seguirono così fedelmente la caratteristica tattica clintoniana della "**triangolazione**" – puntare al centro dello spettro politico adottando elementi del programma degli avversari – che il risultato fu inevitabile: un **pareggio**. La conclusione finale dipendeva da un obbligatorio riconteggio dei voti in Florida, dove varie irregolarità ed errori complicavano la questione; l'impasse alla fine fu decisa in favore di Bush dalla **Corte Suprema**, in quel momento a maggioranza conservatrice. All'epoca ci si aspettava che l'accusa di aver "rubato" l'elezione avrebbe gettato un'ombra sulla sua presidenza, e anche l'autorità della Corte Suprema fu minacciata dalla percezione di una certa partigianeria nella sentenza.

Durante i primi mesi di presidenza Bush non dette segno di voler darsi da fare per arrestare il tracollo dell'economia causato dallo scoppio della bolla speculativa legata a Internet, che portò alla bancarotta centinaia di aziende high-tech, e sembrò indifferente alle preoccupazioni degli amici e dei vicini dell'America. Oltre a tagliare le tasse e le spese federali, Bush si alienò definitivamente gli ambientalisti respingendo gli accordi di Kyoto del 1997 sul riscaldamento globale.

Poi l'atrocità degli **attentati dell'11 settembre 2001** rese le cose infinitamente peggiori, infliggendo un colpo devastante sia all'economia che all'orgoglio della nazione. Più di 3000 persone rimasero uccise nel peggior attacco terroristico della storia degli Stati Uniti, nel quale due aerei furono dirottati contro i due grattacieli del World Trade Center di New York e uno contro il Pentagono. Gli attacchi furono rapidamente collegati con Al-Qaeda, la rete del terrorista dell'Arabia Saudita Osama Bin Laden, e dopo poche settimane il presidente Bush proclamò una "guerra aperta al terrore".

Di fronte a uno scenario del tutto nuovo e imprevedibile Bush si apprestò a riscrivere le regole tradizionali della diplomazia e della legge internazionale. Nel giugno del 2002 dichiarò che gli Stati Uniti avevano il diritto di sferrare attacchi preventivi: "Se aspetteremo che le minacce si materializzino del tutto, avremo aspettato troppo a lungo (...) Dobbiamo dare battaglia al nemico, scompaginare i suoi piani e affrontare le minacce peggiori prima ancora che emergano".

Nel 2001 gli Stati Uniti e i loro alleati intervennero militarmente in **Afghanistan** assumendone il controllo; nel 2003, con il pretesto che il dittatore iracheno Saddam Hussein stava costruendo "armi di distruzione di massa" si avviò un'analoga operazione che portò all'occupazione dell'Irak. Saddam è stato deposto, arrestato e successivamente giustiziato, ma oggi tutti ammettono che queste armi non sono mai esistite. Da un lato in Irak la situazione è degenerata in una guerra civile, dall'altro il paese è diventato un'importante zona di reclutamento per il terrorismo internazionale, mentre dello stesso Bin Laden si sono perse le tracce.

Nonostante una serie di scandali finanziari, fra cui quello connesso al crollo della potente **Enron**, colosso dell'energia, nel 2004 Bush ottenne un secondo mandato presidenziale sconfiggendo il senatore del Massachusetts John Kerry. Quelle elezioni tuttavia non dimostrarono che il paese era diventato meno polarizzato, e l'amministrazione Bush fu aspramente criticata per la sua spaventosa incapacità di rispondere prontamente o adeguatamente quando, nel 2005, l'**uragano Katrina** e le conseguenti inondazioni devastarono New Orleans e la costa del Golfo.

Nel 2006 i democratici riconquistarono il controllo sia del Senato sia della Camera, un risultato dovuto in gran parte al peggioramento della situazione in Irak. Analogamente, la rapidissima ascesa del senatore dell'Illinois **Barack Obama** – e la sua combattuta vittoria su Hilary Clinton nelle primarie democratiche del 2008 – è stata dovuta anche al fatto che, fra i politici nazionali, Obama è stato quasi il solo a opporsi costantemente alla guerra in Irak. Tuttavia, mentre il messaggio di cambiamento e ottimismo di Obama, abbinato alle sue doti di oratore e al suo interesse per le nuove tecnologie, fa particolare presa sui giovani e sulle minoranze, il suo definitivo trionfo su John McCain nelle elezioni presidenziali del novembre 2008 è stato innescato dal brusco impatto di una nuova **recessione**. Dopo che, nel settembre del 2008, la Lehmann Brothers ha presentato istanza di bancarotta (la bancarotta più cospicua della storia degli Stati Uniti), era chiaro che nessun elemento dell'economia poteva ritenersi al riparo dalle conseguenze dell'incauta e sconsiderata concessione di mutui ipotecari "*subprime*". A pochi mesi dalle elezioni, l'euforia nazionale suscitata dallo stupefacente risultato ottenuto da Obama, il primo presidente statunitense di colore, deve ancora passare al vaglio della realtà. In particolare, si tratta di vedere se Obama sarà in grado, come promesso, di **ritirare le truppe americane dall'Irak** e di rimettere in sesto in qualche modo la potenza industriale statunitense, contrastando al contempo il peggioramento della situazione ambientale.

Letture consigliate

Sarebbe inutile tentare di fornire un'esauriente panoramica sulla letteratura americana nello spazio limitato a disposizione. La bibliografia che segue è perciò una scelta soggettiva di libri che vanno intesi come punti di partenza per i lettori interessati. I titoli preceduti dal simbolo sono particolarmente consigliati.

Storia e società

Corrado Augias *I segreti di New York – storie, luoghi e personaggi di una metropoli*, Mondadori, Milano 2000.

Dee Brown *Seppellite il mio cuore a Wounded Knee*, Mondadori, Milano 1994.

Bill Bryson *America perduta. In viaggio attraverso gli Usa*, Feltrinelli, Milano 2002.

Mike Davis *La città di quarzo. Indagine sul futuro a Los Angeles*, Manifestolibri, Milano 1992.

Brian Fagan *Il lungo viaggio delle aringhe. Sulle rotte del pesce, la scoperta dell'America prima di Colombo*, Corbaccio, Milano 2007.

John Kenneth Galbraith *Il grande crollo*, Rizzoli, Milano 2003.

Peter Matthiessen *Nello spirito di Cavallo Pazzo*, Frassinelli, Milano 1994.

Henry David Thoreau *Walden. Vita nel bosco*, Donzelli, Roma 2005; *La disobbedienza civile*, Edizioni della Meridiana, Firenze 2008.

Mark Twain *In cerca di guai*, Adelphi, Milano 1993; *Vita sul Mississippi*, Mattioli 1885, Parma 2005, e altri.

Bob Woodward e Carl Bernstein *Tutti gli uomini del presidente. L'affare Watergate*, Garzanti, Milano 1974.

Biografie e storia orale

Muhammad Ali *Con l'anima di una farfalla. Il lungo viaggio della mia vita*, Fazi, Milano 2005.

Paul Auster *Ho pensato che mio padre fosse Dio. Storie dal cuore dell'America raccolte e riscritte*, Einaudi, Torino 2002.

Frederick Douglass *Memorie di uno schiavo fuggiasco*, Manifestolibri, Milano 2000.

Anna M. Giuntani *Buffalo Bill. Dalla frontiera al circo*, Nuovi Equilibri, Viterbo 1999.

Malcolm X, con Alex Haley *Autobiografia di Malcolm X*, Rizzoli BUR, Milano 2004.

Studs Terkel *Americani. Un grande paese si racconta in prima persona*, Rizzoli, Milano 2008.

Cultura e intrattenimento

Kenneth Anger *Hollywood Babilonia*, Vol. I, Adelphi, Milano 1979; Vol. II, Adelphi, Milano 1986.

Bob Dylan *Chronicles: Volume 1*, Feltrinelli, Milano 2004.

Peter Guralnick *Sweet Soul Music. Il rhythm'n'blues e l'emancipazione dei neri d'America*, Arcana, Milano 2001; *Elvis. L'ultimo treno per Memphis - Amore senza freni*, Baldini Castoldi Dalai, Milano 2004.

Michael Ondaatje *Buddy Bolden's blues*, Garzanti, Milano 1998.

Letteratura di viaggio

James Agee e Walker Evans *Sia lode ora a uomini di fama*, Il Saggiatore, Milano 2002.

Bill Bryson *America perduta. In viaggio attraverso gli Usa*, Feltrinelli, Milano 2002; *Una passeggiata nei boschi*, TEA, Milano 2001.

J. Hector St.-John de Crèvecoeur *Lettere di un coltivatore americano*, Wizarts Editore, Porto Sant'Elpidio 2002.

Charles Dickens *America*, Feltrinelli, Milano 2008; *Martin Chuzzlewit*, Adelphi, Milano 2007.

Robert Frank *Gli americani*, Contrasto DUE, Roma 2008.

Ian Frazier *I grandi piani. Un viaggio nelle praterie nordamericane*, Feltrinelli Traveller, Milano 1990.

Jack Kerouac *Sulla strada*, Mondadori, Milano 2007.

William Least Heat-Moon *Strade blu*, Einaudi, Torino 2006; *Prateria. Una mappa in profondità*, Einaudi, Torino 1994.

Jonathan Raban *Bad land. Una favola americana*, Einaudi, Torino 1998; *Passaggio in Alaska. Da Seattle a Juneau*, Einaudi, Torino 2003.

Edmund White *Stati del desiderio: guida alle città e agli uomini americani*, Zoe Media, Forlì 1999.

Narrativa

Visioni americane

Raymond Carver *Vuoi star zitta, per favore?*, minimum fax, Roma 2005.

Don DeLillo *Rumore bianco*, Einaudi, Torino 2005; *Underworld*, Einaudi, Torino 2005.

John Dos Passos *Il 42° parallelo*, Rizzoli BUR, Milano 2008; *Manhattan Transfer*, Baldini Castoldi Dalai, Milano 2003; *Tempi migliori*, Baldini Castoldi Dalai, Milano 2004.

Herman Melville *Moby Dick*, Feltrinelli, Milano 2007, e altri.

E. Annie Proulx *I segreti di Brokeback Mountain*, Baldini Castoldi Dalai, Milano 2008; *Ho sempre amato questo posto. Storie del Wyoming*, Mondadori, Milano 2009.

New York

Paul Auster *Trilogia di New York*, Einaudi, Torino 2005.

Truman Capote *Colazione da Tiffany*, Garzanti, Milano 2007; *A sangue freddo*, Garzanti, Milano 2005.

Michael Chabon *Le fantastiche avventure di Kavalier e Clay*, Rizzoli BUR, Milano 2003.

Chester Himes *Rabbia a Harlem*, Marcos y Marcos, Milano 2004; *Caccia al tesoro*, Marcos y Marcos, Milano 1995, e altri.

Grace Paley *Più tardi nel pomeriggio*, Einaudi, Torino 2008; *Piccoli contrattempi del vivere. Tutti i racconti*, Einaudi, Torino 2002.

J.D. Salinger *Il giovane Holden*, Einaudi, Torino 2008.

New England

Emily Dickinson *Poesie*, Garzanti, Milano 2008, e altri.

Nathaniel Hawthorne *La lettera scarlatta*, Garzanti, Milano 2007.

John Irving *Le regole della casa del sidro*, Bompiani, Milano 2000.

H.P. Lovecraft *I capolavori*, Mondadori, Milano 2008.

Il Sud

William Faulkner *L'urlo e il furore*, Einaudi, Torino 2005; *Santuario*, Adelphi, Milano 2006, e altri.

Zora Neale Hurston *Con occhi rivolti al cielo*, Bompiani, Milano 1998; *Tre quarti di dollaro dorati*, Marsilio, Padova 2006.

Harper Lee *Il buio oltre la siepe*, Feltrinelli, Milano 2002.

Cormac McCarthy *Trilogia della frontiera: Cavalli selvaggi - Oltre il confine - Città della pianura*, Einaudi, Torino 2008; *La strada*, Einaudi, Torino 2007; *Meridiano di sangue*, Einaudi, Torino 2006.

Carson McCullers *Il cuore è un cacciatore solitario*, Einaudi, Torino 2008.

Margaret Mitchell *Via col vento*, Mondadori, Milano 2008.

Toni Morrison *Amatissima*, Frassinelli, Milano 1996.

Flannery O'Connor *La saggezza nel sangue*, Garzanti, Milano 2002; *Tutti i racconti*, Bompiani, Milano 2001; *Il cielo è dei violenti*, Einaudi, Torino 2008.

Alice Walker *Il colore viola*, Sperling & Kupfer, Milano 2008.

Eudora Welty *La figlia dell'ottimista*, Fazi, Milano 2005; *Lo sposo brigante*, Fazi, Milano 2007.

Louisiana

James Lee Burke *L'angelo in fiamme*, Baldini Castoldi Dalai, Milano 2003; *Sunset Limited*, Meridiano Zero, Padova 2004.

Kate Chopin *Il risveglio*, Galaad Edizioni, Giulianova (TE) 2006.

Anne Rice *Armand il vampiro*, TEA, Milano 2005; *Pandora*, TEA, Milano 2002.

John Kennedy Toole *Una banda di idioti*, Marcos y Marcos, Milano 1998; *La Bibbia al neon*, Marcos y Marcos, Milano 2004.

Robert Penn Warren *Tutti gli uomini del re*, Bompiani, Milano 1949; *La banda degli angeli*, Rizzoli BUR, Milano 1994.

I Grandi Laghi e le Grandi Pianure

Willa Cather *La mia Antonia*, La Tartaruga, Milano 1986; *La morte viene per l'arcivescovo*, Neri Pozza, Venezia 2008.

Louise Erdrich *La casa della betulla*, Feltrinelli, Milano 2006.

Mari Sandoz *Cavallo Pazzo*, Bompiani, Milano 2005.

Upton Sinclair *La giungla*, Net, Milano 2003.

Richard Wright *Paura* (*Native Son*), Bompiani, Milano 1983; *Ragazzo negro*, Einaudi, Torino 2006.

Le Montagne Rocciose e il Sud-Ovest

Tony Hillerman *Il vento oscuro*, Mondadori, Milano 1992; *L'ombra del deserto*, Mondadori, Milano 1997, e altri.

Barbara Kingsolver *Il canyon dei sogni*, Frassinelli, Milano 1997.

Norman MacLean *In mezzo scorre il fiume*, Adelphi, Milano 1998.

La California e il West

Raymond Chandler *Il grande sonno*, Feltrinelli, Milano 2001; *Addio mia amata*, Feltrinelli, Milano 2000; *Il lungo addio*, Feltrinelli, Milano 2003.

David Guterson *La neve cade sui cedri*, TEA, Milano 2005; *Oltre il fiume*, TEA, Milano 2002.

Jack London *Nelle terre del Nord. Il richiamo della foresta, Zanna Bianca e altre storie*, Einaudi, Torino 2008; *Il richiamo della foresta*, Rizzoli BUR, Milano 2009; *Zanna Bianca*, Rizzoli BUR, Milano 2009.

Armistead Maupin *I racconti di San Francisco*, Rizzoli BUR, Milano 2004; *Nuovi racconti di San Francisco*, Rizzoli BUR, Milano 2004; *Ventotto Barbary Lane*, Rizzoli, Milano 2006; *Una voce nella notte*, Rizzoli BUR, Milano 2006.

Thomas Pynchon *L'incanto del lotto 49*, E/O, Roma 1998.

John Steinbeck *Furore*, Bompiani, Milano 2001; *La valle dell'Eden*, Mondadori, Milano 2001; *Vicolo Cannery*, Bompiani, Milano 2000.

Nathanael West *Il giorno della locusta*, Einaudi, Torino 1994.

Film

L'elenco che segue si concentra su certi film fondamentali che hanno contribuito a definire l'esperienza americana nel bene e nel male. I titoli preceduti dal simbolo ⛹ sono particolarmente consigliati.

Musica/musical

Cantando sotto la pioggia (Stanley Donen/Gene Kelly, 1952). Amatissima commedia musicale su Hollywood all'alba del sonoro, con brani memorabili come *Make 'Em Laugh* e la canzone che dà il titolo al film, il tutto accompagnato dalle esibizioni piene di energia del protagonista Gene Kelly, della sua spalla Donald O'Connor e di Debbie Reynolds.

La danza delle luci (Mervyn LeRoy/Busby Berkeley, 1933). In questo capolavoro della commedia musicale il geniale coreografo Berkeley introdusse le sue caratteristiche riprese dall'alto di numeri di danza in *trompe l'oeil* con sequenze di bellissime ballerine di fila. Vedi anche *Quarantaduesima Strada* e *Viva le donne!*

Gimme Shelter (Albert e David Maysles, 1969). Questo eccellente documentario sull'infausto concerto dei Rolling Stones ad Altamont getta uno sguardo sulla violenza che scorre nelle vene dell'America e sul caos dell'epoca del Vietnam alla fine degli anni Sessanta.

Un giorno a New York (Stanley Donen/Gene Kelly, 1949). Un esuberante tour musicale di New York City, guidato dall'attore-regista Kelly e da Frank Sinatra, che recitano nel ruolo di allegri marinai in licenza a Manhattan.

Incontriamoci a Saint Louis (Vincente Minnelli, 1944). Famoso soprattutto per la scena in cui Judy Garland canta *The Trolley Song*, questo affascinante film nostalgico celebra l'America provinciale della svolta del secolo raccontando gli alti e bassi di una famiglia di St. Louis durante l'Esposizione Mondiale del 1903.

Non sparare, baciami! (David Butler, 1953). Il western prende una chiassosa piega musicale con la buffa e scatenata Doris Day che interpreta un ruolo da maschiaccio, quello di Calamity Jane (questo è il titolo originale), e Howard Keel nel ruolo del rude eroe che (quasi) la doma.

Woodstock (Michael Wadleigh, 1969). Contraltare positivo di *Gimme Shelter*, documenta l'apogeo musicale dell'era hippy, mostrando mezzo milione di figli dei fiori che se la godono ascoltando pacificamente Jimi Hendrix, gli Who e Sly and the Family Stone mentre sballano, si lanciano nel fango e si immergono nella natura in una fattoria nello Stato di New York.

L'era del muto

Aurora (F.W. Murnau, 1927). Una delle più belle produzioni hollywoodiane di tutti i tempi. Il regista di *Aurora*, emigrato dalla Germania, impiega stupefacenti effetti di luce, complesse carrellate e interpretazioni emotivamente trascinanti per raccontare la storia di un ragazzo di campagna traviato da un'affascinante turista che viene da una grande città.

Avidità (Erich von Stroheim, 1923). Audace adattamento scena per scena del romanzo di Frank Norris *McTeague*, una tragica storia di amore e vendetta ambientata a San Francisco alla fine dell'Ottocento. Mutilato dalla MGM, che lo ridusse da 10 ore a 2 ore e mezzo, il film resta un trionfo cinematografico per le sue straordinarie composizioni, il dramma epico e il finale davvero desolato.

Come vinsi la guerra (Buster Keaton, 1926). Una bella introduzione all'umorismo acrobatico e farsesco di Keaton e al suo inventivo approccio cinematografico, in cui la Grande Faccia di Pietra insegue una locomotiva rubata durante la guerra civile.

La febbre dell'oro (Charlie Chaplin, 1925). Il film più bello di Chaplin: il piccolo vagabondo rimane intrappolato in una casupola durante una bufera di neve in Alaska in questa toccante storia che mescola in un equilibrio quasi perfetto sentimento e grande comicità.

Nascita di una nazione (D.W. Griffith, 1915). Forse il film più influente della storia degli Stati Uniti, sia per la pionieristica tecnica cinematografica (primi piani, montaggio incrociato ecc.) sia per la spaventosa propaganda razzista, che portò a un revival del Ku Klux Klan.

Western

C'era una volta il West (Sergio Leone, 1968). Lo spaghetti-western per eccellenza, girato in realtà in Spagna e imbevuto di temi tipici del mito americano come il destino manifesto e il rude individualismo.

I compari (Robert Altman, 1971). L'avventuriero Warren Beatty apre una casa di tolleranza nello Stato di Washington e cerca di reinventarsi come pistolero in questo bellissimo anti-western che è diventato un classico.

Il fiume rosso (Howard Hawks, 1948). Il giovane Montgomery Clift si scontra con il dispotico John Wayne durante l'epica transumanza di 10.000 capi di bestiame attraverso il Midwest. Nel primo dei 5 western da lui diretti Hawks costruisce un film di personaggi forti e rudi professionisti, introducendo però nel personaggio di Clift una tenerezza insolita.

Il mucchio selvaggio (Sam Peckinpah, 1969). Un film che dice molto non solo sul West ma anche sulla caotica fine degli anni Sessanta: una banda di fuorilegge va a caccia di donne e denaro e finisce in un bagno di sangue senza precedenti nella storia del cinema.

Sentieri selvaggi (John Ford, 1956). Forse il più iconico dei tanti western di Ford, una produzione destinata a esercitare una grande influenza sul genere con la sua vivace tecnica cinematografica e le dimensioni epiche. John Wayne dà la caccia senza tregua a un capo indiano che ha massacrato i suoi amici e la sua famiglia.

Visioni americane

Colazione da Tiffany (Blake Edwards, 1961). Manhattan non era mai apparsa più chic, e Audrey Hepburn, vestita da Givenchy, offre una performance estremamente raffinata nel ruolo della vulnerabile mantenuta Holly Golightly. Brilla anche il tema musicale di base, *Moon River*, composto da Henry Mancini. È basato su un romanzo di Truman Capote (che inizialmente avrebbe voluto Marilyn Monroe nel ruolo di Holly).

Il colore viola (Steven Spielberg, 1985). Basato sul romanzo epistolare di Alice Walker, vincitrice del premio Pulitzer, in cui un'afroamericana che vive in uno Stato del Sud negli anni della segregazione razziale riesce a trionfare sulle devastanti avversità, il film è tradotto da Spielberg in una sontuosa esperienza visivamente ricca, che vanta splendide interpretazioni e una deliziosa dose di spudorata tenerezza.

E.T. - L'extraterrestre (Steven Spielberg, 1982). Grande successo mondiale del periodo di Reagan e variazione sentimentale dei film di mostri degli anni Cinquanta, grazie all'interesse del regista per i padri assenti, alle fantasie suburbane e ai salvatori ultraterreni. Un bell'esempio dell'interminabile ricerca dell'innocenza perduta da parte del cinema americano.

Gioventù bruciata (Nicholas Ray, 1955). L'apoteosi della rabbia adolescenziale, con James Dean che rifiuta le ipocrisie della vita familiare e si trova coinvolto in scazzottature, pericolose gare d'accelerazione in auto e scontri notturni con i poliziotti.

Intrigo internazionale (Alfred Hitchcock, 1959). Non è solo un giallo avvincente in cui un criminale internazionale (James Mason) dà la caccia a un pubblicitario (Cary Grant), ma è anche un divertente film su un viaggio che parte dalla Madison Avenue di New York e termina sulla parete a picco del monte Rushmore, in Sud Dakota.

Il mago di Oz (Victor Fleming, 1939). Un'istituzione cinematografica e uno straordinario spettacolo in technicolor che mostra Hollywood al suo zenit, circondando di un alone romantico la vita in una cittadina di provincia del Midwest e offrendo strabilianti fantasie di streghe buone e cattive, nani che ballano e scimmie che volano, mentre Judy Garland esibisce scarpe color rubino su una strada di mattonelle gialle.

Mister Smith va a Washington (Frank Capra, 1939). Un film populista che ancora si segnala per la rosea fiducia nella bontà dell'uomo comune, la visione negativa delle élite politiche e la convinta speranza nel futuro dell'America. Un altro film di Capra, *Arriva John Doe*, benché meno conosciuto, offre una variazione più cupa sul tema, mentre *La vita è meravigliosa*, film immancabilmente strappalacrime, fornisce una versione natalizia degli stessi argomenti.

Nashville (Robert Altman, 1975). Una lunga, insolita e splendida epopea nello stile di Altman, con 24 personaggi alla deriva nella capitale americana della musica country, dove si svolgono contemporaneamente un festival canoro e un grande comizio politico e dove si assiste a un assassinio inatteso.

"Le locations"

Molti luoghi memorabili che si vedono nei film sono *off limits* per il pubblico o si possono vedere soltanto nelle visite guidate dei parchi a tema degli studi cinematografici, ma ci sono comunque innumerevoli luoghi che reclamizzano ampiamente la loro partecipazione a quel dato film o cercano di accogliere bene i visitatori. L'elenco che segue segnala le *locations* di film importanti o degni di nota; volendo, potreste passare un'intera vacanza viaggiando da un luogo all'altro.

2001: Odissea nello spazio (Stanley Kubrick, 1968). Monument Valley, Arizona.
A qualcuno piace caldo (Billy Wilder, 1959). *Coronado Hotel*, San Diego.
Avidità (Erich von Stroheim, 1923). Death Valley, California.
L'avventura del Poseidon (Ronald Neame, 1972). *Queen Mary*, Long Beach, California.
Blade Runner (Ridley Scott, 1982). Los Angeles: Union Station e Bradbury Building.
Cantando sotto la pioggia (Stanley Donen/Gene Kelly, 1952). Chinese Theatre, Hollywood.
Il cavaliere della valle solitaria (George Stevens, 1953). Wyoming: Grand Teton National Park e Jackson Hole.
Cinque pezzi facili (Bob Rafelson, 1970). San Juan Islands, Washington.
La cosa (Christian Nyby/Howard Hawks, 1951). Glacier National Park, Montana.
La donna che visse due volte (Alfred Hitchcock, 1958). San Francisco: Golden Gate Bridge e *Fairmont Hotel*, Nob Hill.
Easy Rider (Dennis Hopper, 1969). Cimiteri di New Orleans e Sunset Crater, Arizona.
Furore (John Ford, 1940). Foresta pietrificata, Arizona.
Galaxy Quest (Dean Parisot, 1999). Goblin Valley, Utah.
Un giorno a New York (Stanley Donen/Gene Kelly, 1949). American Museum of Natural History, New York.
Gioventù bruciata (Nicholas Ray, 1955). Griffith Observatory, Los Angeles, California.
Incontri ravvicinati del terzo tipo (Steven Spielberg, 1978). Devils Tower, Wyoming.
L'infernale Quinlan (Orson Welles, 1958). Venice, California.
Intolerance (D.W. Griffith, 1916). Set di "Babilonia", Hollywood, California.
Intrigo internazionale (Alfred Hitchcock, 1959). Nazioni Unite, New York.
Manhattan (Woody Allen, 1978). Central Park e ponte di Brooklyn, New York.

Il petroliere (Paul Thomas Anderson, 2007). Quest'epica, inquietante saga sul boom petrolifero di cui l'America beneficiò all'inizio del Novecento differisce dal romanzo di Upton Sinclair, *Petrolio*, in modi inattesi, essendo alla fine dominata dal protagonista, Daniel Day Lewis. La sua magistrale interpretazione nel ruolo dell'inconoscibile, mostruoso petroliere Daniel Plainview solleva molti interrogativi inquietanti sul Sogno Americano.

Quarto potere (Orson Welles, 1941). È probabilmente il più grande film americano di tutti i tempi, un capolavoro assoluto in cui Welles capovolge la saga "dalle stalle alle stelle": un povero ragazzo di campagna non trova che miseria quando eredita una fortuna.

Via col vento (Victor Fleming, 1939). Questo film, forse il più popolare di tutti i tempi, getta uno sguardo commovente ed elegiaco sul vecchio Sud, regalando tre ore di melodramma storico abilmente confezionato. Vivien Leigh è di una bellezza abbagliante come Scarlett O'Hara, giovane del Sud dal carattere ribelle, mentre Hattie McDaniel, che nel film è la sua bambinaia nera, vinse il primo Oscar mai assegnato a un afro-americano/a.

Road movies

Easy Rider (Dennis Hopper, 1969). Peter Fonda e il regista Hopper partono alla ricerca dell'America in sella a due chopper all'ulti-

Mezzanotte nel giardino del bene e del male (Clint Eastwood, 1998). Savannah, Georgia.
Mister Smith va a Washington (Frank Capra, 1939). Lincoln Memorial, Washington.
Mystery Train (Jim Jarmusch, 1989). *Arcade*, Memphis, Tennessee.
Nashville (Robert Altman, 1975). Parthenon e Grand Ole Opry, Nashville.
Oltre il giardino (Hal Ashby, 1979). Biltmore Estate, Asheville, North Carolina.
Paper Moon (Peter Bogdanovich, 1973). St. Joseph, Missouri.
Perché un assassinio (Alan J. Pakula, 1974). Space Needle, Seattle.
Il pianeta delle scimmie (Franklin J. Schaffner, 1968). Page, Arizona e Lake Powell, Utah.
Il piccolo grande uomo (Arthur Penn, 1970). Custer State Park, South Dakota.
I ponti di Madison County (Clint Eastwood, 1995). Winterset, Iowa.
Quarto potere (Orson Welles, 1941). Hearst Castle, California.
La rabbia giovane (Terrence Malick, 1973). Badlands National Park, South Dakota.
Ritorno al futuro (Robert Zemeckis, 1985). Gamble House, Pasadena.
Il ritorno dello Jedi (Richard Marquand, 1983). Redwood National Park, California.
Rocky (John G. Avildsen, 1976). Philadelphia Museum of Art, Pennsylvania.
Sentieri selvaggi (John Ford, 1956). Monument Valley, Arizona.
Shining (Stanley Kubrick, 1980). *Timberline Lodge*, Oregon.
Lo squalo (Steven Spielberg, 1975). Martha's Vineyard, Massachusetts.
La stangata (George Roy Hill, 1973). Santa Monica Pier, California.
Lo straniero senza nome (Clint Eastwood, 1972). Mono Lake, California.
Il testimone (Peter Weir, 1985). Lancaster County, Pennsylvania.
Thelma e Louise (Ridley Scott, 1991). Arches National Park, Utah.
Un tram che si chiama desiderio (Elia Kazan, 1951). New Orleans, Louisiana.
Twin Peaks (David Lynch/ABC-TV, 1990-1991). Snoqualmie Falls/*Salish Lodge*, Washington.
Gli uccelli (Alfred Hitchcock, 1963). Bodega Bay, California e monte Rushmore, South Dakota.
Viale del tramonto (Billy Wilder, 1950). Hollywood: Paramount Studios e Sunset Boulevard.
Zabriskie Point (Michelangelo Antonioni, 1969). Death Valley, California.

ma moda, lungo il tragitto incontrano un imbranato Jack Nicholson, sballano in un cimitero di New Orleans e vengono uccisi da due reazionari armati. Un *road movie* come metafora del conflitto politico e culturale.

La rabbia giovane (Terrence Malick, 1973). Nel Midwest due ragazzi in fuga, il perdente-solitario Martin Sheen e la sua ragazza, Sissy Spacek, vagabondano nel cuore dell'America braccati dalla polizia, lasciandosi dietro una scia di cadaveri. Una visione cupa della vita sulla strada come sinonimo di futilità esistenziale.

Thelma e Louise (Ridley Scott, 1991). Il *road movie* come manifesto femminista, nel quale due amiche (Susan Sarandon e Geena Davis) si ritrovano in fuga dopo che una di loro uccide un uomo che stava per violentare l'amica. Il regista Scott sforna molte immagini straordinarie del Sud-Ovest americano.

Film noir e di gangster

Chinatown (Roman Polanski, 1974). Film noir nello stile degli anni Settanta, con Jack Nicholson nel ruolo di Jake Gittes, un investigatore privato moralmente distaccato le cui ostinate investigazioni rivelano corruzione nell'amministrazione comunale, razzismo e incesto a Los Angeles.

La fiamma del peccato (Billy Wilder, 1944). Per molti versi è l'archetipo del cinema nero degli anni Quaranta: un assicuratore (Fred MacMurray) si lascia corrompere da una signora fatale (Barbara Stanwyck) che vuole sbarazzarsi del marito. Elegante fotografia in forte chiaroscuro e memorabile finale fatalistico.

Gangs of New York (Martin Scorsese, 2002). Scorsese rievoca magistralmente il mondo delle gang di New York subito prima della guerra di secessione; indimenticabile l'interpretazione di Daniel Day-Lewis nel ruolo del "Macellaio".

Gangster story (Arthur Penn, 1967). Warren Beatty e Faye Dunaway sono due gangster del periodo della Grande Depressione in un film che fece molto per contrastare le regole della censura di Hollywood, inaugurando un'era di aperta sessualità e di sangue e violenza non edulcorati.

Il mistero del falco (John Huston, 1941). Anticipando di qualche anno i noir che usciranno nella seconda metà degli anni Quaranta, questo splendido film presenta Bogart in un ruolo che sarebbe diventato un suo marchio di fabbrica, quello di Sam Spade (protagonista dei romanzi di Dashiell Hammett), l'investigatore privato freddo e calcolatore che qui deve affrontare Mary Astor, sexy e intrigante, lo spregevole Peter Lorre e il malvagio Sydney Greenstreet.

Il padrino (Francis Ford Coppola, 1972). Il film che ha riproposto il genere gangster adattandolo ai tempi moderni e quindi evitando le caricature di criminali e i federali bruschi per focalizzarsi invece sulla gerarchia familiare nell'ambito del crimine organizzato e sulle sue profonde connessioni a tutti i livelli della società americana. *Il padrino - Parte II* è forse perfino migliore, illustrando sia la genesi della famiglia Corleone sia le avvisaglie del suo declino inevitabile.

Il romanzo di Mildred (Michael Curtiz, 1945). Per metà film noir, per metà melodramma imperniato sul rapporto madre-figlia, con una trascinante interpretazione a forti tinte della diva Joan Crawford nel ruolo del titolo. *Femme fatale* e insieme eroina vulnerabile, la protagonista è ambigua come molti dei personaggi che rientrano nel canone del noir.

Una squillo per l'ispettore Klute (Alan J. Pakula, 1971). Un film noir femminista, che segnò la trasformazione di Jane Fonda da gattina sexy ad agitatrice radicale. L'attrice offre il ritratto ricco di sfumature di una prostituta newyorkese fieramente indipendente che rifiuta di essere "salvata" dal detective Donald Sutherland.

Film indipendenti e di culto

Bowling a Columbine (Michael Moore, 2002). Il regista indipendente Michael Moore ha vinto un Oscar per questo illuminante documentario che esplora la cultura delle armi negli Stati Uniti.

Fargo (Joel Coen, 1996). Ambientato nei paesaggi innevati del Minnesota settentrionale e del Nord Dakota, è l'originale, bizzarra storia di un intrigante venditore di auto il cui piano di rapire la moglie e tenersi i soldi del riscatto finisce in un disastro. Altri film strani e intricati dei fratelli Coen: *Arizona junior, Fratello, dove sei* e *Non è un paese per vecchi*.

Mystery Train (Jim Jarmusch, 1989). Beniamino del cinema indipendente dall'inconfondibile zazzera arruffata, Jarmusch offre un ritratto assai suggestivo e tipicamente obliquo di Memphis, fatiscente città della musica, con quattro storie che ruotano intorno a vari ospiti di un motel gotico. Comprende camei di icone della musica come Rufus Thomas, Screamin Jay Hawkins e Tom Waits.

Pulp Fiction (Quentin Tarantino, 1994). Pietra di paragone per il cinema indipendente americano, il film è composto da tre episodi interconnessi e diretto con elegante verve e audacia.

Slacker (Richard Linklater, 1990). Rappresentazione emblematica della noia che affliggeva la Generazione X negli anni Novanta, questo ottimo film indipendente riesce anche a far risaltare 96 personaggi con episodici monologhi nel corso di 24 ore ad Austin, in Texas. Memorabile anche solo per la sua collezione di lunghe tirate paranoiche sulla cospirazione.

Taxi Driver (Martin Scorsese, 1976). Robert De Niro offre un'interpretazione memorabile nel ruolo di Travis Bickle, un solitario psicotico e aspirante assassino la cui infatuazione per una prostituta adolescente (Jodie Foster) ispirò cinque anni dopo il vero tentativo di omicidio di cui fu vittima Ronald Reagan.

Velluto blu (David Lynch, 1986). Un giovane (Kyle Maclachlan) sbircia dietro l'allegra facciata dell'America delle torte di mele e scopre un sinistro mondo sotterraneo di cantanti torturate, viziosi giochi sessuali e pervertiti che inalano gas esilarante.

Lingua

Pronuncia

In inglese non ci sono regole precise per la pronuncia; inoltre almeno 16 suoni inglesi non esistono nella lingua italiana. Diamo quindi una descrizione, breve e molto semplificata, della pronuncia dei vari suoni dell'inglese.

Vocali

La maggiore complessità si presenta proprio nella pronuncia delle vocali e dei dittonghi: ogni vocale può essere pronunciata in vari modi e talvolta può anche essere muta.

a*, *e*, *i*, *o il loro suono può essere simile, ma più breve, a quello delle corrispondenti vocali italiane

a*, *e*, *o talvolta il loro suono può diventare quasi impercettibile, simile alla *eu* francese di *peu*, ma molto breve: ***a**live*, *wait**e**r*, *und**e**rstand*, *rati**o**nal*

oo si pronuncia spesso "u"

u si pronuncia generalmente "a" come in "madre", oppure "iu" come in "iuta"

Consonanti

La maggior parte delle consonanti si pronuncia in modo simile all'italiano (p.e. ***b***, ***d***, ***f***, ***k***, ***l***, ***m***, ***n***, ***p***, ***t***, ***v***). Attenzione però a:

c+e si pronuncia di solito come la "s" di "sereno"

ch di solito come la "c" italiana in "cinema"

c+i come la "s" in "silenzio" oppure come "sc" in "scena"

g+i gutturale come in "ghiro" oppure palatale come in "genio"

g+u gutturale come in "gatto"; + vocale, la "u" è muta

h spesso si aspira; talvolta è muta

j come in "genere"

ph di solito si pronuncia "f" come in "Firenze":

r la sua pronuncia è in genere meno arrotata di quella italiana, inoltre è spesso muta quando segue una vocale

sc in posizione iniziale si pronuncia come in "sole"

sh come in "scena"

th si pronuncia mettendo la lingua fra i denti e soffiando leggermente

tion si pronuncia "scion"

w simile alla "u" di "uomo"

z*, *zz di solito si pronuncia come in "rosa"

Anche per la posizione dell'**accento** in inglese non esistono regole.

Termini ed espressioni

Espressioni di base

Sì - Yes
No - No
Per favore - Please
Grazie! - Thank you/Thanks
Prego! - You're welcome!
Bene! D'accordo! - Good! All right!
Scusi! - Sorry!/Excuse me!
Non importa! - It doesn't matter!
Salute! (a chi starnutisce) - Bless you!
Aiuto! - Help!
Può aiutarmi? - Could/Can you help me?
Attenzione! - Look out!
Permette? - May I?
Permesso! (per passare) - Excuse me!
Prego (si accomodi)! - Please take a seat/sit down
Sono italiano - I'm Italian
Non capisco - I don't understand
Ciao - Hi
Salve, come va? - Hello, how are you?
Bene, grazie, e tu? - Fine, thanks, and you?
Non c'è male - Not so bad, thanks
Così così - Not so good/So and so
Non molto bene - Not so good
Buongiorno - Good morning/afternoon
Buonasera - Good evening
Arrivederci - Good bye!
Buonanotte - Good night!
Arrivederla signor Saunders - Goodbye, Mr Saunders
A domani - See you tomorrow
A stasera - See you this evening
A presto - See you soon
Ci vediamo la settimana prossima - See you next week
Ci vediamo - See you!
Saluti a tutti - Bye to everyone
Ci sentiamo presto - See you/Hear from you soon!

Come muoversi

Ha una piantina della città, per favore? - Have you got a map of the city, please?
Dov'è il centro/via.../piazza...? - Where's the centre/... street/... square?
Cerco questo indirizzo - I'm looking for this address
Sa dirmi come arrivare in Hope Street? - Can you tell me how to get to Hope Street?
Come si arriva al centro da qui? - How do I get to the centre from here?
Vada sempre dritto - Keep straight on
Prenda la prima a sinistra poi la seconda a destra - Take the first left then the second right
Gira a destra, poi a sinistra e lo vedrà proprio davanti - Turn right, then left and you'll see it in front of you
C'è un albergo/un ristorante nei dintorni? - Is there a hotel/restaurant near here?
Dov'è la fermata dell'autobus/del tram/la stazione dei pullman? - Where's the bus stop/tram stop/coach station?
Ogni quanto passa l'autobus? - How often is there a bus?
A che ora passa l'ultimo autobus? - When does the last bus leave?
A che ora parte il pullman? - What time does the coach leave?
Vorrei un biglietto/un blocchetto di biglietti/un settimanale - I'd like a ticket/a book of tickets/a weekly pass
Dov'è la stazione della metropolitana più vicina? - Where's the nearest underground station?
Che direzione devo prendere per l'ospedale? - Which way for the hospital?
Qual è l'autobus per lo stadio? - Which bus goes to the stadium?
Devo cambiare? A quale fermata? - Do I need to change? Which stop?
Mi faccia scendere qui, per favore - Let me off here, please
C'è un posteggio di taxi qui vicino? - Is there a taxi rank nearby?

In automobile

Dov'è il parcheggio più vicino? - Where's the nearest car park?

Si può parcheggiare qui? Per quanto tempo? - Can you park here? For how long?

Può indicarmi la strada per Newcastle? - Which road do I take for Newcastle?

Dov'è l'ingresso dell'autostrada? - Where do I get onto the motorway?

È lontana la stazione di servizio? - Is the service station far?

Mi fa il pieno, per favore? - Could you fill it up please?

Può controllare acqua e olio? - Can you check the oil and water?

Ho un guasto alla macchina - My car's broken down

Sono rimasto senza benzina - My car's run out of petrol

Non mi parte la macchina - My car won't start

Ho bucato una gomma/I freni non funzionano - I've got a puncture/The brakes don't work

Si può avere un carro attrezzi/un meccanico? - Can you get me a breakdown truck/a mechanic?

Ho avuto un incidente - I had an accident

Ha ragione, mi dispiace. Non ho visto il cartello di divieto - I'm sorry: You're right I didn't see the (no entry/no parking) sign

Ecco i miei documenti - The car documents are here

Vorrei noleggiare una macchina - I'd like to rent a car

Quanto costa al giorno? - How much is it per day?

L'assicurazione è compresa? - Is insurance included?

Il chilometraggio è compreso? - Is unlimited mileage included?

Alloggio

Mi potrebbe consigliare un buon albergo? - Could you recommend a good hotel to me?

Vorrei una camera singola/una doppia con bagno/doccia - I'd like a single/double room with bathroom/shower

Per tre giorni - For three days

Posso vedere la camera? - Can I see the room?

Quanto costa una notte? - How much does it cost per night?

Letto - Bed

Chiave - Key

Parto domattina - I'm leaving tomorrow morning

Vorrei pagare il conto - I'd like to pay the bill

Giorni e mesi

lunedì - Monday
martedì - Tuesday
mercoledì - Wednesday
giovedì - Thursday
venerdì - Friday
sabato - Saturday
domenica - Sunday

In inglese i nomi dei giorni si scrivono sempre con l'iniziale maiuscola. Le forme abbreviate sono: *Mon., Tues., Wed., Thurs., Fri., Sat., Sun.*

domani - tomorrow
dopodomani - the day after tomorrow
ieri - yesterday
l'altroieri - the day before yesterday

mattina - morning
pomeriggio - afternoon
giorno/giornata - day
sera/serata - evening
notte - night
stamattina - this morning
oggi pomeriggio - this afternoon
stasera - this evening
stanotte - tonight
di giorno - by day
di sera - in the evening
di notte - at night
a mezzogiorno - at midday/at noon
a mezzanotte - at midnight
al tramonto - at sunset

gennaio - January
febbraio - February
marzo - March
aprile - April
maggio - May
giugno - June
luglio - July
agosto - August
settembre - September
ottobre - October
novembre - November
dicembre - December

In inglese i nomi dei mesi si scrivono sempre con l'iniziale maiuscola. Le forme abbreviate sono: *Jan., Feb., Mar., Apr., Jun., Jul., Aug., Sept., Oct., Nov., Dec.*

Ora

Che ore sono? - What time is it?
È l'una - It's one o'clock
Sono le due/le tre e dieci/le quattro e un quarto/le sei e mezzo/le sette e trentacinque/le otto meno venti/le nove meno un quarto/le dieci meno dieci - It's two o'clock/ten past three/quarter past four *o* four fifteen/half past six *o* six thirty/twenty-five eight/twenty to eight/quarter to *o* eight forty-five/ten to ten
È mezzogiorno/mezzanotte - It's midday/midnight
Sono le otto e mezzo passate - It's just gone half past eight
Sono quasi le sette - It's coming up seven (o'clock)
A che ora devo venire? - What time should I come?
Venga alle due - Come at two (o'clock)
Il negozio apre alle nove/chiude alle sei - The shop opens at nine/closes at six
Il treno delle 20.43 per Bristol è in partenza dal binario 4 - The twenty-fortythree train for Bristol is leaving from platform four

Numeri

0 - nought/oh/zero/nil/love
1 - one
2 - two
3 - three
4 - four
5 - five
6 - six
7 - seven
8 - eight
9 - nine
10 - ten
11 - eleven
12 - twelve
13 - thirteen
14 - fourteen
15 - fifteen
16 - sixteen
17 - seventeen
18 - eighteen
19 - nineteen
20 - twenty
21 - twenty-one
29 - twenty-nine
30 - thirty
40 - forty
50 - fifty
60 - sixty
70 - seventy
80 - eighty
90 - ninety
100 - a hundred
101 - a hundred and one
200 - two hundred
1000 - a thousand
10.000 - ten thousand
100.000 - a hundred thousand
1.000.000 - a million
1.000.000.000 - a billion

primo - first
secondo - second
terzo - third
quarto - fourth
quinto - fifth
sesto - sixth
settimo - seventh
ottavo - eighth
nono - ninth
decimo - tenth
undicesimo - eleventh
dodicesimo - twelfth
tredicesimo - thirteenth
quattordicesimo - fourteenth
quindicesimo - fifteenth
sedicesimo - sixteenth
diciassettesimo - seventeenth
diciottesimo - eighteenth
diciannovesimo - nineteenth
ventesimo - twentieth
trentesimo - thirtieth

A tavola

bicchiere - glass
coltello - knife
cucchiaino - teaspoon
cucchiaio - spoon
cucchiaio da dessert - dessert spoon
cucchiaio da minestra - soup spoon
forchetta - fork
piatto - plate/dish
portacenere - ashtray
posate - cutlery
tazza - cup
tovaglia - napkin
tovagliolo - tablecloth
il conto - the bill

Pasti e piatti

prima colazione - breakfast
pranzo - lunch
cena - supper/dinner
antipasto - starter
primo/secondo piatto - first/second course
carne - meat
pesce - fish
contorno - vegetables/side dish
dolce - dessert
frutta - fruit

Cibi

minestra/zuppa - broth/soup
riso/fiocchi d'avena - rice/porridge oats
carne di vitello/manzo/agnello/maiale/pollo/tacchino - veal/beef/lamb/pork/chicken/turkey
trota/salmone/merluzzo - trout/salmon/cod
platessa/granchio/aringa - plaice/crab/herring
formaggio - cheese
latticini/latte/burro - dairy products/milk/butter
pane - bread
uova - eggs

Sapori e qualità

acido/aspro - sour
amaro - bitter
dolce - sweet
magro - lean
grasso - fat(ty)
leggero - light
pesante - heavy
insipido - insipid
salato - salty
saporito - tasty
piccante - hot/spicy

Cotture

crudo/cotto - raw/cooked
freddo/caldo - cold/hot
ai ferri/alla griglia - grilled
al sangue/ben cotto - rare/well-done
allo spiedo - barbequed
al vapore - steamed
bollito/lesso - boiled
con la salsa - with a sauce
fritto - fried

Condimenti e spezie

aceto - vinegar
aglio - garlic
burro - butter
erba aromatica - herb
erba cipollina - chives
pepe - pepper
peperoncino - hot red pepper
prezzemolo - parsley
sale - salt
senape - mustard

maionese - mayonnaise
noce moscata - nutmeg
olio d'oliva/olio di semi - olive oil/vegetable oil
panna - cream
timo - thyme
zafferano - saffron
zenzero - ginger
zucchero - sugar

Bevande

acqua minerale - mineral water
acqua gassata - sparkling water
acqua non gassata - still water
birra - beer
birra alla spina - draught beer
birra scura - bitter
caffè - coffee
latte - milk
succo di frutta - fruit juice
tè - tea
vino - wine
vino bianco - white wine
vino rosso - red wine

Crediti fotografici

Tutte le fotografie © Rough Guides eccetto le seguenti:

Frontespizio
Tavola calda sulla Route 66, AZ © Theo Allofs/Corbis

Cose da non perdere
01 Monument Valley, AZ © Demetrio Carrasco/DK
02 Prima della partita di baseball, Yankee Stadium, NY © Richard Levine/Alamy
03 Pike Place Market, Seattle, WA © Scott Pitts/DK
04 Savannah, GA © Mike Briner /Alamy
05 Mardi Gras, New Orleans, LA © Mira/Alamy
06 Yellowstone, WY © iStock
07 Rock and Roll Hall of Fame, Cleveland, OH © Jeff Greenberg/Alamy
09 Aurora boreale sopra Fairbanks, AK © Roman Krochuk/iStock
10 Chicago di notte, IL © David Elfstrom/iStock
11 Cena a base di aragosta, ME © Bob Krist/Corbis
12 Cascate del Niagara, NY © Francesca Yorke/DK
13 Crazy Horse Memorial, SD © Danita Delimont/Alamy
14 Burning Man, NV © LHB Photo/Alamy
15 Everglades, FL © Dave King/DK
16 Sweet Auburn, Atlanta, GA © EditorialFotos/Alamy
17 Tomba di Elvis Presley, Graceland, TN © Danita Delimont/Alamy
18 Sciatori a Telluride, Montagne Rocciose, CO © Doug Berry/iStock
22 Edificio art déco, Miami, FL © Max Alexander/DK
24 Glacier National Park, MT © Joe McDonald/Corbis
25 South by Southwest, Austin, TX © Erich Schlegel/Corbis
26 Denali National Park, AK © Blick Winkel/Alamy
27 Highway 1, CA © Look/Die Bildagentur der Fotografen GmbH/Alamy
28 Regione del Katahdin, New England, ME © Mira/Alamy
31 Cavalcando un toro al rodeo, AZ © Jerry Cooke/Corbis
33 Escursioni nel Mount Rainier National Park, WA © Neta Degany/iStock

Foto in bianco e nero
p. 107 East Hampton, NY © Pete Turner/Getty
p. 115 Black Brook, Adirondack Mountains, NY © Phil Degginger/Alamy
p. 119 Taughannock Falls, NY © Panache Photos/Alamy
p. 126 Cascate del Niagara, NY © Francesca Yorke/DK
p. 141 Fornaio amish, Lancaster County, PA © Jeff Greenberg/Alamy
p. 151 Golden Triangle, Pittsburgh, PA © Alan Schein/Corbis
p. 157 Allegheny National Forest, PA © Buddy Mays/Alamy
p. 226 The Breakers, RI © Philip C. Jackson/DK
p. 242 Lake Winnipesaukee, NH © Dan Bannister/DK
p. 253 State House, Montpelier, VT © David Lyons/DK
p. 338 Monticello, Charlottesville, VA © Kevin Shields/Alamy
p. 351 River Gorge Bridge, WV © Andre Jenny/Alamy
p. 399 La Blue Ridge Parkway, NC © Mike Briner/Alamy
p. 410 Strada del centro storico di Charleston, SC © S. Greg Panosian/iStock
p. 432 Lafayette Square, Savannah, GA © Richard Cummins/Superstock
p. 457 Graceland, TN © Patrick Frilet/Hemis/Corbis
p. 465 Ernest Tubb Record Shop, Nashville, TN © Jon Arnold Images Ltd/Alamy
p. 478 Civil Rights Memorial, Montgomery, AL © Peter Wilson/DK
p. 485 Pescando sul Mississippi © Annie Griffiths Belt/Corbis
p. 528 Key West, FL © Peter Wilson/DK
p. 540 Antica scuola in legno, St. Augustine, FL © Linda Whitwam/DK
p. 563 Tartaruga nell'Everglades National Park, FL © Peter Wilson/DK

Indice

Abbreviazioni degli Stati

AL Alabama – **AR** Arkansas – **CT** Connecticut – **DC** District of Columbia (Washington) – **DE** Delaware – **FL** Florida – **GA** Georgia – **KY** Kentucky – **MA** Massachusetts – **MD** Maryland – **ME** Maine – **MS** Mississippi – **NC** North Carolina – **NH** New Hampshire – **NJ** New Jersey – **NY** New York – **PA** Pennsylvania – **RI** Rhode Island – **SC** South Carolina – **TN** Tennessee – **VA** Virginia – **VT** Vermont – **WV** West Virginia

C

N

INDICE

O

P

Q

R

S

T

U

V

W

X

Y

Z

Finito di stampare
nel giugno 2009
da SOGRATE, Città di Castello (Pg)